W0386125

Die anständige Lust
von Esskultur und Tafelsitten

Die anständige Lust

Von Esskultur und Tafelsitten

Herausgegeben von
Ulrike Zischka, Hans Ottomeyer
und Susanne Bäumler

edition spangenberg bei Droemer Knaur

Inhalt

Katalogautoren

Verzeichnis der Abkürzungen im Katalog

Abt.	Abteilung
AK	Ausstellungskatalog
BayStB	Bayerische Staatsbibliothek München
BayStGS	Bayerische Staatsgemäldesammlungen
BayHStA	Bayerisches Hauptstaatsarchiv München
Bd., Bde.	Band, Bände
Beil.	Beilagen
bez.	bezeichnet
BNM	Bayerisches Nationalmuseum
BZ	Beschauzeichen
Diss.	Dissertation
ebd.	ebenda
GHA	Bayerisches Hauptstaatsarchiv München, Abt. III Geheimes Hausarchiv
GNM	Germanisches Nationalmuseum, Nürnberg
HHStA	Haus-, Hof und Staatsarchiv, Wien
Hrsg.	Herausgeber
hrsg.	herausgegeben
Lit.	Literatur
Lwd	Leinwand
M.	Mitte
MK	Museumskatalog
MStM	Münchner Stadtmuseum
MZ	Meisterzeichen
NMZ	Neue Münchner Zeitung
o. A.	ohne Autor
o. J.	ohne Jahr
o. O.	ohne Ort
SLA	Salzburger Landesarchiv
Slg.	Sammlung
StaatA	Staatsarchiv
StaatAM	Staatsarchiv München
StadtAM	Stadtarchiv München
StGSlg.	Staatliche Graphische Sammlung, München
WAF	Wittelsbacher Ausgleichsfonds
WV	Werkverzeichnis

Ira Sibylle Backmann I. S. B.
Susanne Bäumler S. B.
Bernhard Barth B. B.
Helmut Bauer H. B.
Richard Bauer R. B.
Judith Baumgartner J. B.
Gertrud Benker G. B.
Susanne Bühler S. BÜ
Florian Dering F. D
Volker Duvigneau V. D.
Barbara Eschenburg B. E.
Bernd Fritz B. F.
Jochen Garbsch J. G.
Norbert Götz N. G.
Katharina Grundmann K. G.
Herbert Hagn H. H.
Rike Harmsen R. HA.
Edgar Harvolk E. H.
Ernst Helmreich E. HE.
Reinhard Heydenreuter R. H.
Angela Hückel A. H.
Helga Keiser-Hayne H. K.H.
Ruth Kilian R. K.
Stephanie Kleidt S. K.

Barbara Krafft B. K.
Andreas Ley A. L.
Giovanni di Lorenzo G. D. L.
Albrecht Miller A. M.
Hans Peter Mollenhauer H. P. M.
Johanna Müller-Meiningen M. M.
Hans Ottomeyer H.O.
Claus-Dieter Rath C.-D. R.
Alexander Rauch A. R.
Reinhard W. Sänger R. W. S.
Günther Schiedlausky G. S.
Emanuel Schmid E. S.
Ina Schröter I. SCHR.
Peter Schröter P. S.
Ingo Schwab I. SCH.
Lorenz Seelig L. S.
Ulrike Staudinger U. S.
Gerd Stumpf G. ST.
Ursula Timann U.T.
Hans-Peter Uenze H. P. U.
Sandra Uhrig S. U.
Inga Wiedemann I. W.
Alfred Ziffer A. Z.
Ulrike Zischka U. Z.

DIE ANSTÄNDIGE LUST – *Von Eßkultur und Tafelsitten*

Grundzüge einer Ausstellung

Zugegeben, in der Ausstellung gibt es nichts zu essen. Es werden stattdessen Bilder und Eindrücke von Eßkultur und Tafelsitten jenseits der ehemaligen Wirkungsbreite der Objekte zusammengefügt und ausgedeutet. Die Interpretationen stützen Archivalien, Inventare, Biographien, Reiseberichte, Tischzuchten, Benimmbücher, Kochbücher und bildliche Quellen.
Erst der gestillte Hunger schafft die Möglichkeiten, daß sich Kochkunst, Speisefolgen und Tafelkultur herausbilden. Erst wenn die physiologische Notwendigkeit erfüllt ist, kann Essen auf vielfache Weise im Rahmen von Prestigeessen im Gefüge von sozialen Gemeinschaften, von Herrschaft, Zunft oder Familie sublimiert werden.

Essensgenuß und Essenskultur sind grundsätzlich stark mit dem Sehen verbunden. Augenschmaus und Gaumenfreuden bleiben stets miteinander verwoben. Der Anblick einer köstlichen Tafel steigert den Appetit, geformte Speisen und Garnituren nehmen vorweg, was das Essen beinhaltet und verraten die Ingredienzen. Essen wird den Augen demonstriert. Die Eßkultur füllt, vom Teller ausgehend, optisch den ganzen Tisch und überzieht schließlich auch den Raum mit ihren Dekorationselementen. An das Auge und die Erkenntnis über das Auge wendet sich unsere Ausstellung mit ihren Darlegungen, Einsichten und sinnfälligen Gruppierungen.

Zunge und Gaumen scheinen dagegen unzuverlässige Wahrnehmungsorgane zu sein, die erschütternd blind und sprachlos bleiben. Der Geschmack kennt nur vier elementare Wahrnehmungen: süß, salzig, bitter, sauer. Mehr weiß dieser chemische Nahsinn nicht. Zu den gemischten Empfindungen gesellt sich das Wärme-Kälte-Empfinden, dann der Tastsinn für weich, hart oder scharf und schließlich der Geruch. Seine Empfindungen können wir nicht darstellen. Dem Sinn fehlen die Worte. Geruchsbezeichnungen werden von anderen, wahrnehmungsstärkeren Sinnen geborgt: Gerüche sind betörend, stechend, scharf, sanft, beißend, ätzend. Wir sind also ganz auf die Augen angewiesen. Und dem kann in der Ausstellung gedient werden.

Zugleich sind Geschmack und Geruch Sinne der Erinnerung. Alles, was mit ihnen zu tun hat, ruft unwillkürlich ferne Bilder wach und beschwört Szenen aus der Vergangenheit. »In der Stunde nun, wo dieser mit dem Kuchengeschmack gemischte Schluck Tee meinen Gaumen berührte, zuckte ich zusammen und war wie gebannt durch etwas Ungewöhnliches, das sich mit mir vollzog... Sobald ich den Geschmack jener Madeleine wiedererkannt hatte ...trat das graue Haus mit seiner Straßenfront hinzu, und mit dem Hause die Stadt, der Platz, auf den man mich vor dem Mittagessen schickte, die

Straße...« erinnert sich Marcel Proust (Auf der Suche nach der verlorenen Zeit, 1, S. 70–74).

Was die Literaten beschrieben, definieren auch die Philosophen. John Locke, Boerhaave, Immanuel Kant und Arthur Schopenhauer sind sich einig, daß der Geruch ein historischer Sinn ist: »Wie wir im Gesicht den Sinn des Verstandes, im Gehör den der Vernunft erkannt haben, so könnte man den Geruch den Sinn des Gedächtnisses nennen; weil er unmittelbarer als irgendetwas anderes den spezifischen Eindruck eines Vorganges oder einer Umgebung selbst aus der fernsten Vergangenheit uns zurückruft« (A. Schopenhauer, Welt als Wille und Vorstellung, 1, Kap. 3, Über die Sinne).

Geschmack und Geruch sind also unwillkürlich konservative Sinne, welche Gegenwart und Vergangenheit miteinander vergleichen und in Bezug setzen. Geschmacksidentität beschreibt auch Identität in höherem Sinne: Leibspeisen, bestimmte Familienessen, Nationalspeisen definieren sich über gemeinsame Erinnerungen, Familientraditionen, Gruppenzugehörigkeiten, regionale Bindungen und Nationalcharaktere. Im steten Wechsel der erlebten Empfindungen entstehen dazu Regional- und Nationalküchen, die sich in Kochbüchern als Spezialitäten und in Nostalgieküchen offenbaren. Spezialitäten der Region identifizieren und verurteilen seine Bewohner: Spätzlefresser, Polentone, tripeiros, Kartoffelfresser, Knödelbayer, Kiekefretter, Krauts, Makkaronis, frogeaters, Mangeurs de boeuf schimpfen sich Regionen und Nationen. Nationale Küche wird zeitweise verachtet, von feiner fremder Kochkunst verdrängt und gewinnt nach geraumer Zeit mit Finessen angereichert die Luxusküchen zurück. Jahrhundertelang läßt sich der Wechsel der Moden am Einfluß und der Wirkung fremder Küchen in Deutschland verfolgen. Italien, Ungarn, die Länder der Atlantikküste, Böhmen, immer wieder Frankreich und jedes erlebte Reiseland fordert und fördert den Geschmack. Chauvinismus in Essensfragen ist ein tief empfundenes Gefühl. Aufgehoben wird der Fremdenhaß durch die Liebe zum Fremden im Essen.

Alle Bestandteile der mit dem Geschmack verbundenen geschichtlichen Tischkultur haben sich an irgendeiner Stelle und in irgendeiner Form noch erhalten. Das gilt sowohl für die Nahrungsmittel wie für das Tischgerät, ebenso für Manieren wie für Bezeichnungen. Wenn unsere Ausstellung ein durchgehendes einheitliches Moment hat, dann ist es dies: wir essen Geschichte. Geschmack ist der historische Sinn, es sind alle Elemente noch da, wenn auch der Sinnzusammenhang vergessen wurde, die Sache selbst bleibt und wird weiter überliefert.

Eßgewohnheiten unterscheiden gesellschaftliche Klassen und legen sie fest. Auf der Tafel des Adels waren über Jahrhunderte einfache Suppen, Schlachtfleisch, Eingeweide sowie Schweinefleisch und Huhn verpönt. Stattdessen werden als Herrenessen Wild, Wildgeflügel, Fische, Austern und Krebse bevorzugt, die durch Jagd- und Fischrechte mit dem Eigentum an Grund und Boden verbunden waren. Auch die patrizische Oberschicht distanzierte sich von den Nahrungsmitteln des Volkes. Eine Dame von Welt aß weder Kohl noch Bohnen, niemals Zwiebeln, Lauch oder gar Knoblauch. Die Autoren der Rezepturen und Kochbücher des 14., 15. und 16. Jahrhunderts sowie die Köche des Adels oder des Patriziats legen mit ihren Anweisungen den standesgemäßen Gebrauch und die Zubereitung der Nahrungsmittel fest. Diese Köche verstehen sich als Meister ihres Faches und Repräsentanten ihrer Herrschaft.

Essen, Geschmack, Tischsitten und die zugehörige Sachkultur sind so sehr mit der Erinnerung verbunden, daß die Entstehungsgeschichte oft bis weit zurück in die Vergangenheit reicht. Ein Großteil des Sachgutes, das kulturhistorische Museen aufbewahren, ist mit dem Essen verknüpft. Fayence, Porzellan, Glas, Silber, Zinn, Kupfer, Möbel bezeichnen die Materialgruppen, nach denen das Gebrauchsgerät ausschließlich nach den Merkmalen der Herstellung auseinanderdividiert wird. Die Form wird nicht aus ihrer Verwendung und dem Gebrauchszusammenhang erklärt. Damit verschweigen wir die Hälfte der Wahrheit. Die Ausstellung ist ein erster Versuch, sich zumindest dem Erscheinungsbild, das durch die Verwendung bestimmt ist, anzunähern und Verweise auf den Gebrauch der Dinge anzubringen. Damit entfernt sich das Vorhaben von den Methoden einer Kunstausstellung, welche die Objekte zugunsten einer rein formalen Betrachtung voneinander isoliert. Der Grad der Stilisierung signalisiert, bis zu welchem Grad dies möglich war. Es ist nicht alles da, doch es ist vieles vorhanden, das sich sinnvoll miteinander kombinieren läßt und damit auf Zusammenhänge verweist, wie sie beabsichtigt waren und immer wieder vorkamen. Diese Möglichkeiten hat nur eine Ausstellung. Die Ausstellung zeigt keine Rekonstruktionen konkreter, historisch faßbarer Situationen, sondern nach verschiedenen Quellen interpretierte und angedeutete Grundsituationen, wie sie geschichtlich aufeinander folgen und verschiedene Epochen kennzeichnen.

Eine gewisse regionale Beschränkung war bei der Ausstellungskonzeption von vorneherein beabsichtigt. Grundabsicht war es, die unzähligen im Münchner Stadtmuseum und seinen zahlreichen Depots verborgenen Gegenstände, die mit Tischkultur, Tafelsitten, Haushalt und Küche zu tun haben, zu zeigen und unter neuen Aspekten zu interpretieren. Dieser Gedanke entstand zugleich in der Möbelsammlung, wo Hunderte von Speisezimmermöbeln und viele komplette Eßzimmergarnituren aufbewahrt werden, und in der Abteilung Volkskunde, die eine Unzahl von Objekten aus Haushalt, Küche, Vorratswirtschaft als Belege der Alltagsgeschichte verwahrt. Dieser Besitz gibt Anlaß, den überlieferten Sammlungsbestand des Hauses in historischen Dimensionen aufzuzeigen.

Die Objektüberlieferung engt die Ausstellung zeitlich ein. Sie beginnt im späten 16. Jahrhundert in großer Breite. Nach Religionskriegen und Notzeiten gibt es eine zweite Blütezeit materieller Kultur zwischen 1680–1700. Das 18. Jahrhundert und 19. Jahrhundert sind für die bürgerliche und adelige Gesellschaft überliefert. Dabei wird die Münchner Situation im besonderen davon gekennzeichnet, daß mangelnde Küchenausstattung, ebenso wie einfachste Wohnungsausstattungen – auch beim niedrigen Adel –, die Bevölkerung nahezu zwingen, in gemütlicheren Tischrunden in den Wirtshäusern zu essen und zu trinken. Aus den vielen Tendenzen des 20. Jahrhunderts konnten nur einige Aspekte herausgegriffen werden, um den räumlichen Rahmen der Ausstellung nicht zu sprengen.

Neu bei unserem Vorhaben war die Entdeckung und Darstellung der Serviceformen, des Auftragens und Aufsetzens der Speisen bei Tisch, Formen der Tischkultur, die nahezu ganz vergessen waren. Zwar existieren die Bestandteile, Geräte und Gefäßtypen, die dazu gehörten, noch in irgendeiner Sekundärverwendung, aber Inszenierung und Verlauf der Rituale bei Tisch waren verloren.

In einer Ausstellung schwer zu vermitteln war die Essenszeit, das heißt Stunde und Dauer des Mahls. Denn schließlich läuft alles wie ein riesiger Zeittrichter darauf hin. Jahre dauert es, bis Früchte, Tiere, Gemüse und Getreide heranwachsen, Tage bis sie herangeholt und vorbereitet sind, Stunden bis die Lebensmittel gegart und angerichtet sind. In Minuten werden sie dann gegessen.

Tischgemeinschaften

»Wie zart schmiegt sich der Geburt eines Menschen der Taufschmaus an! Wie bedeutend berührt sich das Brautbette und die Tafel des Hochzeitmahls! Wie tröstend wird selbst der bittre Schmerz tiefbetrübter Trauergäste durch süße Torten und Kuchen und herzerquickende Weine gemildert und beschwichtigt! Das kleinste Familienereignis wie die wichtigste weltgeschichtliche Begebenheit, eine Verlobung wie eine Krönung, eine gewonnene Schlacht wie eine verlorne Doktordisputation, der Ausbau einer Kleinkinderschule wie eines Ständehauses, eine silberne oder goldene Hochzeit wie ein Friedensschluß, ein Reichstag wie ein Meisterwerden – wie wird, wie kann alles das anders zelebriert, ja überhaupt festlich verwirklicht werden, als durch Essen? Hält doch selbst der Ärmste einen Festtag ohne Braten für einen Widerspruch.

›Vor Tisch und nach Tisch‹ nennt man schön und passend die zwei Hälften des Tages als der Zeit, in welcher der Mensch wacht, wirkt und ißt. Mit dem Abendessen nimmt der Mensch vom Tage wie vom Essen Abschied, und der Schlaf wird deshalb auch mit Recht Bruder des Todes genannt.«

Antonius Anthus,
Vorlesungen über Esskunst, Leipzig 1838

Katalogautoren

Ira Sibylle Backmann I. S. B.
Susanne Bäumler S. B.
Bernhard Barth B. B.
Helmut Bauer H. B.
Richard Bauer R. B.
Judith Baumgartner J. B.
Gertrud Benker G. B.
Susanne Bühler S. BÜ
Florian Dering F. D
Volker Duvigneau V. D.
Barbara Eschenburg B. E.
Bernd Fritz B. F.
Jochen Garbsch J. G.
Norbert Götz N. G.
Katharina Grundmann K. G.
Herbert Hagn H. H.
Rike Harmsen R. HA.
Edgar Harvolk E. H.
Ernst Helmreich E. HE.
Reinhard Heydenreuter R. H.
Angela Hückel A. H.
Helga Keiser-Hayne H. K.H.
Ruth Kilian R. K.
Stephanie Kleidt S. K.
Barbara Krafft B. K.
Andreas Ley A. L.
Giovanni di Lorenzo G. D. L.
Albrecht Miller A. M.
Hans Peter Mollenhauer H. P. M.
Johanna Müller-Meiningen M. M.
Hans Ottomeyer H.O.
Claus-Dieter Rath C.-D. R.
Alexander Rauch A. R.
Reinhard W. Sänger R. W. S.
Günther Schiedlausky G. S.
Emanuel Schmid E. S.
Ina Schröter I. SCHR.
Peter Schröter P. S.
Ingo Schwab I. SCH.
Lorenz Seelig L. S.
Ulrike Staudinger U. S.
Gerd Stumpf G. ST.
Ursula Timann U.T.
Hans-Peter Uenze H. P. U.
Sandra Uhrig S. U.
Inga Wiedemann I. W.
Alfred Ziffer A. Z.
Ulrike Zischka U. Z.

Die Zubereitung eines guten Mahles geschieht auf die Minute hin, zu der die Tischgenossen verabredet sind und sich pünktlich versammelt haben.

Naturgemäß unterliegt das Sammlungsgut des Münchner Stadtmuseums einer topographisch beschränkten Bindung an München und den Münchner Raum. Doch auch hier lassen sich fremde Einflüsse nachweisen. Römische Vorgaben machen den Anfang, der Fernhandel im Mittelalter bringt rare Konsumgüter, Frankreich prägt Ordnungsvorstellungen bei hierarchischen Schauessen, und die englische Lebensart schafft Vorbilder häuslichen Wohlstands. Die Bestände der Sammlungen geben nur wenige materielle Zeugnisse von Armut und Not, faßbarer sind die staatlichen Versuche, der Notsituationen Herr zu werden.

Im Lauf der Zeiten war das ›Über Essen reden‹ wechselnd verboten, zulässig, snobistisch, kennerhaft, vulgär oder anstößig. Genauso verpönt blieb es, im Gespräch die Themen Sexualität, Krankheit, Verdauung oder Geld zu erörtern, eben alles was mit dem Körper oder seinen Lüsten zu tun hat. Zu einer wahren Essenskultur ist der Diskurs über das Essen, der über das Nennen von Namen hinausführt und das ›Wie‹ über das ›Was‹ stellt, notwendig. Ein gastrosophischer Journalismus hat hier, sit venia verbo, der stummen Zunge die Augen geöffnet und war sicherlich Beginn eines Umdenkens.

Die meisten Materialien und Veredelungstechniken werden nicht deswegen hochgeschätzt, weil sie zu besonders guten Geschmacksergebnissen führen, sondern allein weil sie erkennbar teuer und arbeitsaufwendig herzurichten sind. Dies gilt genauso für Speisen wie für Tafelgerät. Es ist immer das Geld, das zählt, nicht der Geschmack. Der Geschmack tritt an Bedeutung zurück, wenn Geltungssucht sich vordrängt; dann schmeckt es eben, weil es teuer ist. Die Küche des ›quod rarus, est carus‹ beherrschte Rom. Das zähe, tranige Pfauenfleisch war als Prestigeessen eine gesuchte Delikatesse und blieb es lange in römischer Tradition, obwohl Horaz spottend vermutete, daß der Pfau dem Huhn vorgezogen wird »... weil der seltene Vogel mit Gold bezahlt wird und mit einem prächtigen Schweif Parade macht – als ob das was zur Sache täte? Du issest doch die schönen Federn nicht, und fricassiert gilt beider Fleisch dir gleiches. So leitet also bloß dein eitles Auge das Urteil deiner Zunge. Doch sei es drum! ... Das Ungewöhnliche ist also was dich reizt!« II, 2, 27 ff.). Bis weit in die Neuzeit hinein maß sich der Tafelluxus stets am römischen Vorbild, das in Berichten, Satiren und Rezepten überliefert war. Dem verdankt der Pfau sein Überleben auf der fürstlichen Tafel, ebenso das Füllen eines Tieres mit einem andern und das Kombinieren von seltenen Ingredienzen mit der Absicht, ein Gericht sichtbar teuer zu machen, bis hin zu der Sitte, Tribute ferner Kolonien auf dem Teller als Ausdruck der Handelsmacht und der schnellen Wege zu häufen. Einen besonderen Reiz hat es bis heute, Erdbeeren im Dezember zu essen oder Austern weit ins Land zu holen. Gegen den Raum und gegen die Zeit zu essen demonstriert vor allem die Ungebundenheit des Geldes.

Gastrosophen kritisierten das Prestigeessen und verwiesen auf die Produkte der Region und die jeweils beste Jahreszeit dafür. Seitdem wird dieser Streit zwischen Geltungsbedürfnis und wirklichem Geschmack ebenso beharrlich wie vergeblich geführt. Was selten ist, bleibt lieb und teuer.

Dabei dürfen Tafeldekorationen und festlicher Raumschmuck nicht zurückstehen. Erst unter diesem Aspekt sind die meisten Tafelgeräte und Tischdekorationen verständlich. Es sind dauerhafte Investitionen in Gebrauchsgüter, die durch ihren Dekor mit modernen Stilelementen verbunden sind, also modern aussehen, und zugleich so solide und dauerhaft gefertigt wurden, daß ihr

Glanz und die Perfektion des ornamentalen Details lange Bestand hatten. Die Verschwendung des Moments wurde in eine Investition auf Dauer umgeformt. Die vielen vergänglichen Blumenbouquets, Schleifen, Girlanden, Masken, Streublumen, Festons wurden als Miniaturen in dauerhafte Materialien, Ornamente und Dekore umgegossen. Der Luxus des Tafelgeschirrs war stets ein besserer Nachweis des Geschmacks als die Zufälle der Kochkunst.
Die Ausstellung beschäftigt sich mit der Kulturgeschichte des Essens, nicht mit ernährungsphysiologischen Problemen und kann nicht die drängenden Fragen unserer Zeit wie Hunger, Not und Verträglichkeit für Mensch und Umwelt erörtern oder gar schlüssig beantworten.
Das Vorhaben fand in der kritischen Phase zwischen Konzept und Verwirklichung einen großzügigen und uneigennützigen Mäzen in der Firmengruppe Maizena-Knorr. Herr Dr. Lange und Professor Hochstrate, die den Konzern vertraten, faszinierte das Ausstellungsvorhaben und sie engagierten sich mit einem erheblichen Betrag; das Münchner Stadtmuseum hat nie eine höhere Summe erhalten. Dies erlaubte es, eine Gestaltungsqualität in Ausstellung und Katalog anzustreben, welche bei den seit über einem Jahrzehnt stagnierenden öffentlichen Mitteln für unser Haus sonst nicht möglich gewesen wäre. Überdies dankbar sind wir, daß nicht ein nüchtern aufrechnender Interessenausgleich beim ›Sponsoring‹ vorwaltete, sondern daß das Engagement für das Thema und die Sympathie für das Unternehmen stets im Vordergrund standen.
Obwohl die Ausstellung von vorneherein daraufhin angelegt war, die verborgenen eigenen Bestände in einen Interpretationszusammenhang zu stellen, waren wir für die Verdeutlichung oder Darstellung bestimmter Aspekte auf Leihgeber angewiesen.
Hier sind zuerst die Bayerische Verwaltung der Staatlichen Schlösser, Gärten und Seen, ihr Präsident Freiherr von Crailsheim und der Ltd. Museumsdirektor Dr. Hojer mit seinen Mitarbeitern zu nennen, die uns so wichtige Exponate liehen, wie Teile des Majolikaservices Herzog Albrechts v., Teile aus dem Silber Max III. Josephs und aus dem berühmten Nymphenburger Perlservice. Die Kunstsammlungen der Stadt Augsburg, geleitet von Herrn Dr. Kommer, beliehen uns mit Augsburger Silber und Gemälden. Beim Germanischen Nationalmuseum und bei der teilweise integrierten Landesgewerbeanstalt in Nürnberg fand sich das Entgegenkommen und die Bereitschaft, historisches Tafelgerät und Graphiken zu erschließen und auch auszuleihen. Andere Hauptleihgeber, denen herzlich gedankt sei, waren der Wittelsbacher Ausgleichsfonds, das Mainfränkische Museum Würzburg, die Bayerische Staatsgemäldesammlung, das Museum für Kunsthandwerk in Frankfurt und vor allem das Bayerische Nationalmuseum sowie die Prähistorische Staatssammlung in München. Auch allen anderen Leihgebern, die sich auf Dauer der Ausstellung von ihren Stücken trennten, sei ebenso herzlich gedankt.
Die Firma Kustermann belieh in nachbarschaftlichem Entgegenkommen die Ausstellung mit Servicen und Geräten, die sich heute in Produktion befinden. Über materielle Leihnahmen hinaus sind wir auch vielen Kollegen und Autoren verpflichtet, die uns mit Hinweisen und Anregungen bei der Vorbereitung der Ausstellung unterstützten.

Wolfgang Till / Hans Ottomeyer   Ulrike Zischka / Susanne Bäumler

Verzeichnis der Abkürzungen im Katalog

Abt.	Abteilung
AK	Ausstellungskatalog
BayStB	Bayerische Staatsbibliothek München
BayStGS	Bayerische Staatsgemäldesammlungen
BayHStA	Bayerisches Hauptstaatsarchiv München
Bd., Bde.	Band, Bände
Beil.	Beilagen
bez.	bezeichnet
BNM	Bayerisches Nationalmuseum
BZ	Beschauzeichen
Diss.	Dissertation
ebd.	ebenda
GHA	Bayerisches Hauptstaatsarchiv München, Abt. III Geheimes Hausarchiv
GNM	Germanisches Nationalmuseum, Nürnberg
HHStA	Haus-, Hof und Staatsarchiv, Wien
Hrsg.	Herausgeber
hrsg.	herausgegeben
Lit.	Literatur
Lwd	Leinwand
M.	Mitte
MK	Museumskatalog
MStM	Münchner Stadtmuseum
MZ	Meisterzeichen
NMZ	Neue Münchner Zeitung
o. A.	ohne Autor
o. J.	ohne Jahr
o. O.	ohne Ort
SLA	Salzburger Landesarchiv
Slg.	Sammlung
StaatA	Staatsarchiv
StaatAM	Staatsarchiv München
StadtAM	Stadtarchiv München
StGSlg.	Staatliche Graphische Sammlung, München
WAF	Wittelsbacher Ausgleichsfonds
WV	Werkverzeichnis

Sämtliche Leihgeber und die Namen derer, denen wir Rat und Hilfe verdanken, sind auf den Seiten 631 und 632 aufgeführt.

Der Geschmack oder die Gourmandise,
Jeremias Falck, München,
Staatliche Graphische Sammlung

ESSENS-GENUSS UND ESSENS-LUST

Ernähren muß sich der Mensch, um zu überleben, doch niemals kann er seinen Hunger stillen. Kaum dürfte er satt sein, hat er Appetit auf etwas Anderes, Neues. Ein falsches Wort bei Tisch allerdings kann ihm die langersehnte Leibspeise vermiesen. Zu essen oder nicht zu essen ist keine Frage seines autonomen Körperhaushalts, sondern des Genießens. Dessen Verknüpfung mit dem physiologischen ›Sich-Ernähren-Müssen‹ formulierte der Gastrosoph Brillat-Savarin Anfang des 19. Jahrhunderts folgendermaßen: »Bewegung und Leben erzeugen im lebendigen Körper steten Kräfteverbrauch; und der Körper, diese komplizierte Maschinerie, stände alsbald still, hätte die Vorsehung nicht ein gewisses Signal daran befestigt, das ihn sofort anruft, wenn Kräfte und Bedürfnisse sich nicht mehr das Gleichgewicht halten. Dies Warnsignal ist der Appetit. Man begreift darunter die erste Empfindung des Willens zum Essen. Er kündigt sich an durch etwas Magenschwäche und eine leichte Mattigkeit. Zugleich beschäftigt sich die Seele mit analogen Vorstellungen – im Gedächtnis steigen Dinge wieder auf, die einst der Zunge geschmeichelt – die Phantasie glaubt sie vor sich zu sehen: es ist ein Zustand, traumartig. Dies ist nicht der Reiz, und wir haben tausend Eingeweihte in der Freude ihres Herzens rufen hören: ›Welche Lust am guten Appetite – Notabene, wenn man eines glänzenden Mahles in Kürze gewiß ist!‹« (Brillat-Savarin [1979], S. 26)

Gewährleistet wird die lebenserhaltende Nahrungsaufnahme beim Menschen durch die Verbindung von Hunger und Appetit mit jener Lustspannung, die Sigmund Freud ›Libido‹ nannte. Sie ist gerade gegenüber dem Hunger, der sein Objekt energisch festhält, wesentlich plastischer und bildet deshalb die Voraussetzung dafür, daß aus dem nahezu animalischen Sättigungsmechanismus des Kleinkindes sich das entwickelt, was wir Eßkultur nennen.

Nach der Geburt, nach der Abtrennung der Nabelschnur, die eine unmittelbare Verbindung zum Organismus der Mutter darstellte, beginnt die Ernährung durch den Mund. Aufgrund seiner Hilflosigkeit – infolge dürftiger Instinktausstattung – ist das menschliche Neugeborene auf eine nährende Person angewiesen. Das Begehren zu essen, beim Säugling noch identisch mit dem Begehren zu trinken, ist somit von Anfang an in subjektive und gesellschaftliche, in reale, symbolische und imaginäre Dimensionen verwoben; nicht nur der durststillenden und sättigenden Milch gilt es, sondern auch der labenden Brust bzw. Schnullerflasche und, wenig später, der Person, die sie ihm gibt oder verweigert. Die damit verbundenen Lusterlebnisse und Tragödien markieren zu einem gewissen Teil die Bedeutungen der Nahrungsaufnahme im Erwachsenenalter; so wird, im Extremfall, ein Kind, das ständig gestopft wurde, kein Begehren entwickeln können und fortan die Nahrung weitgehend verweigern (Anorexia Nervosa).

Die Saugreaktion dient der Stillung einer als Hunger empfundenen Lustspannung, die auf innere Reize wie auf äußere Stimulationen durch appetiterregende Objekte zurückgehen kann. (Später werden auch andere Wünsche in Hungergefühle konvertierbar sein.) Durch das häufige und regelmäßige Einsaugen der Nahrung entwickelt sich der Mund-Lippen-Bereich des Kleinkindes zu einer lustbesetzten, erogenen Zone (wie auch der After und die dem Harntrakt benachbarten Genitalien, die durch Ausscheidung und Reinigung stimuliert werden). Das Kind kann bald die Reizung der erogenen Zone durch das Lutschen und Saugen an anderen Objekten, etwa dem Daumen, mildern, also unabhängig von der Befriedigung des Nahrungsbedürfnisses. Küssen, Rauchen, Trinken und Gaumenschmeicheleien werden später diese Funktion übernehmen.

Mit dem Erscheinen der Zähne beginnt das Kind im Wortsinn zu ›essen‹, nämlich zu kauen und zu beißen. Deutlich tritt nun die Liebe-Haß-Ambivalenz, die Haßliebe, gegenüber dem einzuverleibenden Objekt hervor: vernascht und vernichtet wird, was man liebt. Die nährende Person erfährt es am eigenen Leib. Die lustvolle Einverleibung, das Sich-zu-eigen-machen der Nahrung bildet auch das Modell jeder späteren Identifizierung: so sein zu wollen wie ein größerer, vollkommener Anderer, der das zu haben scheint, was einem selbst fehlt. Wenn Erwachsene vom ›Niedermachen‹ eines Bratens reden oder davon, sie hätten eine Person ›zum Fressen gern‹ oder eine andere ›gefressen‹, merken sie nicht mehr bewußt, was sie dabei bewegt: die Vorstellung, daß man sich mit der leiblichen Substanz des Opfers – etwa eines Tieres – auch dessen Eigenschaften zu eigen mache, »geht bekanntlich auch in die Begründung des Kannibalismus ein und wirkt in der Reihe der Gebräuche der Totemmahlzeit bis zur heiligen Kommunion fort« (Freud [1923b], S. 297 Anm. 2).

Geschmack besiegt die Natur, Georg Pencz, München, Staatliche Graphische Sammlung

Bald wird aus dem Säugling ein Zögling. Das Kind »ist schwer zu befriedigen, kennt kein Genug, verlangt unersättlich nach Wiederholung dessen, was ihm gefallen oder geschmeckt hat« (Freud [1900a], S. 272, Anm. 1); die Kultur der Erziehung lehrt es Maßhalten, sich bescheiden und resignieren. Auch die Möglichkeit, sich selbst – etwa durch Daumenlutschen – Befriedigung zu verschaffen, wird durch Verbote eingeschränkt – im Tausch gegen die kulturellen Techniken des Überlebens, der Beherrschung der Natur und der eigenen Triebe, also andere Formen der Wunschbefriedigung, denn aufgrund der großen Flexibilität der Libido können unangenehme oder wenig erfolgversprechende Befriedigungsaktionen durch andere ersetzt werden. Einschränkungen durch symbolische Strukturen wurden ja auch schon früher durch die Stillzeiten, die temporäre Abwesenheit seines geliebten Objekts, die Ersetzung der Brust bzw. der Milch durch andere Speisen usw. erfahren. Die entscheidende Einbindung in die kulturelle Ordnung aber geschah, sobald die Erwachsenen seine kindlichen ›Bedürfnisschreie‹, sein Gebrülle und Gezappel, in Sprache übersetzten: »Was fehlt dir denn? Hast du schon wieder Hunger?« Mehr und mehr soll das Kind das, was ihm fehlt, als ›seinen‹ Wunsch formulieren. Doch zwischen den Wünschen, derer sich das Kind bewußt wird und die es, als Ansprüche, vorbringt, und seinem unbewußt bleibenden Begehren bleibt ewig ein Spalt des Mangels. Für das ursprüngliche Objekt, an das sich die Libido fixierte, und die – zumindest nachträglich phantasierte – ursprüngliche Befriedigung wird es immer nur Ersatz geben. »Dies mag uns die Unbeständigkeit in der Objektwahl, den ›Reizhunger‹ erklären, der dem

Liebesleben der Erwachsenen so häufig eignet.« (Freud[1912d], S. 209) In jener Lücke, die durch den Mangel immer wieder aufreißt, sprießen auch die Bilder- und Begriffswelten der Essensgenüsse.

Nach und nach begegnet das heranwachsende Subjekt seinen Triebansprüchen in relativ konformer, gesellschaftlich sinnvoll und akzeptabel erscheinender Weise. Es unterwirft sich den kulturellen Ethiken und Ästhetiken, übernimmt also eine national, regional, religiös, klassen- oder schichtspezifisch geregelte Eßkultur sowie die Devisen des ordentlichen Benehmens und der guten Tischsitten. Über immer wiederkehrende kulinarische Handlungen, Benennungen und sinnliche Erfahrungen – Anblick, Geruch, Aroma, Gefühl – entwickelt der Heranwachsende Geschmack und Kennerschaft.

Es wird »von den meisten Aufwachsenden relativ frühzeitig vergessen oder verdrängt, daß ihre Scham- und Peinlichkeitsgefühle, ihre Lust- und Unlustempfindungen durch Druck und Zwang von außen modelliert und auf einen bestimmten Standard gebracht wurden. Alles das erscheint ihnen als ihr Persönlichstes, als etwas ›Inneres‹, ihnen gleichsam von der Natur mit auf den Weg Gegebenes« (Elias [1969, Bd. 1], S. 173). Eßkultur wird ihnen zu einem der Felder sozialer Identifikation und Distinktion: die Praktiken der eigenen Gruppe verkörpern das Ideal, die der anderen, Fremden, gelten als wilde und dekadente Fresserei. Ganz allerdings wird der Imperativ, den das Subjekt sich zu eigen macht, der ihm zur ›Stimme des Gewissens‹ wird, nie völlig mit den kulturellen und gesellschaftlichen Forderungen übereinstimmen. Wenn immer es zu hören bekommt: »Du weißt ja gar nicht, was gut ist«, wird ihm deutlich, daß seine Wünsche gegen das, was ihm gepredigt wird, verstoßen. Zwar hat es mittlerweile verdrängt, einmal freudig sein hochgeschätztes Geschäft verspeist zu haben – und möglicherweise ekelt es sich im Moment vor brauner Schokolade –, doch kann es bisweilen noch nicht ertragen, was die Erwachsenen kaum mehr bewußt irritiert: nämlich, daß das zarte Schnitzel Resultat der aneignenden »Absicht des einen Körpers auf den anderen«(Canetti, S. 224) ist, der einem nach dessen Überwältigung gehört.

»Ein Schweinsbraten kommt in der Natur nicht vor«, stellt Peter Kubelka unwiderlegbar fest. Zwischen dem Anblick eines Schweines und der Realisierung des Gedankens an einen Schweinebraten liegt kulturelle Arbeit. Erlegtes und Geerntetes verzehren wir nur selten in Rohform. In der Küche, einem Kultort mit festgeschriebenen Gesetzen, wird das Rohe zum Zivilisierten und der Nährstoffträger zum richtigen Essen. In jeder Gesellschaft existiert eine Vielzahl konkurrierender Normensysteme und Regeln des gesellschaftlichen Lebens, also Vorstellungen über Reines und Unreines, Maß und Maßlosigkeit, Notwendigkeit und Luxus sowie über Natürlichkeit, Natur, Kultur und Zivilisation. Welche Stoffe, Zubereitungen und Kombinationen in unserer Kultur als eßbar gelten, ist in medizinischen, religiösen oder ›politischen‹ Diätvorschriften formuliert. Diese festgefügten Vorstellungen von ›ordentlichem Essen‹ unterliegen auch historischen Verdrängungen. So sind beispielsweise die Schlachtstätten, die an den aggressiven Charakter des Sichernährens erinnern, längst aus den Innenstädten verbannt. Daß Essen mit Eroberung und Vernichtung zu tun hat, kann in der modernen Gesellschaft kaum mehr erfahren werden.

Ebenso wie das, was man verzehrt, unterliegt die gesellschaftliche Form des Verzehrs einem Umwandlungsprozeß. Dies gilt auch für die Idealform des gastronomischen Rituals, das Mahl, das Hungerstillung und Befriedigung des individuellen Appetits mit der Gemeinschaftsbildung verknüpft. Es findet alltäglich zu festgelegter Zeit und auch bei bestimmten Anlässen – Festmahl, Abendmahl – statt. (Das Wort leitet sich von ›Mal‹, ›festgesetzter Zeitpunkt‹ her.) Ort und Personenkreis sind festgelegt; gespeist wird erst, wenn alle Tischgenossen versammelt sind, die die Speisen miteinander teilen sollen; auch die Speisenabfolge ist geregelt. ›Tischzuchten‹ gebieten Stille oder unbeschwertes Tischgespräch und bestimmen die Choreographie des ›zivilisierten‹ europäischen Essers: keine abgespreizten Arme beim Zum-Munde-Führen eines Bissens, Lippen nicht vorstülpen, nicht mit dem Messer herumfuchteln usw.

Das Mahl gilt auch als eine Form der Treuebekundung, die die »Sicherheit des Zusammengehörens« (Simmel, S. 145) bestätigt; es bekräftigt gesellschaftliche Bande (Festessen, Geschäftsessen) und besiegelt Verträge (Friedens- und Versöhnungsmahl). In der Tat ist Gemeinschaft kein Naturzustand; sie entsteht erst durch einen symbolischen Akt, durch den die einzelnen dasselbe gemeinsame soziale Ideal anerkennen. Indem sie miteinander das Gleiche verzehren, bekunden sie sich als imaginäre Gemeinschaft von »Genossen der gleichen magischen Qualifikation« (Weber, S. 265), von Leuten, die gleichsam aus demselben Teig gemacht sind. Das Mahl trennt Tischgenossen von den Ausgeschlossenen, ›Unreinen‹, mit denen es nicht geteilt wird; aber auch am Tisch trennt es durch Sitzordnung oder Verbote Männer von Frauen, Herren von Knechten, Gläubige von Ungläubigen usw. Andererseits »ist die Herstellung der Tischgemeinschaft sehr oft eines derjenigen Mittel, religiöse und damit unter Umständen auch ethnische und politische Verbrüderungen herbeizuführen« (ebd.). Deshalb wird besonderer Gestaltungsaufwand dort betrieben, wo viel auf dem Spiel steht: etwa bei den Festessen, die Teil eines gesellschaftlichen Schauspiels sind.

In unserem Jahrhundert ist es zu einer Auflösung der bürgerlichen Form des Mahls gekommen. Mehr als je zuvor neigen »alle Familienangehörigen dazu, individuell ein Leben für sich allein zu leben, also Aufgaben zu übernehmen und menschliche Beziehungen anzuknüpfen, unabhängig von anderen Mitgliedern der Familie. Auch die heranwachsenden Kinder versuchen, sobald sie es können, ihre eigenen Wege zu gehen. Und zumindest in den großen Städten finden sie verhältnismäßig leicht Gelegenheit dazu. Man neigt sogar dazu, Kinder ein wenig zu stigmatisieren, die sich nicht frühzeitig verselbständigen.« (Elias [1980], S. 27). Das Sozialleben ist informeller geworden und unterliegt in den verschiedenen Lebensbereichen differenzierteren Rhythmen und Zeitordnungen; gefordert sind abstrakte Fitneß und Leistungsfähigkeit, ein Höchstmaß an Präsenz und Einsatzbereitschaft, wozu auch die Normierung des Körpergewichts gehört. Gewandelt haben sich auch die Produktion und Verfügbarkeit von Nahrungsmitteln (Großproduktion, Welthandel, Konservierungstechniken, Innovationen) sowie die Zubereitungstechniken.

Aus diesen Zusammenhängen entstand beispielsweise die heutige Imbißkultur, mit der das Essen zu einer völlig beliebigen Angelegenheit geworden ist – man ißt schnell mal zwischendurch, wie im Vorübergehen. Die Auflösung der zeitlichen und sozialen Ordnung hat auch an der Auflösung der kulinarischen Ordnung teil. Mit dem Verlust herkömmlicher Garanten – etwa der häuslichen Küche – zählt mehr und mehr die Erkennbarkeit der Wirkstoffe: Was man an wechselnden Orten ißt, was von unterschiedlichen Produzenten stammt, muß sich schnell als bekannt und bekömmlich zu erkennen geben: deshalb sind Farbe, Form, Verpackung und Beschriftung der Speisen von großer Wichtigkeit.

Alles muß möglichst leicht und unbeschwerlich gehalten werden. An die Stelle der Pflege des sozialen Austauschs tritt die Pflege des individuellen Stoffwechsels: man fühlt sich verpflichtet, auf seinen persönlichen Tagesbedarf an Kalorien, den Cholesterin-, Protein-, Fett- und Natriumgehalt der Speisen usw. zu achten. Nahrungsmittel werden – wie ein Werbespruch formuliert – zur ›Kosmetik von innen‹.

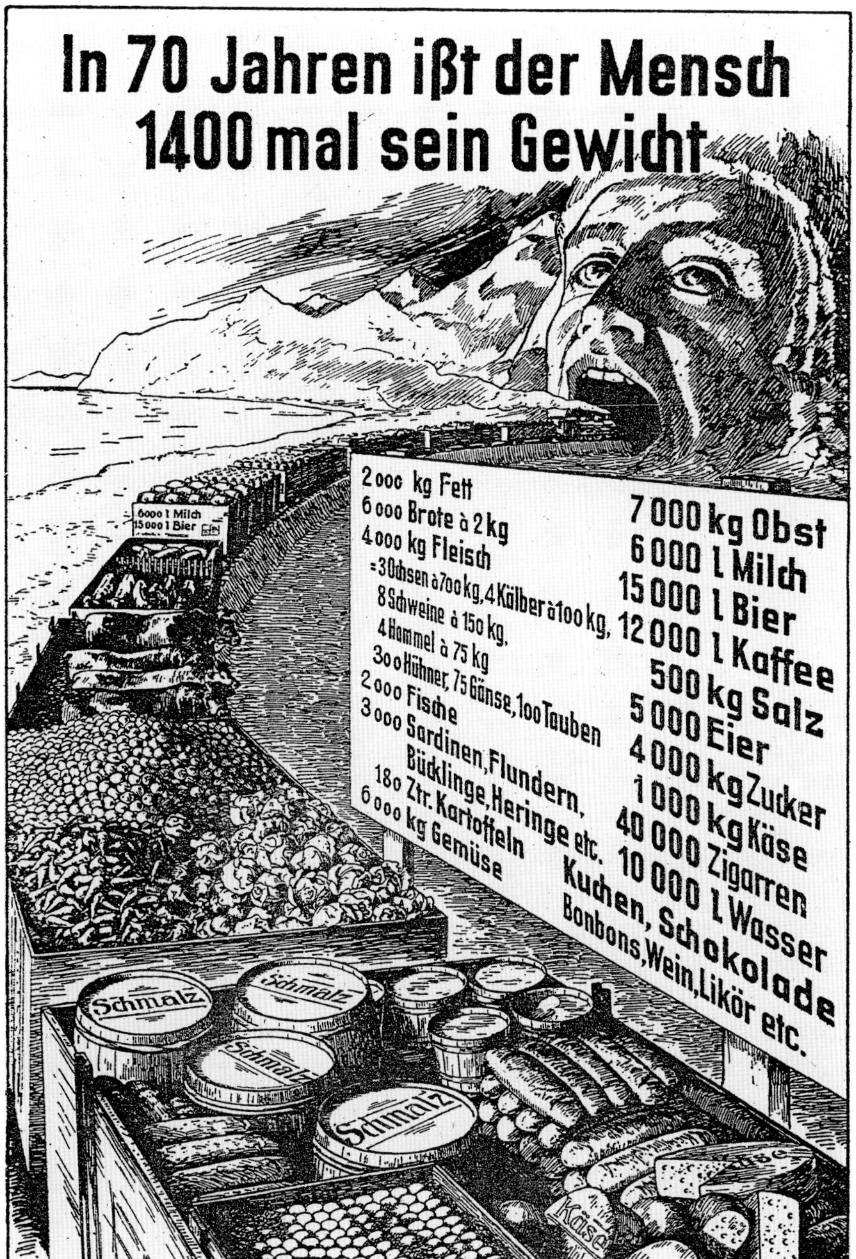

Solche Rationalisierungen haben keineswegs geholfen, die magischen Vorstellungen, die dem Mahl zugrunde liegen, zu überwinden, sondern ihre Zwanghaftigkeit deutlicher werden lassen. Die Vorstellung des Umsorgtseins weicht der Überzeugung, daß man sich auf nichts mehr verlassen kann, ja daß es einem übel besorgt wird. In einer Art Selbstbemutterung achtet man nun auf die Wirkkraft des Minimalen, auf Feinstruktur und Zusammensetzung der Dinge des Alltags. Mit der Nahrung glaubt man winzige Spuren von Schadstoffen, die den Körper von innen her angreifen und zersetzen, in sich

aufzunehmen. Es geht dabei um mehr als um einen Belagerungszustand: Der Körper wird zur inneren Umwelt, zum bedrohlichen Endlager. Man wird gegen mehr und mehr empfindlich, das Mißtrauen wächst, alles wird einem zuviel. So berechtigt die Besorgtheit im einzelnen sein mag, ihr gegenwärtiges Ausmaß rührt auch daher, daß mit dem Schwinden verbindlicher Formen des sozialen Austauschs aktuelle ›Gift‹meldungen alte Wunsch- und Versagungsmotive besonders leicht ködern können. Je verschwommener die symbolischen Grenzen von ›rein‹ und ›unrein‹, von Zugehörigkeit und Nichtzugehörigkeit sind, desto diffuser die Angst um die eigene Unbeschadetheit.

Allein die Zuflucht zur ›Natürlichkeit‹ scheint hier Rettung zu versprechen. Man fordert ›natürlichen‹ Anbau, ›natürliche‹ Zubereitung der Nahrung, achtet auf den ›natürlichen‹ Gehalt der Lebensmittel (gegen Raffinierung, Konservierung, Fremdstoffe) und schließlich beruft man sich auch noch auf ›natürliche‹ Tischsitten. Eine Gewähr für ›Natürlichkeit‹ und ›Ursprünglichkeit‹ – die manchmal wie ein Substitut der alten ›Sittlichkeit‹ erscheint – glaubt man auch in manch fremder Eßkultur zu finden. Diese partielle, oft schwärmerische Identifizierung mit der Kultur der anderen bringt übrigens die ethnischen Vorurteile keinesfalls zum Verschwinden, basiert sie doch auf der neidischen Vorstellung, daß jene Fremden mit ihrer ›ursprünglichen genießerischen Vitalität‹ auf eine uns unzugängliche Weise tatsächlich Befriedigung am Objekt des Begehrens fänden (›Die verstehen noch zu genießen‹). Vor allem jedoch konzentriert sich der modern-nostalgische Esser heute auf die regionale, die Eßkultur der ›Heimat‹. Solche Mystifikation einer anheimelnden Urerfahrung, die einem vormachen soll, es habe je so etwas wie einen ursprünglichen guten Zustand gegeben, in den man sich – in gleichsam magischer Weise – durch den Konsum einer bestimmten Speise zurückversetzen könne, findet ihre Entsprechung in der Mystifikation der Unschuld des ›Traditionellen‹ und des ›Selbstgemachten‹, das dem ›neuen Konsumenten‹ als Rettung gegen die Gefahren des ›Anonymen‹ und ›Fremden‹ nahegebracht wird. ›Tradition‹ ist aber hierbei weniger Übermittlung einer Lehre, als ein Arsenal von Objekten, Sprüchen und Techniken der Selbststilisierung.

Immer wieder bringen verunsichernde Entwicklungen auch Nahrungsideologien hervor, entstehen aus Ohnmachtsgefühlen Kulte der Ganzheitlichkeit. Immer fehlt etwas zur Vollkommenheit – eben eine entscheidende Kleinigkeit, die, als Mangel, Lücke, Riß oder Defekt, das Ideal der Intaktheit des eigenen wie des Gesellschaftskörpers kränkt. Besondere Aufmerksamkeit gilt der Bekömmlichkeit des Essens, weil es – man denke an die Devise ›Essen und Trinken hält Leib und Seele zusammen‹ – eines der wichtigsten Mittel ist, derartige Löcher zu stopfen. Der Esser möchte wiederhergestellt, restauriert, werden (ursprünglich bezeichnete ›Restaurant‹ im Französischen eine nahrhafte Brühe). Als wäre richtige Ernährung der Weg zu einem ewigen Leben, werden in den Medien 120jährige nach ihrem Ernährungskonzept befragt.

Nicht alles wird unterschiedslos zu Munde geführt, und selbst das donnernde Machtwort: ›Gegessen wird, was auf den Tisch kommt!‹ erfährt stets aufs neue trotzigen Widerspruch. Ohne antizipierten Genußwert, ohne Vorlust, ohne das Wiedererkennen eines Befriedigungsobjekts kommt nichts in den Körper. Damit eine Speise als eßbar akzeptiert wird, muß das, was auf den Tisch kommt, ›etwas vorstellen‹, ›nach etwas aussehen‹, denn Auge, Ohr, Nase, Mund und Takt müssen in ihren Ansprüchen befriedigt werden. Schnell sind die Sinne belästigt oder gekränkt, werden unsere Empfindungen der

Schönheit und Reinheit beeinträchtigt, wenn ein Gericht als zu primitiv, ungeschlacht oder verkünstelt und unecht erscheint. Appetit, Ekel oder Überdruß beruhen auf Erwartungen, etwas wiederzufinden, bzw. auf dem Urteil über die guten oder schlechten Eigenschaften des Objekts: »›Das will ich essen oder will es ausspucken‹, und in weitergehender Übertragung: ›Das will ich in mich einführen und das aus mir ausschließen.‹ Also: ›Es soll in mir oder außer mir sein.‹« (Freud [1925h], S. 374) Eine der Hürden, die der Bissen erst einmal zu überwinden hat, ist die Geschmacksprüfung; allein der berochene, im Munde zerriebene und mit Flüssigkeit durchsetzte Stoff »erhält den Paß ausgestellt, der ihm für seine Aufnahme in den Magen nötig ist«. (Brillat-Savarin [1913], Bd. 1, 41 f.) Diese Prüftätigkeit zeigt »die Entstehung einer intellektuellen Funktion aus dem Spiel der primären (oralen; CDR) Triebregungen.« (Freud [1912d], S. 376)

Der ›Genußwert‹ eines Nahrungsmittels – eines Stücks Fleisch, eines Löffels Spinat oder eines Schlucks Milch – ist also nicht einzig aus der Art, der Quantität und der Zusammensetzung der Inhaltsstoffe zu erschließen. Nahrung ist nicht allein das, was sie an Nährstoffen enthält, aber auch nicht nur das, was ihr die Kultur als Symbolwert zugedacht hat, sondern wesentlich das, was sich in jedem Subjekt als Bedeutung eines Lebensmittels herstellt. Dieses Zusammenspiel bestimmt Art und Ausmaß des Appetits, Ekels oder einer symptomatischen Indifferenz des Einzelnen. Da die psychischen Vorgänge nach dem Prinzip der Assoziation organisiert sind, resultiert der Lust- oder Unlustcharakter eines kulinarischen Akts nicht nur aus Geruch, Geschmack und taktiler Beschaffenheit (weich, körnig usw.), sondern auch aus Farbe, Form, Namen und Symbolwert der Speise sowie aus den Variablen der Essens-Situation. Große Eß-Ereignisse wie kleine Imbisse werden für jeden von uns neben den offiziellen, rationalen Begründungen mit einer Reihe oft kaum bewußter Bedeutungen und Vorstellungen verknüpft: Das Essen wurde von einer bestimmten Person angeboten, an einer der Speisen hängen unliebsame Erinnerungen, eine andere trug einen besonderen Namen, ihr wurde eine besondere Wirkung zugesprochen, man mußte besonders viel oder erstaunlich wenig Geld für sie bezahlen. Genossen wird nicht ein beliebiger Eß-Akt an sich, sondern das, was seine Elemente in einer Signifikanten-Kette bedeuten.

Die fünf Sinne, Jan P. Saenredam, nach H. Goltzius, München, Staatliche Graphische Sammlung

Systematisch arbeitet die Nahrungsmittel- und Gastronomiewerbung daran, die am Objekt der oralen Trieborganisation haftenden Vorstellungen mit einem Produkt so zu verbinden, daß dieses als Bild einer vollständigen Befriedigung erscheint (vgl. Rath 1987). Die Werbung stellt die Objekte als etwas reizvolles Neues und zugleich als Vertrautes dar; sie fungiert einerseits als Aufreizung, Steigerung der Spannung (›Geschmacksabenteuer‹, Eßkonsum als Nervenreiz), die auf Erleichterung drängt, und verspricht andererseits den Lusteffekt einer Spannungsabfuhr: ›Bier macht den Durst erst schön!‹

Der Nahrungsphysiologe Hans Glatzel hat zu Recht darauf hingewiesen, daß »nicht aus der Erkenntnis der Notwendigkeit einer Versorgung mit Nährstoffen [...] die Menschheit nach Nahrung [strebt], sondern aus Lust am Essen. Die Verknüpfung mit der Lust ist das Mittel der Natur, um den Vollzug lebensnotwendiger Handlungen zu sichern.« (Glatzel, S. 7) Wem das Essen keinen Lustgewinn bedeutet, wer also dem Essen nichts abgewinnen kann, dem droht Unterernährung.

Diese Lust ist aber, komplizierterweise, nicht mit Eßvergnügen identisch. Wenn man sagt: ›Ich habe eine Mahlzeit genossen, aber sie war ungenießbar‹, werden zwei Dimensionen deutlich: genießen zunächst als ›zu mir genommen, eingenommen‹ (vgl. ›in den Genuß einer Rente kommen‹) und dann als ›Ich konnte sie nicht auskosten‹. Beklagt wird hier ein Mangel an Wohlgefühl, nachdem zunächst eine Befriedigung antizipiert worden war (Vorlust, Wiedererkennen eines Befriedigungsobjekts: ›Es wird mir schmecken‹) die der Speise Einlaß gewährte.

Genießen ist keine Willenssache. Ritualisierte Wortwechsel wie etwa ›Schmeckt's?‹ ›Gut!‹ ›Das ist die Hauptsache!‹ oder ›Schmeckt's?‹ ›Muß ja!‹ sind mithin keine Leerformeln, sondern Lehrsätze – im Unterschied zum bewußten Genießen, das die Werbung anspricht (›Feinschmeckererlebnis‹), und zur schwärmerischen Genießerei (Hedonismus). Bewußtes Genießen stellt auch eine kulturelle Forderung dar; es ist an eine Ethik gebunden – so wie der Nießbrauch einer Erbschaft besagt, daß man nicht zuviel davon verbrauche: Einteilen, Haushalten, ›schlückchenweise trinken‹, ›mäßig aber regelmäßig‹. Was darüber hinaus geht, gilt als Übertreibung, Exzeß, Raubbau, reine Gier, eben ungute Lebensführung. ›Du sollst nicht so runterschlingen, sonst hast Du ja nix davon‹. ›Schade ums schöne Essen‹ wäre es nicht nur, wenn etwas davon liegenbliebe, sondern auch, wenn es nicht genossen würde. Der Akt muß wahrnehmbar Lustgewinn abwerfen, muß sich rentieren. Der Imperativ ›Du sollst genießen!‹ gebietet dem Kind, das recht unbekümmert sich Befriedigung verschafft, Einhalt. Im Namen einer Genuß-Norm wird Leidenschaft gezügelt und Wertschätzung für das Produkt abverlangt. Nachhaltig wird dem vielleicht indifferenten Kind nahegebracht, was im kulturellen Sinn genießenswert sei und was bloßer Tand (›Schleckereien‹).

Auch wenn heute vielfach bewußt der Gesundheitswert, Nährwert usw. von Speisen genossen wird, geht es nicht ohne die unbewußte Lust bzw. das Genießen. Die vom Esser bewußt empfundenen Genuß-Gefühle sind Abkömmlinge seines unbewußten Genießens, das nie völlig fühlbar sein wird, seiner verdrängten Vorstellungen, die sein Denken und viele seiner Handlungen bestimmen (etwa im Sinn der ›heimlichen Genüsse‹, die man sich nur ungern eingestehen mag).

Ein anderes unbewußtes Element kommt beim gemeinsamen Essen noch hinzu: Genossen wird auch das Begehren des anderen, des Liebesobjekts, das mit dem Eß-Akt assoziiert wird. Es entspricht dem Genießen, das sich beim Füttern eines Babies oder einer Katze einstellt; man ist mehr als ein Futterverteiler, man nährt, um das Begehren des anderen zu genießen, um etwas zu repräsentieren, was dem anderen mangelt (›Noch ein Löffelchen für die Mutti‹, ›Nehmen Sie doch mir zuliebe noch ein Stück‹). Deshalb ist es auch so schwer erträglich, wenn der andere das, was man ihm zu bedeuten glaubt, offensichtlich nicht genießen kann.

Die Vielfalt und der Diskurswechsel in den Fragestellungen des heutigen Essers erinnern an jene der Gastrosophen des frühen 19. Jahrhunderts, beispielsweise Rumohr und Brillat-Savarin, die sich sowohl mit den Freuden der Tafel als auch mit der Physiologie der eßbaren Substanzen, sowohl mit der Ästhetik der Eßkunst als auch mit Ökonomie und Ökologie, sowohl mit Diätetik als auch mit der Kochkunst befaßten.

In verschiedenen Lebensbereichen sehen wir Ansätze einer neuen Ethik sich entwickeln, die auch das Essen betreffen. Bei dieser neuen Ethik geht es um die Frage nach dem Genießen und danach, was es heißt, ›gut zu leben‹. Dies fordert bedeutend mehr als bloßes Genießertum und mehr als den Versuch, eine irgendwie meßbare ›Lebensqualität‹ zu bestimmen und politisch anzusteuern: nämlich Arbeit an der Entzifferung des eigenen Genießens.

Das Genießen läßt sich nicht gegen Notwendigkeit oder körperliches Bedürfnis abgrenzen. Dem Glauben, der Körper fordere naturgemäß, was die Kultur ihm vorenthält, als hätte der Bauch gegen den Kopf – Kommando- und Kontrollzentrale – einen Kampf zu gewinnen oder zu verlieren, ist entgegenzuhalten, daß die Macht der Kultur, der Sprache und der gesellschaftlichen Verhältnisse von Anfang an dem menschlichen Körper selbst miteingeschrieben ist.

C.-D. R.

Literatur

Brillat-Savarin (1913), 1913
Brillat-Savarin (1979), 1979 (Reprint)
Canetti, 1980
Elias, 1969
Elias, 1980
Freud (1900 a), 1968 ff., Bd. 2
Freud (1912 d), 1968 ff., Bd. 5
Freud (1923 b), 1968 ff., Bd. 3
Freud (1925 h), 1968 ff., Bd. 3
Glatzel, 1959
Kubelka, 1981
Rath (1984), 1984
Rath (1987), 1987
Simmel 1957
Weber 1976

Jörg Ratgeb, Abendmahl, um 1500, Rotterdam, Museum Boymans van Beuningen mit allen charakteristischen Motiven eines Festmahls im späten Mittelalter.

ERSCHEINUNGEN DES GESCHMACKS – *Tafelbräuche und Tischgerät*

Die Kunstgeschichte, die sich mit den Tafelgeräten befaßt, erörterte bisher die Herstellung, Manufakturgeschichte und Ästhetik der Formentwicklung zusammen mit der Frage nach den entwerfenden Künstlern und ihren Auftraggebern. Darüber hatte man die Frage nach der konkreten Verwendung dieser Formen, dem Erscheinungsbild auf der Tafel sowie der Einbindung in Brauch und Zeremoniell weitgehend vergessen. Kaum diskutiert wurde, wie Gestalt und Gebrauch sich gegenseitig bedingen und weiterentwickeln. Eine als autonom verstandene Formästhetik stand stets im Vordergrund.

Die historischen Formen der Mahlzeit wichen von den heute selbstverständlichen Gewohnheiten stark ab, waren teilweise von fremdartiger Ausgefallenheit und sind weitgehend vergessen. Es blieben verschiedenste Tafelgeräte, Inventare, Zeremonialbücher und einige wenige Beschreibungen von Tafelsitten in Zeichnungen, Stichen, Gemälden und in der Literatur.

Die Erinnerungen sind längst verblaßt, die Widersprüche jedoch noch vorhanden. Der Blumenstrauß, der anfangs auf dem gedeckten Tisch steht, muß verschwinden, wenn die große Terrine oder die garnierte Platte mit dem Hauptgang aufgesetzt wird. Uns unbewußt überlagern sich hier zwei Vorstellungen von der Tafel, die ein Jahrhundert nebeneinander existierten und heute miteinander konkurrieren.

Seit kurzem läßt sich beobachten, daß in der Kunstgeschichte ein Wendepunkt erreicht ist und lange verdrängte Fragen sich in den Vordergrund schieben. An Gebrauchsgeschichte und Tafelzeremoniell entzünden sich Diskussionen, und es kommt zu ersten Antworten zu dem neuen Themenkreis. Obwohl die Quellen spärlich sind, läßt sich ein wohlgeordnetes System erkennen, wie sich tägliche Mahlzeiten abspielten.

Der alte Konflikt im Mittelalter zwischen der Tischgesellschaft der Gleichen und der hierarchischen Ordnung der Ungleichen ist anfangs zugunsten einer Vorstellung entschieden, die den Souverän über die Gesellschaft und entsprechend abseits setzt. Der Kaiser, die Könige und die königlichen Prinzen speisen, wenn sie mit ihren Untergebenen zusammen sind, stets alleine an einem Tisch, um zu unterstreichen, daß sie mit niemandem etwas gemeinsam haben und allen überlegen sind. Ihr Platz ist mit den Rücken zum wärmenden Kamin auf einer Lehnenbank. Seitlich oder gegenüber steht ein Schrank oder ein Tisch mit einem Aufbau an Tafelgerät, das teilweise zum Gebrauch, teilweise als repräsentative Zierde dient. Das Mittelalter kam ohne jeden zusätzlichen Schmuck auf dem Tisch aus. Prachtvoll gestaltete goldene und silberne Gefäße blieben die Hauptsache auf Tisch und Buffet. Bestenfalls nahmen einzelne Tischgeräte figürliche Formen an, die ihren Zweck überhöhten und offenlegten: Schiff oder Muschel als Behälter für Meersalz und Gewürze, Poka-

Der erste bayerische Truthahn, Deckenmalerei im Dianazimmer der Stadtresidenz Landshut, Hermann Posthumus 1541

le in Trauben- oder Blütengestalt, wasserspeiende Tiere als Wasserkannen. Einzelne Schenkkannen, Teller, Platten, Gewürzbehälter, Flaschen, Pokale und Schalen in freiem asymmetrischen Arrangement führen Reichtum und Status ihres Besitzers vor Augen. Der zerlegbare und leicht zu transportierende Tisch wird mit einer weit herabhängenden weißen Damastdecke gedeckt. Zum Gebrauch auf dem Tisch stehen der Pokal oder Mundbecher, Gewürzdose, Senfkanne, ein Messer und das Nef – ein schiffsförmiger Behälter – bereit, in dem vor und nach der Mahlzeit die Utensilien des persönlichen Gebrauchs eingeschlossen wurden, damit kein Gift darangegeben werden konnte. Vorsichtsmaßnahmen vor dem Giftmord waren nachgerade Ausweis der Macht und ein Privileg der Souveräne: das Vorkosten von Brot und Wein durch den Hofmarschall oder einen eigenen Vorkoster, Bezoarsteine, Natternzungen, Narwalpokale und Nashornbecher sollten durch Verfärben oder Schäumen beigemischtes Gift anzeigen. Gefäße und Geräte für die Giftprobe wurden auf einer eigenen Anrichte, der Kredenz, bereitgehalten. Davon leitet sich der Begriff ›kredenzen‹ ab.

Der Fürst aß wie alle anderen mit der rechten Hand, die er auch benutzte, um mit seinem Tafelmesser von den Fleischstücken abzuschneiden, die ihm vorgelegt wurden. Der Vorschneider bediente sich eines spachtelförmigen Vorlegemessers, zum Vorlegen des Fleisches einer Fleischgabel. Löffel sind

Fünfstufiges Buffet im Antiquarium der Münchener Residenz, Entwurf Friedrich Sustris um 1590, Münchener Arbeit in Nußbaum

Der Januar mit Darstellung eines Gastmahls, Entwurf Peter Candid, Ausführung Hans von der Biest, München 1612-14, Münchener Residenz,
Inschrift: Tische und Flammen spenden Trost im Winter; es freut im Innern das Mahl, von Außen der Herd. Die Frau ist Tischgenossin, Der Wassermann schüttet seine Wogen aus: die Frau, wenn sie denn Durst hat, soll solchen Wein trinken.

überliefert, doch bleibt ihr Gebrauch ebenso selten wie unklar. Soßen wurden mit dem Brot verspeist, das auf der Tafel allgegenwärtig war und als Unterlage für Fleischstücke und Fisch diente, in den Wein und in die Tunke getaucht wurde und stets zu mehreren Stücken auf dem Tisch verteilt lag. In Deckelschüsseln, die mit einer Serviette zugebunden waren, wurden die Gerichte in einer langen Folge aufgetragen. Es befand sich aber selten mehr als eine Schüssel oder Platte auf dem Tisch.

Aß eine Gesellschaft Gleichrangiger an einem Tisch, dann saß man beim Bankett auf der einen Seite der Tafel, während von der anderen Seite serviert, im Knien tranchiert und bedient wurde. Bei großen Gastereien blieb so auch der Blick auf Musikanten und Gaukler frei. Als Besonderheit wurde im 14. Jahrhundert zu Pferde serviert oder zum Staunen der Gäste etwa die Eroberung Jerusalems aufgeführt. Weiteren Augenschmaus boten gebratene Vögel mit wiederaufgesteckten Federteilen, blattvergoldete Bratenstücke und Pasteten sowie andere Schaugerichte, deren Ankunft mit Musik und Gesang begrüßt wurde. Das Lied des gebratenen Schwanes aus den Carmina burana verdankt einem solchen feierlichen Introitus seine Entstehung.

Das kostbare Tafelgeschirr war rar, und so teilten sich auch hochgestellte Gäste paarweise einen Becher, einen Löffel und einen Teller, wobei Tischdame und Tischherr einander bedienten. Als Teller verwendete man auch bei fürstlichen Essen glatte Holzbrettchen oder flache eingetiefte Holzteller. Das eigene Messer führte jeder am Gürtelriemen mit sich und bediente sich des spitzen Instruments, um Fleischstücke aufzuspießen und abzutrennen, die dann mit den Fingern zum Munde geführt wurden. Verpönt war es, die Spitze des Messers als Zahnstocher zu benutzen. Das Tafelgerät befand sich auf dem Buffet, in dem Schrank und auf der Tafel und bestand aus Gold und Silber – Materialien, die dem Adel vorbehalten blieben. Wenig blieb erhalten, da bei Geldknappheit das Edelmetall zerhackt und in der Münze eingeschmolzen wurde. Silber und Gold waren, bevor Anfang des 16. Jahrhunderts die eingezogenen Kirchenschätze aus reformierten Ländern auf den Markt kamen und zugleich die Schätze der Azteken und Inka nach Europa strömten, sehr rar. Silber schätzte man erstens wegen seiner physikalischen Eigenschaften, es nimmt leicht Wärme an und hält sie, was für den langen Transport von der entfernten Hofküche auf die Tafel wünschenswert war, zweitens wegen seiner antibakteriellen Eigenschaften und drittens, weil es einen bisweilen erwünschten leicht bitteren Geschmack auf die Speisen überträgt. Bei den Messern war dies anders. Durch den Kohlenstoffgehalt des Stahls ergibt sich eine intensive und unangenehme Geschmacksübertragung besonders auf schwefelhaltige Speisen wie Eier und empfindliche Speisen wie Fisch, Spargel und Obst. Diese schlicht materialbezogene Vorsicht hat später eine ausufernde soziologische Ausdeutung als Tabu oder etwa Kastrationsdrohung erfahren.

Im 16. Jahrhundert kommt eine Reihe von Änderungen, Erfindungen und neuen Sitten auf, die gut überliefert sind, weil der Buchdruck die Culinaria bevorzugt und einem großen Kreis von Lesern zuträgt. Kochbücher, Tischzuchten und Tranchierbücher kodifizieren das Wissen und die Konventionen der Zeit. Grundmerkmal sind das Aufgeben der gemeinsamen Gedecke, die Individualisierung der Bestecke und Gedecke, die Verdrängung der Unmittelbarkeit und die vornehme Distanz zwischen Handlung und Ziel.

Jeder Tischgenosse wird von nun an anständigerweise mit einem eigenen vertieften Teller versehen, der das flache Brettchen ablöst, dann wird ihm sein eigener Löffel bereitgelegt und auch ein Tafelmesser zur Verfügung gestellt. Der Gebrauch der Gabel bleibt weiter auf Tranchieren und Vorlegen beschränkt. Nur manierierte Zeitgenossen bedienen sich des zweizinkigen Instrumentes, um sich nicht die Finger zu beschmutzen. Neben den Konfektgabeln, den Pironi, erwähnt das Münchner Kunstkammerinventar von 1598 noch eine ›Käßgabel‹. Vor 1700 kann sich der Brauch gegen den Widerstand der Kirche und die ältere Tradition wahrer Vornehmheit nicht ausbreiten.

Das Tranchieren des im ganzen gebratenen Tieres ist zu einer hochentwickelten Kunst gediehen, und erhaltene Tranchierbestecke zeigen noch die Messersätze, mit denen der Hofmann mit einem Minimum an wohlgesetzten Schnitten das Huhn, frei in der Luft auf die Gabel gespießt, entlang der Knochen und Gelenke in die richtigen Stücke zerteilte. Dem virtuosen Gebaren bei dieser in Italien entwickelten Kunst verdankt das deutsche Schimpfwort ›Aufschneider‹ seinen Ursprung. Suppen, die in eigenen tiefen Tellern und Schalen gegessen wurden, bereichern mehr und mehr die Eintönigkeit der Fleischgänge.Übergroße, auf Fernsicht hin gestaltete Schaugefäße und Weinkühler schmücken in symmetrischer Anordnung das Buffet, das entsprechend dem sozialen Rang in Stufen aufgebaut war. Der Bürger durfte eine Etage des Aufbaues beanspruchen, der Ritter zwei, der Graf drei oder vier, der Herzog fünf, der Souverän sechs und sieben, um den Reichtum der Tafel zur Schau zu stellen. Entsprechend dieser Aufstellung werden silberne Gefäße entweder als große Mittelstücke oder in Paaren und Serien geschaffen.

Für Unterhaltung und Gepränge auf der Tafel selbst sorgen hydraulisch betriebene Tischbrunnen, Trinkspiele, Sturzbecher und Scherzgefäße, die mit den barbarischen Zeremonien des Zutrinkens, Toast und Bescheids verbunden sind, bei denen das Opfer genötigt wurde, aus gigantischen Gefäßen sich zur Belustigung der anderen bis zur Besinnungslosigkeit zu berauschen.

Das 16. Jahrhundert kennt eine entscheidende Neuerung auf der fürstlichen Tafel, die zur Ausprägung einer Folge von Auftrag- und Anrichtformen beiträgt. Erschwinglicher Rohrzucker ermöglicht nun einen eigenen großen Konfektgang und entsprechende Schaugerichte aus einer Zucker- und Mandelmasse – dem Tragant –, die formbar und formstabil ist und skulpturale Gestaltungen auf die Tafel bringt. Wirklich eßbar waren diese Kunstwerke nicht. Die symmetrisch in Form eines Gartens angelegte Konfekttafel mit ihren hohen figürlichen Aufsätzen wird später zum Ideal des gedeckten Tisches.

Die nicht eßbaren Tragant-Figuren, -Aufbauten und -Kulissen werden von Mahlzeit zu Mahlzeit aufbewahrt, variiert und ergänzt. Vor Feuchtigkeit und Schädlingen ließen sich die Figuren für die Desserttafel allerdings besser bewahren, wenn man sie gleich in Gips oder Ton ausführte. Italien spezialisierte sich bei den Dessertservicen auf Ausführungen in weißem und farbigem Glas, die auf Spiegelplatten standen und ein Gartenparterre nachbildeten. In Italien kamen zusammen mit den Dessertaufsätzen und Früchten auch bisweilen Blumensträuße auf die Tafel, ein Brauch, der sich nur langsam durchsetzte. Nachdem 1708/09 das Porzellan im Westen nacherfunden wurde, entwickelte es sich zum Material par excellence für die Desserttafel. Bosketts, Parterren, Blumenvasen, Skulpturen auf Sockeln, Terrassen, Früchte und Konfekt in Schalen und Pyramiden bilden das Grundrepertoire einer solchen Tafeldekoration. Viele der überlieferten Porzellanfiguren des 18. Jahrhunderts dürften den beschriebenen Zusammenhängen ihre Entstehung verdanken und auf der Tafel ihren Platz gefunden haben. Ein ›Chemin‹ oder ›Dormant‹ aus Spiegelplatten ergibt die Fläche und wird teilweise mit farbigem Sand oder Zuckerperlen – den ›Nonpareilles‹ – bestreut. Die Entsprechung zur Gartenkunst der Zeit ist vollkommen.

Am Ende des 17. Jahrhunderts kam ein neues Kombinationsgerät auf, das in eine Gestalt verschiedene Funktionen integriert: Das ›Surtout‹ hat in seiner Standplatte Einlassungen für Salz- und Pfefferstreuer, dann Essig- und Ölkaraffen, außen angesetzte Leuchterarme und dazwischen eine Schale für die kostbaren Zitronen. Dieser Silberaufsatz blieb, wie es auch der Name ausdrückt, während des ganzen Essens stehen. In Frankreich wurde das ›Surtout‹ mit Mitteln architektonisch geprägter Bauskulptur geschmückt, in Deutschland hingegen änderte es den Namen in ›Platmenage‹ und erfuhr eine phantastische neue Interpretation als Gartenlaube oder Treillagepavillon. Dabei blieb es oft fast verborgen, wo sich Salz, Pfeffer, Öl, Essig und Fruchtschale befinden, so geschickt sind die Teile ineinander integriert. Diese dominierend großen Aufsätze standen von Anfang an auf dem Tisch und gaben der Tafel das Aussehen eines Miniaturgartens der Zeit. Die Terassengliederung wurde in der Sockelplatte aufgenommen und die Vasenform in den Gefäßen aufgegriffen. Anfangs wurde häufig ein figürlich belebter Felsen als Mittelstück verwendet, später, während der Transition zum Klassizismus, waren runde, geschmückte Säulentempel das häufigste Motiv.

Sonst wurde an den europäischen Fürstenhöfen aus Edelmetall serviert. Die façonnierten Silbergeschirre kamen bei der höfischen Zeremonientafel oder der offenen Tafel des Souveräns zur Geltung, der alleine an einem quadratischen Tisch speiste: »... außerdem aber bestehet das wesentliche der offenen Tafel darin, daß allen honetten Personen der Eingang, nach Erleidung des Plazes, verstattet und vergönnt wird, zuzusehen, wie gut es ihrem lieben Landes-Vater und seinen Junckern schmeckt...« Der Rückgriff auf das traditionelle Mahl des Herrschers vor den Augen seiner Untertanen aus dem Mittelalter ist offensichtlich. Gegessen wurde gewöhnlich im ersten Vorzimmer des fürstlichen Appartements. Der Raum zeichnete sich durch eine einfachere Dekoration aus, die Stühle hatten ein Korbgeflecht, bisweilen finden sich ein Wandbrunnen sowie eine feste Installation für das Buffet. Nach dem Grand Couvert wurden der Tisch abgeschlagen und die Stühle an die Wand gerückt, bzw. an die hereingebrachten Spieltische gesetzt. Feste Tische oder reguläre Speisezimmer kennt das 18. Jahrhundert in der Regel nicht.

Als europäische Hauptform des Servierens und des Tafelns muß der ›Service à la française‹ angesehen werden, der sich im 16. Jahrhundert herausbildet, kodifiziert wird und bis weit in das 19. Jahrhundert vorherrscht. Dabei ist das Grundprinzip eine Folge von drei Trachten, die als Schaugerichte reich garniert in symmetrischer Ordnung auf der Tafel niedergesetzt werden. Dort hatten sie einen festen Platz und wurden beim nächsten Gang durch eine andere Schüssel oder Platte ausgewechselt. Die Gäste bedienten einander, indem sie nicht die Platten, sondern die Teller herumreichten. Die Diener hielten sich nur bereit, um besonderen Wünschen nachzukommen. Vor 1800 war es nicht üblich, Flaschen und Gläser auf dem Tisch zu haben, sondern sie wurden von Lakaien an ihrem Fuß auf Wunsch gereicht und entgegengenommen, um auf einen Zug geleert zu werden. Das 19. Jahrhundert befeindet diesen Brauch, will seine Gespräche auch nicht von den Dienern überhört wissen und setzt ein bis zwei Gläser pro Gast und die Flasche selbst auf die Tafel. Das Umgießen in Karaffen war als Beeinträchtigung der Weinqualität verpönt. Wenn die Gäste den Raum betraten, war die Tafel für den ersten Gang bereits gedeckt.

Die Mitte der Tafel nahmen zwei gigantische Suppenterrinen ein. In zumindest einer befand sich der obligatorische ›Pot d'oille‹, eine Speise, die seit dem ausgehenden 17. Jahrhundert zur Zeremonientafel gehörte. Es war ein von der spanischen Suppe ›olla podrida‹ abgeleitetes Gericht, das von spanischen Gesandten in Frankreich eingeführt worden war und aus verschiedenen Wildgeflügeln, Fleisch und Gemüsesorten bestand. Zur Zubereitung gehörten das Garen und schließlich Ansetzen in einem Silbergeschirr. Der Pot d'oille fehlte bei keinem großen Essen des 18. Jahrhunderts, und die Terrinen mit ihrem naturalistischen Schmuck gehörten zu den mächtigsten und aufwendigsten Gefäßen der Tafel. In architektonischer Ordnung schmückten sie das Ende der langen Tafel, das Mittelstück bildete das große ›Surtout‹.

Ringsum standen während des ersten Service die Entrées und Hors d'oeuvres in möglichst großer Zahl. Die Anfangszahl gab den Umfang der weiteren Services vor. Als Zwischengang wurden die Suppen durch Fisch- und Fleischgerichte in Saucen ersetzt. Dies waren die ›Relevés‹ oder Auswechselungen. Als zweiter Hauptgang kamen dann die ›Entremets‹, die großen Braten, ›rôtis‹, und die ›Entremets de douceur‹, Süßspeisen wie Crèmes und Kuchen. Schließlich folgte der dritte Hauptgang, das Dessert, das nicht aus der Küche, sondern eigens dafür aus der Konditorei geliefert wurde. Mit Rechauds und Speiseglocken suchte man die Speisen auf ihrem langen Weg vom Herd über den Anrichtetisch, wo sie geformt und reich garniert wurden, entlang den Korridoren, auf Wartestation vor dem Auftragen und auf der Tafel halbwegs warm zu halten. Ein Unterfangen, was bei dem immer größer werdenden Umfang der Repräsentation und der Menüs mit bis zu hundert Gerichten sich schließlich ad absurdum führte und als System zusammenbrach. Gegen 1850 hatte der ›Service à la française‹ dann ausgespielt.

Die große Form des Galaessens auf Silber wurde durch den ›Service à la russe‹ ersetzt, der nach einer nicht überprüfbaren Tradition vom Hofmarschall eines russischen Gesandten in Paris gegen Ende des 18. Jahrhunderts eingeführt worden sein soll. Statt die Schauplatten auf der Tafel nebeneinander auszubreiten, wird jetzt dem Gast eine Folge von Speisen hintereinander auf vorgewärmten Porzellantellern mit fertig zugeschnittenem Fleisch und arrangierten Beilagen gereicht. Die frei werdende Tischmitte erhält aus der Tradition der Desserttafel eine dauernde Dekoration, die während des ganzen Essens stehen bleibt. Gegen 1810 entstehen dafür Formen, die bis zur Mitte des Jahrhunderts gültig bleiben. Das Silber wird nach dem neuesten Geschmack durch Geräte aus feuervergoldeter Bronze ersetzt. Sie stehen auf einem unterschiedlich kombinierbaren System von halbrunden und quadratischen Spiegelplatten mit durchbrochenen Einfassungen von Bronze. In die Mitte wird eine große Blumenvase gesetzt, flankiert von Konfektetageren, Leuchtern, Kompottschalen und weiteren kleinen Blumenvasen, die zusammen mit Skulpturen das große Oval der Tafelmitte zwischen Consommé und Petits fours dauernd schmücken. Das Auge wird durch die Reflexionen des Lichts, der Farben und Formen auf dem Spiegelglas und dem Widerschein auf dem Gold der Bronze unterhalten.

Diplomaten wie Cambacérès, Talleyrand und Metternich führten die ergebnisreichsten diplomatischen Gespräche bei Tisch. Den Gästen imponierte der Glanz der Tafel, und es gab keinen Staatsmann, der nicht mehrere Service dieser Art besaß. Meist wurden sie vor 1815 angeschafft. Es ist dies das Ambiente der großen Diplomatenessen, die in der Zeit um den Wiener Kongreß ihre Hochkonjunktur hatten und für die Dekoration der Tafelmitte und eine Speisefolge sorgten, die das Menu zu einer dramatischen Kunstform werden ließ.

Silbernes Surtout für eine Tafel mit vierzig Gedecken, Charles Normand, Paris 1838, Kupferstich nach Arbeiten von Gaudois

Die lineare Folge des ›Service à la russe‹, der nach Umfang und Art der Speisefolge nicht von Anfang an überschaubar war, bringt erstmals die dem Tischgenossen vorgelegte geschriebene oder gedruckte Menükarte hervor.

Auch bietet der ›Service à la russe‹ auf dem Tisch Raum für eine bisher unbekannte Weinkultur. Jedem Gericht ist ein anderer Wein zugeordnet, für den ein entsprechendes Glas auf dem Tisch bereitgehalten wird. Der feste Glaube, daß der Wein besser aus der Flasche munde, weicht dem ebenso dogmatisch befolgten Glauben, daß nur in einer Karaffe dekantierter Wein richtig schmecke.

Tafelaufsatz für den Kronprinzen Maximilian, Entwurf Eugen Napoleon Neureuther, 1842, Münchner Stadtmuseum

Die Entwicklung in der zweiten Hälfte des 19. Jahrhunderts wird von widersprüchlichen Tendenzen dominiert. Auf der einen Seite verwendete man für den Tafelschmuck mehr oder weniger historisierende Formen, in denen der Motivschatz der Stile der Vergangenheit zitiert wird. Die Gegenwart wird so durch die Vergangenheit legitimiert und gesellschaftlich altes Herkommen vorgetäuscht. Auf der anderen Seite vermischten sich die herkömmlichen und anfangs noch getrennten Arten des Servierens und Dekorierens zunehmend untereinander. Die Tendenz ging dahin, auf die Mitte der Tafel einen Aufsatz zu stellen, darum herum Kandelaber, Blumenvasen und Blumenschalen zu arrangieren. Spiegelplatten auf Metallsockeln waren bisweilen noch in Gebrauch, verschwanden aber nach 1900. Nach der russischen Methode wurden die Gänge nacheinander auf Tellern serviert. Aber auch die Schauplatten und Schaugerichte des französischen Services führten als ›pièces montées‹ noch ein langes Nachleben. Oft wurden sie bloß vorgezeigt oder auf Nebentischen aufgestellt, um dann im russischen Service aufgeteilt zu werden. Konfektetageren, Konfekt- und Kompottschalen kamen als konservative Elemente nur noch bis zum Ende des Jahrhunderts vor.

Ganz neu sind nun die großen Blumenbouquets auf dem Tisch, wobei die Tafeldekoration mit flachen Gestecken in Jardinieren und Schalen ergänzt wird. Niedrige Gläserkühler mit gebogt ausgeschnittenen Rändern aus dem 17. und 18. Jahrhundert finden jetzt häufig ihre Sekundärverwendung als Jardinieren. Im Kunsthandel wurde ihre ursprüngliche Funktion lange verkannt. Auch die großen montierten Prunkvasen des Klassizismus, die ursprünglich keinen anderen Zweck hatten, als auf Konsoltischen oder Kaminsimsen zur Schau gestellt zu werden, wurden jetzt mit Einsätzen ausgerüstet, mit riesigen Blumensträußen versehen und auf die Galatafel gebracht.

In der Epoche der Pflanzensammler, Gewächshäuser und Wintergärten rücken kostbare Blumen und Pflanzen in den Mittelpunkt des Interesses, der Konversation und der Repräsentation. Haushaltsbücher warnten immer wieder, zu stark riechende Blumen einzusetzen, ein Ratschlag, der das häufige Zuviel verrät. Eine weit weniger vergängliche Dekoration sind die regelrechten Tischdenkmäler, die kurz vor 1840 in Paris in Mode kommen. Die Skulpturen auf hohen Sockeln verherrlichen anfangs die Jagd oder andere fürstliche Vergnügen und entwickeln sich im Laufe des Jahrhunderts zu regelrechten politischen Allegorien, die zu den Konflikten der Epoche Stellung beziehen.

Tafelaufsatz mit Figuren aus der Nibelungensage, Ludwig von Schwanthaler 1842-44, Schloß Hohenschwangau WAF
Der Aufsatz wurde für die Hochzeitstafel des Kronprinzen geschaffen.

Diese Themen und Gestaltungen begleiten als Parallele den Denkmalskult auf Plätzen und in Gärten jener Zeit. Es findet sich hier die letzte genaue Entsprechung von Gartengestaltung und Tafeldekoration. In der Mitte erhebt sich hier wie da ein pompöser Sockel, bekrönt von einer selbstbewußten politischen Allegorie, umringt von Kandelabern, die Straßenlaternen gleichen. Die Vasen und Schalen mit Blumen und Bäumchen schufen den angenehmeren Teil einer solchen ›öffentlichen‹ Dekoration, die bei Staatsessen und Empfängen üblich war.

Diese Tradition beginnt in der deutschen Romantik mit dem Nibelungenaufsatz, heute in Hohenschwangau, und endet mit dem silbernen Figurenaufsatz von Ignatius Taschner zur Hochzeit des deutschen Kronprinzen. Entsprechend den Denkmalen auf dem Tisch, wurden die Speisen auf hohe Ornamentsockel aus Fett, Gips und Stearin gestellt. Auch der Zuckerbäcker verstand sich als ein Bildhauer in vergänglichem Material.

Formen des Servierens existierten als Inszenierung eine Weile nebeneinander und begannen sich zu vermischen. Die Tafeldekoration reduzierte sich bald auf Blumenarrangements, Leuchter und Menagere, die den Ansprüchen einer immer kleiner werdenden Tischgesellschaft und einer kürzer gewordenen Essensdauer vollauf genügten. Neue Tugenden der Einfachheit gehen von so gegensätzlichen Fürsten aus wie Ludwig II., der seine kargen, meist pürierten Mahlzeiten, von Zahnweh geplagt, zwischen Mitternacht und Morgen einsam einnahm und es vorzog, dabei mit imaginierten Gestalten aus der Geschichte zu plaudern, oder wie später dem letzten deutschen Kaiser Wilhelm II., der hastig, in einer Hand die Kaisergabel – eine Gabel mit Messerschneide –, die Mahlzeiten auf nur zwanzig Minuten verkürzte. Alte europäische Tafeltraditionen fanden somit ein Ende.

H. O.

Literatur

Aminjon und Blondel, 1985
Baillie, 1967
Benker, 1978
Bottineau und Lefuel, 1965
Bouilhet, 1910
Brückner, 1992
Brunner, 1964
Bursche, 1974
de Capitani, 1982
Eckstein, 1963
Elias, 1969
Grandjean, 1962
Grimod de la Reynière, 1808
Gruber, 1982
Havard, 1887-1898
Helferich-Dörner, 1959
Hierneis, 1953
Ketchman Wheaton, 1983
Larioux, 1989
Lebault, 1810
Mabille, 1980
Mabille, 1987
Millard, Hinous und Pascal, 1989
Ottomeyer und Seelig, 1983
Ottomeyer und Pröschel, 1986
Pfaender, 1957
Plodeck, 1971
Reinheckel, 1989
Rottenhöfer, 1858 (Repr. 1966)
Rudofsky, 1980
Schiedlausky, 1954
Schiedlausky, 1963
Schiedlausky, 1965
Schiedlausky, 1989
Schranka, 1890
Uhlemann, 1966
Verlet, 1966
Wievelhove, im Druck
AK ›Essen und Trinken im Alten Bern‹, 1984
AK ›Menu – Tafelkultur 1860-1930‹, 1984
AK ›Les Français et la table‹, 1985

VORGESCHICHTE DES ESSENS

Menschen sind auf das tägliche Essen angewiesen. Mit Nahrungssuche und Nahrungserwerb bringen sie den Großteil ihres Lebens zu. Je einfacher die Lebensformen sind, um so mehr stehen die Suche nach Lebensmitteln und das Essen im Mittelpunkt des Verhaltens. Grundmuster der gemeinsamen Nahrungssuche durch Jagd, Sammeln, Pflanzen- und Tierzucht sind auch Grundmuster sozialen Verhaltens.

Die gleichzeitige gemeinsame Mahlzeit, bei der sich die Tischgenossen einander zuwenden, entweder nach Rang ungleich teilen oder nach dem Gleichheitsprinzip in gleiche Anteile aufteilen, ist weitgehend für Menschen spezifisch und kennzeichnet ihre Art.

Die frühesten Spuren menschlicher Existenz und jeder Besiedelung sind in der Regel Geräte, die zur Jagd oder später zum Feldbau gehören. Instrumente aus Stein sind die ältesten Zeugnisse, dann kommen in der mittleren Steinzeit getrocknete und gebrannte Gefäße aus Ton auf, die zu den Mahlzeiten dienten. Aufwendige Verzierungen und spezifische Formen können mit örtlich begrenzten Kulturstufen und Zeitebenen in Verbindung gebracht werden; Gefäße definieren die menschlichen Kulturen.

So sind auch im Münchener Raum Keramikfunde der Rössener Kultur und der Glockenbecherkultur im Pasinger und Laimer Bereich die frühesten Spuren menschlicher Existenz. Neben den Gerätefunden, den Gefäßen, die komplizierte Verzierungen und ihre eigenwillige Formgebung zu frühen Beispielen angewandter Kunst machen, kommen Skelettfunde vor. Verformungen und Verletzungen der Knochen lassen Rückschlüsse auf Nahrungsbräuche und Mangelzeiten zu. Starker Zahnabschliff an Schädeln der Jungsteinzeit und Bronzezeit kam durch das Steinmehl der Handmühlen zustande. Diese Abnützung beobachten Zahnärzte jetzt wieder an den Zähnen ›gesundheitsbewußter‹ Patienten, die ihr Getreide in der Küche mit der Handmühle mahlen, weil sie der Industrie nicht trauen.

Die ausgestellten Stücke sollen Beispiele dafür sein, welch elementare Bedeutung Essen und Eßgerät haben.

H. O.

DER TÄGLICHE BREI

Die ›neolithische Revolution‹, d.h. die Umstellung vom Jagen und Sammeln auf Ackerbau und Viehzucht, brachte auch eine grundlegende Veränderung der menschlichen Ernährungsweise mit sich. Nicht nur Fleisch, sondern auch Getreide und Hülsenfrüchte bilden nun die Nahrungsgrundlage des seßhaften Menschen.

Im Vorderen Orient wurden bereits zwischen 8000 und 7000 v. Chr. Wildgräser kultiviert. Von dort gelangten Einkorn und Emmer, vereinzelt auch Gerste nach Europa. In der Epoche der Brandkeramik, der ältesten einheimischen Ackerbaukultur (ca. 4600–3800 v. Chr.) wurden sie erstmals angebaut. Es folgten Nacktweizen und Hirse, in der Bronzezeit (3000–750 v. Chr.) kam Dinkel hinzu. Während der vorrömischen Eisenzeit (ab 750 v. Chr.) wurde der Roggen eingeführt.

Die Getreidekörner wurden entweder angeröstet oder aufgebrüht genossen. Erst als mit der Erfindung des Steinmörsers und des Mahlsteins bzw. des Mahltrogs mit Mahlstein in der Jungsteinzeit das Korn zu grobem Schrot zermahlen werden konnte, gelangte es zu Suppe und Brei verkocht auf den frühgeschichtlichen Speiseplan.

Im antiken Griechenland wie auch in Rom pflegte nur die reiche Oberschicht eine raffinierte Küche. Die einfache Bevölkerung hingegen lebte von Getreidebrei und Gemüsebeilagen. In Griechenland aß man Gerstenbrei oder ›maza‹, eine Gerstenpaste, die Römer ernährten sich von ›puls‹, einem stark gewürzten Brei aus Dinkel, Gerste oder Hirse, der mit Milch gekocht wurde.

Die Nahrungsgrundlage der Germanen bestand zu Beginn der christlichen Zeitrechnung ebenfalls aus einem Mus, das mit Getreidemehl angesetzt wurde. Für dieses ›Nationalgericht der Germanen‹ (Plinius d.Ä.) verwendete man im Norden meist Hafer, im Süden auch Gerste, Weizen, Roggen und Hirse.

Auch in den folgenden Jahrhunderten der Völkerwanderung und noch während des gesamten Mittelalters bildeten Suppe, Brei, Mus oder Grütze aus unterschiedlichen Getreidesorten die Grundlage der Ernährung fast aller Bevölkerungsschichten. Im Hochmittelalter gelangte der Buchweizen, ein Knöterichgewächs, aus dem Osten über die Donauländer nach Mitteleuropa und wurde vor allem auf Ödland kultiviert.

Das geschrotete Getreide wurde entweder in Wasser oder Milch, mit oder ohne Fettzusatz gekocht. Je nach Flüssigkeitsanteil erhielt man ein Gericht von eher wäßriger Konsistenz oder auch eine steife Paste, die in Scheiben geschnitten werden konnte. Den Getreidebrei strich man auch auf erhitzte Steine oder heiße Platten und buk auf diese Weise einfache Fladen.

Bis ins Mittelalter und die Frühe Neuzeit hinein ist es demnach angebrachter, vom ›täglichen Brei‹ denn vom ›täglichen Brot‹ zu sprechen. Nicht überall gab es ausreichend Mühlen, nicht jedes Getreide ließ sich zu Brot verbacken. Doch die Differenzierung zwischen Brot- und Breiessern verlief nicht nur horizontal zwischen Land und Stadt oder unterschiedlichen Kulturregionen, sondern vor allem vertikal zwischen den sozialen Ständen. Brot galt im Gegensatz zu Mus und Grütze in manchen Gegenden bis ins 18. Jahrhundert hinein als Herrenspeise und war für ärmere Bevölkerungsschichten nicht verfügbar.

Seit dem 16. Jahrhundert erlangte neben den geformten Mehlspeisen wie Knödeln, Nudeln und Strudel das Brot einen immer höheren Stellenwert, wobei der Grad der Ausmahlung und die Sorte des verwendeten Mehls das Prestige des Backwerks bestimmte. Feines Weißbrot blieb der Oberschicht vorbehalten und kam meistens nur an hohen Festtagen auf den Tisch des Volkes, dessen Alltagsbrot im allgemeinen aus grob geschrotetem Roggen bestand. Die Zunahme des Mehlspeisen- und Brotverzehrs, der mit dem Rückgang des Fleisch- und Käsekonsums in der Frühen Neuzeit eng zusammenhängt, führte zu einer Umschichtung im Getreideverbrauch. Zugunsten von Weizen und Roggen wurde der Anbau von Hafer, Gerste, Hirse und Buchweizen kontinuierlich verringert, diese Kornarten sanken immer mehr zur Armen- und Notspeise herab. Verstärkt wurde dieser Verdrängungsprozeß durch die Einführung von Kartoffeln und Mais ab dem 16. Jahrhundert. Heute finden sich allenfalls Relikte des frühen ›Brei- und Musstandards‹ wie die italienische Polenta oder der englische Frühstücksporridge auf dem europäischen Speiseplan. Im Rahmen der Gesundheitsbewegung erlebt jedoch das geschrotete Getreide in Form des Vollkornbrotes und des Müslis eine Renaissance.

I. S. B.

Literatur

Körber-Grohne, 1987
Ruf, 1989
Sandgruber, 1982
Wiegelmann, 1967

1.1 Spuren

1.1.1
Becherartiges Gefäß, sogenannter Glockenbecher
München-Pasing
Endneolithikum, ca. 2500 v. Chr., hellbraun gebrannter Ton mit Zahnstempeldekor, zum Teil ergänzt,
12 cm, ø 12,5 cm
Lit.: Wagner, Denkmäler und Fundstätten der Vorzeit Münchens (1958) S. 45; München, Prähistorische Staatssammlung 1923, 224

Der Becher ist eine der ältesten Spuren menschlicher Besiedlung im Münchener Raum. Das Gefäß ist so geformt, daß es ohne umzustürzen auf den weichen Boden gesetzt werden kann. Die Glockenform gab der ›Glockenbecherkultur‹ den Namen, die am Ende der Jungsteinzeit in West- und Mitteleuropa dominierte. Der Becher war zusammen mit einem unverzierten Gefäß als Grabbeigabe eines Hockergrabes neben Skeletteilen beigesetzt. H. O.

1.1.1

1.1.2
Getreidemühle
Manching, Landkreis Pfaffenhofen/Ilm/Oberbayern, Spät-Latènezeit, 2./1. Jahrhundert v. Chr., vollständig erhaltenes Oberteil eines großen Mühlsteines und Unterteil eines großen Mühlsteines mit annähernd flacher Unterseite, an einer Seite beschädigt, ø 43,5 und 37 cm
Lit.: Jacobi, Werkzeug und Gerät aus dem Oppidum von Manching. Die Ausgrabungen in Manching (hrsg. W. Krämer) 5 (1974) Taf. 90, 1773; 93, 1779; München, Prähistorische Staatssammlung 1956, 949 (= Oberteil); 1956, 107 (=Unterteil) H. P. U.

1.1.3
Schädel eines Mannes
mit starkem Zahnabschliff
aus einem gegen 1910 untersuchten Grab der Glockenbecherkultur (Endneolithikum) von Otzing-Haunersdorf, Lkr. Deggendorf (Niederbayern)
München, Anthropologische Staatssammlung

Zunächst fallen Anomalien der Anzahl und Stellung einiger Zähne auf (Fehlen des rechten oberen Weisheits- und des linken unteren ? Eckzahns; Drehung des linken oberen 2. Prämolaren). Der linke untere 1. Molar ging zu Lebzeiten verloren, drei Zähne (der rechte obere 2. Schneidezahn, der linke obere Weisheitszahn und der linke untere ? 1. Prämolar) sind postmortal ausgefallen, so daß noch 26 Zähne vorliegen. Die Zähne zeigen keine Kariesdefekte. Am Ober- und Unterkiefer läßt sich ein leichter gleichmäßig horizontaler Abbau des Alveolarknochens beobachten (wohl Belastungsatrophie). Der vorhandene Kopfbiß entstand vermutlich infolge der Abrasion aus einem leichten Überbiß. Der Abkauungsgrad im Oberkiefer ist stärker als im Unterkiefer, vor allem im Frontzahnbereich. Die oberen Schneidezähne sind tief abgekaut, während im Unterkiefer noch ca. 2/3 der Zahnkrone vorhanden sind. Die oberen Mahlzähne zeigen eine etwas geringere Abrasion als die Schneidezähne, im Unterkiefer sind die rechten Seitenzähne weniger abgenutzt als die linken.
Als altersabhängige Abnutzungserscheinung kann man bei Skelettfunden den Abkauungsgrad insbesondere der Mahlzähne als freilich wenig zuverlässiges Kriterium zur Schätzung des Sterbealters heranziehen. Vor allem liefert der Zahnabschliff jedoch wichtige Hinweise auf die Ernährung vor- und frühgeschichtlicher Bevölkerungen. Die Zerkleinerung der relativ weichen Kost neolithischer Bauern vorwiegend durch vertikale Kieferbewegungen und der eher zähen und harten Nahrung mesolithischer Jäger und Sammler insbesondere durch horizontale Mahlbewegungen des Unterkiefers führt zu unterschiedlichen Abrasionsmustern. Die ausgeprägte Abrasion in vor- und frühgeschichtlicher Zeit wird vor allem durch schleifende Beimengungen zur Getreidekost (Reibsteinabrieb, Spelzreste) erklärt und hat anscheinend mit der Konsistenz der Nahrung nichts zu tun. Die starke Abkauung verhindert die Ausbildung von Kariesdefekten auf der Okklusionsfläche der Zähne, kann aber durch Eröffnung der Zahnhöhle bzw. des Wurzelkanals zu Wurzelspitzenabszessen und schließlich zu Zahnverlusten führen. P. S.

1.1.4

Ernährungsbedingte krankhafte Veränderungen eines Schädeldaches

aus einem 1980 ausgegrabenen Grab der Schnurkeramik von Straubing-Lerchenhaid (Niederbayern)
München, Anthropologische Staatssammlung

Der Schädel des ca. 4jährigen Kindes weist im hinteren Bereich beider Scheitelbeine, in symmetrischer Anordnung, eine deutliche Verdickung des Schädeldaches mit poröser, schwammartiger Oberfläche auf. Die äußere Knochentafel ist abgebaut, die Bälkchen der sekundär vergrößerten Diploe sind in typischer Weise parallel, streifenförmig ausgerichtet (›Bürstenschädel‹). Derartige spongiöse Hyperostosen finden sich bei verschiedenen Anämieformen im Kindesalter, u.a. bei ernährungsbedingter Eisen- und Proteinmangelanämie. Durch Vergrößerung der blutbildenden Schädelmarkräume und die vermehrte Bildung roter Blutkörperchen versucht der Körper, die Anämie auszugleichen. P. S.

1.1.5

Menschen- und Rinderknochen

mit Hackspuren aus einer Grube der späten Hallstattzeit von Lichtenfels-Mistelfeld, Lichtenfels (Oberfranken)
München, Anthropologische Staatssammlung, A 0229

In der 1974 bei Bauarbeiten angeschnittenen und teilweise zerstörten Grube (Durchmesser ca. 1,50 m, Tiefe noch etwa 0,5 m) lagen regellos verstreut späthallstattzeitliche Scherben sowie zahlreiche Knochen und -fragmente von Mensch und Tier, insbesondere vom Rind (anscheinend zwei Individuen; ferner Katze und Kaninchen). Die menschlichen Skelettreste lassen sich drei männlichen Individuen zuordnen, einem Jugendlichen und zwei Erwachsenen. Die geborgenen Knochen weisen keine Brandspuren auf. Viele Rinderknochen zeigen die für Schlachtabfälle typischen Hack- und Schnittmarken, die Röhrenknochen sind zur Markgewinnung längs gespalten (vgl. die beiden ausgestellten Funde). Die hier gezeigten Menschenknochen mit Hackspuren – der untere Teil des linken Oberarmbeins eines Erwachsenen und das unvollständig geborgene rechte Schienbein des Jugendlichen – wurden von B.-U. Abels als Zeugnisse für Anthropophagie, d.h. den Verzehr von Menschenfleisch, im vorliegenden Falle aus kultischen Motiven, gedeutet und veröffentlicht. Als archäologische Kriterien für Kannibalismus gelten Knochenzertrümmerungen, Hack- und Schnittspuren, Längsspaltung der Röhrenknochen zur Mark- und Öffnung des Schädels zur Gehirnentnahme sowie Feuereinwirkung, die in gleicher oder ähnlicher Weise auch an Tierknochen vorkommen und auf die gleiche Behandlung von Mensch und Tier schließen lassen. Doch bezweifelt z.B. G. Lange, ob derartige Indizien, vor allem aber die Hackspuren an den beiden ausgestellten Funden, zum Nachweis der Anthropophagie ausreichen. P. S.

FESTSCHMAUS DER KELTEN

Vor 100 000 Jahren, als Jäger und Sammler, aßen die Menschen hierzulande eher unregelmäßig. Das Angebot an tierischer und pflanzlicher Nahrung war während der Eiszeiten gering. So fristete man mühevoll sein Leben. Wie bei den Raubtieren wechselten Zeiten des Überflusses und des Hungers einander ohne Übergang ab.

Erst mit der Seßhaftigkeit, mit der Einführung von Ackerbau und Viehhaltung im 6. Jahrtausend v. Chr., stellte sich ein gleichmäßigeres Nahrungsangebot ein. Das schließt nicht aus, daß die Menschen damals mehrfach in ihrem Leben nach ungenügenden Ernten im Spätwinter bzw. im Frühjahr eine Hungersnot mitmachten. Dies lassen die vorzeitlichen Skelette deutlich erkennen. Man lebte von breiartiger Nahrung, Fladenbrot, Gemüse wie Erbsen und Linsen sowie dem gebratenen Fleisch von Haustieren, seltener von Wild.

Sicher wird man auch Feste gefeiert und dabei üppig gespeist haben. Nachzuweisen ist dies während der Jungsteinzeit noch nicht, sondern erst vergleichsweise spät, zu Beginn des letzten Jahrtausends v. Chr. Damals gab es hierzulande noch keine Schrift, so daß sämtliche Informationen aus archäologischen Befunden zu erschließen sind. Bei Acholshausen im unterfränkischen Landkreis Würzburg wurde vor ein paar Jahren das Grab eines Adeligen der Urnenfelderzeit entdeckt. Zur Ausstattung jenes Mannes gehörten neben seiner persönlichen Ausrüstung auch verschiedenartiges Trinkgeschirr zur Bewirtung einer Gruppe von Gästen, ferner für die Gäste selbst acht kleine Speiseschalen, die an tiefe Teller erinnern, sowie vier große Servierschalen. Der Verstorbene sollte demnach auch im Jenseits als Gastgeber auftreten können. Für welche Art von Speisen die Servierschalen und die Schalen der Gäste gedacht waren, bleibt unbekannt. Wichtig ist der aus diesem reichen Geschirrinventar zu erschließende neue religiös-kultische Gedanke: In den Jahrtausenden zuvor finden sich in den Gräbern nur jeweils ein oder zwei Gefäße, häufig keins. In jedem Fall wird der Verstorbene als Einzelperson im Jenseits gesehen, nun aber in der Zeit um 1000 v. Chr. als Gastgeber. Das Gastmahl war also seinerzeit ein so bedeutender Teil des gesellschaftlich-kultischen Lebens, daß man glaubte, im Jenseits nicht darauf verzichten zu können.

Im Laufe der folgenden Jahrhunderte trat dann ein bemerkenswerter Wandel im Ritual des Festmahles ein. Die Gäste erhielten während der Hallstattzeit (ca. 750–500 v. Chr.) zwar weiterhin individuelles Trinkgeschirr, die Speisen wurden dagegen auf gemeinsamen Servierplatten gereicht. Zudem treten als Beigaben in den Gräbern jetzt häufig Fleischmesser und Tierknochen auf, aus denen sich die Mitgabe von größeren Fleischpartien bis hin zu halben Schweinen ergibt. Ganz vereinzelt und nur in Gräbern einer Oberschicht finden sich eiserne Feuerböcke und eiserne Bratspieße. Aus diesen Beigaben geht hervor, daß zum Festgelage neben den notwendigen Getränken auch feste Nahrung, die geschnitten wurde, d.h. vor allem Fleisch, gehörte. Man könnte also sagen, daß der Ursprung unserer heutigen Grill-Parties in der Hallstattzeit liegt.

Die Feuerböcke (Kat. 1.2.3) wurden immer paarweise verwendet. Sie erscheinen gegenüber den rund 1 m langen Bratspießen (Kat. 1.2.4) fast zierlich. In Funktion muß man sie sich rechts und links des Feuers vorstellen. Über sie wurden dann die Bratspieße gelegt. Aus der geringen Beinhöhe der Feuerböcke geht hervor, daß man – wie auch heute noch – kleine Fleischstücke am Spieß über der Holzglut gegrillt hat. Solche Bräuche waren in ganz Europa gang und gäbe. So heißt es im 8. Jahrhundert in Homers Ilias von Patroklos, der die Waffengefährten im griechischen Lager vor Troja zu gemischten Fleischspießen einlädt:

»Und er stellte die große Fleischbank hin im Schein des Feuers Und legte den Rücken eines Schafes darauf und einer fetten Ziege, Und legte darauf das Rückenstück eines feisten Schweins, blühend von Fett. Und ihm hielt es Automedon, doch es zerlegte der göttliche Achilleus Und zerstückelte es gut und spießte es auf Bratspieße. Und das Feuer fachte groß an der Menoitios Sohn, der gottreiche Mann. Doch als das Feuer niedergebrannt war und hinschwand die Flamme, Breitete er die Holzkohle aus und steckte die Spieße darüber Und streute göttliches Salz darauf und hob sie auf Herdgabeln (Feuerböcke) Und nachdem er es gebraten und auf die Fleischbretter geschüttet, Nahm Patroklos das Brot und verteilte es auf dem Tisch In schönen Körben, und das Fleisch verteilte Achilleus.«

(Übers. W. Schadewaldt, Frankfurt, 1975, IX, V 206–217)

Situla Certosa, Bologna

Die U-förmigen, in Spitzen endenden Aufsätze, mit denen die Feuerböcke bekrönt sind, sollen diese als nach außen blickende Stierköpfe kennzeichnen. In der extremen Abstraktion wie bei unserem Beilngrieser Exemplar ist das Stiermotiv freilich kaum zu erkennen, dessen Verwendung den tierischen Begleiter einer bestimmten keltischen Gottheit (und damit diese selbst) als Schützer des Herdes bzw. des ganzen Hauses günstig stimmen sollte.

Bei der großen Bedeutung, welche die Gastmahle für die Menschen des 1. Jahrtausends v. Chr. besaßen, kann es nicht überraschen, daß bei diesen Anlässen auch die Tafel festlich geschmückt wurde. Man verwendete Dekorationsgeschirr, d.h. Keramik, die keine praktische Funktion besaß. Dies kann beispielsweise eine Schale wie die von Prächting im Landkreis Lichtenfels sein, die auf drei Füßen wie Menschenfüße steht (Kat. 1.2.2). Auch die

Servierschalen für Speisen wurden häufig besonders schön verziert. Auf ihrer Innenseite finden sich nicht selten Sonnensymbole (Kat. 1.2.1a) oder auch andere ungewöhnliche Zierweisen wie der Wechsel von rot bemalten und schwarz-metallisch glänzenden Partien (Kat. 1.2.1c). Ungeklärt ist noch, ob diese reich verzierten Servierschalen tatsächlich als Eßgeschirr verwendet wurden oder ob es sich hierbei um speziell für das Bestattungsritual hergestellte ›Dekorationsware‹ handelt.

Als Folge einer tiefgehenden Veränderung der religiösen Vorstellungen wurden seit dem Beginn der Latène-Zeit, dem Anfang des 5. Jahrhunderts, die Gräber nicht mehr mit großen Geschirrsätzen, sondern allenfalls noch mit einzelnen Gefäßen ausgestattet. Feuerböcke und Bratspieße kommen in den Gräbern nicht mehr vor. Man findet sie jetzt nur noch in wesentlich kleinerer Form in Depots. Beide Beobachtungen sind wohl Hinweise darauf, daß an die Stelle der großen hallstattzeitlichen ›Tafelrunden‹ jetzt private ›Grillabende‹ getreten sind. Dies fügt sich zwanglos in das Bild einer Epoche des Umbruches, die auch sonst durch eine Abkehr von den bisherigen Wertvorstellungen charakterisiert ist. So kommt es schließlich auch dazu, daß die Kelten Mitteleuropas ihre angestammten Wohnsitze verlassen und in südliche und östliche Richtung auswandern.

Als in der jüngeren Latène-Zeit, etwa ab dem 2. Jahrhundert v. Chr., die Unruheperiode der keltischen Wanderungszeit beendet war und hierzulande stadtartige Siedlungen entstanden, änderten sich die Eßgewohnheiten, wie das archäologische Fundgut erkennen läßt: Fleisch (oder waren es Würste?) wurde jetzt in großen eisernen Kesseln gekocht, die an Kesselhaken (Kat. 1.2.7) über dem Feuer aufgehängt waren. Große eiserne Fleischgabeln mit zur Seite weggebogenen Zinken (Kat. 1.2.5) dienten zum Herausnehmen und Wenden des Fleisches. Fleischgabeln, Teile der Kessel oder Kesselhaken sind gelegentlich in den Siedlungen zu finden. Eiserne Feuerböcke, die wie in der Hallstattzeit immer paarweise verwendet wurden, stammen vor allem als Opferfunde aus Flüssen und Seen. Auch sie sind in der Regel mit Rinderköpfen verziert, ein Hinweis darauf, daß die alten religiösen Vorstellungen weiter bestanden. Da diese spätkeltischen Feuerböcke jetzt gewaltig im Format zunehmen (bis 1 m Länge) und auch sehr massiv ausgeführt werden, ist anzunehmen, daß das Bratgut wesentlich größere Dimensionen angenommen hatte: an die Stelle von Filetstücken scheinen jetzt ganze Schweine getreten zu sein.

Eine Brotkultur, wie wir sie heute genießen, hat es in vorrömischer Zeit hierzulande nicht gegeben. Das vermutlich eher fade schmeckende, weil ungewürzte Fladenbrot diente allein der Sättigung. So ist es verständlich, daß die Geräte, die der Getreideernte und Mehlherstellung dienten, Sicheln und Mahlsteine, in den Gräbern nicht vertreten sind. Das Mahlgerät war über Jahrtausende hinweg von höchst einfacher Technik: eine längliche Platte, auf der ein kleiner ›Läuferstein‹ bewegt wurde. Erst in der Spät-Latène-Zeit, dem späten 2. und 1. Jahrhundert v. Chr., wurde dann die Drehmühle aus Unter- und Oberstein mit Getreideeinfülloch in der Mitte verwendet.

H. P. U.

1.2.1b

1.2.2

1.2.1 a

Servierschale (sog. Stufenschale)
Schirndorf Hügel 201, Gemeinde Kallmünz, Landkreis Regensburg/Oberpfalz, Hallstattzeit, 7. Jh. v. Chr.
graubraun gebrannter Ton, auf der Innenseite, die zum Teil graphitiert und zum Teil rot bemalt ist, ein Sonnendekor aus drei Strahlenkränzen; im graphitierten Teil der Wandung und am Rand Stempelverzierung, die ehemals weiß eingelegt war
10 cm, ø 34 cm
München, Prähistorische Staatssammlung
1978, 909

1.2.1 b

Servierschale (sog. Stufenschale)
Hainerth, Gemeinde Knetzgau, Landkreis Haßberge/Unterfranken,
Hallstattzeit, 7. Jh. v. Chr.
schwarzbraun gebrannter Ton mit graphitierter Innenseite; die ursprüngliche weiße Inkrustation in den eingestempelten Ornamenten war bei der Auffindung nicht mehr erhalten
11 cm, ø 35,5 cm
München, Prähistorische Staatssammlung
1991, 4334

1.2.1 c

Servierschale (sog. Stufenschale)
Schirndorf Hügel 208, Gemeinde Kallmünz, Landkreis Regensburg/Oberpfalz, Hallstattzeit, 7. Jh. v. Chr.
gelbbraun gebrannter Ton, auf der Innenseite farbig bemalt: der Boden ist graphitiert, das Unterteil der Gefäßwand kirschrot bemalt, das Oberteil wieder graphitiert (wobei der Graphitauftrag nicht sehr haltbar war)
8,2 cm, ø 30,5 cm
München, Prähistorische Staatssammlung
1978, 975

1.2.2
Schale auf drei menschlichen Füßen (Tafeldekoration)
Prächting, Landkreis Lichtenfels/Oberfranken, Hallstattzeit, 7. Jh. v. Chr.
rotgebrannter Ton; der Gefäßboden weist drei Löcher auf, in die die Füßchen gesteckt sind
11 cm, 12,8 cm
Lit.: Abels, Vorbericht zu einer Grabung hallstattzeitlicher Grabhügel in Prächting, Ldkr. Lichtenfels, Oberfranken. Archäologisches Korrespondenzblatt 8, 1978, 203-207 Taf. 32
München, Prähistorische Staatssammlung 1981, 4731

1.2.3
Eiserner Feuerbock mit stilisierten Stierhörnern
Beilngries, Landkreis Eichstätt/Oberbayern, Hallstattzeit, 7. Jh. v. Chr.
Eisen, aus 5 Teilen mit Nieten zusammengesetzt (2 U-förmige Füße, 1 bandförmiges Mittelstück, das zu den Enden hin stabförmig ausläuft mit einem kugelförmigen Endstück, 2 spitzblattförmig endende U-förmige Gehörnaufsätze)
19 cm, 56,5 cm
Lit.: Torbrügge, Die Hallstattzeit in der Oberpfalz II. Die Funde und Fundplätze in der Gemeinde Beilngries. Materialhefte zur bayerischen Vorgeschichte 20 (1965) Taf. 28
München, Prähistorische Staatssammlung 1920, 504

1.2.6

1.2.4
3 Fleischspieße, zerbrochen
Großeibstadt Nekropole II, Grab 14, Landkreis Rhön-Grabfeld/Unterfranken, Hallstattzeit, 6. Jh. v. Chr.
Die zerbrochenen, leicht unvollständigen eisernen Fleischspieße besitzen jeweils ein Ringende, waren also zur Aufhängung bestimmt, nur eines der Stücke ist im Griffteil tordiert
Länge der einzelnen Spieße
103, 99 und 93 cm
München, Prähistorische Staatssammlung 1983, 2003 a-c

1.2.5
Fleischgabel
Manching, Landkreis Pfaffenhofen/Ilm/Oberbayern, Spätlatènezeit, 2./1. Jh. v. Chr., Eisenstab mit 2 gebogenen Zinken, das ehemalige Griffende mit runder Aufhängeöse fehlt
24,3 cm (ehemals ca. 35 cm lang)
Lit.: Jacobi, Werkzeug und Gerät aus dem Oppidum von Manching. Die Ausgrabungen in Manching (hrsg. W. Krämer) 5 (1974) Taf. 32, 567
München, Prähistorische Staatssammlung 1962, 338 H. P. U.

1.2.6
Hiebmesser (Fleischmesser)
Starnberger See bei der Roseninsel, Landkreis Starnberg/Oberbayern, Frühlatènezeit, 5. Jh. v. Chr.
Eisen mit Griffnieten aus Bronze; am Griffende ein Bronzebeschlag
39,3 cm, größte Breite der Klinge 4,3 cm
Lit.: v. Schab, Die Pfahlbauten im Würmsee. Beiträge zur Anthropologie und Urgeschichte Bayerns 1, 1877, 1-112 Taf. 11, 463
München, Prähistorische Staatssammlung EM 302

1.2.7
Mehrteiliger Kesselhaken
Manching, Landkreis Pfaffenhofen/Ilm/Oberbayern, Spätlatène-Zeit, 2./1. Jh. v. Chr., der aus 5 tordierten stabartigen Elementen bestehende eiserne Kesselhaken diente der Aufhängung eines eisernen Kessels über dem Herdfeuer
104 cm
Lit.: Jacobi, Werkzeug und Gerät aus dem Oppidum von Manching. Die Ausgrabungen in Manching (hrsg. W. Krämer) 5 (1974) Taf. 34, 592
München, Prähistorische Staatssammlung 1963, 1257

1.2.3

DIE RÖMER VOR MÜNCHEN

Totenmahlszene auf einen Sarkophag, römisch, Augsburg, St. Ulrich und Afra

Die Quellen sind vielschichtig und bedürfen einer differenzierten Wertung, um ein der einstigen Realität nahekommendes Bild zu gewinnen. Wie in der Vorgeschichte liefert die Archäologie das Inventar, von Hausgrundrissen, Vorratsgruben und Feuerstellen bis zu Koch- und Eßgeschirr. Abgesehen von der auf den ersten Blick erkennbaren Funktion als Teller, Krug oder Schüssel sagen die Gefäße aber nichts über die näheren Umstände ihres Gebrauchs aus. Im Unterschied zur Vorgeschichte kommen nun aber als weitere Quellengattungen bildliche Darstellungen, etwa auf Grabsteinen, sowie schriftliche Nachrichten hinzu, bis hin zum berühmten Kochbuch des Apicius oder dem satirisch verfremdeten ›Gastmahl des Trimalchio‹ von Petron. Natürlich gab es auch in der Antike nicht lediglich eine einheitliche, allgemeinverbindliche Eßkultur, sondern entsprechend der Gliederung der Gesellschaft ist auch hier die Eßkultur Bestandteil der sozialen Schichtung. Damit sind die bildlichen Darstellungen ebenso wie die Masse der schriftlichen Überlieferung, die sich zudem überwiegend auf die Stadt Rom und das Mutterland Italien bezieht, in ihrer Verbindlichkeit für das tägliche Leben in der Grenzprovinz Raetien nördlich der Alpen bereits auf den ersten Blick nicht zu verallgemeinern.

Das Voralpenland wurde 15 v. Chr. von Rom erobert und blieb nördlich der Donau bis zum Fall des Limes um 259/260 n. Chr., südlich der Donau und östlich der Iller bis in das 5. Jahrhundert n. Chr. Grenzprovinz mit ständiger Militärpräsenz. Hier ist also die Eßkultur der Soldaten zu untersuchen. Da stellt sich sogleich heraus, daß auch diese nicht einheitlich und über die Jahrhunderte konstant ist. Es ist zu unterscheiden zwischen Offizieren und Mannschaften, zwischen römischen Bürgern in den Legionen der Eroberungsarmee und den Soldaten, die aus der jungen Mannschaft der erst vor kurzem eroberten Provinzen rekrutiert wurden und als Hilfstruppen in Raetien stationiert waren. Es ist ferner zu unterscheiden zwischen den romanisierten, mit ihren Familien nahezu seßhaft gewordenen Militärs des zweiten Jahrhunderts und germanischen Söldnern des 4. Jahrhunderts. Zweifellos gab es zusätzliche Differenzierungen und Unterschiede je nach Herkunft und lokaler Tradition.

Neben dem Militär lebte Zivilbevölkerung, auch sie ist heterogen: Da ist zuerst die einheimische keltische und germanische Bevölkerung, die sich mit der Besatzungsmacht arrangierte und im Lauf der Jahre durch weitgehende Übernahme der römischen Zivilisation romanisiert wurde, da sind weiterhin Händler, Handwerker und Spekulanten, die mit dem Militär ins Land gekommen waren, die römischen Verwaltungsbeamten, die Soldaten, die nach 25jähriger Dienstzeit entlassen und mit dem römischen Bürgerrecht belohnt

Eine römische Speisefolge

»HORAZ. Wie ist dir das Souper des glücklichen / Nasidien bekommen? Denn als ich / dich gestern bitten lassen wollte, wurde mir / gesagt, du schmaustest schon seit Mittag dort. / FUNDAN. So daß in meinem Leben mir nie besser war. / HORAZ. Entdecke mir, wofern dir's nicht beschwerlich ist, / was war der erste Gang? / FUNDAN. Zu Anfang präsentierte / sich ein Lucanisch Wildschwein, bei gelindem Südwind / gefangen, wie der Herr des Gastmahls uns / belehrte. Ringsherum Radieschen, Rettiche, / Salat, und was den schlaffen Magen sonst / zu reizen fähig ist, Sardellen, Sellerie / und Koische Tunke. Als dies abgetragen war, / erschien ein hochgeschürzter Sklav und wischte / den Tisch von Ahornholz mit einem rauhen Lappen / von Purpur ab. Ein andrer las, was hie und da / unnütz herumlag und den Gästen lästig / sein konnte, auf. Und nun, so feierlich / wie eine attische Korbträgerin / der heil'gen Ceres, trat mit einem Korbe / Cäcub'schen Weins der kupferfarbige / Hydaspes, und mit Chier, dem das Meer / was Unbekanntes war, ein andrer auf. / Hier sprach der Hauspatron: Mäcen, wofern du / Falerner oder auch Albaner lieber trinkst, wir haben beides./ HORAZ. O der reichen Armut! /
... wir aßen, was uns vorkam, Vögel, Muscheln, / und Fische, ohne, was wir aßen, am / Geschmacke zu erkennen; wie sich offenbarte, / da Nomentan das leck're Eingeweid / von einer Scholle und von einem Rhombus / mir auf den Teller legte, Dinge, die ich nie / zuvor gekostet. Bald darauf belehrt' er mich, / daß Quitten, in des Mondes erstem Viertel / gelesen, rot sind. Was dies auf sich hat, / wirst du am besten von ihm selbst erfragen.... /
In einer großen Schüssel ausgestreckt / wird zwischen Hummern, die in Brühe schwimmen, / nun eine mächtige Lamprete aufgetragen. / Der Wirt berichtet uns, sie wäre trächtig / gefangen worden, weil sie nach der Zeit / am Fleische schlechter sei. »Die Brüh' ist aus / dem besten Venafraner Öl und Spanischer / Makrelenlake, mit fünfjährigem / inländ'schem Wein gekocht, nicht ohne weißen Pfeffer / und Essig von Methymna. Chierwein / wird nicht mit eingekocht; er muß beim Essen / dazu getrunken werden. Diese Sauce / mit frischem weißem Senf und Alant zu verbessern / ist, ohne Ruhm zu melden, meine eigene / Erfindung; der Makrelenlake zieht jedoch / Curtillus ungewaschene Meerigel vor.« ...
»In einer tiefen Schüssel, von zwei Sklaven / getragen, folgt ihm ein zerstückter Kranich

wurden, samt ihren Familien, die ihre Abfindung häufig zum Erwerb eines Bauernhofs verwendeten und nun ihre Überschußproduktion an das Militär verkauften.

Der unterschiedliche Lebensstil all dieser Bevölkerungsgruppen – und damit auch ihre Eßgewohnheiten – könnte eine eigene Abteilung eines archäologischen Museums füllen. Im Rahmen dieser thematisch auf den Münchner Raum begrenzten Ausstellung kann daher nur versucht werden, einige Aspekte zu illustrieren. Einzige größere römerzeitliche Siedlung im Umkreis ist Gauting, das antike Bratananium. Die normale Siedlungsform in Raetien war der Einzelhof; größere Orte mit arbeitsteiliger Bevölkerungsstruktur konnten nur an Flußübergängen oder Straßenkreuzungen entstehen. Nordöstlich von Gauting mündete die von Bregenz kommende Fernstraße aus Gallien und der Schweiz in die wichtigste Ostwestroute Augsburg–Salzburg. Wie u. a. das Depot eines Krug- und eines Devotionalienhändlers zeigt, haben sich hier die verschiedensten Händler zur Deckung des Bedarfs der umliegenden Gutshöfe angesiedelt, dazu natürlich Handwerker und Betriebe, die vom Durchgangsverkehr lebten (Herbergen, Hufschmiede, Wagner).

Die archäologischen Quellen, die Aussagen über das Eßverhalten der antiken Gautinger erlauben, sind einerseits Siedlungsfunde mit Hausgrundrissen und Abfall (Essensreste und Geschirr, soweit sie sich über die Jahrhunderte erhalten haben, in erster Linie also Tierknochen und Tonscherben), andererseits Grabfunde mit der ›Verpackung‹ der den Toten mitgegebenen Speisen (und Getränke), die entweder als Wegzehrung gedacht waren oder, wenn sie in dutzendfacher Ausführung (ganze Sets) begegnen, den Gedanken nahelegen, daß sie dem/der Verstorbenen den im Leben gepflegten Stil auch im Jenseits ermöglichen sollten. Bestes Beispiel dieses gehobenen Lebensstils ist das Grab einer reichen Dame, die wohl zur Oberschicht der römischen Provinzhauptstadt Augsburg gehörte. Sie hatte sich im Landsitz ihrer Familie in Wehringen, 16 km südlich von Augsburg, beisetzen lassen. Ihr folgten ins Grab u.a. drei Dutzend Teller, je ein halbes Dutzend Reibschalen, Kochtöpfe und Platten, dazu Dutzende von Bechern und mehrere Sets von bronzenen Wasserkannen und Griffschalen, mit denen die Sklaven während des Gastmahls herumgingen, um durch einen kurzen Guß die Hände der Teilnehmer zu reinigen und zu erfrischen, denn die Speisen wurden bereits zerkleinert aufgetragen und nicht mit einer Gabel, sondern mit den Fingern zum Mund geführt.

Leider haben in Gauting keine großflächigen Grabungen stattgefunden, so daß man nur wenige Grundrisse und Gräber kennt. In keinem Grab wurden die andernorts gelegentlich nachgewiesenen Sets von mehreren Sigillatagefäßen (Schüssel, Teller, Napf) angetroffen, so daß wohl von einfacheren Eßgebräuchen der hier Bestatteten auszugehen ist.

Neben Geschirr aus Keramik gab es auch Gefäße aus Metall und Glas. Abgesehen von Glastellern und metallenen Tabletts und dem erwähnten Set von Kanne und Griffschale sind sie jedoch meist dem Trinkgeschirr zuzurechnen. Nicht unerwähnt bleiben darf die große Zahl von Gefäßen und Zubehör, die aus organischen Materialien bestand und sich nur ausnahmsweise erhalten hat. In erster Linie ist dabei an Holzgefäße zu denken, neben dem Eßgeschirr aber auch an Küchengeschirr sowie an Fässer, die als Transport- und Aufbewahrungsbehälter dienten.

Zwei keramische Fundgattungen, die sozusagen als Leitfossilien römerzeitlicher Zivilisation gelten können, stehen in unmittelbarem Bezug zum Essen: die sog. Terra Sigillata und die sog. Reibschalen. Beide waren schon im Gepäck der erobernden Soldaten und dokumentieren römische Lebensart.

Bereits der Fund einer kleinen Scherbe dieser Gattung ist untrüglicher Beweis römischer Präsenz am jeweiligen Ort. Reibschalen haben innen eine Schicht kleiner Steinchen oder Quarzkörner, die man vor dem Brennen aufbrachte. In dieser aufgerauhten Schüssel können mit Hilfe eines hölzernen Stößels oder Löffels alle möglichen Feldfrüchte zu Brei, Soße oder Teig zerquetscht, vermischt und angerührt werden. Es handelt sich also um ein Küchenutensil.

Am anderen Ende des Produktions- und Konsumweges steht die Terra Sigillata, sozusagen das Porzellan der Römer: Es handelt sich um repräsentatives Auftrag- und Eßgeschirr. Es wurde zwar kostengünstig in zentralen Großbetrieben fast industriell-serienmäßig gefertigt und konnte dank der genormten, häufig konischen Formen auch durch Stapelung platzsparend verpackt und entsprechend preiswert transportiert werden. Als Markenartikel (die meisten Töpfer stempelten ihren Namen als Markenzeichen in ihre Produkte ein) und aufgrund der langen Vertriebswege bis zum raetischen Endabnehmer war es allerdings wesentlich teurer als die örtlich hergestellte Gebrauchskeramik, die aber natürlich weniger repräsentativ wirkte. Diese Sonderstellung der Sigillata zeigt sich auch in der Fundstatistik, in der diese Luxuskeramik neben der Gebrauchskeramik quantitativ immer sehr zurücktritt, aber auch im Bestreben der Töpferzentren, dem zahlungskräftigsten Teil ihrer Abnehmer, dem Militär, mit einer gewissen zeitlichen Verzögerung zu folgen. So jagen den frühesten Fabrikationszentren der Eroberungszeit in Oberitalien und Südgallien bald im 1. Jahrhundert die jüngeren Betriebe in Mittel- und Ostgallien Marktanteile ab, bis in der zweiten Hälfte des 2. Jahrhunderts die riesigen Töpfereien von Rheinzabern in der Pfalz den hiesigen Markt fast alleine beherrschen und selbst die mittlerweile in Schwaben produzierenden Konkurrenzbetriebe den Vorteil ihrer kurzen Vertriebswege gegen die Monopolisten kaum noch ausspielen können.

Die Rohstoffe der Küche jedoch kamen aus den lokalen Gutshöfen: Getreide (Weizen, Dinkel, Gerste), Obst (Apfel, Birne, Kirsche , Pflaume, Zwetschge, Pfirsich, Himbeere, Holunder) und Gemüse (Möhren, Rüben, Kohl, Hülsenfrüchte); spezielle Zutaten und Delikatessen wie Olivenöl, Austern, Südfrüchte und Gewürze werden importiert. Beim Fleisch dominierte das Rind, mit großem Abstand folgen Schwein, Schaf und Ziege sowie Wild und Geflügel. Die Zubereitung erfolgt in der Küche, die mit Mühlstein, Herd und Backofen, mit Vorratsgefäßen und Kochtöpfen ausgestattet ist.

Von den drei täglichen Mahlzeiten ist das Abendessen die Hauptmahlzeit. Sie wurde im vornehmen Haus im Familienkreis eingenommen. Auf entsprechenden Reliefs werden die Frauen in Korbstühlen sitzend dargestellt, während die Männer auf Speisesofas um den Tisch gelagert sind. Für größere Einladungen stellte man mehrere Triklinien auf (je Tisch drei Klinen, Liegesofas, für je drei Gäste). Wie es etwa im Haushalt eines Handwerkers zuging, dessen Haus Werkstatt, Laden und Wohnung vereinte, ist nicht auf Reliefs überliefert.

J. G.

/ mit Salz und Semmelkrumen dicht bestreut, / und Lebern weißer Gänse, die mit lauter Feigen / gemästet worden, und von jungen Hasen / die Schultern ohne Rückgrat, als auf diese Weise / weit niedlicher; nicht minder sahen wir / geschmorte Amseln, etwas angebrannt, / und Tauben à la carpaudine kommen, / und kurz, viel Gutes, wenn der Hausherr uns / von jedem die Natur und Kunstgeschichte / nicht vordozierte; denn so blieb uns doch / sonst keine Rache übrig, als von allem nicht einen Bissen anzurühren, gleich als ob / Canidia mit ihrem Schlangenatem / das ganze Gastmahl angeblasen hätte.«

Horaz II 8, 1-95

1.3
Die Römer vor München

1.3.1
Reibschale
lokale Töpferei, 2. Jh. n. Chr.
Ton, streifenbemalt, ø 20 cm
München , Prähistorische Staatssammlung
1974, 4469

1.3.1

1.3.2
Schüssel
lokale Töpferei, 2. Jh. n. Chr.
Ton, ursprünglich bemalt, ø 22 cm
München, Prähistorische Staatssammlung
1974, 4430

1.3.3
Teller
lokale Töpferei, 2. Jh. n. Chr.
Ton, ursprünglich rot überfangen
ø 21,5 cm
München, Prähistorische Staatssammlung
1972, 587

1.3.4
Teller
lokale Töpferei, 2. Jh. n. Chr.
Ton, ursprünglich rot überfangen, ø 19 cm
München, Prähistorische Staatssammlung
1974, 4424

1.3.5
Teller
lokale Töpferei, 2. Jh. n. Chr.
Ton, ursprünglich rot überfangen, ø 17 cm
München, Prähistorische Staatssammlung
1974, 4464

1.3.6 1.3.7

1.3.6
Topf
lokale Töpferei, 2. Jh. n. Chr.
Ton, ø 14 cm
München, Prähistorische Staatssammlung
1969, 178a

1.3.7
Topf
lokale Töpferei, 2. Jh. n. Chr.
Ton, ø 14,5 cm
München, Prähistorische Staatssammlung
1969, 159

1.3.8
Verzierte Sigillataschüssel
Töpferei des Cinnamus und Cintusmus,
Mittelgallien, 2. Hälfte 2. Jh. n. Chr.
Randstempel CINTVSMVS, Bildfeldstempel
CINNAMI M
Ton, ø 20 cm
Lit.: Terra Sigillata 51 Nr. D 5
München, Prähistorische Staatssammlung
1958, 618

1.3.9
Verzierte Sigillataschüssel
Art des Paternus
Mittelgallien, 2. Hälfte 2. Jh. n. Chr.
Ton, ø 16 cm
Lit.: Terra Sigillata 51 Nr. D 15
München, Prähistorische Staatssammlung
1974, 4421

1.3.10

1.3.10
Verzierte Sigillataschüssel
Art des Ianu
Heiligenberg/Elsaß, 1. Hälfte 2. Jh. n. Chr.
Ton, ø 17,5 cm
Lit.: Terra Sigillata 57 Nr. E 13
München, Prähistorische Staatssammlung
1970, 2524

1.3.11
Verzierte Sigillataschüssel
Töpferei des Reginus
Rheinzabern/Pfalz, 2. Hälfte 2. Jh. n. Chr.
Stempel REGINVS FECIT
Ton, ø 26 cm
Lit.: Terra Sigillata 63 Nr. F 44
München, Prähistorische Staatssammlung
1981, 3138

1.3.14
Sigillatateller
Töpferei des Secundinus
Rheinzabern/Pfalz, 2. Hälfte 2. Jh. n. Chr.
Bodenstempel SEC (VNDINI); auf dem Boden Graffiti ›CO‹ und ›AN‹
Ton, ø 17,2 cm
Lit.: Terra Sigillata 71 Nr. F 292
München, Prähistorische Staatssammlung
1969, 186

1.3.15
Sigillatateller
Rheinzabern/Pfalz, 2. Hälfte 2. Jh. n. Chr.
Bodenstempel unleserlich, auf dem Boden Graffitti XXXX
Ton, ø 17,3 cm
Lit.: Terra Sigillata 72 Nr. F 340
München, Prähistorische Staatssammlung
1972, 591

1.3.18
Sigillataschälchen mit Barbotindekor
südgallische Töpferei, 2. Hälfte 1. Jh. n. Chr.
Ton, ø 9,3 cm
Lit.: Terra Sigillata 48 Nr. C 111
München, Prähistorische Staatssammlung
1951, 222

1.3.19
Sigillataschälchen mit Barbotindekor
südgallische Töpferei, 2. Hälfte 1. Jh. n. Chr.
Ton, ø 9,7 cm
München, Prähistorische Staatssammlung
1951, 224

1.3.12 1.3.15 1.3.9 1.3.20

1.3.12
Zylindrische verzierte Sigillataschüssel
Art des Dicanus
Pfaffenhofen am Inn, Ldkr. Rosenheim
1. Hälfte 3. Jh. n. Chr.
Ton, ø 13,5 cm
Lit.: Terra Sigillata 37 Nr. I 1 1
München, Prähistorische Staatssammlung
1973, 166

1.3.13
Sigillatateller
Töpferei des Carisius
Rheinzabern/Pfalz, 2. Hälfte 2. Jh. n. Chr.
Bodenstempel CARISIVS F
Ton, ø 18,8 cm
Lit.: Terra Sigillata 71 Nr. F 284
München, Prähistorische Staatssammlung
1974, 4425a

1.3.16
Sigillatateller
Rheinzabern/Pfalz, 2. Hälfte 2. Jh. n. Chr.
Bodenstempel nicht erhalten
Ton, ø 16,8 cm
Lit.: Terra Sigillata 72 Nr. F 343
München, Prähistorische Staatssammlung
1951, 65

1.3.17
Sigillatanapf
oberitalische Töpferei, 1. Hälfte 1. Jh. n. Chr.
Ton, ø 12 cm
Lit.: Terra Sigillata 38 Nr. B 11
München, Prähistorische Staatssammlung
1957, 238

1.3.20
Sigillataschälchen mit Barbotindekor
mittelgallische Töpferei, 1. Hälfte 2. Jh. n. Chr.
Ton, ø 10,5 cm
Lit.: Terra Sigillata 52 Nr. D 35
München, Prähistorische Staatssammlung
1981, 3139

MÜNCHNER FUNDE –
Die Ratstrinkstube im späten 16. Jahrhundert

Erst seit 1985 wird in München Stadtkernforschung betrieben. Neben Funden aus dem Pfisterbach und vom Marienhof stellt der Fundkomplex vom Neuen Rathaus die wichtigste Bereicherung unserer Kenntnisse vom täglichen Leben unserer Vorfahren dar.

Im September 1991 wurde bei Bauarbeiten für ein Stuhllager des Ratskellers unterhalb des Neuen Rathauses ein Schacht entdeckt, der im oberen Teil mit Bauschutt aufgefüllt war. Im Verlauf der weiteren Arbeiten wurde in einer Tiefe von 6,2 Metern, gemessen vom heutigen Laufniveau, eine dunkle Kulturschicht angetroffen, die sich stellenweise sehr reich an Keramik- und Glasresten sowie an organischen Abfällen zeigte. Dank einer unverzüglichen Benachrichtigung durch das Hochbaureferat der Stadt München war es möglich, den Fund vollständig zu bergen.

Fundumstände und Arbeitsmethoden

Die Bergungsarbeiten wurden im September 1991 durchgeführt. Die ausgeschachtete Grube wies die Maße 2,3 x 2,5 m auf. Sie ist als aufgelassener Brunnen zu deuten, der in der Oberen Süßwassermolasse, ähnlich Brunnen 1 am Marienhof, angelegt wurde.

Das anstehende Gestein ist der sog. ›Flinz‹, eine gelbliche, feinsandig-glimmerige Süßwasserablagerung. Die Dicke der Fundschicht betrug 0,9 m. Im NW-Teil der Grube war deutlich eine Abwurfhalde zu erkennen, die sich überwiegend aus Keramik- und Glasfragmenten zusammensetzte. In den umgebenden Bereichen erwies sich die Füllung teils als tonig-faulschlammartig, teils als erdig-humos. Bedingt durch den ›weichen Fall‹ wurden die Keramik- und Glasgefäße hier weit weniger zerscherbt, so daß auch Funde von ganzen Gefäßen gemacht werden konnten.

Neben Hausmüll gelangten aber auch Fäkalien in die Grube, da Bröckchen von Löschkalk, der zur Desinfektion verwendet wurde, mehrfach angetroffen wurden. Die Kulturschicht war mit einer Lage von Ziegelsteinen bedeckt, die offenbar der Versiegelung der Abfallgrube dienten.

Die gesamte Fundschicht – einige Kubikmeter Erdreich – wurde in ca. 200 große Säcke abgefüllt und im Institut für Paläontologie und historische Geologie der Universität München über einem Sieb gewaschen. Nach dem Waschen und Sortieren wurde damit begonnen, die einzelnen Bruchstücke von Keramik und Glas soweit wie möglich wieder zu Gefäßen zusammenzusetzen. Da nicht wenige Fundstücke Kalkbeläge aufwiesen, ließ man sie vor dem Kleben in einem Bad aus verdünnter Ameisensäure reinigen. Die restauratorischen Arbeiten sind z.T. bereits weit fortgeschritten. Es ist daher möglich, eine Auswahl von Fundstücken im Rahmen dieser Ausstellung der Öffentlichkeit vorzustellen.

Allen, die mir bei den umfangreichen Arbeiten ihre Unterstützung zuteil werden ließen, sei an dieser Stelle herzlich gedankt.

Die Ratstrinkstube

In unmittelbarer Nähe der oben beschriebenen Abfallgrube befand sich die Ratstrinkstube, die im Haus Marienplatz 10, einem Eckhaus zur Dienerstraße, untergebracht war. Sie wurde im Jahre 1428 von der Stadt eingerichtet und zunächst an sog. ›Trinkstubenknechte‹ verpachtet. Aus dem 15. und

Nordseite des Marienplatzes mit der Ratstrinkstube auf der vorderen Ecke, Michael Wening, um 1730

16. Jahrhundert sind mehrere Pächter namentlich bekannt, die aber offenbar keine großen Gewinne erwirtschaften konnten, da sie zum Teil einem Nebenerwerb nachgehen mußten. Erst ab 1575 ist von einem ›Stubenwirt‹ die Rede. Ein bedeutender wirtschaftlicher Aufschwung erfolgte schließlich in den Jahren 1612 und 1613, als ein Jakob Schlaucher die Trinkstube übernahm und sie 1616 in eine ›Bürgerstube‹ umwandelte. Dieser finanzkräftige Gastwirt war sehr erfolgreich, wie der Höhe der von ihm bezahlten Steuern zu entnehmen ist. Diese Blüte hielt auch weiterhin an, die Ratstrinkstube zählte schließlich zu den vornehmsten Weingasthäusern der Stadt. Auch das Nachbarhaus, Marienplatz 9B, war im Besitz einer Wirtsfamilie. Das noch weiter im Westen anschließende Haus Marienplatz 9A war seit der Mitte des 16. Jahrhunderts Amtssitz der bayerischen Landschaft. Man darf annehmen, daß die Vertreter der Stände (Adel, Geistlichkeit, Städte) die Ratstrinkstube aufsuchten.

Keramik

Die Keramik nimmt den Löwenanteil des Fundguts ein. Ein großer Teil der keramischen Reste liegt reduzierend gebrannt, d.h. als ›Schwarzgeschirr‹, vor. Die übrigen Funde erscheinen oxidierend gebrannt und auf der Innenseite bzw. außen und innen glasiert. Die vorherrschende Glasurfarbe ist grün.

Die Erhaltung der Glasuren ist allerdings, je nach Bodenlagerung, sehr unterschiedlich. In nicht wenigen Fällen wurde die grüne Glasur, vor allem in der Nähe von Fäkalien, infolge chemischer Einwirkungen geschwärzt. Braune und gelbe Glasuren treten hingegen noch sehr stark in den Hintergrund, was für die Datierung des Fundes von Bedeutung ist. In der Ausstellung werden die keramischen Fundstücke nicht nach technologischen Merkmalen (reduzierend bzw. oxidierend gebrannt), sondern nach ihrer Funktion im Haushalt und Wirtsbetrieb geordnet. Den ersten Rang nehmen naturgemäß Kochgeschirre ein. Sie sind an den sekundären Kohlenstoffanreicherungen (Rußspuren) an der dem Feuer zugewandten Seite leicht zu erkennen. Weitere Merkmale sind eingebrannte Speisenreste oder Spuren herablaufender Flüssigkeiten an der Außenwand von Gefäßen. Auch Abrieb am Boden deutet auf einen früheren Gebrauch hin. Auf den Herdbereich sind ferner Bratgefäße zu beziehen, die durch einen langen, stielartigen Griff und/oder drei gebogene Füßchen gekennzeichnet sind. Auf die Küche bezogen sind außerdem Vorratsgefäße der verschiedensten Art. Es folgt Tischgeschirr, mit dem man die Tafel deckte. Die Speisen wurden in flachen Henkeltöpfen, Schüsseln der verschiedensten Form sowie in Schalen und Tellern aufgetragen. Als Schankgefäße dienten kleine und große Krüge bzw. Kannen. Trinkgefäße aus Keramik sind im Fundgut nur durch zwei Siegburger Trichterhalsbecher vertreten. Diese Funktion wurde eindeutig von Glasgefäßen übernommen. Mit Getränken stehen auch stattliche Bügelkannen sowie kleine Gieß- und Sauggefäße in Beziehung. Es ist verzeihlich, daß in einer Ausstellung über Essen und Trinken auch ein Nachtgeschirr gezeigt wird, doch erscheinen die Zusammenhänge zwingend. Dasselbe gilt für die drei Spardosen und Münzen, da Geld nun eben zu einem Wirtshausbesuch gehört. Auch auf Beleuchtungsgegenstände (Öllampen) konnte nicht verzichtet werden, da sie die Zecher bei nächtlichen Sitzungen zu ›erhellen‹ hatten. Ziergefäße (Vasen) und Miniaturgefäße, die wohl den Kindern der Wirtsleute als Spielzeug dienten, wurden hingegen mehr zur Abrundung des keramischen Gesamtbildes aufgenommen.

Die Ofenkeramik kann aus Raumgründen nicht gezeigt werden. Sie wird hauptsächlich durch Schüsselkacheln vertreten. Blattkacheln (Medaillonkacheln) sind im Fundgut sehr selten. Zu erwähnen wäre noch eine grüne Gesimskachel mit zwei wappentragenden Engeln sowie Reste von durchbrochen gearbeiteten Ofenbekrönungen.

Die einzelnen Warengruppen werden zumindest teilweise durch sehr seltene und auch sehr ansprechende Exponate vertreten, so z.B. der Krug mit den aufgelegten Medaillons der Apostel Philippus und Andreas sowie der Sturzbecher mit dem Bildnis der ›Schönen Münchnerin‹ (Kat. 1.4.20). Hervorgehoben seien ferner der reliefverzierte Teller, der wohl einmalig ist, sowie die Schale mit dem Segenszeichen IHS im Spiegel (Kat. 1.4.31). Die angeführten Stücke können als Beweis für eine hochstehende Tischkultur gewertet werden. Im Fundgut fallen einzelne Gefäße auf, die eindeutig als Importe aus weiter entfernten Hafnerlandschaften zu werten sind. Siegburg im Rheinland wurde bereits erwähnt. Auf Obernzell östlich Passau lassen sich hingegen graphitierte Gefäße beziehen. Mit Sicherheit kann schon jetzt gesagt werden, daß ein Teil der geborgenen Gefäße im Münchner Raum hergestellt wurde. Es muß aber noch überprüft werden, ob auch Keramik aus Niederbayern (Kröning, Rottal) oder aus Bayerisch-Schwaben (Lützelburg) in unserem Material vertreten ist.

Glas

Neben Keramik ist auch Glas im Fundgut reichlich vorhanden. Der Fund unterm Neuen Rathaus in München ist möglicherweise der bisher größte Glaskomplex in Bayern. Die Erhaltung des Glases ist wie die der Keramik sehr unterschiedlich. Neben völlig frischen, wie soeben gekauften Gläsern bzw. Glasresten trifft man auf alle möglichen Stadien der Zerstörung, angefangen mit einem schwachen Irisieren bis hin zur völligen Zersetzung.

Besonders häufig sind Nuppenbecher, ›Krautstrünke‹ aus grünlichem bzw. bläulichgrünem Glas. Ein Nuppenbecher konnte unversehrt geborgen werden. Daneben liegen zahlreiche Nuppenbecher vor, die bis über den Glasfaden in der Mundregion erhalten sind. Die Nuppenbecher treten gemeinsam mit Stangengläsern auf, zu denen einige wenige kunstvoll gestaltete Deckel gehören.

Im Fundgut sind ferner Flaschen der verschiedensten Art häufig vertreten. Auffallend sind vor allem doppelkonische Flaschen. Aus grünem Glas bestehen außerdem das Oberteil eines Kuttrolfs sowie das Unterteil eines Phallusglases.

Der Wert des Münchner Glasfundes wird durch farblose Gläser aus Venedig oder nach venezianischer Art bedeutend erhöht. Hierher sind zahlreiche Kelchgläser zu rechnen. Sie lassen meist Löwenköpfe erkennen und sind nicht selten mit einer Goldauflage versehen. Auch Muscheldekor wurde beobachtet. Blaues Kobaltglas und ›rot-opake‹ Ware, die an Siegellack erinnert, wurden gefunden. Hingegen sind Gläser mit Emailbemalung nur in kleinen Bruchstücken erhalten. Anhangsweise seien noch Flachgläser, darunter Butzenscheiben, erwähnt, deren Bleifassungen gleichfalls nachgewiesen werden konnten; sie fielen wohl bei Umbaumaßnahmen an.

Metalle

Einige Gegenstände aus Metall konnten noch während der Grabung geborgen werden. Dazu gehören zwei große Zapfhähne für Weinfässer, die aus Bronze bestehen. Besonders zu erwähnen ist ferner ein Schälchen aus Zinn (ø 11 cm), das eine Nürnberger Gießermarke trägt. Drei weitere Zinngefäße zeigen sich hingegen stark deformiert und durch Zinnpest arg in Mitleidenschaft gezogen. Sie lassen eine gute formale Übereinstimmung mit keramischen Gefäßen erkennen, die auch im Fundgut vertreten sind.

An metallenen Kleinfunden, die beim Waschen im Sieb zurückblieben, seien handgeschmiedete Nägel und Haken, Blech und Drahtreste, Kleiderösen, Kettchen und Gürtelschließen aus Kupfer, Stecknadeln, ein Fingerhut, Knöpfe aus Zinn sowie verzierte Buchbeschläge, teilweise mit floralem Dekor, genannt. Nachzutragen sind ferner ein kleiner Zinnlöffel, ein kupferner Messergriff mit Engelköpfchen, ein verzierter Spinnwirtel aus einer Blei-Zinn-Legierung und schließlich drei Bleiplomben (darunter eine ›Stift-Loch-Plombe‹) zur Gütekennzeichnung von Stoffen.

Die Ausbeute an Münzen war in Anbetracht des voluminösen Fundguts zwar nicht groß, doch bieten sie dennoch eine wertvolle Datierungshilfe: München 1397–1438, Wien 1438/39, Ötting 1450/60, Augsburg 1472/94, Hall in Tirol 1490–1519, Passau 1512(?), Augsburg 1522, Kempten 1522, Hall 1563 (2x), Hall 1564/95 und Salzburg 1578. Von Rechenpfennigen, die aus unedlen Metallegierungen bestehen und deshalb nur ausnahmsweise besser erhalten sind, liegen 20 Stück vor. Sie entsprechen den Nürnberger ›Lilienpfennigen‹ des 16. Jahrhunderts.

Ganz oder teilweise aus Metall wurden auch einige wenige Schmuckstücke hergestellt: ein Anhänger aus einer Zinnlegierung, der ein Medaillon aus Kobaltglas einschließt, eine kleine Brosche aus Zinn in Form eines springenden Tiers mit dünner Goldauflage sowie ein aus Goldblech gefertigter, stark deformierter Ring. In diesem Zusammenhang sind noch eine kleine Bernsteinperle sowie eine große, facettiert geschliffene Glasperle (2,4 cm) zu erwähnen.

Gesteine

Von den 22 Murmeln, die als Kinderspielzeug dienten, wurden einige aus weichen Karbonaten der Trias der nördlichen Kalkalpen gefertigt. Der Rest besteht aus gebranntem Ton. Nicht klar ist hingegen, zu welchem Zweck die beiden Stücke Rohasbest bestimmt waren, die gleichfalls ausgewaschen wurden. Dasselbe gilt für die zahlreichen, teilweise ziemlich großen Bachgerölle, die auf der Sohle des ehemaligen Brunnens angetroffen wurden und wohl zur Drainage dienten.

Organische Stoffe

An erster Stelle stehen hier die Holzreste. Besonders eindrucksvoll sind die zahlreichen, mehr oder weniger breiten Kienspäne, die an einer oder an beiden Seiten angebrannt erscheinen. Auch ein großer Teil der ausgewaschenen Holzkohle dürfte auf verbrannte Kienspäne zurückzuführen sein, die zum Leuchten dienten. Der Rest mag aus der Herdasche stammen. An bearbeiteten Holzteilen seien vor allem eine Faßdaube, ein gedrechselter Holzgriff, ein Holzkamm, ein kleiner Deckel sowie ein Messergriff angeführt. Aus Gagat, einem fossilen und daher veredelten Holz, wurden Perlen sowie ein türmchenförmiges Schmuckstück gefertigt. Kopfzerbrechen bereiten noch zahlreiche Stücke aus Birkenrinde sowie von Borken anderer Bäume. Ihre Deutung ist zunächst noch unklar.

Aus Knochen bestehen 17 zumeist sehr kleine Spielwürfel sowie Rosenkranzperlen und kleine Zierringe. Auch ein Messergriff sowie Griffe von Löffeln (?) bestehen aus dieser organischen Substanz. Hierher gehört auch der Rest eines Kammes. Bemerkenswert ist außerdem ein kleines Stück Perlmutt mit kreisrunden Aussparungen. Aus ihm wurden wohl Knöpfe hergestellt.

Schließlich blieben im Sieb immer wieder Lederreste zurück. Ein Teil der Funde läßt sich zweifellos auf Schuhe beziehen. Ferner stellten sich kleine Stoffabschnitte ein. Als Kuriosum ist sicher das Bündel von Tierhaaren, ›Gamsbock‹, zu bezeichnen, das ebenfalls gefunden wurde.

Tierische Nahrungsabfälle

An erster Stelle sind Knochen und Zähne von Haus- bzw. Schlachttieren (Rind, Kalb, Schaf/Lamm, Schwein) anzuführen. Die zahlreichen Schädelkalotten von Kälbern lassen darauf schließen, daß der ›Kalbskopf‹ auch schon im alten München eine Spezialität war. Hase und Hirsch aus den Feldern und

Wäldern um München zeigen, daß auch Wildbret verzehrt wurde. Auch Geflügel aller Art (u.a. Huhn, Gans, Ente, wohl auch Wachteln) vermehrte die Gaumenfreuden. Eier wurden in großer Zahl verspeist, wie die aufgefundenen Schalen bezeugen. Daneben standen Süßwasserfische (Karpfen und Verwandte, Hechte) sowie Flußkrebse aus den heimischen Gewässern auf der Speisekarte. Exotische Genüsse vermittelten hingegen Austern und Krabben aus der Adria, die durch einen ausgedehnten Südhandel nach München kamen. Den Gästen der Ratstrinkstube stand so eine große Auswahl an leckeren Gerichten zur Verfügung.

Ein kleinerer Teil der Knochen gelangte in das Herdfeuer und wurde kalziniert, d.h. verbrannt. Sie wurden später mit der Asche in die Abfallgrube befördert. Es kann nicht verwundern, daß auch Reste von Hund und Katze sowie von Ratten und Mäusen nachgewiesen wurden, da diese Tiere zum Umfeld einer Gastwirtschaft gehörten. Selbst ein menschlicher Backenzahn aus dem rechten Oberkiefer eines jüngeren Erwachsenen konnte ans Tageslicht befördert werden. Ob er vom Wirt oder einem der Gäste stammt, läßt sich leider nicht mehr ermitteln.

Pflanzliche Nahrungsabfälle

Pflanzliche Reste konnten in unvorstellbaren Mengen geborgen werden. Die auffallendsten Funde sind wohl die Schalen von Wal- und Haselnüssen, die teilweise noch unversehrt vorliegen, d.h. noch nicht aufgebrochen waren. Das Steinobst wird durch Süß- und Sauerkirschen, Zwetschgen, Pflaumen und Pfirsiche vertreten, wobei die große Variabilität auf verschiedene Zuchtsorten hinweist. Auch Kernobst (Äpfel, Feigen) wurde offenbar in großen Mengen verzehrt. Zum Angebot gehörte ferner Beerenobst (Erdbeeren, Weintrauben). Gerade Feigen und Pfirsiche weisen dabei auf einen ausgedehnten Südhandel hin.

Das Bild wird außerdem durch Gewürz- (Fenchel, Koriander) und Heilpflanzen (Mohn, Hanf) ergänzt. Nicht vergessen sei auch der Holunder, dessen Saft möglicherweise zusammen mit Kirschsaft zum Färben von Speisen (Breie, Mus) Verwendung fand. Auffallend ist das starke Zurücktreten von Wildobst (Steinweichsel, Schlehe, Kornelkirsche, Brom- und Himbeeren). Für diese Früchte war wohl auf der gehobenen Tafel kein Platz. Zeitlich von Bedeutung ist der Nachweis der Roßkastanie im Fundgut, da dieser Baum in Europa erst seit 1566 bekannt ist. Zu bemerken wären noch die Reste des Bittersüßen Nachtschattens (Solanum dulcamara), da dieser Pflanze eine berauschende Wirkung zugeschrieben wird.

Datierung und Deutung

Beginnen wir mit den Münzen, da sie absolute Zeitangaben liefern. Es fällt zunächst auf, daß nicht wenige Münzen bereits im 15. Jahrhundert geprägt wurden. Sodann ist das 16. Jahrhundert gut vertreten, wobei das jüngste Prägejahr mit 1578 angegeben werden kann. Münzen aus dem 17. Jahrhundert fehlen völlig. Die endgültige Verfüllung der Grube könnte daher im letzten Viertel des 16. Jahrhunderts erfolgt sein.

Betrachten wir nun das Gesamtbild der Keramik. Ein großer Teil der angetroffenen Gefäße wurde noch reduzierend gebrannt. Die vorherrschende Glasurfarbe der oxidierend gebrannten Stücke ist grün. Faßt man auch noch die verschiedenen Gefäßformen ins Auge, so kann zumindest die Hauptmasse der Keramik unbedenklich in das 16. Jahrhundert gestellt werden. In diesem Zusammenhang ist auch von Bedeutung, daß die im 17. Jahrhundert so häufige malhornverzierte Ware in unserem Fund nur mit einem einzigen Stück, nämlich mit der IHS-Schale, vertreten ist. Desgleichen fehlen noch die im 17. Jahrhundert gehäuft anzutreffenden Teller mit breiter Fahne.

Im Bereich der Ziegellage, die die Kulturschicht abdeckte, wurden jedoch einige wenige Scherben gefunden, die möglicherweise das frühe 17. Jahrhundert anzeigen. Es handelt sich dabei um Reste von Kröninger Ware sowie um einige wenige Fragmente von Fayence und Steinzeug. Auch braune Glasuren

17 Spielwürfel aus Knochen, Abfallgrube der Ratstrinkstube unterm Neuen Rathaus in München, spätes 16. Jahrhundert

wurden, wenn auch untergeordnet, festgestellt.

Wenn wir die zahlreichen bunten Mosaiksteinchen zu einem Bild zusammenfügen, können wir ein mehrphasiges Geschehen rekonstruieren. Der aufgelassene Brunnen wurde über längere Zeit, möglicherweise schon ab dem späteren 15. Jahrhundert, als Abfallgrube genutzt. Dabei gelangten neben dem Hausmüll (Geschirr, Glas, Nahrungsabfälle) auch Fäkalien in die Grube. Den Nachweis für diese Annahme lieferten Eier parasitärer Würmer, vor allem des Spulwurms (Ascaris) und von Peitschenwürmern (Trichuris). Auch verfestigter Hundekot konnte an den zahlreichen eingeschlossenen Knochensplittern eindeutig erkannt werden. Die faulenden pflanzlichen Substanzen lockten zudem eine Frucht- bzw. Kompostfliege aus der Familie der Sphaeroceriden an, deren chitinige Puppenhüllen in den feinen Schlämmrückständen immer wieder zu beobachten waren.

Die eigentliche Abwurfhalde im nordwestlichen Teil der Abfallgrube entstand allerdings wohl in sehr kurzer Zeit, da ihre Zusammensetzung ziemlich einheitlich ist. Bei dieser Abwurfaktion gelangten auch die intakten Keramik- und Glasgefäße in die Grube. Dies hängt wohl mit der Übernahme der Ratstrinkstube durch Jakob Schlaucher in den Jahren 1612/13 zusammen. Es könnte durchaus sein, daß der neue Wirt die alte Einrichtung in die Grube ›entsorgte‹, um sich völlig neu einzurichten und damit seinen neuen Status zu dokumentieren. Daß auch die vielen Gläser, die ja einen erheblichen Wert darstellten, gleichfalls auf dem Müll landeten, mag vielleicht damit zusammenhängen, daß vor allem die Nuppenbecher um diese Zeit nicht mehr ganz in Mode waren. Bei Umbauarbeiten könnte auch der Bauschutt (Mörtelbrocken, Dachreiter) angefallen sein, der gleichfalls in den alten Brunnen gelangte. Auf Renovierungsarbeiten weisen auch die vielen Butzenscheiben sowie die Ofenkacheln hin. Nach Abschluß der Arbeiten wurde die Grube mit einer Ziegellage versiegelt und wohl erst viel später bis zum Rand mit Bauschutt aufgefüllt.

Die Hauptmasse der Funde ist daher in das 16. Jahrhundert zu datieren. Das frühe 17. Jahrhundert ist sozusagen nur mehr ›angedeutet‹.

Der Siedlungsfund unterm Neuen Rathaus in München besticht durch seine Vollständigkeit und gewährt einen umfassenden Einblick in die Alltagskultur einer Stadt in der frühen Neuzeit. Da er die Hinterlassenschaft nicht eines gewöhnlichen Haushalts, sondern eben der Ratstrinkstube enthält, kann er mit Fug und Recht als einmalig bezeichnet werden.

H. H.

Literatur

Hagn, 1991
Hagn und Neumair, 1990
Kovacsovics, 1991
Lutz, Prohaska-Gross, Schwerdel-Schmitt, 1992
Rieder/Tillmann, 1992

Dank

In diesem Zusammenhang ist vor allem Herrn Baudirektor H. Bauer vom Hochbaureferat der Stadt München sowie Herrn Dr. Selig von der Unteren Denkmalschutzbehörde verbindlichst zu danken. Auch allen anderen Beteiligten sei hiermit der Dank ausgesprochen.
Herrn P. Veit von der Bayerischen Staatssammlung für Paläontologie und historische Geologie, München, sei für seine tätige Mithilfe bei der Bergung und beim Waschen des Fundguts herzlich gedankt.
Die restauratorischen Arbeiten wurden dadurch erleichtert, daß der Verfasser über viele Monate hinweg zwei große Räume im U-Bahntrakt an der Karlsstraße nutzen konnte. Auch in diesem Zusammenhang sei den Herren H. Bauer und Dr. Selig herzlich gedankt.
Alle Angaben über die Ratstrinkstube verdankt der Verfasser Herrn Dr. H. Stahleder, Direktor im Münchner Stadtarchiv. Ohne seine detaillierten Angaben wäre die Deutung der Abfallgrube nicht so erfolgreich gewesen.
Die Bestimmung der Münzen verdankt der Verfasser Frau M. Kostial von der Staatlichen Münzsammlung München.
Die Bestimmung der Knochen und Zähne ist Herrn Prof. Dr. K. Heißig von der Bayerischen Staatssammlung für Paläontologie und historische Geologie in München zu verdanken.
Die Bestimmung des Zahns übernahm dankenswerterweise Herr Prof. Dr. G. Ziegelmayer vom Institut für Anthropologie und Humangenetik der Universität München.
Die Auswertung der Pflanzenreste ist Herrn Dr. H.-J. Gregor, Gröbenzell, zu danken.
Für die Erstellung eines parasitologischen Gutachtens ist Herrn Prof. Dr. D. Barth, Neubeuern, verbindlichst zu danken.

1.4 Münchner Funde

Töpfe

1.4.1
Zwei hohe, henkellose Töpfe
16. Jh.
Irdenware, reduzierend gebrannt
Größeres Gefäß: 17,5 cm, ø 14,3 cm;
kleineres Gefäß: 12,2 cm, ø 11,5 cm
München, Neues Rathaus

Oberseite schwarz, mittlerer und oberer Bereich der Wandung schwach poliert, desgleichen Randzone. Scherben dunkelgrau, stellenweise durch Kohlenstoffanreicherung geschwärzt. Oberfläche dunkelgrau bis schwarz, mit deutlichen Rußspuren. Scherben dunkelgrau.
Das kleinere Töpfchen erinnert noch an Formen aus dem 15. Jahrhundert. Das größere Gefäß entspricht hingegen bereits einem ›moderneren‹ Gefäßtyp. Die Rußspuren weisen beide als Kochtöpfe aus. Den vorhandenen Bodenteilen nach zu schließen, liegen noch Reste von weit über 50 Töpfen vor. Ihre Restaurierung ist noch nicht abgeschlossen. H. H.

1.4.2
Hoher henkelloser Topf mit Rautendekor
16. Jh.
Irdenware, reduzierend gebrannt
19,6 cm, ø 15,5 cm
München, Neues Rathaus

Oberfläche schwarz, stellenweise auch bräunlich (Reoxidation durch den Kochvorgang?). Rußspuren vor allem auf dem Boden, an der Wandung stellenweise Spuren herabgelaufener Flüssigkeit. Deutlicher Abrieb am Boden.
Das optisch wenig ansprechende, reduzierend gebrannte ›Schwarzgeschirr‹ wurde auf verschiedene Art und Weise verziert, um es in Küche und bei Tisch gefälliger zu machen. Eine dieser Möglichkeiten ist die ›Negativ‹-Technik des Polierens, die im 16. Jahrhundert gebräuchlich wurde. Dabei wurde das ›lederharte‹ Gefäß, also wenige Tage nach dem Drehen auf der Töpferscheibe, mit einem Polierholz oder mit einem Stein behandelt. Bei diesem Vorgang wurde die Oberfläche verdichtet. Die beim Brennen entstandene glänzende Oberfläche im Bereich der Politur hat im übrigen mit Graphit nichts zu tun. H. H.

1.4.3
Großer, bauchiger Henkeltopf
16. Jh.
Irdenware, reduzierend gebrannt
26,7 cm, ø 19,5 cm
München, Neues Rathaus

Das Gefäß war sehr stark zerscherbt; es mußte aus über 80 Fragmenten zusammengefügt werden. Es weist dieselben technologischen Merkmale wie der große, bauchige Krug (Kat. 1.4.15) auf und dürfte daher aus demselben Töpfergebiet stammen. Die meisten reduzierend gebrannten Kochtöpfe des 16. Jahrhunderts sind noch henkellos. Lediglich die ›bessere‹ Ware sowie die Krüge und Kannen erscheinen gehenkelt. Der vorliegende Gefäßtyp ist im Fundgut noch durch zahlreiche weitere Reste vertreten.
H. H.

1.4.4
Großer, henkelloser Topf mit Stempelmarken
16. Jh.
Irdenware, reduzierend gebrannt, graphitiert
22,5 cm, ø 22,5 cm
München, Neues Rathaus

Am Oberrand zwei gegenständige Stempelmarken. Eine der beiden Marken zeigt im Schild einen schwebenden Balken und darunter ein einfaches Kreuz. Die zweite Marke läßt innerhalb eines runden Wulstrandes ein ›T‹ bzw. eine ›Krücke‹ erkennen. Oberfläche der Außenseite schwarz mit kräftigen Rußspuren. Innenseite mit hellgrauen bis bräunlichen Kalkablagerungen bedeckt, die teilweise abgeplatzt sind. Scherben schwarz, durchsetzt mit feinen Graphitschüppchen.
Das vorliegende Gefäß ist als Import aus Obernzell ›Hafnerzell‹ östlich Passau zu werten. Ein großes Gefäß ähnlicher Art auch in Moosburg (2. Drittel 16. Jahrhundert), allerdings mit abweichender Stempelmarke (schwebender Balken mit Tatzenkreuz, d.h. Kreuz mit verbreiterten Enden ähnlich einem Ulrichskreuz). Nach Hammel (1990, Ms.) ist die Kreuzmarke zur Kategorie der heraldischen ›Wappenmarken‹ zu rechnen. Sie wurden im letzten Viertel des ...Jahrhunderts zugunsten der ›Vierermarken‹ aufgegeben. H. H.

1.4.5
Hoher, henkelloser Topf mit Stempelmarken
16. Jh.
Irdenware, reduzierend gebrannt, graphitiert
14,5 cm, ø 13,8 cm
München, Neues Rathaus

Auf dem oberen Rand gegenständige Stempelmarken; da nachlässig angebracht, können sie nicht mehr eindeutig bestimmt werden. Es scheint aber die ›T‹-Marke vorzuliegen. Möglicherweise ist aber auch eine Kreuzmarke vorhanden.
Oberfläche dunkelgrau bis schwarz, mit deutlichen Rußspuren. Scherben in der Masse graphitiert. Die feinen Graphitschüppchen glitzern stellenweise an der Oberfläche.
Dieses auffallende Gefäß ist im Fundgut noch durch drei weitere Gefäße vertreten, die weitgehend erhalten sind. Die Obernzeller Töpfe wurden durch die Schiffahrt auf Donau und Inn weit verfrachtet und gelangten schließlich auf dem Landweg in den Münchner Raum. Da sie einen nicht allzu seltenen Bestandteil der Siedlungskeramik ausmachen, waren sie offenbar sehr beliebt. H. H.

1.4.6a
Hoher Henkeltopf
16. Jh.
Irdenware, oxidierend gebrannt, auf der Innenseite grün glasiert
20 cm, ø 17,5 cm
München, Neues Rathaus

Oberfläche grauorange, mit Resten von beim Brand angebackenen Gefäßen (›Schlusen‹), sowie mit großen, unregelmäßigen Glasurflecken. Auf der Innenseite mittel- bis dunkelgrün glasiert. Scherben grauorange.

Die Randzone dieses formschönen Gefäßes ist breiter als die größte Ausdehnung des Gefäßkörpers. Ähnliche Gefäße konnten in Moosburg (2. Drittel 16. Jahrhundert) geborgen werden. Diese rottonige Ware stammt entweder aus Oberbayern oder aus Bayerisch-Schwaben. H. H.

1.4.6 b
Hoher Henkeltopf mit Hohldeckel
16. Jh.
Irdenware, oxidierend gebrannt, auf der Innenseite grün glasiert
14,6 cm, ø 15 cm
München, Neues Rathaus

Oberfläche durch Ruß stark gedunkelt, ursprünglich wohl grau bis bräunlich, einzelne kleinere Glasurspritzer. Innenseite und Randzone dunkelgrün glasiert; Glasur stark glänzend; stellenweise Glasurschäden durch Bodenlagerung. Scherben graubräunlich.
Ähnlich vorhergehendem Topf, doch kleiner und etwas gedrungener. Auch seine Randzone ist breiter als der Gefäßkörper. Der Henkeltopf zeigt sehr starke Gebrauchsspuren. Durch das Zurücktreten des Dekors kommt die elegante Form des Gefäßes voll zur Geltung.
Der unglasierte Hohldeckel erscheint gelblichgrau und ist stellenweise durch Ruß geschwärzt. Der gekehlte, scheibenförmige Knauf steht schief und läßt daher auf Nachlässigkeit bei seiner Herstellung schließen. H. H.

1.4.6c
Hoher Henkeltopf mit Engobestreifen und Hohldeckel
16. Jh.
Irdenware, oxidierend gebrannt, auf der Innenseite grün glasiert
22,8 cm, ø 16,8 cm
München, Neues Rathaus

Oberfläche stellenweise grauorange, größtenteils durch Rußspuren mehr oder weniger stark geschwärzt. Innenseite und Randzone dunkelgrün glasiert. Scherben gelbgrau.
Der flache Hohldeckel weist starke Gebrauchsspuren auf. Der Knauf ist schmalscheibenförmig und sitzt einem sanduhrförmigen Stiel auf. Dazu noch zahlreiche Reste weiterer Hohldeckel. Da die Zahl der nachgewiesenen Hohldeckel geringer ist als die Anzahl der Kochtöpfe, ist eine zusätzliche Verwendung von Holzdeckeln anzunehmen.

1.4.6c

Rote Engobestreifen waren in einigen Töpfergebieten vor allem im 16. und 17. Jahrhundert eine beliebte Dekorart. Zu diesem Zweck wurde auf das lederharte Gefäß mit dem Malhorn ein eisenhaltiger Tonbrei (Engobe) aufgetragen. Rote Engobestreifen sind z. B. an keramischen Erzeugnissen aus Wolfratshausen südlich von München (17. Jahrhundert) zu beobachten, während man in Weilheim für diese Art von Verzierung einen weißen, eisenfreien Ton bevorzugte. In der berühmten Hafnerlandschaft des Kröning östlich von Landshut sucht man diesen Dekor hingegen vergebens. Nach den bisherigen Erkenntnissen könnte der vorliegende stattliche Henkeltopf aus Bayerisch-Schwaben stammen. Dies soll nicht verwundern, da schon im Jahre 1598 ein Paullus Seitl aus Lützelburg nordwestlich von Augsburg Ware an den Münchner Hof lieferte. H. H.

1.4.6 d
Hoher Henkeltopf
16. Jh.
Irdenware, oxidierend gebrannt, auf der Innenseite grün glasiert
16,2 cm, ø 13,5 cm
München, Neues Rathaus

Oberfläche teils grau, teils schwarz, da mit Ruß bedeckt. Innenseite und Randzone dunkelgrün glasiert, Glasur sekundär stark nachgedunkelt. Scherben gelblichgrau, infolge sekundärer Kohlenstoffeinlagerung meist schwarz.
Das vorliegende Gefäß unterscheidet sich von den vorhergehenden Henkeltöpfen durch die Form des Gefäßkörpers. Seine stark eingezogene Randzone erinnert durchaus an Gefäße aus Obernzell. Allerding könnte der Topf auch in einer anderen Region Niederbayerns hergestellt worden sein, da ähnliche Randformen auch an der Bina festgestellt wurden. H. H.

1.4.6 e
Hoher Henkeltopf
16. Jh.
Irdenware, oxidierend gebrannt, auf der Innenseite grün glasiert
11,8 cm, ø 11,2 cm
München, Neues Rathaus

Oberfläche gelblichweiß bis goldgelb, vereinzelt mit grünen Glasurflecken. Innenseite und Teile der Randzone hellgrün glasiert. Glasur nur stellenweise geschwärzt. Scherben sehr hell, gelblichgrau, spröde. Keine sekundäre Kohlenstoffanreicherung. Das vorliegende Gefäß stellt, was Form und Glasurfarbe anlangt, eine neue und ansprechende Variante von Henkeltöpfen dar. Der helle, feine, splittrige Scherben könnte auf das Rottal im nordöstlichen Niederbayern hinweisen. Möglicherweise stammt auch die gleichfalls in der Ausstellung gezeigte Tasse aus derselben Hafnerregion. H. H.

1.4.7
Fünf kleine Henkeltöpfe
16. Jh.
Irdenware, reduzierend bzw. oxidierend gebrannt, auf der Innenseite glasiert
München, Neues Rathaus

Die Höhe der oxidierend gebrannten und auf der Innenseite grün glasierten Gefäße schwankt zwischen 6,6 und 12,5 cm. Ihre Wandung ist mehr oder weniger stark gebaucht und allenfalls mit einer einzigen Drehrille verziert. Die Randzone erscheint als Kragenrand, Kremprand oder als einfacher Lippenrand ausgebildet. Ihre Glasuren sind größtenteils stark verändert.
Auch diese kleinformatigen Gefäße sind wohl verschiedenen Töpfergebieten zuzuweisen, was einmal mehr bezeugt, daß Siedlungskeramik durchwegs sehr heterogen ist. H. H.

1.4.8

Zwei reduzierend gebrannte flache Henkeltöpfe

16. Jh.
Irdenware, reduzierend gebrannt
Gefäß ohne Deckelfalz: 11,6 cm, ø 20,8 cm;
Gefäß mit Deckelfalz: 13,2 cm, ø 19,5 cm
München, Neues Rathaus

1.4.9

Sechs oxidierend gebrannte flache Henkeltöpfe

16. Jh.
Irdenware, oxidierend gebrannt, auf der Innenseite glasiert
10,4 cm und 11,6 cm
München, Neues Rathaus

Der beidseitig grün glasierte, sekundär geschwärzte Henkeltopf, Standboden unglasiert, stammt aus derselben Werkstätte wie die drei Tellerfragmente, die zwei beidseitig glasierten Schüsseln sowie der schlanke Krug (Kat. 1.4.16, 25, 28).
Beidseitig braun glasierter Henkeltopf: Standboden unglasiert, mit Glasurspuren. Beidseitig braun glasiert, stellenweise mit blauer Maserung. Scherben gelblichgrau bis beige. Verdacht auf Fayence.
Die Glasur stimmt mit derjenigen des Sturzbechers und der IHS-Schale weitgehend überein (Kat. 1.4.20, 31). Diese gehobenere Ware stammt daher aus ein und derselben Töpferregion. In diesem Zusammenhang ist ein bauchiger Henkeltopf aus dem Augsburger Umfeld von Bedeutung, der »eine vergleichsweise selten nachgewiesene Topfform« (Endres, 1988) darstellt. Im vorliegenden Fundgut tritt sie allerdings sehr häufig in Erscheinung.
Es liegen noch 18 mehr oder weniger vollständige Henkeltöpfe sowie zahlreiche größere Fragmente entsprechender Gefäße vor. Sie sind nur auf der Innenseite und in der Randzone glasiert. Die vorherrschende Glasurfarbe ist grün (jetzt meist sekundär geschwärzt). Es wurden aber auch gelbgrüne und sogar rötlichbraune Farbstellungen beobachtet. Die flachen (im Gegensatz zu den hohen Kochtöpfen), bauchigen Henkeltöpfe können in eine Gruppe mit gerundetem Oberrand und eine solche mit Deckelfalz eingeteilt werden. Ihr Dekor beschränkt sich gewöhnlich auf einige wenige Drehrillen. In einem einzigen Fall wurden allerdings 25 Rillen gezählt, die die Oberfläche der Wandung bedecken. Neben großen Henkeltöpfen kommen auch zahlreiche kleinformatige Gefäße vor.
Nach Endres (1988) könnte man die vorliegenden Gefäße infolge ihrer Weitmundigkeit auch als Henkelschüsseln bezeichnen. Da sie niemals Rußspuren erkennen lassen, waren sie wohl Tischgeschirre, in denen Speisen (z.B. Mus, Breie, Gemüse) aufgetragen wurden. Die kleinen Töpfchen könnten auch Beikost verschiedenster Art beinhaltet haben. In jedem Fall ist die Häufigkeit der flachen Henkeltöpfe im Zusammenhang mit dem Wirtschaftsbetrieb der Ratstrinkstube zu sehen. H. H.

1.4.10

Vier Fragmente von Bratgefäßen

16. Jh.
Irdenware, oxidierend gebrannt, auf der Innenseite grün glasiert
München, Neues Rathaus

Bratpfanne mit Füßchen: 9,5 cm, ø 22 cm. Außenseite: Standboden in Wandung gerundet übergehend, da Kante abgedreht. Auf Boden und Wandung größere Glasurflecken. Randzone von Wandung durch Rille abgesetzt, horizontal ausgestellt. Außenrand glatt, abgerundet. Innenseite: Randzone mit deutlichem Deckelfalz. Glasur hell- bis dunkelgrün, etwas wolkig. Scherben gelblichgrau, durch Kohlenstoffeinlagerung meist gedunkelt.
Dreibeintöpfchen: 8,5 cm, ø 12,6 cm. Standboden. Innenseite und Randzone ursprünglich grün glasiert, sekundär geschwärzt. Füßchen und abgerundete Kante zwischen Boden und Wandung mit deutlichen Rußspuren. Stielgriff abgebrochen. Außenseite nicht glasiert, grauorange. Scherben ebenso mit dünnem, grauem Reduktionskern.
Stieltöpfchen: 5,6 cm, 13,8 cm. Boden fehlt. Am Rand angesetzt ein hohler rohrartiger Griff, nach außen anschwellend, fragmentär. Unglasierte Außenseite grauorange, Innenseite und Randzone ehemals grün glasiert, infolge Bodenlagerung geschwärzt. In der Randzone Anzeichen von Engobierung. Scherben grauorange.
Die beiden Töpfchen gehören eng zusammen. Dem einen fehlt der Stielgriff, dem anderen der Boden mit den drei Beinen.
Stielgriff eines Bratgefäßes: Länge auf der Unterseite 10 cm, Durchmesser der Stielöffnung 5,5 cm. Stiel mit Ansatz der Randzone. Von der Wandung ist nur ein kleiner Teil erhalten. Auf Töpferscheibe gedreht, später angarniert. Das trichterförmig erweiterte Stielende durch zwei tiefe, mehr oder weniger breite Rillen profiliert, dazu feine Drehriefen. Stiel unglasiert, grauorange. Innenseite von Randzone und Wandung geschwärzt. Der hohle Griff ermöglichte das Einsetzen eines Stöckchens, um das Gefäß näher an die Glut zu bringen, ohne sich die Hände zu verbrennen.
H. H.

1.4.11

Zwei hohe, zylindrische Töpfe, mit und ohne Henkel

16. Jh.
Irdenware, oxidierend gebrannt, beidseitig grün glasiert
München, Neues Rathaus

Doppelhenkeltopf: 18,9 cm, ø 13,5 cm, Standboden, nach innen schwach aufgewölbt, mit Rußspuren. Stehender Rand (›Falzrand‹), zur Aufnahme eines Stülpdeckels geeignet. Auf der Wandung zwei gegenständige kleine, halbkreisförmige Ösenhenkel mit rundem Querschnitt. Beidseitig mittel- bis dunkelgrün glasiert. Scherben beige.
Henkelloser Topf: 16,7 cm, ø 13,2 cm.

1.4.9

1.4.11

Standboden mit Resten einer hellen Engobe. Die Wandung zeigt sich nahezu zylindrisch. Auch im Bereich der Randzone Anzeichen einer Beschichtung mit gelblicher Engobe. Henkel fehlen. Randzone wie vorhergehender Topf. Ursprünglich beidseitig grün glasiert, Glasur vor allem auf der Außenseite sekundär geschwärzt. Scherben ziegelrot.
Stülpdeckel: 3-3,3 cm, ø 14 cm. Rand senkrecht abfallend, schwach gekehlt, Unterseite wenig verdickt. Oberseite schwach eingedellt, ohne Knauf. Oberseite und Rand ursprünglich grün glasiert, sekundär geschwärzt; Innenseite unglasiert, gelbbräunlich. Scherben ebenso, mit einem Stich ins Rötliche. Es liegen noch weitere größere Fragmente von großen Stülpdeckeln vor. Mit einer einzigen Ausnahme sind sie oxidierend gebrannt und glasiert. Sie sind gelegentlich mit einem Knauf versehen.
Neben den beiden großen Töpfen wurden auch kleinformatige Varianten desselben Gefäßtyps angetroffen. Ihre Höhen schwanken zwischen 11,1 und 5,9 cm. Ihre Wandung erscheint stärker eingezogen. Auch für sie gab es Stülpdeckel. Diese sind zumindest teilweise mit einem konischen Zäpfchen als Handhabe versehen.
Die beiden größeren Gefäße erinnern an Apothekenstandgefäße. Auf keinen Fall liegt ein Humpen und damit ein Trinkgefäß vor, wie Kovacsovics (1991) seinen Salzburger Fund deutete. Es ist allerdings anzunehmen, daß die zylindrischen Töpfe aus dem Münchner Fundkomplex weniger in den pharmazeutischen Bereich fallen, sondern vielmehr als Vorratstöpfe in der Küche dienten (Rußspuren auf dem Standboden!). Dies mag auch für die kleineren Ausführungen gelten, in denen möglicherweise Gewürze aufbewahrt wurden, die durch Stülpdeckel vor Verunreinigung geschützt werden konnten. H. H.

1.4.12
Sieben Salbentöpfchen
16. Jh.
Irdenware, oxidierend gebrannt, beidseitig grün bzw. braun glasiert
Größtes Gefäß: 9 cm, ø 7 cm
Kleinstes Gefäß: 5 cm, ø 4 cm
München, Neues Rathaus

Ein gemeinsames Merkmal aller in der Ausstellung gezeigter Salbentöpfchen ist der schmale, mehr oder weniger deutlich ausgestellte Fuß, der vom Standboden kantig abgesetzt erscheint. Sein Außenrand kann gerundet, selbst wulstartig verdickt oder mit dem Messer beschnitten sein. Außen- und Innenseite grün oder braun glasiert. Scherben häufig rötlichgrau bis ziegelrot, untergeordnet auch grau. Die Salbentöpfchen stammen daher aus verschiedenen Töpfergebieten.
Die zierlichen und sehr ansprechenden und elegant wirkenden Gefäße sind im Fundgut noch durch zahlreiche weitere Reste vertreten. Sie werden im Schrifttum allgemein als Apothekenabgabegefäße bezeichnet. Ihre Randzone trägt den Namen ›Binderrand‹, da die stark eingezogene Halszone das Verschließen mit Hilfe von Papier und Schnur erleichterte (Kranzfelder 1982, S. 104). H. H.

1.4.13
Hoher Doppelhenkeltopf (Nachttopf)
16. Jh.
Irdenware, oxidierend gebrannt, auf der Innenseite grün,
17,7 cm, ø 18,4 cm
München, Neues Rathaus

Oberfläche grauorange, mit kleinflächigen Abplatzungen. Außenseite unglasiert. Innenseite und Oberteile der Henkel ursprünglich grün glasiert; Glasur durch Bodenlagerung fast ausschließlich geschwärzt, stellenweise abgeplatzt. Scherbenfarbe grauorange.
Das vorliegende Gefäß zeigt, daß es für seine Funktion hervorragend gestaltet ist. Die vier Tonstege schützten den breiten Sitzrand vor allzu großem Belastungsdruck. Die beiden Henkel gewährleisteten einen gefahrlosen Transport des Inhalts, ohne etwas zu verschütten. Im vorliegenden Fundgut sind noch Reste weiterer Nachttöpfe vorhanden. Auch der Pfisterbach lieferte Bruchstücke dieses Gefäßtyps. H. H.

Schank- und Trinkgefäße

1.4.14
Bügelkanne, Fragment
16. Jh.
Irdenware, reduzierend gebrannt
22,5 cm, ø 7,5 cm
München, Neues Rathaus

Das großformatige Bruchstück des Oberteils einer stattlichen Bügelkanne läßt auf einen gebauchten Gefäßkörper schließen. Die Scherbenfarbe ist hellbräunlichgrau. Zum Vergleich kann eine Bügelkanne von Moosburg (2. Drittel 16. Jahrhundert) herangezogen werden (Hagn und Neumair 1990, S. 90-91, Abb. 24). Sie weist allerdings zwei Tüllen auf. Ob auch das Gefäß vom Neuen Rathaus mit einer zusätzlichen Tülle versehen war, muß offen bleiben. Der Bügel unseres Gefäßes unterscheidet sich von dem des Moosburger Exemplars dadurch, daß er nicht gekehlt-bandförmig ist, sondern einen abgerundet-elliptischen Querschnitt aufweist. Bügelkannen sind im Fundgut noch durch weitere Reste vertreten. Bügelkannen dienten dem Transport und der Aufbewahrung von Wasser. Möglicherweise wurde das vorliegende Gefäß als Wasserspender beim Waschen der Hände vor dem Essen benützt. H. H.

1.4.15
Großer, bauchiger Krug (Kanne ?)
16. Jh.
Irdenware, reduzierend gebrannt
33,1 cm, ø 21 cm
München, Neues Rathaus

Das stattliche, großformatige Gefäß diente der Erwärmung von Flüssigkeiten (Wasser? Wein?). Da ein Teil der Randzone fehlt, kann nicht entschieden werden, ob ein Krug (ganzrandig) oder eine Kanne (mit Ausguß, Schnauze) vorliegt.

1.4.16

1.4.16
Großer, schlanker Krug
16. Jh.
Irdenware, oxidierend gebrannt, beidseitig glasiert
27,8 cm, ø 16,8 cm
München, Neues Rathaus

Außen- und Innenseite ursprünglich grün glasiert. Glasur vor allem auf der Außenseite infolge Bodenlagerung sekundär geschwärzt. Bräunliche Flecken sind auf Einlagerung von Eisenverbindungen zurückzuführen. Auf der Innenseite ist die grüne Glasurfarbe noch weitgehend erhalten. Der Scherben wurde vor dem Glasieren mit einer hellen Tonschicht engobiert, um die Glasur ›aufzuhellen‹. Scherben beige mit grauem Reduktionskern.
Das stattliche und doch elegante Schankgefäß wird im Fundgut durch einen weiteren, ähnlich gestalteten und weitgehend erhaltenen Krug begleitet. Dazu noch zahlreiche Fragmente weiterer entsprechender Gefäße. H. H.

1.4.17
Hoher, beidseitig glasierter Henkeltopf
16. Jh.
Irdenware, oxidierend gebrannt, beidseitig glasiert
17,8 cm, ø 13,8 cm
München, Neues Rathaus

Außen- und Innenseite moosgrün glasiert. Glasur glänzend, kaum verändert. Scherben rötlichgrau, spröde. Gefäß daher stark zerscherbt.
Ein Fragment eines weiteren beidseitig grün glasierten Henkeltopfes (H fragm. 10,6 cm; ø 13 cm) läßt eine stark eingezogene, ›gekehlte‹ Halszone erkennen. Der Henkel besteht aus drei Tonsträngen, die miteinander verflochten sind. Diese Henkelart ist u.a. auch von Wolfratshausen südlich von München (17. Jahrhundert) bekannt.
Beide Gefäße waren sicherlich für die Tafel bestimmt und dienten wohl als Schankgefäße für Wein. Ein drittes Gefäß gehört ebenfalls hierher. Seine Merkmale: Standboden, schwach nach oben gewölbt, mit starkem Abrieb. Beidseitig glasiert, Glasur durch Bodenlagerung arg in Mitleidenschaft gezogen. Auf der Außenseite gelblichgrau bis schwarz, auf der Innenseite noch teilweise grün, Gefäß sonst unbeschädigt. H. H.

1.4.18
Apostelkrug, Fragment
16. Jh.
Irdenware, oxidierend gebrannt, beidseitig glasiert
13,2 cm, ø 6 cm
München, Neues Rathaus

Auf beiden Seiten aufgelegte Medaillons mit der Darstellung von Aposteln im Perlkreis. Die Apostel zeigen ihre typische Tracht, nämlich eine lange, gegürtete Tunica. Ihr Kopf trägt einen Heiligenschein. Sie sind an ihren Attributen zu erkennen: Philippus mit Kreuzstab, Andreas mit Schrägkreuz (letzteres nicht erhalten). Neben den Apostelfiguren sind kleine, dreieckig gestutzte Bäumchen angebracht. Schulter und Halszone fehlen weitgehend. Der Henkel, an dem noch ein kurzes Randstück erhalten ist, verläuft zunächst waagrecht und ist dann steil nach unten gebogen. Er weist eine Perforierung auf, an der ein Zinndeckel angebracht werden konnte. Am unteren Ende des Henkels ein modelliertes Engelsköpfchen.
Außenseite dunkelbraun, Innenseite blaßgelb glasiert. Scherben gelblichgrau.

1.4.18

Der Apostelkrug gehört zur reliefverzierten Irdenware, die in der Renaissance sehr beliebt war. Die mit Hilfe einer Model (Matrize) ausgeformten und mit Tonschlicker auf die Gefäße angarnierten Medaillons erinnern an Vorbilder aus dem Rheinland und Sachsen. Es handelt sich demnach um Imitationen von Steinzeug in Irdenware. Die Medaillons der beiden Apostel Philippus und Andreas erinnern an die kleine Apostelserie von Gschaid bei Peterskirchen im Rottal. In diesem Ort konnte 1983 der Inhalt einer Werkstattbruchgrube eines künstlerisch begabten Hafners aus dem späten 16. Jahrhundert geborgen werden. Allerdings ist nicht anzunehmen, daß der vorliegende Krug in Gschaid selbst hergestellt wurde, da er kleinere Abweichungen zeigt. Auch im Pfisterbach in München wurde ein Medaillon gefunden, das einen sächsischen Herrscher zeigt, der gleichfalls an Gschaid erinnert. H. H.

1.4.19
Zwei Fragmente polychromer Schank- bzw. Trinkgefäße
16. Jh.
Irdenware, oxidierend gebrannt, außen polychrom, innen grün glasiert
6,9 bzw. 5,2 cm; ø 8,5 bzw. 6,2 cm
München, Neues Rathaus

Polychrome Glasuren waren im 16. und 17. Jahrhundert sehr beliebt. Man trifft sie vor allem bei Geschirren des gehobeneren Bedarfs an.
Das größere Fragment stammt von einem bauchigen Krug, der wohl als Schankgefäß diente. Auf der Außenseite verlaufen die verschiedenfarbenen Glasurbahnen schräg, so daß eine Art Rautenmuster entsteht. Die

auffallendste Farbe ist ein leuchtendes Honiggelb. Dazu kommen manganbraune Farbtöne, schieferblaue Partien sowie weißliche Bänder. Die Innenseite trägt eine dunkelgrüne Glasur.
Das kleinere Bruchstück läßt auf einen anderen Gebrauch schließen. Im Inneren beobachtet man nämlich eine gewölbte Tonlamelle, die der Wandung aufsitzt und auf der Unterseite offen ist. Dieses Merkmal weist auf ein Sauggefäß hin, das wohl für Kinder und Kranke bestimmt war. Die Tonröhre hatte die Aufgabe, keine gröberen Partikel der Flüssigkeit durchzulassen. Die Tülle befindet sich nicht mehr an Ort und Stelle, sondern wurde isoliert aus dem Waschrückstand geborgen. Die polychromen Glasurbahnen auf der Außenseite sind vertikal orientiert. Hell- und dunkelbraune Felder werden jeweils von weißen Streifen begrenzt. Die Innenseite des Gefäßes wurde mit einer dunkelgraugrünen Glasur ausgekleidet. H. H.

1.4.20

1.4.20
Fragment eines Sturzbechers mit dem Bild der ›Schönen Münchnerin‹
16. Jh.
Irdenware (?), oxidierend gebrannt, beidseitig glasiert, ø 7,6 cm
München, Neues Rathaus

Fragment eines bauchigen Gefäßes mit dem Kopf eines Mädchens oder einer jungen Frau. Das Gesicht ist sehr sorgfältig gestaltet, von einem Kopftuch eingerahmt, das an beiden Seiten eine lockige Haartracht hervortreten läßt. Die trichterförmige Mündung ist nur durch ein kleineres Bruchstück belegt.
Scherben sehr fein, gelblichgrau.
Das vorliegende Fragment kann nur als Teil eines Sturzbechers gedeutet werden. Es handelt sich hierbei um Trinkgefäße, die man auf einen Zug leeren mußte und die in gefülltem Zustand nicht auf den Tisch gestellt werden konnten. Ihre Standfläche war vielmehr die Randzone des Gefäßes. In dieser Lage war das Gesicht sozusagen ›auf den Kopf‹ gestellt. Derartige Gefäße, auch in Mönchsform, waren in der Renaissance sehr beliebt.
Der vorliegende Fund sei der ›Schönen Münchnerin‹ gewidmet. Die Beschaffenheit des Scherbens, der Glasur und der Bemalung erinnern durchaus an Fayence, doch müßte erst noch der Nachweis von Zinnoxid in der Glasur geführt werden. Die IHS-Schale (Kat. 1.4.31) ist derselben, zunächst noch unbekannten Werkstätte zuzuordnen, deren Erzeugnisse noch durch einige weitere Gefäße bzw. Fragmente belegt sind. H. H.

1.4.21
Tasse
16. Jh.
Irdenware, oxidierend gebrannt, innen grün glasiert
5,5 cm, ø 11,5 cm
München, Neues Rathaus

Oberfläche der Außenseite hellgrau. Innenseite und Randzone dunkelgrün glasiert. Glasur stellenweise stark glänzend und offenbar ziemlich dick aufgetragen. Scherben hell- bis gelblichgrau, sehr spröde und daher splittrig. Das Gefäß lag deshalb sehr stark zerscherbt vor.
Es liegt ein formschönes Trinkgefäß vor, das allerdings ziemlich selten ist. Im Fundgut konnte noch ein weiteres größeres Fragment dieses Gefäßtyps nachgewiesen werden. H. H.

1.4.22
Zwei Trichterhalsbecher
Siegburg, 16. Jh.
Steinzeug mit ›Lehmglasur‹
15,6 bzw. 14,1 cm, ø 7,5 bzw. 7,8 cm
München, Neues Rathaus

Oberfläche weißlich, gelblich oder rötlich geflammt, teils matt, teils glänzend. Die Farbstellung wird durch eine eisenhaltige Engobe (Tonüberzug) bedingt (›Lehmglasur‹). Scherben weißlich bis gelblichgrau, desgleichen unglasierte Innenseite.
Die charakteristischen Trichterhalsbecher mit ihrem unverwechselbaren Wellen- bzw. Krallenfuß aus Siegburg (Rheinland) sind in Siedlungsfunden aus dem 16. Jahrhundert immer wieder anzutreffen, so u.a. in Moosburg. Daneben wurden unterm Neuen Rathaus noch zwei Fragmente von deckelförmigen Schalen bzw. schalenförmigen Deckeln aus demselben Material geborgen. Die Rolle von Siegburg als Keramiklieferant wurde ab dem 17. Jahrhundert vom Westerwald übernommen.
Trinkgefäße aus Keramik treten in München gegenüber Glas außerordentlich stark in den Hintergrund. Zusätzlich zu den soeben beschriebenen Importen können lediglich ein Sturzbecher, ein Sauggefäß sowie eine Tasse angeführt werden (Kat. 1.4.19, 20, 21). H. H.

Schüsseln

1.4.23
Drei mitteltiefe bis tiefe Schüsseln mit randlicher Politur
16. Jh.
Irdenware, reduzierend gebrannt
7,5 cm, ø 22 cm
8,4 cm, ø 25,5 cm
10,4 cm, ø 25,7 cm
München, Neues Rathaus

Obwohl alle drei Schüsseln denselben Gefäßtyp repräsentieren, weisen sie doch abweichende Maße und Unterschiede in der Formgebung auf. Dieser Befund ist für das 16. Jahrhundert nicht ungewöhnlich. Der Spielraum wird erst bei der jüngeren Keramik immer mehr eingeengt. Auch in keramischen Ballungsgebieten, wie z.B. im Kröning, erscheinen die Gefäße stärker genormt. H. H.

1.4.24
Drei tiefe reduzierend gebrannte Schüsseln, mit und ohne Henkel
16. Jh.
Irdenware, reduzierend gebrannt
München, Neues Rathaus

Henkellose Schüssel: 13,8 cm, ø 25 cm. Außenseite dunkelgrau, Innenseite gelblich bis gelblichbraun, sekundäre Färbung durch frühere Inhalte bedingt.
Henkelschüssel: 10,9 cm, ø 20,8 cm. Oberfläche grau bis schwarz. Scherben grau. Die Form des Gefäßes wirkt sehr elegant und erinnert an Gefäße aus dem 15. Jahrhundert, doch stellt der Henkel eine ›moderne‹ Errungenschaft dar.
Henkelschüssel: 11,4 cm, ø 19,8 cm(!) Außenseite hell- bis dunkelgrau, im unteren Teil mit Rußspuren und Spuren herabgelaufener Flüssigkeit. Auf der Innenseite bräunliche Anlagerungen, die von früheren Inhalten herrühren. Gefäß daher stark benützt. Intakt geborgen.

Das vorliegende Gefäß fällt durch seine starke Deformation nicht nur im Mündungsbereich auf, die wohl schon beim Abnehmen des feuchten Scherbens von der Töpferscheibe entstanden ist. Der Gefäßkörper samt Mündung erscheint daher nicht mehr rund, sondern queroval.
Es ist damit erwiesen, daß in der Küche der Ratstrinkstube auch keramische Erzeugnisse zweiter und dritter Wahl verwendet wurden. Außerdem zeigen die drei Gefäße erneut, daß Gebrauchsgeschirr des 16. Jahrhunderts trotz ähnlicher Grundformen eine große Vielfalt erkennen läßt. Von diesen weitmundigen Schüsseln liegen noch drei weitere weitgehend erhaltene Exemplare sowie zahlreiche zusätzliche Fragmente vor. H. H.

1.4.25

Zwei beidseitig glasierte Schüsseln

16. Jh.
Irdenware, oxidierend gebrannt, beidseitig glasiert
München, Neues Rathaus

Größeres Gefäß: 8,4 cm, ø 10,8 cm. Glasur sekundär geschwärzt, stellenweise ausgebleicht. Scherben beige mit grauem Reduktionskern.
Kleineres Gefäß: 6,4 cm, ø 15,4 cm. Am Rand vorspringende Öse zum Durchziehen einer Schnur als Aufhängevorrichtung. Glasur ursprünglich grün, durch Bodenlagerung geschwärzt. Scherben beige.
Die beiden Schüsseln stammen aus derselben Werkstätte wie die drei Tellerfragmente, der flache Henkeltopf sowie der hohe, schlanke Krug (Kat. 1.4.9, 16, 28). H. H.

1.4.26

Zwei konische Henkelschüsseln

16. Jh.
Irdenware, oxidierend gebrannt, auf der Innenseite glasiert
München, Neues Rathaus

Größeres Gefäß: 10,4 cm, 23,4 cm (Gefäß im Mündungsbereich stark deformiert). Oberfläche bräunlichgrau, im Henkelbereich mit Resten herabgelaufener Glasur. Am Boden und stellenweise auf der Wandung Rußspuren. Innenseite und Randzone dunkelgrün glasiert.
Kleineres Gefäß: 8,9 cm, ø 11,5 cm; 19,5 cm (Gefäß deformiert). Außenseite gelblichweiß, mit vereinzelten Glasurtupfen und Spuren herabgelaufener Flüssigkeit auf der henkelabgewandten Seite. Keine sekundären Kohlenstoffanreicherungen. Innenseite und Randzone dunkelgrün glasiert. Glasurschäden am Boden und auf Teilen der Wandung, ferner stellenweise sekundäre Kalkanlagerungen.
Dieser ziemlich markante Gefäßtyp ist im Fundgut noch durch weitere fünf mehr oder weniger vollständige Exemplare sowie durch zahlreiche weitere größere Fragmente vertreten. Er muß daher im Bereich der Ratstrinkstube oder in seinem Umfeld häufig Verwendung gefunden haben. Die meisten Gefäße weisen keine Rußspuren auf. Die eingezogene Randzone könnte das Abstreifen eines Löffels erleichtert haben. Die Gefäße konnten außerdem mit Hilfe des kräftigen Henkels auch in gefülltem Zustand leicht bewegt werden. Man könnte sich vorstellen, daß derartige Gefäße für die Armenspeisung verwendet wurden.
Fast alle Henkelschüsseln dieser Art zeigen sich im Mündungsbereich mehr oder weniger stark deformiert. Der derbe Habitus dieser Gefäße weist zudem auf keine allzu gute Qualität hin, wenn man alle übrigen Fundstücke zum Vergleich heranzieht. Es ist wohl anzunehmen, daß die konischen Henkelschüsseln von Münchner Hafnern hergestellt wurden, denen in der Umgebung der Stadt keine hochwertigen Tone zur Verfügung standen. Sie befanden sich daher in einer ständigen Konkurrenz zu den Kröninger Hafnern, die über einen ausgezeichneten Ton verfügten. Im Jahre 1500 arbeiteten in München sieben Hafnermeister. Ihre Zahl stieg 1618 bereits auf 16 an. Aus dem 16. Jahrhundert sind folgende Meister namentlich bekannt: Hainrich Preislinger, Hanns Thanner, Caspar Schrofnagel, Anton Steyrer, Martin Radich, Christof Hofmann, Melchior Schofnagel und Christof Haldensberger. Es ist daher sehr wahrscheinlich, daß das eine oder andere Gefäß aus dem vorliegenden Fundgut von einem der aufgeführten Meister in München hergestellt wurde. H. H.

1.4.27

Zwei weitere Schüsseln

16. Jh.
Irdenware, oxidierend gebrannt, auf der Innenseite glasiert
München, Neues Rathaus

Schüssel mit Fahne: 9,2 cm, ø 25,5 cm. Ob ein Henkel vorhanden war, ist ungewiß. – Außenseite gelblichgrau, Innenseite glasiert. Glasur geschwärzt und z.T. ausgebleicht. Scherben bräunlichgrau. Die Randzone der Schüssel weist zwei Perforationen auf. Dadurch konnte man eine Schnur ziehen und die Schüssel so an die Wand hängen.

Schüssel mit eingezogenem Rand: 10,1 cm, ø 23 cm. Der Besitz eines Henkels ist unsicher. – Außenseite grauorange, Innenseite und Randzone ursprünglich grün glasiert, sekundär weitgehend geschwärzt. Scherben bräunlichgrau.
Die beiden Schüsseln stellen eine willkommene Bereicherung des Gefäßspektrums dar. Die zweite Schüssel schließt sich durch die eingezogene Randzone an die im Fundgut sehr häufigen konischen Henkelschüsseln an. H. H.

1.4.26

1.4.28

Drei beidseitig glasierte Tellerfragmente

16. Jh.
Irdenware, oxidierend gebrannt, glasiert
München, Neues Rathaus

1. 6,2 cm, ø 22 cm. Glasur ursprünglich grün, durch Bodenlagerung weitgehend geschwärzt. Scherben vor Glasauftrag hell engobiert. Scherben bräunlichgrau. Das vorliegende Gefäß könnte auch als flache Schüssel angesehen werden.
2. 5,1 cm, ø 23 cm. Glasur sekundär geschwärzt, mit flächigen Abplatzungen. Scherben gelblichgrau.

3. 3,1 cm, ø 24 cm. Glasur geschwärzt, stellenweise abgeplatzt. Scherben gelblichgrau. Das vorliegende, sehr flache Gefäß könnte man auch als Platte bezeichnen.
Alle drei Gefäße stammen wohl aus derselben Werkstätte. Ihr gemeinsames Merkmal ist der schmale Standring im Bodenbereich. Auch die Merkmale der beidseitigen Glasur lassen im Gegensatz zur Form keine Unterschiede erkennen.
Teller und Platten sind im 16. Jahrhundert noch ziemlich selten. Sie werden erst im 17. Jahrhundert häufiger, wobei die Breite der Fahne immer mehr zunimmt. H. H.

1.4.29
Schale mit Traglappen
16. Jh.
Irdenware, oxidierend gebrannt, auf der Innenseite glasiert
5,3 cm, ø 19 cm
München, Neues Rathaus

Oberfläche der Außenseite gelblich, nicht glasiert. Innenseite und Rand ursprünglich grün glasiert; Glasur sekundär geschwärzt und stellenweise abgeplatzt. Scherben gelblichgrau.
Tragschalen bzw. -schüsseln zeichnen sich schon allein durch ihre technologischen Merkmale (Abdrehen des Bodens, Anbringung von Traglappen bzw.-griffen) als nicht alltägliche Ware aus. Sie dienten wohl der Vorlage besonderer Speisen, z.B. von Gebäck. Ihr Urbild ist möglicherweise in metallenen Gegenständen, z.B. Zinngefäßen, zu suchen. H. H.

1.4.30
Reliefverzierter Teller
16. Jh.
Irdenware, oxidierend gebrannt, beidseitig glasiert
5 cm, ø 26 cm
München, Neues Rathaus

Auf der gesamten Innenseite erhabener floraler Dekor. In der Mitte des Spiegels Blattrosette mit vier akanthusartigen Blättern. Der übrige Dekor besteht u.a. aus weiteren vier Rosetten mit sehr unregelmäßig gestalteten, gebogenen und teilweise geschlitzten Blättern.
Ursprünglich beidseitig grün glasiert. Glasur sekundär gedunkelt, heute dunkelbraun bis schwarz. An den hervorspringenden Dekorteilen Glasur teilweise abgestoßen (Gebrauch eines Löffels?). Scherben hellbräunlichgrau.

1.4.30

Der fragmentär vorliegende und nicht allzu gut erhaltene Teller darf als Unikat gewertet werden. Das flache Gefäß wurde auf eine Form gedreht, auf der bereits der Blattdekor aufgebracht war. Um Dekore beliebig oft reproduzieren zu können, muß der plastische Ton entweder in eine Form eingedreht (Dekor auf der Außenseite; Beispiele: Terra Sigillata, Bierkrüge nach Westerwälder Art) oder auf eine Form aufgedreht werden (Dekor auf der Innenseite). Die Positiv-Technik des ›Überdrehens‹ war schon den Chinesen im 11./12. Jahrhundert n.Chr. bekannt. Der vorliegende Teller ist ein weiterer Beweis für die gehobene Tischkultur der Münchner Ratstrinkstube. H.H.

1.4.31
Schale mit dem IHS-Zeichen
16. Jh.
Irdenware (?), oxidierend gebrannt, beidseitig glasiert
3,9 cm, ø 20,5 cm
München, Neues Rathaus

Auf der Wandung Rankendekor. Die bemalten Stellen heben sich vom Untergrund schwach ab, sind also erhöht.
Außen- und Innenseite mit brauner Glasur versehen. Die Glasur erscheint teils hell-, teils dunkelbraun, stellenweise sogar schwarz. Sie ist schwach transparent, da sie die Bemalung durchschimmern läßt. Der Standboden war ebenfalls glasiert, doch ist die Glasur in diesem Bereich durch Abrieb weitgehend entfernt. Scherben hell und sehr fein. Die IHS-Schale stammt sicherlich aus derselben Werkstätte wie der Sturzbecher mit dem Bildnis der ›Schönen Münchnerin‹ (Kat. 1.4.20). Wie bei diesem Stück, Verdacht auf Fayence.

Die vorliegende Schale stellt ein frühes Beispiel malhornverzierter Ware dar, die im 17. Jahrhundert ihren Höhepunkt erreichte. Auf die Bedeutung des IHS-Zeichens (im Volksmund ›Jesus Heiland Seligmacher‹ soll hier nicht näher eingegangen werden. Es wurde in der Gegenreformation durch die Jesuiten populär gemacht und vor allem im 17. Jahrhundert bevorzugt im Spiegel von Schüsseln und Tellern angebracht. H. H.

Sonderformen

1.4.32
Zwei Öllampen, ein kleiner Napf und Kienspäne
16. Jh.
Irdenware, reduzierend bzw. oxidierend gebrannt, letztere auf der Innenseite dunkelgrün glasiert
Öllampe reduz.: 2,4 cm, ø 11,4 cm
Öllampe oxid.: 2,1 cm, ø 12,5 cm
Napf: 5,9 cm, ø 9,7 cm
München, Neues Rathaus

Die ›konventionellen‹ Öllampen sind flache Schalen mit eingebogener Randzone, die an einem Ende mit einer kleinen Schnauze (Dochtmulde) zur Arretierung des Dochtes versehen sind. In diesem Bereich werden bevorzugt sekundäre Kohlenstoffanreicherungen wahrgenommen. Auf der gegenüberliegenden Seite ist an der glasierten Öllampen ein dreieckiger, abgerundeter, durchbohrter Traglappen angebracht. Das reduzierend gebrannte Schälchen weist an derselben Stelle lediglich eine Perforation der Wandung nahe dem Oberrand auf. Die beiden Stücke lassen deutliche Gebrauchsspuren erkennen. Im Fundgut wurden noch zahlreiche weitere Reste von ähnlich gestalteten Öllampen entdeckt.
Der kleine, reduzierend gebrannte Napf diente wohl ebenfalls der Beleuchtung, da auf einem Teil der Innenseite kohlige Beläge auf verbrannten Unschlitt hindeuten.
Neben diesen Beleuchtungsgeräten, die auf den Tischen standen, wurden die Räume mit Kienspänen (bis über 3 cm breit) erleuchtet. Sie staken in Kienspanhaltern, die an den Wänden befestigt waren. Im vorliegenden Fundgut wurden zahlreiche wohlerhaltene Kienspäne nachgewiesen, die an einem oder selbst an beiden Enden verkohlt erscheinen. H. H.

1.4.33
Drei Spardosen, sieben Münzen und 17 Spielwürfel
16. Jh.
Irdenware, reduzierend bzw. oxidierend gebrannt, nicht glasiert
1. 7,2 cm, ø 7,2 cm
2. 6,1 cm, ø 6,8 cm
3. 6,2 cm, ø 5,5 cm
München, Neues Rathaus

Im Fundgut noch weitere Reste von Spardosen.
Im Zusammenhang mit den drei Spardosen, die in der Form einer weiblichen Brust gestaltet sind, sollen noch sieben Münzen gezeigt werden, die aus dem Erdreich ausgeschlämmt werden konnten:
1. Pfennig, Herzogtum Bayern-München, Herzog Ernst I., Prägezeit 1397-1438.
2. Pfennig, Herzogtum Bayern-Landshut, Herzog Ludwig IX., Ötting, Prägezeit 1450-1460.
3. Vierer, Habsburgische Lande, Tirol, Maximilian I., Hall, Prägezeit 1490-1519.
4. Halbbatzen, Stadt Kempten, 1522.
5. Batzen, Stadt Augsburg, 1522.
6. Halbbatzen, Habsburgische Lande, Tirol, Ferdinand I., Hall, 1563.
7. Zweier, Erzbistum Salzburg, Johann Jakob Khuen v. Belasi-Lichtenberg, 1578.
Die relative Häufigkeit von Münzen aus Hall in Tirol deutet auf lebhafte Handelsbeziehungen zwischen beiden Städten hin. Aus Hall stammt immerhin ein Teil des Glases, das unter dem Neuen Rathaus gefunden wurde. Die nördlichsten Münzprägestätten sind Augsburg, Ötting und Passau. Handel und Wandel waren demnach nach Süden orientiert.
Daß in der Ratstrinkstube auch dem Spiel gefrönt wurde, beweisen 17 ziemlich kleine Spielwürfel. Ihre Kantenlänge schwankt zwischen 0,4 und 0,9 cm. Sie wurden aus Knochen hergestellt. H. H.

1.4.34
Drei Ziergefäße (Vase, Doppelhenkelvase, Körbchen)
16. Jh.
Irdenware, oxidierend gebrannt, beidseitig bzw. auf der Innenseite glasiert
Vase: 9,5 cm, ø 6 cm
Doppelhenkelvase: 10,1 cm, ø 6,5 cm
Körbchen: 3,7 cm
München, Neues Rathaus

Vase: Glasur beidseitig, ursprünglich dunkelgrün, stellenweise sekundär geschwärzt, glänzend. Scherben bräunlich.
Doppelhenkelvase: Zwei gegenständige Bandhenkel, davon nur einer erhalten. Glasur auf Außen- und Innenseite fast schwarz. Scherben hellbraun.
Körbchen: Der unglasierte Standboden weist einen ausgeschnittenen achtstrahligen Stern auf, der von einem Kreis eingefaßt wird. Zum Rand hin beobachtet man abwechselnd ausgeschnittene Kreise und Dreiecke. Im eingezogenen unteren Teil der Wandung sind zehn kreisrunde Perforationen zu erkennen. Auf einer Seite ist das Christuszeichen (Kreuz, das griechische Chi sowie drei Einkerbungen = drei Kreuznägel?) angebracht, das vom Buchstaben S (links) und von einem nicht deutbaren Buchstaben (rechts) flankiert wird. Außenseite und Teile der Innenseite hellgrün glasiert. Scherben gelblichweiß. H. H.

1.4.35
Elf Miniaturgefäße bzw. kleine plastische Darstellungen
16. Jh.
Irdenware, oxidierend gebrannt, ein- oder beidseitig glasiert
München, Neues Rathaus

Kleinformatige keramische Gegenstände im cm-Bereich werden im allgemeinen als Kinderspielzeug gewertet. Das in der Ausstellung gezeigte Ensemble besteht aus zwei Henkeltöpfchen, einem flachen Topf mit Deckelfalz (›Kasserolle‹), einer Bügelkanne, zwei tiefen Schüsseln mit Kragen- bzw. Kremprand sowie zwei flachen Schüsseln. Dazu kommt noch ein Waschzuber. Besondere Beachtung verdienen kleine, vollplastisch gestaltete Pferdchen, deren Rumpf auf der Töpferscheibe gedreht wurde. Sie sind durch zwei Löcher als Pfeifchen und damit als Klanginstrumente ausgezeichnet. Hierher gehört auch das Vorderteil eines größeren, innen gleichfalls hohlen Pferdchens (H 7 cm), dessen Kopf und Mähne sehr realistisch gestaltet sind. H. H.

Metallgerät

1.4.36
Zinnschälchen mit Nürnberger Gießermarke
16. Jh.
Zinn, 1 cm; ø 11,4 cm;
München, Neues Rathaus

Außenseite: Auf Fahne nahe dem Außenrand umlaufende Rille. Auf der Fahne Nürnberger Gießermarke. In einem unten gerundeten Schild erkennt man das Stadtwappen von Nürnberg: einen halben Adler und drei nach unten gerichtete Querbalken. Da ein ›Beigemerk‹ fehlt, kann der Meister allerdings nicht ermittelt werden. H. H.

1.4.37
Zwei Zapfhähne von Weinfässern
16. Jh.
Messing
8,4 bzw. 6 cm, L fragm. 13 bzw. 14,5 cm;
München, Neues Rathaus

Das vollständigere Stück ist fast 13 cm lang und 8,4 cm hoch. Es besteht aus einem sich nach hinten verjüngenden Rohr, das in das Spundloch eingeführt wurde, einem rechteckigen bzw. quadratischen Ausflußrohr sowie einem aus drei Kreisen gebildeten Handgriff, der dem Auf- und Zudrehen diente. Das Ausflußrohr erinnert in seitlicher Ansicht an einen stilisierten Pferdekopf. Das zweite Stück besitzt eine Länge von 14,5 cm.
Die beiden Zapfhähne bestehen aus einer Kupferlegierung. Sie waren mit Sicherheit für Weinfässer bestimmt. München war noch im 16. Jahrhundert eine ausgesprochene Weinstadt. Das Hofbräuhaus wurde erst im späten 16. Jahrhundert unter Herzog Wilhelm V. errichtet. Man darf annehmen, daß in der Ratstrinkstube guter Wein aus Tirol und anderen südlichen Regionen ausgeschenkt wurde, während man den an den heimatlichen Südhängen gewachsenen ›Essig‹ wohl verschmähte.
Im übrigen wurde unterm Neuen Rathaus auch eine wohlerhaltene Faßdaube (Länge 31,5 cm) gefunden, die ebenfalls einem Weinfaß zugeordnet werden kann.

Gläser

1.4.38
Vier Nuppenbecher ›Krautstrünke‹
16. Jh.
grünes bzw. bläulichgrünes Glas (›Waldglas‹ aus deutschen Glashütten)
10,1 cm; 11 cm; 11,4 cm; 10,5 cm
München, Neues Rathaus

Die Nuppen dienten einmal als Dekor, zum anderen erhöhten sie die Griffestigkeit zumal beim fettigen Mahl. Nuppenbecher sind darüber hinaus wertvolle Datierungshilfen. So erscheinen die Nuppen in der Frühzeit sehr klein, während sie ab der zuweiten Hälfte des 15. Jahrhunderts immer größer werden.
In der Ausstellung werden ferner Stangengläser gezeigt, die gleichfalls nuppenbewehrt sind. Ihr Fuß erscheint allerdings gesponnen bzw. gewickelt. Außerdem ist ihr Gefäßkörper nahezu zylindrisch. Auch sie bestehen aus grünem Waldglas. Die Stangengläser konnten darüber hinaus mit einem Deckel verschlossen werden. Aus farblosem oder doch nur schwach getöntem Glas wurden hingegen Pokale gefertigt, die einen flachen, am Außenrand nach unten umgeschlagenen Fuß, einen Schaft und eine Kuppe erkennen lassen. Es handelt sich hierbei um Glas aus Venedig bzw. um Glas ›à la façon de Venice‹, das von venezianischen Glasmachern in mitteleuropäischen Glashütten hergestellt wurde. Der Schaft besteht entweder aus Nodi und/oder Ringscheiben oder ist balusterförmig gestaltet. Während einige Baluster glatt erscheinen, zeigen sich wieder andere mit Löwenköpfchen und anderen Zieraten geschmückt. Die Form der Kelche (Kuppa) ist gleichfalls sehr unterschiedlich gestaltet. Erhabener Rautendekor weist darauf hin, daß das entsprechende Gefäß in eine Form geblasen wurde. Auch diese Trinkgefäße für den gehobenen Bedarf werden in der Ausstellung gezeigt. H. H.

Nahrungsabfälle

1.4.39
Pflanzliche Nahrungsabfälle
16. Jh.
organische Substanzen
München, Neues Rathaus

In der Ausstellung können nur Reste von Steinobst (Kirschen, Zwetschgen, Pflaumen, Pfirsiche) und von Nüssen gezeigt werden, da sich die gewöhnlich winzigen Kerne z.B. von Äpfeln und Feigen der nusealen Betrachtung entziehen.
Neben den tierischen geben auch die pflanzlichen Nahrungsabfälle willkommenen Aufschluß über frühere Nahrungsgewohnheiten (Körber-Grohne, 1988).
H. H.

1.4.40
Tierische Nahrungsabfälle
16. Jh.
Kalziumphosphat, Kalziumkarbonat
München, Neues Rathaus

Aus den zahlreichen Nahrungsabfällen sollen an dieser Stelle nur einige Reste gezeigt werden. Eine besondere Attraktion dürften die Austernschalen sein, da sie auf einen weiten Handelsweg hindeuten. Da unterm Neuen Rathaus nur drei Deckelklappen dieser Meeresmuschel gefunden wurden, wird die Ausstellung zusätzlich mit Funden aus dem Pfisterbach in München bestückt. Die Abfälle dieser Nobelkost, die wohl von der benachbarten Hofhaltung stammen, dürften allerdings etwas jünger sein. Nach den Bestimmungen von G. Falkner, Hörlkofen, wurden sie von der Adriatischen Küste bezogen. Sie waren schon in der Römerzeit eine beliebte Speise, auch in Binnenländern. Die Speiseauster (Ostrea edulis L.) konnte einen Transport, in Fässern dicht verpackt, bis zu 24 Tagen überstehen. Man versandte sie aber auch entschalt und z.T. in einer Marinade aus Salz, Pfeffer und Lorbeerblättern. Ab dem 17. Jahrhundert verloren die Austern allmählich ihren Ruf als Exklusivspeise. Daß in der Münchner Ratstrinkstube auch Meereskrebse gegessen wurden, beweist ein stacheliges Bruchstück eines Panzers der großen Seespinne.
H. H.

1.4.38

DIE HERRENTAFEL –
Tischbräuche zwischen Mittelalter und Neuzeit

Beschreibungen opulenter Speisenfolgen und ritterlicher Gelage prägen unsere Vorstellung vom Essen im Mittelalter. Tatsächlich waren die meisten der überlieferten üppigen Gastmähler Festessen für fürstliche Gäste und hohe Standespersonen. Sie dienten der Repräsentation des Gastgebers und waren mit ihren zahlreichen Gängen Zeichen der Ehre, die er damit seinen Gästen erwies.

Die alltägliche Ernährung der breiten Bevölkerungsschichten sah hingegen anders aus und unterlag zahlreichen Einschränkungen. Mißernten und Kriege führten oft zu lang andauernden Hungerperioden. Vor allem aber spielte das ›Essen mit den Jahreszeiten‹ eine vorrangige Rolle bei der Ernährung. So waren Sommer und Herbst mit den Ernten und der Winter mit seinen Schlachttagen die Zeiten der frischen Nahrungsmittel, in denen der Tisch naturgemäß etwas reicher gedeckt war. Um Nahrungsmittel auch für den Rest des Jahres, vor allem für die Winter- und Frühjahrsmonate bereitzustellen, standen wenige einfache Konservierungsmöglichkeiten wie Trocknen, Pökeln und Räuchern zur Verfügung.

Eltern- und Kindertisch in einem herrschaftlichen Haus, Albrecht Glockendon, 1535; Aus einem Stundenbuch Hzg. Wilhelm IV. von Bayern, Wien, Österreichische Nationalbibliothek

Die durch Jahrhunderte geltende Sozialstruktur war auf Standeszugehörigkeit und Standesordnung aufgebaut. Die Standeszugehörigkeit prägte alle Lebensbereiche, öffentliche ebenso wie private, Arbeit und Einkommen gleichermaßen wie Kleidung und Ernährung. Nicht nur die materiellen Verhältnisse des einzelnen spielten eine Rolle, sondern auch eine Fülle von Gesetzen und Vorschriften, die fast alle Lebensäußerungen reglementierten.

Diese Differenzierung brachte auch eine Unterscheidung in Herrenspeise und Bauernspeise mit sich. So spielte vor allem das Fleisch an der Tafel der

›Herren‹, meist Angehörige des adeligen oder geistlichen Standes, denen die Bauern abgabeverpflichtet waren, eine ungleich größere Rolle als bei den Bauern oder den unteren städtischen Schichten, deren seltene Fleischmahlzeiten meist auf geselchtes Fleisch beschränkt blieben. Sie ernährten sich vor allem von Getreidebreien, meist aus Gerste, Hafer oder Hirse mit einem Kompott aus Obst oder Trockenobst.

Da das Jagd- und Fischrecht zu den Privilegien des Adels gehörte, fanden sich Wild und Fisch nur am Herrentisch, dafür aber in reicher Vielfalt: nicht nur Hirsch, Reh, Gemse, Steinbock, Wildschwein und Hase wurden verzehrt, sondern auch Bär, Dachs, Eichhorn, Igel und zahlreiche Vögel. Schwäne und Pfauen bildeten im 16. Jahrhundert oft den spektakulären Höhepunkt der so-

genannten Schauessen: Die fertig zubereiteten Tiere wurden um des Spektakels willen für die Tafel wieder teilweise in ihr Federkleid gehüllt. Im Gesamtverbrauch bildete das Wild jedoch nur einen Anteil von höchstens fünf Prozent der Fleischnahrung, in spätmittelalterlichen Städten sogar noch weniger.

Auch beim Brot zeigten sich die sozialen Unterschiede. Das Weißbrot aus fein gemahlenem Weizen war dem Herrentisch vorbehalten. Auf den Tisch der Bauern und einfachen Leute kam das gröbere Hafer- und Roggenbrot. An Gemüsen wurden Bohnen, Erbsen, Kohl, Kohlrabi, Gurken, Kürbisse, Lauch, Zwiebeln, Rettiche und Rüben angebaut und zubereitet.

Adel und höhere Geistlichkeit nahmen seit dem 12. Jahrhundert meist vier Mahlzeiten am Tag zu sich. Das Frühstück bestand oft nur aus einem Becher Wein, zum Frühmahl, dem sogenannten Pranchium, wurden dann mehrere Gänge serviert. Es dürfte in etwa unserem heutigen Mittagessen entsprochen haben. Die Vesper bestand dann meist wieder aus Brot und Wein. Das mehrgängige Abendessen mit mehreren Braten und Geflügel oder Fisch ist als die eigentliche Hauptmahlzeit anzusehen.

Sofern nicht vorgelegt wurde, was nur bei repräsentativen Tafeleien erfolgte, nahm jeder Gast sein Stück Fleisch mit den Fingern von der Platte oder aus der gemeinsamen Schüssel. Er legte das Fleisch dann auf ein flaches, meist rechteckiges Fladenbrot oder später auf ein Holzbrettchen, zerteilte es mit seinem persönlichen Messer und führte es mit den Fingern zum Mund. Das Messer zum Essen brachte jeder Gast selbst mit; es wurde meist zusammen

Michel de Montaigne,
Tagebuch einer Badereise im Jahr 1580

Schweiz
Das Gesinde ißt zur selben Zeit wie die Herrschaft, entweder am selben Tisch oder an einem danebenstehenden. Es ist nur ein Diener zum Bedienen eines großen Tisches nötig; jeder hat seinen Becher oder seinen silbernen Pokal vor seinem Gedeck stehen, und der Aufwärter trägt Sorge, daß der Becher sofort, wenn er leer ist, wieder gefüllt wird, ohne daß er ihn wegzunehmen braucht – er langt über den Tisch und schenkt aus einem großen Zinn- oder Holzgefäß mit langer Schneppe frischen Wein ein.
Was Fleisch betrifft, so werden bei jedem Gang bloß zwei oder drei Platten serviert; die verschiedenen Fleischsorten werden gern gemischt, sie sind gut zubereitet, kommen aber in ganz anderer Anordnung wie bei uns; bisweilen werden sie übereinander liegend aufgetragen, unter Anwendung von gewissen eisernen Geräten mit langen Schenkeln: auf diesen ruht eine Platte und über dieser eine zweite. Die Tische sind breit, teils rund, teils viereckig; die letztere Form erschwert das Auftragen der Speisen. Der aufwartende Diener trägt bequem alle Platten auf einmal ab und stellt dafür ein paar andere hin, und dieser Wechsel vollzieht sich bis zu sechs- oder siebenmal. Eine Platte wird nämlich immer erst herumgereicht, wenn die andere draußen ist; was den Tellerwechsel betrifft, so besteht folgender Gebrauch: wenn das Fleisch abgetragen ist und das Obst an die Reihe kommt, wird mitten auf den Tisch ein Weidenkorb oder ein großes bemaltes Holzbrett gestellt, und darauf stellt nun der Angesehenste als erster seinen Teller, darauf die übrigen: der Ehrenrang wird hierbei streng eingehalten. Dann trägt der Aufwärter den Korb schnell fort und reicht auf zwei Schüsseln gemischtes Obst, wozu gern Rettiche gelegt werden, ähnlich wie beim Braten gekochte Birnen beliebt sind. Unter anderem tun sie den Krebsen große Ehre an und lassen sie auf einer Schüssel auftragen, die als einzige zugedeckt ist, worauf sie sich diese gegenseitig anbieten, während sie es mit dem Fleisch nicht so halten. Das ganze Land ist reich an Krebsen, sie wollen solche täglich auf dem Tische sehen und haben ihre höchste Freude daran. Weder zu Beginn noch zum Schluß der Tafel wird Handwasser gereicht, jeder muß es sich selbst aus einer kleinen Wasserkanne holen, die ähnlich wie in unseren Klöstern in der Ecke steht. Zumeist sind hölzerne Teller in Gebrauch.

Aber auch hölzerne Töpfe und Nachtgeschirre, und alles ist sauber und so weiß wie möglich. Andere stellen in die hölzernen Teller solche aus Zinn, ausgenommen beim letzten Gang, dem Obst, bei dem nur Holz verwendet wird. Holz wird nur aus Gewohnheit benutzt, denn auch dort, wo dieses Material aufgetragen wird, sind Trinkbecher aus Silber im Gebrauch, und zwar finden sie sich in außerordentlicher Menge.

Kaiser Maximilian I. unterweist Tranchiermeister und Mundschenk. Aus ›Weißkunig‹ des Kaisers Maximilian, Hans Burgkmair 1506-1513

Die geringsten Mahlzeiten dauern drei oder vier Stunden infolge der Länge der einzelnen Gänge, und sie essen auch in der Tat weit weniger hastig und viel gesünder als wir. Sie haben großen Überfluß an allen möglichen Fleisch- und Fischsorten und überhäufen ihre Tafel, wenigstens war es bei uns so. Am Freitag wird für niemand Fleisch aufgetragen, und sie würden es nach ihrer Behauptung nur ungern essen, nicht anders als in Frankreich um Paris herum.
Jedoch in der Schweiz hatte er keine [Beschwerden] zu ertragen, es sei denn, daß er bei Tisch bloß ein handbreites Tuch als Serviette benützen konnte; die Schweizer aber entfalten das gleiche Tuch nicht einmal bei ihrem Mittagessen, obwohl sie eine Menge von Saucen und unterschiedliche Arten von Suppen haben; jedoch legen sie Holzlöffel mit silbernen Griffen auf, und zwar immer so viel, als Teilnehmer da sind. Auch ißt niemals ein Schweizer ohne Messer, mit dem sie alle Speisen nehmen, so daß sie die Schüsseln nicht mit den Fingern berühren.

mit dem Dolch in einer Lederscheide am Gürtel getragen. Gemüse oder halbflüssige Speisen wurden mit Hilfe eines Brotes aus der gemeinsamen Schüssel genommen. Die flachen Schüsseln waren meist aus Zinn, bei niederen Ständen oft aus Holz. Die Gabel als Teil des persönlichen Eßbestecks setzte sich in Deutschland erst gegen Ende des 17. Jahrhunderts in breiten Schichten durch. Im höfischen Bereich ist sie etwas früher als Vorlegegabel für Fleisch und vereinzelt als Konfekt- oder Käsegabel nachzuweisen.

Der kurzstielige Löffel findet sich – obwohl das älteste überlieferte Eßgerät – selten auf bildlichen Darstellungen. Seine Form war durch Jahrhunderte nur geringen Wandlungen unterworfen. Die fast kreisförmige Laffe war zum kurzen Stiel gewinkelt, der beim Essen mit der ganzen Faust umschlossen wurde. Bevorzugtes Material war Holz, das Stielende wurde gelegentlich mit einem Silberbeschlag verziert. In dieser Gestalt wurde der Löffel nicht nur in höfischen, sondern auch in bürgerlichen Kreisen benützt. Der Gebrauch ganzsilberner Löffel bürgerte sich erst im Lauf des 15. Jahrhunderts ein. Im ausgehenden 16. und im 17. Jahrhundert fanden Löffel in Zusammenhang mit dem Aufkommen tiefer Teller größere Verbreitung an der Tafel. Vor allem wurden sie zum Entnehmen flüssiger Speisen aus der Schüssel sowie zum Reichen von Kostproben benutzt.

Erasmus von Rotterdam empfiehlt in seiner Tischzucht: »Wenn jemand aus einem Kuchen oder einer Pastete etwas mit dem Löffel reicht, so empfange es auf einem Brotstück oder nimm den dargereichten Löffel und schütte die Speise auf das Brot, gib dann den Löffel zurück. Wenn das zum Kosten Herumgereichte zu flüssig ist, so nimm den Löffel und gib ihn zurück, nicht ohne ihn vorher an der Serviette abzuwischen.«

Teller in der heute üblichen Form treten ebenfalls erst im 16. Jahrhundert auf. Zuvor bediente man sich der bereits erwähnten Eßbrettchen oder einfacher Platten, die meist rund waren und aus Holz oder Zinn bestanden. Aber nicht jeder Gast verfügte über ein eigenes Eßbrettchen. Den Tischregeln des Erasmus von Rotterdam aus dem ersten Drittel des 16. Jahrhunderts kann entnommen werden, daß sich zwei Gäste üblicherweise ein Tischgerät und vor allem ein Trinkgefäß teilten. Die hölzernen Platten trugen, wie wenige erhaltene Exemplare zeigen, auf einer Seite meist Monatsdarstellungen. Bei Gebrauch drehte man sie um und schnitt auf der nicht verzierten Unterseite das Fleisch. Noch im ganzen 16. Jahrhundert waren solche Holzplatten in wohlhabenden Bürgerhäusern für den alltäglichen Gebrauch in Verwendung.

Getrunken wurde aus Bechern, seltener aus Gläsern. Kannen und Karaffen standen nicht auf dem Tisch, sondern auf Kredenzen oder in Kühlgefäßen auf dem Boden. Dort wurden die Getränke auch eingeschenkt und den Gästen von Dienern gereicht.

Am Ende des Mittelalters zählten also im wesentlichen Servierplatten – je nach Stand des Besitzers aus Zinn oder Silber –, Eßbrettchen, Salzfässer, Gewürzgefäße, Becher und Pokale zur Ausstattung der Tafel. Trinkgefäße der unterschiedlichsten Gattungen, Gewürzbehälter und prunkvoll ausgestaltete Salzfässer zogen den Blick der Gäste auf sich. Anzahl und Kostbarkeit solcher Gefäße zeigten den Wohlstand des Gastgebers, der auf diese Weise seine gesellschaftliche Stellung repräsentierte.

Die Verwendung von Tischtüchern ist bereits für das Mittelalter aus den meisten sozialen Schichten überliefert, bestand der zerlegbare Tisch doch oft nur aus einer über Böcke gelegten Platte, die nach Gebrauch abgetragen wurde; eine Sitte, auf die die Redewendung ›die Tafel aufheben‹ zurückgeht. Das teure Leinen stellte einen erheblichen Wert dar, und seit dem 16. Jahrhundert versah man Tafeltücher häufig mit eingewebten Wappen, Emblemen, Ornamenten, mythologischen oder jagdlichen Darstellungen. Im 17. Jahrhundert wurde es Mode, die gestärkten Tücher so zu falten und zu pressen, daß die scharfen Brüche ein eigenes Muster ergaben. Vereinzelt wurden die Tücher auch über ornamentale Modeln gepreßt.

»Das erste so gebraucht wird / ist das Tischtuch / welches in Frankreich auff eine solche Art zusammen gelegt und gepresset wird / daß der viereckichte Faltenbug darinnen verbleibt / welcher in den Handswellen auch Rautenweis kan gefalten werden. Wann aber ein schöner Model in dem Tuch so pflegt man dieser Art nicht zu gebrauchen.« Diese Anleitung gibt Georg Philipp Harsdörffer Mitte des 17. Jahrhunderts in seinem Trincirbüchlein, das verfeinerte Tafelsitten erstmals einem breiteren Publikum in Deutschland nahebringt. Er knüpft damit an die italienische Tradition der Trincirbücher an, die sich nicht nur mit dem Zerlegen der Braten, sondern auch mit der fachgerechten Präsentation der Speisen bei Tisch beschäftigen.

S. B.

Literatur

Bitsch/Ehlert/Ertzendorff, 1987
Ehlert, 1990
Erasmus von Rotterdam, Reprint 1940
Harsdörfer, 1657
Schiedlausky, 1956
Thieme, 1682

2.1.4

2.1.1
Vier Salzgefäße aus dem Münchner Ratssilber
Christoph Wild (Meister vor 1608, gest. 1625 Augsburg)
Augsburg, 1. Viertel 17. Jh.
bez. Marke Christoph Wild (Seling 1218b); Augsburger Beschau
Silber, gegossen, getrieben, ziseliert, punziert, graviert, H. 3,8 cm, ø 9,2 cm
Lit.: Frankenburger, Die Alt-Münchner Goldschmiede und ihre Kunst, München 1912 S. 144 und Abb. 51
XIa/7, a-d

Zusätzlich zu den Marken, die sich auf dem unteren Rand der Gefäße befinden, zeigen die Salzgefäße auf der Unterseite der Kalotte ein eingraviertes Münchner Kindl. Daher die irrtümliche Einschätzung der Arbeiten als münchnerisch. Als zugehörig galten zwei (im Münchner Stadtmuseum befindliche) Holzschachteln, ebenfalls mit dem Münchner Kindl und der Jahreszahl 1579, die wiederum der Jahreszahl der vermutlich aus dem Ratssilber stammenden Löffel (Kat. Nr. 2.1.3) entspricht, aber nicht mit den Marken der Gefäße in Verbindung zu bringen ist. Montaigne beschreibt um 1580 in Schwaben die ihm unbekannte Sitte, den Tisch mit vier gleichen Salzgefäßen in Art eines Andreaskreuzes zu decken, d.h. diagonal auf den Ecken einer rechteckigen Tafel. Damit war das Problem der Rangordnung bei Tisch umgangen, da es kein unten und oben »unter und über dem Salz« gab. N. G./H. O.

2.1.1

2.1.2
24 Löffel des Münchner Rats
Georg Zeggin
(Meister 1555, gest. 1581 München)
München, 1579
bez. auf der Unterseite der Laffe: Meistermarke Georg Zeggin (R^3 3479). Münchner Beschau (Mönchskopf) und die Jahreszahl 1579
Silber, teilweise vergoldet, gegossen, getrieben, graviert, punziert, 15,8 cm
Lit.: Frankenburger, Die Alt-Münchner Goldschmiede und ihre Kunst, München 1912, S. 144 und Abb. 51; Rosenberg, Der Goldschmiede Merkzeichen, Frankfurt 1922^3, S. 320
XIa/4, a-x

Der Satz stammt mit höchster Wahrscheinlichkeit aus dem Münchner Ratssilberschatz. Die mit Renaissanceornamenten geschmückten Löffel zeigen auf dem abgeschrägten Stilende die gravierte Figur des ›Münchner Kindl‹. Formal entsprechen sie mit der breiten, oval getriebenen Laffe und Standfläche dem Typus des 16. Jahrhunderts für repräsentativen Gebrauch. Vergleichbar sind vor allem die Löffel aus dem Ingolstädter Ratssilber von 1573 (München, Bayerisches Nationalmuseum). N.G.

2.1.2

2.1.3

2.1.3
Elf Löffel
München, Ende 16. Jh.
Buchsbaum, geschnitzt; Silber, getrieben, graviert, 13,4-14,4 cm
XIa/6, a-k

Die ovale Laffe wird jeweils an ihrem Ende durch kräftige Einkerbungen vom Stiel abgesetzt. Dessen Ende steckt in einer Silberhülse, die mit einfacher gravierter Ornamentik versehen ist. Die Hülse wird von einer Kartusche abgeschlossen, die die gravierte Darstellung des Münchner Kindl zeigt. Eine Herkunft aus dem Münchner Ratsschatz ist daher naheliegend. N. G.

2.1.4
Neun Eßbrettchen
Niederlande, 16. Jh.
Holz, gedrechselt, bemalt, ø 20,3 cm
Lit.: Schiedlausky: Essen und Trinken. Tafelsitten bis zum Ausgang des Mittelalters, München 1956, S. 15 f. und Abb. 45
Nürnberg, Germanisches Nationalmuseum HG 4153-4162

Vor der Einführung von in der Mitte vertieften Tellern im Laufe des 16. Jahrhunderts wurden runde oder eckige hölzerne Platten oder Eßbrettchen verwendet, auf die man eine Scheibe Brot legte, um den Fleischsaft aufzusaugen. 1564 kaufte der Nürnberger Patrizier Paulus Behaim fünfzig große Holzteller aus Ahorn, »um täglich darauf zu essen«.
Die Platten sind mit Monatsdarstellungen dekoriert und niederländisch beschriftet. Die Bemalung läßt vermuten, daß die Brettchen entweder nur zur Schau gestellt und nicht als Eßgerät benutzt wurden oder daß man sie zum Gebrauch herumdrehte und auf ihrer Unterseite das Fleisch schnitt.
U. T.

2.1.5

2.1.5
Zwei Becher
Gabriel Graispach
(in München nachweisbar 1423-1472)
München, 2. Hälfte 15. Jh.
bez. Marke G in gotischer Minuskel
Silber, teilweise vergoldet, getrieben, graviert, emailliert, 11,8 cm; oberer ø 11,6 cm
Lit.: Frankenburger, Die Alt-Münchner Goldschmiede und ihre Kunst, München 1912, S. 34; Brunner, Altes Tafelsilber, Ein Brevier für Sammler und Liebhaber, München 1964, S. 34; AK Bayern – Kunst und Kultur, München 1972, Kat. 316
XIa/2, a-b

Die Becher, die mit höchster Wahrscheinlichkeit aus dem Münchner Ratssilberschatz stammen, repräsentieren einen allgemeinen Typus, der im 15. Jahrhundert weitverbreitet war. Die einfache Form schwingt nach oben aus und endet in einem eingezogenen vergoldeten Lippenrand. Schmuck und Bestimmungshinweis des Bechers ist ein emailliertes Münchner Kindl im Innenboden des Trinkgefäßes. N. G.

2.1.4

2.1.6
Schiff als Trinkpokal
wohl Hans Strick (um 1500-1616 Breslau)
Breslau, um 1610
bez. MZ: HS wohl für Hans Strick,
BZ: W für Breslau = Garantie 1598-1618
Silber, gegossen, getrieben, ziseliert, geschnitten, vergoldet, 36,5 cm
Lit.: Hintze 1906, Tat. II, III, Nr. 64, S. 165 f.; AK Schätze Deutscher Goldschmiedekunst von 1500 bis 1920, Ingolstadt 1992, Nr. 38; Havard, Dictionnaire de l'Ameublement et de la Décoration, Bd. III, Paris 1887-90, S. 971-984; Omen, Medieval silver nefs, London 1963; Lehne, Süddeutsche Tafelaufsätze vom Ende des 15. bis Anfang des 17. Jahrhunderts, 1985, Nr. 31-56, S. 75 ff., 27-29
Privatbesitz

Das Zutrinken hatte eine bedeutsame Rolle bei Vertragsabschlüssen, Zeremonien, Begrüßungen und als ›Bescheid‹ an der Tafel. Im Zuprosten und dem Anstoßen auf Glück und Gesundheit hat sich ein Abglanz davon bis heute gehalten.
Durch Zutrinken konnte man jeden Tischgenossen zum Trinken nötigen. Eine Verweigerung kam einer Beleidigung gleich, und meist bestand die Verpflichtung, das Gefäß auf einen Zug zu leeren. Besonders der Brauch des Willkommtrinkens für jeden neuen Gast des Hauses brachte große und prächtige Trinkgefäße hervor, die außer Gebrauch auf dem Kredenztisch oder dem Buffet prangten. Der ›Willkomm‹ war ein deutscher Brauch, aber unter seinem deutschen Namen auch in anderen europäischen Ländern üblich. Es entstand zu diesem Zweck eine Vielfalt ungewöhnlicher Trinkgefäße in Gestalt heraldischer oder sprechender Formen. »Heutigen Tages trinken die Weltkinder und Trinkhelden aus Schiffen, Windmühlen, Laternen, Sackpfeifen, Büchsen, Krummhörnern, Äpfeln, Birnen, Kokelhähnen, Affen, Pfauen, Mönchen, Nonnen, Bauern, Bären, Löwen, Hirschen, Rossen, Straußen, Käuzen, Schwänen, Schweinen, Elendsfüssen und anderen ungewöhnlichen Trinkgefäßen, die der Teufel erdacht, mit großem Mißfallen Gottes und der Menschen« heißt es in einer Predigt von 1562 (nach Lehne S. 29).
Schiff, Gefäß oder Hohlraum sind im Deutschen gleichbedeutend, also lag nichts näher, als einem Trinkgefäß auch die anschaulichere Schiffsgestalt zu geben.
Schiffsform hatten eine Reihe von mittelalterlichen Behältnissen, die zum Teil auch auf der Tafel standen: Salzfässer, Besteckbehälter, Weihrauchschiffe, bestimmte Reliquiare. Trinkgefäße in Schiffsform sind li-

terarisch seit dem 13. Jahrhundert überliefert, und am burgundischen Hof wurde der Platz des Fürsten mit einem schiffsförmigen Tafelaufsatz gekennzeichnet. Das Schiff enthielt Tafelgerät wie Probierschale, Besteck, Serviette, Salz, war aber vor allem ein Statussymbol. Die vielen überlieferten Schiffe des 16. und frühen 17. Jahrhunderts sind phantasiereich gestaltet und enthalten viele amüsante Details, die sich erst bei genauer und näherer Bertrachtung offenbaren.
Bei dem hier vorgestellten Pokal in Schiffsform beleben Seeungeheuer den von Wellen umzogenen Fuß. Den Schaft formt eine Balustersäule mit Blattwerk und Masken. Der hohe Mast mit Mastkorb und großer Fahne wird von einer Unzahl von gedrehten Tauen aus Silberdraht gehalten. Zwei Matrosen klettern in der Takelage mit dem geblähten Segel. Der Buchstabe W steht wohl für die Stadt Wratislava oder Breslau und ist ein Indiz für die Herkunft aus dem dortigen Ratssilber. H. O.

2.1.7

2.1.8

2.1.7
Scherzglas (Schnapshund)
Süddeutsch, 17. oder 18. Jh.
grünes Glas, optisch geblasen,
frei geformt, 13 x 17 x 8 cm
Lit.:vgl. Glas aus der Sammlung des Kunstgewerbemuseums Zürich (= Sammlungskatalog 4 des Kunstgewerbemuseums Zürich). Hrsg. von Erika Billeter, Zürich 1969, S. 98
XI d/155

Der Hund kommt als Motiv der Scherzgläser des 17. und 18. Jahrhunderts besonders häufig vor. Hier handelt es sich um eine Branntweinflasche. Der hochgestellte Schwanz des Tieres hat die Form eines Flaschenhalses und bildet die Öffnung des Gefäßes. Ein sehr ähnlicher ›Schnapshund‹ befindet sich im Kunstgewerbemuseum Zürich. N. G.

2.1.8
Nuppenglas
Deutschland, Mitte 16. Jh.
grünes Glas, wohl modelgeblasen,
geformt, 8 cm
XI d/110

2.1.9
Jungfernbecher
Nürnberg, um 1600
bez. Stadtmarke (R^3 3759), nicht identifizierte Meistermarke
Silber, gegossen, getrieben, graviert, gepunzt, teilweise vergoldet, 15 cm
39/992

›Jungfernbecher‹, die zur Gattung der ›Scherzgefäße‹ gehören, haben ihren Ursprung in Nürnberg, waren aber von dort aus auch in anderen größeren Städten ein beliebtes Motiv der Silberschmiedekunst. Der von der Dame hochgehaltene kleine Schwenkkessel ist beweglich. Wird die Figur umgedreht, dient auch der glockenförmige Rock als Gefäßkelch. Innerhalb des Hochzeitsbrauchtums mußten Bräutigam und Braut gleichzeitig die übereinanderstehenden Gefäße leeren, ohne dabei Wein zu verschütten. N. G.

2.1.10
Spätgotischer Wangentisch
Tirol, 16. Jh. (in Teilen erneuert)
Zirbelkiefer, Platte Eiche massiv
81 x 119 x 68 cm
Lit.: Windisch-Graetz, Möbel Europas. Von der Renaissance bis zur Spätgotik, München 1982, Abb. 293, S. 306
39/1232

Der Wangentisch war eine universal eingesetzte Tischform des ausgehenden Mittelalters. Der kleine Tisch wurde zum Schreiben und Lesen, aber auch für wenige Personen zum Essen gebraucht. Auch die Verwendung als Kredenztisch neben einer großen Tafel ist bezeugt.
Die längsrechteckige Tafel selbst war bis gegen 1800 eine Bretterkonstruktion, die lose auf Tischböcke aufgelegt war und nur jeweils zum Essen aufgestellt wurde. Kleine Tische daneben konnten einen Kredenztisch oder das Buffet ersetzen.
Der Wangentisch des Stadtmuseums ist in seiner Grundstruktur original und entspricht weitgehend einem aus der Südtiroler Burg Reifenstein (Wipptal) überlieferten Beispiel des 15. Jahrhunderts. Spätere Ergänzungen sind nachträglich eingefügt, Relieffelder als Füllung der Wangen, die Platte und die Aufsatzleisten unter dem Zargenkasten. Die alten Flachschnittornamente mit den Distelmotiven wurden im Zuge einer Restaurierungsmaßnahme mit neuen Brettern hinterfüttert und der Einbau einer Schublade wieder rückgängig gemacht. H. O.

TRANCHIEREN UND VORLEGEN

Zentrales Element des herrschaftlichen Essens vom Mittelalter bis ins 18. Jahrhundert war das Fleisch. Unter den Fleischsorten nahm das durch fürstliche Jagdprivilegien gleichsam geadelte Wild den höchsten Rang ein. Der Zubereitung der Fleischspeisen galt die größte Aufmerksamkeit der Köche, und sie bildeten den Höhepunkt eines festlichen Essens. Demgemäß widmete man ihnen auch den größten zeremoniellen Aufwand beim Servieren an der Tafel.

Zunächst brachte die vor allem bei edlen Fleischarten herrschende Sitte, die Tiere im ganzen zu braten und aufzutragen, die Notwendigkeit mit sich, einen eigenen Vorschneider zu beschäftigen. An den Fürstenhöfen gehörten

Drei Tranchiermeister bei der Arbeit, aus: Johann Christoph Thieme, Haus-Feld-Arzney-Koch-Kunst-Wunder-Buch, Nürnberg 1682

das Tranchieren und Vorlegen an der herrschaftlichen Tafel zu den Aufgaben junger Adeliger, die dafür gelegentlich sogar eigens in Italien ausgebildet wurden. Sie hatten diese Kunstfertigkeit ebenso wie das Fechten oder Tanzen zu beherrschen.

Das Zerlegen der gebratenen Speisen wurde zu einer eigenen, virtuosen Kunst stilisiert, bei der es darum ging, das Fleisch der Tiere möglichst schnell und elegant in tellergerechte Portionen zu zerteilen. Sie gipfelte darin, gebratenes Geflügel in der Luft, d.h. nur auf die Tranchiergabel gespießt, zu zerlegen, ohne die Speise mit der Hand zu berühren. Der Vorschneider legte die Fleischstücke dann dem Gast mit dem Présentoir, einem breiten Vorlegemesser mit unscharfer Klinge und abgerundeter Spitze, vor. Das Vorlegebesteck, das aus mehreren Messern und Gabeln bestand, trug der Tranchiermeister in einem Lederetui am Gürtel. Die besten Stücke wurden selbstverständlich zuerst dem ranghöchsten Gast gereicht, dann wurde gemäß der gesellschaftlichen Rangabfolge den weiteren Gästen serviert.

Die Kunst des Tranchierens geht auf römische Traditionen zurück und wurde dem Adel und dem gebildeten Bürgertum des 17. Jahrhunderts durch Trincirbücher und die sogenannte Hausväterliteratur vermittelt. Johann Christoph Thieme z.B. gibt in seinem Haus-Feld-Arzney-Koch-Kunst-Wunder-Buch von 1682 nicht nur die genaue schrittweise Anleitung für das Zerlegen der verschiedenen Braten, er ergänzt seine Ausführungen auch mit einer Anweisung für das Vorlegen. So z.B. war ein Kapaun zu servieren: »Vorlegung. 1. Die Fluegel einen nach dem andern / so aber eine vornehme Person an der Tafel waere / leget man zu einem Fluegel ein Stueck vom Steuss. 2. Ein Stuck vom Steuss neben einen Stuck von der Brust. 3. Das Hals-Bein nebst dem Rest vom Steuss. 4. Den Hipauf oder so genannt das Brust-Bein. 5. Einen Schenkel nach dem andern / oder auch vol einen Fluegel und einen Schenkel.«

Anhand von Kupferstichen wird die genaue Schnittführung zusätzlich veranschaulicht. »Die Kunst zu tranchieren will Edlen gebühren und pflegt sie zu zieren« überschreibt der Autor den Titelkupfer zu diesem Kapitel, der dem Leser die Zeremonie des Tranchierens auf naiv anschauliche Weise nahebringt.

S. B.

▷
Anweisung zum Tranchieren mit Abfolge und Ansatz der Schnitte, aus: Johann Christoph Thieme, Haus-Feld-Arzney-Koch-Kunst-Wunder-Buch, Nürnberg 1682

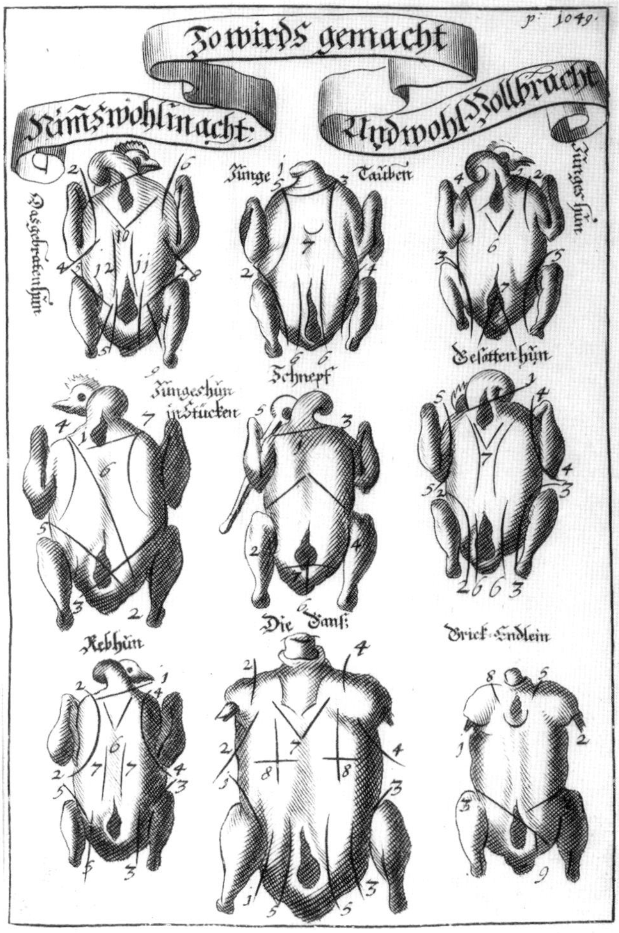

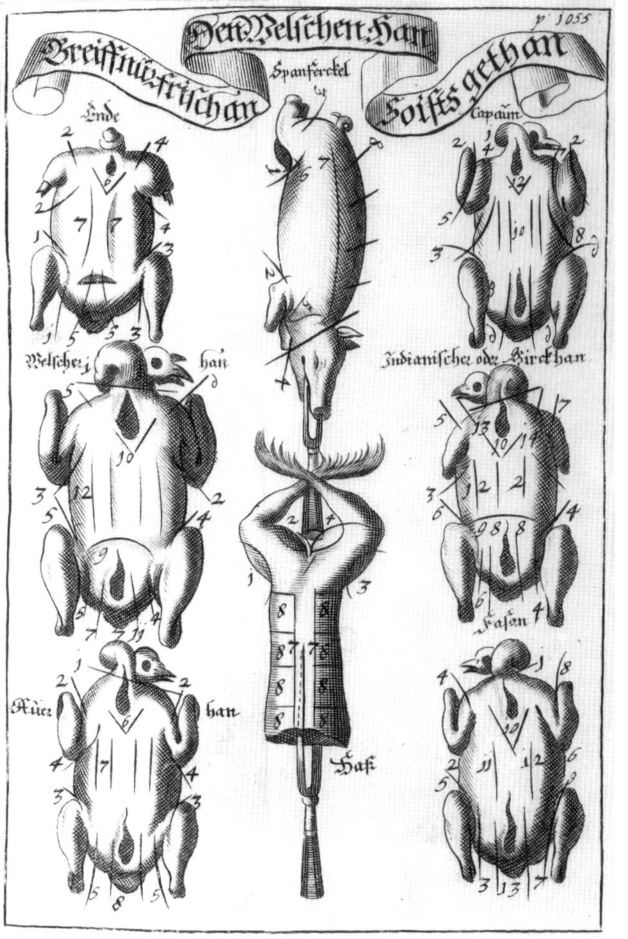

1056 Achter Theil der Haushaltungs-Kunst/

ziemlich fett / könnte man es auch wol wie bey der Gans machen. 8. Die Achsel-Beinlein abgestossen / das übrige aber wendet zu euch / und lasset es liegen.

Vorlegung.

1. Die Schenkel / einen nach dem andern. 2. Die Flügel. 3. Die Spalt-Schnitte vom Steuß. 4. Das Brust-Fleisch / zertheilet / etliche Teller. 5. Das Ziehebeinlein / nebst den Achselbeinlein. 6. Das kleine Stücklein vom Rumpf.

Das Eilffte Capitel.

Von dem Capaun.

DIeses Stuck wird gleichfalls auf die Gabel gebracht / wie beym gebratenen Hun Meldung geschehen / derowegen

1. Der Hals kan herunter gehauen werden / dergestalt / daß man im Hauen das Messer ziehe; oder man kan auch den Hals an zweyen Orten anschneiden / und mit dem Messer in die Augen stechen / und den Kopf samt dem Hals herum drehen / und gleichsam abwinden. Etliche reissen es auf die letzte Art / weil durch das Hauen die Gabel-Löcher erweitert / und der Capaun dardurch erschüttert wird / daß er hernach in dem Weiter-schneiden von der Gabel fallen kan. 2. Machet die äussersten Gelenke von denen Flügeln ledig / als erst deß rechten Flügels Oberbein / und dann deß linken Flügels Oberbein. 3. Den Ober- und Gegen-Schnitt am rechten Schenkel. 4. Den Gegen- und Ober-Schnitt am rechten Flügel. 5. und nach diesem das Fleisch unter demselben. 6. Den Ober- und Unter-Schnitt am linken Schenkel. 7. Den Gegen- und Ober-Schnitt am linken Flügel. 8. Und gleicher Gestalt das Fleisch unter demselben. 9. Den Steuß gespalten auf der rechten und linken Seiten. 10. Dann die Brust-Schnitte auf beyden Seiten / und so die Brust fett / wird solche längst / wie bey der Endte in etliche Theile getheilet. 11. Machet den Bauch-Schnitt in die Runde wie einen Mond / aber die Runde nach dem Steuß. 12. Löset das Zieh-Beinlein, 13. Das rechte und linke Achsel-Beinlein. Etliche thun auch allererst hie die Brust-Schnitte / welches auch fast besser ist / damit die Brust nicht so lange nackend sey. 14. Stosset die Rippen auf der rechten und linken Seiten auf. 15. Stosset die Brust ab / und wendet das übrige mit Zierlichkeit zu euch / und leget es nieder.

Andere

vom Trinchieren. 1057

Andere Art.

Etliche heben von dem Steuß an / damit die Gabel desto fester stecken bleibe; Es zerbrechen auch öffters in dem Improchiren die Hüner / Gänse / Capaunen und andere Geflügel bey dem Rücken voneinander / und weil dann der Hindertheil deß Ruckens hohl ist / kan die Gabel hinein gestecket werden / und so die Beine noch daran / können sie mit besserm Vortheil abgethan / und sodann der Steuß gespalten werden.

Vorlegung.

1. Die Flügel einen nach dem andern / so aber eine vornehme Person an der Tafel wäre / leget man zu einen Flügel ein Stück vom Steuß. 2. Ein Stuck vom Steuß neben einen Stuck von der Brust. 3. Das Hals-Bein nebst dem Rest vom Steuß. 4. den Hipauf oder so genannt das Brust-Bein. 5. Einen Schenkel nach dem andern / oder auch wol einen Flügel und einen Schenkel.

Das Zwölffte Capitel.

Vom Welschen Han.

SEtzet die Gabel mitten in die Brust / schneidet etliche Stücke vom Fetten / oder dem unterwachsenen Fleisch / so über dem Zieh-Beinlein hänget / und löset hernach dieselben mit einem Bogen-Schnitt / alsdann so bringet die Kracken von den Schenkeln oder Beinen / ziehet alsdann die Gabel aus / und thut solches Fleisch mit Messer und Gabel auf einen absonderlichen Teller / so nicht weit von der Schüssel liegen.

Darnach 1. hauet den Hals ab / mit einem langen Schnitte. 2. Machet darnach die beyden Ober-Beine sowol deß rechten / als deß linken Flügels los. 3. Den Ober- und Contra-Schnitt am rechten Flügel. 4. Das Ober-Gelenk am rechten Schenkel. 5. Den Ober- und Contra-Schnitt an selbem Schenkel / und auf der linken Seiten auch also. 6. Spaltet den Steuß auf beyden Seiten. NB. Auch kan man hie / wie beym Capaunen geschehen / einen Contra-Schnitt / so wol unter den Flügeln / als unter den Schenkeln thun. 7. So der Han groß / und ihr es vonnöhten erachtet / so thut einen langen Schnitt über die rechte Brust mit einem Creutz-Schnitte / und löset das Fleisch ab / und machet darauf das Innwendige weisse Fleisch mit etlichen Creutz-Schnitten auch ab. Eben auch so auf der linken Seiten. 8. Alsdann das linke und rechte Achsel-

Sss sss Beinlein

2.2 Tranchieren und Vorlegen

2.2.1
Zwei Tranchiermesser
Venedig (?), 15. Jh.
Maserholz; Eisen, silbertauschiert, 44,1 cm (MA 2529) und 43,4 cm (MA 2530)
Lit.: Kunst und Kunsthandwerk. Meisterwerke im Bayerischen Nationalmuseum München, München 1955, S. 44/45, Abb. 32; Währ, Altes Eßgerät. Löffel – Messer – Gabel. Darmstadt 1961, S. 28 und 38, Abb. 11; AK Eßgerät. Die Entwicklung seines Gebrauchs und seiner Formen (München, Die Neue Sammlung), München 1963, S. 10, 33 und 65/66, Nr. 395, Abb. 11
München, Bayerisches Nationalmuseum MA 2529 und 2530

Die beiden formgleichen, nur in der Länge leicht unterschiedenen Messer besitzen ein glattes griffiges Heft mit knaufartig nach unten gebogener Endigung. Die sehr breite, spitz endende Klinge, mit geschweifter Schneide oder Wate, trägt längs des Rückens, in der gekehlten Schar, silbertauschierten vergoldeten Dekor mit Rankenwerk in Rautenrahmung; das längere Messer (Inv. MA 2529) weist dort zudem die Inschrift in spätgotischen Majuskeln auf: ›AVE MARIA GRACIA PL . . . /SALVE REGINA MISER . . ./PATER NOSTER Q ES . . . ‹. Unterhalb der Wate ist ein Messerschmiedezeichen eingeschlagen (Bei Inv. MA 2529 ähnlich einem nach links gewendeten, bei Inv. MA 2530 ähnlich einem nach rechts gewendeten P).
Die Messer wurden dem Bayerischen Nationalmuseum 1885 von dem bedeutenden Bestecksammler Richard Zschille in Großenhain bei Dresden geschenkt und dienten vorwiegend zum Tranchieren; dabei hielt der Tranchierer das Fleischstück wohl mit dem einen Messer fest, während er das andere zum Schneiden einsetzte.
L. S.

2.2.1

2.2.2
Ein Paar Vorlegemesser mit Etui (Présentoirs)
Deutschland, 1551
Messing, Stahl, Leder, Holz; geschmiedet, graviert, gepreßt, 44,5 cm
Lit.: Germanisches Nationalmuseum Nürnberg. Führer durch die Sammlungen. München 1977, S. 240
Nürnberg, Germanisches Nationalmuseum, W 2962

Auf der messingenen Fassung steht die Jahreszahl 1551. Die Messer gehören zu einem Jagdküchenbesteck, das zudem aus einer Gabel und einem Pfriemen besteht; dazu gehört ein Futteral aus gepreßtem Leder mit Goldverzierungen und dem Brandenburgischen Wappen.
Mit den seit dem 15. Jahrhundert bekannten Jagdküchenbestecken wurde das Wild fachgerecht zerlegt. Zubereitung und Verzehr des Wildes wurde häufig noch am Ort der Jagd vollzogen und war mit einem speziellen Zeremoniell verbunden. U. T.

2.2.2

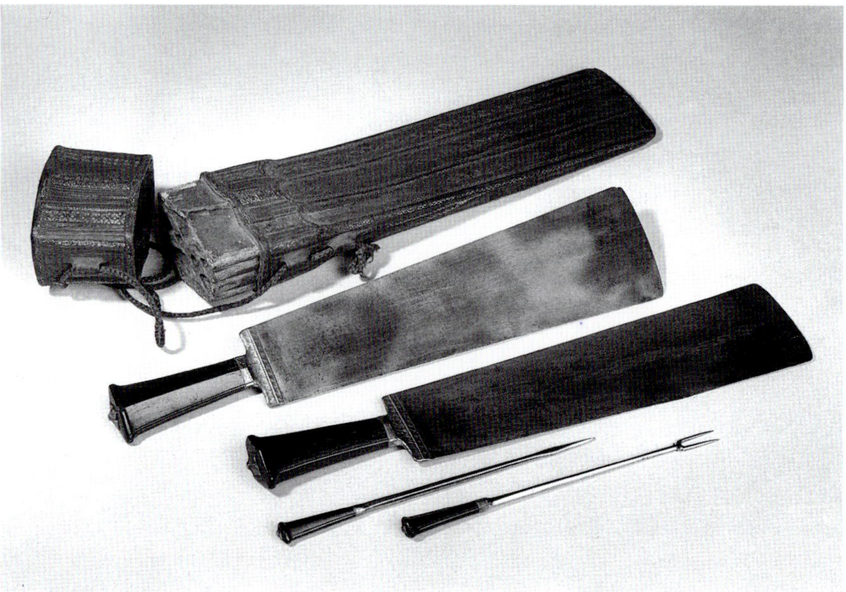

2.2.3

Tranchier- und Vorlegebesteck

Königsberg (?), wohl 1588
bez. Anno DM 158 (8)
3teilig, Eisen, Messingdraht, Bernstein, Elfenbein
Vorlegemesser 49,4 cm;
Tranchiermesser 40,0 cm;
Gabel 34,7 cm;
Lit.: Reineking von Bock, Bernstein. Das Gold der Ostsee, München 1981, S. 75; Benker, Alte Bestecke. Ein Beitrag zur Geschichte der Tischkultur, München 1978, S. 70-71
Würzburg, Mainfränkisches Museum, 65 216-218

Das breite, vorn leicht gerundete Blatt des Vorlegemessers hat über einem kurzen, facettierten Baluster einen im Querschnitt ovalen Griff aus transparentem Bernstein mit diagonaler Riefelung. An beiden Griffenden begleiten den Bernsteingriff jeweils zwei in Messingdraht eingefaßte Bänder aus Elfenbein mit Bernstein bzw. Elfenbeineinlagen in einem nicht identifizierbaren schwarzen Material. Das Ende des Griffs ist verloren.
Der Griff des Tranchiermessers ist sechsflächig, ebenfalls oben und unten begleitet von mehreren Bändern wie bei dem Griff des Vorlegemessers. Das Ende des Griffs ist aus Elfenbein mit Bernsteineinlage.
Der durchsichtige mittlere Bernsteinteil des Griffs läßt auf dem kräftigen Eisendorn im Inneren eine silbertauschierte Inschrift und Datierung erkennen. Anno DM 158 (8?), die restliche Inschrift ist nicht lesbar.
Auf einer Seite der Messerklinge am Rückenrand zweimal eine Messerschmiedmarke: Stern über Halbmond. Der Griff der zweizinkigen Gabel ist achtflächig, gleich gestaltet wie der des Messers, zierlicher. Das Elfenbeinende des Griffs zeigt unter den Bernsteineinlagen eingravierte und schwarz-ausgelegte Zierornamente. Die spitzen, gratigen Zinken der Gabel sitzen auf einem langen sechsflächigen Stiel. Die voneinander abweichende Gestaltung der Griffe des Vorlegebestecks läßt vermuten, daß das Vorlegemesser ursprünglich zu einem anderen Besteck gehörte. S. K.

2.2.4

Tranchierbesteck des Kurprinzen Maximilian von Bayern

vor 1623 (Stahlteile im 19. Jh. erneuert)
bez. Messer auf der Klinge: B unter Krone VESPER
Silber gegossen, ziseliert und vergoldet, Stahl, Messer 23,5 cm, Gabel 20 cm
Lit.: Frankenburger 1923, Abb. 103, 74, Nr. 103, AK Wittelsbach München 1980, II 2, Nr. 141
München, Bayer. Schlösserverwaltung, Res.Mü. SK 3837-8

Das Vermeilbesteck mit starken Gebrauchsspuren zeigt auf den konischen Griffen in Rollwerkornamenten das herzoglich bayerische Wappen und die Buchstaben M.H.I.B., die es als Besitz Maximilians Herzogs in Bayern ausweist.
Das ungewöhnlich kleine Format hat zu der Vermutung Anlaß gegeben, daß Messer und Gabel persönliches Tranchierbesteck des 1573 geborenen Kurprinzen gewesen seien. Nach 1580 erhielt der achtjährige Maximilian einen eigenen Hofstaat mit Präzeptor und einen Hofmeister, die vor dem Besuch der Universität 1587 seinen vielseitigen Unterricht anleiteten. Dazu gehörte als Bestandteil adeliger Erziehung auch das Erlernen des fachgerechten Schneidens und Vorlegens unter Gebrauch des Tranchiermessers und der zweizinkigen Gabel.
Es war nach den Vorstellungen der Zeit eine sehr ehrenvolle Aufgabe, das Tranchieren zu übernehmen und seine Kunst in diesem Fache zu beweisen. Bis ins 18. Jahrhundert hinein wurde Tranchieren an deutschen Universitäten ebenso wie Fechten, Reiten und Tanzen unterrichtet, um mit der Bildung die Lebensart zu vervollkommnen. H. O.

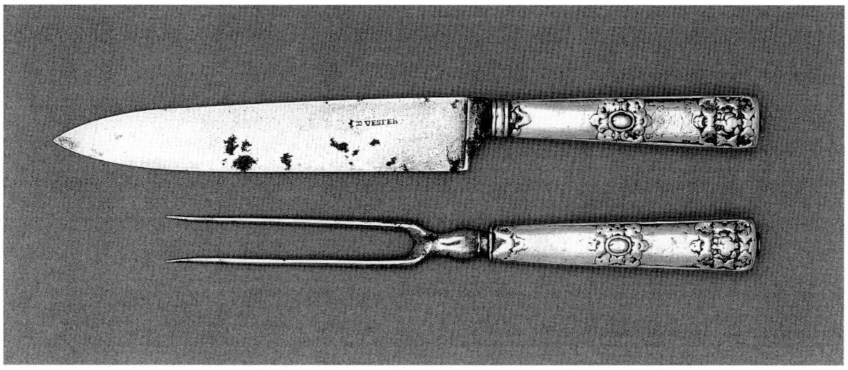

2.2.4

2.2.5

Das Gastmahl des Königs Salomon

Michael Wolgemuth
(Nürnberg, 1434-1519 Nürnberg)
und Friedrich Pleydenwurff
(1432 in Bamberg erwähnt)
Nürnberg, 1491
Holzschnitt, 24,9 x 17,3 cm
Nürnberg, Germanisches National-museum, H 91, Kapsel 1

Die Grundzüge der Tischsitten im 15. Jahrhundert sind holzschnittartig einfach, klar und typisierend dargestellt. Der Verdeutlichung wegen hat der Illustrator jedoch den Kunstgriff gebraucht, den Tisch, an dem der Herrscher alleine speist, im Vordergrund herumzudrehen, so daß der jüdische König mit dem Rücken zu seinen vielen Frauen zu sitzen kommt und sich dem Betrachter zukehrt. Dies läßt eine Vielzahl von Beobachtungen zu. Der König wird von rechts mit drei zugedeckten Schüsseln in einer Tracht bedient, die mit einer ›Serviette‹ zusammengebunden sind. Dadurch bekam das Tuch einen Namen. Vorn links schneidet der Fürschneider mit einem speziellen kleinen Messer, dem ›pare-pain‹, auf einem vorne stumpfen Vorlegemesser, dem ›Présentoir‹, rechteckige Brotscheiben als Unterlage für das Fleisch in den Schüsseln zurecht. Der Stapel von Brotscheiben wird durch ein rundes und spindelförmiges Brötchen ergänzt. Ein Deckelpokal steht neben einer offenen Schüssel mit dem Vorgericht. Der Kühlbehälter vor dem Tisch enthält – im Wasser stehend – einen Deckelkrug und eine flache Flasche vom Typ einer Pilgerflasche. Weitere Trinkgefäße, darunter ein Doppelbecher, stehen auf einem hohen zweitürigen Schrank, der ›Kredenz‹, mit Geräten für die Giftprobe. Zu guter Letzt sei noch die Gruppe der Tafelmusikanten mit Posaunen und Schalmeien erwähnt. H. O.

›DIE KURFÜRSTIN LIESS KATZEN UND MÄUSE BRATEN ...‹ *Tafelfreuden am Münchner Hof*

In seinem 1957 veröffentlichten Aufsatz ›Soziologie der Mahlzeit‹ kam Georg Simmel zu dem Schluß, die bloße Aufnahme von Nahrung müsse als Akt der »in den Niederungen des organischen Lebens gelegenen ... Bedürfnisbefriedigung« gesehen werden, ja sie sei »das Egoistischste, am unbedingtesten und unmittelbarsten auf das Individuum Beschränkte«, könne doch das, was der einzelne ißt, unter keinen Umständen ein anderer verzehren. Erst die gemeinsame, durch Verhaltensnormen streng reglementierte Mahlzeit hebe dieses von primitiver Selbstsucht geprägte Ereignis in die Sphäre gesellschaftlicher Wechselwirkung und symbolisiere damit immer wieder aufs neue die Zusammengehörigkeit einzelner Individuen (Simmel 1957, 243–248). Eben weil Essen und Trinken zu den Grundbedürfnissen aller Menschen gehören, eignet sich das gemeinsame Speisen aber auch in herausragender Weise als Instrument sozialer Differenzierung. Die adelige Gesellschaft, deren Tischkultur im folgenden am Beispiel des Münchner Hofes für die Zeit vom 16. bis zum 19. Jahrhundert untersucht werden soll, machte sich derartige Ideen früh zu eigen und begriff die ›Herrenspeise‹ als ein der Kleidung durchaus ebenbürtiges Standesmerkmal.

Speisenfolge anläßlich der Landshuter Hochzeit 1475

Zuerst das Hoch-(Hochzeits-)Essen. Darin waren vier Essen begriffen: Eier-Schmalz (im Schmalz gebackene Eier), ein pickt Vogel (ein gehacktes Vogelgericht), ein Mandelgemüse und ein Essen von Konfekt (ein leicht abführendes Gericht). Hernach folgten: Gefüllte Oblaten, Hühner in einer weißen Brühe, heiße Fische, Oerbraten, d. i. gebratener Kalbskopf, weißes Mus, drei Pasteten aufeinander (mit dreierlei Füllung), braunes Mus, Schweinenes Wildpret, Sulzfische, Hühner in Rosinen, Frische Lachs-Förchen (Forellen) in einem Zisseindlein d.h. in einer Essigsoße, Schweinsköpf, gebackene Schifflein (Lebzelten in Form von Schifflein), Siedfleisch, hohe weiße Milch (Milchrahm, Schlagrahm, Sahne?), Lebersülze von Sponsauen, heiße Krebse ... ein Essen zugerichtet mit dem ganzen Schach (in Form eines Schachspiels angerichtete Leckerbissen)« (zit. nach Hiereth o.J., 55).

Die Fülle der Speisen und die Nachricht vom Fest

Zeigten Chronisten zunächst wenig Neigung, die bei Hoffeierlichkeiten kredenzten Gerichte genau zu benennen oder gar zu beschreiben – zu leicht wäre man in den Verdacht geraten, der Todsünde Völlerei das Wort zu reden –, so änderte sich dies ab dem 13. Jahrhundert in dem Maß, wie reichliches Essen und Trinken zunehmend zum Ausweis von Ansehen und Reichtum avancierten. Als der bayerische Herzog Georg der Reiche 1475 zu Landshut die polnische Königstochter Hedwig heiratete, fand der Seligenthaler Klosterschreiber Hans Seybolt es in seinem Festbericht durchaus erwähnenswert »was und wieviel man den Fürsten Essen gegeben hat« (Zitat nebenstehend).

Insgesamt habe man den hohen Gästen 32 verschiedene Essen serviert, eine Anzahl, die das 16. Jahrhundert in Einzelfällen um das Zehnfache übertreffen sollte!

Am 18. März 1508 starb in München Herzog Albrecht IV., zwei Jahre, nachdem er die Einheit des Landes hergestellt hatte. Seine Beisetzung in der Frauenkirche fand bereits am folgenden Tag statt, die feierlichen Exequien hingegen zögerte man noch bis zum 22. Januar 1509 hinaus, um genügend Zeit für die notwendigen Zurüstungen zu gewinnen. Der anonyme, bei Hans Ostendorfer und Mathies Gaysinger verlegte Festbericht ›Herzog Albrechtz in Bairn etc. hochloblicher gedechtnuss begennghnuss zu München etc. anno etc. im neundten iare‹ räumt der Schilderung des aufwendigen Leichenmahles mit seinen 22 Gerichten – darunter acht Schauessen, als deren letztes eine Nachbildung der Tumba in der Frauenkirche aufgetragen wurde – auffallend breiten Raum ein; bis zum Ende der Monarchie in Bayern blieben dieser Totenschmaus und seine Darstellung ohne Parallele!

Albrechts IV. Urenkel Herzog Wilhelm V. feierte im Februar und März 1568 glanzvoll Hochzeit mit Renata von Lothringen. Massimo Troiano, Mitglied der Hofkapelle und Verfasser eines der beiden offiziellen Festberichte, läßt seine Leser bis ins kleinste Detail am abendlichen Hochzeitsbankett (Abb. 1) des 22. Februar teilhaben. Acht Gänge (zum Begriff vgl. Ehlert 1990, 16), jeweils bestehend aus einer großen Menge unterschiedlichster Gerichte, setzte man nacheinander auf die mit mehreren Lagen Tischtücher, raffiniert gefalteten Servietten, goldenen und silbernen Salzgefäßen sowie scharfen Messern gedeckte Tafel. Alle Gerichte eines Ganges wurden gleichzeitig serviert; unter der Bezeichnung »Service à la Française« (im Zusammenhang mit den Münchner Hoffesten taucht der Begriff erstmals 1680 anläßlich der Procuravermählung Maria Anna Christines mit dem Dauphin in einer französischen Quelle auf, vgl. Mercure Galant vom März 1680, 73) hielt sich diese Praxis höfischen Tafelzeremoniells für offizielle Essen bis ins 19. Jahrhundert (Mabille 1987, 87). Einen Eindruck von der Vielfalt der 300 dargebotenen Speisen (Wirre 1568, fol. 112) vermittelt ein Blick auf den ersten Gang (Zitat nächste Seite). Kulinarisch anspruchsvolle Zubereitungen fallen auf, während die Speisenfolge relativ willkürlich und mittelalterlichen Küchentraditionen verhaftet bleibt (Troiano/Leuchtmann 1980, 424 f.). An sich war die Notwendigkeit einer überlegten Zusammenstellung der Gerichte schon seit längerem vor allem in Italien und Frankreich diskutiert worden, bereits Bartolomeo Platina hatte in seinem 1542 auch auf deutsch erschienenen Kochbuch ›Von der Eerlichen zimlichen, auch erlaubten Wolust des leibs‹ für den ersten Gang in der Hauptsache Gemüse und Obst angemahnt, »die den leib offen behelt« (fol. 5 v), während Äpfel, Birnen, Rettich und Hartkäse »die genommne speyß seer helffe verdewen« bzw. »den magen beschlüsse und verhinder, das die böse dempfe nicht ubersich in das haubt und hirn steigen« (fol. 64).

Mit dem 17. Jahrhundert treten in den offiziellen, publizierten Münchner Festberichten die umständlichen Aufzählungen all der herrlichen Köstlichkeiten zurück; Chronisten wie Peter Zimmermann, der die 1613 in München gefeierte sog. Neuburger Hochzeit protokollierte (Zimmermann 1614, 5; Abb. 2), begnügen sich nun mit der Schilderung des Tafelgerätes und eventueller Schauessen, während die servierten Speisen selbst immer häufiger lapidar mit Begriffen wie ›köstliche Tractation‹ abgetan werden (Kurz 1652, 51). Parallel dazu hielten die Kupferstecher Bankette lediglich noch in Ausnahmefällen im Bild fest; dies muß im übrigen auch für den französischen Hof gelten, wo sich »Darstellungen des königlichen Mahles... nur in den Stichfolgen anläßlich der Krönungsfeierlichkeiten des 17. bis 19. Jahrhunderts überliefert« (Gruber 1982, 29) haben. Freilich sind uns deshalb tiefere Einsichten in die weitere höfische Eßkultur keineswegs versperrt: fruchtbar zu machen sind die versteckteren Quellen, das umfangreiche Aktenmaterial etwa, das die Hofstäbe bei Konzeption und Durchführung der Festveranstaltungen in reichem Maß produzierten.

Der angedeutete Wandel in der Festberichterstattung steht in engem Zusammenhang mit einer Veränderung der Feste selbst; die einstmals unverbunden nebeneinander stehenden Elemente Einzug, Turnier, Tanz, Bankett wurden, ergänzt um neue Bereiche wie die Oper, in zunehmendem Maß einer einheitlichen Dramaturgie unterworfen; das anläßlich der Geburt Max Emanuels 1662 mehrwöchig gefeierte ›Churbayerische Freudenfest‹ war beispielsweise in Einzelveranstaltungen differenziert, deren gemeinsames ikonographisches Substrat der antike Theseus-Mythos bildete. Innerhalb dieser mehr oder weniger komplex strukturierten festlichen Gesamtkunstwerke wurde der gemeinsamen Tafel als Bindeglied zwischen den einzelnen Akten

Erster Gang des Hochzeitbanketts 1568

»15 Pfauen in Brühe, 45 gebratene Fasenen mit Zitronenscheiben und Orangenstücken, 15 gebratene Kaninchen und 15 Hasenrücken, gebraten, mit Pfeffersauce, 15 gesottene Kapaunen in Teig mit Wurstvierteln und Brotscheiben, 15 Brüstchen von Lamm und Ziegenlamm, gefüllt auf lombardische Art, und Kalbsbries, 15 Haselhühner und 15 Steinhühner mit 25 Wildtauben, gelbe Kaisersuppe, Ochsenfleisch in Blätterteig mit süßer grüner Soße, Forellen in süßem Wein gekocht, mit Petersilie und Pfeffer, Krebstorte, Pfauensoße, Mandelsulz, Hirsch in dunkler Brühe mit gehackten Mandeln, 120 Wachteln, 120 ausgebackene Leberwürstchen, dazu 120 gebratene Kapaunenleberwürste, gebratene Lampreten in eigener Soße, Wildschweinlende mit dunkler französischer Soße und gelber Königssuppe, gebratene Ziegenlämmchen, 15 Roviglien-Törtchen«

(Troiano/Leuchtmann 1980, 137-139).

Abb. 1 Hochzeitsbankett am 22. Februar 1568 im Georgssaal der Neuveste, Radierung von Nikolaus Solis (Kat. 3.2.1)

eher gliedernde Funktion zugeordnet; so ließ Kurfürst Ferdinand Maria 1662 den zu den Tauffeierlichkeiten geladenen Gästen während eines Mittagessens das Turnier für den darauffolgenden Tag ankündigen (StadtAM, Bürgermeister und Rat 116/1). Inmitten all der festlichen Betriebsamkeit bildete die Tafel einen »Ort des Verweilens und der Besinnung« (Bursche 1974, 9; Wieninger 1983/84, 19), an dem in unübertrefflicher Weise Gemeinschaft konstituiert, aber auch erfahren und dargestellt werden konnte.

Einen besonderen Ort zum Essen hatte sich der Münchner Hof ausgewählt anläßlich der Geburtstagsfeier für den Kurfürsten und Erzbischof von Köln,

Klemens August. Sein Bruder Kurfürst Karl Albrecht ließ am Nachmittag des 17. August 1727 beiderseits des Nymphenburger Hauptkanals westlich der Broderieparterres ein prächtiges Turnier veranstalten, dem sich ein bis zum Morgengrauen dauerndes, illuminiertes Scheibenschießen an der großen Kaskade anschließen sollte. Auf dem Kanal lagen Schiffe in Reihe, hier wollte man speisen, auf diese Weise die örtliche und zeitliche Zäsur zwischen den beiden Festteilen originell überbrücken (Abb. 3). Der kurfürstliche Hoffurier Martin Fischer berichtet: »Alles geschahe unter Trompeten und Paukhen

Schall, welche an vier Orthen oben und unten auf erhobenen Pöden rangiert stundten, die sammentlichen Schiff wahren zwar bedeckhet mit Tapeten dann Silber und Cristallen Wandtleuchtern ausgeziert, doch aber von solcher Höche auf Saullen daß man alles daraus ganz bequemlich hat beobachten können... Weillen nun mey endtigung des Carosells die Nacht eingefallen, so waren sogleich alle schiff als auch zu beyden Seythen des Canals die Alleen bis an die grosse Cascacten in völlige Illumination zu sehen, wurde sohin wie die sammentliche Cavalliere und Damenn sich auf die Schiff auf welchen man souppert hatte, zu begeben, durch Pillet gezohen, wobey zu merkhen, daß ein

Abb. 2 Hochzeitsbankett am 14. November 1613 in einem Saal über dem Antiquarium der Residenz, Radierung von Peter Zimmermann, Münchner Stadtmuseum

iedes Schiff seinen besonderen Admiral hate, ... Nach 9 Uhr wurdte zur Tafel geblasen, und die Speisen auf die Schiff gebracht iedes Schiff hate zwey Tafl zue 8 Persohnen ... Nach geendigter Taffl namben die sammentliche Schiff ihren Cours unter Trompeten und Pauckhen nach der grossen Cascacten« (GHA, Korrespondenzakten 730, unfoliiert).

Der Rang des Essers

Gerade auch bei Tisch behielt die streng hierarchische Gliederung der Hofgesellschaft ihre volle Gültigkeit. Viel Mühe und Zeit wurde für die Erstellung von Sitzordnungen, sog. Setzzetteln, aufgewendet, ließen sie doch täglich gelebte Rangunterschiede zur anschaulichen Realität werden. Welche Bedeutung der Platz bei Tisch hatte – ›zurückgesetzt‹ zu werden kam einer ungeheuerlichen Kränkung gleich –, zeigt in besonders eindringlicher Weise ein Tagebucheintrag Kaiser Leopolds I.: dem am 26. August 1658 in München eintreffenden Reichsoberhaupt erschien die Sitzordnung beim abendlichen Bankett so wichtig, daß er sie in einer kleinen schematischen Skizze (Abb. 4) festhielt (HHStA, Habsburg.–lothringisches Familienarchiv Kart. 90, fol. 100 v).

Mit der Tafelordnung aufs engste verbunden war die Bedienung während des Mahls. Da sie ebenfalls einen entscheidenden Beitrag leistete, den Rang der Gäste und ihr Verhältnis zueinander anschaulich zu machen, mußte ihr besondere Aufmerksamkeit gewidmet werden. Charakteristisch hierfür ist das Kopfzerbrechen des Münchner Hofs über das für Kaiser Ferdinand III., seine Gattin Eleonore und König Ferdinand IV. am 18. August 1653 im Dachauer Schloß vorbereitete öffentliche Abendessen. Man diskutierte unter anderem die Frage, wer dem Kaiser beim obligatorischen Händewaschen zu Beginn der Tafel behilflich sein sollte: »Sovil aber das handwasser belangt, ... der churfirst das serviet fir den kayser nemmen und da es ... der könig dem kayser geben werde, selbiges dem könig raichen, da es aber ... der könig nicht thette, ... dem kayser selbsten geben, auf welchen fahl dann der herr administrator (gemeint ist Herzog Albrecht) das serviet dem könig raichen würdt«. Dem Bruder des Kurfürsten, Max Philipp, oblag es, der kaiserlichen Familie das Wasser zu reichen; weil der knapp Fünfzehnjährige aber noch nicht genügend Kraft hatte, das schwere Becken zu tragen, sollte dies der Landhofmeister für ihn tun, während er selbst nur mit der Wasserkanne aufwarten mußte (BayHStA, Fürstensachen 127, fol. 124 v–125).

Da bei Festlichkeiten grundsätzlich an einer größeren Zahl von rangmäßig unterschiedenen Tischen gegessen wurde, stufte man die Qualität der Speisen und die Feinheit des Geschirrs ebenfalls entsprechend dem Rang der Tischgenossen einer Tafel ab. Als sich Kaiser Ferdinand III. 1641 in München aufhielt, fand er auf einer mit dem vergoldeten Silber der Kurfürstin Maria Anna gedeckten Tafel (BayHStA, Fürstensachen 646, fol. 513) 35 verschiedene Speisen vor: acht Federwildpret- bzw. Geflügelgerichte, 12 weitere Platten mit Fleisch und Wildpret sowie 15 Sorten Torten, Sülzen und ›khreitlwerch‹. Weil man nun auch bei Festlichkeiten vom sog. Nachessen, das während des 16. Jahrhunderts zur festen Hofsitte geworden war (Dausch 1944, 99 f.), keineswegs Abstand nehmen wollte (Rumpolt 1581, 9v–10), wurden die auf den Tischen des Kaiserpaares übriggebliebenen Speisen den Truchsessen und Edelknaben bzw. dem ›bayerischen Frauenzimmer‹ kredenzt, nur im letztern

Abb. 3 Turnier im Nymphenburger Schloßpark am 17. August 1727, Detail eines Gemäldes von Ignaz Bidermann München, Bayerisches Nationalmuseum

Fall ergänzt um sechs frische Hauptspeisen, Torten, Pasteten und Milch (BayHStA, Fürstensachen 126/III, fol. 241v–252). Was 1671 anläßlich eines Besuchs des Salzburger Erzbischofs an der Frei- und Kammerherrntafel an »federwiltprett und unangegriffenen speissen« übrigblieb, war »aufzuheben, fleissig zum zörgaden zuliffern und auf andere mahlzeiten anzutragen, daß ybrig aber haben die lagie (= Lakaien), silberdinner und gehilfen zugeniessen« (SLA, Geheimes Archiv XXIV 2 1/2).

Klage Piccolominis über die Zustände an der Tafel (1444)

»Niemals kann man zu rechter zeit speisen, und daher rührt oft plötzlicher Tod, und das ist der Ausgangspunkt von vorzeitigem Altwerden, Verdauungsbeschwerden, von Üblichkeiten, Steinschmerzen, Gries und allen Arten von Krankheiten. Und schließlich, was sind das für Mahlzeiten! Wein, den wohl schmeerige Wolle nicht annähme, wie Juvenal sagt, wird aufgetragen, du wirst unwohl, wenn du davon trinkst, er ist scharf wie Essig, oder gewässert, verderbt, flockig, sauer, entweder zu kalt oder zu lau, von ebenso schlechtem Aussehen als Geschmack... Und glaub auch nur nicht, daß man dir silberne oder gläserne Becher vorsetzt: bei jenem fürchtet man, daß er gestohlen, bei diesem, daß er zerbrochen wird. Du mußt aus einem Holzbecher trinken, welcher schwarz, alt, stinkend ist, an dessen Grund der Weinstein fest geworden ist, und in den die Herren sonst zu pissen pflegen. Auch benützest du diesen Becher nicht allein, um nach Belieben Wasser zuzugießen oder den Wein pur zu trinken, sondern er wird von Hand zu Hand gereicht, und du mußt deinen Mund dort ansetzen, wo sich eben der lausige Bart oder die schwärenden Lippen oder die stinkenden Zähne eines andern befanden. Bisweilen wird in deiner Gegenwart dem König ein alter Wein vorgesetzt, dessen lieblicher Duft das ganze Haus erfüllt. Denn er trinkt Muskateller und Malvasier, läßt sich Weine aus Frankreich, aus Malaga, aus Genua, aus Ungarn, oder aus Griechenland sogar beschaffen, und niemals gönnt er dir nur den kleinsten Schluck davon, obwohl dir das Herz weh tut«
(Piccolomini 1911, 216-217).

Besondere Vorkehrungen galten bei allen Staatsbesuchen dem Konfekt; die Zuteilung der bisweilen als »Apothekerschleck« (Horn 1980, 59) bezeichneten, weil ursprünglich vor allem verdauungsfördernden Kostbarkeiten wollte genau durchdacht und mit dem Rang der einzelnen Glieder des fremden fürstlichen Gefolges in Einklang gebracht werden. 1653, als Ferdinand III. erneut nach München kam, bedeutete nicht zufällig unter den Fragen des Tafelzeremoniells die Zahl der Konfektsorten, die den vier habsburgischen Hofzwergen zustehen sollten, ein ebenso dringliches Problem wie das Silbergeschirr an ihrer Tafel (BayHStA, Fürstensachen 127, fol. 182v).

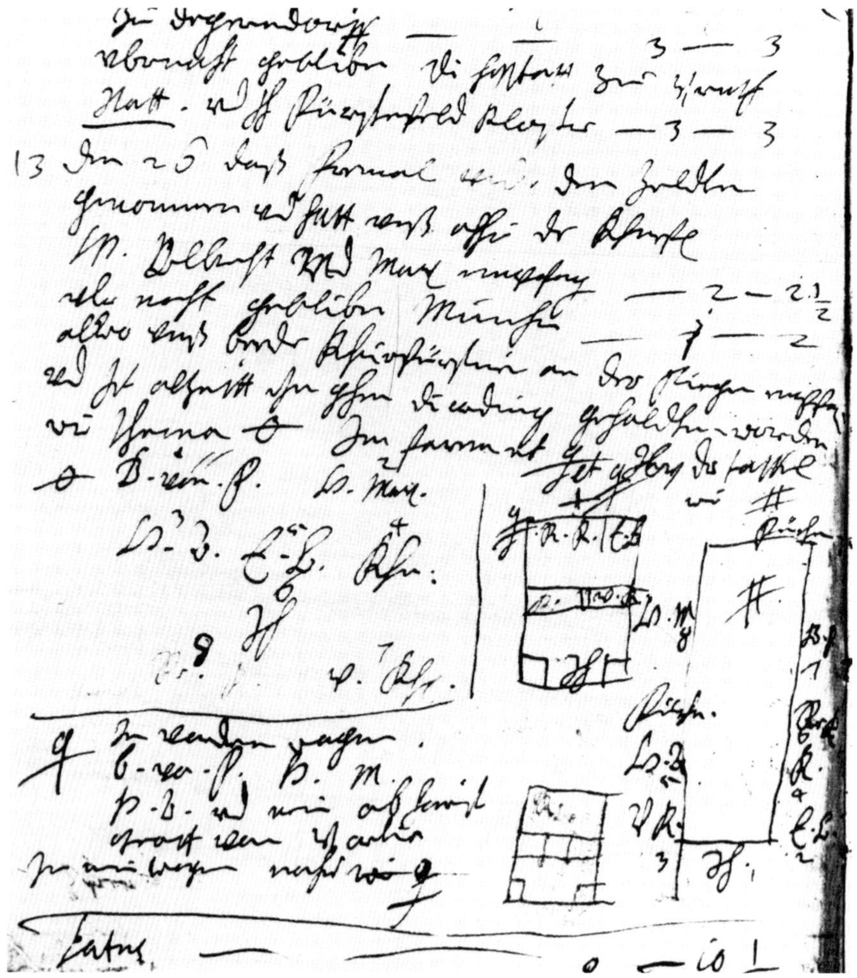

Abb. 4 Grundriß der Abendtafel am 26. August 1658, eigenhändiger Tagebucheintrag Kaiser Leopolds I., Wien, Haus-, Hof- und Staatsarchiv

Abb. 5 Sitzordnung der Hochzeitstafel am 29. Oktober 1816 in der Grünen Galerie der Münchner Residenz, Wien, Haus-, Hof- und Staatsarchiv

Konfekt und Silbergeschirr dürfen nicht darüber hinwegtäuschen, daß die Verköstigung des Hofstaats hinsichtlich Tafelaufwand und Güte der Speisen in konsequenter Beachtung der Rangfolge notwendigerweise weit hinter dem zurückstehen mußte, was die Fürstentafel auszuzeichnen hatte. Enea Silvio Piccolomini überliefert in einem 1444 datierten Brief ein scharfes, letztlich aber über Jahrhunderte hinweg beinahe unverändertes Bild der Zustände an den Kammerherren- und Dienstbotentischen (Zitat nebenstehend). Im 18. Jahrhundert scheint es den Hofchargen schon etwas besser gegangen zu sein, der Staatsrechtler Friedrich Carl von Moser schränkt jedenfalls ein: »Zu der Herrschafftlichen und Marschalls-Tafel werden allzeit die Speisen besonders zubereitet; der Cammer- und die übrige Tische aber werden von dem, was an den beyden ersten übrig bleibt, versehen. Doch ist diß nur an kleinen und solchen Höfen, wo besonders auf die Sparsamkeit gesehen wird... An kleinen Höfen hat die Herrschafft ihren eigenen Mund-Wein, welcher besser und der andere Tafel-Wein offt so schlecht ist, daß die alte Ahnen der Cavaliers mit dem minderjährigen Wein sich übel zusammen reimen« (Moser Bd. 2, 1755, 543, 545).

Die Zustände in München waren für den Hofstaat auch nicht unbedingt beneidenswert. Der sächsische Graf Friedrich Ulrich Lynar vertraute seinem Reisejournal vom 26. Juli 1762 folgende Eindrücke eines sommerlichen Nymphenburger Abendessens an: »Um zehn Uhr ging man zur Tafel und die sämmtlichen fürstlichen Personen speisten an einer Tafel von achtzig Couverts. Wie es bei großer Herrn Tische zugeht, so ist es auch hier; alles ist kalt und man kriegt von den vielen Gerichten wenig zu essen, sonderlich, wenn die Bedienung so schlecht, wie hier ist. Abends um halb zwölf war alles aus und ich fuhr nebst den andern wieder nach München« (zit. nach Vehse Bd. 2, 46 f.). Dem wenig appetitanregenden Alltag einer solch langweiligen Hoftafel konnte man zumindest als Zuseher öffentlicher Prunkessen entfliehen, hochwichtiger Angelegenheiten oft im Rahmen einer kurfürstlichen Vermählung. Hier aß man in der dünnen Höhenluft höchster zeremonieller Ebenen; ein Schauspiel exaktester Organisation von Tafelgerät, Sitzordnung, rangmäßig gestufter Kommunikation in Handlung und Gestus lief vor einem wissenden Zuschauer ab, ein Bild des Essens und ein Bild des Staates. Die Dokumentation der am 13. Juni 1747 zelebrierten offenen Tafel anläßlich der Procura-

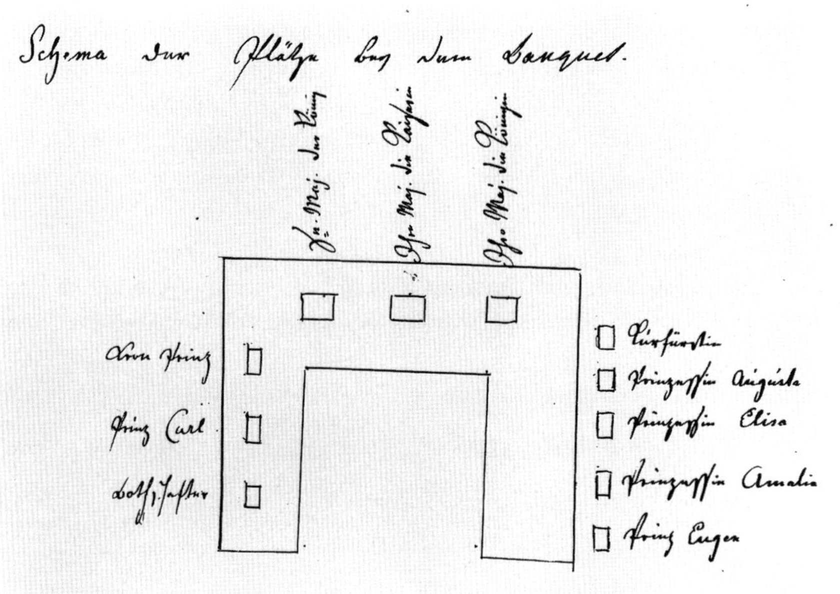

hochzeit Antonia Marias, der Schwester Kurfürst Max Josephs III., mit dem sächsischen Thronfolger Friedrich Christian ist in Form einer handschriftlichen Zeremonialordnung erhalten geblieben, als insoweit einzigartige Quelle wird sie nebenstehend in ungekürzter Texttranskription veröffentlicht.

Als man 70 Jahre später die Tochter König Max I. Charlotte Auguste durch Prokuration mit Kaiser Franz I. von Österreich verheiratete, berichtet Joseph von Schwarzenberg, der österreichische Großbotschafter am Münchner Hof, an den Außenminister Fürst Metternich nach Wien über die außerordentlichen Ehren und großen Auszeichnungen, die ihm – und damit Österreich – in München zuteil werden, er vergißt auch nicht das höchst bedeutende Geschehen an der Hochzeitstafel in der Grünen Galerie der Residenz zu schildern, unterstützt seine Ausführungen sogar mit einem Grundriß der Sitzordnung (Abb. 5): »Bey dem gleich darauf angesagten Banquet, wo ich den Eurer Liebden aus meinem gestrigen Berichte bekannten Platz auf der rechten Seite neben dem Prinz Carl einnahm, wurde ich durch den Kaiserlichen Käm-

»Ceremoniel So bey der nach erfolgter Trauung Sr: Hochh: der erstgebohrnen Kayserl: Princeßin Maria Antonia den 13ten diss zu haltenden offentl: Tafel beobachtet werden solle. Verfast München den 3ten Juny 1747

1. Wirdet in der sogenannten grossen Ritter-Stuben Sr: Churfürstl: Durchl: unter einem anständigen Baldachin eine viereckhigt-länglechte Tafel auf einem mit galonniertem Sammet belegtem Antritt an dem gewohnlichen Plaz aufgeschlagen.
2. Wann dise gedeckhet, solle vor Ihro Mayest: die Kayserin ein Fauteuil von schwarzem Sammet, vor beede durchlauchtigste Braut Persohnen aber dergleichen Sessel von Cremoisin-Sammet mit reicher Galonnierung, dann gefüterten und mit Sammet yberzogenen Armlehnen gestellet werden. Des Herrn Cardinals durchlauchtigste Eminenz und beede kleinere Hochheiten erhalten ihre Fauteuils ebenfals von Cramoisin-Sammet mit goldnen Bordten, jedoch nicht so reichgeprämbt, und leedig mit vergoldeten ungefüterten Armlehnen; hingegen werden vor beeder Frauen Herzoginnen Durchl: Durchl: dann den Herrn Bottschaffter dergleichen Stühle mit etwas nidrigeren Ruckhwänd und braunen nussbaumenen Armlehnen gegeben.
3. Die 3 erstere Sessel seyn sogleich auf den Antritt, die ybrige 6 aber herunter des Antritts solchergestalten zu placieren, das die äusserste oder leztere vor der Frauen Herzoginnen Durchl: und dem Herrn Ambaßadeur in etwas vom Staffel entferneter als die erstere stehen.
4. Die Tafel wird mit zwey Gängen warmer Speisen bedienet und das drittemahl das Confect aufgetragen, so daß die Tafel doppelt zu deckhen, und bey Auftragung des Confects das erstere Tischtuch abzunemmen ist, wo sohin die Mundbesteckhe mit porcellainenen Schalen gegebn werden.
5. Bey der zweymahligen Auftragung der frischen Speisen bleibet der alte Surtout (zum Begriff vgl. Bursche 1974, 33; Mabille 1987, 89 f.) stehen und wirdet mit keinem andern außgewechselt.
6. Die ganze Taffel wird mit vergoldtem Silber bedient. Aug:Ser: Sponsus et Sponsa, des Herrn Cardinals durchl:Exzell: und beede Kayserl: Hochheiten haben Ihre Cadenats; deren Frauen Herzoginnen Durchlauchten und der Herr Bottschaffter hingegen bekommen an deren statt vergoldte Teller mit dem Brod, auf weissen Tisch Servieten; wo immitls die Mund Besteckhe Sr: Kayserl: Mayest: und beeder Brauthperso-

nen von purem Gold seyn sollen, und beynebens allerhöchstged: Sr: Kayserl: Mayest:, Sponso, et Sponsae dann beeden Hochheiten Servieten unter die Teller gebreithet werden.
7. Zur Linkhen und Rechten Handrächte der Tafel an denen Pfeilern seynd zwey Schenckh Tische zu sezen. Von deren ersterem die Höchsten 4 Herrschafften, von dem zweyten aber die ybrige benebst dem Herrn Ambaßadeur zu bedienen seyen.
8. Zwischen beeden Thüren nächst dem Ofen wirdet ein Orchester aufgericht, und hieraus während Soupierens Musique gemachet.
9. Nachdeme die Speisen unter Trompeten und Pauckhenschall aufgetragen worden, saget solches der Churfürstliche Herr ObristHof-Marschall mit dem Staab an, und gehet sohin unter Begleithung des Obrist-Kuchenmeister- und Obrist Silber Cämmerers-Staabs denen gnädigsten Herrschafften voraus.
10. Allerhöchst: und Höchstderoselben werden die Eventails, respective Hüthe und Handschue durch dero ObristHofmeistern, ObristCämerer dann Cämerer abgenommen, von disen auch die Sessel geruckht, so bey dem Herrn Bottschaffter gleichfalls durchgehends zu beobachten.
11. Der Obrist-Hofmarchal, ObristKuchenmeister und Obrist SilberCämerer stellen sich (jeder mit seinem Staab) unten am Staffel Aug:Ser: Sponso et Sponsae gerad gegen über, dero daß Handwasser von dem dienenden Cammerherrn, so das Beckhen zugleich haltet, aufgegossen, die Servieten aber durch die respective ObristHofmeister und ObristCämerer prosentieret werden. Eminent: und beeden Hochheiten wirdet ein nasses Serviete auf einer Credenz Taze, beeden Frauen Herzoginnen und dem Herrn Ambaßadeur aber dergleichen auf einem vergoldten ordinari Teller von denen Cämmerern gereichet.
12. Das Benedicite wie auch nach der Tafel das Deogratias wirdet von dem anweesenden ersten Infulierten, als nemblich dem Herrn OrdensBischoff gesprochen, dem der HofCaplan, so sonsten vorbettet, respondiert.
13. Die dienenden CammerHerrn bleiben den ganzen Tisch yber hinter ihren Stühlen stehen, dahingegen sich die Churfürstlichen Herrn ObristHofmeister und Obrist-Cämmerer nach Yberreichung des ersteren Trunckhs gleichwohlen retirieren mögen.
14. Zeiget die Anlage die Außtheilung des Sizens und deren Couverts (nicht erhalten).
15. Die Churfürstlichen Cämmerer haben die Teller zu wechslen. Die Herren Obrist-merer Herrn Landgrafen v. Fürstenberg, welcher hinter meinem Sessel auf der Staffel stand, in zweyter Linie von dem mir beygegebenen Kais. Truchses, und in der dritten durch einen königlichen Pagen bedient« (HHStA, Ministerium des k.k. Hauses, Vermählungen 20, Nr. 2, fol. 126–127r).

Bei all dem ehrenvollen Stuhlrücken, rangmäßigen Sitzen und höflichen Bedientwerden bleibt das Essen selbst eher unerwähnte Marginalie, ist beim hofüblichen »Service à la Française« eine aufgewärmte Angelegenheit mit geringem Anspruch echter Gourmandise. Man könnte es auch ganz weglassen, Sinn der Tafel ist ja keineswegs die genußreiche Sättigung. Der Satiriker Karl Heinrich Ritter von Lang, intimer Kenner Münchner Hofverhältnisse der Regierungszeit König Max I., zieht diesen Schluß in seiner Persiflage höfischen Zeremoniells: »Unmittelbar von der Kirche aus führten sie mich zur Vorstellung beim Fürsten, der mich in der sogenannten großen Halle seiner Tafelfreude erwartete. Es ward zum voraus festgesetzt, daß ich dem Fürsten 6 Ellen, er mir aber nur 3 Ellen weit entgegenkommen sollte; welches, da ich glaubte, es sey von Brabanter Ellen die Rede, mich verleitete, weit über den Fürsten hinaus, zu seinem aufwartenden Kammerdiener vorzuschreiten und bei ihm meine Verbeugung anzubringen, ohne daß mir iedoch dieses übel genommen worden wäre. Auf meinen rechten Standpunkt zurükgekehrt, machte ich einige witzige Räusperer, der Fürst lächelte mit vielem Anstand, ich hustete, der Fürst befahl seinem Reichshistoriografen, alles dieses aufzuschreiben, dem Hoftrompeter aber, zur Tafel zu blasen. An der Tafel selbst zog nichts meine Aufmerksamkeit so sehr auf sich, als das wunderbare Tafelservice, auf welches nicht etwa Pariser Brüken und Schlösser, oder Kunstwerke der Bildergalerien eingebrannt waren, sondern mit der lebendigsten Täuschung die Speisen selbst, ganze Fasanen, mit den schönsten Goldfarben, Silberforellen, ein Kalbskopf nach Potter, Schneken, Artischoken, Orangen; es fehlte nur an Zeit, diese gemahlten Speißen recht zu beschauen, indem immer wieder frische Teller zu neuen Speißeansichten gewechselt wurden. Der Wein wurde durch gefärbte Gläser vorgestellt. Mehr ist auch bei einer solchen Tafel nicht erforderlich, wo es nicht auf den groben sinnlichen Genuß, sondern nur auf die Ehre ankam, geladen zu seyn« (Lang 1823, 13 f.).

Brot, Wein und Geschrei – der Anteil des Volkes am Fest

In Randbereichen zog die absolutistische Hofgesellschaft das Volk in ihre Selbstdarstellung mit ein. In der Tradition der alten Lehensverfassung, die dem Herrn die Sorge für den Unterhalt der Vasallen als wesentliche Verpflichtung aufgetragen hatte, kann man die »Bescherung« des Volkes sehen, eine Übung, die seit dem 17. Jahrhundert Bestandteil vieler höfischer Feste war, häufig unmittelbar vor oder nach dem Bankett des Hofs vordergründig als Demonstration fürstlicher Freigebigkeit stattfand. Freilich spielten hier auch noch andere Gründe eine Rolle: das ungestüme, oft rohe Verhalten der Beschenkten untereinander angesichts sprudelnder Weinbrunnen, gebratener Ochsen, ausgeworfener Brote und Festmünzen wurde aus sicherer Entfernung und von oben, aus »erhöhter« Stellung beobachtet (Abb. 6). Tölpelhaftes Betragen, die Grobheiten des Streits um die besten Stücke, das ganze ungesittete Benehmen der gemeinen Untertanen waren als Folie der eigenen zeremoniösen Lebensführung mit ihrem geregelten, eben »höfischen« Umgangston bestens geeignet.

1662 zum Beispiel sahen die Teilnehmer an den Tauffeierlichkeiten für

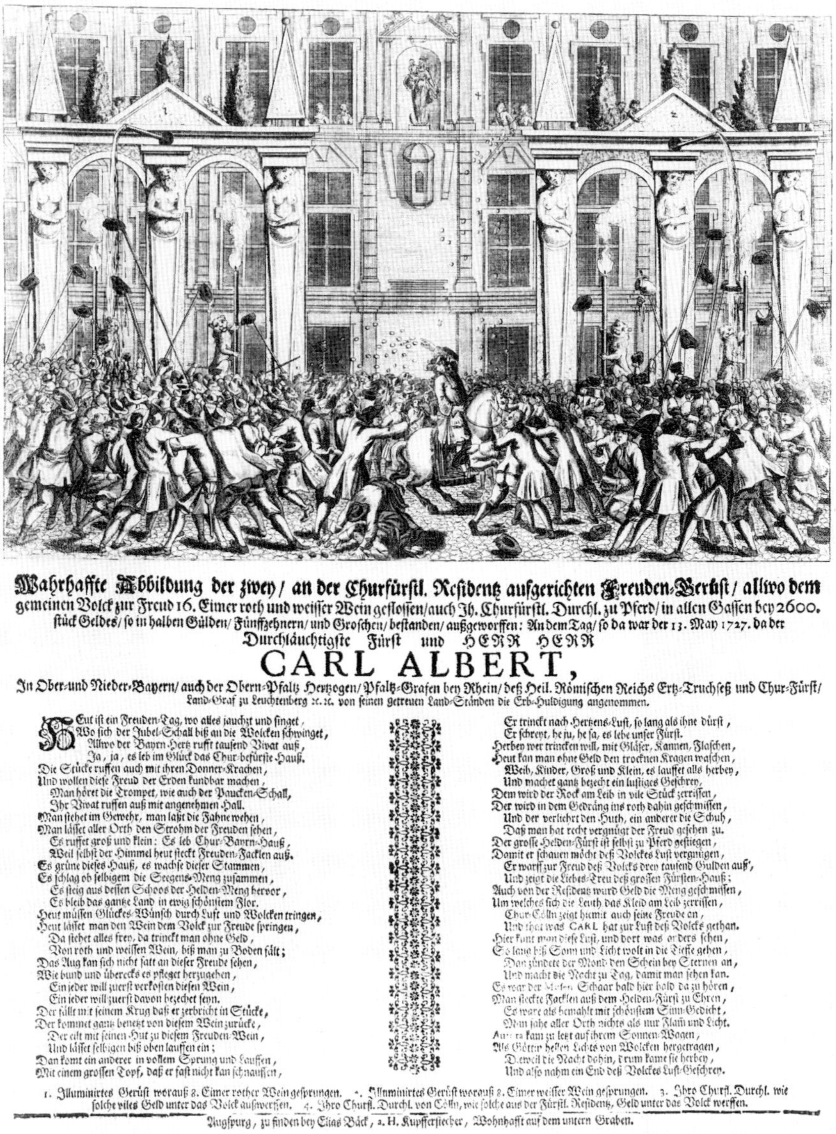

Abb. 6 Zum Abschluß der Erbhuldigungsfeier wurde am Abend des 13. Mai 1727 dem Volk aus einer vorübergehend an der Residenzfassade errichteten Brunnenanlage roter und weißer Wein gespendet, Kupferstich von Elias Bäck, Münchner Stadtmuseum

Max Emanuel »mit sonderm lusst« auf das Treiben der Münchner an dem vor der Residenz aufgerichteten, mit einem Löwen bekrönten Brunnen. Aus vier Röhren floß über mehrere Stunden hinweg ununterbrochen Wein, um den es bald »ein grosses gereiß (gab), wie sich dann auß den jägern ettliche zusamen gerottet, sich vast des gantzen röhr castens bemechtigt und in grossen pitschen den maisten wein darvon getragen, da es dann under der pursch und andern persohnen ein grosses gschray… und schlegerey abgeben. So hat auch under solch gewehrtem weinfliessen der curfl. hofpfistermeister negst dem röhrprunnenhaus (in) dem im winckhl negst der residents stehenten haus durch das obere fenster neben seinen knechten etlich hundert gepachne kreizer semel under die leith außgeworffen.« (StadtAM, Bürgermeister und Rat 116/1).

Volk und Hof waren bei diesen Gelegenheiten sicher nicht in gemeinsamer Feststimmung und überschäumender Lebensfreude vereinigt. Auf seiten des Hofes mag neben einem geringen Anteil Freizügigkeit vor allem Selbstbestätigung und ein gehörig Maß barocker Schadenfreude eine wenig tugendhafte

hofmeister, und ObristCämmerer prosentieren den ersten Trunckh, der ihnen von Churfürstl: Pagen zugetragen wirdet, denen 3 ersten allerhöchst und höchsten Personen. Hienach solle das Trinckhen von denen dienenden Cammerherren bey dem Credentz gehohlet, und an die höchste und hoche Behörden yberreichet werden.
16. Zwey Churfürstl: Herren Cämmerer schneiden vor.
17. Sobald mann zur Tafel gesessen, nimmet der erstere Vorschneider bey der ersten Tracht ein Stückhlen von gebackhene Brodmollen, fahret mit einer Credenzgabel yber alle Schüssel und Teller hin, berührt dieselbige mit der Mollen, und credenzet hierauf.
18. Eben derselbe bedienet Ihre Mayest: die Kayserin, und beede durchlauchtigste BrautPersohnen jederzeit mit Zutragung eines mit Ybertelleren bedeckhten Couverts; dahingegen all ybrige mit ohnbedeckhten Telleren von dem Plaz des Vorschneiders auß bedienet werden.
19. Bey der zweyten Tracht wirdet der Aufzug mit Trompeten und Pauckhen widerholet, bey dem Confect aber unterlassen.
20. Die Kayserl:, Churfürstl: und Herzogl: Cammerdiener tragen die Speisen mit dem Huth auf dem Kopf, welcher denenselben bey dem Eintritt in die Ritterstuben von denen Portiers abgenommen wirdet.
21. Bey Ihro Kayserl: Mayest: und beeden höchsten Brauthpersonen wirdet der Trunckh credenzieret.
22. Beeden durchlauchtigsten Frauen Herzoginnen und dem Herren Botschaffter wirdet dero Trunckh auf vergoldten ordinari-Telleren, und die Gläser, wann sye auch Deckhlgläser seynd, ohne Deckhl gereichet.
23. Nachdeme allergnädigst und gnädigste Herrschafften das erstemahl getrunckhen, stehet dem anwesenden Adel frey, längers zu verbleiben oder nach Gefallen sich nacher Hauß zum Speisen zu begeben.
24. Die Stühle werden beym Aufstehen von denen Churfürstl: Herrn Cämmerern, respective Herrn Obristhofmeister und ObristCämerern (wann dise annoch zugegen) geruckht, welche auch die von denen Edlknaben zuezutragen seyänte Eventails, Hüthe und Handschue zuruckhstellen, wohin sye gehören.
25. Der vorige Infulatus verrichtet das Tisch oder Dankhgebett wider wie zuvor.
26. Mit Prosentierung des Handwassers wird alles wie vor der Tafel gehalten.
27. Und gehet sohin alles in die Paradezimmer zuruckh, doch ohne Vortrettung der Marschallsstäabe.«
(GHA, Korresspondenzakten 791, unfoliert)

Rolle gespielt haben, seitens der Beschenkten kam die noch ganz zeittypische, alle Stände verbindende mangelnde Affektsteuerung zum Tragen, weiters eine der Härte des damaligen Lebens entwachsene geringe Empfindsamkeit, schließlich schierer Hunger, blanke Not: bedingt durch Klimaverschlechterung und einen nur im Dreißigjährigen Krieg unterbrochenen allmählichen Anstieg der Bevölkerungszahlen hatte Bayern wie ganz Europa ab der zweiten Hälfte des 16. Jahrhunderts bis zur industriellen Revolution des 19. Jahrhunderts an einem zu knappen Lebensmittelangebot zu leiden. Dazu verloren Gold und Geld an Wert, die Preise mußten unter diesen Bedingungen zwangsläufig steigen, immer größere Teile des Volkseinkommens waren für Nahrung aufzuwenden, was wiederum die Nachfrage nach gewerblichen Erzeugnissen sinken und ihre Produzenten in eine bedrängte Lage geraten ließ (Abel 1977, 24–40).

Abb. 7 Das Kurfürstenpaar wirft Bratwürste unter das Volk, Detail eines Kupferstichs von Johann Martin Will mit Ansicht der ›Bauernhochzeit‹ vom 10. Januar 1765, Münchner Stadtmuseum

Wohl mitbedingt durch aufklärerisches Gedankengut wurde das Verhältnis zum Volk im Lauf des 18. Jahrhunderts offener und ungezwungener. Anläßlich der Procura-Vermählung der Kurfürstenschwester Josepha Maria mit dem künftigen Kaiser Joseph II. fuhren die hochadeligen Teilnehmer der ›Bauernhochzeit‹, eines schon lange am Münchner Hof verbreiteten maskierten Rollenspiels am 10. Januar 1765 auf ländlich geschmückten Wagen durch die Stadt, die einen riesigen Festraum darstellte. Das Kurfürstenpaar, in geradezu greifbarer Nähe seiner Untertanen, sozusagen auf gleicher zeremonieller Kausalebene, vertritt seine ihm im Festablauf zufallende Aufgabe, wirft im Vorbeifahren der schauenden Menge nicht nur 180 Paar vom Stadtkoch Peter Waizenpöck gelieferte geselchte und gebratene Würste (BayHStA, Fürstensachen 771 III, fol. 6v, 37r) zu (Abb. 7), sondern auch »theils essende Speißen, theils Confect, und eine sehr grosse Quantität der delikatesten Pomeranzen, Lemonien und Maschanzger Aepfeln« (BayHStA, Fürstensachen 771 II, fol. 16r).

Schließlich konzentriert sich die traditionelle Ausspeisung des Volkes gemäß gewandelter Anschauungen herrscherlichen Selbstverständnisses auf eine organisierte fürsorgende Armen- und Krankenpflege. Sie wird als Festbeitrag vom bürgerlichen Stadtmagistrat durchgeführt. »Rührend war der Anblick, hier die Gebrechlichen, dort die Dürftigen, dann wieder die muntre Jugend den Freuden der Tafel sich überlassen zu sehen, allen war es heute gegönnt und möglich gemacht worden, mit ihren Freuden an die Gesammtheit der Glücklichsten sich anzuschließen« (Baiern am 16. Februar 1824, Bd. I, 13) preist ein Berichterstatter der Feier des 25jährigen Regierungsjubiläums König Max I. die zusätzlichen Essenausteilungen im Allgemeinen Krankenhaus, Lazarett am Gasteig, im Irren- und Waisenhaus am 16. Februar 1824. 35 Jahre vor dieser schon ganz institutionalisierten Sozialpflege war die 1789 erfolgte Rückkehr Kurfürst Karl Theodors von Mannheim nach München, das er ein Jahr vorher zum großen Verdruß von Bürgerschaft und Magistrat mit dem gesamten Hofstaat verlassen hatte, gewichtiger Grund zu zahlreichen Feierlichkeiten, unter anderem zu einem recht fidelen »Armenfest für 24 erwachsene Arme nebst 12 minderjährigen beiderlei Geschlechts« am 5. Juli im großen Rathaussaal: »Heute war einer der feyerlichsten und angenehmsten Tage für den Magistrat. Vormittags wurde das Armenfest gegeben ... sie erhielten ... eine Suppe mit geschnittenen Nudeln und Würsten, eine Zung als Voressen, Fleisch und Gemüs mit Würsten, einen Braten und Salat, dann zum Confect ein Herz von Mandldorten, Bier so vil sie zu trinken begehrten, und von den erwachsenen jeder ein halb, von den minderjährigen aber jeder ein quart Wein; währenden Essen ward von blasend Instrumenten Musik gemacht, und sämtliche Arme tranken auf das gegebene Zeichen auf das höchste Wohl S. Churf. Durchl. unter lautem Vivat Rufen und mit Thränen im Auge. Sehr viele vom hohen Adl, und eine Menge anderer caracterisierte und bürgerliche Personen beehrten dieses Fest mit ihrer Gegenwart, und äusserten mit besonderer Theilnahme und Rührung ihren Beifall hierüber« (StadtAM, Bürgermeister und Rat 1207, fol. 13r–14r).

Völlerei und Kochkunst

Hatte zunächst Mäßigkeit im Umgang mit Speis und Trank in der höfischen Tugendlehre ihren festen Platz, so setzte mit dem 13. Jahrhundert ein bemerkenswerter Wandel ein. Allmählich begannen sich die Anzeichen für eine »moralische Enttabuisierung« (Hartmann 1987, 123) kulinarischer Genüsse zu mehren, üppiges Essen und Trinken wurden zum Indikator von Reichtum und Ansehen. Mit dem ausgehenden 15. und im 16. Jahrhundert schließlich herrschte an den Festtischen der großen Herren des Heiligen Römischen Reiches die Völlerei in einem Maße, daß sie als deutsches Laster schlechthin galt. Als 1530 Kaiser Karl V. in einer politisch brisanten Situation nach München kam – die Wittelsbacher hatten seit etwa 1525 der Opposition gegen Habsburg angehört, sahen sich nun aber angesichts veränderter Machtverhältnisse zur Wiederannäherung gezwungen –, luden die bayerischen Herzöge Wilhelm IV. und Ludwig X. am Abend des 12. Mai zum Bankett ins Lusthaus am Hofgarten. Vier Stunden hatte das Schmausen bereits gedauert, als der Kaiser, wiewohl als ausdauernder Zecher bekannt, um ein Uhr morgens das Zeichen zum Aufbruch gab, »haveano portato in tavola 32 sorte de vivande, che si era a megio la cena« (Paxin Berecio an Thoma Tiepolo, 1530 Juni 16, ed. Sanuto Bd. 53, 1899, Sp. 371). Mit der verschwenderischen Pracht und dem enormen Überfluß des herzoglichen Festmahls, gleichermaßen hervorgehoben von allen Augenzeugenberichten, verband sich ein ganz massiver Hinweis auf die nach wie vor bestehende Macht und den Anspruch Bayerns – für den Kaiser möglicherweise Grund, nur die Hälfte der Speisen auftragen zu lassen! In diesem Zusammenhang stellt der Soziologe Stephen Mennell fest, daß die »pure Masse, ja die Verschwendung von Nahrungsmitteln, ein notwendiger und elementarer Bestandteil der gesellschaftlichen Funktion solcher Ereignisse ... (war) ... Daher spricht wenig für die Annahme, daß die Qualität der Zubereitung an dem Erfolg solcher Gelage einen großen Anteil hatte. Was zählte, war die Quantität« (Mennell 1988, 89).

Dies sollte sich unter dem beständig zunehmenden kulturellen Einfluß Italiens und Frankreichs – zu Wilhelms V. Hofstaat gehörte ab 1571 ein französischer Mundkoch (Baader 1943, 87) – schon bald ändern, wie ein Blick auf die Speisepläne der Hochzeit von 1568 zeigt. Auch wenn die Menge der vorbereiteten Gerichte im Vergleich zum Kaiserbankett von 1530 um das Zehnfache gesteigert war und sich ihre Zusammenstellung insgesamt noch wenig systematisiert erwies, so ist doch die Distanz zu den Gelagen des Mittelalters deutlich bemerkbar: erste Bemühungen um eine Dreigliederung des Banketts paaren sich mit verfeinerten und vielfältig variierenden Zubereitungsmethoden, bei denen wie üblich diätetische Regeln berücksichtigt wurden, getreu dem Motto der ersten Kochbuchautorin Anna Wecker »lieber auß der Kuchen dann auß der Apotecken« zu kurieren und zu helfen (Wecker 1597, II v).

Der eigentliche Hintergrund dieser Erscheinung wird mit soziologischen Kategorien greifbar. Der Aufstieg der spätmittelalterlichen Städte mit ihrer wachsenden Leistungskraft in Handel, Gewerbe, Kapitalverkehr gerade im frühen 16. Jahrhundert hatte einen Typus Bürger hervorgebracht, für den es »unter Umständen nur noch eine reine Geldfrage (war), ob er sich eine ›aristokratische‹ Lebenshaltung zum Vorbild nehmen« wollte (Hundsbichler 1984, 201). Der Drang dieser neuen, finanziell potenten Bevölkerungsgruppe über ihre äußeren Standesschranken hinaus – bezüglich München spricht Schattenhofer von »Feudalisierung und Entbürgerlichung« (Schattenhofer 1984, 33) –, zwang die auf ihrem Führungsanspruch beharrende alte Aristokratie zur Reaktion auf allen Ebenen ihres ständisch bedingten Lebens und schloß den Bereich der Tafelkultur selbstverständlich mit ein. Da nun teure Nahrungsmittel, selbst solche exotischer Herkunft, auch der bürgerlichen Oberschicht in größerem Umfang verfügbar wurden, konzentrierte sich die Nobilität fortan verstärkt auf eine Verfeinerung der Zubereitungsmethoden nach italienischem und später französischem Vorbild: »Unterschiede im Sozialstatus werden in zunehmendem Maß nicht nur durch Unterschiede in Menge und Vielfalt der aufgetragenen Speisen ausgedrückt, sondern subtiler dadurch, wie man das Essen zubereitet und anrichtet. Das Essen war, soziologisch gesprochen, einerseits ein Mittel der antizipatorischen Sozialisation geworden, andererseits Ausdruck gesellschaftlicher Distanz«. (Mennell 110; vgl. Elias Bd. 1, 1980, 134 f.).

Sparsamkeit und Überfluß

Wie oben angedeutet, war ab dem späteren 16. und im 17. Jahrundert eine ausreichende Versorgung mit Lebensmitteln nicht mehr für alle Bevölkerungsteile sichergestellt; Mangel machte auch vor Schloßtoren nicht Halt, Mißernten etwa oder jahreszeitlich bedingte Engpässe ließen selbst den Münchner Herzogshof sparsam werden, so daß anläßlich des Besuches Kaiser Ferdinands III. im Mai 1641 »die kay. tafel ... auf die zwen gänng mit 60 warmen speisen« reduziert wurde, »in bedenckung die victualien schwerlich zu bekommen und herbei zebringen« seien (BayHStA, Fürstensachen 126/III, fol. 241v). In jedem Falle bedurften aufwendige Feierlichkeiten genauer Planung und Vorbereitung; dazu gehörte die Bevorratung der Speisekammern, die einsetzen konnte, sobald man sich mit Hilfe der Gästelisten, der sog. Furierzettel, einen Überblick über die zu erwartende Besucherzahl verschafft hatte. Um etwa zur Hochzeit 1568 genügend Kalb-, Lamm- und Schaffleisch zu bekommen, sandte der Münchner Magistrat eigens vier Tagwerker nach Friedberg; Tag und Nacht mußten sie dort die Brücke über den Lech bewachen, damit nur ja »khain junges fleisch gen Augspurg gefuert wurde« (StadtAM, Bürgermeister und Rat 114). Gleichzeitig wies Herzog Albrecht die Metzger seiner Residenzstadt an, »700 guete hungerische oxen« zu besorgen (BayHStA, Kurbayern Hofzahlamt 13, 1568, fol. 173; die Stadtkammerrechnungen 1/177, 1568, fol. 90, weisen hingegen nur 521 gekaufte Tiere aus). Als 14 Jahre später Kaiser Rudolf II. seinen Besuch an der Isar ankündigte, befahl der nun regierende Herzog Wilhelm V. den Fischern, Kramern und Wirten der Stadt, ihre Waren nicht frei zu veräußern, sondern bis auf Widerruf dem herzogl. Küchenmeister anzumelden und zum Kauf anzubieten (StadtAM, Bürgermeister und Rat 138).

Derartige Viktualienoptionen kamen je nach Dringlichkeit und Bedeutung des zu versorgenden Gastes immer wieder vor, politische Gründe standen mitunter jeglicher notwendiger Sparsamkeit im Weg. Ein typisches Beispiel liefert der Besuch der Kaiserinwitwe Eleonore im Juni 1642. Um angemessene Verköstigung für einen einzigen (Fleisch-)Tag sicherstellen zu können, hielt der kurfürstliche Zehrgaden umfangreiche Vorräte bereit (Auflistung nebenstehend).

Vorratshaltung beim Besuch der Kaiserinwitwe Eleonore 1642

140 Pfd. Ochsenfleisch, 121 Pfd. Kalbfleisch, 50 Pfd. Lammfleisch, 10 Pfd. Speck, 6 Pfd. »Hochsenraisen«, 6 Truthähne, je 6 »gute und 6 gmeine kapaune«, 20 Hennen, 60 Hühner, 20 Tauben, 15 Pfd. Schmalz, 10 Pfd. Butter, 200 Eier, 6 Pfd. Olivenöl, 15 Maß Essig, 6 Pfd. Reis, 1/2 Maß kleine Gerste, 1/2 Maß grobe Gerste, 2 Pfd. Mandeln, 3 Pfd. Weinbeeren, 2 Pfd. Ziweben, je 12 Limonen und Pomeranzen, 2 Maß Oliven, 6 Pfd. Käse, 2 Pfd. Pinoli, 3 Pfd. Zucker, 4 frische oder gepökelte Zungen, 2 »hammen«, 6 Lot Pfeffer, 4 Lot Ingwer, 1 Lot Muskatblüte, 3 Lot Zimt und 1/2 Lot Safran; dazu kamen noch Salat, Spinat, Spargel, Petersilie, Salbei, Zwiebel und Knoblauch (BayHStA, Fürstensachen 641/II, fol. 141-142v).

Importierte Luxusgüter waren fallweise unverzichtbare Krönung mindestens der Haupt- oder Fürstentafel. Die im Italienhandel tätigen Agenten hatten alle Hände voll zu tun, als Herzog Albrecht 1612 die Landgräfin Mechthild von Leuchtenberg heiratete. Der Kaufmann Martin Scheicher erhielt den Auftrag, folgende Waren aus Venedig zu besorgen: drei oder vier Fässer »zu Venedig gekocht und ... eingemachter« Fisch, zwei oder drei Fässer »guette bisch, so in sulz eingemacht«, 3000 große Austern, je ein Faß »sardella und capa longi« (= Muscheln), je 15 Pfund Pistazien, Pinienkerne und Datteln, 25 Pfund »Cerbulati« (= Zervelat), 40 Steinhühner mit roten Füßen, je 15 Pfund »marmollatta von figuren und zelten, so vergult..., eingerichte gstatel (= Schachteln) von figuren und allerlai zuckherwerckh auf 6lai sorten, conditen oder eingemachte, so portugesisch, deren yedes 6 pfd.«, sowie 20 Pfund kandierte Früchte (BayHStA, Fürstensachen 468, fol. 5-6). Zusätzlich kaufte Scheicher am Gardasee unter anderem 30 Zitronen, 300 Limonen und Pomeranzen, 25 Maß Oliven, 15 Maß kleine Kapern und 40 Maß große Kapern (BayHStA, Fürstensachen 468, fol. 9v).

Waren erst einmal alle Lebensmittel zusammengetragen, so ging man insbesondere unter Kurfürst Maximilian I., der Sparsamkeit und Mäßigung zu den grundsätzlichen fürstlichen Tugenden rechnete, recht haushälterisch mit dem gesammelten Überfluß um. Anläßlich des Besuchs Kaiser Ferdinands III. 1641 mußte beispielswiese die Hofapotheke das Konfekt mit der Begründung liefern, es sei dort billiger als anderswo zu beschaffen; außerdem galt es zu bedenken, »daß man dessen (weilen die kay. officir alles, waß sowol auß dem mundt keller alß von confect auf die kay. tafel geben wirdt unnd ubrig verbleibt, für ire regalia anziechen) nicht zuvil auf ainmal herfür gebe«, Kurfürstin Maria Anna wollte zudem persönlich die Menge am Konfekt begrenzen, die bei jeder Mahlzeit maximal verbraucht werden durfte (BayHStA, Fürstensachen 646, fol. 229v und 244v).

Eng verbunden mit der Sorgfalt, die der bayerische Hof im Umgang mit seinen Viktualien an den Tag legte, war eine im Lauf der Zeit offenbar zur regelrechten Plage gewordene Unsitte: Bediente des Hofes, aber auch der Gäste schleppten an Lebensmitteln weg, was sie nur irgendwie zu tragen vermochten. Dies bedeutete, daß der Zugang zu den Vorräten streng reglementiert werden mußte; unter Wilhelm v. öffnete der Zehrgaden nur zweimal täglich, um 7 und 15 Uhr, seine Pforten, und was die Köche dann an Naturalien abholten, wurde genauestens verzeichnet (Dausch 1944, 107–111). Darüber hinaus heißt es in einer Auflistung »Was bei irer kaiserlichen maiestät anwesenheit als sie a 1641 alhie gewesen in obacht genohmen worden«: »Weil bei dergleichen grosen festen des schmarozens unnd abtragens khein end, so ist bei kuchl und kheller ernstlich befohlchen worden, ohne vorwaisung eines unnd des andern comisari (den Staatsgästen wurden zur Bedienung sog. Kommissare beigeordnet, die Verf.) wahrzaichen nichts abfolgen zelassen« (BayHStA, Fürstensachen 646, fol. 515).

Speisediebstahl scheint ein durchwegs hoftypisches Übel gewesen zu sein. 1754 klagte Moser in seinem ›Teutschen Hofrecht‹ über »das heimliche Abtragen und Verschleppen von Hof, das Entwenden der Speisen, Confects etc. aus denen von der Tafel abgetragenen Schüsseln« (Moser Bd. 1, 1754, 124), und noch im frühen 19. Jahrhundert nahm König Max I. dieses ›Kavaliersdelikt‹ als Selbstverständlichkeit einer Hofwirtschaft wenig ernst: »Unter dem Titel der Apothekenfreiheit ließen sich alle Hofdiener und Angestellte der Ministerien ihren jährlichen Bedarf an Zucker und Kaffee und nach Belieben die größten Körbe von Punsch und kostbaren Weinen holen. Nach dem Landhause eines Hofbeamten gingen täglich aus der Hofküche ganze Wagen mit Wildpret, mit Fleisch, Zuckerhüten, Kaffeefässern und Weinkörben ab, was dem König, wenn er solchen Transporten begegnete, nichts als lustige Bemerkungen über diese Aufräumungsweise ablockte« (Lang 2. Teil, 1842, 158 f.).

»Allweg voll und selten leer« – das Trinken des Hofes

Veruntreuung von Essen stellte das eine, Selbstbedienung aus den fürstlichen Kellern das andere, größere Problem dar. Die Auswahl der bei besonderen Anlässen zum Hofdienst herangezogenen Bedienten mußte daher mit äußerster Sorgfalt erfolgen: beim Kaiserbesuch 1641 war »dann auch bei den schenckdischen woll von nöthen, daß man getreue leuth aufstelle, die zugleich auch nichtern sein, zumahln in dergleichen großen festen deß abtragens khein endt, unnd vielmahl geschicht, daß die aufwartter, khellerdiener unnd dergleichen persohnen eher bezecht sein als die gäst zu der tafel khommen« (BayHStA, Fürstensachen 126 III, fol. 230).

Die moralische Beurteilung des Rausches und der Völlerei verlaufen parallel. Galt im hohen Mittelalter Trunkenheit als höchst verwerflich, war man im 16. Jahrhundert weit weniger penibel. Ungeachtet unterstellter Sündhaftigkeit, man denke nur an Sebastian Brants 1494 erschienenes ›Narrenschiff‹, nahm der Weinmißbrauch im Heiligen Römischen Reich dramatische Ausmaße an, für Martin Luther waren »Weinschlauch« und »Sauff« die »deutschen Teufel« (zit. nach Bitsch 1987, 210). Im 17. Jahrhundert galt Trinkfestigkeit weiterhin als Hoftugend (Harsdörffer 1652, 278 f.), obwohl man sich der Folgen übermäßigen Weinkonsums bewußt war.

Teil an den »Sauffgreueln« (Harsdörffer 1652, 271) hatte die Sitte des Zu- oder Willkommtrinkens (vgl. Albertinus/Walz 1983, 8*). Anlässe hierfür gab es in unbegrenzter Zahl: Man trank auf die Gesundheit der Anwesenden, auf gute Freunde, auf Brüderschaften, Johannes Segen oder zu einer guten Nacht (Harsdörffer 1652, 275). Ein Zutrinken nicht zu erwidern war äußerst kränkend, als Ausweg rät Harsdörffer zum Ersatz des Weins durch Wasser. In der Praxis wollte man allerdings hiervon wenig wissen: Als 1629 drei kurbayerische Truchsessen ein Festmahl für etwa 20 Gäste veranstalteten, setzte ihnen der Wirt 72 Maß Wein, aber nur eine Flasche Sauerbrunnen auf die Rechnung (WB II/2, 279, Nr. 428)!

Neben der Menge konsumierten Alkohols dürfte die Art zu trinken mit verantwortlich dafür gewesen sein, daß man sich »allweg voll und selten leer« von der Tafel erhob (Aventin 1988, 79). Noch im 18. Jahrhundert blieben bei Zeremonialbanketten Gläser oder Becher vom Tisch verbannt. Reichte ein Lakai einem Gast ein gefülltes Trinkgefäß, so leerte es dieser sofort und gab es wieder zurück. Enea Silvio Piccolomini schildert in dem bereits angesprochenen Brief von 1444 den hieraus resultierenden Unbill, der eine zusätzliche Steigerung dadurch erfuhr, daß die Schenken ihr Amt erst nach den Truchsessen versehen durften, also nachdem die meist kräftig gewürzten Speisen aufgetragen waren: »Die Diener setzen den Wein erst nach der Mitte der Mahlzeit vor, wenn du ihn früher verlangst, so giltst du für einen zudringlichen, ungeduldigen und unmäßigen Menschen, und nimmst du das schon auf dich, so bekommst du doch nicht, was du willst, und trinkst nicht nach deinem Durst, sondern nach dem der Vorgesetzten« (Piccolomini 1911, 216–217).

Im mittleren 18. Jahrhundert schien die Trunkenheit bei Hof allgemein im Verschwinden begriffen, das »Teutsche Hofrecht« von 1754 jedenfalls ist froher Hoffnung: »Eine der vornehmsten Ehren-Bezeugungen, welche der Hof-Adel einem Fremden erzeigen zu müssen vermeinte, ware das unnatürliche Vollsauffen.... An den meisten Höfen werden jezund gar keine Gesundheiten getruncken. Ein besoffener und taumelnder Juncker ging sonst ohne Bedencken in die Zimmern der Fürstin; machte sich auch wohl kein Gewissen, in dem Tafel-Gemach, oder nicht weit davon, sich zu übergeben. Dergleichen Schweinereyen können die jezigen Zeiten nicht mehr vertragen« (Moser Bd. 1, 1754, 373 f.; vgl. auch Bd. 1, 113 f. und Bd. 2, 547).

Der Münchner Hof war insoweit sehr fortschrittlich. Schon Albrecht V. suchte den exzessiven Weinverbrauch zu reduzieren; Wilhelm V. und Maximilian I. führten diese Bestrebungen fort. In den »Monita Paterna« für den Thronerben Ferdinand Maria von 1639 geißelt Maximilian die Trunksucht als den Inbegriff aller Laster, das den Menschen verblendet und am Ende gar das Gemeinwesen zu gefährden vermag (Albertinus/Walz 1983, 19*). Möglicherweise auf Veranlassung des Herzogs veröffentlichte der Hofratssekretär Ägidius Albertinus 1598, im Jahr von Maximilians Regierungsantritt, ein »Tractätl« wider Völlerei und Trunksucht. Die »De conviviis et compotationibus – Von Gastereyen« betitelte Schrift endet in einer drastischen Warnung vor »der ewigen straff der Trunckenpoltzen« (fol. 99–102). Der Eindruck auf die Hofbedienten scheint freilich nur begrenzt gewesen zu sein. Zwar fand der Diplomat Philipp Hainhofer an den Hochzeitsfeierlichkeiten 1613 besonders erwähnenswert, daß er »die gantze 8 tag, über kainen vollen oder trunckenen menschen gesehen, welches wohl löblich, man hat auch nit mehr herumb trünckh gethon, alss alle mahlzeit auf bräutigams und braut und auf des hauses Bayrn gesundhait« (Hainhofer 1881, 238), aber diese Aussage

Die schlimmen Folgen übermäßigen Weingenusses

»Wann man aber deß guten zuviel thut, den Magen mit diesem edlen Getranck überschwemmet, so bringt er den Schlag, das Fraisch, Flüsse und allerley Kranckheiten, die von kalter Feuchtigkeit herrühren, weil die natürliche Hitze zu schwach ist, die Menge solcher Feuchtigkeiten zu verzehren. Dieses alles were noch ein geringes, wann die Unordnung nicht zugleich das Gemüt betrefe, in welchem die Bildung Göttlicher Eigenschafften durch die Trunckenheit verdüstert, vertunckelt und außgetilget wird. Der Verstand wird geschwächt, verirret, geträncket und zu nichte gemacht: Der Wille deß Menschen ist dollkühn, lustrend, ohne Bedacht und Richtschnur« (Harsdörffer 1652, 268 f.)

dürfte den Tatsachen nur eingeschränkt gerecht werden. Johann Mayer, ein Münchner Chronist, schildert die Ereignisse etwas anders: der »suesseste zuckher wein«, so schrieb er, floß in Strömen und viele der Zecher »wurden zimlich trunckhen / daz sie schier zu der erden sunckhen, / die herrn sambt der khnechthn scharn / auf gsundten beinen hinckhen warn« (BayStB, Cod. germ. 1958, fol. 12).

Daß sich zwar Zeiten und Sittennormen ändern, kaum aber die Menschen, macht Lorenz von Westenrieders Entrüstung über das ungebührliche Karnevalstreiben der Münchner Hofgesellschaft im Jahr 1797 mehr als deutlich: »Als in dem Fasching S.A. der Churfürst für den Adel Hofbälle in der Residenz gab, bey welchen man nicht einmal zusehen durfte, fraßen und soffen einige dergestalt, daß sie sich erbrechen mußten« (BayStB, Westenriederiana A, Fasz. 1797).

»Bacchus der Vater, Venus die Mutter, Luxuria die Hebamme, das Kind heißt Podagra« – die Leiden des Essers

»Seine Muße ist vornehmlich zwischen den Gaumenbefriedigungen und der Literatur getheilt: er opfert abwechselnd diesen beiden Neigungen. Er reitet und jagt nicht mehr, da er seit 10 bis 12 Jahren wegen des Schwindels, dem er unterworfen ist, auf die Waidmannslust verzichtet hat, aber den Tafelfreuden giebt er sich mit größter Freiheit hin. Als ein gewissen Formen unterworfener Souverain speist er alle Tage öffentlich ohngefähr 1 Uhr; zu Abend speist er aber für sich und bei diesen auserwählten Gelagen legt der Kurfürst allen Zwang bei Seite. Damen tragen dazu bei, die Unterhaltung zu beleben, die nicht in die Grenzen großer Strenge eingebannt ist« (Memoiren des englischen Touristen William Wraxall vom 3. November 1778, zit. nach Vehse Bd. 2, o.J., 156 f.). Kurfürst Karl Theodors zwanglose Vergnügungen sind alten höfischen Traditionen verpflichtet und haben ihre Folgen – beschränken wir uns auf die kulinarischen. So blieben exzessive Nahrungsaufnahme und hoher Alkoholkonsum nicht ohne unangenehme Begleiterscheinungen. Übergewicht und Gicht plagten den Hochadel, dessen üppiger Speisezettel bis ins ausgehende 16. Jahrhundert überwiegend Fleischgerichte aufwies; der Anteil an Lebensmitteln pflanzlicher Herkunft war eher gering. Von Herzog Ludwig dem Reichen etwa wissen die Quellen zu berichten, daß er 1475 während der Hochzeit seines Sohnes Georg einen Truhenwagen benutzen mußte: er laborierte so sehr an der Gicht, daß er nicht mehr reiten konnte, Diener stützten ihn beim Gehen (Hiereth o.J., 73 u. 133, Anm. 21)! Ähnliche Beschwerden beklagte ein knappes Jahrhundert später Albrecht v. von Bayern. »Schon früh«, so Riezler, »hatte sich bei ihm starke Beleibtheit entwickelt«. Am Ende ertrug er längere Reisen nicht einmal mehr in Wagen oder Sänfte. Zum Reichstag 1575 kam er deshalb auf dem Wasserweg von Ingolstadt her nach Regensburg und schloß sich nicht, wie vom Kaiser erwartet, dessen feierlichem Einzug in die Reichsstadt an (Riezler Bd. 4, 1899, 619). 1577 litt der Herzog in einem Maß an Atemnot, daß er gerade noch 40 bis 50 Schritt gehen konnte; dazu kamen Magenschmerzen, Schwellungen an den Beinen und ein wohl außerordentlich quälendes Nierenleiden. 1579 starb er, gerade 52 Jahre alt. Bei der Obduktion des Leichnams stellte sich heraus, daß beide Nieren vollkommen geschrumpft waren; in der linken fand man einen Stein von geradezu übernatürlicher Größe, der 5 1/2 Unzen (165 Gramm) wog (Ebner 1901, 34 f.).

Selbst die höchsten Würdenträger dieser Welt werden nicht verschont vom Übel Podagra. Kurfürst Karl Albrecht ist kaum Kaiser des Heiligen Römischen Reichs, als er am 12. Februar 1742 eingestehen muß: »Meine Krönung ist gestern vor sich gegangen mit einer Pracht und einem Jubel ohnegleichen, aber ich sah mich zu gleicher Zeit von Stein- und Gichtschmerzen angefallen« (zit. nach Hammerstein 1986, 54). Seine Tochter Maria Anna Josepha, verwitwete Markgräfin von Baden-Baden, stirbt 41jährig am 7. Mai 1776 halb 10 Uhr morgens in München an den Folgen eines Schlaganfalls; der österreichische Gesandte Graf von Hartig berichtet darüber nach Wien, die Markgräfin habe sich trotz angeschlagener Gesundheit keineswegs in eine neue Lebensordnung fügen wollen, nach Aussage der Ärzte sei der eigentliche Grund ihres Leidens »die Unmäßigkeit in Speisen und Trank« gewesen (HHStA, Staatskanzlei Bayern 35, Berichte aus München 25, 1776 Mai 7).

Schmerzhafte Folgen zeitigte die heftige Leidenschaft für Zuckerwerk, Gelees und kandierte Gewürze, die bei festlichen Mahlzeiten in gewaltigen Mengen konsumiert wurden. Zum Abschluß des Banketts 1568 vergnügten sich die Hochzeitsgäste unter anderem mit »15 Zuckerpasteten mit lebenden Vögeln darin..., 60 Körbchen mit geviertelten Quitten, 15 Portionen Krokant, Konfekt aus Pinien und Pistazien, Melonenkernen und weißem kandiertem Anis..., 40 Pfund Sirup-Zuckerwerk verschiedenster Art, gezuckerten Sauerkirschen mit Blättern, Pomeranzen mit Zucker, ... Zimt aus Bergamo, Süßspeisen mit Pinienkernen, ›Nonnengebäck‹, Kastanien und Haselnüssen in Rosenblättern, mit Zucker...« (Troiano/Leuchtmann 1980, 159–161).

Zucker wurde zwar einerseits als Arzneimittel hochgeachtet gegen Magen-, Darm-, Nieren-, Augen- und Ohrenleiden, andererseits war seine zerstörerische Wirkung auf die Zähne durchaus erkannt. Diese »schön und weiß zu erhalten« schlug Marperger 1716 vor: »Ist am besten daß man sich hüte auf die warme Speisen gleich kalt zu trincken, daß man nicht viel Zucker, saur und scharffe Dinge esse, nicht offt in die Zähn stiere oder stochere, keine harte Sachen aufbeisse, den Mund täglich des Morgens, und dann auch jedes mahl nach dem Tische wohl ausspühle, und die Zähne mit guten Zahn-Pulver saubre« (Marperger 1716, 1338). Trotz aller schon ganz modern anmutenden Vorsichtsmaßnahmen waren »schwarze, morsche, mürbe oder abgebrochene« Zähne (Marperger 1716, 1338) weit verbreitet; daran zu leiden, verursachte nicht nur Schmerzen, es galt zudem durchaus als entstellend und wurde von aufmerksamen Beobachtern stets registriert; so schrieb etwa der kurbayerische Gesandte Graf Maximilian Kurz aus Turin, wo er sich 1650 zur Anwerbung der Prinzessin Henriette Adelaide aufhielt, über die Mutter der Braut, sie sei zwar mit ihren 45 Jahren noch sehr schön, dürfe aber den Mund nicht aufmachen, da man dann ihre Zahnlücken sehe (Bary 1980, 46).

Das ganz güldene Eßgeschirr

Die Weiterentwicklung des Kochens zur Kunst wirkte sich etwa ab der Mitte des 16. Jahrhunderts auch auf das Tafelgeschirr aus. Eine vom Zufall diktierte Verbindung prunkvoller Einzelstücke mit formal anspruchslosen, allein durch kunstvoll drapierte Speisen wirkenden Tellern und Schüsseln, wich seit Anfang des 17. Jahrhunderts differenzierter ausgeformten Gerätschaften; gleichzeitig erfuhr ihre Anordnung auf der Tafel eine zuvor unbekannte Systematisierung.

Erste schriftliche Hinweise auf das am Münchner Hof bei Festbanketten benutzte Geschirr und seinen Gebrauch finden sich im Bericht Massimo Troianos über die Hochzeit 1568, den eine Radierung Nikolaus Solis ergänzt (Abb. 1). Auf die Frage des imaginären Freundes Marinio, wie die Tafel denn zugerichtet gewesen sei – »Come era acconcia la tavola?« –, ergeht sich der unter dem Namen Fortunio auftretende Musiker zunächst in einer Schilderung der Tischtücher. Mehrere Lagen bodenlanger Laken bedeckten den Fürstentisch; ein wappengeschmückter Baldachin aus Goldstoff spannte sich über eine seiner Schmalseiten und zeichnete die Ehrenplätze aus. An Tafelzier erwarteten die Gäste neben kunstvoll ›gebrochenen‹ Mundtüchern scharfe Messer sowie »wertvolle Blumen aus Seide und Gold, die wie echt aussahen«. Rund um den Tisch waren sechs mannsgroße, hölzerne Löwen aufgestellt, die Kerzen in ihren Pranken trugen und so zusammen mit vier Silberleuchtern auf der Tafel selbst den Saal erhellten. Schließlich weiß Troiano noch von vier goldenen und 20 silbernen Salzbehältern in Schiff- bzw. Muschelform; sie gehörten ebenso zum Prunkgeschirr wie die aufwendigen Trinkgefäße, die auf der Tafel, vor allem aber in einer dreistufigen, von Solis am rechten Bildrand wiedergegebenen Kredenz stehen. Dienten derartige Anrichten ursprünglich der Aufbewahrung von Gebrauchsgeschirr, so verloren sie mit dem Übergang vom Mittelalter zur Renaissance ihren praktischen Nutzen und übernahmen fortan überwiegend die Aufgabe, Macht und Rang ihres Besitzers zu repräsentieren. Kein Wort widmet Troiano hingegen den Speisebrettchen und -tellern, die in ihrer heutigen Form im 16. Jahrhundert allmählich aufgekommen waren (Gruber 1982, 128), oder den gedeckten Schüsseln, die auf einer eigenen Anrichte vor der Kredenz zu sehen sind (Abb. 1). Statt dessen fährt der Autor sofort mit einer Aufzählung der einzelnen (Schau-)Gerichte fort. Bei Troiano definiert sich der gedeckte Tisch primär über Textilien, Prunkgefäße und Speisen, denen gegenüber die eigentlichen Eßgeräte, Platten und Teller von untergeordneter Bedeutung bleiben.

Abb. 8 Hochzeitsbankett am 14. November 1613, Detail einer Radierung von Peter Zimmermann, Münchner Stadtmuseum

1613 feierte der Münchner Hof erneut eine bedeutende Eheschließung, und auch dieses Mal begnügen sich die beiden wichtigsten Chronisten, Philipp Hainhofer und Peter Zimmermann, mit Hinweisen auf »4 vergulte handbeckinen und giesskandten« (Hainhofer 1881, 218) und auf die Schaugerichte, die beim Bankett am 14. November zur Freude der Gäste aufgetragen wurden (Hainhofer 1881, 234 f.; Zimmermann 1614, 2–4); nebenbei bemerkt Hainhofer staunend: »bey hof, nach dem man alles auss silber gespeiset und vil gesind empor gangen, ist wunder, das nichts hinkommen« (Hainhofer 1881, 239). Vage Vorstellung von der Fürstentafel vermittelt eine skizzenhafte Radierung im Festbericht Zimmermanns (Abb. 8). Schüsseln, Platten und Teller sind inmitten der sonst wenig gegliederten Reihe angeordnet (vgl. Bursche 1974, 27).

Erst in den vierziger Jahren des 17. Jahrhunderts wurde in München dem Eßgerät selbst verstärkte Aufmerksamkeit geschenkt, nachdem der vornehmste Tischschmuck, die dekorativen Schauessen, ans zeitliche Ende der Tafel gerückt waren, sich der Tisch jetzt verhältnismäßig kahl und nur bedeckt mit dem Eßgeschirr präsentierte. An Aktualität gewann nun plötzlich die Rangfrage, wer von welchem Material essen sollte. Zu den schon vorhandenen kostbaren Einzelstücken erwarb man unter Kurfürst Maximilian I. vergoldetes Silber hinzu, insbesondere nach der Eheschließung mit der Kaisertochter Maria Anna im Jahre 1635 scheint vieles neu angeschafft bzw. als Mitgift der Habsburgerin an die Isar gekommen zu sein. 1637 beschloß das Fürstenpaar, dem unveräußerlichen Hausbesitz eine vielteilige »credenz von ganz goldt«

einzuverleiben (Schauss 1879, 37–40), die heute als verschollen gilt (Brunner 1977, 130).

Erste Nachricht von der Verwendung eines Vermeilgeschirrs aus dem persönlichen Besitz der Kurfürstin Maria Anna haben wir im Zusammenhang mit dem Besuch Kaiser Ferdinands III. von 1641. Um Macht und Bedeutung des Hauses Wittelbachs besonders eindrücklich vorzustellen, bekamen bei dieser Gelegenheit zudem die Kavaliere einschließlich ihrer Kammerdiener und Pagen sowie das Frauenzimmer bis hinunter zu den Kammerdienerinnen ihre Mahlzeiten auf Silber serviert, wobei dem spanischen Frauenzimmer der Kaiserin und den Kavalieren an der Freitafel noch zusätzlich goldenes Besteck gereicht wurde (BayHStA, Fürstensachen, 646, fol. 513). Die Einholung der Braut des Kurprinzen, Henriette Adelaide, 1652 war eine weitere Gelegenheit, bei der die Benutzung des vergoldeten Geräts angeraten schien (Kurz 1652, 51) – auch wenn es nicht mehr vollständig war! Ein Teil lag nämlich seit dem mißlungenen Versuch von 1648, die kurbayerischen Silberkammerbestände vor den anrückenden Schweden auf dem Wasserweg nach Braunau zu flüchten, auf dem Grund des Inn.

Schon ein Jahr nach der Hochzeit Ferdinand Marias kam der kostbare Hausrat erneut zum Einsatz, als das Reichsoberhaupt, seine Gemahlin sowie der römische König ein weiteres Mal nach München reisten. Am 18. August, dem Vorabend des Einzugs, hielt man gemeinsam mit der kurfürstlichen Familie eine offene Tafel im Dachauer Schloß; zum Gefolge der Habsburger zählten 234, zu dem der Wittelsbacher 213 Personen (BayHStA, Fürstensachen 127, fol. 143–146 und 153–156). Neben dem »claine(n) vergolte(n) silber von ... unserer ... curfürstin« war zur Bewirtung der oberen Hofchargen noch eine stattliche Menge an silbernem Geschirr nötig, das der kurbayerische Hof aber nicht zur Verfügung hatte; auf eine entsprechende Bitte hin half deshalb am 14. August der Bischof von Freising mit Beständen seiner Silberkammer aus (BayHStA, Fürstensachen 127, 182 und 185). Um das ganze Tafelzeug, Personal und Lebensmittel nach Dachau zu schaffen, waren u.a. je zwei Wagen für Geschirr und Zehrgaden, sowie je einer für Silber und Zinn, für die Köche, für die Mundköchin sowie neun Kaleschen für Kammer- und andere Güter vonnöten (BayHStA, Fürstensachen 127, fol. 149–150).

Trotz kontinuierlicher Neuanschaffungen in der Folgezeit (vgl. Frankenburger 1923, 14–15) scheint der Mangel an Silbergeschirr 1660, als es die Taufe der am 17. November geborenen Prinzessin Maria Anna Christine zu feiern galt, immer noch aktuell, gab es doch Überlegungen zum Ankauf weiteren Geräts (GHA, Korrespondenzakten 644/2).

1671 erwiderte der Salzburger Erzbischof Max Gandolph einen Besuch des Kurfürstenpaares im Jahr zuvor. Der mit enormem Aufwand inszenierte, fast dreiwöchige Münchner Aufenthalt des Kirchenfürsten bildete den letzten festlichen Höhepunkt der Regierungszeit Ferdinand Marias. Schon am Abend des 30. Juli, dem Tag der Ankunft, fand im Antichambre des Gastes eine erste Tafel »avec toute la sumptuosité« statt (SLA, Geheimes Archiv XXIV 2 1/2, La Reception faite à l'Archévesque de Salzbourg dans la Cour de l'Electeur de Bavière, 957), der weitere in der Residenz, in Schleißheim und Starnberg folgten. An einem Fleischtag sollte der Fürstentisch mit »24 in 30 oder mehr speißen tractiert und die herzue brauchente vergolte silber durch den maister Adam und m. Michel kocht und woll angericht werden« (SLA, Geheimes Archiv XXIV 2 1/2). Ausdrücklich wird dabei betont, »neben deme soll für unnsern genedigsten herrn etc. durch dero mundtkhöchin absonderlich in auch vergolte silber kocht werden gleich wie in alhir sein ir churfürstliche durchlaucht von Cölln etc. beschechen. Das confect ist wie vorige mahl beschechen in 30 vergolte schallen einzurichten doch nach dem der zuckherpacher sein grosse confect einmachet darauf anzutragen.« Diesen internen Aufzeichnungen der Münchner Hofbehörden steht nun eine 1673 in Paris erschienene »Relation de l'estat present de la maison electorale et de la cour de Baviere« aus der Feder des Samuel Chapuzeau gegenüber; in seiner Beschreibung des kurbayerischen Hofs berichtet der Franzose auch über die verschiedenen Bankette im Verlauf des salzburgischen Besuches: »Par tout la table estoit servie magnifiquement ordinairement en vermeil doré, quelquefois en or massif...« (Chapuzeau 1673, 146). Sollte diese Beobachtung auf Tatsachen beruhen, läge damit der älteste Hinweis auf ein »ganz güldenes Geschirr« im Besitz der Wittelsbacher vor. Dagegen spricht nun allerdings der bisher unpublizierte Setzzettel: die für seine Zusammenstellung verantwortlichen bayerischen Hofbediensteten weisen hier immer wieder auf die Verwendung des vergoldeten Silbers hin – der Gebrauch eines unvergleichlich kostbareren Goldgeschirrs wäre sicherlich zumindest erwähnt worden. Außerdem ist die zeitliche und örtliche Zeugenschaft Chapuzeaus unsicher, die Erwähnung von massivem Goldgeschirr so am ehesten als Irrtum oder Verwechslung mit einer goldenen Kredenz zu werten.

Eine handschriftliche, in italienischer Sprache abgefaßte kurze Beschreibung des am 9. Oktober 1685 gehaltenen feierlichen Münchner Einzugs Max Emanuels mit seiner jüngst angetrauten Gemahlin Maria Antonia berücksichtigt auch die öffentliche Abendtafel des Kurfürstenpaares: »Das Nachtmahl war im Vorzimmer des Kurfürsten vorbereitet, wo die allerhöchsten Herrschaften aus dem nicht hoch genug zu preisenden goldenen Geschirr des kurbayerischen Hauses öffentlich speisten, wobei sich gleichzeitig ein prächtigster Blick bot auf zwei weitere große und reiche, ebenfalls goldene Credenzen bestehend nur aus Becken, Krügen und anderen geschmückten Gefäßen« (BayStB, Cod. ital. 807; Übersetzung v. Verf.). In einer Druckschrift über den Einzug heißt es: »Selbige Mahlzeit, zu Nacht unnd drey Tag nacheinander, hat man auß dem Chur-Bayrischen Goldt-Geschirr gespeyßt, welches wol zusehen gewesen« (Lillis 1685), schließlich hat sich ein Verzeichnis »der ganz gulden service« erhalten, ein Beleg vom 9. Oktober 1685, mittels dessen dem kurfürstlichen »schazgwölb« die Herausgabe des goldenen, dem Hausschatz angehörigen Tischgeräts an die für das Tafeldecken zuständige Silberkammer quittiert wird (Zitat nebenstehend).

Das ›ganz güldene Eßgeschirr‹ Max Emanuels

»Sechs der gar gross tieffen schüssl. Achtzehen der gross tieffe schüssl. Achtzehen dergleichen tieffe schüssl. Sechs und dreissig etwas Cleinere schüssl. Vier und zwanzig der grösseren wie oben die 18. Sechs klaine Essig schüssl. Zwölff tieffe Teller. Sechs und dreissig flache Teller. Ein oblong glattes Lavor sambt der darzue gehöriger Gieskhandlen. Sechs Catena. Zway gar hoch und vier etwas kleinere hoche Früchtschallen. Sechs Credenzschallen. Ein schallen mit einen lukh in welch beeden alte Numismata. Ein dergleichen schallen mit zway handt-heben und solchen alten Münz von P. Pio Quarto mit florentinischen Wappen. Ein khörbl filigran. Ein schön geschmölzt hocher Pecher mit einen lukh darauf das bayrisch Wappen. Ein gar grosser Wasserkhrueg mit einen lukh und dem dazue gehörigen schüffl. Zway ausgehaute Fischgätter. Ein bestökh mit 6 leffl, messer und piron (Gabel). Ein gross bestökh mit allerhandt vorschneid messer die Höfft von Orientalischen Jaspis. Zway gar grosse Lavor sambt den zway darzue gehörige Gieskhandlen von Paul fiant arbeith. Ein grosser Wasserkhössl mit zway grossen flaschen. Zwölff grosse Confectschallen auf hochen füessen, von besagt Paul fiant arbeith« (BayStB, Cod. germ. 1959, fol. 129r-130v).

Das Goldgeschirr bestand offensichtlich aus älteren dekorativen Kredenzgefäßen, wie sie etwa 1667 Pallavicino in seiner Residenzbeschreibung aufzählt (Pallavicino 1667, 124), und wirklich benütztem Eßgerät. Welche Teile nun anläßlich der Hochzeit 1685 neu gekauft worden sind, ist ungewiß, Rechnungsbelege jedenfalls sind vorerst nicht auffindbar (zur bisherigen Forschung vgl. Volk 1976, 126, 137; Seling 1980, 141), entscheidend ist viel eher die Tatsache, daß man tatsächlich von purem Gold aß! Der im reinen Materialwert liegenden Stufung Zinn – Silber – Vermeil – Gold entsprach eine sich in der Zuordnung des Essers zu seinem ihm zustehenden Geschirr ausdrückende rangmäßige Steigerung. Der höchste Grad war mit der Benützung massivgoldenen Eßgeräts erreicht, und diese glaubten auch die zeitgenössischen Zeremonialbücher nicht ganz einheitlich nur hochgestelltesten Titeln vorbehalten zu müssen: »Bey denen Fürsten ist alles Küchen-Geräthe von Silber, und isset allein der Groß-Meister in Maltha aus güldenen Schüsseln« (Lünig Bd. 1, 1719, 294), »Die Speisen werden auf den Fürstlichen Tafeln entweder in silbernen oder vergoldeten, oder gar in goldenen Schüsseln aufgesetzt« (Rohr 1733, 90), »Das Tafel-Service ist an allen Höfen, wann sie nicht gar en mignature seynd, heut zu Tag von Silber. An grossen Kayser- und Königlichen Höfen aber wird an hohen Hof-Festen auf maßiv-Gold gespeißt« (Moser Bd. 2, 1755, 539). Die neben dem Münchner Service wenigen weiteren überlieferten reinen Goldgeschirre wurden denn auch vor allem im 18. Jahrhundert beispielsweise für den russischen Zarenhof, den preußischen König, den Kaiser in Wien gefertigt.

Man benützte es selten, das »ganz güldene Eßgeschirr«: 1690 etwa, als die kaiserliche Familie in München anwesend war, wurde »auß dem Churfürstl. Schatz dise gantze Zeit hindurch in lauter Gold tractirt« (Lillis 1690), 1722 anläßlich der Hochzeit Kurprinz Karl Albrechts mit der Kaisertochter Maria Amalie (Bretagne 1723, 11). 1725 wird es aufgedeckt bei der Primiz Clemens Augusts, des Sohns Max Emanuels und Kurfürsten von Köln: »... und wurde die gantze Tafl mit dem von puren Masiff-Gold kostbahristen Service bedienet, dessen Arbeit und Kunst dise theuerste Materi gar weit übersteiget, daß man von solcher mit mehrer Warheit sagen kan, Materiam superabat opus, die Kunst und Arbeit übertraff den Werth der theuren Matery« (Bretagne 1725, 16). Ein zweites großes goldenes Service wird über die Gesandtschaft in Paris abbezahlt. Der Goldschmied Thomas Germain (1673–1748) erhält zwischen Oktober 1728 und September 1729 die Summe von 27000 Gulden in fünf Teilzahlungen. Germain war der renommierteste Goldschmied in Europa und arbeitete für die großen Fürstenhöfe (BayHStA Kasten schwarz 17810).

Der Materialwert gereicht dem Goldservice schließlich zum Untergang, 1729 liegt es verpfändet in Augsburg, 1752 wird es zur Vermünzung eingeschmolzen (vgl. Volk 1976, 137) – sic transit gloria mundi!

Die Kraft des Mahles

Immer wieder gerne besprochen, weil »großartig, fremd und prunkend-kurios« anmutend (Zischka 1984, 224), ist das Leichenbegängnis für Albrecht IV. von Bayern. Der Wittelsbacher war am 18. März 1508 in München verstorben, zwei Jahre, nachdem er die Teilherzogtümer in seiner Hand wieder vereint und für künftige Zeiten die Primogeniturordnung festgelegt hatte. Seine Beisetzung in der neuerbauten Gruft der Frauenkirche erfolgte bereits einen Tag später, am 19. März. Als Termin für die Exequien hingegen legten der minderjährige Erbe Wilhelm IV. und dessen Vormund Wolfgang erst den 21. Januar 1509 fest. Diese lange Zeitspanne erklärt sich aus umfangreichen Zurüstungen, die es für die Feierlichkeiten zu tätigen galt. Der Aufwand war zwingend gefordert, mußte doch in der Botschaft eines solennen Leichenbegängnisses den außergewöhnlich zahlreich geladenen Vertretern der Reichs- und Landstände und damit den richtigen Adressaten die in Albrecht versammelte Machtfülle, aber auch Kontinuität und Legitimität der Herrschaft Wilhelms IV. eindringlich vorgeführt werden. Sinn machte eine derartige Demonstration 1509 allemal, jetzt sollte sich erstmals die verfassungsrechtliche Tragfähigkeit der von Albrecht beschlossenen Erbfolgeregelung erweisen! Singulär in der Geschichte der Münchner Hoffeste ist das Gewicht, das der anonyme Festbericht mit dem Titel ›Herzog Albrechtz in Bairn etc. hochloblicher gedechtnuss begennghnuss zu München etc. anno etc. im neundten iare‹ auf detaillierte Schilderung des Leichenschmauses legt. Die Trauergäste erschienen am 22. Januar nach dem Kirchgang gegen ein Uhr mittags in der

Der Leichenschmaus Herzog Albrechts IV. 1509

»Zu disen vier tischen wurden XXIII lustiger besicht essen gemacht, darundter dye syben allter der welt, yedes mit seiner zu gehörigen figur, auch unnsers genädigen herrn hertzog Albrechts begrebde unnd dem jüngsten gericht unnd wurden fürgetragen und geben wie hernach folgt: Das erst essen: Was das erst allter der wellt, nemlich Adam unnd Eva in ainem garten unnd stund zwischen ine ain gruener baum, darumb sich ain schlang gewunden het, ain apfel im maul unnd naiget sich damit gegen Eva, darbey maurachen (= Morcheln) unnd pfifferling von zucker unnd manndel gemacht. Das annder essen: Was ein gesotner schweinkopf auf ainen roßt abgetrucknet. Das dritt essen: Was gesotten fleisch mit capaunen, huenern unnd gedruckendem fleisch. Das vierdt essen: Was ein figur des andern allters der welt, nemlich die arch Noe mit bey ligenden oblaten von zucker gepachen. Das fünfft essen: Was ein haiß essen, visch von lachßfoerchen (= Lachsforellen), aeschen unnd anndern guten vischen. Das sechßt essen: Was ein zetl kraut (= Sauerkraut) und was darauf gehoert. Das sybendt essen: Was das dritt allter der wellt, nemlich die figur wie Abraham seinen sun hat opffern unnd enthaubten wellen, darbey ein thurn von zucker und mandl gemacht. Das acht essen: Was ein durchsichtig hohe sultz mit vischen. Das neundt essen: Was gruen unnd gesaltzen wildbret in ainem pfeffer. Das zehendt essen: Was das vierdt allter der welt, nemlich wie Davit das klein koenigl gegen Goliam, der in gestallt ains risen gemacht, was stuennde unnd sein schlinngen in der handt hette, dabey suesse kraepfl von zucker unnd mandl gemacht. Das aindlefft essen: Was ein gemueß. Das zwelfft essen: Was ein eingemachter hausen (= Hase). Das dreytzehend essen: Was das fünfft allter der welt, nemlich der thurn zu Babiloni stuende mit ettlichen heusern in ainem gemueß. Das vierdtzehend essen: Was ein pastet mit eingemachten voglen. Das fünfftzehend essen: Was ein rechschlegl mit ainen zyseindl (= Brühe). Das sechtzehend essen: Was das sechst allter der welt, nemlich die menschwerdung Cristi. Maria mit irm kindlin, auch mit Joseph, dem eselein, oechslein und krippen in ain weiß mandlmuß gemacht. Das sybendtzehend essen: Was ein pastet mit pirn unnd anderm gemueß. Das achtzehend essen: Was von eingemachten voglen. Das neundtzehend essen: Was das sybent und letst allter der

Alten Veste zum Bankett. Ebensowenig wie ihre Töchter und deren Frauenzimmer nahm die Herzoginwitwe Kunigunde an dem Mahl teil, sie hatte sich wenige Wochen nach dem Tod ihres Gemahls in das Püttrich-Regelhaus zurückgezogen. Vier Tafeln waren für die Stellvertreter von Reich und Land gedeckt; der »gemeine« Adel speiste separat an 24 weiteren Tischen in der Dürnitz, dem allgemeinen Speisesaal (GHA, Korrespondenzakten 599). Minutiös überliefert der Chronist die Namen der Gäste, Vorschneider und Mundschenken an den Fürstentafeln; an der ersten etwa saßen der Domdechant von Augsburg als Botschafter Kaiser Maximilians, der Abt von Waldenberg als Gesandter des Pfälzer Kurfürsten, die Bischöfe von Eichstätt und Salzburg, der Vertreter des Landgrafen von Hessen sowie Wilhelm Güssen, der Hauptmann des Kaisers, der Kurfürsten und Fürsten im Schwäbischen Bund. Die bayerischen Herzöge Wolfgang und Wilhelm IV. nahmen an der zweiten bzw. dritten Tafel Platz (Herzogs Albrechtz in Bairn etc. hochloblicher gedechtnuss begennghnuss..., 1509).

Über der schaudernden Bewunderung, der haarsträubenden Vorstellung, »sich von einem Servierer ... ein Stück Jüngstes Gericht herausschneiden und auf den Teller legen zu lassen« (Krätz 1984, 5) ist bis heute die Frage nach der tieferen Bedeutung dieses speziellen Leichenmahles bzw. seiner Schauessen weitgehend vernachlässigt worden. Um ihr auf die Spur zu kommen, muß zunächst noch einmal daran erinnert werden, daß »gemeinsames Essen und Trinken ... eines der Kernelemente des Zusammenlebens menschlicher Gruppen (darstellt) und infolgedessen in ihr Ordnungssystem in mannigfacher Weise eingebaut (ist). Auszugehen ist wohl von der gemeinschaftsbildenden und -fördernden Kraft, die in dieser Handlung liegt« (Kramer 1978, Sp. 154). Diese Kraft des Mahles wurde am 22. Januar 1509 genützt: es manifestierte sich eine neue, durch das Ableben Albrechts IV. veränderte Gemeinschaft, in welcher der Erbe Wilhelm IV. den Platz des Verstorbenen wortwörtlich ›in Besitz‹ nahm. Die Teilnehmer am Bankett fügten sich mit dem jungen Herzog nicht nur zur Gruppe, sie stellten diese bildhaft dar; und schließlich konnten sie den durch die Herzogswürde definierten Rang Wilhelms innerhalb der Tischgesellschaft nach außen bezeugen (vgl. Möseneder 1983, 72 f.); hierin liegt sicher auch einer der Beweggründe des Chronisten, die Namen der Anwesenden so peinlich genau zu überliefern!

Die Legitimität der Herrschaft bezog Wilhelm aus seiner Abstammung. Die Bindung an den Vater und über diesen an eine lange Reihe von Ahnen machte zunächst das Totenmahl per se anschaulich: in ihm konstituierte sich eine Gemeinschaft, in der wiederum auch der Tote – als Teil der Christenheit – seinen festen Platz hatte. Die Gegenwart des Erinnerten wurde aber noch auf eine andere, in ihrer Unmittelbarkeit einzigartige Weise hergestellt (Oexle 1984, 402) – eben in jenem Schaugericht, welches die Tumba Albrechts in der Frauenkirche nachbildete! Visualisiert in den sieben Altern der Welt erfolgte schließlich die Einbindung wittelsbachischer Herrschaft in den Plan Gottes und damit ihre heilsgeschichtliche Rechtfertigung und Überhöhung. Sollten die Schaustücke zur Gänze eßbar gewesen sein – was aus den Quellen keinesfalls zwingend hervorgeht –, so hätte die Tafelgesellschaft nicht allein etwa vom Baum der Erkenntnis oder von der Krippe Christi gekostet, sondern vor allen Dingen die gottgewollte Ordnung im direkten Sinn des Wortes verinnerlicht.

Die Zielsetzung des Leichenschmauses von 1509, Kontinuität und Legitimität der Herrschaft Wilhelms IV. zu demonstrieren, macht verständlich, warum bis zum Ende der Monarchie in Bayern die Exequien für den Landesfürsten ohne derartige Bankette (vgl. Moser 1754, 481) bzw. Schaugerichte auskamen, Totenmähler in den Funeralschriften unerwähnt blieben: problematisch wie 1508/09 war in München der Übergang der Herrschaft von einer Generation auf die nächste nie mehr wieder!

Nicht nur der Tod verändert bestehende Sozialgefüge, gleiches gilt für die Trauung. Auch in diesem Fall konnte das Bankett die neue Gemeinschaft zusammenfügen und zum Bild werden lassen, darüber hinaus bedeutete »das Hochzeitsmahl (Gelage)... vielfach wie das Beilager rechtliche Bekräftigung des Eheschlusses« (Kramer 1978, Sp. 155). Am 21. Februar 1568 hielt Renata von Lothringen feierlichen Einzug in München; am ersten Abend in der neuen Heimat speiste die Prinzessin nur in Gesellschaft ihrer Mutter Christine von Dänemark und zweier naher Verwandter. Die gemeinschaftsbildende, Rechtspositionen bestärkende Kraft des Mahles sollte erst am folgenden Hochzeitstag wirksam werden: nachdem der Bischof von Augsburg dem Brautpaar das Ehegelöbnis abgenommen hatte, kamen alle Gäste zu einem opulenten Festessen zusammen, die Neuvermählten nahmen gemeinsam die Ehrenplätze am Kopfende der Tafel ein. Ein ähnlich bewußter Einsatz der gemeinsamen Mahlzeit findet sich auch bei der im November 1613 vollzogenen Eheschließung der Herzogin Magdalena mit Wolfgang Wilhelm von Pfalz-Neuburg. Wohl speiste das junge Paar schon am Abend vor der Hochzeit zusammen, beide hatten aber an der Tafel noch voneinander getrennte Plätze. Die Änderung der Sitzordnung blieb dem unmittelbar auf die Trauung folgenden Festmahl vorbehalten.

Von augenfälliger Symbolkraft durchdrungen sind die im Anschluß an Erbhuldigungen (zum Problemkreis Huldigung zuletzt ausführlich Holenstein 1991) veranstalteten Mahlzeiten, die Landesherrn und Ständevertretung im Miteinander gemeinschaftlichen Essens verbanden. Am Vormittag des Huldigungstages waren in Redeformel und zeremonieller Handlung der durch Erbfolge legitimierte neue Herrscher und die Stellvertreter der Landschaft gegenseitige Verpflichtungen eingegangen, die Landstände hatten dem Herrschaftsnachfolger Treue und Gehorsam gelobt, während dieser ihre bisherigen Rechte und Freiheiten bestätigen mußte. Dem eigentlichen Erbhuldigungsakt im großen Rathaussaal folgte dann nach der Rückkehr in die Residenz ein nachmittägliches Festbankett, eine rituelle Speisegemeinschaft in Vollziehung der vorangegangenen verfassungsrechtlichen Bindung. Daran nahmen üblicherweise auch die höchsten Hofchargen teil, die ebenfalls am Vormittag den Huldigungseid für den Hofstaat abgelegt hatten: »Die offentliche Taffel ward in dem Ritter-Saal unter Bedienung derer Herren Truchsessen gehalten; und speiseten Ihro Churfürstl. Durchleucht gantz allein an einer Taffel in der Mitten unter dem Baldachin. Rechter und lincker Hand aber waren zwey lange Taffeln, jedwede von 18 Couverts, an deren erstern die sämmtlichen Herren Verordnete Einer Hochlöbl. Landschafft, an der andern aber die hohe Ministri und einige derer ältisten Herren Cammerern speiseten« (Münchner-Zeitungen 1747, Nr. 115 vom 19. Juli), heißt es anläßlich der Erbhuldigung für Kurfürst Max III. Joseph am 17. Juli 1747. Die erhaltene Sitzordnung (Abb. 9; BayHStA, Altbayerische Landschaft 248, fol. 51–52) zeigt einen langgestreckt hufeisenförmigen Tafelgrundriß, von dessen Innenseite aus bedient wurde. Der Kurfürst saß »in dero Mantl Kleid, wie Selbe zu Pferd gesessen«, d.h. in der während der Erbhuldigung und dem damit verbundenen Umritt getragenen kostbaren Kleidung, an oberster Stelle unter einem Baldachin. Der Aufbau der Huldigungstafeln blieb grundsätzlich gleich, ob am 1. August 1680 bei der Erbhuldigung für Max Emanuel (vgl. den Setz-

welt, nemlich das jungst gericht, wie der Salvator unnder ainem regenpogen sitzt. Zu der gerechten seyten die junckfraw Maria als ain getrewe fürbitterin und zu der lincken seyten sant Johannes, knieend nyder etc.; dabey ain marcipaum von zucker unnd mandl. Das zwaintzigist essen: Was von eingemachten karpffen und wallern. Das XXI. essen: Was ein pratens von vaßhennen, haselhuenern, rephuenern, voglen und anderm guten wildpret. Das XXII. essen: Was unnsers genädigen herrn hertzog Albrechts hochloblicher gedechtnuß begrebde, nemlich der form des grabs mit allen vendlen oder panirn des lands und herrschafft, wye dann das wercklich gemacht und geziert inn unnser lieben frauwen kirchen steet, auf dem grab nach seyner (= Albrechts) pildung ain geharnaschter man am rughen ligennd in der gerechten hanndt ain panir und in der lincken ain plos schwert, bey den füssen tzwen schildt, ainer mit Bairn, der ander Osterlannd (= Österreich) gemalt, dabey gefüllte oblat. Das XXIII. essen, das letst zum morgenmal: Was ein pachens von kachlen ains ofens form, darauß wurden lebendig vogel gelassen« (Herzog Albrechtz in Bairn etc. hochloblicher gedechtnuss begennghnuss ..., 1509).

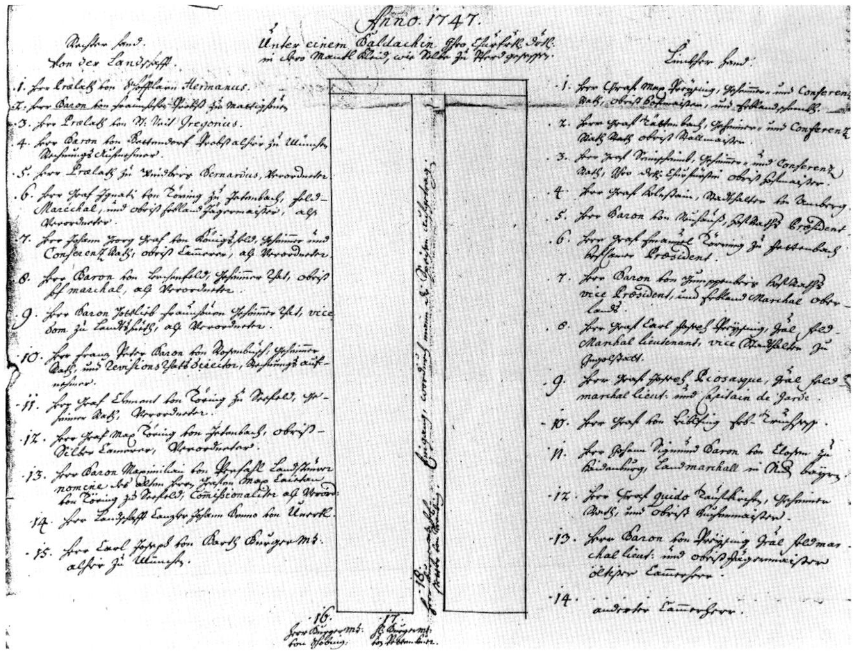
Anno 1747.

Unter einem Baldachin

Abb. 9 ›Speiß-Tafl‹ anläßlich der Erbhuldigung am 17. Juli 1747, München, Bayerisches Hauptstaatsarchiv

zettel in Abschrift: StadtAM, Bürgermeister und Rat 113) oder 1727, als die Landschaftsverordneten und Hofchargen am 13. Mai dem Kurfürsten Karl Albrecht huldigten (Abb. 10; Blondeau/Cavallo 1727, 16). Hier erfahren wir endlich auch einiges über den Ablauf des Essens selbst, das einem zeremoniellen gegenseitigen Gesundheitstrinken auf Vaterland und Kurhaus integriert war: »Unnd weillen sich der Actus erst umb halbe 3 Uhr geendiget, und Ihre Churfürstl: Durchl: in die Residenz eingetroffen, so ist mann erst umb 3 Uhr zur Taffl kommen. Bey welcher Ihro Churfürstl: Durchl: der Truchsess v: Ligsalz Churfürstl: HofCammerrhat zu Trincken gegeben, der Truchsess Baron v: Mayr aber auch Churfürstl. Hofrhat vorgeschnitten hat. Sonsten haben allein die Portier denen Gästen gedinet. Ihre Churfürstl: Durchl: haben die Gesundheit Vatterlands Wohlfahrt in dem grossen vergolten, und geschmolzenen Pocal angefangen, dahingegen der Praelath von Rohr als erster Verordneter von dem Praelathen Stand Ihrer Churfürstl: Durchl: höchste Wohlfahrt, und diss durchlauchtigsten Churhauses Aufnamb, und beständigen Flor aus besagten Pocal, als es ihme mit der ersten von Ihro Churfürstl: Durchl: angefangenen Gesundheit überreichet worden, getrunckhen hat. Mit welcher Gesundheit sich die Tafl geschlossen, also, daß als der leztere Burgermaister selbe empfangen, Ihre Churfürstl: Durchl: wo ohnedeme schon das Confect eine zeit gedinet ware, aufgestandten sind. So ungefehr ein Virtl über 4 Uhr ware« (BayHStA, Altbayerische Landschaft 226, fol. 331v–333r).

Das Staunen des Essers

Bei einem Bankett »sind nicht allein die Ohren mit der lieblichen und hertzerfreulichen Music, Lobgedichten und Liedern belustiget, das Gehirn mit wolriechenden Wassern und Rauchwerck gestärcket, der Mund mit den niedlichsten Speisen und dem süssen Geträncke behäglich erfreuet, die Hände mit Außwehlung der besten Bißlein bemüssiget, sondern auch das Gesicht als der übertrefflichste unter allen Sinnen mit den sinnreichen Schaugerichten vergnüget worden, dardurch man zu guten Gespräche veranlasst wird, und sind solche Speisen der Augen nicht nur zu der Zier der Tafel, sondern zu der Be-

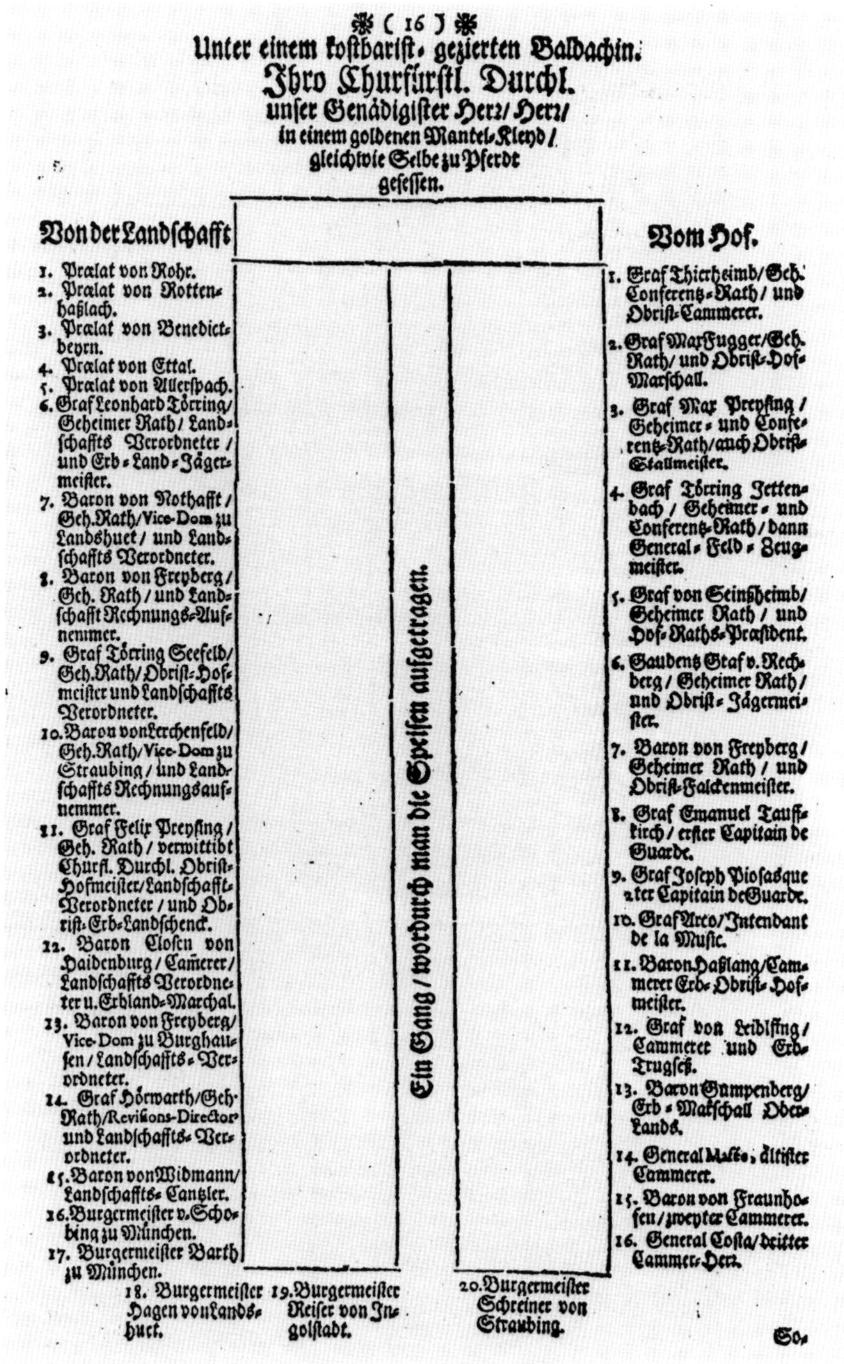
(16)

Unter einem kostbarist- gezierten Baldachin:
Ihro Churfürstl. Durchl.
unser Genädigister Herr/ Herr/
in einem goldenen Mantel-Kleyd/
gleichwie Selbe zu Pferdt
gesessen.

Von der Landschafft

1. Prælat von Rohr.
2. Prælat von Rotten-haßlach.
3. Prælat von Benedict-beyrn.
4. Prælat von Ettal.
5. Prælat von Allerspach.
6. Graf Leonhard Törring/ Geheimer Rath/ Land-schaffts Verordneter/ und Erb-Land-Jäger-meister.
7. Baron von Nothafft/ Geh. Rath/ Vice-Dom zu Landshuet/ und Land-schaffts Verordneter.
8. Baron von Freyberg/ Geh. Rath/ und Land-schafft Rechnungs-Auf-nemmer.
9. Graf Törring Seefeld/ Geh. Rath/ Obrist-Hof-meister und Landschaffts Verordneter.
10. Baron von Lerchenfeld/ Geh. Rath/ Vice-Dom zu Straubing/ und Land-schaffts Rechnungsauf-nemmer.
11. Graf Felix Preysing/ Geh. Rath/ verwittibt Churfl. Durchl. Obrist-Hofmeister/ Landschafft-Verordneter/ und Ob-rist-Erb-Landschenck.
12. Baron Closen von Haidenburg/ Camerer/ Landschaffts Verordne-ter u. Erbland-Marchal.
13. Baron von Freyberg/ Vice-Dom zu Burghau-sen/ Landschaffts-Ver-ordneter.
14. Graf Hörwarth/ Geh. Rath/ Revisions-Director und Landschaffts-Ver-ordneter.
15. Baron von Widmann/ Landschaffts-Cantzler.
16. Burgermeister v. Scho-bing zu München.
17. Burgermeister Barth zu München.
18. Burgermeister Hagen von Landshuet.
19. Burgermeister Reiser von In-golstadt.

Ein Gang/ wordurch man die Speisen aufgetragen.

20. Burgermeister Schreiner von Straubing.

Vom Hof.

1. Graf Thierheimb/ Geh. Conferentz-Rath/ und Obrist-Cammerer.
2. Graf Max Fugger/ Geh. Rath/ und Obrist-Hof-Marschall.
3. Graf Max Preysing/ Geheimer- und Confe-rentz-Rath/ auch Obrist-Stallmeister.
4. Graf Törring Jetten-bach/ Geheimer- und Conferentz-Rath/ dann General-Feld-Zeug-meister.
5. Graf von Seinßheimb/ Geheimer Rath/ und Hof-Raths-Præsident.
6. Gaudentz Graf v. Rech-berg/ Geheimer Rath/ und Obrist-Jägermei-ster.
7. Baron von Freyberg/ Geheimer Rath/ und Obrist-Falckenmeister.
8. Graf Emanuel Tauff-kirch/ erster Capitain de Guarde.
9. Graf Joseph Piosasque 2ter Capitain de Guarde.
10. Graf Arco/ Intendant de la Music.
11. Baron Haßlang/ Cam-merer Erb-Obrist-Hof-meister.
12. Graf von Leiblfing/ Cammerer und Erb-Trugseß.
13. Baron Gumpenberg/ Erb-Marschall Ober-Lands.
14. General Maffei, ältister Cammerer.
15. Baron von Fraunho-fen/ zweyter Cammerer.
16. General Costa/ dritter Cammer-Herr.

So-

Abb. 10 Gedruckter Setzzettel anläßlich des Huldigungsbanketts am 13. Mai 1727 (Blondeau/Cavallo 1727, 16)

gebenheit auf der eingeladnen Ruhm und Namengedächtnissen gerichtet ...« (Harsdörffer 1652, 140). Ein wesentliches Anliegen höfischer Tischkultur bringt Harsdörffer hier zum Ausdruck: nicht allein den Geschmack galt es während des Essens anzuregen, auch die übrigen vier Sinne – vor allem das Auge – sollten erfreut werden. Um dieses hochgesteckte Ziel zu erreichen, das Mahl als ›Gesamtkunstwerk‹ erscheinen zu lassen (vgl. Rieger 1987, 42–43), durfte kein Detail dem Zufall überlassen bleiben – angefangen vom Ort des Geschehens über die Fülle und Raffinesse der Speisen, den Aufwand an kostbarem Geschirr bis hin zu parfümierten Brunnen und wohlklingender Musik. Einen Eindruck von der Komplexität höfischer Mahlzeiten vermitteln erneut Massimo Troianos ›Dialoghi‹, in denen der Autor auch das Tafelambiente während der Hochzeitsfeierlichkeiten 1568 schildert: »Im prunkvollen Saale duftete es mehr nach Moschus als nach Speisen. Man wusch sich die Hände mit Rosenwasser und setzte sich nach der Tischordnung zur Tafel. Wie die vorigen Male wurden die Gäste mit großer Ehrerbietung von denselben erlauchten Grafen bedient. Während des Essens musizierten die Künstler Albrechts v. verschiedene schöne Kompositionen« (Troiano/Leuchtmann 1980, 235).

Mannigfachste Reize sollten die Anwesenden letztlich in Staunen versetzen; hier sind wir nun zu einem Schlüsselbegriff höfischen Festverständnisses gelangt (vgl. künftig umfassend hinsichtlich des Münchner Hofs Schmid /Staudinger). Einer sich bereits auf Platon und Aristoteles gründenden Überzeugung zufolge steht das Staunen am Anfang jeder Philosophie, entspringt das Denken dem Affekt: »Staunen ist wie eine zweite, intellektuelle Geburt, die dem Menschen die letzte Eigenschaft zur Vollkommenheit verleiht: das Streben nach Erkenntnis« (Matuschek 1991, 8); an der Festtafel war diese üblicherweise und von Harsdörffer auch so formuliert auf Ruhm und Gedächtnis des Hausherrn bzw. seiner Gäste gerichtet.

In dem Zusammenhang spielten mehr oder weniger umfangreiche Aufbauten eine wichtige Rolle, die sich, vordergründig als eßbare Speisen auf die Tafel gebracht, bei genauerer Betrachtung als wesentlich anderen Zwecken dienend erwiesen. Die bisherige Forschung betont bei der Auseinandersetzung mit dieser Materie die in der zeitgenössischen Kochbuchliteratur vorkommende Unterscheidung zwischen den für den Verzehr geeigneten Schauessen und den nicht genießbaren Schaugerichten, setzt so eher formgeschichtliche Schwerpunkte (vgl. Bursche 1974, 43 ff., 52 ff.). Freilich ist insoweit das Problem nicht in seiner ganzen Bedeutung erfaßt – um so weniger, als beispielsweise für die Münchner Hoffeste keinerlei Hinweise existieren, daß eßbare Tischdekorationen tatsächlich verspeist worden wären. Ein wichtiger Aspekt derartiger, künstlerisch oft sehr anspruchsvoller ›Maschinen‹ ist sicher auf seiten dessen zu suchen, dem dieser ganze Aufwand galt: dem Esser an der Tafel; zum Maßstab diente der Grad der Überraschung, des ungläubigen Erstaunens, das der vorgesetzte ›Augenschmaus‹ im nahe herangetretenen Betrachter nötigerweise hervorrufen mußte – aufgrund der unerhörten ›Künstlichkeit‹, versteckten oder sogar vexierenden Ikonologie seiner Erscheinung; Theoretiker wie Harsdörffer rückten die ›aufgesetzten Bilder‹ in die Nähe der Dichtung: sie entsprächen »den Worten, welche entweder in ihren eigentlichen, oder in ihren figürlichen Verstand, die begehrte Deutung zu würcken pflegen« (Harsdörffer 1652, 151). Als bei dem bereits mehrfach erwähnten Leichenmahl des Jahres 1509 Darstellungen der sieben Weltalter und der Tumba Albrechts IV. aufgetragen wurden, dürfte die Tischgesellschaft höchst erstaunt reagiert haben; dem Affekt folgten wohl rasch Überlegungen zum tieferen Sinnzusammenhang, d.h. zur gottgewollten Herrschaft des Hauses Wittelsbach über Bayern, aber auch zur Vergänglichkeit allen menschlichen Lebens, einschließlich des eigenen.

Staunende Aufmerksamkeit konnten natürlich nicht nur solcherart gedankenschwere, realiter aus Wachs, Gips, Zucker oder Butter geformte Dekorationen beanspruchen; großer Beliebtheit erfreuten sich daneben bis weit ins 17. Jahrhundert künstlich staffierte Fleischgerichte, deren äußere Gestalt ihre Ingredienzen nachahmte, sie den ehemals lebenden Tieren täuschend ähnlich machte. 1530 etwa setzte man Kaiser Karl V. beim Bankett im Lusthaus des Hofgartens neben Störchen, Kranichen und Hirschen auch einen auf die Reichsheraldik anspielenden Adler vor, »che parevano vivi« (Paxin Berecio an Thoma Tiepolo, 1530 Juni 16, ed. Sanuto Bd. 53, 1899, Sp. 371). 1613 kam neben süßen Schaugerichten auch »das schöne Feder Wiltpret, welches alles außgebalgt, als wanns lebte« auf die am 14. November gehaltene Hochzeitstafel – und zwar erstmals »nach der malzeit« also gewissermaßen als Dessert (Zimmermann 1614, 4; Abb. 2); dabei durften neben weißen Reihern, Kranichen, Fasanen, Auerhähnen, Hasel- und Rebhühnern auch Pfauen und Schwäne nicht fehlen. Um den Bedarf an Großvögeln decken zu können, mußte sich der Münchner Hof in der Regel schon einige Wochen vor dem jeweiligen Fest an die Rentämter, Pfleggerichte und Klöster des Landes wenden: zur Hochzeit Herzog Albrechts 1612 beispielsweise wurden Schwäne vom Chiemsee angeliefert (BayHStA, Fürstensachen 468, fol. 11). Ihr Fleisch galt ebenso wie das der Pfauen seit dem Mittelalter als hart, zäh und wenig schmackhaft, was sie an der Festtafel keineswegs unbeliebt machte; man brauchte sie ja nicht zu essen, entscheidend war das Erscheinen dieser in einem höheren Sinn wertvollen Tiere: aufgetischt wurden mit dem ungenießbaren, wenn auch wie lebend wirkenden Geflügel die Reinheit des weißen Schwans (LCI Bd. 4, 1990, Sp. 133) und die Unverweslichkeit des Paradiesvogels Pfau (LCI Bd. 3, 1990, Sp. 410). Eine genaue Anleitung, um gebratenes und zu Pasteten verarbeitetes Pfauenfleisch in seine ursprüngliche Gestalt gebracht servieren zu können, hatte bereits Platina gegeben: »Wie man ein gebratnen Pfawen uber den Tisch bringen müge, als lebt er. Pfawen wirgt man wie andere Vögel oder auch wie ein Kützlin sticht mans, das das Blut ausser lauffe. Nachmals schneidt man fein subtil die Haudt vom Halß herab biß aiff den Schwantze und zeucht sie mit den Federn vom Leib herab biß zu dem Kopffe, den schneidt man sampt dem Balge ab unnd behelt in mit den Füssen.« Während anschließend der so vorbereitete Vogel mit Gewürzen und Kräutern gefüllt am Spieß briet, sollte der Hals, um nicht auszutrocknen, in ein Tuch gewickelt und mit Wasser besprengt werden. Sobald der Pfau gar und vom Feuer genommen war, »bedeckt (man) in mit seinem aignen Balg wider und nimmt eisene stenglin, steckts inwendig an kleine Brötlin darzu gemacht durch die Schinbain und Füsse durch den Leib vom Haubt biß zum Schwantz als stunde er lebendig da. Etlich nemen ein Woll mit Camphora, thond ims in den Schnabel, zindens an, das macht dann ob Tisch ain gelechter unnd gutten Mut. Zum Lust und Freud mag man den Pfawen auch wol vergulden geleich wie andere Vögel ...« (Platina 1542, fol. 34). Diese edle Pracht hatte freilich auch ihren Preis, wie Erna Horn zu bedenken gibt, ließ es sich doch kaum vermeiden, »daß in den Federn ... noch Ungeziefer herumkrabbelte und daß Schmutz, Blut und Bakterien mitserviert werden mußten« (Horn 1980, 134).

Eine weitere Steigerung des Staunens konnte die im 16. Jahrhundert häufig empfohlene tatsächliche Einbeziehung des noch lebenden Tiers in den Ablauf des Speisens bewirken. Rumpolt etwa empfahl für ein kaiserliches Nachtmahl »Kleine Hündtlein lebendig in ein Pasteten gemacht. Auch ein lebendigen Hasen in Pasteten gemacht, unnd wann mans auff ein Tisch setzt, so ist es ein kurtzweil« (Rumpolt 1581, 14). Die Leidenschaft für das Unerwartete ließ selbst lebende Menschen zum Bestandteil vielerlei Braten oder Pasteten werden, sie mußten nur bei passender Gelegenheit ans Tageslicht gelangen können, um den Essern Anlaß zum Staunen zu geben. In München erlebte dieses Phänomen seinen Höhepunkt anläßlich der Hochzeit Wilhelms V., als während der Mittagstafel am 23. Februar 1568 eine Pastete aufgetragen wurde, »in der ein kleiner Zwerg des durchlauchtigsten Erzherzog Ferdinand von Österreich in voller Rüstung saß. Sie stand eine Weile auf dem Tisch, ohne daß sich etwas ereignete, bis der Stäblmeister die Pastete anschnitt, und mit einem Male sprang der Zwerg heraus, zückte sein Schwert, das er im Gürtel trug und machte mit geschickten Sprüngen auf der Tafel vier Ausfälle mit der Waffe. Dann reichte er mit einer tiefen Verbeugung erst dem Bräutigam die Hand, dann der Braut und anschließend allen am Tisch Sitzenden« (Troiano/Leuchtmann 1980, 179).

Das Erstaunliche an sich brauchte freilich den Gästen nicht immer nur Grund zu wahrer Freude oder tiefgründiger Überlegung sein, bisweilen konnte es recht grob daherkommen, sollte Ekel und Schrecken hervorrufen. In Franz de Rontziers 1598 erschienenem »Kunstbuch von mancherley Essen« etwa findet sich unter den Möglichkeiten, ein Spanferkel zuzubereiten, folgendes Rezept: »Item man nimpt ein Sponfercken und bradet es, lests kalt werden und stichts darnach unterm bauche mit einem stecken zu, nimpt kleine oder grosse lebendige Ahlen (= Aale), sticht sie durch des Sponfercken maul dar hinein, stopffet das maul mit einer Birn oder Epffel zu, wenn danndie essen auffgehoben sein, schneidet man das Sponfercken voneinander, so lauffen die Ahlen auffm tische herumb und solches ist eine schöne lust fürs Frawenzimmer etc.« (183). Zu vergleichsweise harmlosem Scherz diente noch Ende des 18. Jahrhunderts eine aus Salz, Tragant und Rosenwasser gefertigte marzipanähnliche Masse, die »das Aussehen des schönsten Zuckers, aber auch den vollkommensten Salzgeschmack« hatte (Krünitz Bd. 85, 1802, 145) und manchen Genießer peinlich überraschte.

Abb. 11 Schaugericht aus Zucker und Schokolade zur Feier der Taufe des Erbprinzen Albert von Thurn und Taxis 1983 (Gaby Jörss)

Zu gleicher Zeit erlebte auch der Münchner Hof noch schenkelklopfendes Tafel-Gaudium. Der Anstoß zu einem staunenswerten Speisezettel ging dabei von der 20jährigen Kurfürstin Maria Leopoldine aus, deren Lebensfeude der 52 Jahre ältere Gemahl Karl Theodor offensichtlich nicht gewachsen war: »Die Churfürstinn hat jetzt eine neue Art erfunden, sich lustig zu machen. Sie läßt Kazen, Mäuse, Fledermäuse, Ratten etc. kochen und an die Tafel sezen, um die Gäste damit zum Besten zu haben. Der Kaiserl. Gesandte Graf Sailern aß ein Stück von einer Katz, und wußte sie zu verdauen, nachdem man ihm entdeckt hatte. Der Mainzische Domherr v. Hofeneck aber bekam über eine Fledermaus ein so heftiges Erbrechen, daß man für sein Leben besorgt war, reiste aber nach seiner Herstellung augenblicklich von München ab. Der Churfürst sieht stillschweigend zu ...« (GHA, Handschriften 286, Tagebücher der Pfalzbaierischen Regierungsgeschichte, Oktober 1797, fol. 8r).

Die Sprache des Zuckers

Im Ballsaal des Regensburger Schlosses St. Emmeram wurde 1983 die Taufe des Erbprinzen Albert von Thurn und Taxis nicht nur mit einem opulenten Festessen gefeiert, man hatte zudem durch eine dem bedeutenden Ereignis höchst angemessene Dekoration auf kulturhistorische Zusammenhänge verwiesen, die den meisten der zahlreich erschienenen Gäste aus Politik und Wirtschaft wohl verschlossen bleiben mußten: in allen Einzelteilen detailgetreu und in originaler Größe war die Prunkwiege des Fürstenkindes aufgebaut (Abb. 11), deren reale Funktionslosigkeit nur bedingt sein konnte in ihrer Zugehörigkeit zur Tafel und daraus erwachsender Materialgerechtigkeit – Zucker!

1682 hatte der gelehrte Verfasser eines ehemals berühmten Gesundheitsbuches interessanterweise gerade die physikalischen Qualitäten des Süßstoffs Zucker hochgelobt: »Es sind aber zuförderst drey Eigenschafften bey dem Zucker, welche ihn mehr, als den Honig, und mehr, als alle andere Sachen auff der Weld, zur Conditerey bequem machen. Die 1. ist, daß der Zucker, ausser seiner natürlichen Süsse, keinen fremden Geschmack, noch weniger aber einigen Geruch hat: und daher kömmet es, das er den schmack und geruch der dinge, dazu er gebraucht wird, nicht überwältiget oder ersticket. Die 2. ist seine gläntzende Weisse, welche auch die Farben, sonderlich der Candisirten Früchte, nicht verendert, sondern dieselben, fast als durch ein Glas, durchscheinen lässet. Die 3. ist seine harte und truckne Consistentz, dadurch er die außgepreste Säffte leicht an sich ziehen, und in einer truckenen Form behalten kann« (Elsholtz 1682, 247). Gläserner Glanz, Härte und Trockenheit (die »trucken Consistentz« des Zuckers ist im Hinblick auf die zeitgenössischen medizinischen Auffassungen der Humorallehre zu interpretieren, vgl. Lemmer 1984, 5 ff.) zeichnen den Zucker aus, machen ihn marmorähnlich; eine Beifügung von Mandeln und Rosenwasser ergibt Marzipan, verleiht ihm die Geschmeidigkeit von Ton und Gips, mehr noch der Pflanzensaft des Bocksdorns, Tragant (vgl. zur Verarbeitung Hansen 1968, 151 ff.). Zucker läßt sich blasen wie Glasschmelze (Abb. 12), ist leicht einfärbbar: »Die Bilder von Zucker oder Trachant werden mit natürlichen Farben angestrichen, welche doch zugleich, sonder Schaden, können genossen werden, das rohte ist ausgepreßter Weinlägelein-Safft, das grüne ist Latukien-Safft, das blaue von Purabie-Blümlein, etc. und geben die bunte Kornblumen die allerschönsten Farben, das Zuckerwerck dem Leben nach zu bemahlen, wie hiervon die Zuckerbacher genugsamen Bericht haben, und sich vor den Mineral Farben, welche sehr schädlich, wol hüten können« (Harsdörffer 1652, 148). Zucker als Lebensmittel und zugleich ideales Material für kleinplastische Gestaltung lud geradezu ein, kulinarische und kunsthandwerkliche Aspekte zu aussagekräftiger, sinnbezogener Einheit zu verbinden. Im 18. Jahrhundert waren denn auch zumindest Schaugerichte, die den Tafeln großer höfischer Feste Ruhm verleihen sollten, von mehr oder weniger zuckriger Konsistenz; sie bildeten im Umfeld zeremonieller Bezugnahme mitunter bedeutsame ikonographische Schwerpunkte, im Vergleich zu früheren Zeiten seltener angewandt, dann aber um so komplexer, worauf der Kameralist Julius Bernhard von Rohr in

Allegorischer Tafelaufsatz aus Zucker zur Hochzeitsfeier des Kurprinzen Karl Albrechts 1722

»Die Confecturen, und Schau-Essen auf der Tafel waren sehr prächtig und so schön, daß sie in keinem Lande können nachgemacht werden, weilen die Architektur, Statuen, Figuren, Blumen, Bäume, und Blätter, auch die Kleidung an denen Personen, und alles was nur zu sehen, aus lauter Zucker, und der Natur gantz ähnlich gemacht waren.
Die Haupt-Speise stellete vor den Tempel der Göttin der Tugend in dem Bild Vestae. Im obern Theil sasse im Gewülck die Vorsichtigkeit, ein mit Lorber-Blättl umwundenen Apfel in der rechten, in der lincken aber einen Sternen-Krantz haltend, bey und neben selber im Gewülck sasse die Beständigkeit und Stärcke. Im untern Theil stunde ein Thron auf 3 Staffeln, worauf ein Sessel von Adlern, darauf sasse Jupiter mit dem Scepter in der lincken Hand: vor seiner stunde rechter Hand der Frieden, lincker Hand Mars, aneinander die rechte Hand gebend, um welcher Jupiter den Ewigkeits oder so genannten Schlangen-Ring legte. Dem Frieden brachte Mercurius den Stern-Krantz, dem Marti aber brachte Cupido den mit Lorber-Blätl gezierten goldenen Apfel: Jupiter, der Frieden, als auch Mars, tratten mit einem Fuß auf den unter ihren Füssen ligenden Betrug: rechter Hand unter denen Staffeln stunde die Freigebigkeit, und goldene Zeit; lincker Hand aber die wahre Freundschaft und Uberfluß. Bedeutet daß diese Vermählung die 3 Haupt-Tugenden nemlich die Stärcke, Beständigkeit, und Vorsichtigkeit, außgemacht, und vest gestelt haben. Welche Vermählung dann der Röm. Jupiter hiemit volziehet, den Frieden als Oesterreich, mit dem Marte als Bayrn, durch den Schlangen-Ring auf ewig verbindet, und durch solche Vermählung allen Betrug auf einmal von der Welt hindann nihmt, welche Götter Verewigung den Frieden Mercurius als der Götter Both überbringet, dem Marti aber der Liebes-Gott, den guldenen Apfel mit Lorber gezieret, als das Zeichen des wahren Friedens zustellet, und durch solches Europae die vier Haupt-Glückseligkeiten, als die Freigebigkeit, goldene Zeit, wahre Freundschaft, und Uberflus zubereitet ... «
(Wien HHStA, Habsburg.-lothringisches Familienarchiv, Familienakten 41, Nr. 9, fol. 144v-145r).

Abb. 12 Zuckergeblasener Früchtekorb, um 1990 (Konrad Fügel)

seiner ›Einleitung zur Ceremoniel-Wissenschaft der großen Herren‹ von 1733 hinweist: »Die Schau-Essen sind in den alten Zeiten mehr mode gewesen als ietzund. Man findet bey den alten Geschicht-Schreibern, daß auf grossen Festivitäten, wo es sehr prächtig zugangen, bißweilen mehr Schau-Essen zur Parade aufgesetzt worden, als andere Speisen zum Vorschneiden und Vorlegen. Heutiges Tages sind sie nicht so häuffig, werden aber davor mit desto grösserer Invention, und auf eine sinnreichere Weise inventirt; Insonderheit aber die Confituren gar öffters nach besondern Kunst-Regeln aufgesetzt. Bißweilen werden gantze Geschichte vorgestellt. Alle Colonnen Gesimse und Aufsätze, alle Statuen und Figuren, und was nur zu sehen ist, ist aus lauter Zucker dergestalt gegossen, daß die Farben den Marmor, die Bronze, die Personen, Blumen und Blätter und Früchte auf das natürlichste und vollkommenste vorstellen« (Rohr 1733, 101 f.)

Abb. 13 Nachbau eines zuckernen Schaugerichts des Regensburger Stadtkochs Georg Friedrich Bächlein (1717), 1985 (Anselm Gleixner/Hans Georg Löw/Hans Pernsteiner)

Am 5. Oktober 1722 fand im Landschloß Favorita bei Wien die Vermählung zwischen der Kaisertochter Maria Amalia und dem bayerischen Kurprinzen Karl Albrecht statt. Zur angemessenen Beschließung des Festtages wurde abends in der illuminierten Orangerie eine äußerst aufwendige Tafel vorbereitet, deren Mittelpunkt eine Folge von fünf Schaugerichten bildete, aufgebaut von der kaiserlichen Hofzuckerbäckerin Maria Barbara Känischbauer unter Beteiligung ihrer Schwestern Maria Sabina Auer und Eva Sabina Schmidt.

45 Personifikationen mit einer Vielzahl von bezeichnenden Attributen sind in kompliziertesten Handlungszusammenhang gestellt, durch einen umfangreichen allegorischen Apparat näher erklärt und in tiefsinnige Beziehung zum Festanlaß gesetzt. Vergleichbar diesem Aufwand ikonologischer Aussage ist hier nur noch das barocke Deckenfresko, das als weitgespanntes mehrteiliges Gemälde dauerhafte Kunde von Ruhm und Tugend gibt. Aber auch unserer zuckernen Götterwelt ist keine Vergänglichkeit beschieden: ihr Inhalt wird als Teil einer von der Wiener Hofbuchdruckerei herausgegebenen Beschreibung des Hochzeitszeremoniells überliefert, in Regensburg, am Sitz des Immerwährenden Reichstags, druckt man sie nach (vgl. BayHStA, Fürstensachen 742, fol. 38–43) – der Beständigkeit einer freskierten Decke entspricht die papierene Verbreitung des ephemeren Aufbaus!

Gerne bediente man sich der Sprache des Zuckers zu zeitgenössischer Propaganda. Neben allegorischen Darstellungen kamen durchaus das handgreifliche Historienbild und die Vedute vor. So formte der Regensburger Stadtkoch Georg Friedrich Bächlein anläßlich der Eroberung Belgrads 1717 sieben Tafelaufsätze aus Zucker, die u.a. den Einzug Prinz Eugens in Belgrad (Abb. 13) und den Auszug der Türken darstellten, die Ansicht und Belagerung Belgrads, das kaiserliche und türkische Lager (Baumann 1986, 292–294).

Anläßlich der Doppelhochzeit zwischen den Kurfürstenhäusern von Bayern und Sachsen gab der bayerische Botschafter in Dresden, Baron von Wetzel, am 10. Juni 1747 im sog. Türckischen Palais an der Plauischen Gasse ein Souper von insgesamt 230 Couverts, »wobey das Confect auf der Haupt-Taffel einen Theil des Schlosses und Gartens Nymphenburg in Bayern vorstellte« (Münchner-Zeitungen 1747, Nr. 100 vom 22. Juni), zwei Tage später veranstaltete im Gegenzug der in München residierende sächsische Botschafter Graf von Gersdorff ein Festessen, das sich durch »wohlgeschmackte Zurichtung derer Speisen, und die delicatesten Weine« auszeichnete. »Zuletzt aber gab der Confiturier Ihrer Hochgräfl. Excellentz, Johann Daniel Zacharias, bey dem Beschluß der Mahlzeit denen Gästen durch das von ihm künstlich verfertigte Dessert eine angenehme Augen-Weyde. Es war solches alles von dem schönsten Zucker mit Bastillarge-Arbeit verfertiget, und stellete in der Mitten einen nach der besten Symmetrie verfertigten Ehren-Tempel vor, auf welchem sich die Fama mit ihrer Trompete sehen liesse ... Unfern dem ersteremeldten Ehren-Tempel war auf dieser Seiten eine Pyramide aufgerichtet, an welcher die Wappen derer Durchleuchtigst-Verlobten mit ihren Farben nach der Heraldique zu sehen waren. Auf dem Platz dazwischen sahe man verschiedene Famen mit ihren Trompeten. An der andern Seiten präsentirte sich ein felßigter Berg, zwischen welchem eine Pyramide in die Höhe stieg, an welcher in Erinnerung derer Jahre Ihro Hoheit der Kayserl. Printzeßin und Braut 23 Genii mit Palm-Zweigen angehefftet waren. Zwischen solchem Platz aber stunden die vier Jahrs-Zeiten in denen proportionirtesten Figuren. Die gantzen Terrassen waren über und über mit dem schönsten Frantzösischen Zucker von allerhand Farben auf das anmuthigste ausgeputzet. Ringsum war eine Gallerie und an denen Enden und Seiten hin und wieder Lorber- und Myrrthen-Bäume placiret, äusserlich aber sothane Gallerie mit denen köstlichsten Eingemachten, Candirten und Früchten angefüllet« (Münchner-Zeitungen 1747, Nr. 95 vom 14. Juni). Die Inhaltsschwere des Wiener Aufbaus von 1722 ist in Dresden einem topographischen Verweis auf die bisherige höfische Umwelt der wittelsbachischen Braut gewichen, das Münchner Beispiel (vgl. die erhaltenen Holzmodeln der Münchner Residenz, die möglicherweise hier ihren Ursprung haben; 6.4.4; Ausformungen abgebildet in Hansen 1968, 101–104, 109) zitiert den eigentlichen Festanlaß nur mehr in Form von Wappen und Uniformen, in den Vordergrund der Bildhaftigkeit tritt vielmehr unverbindliche Gartenthematik. Zuckerne Schauessen dieser Art waren ob ihrer Neutralität dem speziellen Festanlaß gegenüber allgemein beliebt, sie konnten jeglicher anspruchsvoller Tafel zur besonderen Zierde gereichen. Sicherlich ist hier ein wesentlicher Aspekt zur Genese der Porzellanplastik aufzeigbar – man denke an das Ponhausersche Gartendessert von 1755, Übergänge verlaufen fließend, Kombinationen zwischen Porzellan und Zucker sind jederzeit möglich: »Die Figuren und Vasen sind jetzt häufig von Porcellan, das die ähnlichen Stücke von Tragantarbeit zum Teil verdrängt. Doch bringt der Conditor oft mitten unter dem Porcelan Stücke von Tragantarbeit an, wenn er ein Stück, so zu dem Ganzen eines Aufsatzes gehört, nicht in Porcelan erhalten kann. Denn Porcelan und Tragantarbeit haben eine Ähnlichkeit miteinander« (Sprengel 1774, zit. nach Hansen 1968, 176). Amaranthes ›Nutzbares, galantes und curiöses Frauenzimmer-Lexikon‹ von 1773 stellt die Generalisierungstendenzen des Ikonographischen in direkten Zusammenhang mit der Ablösung des Zuckers durch Porzellan, das nun beliebig austauschbare, zu vielfältigem Einsatz geeignete und haltbare Dekorationen verfügbar macht: »An großen Ceremonien-Tafeln verbindet man mit dem Dessert öfters viele Sinnbilder und figürliche Vorstellungen, zu deren gehörigen Anordnung aber viel Wissenschaft aus der Historie, Poesie und Fabellehre, ingleichen aus der Architectur und Perspective gehöret. Die leichtesten Vorstellungen bey großen Desserts sind die Lustgärten mit Spaziergängen, Gebäuden, Springbrunnen, Parterren und Statuen, zu welchen letztern die Porcellain-Fabriken in Meissen, Berlin, Wien etc. die schönsten und zierlichsten Figuren von allen nur erdenklichen Arten und Stellungen zubereiten, und den Conditorn dadurch viel Arbeit ersparen, weil diese vormals dergl. Figuren und Statuen von Tragant-Teige oder Caramel-Zucker mühsam und mit viel Kosten verfertigen mußten« (zit. nach Bursche 1974, 129).

Wenn Pekuniäres freilich nicht zum Prüfstein festlichen Aufwands dienen

Literatur

Abel, 1977[2]
AK Das Hildesheimer Tafelservice ,1985
AK Volksmusik in Bayern, 1985
AK Volkstracht und Landschaft in Altbayern, 1991
Albertinus, 1983
Aventinus, 1988
Ay, 1988
Baader, 1943
Baiern am 16. Februar 1824, 1824
Bary, 1980
Baumann, 1986
Bitsch/Ehlert/Ertzdorff v. (Hrsg.), 1987
Blondeau/Cavallo, 1727
Borst, 1979
Bretagne, 1723
Bretagne, 1725
Brunner, 1977
Bumke, 1986
Bursche, 1974
Chapuzeau, 1673
Dausch, 1944
Dirlmeier, 1986
Döbler, 1972
Ebner, 1901
Ehalt, 1980
Ehlert, 1990
Elias, 1980[7]
Elsholtz, 1682
Enke, 1924
Erffa, 1958
Frankenburger, 1923
Freybe, 1909
Ganshof, 1977[5]
Geiger, 1960
Gruber, 1982
Haas, 1989
Hainhofer, 1881
Hammerstein, 1986
Hansen, 1968
Harsdörffer, 1652
Hartmann, 1987
Hasse, 1974
Henisch, 1976
Herzog Albrechtz in Bairn etc., 1509
Hiereth, o. J.[3]
Holenstein, 1991
Horn, 1980
Hundsbichler, 1984
Kramer, 1978
Krätz, 1984
Kraus, 1990
Krünitz, 1773-1855
Kurz, 1652
Lang, 1823
Lang, 1842
Lehne, 1985
Lemmer, 1984
Lillis, 1685

Lillis, 1690
Lünig, 1719
Mabille, 1987
Marperger, 1716
Matuschek, 1991
Mennell, 1988
Merian, 1691
Moeller, 1977
Möseneder, 1986
Moser, 1754/55
Oexle, 1984
Ohler, 1990
Pallavicino, 1667
Piccolomini, 1911
Platina, 1542
Plodeck, 1971/72
Riezler, 1899
Rohr, 1733
Rumpolt, 1581
Sanuto, 1899
Schattenhofer, 1970
Schattenhofer, 1984
Schauss, 1879
Schiedlausky, 1959
Schmid, (in Vorbereitung)
Schöppler, 1910/11
Schultz, 1879
Seling, 1980
Sieber, 1960
Simmel, 1957
Spindler, 1988[2]
Sprengel, 1774
Straub, 1969
Tannahill, 1979
Treusch v. Buttlar, 1897
Troiano, 1980
Vehse, 1853
Volk, 1976
Wecker, 1597
Wieninger, 1983/84
Zimmermann, 1614
Zischka, 1984

mußte, wollte man auch bei stark reduzierter inhaltlicher Aussage auf den strahlenden Glanz des kandierten Zuckers nicht verzichten, dessen Einzigartigkeit im Vergleich zum Porzellan in seiner Vergänglichkeit lag und so das Erlebnis der geschmückten Festtafel eben einmalig und unvergeßlich machen konnte. Als nach einjähriger Abwesenheit Kurfürst Karl Theodor 1789 wieder nach München zurückkehrte, fand neben anderen Feierlichkeiten am 5. August im Kaisersaal für die Teilnehmer des anschließenden Dominoballs eine Abendtafel statt, deren »Bewirthung, welche jeder Delikateße nichts mehr zu wünschen übrig ließ« der Chronist nicht genug loben konnte: »Die Einbildung meiner Leser laße vor sich nur die Seltenheit des Aufsatzes erscheinen, welcher alle die Tafeln, so in ein länglichtes Viereck zusammen stiessen, wie eine herrliche Krone bedeckte. Es waren Palmen nach der Ordnung der Säulen gesetzt, über deren viere wölbten sich zierliche Bögen: zwischen mehr kleinern ward immer ein höherer emporgetragen, in dessen Mitte von erhabner Arbeit Theodors Bildniß erschien: in den Füllungen zur Seite dessen eingeschlungener Name. Dazwischen erhoben sich Denkmäler, Obelisken und Spitzsäulen. Das ganze Werk war aus kandirtem Zucker gebildet, lilienweiß, wie parischer Marmor, darunter von allen Farben stralendes Folium spielte. Nun stelle man sich den Lichtstrom vor, welcher unter diesen Palmenreihen unabläßig fortschoß: sich über selbe verbreitete, und aus den Maßen der bewegten Edelsteine, mit welchen die gegenüber sitzenden Gäste geziert waren, unaufhörlich blitzten« (Uebersicht aller Feyerlichkeiten der Residenzstadt München, als Karl Theodor... wieder zurückkam, München 1789, 19 f.).

E. S. und U. S.

Verwendete Abkürzungen

BayStB Bayerische Staatsbibliothek München
BayHStA Bayerisches Hauptstaatsarchiv München
BNM Bayerisches Nationalmuseum
GHA Bayerisches Hauptstaatsarchiv München, Abt. III, Geheimes Hausarchiv
HDA Handwörterbuch des deutschen Aberglaubens, 10 Bde., Berlin/Leipzig 1927-42
HHStA Haus-, Hof- und Staatsarchiv Wien
LCI Lexikon der christlichen Ikonographie, hrsg. v. Engelbert Kirschbaum, Rom/Freiburg/Basel/Wien 1968/76
MStM Münchner Stadtmuseum
SLA Salzburger Landesarchiv
StadtAM Stadtarchiv München
WB AK Wittelsbach und Bayern, 6 Bde., München 1980

FÜRSTLICHES SCHAUESSEN

Das Zeremoniell des Vorzeigens und Repräsentierens spielte bei offiziellen Essen bis über das 18. Jahrhundert hinaus eine große Rolle. Ebenso wie das elegante Tranchieren bildeten an der großen Tafel auch kunstvoll verzierte Speisen und Arrangements einen gesuchten optischen Effekt.

Gegen Mitte des 16. Jahrhunderts taucht in Beschreibungen großer Bankette der Begriff des Schauessens auf. Diese Schauessen, wie sie vor allem bei Festen an Fürstenhöfen oder bei Feiern der städtischen Obrigkeit abgehalten wurden, dienten in erster Linie der Repräsentation und der Unterhaltung der Gäste. Georg Philipp Harsdörffer differenziert in seinem 1650 erschienenen Trincirbuch zwischen eßbaren Schauessen und nicht eßbaren Schaugerichten. Zu den nicht eßbaren Schaugerichten gehören die rein dekorativen Aufbauten meist allegorischen Inhalts, die oft in direktem Bezug zum Anlaß des Banketts standen. Diese meist mit architektonischen Elementen versehenen Bildwerke waren aus Tragant, einer besonderen Zuckermasse, Wachs, Leinen, Stroh oder Holz gefertigt. Sie wurden zwischen den Gängen aufgetragen und auch auf die Tafel gesetzt. Anläßlich des Leichenschmauses für Herzog Albrecht IV. von Bayern im Jahre 1509 wurden z.B. neun solche Schaugerichte und siebzehn Speisen aufgetragen. Die Menüfolge ist überliefert:

»Das erst Essen
war das erst Alter der Welt: Nämlich Adam und Eva in einem grünen Garten und stand zwischen ihnen ein grüner Baum, darum sich ein Schlang gewunden hat einen Apfel im Maul und neiget sich damit gegen Eva – dabei Maurachen und Pfifferlinge von Zucker und Mandel gemacht.

Das andere Essen
war ein gesottener Schweinskopf auf einem Rost abgetrocknet.

Das dritt Essen
war gesottenes Fleisch mit Kapaunen, Hühner und getrocknetem Fleisch.

Das viert Essen
war ein Figur des anderen Alters der Welt. Nämlich die Arche Noah mit beiliegenden Oblaten, von Zucker gebacken.

Das fünft Essen
war ein heißes Essen, Fisch von Lachsferchen, Äschen und anderen guten Fischen.

Das sechst Essen
war ein Zetlkraut und was darauf gehört.

Das siebent Essen
war das dritt Alter der Welt. Nämlich die Figur wie Abraham seinen Sohn hat opfern und enthaupten wollen, dabei ein Turm von Zucker und Mandeln gemacht.

Kaiser Maximilian I. beim Friedensmahl in Brügge 1499, Hausbuchmeister, Berlin, Staatliche Museen Preußischer Kulturbesitz, Kupferstichkabinett

Das acht Essen
war ein durchsichtig hohe Sulz mit Fischen.
Das neunt Essen
war grünes und gesalzenes Wildpret in einem Pfeffer.
Das zehnt Essen
war das viert Alter der Welt. Nämlich wie David das kleine Königl gegen Goliam, der in Gestalt eines Riesen gemacht war, stand und seine Schlinge in der Hand hatte, dabei süße Krapfl von Zucker und Mandel gemacht.
Das elft Essen
war ein Gemüs.
Das zwölft Essen
war ein eingemachter Hase.
Das dreizehnt Essen
war das fünft Alter der Welt. Nämlich der Turm der zu Babylon stand mit etlichen Häusern in einem Gemüs.
Das vierzehnt Essen
war eine Pastete mit eingemachten Vögeln.
Das fünfzehnt Essen
war ein Rehschlegl mit ainem Zyseindl.
Das sechzehnt Essen
war das sechst Alter der Welt. Nämlich die Menschwerdung Christi, Maria mit ihrem Kindlein, auch mit Joseph, dem Eselein, Öchslein, und Krippen in einem weißen Mandlmus gemacht.
Das siebzehnt Essen
war eine Pastet mit Birn und anderem Gemüs.
Das achtzehnt Essen
war von eingemachten Vögeln.
Das neunzehnt Essen
war das siebte und letzt Alter der Welt. Nämlich das Jüngste Gericht, wie der Salvator unter einem Regenbogen sitzt. Zu der gerechten Seiten, die Jungfrau Maria, als eine getreue Fürbitterin, und zu der linken Seiten Sankt Johannes knieend. Dabei ein Marzipan von Zucker und Mandl.
Das zwanzigst Essen
war von eingemachten Karpfen und Wallern.
Das einundzwanzigst Essen
war ein Praten von Faßanen, Haselhühnern, Rebhühners, Vögeln und andrem guten Wildpret.
Das zweiundzwanzigst Essen
war unsres gnädigen Herrn Herzog Albrechts hochlöbliches Gedächtnisbegräbnis, nämlich in Form des Grabes, mit allen Fähndln oder Panieren des Landes und der Herrschaft, wie dann das wirklich gemacht und geziert in unserer lieben Frauenkirche steht, auf dem Grab nach seiner Bildung ein geharnischter Mann, am Rucken liegend, in der gerechten Hand ein Panier, und in der linken ein bloß Schwert, bei den Füßen zwei Schildt, einer mit Baiern, der ander Osterland gemalt, dabei gefüllte Oblaten.
Das dreiundzwanzigst Essen
das letzte zum Morgenmal war ein pachens von Kacheln, in einer Ofen Form, daraus wurden lebendig Vögel gelassen.«

Beim Hochzeitsmahl Herzog Wilhelms v. von Bayern mit Renata von Lothringen 1568 bildete eine Riesenpastete das spektakulärste Schaugericht. In einer Beschreibung aus dem Jahre 1716 wird darüber berichtet, daß

Ein Buffet mit Konfekt, Früchten und Nüssen ..., Georg Flegel, München, Bayerische Staatsgemäldesammlungen

»... unter andern raren Gerichten auch eine Pastete aufgesetzt worden / darinn des Ertz-Hertzogs Ferdinandi von Oesterreich / nicht über 3 Spannen hohes Zwerglein von etwa sechs Jahren in einen gantz wohl geputzten weißen Küraß sich verborgen gehalten/; Als nun solche Pastete auf die Fürstliche Brau Tafel gesetzet und eröffnet worden / ist vorbemeldetes Zwerglein herausgesprungen / zierlich auf der Tafel umhergegangen / und hat die Fürstliche Persohnen allesamt mit tieffer Reverenz verehret: In solcher Pasteten haben sich zugleich auch 40 wohl-gekochte und zugerichtete Essen befunden / welche der damahlige Bayrische Mund-Koch / Peter Kayser genannt / zu grossen Vergnügen seiner gnädigen Herrschafft zugerichtet hatte. Noch heutiges Tages ist solches nicht ungemein / daß man nicht allein kleine Zwerge / sondern auch allerhand lebendige Gevögel in solchen Pasteten praesentiret / auch wohl die Pasteten mit schönen Figuren und aufgedruckten Sinn-Bildern desto ansehnlicher machet.«

Renatas Pastete war z.B. Vorbild für eine gleichartige Prunk- und Scherzpastete unter Max Emanuel, der zum Spaß aller Gäste den kleinwüchsigen François Cuvilliés ›einbacken‹ und dann heraustreten ließ.

Konfekttafel für ein Bankett, aus: Massialot, London 1702

Auch die bereits erwähnten Pfauen und Schwanenbraten – die Tiere waren oft partiell vergoldet oder im Federkleid zur Schau gestellt – oder ganze vergoldete Lämmer, Kälber und Hirsche zählen zu den Schaugerichten. Genießbarer und nicht minder repräsentativ waren die im 17. Jahrhundert beliebten Fasanenpasteten. Joachim von Sandrart wählte eine solche Pastete als Attribut für seinen Koch in einer Folge von Monatsbildern. Zu den eßbaren Schauessen gehört z.B. auch ein Ochsenkopf: »Vnnd wann du jn wilt auff ein Tisch geben / kanstu jn schmucken mit golt oder Silber. Vnnd wann er kalt ist / so ist er gut zu essen / vnd steht schon vor ein Schawessen.«

Anfang des 19. Jahrhunderts beschreibt Johann Georg Krünitz diese Art von Gerichten in seiner Enzyklopädie: »Schauessen, Schaugericht, ein Essen, ein Gericht, welches nicht wirklich gegessen werden soll, sondern nur zur Schau aufgesetzt wird. Es sind bei großen Gastereien ziemlich aufgeputzte Aufsätze und Speisen, welche bloß zum Zierrath und Augenweide auf der Tafel unter andere Speisen aufgesetzt oder an deren Stelle wegen Figur des Tafelrisses eingeschoben werden, aber jedes mal unangeschnitten stehen bleiben. Man gebraucht hierzu allerhand buntfarbige Gallerte, wilde und zahme ausgeputzte Schweinskoepfe etc.« In Gerichten wie z.B. dem glasierten Kalbs- oder Schweinskopf hat sich die Form der Schauessen bis ins 20. Jahrhundert erhalten.

Eine besondere Gattung – zwischen Schaugericht und verzehrbarer Speise stehend – bilden auch die Produkte der Zuckerbäcker: Zuckerfrüchte, bildhaft geformtes Backwerk und aufgebaute Konfekttafeln. In der aristokratischen und patrizischen Eßkultur bildeten sie als Teil des Desserts den Abschluß des aus zahlreichen Gängen bestehenden Menüs. Noch zu Beginn des 17. Jahrhunderts wurde jede Art von Zuckerwerk als Delikatesse und Luxusgut angesehen und zum Teil von weit her eingeführt. In der gleichen Epoche werden bezeichnenderweise das süße Backwerk und kandierte Früchte zu einem beliebten Motiv der Stillebenmalerei. Ebenso wie Konfekt und kunstvolle Backwaren werden sie in gefußten Schalen, sogenannten Tazzen, präsentiert. Zahlreiche überlieferte Stilleben mit Konfektdarstellungen lassen uns heute noch den Einfallsreichtum und das Gestaltungsvermögen der Zuckerbäcker des 17. Jahrhunderts erahnen.

Nach der Mitte des 18. Jahrhunderts wurde der Part des Schaugerichts dann weitgehend von den Tafelaufsätzen aus Porzellan, die oft in Form barocker Gartenanlagen gestaltet waren, übernommen. Sie stehen in direkter Nachfolge der Tragantausformungen des 17. und frühen 18. Jahrhunderts. Die Holzmodeln für einige Teile eines Barockgartens aus Tragant haben sich bis heute erhalten. Sie stammen aus der kurfürstlichen Backstube der Münchner Residenz und dienten wahrscheinlich für eine der letzten ausgeführten Tragantdekorationen Mitte des 18. Jahrhunderts.

S. B.

Literatur

Krünitz, 1825
Marperger, 1716
Ost, 1988
Schiedlausky, 1956
Thieme, 1682

3.1 Konfekttafel

3.1.1
Große patrizische Hochzeitstafel
Nürnberg, um 1580
Federzeichnung mit Gouache,
10,8 x 16,7 cm
Lit.: Zander-Seidel, Textiler Hausrat – Kleidung und Haustextilien in Nürnberg von 1500-1650, Nürnberg 1990, S. 329, Abb. 278
Nürnberg, Germanisches National-museum HB 19756

Der Tisch in einem großen Saal ist mit den Gästen einer Nürnberger Hochzeit ringsum besetzt, die je zu dritt auf Bänken mit Rücklehnen Platz genommen haben. Entgegen höfischem Brauch haben Männer und Frauen an den verschiedenen Längsseiten der Tafel einander gegenüber Platz genommen. Die Mahlzeit ist bei Konfekt und Früchten angekommen, die in Tellern und Fußschalen die Tafelmitte schmücken. Die Männergesellschaft im Vordergrund befaßt sich jedoch ausschließlich mit dem Wein in hohen Stangengläsern. Weingläser kommen in der Frauenreihe kaum vor. Im Hintergrund Kapelle, Weinkühler, der Schanktisch mit Krügen und ein zweistufiges Buffet. Das Blatt ist die linke Hälfte einer größeren Darstellung. Der Gebrauch von Servietten wird nicht dargestellt und war damals noch nicht allgemein üblich. H. O

3.1.2

Konfekttafel eines fürstlichen Hochzeitsessens in Düsseldorf 1585

Franz Hogenberg
(Mecheln vor 1540-1590 Köln)
Köln, nach 1585
bez. »Nach verrichtem Mahl gehaldem tantz Ein Thiß war zugerichtet gantz Mit Zuckerwerk herlich besetzt Ahn künst, Kost, arbeit hoch geschetzt/Dabei zu sehen der hochzeit macht und alles dar dis Weldt auff acht...«
Radierung 27,9 x 36,6 cm
Lit.: Bursche 1974, Abb. 5; Ottomeyer, Gaumenschmaus und Augenweide – Die Tafel als Garten, in: Kunst & Antiquitäten, 6, 1992, S. 28
Nürnberg, Germanisches Nationalmuseum, HB 13249, Kapsel 1208

Im Jahr 1585 hat sich auf fürstlichen Tafeln einiges geändert. Rohrzuckerimporte von den Kanarischen Inseln und später aus Mittelamerika verbilligten die vordem unerschwingliche arabische Droge soweit, daß fürstliche Höfe damit ostentative Verschwendung treiben konnten. Zucker in den verschiedensten Aggregatzuständen, nämlich gezogen, gesponnen, klar, weiß und gefärbt, wurde zum unverzichtbaren Bestandteil eines eigenen Dessertgangs, der zelebriert wurde, nachdem die salzigen Speisen abgetragen waren. Eigene Zuckerköche, die Konditoren, gaben dem Zuckerwerk die verschiedensten Gestalten, Aromen und Färbungen. So sah man damals, »... da dann ein köstlich Bancket von Zuckerwerk zugerichtet war eines seltsamen und wundern ansehen mit höchster Kunst ausgearbeitet in Gestalt eines wohlgerüsten Gardens darin neben etlichen Laurenbäumen so künstlich mit goldenen Flittern behangen waren auch allerhand Bäume und Früchten zu sehen gewesen«. Dazu kamen Felsen und Berge, Bäche und Flüsse, Häuser und Schlösser, Tiere und Menagerien, Hecken und Gehölz, des weiteren allegorische und heraldische Kompositionen. Dieses Wunderwerk nach Art eines Renaissancegartens war in der ›guten Stube‹ des Düsseldorfer Schlosses aufgesetzt. Um Mitternacht wurde es nach dem Tanz präsentiert. Diskret wurde die figürliche Konfekttafel von den hochgestellten Festgästen geplündert.

Dies aber erst, nachdem das Hochzeitspaar Herzog Wilhelm von Jülich-Kleve und seine Braut als erste »ihrem gefallen nach etwas abgebrochen und von berührtem Zuckerwerk genossen«. Die Festgesellschaft ging hernach zu Bett.

Das rituelle Anschneiden eines figürlich dekorierten Hochzeitskuchens durch das Brautpaar ist wohl eine letzte Erinnerung an solche Bräuche. H. O.

3.1.3
Bankett in einem Hofgarten
Hans Friedrich Schorer
(tätig um 1639 in Nürnberg)
nach Kodewijk Toepoet
(Antwerpen 1550-um 1605 Treviso)
Nürnberg, 1620
Federzeichnung aquarelliert
30,2 x 44,2 cm
Lit.: AK Barock in Nürnberg 1962
Nr. A 64;
AK Nürnberger Gärten, Nürnberg Stadtbibliothek 1964, Nr. 20
Nürnberg, Germanisches Nationalmuseum
HZ 4957 Kapsel 1534 b

Im Vordergrund des barocken Lustgartens steht der Anrichttisch für den Dessertgang, von dem ein Kammerherr und ein Page die Schüsseln tragen, die ihnen ein Diener mit Schürze übergibt. Im Hintergrund ist die Hofgesellschaft in einer Laube zu erkennen. Im Vordergrund steht auf einer Bank silbernes Tafelgerät nämlich Tazza, Metallflaschen, Handwaschbecken und -kanne. Die Anrichte ist vor allem mit Früchten besetzt, auch Konfekt ist erkennbar, zudem ein Käse, dessen Segment in Pyramidenform aufgesetzt wurde. Eine Schüssel scheint ausgebackene Holunderblüten zu enthalten. Die vorsichtige Kolorierung unterstreicht den farblichen Reiz eines Dessertganges. H. O.

3.1.4
Konfektgabel
Italien, spätes 16./frühes 17. Jh.
Bronze, gegossen, 14,8 cm
München, Bayerisches Nationalmuseum, R 1206

Die zweizinkige Konfektgabel ist aus einem Stück in Bronze gegossen. Solche Bronzegabeln, die den Stiel stark plastisch durchbilden und zudem die Zinken gleichsam organisch in die Gesamtkomposition einbinden, sind charakteristisch für die Kunst der italienischen Spätrenaissance.
Die vergleichsweise zierlichen Gabeln mit zwei oder drei Zinken – die sogenannten Pironen –, die keiner starken Belastung ausgesetzt werden konnten, dienten in Italien zur Aufnahme des Konfekts, das ein festliches Mahl beschloß; es bestand vorwiegend aus kandierten Gewürzen oder Früchten, das man seiner Klebrigkeit wegen ungern direkt mit den Fingern berührte. Gabeln im Typus der Pironen werden – wie auch Messer und Löffel – in den Inventaren der Kunstkammern genannt, in denen sie insbesondere wegen ihres altertümlichen Charakters, wegen ihrer außergewöhnlichen Form oder wegen ihrer kunstvollen Verarbeitung in kostbaren Materialien erscheinen. Das 1598 von dem Juristen Johann Baptist Fickler angelegte Inventar der herzoglichen Kunstkammer in München, die in den sechziger Jahren des 16. Jahrhunderts im Kunstkammer- und Marstallgebäude – der nachmaligen Münze – eingerichtet worden war, nennt verschiedene Pironen, die eindeutig nicht primär zum Gebrauch bestimmt sind (zitiert nach dem früheren der beiden leicht unterschiedlichen Inventarexemplare in der Handschriftenabteilung der Bayerischen Staatsbibliothek, cgm 2134). Beschrieben werden – oft in Kombination mit Messern und Löffeln – Pironen in Gold mit Rubinen (F. 879), wie sie sich z.B. ähnlich in der Münchner Schatzkammer erhalten haben (Nr. 658-663), ferner in z.T. vergoldetem Silber (F. 368, 411, 414), auch geziert mit Korallengriffen (F. 1086, 1087), zudem insgesamt in organischen Werkstoffen wie z.B. Perlmutter (F. 428) und Elfenbein (F. 391), deren künstlerische Formung eine beträchtliche Virtuosität der Materialbeherrschung erfordert. L. S.

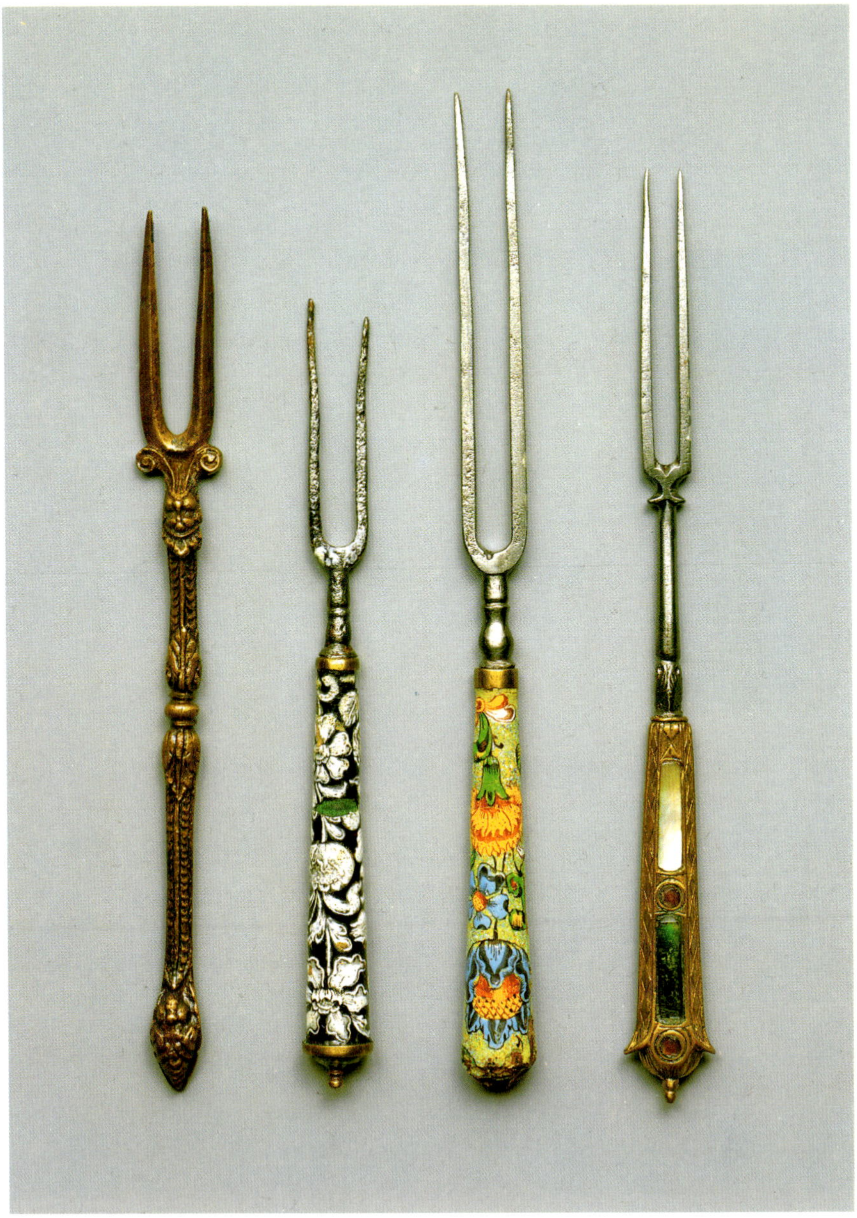
3.1.4 3.1.7 3.1.6 3.1.5

3.1.5
Gabel
wohl Deutschland, 1. Hälfte 17. Jh.
Kupfer, gegossen, graviert, vergoldet, Bergkristall, foliiert, Perlmutter, Eisen, 15,6 cm
Lit.: Wühr, Altes Eßgerät. Löffel – Messer – Gabel, Darmstadt 1961, S. 38, Abb. 16
München, Bayerisches Nationalmuseum, R 1565

Der sechskantige Stiel der Gabel verbreitert sich zum Ende hin; die Seitenflächen laufen dort in spitzen Blättern aus, die plastisch vorgewölbt sind. Die Bekrönung bildet ein eingezogener kleiner Knopf. Die breiteren Flächen der beiden Hauptseiten werden jeweils von zwei stark gelängten Trapezfeldern mit einer Einlage in Perlmutter sowie in grün foliiertem Bergkristall eingenommen; ferner finden sich je zwei kleine Rundfelder mit rot foliiertem, facettiertem Bergkristall. Das Gabeleisen weist charakteristische Kennzeichen der Spätrenaissance auf, wie etwa der stark gelängte konische Rundschaft, der aus einem Blattelement hervorgeht, sowie die hakenförmigen Spitzen unterhalb der beiden Zinken, die hier einen leicht V-förmigen und nicht einen U-förmigen Ansatz besitzen; die schmalen, eng geführten Zinken laufen ausgesprochen spitz aus. Der kantig facettierte Griff, der u.a. durch den Kontrast zwischen Perlmuttereinlagen und gravierten Flächen bestimmt wird, findet seine Parallelen in einem – weit aufwendiger gearbeiteten – Besteck des 16. Jahrhunderts. L. S.

3.1.6
Gabel
wohl Deutschland, 2. Hälfte 17. Jh.
Kupfer, emailliert, Eisen, 16,6 cm
München, Bayerisches Nationalmuseum, R 1573

Der runde Stiel der Gabel trägt Emailmalerei mit Blütenranken. Die motivischen Vorbilder des pflanzlichen Dekors finden sich in deutschen Ornamentstichen der ersten Hälfte der sechziger Jahre des 17. Jahrhunderts. Runde Messergriffe mit feiner Emailmalerei, die den Grund gleichmäßig überzieht, begegnen uns wohl erstmals in Frankreich; in Deutschland hat Augsburg höchst qualitätvolle Beispiele hervorgebracht. Gelegentlich kann der Blütendekor auch in plastisch reliefiertem Email ausgeführt sein, das sich jedoch seiner hohen Empfindlichkeit wegen kaum für die Handhabung eignet. L. S.

3.1.7
Konfektgabel
wohl Deutschland, 2. Hälfte 17. Jh.
Kupfer emailliert, Eisen, 13,1 cm
München, Bayerisches Nationalmuseum, R 1560

Der runde Stiel der zweizinkigen Konfektgabel, der sich zum Ansatz hin leicht verjüngt, ist ringsum mit Emailmalerei überzogen, die weiße, grau abschattierte Blüten auf schwarzem Grund zeigt. Der Griff endet in einer emaillierten Kappe, die von einem Messingring umfaßt wird und einen kleinen Messingknauf trägt. Eine Messingzwinge umzieht den Ansatz des Dorns der beiden Zinken. L. S.

3.1.8
Messer und Gabel
wohl Süddeutschland, 17. Jh.
Messing, gegossen, Eisen,
17,1 cm (Messer), 16,3 cm (Gabel)
München, Bayerisches Nationalmuseum, R 1577 und R 1578

Aus dem kurzen achtkantigen Griff des Messers und der zweizinkigen Gabel geht ein durchbrochen gearbeiteter großer Knauf hervor, der annähernd die Form eines gestreckten Vierpasses besitzt und in einem Knopf endet. In der Ornamentik dominieren C-förmige Spangenelemente, die eine mittlere vierblättrige Blüte umstehen. Auf der Messerklinge findet sich ein Messerschmiedezeichen in Form eines T. L. S.

3.1.9
Messer und Gabel
wohl Deutschland, wohl 2. Hälfte 17. Jh.
Messing , gegossen, vergoldet, Eisen,
15,1 cm (Messer), 14,2 cm (Gabel)
München, Bayerisches Nationalmuseum, R 1563 und R 1564

Der runde Stiel des mit einer schmalen spitzen Klinge versehenen Messers und der zweizinkigen Gabel, die eine zusammengehörige Garnitur ausgesprochen zierlichen Charakters bilden, nimmt zum Ende hin an Stärke zu; dort läuft der Stiel in einem stilisierten Männerkopf aus, der auf dem Hinterhaupt mit einem Blatt bedeckt ist. Die Messerklinge trägt ein Messerschmiedezeichen in Art einer 4. Knaufartig verdickte Stielenden, die nach unten ausgebogen sind, erleichtern die Handhabung der Bestecke; demgemäß findet sich die Grundform bereits seit dem späten 14. Jahrhundert. Stilisierte Menschen- oder Tierköpfe begegnen uns speziell bei Bestecken der Spätrenaissance und des Barocks sehr häufig. Besonderer Beliebtheit erfreut sich das Motiv des Löwenkopfs. L. S.

3.1.10
Tazza
Jean de Cour oder Jean Courtois, Limoges, 4. Viertel 16. Jh.
Kupfer, getrieben und gelötet, Maleremail, 14,9 cm, ø 18,3 cm
Lit.: ›Email International‹. Katalog der Ausstellung des Kunstvereins Coburg, September – November 1981, Nr. 10 (Verfasser Hermann Maué)
Nürnberg, Germanisches Nationalmuseum, HG 4620

Die reich verzierte Oberfläche dieses Trinkgefäßes ist mit Szenen des Alten Testaments überwiegend in Grisaille auf schwarzem Grund ausgefüllt: das Mannasammeln, das Lager der Juden in der Wüste und der Tanz um das Goldene Kalb. Um den Fuß ist ein roter Ornamentfries auf weißem Grund gezogen, am Außenrand der Schale ein Band aus pastos aufgetragenen blauen S-Linien. Im Ornament sowie für Höhungen ist, wenn auch sparsam, Goldfarbe verwandt. Die Tazza ist ursprünglich ein Trinkgefäß italienischer Herkunft mit großer flacher Schale auf einem Fuß, der im Lauf der Zeit immer schlanker ausfiel. Besonders beliebt war die Tazza vom 16. bis zum frühen 18. Jahrhundert und wurde auch für Konfekt und auf dem Buffet gebraucht. U. T.

3.1.10

3.1.12

3.1.11
Messer und Gabel
wohl Deutschland, wohl 2. Hälfte 17. Jh.
Messing, gegossen, vergoldet, Eisen,
15,3 cm (Messer), 15,1 cm (Gabel)
München, Bayerisches Nationalmuseum,
R 1600 und R 1601

Der runde Stiel, der auf den breiten Seitenflächen mit dicht geführten Rippen in leicht spiraliger Anordnung überzogen ist, endet in dem plastisch gebildeten Kopf eines Raubvogels, der wohl als Adler anzusehen ist; ein gelängter Knopf bildet die Bekrönung des Griffes. L. S.

3.1.12
Das Göttermahl – Hochzeit von Bacchus und Ariadne
1. Drittel 17. Jh.
zeitgenössische Kopie nach Hendrick van Balen d.Ä. (Antwerpen 1575-1632 ebd.)
Öl auf Holz, 31 x 40,5 cm
München, Städtische Galerie im Lenbachhaus, G 6943

Das Gemälde mit der im 17. Jahrhundert häufigen Darstellung einer Mahlzeit der Götter ist eine detailgetreue Kopie nach der gleichnamigen Darstellung in der Petersburger Eremitage, die ursprünglich Hans Rottenhammer zugeschrieben war und aus der Sammlung des Grafen Brühl stammte. Ursprung dieser Komposition ist nach neueren Forschungen das thematisch gleiche Bild im Leipziger Museum der bildenden Künste (Inv. 1717), das von Ingrid Jost 1963 Hendrick van Balen d.Ä. zugeschrieben wurde.
An der rückwärtigen Seite einer bildparallel in einer Landschaft stehenden Tafel sitzen links Merkur, rechts Jupiter mit Gefährtinnen. Jupiter ist durch die Krone auf dem Leipziger Bild zu identifizieren. An der rechten Schmalseite sitzt Bacchus, von zwei Satyrn gestützt. Ariadne zieht einen von ihnen am Ohr, weil er nach den Trauben greift, die Bacchus von einem kleinen Satyr gereicht werden. Am linken Tischende sitzt Apollo mit der Lyra, flankiert von zwei musizierenden Musen. Die linke spielt eine Laute, die rechte eine Viola. Diesen höfischen Instrumenten steht die Pan-Flöte, die ein Satyr im Gefolge des Bacchus spielt, als ländliches Instrument gegenüber. Auf dem Tisch stehen Früchte, Austern und Wein. Nicht nur auf einem Prunkbuffet hinter Ariadne, sondern auch im Vordergrund auf dem Boden stehen die verschiedenartigsten Prunkgefäße. Die Komposition ist deutlich zweigeteilt, wobei die linke, höfische Seite dem Apollo, die rechte, derb-sinnliche dem Bacchus zugeordnet ist. B. E.

3.2 Die Fürstentafel

3.2.1

Festtafel für das Nachtmahl im großen Saal der Neuveste anläßlich der Hochzeit Erbprinz Wilhelms mit Renata von Lothringen am 22./23.2.1568

Nicolaus Solis
(Nürnberg um 1542-1584 Augsburg)
München, 1568
Kolorierte Radierung aus: Kurtze doch gegründete Beschreibung ... München
(A. Berg/1568)
P (L) 1181

Im Auftrag Herzog Albrecht v. entstanden 15 große Radierungen mit Darstellung der Hochzeitsfeierlichkeiten seines Sohnes Erbprinz Wilhelm von Bayern mit der Prinzessin Renata von Lothringen am 22.2.1568. Das Hochzeitsessen war ein Nachtmahl im neugebauten St. Georgssaal, bei dem die herzogliche Familie an der Tafel Platz nahm, die vom Hofstaat bedient und umstanden wurde. Das Tafelende ist mit einem golden/roten Brokatbaldachin hervorgehoben, der den vornehmsten Platz kennzeichnet, der anläßlich des Hochzeitsfestes den Neuvermählten eingeräumt wurde. Vor der gegenüberliegenden Wand steht das zweistufige Buffet und dazwischen ein großer Anrichttisch. Alle Möbel sind mit weißen Damasttüchern überdeckt. Aufgabe der Hofkapelle war es, für Tafelmusik zu sorgen. Die ›Hofämter‹ mit ihren Stäben beaufsichtigen den Ablauf, bedient wird durch Kammerherren und die Pagen. Gegenüber dem Zeremoniell, der Rangordnung und der Ausstattung des neugebauten Raumes war das Essen selbst eine Nebensache, die Tischgemeinschaft, die einen neuen Bund gründete, war bei der Hochzeit wichtiger. H. O.

3.2.2

15 Teile aus dem Majolikaservice Herzog Albrechts V. von Bayern

Leonardo di Ascanio Bettisi,
gen. Don Pino
Faenza, 1576
ein Teller bez. 1576
Lit.: Hager, Ein Majolika-Tafelgeschirr aus Faenza im Residenzmuseum München; in: Pantheon XII, München 1939, S. 135ff.; Brunner, Die Kunstschätze der Münchner Residenz, Hrsg. Miller, München 1977, S. 211ff.; AK Italienische Majolika, Museum für Kunst und Gewerbe, Hamburg 1984, Nr. 170; Naldi, Una credenza di »Don Pino per Alberto v. di Baviera«, in: Faenza, 1942, S. 88
München, Bayerische Schlösserverwaltung
6 mittelgroße Teller
Glasurgrund weiß, blau und gelb bemalt, mit bayerischem Wappen
Marke: »Do.Pi.«, ø 29 cm
(Res.Mü. K. VI. 25, 36, 52, 71, 72, 73);
2 große Teller
Glasurgrund weiß, blau und gelb bemalt, mit bayerischem Wappen
Marke: »Do.Pi.« ø 33,5 cm
(Res.Mü. K. VI. 33, 67);
4 Schalen, Kredenzen
Glasurgrund weiß, blau und gelb bemalt, mit bayerischem Wappen
7 cm, ø 23,5 cm,
(Res.Mü. K. VI. 85, 86, 100, 103);
2 Flaschen, sog. Pilgerflaschen
Glasurgrund weiß, blau und gelb bemalt
37,5 x 21 x 14 cm
(Res.Mü. K. VI. 113, 114);
1 Salzgefäß
Glasurgrund weiß, blau und gelb bemalt
12 x 23 x 16,5 cm
(Res.Mü K. VI. 116)

3.2.2

Die überragende Bedeutung hat dieses Prunkgeschirr durch seinen einheitlichen Dekor. Während zuvor sehr verschiedene kostbare Tafelgeräte miteinander kombiniert wurden, ist dies das erste erhaltene Service mit völlig gleicher Dekorgestaltung aller verschiedenartig geformten Gefäße. Das umfangreiche Service bestand ursprünglich aus flachen Tellern in drei verschiedenen Größen, flachen Schalen, Buckelschalen, Schüsseln, Flaschen, Kühlgefäßen, Salzbehältern und Kerzenleuchtern. Es wurde speziell für den Gebrauch am bayerischen Hof gefertigt und mit dem entsprechenden Wappen verziert. Die skizzenhafte Bemalung beschränkt sich bei allen Teilen auf ein bläuliches Manganviolett auf der weißen Glasur, dem ein wenig Gelb als Kontrastfarbe hinzugefügt wurde.

»Ein mäzenatischer Fürstenhof wie der Herzog Albrechts v. von Bayern (reg. 1550–1579) war allem Neuen aufgeschlossen. Italien, das damalige Dorado künstlerischer Erfindungen, bringt auf dem Gebiet der glasierten Tonware hervorragende Stücke auf den Markt. Die alte spanisch-maurische Tradition der Majolika erfährt unerhörte Wandlung in den Klein-Manufakturen vom Urbino, Faenza, Venedig, Gubbio, Deruta, Castelli usw. Platten und Schalen bedecken sich mit biblischen, mythologischen und historischen Szenen, sie werden Bildträger ohne Rücksicht auf die Struktur des jeweiligen Gerätes. Bilddarstellungen überziehen ungehemmt Boden und Rand der glasierten Schalen, Teller, Platten oder Kredenzen. Ob derlei Geschirre samt und sonders dem Tafelgebrauch zugeführt worden sind, wissen wir nicht. Wir hegen angesichts der Bildfreudigkeit, ja Bilderverehrung dieser Zeit einige Zweifel. Sicherlich waren einfachere, wenngleich fein bemalte Stücke für den Tafelgebrauch vorgesehen: andere, die sich durch Größe und Farbigkeit absonderten, mögen als ›piatti di pompa‹ zur Augenweide aufgereiht auf ›Dressoirs‹ (Kredenzschränken) gewesen sein. Das Fickler'sche Inventar der ›Kunstkammer‹ von 1598 vermerkt nicht wenige Stücke an ›Maiolica‹ (No. 1318ff.), zwar ohne nähere Beschreibung, doch waren es sicherlich Stücke mit auffallenden Bilddarstellungen. So findet sich im alten Residenzbestand ein Satz von acht Platten, deren reiche Bemalung sie den ›patti di pompa‹, den Schaustücken, beiordnet. Sie sind unbezeichnet. Ihre Bemalungsart weist sie dem Kunstkreis von Urbino zu, genauer der Nachfolge des Majolika-Malers Francesco Xanto Avelli (nachweisbar 1530–1542)...

Ein sehr umfangreiches Majolika-Service mit dem bayerischen Herzogswappen informiert uns besser. Es umfaßte vor dem Zweiten Weltkrieg insgesamt 111 Teile, die acht zugehörige Schüsseln und Platten mitgerechnet, die daraus dem Bayerischen Nationalmuseum überlassen wurden. 21 Teile fielen der Plünderung oder Vernichtung im Zweiten Weltkrieg zum Opfer. Der immer noch überaus stattliche Rest von 82 Teilen ist, nach einigen Umwegen, nun wieder in der Residenz München vereint. Es dürfte sich, trotz aller Verluste, immer noch um eines der größten erhaltenen Majolika-Tafelservice handeln, die uns das 16. Jahrhundert überliefert hat. Die Masse der Teller und Kredenzplatten (Fußschalen) überwiegt mit 75 Stücken: zugehörig sind ein Kerzenleuchter, zwei Gewürzschälchen und vier üppig gezierte Flaschen in der damals beliebten Form der ›Pilgerflasche‹. Ein Teller – seine Bemalung zeigt die ›Gefangennahme des Königs Syphax‹ – trägt das Datum 1576. Es fällt in die letzten Regierungsjahre Herzog Albrecht v. Wir haben demnach Grund, eine eigene Bestellung dieses Fürsten anzunehmen. Das Wappen ist Hinweis genug. Auch der Künstler ist uns bekannt. Er zeichnet die Marke ›Do Pi‹. Don Pino oder Leonardo di Ascani Bettisi. 1570 hat Don Pino die Werkstatt des Virgiliotto Calamelli in Faenza übernommen und weitergeführt. Seine Malerei huldigt einer Modeströmung, die – vorübergehend – die Vielfarbigkeit älterer Dezennien (etwa so, wie sie unsere Urbino-Platten vorweisen) zurückstellt zugunsten der Blaumalerei auf weißem Grund. Nur einige Gelbtöne werden zugelassen (›Terra di Siena‹ und Ocker). Skizzenhaft, mit schnell strichelndem Pinsel, sind die Darstellungen auf den weißen Grund gesetzt, glasklare Bleiglasur deckt sie. Die Darstellungswelt ist in zeitgenössischen Holzschnitt-Publikationen vorgegeben. Sie behandelt Szenen der Bibel, aus Ovid und aus der römischen Geschichte. Für die Darstellungen aus

3.2.2

3.2.2

Ovids Metamorphosen – sie sind an künstlerischem Schwung allen anderen überlegen – konnte die Vorlage ermittelt werden in den Illustrationen zu ›Tutte le trasformazioni di M. Lodovico Dolce, tratte da Ovidio, in Venezia appresso Gabriel Giolito de Ferrari‹ 1553...
Der erstaunliche Umfang des Services, der ohne Zweifel zur Zeit des Bestellers, Albrecht v., einige hundert Teile umfaßt haben kann, läßt an eine Gebrauchsgarnitur denken. Man wird eine solche vergeblich im Inventar der ›Kunstkammer‹ suchen wollen. Für ehemaligen Gebrauch spricht auch die spätere Übertragung des Services in die künstliche Ruinenarchitektur der ›Magdalenenklause‹ zu Nymphenburg. Es gab dort ein Bild von der Vergangenheit und vermittelte dem Bußfertigen die erwünschte ›tristitia fragilitatis‹. Das einschlägige Inventar von 1751 notiert gewissenhaft das »Maiolicageschirr, fein gemahlen und auch mit dem Bayerischen Wappen gemerkt. Von dem Service sind heute noch 119 Stücke nachweisbar, davon 103 in der Münchner Residenz. Die Garnitur war ursprünglich wohl noch umfangreicher.«
(aus: Brunner, 1977)

KOmmt her und hört mir zu / ihr die ihr auß der Wiegen
Vor siben jahren schon / ohn Mutter Hülff / gestigen/
Ich lehre Tisches-Zucht / ohn die von altem har/
Des lieben Vatters Tisch dem Kind verbotten war.

1. Von Zurüstung des Tisches.

So wäsche nun die Händ' / und dann zu rechter zeite
Das Tischtuch nach der schnur / und eben überspreite:
Setz' auch den Blatten-Ring; wo nicht; an dessen statt
In mitten auf dem Tisch das Sonnengleiche Blatt.
Nach Ordnung lege dar die Täller und die Zwählen/
Die Messer auch darzu: es sol kein Löffel fehlen:
Des Salzes nicht vergiß: des Brots biß eingedänck;
Die Siedeln rucke bey: die Gläßer sauber schwänck.
Ist nun nach Landes Sitt / der Tisch gerüst zum essen/
So werde des Gebätts zum Herzen nicht vergessen:
Die Augen / Hertz und Händ' erhebe übersich/
Und um den Sägen sein / demühtig / ihn ansprich.

2. Vom Tisch dienen oder aufwarten.

Wann dann die Eltern sich mit Speiß und Tranck erlaben/
Und das aufwarten dir fürauß befohlen haben/
So stehe barhaupt da / auf beiden Füssen dein:
Kratz / spew und huste nicht dann nur beyseits allein.
Die Hände nicht verberg: gib achtung auf den Mangel:
Doch gaffe niemand an / mit offnem Maul im Angel;
Trag auf und ab die Speiß / und niemand mit beschmirz;
Nicht überfülle gar der Gästen Trinkgschirz:
Mit Ehrenbietung thu die vollen überreichen:
Die lären auch empfach mit gleichen Ehrenzeichen/
Und schwäncke widerum in einem Wasser frisch:
Auf einmal trage nur zwo Blatten über Tisch.
Die gleichen Speisen du nicht solt zusammen stellen/
Und fleissig hüten dich die Gläßer umzufellen:
Auch solst du über den / der oben sitzet an/
Nichts tragen auf und ab / such' einen andern plan.
Vor deme der noch ißt / die Blatten lasse stehen
Bis er sie rucket weg / und heisset dich mit gehen:
Und wann er Brots begärt / so bringe du noch mehr/
Doch nicht in blosser Hand / auf einem Täller her.

3. Von gebürender Zucht über Tisch etc.

Sitzst aber selb zu Tisch / bey jungen oder Alten/
So solst du deine Füß still und zusammen halten:
Die Ellenbogen dir nicht sollen stützen seyn:
Die Arme lege nicht biß zu denselben eyn.
Mit aufgerichtem leib zusitzen dich gewöhne/
Und mit den Achßlen dich nicht ungebürlich lehne:
Nicht kratz' auf blossem Haupt: nicht in dem Busem dein;
Das Nasengrüblen gar laß underwegen seyn.
Beyseits abwende dich im schneutzen / husten / niessen:
Das riechen an der Speiß thut männiglich verdriessen:
Dieselbe du nicht solst beschauen immerdar/
Sey auch der letst darinn / und schnell von dannen fahr.
Die Kost verriechen laß' / um etwas auch erkalten:
Des starcken blasens dich solst über Tisch enthalten.
In keines andern Ort auß gmeiner Blatten iß:
Vil minder auf den Geitz / und dich nicht überfriß.
Den andern Bissen solst mit deinem Mund nicht fassen/
Du habest dann zuvor den ersten abgelassen:
Auch trincke nicht / wann du noch etwas in dem Mund/
Nicht rede dannzumal / und gar nichts ohne grund.
Mit dreyen Fingern nur angreiffe du die Speisen/
Das Glaß mit einer Hand: im trincken thu nicht pfeifen:
Die besten Bißlein auch nicht solst außklauben dir:
Den Wein vermische wol mit Wasser im Geschirz;
Die Speisen und Getränck zutadlen nicht gedencke:
Ja gar zurühmen nicht; das Maul nicht d'rüber hencke:
Was du gekostet hast / keim andern lege für/
Und werffe nichts von dir biß zu der Stubenthür.
Gar alles (ohne Fisch) mit gutem Messer schneide;
In dem einschieben doch das Messer gänzlich meide;
Dasselbig sey ohn Schmutz / wann du mit nimmest Saltz:
Das Tischtuch nicht beschmirz mit Sossen oder Schmaltz.
Die Finger lecke nicht / doch thu sie underzwüschen/
Wann du Brot schneiden wilst / mit deiner Zwählen wüschen:
Die Rinden von dem Brot nicht nimme weg allein:
Zerschneide nicht zu vil: das hölen lasse seyn.
Nichts wider auß dem Mund solst auf den Täller legen:
Nicht alles essen auf: mit Brot kein Blatten fegen:
Das angebissen auch nicht duncke wider ein;
Nicht wie der Aff umgaff: nicht schmatze wie das Schwein;
Die Bein / den Hunden gleich / mit Zähnen nicht benage/
Noch / wegen ihres Marcks / auf Brot und Täller schlage;
Nicht sauge laut daran: nimm' aber von dem Bein
Das Fleisch und Marck hinweg mit einem Messerlein;
Die Bein eröffne nicht: dieweil es übel stehet
Wann damit über Tisch ein junger Mensch umgehet:
Und was noch mehr ist hart / mit keinem Messer brich/
Vil minder beiß' es auf mit Zähnen grimmiglich.
Den Wein außdünckle nicht / und sürffle nicht im trincken;
Ja / schencke dir nicht ein ohn deines Vatters wincken:
Blaaß' auß dem Bächer nichts / und trincke nicht zu gach/
Auch wüsche deinen Mund mit Zwählen vor und nach.
Die Zwählen und das Brot / den Täller und das Messer
Richt wie der meiste Theil / und ein geschickter Esser:
In Zähnen grüble nicht mit Eisen oder Stahl:
Nichts zörne was es sey / bey einem Freunden-Mahl.
Am ersten von dem Tisch mit Urlaub solst aufstehen/
Und nach dem Sägen-Wunsch / fein züchtig darvon gehen:
Rein wäsche deine Händ' / und um die Speiß und Tranck/
Mit Ernst und lauter Stimm Gott sage lob und danck.

4. Von dem aufheben oder aufnemmen des Tisches

Wann nun die Mahlzeit jetz ihr Endschafft hat bekommen/
Wann ihren Abscheid auch die Ehrengäst genommen/
So hebe du den Tisch / nach Ordnung wider auf/
Und nicht / wie einen Berg / das Gschirz zusammen hauff:
Die Gläßer erstlich nimm / und zwaren bey den Füssen:
Die Stümplein solst darauß in keine Kannen giessen:
Die noch nicht lären Gschirz nicht auf einandern stell/
Zur überblibnen Speiß die gröste Blatte erwehl.
Das Saltz besonder thu: die Löffel all zusammen
Auf einen Täller leg: die Messer auch mit nammen:
Die kleinen stücklein Brot im Tischtuch trage weg:
Das Tuch im Korb erschütt' / und dann zusammen leg / etc.

Vermahnung an die Kinder.

So vil von Tisches Zucht. Sol aber sie dich zieren/
So solst hierneben auch ein frommes leben führen:
Den Eltern und zugleich den Fürgesetzten dein
Im Herzen / williglich und stets gehorsam seyn.

Zufinden bey Johannes Meyer / in Zürich.

GESEGNETE SPEISEN

Als Jesus in der Gemeinschaft seiner Jünger beim Letzten Abendmahl das Brot brach, sprach er nach jüdischer Tischsitte das Dankgebet. Dies begründet die Einsetzungsformel des Altarsakraments, mit der bei jeder heiligen Messe im Gedächtnis daran die Wandlung von Brot und Wein vollzogen wird (Eucharistie = Danksagung). Zugleich leitet sich von dort die Verpflichtung zum Tischgebet her. Psalmenlang oder als Kurzformel gehört es zur christlichen Alltagskultur aller Konfessionen.

Die ›Tischzuchten‹, die in Erziehungsbüchern den Anstand bei Tisch lehrten, aber auch als preiswerte Flugblätter verbreitet waren, legen Nachdruck auf das Beten vor und nach dem Essen. Die volkstümliche Ikonographie kennt den Bildtyp der ›Heiligen Familie beim Tischgebet‹, Vorbildfunktion und eine Art Haussegen in einem. Dem Dank an Gott für die Mahlzeit liegt die Vorstellung zugrunde, daß Speise und Trank Gaben aus Gottes Hand sind. Außer dem gesprochenen Dank und Segen, der den Herrn zu Gast bittet, wurden – nicht nur im bäuerlichen Bereich – christliche Segenszeichen sichtbar mit dem Tafelgerät verbunden. Christus- und Marienmonogramme oder Dreifaltigkeitssymbole findet man als Tischbemalung und Intarsien, als Zinntellergravur sowie als Keramikmalerei. Heiligenfiguren oder Hände im Segensgestus als Heft von Eßbestecken waren ein beliebtes Wallfahrtsandenken. Von der geschnitzten Besteckscheide über das Blaudruckleinen zieht sich der biblische Bilderkreis bis zur bürgerlichen Damasttischwäsche mit Passionsblumen-Bordüre hin.

Im religiösen Ritus der Juden hat das Segnen von Speisen besonders schöne und sinnige Formen angenommen: z. B. spricht der Hausvater allwöchentlich beim Eingang des Sabbats den Kiddusch (Weihesegen) über Wein, der aus Kiddusch-Bechern getrunken wird, und über brezelartig geflochtene Brote (Challa bzw. Berches). Am Seder-Abend, dem Auftakt des Pessach-Festes in Erinnerung an den Auszug des Volkes Israel aus Ägypten, stehen auf dem feierlich gedeckten Tisch die ungesäuerten Brote (Mazzot) und sechs Schälchen mit symbolträchtigen Speisen: Ei, Knochen des Pessach-Lammes, Bitterkraut wie Meerrettich oder Lattich, Petersilie oder Radieschen als Ersatz für die Ysoppflanze, Salzwasser zum Eintauchen und Charosset, ein lehmbrauner Nuß- und Rosinenbrei, der an den staubigen Frondienst der Israeliten in Ägypten erinnert. Auch während der Seder-Zeremonie wird durch Kiddusch gesegneter Wein getrunken.

Der Inbegriff von Speise ist das Brot. In der griechischen Urform des Vaterunsers lautet die vierte Bitte, eindringlicher noch als im Deutschen, um unser ›lebenserhaltendes‹ Brot. Das Hausbrot wird vor dem Anschneiden auf der Unterseite mit dem Kreuz bezeichnet. Um schon das Heranwachsen der Got-

Die älteste Tischzucht

Mein Sohn, sitzest du an der Tafel des Grossen,
so giere nicht mit offenem Mund nach ihr.
Sage nicht: »Es ist reichlich aufgetragen!«
Bedenke, dass ein gieriges Auge vom Uebel ist.
Uebleres als das Auge hat Gott nicht geschaffen,
darum eignet ihm der Tränen Fülle.
Greife nicht nach dem, was es gerade sieht,
noch lange gleich beim Anblick in die Schüssel.
Was deines Nächsten ist, halte wie das Deine,
und alles, was dir zuwider ist,
das merke dir [auch im Verkehr mit andern].
Iss wie ein [ordentlicher] Mensch, was dir zunächst liegt, und fahre nicht gierig zu,
auf dass du nicht Anstoss gibst.
Höre als erster auf, wie es sich ziemt,
und sei kein Nimmersatt, damit du nicht widerlich bist.
Auch wenn du mit vielen zusammensitzest,
strecke deine Hand nicht vor andern aus.
Ist nicht weniges für den Verständigen genug?
Dann braucht er nicht ächzend auf seinem Lager zu liegen.
Beschwerden und schlechter Schlaf, Unbehagen und Atemnot
und Grimmen im Leibe sind des törichten Essers Teil.
Wer im Essen masshält, hat gedeihlichen Schlaf,
steht er in der Frühe auf, so fühlt er sich frisch.
Setzen dir dennoch Leckerspeisen zu,
so steh auf, erbrich, und es wird dir wohl.
Höre, mein Sohn, und schätze mich nicht gering,
dass du nicht zu spät meine Worte verstehst.
Beherrsche dich in all deinem Tun,

dann wird kein Schaden dich teffen.
Den wohlanständigen Gast preisen die Lippen,
der Ruf seines guten Benehmens steht fest.
Der unanständige Gast wird im Tore gelästert,
der Ruf seines schlechten Benehmens steht fest.
Auch beim Weintrinken spiel dich nicht als Held auf,
denn der Rebensaft hat schon viele zu Fall gebracht.

(aus: Jesus Sirach 175 v. Chr., Apokryphen des Alten Testaments.)

tesgabe unter seinen Schutz zu stellen, finden Bittgänge als Flursegen gegen Hagelschauer statt, am sinnfälligsten in der Fronleichnamsprozession, wo das Brot des Lebens, die konsekrierte Hostie, durch die Felder getragen wird.

Am lebendigsten ist die kirchliche Speisenweihe am Ostermorgen: Brot, Salz, gefärbte Eier und Schinken werden unter dem symbolreich bestickten Weihkorbdeckchen zum Altar getragen; vom priesterlichen Segen erwartet man sozusagen eine materielle Verbindung mit dem kräftigen Frühstück, denn die Eier müssen angepeckt sein, ›damit d'Weich' neigeht‹. Den Osterkorb ziert mancherorts das Butterlamm. Auf einem gemodelten Sockel mit Erlösungssymbolen ruht das Osterlamm mit ›wolligem‹ Vlies aus spaghettiartig durchgepreßten Butterlocken. Das Salz, neben dem Brot symbolschwerstes Element der Hausnahrung, war für Geburt (Taufe), Hochzeit, Gastfreundschaft und Tod (ewiges Leben) bedeutsam. In den Salzkasten war ein Kreuz geschnitzt; das an Ostern, Dreikönig oder an den Quatembertagen geweihte Salz wurde in manchen Gegenden in einem irdenen Salzkirchlein aufbewahrt und wie das Weihwasser zum häuslichen Segnen verwendet.

Speziell an Gnadenorten verabfolgte Wallfahrtsgebäcke wurden zur (auch geistigen) Stärkung dort verzehrt oder den Zuhausegebliebenen mitgebracht. Pilgerspeisung bestand aber durchaus nicht nur aus Brot allein. Für Hl. Kreuz Donauwörth etwa bezeugen Archivalien seit dem Mittelalter, daß der ›Kreuzkäs‹ eine Haupteinnahmequelle des Klosters war. Im Spätmittelalter führte die größte deutsche Wallfahrt nach Aachen, wo seit 1349 im Siebenjahresturnus die Großen Heiltümer gezeigt wurden, darunter das Gewand Mariens, die Windeln Jesu und sein Lendentuch. Während die Pilgermassen mit dem ohrenbetäubenden Schall der tönernen Aachhörner die vorgewiesenen Reliquien begrüßten, wurden die Aachenspiegel hochgehalten, Gitterguß-Pilgerzeichen mit eingelassenen Hohlspiegelchen, die den Abglanz der Heiltümer zum Mitnehmen einfangen sollten. Ähnlich mit transportablem Segen vollgesogen dachte man sich die Printen, ein Lebkuchengebäck, das man nach Hause mitbrachte.

Zum Symbolwert seiner honigsüßen und würzigen Ingredienzen kam beim Lebkuchen die gemodelte Form mit Segenszeichen oder religiösen Darstellungen hinzu. Die in Holz gestochenen Modeln, durch Lebzeltergenerationen tradierte Familienschätze, zeigen detailreich und sinnig eine Bilderwelt zum Satt-Sehen, oft typologisch durchdacht (z.B. Vorderseite: Sündenfall/Rückseite: Erlösungslamm). Von Aachener Printen bis Zürcher Tirggel reicht das ABC dieser Honigkuchen, deren scharfgeprägtes Relief erst die aufgeklärte Surrogat-Errungenschaft des Zuckerrübensirups zum Verlaufen brachte.

Der für seine drastische Anschaulichkeit berühmte Straßburger Münsterprediger Johann Geiler von Kaysersberg setzte 1508 in einer Fastenpredigt das Leben und Leiden Christi mit einem Lebkuchen gleich (›sub typo placente mellee‹): Sein Leib ist das gute Mehl, seine Barmherzigkeit der Honig. Wie die beiden zu Teig gemischt werden, ist in ihm die göttliche und die menschliche Natur vereint. Wie der Kuchen geformt wird, ist auch Christus durch seine irdischen Eltern und die jüdische Mitwelt geformt worden usw. Den köstlich sättigenden allegorischen Lebzelten verteilte schließlich der Hausvater unter die Hausgenossen; in der Holzschnittillustration dieser Szene aus der deutschen Ausgabe von 1514 weist der kreisrunde Lebkuchen eine Kreuzigungsdarstellung auf.

Keine Speise, aber Träger eines Segens, den man sich durch Essen ›einverleibt‹, waren die Eßzettel, handschriftlich mit rätselhaften Zauberformeln versehen, oder die kleinste Form der Andachtsgraphik, die Schluckbildchen.

Auf Briefmarken- bis Fingernagelformat verkleinert zeigten sie genaue Reproduktionen von Wallfahrtsbildern. Durch Berühren am Gnadenbild mit Heilkraft aufgeladen, hielt man diese ›papiernen Pillen‹ in der Hausapotheke griffbereit, um sie im Krankheitsfall Mensch und Vieh (möglichst mit einem geweihten Palmkätzchen zusammen) einzugeben oder ins Brot einzubacken. Als Ersatz riß man nötigenfalls von Andachtsbildern kleine Stücke ab; gelegentlich wurden sie gleich mit einem Liniennetz zum Zerteilen gedruckt.

Eine andere Art geistlicher Medizin zur innerlichen Anwendung sind Schabsteine oder Schabmadönnchen, aus Lehm vom Wallfahrtsort in die Form des Gnadenbildes gepreßt, von denen man bei Bedarf ein Quentchen abschabte und einnahm. Staub vom Heiligen Haus zu Loreto wurde dem Töpferton buntbemalter Fayenceschälchen beigemengt; aus ihnen trank man in Flüssigkeit aufgelöste weitere ›Polvere di S. Casa‹, die man in versiegelten Briefchen ebenfalls als Andenken von Loreto mitbrachte.

Eine besondere Form des Trinksegens ist die ›Heiligenminne‹, ein aus dem frühen Mittelalter bis zur Gegenwart reichender Trinkbrauch. ›Minne‹ meint hier Verbundenheit im Gedenken – aus kirchlicher Sicht ein Wein- oder Met-Trunk zu Ehren von Heiligen, im Volksglauben ein Wunder- und Allheilmittel mit apotropäischem Charakter. Die Gertrudenminne galt als Versöhnungs- und Abschiedstrunk, während die Ulrichsminne (im Schwäbischen) gegen alle Widerwärtigkeiten gut war. Die Bernhardsminne, ein auch vor dem Nachmittag nicht haltmachender üppiger Frühtrunk, ließ Bernhard von Clairvaux zum Patron der Trinker werden. Vor dem Martinlobtrinken (Erntebrauch) und dem stärkenden Stephanstrunk (mit einem Stein von seinem Martyrium im Weinkelch) besaß der Johannissegen größte Volkstümlichkeit. Am 24. Juni (Sommersonnwende) trank man die Minne Johannes des Täufers, am 27. Dezember die des Evangelisten. Dessen Trinkbecher-Attribut mit der entweichenden Giftschlange hatte sinnfälligen Bezug zum Segenstrank. Seit dem 12. Jahrhundert kirchlich geweiht, wurde dem ›Stärke- und Schöne-Trinken‹ als Mittwinterbrauch die Kraft eines inwendig getragenen Talismans zugemessen; die Anwendungsbreite des geweihten Weins reichte von Raupenschutz bis Liebestrank.

Von überregionaler Bedeutung war die als Hirnschale des hl. Sebastian verehrte Schädelreliquie in Ebersberg. Tausende von Pilgern, darunter fürstliche Häupter, tranken mit silbernen Röhrchen aus dem Schädelbecher die Sebastiansminne als Pestprophylaxe. In den Wein wurden geweihte eiserne Pfeilspitzen (Heiligenattribut und Pestzeichen) getaucht. Der körperliche Kontakt mit der Reliquie des Heilsträgers versprach Gesundheit des Leibes. Noch 1905 wurde geweihter Wein daraus gereicht.

In Konkurrenz zu Ebersberg florierte die Wallfahrt zu den Reliquien von St. Nantwein in Wolfratshausen. Der Brauch, aus seinem ›Hirnschallgeschirr‹ oder auch aus seinem ›Pilgrambs Fläschl‹ zu trinken, entstand nach der Pest von 1634 und ging erst 1803 unter; aus Privatbesitz gelangten die Reliquien über den Londoner und New Yorker Kunsthandel 1929 ans Münchner Stadtmuseum.

Die Heiligung des Menschen durch seine Nahrung ist die unmittelbar sinnlichste Wunscherfüllung, die transzendente mit der leiblichen Wirklichkeit zu vereinigen. Ein wenig von dieser Sehnsucht teilt sich bis heute durch das kleine Altmünchner Brotwunder mit: in der Damenstiftskirche hat jede der lebensgroßen barocken Apostelfiguren an der Abendmahlstafel stets ein echtes altbackenes Spitzweckerl vor sich liegen.

B. K.

Literatur

Appuhn, 1979
Benker, 1978
Bringéus, 1982
Franz, 1909
Gebhard, 1956
Goudin, 1716
Grober-Glück, 1989
Handwörterbuch des deutschen Aberglaubens
Helfrich-Dörner, 1959
Knör, 1984
Kretzenbacher, 1959
Kriss-Rettenbeck, 1963
Kürth, 1981
Nießen, 1988
Reallexikon zur deutschen Kunstgeschichte, ›Eßzettel‹
AK Rhein und Maas, Kunst und Kultur 800-1400, 1972
Rückert, 1937
Schiedlausky, 1956
Schneegass, 1983
Schommer, 1954
AK Synagoga. Jüdische Altertümer, Handschriften und Kultgeräte, 1961
Valentin, 1978
AK Wallfahrt kennt keine Grenzen, 1984
Walzer, 1963
Zogg und Hirt, 1970

4.1.1
Abendmahl und Einsetzung
Joseph Hauber, 1814
bez. rs. auf d. Keilrahmen: Jos. Hauber /Abendmahl/Studie zum Bild im Ordinariat
Öl auf Leinwand doubliert, 58 x 68 cm
Lit.: Anton Mayer, München. 1868, S. 250 WV Nr. 106
L 1116 (Nachlaß Ebenböck Nr. 113) = Gm 83/53

Jesus sitzt an einer mit weißem Tuch gedeckten Tafel, auf der ein Kelch und zwei Teller zu sehen sind. Ein weißbezogener Wulst schließt die Tafel nach hinten ab. Dargestellt ist der Moment, in dem Jesus, nachdem er das Brot gebrochen, einen Moment innehält, um den Bissen in seiner Rechten den Jüngern darzureichen. Leonardo da Vinci hat in dem Fresko für das Refektorium des Klosters Santa Maria delle Grazie in Mailand (1498) die Formulierung gefunden, die für die Darstellung des Letzten Abendmahles maßgeblich wurde. Das Mailänder Fresko zeigt jenen Moment, in dem Jesus ankündigt, daß ihn einer seiner Jünger verraten wird. Die Mitte der Tafel – ein bildparalleler Tisch – wird durch Jesus besetzt, die Jünger gruppieren sich links und rechts von ihm und sind durch unterschiedliche Reaktionen auf Jesu Ankündigung charakterisiert.
Die Verbreitung dieses Darstellungstypus wurde durch eine Vielzahl von Stichwerken, die Leonardos Schöpfung populär machten, besorgt. Unser Bild ist ein später Nachklang auf diese ›klassische‹ Abendmahldarstellung und ihre Nachfolger. Allerdings ist hier die strenge Zentrierung des Bildes aufgegeben, und Rückenfiguren wurden eingeführt. (Man kennt Rückenfiguren aus einem Stich des Hendrick Goltzius nach Pieter Coecke van Aelst von 1527, der eine freie Variation des Mailänder Abendmahls bringt, sich wesentlichen Teilen jedoch an diese Inkunabel hält).
Nach dem Verzehr des Osterlammes habe Jesus Brot und Wein kommen lassen und zum Gedächtnis für seinen nahen Kreuzestod ausgeteilt und in einem Gemeinschaftsmahl mit den Jüngern zu sich genommen. Der christlichen Lehre zufolge wurde damit das Sakrament des ›Heiligen Abendmahls‹ eingesetzt. Die Darreichung des Bissens wird bereits als Spendung des Sakraments begriffen. Gemäß Paulus, 1. Korintherbrief 10,6 soll es beim letzten Mahl mit Jesus und den Jüngern ausschließlich Brot und Wein gegeben haben. Diese Version beruht – wie auch Zedler bemerkt – auf einem Übertragungsfehler. »Hier redet Paulus vom Hl. Abendmahl, und sieht auf die Brote der Juden, welche runde platte Kuchen waren, daß sie mit leichter Mühe von einander gebrochen werden konnten. Er bedienet sich zugleich der sehr bekannten jüdischen Redensart, da das Brotbrechen die ganze Mahlzeit andeutet.« (Zedler 1733 Sp. 1450)
Der Wein, der der Überlieferung nach aus dem Lande Kanaan bezogen wurde, und der daher Rotwein gewesen sei, da Kanaan nur solchen produzierte, wird ähnlich wie das Brot als Leib Christi über das Getränk hinaus symoblisch erhöht: »... denn gleichwie der Wein der edelste Trank ist, also ist auch Christus die vornehmste Erquickung unserer Seele«. (Paulus, 1. Korintherbrief 12, 13)
Haubers Darstellung des Letzten Abendmahls und sein Gegenstück, die Darstellung des Pfingstfestes (MStM Gm 83/52), schmückten die Pfeiler unter der Orgelempore der Münchner Frauenkirche (Mayer 1868, S. 250). Eine Wiederholung dieses Bildes befindet sich im Diözesanmuseum Freising (717). M. M.

4.1.2
Kelch mit Patene
wohl Augsburg, um 1750
Kelch und Patene Kupfer, Kuppa Silber vergoldet, ziseliert, 22,5, ø 13,5 cm
A 74/536

4.1.3
Hirnschale des seligen Nantwein in Kelchfassung
Abraham Zeggin (Meister 1586, gest. 1617 München)
München 1609
bez. Münchner Beschau wohl R^3 3440, Meistermarke Abraham Zeggin R^3 3489
Silber, größtenteils vergoldet, getrieben, graviert, ziseliert, 18,2 cm
Lit.: Andree: Menschenschädel als Trinkgefäße. In: Zeitschrift des Vereins für Volkskunde. Bd. 22, 1912, S. 1-33 (bes. S. 11); Kriß: Die Volkskunde der Altbayerischen Gnadenstätten. Bd. 1, München 1956, S. 189-190; AK Bayerische Frömmigkeit. 1400 Jahre christliches Bayern, München 1960, S. 228, Kat. 460; Knör, Der sel. Nantwein von Wolfratshausen, ein bayrischer Volksheiliger und die Geschichte seiner Wallfahrt, in: Beiträge zur altbayerischen Kirchengeschichte 34, 35, 1982/83
36/2049

Über die Kelchfassung der Hirnschale gibt die zweizeilig umlaufende Inschrift unter dem Rand des Gefäßes Auskunft: ›DISE. HIRNSCHALN. S. ANTBINI. HAD. LASSEN. INSILBEREIN. FASSEN. DER. WIRTIG./ IN. GOT. LEONHART. ABBT. DES WIRDIGEN. GOTS. HAUS. SCHEFTLER. A.M.D C. IX‹
Die mutmaßlichen Überreste des seligen

4.1.3

4.1.1

Nantwein hatte erst wenige Jahre vor diesem Datum ein Franziskaner wieder aufgefunden. Dieser war ein frommer Pilger gewesen (Konrad Nantwin oder latinisiert Antbinus), der 1286 im heutigen Ort Nantwein bei Wolfratshausen unschuldig verbrannt worden war. Nachdem sich die Kunde über Wunderereignisse vor den sterblichen Überresten des Pilgers verbreitet hatte, wurde ihm bereits kurze Zeit nach dem Tod eine Gedächtniskapelle errichtet. Der Kelch diente dem Brauch, den Gläubigen am Sonntag nach Laurentius Wein zu reichen, dem eine wundertätige Wirkung zugeschrieben wurde. Der Brauch entsprach somit dem Kult des Hl. Sebastian in Ebersberg. Dessen bereits im 15. Jahrhundert gefaßte Hirnschale diente der Darreichung von geweihtem Wein, der Schutz vor der Pest versprach. Bis zum Beginn des 20. Jahrhunderts konnten die Gläubigen in Ebersberg mittels zweier silberner Röhrchen direkt aus der Hirnschale des Hl. Sebastian Wein zu sich nehmen. Danach wurde ein Kelch benützt. Die gefaßte Hirnschale des seligen Nantwein gelangte 1931 aus dem Kunsthandel in den Besitz des Münchner Stadtmuseums, nachdem sie seit den sechziger Jahren des 19. Jahrhunderts als verschollen galt. N. G.

4.1.4
Geisselung
Werkstatt des Jan Polack (Krakau um 1435-1519 München), um 1490
Öl auf Holz, 95 x 75 cm
II d/245

4.1.5
Kreuztragung
Umkreis Jan Polack (Krakau um 1435-1519 München), um 1490
Öl auf Holz, 98 x 75 cm
II d/246

Die beiden hochformatigen Tafeln gehören zu einem bisher nicht rekonstruierbaren Altar, da weitere Teile nicht bekannt sind. Sie stammen mit ziemlicher Sicherheit von den Innenflügeln, also der Feiertagsseite eines Passionsaltares. Das zentrale Hauptbild war demnach der Kreuzigung gewidmet. Ob es sich dabei um eine gemalte Tafel oder um ein Schnitzwerk handelte, ist offen.
Nach dem Stand der Kenntnis vom Werk des Münchner Malers Jan Polack ist hier nicht die Hand des Meisters tätig gewesen. Gleichwohl ist ihre Entstehung im Umkreis seiner Werkstatt anzunehmen. M. M.

Ein schöne Tischzucht.
Wann man jetzt sitzen will zu Tisch/
So soll ein Knab seyn munter frisch/
Den Tisch bedecken/ darauff er/
Den Schüsselring/ Saltz vñ was mehr/
Die Teller legen vnd das Brot/
Die Löffel/ vnd was sonst ist noth/
Die Gläser auch die sollen seyn/
Geschwencket fleissig/ sauber rein.
DAnn für den Tisch er züchtig steh/
Vnd sprach das Benedicite/
So er den Namen JEsu nennt/
Die Knye fein beuge an dem endt/
Die Wort fein deutlich/ langsam wol/
Verständig man außreden soll/
So er zu Tisch dann dienen muß/
Soll er nicht stehn auff einem Fuß/
Sondern auffrecht vnd schaw auff/
Das kein Mangel nit vnderlauff/
Die Gläser nit zu voll schenck ein/
Beschütte niemand mit dem Wein/
Sitzst aber zu Tisch selber du/
Nit gampen mit den Füssen thu/
Nit grosse Brocken scheub in Mund/
Thu auch nit reden zu der Stund/
Das Fleisch mit gutem Messer schneid/
Vnnützes schwatzen gantz vermeyd/
Diß so benaget ist von dir/
Solt legen keinem andern für/
Auß dem Mund etwas ziehen wider/
Vnd auff das Teller legen nider/
Ist gantz vnhöflich nicht vmbgaff/
Stell dich nit wie ein andrer Aff.
Die Finger dann nicht lecken soll/
Wie ein Saw schmatzen steht nit wol/
Nag die Bain nit ab/ wie ein Hund/
Mit Essen/ Trincken/ sey kein schlund.
Stewr dich nit auff die Elenbogen/
Biß warhafft/ sag nichts/ so erlogen/
Am ersten von dem Tisch auffsteh/
Mit Vrlaub darvon züchtig geh.
Zu Augspurg/ bey Abraham Bach Brieffmaler/ auffm Creutz.

4.2.2

4.2 Segenszeichen

4.2.1
Tischzucht
Conrad Meyer
(Zürich 1618-1689 Zürich), 1645
bez. u. M. Conrad Meyer fecit et excudit A 1645
Radierung und Kupferstich, Typendruck
35,8 x 24,4 cm
Nürnberg, Germanisches Nationalmuseum, HB 2309, Kps.1233

Auf der bildlichen Darstellung der Tischzucht von Conrad Meyer aus dem Jahr 1645 ist der Moment des Tischgebets festgehalten. Die Familie hat sich um den Tisch versammelt und verharrt mit zum Gebet gefalteten Händen, während eine junge Frau mit einer Platte mit gebratenem Fleisch zum Tisch eilt. Die ausführlichen, in Reimen abgefaßten Regeln sind in vier Abteilungen untergliedert. 1. Von Zurüstung des Tisches, 2. Vom Tisch dienen oder aufwarten, 3. Von gebürender Zucht über Tisch etc., 4. Von dem aufheben oder aufnemmen des Tisches. S. B.

4.2.2
›Eine schöne Tischzucht‹
Abraham Bach (Formschneider und Briefmaler in Augsburg um 1680 erwähnt)
Augsburg, 2. Hälfte 17. Jh.
Einblattdruck, koloriert, 37,6 x 27,7 cm
Bamberg, Staatsbibliothek, VI G 155

Im 16. und 17. Jahrhundert entstehen zahlreiche Vorschriften, wie man sich bei Tisch zu benehmen hatte, was zu tun, was zu unterlassen war. Die sog. ›Tischzuchten‹ konnten in Balladen-, Lied- oder Reimform abgefaßt sein. Zu den bekanntesten zählen die Ausführungen des Erasmus von Rotterdam, die Bestandteil seiner Erziehungsschrift für einen jungen Fürsten bildeten. Für das Bürgertum, das der Erwerb eines ganzen Buches oft zu teuer kam, entstand die Form des illustrierten Einblattholzschnitts, auf dem die wichtigsten Regeln zusammengefaßt waren. Der Autor gibt in seinem Einblattdruck auch eine Anweisung für das Decken des Tisches:
»Den Tisch bedecken / darauff er / Den Schüsselring / Saltz un[d] was mehr / Die Teller legen und das Brot / Die Löffel und was sonst ist noch / Die Gläser auch die sollen seyn / Geschwenckel fleissig sauber rein.«
Auch das Verhalten beim Essen ist geregelt:
»Sist aber zu Tisch selber du / Nit gampen mit den Füssen thu / Nie grosse Brocken scheub in Mund / Thu auch nie reden zu der Stund / Das Fleisch mit gutem Messer schneid / Unnützes Schmatzen ganz vermeyd / Diß so benaget ist von dir / solt legen keinem andern für / Auß dem Mund etwas ziehen wider / Und auff das Teller legen nider / Ist ganz unhöflich nit umbgaft / Stell dich nit wie ein andrer Aff./ Die Finger dann nicht lecken soll / Wie ein Saw schmatzen steht nit wol / Nag die Bain nit ab wie ein Hund / Mit Essen / Trinken / sey kein Schlund ...« S. B.

4.2.3
Tischplatte
Oberbeuren, 1743
bez. in der Mitte IHS mit Monogramm PM / 1743
Holz, Einlegearbeit, 103 x 97 cm
Lit.: AK Bayern Kunst und Kultur, München 1972, Nr. 1045
Bad Aibling, Heimatmuseum

Die Intarsienarbeit stellt die Illusion eines gedeckten Tisches her. Neben verschiedenen Tischgeräten wie Bechern, Salzgefäß und Gewürzdose kommen mit Speisen gefüllte Teller mit Eßbesteck – Messer, zweizinkige Gabel und Löffel – zur Darstellung. Über jedem Gedeck liegt ein kleines Mundbrot. Sowohl die Anordnung der Gedecke an den Tischecken wie die unterschiedlichen Speisen auf den Tellern – Wurst, Rippen und Obst – lassen auf eine nicht der Realität entsprechende Darstellung schließen. Das Christusmonogramm in der Tischmitte, dem Platz für Schüssel oder Platte, verweist auf die Nahrung als Gottesgabe. S. B.

4.2.4
Teller mit Marienmonogramm und R.Z. Monogramm
Johann Ulrich Koch (Meister 1718, gest. 1730 München)
München, um 1720
bez. Stadt- und Meistermarke, Hintze, Bd. 6, S. 110, Nr. 545
Zinn, gegossen, graviert, ø 25,1 cm
XI b/352

4.2.5

Tischdecke

Sachsen, 1772
bez. dat. auf dem Messer 1772
Zeugdruck in Schwarz auf Leinengewebe, Damast mit Würfelmuster, 177 x 160 cm
Lit.: Meyer-Heisig, Weberei, Nadelwerk, Zeugdruck, München 1957, S. 63
Nürnberg, Germanisches Nationalmuseum, Kl. 13650

Tischtücher gehörten zum Grundbestand der Tischwäsche und sind in den Nachlaßinventaren fast aller sozialen Schichten verzeichnet. Die Nachweise reichen vom schlichten Gebrauchsstück bis zum repräsentativen Festgedeck.
Auf der Tischdecke kommen gefüllte Teller und Platten und unterschiedliches Tischgerät zur Darstellung. Die zwölf Teller mit je einem in der Mitte geteilten Fisch sind entlang der vier Seiten angeordnet und tragen auf der Fahne die Inschrift: ›Trinck und iß Gott nicht vergiß, ein ewig Leben ist gewiß. SOLI DEO GLORIA‹. Links von den Tellern jeweils ein Mundbrot in der Form der heutigen Pfennigsemmeln, rechts Salzfaß und Trinkgefäß, Messer und zweizinkige Gabel, darüber ein Löffel und ein kleiner Spieß. Im Zentrum der Decke sechs Platten mit gebratenen Enten oder Gänsen mit jeweils links einem Vorlegelöffel und rechts dem Tranchierbesteck, das auf dem Messer die Datierung 1772 trägt. Die umlaufende Inschrift der Platten lautet: ›Herr, welch ein unaussprechlich Heil, An dir, an deiner Gnade Theil, Theil an dem Himmel haben, Im Herzen durch den Glauben rein, Dich lieben und versichert seyn, Von deines Geistes Gaben! Amen.‹
Die Darstellung entspricht nicht einer real gedeckten Tafel. In ihrer minutiösen Wiederholung ist sie bestimmt durch die Motivik der zwei Druckmodeln und deren rapportmäßiger Wiederholung. Der hier verwendete Zeugdruck alter Art mit ölangeriebenen Pigmentfarben hielt sich neben dem moderneren Blau- und Buntdruck vor allem in Sachsen und Brandenburg besonders lange und wurde vor allem für Paradehandtücher und Tischdecken angewandt.
S. B.

4.2.5

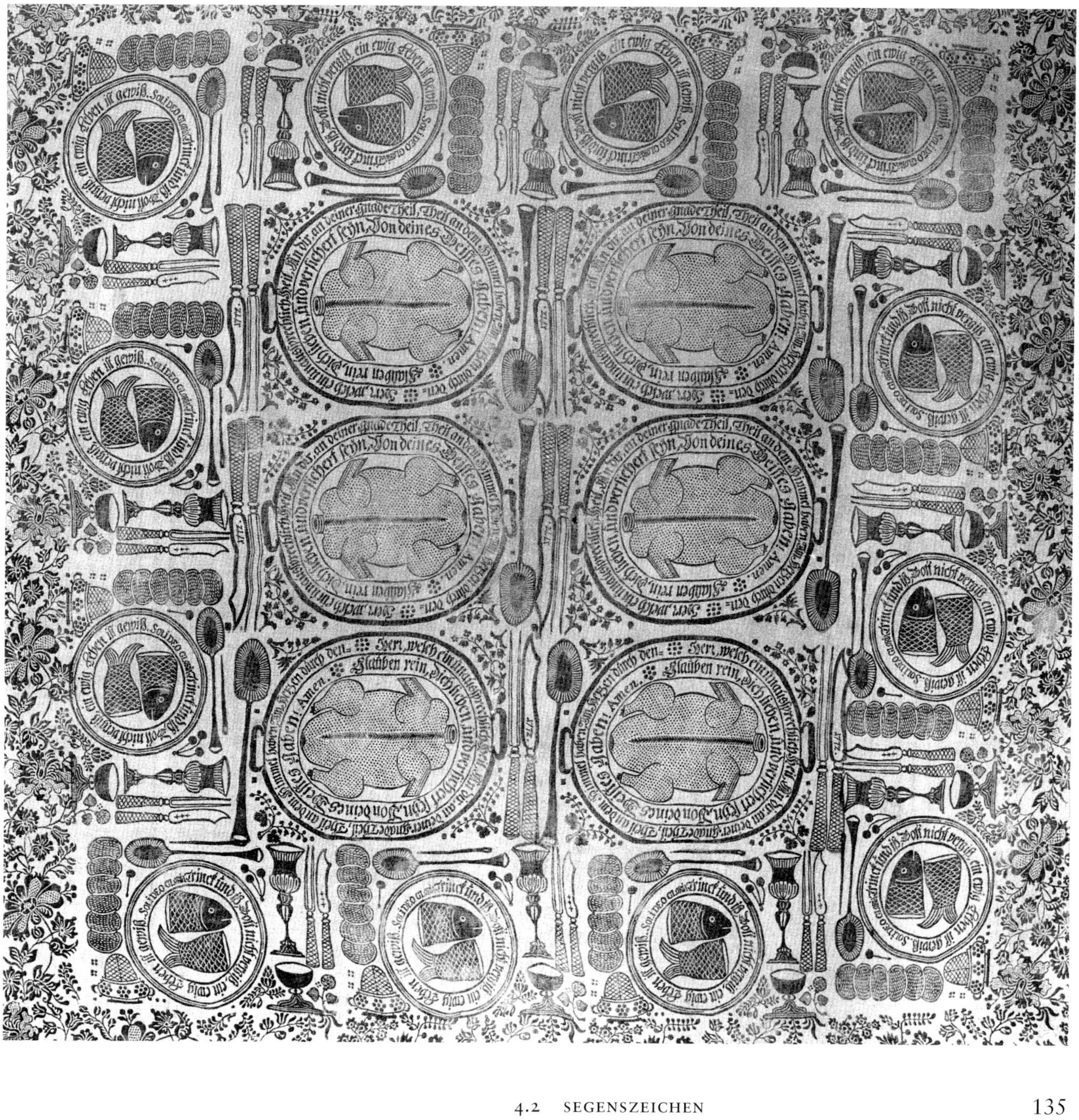

4.3.1
Schluckbildchen
2. Hälfte 19. Jh.
Seidenpapier, bedruckt, 23 x 19 cm
München, Bayerisches Nationalmuseum, Kr A 2495

Seidenpapierbogen bedruckt mit 100 (10 x 10) dicht aneinandergereihten Schluckbildchen, die eine Pietà vor hügeligem Hintergrund zeigen. Undeutlicher Druck.

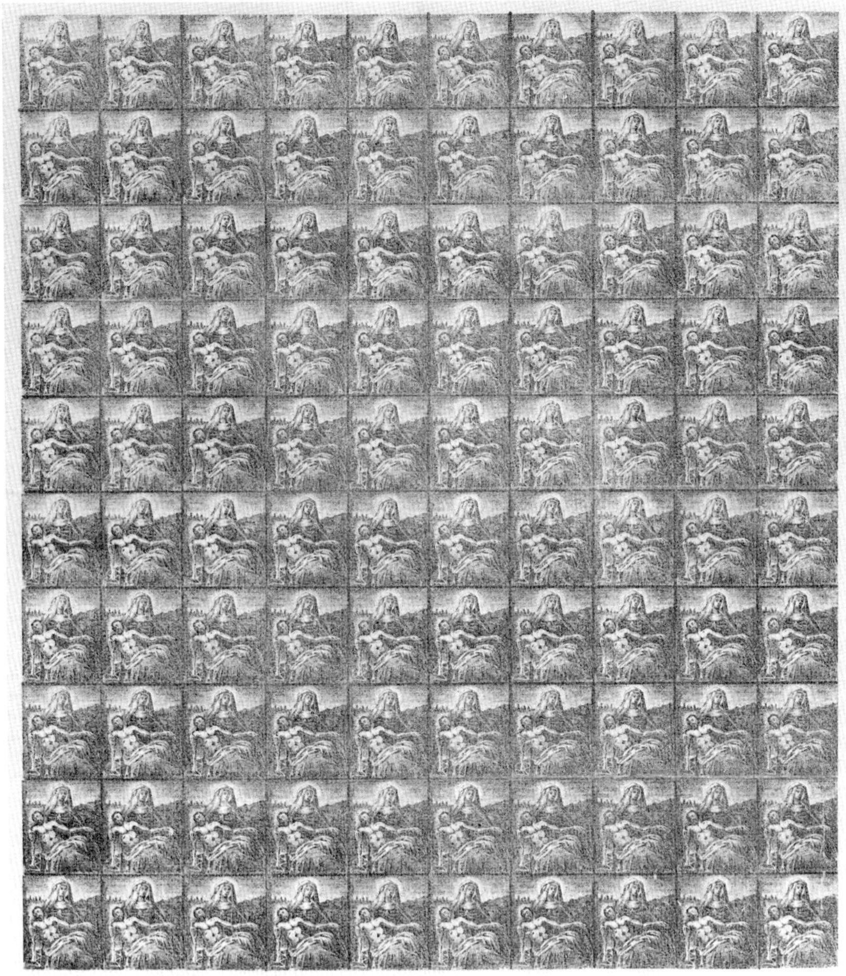

4.3.3

4.3.2
Schluckbildchen
2. Hälfte 19. Jh.
Seidenpapier, bedruckt, 7 x 12 cm
München, Bayerisches Nationalmuseum, Kr A 2494

Kleiner, querrechteckiger Zettel, bedruckt mit drei Querreihen zu je sieben aneinandergereihten Bildchen (Stiche). Erste und dritte Reihe Aufdruck der Maria Zeller Gnadenmadonna, zweite Reihe bedruckt mit Bild der ›M. Schatzkam‹ (Schatzkammer-Madonna). Jedes Bildchen ist betitelt.

4.3.3
Altöttinger Schabmadonna
2. Hälfte 19. Jh.
Ton, 15 x 4 x 1,9 cm
München, Bayerisches Nationalmuseum, Kr A 935

Gnadenbildkopie der Altöttinger Madonna in Form einer nur vorderseitig ausgearbeiteten Statuette aus schwarzem gebranntem Ton, vorderseits lackiert.

4.3.4

4.3.4
Pulver in Papier-Faltbriefchen
20. Jh., Papier, Pulver, 6,2 x 7 cm
München, Bayerisches Nationalmuseum, Kr A 390a

Ein Stich auf der Vorderseite zeigt das Haus der Heiligen Familie von sechs Engeln durch die Lüfte getragen bzw. umschwebt; auf dem Dach sitzend Maria mit dem Jesuskind, darüber Spruchband: ›ALMA LAURRETANA DOMUS‹, unter dem Stich die Aufschrift: ›Polvere della S. Casa di Loreto.‹ Das Briefchen ist zugeklebt.

4.3.5
Rundmodel für den Gebrauch bei Kirchenfesten
süddeutsch, 1629
unter dem Mittelmotiv datiert: 1629
Obstholz, gestochen, ø 25 cm
VI/64

Der Model ist auf der Vorder- und Rückseite mit szenischen Darstellungen versehen: Jesus lehrt im Tempel, Christus als Weltenrichter. Unter dem Mittelmotiv auf der Vorder- und Rückseite monogrammiert S.A.E.

4.3.6
Rundmodel
süddeutsch, um 1620
Nußbaum, gestochen, ø 25,5 cm
VI/63

Vorderseite: Adam und Eva, Rückseite: Lamm Gottes. Um die zentrale Darstellung des Lamm Gottes mit Auferstehungsfahne umlaufend Ornamentierung mit Engelsköpfen, Blüten und Granatäpfeln.

4.3.7
Rundmodel mit Kreuzigungsdarstellung
süddeutsch
Obstholz, gestochen, ø 14,5 cm
Lit.: Nießen, Nahrung sandte er ihnen in Fülle, Kevelaer 1988, S. 126; Walzer, Liebeskutsche, Reitersmann und Kinderbringer, Volkstümlicher Bilderschatz auf Gebäckmodeln, in der Graphik und Keramik, Konstanz und Stuttgart 1963
VI/68

Nießen schreibt: »1514 ließ der berühmte Prediger des Mittelalters Johann Gailer von Kaysersberg die Übersetzung seiner Predigten ins Deutsche drucken. Das Buch zeigte einen Holzschnitt, der darstellte, wie der Hausvater Lebkuchen austeilt, auf denen die Kreuzigung dargestellt ist. In den Predigten zeigt Kaysersberg daß Christileib das gute Mehl und der Honig seine Barmherzigkeit sei.«

4.3.8
Model mit Darstellung des Agnus Dei
süddeutsch, 19. Jh.
Birnbaum, gestochen, 9 x 7,3 cm
A 72/105/24

Auf Rückseite Darstellung eines Rindes.

4.3.9
Model mit Darstellung des Agnus Dei
süddeutsch, 19. Jh.
Birnbaum, gestochen, 15,5 x 13 cm
A 72/105/23

4.3.10
Deckeldose
süddeutsch, 19. Jh.
Lackarbeit, ø 8 cm

Auf dem Deckel ist das Abendmahl dargestellt.

4.3.6

TISCHORDNUNG

Die Tischgemeinschaft entspricht in ihrer entweder zentral geordneten Hierarchie oder unverbindlichen Reihung dem sozialen Gefüge der Gesellschaftsgruppe, die sich zur Tafel begibt. Jede Gesellschaft bildet eine spezifische Form der Tischrunde aus, danach gestaltet sich die Form des Tisches, werden nach ihrer Art gleiche oder betont ungleiche Sitzmöbel ausgewählt und wird die Anordnung von Speiseräumen und Accessoires gestaltet.

In der stark patriarchalisch geordneten Gesellschaft des Mittelalters und der Neuzeit waren dem Hausherrn und der Hausfrau besondere Plätze eingeräumt. Bei Festen standen diese Plätze ranghöheren Gästen zu. Bei Hofe sah die Sache nicht anders aus. Hier wurde der Platz des Fürsten zuerst mit einem ›Drap d'honneur‹, dann mit einem Baldachin ausgezeichnet. Der Ehrenplatz war die Mitte an den Seiten der Tafel. Wenn es sich um eine lange, rechteckige, ringsum besetzte Tafel handelte, war der Ehrenplatz am Kopfende. Standen weitere Tafeln in U-Form zur Haupttafel, befand sich der Ehrenplatz in der Mitte der äußeren Längsseite der Haupttafel.

Großer Speisesaal oder Dürnitz, Burg Trausnitz, Landshut, um 1260/70

Die Haupttafel konnte auf eine Estrade gestellt werden, um sie in ihrem Rang hervorzuheben. So wurde in mittelalterlichen Residenzen gegessen. Man nannte diese großen Speisesäle mit mittlerer Säulenstellung, wo bis zu 200 Hofbedienstete täglich verköstigt werden konnten, Dürnitz. In den Refektorien der Klöster und in den alten Colleges von Oxford und Cambridge haben sich solche Speisehallen bis heute erhalten. In bayerischen Burgen und Residenzen gibt es noch Dürnitz-Säle wie z.B. in Landshut oder der Dürnitz-Saal von 1600 in der Münchner Residenz, heute die ›Pfälzer Weinstuben‹.

Die Rangfolge bei Tisch definierte sich durch die Entfernung von der Mitte. Man saß in einer nach Rang, Alter, Verdienst und Beruf ausgeklügelten Reihenfolge oben oder unten am Tisch. Männer und Frauen saßen abwechselnd als Tischherr und Tischdame bei Tisch, halfen einander und waren zur Konversation verpflichtet.

Auf dem Lande und in einigen Reichsstädten war es üblich, Männer und Frauen wie in der Kirche getrennt und einander gegenüber zu setzen. Zeremoniell und Rangabfolge ließen die Essen bisweilen langweilig und steif erscheinen: wenn die Tischgesellschaft in ihrer Zusammensetzung nicht wechselte, kamen immer die Rangnächsten nebeneinander zu sitzen. Es blieb dann nur noch eine Möglichkeit, das Oben und Unten der langen Tafel zu brechen: der runde Tisch kennt keine schlechteren oder besseren Plätze. Die Tafelrunde war seit König Artus' Zeiten Synonym für die Versammlung der Gleichen. Bis hin zum ›Runden Tisch‹ als Ausdruck der Gemeinschaft der Gleichberechtigten hat sich diese Vorstellung erhalten. Um die Tischordnung noch weiter aufzuheben, gab es die Möglichkeit des ›Pêle mêle‹. In einem Losverfahren bestimmte der Zufall, wer neben wem zu sitzen kam.

In der Regel galt aber die strenge Ordnung und das nach einem komplizierten Gewohnheitsrecht festgelegte Hofzeremoniell, das jedem seinen Platz zuwies, um Streit und Auseinandersetzungen zuvorzukommen. Gegessen wurde in den Residenzen in den Vorzimmern eines Appartements, das heißt der Zimmerflucht eines volljährigen Mitgliedes der fürstlichen Familie, von denen jeder einen eigenen Hofstaat hatte und auch über eine eigene Küche verfügte. Die Möblierung solcher Räume war noch in der ersten Hälfte des 18. Jahrhunderts äußerst sparsam. Die Ritterstube war unmöbliert, die Vorzimmer mit Bänken und Tabourets eingerichtet und nur dann mit Stühlen und Sesseln ausgestattet, wenn hier die Hoftafel gehalten wurde. Der Eßtisch und abends die Spieltische wurden jeweils eigens zum Gebrauch herbeigebracht. Gespeist wurde an mehreren Tafeln, die jeweils auch nach Rang besetzt und verschieden gut versorgt wurden. Sitzgelegenheiten wurden entsprechend dem Rang der Benutzer verwendet. So heißt es in einem Bericht vom Ansbacher Hof:

»Die Tafel war auf elf Personen gedeckt und zwölf sammete, mit Gold bestickte Fauteuils gesetzt, jedoch mit der Distinction, daß die Bras der beiden Fauteuils für Ihre Hoheit und Serenissimo mit rotem Samt bezogen und galonieret waren, des Herrn Gesandten Armlehnen aber unbezogen gelassen wurden. Ansonsten blieben die Polster an den Sesseln ganz weg. Die übrigen Tafelstühle waren die ordinairen von spanischem Rohr geflochtenen Sessel.«

Die Quelle zeigt, daß zur Rangunterscheidung der Sitzmöbel nicht nur die Form dient. Es bestand die Möglichkeit, durch Tabourets, Stühle, Sessel (mit und ohne Polsterung) und die Höhe der Rückenlehne die Unterschiede zu verdeutlichen. Darüber hinaus konnte man mit ungefaßtem Holz, gestrichenen Möbeln (mit und ohne Teilvergoldung) und ganz vergoldeten Möbeln eine Stufung erreichen. Das bedeutet jedoch nicht, daß ein bestimmter Rang stets einen bestimmten Sitzmöbeltyp zugewiesen bekam. Je nach Ort und Anlaß gab man nur jeweils die feinsten, höchsten und aufwendigsten Möbel den in der Rangordnung am höchsten stehenden Personen.

Das Kostbarste an einem höfischen Sitzmöbel war nicht das mehr oder weniger aufwendige Holzgestell, sondern die sehr teure Bespannung aus Brokat, Seidensamt oder Seidendamast, die mit Seidenbändern, vergoldeten Schnüren oder Nägeln garniert war. Das geht aus jedem Inventar hervor, in dem die Sessel nur genannt werden, um zu einer ausführlichen Beschreibung der Tapeziererarbeit überzugehen.

Während noch bis 1760 in den Vorzimmern des fürstlichen Appartements gespeist wird, baut man schon wenig später eigene Speisesäle, die in bequemer Nähe zu den Küchen liegen. So in München der Speisesaal neben der Grünen Galerie über dem Küchenhof, dann der ›Grüne Saal‹ in Nymphenburg über der Hofküche und auch in Schleißheim der neue Speisesaal im Erdgeschoß. Diese neuen Räume wurden entsprechend ausgestattet, besitzen Kamine und zeigen ein auf die Gaben der Erde bezogenes Bildprogramm, das ihren Zweck überhöhte. Nach den Inventaren von 1769 war die Bestuhlung auf 30 und mehr Personen angelegt. Diese neue Art, in großer Gesellschaft täglich zu speisen, bedeutet einen Ausbruch aus den rigiden Formen des Zeremoniells, das den Herrscher oft dazu verdammte, alleine zu essen. Weil er keinem gleich war, durfte sich niemand zu ihm gesellen.

Das 19. Jahrhundert nahm nach der durch Armut erzwungenen Zurückhaltung während der Biedermeierzeit, die sich auf die Teegesellschaft im Familien- und Freundeskreis beschränkte, die Traditionen der höfischen Gesellschaft aus dem Ancien Régime des 18. Jahrhunderts wieder auf. Die Dame von höchstem Rang saß zur Rechten des Gastgebers und war seine Tischdame. Von ihm links saß die Dame, die den zweithöchsten Rang einnahm. Rechts von dem ranghöchsten Mann kam nach diesem Muster die Dame von dritthöchstem Rang zu sitzen, links von ihm die Dame, welcher der vierthöchste Rang zukam.

Gäste wurden nur in gerader Zahl eingeladen. Ein 13. Gast galt als Unglücksbote und wurde stets durch einen hinzugeladenen vierzehnten Gast ausgeglichen. Gästezahl, Service und Garnituren folgten dem alten Duodezimalsystem, also 6, 12, 24, 36 und so fort. Die gesellschaftlichen Normen einer Sitzordnung gelten bis heute, allerdings nur noch für sehr offizielle Essen und Staatsbankette. Protokollbeamte reichten das Wissen der Zeremonienmeister und Hofmarschälle und Hofmeister hinauf in unsere Zeit. Sonst gilt das Pêle-mêle. Die Neugier, jemand Neuen kennenzulernen, ist größer geworden als das Bedürfnis, gesellschaftlichen Rang in strengen Sitzordnungen fixieren zu wollen.

H. O.

Literatur

Adalbert Prinz von Bayern, 1967
Baillie, 1967
Benoist, 1947
Kern, 1905/7
Ottomeyer, 1983
Plodeck, 1971/2
Visser, S. 1991
Benutzte Archivalien
Ordnung, welche Ihre Churfl. Durchlaucht in Bajern etc. bey denen bey Hof vorfallenden Aufwartungen, wie auch sonsten durchgehends mit Besuchung der Anti-Kammern und Ritterstuben in Zukunft gehalten wissen Wollen (Druck o.D.O.), 1712 K II/1
Churbajerische Kammerordnung (Druck 2.1.1769), 1712 K I/51 (Sämtlich Bayerisches Hauptstaatsarchiv Abt. III, Geheimes Hausarchiv)

EINE GASTEREI IM 17. JAHRHUNDERT

Bis zum Ende des 17. Jahrhunderts vollzogen sich in der höfischen Eß- und Tafelkultur Entwicklungen, die langsam auch für das wohlhabendere Bürgertum verbindlich wurden. Tafelsitten und -utensilien wurden aus dem höfischen Leben übernommen und den individuellen materiellen Verhältnissen angepaßt. Die Idealvorstellungen für die verschiedensten Bereiche des täglichen Lebens wurden seit dem 17. Jahrhundert in der sogenannten Hausväterliteratur, einer Literaturgattung, die sich vor allem an die städtische Oberschicht und den Landadel wandte, festgeschrieben. Neben vielen Aspekten der Bewirtschaftung eines großen Haushalts enthielten diese Bücher auch genaue Anweisungen für den Anbau von Nahrungsmitteln sowie für ihre Konservierung und Zubereitung, schließlich auch für das Auftragen bei Tisch.

Zu diesen Büchern zählt das Haus-Feld-Arzney-Koch-Kunst-Wunder-Buch von Johann Christoph Thieme aus dem Jahr 1682. Der Leser findet hier neben Kochrezepten Vorschläge für Speisefolgen zu den verschiedensten Jahreszeiten und Anlässen. So ist auch an die zahlreichen Fasttage – bis zu 140 im Jahr konnten es sein – gedacht. Zum Beispiel schlägt der Autor seiner Leserschaft folgende Fastenspeisen vor:

»**Verzeichnuß der Speisen an Fast- oder Fisch-Tagen.**

Der erste Gang
1. Eine Schüssel mit Butter und Eyern
2. Eine Schüssel mit Austern
3. Ein gesottener Hecht
4. Ein gehackter Salat von Binetsch
5. Ein Karpff in einer Brüh
6. Ein Gericht frischer Fische
7. Eine Pastete von Karpffen

Der andere Gang
1. Eine Schüssel gebachener Struetzel
2. Einen frischen Lachs
3. Eine Schüssel mit Krebs
4. Eine Schüssel eingemachte Austern
5. Eine Schüssel Tarten
6. Eine Schüssel Anjovis«

Die Gerichte wurden auf zwei Gänge verteilt aufgetragen, und jeder Gast konnte sich dann von den Speisen auf dem Tisch nehmen, was ihm am meisten zusagte.

Das Haus eines Patriziers in Zürich im 16. Jahrhundert

Für den täglichen Gebrauch sind in den Wohnzimmern längs der Wand und um einen großen Tisch herum lange Bänke für die Haushaltung hingestellt, wovon die oberste, für den Herrn und die Frau des Hauses bestimmt, mit Tuch ausgeschlagen ist. Kommt Gesellschaft, so werden in den reicheren Häusern hölzerne Stühle hingestellt, deren Sitze mit Sammet beschlagen und mit seidenen, auch, wenngleich selten, mit silbernen und goldenen Fransen geziert sind. Weniger Reiche begnügen sich mit Stühlen, mit gefärbtem Tuch oder Leder ausgeschlagen, oder mit Polstern darauf, die von den Frauen und Töchtern im Hause gestickt sind. Mit dergleichen und auch mit gestickten Teppichen werden bei festlichen Gelegenheiten die Tische bedeckt. Lehnstühle hält dieses rüstige Volk nur für Kranke oder Greise tauglich. Reiche Leute haben ein großes Kapital an einer Menge von silbernen und vergoldeten Trinkgefäßen, Pokalen, Schüsseln u.a. und darunter viele von vortrefflicher Arbeit. Die großen Trinkgefäße haben die Figuren von Kriegern, Pferden und anderen Tieren, die etwa der Besitzer in seinem Wappen führt. Unter den Pokalen gibt es viele große und schwere, daß nur ein handfester Mann, wenn sie gefüllt sind, sie behaglich mit einer Hand halten mag. Statt der kristallenen kostbaren Gefäße der Italiener hat man die silbernen und vergoldeten für mancherlei Gebrauch, aber sie kommen nur an festlichen Tagen zum Vorschein. An solchen Tagen wird alles Silbergeschirr an dem auffallendsten Ort des Zimmers symmetrisch aufgestellt, einem aufgerüsteten Altar nicht unähnlich. Alles muß glänzen. Zum Gebrauch der Gäste stehen schon Becher, Kannen und Schüsseln auf der Tafel, aber

weiter auf Seite 144

Titelblatt zu:
Georg Philipp Harsdörffer,
Vollständig vermehrtes Trincirbuch von
Tafeldecken, Trinciren...,
Nürnberg 1657.

Aufstellungsplan der Platten und Schüsseln
für eine festliche Tafel, aus Amaranthes,
Frauenzimmerlexikon, Leipzig 1715.
▽

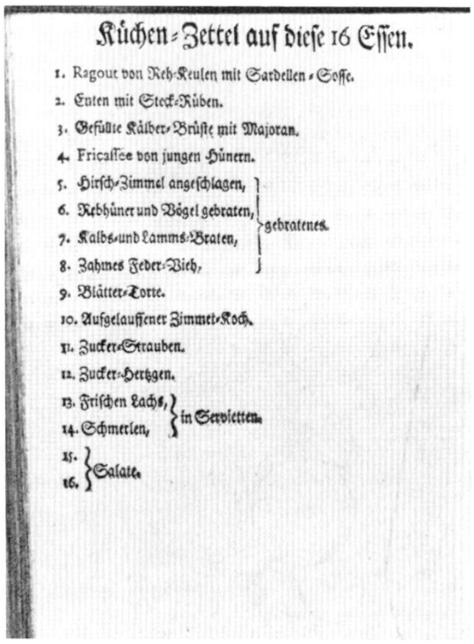

Küchen-Zettel auf diese 16 Essen.

1. Ragout von Reh-Keulen mit Sardellen-Soffe.
2. Enten mit Steck-Rüben.
3. Gefüllte Kälber-Brüste mit Majoran.
4. Fricassee von jungen Hünern.
5. Hirsch-Zimmel angeschlagen, }
6. Rebhüner und Vögel gebraten, } gebratenes.
7. Kalbs- und Lamms-Braten, }
8. Zahmes Feder-Vieh, }
9. Blätter-Torte.
10. Aufgelauffener Zimmet-Koch.
11. Zucker-Strauben.
12. Zucker-Hertzgen.
13. Frischen Lachs, } in Servietten.
14. Schmerlen, }
15. } Salate.
16. }

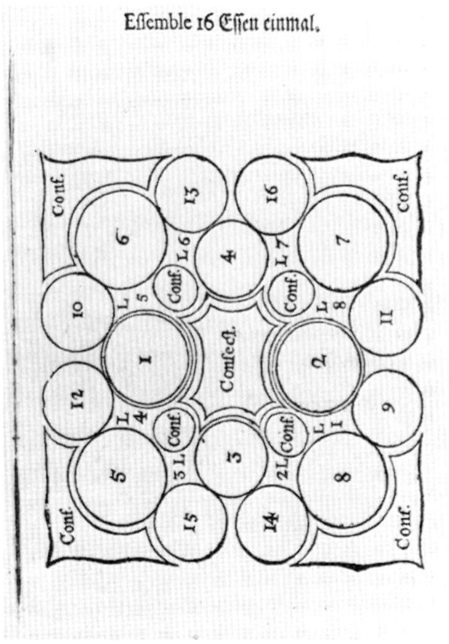

Natürlich waren in den zeitgenössischen Kochbüchern und Haushaltsratgebern auch Anweisungen für das Tafeldecken und Serviettenbrechen sowie für die Auswahl des Tafelgeschirrs zu finden. Zinngeschirr gehörte zur besseren Ausstattung des bürgerlichen Tisches. In Amaranthes ›Frauenzimmerlexikon‹ aus dem Jahr 1715 werden die Teile des Tafelservices benannt: »Tafel-Servies heisset insgesamt dasjenige Geräthe, so man zu Bestellung einer gedeckten Taffel nöthig hat, bey hohen Standes-Personen ist es insgemein von Silber, bey Privat-Personen aber von Zinn verfertiget: hierzu gehören Schüsseln, grosse, mittel und kleine, Comentlein, Assietten, Teller, Löffel, Vorlege-Löffel, Messer, Salz-Meste, Leuchter, Schüssel-Ringe, Pocale u.d.g.m.«

Die genaue Anweisung für das Tafeldecken aus einem Nürnberger Kochbuch von 1706 läßt ein lebendiges Bild eines gedeckten Tisches aufscheinen: »Ob gleich schon oben etwas von dem Tafel-Decken gedacht worden / wollen wir doch noch ferner dieses mit anführen / und solches noch deutlicher erklären.

1. Es wird erstlichen der Tisch / oder die Tafel / mit einem reinen und saubern Tafel-Tuch bedecket / und so dasselbige von glatten und ungebildeten Leinwant / so kan dasselbige zierlich mit Plicaturen gestaltet werden / daferne es aber von gebildeter oder gemödelter Leinwand: (so man die damasten Arbeit nennt) so kann selbiges ungefalten verbleiben.

NB. Wann das Tisch- oder Tafel-Tuch / von glatter / ungemödelter Arbeit / also sollen auch die Servieten oder Fatscheinlein seyn.

2. So viel nun Personen zur Tafel kommen sollen / so viel solle man auch Teller und Servieten / aufs allerwenigste eine Elen weit / voneinander geleget werden.

3. Neben jeden Teller / leget man ein sauber Messer und Gabel / und oberhalb deß Tellers / einen silbernen oder andern zierlichen Löffel.

5. Auf einen jeden Teller / wird ein geraspelt oder ungeraspelt Laiblein Brod geleget / und über dieses ein Serviet, wann es gefalten / zierlich aufgestellet; So es aber gemodelt / oder von der Damast-Arbeit / so kan selbiges nur ungefallten / sonderbar gelegt / und das Brod darmit bedecket werden.

6. So viel nun Teller herum geleget / so viel müssen auch Stühle oder Sessel herum gestellet werden.

7. Nachdeme nun dieses verrichtet worden / so setzet man die Saltz-Fässer / Schüssel-Ringe / und bey der Nacht die Leuchter / samt den Liechtern / nach der Tafel-Länge / wenig oder viel...
Die Tafel kan nun nach der Jahres-Zeit / als im Frühling / mit allerley schönen wohlriechenden Rosen / Blumen / Tulipanen / Violen / Narcissen / Tuberosen / Graßblumen / und dergleichen. Im Winter aber mit Roßmarin / Citronen- Pomerantzen- Grannten- Lorbeer- und andern dergleichen wohlriechenden Blättern / bestreuet werden. (Die curieuse Köchin. Aufgeführet in einem Vollkommenen Kochbuch. Nürnberg 1706 zit. nach Bursche 1974).«

Zusätzlich enthielt fast jedes Kochbuch Aufstellungsschemata, die Platz und Verteilung der einzelnen Gerichte festschrieben. Der Gebrauch der Serviette oder des Mundtuches hatte sich erst im 15. Jahrhundert eingebürgert. Im Laufe des 16. Jahrhunderts entwickelte sich in Italien dann die Mode des Serviettenbrechens. Damit wurde die Serviette zu einem festen Bestandteil der Tafeldekoration. Erst Mitte des 17. Jahrhunderts wurde diese Methode der Falttechnik einem breiteren Publikum in Deutschland durch die sogenannten Trincir-Bücher, die sich stark am italienischen Vorbild Matthias Gighers (1639) orientierten, bekannt.

»Die Fatscheinlein Hand- oder Tellertücher / können mit fug Fat- oder Feeltscheinlein genennet werden / weil sie nachfolgender gestalt die Falten

Anweisung zum Brechen von Tafeltüchern und Servietten, aus: Georg Philipp Harsdörffer. Vollständig vemehrtes Trincirbuch von Tafeldecken, Trinciren ..., Nürnberg, 1657

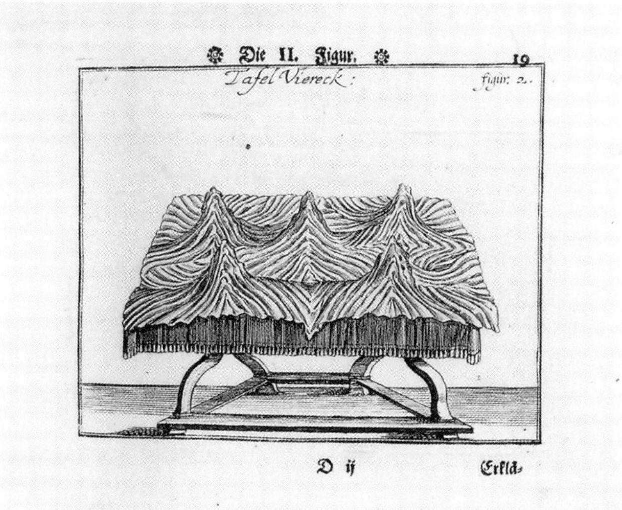

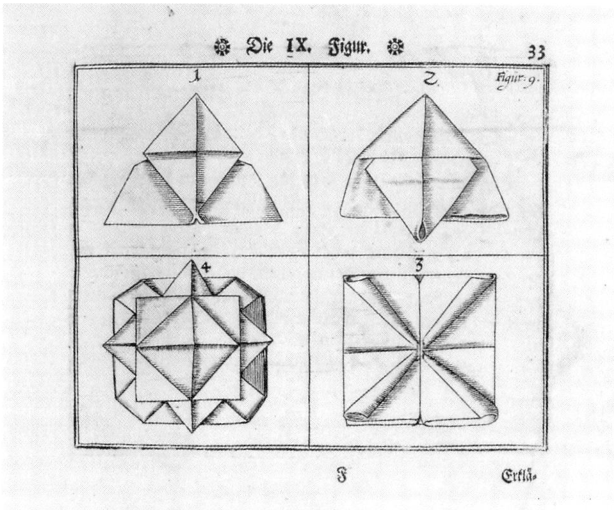

18

Erklärung der II. Figur.

DJe Tische sind ablangs / vierecktigt oder Circkelrund: Von den runden ist hier eine schöne Art / die fast geflammt und wellenartige Höhen giebet / welche sich doch mit den Schüsseln / Leuchter und Tellern leichtlichen einebnen und niederdrucken lassen. Hiervon ist eine Nachrichtung auf dem 27. Blat bey der 4. Zahl zu finden / und dem / der es einmal gesehen / so leicht als deß Columbi Ey auf den Tisch zu stellen.

Nun folget das Tafeltuch auf den viereckichten Tisch / welches den vorhergehenden in diesem ungleich / daß die Brechung gerad / wie die vorhergehende krumm ist.

Wie das Tafeltuch geleget und gefaltet werden soll / ist hier genugsam zuersehen / Nach dem es groß / nach deme müssen der △ viel werden.

32

Erklärung der IX. Figur.

VJel Sachen lassen sich sagen und nicht mahlen: Viel lassen sich bilden und nicht sagen: Viel können mit dem Gemähl und mit den Worten nicht außgedrucket werden / darunter auch diese Arbeit mit Plicaturn / und ist in dieser ersten Figur zu sehen / wie der Anfang und die Grundlegung 1.2.3.4. gemachet wird / allermassen auch zuvor angedeutet worden.

Weil aber die biß anhero angewiesne Figuren fast klein und unerkantlich / folgen solche und dergleichen in grössern Format / und ist der erste Anfang deß Blats alhier deutlicher wiederholet.

doch ist es so eingerichtet, daß auch etliche von den zur Schau gestellten Geschirren auf den Tisch gebracht werden zum Zeichen, daß den Besuchern alles zu Diensten steht; es wird aber so eingerichtet, daß die Symmetrie darunter nicht leidet. Die Gefäße, auf die man am meisten Kunst und Pracht verwendet, sind die Eß- und Trinkgeschirre, deren sich die reichen Frauen in den Wochen für sich bedienen, oder in denen dem neugeborenen Kinde seine Bedürfnisse gereicht werden; sie sind immer von stark vergoldetem Silber und meist von getriebener Arbeit, die biblische Geschichten vorstellt. So einfach und haushälterisch die Speisen im täglichen Leben sind, so einfach ist auch das Tischgerät. Die Löffel sind durchweg von Holz oder Horn, nur bei reicheren Leuten die des Hausvaters und der Hausmutter mit ein wenig Silber verziert. Von gleichem Gehalt sind auch die Teller der Gemeinen, die der Reichen von Zinn, wenigstens die des Hausherren und der Hausfrau, die Schüsseln von verzinntem Kupfer, von Zinn oder gebrannter Erde, so auch die Trinkgefäße. Glas hat man nicht zum täglichen Gebrauche, deshalb sind die Flaschen von hartgebranntem Ton, die Becher hölzern oder von Zinn. Überall wird auf diesen Vorzug gehalten, daß des Hausvaters und seiner Frau Tafelgerät sich in etwas von dem der übrigen unterscheide, es mag auch sonst noch so schlecht sein. Die Speisen bei festlichen Gelagen sind von den italienischen verschieden; man kennt z.B. die ausgestopften versilberten und vergoldeten Vögel nicht, noch die in Pasteten eingeschlossenen versilberten und vergoldeten Fische, die als Schauessen nur das Auge belustigen sollen und viel teurer sind als die besten Speisen. Was aufgetragen wird, muß eßbar sein.

(aus: Beatus Rheanus, Drei Bücher deutscher Verhältnisse, Basel 1531)

Literatur

Amaranthes, 1715
Bursche, 1974
Harsdörffer, 1657
Schiedlausky, 1956
Thieme, 1682

scheinen machen / wie auff Königlichen und Fürstlichen Tafeln mit Verwunderung anzuschauen. Es sind aber derselben zweyerley / die ersten gebraucht man Hand und Mund damit zu reinigen / die andern aber nur zu bezierung der Tafel / und diese werden von gestärckter Leinwad auff mancherley art zusammen gelegt ...«

Die Gabel als Hilfsmittel für die Nahrungsaufnahme ist, von wenigen Ausnahmen abgesehen, erst seit dem 16. Jahrhundert überliefert. Beim Tranchieren und in der Küche fand sie allerdings bereits vorher Verwendung. Wollte man sich früher bei Tisch nicht der Finger bedienen, spießte man die feste Nahrung auf die schmale, spitz zulaufende Klinge des Eßmessers und führte sie so zum Munde.

Der Ursprung der Gabel liegt wahrscheinlich im byzantinischen Kulturkreis. Wie wir aus einer Legende wissen, benutzte die griechische Prinzessin Argillo anläßlich ihrer Vermählung mit dem Sohn des Dogen von Venedig, Pietro Orseolo, 995 bei ihrem Hochzeitsmahl eine Gabel. Jahrhunderte mußten noch vergehen, bis zu Beginn des 15. Jahrhunderts in Italien die zweizinkige Spießgabel immer häufiger als Eßinstrument benutzt wurde. Vermutlich fand sie zunächst vor allem beim Verspeisen von klebrigem Konfekt oder von Käse Verwendung. Die Gabel kam dann in Frankreich, später in England und Deutschland zunehmend in Gebrauch beim Essen, nachdem sie hier zuvor nur zum Herübernehmen der festen Speisen von der Platte gedient hatte. Ihre Verwendung – sie ersetzte jetzt das Messer beim Aufspießen der Fleischstücke – brachte die Abrundung der Messerklinge mit sich. Damit war dem Messer einmal seine Gefährlichkeit als Stichwaffe genommen, in welcher Funktion es bei Streitigkeiten am Tisch auch gelegentlich zum Einsatz gekommen sein soll. Zum anderen hatte das von Erasmus von Rotterdam beklagte Stochern in den Zähnen mit dem spitzen Messer ein Ende.

Noch im 17. Jahrhundert war die Gabel weitgehend ein Luxusgegenstand der Oberschicht. Auch den Widerstand der Kirche gegen die Gabel, die mit der zweizinkigen Forke des Teufels verglichen wurde, dürfte ihrer Verbreitung nicht förderlich gewesen sein. Vereinzelt findet sich auch die theologische Argumentation, das Essen sei in der gleichen Weise zum Mund zu führen wie Christus es getan habe, nämlich allein mit den Fingern. Erst zu Beginn des 18. Jahrhunderts kam die Gabel schließlich in allgemeinen Gebrauch und gehörte fortan zum Gedeck aller Mitglieder der Tafelrunde. Gleichzeitig vollzieht sich der Wandel von der zweizinkigen, geraden zu der heute noch gültigen Form mit drei oder vier gebogenen Zinken. Diesen Status, der allerdings noch für weitere hundert Jahre nur für die gehobenen Schichten angenommen werden darf, beschreibt z.B. Zedler in seinem 1735 erschienenen Universallexikon: »Gabel heisset insbesonderheit dasjenige Instrument, welches man nebst dem Messer über der Mahlzeit zum Speisen gebraucht, solche Theils bequem zu zerlegen, Theils zum Genuß damit zum Munde zu führen.«

Eine wichtige Rolle auch beim Zeremoniell der Tafel sollten allerdings weiterhin das Handwaschbecken, die Wasserkanne und die Wasserblase behalten. Sie stammen aus der Zeit, in der die Gabel noch nicht zu den gebräuchlichen Bestecken gehörte. Reinlichkeit galt in jenen Zeiten als besonders wichtige Tugend bei Tisch. Die zunehmend kleiner werdenden Formate der Wasserblasen lassen allerdings darauf schließen, daß das öffentliche Händewaschen vor den Mahlzeiten mehr der Zeremonie als der Säuberung diente.

S. B.

Die Unterweisung / wie man / nach Französischer Art / ein grosses Banquet anstellen soll.

Zu einer Compagnie von dreyssig vornehmen Personen / welche man herzlich tractiren will / muß man auf einen Tisch bedacht seyn / selbigen mit so viel Teller und Servieten / als Personen sind /zu belegen / jeglicher Teller in solcher Weite / als ein Stul ist / auf jeder Seiten vierzehen / und oben am Tische einen / unten aber einen oder zween. So muß man auch zusehen / daß der Tisch breit genug sey / und das Tischtuch von allen Seiten wol abhange daß viel Salzfässer / Messer und Gabeln / wie auch Tafel-Kränze mitten auf dem Tische seyen / worauf man in Aufdeckung der Schüsseln die ledigen setze.

Der erste Gang.
Man träget zu erst dreyssig Schüsseln zu Tische / worinnen nichts anders als Suppen-Gerichte / gehackte und aufgeschnitten Brod zugerichtete Speisen sind / in fünffzehen Schüsseln dieser Suppen soll man das Fleisch noch ganz sehen können / in den übrigen fünfzehen soll das Gehackte auf Brod zugerichtet seyn. Diese Schüsseln soll man wechselweise zuschicken / und oben auf der andern Seiten eine gute gesunde Suppen / und auf der andern eine Potage ala Royne / welche von etlichen gehackten Rephünern und Fasanen gemacht / weiter herunter wieder eine Gesund-Suppen und ein ander gehacktes mit Erdschwämmen / Artischocken und andern Sachen / gleich über diese aber eine Bisque setzen / nechst den andern eine Potage garny / so von allerhand Abfalle der Gevögel ist / nechst der Bisque eine Jacobine oder andere Schüssel / man fährt also Wechselweise damit fort / bis zum Ende deß Tisches / und wird immer ein schwaches Gerichte bey einem starken gesetzet.

Der ander Gang.
Dieser bestehet in allerhand Gerichten / als fricassirten / in kurzer Brüh gesottenen / gebratenen Wildbret und Pasteten / so wol gemeinen / als von Blättertaig gemachten / von Torten / Schnecken / Zungen / Würstigen / Saucissen und Blutwürstigen / Melonen und Früchten / so man zu erst mit der Jahrs-Zeit zu Tische setzet/ mit etlichen kleinen Salaten und andern Kräutern / welche auf die Salz-Fässer und Tafel-Ringe mitten auf den Tisch gesetzet werden. Es mag nun der Speißmeister nach seinem Gutdünken dieses alles verbessern. Dieses aber hat er wol in Acht zu nehmen / daß er sich allezeit zur rechten Seiten deß Tisches stelle / wann er kan / und solches darum / weil es ihm in Darsetzung der Schüssel also besser zur Hand ist. So muß er auch auf der andern Seiten einen Gehülffen haben / der die vorige Schüssel wieder abhebt, und nicht mehr zur Zeit nehme / als man wieder an die Stelle schieben kan. Er darff aber zur Zeit nicht mehr als zu vier Schüsseln Platz lassen. Zum dritten muß der Aufsetzer in Acht nehmen / daß er niemals eine Schüssel mit grossen Stücken Fleisch für vornehme Leute setze / die weil ihnen solches das Gesicht benimmt / und sie Ehren-halber den andern davon fürlegen müssen. Zum vierdten muß er die Schüsseln auch also setzen / daß allezeit ein schwach und starkes Gerichte auf einer und andern Seiten in gleicher Weite beysammen stehen / so sollen auch die Schüsseln also gemenget werden / daß man nicht merken könne / daß ein Gerichte zweymal sey.

Der dritte Gang.
Dieser bestehet in allerhand grossen Gebraten / als Repphünern / Fasanen / Schnepfen / Wilden- oder Holz-Tauben / jungen Calckunen / jungen Hünern / jungen Hasen / Caninichen / ganzen Lämmern und dergleichen. Hierbey werden in kleinen Schüßlichen aufgesetzt/ Pomeranzen / Citronen / Oliven und dergleichen.

Der vierdte Gang.
Diesen macht man von allerhand kleinem Gebraten: Als Wasser-Schnepffen / Krammets-Vögeln / Lerchen / Ortulans / Kalbs-Schwedern und andern dergleichen. Hierbey kan man allerhand Geprägeltes aufsetzen / und die Schüsseln also vermengen / daß allezeit eine Schüssel mit Gebratens / und eine mit Geprägeltem beyeinander kommen / was von Früchten und andern Sachen gemacht ist / setzt man auf die gegabelte Salz-Fässer und Tafel-Ringe.

Der fünffte Gang.
Will man Fische mit Speck gesotten zu Tische tragen / so setzet man die Lächse / Forellen / Karpffen und Hechte mit denen Pasteten / so auch von Fischen gemacht sind / ganz zu Tische / und schiebet darzwischen etliche Schüsseln mit fricassirten Schild-Kröten und Krebsen / worauf man ihre Schalen legt / oder / in Ermanglung derselben / zieret man die Schüsseln mit Pomeranzen und Citronen.

Der sechste Gang.
Dieser bestehet in allerhand Gerichten / so von Butter und Speck zugerichtet sind / wie auch vielen Arten Eyern / derer etliche mit Schaafskeulen-Safft vermenget / andere in der Pfannen gebachen / etliche mit Zucker vermischet sind / die man so wol kalt / als warm essen kan / wie auch in allerhand färbichten Gallarten. Auf die gegabelte Salz-Fässer und Tafel-Kränze setzt man die Schüssel mit Artischocken / Cardons / und Celeri / mit Oel und Pfeffer.

Der siebende Gang.
Dieser bestehet in allerhand Früchten / sofern die Jahres-Zeit solches zulässet / auch Milchraum und Gebachenem. Auf die Salz-Fässer und Tafel-Kränze setzet man Mandeln / und ausgeschählte Wall-Nüsse.

Der achte Gang.
Der Ausgang dieses Banquets bestehet in allerhand Confituren / so wol nassen als trocknen / Marcipanen / Conserven und gecondisirten. Auf die Salz-Fässer und Tafel-Kränze oben setzet man Stengel von Benkohl / welche mit allerley gefärbten Zucker bestreuet / auch mit kleinen Zahnstochern bestecket sind / wie auch etliche Schüsseln / mit Bisenküglein / und andern nach Ambra und Muskus wolriechenden Zucker. Der Speißmeister soll zum wenigsten auf jeden Gang die Teller / und zwischen zwey Gängen die Servieten wechseln.
Im Abheben / fängt man zu erst unten am Tische an;der mit zu Tische dienet nimmt unterdessen die Teller / Salz-Fässer und was auf dem Tische stehet / hinweg / und endet also oben bey dem Tische / wo er alsobald zu waschen präsentiret. Indessen ist der ander geschäfftig / und langet die Hand-Rollen herum / und enden sich also diese Ceremonien unten am Tisch. Es mag auch derselbe / so das Hand-Becken hält / solches verwechseln oder ausgiessen.

(aus: Johann Christoph Thieme, Haus-Feld-Arzney-Koch-Kunst-Wunder-Buch, Nürnberg 1682, S. 1028-1036)

EIN FEIN SÜPPLEIN FÜR DEN KRANKEN – *Speisekarte und Diät*

In der Renaissance wurde der Arzt zum Humanisten. Er war des Lateinischen und Griechischen mächtig, und durch das Studium der antiken Quellen konnte er sich die Lehrmeinungen des Hippokrates und des Galen erschließen, die er überzeugt und kritiklos vertrat. Die Hinwendung zur naturwissenschaftlichen Medizin aber fällt erst an das Ende des 16. Jahrhunderts: Das Studium der Anatomie machte die Ärzte neugierig, sie begannen, selbst Beobachtungen zu machen und diese niederzuschreiben. Sie besannen sich auf den Kern der wissenschaftlichen Lehre Aristoteles', der die Bedeutung von Erfahrung, Kunstfertigkeit und Verständnis hervorhebt. »Die Erfahrung ist aller Dinge Meister«, sagt Paracelsus.

Aus der Fülle der Krankengeschichten, die aus dieser Zeit überliefert sind, erhält man auch Einblick in die Lebens- und Eßgewohnheiten der Menschen in Deutschland vor etwa 400 Jahren. Jedoch trifft dies weitgehend nur auf den Adel, den hohen Klerus und die Patrizier zu, denn nur die Angehörigen der Herrschenden und wohlhabenden Schichten konnten sich von einem gebildeten Arzt beraten lassen und waren überdies in der Lage, sich die Fülle der exquisiten Speisen zu leisten, die ihnen im Namen der Gesundheit verordnet wurden.

Wir beziehen uns im Folgenden auf einige überlieferte Diätvorschriften zweier Ärzte aus der Oberpfalz – Andreas Rosa (1530–1602) und dessen Sohn Johannes Rosa (1579–1643) –, die einen guten Einblick in die Heil- und Kochkunst des 16. und 17. Jahrhunderts bieten.

Die Verfügbarkeit von Gewürzen, die der Überseehandel erschlossen hatte, erlaubte die schmackhafte Zubereitung der Fülle von Gaben aus Land und Garten und der Vielfalt von Fisch und Wild. Eine Differenziertheit von Zubereitungstechniken scheint vorausgesetzt, die auch den Ansprüchen eines Gourmets unserer Tage genügen würde.

Was den Arzt unserer Zeit an der schriftlichen Krankenberatung im 16. und beginnenden 17. Jahrhundert beeindruckt, ist vor allem die häufig treffende Diagnose, obwohl der Arzt den Patienten meistens nicht einmal sah oder gar untersuchte.

Fast jedes der ärztlichen Consilia beginnt sodann mit einem Kommentar der hippokratischen Lebensregeln, der sechs ›res non naturales‹: Luft, Speise und Trank, Schlaf und Wachsein, Bewegung und Ruhe, Ausleerung und Auffüllung sowie Gemütsbewegungen. Je nach Stand des Adressaten sind die therapeutischen Ratschläge in deutsch oder lateinisch abgefaßt und mit weitschweifiger Gelehrsamkeit geschmückt. Zur Speise wird z.B. bemerkt:
»Die Speise sei feucht und mäßig warm, wie es sich für Fiebernde gehört, denn wie Galen in seinen 14 Heilmethoden erwiesen hat, rühren Deine peri-

odischen Kopfschmerzen von Blähungen und von der Galle her. Daher muß alles vermieden werden, was dem Kopf durch gallige Ausdünstung Schaden bringt. Derartige Dinge sind Gewürze und alles Heiße, wie aus dem Zeugnis des Hippokrates im 5. Buch, 28. Aphorismus, und aus dem Kommentar des Galen hervorgeht.«
Selten fehlt in diesem Zusammenhang ein beschwörender Hinweis auf die Wirksamkeit der dem Patienten verordneten Arzneien:
»Wenn aber einer dencken möcht / einer solchen Kranckheit wird man nicht abhelfen können / Dieser aber verredet sich (= der straft sich selbst Lügen) / das er nicht weiß / das die Artznei hilft / wie auch der Reuhm sagt.«
Schließlich folgt der ausführliche Diätplan, von dem wir hier nur einige beispielhafte Auszüge wiedergeben:
»Der virte und letzte Punct ist / das Ir euch ordentlich / messig und gebürlich im Speisen verhaltet / Ordentlich als das Ir euch des Tags nur zweymals / frü kurtz vor 10 Uhrn und abents umb 5 Uhr speisen lasset und bey solchem euch auch zu halten messig / als das Ir frü nur von einem brülein als Suplein esst und denn ein virtlein von einer Hennen oder soviel Kalbs oder sonsten junges Fleischs / das nur gekochet / mit dem leichsten gesaltzen oder wo mans gewohnen könt / ohne Saltz und nur bei Suppen und Fleisch einerley Speis verbliben / dazu frü ein zwo Semmel für einen Pfennig oder nur halben Rocken gessen / Abents aber von allem nur reichlich halb soviel esset und woll messiger sonderlich im Anfang verhaltet /...
Volget nu aber kurtz / was für Speise euch zu brauchen / als Von Suppen / von Jungenfleisch oder Hennen / von Haberkrütz / von lautern Erbesbrülein zu weilen / doch selten / von Wassersüplein mit frischer Butter / jedoch nicht sehr faist noch gesaltzen /
Vom Zugemüß / weich Eiher / Zwetschken / grün Spinat / Kraut / Öpfelbrey / Semmelbrey mit Fleisch oder Hünerbrü zugericht / kleine Rosin oder etzlich wenig abgezogene Mandel /
Von Fleisch / als Hennen / Cappaun / Kalbfleisch / Hammelfleisch und Jungrintfleisch / neben Waldvogeln als Ir sie haben könt / und kocht / nicht gebraten /... Welches ich zu gonstiger Nachrichtung vleißig vorzeichnet / Gott wolle und wird mit Gnaden segnen /...«

Kulinarische Badekuren

Einer besonderen Vorliebe erfreuten sich Brunnenkuren, vor allem in den böhmischen Sauerbrunnen, deren Sinn in einer allgemeinen Reinigung des Körpers gesehen wurde. Die abführende Wirkung der Wässer, unterstützt durch die beliebten Purgier-Pülverchen, spielte dabei die Hauptrolle: Es sollen täglich sechs Librae oder drei Maß (!) Brunnenwasser getrunken werden. Ein geregelter Tagesablauf und besonders eine gute Kost waren wie heute Voraussetzungen für einen ersprießlichen Verlauf der Badekur.

Als Beispiele für die ärztlich verordnete Ernährung seien hier aus dem ›Speisezettel der in der Sauerbrunnen-Kur verbotenen und zugelassenen Speisen‹ nur die Voressen und das Gebratene angeführt. Eine ähnlich beeindruckende Auswahl findet sich auch unter den Rubriken Salate, Suppen, Gesottene Speisen, Gemüse, Fische, Gebackenes und Konfekt.

(Speisezettel siehe folgende Seite)

Zugelassene Speisen | **Verbotene Speisen**

Voressen (Vorspeisen)

Zugelassene Speisen

1) Zu einem Voressen soll allein das Schnitzel oder Hack aus gutem Fleisch mit Muskatblüten oder wenig Pfeffer zugelassen sein.
2) Eier in der Schüssel mit frischer Butter
3) Bieglein von jungem Fleisch (außer Herz) wohl versotten.
4) Vorspeisen aus Eiern, ›Eierkreitl‹ genannt, in einer süßen Weinbrühe mit Safran und Weinbeeren.
5) frisch weich gesottene Eier.
6) ›Verlorene Eier‹ aus dem Wasser.

Verbotene Speisen

1) Kuttelfleisch
2) Ochsenfleisch
3) Eier in Schmalz
4) Kalbskopf oder andere junge Tierköpfe. »Sponfärl« wie auch gebackene Leber sollen selten oder gar nicht aufgesetzt werden.
5) Hart gesottene, wie auch das Weiß von Eiern.
6) Gebackene Ochsenzungen aus Eiern (Ochsenaugen).
7) »Rosen«- und Leberwürstle.
8) Gsottenes Ochsen- und Rindfleisch.

Gebratenes

Zugelassene Speisen

1) Gebratene Coppaun
2) Hennen
3) Hühner
4) Tauben allerlei Berg- und Waldvögel wie
5) Fasane
6) Schnepfen
7) Turtl- und Wildtauben
8) Lerchen
9) Krammetsvögel, Gebratenes vom Kalb, Lämmern, Kitz, Häckerling und jungen Schafen.

Verbotene Speisen

1) Gebratenes Schweinefleisch.
2) Bratwürste sollen gewürzt und nicht oft genossen werden.
3) Geiß
4) Enten (mit Ausnahme der wilden sollen zu Zeiten zugelassen sein)
5) Spanferkel
6) Alles Gebratene soll mit keinem Speck gespickt werden.
7) Rehschlegel, Wildschweines, Kopf und was von Schweinen und rotem Wildbret so nicht zu hart und zu fett, gebratene junge Hasen, Rebhühner, Birkhähne und -hennen, jung ›Indianische Stückl‹ (= Truthahn).

Die große Beachtung, die man damals der Diät schenkte, wird verständlich, wenn man die Beschränktheit der therapeutischen Mittel bedenkt und dem von Ritter Falstaff eindrücklich verkörperten Hauptlaster der Zeit Rechnung trägt, der Unmäßigkeit in Essen und Trinken. Konnten die Ärzte zu Ende des 16. Jahrhunderts die Leiden ihrer Patienten auch meist nur wenig lindern, um ihr Leben dadurch erträglicher zu machen, so waren sie doch um so mehr bemüht, eine vernünftige Lebensführung vor allem in dem, was sie als Mäßigkeit in Essen und Trinken ansahen, zu empfehlen.

Die medizinische Wissenschaft hat seitdem sehr große Fortschritte gemacht, die es erlauben, mit gänzlich anderen Methoden erfolgreich gegen jene Krankheiten vorzugehen, die über Jahrhunderte als unheilbar gegolten hatten. Allerdings wurde darüber auch nie vergessen, daß es nicht zuletzt die Ernährung ist, die wesentlichen Einfluß auf Entstehung und Verlauf von Krankheiten hat und daher auch ein Element der Therapie ist.

In Zeiten der Not und des Mangels können die Menschen nicht wählerisch sein, und wenn einmal Speis und Trank reichlich angeboten werden, zügelt man sich nicht, da man ja nicht weiß, wann man sich wieder wird sattessen können. Die ›Freßwelle‹ nach dem Zweiten Weltkrieg hat das noch in jüngster Vergangenheit gezeigt. In Zeiten des Mangels war das sparsame Nahrungsangebot aber auch ein regulierender Faktor der Stoffwechselkrankheiten, der z.B. die Zuckerkrankheit oder Gicht verhindern konnte. Das immense Lebensmittelangebot, über das wir in den westlichen Industrienationen heute verfügen, erlaubt es uns, in Hinsicht dessen, was auf den Tisch kommt, eine Auswahl zu treffen und ein gesundheitsbewußteres Leben zu führen. In Zeiten des Überflusses kann man sich den Luxus leisten, sich gesund zu ernähren. Eine ganze Industrie ist entstanden, die Bioprodukte produziert und vermarktet. Kalos, agathos – man will schön und gut sein, die Umwelt schonen, ökologisch bewußt und gesund leben. Die Leitbilder unserer Zeit, Jugend und Schönheit, Gesundheit und langes Leben, beginnen zunehmend unsere Eßgewohnheiten nachhaltig zu beeinflussen. Statt Martini wird nun auf Cocktailpartys Perrier angeboten; fettes Fleisch ist verpönt, da es den Cholesterinspiegel erhöht.

Mit wachsendem Mißtrauen gegenüber den möglichen gesundheitsschädlichen Auswirkungen mancher synthetischen Medikamente ist auch in der Medizin die Diätetik wieder mehr ins Bewußtsein gerückt. Gerade im Fall der sogenannten Zivilisationskrankheiten wie Arteriosklerose und Herz- und Kreislaufkrankheiten ist man sich bewußt, daß gesunde Ernährung ein wesentlicher Faktor der Vorbeugung ist. Wenn auch darin, wie manche glauben machen wollen, sicher nicht das Allheilmittel gegen jede Krankheit und noch weniger der Weg zur Unsterblichkeit liegt, so ist es doch sicher zutreffend, daß in einer ausgewogenen und den individuellen Lebensumständen angemessenen Ernährungsweise ein Schlüssel zur Erhaltung der Gesundheit liegt. Vor allem ein Schlüssel, der jedermann zur Verfügung steht und der, außer einer gewissen Aufklärung, keines institutionellen medizinischen Aufwandes bedarf.

Allerdings: Das Leben ist nicht immer nur von der Vernunft bestimmt. Und so ist es angesichts der schließlich auch zwanghaften Seiten des geltenden Gesundheits- und Schönheitsideals nur zu verständlich, wenn mancher sich jene Unbekümmertheit an der Tafel zurückwünscht, wie man sie allenfalls noch auf Bauernhochzeiten und ländlichen Kirchweihfesten findet, wo Speise und Trank ohne Angst und Reue genossen werden. Die Lebensfreude beginnt gegenüber der Vernunft erneut ihre Ansprüche geltend zu machen. Ein altes Dilemma: Für wen soll man sich entscheiden – Epikur oder Seneca?

E. He.

5.0.1
Schützenscheibe (Fragment)
Regensburg, um 1677
Öl/Holz, 79 x 72,5 cm
Lit.: Kraus /Pfeiffer, Regensburg, Geschichte in Bilddokumenten, München 1979; freundliche Mitteilung von Dr. P. Germann-Bauer vom 12.12.1991
Regensburg, Museen der Stadt

Das Fragment einer Schützenscheibe zeigt die Gilde der Regensburger Pirsch-Büchsen-Schützen bei einem Festessen, vermutlich in ihrem 1652 neuerbauten Schützenheim. Die Pirsch-Büchsen-Schützen waren aufgrund der Wehrpflicht eine überaus bedeutende Organisation innerhalb der reichsstädtischen Selbstverwaltung. Eine Runde von sechzehn honorigen Herren hat sich um die reich gedeckte Tafel versammelt. Jeder Gast hat einen eigenen Teller, ein Messer und eine zweizinkige Gabel zur Verfügung. Die auf dem Tisch liegenden Brote entsprechen in Größe und Form den heute noch gebräuchlichen Semmeln. Auf den in der Mitte der Tafel aufgestellten Platten sind gebratenes Geflügel, ein Hase, Rippchen, Braten, Pasteten und verschiedene Beilagen angerichtet. Gemäß dem ›Service à la française‹ sind alle Gerichte eines Ganges - in diesem Fall des zweiten Ganges mit Braten etc. - zugleich auf den Tisch aufgesetzt worden und jeder Gast bedient sich nach seinem Geschmack. Aus einer Zeichnung von 1815, die die ursprüngliche Umschrift mit dem Datum 1677 und den Wappen zeigt, geht Bartholome Eilli d.Ä. als vermutlicher Stifter der Scheibe hervor. Er wird im Protokollbuch der Pirsch-Büchsen-Schützen 1646 erstmals erwähnt, 1649 und 1650 ist er Schützenmeister und nimmt bis 1672 alljährlich am Kranzschießen teil.
S. B.

5.1
Zinngerät der Barockzeit

5.1.1
Breitrandteller
Veit Jost
(Meister 1609, gest. 1660 München)
München, um 1648
bez. Stadt- und Meistermarke, Hintze, Bd. 6, S. 104, Nr. 516, aber mit Jahreszahl 1648
Zinn, gegossen, graviert, 5,1 cm, ø 38,7 cm
XIb/394

Trotz seiner erheblichen Tiefe ist das Gefäß dem Typus der Breitrandteller zuzuordnen. Der Verwendungszweck dürfte jedoch weitgehend dem von Schüsseln entsprochen haben. N. G.

5.1.2
Kleine Schüssel
Andreas Punsterer (Meister 1638)
Regensburg, um 1650
bez. Stadt- und Meistermarke, Hintze, Bd. 6, S. 198, Nr. 1050
Zinn, gegossen, graviert, gepunzt, ø 26,9 cm
XIb/343

Auf der Fahne Gravur: Monogramm M.A.P., Besitzerwappen mit Monogramm B.S., daneben eingepunzt: B

5.1.3
Platte
Sebastian Ortolff (Meister 1562)
München, letztes Viertel 16. Jh.
bez. Meistermarke, Hintze, Bd. 6, S. 101 Nr. 503
Zinn, gegossen, durchbrochen, graviert, ø 31 cm
Lit.: Dexel, Gebrauchsgerättypen, Bd. II, Das Metallgerät Mitteleuropas vom Spätmittelalter bis ins 19. Jahrhundert. München 1981, S. 149, Abb. 46
29/82

5.1.4
Platte
Christoph Stange (Meister 1662, gest. 1717 München)
München, um 1680
bez. Stadt- und Meistermarke, Hintze, Bd. 6, S. 107, Nr. 528
Zinn, gegossen, durchbrochen, graviert, geflechelt, ø 35,2 cm
Lit.: Dexel, Gebrauchsgerättypen, Bd. II, München 1981, S. 149, Abb. 46
XIb/389

Seit dem 16. Jahrhundert haben sich eine Reihe von Platten erhalten, über deren Verwendungszweck bisher keine endgültige Klarheit herrscht. Als Kuchenplatten, als Tischschoner oder als Einsätze für Schüsseln und andere Gefäße werden sie angesehen. Zum Teil sind diese Platten mit aufwendigen Gravuren und Initialen geschmückt. Dies verweist darauf, daß man ihnen, über den reinen Gebrauchswert hinaus, eine dekorative Bedeutung zumaß.
N. G.

5.1.5
Servierplatte
Thomas Koch (Meister 1556, gest. 1694 München)
München, 1680/83
bez. Stadt- und Meistermarke, Hintze, Bd. 6, S. 106, Nr. 524
Zinn, gegossen, graviert, ø 48,8 cm
38/1536

5.1.6
Breitrandplatten
Thomas Koch (Meister 1656, gest. 1694 München)
München, um 1690
bez. Stadt- und Meistermarke, Hintze, Bd. 6, S. 106, Nr. 526
Zinn, gegossen, graviert, ø je 40,3 cm
29/2; 29/3

5.1.7
Breitrandteller
Mitglied der Nürnberger Zinngießerfamilie Wadel
Nürnberg, um 1694
bez. Meistermarke wie Hintze, Bd. 6, S. 153, Nr. 793 (Johann Sigmund Wadel, aber mit den Initialen G. W.)
Zinn, gegossen, graviert, ø 25,8 cm
XIb/141

Auf der Fahne Gravur: Wappen, darüber Jahreszahl 1694, gegenüber Besitzermarke mit den Initialen G. V. Z

5.1.8
Breitrandteller
Meister F.E. (Meister 1687)
Amberg, 1694
bez. Kombinierte Stadt- und Meistermarke, Hintze, Bd. 7, Ungedeutete Marken und Nachträge, Nr. 611
Zinn, gegossen, graviert, ø 25 cm
XIb/140

5.1.9
Breitrandplatte
Christoph Stange (Meister 1662, gest. 1717 München)
München, um 1695
bez. Stadt- und Meistermarke, wie Hintze, Bd. 6, S. 107, Nr. 532, aber mit Jahreszahl 1695
Zinn, gegossen, graviert, ø 41,6 cm
XIb/393b

Auf der Fahne Gravur: Handelszeichen, Monogramm IIG und die Jahreszahl 1695

5.1.10
Breitrandteller
Christoph Stange
(Meister 1662; gest. 1717 München)
München, 1696/97
bez. Stadt- und Meistermarke, Hintze, Bd. 6, S. 107, Nr. 532
Zinn, gegossen, graviert, ø 35,2 cm
XIb/391

5.1.11
Breitrandteller
Christoph Stange (Meister 1662,
gest. 1717 München)
München, Ende 17. Jh.
bez.: Stadt und Meistermarke, Hintze,
Bd. 6, S. 107, Nr. 533
Zinn, gegossen, graviert, ø 26,2 cm
Lit.: Hintze, Bd. 6, S. 107
30/2150

Gravur auf der Fahne: Marienmonogramm

5.1.11

5.1.12
Breitrandteller
Johann Ferdinand Renz (Meister 1699,
gest. 1742 München)
München, 1721
bez. Stadt- und Meistermarke, Hintze,
Bd. 6, S. 110, Nr. 542
Zinn, gegossen, graviert, geflechelt,
ø 29 cm
30/2102

Der Teller ist ein charakteristisches Beispiel eines Breitrandtellers mit geflecheltem Dekor, wie sie im 17. und 18. Jahrhundert mehr für dekorative Zwecke als zum Gebrauch geschaffen wurden. Auf der breiten Fahne eine Rosett- und eine gefüllte Blüte sowie ein Granatapfel, die in barocken Formen die Fläche nahezu ganz füllen. Das Flecheln solcher Dekore war meist die Arbeit von Gesellen, die sich in den Abendstunden im Gravieren übten. Mit verschieden breiten Grabsticheln ausgeführt, bildet die Technik des Flechelns die Grundstruktur des dekorativen Schmucks. Zickzacklinien werden in die weiche Oberfläche des Zinns gegraben, daß eine kräftige Konturlinie für die modellierten Flächen entsteht. Der Zinngießermeister Johann Ferdinand Renz übernahm 1699 durch Einheirat die Werkstatt des Christoph Stange. N. G.

5.1.13

5.1.13
Essig- und Öl-Flasche
18. Jh.
farbloses Glas, formgeblasen, 20,5 cm
XI d/255

Das skurril wirkende Gefäß löst seine Aufgabe gleichwohl in einfachster Weise. Essig und Öl können getrennt ausgegossen werden. Der gebogene Röhrenhals auf kugeligem Körper ist typengeschichtlich vorgebildet im Kuttrolf, einer Vexierglasform des 16. und 17. Jahrhunderts. N. G.

5.2 Trinkgeschirr

5.2.1
›Heilbronner‹ Römer
Deutschland, 3. oder 4. Viertel 17. Jh.
farbloses bis leicht gelbstichiges Glas, modelgeblasen, 14,8 cm
Lit.: zum Begriff vgl.: Die Glassammlung des Bayerischen Nationalmuseums München. Bearbeitet von Rainer Rückert, Bd. 1, 333
XId/111

Die nach dem vermuteten Umschlagplatz Heilbronn benannte Form des Römers besteht aus einer Glasblase ohne Unterteilung zwischen Schaft und Kuppa. N. G.

5.2.4,5,6 (v. r. n. l.)

5.2.1

5.2.2
Kürbisflasche
17. Jh.
farbloses Glas, formgeblasen, 22,5 cm
Lit.: Glas. Kataloge des Kunstgewerbemuseums Köln, Bd. 1, Köln 1963, S. 127, Nr. 269
XId/154

Kürbisflaschen sind eine im 17. Jahrhundert häufigere Spielart des Flaschentyps mit Röhrenhals. Die kugelige Außenwandung ist durch Vertikalrippen gegliedert. Ähnliche Exemplare befinden sich im Kunstgewerbemuseum Köln, im Rheinischen Landesmuseum Bonn, im Bayerischen Nationalmuseum und im Österreichischen Museum für angewandte Kunst in Wien. N.G.

5.2.3
Kleine Stitze
Daniel Zimmermann (Meister 1600, gest. 1636 München)
München, um 1607
bez. Stadt- und Meistermarke, Hintze, Bd. 6, S. 102, Nr. 513
Zinn, gegossen, graviert, 15,4 cm
Lit.: Hintze, Bd. 6, S. 102, Nr. 513
XIb/472

5.2.2

5.2.4
Stitze
Bartholomäus Landtsperger (?) (gest. 1655 München)
München, um 1640
bez. Stadt- und Meistermarke, letztere abweichend von Hintze, Bd. 6, Nr. 519, mit Jahreszahl (1) 640
Zinn, gegossen, graviert, 27,2 cm
XIb/395

5.2.5
Stitze
Bartholomäus Landtsperger (gest. 1655 München)
München, um 1645
bez. Stadt- und Meistermarke, Hintze, Bd. 6, S. 104, Nr. 519, aber mit Jahreszahl 1645; weitere Marke E
Zinn, gegossen, graviert, 18,3 cm
XIb/395b

5.2.6
Stitze
Georg Rieger (Meister 1644, gest. 1667 München)
München, um 1654
bez. Stadt- und Meistermarke, ähnlich Hintze, Bd. 6, S. 105, Nr. 522, aber mit der Jahreszahl 1654
Zinn, gegossen, graviert, 25,5 cm
31/92

Auf der Vorderseite Gravur in einer Sternform: CHST (ST ligiert)

5.2.7
Stitze
Georg Landtsperger
(Meister 1673,
gest. 1720 München)
München, Ende 17. Jh.
bez. Stadt- und Meistermarke, Hintze, Bd. 6, S. 108, Nr. 535-37 (mit verschlagener Jahreszahl)
Zinn, gegossen, graviert, 24,3 cm
K 87/9

Stitzen, Schenkkannen, die ein bestimmtes Maß fassen, entstehen seit dem 17. Jahrhundert vorwiegend in Süddeutschland, in Böhmen, der Schweiz und Österreich. Je nach Entstehungslandschaft weisen sie kleine Besonderheiten (Schnabel, massiv gegossene Deckelknöpfe, auch eventuell ein langes Ausgußrohr) auf. Die sechs Gefäße sind sämtlich in München gegossen und weisen die schlichte Grundform der Stitzen auf: fußlos, mit nach unten ausschwingender Wandung und einfachem Bandhenkel. Stitzen wurden als Weingefäße, aber auch in der Küche für Milch und Wasser verwendet. Die Form war außerordentlich beliebt und hielt sich bis weit ins 19. Jahrhundert hinein, bzw. hält sich mit historischer Motivation bis heute. N. G.

5.2.8
Gefußte Kanne
Thomas Koch
(Meister 1656, gest. 1694 München)
München, 1685
bez. Stadtmarke, Meistermarke, Hintze, Bd. 6, Nr. 524; Rosenmarke auf dem Gefäßboden
Zinn, gegossen, graviert, 33,5 cm
Lit.: Dexel, Gebrauchsgerättypen, Bd. II. Das Metallgerät Mitteleuropas vom Spätmittelalter bis ins 19. Jahrhundert, München 1981, S. 84, Abb. 427, S. 299
XIb/400

Im Gegensatz zu den gefußten Kannen aus Messing weisen die gefußten Kannen aus Zinn kein Ausgußrohr auf. Sie sind darin den Enghalskrügen verwandt. Der Typus ist spätmittelalterlich. Die älteste erhaltene gefußte Kanne aus Zinn stammt aus dem Jahr 1453. Im 17. Jahrhundert erlebten gefußte Kannen eine deutliche Renaissance, doch dienten sie dabei zunehmend repräsentativen Zwecken. Das Beispiel des Münchner Stadtmuseums weicht durch den gestreckten Körper etwas vom Grundtypus ab. N. G.

5.2.9
Stitze
Georg Landtsperger
(Meister 1773, gest. 1720 München)
München, um 1700
bez. Stadt- und Meistermarke, Hintze, Bd. 6, Nr. 536, aber mit leicht verschlagener Jahreszahl 1693 (?)
Zinn, gegossen, graviert, 23,9 cm
57/667

5.2.10

5.2.10
Gläserkühler
Sebald Ruprecht I
(Meister 1712, Obermeister 1733)
Augsburg, 1. Hälfte 18. Jh.
bez. Meistermarke, Hintze, Bd. 5, S. 53, Nr. 259, zweimalige Feinzinnmarke 1712
Zinn, gegossen, graviert
16,8 cm, ø 30,5 cm
Lit.: Das Gewerbemuseum der LGA im Germanischen Nationalmuseum, Nürnberg 1989, Kat. 71 und Abb. S. 115
XIb/360

5.2.8

Das Gefäß entspricht einem von England aus verbreiteten Typus, der auch mit dem Namen ›monteith‹ bezeichnet wird. Diese Bezeichnung läßt sich bis zum Jahr 1673 zurückverfolgen und nimmt Bezug auf den mehrfach eingeschnittenen Rand des Kühlgefäßes. Ein schottischer Aristokrat namens Monteigh habe einen Mantel mit entsprechendem, in Abständen halbkreisförmig ausgeschnittenem Saum getragen. Die Einschnitte der Gefäßwandung sind dafür bestimmt, die Stiele von Gläsern aufzunehmen, die mit dem Kelch nach unten zur Kühlung in Eiswasser gehängt wurden. Aus der Silberschmiedekunst gelangte der Typus im 18. Jahrhundert auch in den Bereich der Zinnproduktion. Gerade für den Augsburger Zinngießer Sebald Ruprecht I. lassen sich intensive Kontakte zu England nachweisen. Als Großunternehmer, der einen wesentlichen Teil der Augsburger Zinngießer für sich arbeiten ließ, handelte er auch mit englischen Zinnwaren. Mit aufgesetztem Rand wurden Monteith-Schalen auch als Bowlengefäße verwendet. N.G.

5.2.11
Kühlwanne
München, 18. Jh.
Kupfer, getrieben, innen verzinnt,
21 x 41 x 26 cm
Kus 64

Ovale Kühlwanne mit leicht konischem Standring. Standring und Wandung getrieben mit umlaufenden Bändern und Querwülsten, teilweise punziert. Zwei angenietete Halterungen für tordierte Kupfergriffe. In Gefäße dieser Art aus Kupfer, Zinn oder Steingut, die mit kaltem Wasser gefüllt waren, stellte man die Flaschen oder Kannen, aus denen der Wein bei der Tafel serviert wurde. Nach bildlichen Überlieferungen standen sie meist am Boden in der Nähe des Tisches. S.B.

5.2.12
Deckelhumpen
unbekannter Elfenbeinschnitzer, Fassung wohl Michael Vogtner (Meister 1693, in München bis 1712 nachgewiesen)
München, um 1700
bez. Münchner Beschau; Meistermarke $R^3$3516c
Elfenbein, geschnitzt; Silber, getrieben, ziseliert, punziert, gegossen, vergoldet,
25,5 cm
Lit.: Schatzkammer der Residenz München. Katalog. Herausgegeben von Hans

5.2.12 5.2.13 5.2.14

Thoma und Herbert Brunner, München
1964, 1167
37/685

In der profanen Kunst der Barockzeit in Deutschland galten Elfenbeinhumpen unter den Schnitzern als die herausragende Anforderung. Der Typus ist fast nur hier nachweisbar. Zwischen etwa 1600 und 1730 kam es generell zu einer Wiederbelebung der Elfenbeinkunst. Am Münchner Hof war es vor allem der Weilheimer Christoph Angermair, der nach seiner 1612 erfolgten Berufung durch Herzog Maximilian I. eine anhaltende Tradition der Elfenbeinschnitzerei auf höchstem Niveau begründete. Mit dieser Tradition ist letztlich wohl auch der Pokal des Münchner Stadtmuseums in Verbindung zu bringen, der in tief gestaffeltem Relief Tierkampfgruppen und den Kampf eines Geharnischten mit einem Bären zeigt. Das Motiv des mit einem Löwen kämpfenden Stiers verbindet den Humpen mit einem silbergefaßten Elfenbeinkrug in der Schatzkammer der Münchner Residenz, dessen Schnitzer ebenfalls unbekannt ist. N.G.

5.2.13
Deckelpokal
Johann Michael I Ernst (Meister 1680)
gest. 1735 München)
München, Anfang 18. Jh.
bez. Münchner Beschau, ähnlich R^3 3449;
Meistermarke, R^3 3517
Silber, getrieben, ziseliert, punziert, gegossen, vergoldet, 43,3 cm
37/330

Der Pokal variiert den außergewöhnlich zählebigen Typus der Renaissance, der seit etwa 1540 in Deutschland und den Niederlanden unvermittelt auftrat.
Wenzel Jamnitzer fixierte diesen Typus um 1545 in einer berühmten Federzeichnung (Berlin, Kunstbibliothek), ohne ihn allerdings erfunden zu haben. Seither genoß die dreigeteilte, horizontal betonte Cuppaform mit Wulst, Zylinder und kelchförmiger Ausladung eine große Beliebtheit, wobei die Ornamentformen stärker den jeweils sich ändernden Moden unterworfen waren als die Grundform selbst. Das Münchner Beispiel wird in seiner konservativen Grundhaltung durch das noch etwas starre Bandlwerk des Ornaments bestätigt. N. G.

5.2.14
Humpen
Dänemark(?), um 1677
Meistermarke MAS
Silber, getrieben, ziseliert, punziert, gegossen, graviert, 17,8 cm, ø 12,5 cm
K 74/1140

Im Deckel eingelassen eine dänische Münze mit Jahreszahl 1673; auf der Unterseite die punzierte Jahreszahl 1677.
Der Humpen entspricht weitgehend dem skandinavisch-norddeutschen Typus des Deckelkruges mit gedrungenen Proportionen, ist allerdings weniger glattwandig als die Beispiele aus Schweden, wo der Typus seine ausgeprägteste Gestalt erfuhr. Humpen aus anderen skandinavischen Ländern weisen – wie dieser – im Gegensatz zu den schwedischen keine Vergoldung auf. Im Innern findet sich bei nichtschwedischen Humpen häufig eine durch Zapfen markierte Skala zur Anzeige der Inhaltsmenge - so auch beim Beispiel des Münchner Stadtmuseums. Auf diese Weise konnte jedem Teilnehmer eines festlichen Gelages sein Anteil am Umtrunk gerecht zugemessen werden. N.G.

5.2.15
Gürtelbesteck
Augsburg, um 1685
Silber gegossen, getrieben, ziseliert, graviert, Eisen
Köcher: 22,9 cm; Gabel: 18,4 cm;
Messer: 20,5 cm
München, Bayerisches Nationalmuseum
T 4360 (Köcher), T 4361 (Gabel);
T 4362 (Messer)

Gabel und Messer sind in einem stark gelängten, sich nach unten hin leicht verjüngenden Köcher geborgen. Der Köcher ist an einer Panzerkette befestigt, die an einem rückwärtig mit einem großen Haken versehenen zungenförmigen Schild hängt: gegossene Rosetten dienen als Verbindungsglieder. Mit Ausnahme der stählernen Klingen von Messer und Gabel sind alle Teile höchst aufwendig in Silber gefertigt. Der Köcher ist aus zwei nahezu halbrund gebildeten Schalen gearbeitet, die stark plastisch getriebenen Dekor in fast identischer Bildung zeigen: Insgesamt vier papageienartige Vögel bewegen sich in wellenförmig geführten Akanthusranken, die u.a. große Blüten tragen.
Die Scheide und der Gürtelhaken tragen das Augsburger Beschauzeichen ähnlich Seling 136/37 für die Jahre um 1865 sowie ein nicht eindeutig einzuordnendes Meisterzeichen: LH (ligiert) mit einem Punkt über dem Querbalken (ähnlich wie R^3 549 und 593, dort jedoch ohne den Punkt). Bei dem Goldschmied muß es sich um einen Spezialisten für Gürtelketten und deren Accessoires handeln, da die Gürtelkette des Bayerischen Nationalmuseums Inv. T 4364 das gleiche Meisterzeichen trägt.
Solche Bestecke gehörten zu den verschiedenartigen Utensilien, wie sie die wohlhabende Hausfrau am Gürtel trug. Dementsprechend werden silberne bzw. silberbeschlagene Messerbestecke, die mittels eines lang herabfallenden Verbindungselementes am Gürtel befestigt sind, im 16. und 17. Jahrhundert sowohl in Inventaren genannt als auch auf Porträts wiedergegeben. Herren dagegen führten das Besteck zumeist in der Dolchscheide mit. Solche Gürtelbestecke sind vor allem aus dem späten 16. und frühen 17. Jahrhundert erhalten. Das vorliegende Beispiel zählt zu den ausgesprochen späten Vertretern der Gattung; der untere Knauf des Köchers weist deutlich noch auf die zugrundeliegende Form der Spätrenaissance hin. L. S.

5.2.16
Gürtelbesteck
wohl Augsburg, um 1690
Silber, gegossen, getrieben, ziseliert, graviert, teilweise vergoldet, Eisen
Köcher: 22,2 cm (Köcher ohne Kette);
Messer: 21,7 cm; Gabel: 20,6 cm
München, Bayerisches Nationalmuseum
T 4357 (Köcher), T 4358 (Messer),
T 4359 (Gabel)

Das nicht mit Marken versehene, doch wohl in Augsburg entstandene Gürtelbesteck ist vermutlich etwas später anzusetzen als das Exemplar Kat. 5.2.15, wie sich insbesondere aus dem Vergleich der Ornamentik ergibt: Der getriebene Dekor der Scheidenwandung ist hier – bei geringerer Plastizität – feinsträhniger gebildet und schärfer profiliert. Die untere Endung besitzt nicht mehr die traditionelle korbähnliche Form, sondern hat jetzt nahezu die Gestalt einer aus Blättern geformten durchbrochenen Kugel, in die ein Putto mit unteren Blattextremitäten einbezogen ist. Der im Umriß eiförmige, mit einer vergoldeten Silberplatte hinterlegte Gürtelhaken wird von einer zentralen Blüte in Art einer Wirbelrosette dominiert. Die Knäufe des Messers (mit einem Messerschmiedezeichen in Form eines Blattes) und der Gabel haben nun weitgehend die Gestalt von Blütenzweigen, die im schmalen unteren Abschnitt reliefiert, im ausladenden oberen Abschnitt durchbrochen gearbeitet sind; das in der Mitte zwischen beiden Abschnitten vertretene Element der plastischen Blüte findet sich auch an der seitlichen Einfassung der Scheide. Bemerkenswert sind ferner die breiten, durch gerillte Silberdrähte verbundenen Kettenglieder, die zum Teil durch Vergoldung hervorgehoben werden. Für den Gürtelhaken des Bestecks existieren im Bayerischen Nationalmuseum zwei übereinstimmende Messingmodelle hoher Qualität (Inv. Met 1236 und Met 1256), die wohl den Ausgangspunkt für den Silberguß bildeten. Beide Modelle stammen aus dem umfangreichen Bestand einer Augsburger Goldschmiede- und Gürtlerwerkstatt. Die Modelle bestätigen somit die Lokalisierung des silbernen Gürtelbestecks nach Augsburg. L. S.

5.2.17
Besteckgarnitur in Köcher
Meister IE
Rosenheim, Ende 17. Jh.
bez. Beschau Rosenheim (R^3 4479)
Silber, teilvergoldet, Stahl
Köcher: 21,5 cm; Gabel: 19 cm;
Messer: 18,7 cm
Lit.: AK Messer – Löffel – Gabel, Frankfurt 1964, Nr. 138, Abb. 4;
Forbes, Antiek Bestek, Bussum 1969, Abb. 59
Frankfurt, Museum für Kunsthandwerk
7205

Besteckköcher mit Kette und Gürtelhaken, dreizinkiger Gabel und Messer (Löffel verloren). Der in Felder gegliederte Köcher ist mit getriebenen Blumen und Akanthusranken auf gepunztem Grund ornamentiert. Am Ansatz kleiner Balusterknauf. Eckige Kettenglieder; Gürtelhaken mit aufgelegtem durchbrochenem Akanthusdekor sowie birnförmigem Anhänger mit Rosette verziert.
Die gegossenen, spiralig gewundenen Besteckgriffe enden in je einem plastischen, stilisierten Raubtierkopf.
An der Unterseite des Gürtelhakens Gravur: ›MAO‹.

5.2.18
Besteckgarnitur in Köcher
Deutschland, 2. Viertel 18. Jh.
Silber, geprägt, graviert, Messing, gegossen, graviert, Eisen, Leder, Holz
Köcher in geschlossenem Zustand ohne Kette 28,5 cm; Löffel 19,7 cm; Gabel 20 cm; größeres Messer 21,1 cm; kleineres Messer 18,4 cm
München, Bayerisches Nationalmuseum
T 4310 (Köcher), T 4311 (Löffel),
T 4312 (Gabel), T 4313 (größeres Messer),
T 4314 (kleineres Messer)

Deckel und Scheide des messingbeschlagenen Lederköchers sind durch eine Messingkette verbunden, die mittels eines Hakens im Gürtel befestigt werden kann. Am unteren Abschluß der Scheide findet sich auf dem rückwärtigen Messingbeschlag die gravierte Jahreszahl 1564, die gewiß eine spätere Hinzufügung darstellt, da Köcher und Besteck eindeutig auf das 18. Jahrhundert zurückgehen. Identisch gebildet sind die glatten runden Griffe (in versilbertem Messing) der zweizinkigen Gabel und der beiden mit schmalen, spitz endenden Klingen versehenen Messer. Die Klinge des größeren Messers trägt ein – möglicherweise Solinger – Messerschmiedezeichen mit

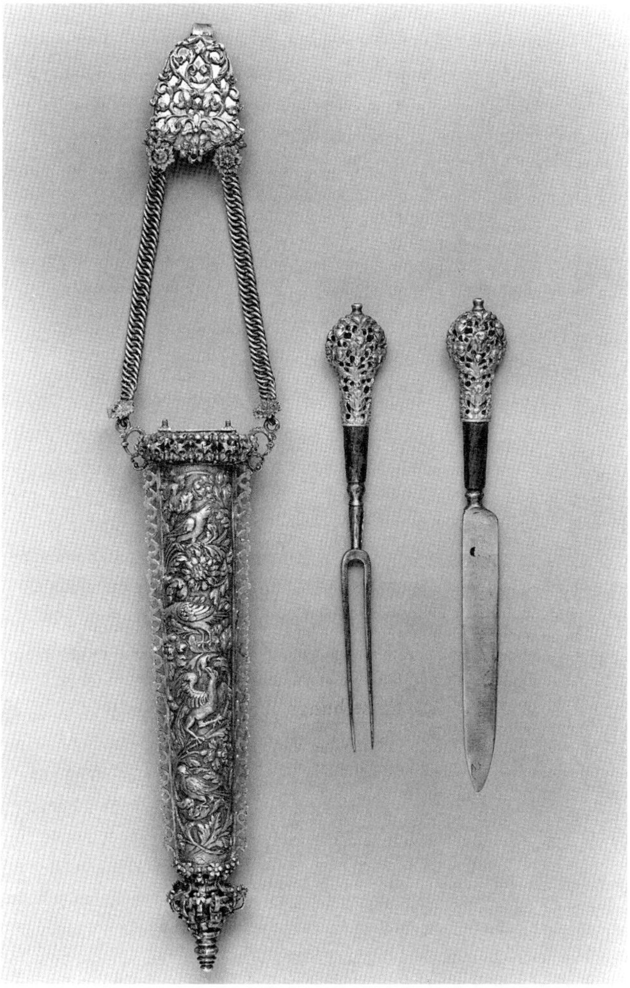

5.2.15

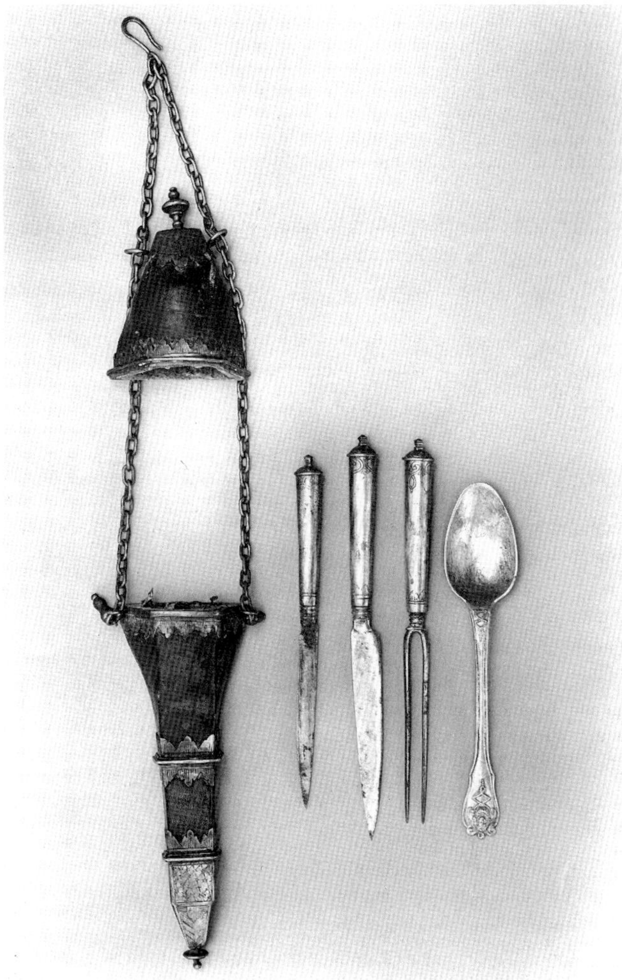

5.2.18

einer kreuzbekrönten Kugel, die wohl als Reichsapfel zu deuten ist.
Den Abschluß der sich leicht konisch erweiternden Griffe bildet jeweils eine gewölbte Kappe mit vortretendem Profil, die von einem vierkantigen Knauf gekrönt wird. Am Ansatz des Griffes findet sich jeweils gravierter Blatt-, am Abschluß gravierter Bandelwerkdekor. Dagegen trägt der silberne Löffel – mit eiförmig gelängter Laffe – auf dem Stiel leicht reliefierten Dekor in Bandelwerkformen; das Stielende ist mit einem plastischen Cherubköpfchen belegt.
Die Besteckteile orientieren sich an anspruchsvolleren Vorbildern insbesondere der zwanziger Jahre des 18. Jahrhunderts, ohne aber deren Qualität zu erreichen; dementsprechend ist der Köcher ausgesprochen einfach gearbeitet. L. S.

5.2.19
Besteckköcher
Deutschland, Anfang 18. Jh.
Silber, gegossen, getrieben, ziseliert, graviert, teilweise vergoldet
Köcher in geschlossenem Zustand
ohne Kette 22,3 cm
München, Bayerisches Nationalmuseum
T 4363

Der silberne Köcher ist offensichtlich zur Aufnahme eines Löffels sowie eines Messers und/oder einer Gabel bestimmt (das zugehörige Besteck ist verloren). Ähnliche keulenartige Futterale finden sich in Leder bereits im 16. Jahrhundert. Die Form unterscheidet sich somit deutlich von dem allein für Messer und Gabel konzipierten Typus von schlankerem Umriß, wie er durch Kat 5.2.15 und 5.2.16 vertreten wird. Das Blattwerk selbst entspricht dem Stil des 17. Jahrhunderts, während die Gitterfüllung bereits auf eine Entstehung im frühen 18. Jahrhundert hinweist. L. S.

5.2.20
Besteckköcher
Meister IW
Süddeutschland, um 1720-1730
Silber, gegossen, getrieben, ziseliert, graviert
Köcher in geschlossenem Zustand
ohne Kette 22 cm
München, Bayerisches Nationalmuseum
T 4411

Der ähnlich wie Kat. 5.2.19 gebildete Besteckköcher zeigt bereits ausgeprägten Bandelwerkdekor in Treibtechnik, der auf eine etwas spätere Entstehungszeit schließen läßt. Als weiteres Zierelement tritt ein gewelltes Ornamentband hinzu, das sich auf der Wandung an den Profilen findet. Der an der Erbskette befestigte Gürtelhaken ist aus einer Schleife und einem Blattornament kombiniert; möglicherweise handelt es sich um ein älteres Modell aus dem Werkstattfundus. Das zugehörige Besteck ist verloren. Der Silberköcher trägt ein leicht verschlagenes Beschauzeichen in Form einer Blüte oder eines Rades (eher Mühldorf am Inn als Mühlhausen in Thüringen, wie im maschinenschriftlichen Inventar des Bayerischen Nationalmuseums angegeben) und das nicht aufgelöste Meisterzeichen IW im Querrechteck, ferner den Pariser Repunzierungstempel R^3 6614. L. S.

5.3 Stubenmobiliar

5.3.1
Ständer mit Wasserblase und Handwaschbecken
süddeutsch, um 1700
bez. Schüssel: I.B./KNOLL/MÜNCHEN/1805
Nußbaumholz, geschnitzt, Zinn, gegossen
Ständer 173 cm, Wasserblase 25 cm,
ø 14,5 cm, Schüssel ø 38 cm
Lit.: Nadolski, Altes Gebrauchszinn, Aussehen und Funktion über sechs Jahrhunderte, Gütersloh 1983, S. 258 f.
XII/166, 1-3

Der Waschständer stammt aus dem Besitz der Freiherren von Lotzbeck, die im 19. Jahrhundert erbliche Reichsräte der Krone Bayerns waren und vor allem in Hof- und Staatsdiensten (Kämmerer) standen.
Die einzelnen Teile gehören ihrer zeitlichen Entstehung nach nicht zusammen. Die aufwendig geschnitzten, stark plastischen Greifenfiguren des Gestells verweisen auf eine Entstehungszeit um 1700, während die Schüssel nach Auskunft der Gießermarke eindeutig aus dem Jahre 1805 datiert. Die ›Wasserblase‹ ist ohne Marke. Als Ensemble ist das Wassergestell allerdings sinnvoll zusammengeordnet. Die ursprüngliche Schüssel wurde später durch die heutige ersetzt. Der Gießer dieser Schüssel war Johann Baptist Knoll (1776 Mengen-1855 München).
Wenn auch bei weitem nicht immer in entsprechend aufwendiger Gestalt, waren Gießfässer und Waschbecken bereits seit dem 14. Jahrhundert im bürgerlichen Haushalt beliebte und notwendige Einrichtungsgegenstände, die noch durch ›Mund-Fäßlein‹, ›Seifen-Fäßlein‹ oder ein Brunnenkesselchen zum Nachfüllen des Gießfasses ergänzt werden konnten. N. G.

5.3.2
Garnitur von Barockschränken
Württemberg, um 1670
Eiche, Linde, Blindholz: Kiefer
Intarsien: Esche u. Nußbaum,
Beschläge: verzinntes Eisenblech
Halbschrank 176 x 154 x 61 cm
(Nr. 71/56), Kredenzschrank
135 x 100 x 55 cm (Nr. 71/58),
Schrank 210 x 165 x 60 cm (Nr. 71/57)
Lit.: Kreisel/Himmelheber, Die Kunst des deutschen Möbels, Bd I, München 1981, Abb. 405, vgl. auch 527
M 71/56-58

Die ihrem Typ nach unterschiedlichen Schränke stehen durch eine ähnliche Dekorationsweise in Zusammenhang. Dabei flankieren Riffelsäulen über Konsolen Felder, auf die ein Spitzbogenmotiv aufgesetzt ist. Das Bogenfeld ist mit gezackten Profilen gerahmt und mit einem Engelskopf bekrönt. Am Kredenzschrank wiederholt sich das Engelsmotiv. Die Felderung besteht aus architektonisch gerahmten Rundbögen zwischen toskanischen Säulen. Die Möbel entstammen einer staatlichen Beschlagnahmung des Besitzers der Alice Emma Freifrau von Crailsheim aus ihrer Wohnung in der Mauerkircherstr. 19/III. Die verwandtschaftlichen Bindungen der Vorbesitzerin weisen sämtlich in den württembergischen Bereich und hier insbesonders auf Ulm. Dieser Eingrenzung entspricht der Stil des Halbschranks und des Schranks, der sich ähnlich an Holzarbeiten im Museum der Stadt Ulm findet. Bei dem Kredenzschrank scheinen Nürnberger Einflüsse vorzuliegen. Kredenzschränke sind schmale zweigeschossige und mit Doppeltüren verschließbare Schränke, die dazu dienten, kostbare Kannen und Becher zu verwahren. Im fürstlichen Bereich wurde an den so gesicherten Gefäßen die Giftprobe vorgenommen, bevor der Wein ausgeschenkt wurde. Im norddeutschen Bereich heißt der Schranktyp ›Schenkschieve‹. Auf der oberen Fläche konnten Gefäße zur Schau gestellt werden. H. O.

5.3.2

5.3.3
Zwei Polsterstühle
wohl München
M 71/44,1 bez: punktiert ›1764‹;
M 71/44,2 bez: geschnitten ›GS 1764‹;
punktiert: ›MS‹
Erle oder Linde, z.T. Lärche, erneuerter roter Samtbezug, 50/105 x 46 x 37 cm
M 71/44, 1-2 (Nachlaß Ebenböck)

Der einfache Stuhltyp war in München lange gebräuchlich und stammt seiner Form nach aus dem 17. Jahrhundert. Die Ritz- und Punktierbezeichnung nennt nicht das Entstehungsjahr der Möbel, sondern ist ein nachträglicher Eigentumsvermerk eines Ehepaares, das hier mit seinem Monogramm zeichnet, im 18. Jahrhundert.

›SCHILT-KROTEN, TRIFFEL, ANTIFI-SALLAT‹

Von den kulinarischen Grundlagen eines Münchner Hoffestes im 18. Jahrhundert

Im Winter des Jahres 1765 erlebte die Residenzstadt München zum letzten Mal die Pracht einer spätbarocken Fürstenhochzeit: Prinzessin Josepha Maria, die 25jährige Schwester Kurfürst Max III. Josephs, wurde am 13. Januar in der Hofkapelle durch Prokuration (der Bräutigam war nicht in Person anwesend, sondern ließ sich juristisch vertreten durch den Kurfürsten) dem Sohn Maria Theresias und späteren Kaiser Joseph II. angetraut. Der Einzug des österreichischen Botschafters Graf Podstatsky-Lichtenstein hatte am 4. Januar eine Reihe von Feierlichkeiten eröffnet, deren zeremonielle und festkünstlerische Ausgestaltungen dem hohen Rang und der eminenten politischen Bedeutung dieser neuen Verbindung der Häuser Wittelsbach und Habsburg entsprechen sollten. Zwei Wochen lang, bis zum 17. Januar, dem Tag der Abreise der Braut nach Wien, bediente man sich aus dem reichen Repertoire traditioneller Festformen, paßte ihre inhaltlichen Feinstrukturen dem eigentlichen Anlaß und den Orten des höfischen Feierns an: Herkules-, Kaiser- und Vierschimmelsaal der Residenz, Cuvilliéstheater, Maxburg, das Alte Turnierhaus am Hofgarten, Schloß und Garten von Nymphenburg, ja die Gassen der Stadt selbst waren Schauplätze fürstlicher Selbstdarstellung in Domino- und Freiball, italienischer Oper, französischer Komödie, ›Bauernhochzeit‹, Illumination und Feuerwerk. Diese noch wesentlich auf der Basis barocken Festverständnisses im ›Augenschmaus‹ definierten Veranstaltungen erhielten nun ihre handfeste Begleitung durch veritable Gaumenfreuden. So wurden die Gäste des maskierten Freiballs am 8. Januar mit »gebratten Geflüg, Fleisch, Geselchtem, und Wein, dann Mandl-Milch, Limonades, Kerschwasser, Confectum, leckerln Schissln und dergleichen Sachen« (BayHStA, GHA, Korrespondenzakten 801) verwöhnt, konnte den festlichen Abend des 15. Januar nur noch ein kulinarisches Feuerwerk im Steinernen Saal des Nymphenburger Schlosses retten, nachdem der winterliche Nebel keine rechte Sicht auf eine mühevoll und aufwendig vorbereitete Illumination in den Gartenanlagen beiderseits des Mittelpavillons zuließ.

Zuständig für die rechtzeitige und störungsfreie Bereitstellung der Speisen auch an eher abgelegene Festorte war das kurfürstliche Hofküchenamt, das sich auch um die täglichen Hoftafeln zu sorgen hatte. Neben der den »höchsten Herrschaften« vorbehaltenen Haupttafel mußte mittags und abends die sog. Marschallstafel bedient werden, »welche die ganze Zeit hindurch sowohl mit hiesig als fremten Cavaliers, dan Augspurgischen und Freysingischen Domherrn besezt ware«, weiters eine ›Separierte Tafl‹ für die Domestiken, Sekretäre, Kapellmeister und Kammerdiener der fürstlichen Hochzeitsgäste (BayHStA, Fürstensachen 771 III, fol. 3v–4), die vier Tafeln des österreichischen Botschafters in der Maxburg; schließlich oblag dem Hofküchenamt auch noch die Organisation der Vorräte, die auf die Reise der Braut und ihres zahlreichen Gefolges von München bis zur bayerischen Grenze mitzunehmen waren.

Zwei umfangreiche Verzeichnisse des Hofküchenamts über die Gesamtausgaben für Lebensmittel anläßlich der Münchner Vermählungsfeier von 1765 haben sich erhalten (BayHStA, Fürstensachen 771 III, fol. 2–35) und sind recht komplex aufgebaut: die eine als tabellarische Übersicht, die andere gegliedert vorwiegend hinsichtlich der letztlichen Verwendung mit Mengenangaben. Zusammen gesehen ergibt sich eine interessante Quelle zur höfischen Münchner Eßkultur des 18. Jahrhunderts und auch zum Preis, den das feinere Nahrungsmittel dem damaligen Genießer wert sein mußte.

Die folgende Liste stellt eine Zusammenfassung der beiden Rechnungsaufstellungen dar, Maß- und Geldwertkürzel sind aufgelöst, Bezeichnungen und Namen werden in der zeitgenössischen Schreibweise beibehalten; angegeben ist der gesamte Verbrauch an Lebensmitteln, die zur Verarbeitung weitergegeben wurden u.a. an Mundköche und Mundköchinnen, Pastetenköche, Bratmeister, die Köche der untergeordneten Tafeln, die Zuckerbäckerei, schließlich für Bereitung von ›Sulzen und Marinaden‹.

E. S.

Gefligl-Werck.
3 Spillstück (à 2 Gulden 15 Kreutzer)
106 Faisans (à 1 Gulden)
16 Hasl-Stein Hendl (à 2 Gulden)
194 Rebhüner (à 30 Kreutzer)
4 Schnepfen (à 40 Kreutzer)
2 Wild-Enten (à 30 Kreutzer)
40 Vögl (à 4 Kreutzer)
6 Haasen (à 50 Kreutzer)
359 indianische Stück (à 1 Gulden 30 Kreutzer)
1015 Copaun (à 38 Kreutzer)
84 Hennen (à 18 Kreutzer)
750 Hendl (à 16 Kreutzer)
81 Tauben (à 7 Kreutzer)
73 Änten (à 27 Kreutzer)

Fleisch-Werck.
2954 Pfund Alt-Fleisch (à 7 Kreutzer)
6878 Pfund Jung-Fleisch (à 5 1/4 Kreutzer)
616 Pfund Geräuchter Speck (à 18 Kreutzer)
510 Pfund Rinder-Fetten (à 13 Kreutzer)
349 Pris (à 3 Kreutzer)
84 Eytter (à 6 Kreutzer)
63 Nezln (à 3 Kreutzer)
8 frische Ochsen-Zungen (à 20 Kreutzer)
118 Ochsen-Gaim (à 4 Kreutzer)
217 Kälber-Füss (à 2 Kreutzer)
1 Kälber-Kress (à 8 Kreutzer)
1 3/4 Ochsen-Inners (à 1 Gulden)
5 Pfund frischer Speck (à 14 Kreutzer)
9 Pfund Schweine-Fett (à 14 Kreutzer)
74 Pfund Schweine-Ohren und Füss (à 6 Kreutzer)
14 Pfund Schweine-Fleisch (à 8 Kreutzer)
2 Maß Schweine-Blut (à 18 Kreutzer)
18 Blut-Würst (à 10 Kreutzer)
20 Leber-Würst (à 10 Kreutzer)
158 Paar Brad-Würst (à 3 Kreutzer)
314 Därm (à 1 Kreutzer)

Fisch-Werck.
56 Pfund Würm-See Lax-Forellen (à 12 Kreutzer)
11 Pfund Chiem-See Lax-Forellen (à 15 Kreutzer)
6 3/4 Pfund Sälbling (à 1 Gulden)
151 Pfund Ordinari-Forellen (à 40 Kreutzer)
34 Pfund Aal-Fisch (à 1 Gulden)
17 1/2 Pfund Nagmaul (à 15 Kreutzer)
34 Pfund Äsch und kleine Forellen (à 14 Kreutzer)
115 Pfund Huchen (à 24 Kreutzer)
82 Pfund Rutten (à 34 Kreutzer)
4 3/4 Pfund kleine Rutten (à 14 Kreutzer)
27 Pfund Nerstling (à 12 Kreutzer)
12 Pfund Poden-See Renken (à 12 Kreutzer)
306 Pfund Höchten (à 26 Kreutzer)
423 Pfund Karpfen (à 12 Kreutzer)
15 Pfund Schlein (à 12 Kreutzer)
4 Pfund Alten und Pach-Fisch (à 12 Kreutzer)
4 Maß Sängl und Grunndlen (à 1 Gulden)
47 Schilt-Kroten (à 1 Gulden)
566 grosse Tafel-Krepsen (Pfund à 5 Gulden)

2165 kleine Krepsen (Pfund à
1 Gulden 20 Kreutzer)
4 Bläss-Entl (à 30 Kreutzer)
110 Widl Frösch (Widl à 15 Kreutzer)
2 Ötter (Pfund à 38 Kreutzer)
92 Pfund frische Rhein-Salm (à 1 Gulden)

Zöhrgaden-Victualien.
29223 Eyer (à 2 Pfennig)
4743 Lemoni (à 6 Kreutzer)
693 Pomeranzen (à 10 Kreutzer)
1950 Pfund Zucker (à 44 Kreutzer)
371 Pfund Mandl (à 20 Kreutzer)
89 Pfund Ziweben (à 15 Kreutzer)
97 Pfund Weinpör (à 12 Kreutzer)
75 Pfund Reiß (à 6 Kreutzer)
128 Pfund Provancer Äll (à 36 Kreutzer)
713 Maß Wein-Essig (à 6 Kreutzer)
1349 Pfund Schmalz (à 10 Kreutzer)
1386 Pfund Butter (à 15 Kreutzer)
98 Pfund Capern (à 30 Kreutzer)
251 Pfund Pfeffer (à 1 Gulden 45 Kreutzer)
60 Lot Nägl (à 11 Kreutzer)
107 Pfund Zimmet (à 7 Gulden
30 Kreutzer)
57 Lot Muscat-Blüe (à 16 Kreutzer)
69 Lot Muscat-Nuss (à 9 Kreutzer)
180 Pfund Parmasan-Käs (à 24 Kreutzer)
161 geselchte Schuncken (à 3 Gulden
40 Kreutzer)
232 geselchte Zungen (à 24 Kreutzer)
1690 Schnecken (Pfund à 50 Kreutzer)
154 Pfund Caffee (à 50 Kreutzer)
49 Pfund Chocolade (à 1 Gulden
30 Kreutzer)
24 Lot Thee (à 7 Kreutzer)
51 Pfund Gersten (à 6 Kreutzer)
768 Metzen Mund-Mehl (à 3 Gulden
56 Kreutzer)
598 Metzen Speise-Mehl (à 2 Gulden
56 Kreutzer),
3 Metzen Erbs (à 2 Gulden 54 Kreutzer)

Besondere Victualien.
3 1/2 Pfund Pistaci (à 2 Gulden)
6 1/2 Pfund frische Triffel (à 1 Gulden
15 Kreutzer)
20 Pfund dürre Triffel (à 3 Gulden
15 Kreutzer)
1 1/2 Pfund Aneiß (à 12 Kreutzer)
2 Pfund Salliter-Salz (à 8 Kreutzer)
10 Scheiben Salz (à 4 Gulden 16 Kreutzer) 1
Metzen Linsen (à 3 Gulden 12 Kreutzer)
58 Pfund Kösten (à 10 Kreutzer)
350 Kütten (à 6 Kreutzer)
4294 Meschanzger-Äpfl (à 2 Kreutzer)
3800 Ordinari-Äpfl (à 1 Pfennig)
754 Pergamot Birn (à 2 Kreutzer)
6 Maß Senfft (à 30 Kreutzer)
12 Pfund Küchen-Spagat (à 20 Kreutzer)
21 Scheid Stockfisch (à 1 Gulden)
32 1/2 Pfund Laperdon (à 20 Kreutzer)
12 Pfund Härring (à 6 Kreutzer)
120 Pfund Sarteln (à 40 Kreutzer)
230 Austern (Pfund à 4 Gulden)

Milch-Werck.
502 1/2 Maß siessen Milch-Räm
(à 8 Kreutzer)
55 1/4 Maß saurn Räm (à 10 Kreutzer)
283 Maß Milch (à 1 Kreutzer)

Kräutl-Werck.
92 Stück Carifiol (à 8 Kreutzer)
35 Stück Carifiol (à 18 Kreutzer)
16 Stück Carifiol (à 15 Kreutzer)
19 Körbl Spenat
160 Stauden Antifi-Sallat (à 1 Kreutzer)
48 Stauden Antifi (à 3 Kreutzer)
13 Stingl Krenn (à 4 Kreutzer)
4 Stingl Krenn (à 3 Kreutzer)
4 Körbl Prunnkress (à 6 Kreutzer)
40 Büschl Petersill (à 2 Kreutzer)

Confect.
144 Pfund trucken schweres Confect
(à 1 Gulden 36 Kreutzer)
32 Pfund schweres Confect (à 1 Gulden)
9 Pfund truckene Weichsl (à 2 Gulden)
26 Pfund Glarice (à 2 Gulden)
51 Pfund Candirte Paad und Pendertal
(à 2 Gulden)
202 Pfund unterschidlich Eingemachtes
zum Tafl Confect und Verkochen
(à 1 Gulden)
49 Pfund Paad von unterschidlichen
Farben (à 1 Gulden 30 Kreutzer)

DINER IN DER RESIDENZ UM 1765

Die gängige Art, bei Tisch die Speisen aufzutragen, war im 18. Jahrhundert – nicht nur bei Hofe – der Service à la française. Dieser Begriff taucht im Zusammenhang mit den Münchner Hoffesten erstmals 1680 auf. Bei dieser Art des Servierens wurde das Essen in drei sogenannte Serien aufgeteilt, von welchen jede zahlreiche verschiedene Gerichte umfaßte. Sämtliche Terrinen, Platten und Schüsseln der ›ersten Serie‹ oder des ersten Ganges wurden auf die Tafel gestellt, bevor sich die Gäste zu Tisch begaben. Die Anzahl der Platten und das symmetrische Aufstellungsschema blieben alle Gänge hindurch konstant. Jede abgetragene Platte wurde durch eine neue ersetzt. Von den kleineren Platten bediente sich jeder Gast selbst. Die größeren Gerichte, vor allem Gebratenes, wurden nach der Präsentation wieder vom Tisch abgetragen und auf Nebentischen vom Personal tranchiert und anschließend vorgelegt.

Beim Souper, Flugblatt, Nürnberg um 1720, Nürnberg, Germanisches Nationalmuseum

Diner mit Service à la française, Süddeutsch um 1720, München, Bayerische Staatsgemäldesammlungen

Dieser erste Service umfaßte die Relevés und Entrées, also Zwischengerichte und Mittelgerichte, z.B. Ragouts und Pasteten, und in großen Terrinen eine sehr beliebte, fast eintopfartige Fleisch- und Gemüsesuppe, die Olla podrida. Nachdem die Platten des ersten Services abgetragen waren, wurden – wiederum gleichzeitig – alle Gerichte des ›zweiten Service‹ aufgetragen. Hier wurden die großen Braten, Gemüse und Entremets sowie kleine Zwischengerichte in Form von Eierspeisen oder Aufläufen gereicht. Beim ›dritten Service‹ schließlich waren die Platten mit Backwerk und Süßigkeiten, die Schalen mit Kompott, mit Früchten und verschiedenen Desserts gefüllt. War im höfischen Bereich für die ersten beiden Gänge Silber das bevorzugte Material des Tafelservices, so bevorzugte man ab der Mitte des 18. Jahrhunderts für den dritten Gang, den Dessertgang, Teller und Schalen aus Porzellan.

Erst seit dem 18. Jahrhundert fand die Terrine einen zentralen Platz auf der Tafel und wurde in das Dekor einbezogen. Früher war sie auf den Kredenzen abgestellt, von welchen auch serviert wurde. Die ovale Deckelterrine ist eine Abwandlung des runden Pot d'oille, eines Gefäßes, das meist die Olla podrida oder ›spanische Suppe‹ aufnahm. Diese Suppe geht auf ein spanisches Rezept zurück und wurde über viele Jahrhunderte in ganz Europa in zahlreichen Variationen überliefert. Am Wiener Kaiserhof tischte man sie noch im 19. Jahrhundert für nicht weniger als tausend Personen auf. Als repräsentatives und zentrales Teil des Tafelservices wurde die Terrine gerne mit Motiven der Jagd verziert. Die Jagd gehörte im 18. Jahrhundert zu den Privilegien des Landesherrn, und Wild war somit eine Speise der Privilegierten. Entsprechend zählen Jagddarstellungen auch zu den bevorzugten Themen der in fürstlichem und adeligem Auftrag angefertigten Tafelaufsätze und Service.

Für das Arrangement des Tafelgeschirrs gab es detaillierte Aufstellungspläne. Mit dem Dekorieren der Tafel waren bei Hofe professionelle Tafeldecker betraut, die zum Hofpersonal gehörten. Auch Tafeldecker, die ihren Beruf frei ausübten, konnten für festliche Anlässe engagiert werden.

Gläser standen bei offiziellen Anlässen, wenn von Dienern serviert wurde, nicht auf dem Tisch. Sie wurden an Kredenzen oder Beistelltischen gefüllt und von Bediensteten zum Trinken gereicht.

Die Formen des Service und auch die der aufgetragenen Gerichte unterschieden sich an den eng miteinander verbundenen europäischen Höfen kaum. Im 18. Jahrhundert waren die Art der aufgetragenen Speisen und ihre Zubereitung weniger regional als nach sozialen Schichten differenziert.

Vorbild für die Tafelkultur ganz Europas war seit Mitte des 17. Jahrhunderts die glanzvolle Hofhaltung Ludwigs XIV. von Frankreich. Offiziellen Festen wie Vermählungen ging z.B. auch am wittelsbachischen Hof in München oft die Anschaffung von aufwendigem und teurem Tischgerät voraus. Anläßlich der Hochzeit Max Emanuels mit Erzherzogin Maria Antonia von Österreich im Jahre 1685 wurde ein prächtiges goldenes Service bestellt. Es bestand aus neun Dutzend Tellern und sechs Dutzend Schüsseln, ferner aus sechs Schalen, sechs Leuchtern, einem großen Gießbecken, zwei Waschbecken, zehn Konfektschalen und einer großen Anzahl goldener Löffel, Messer und Gabeln, die überwiegend, gleich den Vorschneidemessern, mit Edelsteinen besetzt waren.

Aufstellungsplan für Service, Augsburg 1750-60, Augsburg, Staats- und Stadtbibliothek

Bis zum Ende des 18. Jahrhunderts gab es angeblich nur vier vergleichbar kostbare Service an europäischen Höfen. Ein weiteres goldenes Service, das bei dem berühmten Goldschmied Thomas Germain in Paris gefertigt war, wurde nach 1720 vom bayerischen Hof erworben. Die meisten dieser Service, auch die erwähnten bayerischen, haben sich nicht erhalten, da sie in späteren Notzeiten eingeschmolzen, also buchstäblich ›versilbert‹ wurden.

Die Hochzeitsfeierlichkeiten anläßlich der Vermählung der bayerischen Prinzessin Maria Anna Josepha Augusta, der Schwester des regierenden Kurfürsten Max III. Josephs, mit dem Markgrafen Ludwig Georg von Baden am 10. Juli 1755 waren für die Münchener Porzellanfabrik, die sich damals noch in der Au befand, der Anlaß zur Produktion eines Tafelaufsatzes in Form eines Rokokogartens. Die Nachbildung einer Gartenarchitektur als Tischschmuck hat ihre Vorläufer in ähnlich gestalteten Tafeldekorationen aus Tragant, die bereits seit dem 17. Jahrhundert überliefert sind. Der nach Entwürfen von Joseph Ponhauser gefertigte Tafelaufsatz bestand aus zahlreichen miteinander kombinierbaren Statuetten, Postamenten, Vasen, Obelisken, Kugelbäumchen und Hecken. So konnte er in immer wieder neuen Variationen auf der Tafel zusammengesetzt werden. Bestimmte Teile dieses Aufsatzes werden bis heute in der Nymphenburger Porzellanmanufaktur noch hergestellt.

Sogar bauliche Veränderungen in der Münchener Residenz lassen sich auf eine im großen Stil zelebrierte Tafelkultur zurückführen. So ließ Kurfürst

Max III. Joseph 1764 die Prachttreppe an der grünen Galerie abtragen, um dafür einen großen Speisesaal mit nahegelegener Küche einzubauen. Anlaß für diese Maßnahmen waren die Hochzeitsfeierlichkeiten für seine Schwester Josepha Maria Antonia mit dem künftigen Kaiser Joseph II.

Zu den beliebtesten Abwechslungen des bayerischen Hofes gehörten seit Beginn des 18. Jahrhunderts auch die sogenannten Bauernhochzeiten, die bei ihrem ersten Auftreten im Jahr 1719 als Karnevalsbelustigung konzipiert waren. Da sie großen Beifall fanden, wurden sie nicht nur unter Kurfürst Max Emanuel, sondern auch unter seinen Nachfolgern Karl Albrecht und Maximilian III. Joseph fast jährlich abgehalten. Josef Maria Mayer berichtet in seinem Stadtbuch von 1868 darüber: »Der Hof und der hoffähige Adel kamen, in die verschiedensten Oberländer- und Niederländer-Bauerntrachten gekleidet, in Nymphenburg zusammen und fuhren von dort in Schlitten durch Münchens Hauptstraßen in die Residenz, wo sie abstiegen und sich sodann nach dem Georgensaale begaben, an dessen Thüre ein Schild mit der Aufschrift: ›zum bayerischen Löwen‹ hing. Am Eingange dieses Saales wurden sie vom Kurfürsten als Bauernwirth und von der Kurfürstin als Wirthin gekleidet empfangen und bewillkommt, denen hierauf der Brautführer in einer Anrede die Braut und den Bräutigam, der Braut Aeltern und Verwandte, die Kränzeljungfern u.s.w. vorstellte. Man trat sodann in den Saal, in welchem nach ländlicher Sitte eine lange Tafel, bedeckt mit einem weißen Tischtuche, das in der Mitte einen rothen Streifen hatte, sich befand. Um die Illusion, daß man sich wirklich auf einer Bauernhochzeit befinde, nicht zu stören, war alles auf ländliche Weise gerichtet: die Tafel war nur mit irdenen und hölzernen Tellern und Schüsseln besetzt; die Trinkgeschirre bestanden aus steinernen und porzellanenen Krügen; die Salzfässer und Eßlöffel waren von Holz, mit schwarzer Farbe angestrichen und mit rothen und goldenen Blümchen bemalt, die Stühle waren ganz einfach von Holz, und eben so ländlich war die Tafel- und die darauffolgende Tanzmusik, denn sie bestand nur aus Geigen, Dudelsack und Schalmeien. Bei der Tafel wurden die Gäste, unter welchen sich auch der Wirth und die Wirthin befanden, von Kavalieren und Damen, die als Kellner, Kellnerinnen, Hausknechte etc. verkleidet waren, bedient. Die Hochzeitslader und Brautführer brachten ihre ländlichen Sprüche in Knittelversen vor, die natürlich Lachen erregten. War die Tafel zu Ende, so wurden der Braut und dem Bräutigam von den geladenen Gästen Hochzeitsgeschenke gegeben, welche selbstverständlich auch wieder Stoff zum Lachen darbieten mußten. Hierauf hielt der Hochzeitlader eine komische Danksagung Namens der Brautleute an die versammelten Gäste.«

Im Alltag traten die Mitglieder des Hofes bescheidener auf. Die Prinzen und Prinzessinnen, sogar der Kurfürst und die Kurfürstin speisten getrennt, jeder allein oder mit wenigen Vertrauten, in ihren eigenen Gemächern oder Vorzimmern. Eine Wein- und Bierrechnung Kurfürst Karl Albrechts vom 22. Februar 1730 (Kat. 6.4.4) gibt Auskunft über die vielen verschiedenen Tafeln, die mittags von der Hofküche beliefert wurden.

S. B.

Literatur

Bursche, 1974
Gruber, 1982
Mabille, 1987
Malortie, 1866
Mayer, 1868
Seelig, 1991
Vehse, 1922

6.1.1

6.1.1
Terrine auf Präsentierteller
Gottfried Bartermann
(Augsburg 1703-1769 Augsburg)
Augsburg, 1759-1761
bez. Beschau: R[3] 261 = Augsburg 1759-1761, Meistermarke: R 909 – Gottfried Bartermann
Silber getrieben, gegossen, graviert, ziseliert, Terrine innen vergoldet
Terrine 29,8 x 43 cm
Tablett 1,5 x 51 x 33 cm
Lit.: Gruber, Gebrauchssilber des 16. bis 18. Jahrhunderts, Würzburg 1982, S. 140ff.; vgl. Seling 1980, Nr. 2248 zur Meistermarke;
Augsburg, Städtische Kunstsammlungen Maximilianmuseum 12051-2

Suppenschüsseln auf der Mitte der Tafel der großen Herrn gehörten zu den Neuerungen des 18. Jahrhunderts. Suppen gehörten zur einfachen Kost und hatten auf der Festtafel in Mittelalter und Renaissance keinen Platz.
Das Wort ›Terrine‹ stammt ursprünglich von dem schlichten irdenen Geschirr, in dem Suppe aufgetragen wurde.
Ihre Einführung bei Hof verdankt die Suppe einer spanischen Nationalspeise, der ›olla potrida‹, die bei Staatsbanketten serviert wurde und im Hofzeremoniell einen hohen Rang hatte. Durch die Heirat Ludwigs XIV. mit der Prinzessin Maria Theresia von Spanien wurde das aufwendige Fleisch-Gemüse-Gericht auch in Frankreich unter dem Namen ›pot à oille‹ heimisch und gehört zum Grundelement höfischer Festessen. Die ›olla potrida‹ wurde später selten alleine angeboten. Es gab vielmehr zwei oder vier Suppen, entsprechend der doppelachsigen Symmetrie der Tafel, zur Auswahl. Damit wurden auch andere Suppen hoffähig.
Viele Rezepturen und Namen verraten, daß Suppen mit gesunder Ernährung in Verbindung gebracht wurden, denn sie sind fettarm, enthalten Gemüse und sind bekömmlicher als andere Speisen.
Eine der ältesten silbernen Suppenterrinen steht in der Münchner Residenz. Sie wurde 1705 von dem Pariser Goldschmied Claude Ballin für Kurfüst Max Emanuel geschaffen. Dabei ruht die ovale Deckelschüssel auf einem profilierten geschlosse-

nen Standring. Nach der Régence wird die ovale Fondrißgestaltung der Terrinen oder ›Soupieren‹ in ihrer Konturführung immer komplizierter und der Formsprache des ›Rocaille‹-Stils unterworfen. Dabei verliert der Gefäßkörper optisch alle Schwere und kommt auf vier Tragefiguren oder Voluten zu stehen. Die Phantasie der Goldschmiede und ihrer Entwerfer bordete über und verwischte die durch die Techniken der Metallbearbeitung vorgegebenen Grenzen ihres Kunsthandwerks.
Terrinen und insbesonders die großen ›Pot-à-oille‹-Deckelschüsseln zeigten größte Prachtentfaltung bei ihrer Gestaltung, da sie auf der Tafel den zentralen Platz einnahmen.
Sie standen vor dem Essen und während des ganzen ersten Ganges vor den Augen der Gäste. Die Fähigkeit des massiven Silbers, Wärme rasch aufzunehmen und lange zu halten, spielt für die Wahl des Materials genauso eine Rolle wie die kuriose Tatsache, daß die Zeitgenossen es schätzen, wenn ein Silbergefäß den Gerichten einen bestimmten Geschmack gab.
Die relativ schlichte Augsburger Terrine von Gottfried Bartermann hat eine ovale Grundform mit einem stark gewölbten Gefäßkörper, der durch sechs verschliffene vertikale Rillen plastisch gegliedert wird. Den hochgewölbten Deckel des Gefäßes ziert über Ast und Laubwerk ein Vogelpaar. Die Terrine steht auf vier vorne hochgezogenen Blattvolutenfüßen und hat seitlich zwei ähnlich gestaltete Griffe aus Rocailleformen. Der zugehörige Präsentierteller zeigt einen flachen, zum Rand leicht aufgebogenen ovalen Fond. Der profilierte Rand ist bogig ausgeschwungen und endigt in zwei flachen blütenbesetzten Handhaben. In der Mitte der Platte befindet sich die Gravur eines Allianzwappens. Das Pendant zu dieser Terrine mit ihrem Präsentierteller erschien im schwedischen Kunsthandel (Butzkowski, Stockholm, laut Kunstpreisverzeichnis Bd. XVIII, 1962/3, S. 173). Das Augsburger Stück stammt ebenfalls aus schwedischem Adelsbesitz. H. O.

6.1.2 und 6.1.3

6.1.2
Silbergarnitur des Kurfürsten Max III. Joseph von Bayern
A.C. Holm (Karlstadt/Schweden 1718-1768 Augsburg)
G. Bartermann (Augsburg 1705-1769 Augsburg)
A. Drentwett (Augsburg um 1711-1785 Augsburg)
Augsburg, 1749-1771
Silber gegossen, ziseliert und graviert
Lit.: Frankenburger, Die Silberkammer der Münchner Residenz, München 1923, S. 19-21
München, Bayerische Schlösserverwaltung

Tafelteller
A.C. Holm, Augsburg 1764
bez. kurbayerisches Wappen mit M.I.C.I.B. und 1764
ø 25,5 cm
Res. Mü. SK 625, 626, 627, 628, 629, 630, 631, 632, 634, 648, 657, 658

Ovale Platten
G. Bartermann, Augsburg 1749-1751
bez. kurbayerisches Wappen mit M.I.C.I.B. und 1751
37,5 x 26,8 cm
Res. Mü. SK 170 (bez. No. 3, verändert in No. 5), 171 (bez. No. 6)
A.C. Holm, Augsburg 1763-1765
bez. kurbayerisches Wappen mit M.I.C.I.B.
37,5 x 26,8 cm
Res. Mü. SK 270 (bez. No.14)
A. Drentwett, Augsburg 1767-1769
bez. kurbayerisches Wappen mit M.I.C.I.B. und 1769
37,5 x 26,8 cm
Res. Mü. SK 273 (bez. No. 24)

Große runde Platten
A. Drentwett, Augsburg 1764
bez. kurbayerisches Wappen mit M.I.C.I.B. und 1764
ø 38,5 cm
Res.Mü. SK 243 (bez. No. 7), 245 (bez. No. 6)

Die Teile des Tafelservices, das in Augsburg von verschiedenen Meistern für den bayerischen Kurfürsten gefertigt wurde, ist in seiner Form weitgehend vereinheitlicht. Die wesentliche Gestaltungsweise liegt nicht in irgendeinem applizierten Ornament, sondern die Ränder des Silbergeräts sind so profiliert und gewellt, daß die bewegten Schatten und Reflexe des Lichts die Gestaltung der Oberfläche ergeben.
Der Augsburger Entwurf kommt mit abstrakten Motiven aus. Die schmucklose Form und Beschränkung auf das Wesentliche passen in die Kunstpolitik des Wittelsbacher Hofes dieser Zeit, der sein Sparsamkeitsprogramm auch auf die höfische Gebrauchskunst ausdehnte.
Der Silberkämmerer des Kurfürsten Graf von Leoni schloß mit dem Augsburger ›Silber-Jubilier‹ Wilhelm Michael Raumer 1751 und 1767 Abmachungen für die Herstellung eines neuen Silberservices. Dazu wurden ältere Silberteile eingeschmolzen. Die Diebstähle bei Hof waren so erheblich, daß dauernde Nachfertigungen nötig waren.
Die Silberteile gehören zu einem ungleich größeren Ensemble, das teils in der Silberkammer, teils im zugehörigen Depot aufbewahrt wird und – nach den erhaltenen Stücken zu schließen – ehemals einem Service für ungefähr 30 Personen angehörte. Um 1760 gibt es Reformen im Hofleben. Es entstehen in Schleißheim, in Nymphenburg

und in der Münchner Residenz neue große Speisesäle, die eigens für diesen Zweck gebaut wurden. Das große Silberservice Max III. Joseph scheint im Zusammenhang damit in Auftrag gegeben worden zu sein. Auch der Speisesaal der Münchner Residenz hinter der grünen Galerie war für 30 Personen angelegt (Inventar 1769). H. O.

6.1.3

Zwölffache Besteckgarnitur aus dem Bamberger Silberservice

J. Bartermann oder Johann Friedrich Busch
Augsburg, 1769-1771
bez. MZ: J.B.
Silber
Lit.: Gruber, Gebrauchssilber des 16. bis 18. Jahrhunderts, Würzburg 1982, S. 213, Abb. 303; von Roda, 1989, S. 66-73
München, Bayerische Schlösserverwaltung, Silberkammer F.V. III

Tafelmesser

bez. ›MJ‹ lig. unter Königskrone
25 cm
F. V.III, 3186, 3187, 3207, 3219, 3227, 3232, 3239, 3251, 3259, 3269, 3274, 3275

Gabeln

bez. ›MJ‹ lig. unter Königskrone
19,5 cm
F.V. III, 3321 (bez.No.59), 3322 (bez.No.24), 3328 (bez.N.44), 3338 (bez.No.70), 3339 (bez.No.9), 3340 (bez.No.71), 3343 (ohne Nr.), 3353 (bez.No.58), 3354 (bez.No.29), 3361 (bez.No.66), 3363 (bez.No.20), 3370 (bez.No.6)

Eßlöffel

bez. ›MJ‹ lig. unter Königskrone
20,3 cm
F.V.III, 3375 (bez.No.25), 3376 (bez.No.9), 3377 (bez.No.26), 3383 (bez.No.27), 3384 (bez.No.67), 3395 (bez.No.46), 3398 (bez.No.31), 3399 (bez.No.1), 3431 (bez.No.70), 3439 (bez.No.45), 3457 (ohne Nr.), 3462 (bez.No.8)

Die Bestecke entstammen dem Bamberger Silber, das nach der Säkularisation vom bayerischen Königshaus übernommen wurde und eine entsprechende Gravur bekam. Ältere Nummerngravuren lassen den Umfang des Silberservices erkennen, das für etwa 80 Personen bestimmt war. Charakteristisch ist der façonnierte Rand mit einem gebogenen und zusätzlich gewellten Verlauf der Profilstärke.
Das Pariser Musée des Arts Décoratifs bewahrt einen Augsburger Entwurf für Tafelbesteck aus der Mitte des 18. Jahrhunderts auf (CD 4284, fol 143), der eben diese Form hat, allerdings mit geschlungenen Bändern, welche die Stäbe des Randprofils umziehen. Auf diesen zusätzlichen Schmuck wurde bei der Ausführung verzichtet. H. O.

6.1.4

Kaffeelöffel oder Dessertlöffel

Augsburg, 1773-1775
bez. nachträglich Stielunterseite: ›MJ‹ und Königskrone
SK 2803 (bez.No.32), 2806 (bez.No.39), 2814 (bez.No.31), 2815 (bez.No.29), 2819 (bez.No.12), 2820 (bez.No.1), 2829 (bez.No.3), 2830 (bez.No.14), 2835 (bez.No.38), 2838 (bez.No.80), 2842 (bez.No.25), 2843 (bez.No.22)
Silber, 13 cm
Lit.: Von Roda ›... doch daß es sich gut putzen lasset...‹ das Bamberger Tafelservice, Augsburger Silberarbeiten des 18. Jahrhunderts, Kunst & Antiquitäten 1989, 4, S. 66-73
München, Bayerische Schlösserverwaltung, Residenz SK 2802-2844

Die Löffel stammen aus einem sehr großen erhaltenen Satz von 42 gleichartigen Augsburger Stücken, die aus dem säkularisierten Silberbestand der Fürstbischöfe von Bamberg stammen, der 1803 in den Besitz der Wittelsbacher kam. Wie Gravierungen erkennen lassen, umfaßte der ursprüngliche Bestand 80 Löffel. Sämtliche Gravierungen wurden mit durchlaufenden Nummern üblicherweise auf den Teilen von Hofsilber angebracht, um die zahlreichen Diebstähle durch Dienerschaft und auch Gäste besser kontrollieren zu können. Eigene Hofbeamte vermerkten in Eingangs- und Ausgangsbüchern den ihnen anvertrauten Silberbestand vor und nach einem Essen. In der Münchner Residenz blieb das Porträt eines solchen Silberverwalters erhalten, der bei seiner Arbeit dargestellt ist. Kleine Löffel gehören im 18. Jahrhundert noch nicht zu Speiseservice oder zur Besteckgarnitur aus großen Löffeln, Messern und Gabeln, sondern wurden separat gefertigt, gedeckt und gebraucht. H. O.

6.1.5

Sechs Messer und Gabeln in einem Besteckkasten

Augsburg und Landsberg am Lech, 1718 und 1728
bez. Auf allen Teilen Besitzermonogramm ›AZ‹: 3 Messerhefte, 2 Gabelhefte: Beschauzeichen: R^3 223 = Augsburg 1718, Meisterzeichen: ›SK‹; 3 Messerhefte, 4 Gabelhefte: BZ: Landsberg am Lech, Meisterzeichen: ›IZ‹
Silber gegossen, ziseliert und graviert, Stahlklingen
Messer 23,3 cm, Gabeln 19 cm
Lit.: Gruber, Weltliches Silber, Katalog der Sammlung des Schweizerischen Landesmuseums Zürich, Zürich 1977, S. 270 ff; Gruber, Gebrauchssilber des 16. bis 18. Jahrhunderts, Würzburg 1982; Bailey, Knives and Forks, (The Medici Society) London 1927, S. 8-9
Landsberg am Lech, Stadtmuseum
IV 2080

Nach einheitlichem Entwurf gestaltete Messer, Gabeln und Löffel, die zusammen ein Gedeck für den Gast bilden, sind eine Erfindung der Neuzeit, die sich erst im Laufe des 18. Jahrhunderts allmählich in Europa durchsetzt. Dies ist zusammen mit dem ästhetischen Prinzip der ›unité‹ zu sehen, das die Gesamtwirkung möglichst weniger Mittel der Berechtigung der Einzelformen überordnete. Deswegen werden Ornamentmuster entwickelt und Konturführungen ersonnen, mit denen die nach Zweckbestimmung und Grundtyp so unterschiedlichen Eßgeräte wie Löffel, Gabel und Messer in ihr Erscheinungsbild überformt werden.
Bei den frühen Landsberger Bestecken fehlen leider die Löffel. Nur noch ihre Kontur ist im Besteckkasten zu erkennen. Sie wären entsprechend der Grifform von Messern und Gabeln zu rekonstruieren. Diese Griffe haben einen profilierten Rand und zeigen Frauenköpfe im Oval über ›Bandelwerk‹. Den unteren Abschluß bildet ein kleiner silberner Knauf, eine Erinnerung an die ältere Form mit einer Niete als Befestigung des Stahlteils im Griff.
Die Gabeln haben die archaische dreizinkige Form, die Messerspitzen sind merkwürdig zu Voluten eingerollt. Die Tafelmesser des ausgehenden 17. Jahrhunderts haben zumeist gewandete Klingen, und glaubt man den Traditionen, geschah dies aus einem doppelten Grund. Der französische Premierminister Kardinal Richelieu haßte die gräßliche Sitte des Kanzlers Séguier, seines häufigen Tischgenossen, seine Hände mit Sauce zu verschmieren und obendrein

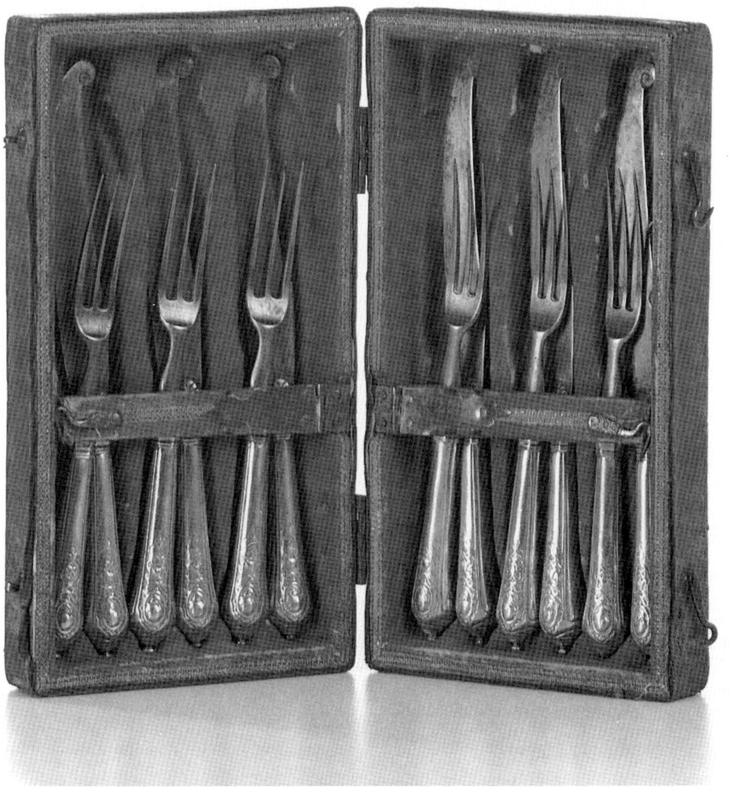

6.1.5

mit der Messerspitze in den Zähnen zu bohren. Deswegen wies er seinem ›maître d'hôtel‹ an, die Spitzen der Tafelmesser abzuschleifen und nur noch Messer mit gerundeter Spitze auf den Tisch aufzulegen (Bericht um 1640: Tallement des Reaux, 1960, S. 615.)
Ein Edikt Ludwigs XIV. von Frankreich verbietet 1669 überdies, um Körperverletzung und Mord vorzubeugen, alle spitzen Messer: keiner darf sie anfertigen, kein Gastwirt darf sie auflegen und existierende spitze Messer müssen abgeschliffen werden. Das Landsberger Besteck dürfte in seinen älteren Teilen von 1718 in Augsburg entstanden sein. Nach diesem Muster fertigte ein Landsberger Silberschmied dann die übrigen Teile nach, für die dann auch der lederne, goldgeprägte Kasten 1728 entstand. H. O.

6.1.6
Serviette
nach 1746
bez. Schrift: ›JOHANN THEODOR/CARDINAL /UND HERZOG IN/BAYERN etc.‹
feiner weißer Leinendamast, 96 x 96 cm
Lit.: Weitlauff, Kardinal Johann Theodor von Bayern (1703-1763) Fürstbischof von Regensburg, Freising und Lüttich. Ein Bischofsleben im Schatten der Kurbayerischen Reichskirchenpolitik. In: Schwaiger, Staber (Hrsg.), Beiträge zur Geschichte des Bistums Regensburg, Bd. 4 Regensburg 1970
28/1610/a

In der Mitte Kreis mit dem Familienwappen, umgeben von den Wappen Bistum Freising (gekrönter Mohr), Bistum Regensburg (Schrägbalken), Lüttich-Herzogtum Bouillon (Querbalken), Lüttich-Grafschaft Looz (vier Querbalken), Lüttich-Grafschaft Horn (drei Jagdhörner), Lüttich-Markgrafschaft Franchimont (drei Löwen), Bistum Lüttich (Säule, darauf Kranz). Kreis im Wappenmantel, darüber Fürstenhut mit Kreuz. Wappen in kleinerer Form in den Ecken wiederholt. Um die Schriftzüge Rocaillen.
Aus dem Besitz des Johann Theodor, 1703-1763, jüngster Sohn von Kurfürst Max Emanuel:
1719 Bischof von Regensburg,
1927 Bischof von Freising,
1744 Bischof von Lüttich,
1746 Kardinal von Lüttich.
A. L.

6.1.7
Serviette
nach 1746
bez. Schrift: ›JOHANN THEODOR‹
feiner weißer Leinendamast, 115 x 96 cm
28/1610/b

In der Mitte Kreis mit Familienwappen, umgeben von den Wappen Bistum Freising (gekrönter Mohr), Bistum Regensburg (Schrägbalken), Lüttich-Herzogtum Bouillon (Querbalken), Lüttich-Grafschaft Looz (vier Querbalken), Lüttich-Grafschaft Horn (drei Jagdhörner), Lüttich-Markgrafschaft Franchimont (drei Löwen), Bistum Lüttich (Säule, darauf Kranz). Kreis im Wappenmantel, darüber Fürstenhut mit Kreuz. In den Ecken jeweils gespiegeltes Monogramm, umgeben von Rocaillen, darüber Fürstenhut. An den Rändern Blütenranken. A. L.

6.2 Schaugerichte

6.2.1
Eberkopfterrine
um 1785
Fayence, ockerfarbiger Scherben, gelblich weiße Glasur, Bemalung in Gelb, Mangan und Schwarz, 38 x 68 x 41 cm
Lit.: Ducret, Reber, Schäfer, Die Kurmainzische Porzellanmanufaktur Höchst, Bd. III Fayencen, München 1986; Rottenhöfer 1858, S. 341; Nürnbergisches Kochbuch 1691, 8. Teil, S. 371-374 mit vier Rezepten
Würzburg, Mainfränkisches Museum A 23 741

Über annähernd runder Standfläche erhebt sich die Terrine in Form eines mächtigen Wildschweinkopfes. Der obere Teil des Kopfes ist als Deckel abnehmbar. Die großen, runden Nasenlöcher könnten als Dampfabzug für heiße Speisen dienen. Die großen Augen sind von dichten, schwarzen parallelen Wimpern umgeben und schwarz konturiert.
Das Schaugericht eines Wildschweinkopfes war die am höchsten bewertete Speise auf den großen Tafeln zwischen Spätmittelalter und 20. Jahrhundert. Der Kopf galt als der vornehmste Teil des Körpers, und das Schwarzwild galt als Hochwild, war also nur die Jagdbeute hoher Herren. Männliche Tiere wurden als Beute höher geschätzt als weibliche Tiere. Kulinarische Gründe kann dies nicht haben, denn Eber- und Keilerfleisch haben einen sehr starken ranzigen Beigeschmack, der von Geschlechtshormonen herrührt. Allein hierarchische Überlegungen liegen der hohen Rangordnung dieses Schauessens zugrunde. Das Aufsetzen ganzer Schweinsköpfe war archaisches Element deutscher Festessen. In Frankreich herrschten andere Gewohnheiten. »Die Schweinsköpfe stellt man hier (in Frankreich) nicht so auf wie bei uns, sie legen sie ganz platt, wie verdrückt, in eine Schüssel, sie salzen und würzen es nicht genug ...« schreibt um 1690 Liselotte von der Pfalz. Die Zubereitung des Keilerkopfes mit seinem Gewehr (den Hauern) erfolgte, indem der Koch den Tierschädel enthäutete und reinigte. Das Ganze wurde in einem fest verschnürten Tuch fünf, sechs Stunden gekocht und dann glasiert.
Das Produkt konnte schließlich wieder mit der abgezogenen und präparierten Kopfhaut überzogen werden, die mit der Messerspitze abgenommen wurde, bevor zu guter Letzt der Vorschneider das Gericht tranchierte. Jagdlichen Bräuchen gemäß wurde das Schauessen mit Eichenblättern oder anderem Laubwerk, auch Kränzen garniert und ihm ein Bruch oder eine Zitrone ins Maul gesteckt. Es war ein bevorzugtes Winteressen. Das beste Schwarzwild kam aus dem Spessart.
»Das Fleisch des Wildschweins wird allgemein hochgeachtet und deshalb auch mit großem Aufwand zubereitet. Besonders aber geschieht dem Wildschweinkopfe viele Ehre, denn dieser wird zu einem der luxuriösesten Gerichte umgewandelt und prangt als eines der schönsten Schaustücke auf Buffets« (Rottenhöfer 1858). Wozu Terrinen in Eberkopfform gebraucht wurden, konnte noch nicht erschlossen werden. Die Fayencemanufakturen Höchst und Straßburg fertigten die meisten Stücke. Wichtigster Aspekt war sicherlich Ersatz der Wirklichkeit bei diesem Paradegericht und der Effekt der Augentäuschung.
S. K./H. O.

6.2.2
Terrine in Truthahngestalt
Bemalung: Johannes Zeschinger (geb. Höchst 1723)
Manufaktur Höchst, 1746-1753
bez. Radmarke und Signatur ›12‹
Fayence, 44 cm
Lit.: Ducret, Reber, Schäfer, Die Kurmainzische Porzellanmanufaktur Höchst, Bd. III Fayence, München 1986, 299-300 med 75-79, Abb. 57, Braudel 1967, S. 139, Vaerst reed. 1975, S. 133, 285-289
Stuttgart, Württembergisches Landesmuseum, G 8/359

Die beliebtesten Terrinen in Tiergestalt waren die Truthahnterrinen. Der Truthahn war während des 18. Jahrhunderts bei den Schauessen im ›Service à la française‹ der große Vogel, der die Mitte der Tafel zierte. Darin löste er Pfau, Storch, Kraniche und Schwan der Frühzeit in ihrer Rolle ab. Das zähe, trockene und z.T. nach Fisch schmeckende Fleisch der genannten Vögel ersetzte der Truthahn durch die überragende Qualität seines Fleisches. Das Truthahnfleisch, das leicht Geschmack annimmt, konnte überdies mit Gewürzen und Zutaten, insbesonders Trüffeln, parfümiert und veredelt werden. Der Truthahn wurde erst im 16. Jahrhundert aus Amerika nach Europa importiert und zierte Menagerien und Hühnerhöfe. Erste Darstellungen finden sich in der Neuen Residenz in Landshut um 1540, dann auf einem Bildteppich im Londoner Victoria & Albert Museum und auf niederländischen Gemälden, wie das Stilleben de Beuckelaers (1530-1573) im Amsterdamer Rijksmuseum.

Im 18. und frühen 19. Jahrhundert hatte man gänzlich die Herkunft des Truthahns vergessen. Sein Ursprung wurde in Indien oder in der Türkei vermutet (›indisches Huhn‹, ›kalikutischer Hahn‹, niederländisch: ›Kalkoen‹, englisch: ›turkey‹). Erst Buffon stellte die amerikanische Herkunft richtig. Der Truthahn als Hauptgericht hat auch die Gans im bürgerlichen Festessen zu verdrängen vermocht. Allerdings ist in diesem Demokratisierungsprozeß auch der getrüffelte Puter verschwunden, der im 18. und 19. Jahrhundert die Tafel der großen Häuser schmückte. Größter Exporteur getrüffelter Truthähne war die Stadt Straßburg. H. J. Voß kommentierte ironisch das bizarr aussehende Federvieh mit dem sanften Geschmack: »Romantisch siehst du aus, o Puter / doch schmeckest du klassisch Seelenguter.« Die Manufakturen Straßburg und Höchst überboten sich bei der Produktion von Truthahnterrinen in der Absicht, den Truthahn in seinem geschuppten Federkleid und mit den puterroten Hautlappen des Kopfes detailreich und farblich reizvoll darzustellen.
Die Trennlinie zwischen Gefäß und Deckel wird durch eine bogige Linienführung kaschiert. Die erhaltene Platte ist mit Truthahnfedern ringsum dekoriert. Wie auch bei anderen Terrinen in Tiergestalt bleibt es unklar, wie die Gefäße gebraucht wurden, ob für Suppe, Ragout, als Pastetenbehälter oder etwa als Punschgefäße, wie es für Krautkopfterrinen nachgewiesen werden kann (vgl. Kat. 27.2.2). H. O.

6.2.3
Melonendose
Bayreuth, um 1770
bez. Im Boden der Dose blaue Marke P
Fayence, 11,5 cm, ø 24,5 cm
Lit.: Hofmann, Geschichte der Bayreuther Fayencefabrik St. Georgen am See, Augsburg 1928
München, Bayerische Schlösserverwaltung, Slg. Nottbohm, Nr. 258

Die Deckeldose in Form einer Melone ist fest verbunden mit einem Untersatzteller mit geschweiftem Rand, Staffierung der Melone in Gelb und Grün. Bemalung des Tellers im sog. Himbeermuster in Mangan und Grün.
Die Melonendose gehört zu den gängigen Bayreuther Serviceteilen der Zeit des Manufakturinhabers Pfeiffer und seiner Erben (1761-1788), ist jedoch auch in anderen Manufakturen, vor allem in Straßburg, seit 1750 nachweisbar. Die überwiegende Zahl der erhaltenen Bayreuther Melonendosen ist jedoch mit Blumen in Muffelfarben bemahlt. Das Himbeermuster, das die schlichteste Bemalung von Geschirren der Pfeiffer-Zeit darstellt, fand weitere Verbreitung in den Manufakturen Sulzbach, Mosbach und Schrezheim. A. M.

6.2.4
Traubendose
Bayreuth, um 1770
bez. Im Boden der Dose und auf der Unterseite des Deckels schwarze Größen- oder Modellmarke 9.
Fayence, 9 cm, ø 24,5 cm
München, Bayerische Schlösserverwaltung, Zug.-Nr.: 689

Deckeldose in Form einer Weintraube, fest verbunden mit einem Untersatzteller mit geschweiftem Rand, ohne Standring. An der Stelle des größten Umfangs umgeben drei Blätter die Traube, von denen das obere, waagerecht liegende als Deckelknauf dient.
Traubendosen sind bisher für die Manufraktur Bayreuth nicht nachgewiesen. Die Lokalisierung stützt sich auf die charakteristische bayreuthische Form des Tellers.
A. M.

6.2.5
Terrine in Form eines sitzenden Hundes
Bayreuth, um 1770
bez. Im Boden und im Deckel Blaumarke II.
Fayence, 14 cm, ø 24,5 cm
München, Bayerische Schlösserverwaltung, Slg., Nottbohm, Nr.: 259

Die Terrine ist fest verbunden mit einem Untersatzteller mit geschweiftem Rand, ohne Standring. Staffierung des Hundes in Mangan, Blau und Gelb. Bemalung des Tellers im sogenannten Himbeermuster in Mangan und Grün.
Das Formstück ist bislang für die Manufaktur Bayreuth nicht nachgewiesen. Die Lokalisierung stützt sich auf die charakteristisch bayreuthische Form und Bemalung des Tellers. A. M.

6.3 Mobiliar

6.3.1
Großer Konsoltisch mit Marmorplatte
Stilkreis des François Cuvilliés
München, um 1730
Lindenholz vergoldet, Blindholz Kiefer, Tegernseer Marmor, 86 x 162 x 66 cm
Lit.: Müller-Christensen, Alte Möbel. Vom Mittelalter bis zum Jugendstil, 1981, Abb. 151; Kreisel/Himmelheber, Die Kunst des deutschen Möbels, Bd. II, München 1983, 431; Jedding, Der Konsoltisch im Werk Joseph Effners, aus: Beiträge zur Kunstgeschichte. Eine Festgabe für Heinz Rudolf Rosemann, München, Berlin 1960, S. 231-248
37/1836

Der große Konsoltisch, der fest mit der Wand verbunden, entworfen und ausgeführt wird, ist eine Neuerung des 18. Jahrhunderts. Sein Platz ist der Trumeaupfeiler zwischen zwei Fenstern. Die groß dimensionierten Stücke stehen in der Regel in den beiden Vorzimmern oder Galerien eines Palais, wo täglich oder bei Festen die Tafel gedeckt wurde. Dabei haben die mit einer Marmorplatte versehenen Tische eine Funktion als Anrichte- oder Buffettische. Als Speisesäle der Münchner Residenz wurden beispielsweise der Rittersaal vor den Reichen Zimmern und weiterhin das 1. Vorzimmer mit seinen beiden Öfen benutzt, deren Funktionen nach 1764 von dem neugebauten Speisesaal an der Grünen Galerie abgelöst wurde.
Der Konsoltisch des Münchner Stadtmuseums hat ein in jedem Detail gleiches Pendant im Germanischen Nationalmuseum in Nürnberg: H. 87, B. 162, T. 65, Kauf 1938 Fischer-Böhler beide aus dem Schloß Schönburg am Inn, ehem. Besitz der Grafen Arco mit Ausstattung um 1730. Die beiden Tische gehören zu der Stilphase unmittelbar nach dem Residenzbrand von 1729, als von 1730 an Joseph Effner (1687-1745) als entwerfender Architekt von François Cuvilliés d.Ä. (1695-1768) abgelöst wurde. Der Konsoltisch ist die Arbeit eines Bildhauers. Es herrscht noch die achsensymmetrische Régenceornamentik. Bandelwerk kommt nicht mehr vor. Dem parataktischen, klarer gegliederten und sehr architektonischen Stil Effners ist der Konsoltisch nicht mehr zuzurechnen, sondern dem Stil Cuvilliés um 1730 in seiner »freizügigen, heiter bewegten Ornamentik, die in stärkerem Maße Darstellungen aus der Pflanzen- und Tierwelt und figürliche Mo-

6.3.1

tive bevorzugt« (Kreisel/Thoma 1938). Der Konsoltisch hat so einen festen Platz in der kontinuierlichen Entwicklung der Münchner Hofwerkstätten unter Effner und Cuvilliés. Eine Vorstufe sind wohl die großen Konsoltische der Galerie in Schleißheim und die Konsoltische des Vorzimmers der Reichen Zimmer, die zusammen mit einer Überarbeitung des Entwurfs von Effner durch Cuvilliés entstanden.
H. O.

6.3.2
Konsoltisch mit Spiegelpaneel
Mittelfränkisch, um 1760
bez. Etikette: . . . IV/. . . III/. . . I/ Fortlaufende Nr. 3/Nr. der Suitte/C.Ö.W.F.H.L./ und Nach dem Inventar/Abtheil VII, Rub. B./Nro. 30 Stück 221/F.V.O.W.S.I./
Lindenholz, weiß gefaßt und vergoldet
Konsoltisch 80 x 99 x 55 cm
Spiegelpaneel 220 x 111 cm
Lit.: Kreisel/Himmelheber, Die Kunst des deutschen Möbels, Bd. II, München 1983, Abb. 510
M 40/586 a-b

Die Teile einer Raumausstattung stammen aus dem wandfestem Bestand einer Schloßausstattung, die sich ehemals im Besitz der Fürsten von Öttingen-Wallerstein befand. Die Inventarzettel deuten auf eine zwischenzeitliche Verwendung in Schloß Leutstetten hin, das sich von 1834-1843 im Besitz von Fürst Ludwig von Öttingen-Wallerstein befand. Durch die Auktion Haus Lange 1940 Berlin (Slg. Schloß Tutzing) kamen Konsoltisch und Spiegelpaneel in den Besitz des Stadtmuseums.
Stilistisch gleichen die Möbel Arbeiten aus Schloß Eichstätt und in Schloß Ansbach, wo sich gleichfalls die enge Fußstellung des Konsoltisches, die tiefe Führung der Zarge sowie der exuberante Dekor der flachen Teile der Spiegelrahmung beobachten läßt. In der ornamentalen Auflösung der Grundstruktur wie in der extremen Asymmetrie ist das Ensemble der Spätphase des Rokokos zuzuordnen. H. O.

6.3.3
Zwei Polsterstühle
Dresden, um 1710
Nußbaum massiv, z. T. Erle, gepunzter Lederbezug mit Goldpressung
47 x 49 x 49 cm
Lit.: Haase, Dresdener Möbel des 18. Jahrhunderts, Leipzig 1983, Abb. 198-200 a; Thornton, Seventeenth-Century Interior Decoration in England, France & Holland, London 1978, Möbius, Schloß Moritzburg, in: Kunst & Antiquitäten 5, 1991, S. 34-38
33/623-4

Der originale Lederbezug, auf dessen grünem Grund in Goldpressung Motive von Vögeln, Blumen und Früchten stehen, bildet die Besonderheit dieser Stühle. Schloß Moritzburg in Sachsen besitzt mehrere gleiche Stuhlsätze dieser Art. Lederbezogene Stühle wurden wegen ihrer Unempfindlichkeit bevorzugt als Eßstühle gebraucht. Für eine solche Verwendung spricht auch der hohe gepolsterte und schmale Rücken, der sich als Typus von Tafelstühlen im 18. Jahrhundert herausbildet. Diese Grundform wurde bis in die Zeit um 1928 hinein tradiert. Die schmale Form ohne Armlehnen erlaubte eine Vielzahl von Gästen bei Tisch. Für die Bequemlichkeit bei langen Mahlzeiten war durch die Aufpolsterung und den hohen Rücken gesorgt. Die Form mit gedrehtem Untergestell wurde als ›back-stool‹ in England im späten 17. Jahrhundert entwickelt und in Sachsen zusammen mit anderen englischen Möbelformen im frühen 18. Jahrhundert übernommen.
H. O.

6.3.4
Hochzeit im Neudecker Garten in der Au
Peter Jacob Horemans
(Antwerpen 1700-1776 München)
München, 1747
bez. l. u. P. Horemans 1747
Öl/Lwd., 178 x 220 cm
Lit.: v. Rambaldi, Die Münchner Straßennamen und ihre Erklärung, München 1894; AK, München im 18. Jahrhundert, München 1901, S. 12; AK, München im Bilde, München 1914, S. 59, Nr. 523; Wolf, Die Münchnerin, München 1924, Abb. bei S. 53; Wolf, Künstler und Künstlerleben im kurfürstlichen München, in: Bayerland, 39, 1928, S. 181 m. Abb.; AK, Peter Jacob Horemans, Bayerische Staatsgemäldesammlungen, München 1974, Nr. 20, Tafel 9
Privatbesitz

Im Freien vor einer Gastwirtschaft gruppiert sich die Hochzeitsgesellschaft um eine u-förmige, mit weißen Tischtüchern bedeckte Tafel. Im Vordergrund steht der Anrichtetisch, an dem vor dem Auftragen aufgeschnitten wird und Brot, Bier und Teller

6.3.4

bereitgestellt werden. Eine Bedienstete wäscht am Boden kniend Gläser und Zinnteller in Holzzubern. Unter dem Tisch eine Schraubflasche mit Zinnverschluß und mehrere Weinflaschen aus Glas, die zum Kühlen in Holzbottichen mit kaltem Wasser aufbewahrt werden.
Die Hauptmahlzeit bildet gebratenes Geflügel, geräuchertes Fleisch und ein suppenartiges Gericht. Die Mundbrote treten in der heute noch gebräuchlichen Form der Pfennigsemmeln auf. Gegessen und serviert wird auf Zinntellern und Zinnplatten. Das Bier wird in Steingutkrügen mit Zinndeckeln gereicht, die in der Form unseren heutigen Maßkrügen entsprechen, aus denen jedoch nicht getrunken wird. Das Bier wird vom Krug, in dem es kühl bleibt, in ein Glas gegossen. Weinflaschen und Stengelgläser mit konischer Kuppa finden sich ebenfalls auf der Tafel.
Die Darstellung dürfte einer realen Situation zur Mitte des 18. Jahrhunderts in München entsprechen. Der Tracht nach gehören die Mitglieder der Hochzeitsgesellschaft, vor allem das in der Mitte sitzende und durch Blumenbuketts gekennzeichnete Brautpaar, zum niedrigen Adel oder gehobenen Bürgertum. Die gepuderten Perücken sprechen für eine adelige Gesellschaft, ebenso die zahlreichen Bediensteten. Genredarstellungen dieser Art gehen auf die niederländische Tradition unter dem Einfluß von David Teniers zurück, durch die Horemans in seiner Antwerpener Zeit geprägt wurde. Neben Joseph Stephan gehörte er zu den Malern um Kurfürst Max III. Josef, die Szenen aus dem Volksleben für ihren fürstlichen Auftraggeber festhielten und damit auch das neu aufkommende Interesse am täglichen Leben bekunden. Horemans stillebenartige Genrebilder, liefern neben ihrem oft allegorischen Inhalt eine minutiöse Beschreibung des alltäglichen Lebens und auch der Gerätschaften und Utensilien. Neudeck war unter Herzog Wilhelm IV. herzogliches Jagdschloß, wurde unterAlbert V. zu einem Lustschloß mit Hofgarten erweitert, um schließlich von Wilhelm V. zu einer Einsiedelei umgestaltet zu werden. Ferdinand Maria überließ Neudeck 1660 den Paulanermönchen. Das Kloster hatte bereits 1633 die Brauerei Lerchl in der Neuhauser Straße geerbt und schenkte später in der Au billiges Bier für die Armen aus. Bei der Auflösung des Klosters 1799 kam der Garten in Privatbesitz und erhielt die Bezeichnung Neudecker Garten. Seit 1755 war in Teilen des Gebäudes die Porzellanmanufaktur untergebracht. S. B.

6.4 Tafelluxus

6.4.1
Aus Silbergeschirr geschnittene Belagerungsklippen
Landau 1702, 1713
Silber
II Livre II S(ou) 1702, französischer Goldschmied, glattes Stück
Gewicht: 12,31 g, ø 46 mm.
II. LIVRE II S; LANDAV / 1702; Wappen des Generals von Melac mit zusätzlichen drei bourbonischen Lilien (als Zeichen dafür, daß es französische Notmünzen waren), am Rand elf Linien.
LANDAU. Notmünzen, die während der Belagerung 1702 und 1713 geschlagen wurden. Zusammengestellt von ›Rigö‹ [Richard Götze] NÜRNBERG, Nürnberg 1961, Nr. 15.
II Livre II S(ou) 1702, französischer Goldschmied, glattes Stück
Gewicht: 12,70 g, ø 45 mm.
II. LIVRE II S; LANDAV / 1702; wie Nr. 1, jedoch acht Lilien.
Rigö Nr. 20.
2 Livre 2 S(ou) 1702, deutscher Goldschmied, Tellerrandstück
Gewicht: 12,81 g, ø 50 mm
2 LIVRE 2 S/LANDAV 1702; wie Nr. 1, am Rand vier Lilien
Rigö Nr. 62 var.
1 Livre 1 S(ou) 1702, deutscher Goldschmied, glattes Stuck
Gewicht: 6,26 g, ø 37 mm.
I LIVRE I S/LANDAV/ 1702; wie Nr. 1, am Rand acht Lilien
Rigö Nr. 89.
1 Gulden 4 Kreutzer 1713, Stempelschneider JC-V
Gewicht: 10,68 g, ø 40 mm.
PRO/CAES: & IMP (für Kaiser und Reich) oben, BEL: LANDAU/ I
FL : 4 X unten; fünffeldiges, von Herzoghut bedecktes Wappen, über dem Wappen im Halbkreis C. (arl) A.(lexander) H.(erzog) Z.(u) W.(ürttemberg), links JC, rechts V, unten 1713, am Rand vier bekrönte Monogramme.
Rigö Nr. 114.
1/2 Gulden 2 Kreutzer 1713,
Gewicht: 5,39 g, ø 32 mm.
PRO/CAES: & IMP oben, BEL: LANDAU I/2 X, unten; innen bekröntes Monogramm des Prinzen Carl Alexander von Württemberg, links und rechts je ein kleiner bekrönter Schild – Herzschild des württembergischen Wappens – zwischen zwei Palmzweigen, darunter 1714.
Rigö.
1/2 Gulden 2 Kreutzer 1713
Gewicht: 5,55 g, ø 30 mm
Wie Nr. 6, jedoch außen vier Schilde.
Rigö Nr. 124.
München, Staatlichen Münzsammlung

Klippen sind keine Münzen im herkömmlichen Sinn, weder vom Aussehen her noch von der Prägung. Die Bezeichnung ›Klippe‹ stammt von dem schwedischen Wort ›Klippe‹, was ›mit der Schere schneiden‹ bedeutet. Im Gegensatz zu den vertrauten Münzen sind sie auch nicht rund, nicht aus einem Schrötling geprägt und in der Regel auch nicht zweiseitig. Klippen sind sogenannte Sondermünzen, die nur in Notfällen, d.h. in Kriegszeiten, emittiert wurden.

Meistens wurden Klippen in belagerten Städten ausgegeben, da sich infolge der Belagerung und der damit verbundenen Abschneidung von der Außenwelt schon bald ein Mangel an Bargeld ergab, insbesondere dadurch, daß auf Grund der unterbrochenen Zufuhr an Gütern aller Art die Preise für die in der Stadt noch vorhandenen Lebensmittel und sonstigen Dinge des alltäglichen Lebens stark anstiegen. Nicht zu vergessen ist, daß auch die eingeschlossenen Truppen entlohnt werden mußten.
Die ersten Prägungen dieser Art begegnen in Europa im 16. Jahrhundert, erstmals wohl bei der Belagerung Pavias im Jahr 1524. Die hier vorgestellten Klippen stammen aus der pfälzischen Stadt Landau, die im Verlauf der spanischen Erbfolgekriege (1701-1714) mehrfach belagert wurde. Die Prägungen des Jahres 1702 wurden während der Belagerung der Stadt Landau durch die kaiserlichen Truppen von dem französischen General Melac veranlaßt, der Tafelsilber als Ersatz für Münzen umprägen ließ. Das Silber wurde zu diesem Zweck in viereckige Formen zugeschnitten und mit verschiedenen Stempeln – z.B. Wappen und Wertangabe – versehen. Teilweise ist noch der Rand des Tafelgeschirrs erkenntlich. Einprägungen am Rand dienten als Kontrollzeichen gegen nachträgliche Manipulation. Die Prägungen wurden von einem französischen und einem deutschen Goldschmied angefertigt, die verschiedene Stempeltypen benutzten: Während der französische Goldschmied für Orts- und Jahresangabe einen doppelzeiligen Stempel in Kartusche benutzte, setzte der deutsche Wert-, Orts- und Jahresangabe in einen doppel- bzw. dreizeiligen Stempel in Kartusche.
Die Klippen mit der Jahreszahl 1713 wurden während der vierten Belagerung unter dem Festungskommandanten Prinz Carl Alexander von Württemberg ausgegeben, der für die Prägung sein Gold- und Silbergeschirr einschmelzen ließ. Im Gegensatz zu den Notprägungen des Jahres 1702 handelt es sich bei denen des Jahres 1713 somit ausschließlich um glatte Stücke, da sie ja nicht wie die ersten Klippen aus Tellern oder Platten geschnitten wurden.
Die Goldprägungen des Jahres 1713 sind extrem selten und wohl kaum für Bezahlung oder Sold verwendet worden. Man nimmt an, daß sie zu Geschenkzwecken dienten. G. ST.

6.4.2
Büste Kurfürst Max Emanuel
Guillielmus de Grof
(Antwerpen 1676-1742 München)
München, um 1716-1720
bez. rückseitig auf der Manteldraperie:
G. de Grof F.
Bronze, feuervergoldet, Holzsockel mit Boulle-Intarsien, mit Sockel 41 cm
Lit.: Volk, Guillielmus de Grof (1676-1742). Studien zur Plastik am kurbayerischen Hof im 18. Jahrhundert, Diss. Frankfurt am Main 1966, S. 72; AK Kurfürst Max Emanuel. Bayern und Europa um 1700, Bd. II, München 1976, Kat. 492 37/683

Die Büste entspricht einem Exemplar aus einer Serie, die Kurfürst Max Emanuel zusammen mit seinen bedeutendsten Vorfahren darstellt. Diese Serie besteht aus den Büsten Theodor I., Karls des Großen, Otto von Wittelsbachs, Ludwig des Bayern, Maximilian I. und Max Emanuels. Die Büste Max Emanuels ist in mehreren Exemplaren bekannt und entspricht der Darstellung des Kurfürsten auf einem 1714 datierten Kleindenkmal, das ihn als Türkenbesieger zu Pferde mit bekrönender Viktoria zeigt (Bayerisches Nationalmuseum). Peter Volk vermutet als Vorbild eine verschollene Büste Max Emanuels, das erste Werk, das Guillielmus de Grof für den Kurfürsten noch während dessen französischem Exil geschaffen hatte und das ihm dessen Aufmerksamkeit sicherte. Max Emanuel kehrte 1715 nach München zurück. Guillielmus de Grof folgte ihm ein Jahr später. Er war bis zu seinem Tod der führende Bildhauer am Hof Max Emanuels und dessen Nachfolgers Karl Albrecht. Wahrscheinlich sind die Büsten erst nach de Grofs Ankunft in München, nicht bereits in Frankreich entstanden. N. G.

6.4.3

6.4.3
Backmodeln aus der Hofkonditorei in München
um 1740, Holz, gestochen
18 x 10, 28 x 21, 27 x 27 cm
Lit.: Hansen, (Hrsg.), Kunstgeschichte des Backwerks. Geschichte und Entwicklung der Gebäckarten und ihrer Formen, Oldenburg/Hamburg 1968
München, Bayerische Schlösserverwaltung, Res. Mü. F. V. Abt. III Nr. 72, 101, 103; WAF

Die Modeln dienten teils zur Ausformung, teils zur Oberflächenreliefierung von Tragantteilen, die zu einem Tafelaufsatz in Form eines Rokokogartens zusammengesetzt werden konnten. Es standen Modeln mit unterschiedlichen Motiven zur Verfügung: Torbögen, Brunnen, Vasen, Tiere, aber auch Muster für Hausdächer, Vasen oder Pferdedecken. S. B.

6.4.4
Wein- und Bierrechnung für das Mittags- und Nachtmahl an der Hoftafel des Kurfürsten Karl Albrecht
München, 22. Februar 1730
Typendruck und Handschrift,
30,4 x 17 cm
MI/871

Die Wein- und Bierrechnung vom 22. Februar 1730 macht deutlich, an wieviel verschiedenen Tafeln zu Mittag und zu Abend am kurfürstlichen Hof in München gegessen wurde. Da jeweils auch die Personenzahl aufgeführt ist, kann man erkennen, daß der Kurfürst ebenso wie die Kurfürstin alleine aß. Auch Herzog Ferdinand und seine Gemahlin saßen an keinem gemeinsamen Tisch. Sogar der Oberhofmeister speiste alleine. Die Tafel der Edelknaben war hingegen mit achtzehn Personen gut besetzt. Ebenso geht aus der Aufstellung hervor, daß fast jedes Familienmitglied der Wittelsbacher einen eigenen Mundkoch hatte. Zusätzlich gab es einen ›Frauenzimmer-Koch‹, einen ›Pasteten-Koch‹ und einen ›Nebensachen-Koch‹. Der Weinkonsum war gemäßigt, fast alle Personen begnügten sich mit einem halben Liter. S. B.

Mittagmahl.
Pers. Burg. Mosler Rhein Ord. Wein Bier
1. Tafl Ihro Durchl. Chur-Fürst unser Gnädigster Herr, rc.
1. Tafl Ihro Durchl unser Gnädigste Frau, rc.
1. Tafl Ihr. Durchl. Hertzog Ferdinand.
1. Tafl Ihro Durchl. Hertzogin / rc.
1. Tafl Ihro Durchl. Hertzog Max/und Clement
Dero Oberhofmeister Per all/oder Camer-Herr
1. Tafl Herren Edel-Knaben.
Nachspeiser.
1. Tafl. Frau Gräfin von Leiblfing-Ober-Hofm.
Nachesser.
1. Tafl Hoch-Adeliches Frauen-Zimmer.
4. Cammer-Menscher und Nachspeiserinen.
1. Tisch Ihr. Drchl. Chur-Fürstin Cammerdienerinen.
Nachspeiserinen.
1. Tisch Kinds-Frauen/und Camer-Dienerinen.
1. Cammer-Mensch/und Nachspeiserinen.
1. Tisch Manzinin, und Mensch.
2. Tisch Kinds Frauen/und Cammerdienerin von Ihr. Durchl. Hertzogin.
2. Cammer-Menscher und Nachspeiserin.
Absonderliche Auffspeiser
Nachesser
1. Tisch Mundköchin/Gehülffin und Spielerinen
Extra Auffspeiser.
Denen Herren Edl-Knaben zum Fruhestuck.
Denen Ordinari angeschafften Auffspeisern.
Denen Trabanten auff die Hof-Wacht.
Den Kuchen-Jungen
Den Armen Leuthen
Zu verkochen beede Mahlzeiten.
Dem Mundkoch vor unsern Gnädigsten Herrn/rc.
Der M:Köchin vor unsern Gnädigsten Herrn/rc.
Der Mund-Köchin vor unser Gnädigste Frau/rc.
Der M:Koch: vor die junge Gnädigste Herrschafft
Dem Mundkoch vor Ihr Drchl. Hertzog Ferdinand.
Vor Ihr. Durchl Hertzogin/rc.
Dem Frauen-Zimmer-Koch.
Dem Pasteten-Koch.
Dem Nebensachen-Koch.

6.4.4

DAS EINFACHE MAHL *im 18. und 19. Jahrhundert*

Das Schlaraffenland steht als Wunschbild für den üppigen Überfluß, den der Großteil der Bevölkerung in Deutschland bis in die zweite Hälfte des 20. Jahrhunderts entbehrte. Die Kost der einfachen Leute in der Frühen Neuzeit wird pauschal als karg und eintönig charakterisiert, aber kaum konkret benannt. Während Kochbücher und Speisekarten ein exaktes Bild der fürstlichen und großbürgerlichen Küche überliefern und Berichte über Festbankette und Prunkgelage darüber hinaus auch Etikette und Tischsitten der Oberschicht beschreiben, sind selten Selbstäußerungen und Fremdbeschreibungen über das Essen der einfachen Leute überliefert. Spektakuläre Ereignisse finden eher Chronisten als das Gewöhnliche und Alltägliche.

Schriftliche Quellen, die darüber Auskunft geben, entstanden nur dort, wo die Versorgung einfacher Leute organisiert und institutionalisiert wurde, nämlich in sozialen Einrichtungen wie Findel- und Siechhäusern sowie Spitälern. Diese sorgten für die Beschaffung, Zubereitung und Ausgabe von Nahrungsmitteln an ihre Insassen und führten deshalb Rechnungsbücher und erstellten Speisepläne.

Im Münchner Stadtbruderhaus, gegründet 1480, wurden nicht nur Kranke beherbergt und gepflegt, dieses Spital diente auch als Altersheim. Münchner Bürger konnten sich hier eine Pflegestelle, eine sogenannte Pfründe, kaufen, um während ihres Lebensabends versorgt zu sein. Eine Kostordnung von 1703 zeigt, was einem Pfründtner an Nahrung zustand und spiegelt wider, was nach zeitgenössischer Einschätzung eine ausreichende Ernährung für einfache, nicht arbeitende Leute war:

»Am Sonntag: Jedem ein Suppen und Kälbernes Stukhl fleisch sambt Kraut nebst 2 h prot
Auf die Nacht: Ein Stukhl Fleisch in der Brue sambt der Gersten, 2 h weiß prot
Am Montag: auf den Mittag und Nacht.
Würd gleich oben geraicht sowohl zu Mittag als auf die Nacht.
Am Erchtag gleich am Sontag.
Am Mittwoch gleich am Sontag.
Am Pfinztag gleich am Sontag.
Am Freytag auf Mittag jedem ain arbssuppn so durchtrieben ein Muß worin ingesambt 13 Ayr geschlagen worden und ein kraut. 2 h prot.
auf die Nacht: ain Wassersuppen und gesottne Äpflschnitz. 2 h prot.
Sambstag: auf Mittag Ein Brennsuppe, Kraut und ein Misl. 2 h prot.
Auf die Nacht: Wasser Suppen, haubets Kuchl,... oder Schmarn und 2 h prot.«

»Ein gegend heyst Schlauraffenlandt
Den faulen Leuten wol bekandt
Da sindt die Heuser gedeckt mit Fladen
Leckkuchen die Haußthür vr d Laden
Von Speckkuchen Thielen vnd wend
Die Tröm von Schweynen braten sendt
Vmb yedes Hauß so ist ein Zaun
Geflochten von Bratwürsten braun
Von Malwasier so sind die Brunnen
Kommen eim selbst ins Maul gerunnen
Auff Weyden koppen die Semmel stehn
Darunter Bech mit Milch gehn
Die fallen dann in Bach herab
Das jedermann zu essen hab
Auch gehn die Visch in den Lachen
Gesotten/bratten/gsultzt vnd bachen
Vnd gehn bey dem Gestadt so nahen
Lassen sich mit den Henden fahen
Auch fliegen vmb/mügt ihr glauben
Gebraten Hüner/Genß vnd Tauben
Wer sie nicht facht vnd ist so faul
Dem fliegen sie selbst in das maul
Die Sew all Jar wol geraten
Lauffen im Landt vmb sind gebraten
Jede ein Messer hat im Ruck
Damit ein jeder schneidt ein stuck
Vnnd steckt das Messer wider drein
Creutz käß wachsen wie die Stein...«

(›Das Schlauraffenlandt‹, aus einem Holzschnitt von Erhard Schoen, Nürnberg, 16. Jh.)

Aus dem Leben der Münchner Tagelöhner

Will man freundliche, reinliche, genügsame und genießende Armuth sehen, so komme man nach München, so appetitlich findet man sie nirgend, und nirgend daher kann man sich so vorteilhaft über diese wichtige Klasse der Gesellschaft belehren. Ich bin nicht so gewählt, wenn es darauf ankommt, zu beobachten, und habe auch schon degoutante und scheußliche Armuth oft in der Nähe gesehen, daher erlaube ich mir Vergleiche anzustellen und erkenne den Münchener prolétaires den Vorzug.

Die guten Leute, die dazu verurtheilt sind, für ihre Nebenmenschen alle schwere, garstige oder beschmutzende Arbeit zu verrichten, und die man im gewöhnlichen Leben Taglöhner nennt, stehen in München, wie überall bei frühestem Morgen auf, um zu sehen, wo sie Beschäftigung und für den Tag Brod bekommen sollen. Sie wohnen theils in Haidhausen, theils in der Au, in den kleinen Häuschen auf ›den Lüften‹, auch im ›Lehel‹, gemeinhin ›Lechel‹ genannt. Mann und Frau, manchmal auch das Erwachsenste der Kinder ziehen Morgens aus; sie stellen sich vor die Thore hin, wo der Holzmarkt gehalten wird; dort findet sich am leichtesten Beschäftigung. Während die Frau sägt, hackt der Mann, das Kind trägt die gehackten Stücke in's Haus …

Mittags essen sie trockenes Brod, wenn's hoch kommt, Nudeln; für den Mann holt die Frau eine Maaß Bier zur Sättigung und Stärkung. Er aber setzt oft ab, um sie trinken zu lassen; auch das wackere Kind bekommt davon. Trotz ihrer Einfachheit währt die Mahlzeit einige Zeit; diese Menschen übereilen sich nicht dabei; sie leiden aber auch nie an Magendrücken. Dennoch werden sie zeitig genug fertig. Sie haben Alles mit großer Sorgsamkeit aufgearbeitet; die kleinen Stückchen für den Küchendienst, die größeren Stücke für Oefen und Waschhaus, sind gehörig bereitet; die Straße wird gekehrt, jedes Spähnchen wird in's Haus getragen. Niemand darf nachsehen, und doch geschieht alles so ordentlich. Nun gehen die Tagelöhner fort.

Sie wandern durch's Thal ihrer kleinen Wohnung in der Vorstadt zu und hier zeigen sich die erleuchteten Fenster ihrer Cafés, Restaurants und Estaminets. Ueberall ist's gut, und sie könnten in das erste, das beste Bierhaus eintreten und guter Bedienung gewiß seyn. Sie gehen aber in ihr gewohntes, wo sie tägliche Gäste sind, wo man sie gern sieht und mit Sorgfalt bedient,

1803, also hundert Jahre später, hat sich der Speiseplan der Pfründtner nicht wesentlich verändert: Wer sich beim Eintritt ins Bruderhaus nicht extra ein Frühstück, bestehend aus einer Schüssel Brotsuppe, ausbedungen hatte, mußte sich mit zwei Mahlzeiten begnügen. Deren Grundlage blieb eine Getreide- oder Brotsuppe, gekochtes Rind- oder Kalbfleisch und Rüben bzw. Kraut, entweder als Salat oder als Sauerkraut zubereitet. Dazu wurde Brot gereicht. Allein die Fasttage, Freitag und Samstag boten Abwechslung in dieser eintönigen Kostordnung. Erbsensuppe, Mehlspeisen, dann und wann ›Fischl in der Brühe‹ wurden an fleischlosen Tagen angeboten.

An hohen Fasttagen wie Gründonnerstag oder Karfreitag gab es Stockfisch, Schmalzgebäck und Eierspeisen; an anderen Feier- und an Sonntagen wurde der Speiseplan um ein Voressen – Lunge, Kutteln oder gebackene Leber – erweitert, als besonderes Schmankerl aß man statt dem groben Roggenbrot Semmeln oder ›weißes Hausbrot‹ aus Weizenmehl. Die Leckereien des Schlaraffenlandes, Kuchen, Schweinebraten, knuspriges Geflügel, Bratwürste und frischer Fisch galten als Herrenspeise und waren für Unterschichten nicht verfügbar.

Erst zu Beginn des 20. Jahrhunderts änderte sich die Spitalkost. Im Heiliggeistspital gab es zwar 1909 mittags immer noch Suppe, gesottenes Rindfleisch, Gemüse und Brot und abends eine eingekochte Suppe mit Brot, zum regulären Frühstück wird nun aber statt der Brotsuppe 1/4 Liter Kaffee mit Milch und Zucker sowie Brot ausgegeben. Der Kaffee, der Zucker und die Kartoffel, die nun auch für die Suppe verwendet wurde, bildeten die grundlegende Nahrungsinnovation.

Auf dem Land mußte hart gearbeitet werden, und das Essen war deshalb in der Regel reichhaltiger, variierte jedoch qualitativ und quantitativ je nach Region. Joseph Friedrich Lentner beschreibt die Kost im Erdinger Moos um die Mitte des 19. Jahrhunderts:

»Die Nahrung dieses Volkes ist eine grobe und rohe Mehl- und Milchkost, doch wird sie zur Genüge gegeben; des Morgens erscheint Wasser und Brennsuppe, um 9 Uhr folgen Kartoffel, im Sommer Rührmilch. Zu Mittag bringt der Mittwoch ausnahmsweise Stiegnudeln (das bayerische Nationalgericht der aufgegangenen Nudeln aus Roggenmehl in Milch gekocht), sonst erscheinen tagtäglich Knödel und dazu Kraut, Bohnen und Rüben. Um 3 Uhr gibt es Erdäpfel, im Sommer Brod und Wasser, alle Abende Schmarren, aufgewärmte Knödel oder Suppe. Des Sonnabends erfreut man sich der gebackenen Küchel von welchen der Knecht 4 Stück die Dirne 3, der Bube 2 in Ueberschuß bekömmt, da am Sonntag kein Frühstück gereicht wird.

Zu Weihnachten, Fastnacht, Ostern, Pfingsten und Kirchweih wird Fleisch gegeben, an letzterem Tage auch Braten. Der wohlhabende Bauer hat für sich und sein Weib besseres Brod im Wandschrank (Kastlbrod) und legt sich nicht ungern ein Fäßlein Bier ein.«

In einem wohlhabenderen niederbayerischen Gebiet, dem oberen Vilstal, war die Speisenfolge üppiger: »Das Volk lebt hier gut und seine derbe, nahrhafte Kost wird ihm reichlich zugemessen. Zum Frühstück erscheint Suppe von Milch, Tröbern oder eingebrannt mit Brot und zur Heuzeit Griesrödel (Griesmus), um 9 Uhr bei der Aernte gibt es Schmarren und die Dienstbothen erhalten eine halbe Maß Bier mit Brod. Des Mittags wechseln Kesselnudel (aufgegangene) und Salat mit Griesrödel, Rohrnudeln mit Milch, Knödeln mit Kraut, Rüben und Kohl. Arme haben häufig Knödeln mit Erbsen. Bei allen bessern Bauern gibt es Sonntags, Dienstags und Donnerstags geräuchertes im Winter selbst geschlagenes Fleisch mit Speckknödeln, an den Sonntagen

Joh. Melchior Kraus, Familie bei der Mahlzeit, Frankfurt, Städelsches Kunstinstitut

manchmal frisches. Abends erscheint Brod, Käse und Erdäpfel, Sonntags Suppe. Die hl. Zeiten bringen Fleisch zur Genüge, die Kirchweihe Braten und Bier. Man hat gutes aus Roggen und Kern gemischtes Brot für Herrn- und Dienstleuthe gleich.«

Auch auf dem Land bildete Getreide in Form von Suppen, Mus und Mehlspeisen die Basis der kohlehydratreichen Ernährung, ergänzend wurden Kraut, Rüben, Hülsenfrüchte und Kartoffeln genossen. Fleisch, der einzige Lieferant tierischen Eiweißes außer Milch und Eiern, blieb auch in reicheren Gegenden den wohlhabenden Bauern vorbehalten. In ärmeren Regionen war es gar eine selten genossene Festtagsspeise.

Im Gegensatz zu den Pfründtnern im Spital, denen das Mittagessen um 11 Uhr und das Abendbrot um 6 Uhr gereicht wurde, gab es auf dem Land mehr Mahlzeiten, die an den bäuerlichen Arbeitsrhythmus angepaßt waren. Winters um 6 Uhr, sommers ein bis zwei Stunden früher wurden die Morgenessen aufgetischt, nach einer Zwischenmahlzeit um 9 Uhr folgte das Mittagessen um 12 Uhr. Gevespert wurde um 3 Uhr, während die Abendbrotzeit nicht näher bezeichnet wird. An Sonn- und Feiertagen fielen die Zwischenmahlzeiten aus. In den bäuerlichen Haushalten aß man in manchen Gegenden bis zu Beginn des 20. Jahrhunderts aus der gemeinsamen ›großen erdenen Schissl‹. Am Tisch in der Stubenecke saß die bäuerliche Familie und das Gesinde in ei-

wo sie etwas ›aufbegehren‹ können. An der großen Pforte des Hauses werden Nüsse und Rettiche feil gehalten, und in der Halle stehen überall junge Birken und anderes Gesträuch, um den Gästen eine Annehmlichkeit mehr zu verschaffen...
Unsere Taglöhnerfamilie setzt sich in eine bequeme Ecke; es wird Bier gebracht und nach Durst und Vergnügen getrunken; nicht lange währt es, so dampfen dicke Würste daneben, und die Holzhackerfamilie thut sich bene. Ringsherum sitzen ähnliche Gäste, die statt der Stöcke oder Schirme große Holzkloben in die Winkel stellen, die sie von der Arbeit nach Hause tragen. Sie lassen sich's gut schmecken, denn sie sind müde; es thut ihnen so wohl in dem warmen, gut erleuchteten Local, auf der weich gepolsterten Bank zu sitzen: und

tränken sie das beste Bier zu Hause, solche Bequemlichkeit und Eleganz müßten sie doch entbehren. Dabei geht Alles solid und ordentlich zu, und die Leute verlassen noch vor der Polizeistunde das Haus, um schlafen zu gehen.
Es gewährt ein großes Vergnügen dem Wohlbehagen solcher Leute zuzusehen; nirgend fand ich ihre Ergötzung nach den Tagesmühen so ehrbar und anständig wie hier. Wie roh erscheinen dagegen die Vergnügungen der Schnapsläden, wo der Mann, ohne seine Familie daran Theil nehmen zu lassen, Geld und Gesundheit verschwendet; indeß hier Alle sich für weniges Geld die Kräfte restaurieren. Ist die arme Familie zu Hause, so kann sie sogleich in's Bett gehen, ohne Licht und Feuerung, und am andern Morgen kocht die Mutter die Brennsuppe, und bescheert der Himmel an diesem Tage keine Arbeit, je nun! was

ner hierarchischen Tischordnung, die die bäuerliche Arbeitsdifferenzierung widerspiegelte. Am Kopfende nahm der Bauer Platz, neben ihm die Hausfrau, dann folgte das Gesinde vom Großknecht bis zu den Hütebuben. Manchmal wurde auch nach Geschlechtern getrennt, dann saßen die Mägde in Rangfolge den Männern gegenüber. Jedes Mitglied der Tischgemeinschaft besaß seinen eigenen Löffel, reihum langte man in die große Schüssel, wobei ranghöheren Personen der Vortritt gelassen werden mußte.

Hier zeigt sich ein Eßstil, der in der Stadt zu dieser Zeit schon nicht mehr existierte. Der ›Prozeß der Zivilisation‹, wie ihn Norbert Elias beschrieb, war dort schon in Gang gesetzt. Verfeinerte Eßsitten, die Verwendung von vollständigen Bestecken – bestehend aus Gabel, Messer und Löffel – von Tellern, Tischdecken und Servietten hatten sich im 18. Jahrhundert auch im Münchner Kleinbürgertum bereits durchgesetzt. Belegt werden kann dies mit einer weiteren Quellengruppe, den Inventaren. Diese wurden in Bayern seit dem 16. Jahrhundert bei Todesfällen auf Antrag der Erben bzw. der Behörden erstellt und notariell beglaubigt, um Erbstreitigkeiten zu verhindern. Sie beinhalteten neben dem Namen des Verstorbenen, seiner Erben und der Zeugen der Inventarisierung den immobilen und mobilen Besitz, Aktiva und Passiva des Erblassers, Beerdigungs- und die Inventurkosten, und schließlich eine Schätzung des Gesamtvermögens. Oft wurde die Wohnausstattung zimmerweise aufgelistet, die Inventare zeigen so die Größe der Wohnung und deren Ausstattung im Verhältnis zu dem Gesamtvermögen eines Bürgers.

Essen und Wohnen,
Bilderbogen, Schreiber
Esslingen um 1845

Die Münchnerin Catharina Leitgeb (STA, 1761), eine »alterlebten dienstmagd«, lebte vor 1761 in einem karg möblierten Zimmer. Ein Bett, ein »rundes tischl«, ein Holzstuhl, ein Sessel und ein »alt feichtener kasten« sowie ein »spinradl vnd kasten« bildeten das gesamte Mobiliar. Außerdem verfügte die Magd über etwas Wäsche und Kleidung. »Weniges kuchl gschir« im Wert von 10 Kreuzern und ein »beschlagne grug«, geschätzt auf 15 Kreuzer, vervollständigen die armselige Ausstattung. Das Gesamtvermögen belief sich auf etwas mehr als 66 fl, wovon fast 14 fl Bargeld waren. Demgegenüber standen um 25 fl Schulden.

Alleinstehende wie Dienstboten, Gesellen oder Soldaten verfügten selten über einen eigenen Haushalt. Sie wohnten häufig zur Miete in einem Zimmer und scheinen entweder auswärts in Wirtshäusern oder Schänken oder bei ihren Dienstherren verköstigt worden zu sein. Möglicherweise nahmen sie auch am Tisch ihrer Vermieter an den Mahlzeiten teil. Meistens besaßen sie gar kein Küchengeschirr, sondern, wenn sie nicht ganz arm waren, ein eigenes Besteck, oft auch ein paar Kaffeeschalen, wobei nicht klar wird, ob diese repräsentativen Zwecken dienten oder tatsächlich benutzt wurden.

Rochus Hepfauer (STA, 1761/9), Mehlhändler in München, starb 1761 und hinterließ eine Ehefrau und eine Tochter aus erster Ehe, die im Kloster lebte. Er verfügte über ein Gesamtvermögen von etwas mehr als 6000 fl und war wohl gut situiert. Er wohnte mit seiner Frau in einer 3-Zimmerwohnung mit Küche mit folgender Ausstattung: In der Stube befanden sich die gängigen religiösen Gegenstände wie Hausaltar, Kruzifix und fast dreißig Tafeln religiösen Inhalts. Zwei Tische, sechs Sessel und zwei Stühle, ein »kästl«, drei Spiegel, ein Vogelhaus, zwei Messingleuchter und die weißen Fenstervorhänge charakterisieren die Stube als Wohnraum. Gleichzeitig findet sich hier aber auch das Ehebett, wahrscheinlich durch die »spanl: Vandt«, die ebenfalls in der Stube stand, abgetrennt. In der »ausseren cammer« befanden sich neben dem Hausaltar ein weiteres Bett, ein »tischl«, und drei Sessl. Ein Hängeschrank, zwei große und ein kleiner Schrank, eine »mit eisin beschlagene druchen« und ein »leinwath kasten« waren notwendig, um die gesamte Kleidung und die Wäsche des Ehepaars, wozu auch Tischtücher und Servietten zählten, unterzubringen. In diesem Raum fand sich auch repräsentatives Geschirr; Zehn »mit Zinn beschlagne Masskrüeg« und zwei »kupfern flaschen«. Die zweite Kammer, die »menschen cammer«, ist dagegen mit einem Bett nur spärlich möbliert. Im »flöz« und in der »kuchl« befand sich das Küchengerät und Kochgeschirr:

12 mit zinn bschlagene krüeg a 10x:	2fl	-x	-h
3 alt: risene pfannen	-	30	-
7 kupfere dito	6	-	-
1 derlei seicher	1	-	-
3 dito pöckh	1	-	-
3 st Zinn a 24x:	1	12	-
1 kupferns wasser schäffl	3	-	-
1 pachtrog	-	20	-
2 spinnrädl vnd 1 kastl	-	30	-
1 schisslramb	-	15	-
für sammentl: erdenes kuchen gschirr	2	20	-
für eisenes kuchen geräth	1	30	-

thut's? der Erwerb des Vorigen genügt, bei den mäßigen Ansprüchen, wohl für drei. Man sieht hieraus wie wohl das Kneipenwesen in München organisirt ist. Von den vornehmsten bis zu den geringsten Klassen findet Alles seine Kneipe nach Bedürfnis und Lust eingerichtet. Für die Vornehmern eine sehr überflüssige, für die Aermern, wie wir eben gesehen, eine wohlthätige Sitte.

(aus: August Lewald, Panorama von München 1, Stuttgart 1835, S. 126–130)

Mathias Thaller, immerhin (BayHSTA VA Fasz. 77/47) »churfl: Mundt: vnd Pastetten Koch«, lebte mit seiner Ehefrau Maria Walburga allein in einer Wohnung und verstarb 1755. Er besaß zwar nur ein eher geringes Gesamtvermögen von rund 266 fl doch scheint er modisch auf der Höhe der Zeit gewesen zu sein. Er besaß neben einem Paar silberner Schuhschnallen »1 peroquen sambt haar=peitl« und zwei »paroquen stockh«. Auch das »ordinari vohnzimmer« zeugt vom Interesse für die Moden der Zeit. Neben dem typischen religiösen Wandschmuck gab es einen Spiegel, ein Vogelhäusl und eine »tölzer commot mit 3 schubläden« allerdings »ohne beschläg«. Ein »ganz aichener disch sambt dem tepich« war von fünf Sesseln umgeben. Ein »feüchtens stöllel mit verschidenen gläsern, dan thee: und chaffee schalln«, ein weiteres zinnernes Teegeschirr und eine »alte caffee mihl« zeigen, daß das Ehepaar bereits die neuen Heißgetränke zu sich nahm oder zumindest um deren Prestigewert wußte. Im Wohnzimmer finden sich auch vollständige Bestecke, nämlich »3 schlechte messer, gabl, und leffel«, außerdem eine zinnerne Salz- und eine Gewürzbüchse. Ein »neben verschlag« diente als Schlafzimmer, zwei weitere Kammern waren spärlich möbliert und enthielten etwas Wäsche und Kleidungsstücke. Dagegen war die Küche – vielleicht berufsbedingt – erstaunlich gut ausgestattet:

9 verschiedene krieglen vnd hafferln mit zün beschlagen	1 fl	40x
1 grosser krueg	-	20
6 vnterschidliche pfändl	1	40
13 schallen von meolica	1	5
vnterschidliches erden geschirr	1	20
1 kriegl mit zün beschlagn	-	20
vnterschidl: plech: und eisen geschirr	1	45
verschidenes hilzenes geschirr	-	20

Wahrscheinlich war es berufliches Interesse, das dazu führte, daß Mathias Thaller in der Küche »verschidene bücher« – es wird sich hier wohl um Kochbücher handeln – aufbewahrte. Hier zeigt sich besonders auffällig die Vielfalt der vorhandenen Materialien. Irdenware und Majolika wurde in diesem Haushalt ebenso verwendet wie Blech-, Eisen- und Holzgeschirr.
Daß Kupfergeschirr, das im 18. Jahrhundert einen hohen Prestigewert besaß und entsprechend teuer war, fehlte, zeigt, daß dieser Haushalt tatsächlich nur über geringe Mittel verfügen konnte.

I. S. B.

Literatur

von Bauer, 1913
Gräffel, 1910
Heidrich, 1984
Huhn, 1891
Markmiller, 1985
Rattelmüller, 1988
Richter, 1989
Striedinger, 1899
Wimmer, 1987

7.1.1

7.1.1
Hafnergeschirr aus der Amalienburg
München-Laim (?), um 1735
Fayence, rot marmoriert
Lit.: Hojer, Die Amalienburg, München 1986, S. 116 ff.
München, Bayerische Schlösserverwaltung

Reibe
26 x 11 x 4,5 cm
(Ny. Am. K. 3)
Deckelterrine
23 cm, ø 30 cm
(Ny. Am. K. 4/5)
Flache Schüssel
6 cm, ø 39,5 cm
(Ny. Am. K. 9)
Ovales Kühlgefäß
22 cm, 46,5 x 25,5,
(Ny. Am. K. 11)

Das bäuerlich anmutende Hafnergeschirr stammt aus der Amalienburg, die Kurfürst Carl Albrecht von Bayern für seine Gemahlin Maria Amalia im Park von Schloß Nymphenburg erbauen ließ. Das 1739 fertiggestellte Schlößchen ist mit einer Küche mit bunter Kachelverkleidung aus holländischen Fliesen ausgestattet. Zur Ausstattung gehörte neben fragmentarisch erhaltenem Kochgerät, wie Bratspieß, Gußeisenpfanne mit Gestell und flachem Kupferkessel auf einem Dreifuß, auch rotbraunes Hafnergeschirr mit weißem Schlickerdekor. Erhalten haben sich zwei Schüsseln, eine große Platte, ein ovales Kühlgefäß, ein Reibeisen, ein Doppelgefäß mit Henkel, eine Schreibgarnitur und ein Weihwassergefäß. Die Teile wurden um 1735 möglicherweise in der Manufaktur München-Laim gefertigt und weisen eine eigenartig altertümliche Form auf, die das ›Einfache‹, ›Bäuerliche‹ versinnbildlichen soll, denn die Küche der Amalienburg diente dem höfischen Spiel, das in der Tradition der ›fêtes champêtres‹ stand und den Adel in bäuerlichen, ländlichen Kostümen auftreten ließ. Daß weder Service noch Küchengerät zum wirklichen Gebrauch gedacht waren, geht aus einem Inventar von 1758 hervor:
»In der Kuchl: 4. Stand Casten mit 8. Fliglen, darinen underschidener Haus Rath, und Kuchl Geschier von Hafner Arbeith befündlich = und nicht zum Gebrauch, sondern nur zum sehen gewidmet ist.«
S. B.

7.1.2
Holzteller
18. Jh. (?)
Holz, ø 40,6 cm
Traunstein, Stiftung Heimathaus, 135

7.1.3
Holzteller
bez. auf der Rückseite eingeritzt: 1741
Holz, gedrechselt, ø 37 cm
Traunstein, Stiftung Heimathaus, 134

7.1.4

7.1.4
Spielkarten ›Baierische Hochzeit‹
Andreas Benedikt Göbl, München, 1765
Holzschnitt, koloriert, 11,2 x 5,8 cm
Lit.: Bierdimpfl, Die Sammlung der Spielkarten des Bayerischen Nationalmuseums, München 1884, Nr. 52
Radau, Himmelheber, Spielkarten, München 1991, Nr. 142
MI, 1049

»Das wohl schönste Tarock, das der Münchner Kartenmacher Göbl hergestellt hat, kam 1765 anläßlich der pro-cura-Vermählung der Prinzessin Josefa von Bayern mit Josef II. heraus. Diese Hochzeit und der bevorstehende Fasching war der Anlaß, zum letzten Mal einen der schon seit 1682 üblichen Umzüge, die ›Wirtschaft‹ und ›Bauernhochzeit‹, zu feiern. Dabei zogen die Mitglieder des kurfürstlichen Hofes als Bauern verkleidet durch München, um anschließend eine sogenannte Wirtschaft, ein großes Festessen zu feiern. (...)
Die Karten sind in ihrer Zeichnung und Kolorierung besonders sorgfältig gestaltet. Kreuz-Bube hat auf der Brust ein Medaillon mit den bayerischen Rauten, in der Hand ein Wappen mit dem Löwen, als Helmzier das Münchner Wappen, den Mönch. Am unteren Rand in Fraktur: ›Andreas Benedictus Göbl‹. Die bayerischen Rauten finden sich auch bei Pik-König und -Dame, bei Herz- und Karo-Bube. In den Hellebarden der Buben von Pik, Herz und Karo je eine der Initialen Göbls. In der Kartusche von Herz-König, in die eigentlich der Steuerstempel gehört, befindet sich der Mohrenkopf, das Wappenbild des Bistums Freising.
Auf den Tarocken ist der Festzug dargestellt, wobei bis Tarock XIV jeweils ein Reiter mit einem Wagen abwechselt, dann folgen 3 Reiter und 4 Wagen. Voraus reitet der Hochzeitslader (I) im ersten Wagen folgen die Gastgeber (II), im zweiten Braut und Bräutigam (IV), im dritten Pastor und Pastorin (IV), es folgen Zigeuner, Jäger und Bauern. In einem unteren Streifen jeweils ein Zweizeiler, der sich auf die bäuerliche Kostümierung der fürstlichen Personen bezieht (vollständig bei Bierdimpfl).«
(aus Radau/Himmelheber)

7.1.5
Die von Sr. Churfürstl. Durchlaucht in Bayern etc. etc. zur Faschings-Zeit Gnädigst angestellten Bauern-Hochzeit in München, so gehalten worden den 10. Ienner 1765
Johann Martin Will (Augsburg 1727-1806 ebd.) Augsburg, 1765
bez. r.u.: zu haben bey Ioh. Martin Will in Augspurg.
Kupferstich, 46 x 34 cm
Lit.: Kat. Proebst, Nr. 1886
P 1886

In Rocaillerahmung Darstellung des Festzuges in neun Reihen untereinander mit Namensnennung der teilnehmenden Personen. Am Oberrand Schriftband mit Text.

7.1.6
›Die Suppenesserin‹
Peter Jakob Horemans (Antwerpen 1700-1776 München) München, 1764
bez. l. u.: P. H. 1764
Öl/ Lwd, 30 x 38,4 cm
Lit.: AK P. J. Horemans Nr. 85 (ohne Abb.)
München, Bayerische Staatsgemäldesammlungen, 2940

Kann ›Die Kaffeetrinkerin‹ (Kat. 13.1.1) als Warnung vor den Folgen des Kaffeegenusses und damit als Mahnung, die Pflichten der Hausfrau nicht zu vernachlässigen, interpretiert werden, so ist ›Die Suppenesserin‹ eine Variation mit positivem Vorzeichen zu eben diesem Themenkreis.
Die Morgensuppe aus der irdenen Schüssel war das traditionelle Frühstück, erst im Lauf des 18. Jahrhunderts ist sie durch den Morgenkaffee verdrängt worden. Die Matrone in der Haube und dem Schoßjäckchen hält den Löffel bereit, um die Suppe zusammen mit dem Brotwecken zu verzehren. Auf dem gerafften Tischtuch haben sich irdene Gefäße und ein Westerwälder Bierkrug zu einem Stilleben zusammengefunden. An dieser herkömmlichen Weise der Ernährung nimmt niemand Anstoß. Im Gegenteil: die auf der Lehne des Tölzer Stuhles kauernde Katze ist nicht allein Haustier, sondern Sinnbild ungestörter Häuslichkeit. M. M.

7.1.7
Ein Biergarten vor einer ländlichen Wirtschaft
Joseph Stephan (München um 1709-1786 München) zugeschrieben
München, um 1780
Öl/Lwd
65,5 x 110 cm
Lit.: vgl. Panzer, Rechts- und Sozialordnung auf dem Lande, in: AK Blutenburg, München 1983, S. 241 f.
Bayerischer Privatbesitz

Die Szene spielt im Wirtsgarten einer Tafernwirtschaft. Unter Bäumen sind Tische aufgestellt mit Brettstühlen und Schemeln. An den verschiedenen Tafeln haben biertrinkende, kartenspielende und rauchende Männer und Frauen Platz genommen. Stangenglas und Daubenkrug, Steinzeugkanne, Kropfband, Hosenträger und Miederformen sind genau beobachtet und in einfacher Charakterisierung wiedergegeben.
Obwohl an niederländischen Vorbildern orientiert – wie Teniers oder Ostade –, gibt der Maler hier eine Szene mit trinkenden und spielenden Bauern in einem der Dörfer an der Würm wieder, wo die Ständerbauweise mit Rietdächern für die Häuser ebenso vorkamen wie Details der Tracht, Möbelformen und Gefäße.
In diesen Dörfern holten sich noch im 19. Jahrhundert die Münchner Maler ihre Anregungen für ›holländische Landschaften‹. Das bäuerliche Genre mit seinen lustigen Gesellschaften war ein beliebtes Sujet für die höfische Malerei im 18. Jahrhundert. Es gibt erste bildliche Zeugnisse von der Lebensweise auf dem Lande und detailtreue Darstellungen von Lebensformen der bäuerlichen Bevölkerung. Natürlich sind

7.1.6

7.1.8

die Dinge durch die Sehweise der Vorbilder in der Malerei überformt, bleiben aber dennoch erkennbar.
Polizeiordnungen schrieben Öffnungszeiten und Verzehr in den ländlichen Gaststätten vor. Es durfte nur zweierlei Wein angeboten werden, dazu kamen fünf oder sechs gekochte Gerichte, darunter zwei Fleischgänge und zwei Fischessen. Konfekt war verboten, Käse und Obst erlaubt. Die Preise hatten auf einer Tafel in der Wirtsstube zu stehen. Fisch war wesentlich teurer als Fleisch. Handwerksleuten und Tagelöhnern war der Wirtshausbesuch nur an Feiertagen erlaubt. Wirtshäuser schlossen für Trinker bei Dämmerung und waren während der Kirchzeiten verboten.
Die Inhaber einer Hofmarkstaverne brauchten eine Lizenz der Obrigkeit, um ihre Pachtbetriebe zu führen. H. O.

7.1.8
Mittagessen in der Stube
Johann Baptist Hoechle
(Klingnau/Aargau 1754-1832 Wien)
um 1800
Öl/Eiche, 37,5 x 47 cm
Lit.: AK Wittelsbach II/2, München 1980, Nr. 707
Bayerischer Privatbesitz

Um den mit einem weißen Tuch bedeckten Tisch hat sich eine Kleinhandwerkers- oder Bauernfamilie versammelt. Die beiden Kinder und die Großmutter verharren andächtig mit gefalteten Händen im Tischgebet, während die junge Frau im Begriff ist, eine Schüssel mit Knödeln auf den spärlich gedeckten Tisch zu stellen. Zu Füßen des Vaters ein Steinkrug mit Zinndeckel, wahrscheinlich für Bier. In der Türöffnung rechts ist ein alter Mann zu erkennen, der aus einer Schüssel am Schoß Suppe löffelt. Johann Baptist Hoechle war von 1780-1800 Hofmaler in München bei Kurfürst Karl Theodor. Das Gemälde läßt sich in die nähere Umgebung von München lokalisieren. Es gehört zu den seltenen Darstellungen des Lebens des einfachen Volkes.
S. B.

BÜRGERLICHES ZUNFTESSEN

Seit dem Mittelalter sind die Zünfte die wichtigste städtische Organisationsform und für Politik und Alltag von entscheidender Bedeutung. Sie haben auch wesentlichen Anteil an der Gestaltung des gesellschaftlichen Lebens in den Städten. Zahlreiche regelmäßige Zusammenkünfte, Riten und Feste ihrer Zunft binden die Angehörigen einer Berufsgruppe in die Gemeinschaft ein.

Spätestens seit dem 16. Jahrhundert ist es üblich, bei Versammlungen und Festen der Zünfte aus Zinngeschirr zu essen und zu trinken. Die Zünfte hielten auch in einer Zeit an diesem Material fest, in der wohlhabende Bürger ihren Tisch bereits vorwiegend mit Steinzeug und Porzellan deckten. Dennoch darf das Zunftzinn nicht ausschließlich als Gebrauchsgeschirr verstanden werden; es wurde oft mit den Insignien des Handwerks und mit Inschriften versehen. Großer Zinnbesitz steigerte das Ansehen der Zunft in der Öffentlichkeit. Dieses Zinngeschirr war nicht nur an Festtagen, sondern auch bei den sich aus dem Reglement ergebenden häufigen Zusammenkünften, also im alltäglichen Zunftleben, in Gebrauch.

Zu diesen Anlässen gehörten z.B. das Aufnehmen der Lehrlinge, ihre Ernennung zu Gesellen sowie die Verleihung der Meisterbriefe. An diese durch ein genaues Protokoll festgelegten Amtshandlungen schloß sich regelmäßig ein äußerst opulentes Mahl an. Für ein solches Festessen war der Zinnbedarf oft so hoch, daß sich die Zunft zusätzliches Zinn ausleihen mußte. Wahrscheinlich waren bereits seit dem 16. Jahrhundert bei diesen Gelagen für jeden Zunftmeister ein Teller und ein Becher vorhanden, während es im Alltag der Bevölkerung erst um 1700 allgemein üblich wurde, daß jeder am Tisch Speisende einen eigenen Teller hatte, sofern nicht ohnehin aus der gemeinsamen Schüssel gegessen wurde.

Es gab im Zunftleben aber auch genügend regelmäßige Zusammenkünfte ohne besonderen festlichen Anlaß, bei denen Essen abgehalten wurden. So wurden z.B. die für die Mitglieder anfallenden Gebühren und Geldstrafen teilweise in solchen Gastmahlen entrichtet. Die Zunftverordnung in Chur schreibt beispielsweise für den ersten Ehebruch eine Strafe von 20 Pfund vor, ein wiederholter Fehltritt kostet dann das Doppelte. Es wird auch berichtet, daß manche Zünfte im 18. Jahrhundert häufig übertriebene Kritik an den abgelieferten Meisterstücken übten, um von der Strafe dann, noch oft am selben Tag, in Form eines Festessens zu profitieren. Solche Zunftessen konnten sich zu großen Gelagen entwickeln, auf die die Obrigkeit sogar mit Verboten reagierte. So gestattete der Rat von Berlin 1565 bei Versammlungen der Zunftmeister jedem Anwesenden ›nur‹ vier Pfund Fleisch, ein Huhn und eine Schüssel. Da dies als Einschränkung verstanden wurde, lassen sich Schlüsse auf die sonst üblichen Quantitäten ziehen.

Die Meistersprechung wurde für den ehemaligen Gesellen nicht zuletzt durch diese opulenten Festessen zu einer teuren Angelegenheit. Um gegen diese Unsitten vorzugehen, hatte Kaiser Karl VI. 1731 einen Reichsabschied wegen »Abstellung deren bey dessen Handwercken Eingeschlichenen Mißbräuche« unterzeichnet. In Artikel VII heißt es: »Ingleichen und weilen man befunden, daß mehrmahlen bey dem Aufdingen und Ledigzehlung der Lehr-Jungen, wie auch bey dem Schenken der Handwerks-Gesellen, als welche bey

Münchner Zunftstube, aus: Baumgartner, 1805

theils Handwerkern mit keinem freywilligen Geschenk zufrieden, sondern nach ihrem Gefallen mit kostbaren und gewissen Speisen von den Meistern versehen seyn wollen, sodann bei der Meister und Gesellen Auflags-Geldern und Bestrafungen, auch in andere Wege große und beschwerliche Übermaße gebraucht werde: Als sollen dergleiche Excesse gäntzlich abgeschafft seyn …«

Nach manchen Statuten mußte der neue Meister seiner Zunft auch eine Abgabe in Form von Zinngeschirr leisten. Solcher Nachschub, besonders von Tellern, war innerhalb des Zinnbestandes einer Zunft besonders wichtig, da das Geschirr sehr strapaziert wurde. Man schätzt, daß die durchschnittliche

Lebensdauer eines Zinntellers bei täglichem Gebrauch fünf Jahre kaum überstieg. Zwar wurde das Zunftzinn nicht jeden Tag benutzt, kam dafür aber fast ausschließlich bei feuchtfröhlichen und ausufernden Festen zum Einsatz.

Das zünftische Eßgeschirr änderte vom 16. bis 18. Jahrhundert seinen Formenschatz nur wenig. Es wurde immer wieder nach den überlieferten Formen gearbeitet. So gibt es meist ›Steilwandschüsseln‹ sowie ›Potagenschüsseln‹ und ›Bratschüsseln‹ für die unterschiedlichen Speisen, wobei die beiden letzteren ihrer Form nach auch als Platten bezeichnet werden können. Gegessen hat man hauptsächlich von Tellern mit schmalem Rand und nur wenig vertieftem Spiegel. Die großen Breitrandteller oder Kardinalsteller eigneten sich besser zum Servieren.

Westenrieder berichtet, daß bei einigen Zünften in München »gewisse Speisen an gewissen Tagen herkommens sind«. So mußte man z.B. den Schustern nach allen Hauptgängen Salat aufsetzen.

Josef Baumgartner beschreibt 1805 eine Münchner Bräustube, in der Zunftversammlungen abgehalten wurden: »Das Haus Ziffer 271 (in der Schwabinger Gasse) ist das Fuchsbräuhaus. In diesem Hause haben ihre Herbergen die Geschmeidmacher und Zirkelschmiede, dann die Huterer, von denen jedes Metier seinen besonderen Tisch hat. Die Geschmeidmacher und Zirkelschmiede haben als Schild einen grossen Zirkel nebst einer Schraube über dem Tische hängen, und zwar in Glas eingefaßt, und mit Bändern geziert. ... Sie besitzen als Willkomm einen großen zinnernen Pokal, an welchem 17 Löwenköpfe mit Ringen befindlich sind. Die silbernen Schilde, welche sonst an den Löwenköpfen hiengen, haben die Gesellen aus eigenem Antriebe den barmherzigen Brüdern schenkungsweise übergeben, weil die kranken Gesellen auch Gutes da selbst geniessen. – ... Der Schild der Huterer besteht aus einem Gehänge von Hüten von allen Farben und Moden, mit Maschen, Borten, Schnüren, und Verzierungen nach allen Arten, schwarze, weiße, graue, blaue, grüne Glockenhüte, runde Filzkappen, Pelzstiefeln und Filzschuhen. ... Sie besitzen auf der Herberge einen zinnernen Willkomm. Auf dem Deckel ist ein Löwe mit einem Hute auf dem Kopfe und der Jahrzahl 1751. ... Als Verzierung sind um den Hals des Bechers Löwen, welche Hüte halten. 19 silberne Schilde hängen an den farbichten Bändern um den Becher herum. Auf jedem ist ein Hut mit verschiedenen Anfangsbuchstaben gestochen.«

S. B.

Literatur

Baumgartner, 1805
Kröber, 1936
Nadolski, 1986

8.1 Zünftische Tischgemeinschaft

8.1.2

8.1.1
Kabinettscheibe der Metzgerzunft
Endris Dittwerdt (geb. in Meßkirch, 1579 urkundlich in Reutlingen erwähnt)
bez. auf einem Schriftband: 1586
bemaltes Glas, Blei, 35,7 x 44,2 cm
Reutlingen, Heimatmuseum, 807

8.1.2
Kabinettscheibe der Metzgerzunft
Endris Dittwerdt (geb. in Meßkirch, 1579 urkundlich in Reutlingen erwähnt)
bez. auf einem Schriftband: Endris Dittwerdt; auf einem anderen: 1586
bemaltes Glas, Blei, 41 x 56,5 cm
Lit.: Balet, Schwäbische Glasmaler, 1912
Reutlingen, Heimatmuseum, 806

Die beiden Kabinettscheiben aus der zweiten Hälfte des 16. Jahrhunderts überliefern die Tafelrunde einer zünftischen Gesellschaft sehr lebhaft und anschaulich. Im Mittelpunkt der Darstellung steht die jeweilige Tischgesellschaft, die sich um eine ovale Tafel gesellt. Jeder Teilnehmer hat einen kleinen Teller und ein Messer zu seiner persönlichen Verfügung. Das gebratene Fleisch, in diesem Fall das beliebte Geflügel, ist in großen Zinnplatten aufgetragen. Besonders auffallend ist die Konstruktion des sog. Tischfuchs, eines Eisengestells, mit dem zwei Schüsseln übereinander auf die Mitte der Tafel gestellt werden können. In der oberen Schüssel ist das gebratene Fleisch aufgetragen, die größere untere Schüssel ist mit der dazugehörigen Soße oder einer eintopfartigen Suppe gefüllt. Diese Art aufzutragen steht in der Tradition der Doppelschüssel, in der meist Knödel und ein dazugehöriger Tauch serviert wurden. Über den Tisch verteilt liegen weckenartige Mundbrote. Die Getränke stehen in Stegkannen in großen Kühlwannen. Bei Tisch finden Stangengläser ebenso wie Metall- und Holzbecher Verwendung. Rund um die figürliche Darstellung sind die Wappen der Zunftmitglieder angebracht. Schriftbänder tragen deren Namen, weisen sie als Mitglieder der Metzgerzunft aus und nennen das Datum 1586.
Auf einer der Scheiben ist der Name des Malers Endris Dittwerdt zu finden. Der aus Meßkirch stammende Glasmaler wird 1579 urkundlich in Reutlingen erwähnt und als Glas- und Flachmaler ausgewiesen, als er dort um das Bürgerrecht nachsuchte.
S. B.

8.1.3
Zunftessen
süddeutsch, 1770
bez. auf dem Rotulus: 17 Handwerk hat goldenen Boden 70
Öl/Holz, 71 x 96 cm
Gessertshausen, Schwäbisches Volkskundemuseum, SGM 222

Die auf das Jahr 1770 datierte Tafel zeigt eine Tischgesellschaft mit servierenden Wirtsleuten in einem durch Handwerksembleme als Zunftstube definierten Raum. Um einen ovalen Tisch haben sich vier Herren zu einem Mahl versammelt. Für jeden Gast gibt es einen Zinnteller und eigenes Besteck – Messer, zweizinkige Gabel und Dessertlöffel. Gebratenes Geflügel, ein großes Rippenstück und zwei kleine Platten mit Gemüse, möglicherweise Kohl und Karotten, sind bereits aufgetragen, eine weitere Platte mit Geflügel wird von der Wirtin gerade gebracht. Einer der Gäste hat das Tranchieren des Geflügels übernommen, ein anderer bedient sich aus der viereckigen Gewürzdose. Die Zunftzeichen im Hintergrund weisen die Mitglieder der Tafelgesellschaft als Maurer und Zimmerleute aus. Die Kleidung der Dargestellten läßt uns die Szene in der Gegend um Augsburg ansiedeln. S. B.

8.2 Zunftzinn

8.2.1
Teller
Johann Ferdinand Renz
(Meister 1699, gest. 1742 München)
München, um 1722
bez. Stadt- und Meistermarke, Hintze, Bd. 6, S. 110, Nr. 543
Zinn, gegossen, graviert, ø 29,1 cm
K 70/25

8.2.2
Teller
Johann Ferdinand Renz
(Meister 1699, gest. 1742 München)
München, um 1730
bez. Stadt- und Meistermarke, Hintze, Bd. 6, S. 110, Nr. 544
Zinn, gegossen, graviert, ø 29,2 cm
28/1347

8.2.3
Teller
um 1733
bez. nicht identifizierte Marken
Zinn, gegossen, graviert, ø 24 cm
o. Nr.

8.2.4
Kleiner Teller
Johann Ferdinand Renz
(Meister 1699, gest. 1742 München)
München,um 1734
bez. Stadt- und Meistermarke, Hintze, Bd. 6, S. 110, Nr. 544
Zinn, gegossen, graviert, ø 22,7 cm
30/1951

8.2.5
Teller
München, 2. Hälfte 18. Jh.
bez. Stadtmarke; nicht identifizierte Meistermarke mit Monogramm FIK
Zinn, gegossen, graviert, ø 25,5 cm
K 70/47

8.1.3

8.2.6
Teller
Johann Georg Teufel
(Meister 1756, gest. 1782 München)
München, nach 1756
bez. Stadt- und Meistermarke, Hintze, Bd. 6, S. 113, Nr. 556
Zinn, gegossen, graviert, ø 25,2 cm
29/919

Auf der Fahne: Handwerkssymbol der Bäcker und Monogramm NI, gegenüber Monogramm M. C. R.

8.2.7
Teller
Johann Adrian Bicking
(Meister 1761, gest. 1796 München)
München, nach 1761
bez. Kombinierte Stadt- und Meistermarke, Hintze, Bd. 6, S. 114, Nr. 558
Zinn, gegossen, graviert, ø 27,5 cm
29/6

8.2.8
Breitrandteller
Johann Ferdinand Renz
(Meister 1699, gest. 1742 München)
München, 1. Drittel 18. Jh.
bez. Stadt- und Meistermarke, Hintze, Bd. 6, S. 110, Nr. 544
Zinn, gegossen, graviert, ø 37,3 cm
XIb/ 426

8.2.9
Platte
Deutschland, 2. Drittel 18. Jh.
bez. 3 ungedeutete Engelsmarken mit Jahreszahl 1739 und Meistermonogramm A. L.
Zinn, gegossen, graviert, ø 39 cm
48/228

Auf der stark gewölbten Fahne: Handwerkssymbol (wohl der Bäcker) mit dem Monogramm A KM und G, gegenüber Monogramm MAP

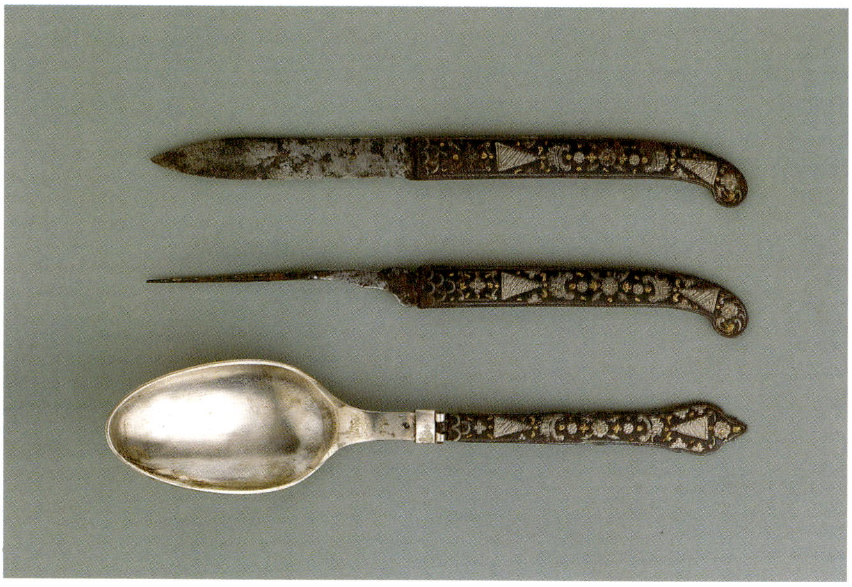

8.2.14

8.2.10
Platte
Johann Joseph Schmiderer
(Meister 1743, gest. 1786 München)
München, um 1750
bez. Stadt- und Meistermarke, Hintze, Bd. 6, S. 112, Nr. 553
Zinn, gegossen, ø 37,2 cm
XIb/427

8.2.11
Steilwandschüssel
Maximilian Wielenbacher
(Meister ab 1755, gest. 1780 München)
München, 1755
bez. Meistermarke,
Hintze, Bd. 6, S. 112, Nr. 555
Zinn, gegossen, graviert, 7,9 cm, ø 30,2 cm
XIb/434

Gravur innen: FDW, Jahreszahl 1766, gegenüber Monogramm IVD

8.2.12
Steilwandschüssel
Maximilian Wielenbacher
München, 1755
bez. Meistermarke,
Hintze, Bd. 6, S. 112, Nr. 555
Zinn, gegossen, graviert, 8 cm, ø 32 cm
XIb/435

Gravur innen: FDW, Jahreszahl 1766, gegenüber Monogramm IVD

8.2.13
Kleine Steilwandschüssel
Johann Gottfried Hilpert
(Coburg 1732-1801 Nürnberg)
Nürnberg, 2. Hälfte 18. Jh.
bez. Stadt- und Meistermarke, Hintze, Bd. 6, S. 155, Nr. 804
Zinn, gegossen, 6,6 cm, ø 18,8 cm
K 73/877

Der Typus der Steilwandschüssel war im 18. und 19. Jahrhundert in ganz Mitteleuropa verbreitet. Der Name nimmt sprechend auf die Form der senkrecht geführten Wandung Bezug. Manche Exemplare sind mit einem Deckel versehen. In der zweiten Hälfte des 19. Jahrhunderts findet sich für die Steilwandschüssel auch häufig die Bezeichnung Kartoffelschüssel. Der Name wird in diesem Fall von der Verwendung in einer Zeit beeinflußt, in der die Kartoffel in Deutschland Hauptnahrungsmittel geworden war. Allerdings wurden Steilwandschüsseln auch weiterhin für andere Speisen, Reis, Gemüse, Brei etc. verwendet. Der Gießer der kleinen Nürnberger Steilwandschüssel war Johann Gottfried Hilpert, Haupt der berühmten Nürnberger Zinnfigurenhersteller-Familie an der Wende vom 18. zum 19. Jahrhundert.
N. G.

8.2.13

8.2.14
Reisebesteck
Engelbert Jehle (Meister 1778)
München, um 1794
bez. auf dem Löffel: Münchner Stadtmarke mit Jahreszahl 94; El (R[3] 3573)
Silber, Gold, Eisen, geschmiedet, gegossen, graviert, tauschiert, lederbezogenes Etui
Länge in aufgeklapptem Zustand: Messer: 19,4 cm; Gabel: 19,4 cm; Löffel: 20,5 cm
30/1812

Alle Teile sind zusammenklappbar und finden dann in den verschieden großen Unterteilungen des Etuis Platz. Um den aufgeklappten Löffel zusammenzuhalten, wird eine Manschette über einen mit dem Scharnier verbundenen Steg gezogen. Die aufwendige Silber- und Goldtauschierung verweist auf den Stellenwert, der dem Reisebesteck beigemessen wurde. N. G.

8.3 Zunftgefäße und Zunftzeichen

8.3.1
Kokosnußpokal der Münchner Bäcker
Hans Ernst I Gottbewahr (?)
(Meister 1599; gest. 1634 München)
München (?), 1626
bez. verschlagene Beschau- und Meistermarke
Silber, gegossen, getrieben, ziseliert, graviert, teilweise vergoldet, Kokosnußschale
22,2 cm
Lit.: Frankenburger, Die Alt-Münchner Goldschmiede und ihre Kunst, München 1912, S. 184, Abb. 80;
AK Bayern – Kunst und Kultur, München 1972, Kat. 701
XIII/42

Am Lippenrand drei gravierte Porträtköpfe mit den Umschriften:
HANS KINIGSPERGER
ANNA KINNIGSPERGERIN
LIENHART AUCHTER

8.3.2
Kokosnußpokal der Münchner Bäcker
Franz Keßler
(Meister 1664; gest. 1717 München)
München, um 1715
bez. Münchner Beschau, ähnlich R[3] 3446; Meistermarke R[3] 3507
Silber, gegossen, getrieben, ziseliert, graviert, teilweise vergoldet, Kokosnußschale
24,4 cm
Lit.: Frankenburger, Die Alt-Münchner Goldschmiede und ihre Kunst, München 1912, S. 184, Abb. 80
XIII/43

Auf der Kuppawandung drei Kartuschen mit einer gravierten Darstellung der Maria mit Kind und den Namen
MARTIN ROMICK Año 1715 und
REGINA ROMICKIN Año 1715.
Am Lippenrand die Gravierung: Beide Pokale wurden beim Festzuge der enthüllungs-Feyer der Bavaria mitgetragen/año 1850. Vorsteher Jos. Eilles. J.B. Bauer

8.3.2 8.3.3 8.3.1

8.3.3
Kokosnußpokal der Münchner Schneider
München (?), 1. Hälfte 17. Jh.
Kupfer, getrieben, ziseliert, punziert, graviert, teilweise vergoldet; Kokosnußschale, geschnitten, 28,2 cm
XIII/77

Die drei Kokosnußpokale entstammen dem zünftischen Repräsentationsbereich und stellen innerhalb dieses Rahmens einen Reflex der im 16. und 17. Jahrhundert im fürstlichen und patrizischen Bereich so beliebten Pokalform dar, für deren Gefäßkörper Naturalien wie Straußeneier, Nautilus- oder Turbomuscheln und Kokosnüsse Verwendung fanden. Der wohl berühmteste Kokosnußpokal in Deutschland, der vor 1540 in Nürnberg geschaffene Holzschuhpokal, ist durch eine nahezu kugelförmige Kokosnußschale ausgezeichnet, die wohl von Peter Flötner mit geschnittenen Reliefs versehen wurde. Den drei Münchner Zunftpokalen dienten weniger vollkommen gewachsene Früchte als Grundmaterial. Die Pokale der Bäckerzunft sind formal aufeinander bezogen. Franz Keßler lehnte sich trotz des inzwischen stattgehabten Stilwandels von der Renaissance zum Barock an die Grundform des älteren Pokals von ca. 1626 an und bestätigt somit auf diesem Gebiet den den Zünften anhaftenden Hang zum Traditionalismus. N. G.

8.3.5

8.3.4
Schleifkanne der Münchner Schäfflergesellen
Thomas Koch
(Meister 1656, gest. 1694 München)
München, um 1680
bez. Stadt- und Meistermarke, Hintze, Bd. 6, S. 105, Nr. 524 ff.
Zinn, gegossen, graviert, vergoldet, Messing, Lacküberzug und Reste einer Ölfarbenbemalung
45 cm, mit Zapfhahn ø 40 cm
Lit.: vgl Boncaud/Frégnac, Zinn, Bern/München 1978, S. 112
XIII/120

Gravur: DIESE KANDEL HAT RENOVIREN LASSEN / MEISTER JOH GEOG KALTNER CHURFRT. I WEISSBREU / BREUHAUS HOFSHAEFLR und die Jahreszahl 1784.
Das in seiner massigen Gestalt urtümlich wirkende Gefäß wurde, wie die Gravur ausweist, etwa hundert Jahre nach seiner Entstehung erneuert und im Zeitgeschmack verschönert. Zwei Löwen halten eine Kartusche mit den Symbolen der Schäffler: Zirkel, Schlegel und Stemmeisen. Die Reste der Malerei auf dem von einem Löwen gehaltenen Schild der Deckelbekrönung zeigen zwei Schäffler bei der Arbeit. N. G.

8.3.5
Zunftkanne einer Fleischerinnung
Christoph Dürr (Meister 1650, gest. 1682 Annaberg)
Joachimsthal, 1650
bez. Stadtmarke Joachimsthal, zweifache Meistermarke, Hintze, Bd. I, S. 295, Nr. 1435
Zinn, gegossen, gepunzt, graviert, gelötet
44 cm
Lit.: vgl. Haedeke, Zinn. Ein Handbuch für Sammler und Liebhaber. Braunschweig[2] 1973, S. 167, Abb. S. 168
XIb/127

Gravur: EIN EHRBAR HANDWERCK DER FLEISCHER / 16 PETER HALLBOTT 50 und 11 Zunftmitglieder; auf dem von einem Löwen gehaltenen Deckelschild die Embleme der Fleischerinnung: Stierkopf, Messer und Handwaage, gekreuzte Beile.
Die Kanne steht auf schräg angelöteten Scheibenfüßen. Eine von Haedeke Christoph Dürr zugeschriebene, 1656 datierte Zunftkanne der Joachimsthaler Fleischer zeigt dasselbe Motiv bei allerdings insgesamt wesentlich traditionellerer Gestaltung mit facettierter Wandung und reichem Reliefdekor. N. G.

8.3.6

8.3.6
Schleifkanne der Leinwebergesellen
Thomas Koch (Meister in München 1656, gest. 1694 München)
München, zwischen 1680 und 1683
Zinn, gegossen, graviert, Eisenbügel, 50 cm
Lit.: Hintze, Die deutschen Zinngießer und ihre Marken, Bd. VI, Süddeutsche Zinngießer Teil II, Leipzig 1928, S. 106, Nr. 524; Boucaud/Frégnac, Les Etains, Fribourg 1978, Abb. 146; Seelig, Meisterwerke der Metallkunst I. Die Zinnsammlung des Bayerischen Nationalmuseums im Zweigmuseum Asbach, in: Weltkunst 61, 1991, S. 1926, Abb. 14
München, Bayerisches Nationalmuseum
Met 62

Das bemerkenswert große, untersetzt proportionierte Zinngefäß weist auf dem Henkel die zweimal eingeschlagene Münchner Stadtmarke sowie die mit der Jahreszahl 1680 kombinierte Meistermarke des Thomas Koch auf (Hintze VI, 524). Das mächtige Behältnis, das am unteren Rand einen Zapfhahn besitzt, wird von drei hockenden Löwen getragen, die je einen Schild mit zwei gravierten Weberschiffchen halten. Als Bekrönung dient ein hockender Löwe mit großem Schild, der in Graviertechnik drei Weberschiffchen und die Inschrift ›Ein ersames Handwerh der Leinweberknappen Behörig 1683‹ zeigt. Auf dem Körper des Gefäßes findet sich die gravierte Gestalt des Hl. Ulrich, die von fünf Handwerkernamen eingefaßt wird. Das gleiche Modell der hockenden Löwen als Schildhalter begegnet u.a. bei zwei Nürnberger Schleifkannen des 17. Jahrhunderts. Das Gefäß stellt gleichsam die barocke Umdeutung der sogenannten Schleifkannen dar: Die auf Stützen stehenden Schenkkannen großen Formats, die gewöhnlich unten einen Zapfhahn besitzen, fanden beim Umtrunk der Handwerkerzünfte Verwendung. L. S.

8.3.7
Willkomm
der Münchner Kürschnergesellen
München, 1688
Zinn gegossen, graviert, Silberschilder, getrieben, punziert, ziseliert, graviert
56,5 cm
XIII/91

Gravur auf der Kuppa: VINTZENS / VERONIANER / KIRSCHNER 1688; im passig geschweiften Rahmen: EIN ERSAMEN / BRIDERSCHAFT / DER / KIRSCHNER / GESELLEN, und: ERNEIERTH / IOHANN / GEORG / ALTSTESSL / KIRSCHNER / 1745.
Neben der Zunftlade war der Willkomm-Pokal der wichtigste zeremonielle Gegenstand im zünftischen Leben. Seine Funktion hatte er vor allem bei der Lossprechung von Lehrlingen, bei Meisterinitiationen und bei der Begrüßung von besonderen Gästen in der Herberge der Zunft. Nachrichten über allzu lange Züge aus dem Pokal gehören eher zu den selteneren Quellen über das zünftische Zeremoniell bzw. entsprechen einer vorgefaßten Meinung über das zünftische Leben. In der Regel – und dies gilt für alle Zünfte – wurde der Umgang mit dem Willkomm zu einer besonders gemessenen und zeremoniell geregelten Feierlichkeit. Das Recht des Willkomms mußte von den Räten der Städte genehmigt werden, und durchaus nicht jede Zunft in jeder Stadt konnte sich ein kostbares Willkomm-Gefäß leisten. Die hohe Bedeutung, die dem Willkomm zugemessen wurde, spiegeln nicht zuletzt die Schilder mit den Namen einzelner Zunftmitglieder. Der Münchner Willkomm-Pokal der Kürschner ist mit sieben Silberschildern geschmückt, die die stilgeschichtliche Entwicklung gegenüber dem traditionellen Gefäß deutlich werden lassen. Sie stammen fast alle aus der Mitte des 18. Jahrhunderts. Hinzu kommen zwei wesentlich schlichtere, gleich gestaltete Schilder aus dem 19. Jahrhundert, das letzte im Jahre 1863, wenige Jahre vor der Auflösung der Gewerbevereine, angebracht. Der stehende Löwe auf dem Pokaldeckel hält ein Kürschnermesser als Zeichen der Zunft, das nicht zufällig eher einem Schwert gleicht. N. G.

8.3.8

8.3.8
Willkomm
der Münchner Strumpfwirkergesellen
München, 1748
Zinn, gegossen, gelötet, Messing, Eisen, Silbermünzen, 50 cm
XIII/157

Gravur auf der Kuppa:
VITVS BENO KOCH / PEISIZ MAISTER JOHAN LORENZ LORENZ ZEITL / VNDER ALT GESEL ANTONIVS STÖTNER / OWER ALT GESEL
Die in Löwenköpfe mit Messingringen eingehängten Münzen tragen ›Namenssegel‹ mit Jahreszahlen aus dem Jahr 1854, einer Zeit, in der sich, wenige Jahre vor der Auflösung der Gewerbevereine, die alte Tradition bereits mit nostalgischer Retrospektive vermischte. Auf dem Schild des Bekrönungslöwen die Symbole der Strumpfwirker: gekreuzte Strümpfe und die Jahreszahl 1748. N. G.

8.3.9
Birnförmiger Deckelkrug
Süddeutschland, 1729
farbloses Glas, mattgeschnitten, Zinn, gegossen, graviert, 23,5 cm
Lit.: Schack, Die Glaskunst. Ein Handbuch über Herstellung, Sammeln und Gebrauch des Hohlglases, München 1976, S. 290, Bildkatalognummer 257
XII/166

Auf der Wandung Spiegelmonogramm (ICW) mit Krone und die Jahreszahl 1729; auf dem Deckel Monogramm SAW und die Jahreszahl 1776.

8.3.10
Deckelkrug
Böhmen (?), um 1787
farbloses Glas, mattgeschnitten, geschliffen, Zinn, gegossen, graviert, 24 cm
53/435

Auf der Wandung Handwerkszeichen der Böttcher (?) und die Figur der hl. Klara mit Abtsstab und Monstranz, die Jahreszahl 1787 und das Monogramm CST; im Deckel Medaillon mit dem Gnadenbild von Kloster Mariazell und ebenfalls das Monogramm CST.

8.3.11
Deckelkrug
Böhmen (?), 2. Hälfte 18. Jh.
farbloses Glas, mattgeschnitten, geschliffen, Zinn, gegossen, graviert, 21,5 cm
53/434

Auf der Wandung Blumen- und Rocailleornament, büßende Magdalena und hl. Gregor; im Deckel eingelassene Medaille mit Darstellung der Himmelfahrt Christi und der Umschrift: HERR IESV ZEVCH HIER – VNS ALLE NACH DIR, außerdem das gravierte Monogramm IM.

8.3.12
Deckelkrug
Bayer. Wald (?), um 1775
farbloses Glas, mattgeschnitten, Zinn, gegossen, graviert, 22,9 cm
29/330

Auf der Wandung pflügender Bauer und die Jahreszahl 1775, darüber der Spruch: Gedult vernunft und zeit, bringt uns zufriedenh(ei)t; auf dem Deckel Monogramm: IPEH.

8.3.13
Hobel als Zunftzeichen einer Schreinerzunft
Johann Joseph Schmiderer [Schmidterer] (1743 Meister in München, gest. 1756 München)
München, Mitte 18. Jh.
Zinn, gegossen, graviert, 13 x 7 x 24 cm
Lit.: Seelig, Meisterwerke der Metallkunst I. Die Zinnsammlung des Bayerischen Nationalmuseums im Zweigmuseum Asbach, in: Weltkunst 61, 1991, S. 1925
München, Bayerisches Nationalmuseum
17/110

Das hobelförmige Zinnobjekt trägt am Hobelmesser die Münchner Stadtmarke (Hintze VI, 552), sowie die Meistermarke des Johann Joseph Schmiderer (Hintze VI, 553), ferner eine – eventuell als Besitzerzeichen anzusehende – querovale Marke mit den Initialen KA. Auf dem Hobelmesser findet sich die Gravierung I.H.S. mit Kreuz und Herz; der Kasten des Hobels ist mit gravierten Sternen und Blüten versehen. Schraubgewinde, Frauenkopf und Kette sind als spätere Ergänzung anzusehen; das erhabene herzförmige Feld bedeckt eine Reparatur. Der Hobel stellt wohl das Tischzeichen einer Schreinerzunft dar, wie es oft über dem Stammtisch aufgehängt wurde; erst später erfolgte die Umarbeitung zu einem Trinkgefäß.
Auch in der Goldschmiedekunst begegnet uns gelegentlich der Hobel als Zunftzeichen der Schreiner. L. S.

8.3.14
Schlegel als Zunftzeichen der Schäffler
München, dat. 1755
Zinn, gegossen, graviert, 55 x 13 x 7 cm
35/432

Das schlegelförmige Zinnobjekt ist reich graviert. Auf der Vorderseite zwei Schäffler bei der Arbeit an einem großen Holzfaß, bei der die Schlegel, in Wirklichkeit aus Holz, zum Einsatz kommen. Darüber die gravierte Inschrift: ›JACOB MAIR / ANDONIPROBSEL / Der Zeit / All gesöllen.‹ Darunter: ›JOSEFF ZIZELSPER / GER CASPAR / WVNDSAM.‹ Auf der Rückseite die Darstellung der Heiligen Florian und Korbinian mit ihren Attributen. Darunter folgende Inschrift: ›Das Handwerck der / Schäffler ist lobenswerdt / weil von ihnen S. Florian / und S. Chorwinian wirdt / verehrdt / 1755.‹
An den Seiten zwischen floraler Ornamentik das Handwerksgerät der Schäffler.
Der Schlegel hängt an gedrehten Zinnstäben, die unter einer in Silber und Gold gefaßten Holzkrone zusammenlaufen. Der Schlegel diente wohl als Tischzeichen der Schäfflergesellen, wie sie oft in den Zunftstuben über dem Tisch hingen. S. B.

8.3.15
Bruderschaftszeichen der Tuchmacher
München
bez. 1740/1755
Eisenblech, bemalt, 22,5 x 18 cm
XIII/172

Zwei Löwen halten das bekrönte Schild mit folgender Inschrift: ›17 Schilt 40 / Ein Ehrsamen / Bruderschaft / Der Tuchknaben / In München / den 24. April.‹
Die Rückseite zeigt zwei gekreuzte Wollbögen, ein Gerät, um das Tuch zu bearbeiten. Darunter das kurbayerische Wappen, der Reichsadler ein golden/schwarzes Rautenschild und die Jahreszahl 1755. S. B.

8.3.16
Zunftlade der Küchelbäcker
München, 1. Hälfte 18. Jh.
Nußbaum, Blumenesche, Eiche
24 x 48 x 30,5 cm
Lit.: Nadolski, Zunftzinn, Formenvielfalt und Gebrauch, München 1986
S. 43 f.
XIII/87

In Zunftladen wurden wichtige Schriftstücke mit Rechtscharakter aufbewahrt. Sie waren in die Rituale der offiziellen Zunftversammlungen der sog. Morgensprachen eingebunden. Das Aufklappen des Deckels der oft kunstvoll gearbeiteten Truhen signalisierte den Beginn, das Schließen im allgemeinen das Ende der Zusammenkunft. Alle Entscheidungen, die bei offener Lade verhandelt und getroffen wurden, bekamen dadurch Rechtsgültigkeit. Wurde eine Debatte zu undiszipliniert oder wollte man sich außer Protokoll begeben, hatte man eine Münze in die Lade zu werfen, die daraufhin geschlossen wurde. S. B.

8.4 Stubeneinrichtung

8.4.1
Stubeneinrichtung der Reisachmühle
Mangfallgau
Oberbayern, 1801
bez. Türblatt: ›Gelobt sey / Christus in Ewigkeit amen‹;
Türsturz: ›PMKS 1801‹.
Eiche, Kiefern- und Fichtenholz, braun gebeizt, geschmiedete Eisenteile, Bleiverglasung

Bank mit Rückenlehne 46 x 495 x 43 cm
Ansatzstück zur Bank 47,5 x 142 x 35 cm
Kasten eingebaut 60/70/50 cm
Mauerkasten 99 x 78 x 6 cm
Mauerkasten mit 3 Fächern 93 x 73 x 29 cm
Mauerkasten mit 3 Fächern 50 x 37 x 22 cm
Standuhr für Eckeinbau 250 x 40 x 12,5 cm
runder Tisch, ø 130 cm
Eingangstüre 209 x 140 x 43,5 cm
Türsturz
4 Fenster 107 x 91 x 10 cm
Innentüre mit Türfutter 185 x 96 x 34 cm
9 Deckenbalken 530/565 x 23/26,5 x 17 cm

Lit.: Maierbacher-Legl, Schnitzmöbel im altbayerischen ›Bauernbarock‹ des 19. Jahrhunderts, Würzburg 1984, 73

Münchner Stadtmuseum (Dauerleihgabe des Amtes für Wasserwirtschaft)

Mit dieser Stubeneinrichtung ist im Original eine oberbayerische Stube mit ihrer Möblierung und dem Innenausbau um 1800 überliefert. Sie steht in ihrer Gestaltung in der Folge spätmittelalterlicher Motive und in ihrer Form in der Tradition des Rokokostils. Trotz des Datums auf dem Türsturz finden sich keine für 1801 zeitgenössischen oder modernen Dekorationsweisen.
Die Reisachmühle stand am Zusammenfluß von Mangfall und Schlierach. Es war eine unterschlächtig betriebene Sägemühle und Getreidemühle. Zugleich war das Anwesen ein Meierhof des Klosters Tegernsee. Im Obergeschoß des älteren Hauses war auf der Ecke ein großes Erkerzimmer eingerichtet, das für den Abt des Klosters Tegernsee reserviert war, zu dessen Besitz die umliegenden Ländereien gehörten. Vom

Erker aus konnte der Abt die Felder und Wiesen im Flußtal überblicken.
Als 1965 das Mangfalltal zum Wassereinzugsgebiet Münchens wurde, war man bestrebt, Häuser außerhalb der Dörfer aus wasserhygienischen Gründen zu beseitigen. Einem solchen Abriß fiel die Reisachmühle undokumentiert zum Opfer: die Einrichtung wurde vom Wasserwirtschaftsamt und dem Münchner Stadtmuseum geborgen und deponiert. Zur Zeit des Abrisses war die Stube mit offener Balkendecke blau getüncht und hieß ›Blaues Zimmer‹.
Die Abtsstube hatte eine umlaufende halbhohe Vertäfelung mit davor montierten Sitzbänken. In einer Stubenecke stand ein großer grüner Kachelofen, in der Ecke gegenüber der runde Tisch. In der dritten Ecke die Standuhr, die in ihrem Unterteil mit der Vertäfelung verbunden war. An einer der beiden Türen ist noch die Eisenstange erhalten, über der das Handtuch hing.
Die dunkel gebeizten Oberflächen zeigen keinerlei Spuren von Fassung. Dunkelbraune Vertäfelungen, wie sie zum Beispiel in der Nymphenburger Magdalenenklause von 1725 vorkommen, wurden als ›à la capucine‹ bezeichnet und galten als Stil klösterlicher Zurückgezogenheit. In den Grundzügen der Konstruktion und des Schnitzwerks entspricht die Stubeneinrichtung dokumentierten Kistlerarbeiten des Mangfalltals, wo ebenfalls naturbelassene ungefaßte Möbel charakteristisch sind.
In Gemälden Lorenzo Quaglios, der mehrfach ›Altmünchner Stuben‹ um 1855 darstellte, finden sich sämtliche Charakteristika einer solchen Zimmereinrichtung. Dies läßt vermuten, daß mit der Abtsstube aus der Reisachmühle ein Typ der Inneneinrichtung überliefert ist, wie er im Münchner Umland gebräuchlich war. Das Germanische Nationalmuseum verwahrt eine Folge von Zeichnungen einer oberbayerischen Stube mit den Elementen einer solchen Einrichtung, die weitgehend der Innenausstattung der Reisachmühle entspricht (Graphische Slg. HB 9102, 9099, 9100, 9101 Kapsel 1386 a). Eines der mit Tinte gezeichneten Blätter trägt die Beschriftung ›Feb. 25. S.M.D.M.FS 1797‹, was auf das Entstehungsjahr hindeutet. In dieser Stube lassen sich am Accessoire die Spuren des Wohnens ablesen. H. O.

Eine oberbayerische Stube 1797, Nürnberg, Germanisches Nationalmuseum

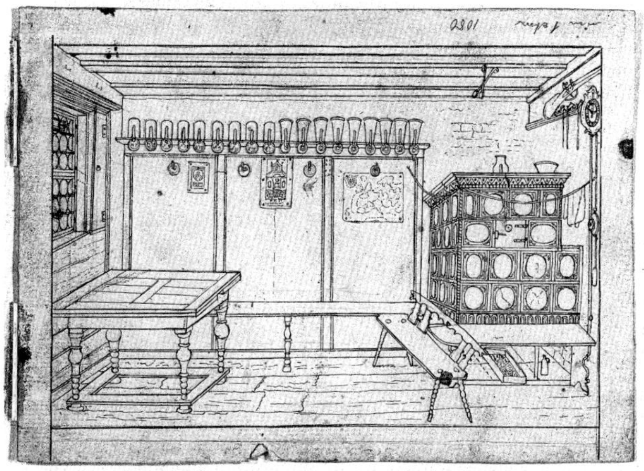

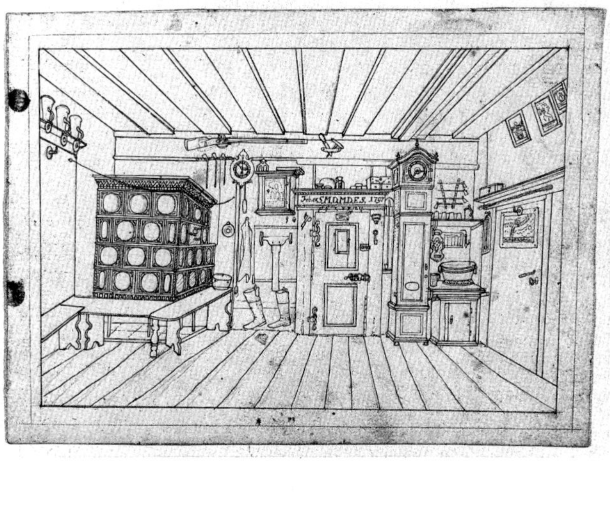

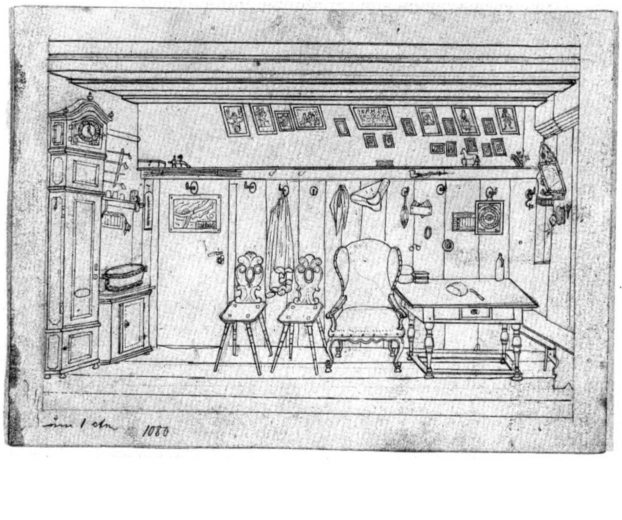

8.4.2
Zwei Brettstühle mit Knorpelwerk
süddeutsch, um 1670
Eiche massiv, 56/100 cm, Sitz 45 x 37 cm
M 71/251 a, b

Gedrechselte Beine, Sitz mit schrägen Ecken, Profilkante. Lehne in Hochreliefschnitt mit geschweiften Umrissen: von Knorpelwerk umgebene Fratze, der geöffnete Mund mit Zahnreihe als Griffloch.
H. O.

8.4.3
Brettstuhl mit Maske
deutsch, um 1700
Eiche massiv, 57/100 cm, Sitz 45 x 37 cm
M 71/257

Spiralförmig gedrehte Beine mit geschnitzten Blattfriesen. Achteckiges Sitzbrett mit Profilkante. Lehne in geschweiften Umrissen, im unteren Drittel kräftig eingezogen: Fratze, der weit geöffnete Mund als Griffloch, über Fruchtgehänge (Traube, Walnuß, Birnen); bekrönende Muschel zwischen Akanthusvoluten. H. O.

8.4.4
Brettstuhl mit Maske
süddeutsch oder Schweiz, um 1700
Eiche massiv, dunkel gebeizt, 45/94 cm
48/94

Erhaben geschnitzte Lehne mit geschweiften Umrissen. Mitte: Fratze, das geöffnete Maul als Griffloch, von geflügeltem Engelskopf überhöht. Seitlich vier Groteskköpfe im Profil. H. O.

8.4.5
Brettstuhl mit Delphinen
süddeutsch, um 1700
Eiche massiv, 48/94 cm
48/92

Geschweifte, erhaben geschnitzte Lehne: von zwei Delphinen geformte Konturen, deren Leiber von hockender nackter Frau mit hochgestemmten Armen gestützt werden. Ohne Griffloch. H. O.

8.4.6
Brettstuhl mit Engelskopf
süddeutsch, 1712
bez. eingeschnittene Jahreszahl 1712
Eiche massiv, dunkel gebeizt, 45/93 cm
48/93

8.4.1

Gedrechselte Beine (Doppelbaluster). Sitz mit abgeschrägten Ecken. Ovale Rückenlehne mit erhabenem Schnitzwerk: von Bandschleife umfaßte C-Bögen, Blattwedel, Rosetten, bekrönender pausbäckiger Engelskopf. Sieben Durchbrüche. H.O.

8.4.7
Zwei Brettstühle mit Akanthuslaub
süddeutsch, um 1720
Eiche massiv, 95 cm
48/90-91

Sitzbrett mit vorn abgeschrägten Ecken auf Gratleisten, in die vier gedrechselte Beine (Docken, Querrillen) eingebohrt und verkeilt sind. Geschweifte, unter dem Sitzbrett verkeilte Rückenlehne mit Akanthus, Voluten in Hochreliefschnitt. Herzförmiges Griffloch. H. O.

8.4.8
Brettstuhl mit Akanthusvoluten
süddeutsch, um 1720
Eiche, 51/96 cm, Sitz 42 x 38 cm
M 71/252

Gedrechselte Beine. Sechseckiger Sitz. Profilkante. Lehne in Hochreliefschnitt: herzförmiges Griffloch von Blattwedeln umfaßt, darunter gegitterter Blütenboden in Blattkreis, darüber gebündelte Akanthuswedel mit eingerollten Spitzen. H. O.

8.4.9
Brettstuhl
Schwarzwald/Elsaß, um 1800
bez. Brandstempel: Sockel des Rückenbrettes MD
Eiche, Beine: Kiefer, 47/84 cm,
Sitz 38 x 34 cm
M 71/256

Achtkantige Beine, niedriger Sitz. Lehne: vollrund geschnitztes, ineinander verschlungenes Schlangenpaar mit Hundsköpfen. H. O.

FESTMAHL DES LEBZELTERS

Auf seiner kulturgeschichtlich so berühmten ›Reise durch Deutschland und die Schweiz, im Jahre 1781‹ besuchte der Berliner Aufklärer Friedrich Nicolai auch München. Wie über andere süddeutsche Städte weiß er auch über die Residenzstadt des Kurfürstentums Bayern wenig Positives zu berichten. Insbesondere die Wohnverhältnisse erscheinen ihm nicht sehr repräsentativ: »Die bürgerlichen Häuser sind zwar zum Teil ziemlich geräumig, aber schöne Fassaden sieht man fast gar nicht. Die Höhe der Häuser ist gewöhnlich von zwei bis vier Geschossen. Innerhalb gehet viel an Bequemlichkeit und richtigen Gebrauch des Platzes ab. Fast in keinem bürgerlichen Haus, das ich gesehen habe, war richtige, bequeme zierliche Austheilung der Zimmer zu bemerken. Die Meublierung in bürgerlichen Häusern ist simpel, viel simplerer und zugleich viel unzierlicher, als man in einer Stadt, wo, wenigstens bey Hof und bey den Vornehmen von jeher sehr viel Luxus gewesen war, vermuten sollte.« Besonders dem Vergleich mit Wien könne das bürgerliche München schwerlich standhalten. So sehr bei manchen der räsonierend-polemischen Urteile Nicolais Vorsicht geboten ist, scheint diese Darstellung doch für einen guten Teil der Münchner bürgerlichen Wohnverhältnisse zuzutreffen.

Unter den Handwerkern Bayerns des 17. und 18. Jahrhunderts nahmen die Lebzelter und Wachszieher, die seit dem ausgehenden 16. Jahrhundert auch Met sieden und ausschenken durften, eine durchaus gehobene Stellung ein.

Familienessen, D. Chodowiecki, Nürnberg, Germanisches Nationalmuseum

Vom Tafeldecken

Auf einen Ovaltisch von 8 Personen gehöret 1 Schüsselring oder Strohteller, zwei Leuchter (bei Nacht) und zwei Schüsseln. Ist er aber auf 12 Personen, müssen 4 Salzfässer, 4 Leuchter, 5 Schüsselringe seyn. Auf 20 Personen gehören 5 Schüsselringe, neun Leuchter und 6 Salzfäßer. Der mittelste Schüsselring, wie auch die Schüssel, müßten größer seyn, als die andern, die jedoch auch von ziemlicher Größe seyn müssen, weil man die große mit den kleinen Schüsseln nicht füllen kann. Wie nun aber die Ringe, Leuchter und Salzfäßer zu setzen, giebt einem Jedem die gesunde Vernunft. Die Tafeln besetzt man, daß allemal auf vier Ellen nach der Länge derselben ein Schüsselring gebraucht wird. Soll es aber recht seyn, müssen allemall auf 4 Ellen 5 Schüsselringe, 2 Leuchter und 4 Salzfäßer gesetzt werden. Nach diesem ist nothwendig, daß man seine Gäste wohl zählt, und den Tisch darnach einrichtet, daß sie geräumig sitzen. Ferner muß der Tisch so gesetzt seyn, daß die Aufwärter können rund herum gehen, und ein Jeder, ohne den andern zu beschweren, aufstehen kann. Sodann muß das Tischtuch eine halbe Elle lang überhängen. Kann man die Servietten brechen, so zieret es die Tafel, wiewohl es heut zu Tage in Abnahme kommt, und an Tafeln vornehmer Personen solche nur viereckt gelassen werden, vermuthlich, weil man sonst viel Mühe damit hat, die Servietten nicht verbessert werden und den meisten es an dieser Wissenschaft fehlet. Endlich müssen die Teller zum ersten Gerücht, welche gemeiniglich eine Assiette (tiefer als die andern), auch, wo es möglich,

wie sonst zu allen warmen Speisen, gewärmet werden, und so viele Teller da seyn, daß man kann viermal reine geben; denn sonst können die Abspieler kaum zurecht kommen. Es gehört auch zu einem Teller ein Löffel, ein Messer und Gabel, und Brod unter jedes Serviett. Bei zierlichen Tafeln pflegt man, statt des Zinns oder Silbers Porcellain zu gebrauchen.
Der Schenktisch bestehet gemeiniglich in vier Säulen, welche unten ungefähr einen Fuß von der Erde erhaben, worauf der Schwangkessel mit gutem frischem Wasser gehört; oben ist der rechte Tisch mit einer Leiste, ungefähr drei Finger hoch umfaßt, damit nicht leicht etwas hinunter fällt, oder wenn man etwas verschüttet, es nicht gleich auf den Boden läuft. Auf diesem müssen die Gläser und Becher in guter Ordnung wohl gespület, vor Ankunft der Gäste auf das zierlichste gesetzet werden. Es müssen aber die Trinkgeschirre übereinstimmend seyn, und nicht bald ein großes, bald ein kleines, bald ein Becher, bald eine Kanne und dergleichen unter einander kommen. Dann gehören auch zwei zinnerne oder silberne Teller, und ein Paar Trenschiermesser, und ein großer silberner Vorlegelöffel auf jeden Tisch.

Vom Anrichten der Speisen

Man hat bei dieser Arbeit die Zierlichkeit im Legen und in der Garnitur der Speisen, wie auch die Reinlichkeit im Einlegen und Zugiessen der Brühen in Acht zu nehmen. Vor allem muß man darauf sehen, daß die Braten warm, mithin, wenn sie fertig, sogleich zu Tische kommen, wozu denn nöthig ist, daß man seine Zeit wohl abmißt und überlegt, wie lang ein jedes zu braten hat. Denn wenn ein Braten etwas erkaltet, verliert er nicht allein sein Ansehen, sondern auch den Geschmack, besonders wenn er ohne Brühe geessen werden soll, in welchem Fall man ihn, besonders wenn es Wildprett ist, mit guter brauner, doch aber zerlassener Butter versehen muß, mit welcher der Braten ein oder zweimal muß begossen, oder mit der Butter, so man zum Begießen braucht, durchgebraten werden, damit sie den Geschmack vom Braten habe. Wenn nun der Braten in einer warmen Schüssel und mit vorbenannter Butter versehen ist, muß man ihn mit klein geschnittenen Zitronenschaalen bestreuen, den Rand aber mit abgeschälten Zitronenschei-

Seit 1558 bewohnte die Lebzelterfamilie Staudhammer das Haus Nr. 2A in der Sendlinger Straße, Ecke Rosental. 1572 und 1574 wurden die im Rosental anschließenden Häuser B und C (später Rosental 21) hinzuerworben. Das solcherart stattliche Anwesen wurde seit dieser Zeit auf dem Weg über die Vererbung der Gerechtsame weitergegeben. 1806 heiratete der Lebzelter Johann Paul Ebenböck Theresia Lindner, die von ihrem Vater Joseph Lindner das stattliche Anwesen in der Sendlinger Straße übernommen hatte. Die Heirat der Witwe oder Tochter eines Handwerksmeisters war die übliche Art für einen Gesellen, zu Werkstatt und Meisterwürde zu kommen. 1804 erst war der 1779 geborene Johann Paul Ebenböck aus Dingolfing nach München gekommen und in die Werkstatt seines späteren Schwiegervaters eingetreten. In der zweiten Hälfte des 19. Jahrhunderts erlebte der Betrieb als ›Hofwachslichterfabrik und Lebzelterei Mathias Ebenböck‹ seinen wirtschaftlichen Zenit.

Ein Jahrhundert zuvor war Haus und Werkstatt im Besitz der Familie Kriegl und der bereits erwähnten Familie Lindner. Details über die Führung des Betriebs und des Hauswesens zu dieser Zeit sind uns nicht bekannt. Doch gibt es auch keine Anzeichen, daß sich diese nicht im Rahmen des allgemeinen Standards des gehobenen Handwerkerstands hielten. Alltag und Festtag dürften sich für die Familien Kriegl und Lindner nicht wesentlich von dem anderer Angehöriger ihres Standes und ihres Handwerks unterschieden haben. Die überkommenen einfachen Möbel (Kat. 9.2.1) bestätigen sehr wohl die Schilderung Nicolais.

Nicht mehr aus eigener Anschauung, doch mit dem Vorsatz, ein realistisches Bild von der Vergangenheit Münchens zu zeichnen, schrieb Carl Albert Regnet in seinem 1879 erschienenen Buch ›München in guter alter Zeit‹ über die Interieurs am Ausgang des 18. Jahrhunderts: »Die häusliche Einrichtung des Münchners war damals unglaublich einfach. Die Zimmer des Bürgers, mochte er auch noch so wohlhabend sein, sowie die des kleineren Beamten zeigten nur mit Kalk angetünchte Wände. Weiße Fenstervorhänge oder gar polierte Möbel erschienen als enormer Luxus, den sich nur Wenige gestatteten. Mit Oelfarbe angestrichener Hausrat bildete die Regel. Ein Sopha, namentlich ein solches mit gepolsterter Rücklehne, war der Gegenstand des Neides aller Hausfrauen.«

Ein bescheidener Luxus, dessen Auftreten das Münchener Intelligenzblatt am Ende des Jahrhunderts (30. März 1799) konstatierte, war aber, aus dem Nachlaß der Familie Ebenböck zu schließen, in der zweiten Hälfte des 18. Jahrhunderts durchaus möglich. Beim Hausrat war das in bürgerlichen Kreisen so beliebte Zinn noch nicht von Steingut verdrängt, das Ende des Jahrhunderts weitere Verbreitung fand. Im Gegenteil hatte dieses Material durch seine Formbehandlung ›in Silberart‹ im 18. Jahrhundert eine Aufwertung erfahren, die der Orientierung des Bürgertums an aristokratischen Lebensformen entgegenkam. Ähnlich der Entwicklung auf dem Sektor der Goldschmiedekunst hatte auch das Nürnberger Zinnhandwerk am Ende des 17. Jahrhunderts seine Bedeutung verloren und seinen ehemaligen Rang an Augsburg abtreten müssen. Hier war es vor allem die Zinngießerfamilie Ruprecht, die über fünf Generationen zwischen etwa 1630 und 1780 führend tätig war, mit der sich die Erfindung des bald auch in anderen Städten produzierten ›Zinns in Silberart‹ verbindet.

Besonders die Frankfurter und Karlsbader Meister versuchten es frühzeitig den Augsburgern gleichzutun, indem sie die Formen ihrer Zinnproduktion in Schweifungen, Godronierungen und Profilierungen an das plastische Aussehen der Silbererzeugnisse annäherten. Auch in München findet sich ein deutlicher Reflex dieser allgemeinen Tendenz (Kat. 9.1.4).

Einen ähnlichen kleinen Luxus stellen die geschnittenen und geschliffenen Gläser aus dem Nachlaß der Familie Ebenböck dar, deren Schmuck sich auf den Berufsstand der Lebzelterfamilie bezieht und zugleich einen Hinweis auf die ins Leben eingebundene Religiosität geben (Kat. 9.1.11). Religion und religiöse Übung bestimmte in katholischen wie protestantischen Gegenden den Tages- und Jahresablauf, vom ›Tisch-, Morgen- und Abendgebet‹ bis hin zu den familiären und kirchlichen Festlichkeiten. Sonn- und Feiertage spielten im Ablauf des streng geregelten Lebensvollzuges eine wesentliche Rolle. Sie bildeten den Ausgleich für die langen täglichen Arbeitszeiten, die, nach Nicolai, auch für die Münchner Handwerker morgens um fünf Uhr begannen.

Ohne weiteres wird man verallgemeinern dürfen, was Karl Philipp Moritz seinen Anton Reiser (Berlin 1785/89) über die Feiertage aus der Sicht des Handwerkers sagen läßt: »Wenn der Reiz des Frühstücks und des Mittags- und Abendessens nicht mehr hinlänglich war, die Lebens- und Arbeitslust zu erhalten, dann zählte man, wie lange es noch bis auf den Sonntag war, wo man einen ganzen Tag von der Arbeit feiern, und einmal aus der dunklen Werkstatt vors Thor hinaus in das freie Feld gehen, und des Anblicks der freien offenen Natur genießen könnte. – O, welche Reize hat der Sonntag für den Handwerksmann, die den höheren Klassen von Menschen unbekannt ist (!), welche von ihren Geschäften ausruhen können, wenn sie wollen. (...) – Wenn man nun auf einen Tag Ruhe von der Arbeit schon sechs Tage lang rechnete, so fand man es wohl der Mühe werth, auf drei oder gar vier Festtage nacheinander, ein Drittel des Jahres zu rechnen. – Wenn selbst der Gedanke an den Sonntag, oft nicht mehr fähig war, den Ueberdruß an dem Einförmigen zu verhindern, so wurde durch die Nähe von Ostern, Pfingsten oder Weihnachten der Lebensreiz wieder aufgefrischt.«

ben, die in Zucker gelegen, bedecken. Man kann sie auch mit Blumen auszieren, oder mit ausgestochenen Gebackenen, den Rand belegen. Auf die großen Wildbraten kann man Zitronenscheiben legen. Man hat über dieses eine Erfindung, den Zucker in Form allerhand Blumen durch ausgeschnittene Pappendeckel oder steifes Kartenpapier auf die Rände der Schüssel zu streuen, daß also, wenn man die Pappendeckel wegnimmt, Blumen liegen bleiben; man macht sie aber von allerlei Farben, wie bei dem Konfekt gebräuchlich.

(aus: Unentbehrliches Haus- und Kunstbuch aus dem Siegel- und Daisenbergschen Kochbuche besonders gedruckt München, Passau, Regensburg. 12. Aufl. 1831, S. 201 ff.)

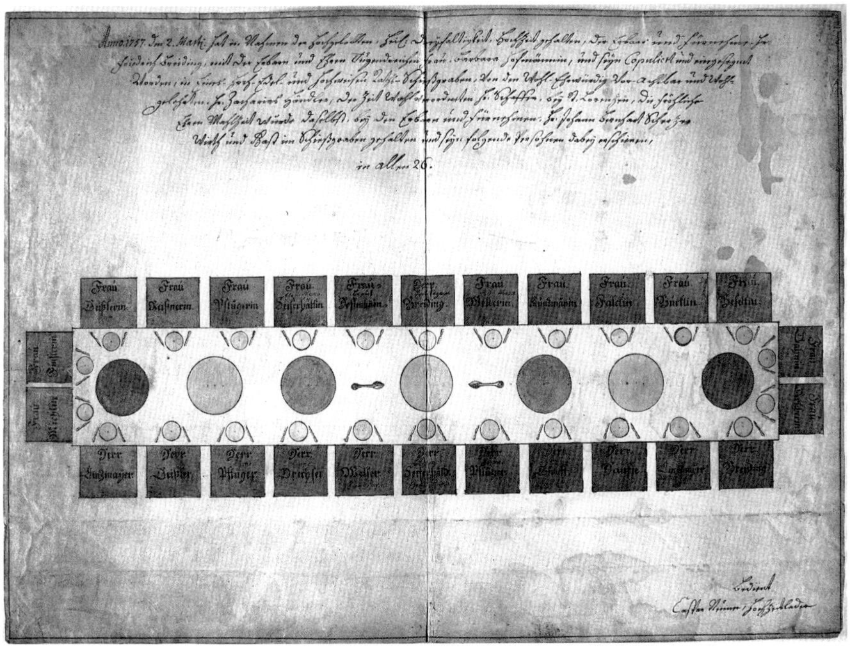

Sitzordnung für ein Hochzeitsmahl in Nürnberg 1757, Nürnberg, Germanisches Nationalmuseum

Neben der großen Zahl an kirchlichen Festtagen, die selbst die katholische Kirche um die Mitte des 18. Jahrhunderts vergeblich zu reduzieren suchte und unter denen in katholischen Regionen das Fronleichnamsfest eine besondere Rolle spielte, waren es die Hochzeiten, Taufen, die Namenstage, Ehejubiläen und nicht zuletzt die Begräbnisfeiern, die Anlaß zu unterschiedlich ausfallenden ›Gastereien‹ gaben. Insbesondere Tauf-, Hochzeits- und Begräbnisfeiern wurden nach Möglichkeit mit Gästen höheren Standes aufgewertet, wie sich überhaupt die Mahlzeiten zu festlichen Gelegenheiten dazu eigneten, weit mehr zu bedeuten, als nur gemeinsame Nahrungsaufnahme.

Die zweite Hälfte des 18. Jahrhunderts war eine Zeit des zunehmenden Reflektierens und Philosophierens selbst über die trivialsten Alltagsgegenstände. Selbstverständlich blieb das Speisen dabei nicht ausgespart. Der bürgerlichen Honoratiorengesellschaft dieser Zeit gehörte der Schriftsteller Theodor Gottlieb von Hippel an, der 1780 Erster Bürgermeister von Königsberg wurde. Um diese Zeit erschien anonym sein erzählerisches Hauptwerk ›Lebensläufe nach aufsteigender Linie nebst Beylagen A, B, C‹ (Berlin 1778–81). Einem Pastor legt er darin eine Erörterung in den Mund, die sicher die Auffassung weiter Kreise der bürgerlichen Gesellschaft seiner Zeit widerspiegelt: »Alles, was groß ist, geschieht bei Tische. Das Paradies ging bei Tisch verloren, Monarchien und Regenten entstanden und gingen unter bei Tafel; alle Ehen werden im Himmel und bei Tische geschlossen. Jemanden zu Tische bitten, ist die feinste Art zu bestechen; hat man den Revisionskommissairen nur einmal zu essen gegeben, ist das Spiel gewonnen. Bei Tische kommt der Mensch seinem natürlichen Zustande näher. Der Vornehme sieht, daß er hier mit dem Geringeren gleichen Appetit hat; da er mit ihm aus einer Schüssel ißt, aus einer Flasche trinkt, fängt er an, ihn für seines Gleichen zu halten. Alle Herzenssachen, wozu ich den größten Teil der Religion zähle, gehören vor einen weiß bedeckten und mit Essen und Trinken besetzten Tisch. Die christliche Religion gibt uns hierzu viele Gelegenheit.«

N. G.

Literatur

Grassl, 1940
Heckmann, 1981
Möller, 1969
Regnet, 1879
AK Wachszieher, 1981

9.1.2

9.1 Bürgerliches Tafelgerät

9.1.1
Suppenterrine
Karlsbad/Schlaggenwald, um 1750
bez. Karlsbader Stadtmarke,
Schlaggenwald- und Meistermarke
Johannes Brandt (?)
Zinn, gegossen, 27 x 35 x 21 cm
K 92/54

Die Terrine ist ein Beispiel der berühmten Karlsbader/Schlaggenwälder Zinnproduktion in Silberart, die charakteristisch ist für die bürgerliche Nachahmung aristokratischer Lebensformen im 18. Jahrhundert. Die Form der Terrine wurde mit allen Motiven aus der Silberschmiedekunst in die Zinnproduktion übernommen. Erst in der ersten Hälfte des 19. Jahrhunderts kamen Suppenterrinen aus Zinn in den alltäglichen Gebrauch. N. G.

9.1.1

9.1.2
Eßteller mit Monogramm
Benedict Aichetswieser
(Meister 1720, gest. 1755 München)
München, um 1730
bez. Stadt- und Meistermarke, Hintze, Bd. 6, S. 111, Nr. 548
Zinn, gegossen, graviert, ø 24 cm
K 70/142, 1-8

Acht von insgesamt neun im Münchner Stadtmuseum erhaltenen Eßtellern aus dem Nachlaß der Lebzelterfamilie Ebenböck. Mütterlicherseits stammte die Familie von der Lebzelterfamilie Kriegl ab, die im 18. Jahrhundert in den Anwesen Sendlingerstraße/Ecke Rosental in München eine Lebzelter- und Wachszieherei betrieb. Auf die Familie Kriegl ist das Monogramm der Teller wohl zu beziehen. N. G.

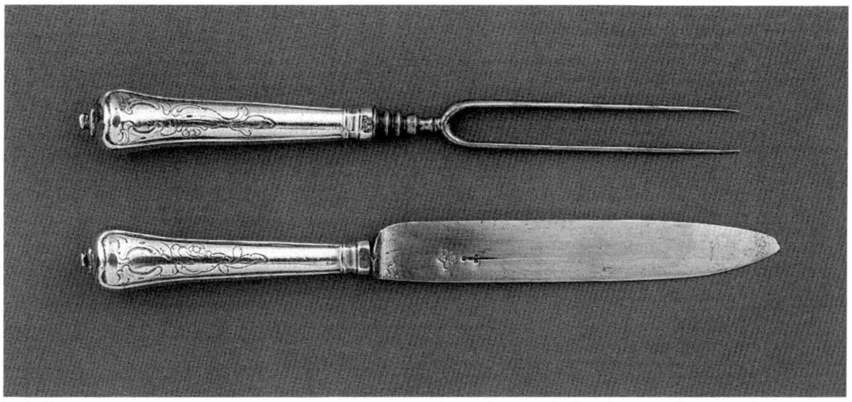

9.1.5

9.1.3
Teller
Maximilian Wielenbacher
(Meister 1755, gest. 1780 München)
München, 3. Viertel 18. Jh.
bez. Marken, Hintze, Bd. 6, S. 112, Nr. 555
Zinn, gegossen, ø 24,5 cm
XIb/466-470

Der einfach geschweifte Rand macht die Teller zu einem Beispiel für die Münchner Produktion des Zinns in Silberart. Auch hier wurde diese Mode des 18. Jahrhunderts aufgenommen. N. G.

9.1.4
Teller
Frantz (Franc) Hofmann
Karlsbad, 18. Jh.
bez. Stadt-, Meister- und Qualitäts-Marke, Hintze, Bd. 6, S. 365, Nr. 1353
Zinn, gegossen, ø 24,6 cm
K 73/878, 1-6

Durch eine zusätzliche Profilierung wird der geschweifte Rand der Teller plastisch belebt. Da die Teller kaum Gebrauchsspuren aufweisen, ist anzunehmen, daß sie weniger für die Tafel als für die dekorative Repräsentation bestimmt waren. N. G.

9.1.5
Besteck
Joseph Eigenstueller
(Meister 1761, gest. 1771 München)
München, um 1767
bez. Münchner Stadtmarke mit verschlagener Jahreszahl 67; Meistermarke I ES
Silber, getrieben, graviert, Stahl, geschmiedet, Messer 21,1 cm, Gabel 20 cm
50/222,a,b

9.1.6
Besteck
Augsburg, um 1795/97
bez. Augsburger Beschau, Jahresbuchstabe H, Seeling 280
Silber, getrieben, Stahl geschmiedet
Messer 21,8 cm, Gabel 19 cm
57/778

9.1.6

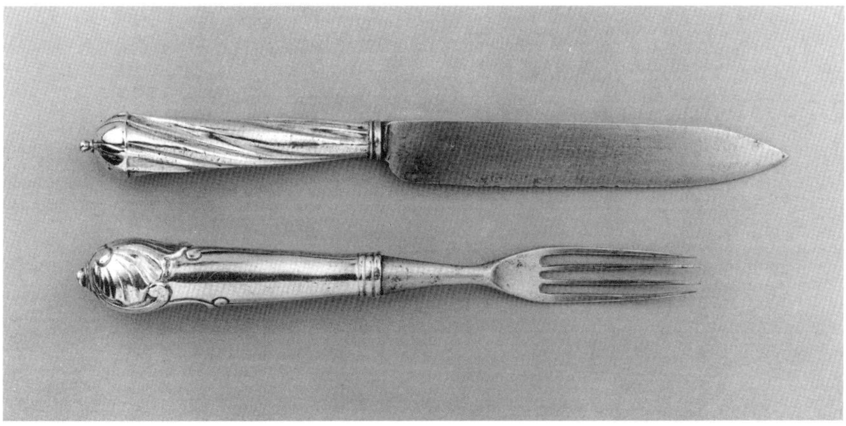

9.1.7
Besteckkasten
mit silberner Besteckgarnitur
Christian Daniel Henselmann
Regensburg, um 1770
bez. monogrammiert CH; Marken
R^3 4444, 4471
Silber, Leder gepreßt und punziert
Kasten 28 x 20 x 12 cm,
Messer 23,5 cm (Klinge bez. DUVE),
Gabel 20 cm, Löffel 20 cm
München, Galerie Henrich

Manche Besteckgarnituren des 18. Jahrhunderts befinden sich noch bis heute in dem ledernen aufklappbaren Köcher, der die Teile zusammenhält, schützt und präsentiert. Dazu kann man den schräg geschnittenen Deckel zurückschlagen. Im Köcher stehen die Löffel, Gabeln, Messer so angeordnet, daß sie gut zu sehen sind. Sie stehen auf Lücke. Löffel und Gabeln sind mit dem Griff nach unten gestellt, die Messer nach oben, so daß der Gast soviel Silber wie möglich zu sehen bekommt. Der unscheinbare Behälter dient zur raffinierten Zurschaustellung des Materialluxus einer silbernen Besteckgarnitur. Solche Besteckkästen wurden nicht dazu benutzt, um Silber zu lagern, sondern um es aufzustellen. Schon auf dem berühmten Fresko eines fürstlichen Buffets von Giulio Romano im Palazzo del Te in Mantua findet sich ein Vorläufer der Besteckkästen, oder besser ledernen Besteckköcher, wie sie in der Barockzeit als Inszenierung täglichen Lebens üblich waren. In der Zeit nach 1820 verschwinden diese Behälter. Der Name ›Besteck‹ für die in einen Köcher hineingesteckten Eßgeräte blieb jedoch in der Sprache erhalten. H. O.

9.1.8
Vorlegelöffel
Ende 18. Jh.
Zinn, gegossen, Holzgriff, gedrechselt
36,7 cm
39/205

Große Vorlegelöffel verbreiten sich seit dem Ende des 17. Jahrhunderts. Erst mit zunehmender Verfeinerung der Tischkultur in der Zeit des Barock werden sie obligat. Als ›Anrichtlöffel‹ werden Geräte von entsprechender Größe und Form in den gehobenen Küchen für das Arrangement der Speisen verwendet.

9.1.8 / 9.1.9

9.1.9
Schöpflöffel
Ende 18. Jh.
bez. nicht identifizierte
Marke mit Initialen JK
Zinn, gegossen, Holzgriff, 35,5 cm
39/204

Typengeschichtlich sind die Schöpflöffel mit hölzernen Griffen die Vorläufer der Suppenkellen. Neben diesen blieben sie aber weiterhin im Gebrauch.

9.1.10

9.1.10
Gewürzgefäß
Johann Nepomuk Lippert
(Meister 1792, gest. 1837 München)
München, Ende 18. Jh.
bez. kombinierte Stadt- und Meistermarke, abweichend von Hintze, Bd. 6, S. 115, Nr. 562
Zinn, gegossen, graviert
5,4 x 12,5 x 8,7 cm
35/455

Am Delphinknauf kann der Deckel des flachen kästchenförmigen Gefäßes zur Seite geschoben werden. Das Innere enthält, durch Stege getrennt, sechs zum Teil unterschiedlich große Fächer, die dazu bestimmt waren, verschiedenartige Gewürze, wie Salz, Pfeffer, Kümmel, Senfpulver etc., aufzunehmen. Entsprechend der allgemeinen Entwicklung der Gewürzgefäße, die im Verlauf des 18. Jahrhunderts immer größer und vielgestaltiger werden, bietet auch dieses einfache Gefäß die Möglichkeit, die bürgerliche Tafel mit der gewünschten Vielfalt der beliebten Gewürze zu versorgen. N. G.

9.1.11
Kleine und große Becher
Bayerischer Wald, Ende 18. Jh.
farbloses Glas, geschliffen, geschnitten
8,4 und 11,8 cm
Lit.: AK Biedermeier, München 1987, Kat. 4.13.9

9.1.11

Die Gläser stammen aus dem Besitz der Wachszieher- und Lebzelterfamilie Ebenböck. Stilistisch sind sie dem 18. Jahrhundert zuzuordnen. Demnach bezieht sich das Monogramm PE auf dem Sockel des Bienenkorbs, der jeweils im Zentrum des Dekors dargestellt ist, auf den Wachszieher Johann Paul Ebenböck (1740-1806) in Dingolfing. Erst 1804 übersiedelte dessen gleichnamiger Sohn (1779-1848) nach München und setzte dort die Berufstradition der Familie fort. Auf diese bezieht sich der Bienenkorb, Attribut des hl. Ambrosius, des Patrons der Lebzelter. Dem späteren Bischof von Mailand und Kirchenvater war, so berichtet die Legende, als Säugling ein Bienenschwarm nicht gefährlich geworden. Die Bienen träufelten ihm vielmehr ihren Honig in den Mund – symbolischer Hinweis auf das spätere rhetorische Talent des Heiligen. N. G.

9.1.12
Tischdecke
Ende 18. Jh.
bez. Monogramme MG und FR
naturfarbenes Leinen, vierbindiger Köper
rosa und rotes Baumwollstickgarn
(Monogramm und Quasten)
136 x 128 cm
66/3383

Decke in Würfelmuster aus drei Webbahnen zusammengesetzt. An den Ecken je eine kleine Quaste aus rosa und weißem Garn. Monogramm MG in Kreuzstich aus rosa Garn. Monogramm FR in Kreuzstich aus rotem Garn später hinzugefügt. A. L.

9.2 Buffet und Anrichte

9.2.1
Stubeneinrichtung der Familie Ebenböck
süddeutsch, um 1780
bez. Buffet innen eingekerbt: ›K. H.‹
Fichte, grau-grün maserierend bemalt, Stahlbänder und Eisenteile
Anrichte, 115/175 x 145 x 49 cm, M 71/30
Komode, 83 x 114 x 56 cm, M 71/31
Buffet, 116/236 x 140 x 59 cm, M 71/29
Schrank, 200 x 160 x 55 cm, M 71/32
M 71/29-32

Die Möbel sind durch eine gleichartige Dekoration mit verkröpften Feldern und ihren Anstrich untereinander verbunden. Sie wurden zuletzt in einer prächtigen Küche im Ebenböck-Haus in Pasing gebraucht und dabei umgebaut. Dazu wurden die Kastenmöbel des ausgehenden 18. Jahrhunderts in neuer Montage mit alten Tellerboden bzw. Hängeregalen verbunden und die Balustersäulen neu hinzugefügt. Ließe man diese Hinzufügungen unberücksichtigt, so blieben vier klassizistische Kastenmöbel des späten 18. Jahrhunderts übrig. Küchenmöbel können es nicht sein, da damals noch offene Feuerstellen und schwarze Küchen gebräuchlich waren, die aufwendiger gestaltete Kastenmöbel nicht vertrugen. Somit dürfte es sich um die bürgerliche Garnitur für die Ausstattung einer Stube handeln. Die beiden halbhohen Möbel bilden aufeinandergesetzt ursprünglich einen Buffetschrank, dessen geöffnete Türflügel beim Essen Tafelgerät zur Schau stellten. H. O.

9.2.1

9.2.3

9.2.2
Früchtestilleben mit Spielkarten
anonym
Bayern, um 1750
Öl/Lwd, 48,5 x 75 cm
Gm 83/51 Nachlaß Ebenböck

9.2.3
Früchtestilleben mit Messer
anonym
Bayern, um 1750
Öl/Lwd, 48,5 x 75,5 cm
Gm 83/50 Nachlaß Ebenböck

Die als Pendants um 1750 in Bayern entstandenen Früchtestilleben tradieren einen Typus, den die Stillebenmalerei des 17. Jahrhunderts geschaffen hat. Verschiedenes Obst wird auf Zinn- bzw. Majolikateller und auf der mit einem weißen Tafeltuch gedeckten Tischplatte zur Schau gestellt. Bei den Früchten handelt es sich um gängige Sorten wie Äpfel, Birnen, Trauben, Pfirsiche, Kirschen, Zwetschgen, Melonen und Zitrone. Die Früchtearrangements sind jeweils um ein Blumenbouquet und ein Weinglas bereichert. Eine Korbflasche und ein Messer vervollständigen das eine, Walnüsse, Bisquits und Spielkarten das andere Stilleben. Die im Dunkel erscheinende Rückwand öffnet sich auf diesem Bild und gibt den Blick in eine Landschaft frei. – Derartig gegenständliche Früchtestilleben sind weniger als Dekorationsstücke für Speisezimmer entstanden als für die Kunstkammern der Höfe und des Patriziats.
Obst gehörte stets zu einem der abschließenden Gänge eines Banketts. Um diesem Bedürfnis entsprechen zu können, besaß seit dem 16. Jahrhundert jeder größere Haushalt einen nach neuesten Erkenntnissen angelegten intensiv gepflegten Obstgarten. Durch Kreuzungen und besondere Züchtungen war man in der Lage, große, pralle Früchte mit saftigem Fruchtfleisch zu ernten. Als erstes Beispiel eines selbständigen Früchtestillebens gilt der ›Früchtekorb‹ des Michelangelo Caravaggio, um 1596 (Mailand, Pinacoteca Ambrosiana). Die Vergänglichkeit der dargestellten Früchte wird in der Wurmstichigkeit eines Apfels und in den schon welken Blättern apostrophiert. Anders verfährt der anonyme Maler unserer Bilder: die Makellosigkeit der Früchte gibt ihnen den Anschein immerwährender Frische. Allenfalls stellen die angeschnittenen Früchte und die sich am Obst delektierenden Fliegen die scheinbare Unvergänglichkeit in Frage. Die in unseren Bildern nur noch vage anklingende Vergänglichkeitsthematik wird deutlich angesprochen in den sogenannten Vanitas-Stilleben der niederländischen Malerei des 16. und 17. Jahrhunderts. Durch Vanitas-Stilleben, die mit ihnen eigenen Emblemen wie (u.a.) Totenschädel und ausgelöschter Kerze auf die Vergänglichkeit hinweisen, wird auch die Symbolik von Früchten und Insekten in ihrer heilsgeschichtlichen Bezogenheit tradiert. So enthalten Wein und Weintrauben einen Hinweis auf Christus, Äpfel und die zu ihnen zählenden Pfirsiche gelten als Symbole der Überwindung und Erlösung von der Sünde, Insekten aber als gestaltgewordenes Prinzip des Bösen.
Eine weitere Sinnschicht, die dem 17. Jahrhundert geläufig war, liegt in der Darstellung der fünf Sinne. Sie läßt sich auch auf unseren Bildern ablesen, allerdings mit der Einschränkung, daß auf die Darstellung des Gehörs nicht hingewiesen wird. Im Zusammenhang der Fünf-Sinne-Darstellungen gewinnen die Dinge auf den Bildern allegorischen Charakter: Früchte und Wein spielen auf den Geschmack, Blumen auf den Geruch, der Blick in die Landschaft auf das Sehen und das Kartenspiel traditionellerweise auf den Tastsinn, das Gefühl, an.
Angesichts dieser Symbolsprache erhält das harmlose Motiv des Früchtestillebens eine Vielschichtigkeit, die auch in unseren Bildern mitschwingt, ohne daß sie dem Maler des 18. Jahrhunderts noch bewußt gewesen war. M. M.

FÜRSTLICHE GALATAFEL –
Porzellanservice am Hof der Wittelsbacher

Den Edelmetallen, die allein schon durch ihren Materialwert, gesteigert noch durch kostbare Verarbeitung, den Reichtum und die Macht des fürstlichen Gastgebers demonstrierten, trat im 18. Jahrhundert das Porzellan gleichwertig zur Seite. Im 17. Jahrhundert, als das ›weiße Gold‹ noch ausschließlich aus Ostasien beziehbar war, war es in der Regel nur Dekorationszwecken vorbehalten geblieben, nicht nur wegen seiner Seltenheit und Kostbarkeit, sondern auch wegen des Fehlens vieler der hierzulande üblichen Geschirrtypen – man kannte in Ostasien Tafelservice im europäischen Sinn nicht.

Im 18. Jahrhundert erlebte das Porzellan infolge seiner 1710 in Meißen gelungenen Nacherfindung für Europa einen wahren Siegeszug, was nicht verwundert, da dieses Material nicht nur durch seinen weißen, schimmernden Glanz besticht, sondern sich durch besondere Qualitäten gerade für die Verwendung bei Tisch empfiehlt: es ist geschmacksneutral und säurebeständig, was es eindeutig vor den Metallen auszeichnet, bei denen die Berührung mit eihaltigen oder sauren Speisen einen chemischen Prozeß in Gang setzt, der den typischen bitteren oder sauren Metall-Beigeschmack bewirkt. Zudem ist Porzellan selbst mit Stahl nicht ritzbar, so daß beispielsweise Messerklingen oder Schalentiere wie Austern, die den Silberteller verkratzen würden, bei Genuß auf Porzellan keine Spuren hinterlassen. Die Eigenschaft, Wärme nur schwach zu leiten, machte es nicht nur für die neuen heißen Modegetränke Kaffee, Tee und Schokolade besonders geeignet, sondern auch für heiße Gerichte wie Suppen. Dementsprechend wurde Porzellan im 18. Jahrhundert bevorzugt für eihaltige, süße und saure Speisen und somit vor allem für Vorspeisen und Desserts verwendet. So handelt es sich auch bei vielen der erhaltenen Porzellanservice des 18. Jahrhunderts um Dessertservice, die teilweise auch Teller für Vorspeisen bereithalten, wobei die Fleischgerichte und andere Hauptspeisen dann von Silber gegessen wurden. Es gibt jedoch auch bereits im 18. Jahrhundert vollständige Speiseservice aus Porzellan. Meißen produzierte seit den 30er Jahren, als man die Schwierigkeiten des Brennens größerer Stücke überwunden hatte, eine Reihe berühmt gewordener Tafelservice, allen voran das Schwanenservice für den Grafen von Brühl. Friedrich II. von Preußen soll für seine Schlösser bei der preußischen Porzellanmanufaktur KPM insgesamt sogar 21 Tafelservice in Auftrag gegeben haben.

Auch am bayerisch-kurfürstlichen Hof hielt Porzellan früh seinen Einzug, wovon die Porzellankammern der Münchner Residenz Zeugnis geben. Nicht alle dort erhaltenen Porzellane standen jedoch nach ihrer Entstehungszeit dem Münchner Hof zur Verfügung; viele Stücke gelangten erst später nach München: das umfangreiche, 1759 datierte Vogelservice aus Sèvres und die meisten Frankenthaler Stücke beispielsweise erst in Folge des Regierungsantritts des Kurfürsten Carl Theodor im Jahre 1779, anderes stammt aus dem Besitz von Geschwistern der bayerischen Herrscher, so z.B. von dem Erzbischof und Kurfürsten Clemens August von Köln, dem Bruder Carl Albrechts, wieder anderes ist Säkularisationsgut. Dennoch scheint gesichert, daß Meißener Porzellan schon bald nach Gründung der Manufaktur noch unter Kurfürst Max Emanuel († 1726) für München angekauft wurde. Umfangreichere Bestände an Meißener Porzellan kamen insbesonders seit der 1747 erfolgten Vermählung des Kurfürsten Max III. Joseph mit Maria Anna, der Tochter Augusts des Starken von Sachsen, des porzellanbegeisterten Gründers von Meißen, an den Münchner Hof.

Der Grüne Saal im Schloß Nymphenburg um 1762

Wohl nicht zufällig, sondern diesem Einfluß zu verdanken, wurden ab 1747 die Versuche verstärkt, auch in Bayern das so begehrte weiße, durchschimmernde Produkt herzustellen, was 1753 zum Erfolg führte. Aus der zunächst in Neudeck beheimateten, 1761 nach Nymphenburg verlegten Manufaktur haben sich aus den frühen 1760er Jahren Reste eines Tafelservices mit sehr feinem, von Joseph Zächenberger gemalten Blumendekor erhalten, dessen Bestandteile und ursprünglicher Umfang nicht mehr eruiert werden können. 1792–1795 entsteht in Nymphenburg auf Bestellung des Kurfürsten Carl Theodor für den bayerischen Hof ein umfangreiches, vollständiges, alle zum Auftragen und Servieren eines Menüs nötigen Teile umfassendes Tafelservice: das nach seinem plastischen Perlstabdekor benannte ›Perlservice‹, das sich bis heute in rund 350 Teilen erhalten hat. Wie die Kratzspuren auf den Serviceteilen beweisen, wurde es am bayerischen Hof viel verwendet. Erst im Laufe des 19. Jahrhunderts wurde es durch die großen Empireservice wie dem Nymphenburger Onyxservice (1833–1847 hergestellt) und dem Berliner Paradeservice mit blauen Blumenborten (1842 als Hochzeitsgeschenk für Max II. nach München gelangt) in seiner Bedeutung verdrängt.

Die Zusammengehörigkeit der einzelnen Teile des Perlservices ist durch die allen zugrundeliegende Basis eines Zwölfecks und den einheitlichen blau-goldenen Dekor augenfällig gemacht. Am aufwendigsten durch zusätzliche plastische Flechtbänder und Blattauflagen, dekorative Henkel sowie kleine Medaillons mit grautonigen Landschaftsmalereien geschmückt sind die Terrinen, Speise-Kühlgefäße und Platten. Da diese bei der damals in weiten Teilen Europas und auch am bayerischen Hof gepflegten französischen Serviermethode auf der Tafel standen und daher mit zum Tafelschmuck beitragen mußten, legte man besonderen Wert auf deren Gestaltung. Bei diesem den vornehmsten Ansprüchen entsprechenden ›service à la française‹ war das Menü nämlich in drei Gänge, sog. ›Trachten‹ unterteilt, zwei Hauptgänge und das Dessert. Jeder Gang bestand aus verschiedenen Gerichten, die gleichzeitig nach zwei Achsen streng symmetrisch angeordnet auf der Tafel standen, auf ihren Platten als Augenreiz kunstvoll angerichtet und garniert waren.

Der Anspruch eines Menüs war im 18. Jahrhundert vor allem an der Anzahl der verschiedenen Speisen abzulesen, die natürlich durch den Anlaß des Diners bestimmt war, aber auch von der Zahl der Gäste und deren Stand abhing. Bei einem großen Galadiner mit vielen geladenen Gästen wurde am bayerischen Hof an der kurfürstlichen Tafel ein weitaus umfangreicheres Menü serviert als etwa an einer Tafel der Hofdamen.

Wo in der Münchener Residenz getafelt wurde, hing ganz von den Umständen ab. Einen festen Speisezettel gab es, ähnlich wie an anderen Höfen lange Zeit nicht; der erste eigene Speisesaal wurde erst nach 1809 von Andreas Gärtner für König Max I. durch Umgestaltung des maximilianischen ›Weißen Saales‹ gebaut. Große Galadiners mit vielen Gästen fanden aber auch in den großen Paradesälen statt, etwa dem Vierschimmelsaal. Kleinere Essen, die aber offizielleren Charakter hatten, wurden im 18. Jahrhundert, wie wir in Analogie zu anderen Höfen annehmen können, im 1. oder 2. Vorzimmer eingenommen, ein privates, inoffzielles Mahl hingegen in den inneren Gemächern. Eine kleinere Familientafel könnte wie die hier mit zwölf Gedecken des Perlservices gedeckte Tafel ausgesehen haben.

K. G.

Literatur

Braun-Ronsdorf, 1954
Brunner, 1977
Grundmann, 1989
Mabille, 1987/88
Rakebrand, 1958
Reinheckel, 1989

10.1.1
Teile aus dem ›Perlservice‹
Entwurf von Modellmeister Dominicus Auliczek d.Ä.
(Policzeka/Böhmen 1734-1804 München)
Manufaktur Nymphenburg,
um 1792-1795
Porzellan, bemalt
Terrine mit Deckel 17 x 37 x 29 cm,
Res.Mü.K.II.Ny 4,5
große ovale Platte 36 x 27,5 cm,
Res.Mü.K.II.Ny 112-115
eckige Schale 30 x 31 cm,
Res.Mü.K.II.Ny 39, 40
kleine ovale Platte 29 x 23 cm,
Res.Mü.K.II. Ny 74, 81-83
Eßteller ø 25 cm, Res.Mü.K.II.Ny 167, 186, 201, 202, 203, 204, 231, 234, 239, 241, 245, 248
Lit.: Hofmann, Geschichte der Bayerischen Porzellan-Manufaktur Nymphenburg, Leipzig 1921-23, S. 295, 600, 604/5, 609; Braun-Ronsdorf, 200 Jahre Nymphenburger Tafelgeschirr, Darmstadt/Offenburg 1954, S. 15/16, Abb. 4,5;
Ziffer, Bayerisches Königsservice datiert, in: Antiquitäten-Zeitung 1988, Nr. 7, S. 196/197
München, Bayerische Schlösserverwaltung

Das ›Perlservice‹ ist ein umfangreiches Tafelservice, das in den Jahren um 1792-1795 im Auftrag des damals regierenden bayerischen Kurfürsten Carl Theodor eigens für den bayerischen Hof angefertigt wurde und in rund 350 Teilen in der Münchener Residenz erhalten ist. Der Entwurf stammt von Dominikus Auliczek d.Ä. Er war seit 1765 als Modellmeister der Manufaktur angestellt und seit 1774 als ›Inspektor‹ auch für die wirtschaftlichen Belange der Manufaktur verantwortlich. Formal legte er allen Serviceteilen, ob Teller, Schüssel, Terrine, Saucière oder Salzfäßchen, ob rund oder oval, ein Zwölfeck zugrunde, womit er einen völlig neuen Geschirrtypus schuf. Mit der namengebenden plastischen Perlstabverzierung an den Rändern, dem sich farblich auf den Dreiklang von Weiß, Blau und Gold beschränkenden Dekor sowie den kleinen, in Grisaille gemalten Landschaften in goldgerahmten Medaillons mit blauer Schleife ist das Service ganz in frühklassizistischem Stil gehalten, der allgemein als ›Stil Louis-Seize‹ oder besser als ›Style grec‹ bezeichnet wird. Hierzu passen auch die aufgelegten Flechtbänder und Akanthusblattstäbe, mit denen die großen Serviceteile wie Terrinen oder Eiskühler, die ja als zentrale Prunkstücke einen Blickfang auf der Tafel darstellten, zusätzlich verziert sind. Nur die muschelartigen Henkel der Saucièren, Schüsseln und Platten erinnern noch etwas an den in Nymphenburg lange gepflegten Rokokostil.
Aufgrund der aus dieser Zeit nur sehr lückenhaft erhaltenen Akten wissen wir nicht genau, wann der Auftrag zu diesem umfangreichen Hofservice erteilt wurde. Die erste Erwähnung stammt vom 12.3.1793, als der Fabrikkommissar Matthias Flurl berichtet, er gäbe sich »seit Jahr und Tag viel Mühe, ihn (den Modellmeister Auliczek) dahin zu bewegen, daß er doch den bewußten Service mit Perlen zustande bringen möchte«. 1795 wird das Service als ›abgeschafft‹ vermeldet, ohne daß aus der Quelle hervorgeht, ob dabei ein manufakturinterner Vorgang während der Produktion oder die Ablieferung des Services bei Hof gemeint ist. Über diese bereits bei Hofmann zitierten Vermerke hinaus konnten in den nur sehr lückenhaft erhaltenen Akten leider keine weiteren klärenden Stellen gefunden werden. So ist archivalisch auch nicht gesichert, wer die schwungvoll gemalten Grisaille-Landschaften ausgeführt hat. Namentlich erwähnt ist nur Dominikus Auliczek d.J., der Sohn des Modellmeisters, der im Jahre 1794 »25 Schalen aus dem neuen Service für den Kurfürsten« bemalt haben soll, womit jedoch vermutlich nicht die Landschaften gemeint sein dürften. Nach alter Überlieferung wird allgemein der ausgezeichnete Nymphenburger Landschaftsmaler Paul Böhngen (1771-1816) angeführt, der jedoch – wie Hofmann bereits bemerkt und ein neuer Aktenfund bestätigt – erst 1796/97 in die Manufaktur eingetreten ist (im August 1802 war er fünf Jahre da).
Während das frühklassizistische Perlservice bei Hof kurz nach seiner Vollendung um 1800 wohl viel im Gebrauch gewesen sein dürfte, kam es dann allmählich aus der Mode und wurde durch andere Porzellanservice im Empire-Geschmack ersetzt. Aus den seit der Jahrhundertmitte im GHA erhaltenen Inventaren der Königlichen Silberkammer und den sporadischen Listen zu »Vornahmen zu besonderen Gelegenheiten« geht hervor, daß das Perlservice bis 1871 in Berchtesgaden aufbewahrt wurde und bei den großen Festtafeln in der Münchener Residenz gar nicht zur Verfügung stand. Auch nach seiner Transferierung dorthin wurde es erst einmal wenig benutzt. Erst um die Jahrhundertwende erfuhr das Modell neue Aufmerksamkeit: mit Erlaubnis des Prinzregenten Luitpold wurde dieses bis dahin ausschließlich dem Hof vorbehaltene Service in Neuausformung auf den Weltausstellungen 1900 in Paris und 1904 in St.Louis mit viel Erfolg präsentiert und für den freien Verkauf angeboten. Noch heute ist es in der Produktion der Manufaktur. K. G.

10.1.1

10.1.1

10.1.2

Zwölf Tafelbestecke mit Dessertmessern

Werkstatt der Catherine Marguerite Fritz

Straßburg, 1782/83

bez. auf Löffeln und Gabeln: 13 unter Lilie, H unter Krone, einmal ›G‹ unter Krone; V. FRITZ; Monogramm J.K. auf Gabeln und Löffeln

Silber feuervergoldet, Messer mit Perlmutt

Gabeln 17,5 cm, Löffel 18 cm,

Messer 21 cm

Lit.: Helft, Le Poinçon de Provinces françaises, Paris 1968, Nr. 1112, 1116, 1120; AK Le siècle d'or de l'orfévrerie de Strasbourg, Paris (J. Kugel) 1964, S. 65, Kat. 79-85, vgl. Nr. 139

Privatbesitz

Der ungewöhnlich große und gut erhaltene Satz von Tafelbesteck aus Vermeil zeichnet sich durch die Verbindung von dem traditionellen Fadenmuster mit einer klassizistischen Muschel aus. Wahrscheinlich sind die zugehörigen Tafelmesser, in deren Vermeilgriff Stahlklingen eingesetzt waren, verlorengegangen und wurden durch Dessertmesser mit silberner Klinge und Perlmuttgriff ersetzt, die jedoch der gleichen Werkstatt entstammen. Die Stücke zeigen die Meistermarke der Witwe (Veuve) Fritz, die zwischen dem Tod ihres Mannes Jean-Frederic Fritz 1771 und vor der Übernahme durch ihren Sohn Jean-Geoffrey Fritz 1789 die Werkstatt führte.

Die Stücke tragen neben der Garantiemarke für 1750-1789 die Jahresmarken für 1782/3. Muscheln in Verbindung mit Fadenmustern kommen seit 1760 auch an Silberarbeiten anderer Straßburger Silberschmiede vor (z.B. Charles-Philippe Kraemer, Jean-Fréderic Buttner).

Vergoldete Tafelbestecke waren nach der Auffassung des 18. Jahrhunderts regierenden Fürsten vorbehalten und gehörten in so großer Serie zur Ausstattung eines größeren Hofes. In Straßburg unterhielten eine Vielzahl von rheinischen reichsunmittelbaren Fürsten, die z.T. Territorien im Königreich Frankreich hatten, Nebenresidenzen, die einen Teil des Jahres bewohnt wurden. Das Monogramm J.K. ist dennoch nicht zu deuten. H.O.

10.1.2

10.1.3

Drei Kandelaber aus dem Tafelservice des Herzogs von Zweibrücken

Jean-Jacques Kirstein

(Straßburg 1733-1816 Straßburg)

und Anton Weishaupt, München

Straßburg, um 1780

bez. auf dem Mittelstück graviert: Zweibrückener Wappen unter Herzogshut; Münchener Beschau, Meister: R^3 3581

Silber getrieben und gegossen, ziseliert

46 cm

Lit.: AK Wittelsbach und Bayern 1980, III/2 Nr. 134

München, Bayerische Schlösserverwaltung, Residenz SK 1979, 1981, 1982

Die Leuchter gehören zu einem großen vielteiligen Service, das durch den Straßburger Silberschmied Kirstein auf Bestellung von Herzog Karl August von Zweibrücken für seine Hofhaltung ausgeführt wurde. Dazu gehören große Suppenterrinen, Deckelschüsseln, Kasserollen, Platten und silberne Teller in großer Zahl. Alle Teile entstanden nach einem eigens gefertigten, einheitlichen Entwurf im sogenannten ›Goût Grec‹, in

Deutschland Zopfstil, mit schweren architektonischen Ornamentmotiven, die aus der antiken Bauplastik hergeleitet waren. Der ›Goût Grec‹ war ein Bildungsstil, der sich auf die Antike als Vorbild bezog und wurde an den deutschen Höfen zur Zeit der Aufklärung gepflegt.
Straßburg hatte eine Mittlerfunktion bei der Produktion frühklassizistischen Silbers und lief für die Fürstenhöfe des Rheinlandes Augsburg als Goldschmiedestadt den Rang ab.
Die Leuchter kamen mit dem Service 1799 nach München und wurden um 1820 durch den Münchner Silberschmied Weishaupt überarbeitet, dabei erhielten sie als Garantiemarken Münchener Beschauzeichen. Der Einheitlichkeit wegen wurde das Zweibrückener Herzogswappen gewahrt oder wiederholt. Im Innern finden sich noch alte gravierte Inventarnummern (SK 1979 mit ›No.3‹, SK 1981 ›No. 5‹, SK 1982 ›No.6‹), die erkennen lassen, daß die dreiarmigen Kandelaber aus einem größeren Sechsersatz stammen. H. O.

10.2.1

10.2
Elemente eines Speisesaales

10.2.1
Ceres und Hebe aus dem Speisesaal von Schloß Karlsberg
Paris, um 1785
Bronze z.T. feuervergoldet
P II 134: 108 x 44 x 37 cm;
P II 135: 110 x 40 x 30 cm
Lit.: Ottomeyer, Amor und Psyche von Martin-Claude-Monot, Fundberichte zur Geschichte eines ungewöhnlichen Ensembles, in: Pantheon 1980, 3, S. 263-9; AK Wittelsbach und Bayern 1980, III/2 Nr. 1166 g
München, Bayerische Schlösserverwaltung, Res. Mü. P II 134-5

Beide Figuren gehörten zum Bildprogramm des Speisesaales eines Schlosses. Sie zeigen die römische Göttin des Feldbaues Ceres und die Mundschenkin der griechischen Götter Hebe. Die Figuren stehen damit in einfacher, sprechender Allegorie für Brot und Wein als den Grundelementen der Tafel. Die beiden Mädchenfiguren sind nach griechischer Art im Chiton gewandet, stehen im starken Kontrapost einander zugewendet und bilden Pendants. Ursprünglich standen diese Figuren im Speisesaal des präsumptiven Erben der Wittelsbacher Territorien Herzog Karl August II. von Zweibrücken, der sie bei seinem Kunstintendanten Christian von Mannlich zur Ausführung in Paris in Auftrag gegeben hatte. Dieser erinnert sich: »Ich hatte in diesem Saal zwei Nischen einbauen lassen, in denen zwei Öfen in Form eines Altars, mit den Statuen der Ceres und Diana als Abschluß, aufgestellt werden sollten. Auf die Frage aus welchem Material ich die Öfen und Statuen anzufertigen gedächte, erwiderte ich »Erstere aus Eisen, letztere aus Ton‹«. »Wisse er mein lieber Mannlich«, sagte zu mir der Fürst, »daß für mich nichts zu gut ist; lasse er mir nach seiner Skizze in Paris die Statuen aus Bronze und die Öfen aus emailliertem Kupfer machen ... «. »Ich ließ also die Öfen und Statuen dem Befehl gemäß ausführen, die heute noch den Salon der Königin schmücken« (C.v. Mannlich, ... Lebenserinnerungen ..., Hrsg. E. Stollreuther, Berlin 1913, 341). Die Figuren wurden von dem Kunstintendanten vor der Zerstörung von Schloß Karlsberg bei Zweibrücken gerettet und kamen 1799 nach München, wo sie 1809 zusammen mit den Öfen im Salon der Königin in den Hofgartenzimmern der Münchner Residenz Aufstellung fanden. 1867 wurden sie von Ludwig II. bei einer Renovierung der Residenz aus den Paraderäumen entfernt und kurz vor der Wittelsbacher-Ausstellung 1980 neu entdeckt.
Zwei Öfen gehörten zur üblichen Ausstattung von Speisesälen des 18. Jahrhunderts, da man bei den langen Essen in der kalten Jahreszeit besonderen Wert auf große Wärme legte. Die Bronzefiguren überhöhen diesen Zweck als Allegorien und erscheinen über den ›brennenden‹ Altären. H. O.

10.2.2
Sechs Polsterstühle
wohl fränkisch, um 1760
Buche auf Nußbaum gebeizt, Einlagen Ahorn, Nußbaum, Zwetschge
46/99 x 46 x 50 cm
M 71/289 a-f

Geschweifte Beine, in geschweift ausgesägte, vorn leicht vorgezogene Zarge übergehend. Trapezförmiger Sitzrahmen mit Polster, ehemals mit Rohrgeflecht unterlegt. Brokatbezug. Den verlängerten hinteren Beinen vorgelegter profilierter Lehnenrahmen mit intarsiertem Mittelblatt und darauf Rocaillen sowie eine gegitterte Bekrönung. H.O.

DINER À DEUX

»Gegen elf Uhr sagte sie, daß sie großen Appetit habe und von mir das gleiche hoffe. Auf ihr Läuten erschien eine sauber gekleidete Frau mittleren Alters, der man die Rechtschaffenheit am Gesicht ansah, deckte einen Tisch für zwei Personen, stellte uns alles, was wir brauchen mochten, in Reichweite und bediente uns. Das Geschirr war aus Sèvres-Porzellan. Das Abendessen bestand aus acht Gerichten; sie standen auf silbernen, mit heißem Wasser gefüllten Untersätzen, welche die Speisen warmhielten. Es war ein köstliches und erlesenes Essen. Der Koch muß ein Franzose sein rief ich aus, und sie bestätigten es mir. Wir tranken nur Burgunder, leerten eine Flasche Champagner und zur Aufmunterung noch eine Flasche Schaumwein. Den Salat bereitete sie selbst zu, ihr Appetit stand dem meinen nicht nach. Sie läutete erst, um den Nachtisch und alles bringen zu lassen was man zum Punsch braucht. Bei allem, was sie tat, konnte ich nicht anders, als ihre Lebensart, ihr Geschick und ihre Anmut zu bewundern ... Mitternacht hatte geschlagen, und die Zeit wurde allmählich kostbar. Wir erhoben uns von der Tafel, und vor dem Kamin begann ich, sie zu bestürmen. Ich sagte, wenn sie schon nicht der Liebe nachgeben wolle, so könne sie doch der Natur ihr Recht nicht verweigern, die nach einem so ergiebigen Abendessen fordere, daß sie sich schlafen lege.« Die Episode aus der ›Geschichte meines Lebens‹ von Giacomo Casanova von 1750 (Bd. 4, 3. Kapitel) nennt alle Stichworte, die ein Abendessen zu zweit als Verführungsstrategie ausmachen.

Über das gemeinsame Mahl kommen sich Frau und Mann näher und setzen sich in gegenseitiges Einvernehmen. Ohne daß Essen und die körperliche Liebe direkt etwas miteinander zu tun haben, wird eine Parallele entworfen. Es geschieht ein gegenseitiges Überprüfen, wie es denn um das Verhältnis zu Leib und Lust beschaffen sei.

Beim Essen kann eine Auflösung von Sitte und Anstand zugunsten physischen Genusses angedeutet oder ganz ausgespielt werden. Das Wohlgefühl durch das Essen und der Rausch durch den Wein heben die Zurückhaltung auf. ›Sine cerere et libero friget Venus‹ war eine in der Barockzeit häufig illustrierte Devise des römischen Dichters Terenz. Es bleibt zu vermuten, daß die sogenannten Aphrodisiaka, Speisen und Gewürze, welche die Geschlechtslust heben sollen, weniger eine klare physikalische Wirkung haben, als in ihrer Absicht als Zeichen erkannt werden. Die Absicht einer Inszenierung wird klar und tut so ihre Wirkung.

In Europa galt die Annahme, daß bestimmte Speisen die Lust steigern: So schreibt man seit dem Altertum Zwiebeln, Sellerie, Lauch und Eiern, dann Artischocken, Austern, Trüffeln, Spargel, Hahnenkämmen und anderem mehr diese Eigenschaft zu. An Gewürzen galten Vanille, Safran, Ingwer, Muskat und Zimt als Anregungsmittel. Wenn die Annahme gilt, daß diese Ingredienzen aphrodisische Wirkung haben, dann waren bestimmte Ragouts des 18. Jahrhunderts, die nahezu alle aufgezählten Bestandteile in konzentrierter Mischung enthielten, ein nachgerade verzweifelter Ausdruck von Lebensgier bei schwindendem Appetit.

›Die fröliche Tischzeit‹, um 1760
Nürnberg, Germanisches Nationalmuseum

Literarische und bildliche Darstellungen von Liebesmahlen zeigen folgende Grundmotive: Im Mittelalter werden die erotischen Mahlzeiten in die gemeinsame Badestube verlegt, aus der die Paare Hand in Hand dann in die benachbarte Schlafkammer spazieren. Chaucer ist eine unerschöpfliche Quelle für ein ›Tête à tête‹ beim Essen. Er schuf den Aphorismus: ›Where there is a mouth there is a tail‹, wovon ›Wo ein Anfang ist, da ist ein Ende‹ mit Abstand die unschuldigste Übersetzung darstellt.

Im 17. und 18. Jahrhundert dominieren die Darstellungen von lockeren Gesellschaften, also dem Zusammensein von mehreren Liebespaaren bei Tisch, mit Andeutungen, wo alles endet. Meist sind die Szenen in Wirtshäusern angesiedelt. Die Geschichte vom verlorenen Sohn, der sein Geld mit schlechten Freunden und leichten Mädchen verpraßt, ist moralischer Vorwand für die lebensvollen Darstellungen.

Erst Ende des 18. Jahrhunderts kommen intimere Szenen auf, die das Liebespaar alleine darstellen. Die Tendenz zur Privatheit, die durch den Rückzug aus der Gesellschaft und das Verbannen des Dienstpersonals aus dem Speisezimmer zustande kommt, manifestiert sich in zahlreichen Geräten und Kleinmöbeln, die eine Bedienung durch Dritte erübrigen. Da ist der ›Dumb-waiter‹, ein Serviertisch mit mehreren Etagen, der so diskret ist wie ein stummer Diener, dann halbhohe Tischchen mit Porzellanplatten oder eingelassenen Kühlgefäßen, um in Reichweite weitere Gänge und Champagnerflaschen bereitzuhalten. Carlin, Topino und Leleu waren die Pariser Ebenisten, die in der Fertigung kostbarer Kleinmöbel exzellierten. Tischglocken und Glockenzüge von Raum zu Raum regelten den Zutritt der Lakaien und schützten vor unliebsamen Überraschungen. Adel und Hochfinanz errichteten zwischen 1770 und 1800 um die europäischen Metropolen ganze Ketten von Pavillons und kleinen Lustschlößchen, um fern jeden Zeremoniells privatesten Lebensfreuden nachzugehen. Die Bildwelt dieser Architekturen verrät alles. Dem Bürgertum blieben eigene, versteckte Räumlichkeiten für solche Eskapaden aus finanziellen Gründen versagt. Was im 17. Jahrhundert sich in den Hinterzimmern der Wirtshäuser abspielte, das verlagert sich im 19. Jahrhundert in die Nebenzimmer der Restaurants. Die ›Chambres separées‹, mit Eßtisch, Stühlen, Glockenzügen und einem Kanapee ausgestattet, wurden die Venustempel, wo sich Essensgenuß und Liebeslust mischten. Das Essen zu zweit als Verführungsstrategie hat seitdem seine lokale Bindung aufgegeben. In der mobilen Gesellschaft ermöglichen Automobil oder Taxi den raschen Wechsel von Tisch zu Bett, ohne daß eine allzu große Ernüchterung auftritt.

Was einmal an Serviermöbeln erfunden wurde, um die Bedienung von der Intimität eines gemeinsamen Essens auszuschließen und Privatheit zu konstruieren, das hat in einem Jahrhundert ohne Trennung in eine genießende und in eine dienende Klasse eine neue, praktische und notwendige Dimension gewonnen. Serviermöbel, Warmhaltevorrichtungen und entsprechende Kühlgefäße sind die letzten Überbleibsel dieser Kultur intimer Tafelfreuden.

H. O.

11.1.1

11.1.1

Liebespaare in einem Wirtshaus

Gabriel Weyer
(Nürnberg 1576-1632 Nürnberg), Stecher
Peter Isselburg (Köln 1580- um 1630)
Nürnberg, 1613
bez. ›Gabr. Wyer Invent. Peter Isselburgh sculps. - B. laymox 1613‹
Kupferstich, 24,5 x 30,6 cm
Lit.: Renger, Lockere Gesellschaft. Zur Ikonographie des verlorenen Sohnes und von Wirtshausszenen der Niederländischen Malerei, Berlin 1970
Nürnberg, Germanisches Nationalmuseum, K. 30132/Kap. 138

Die Szene wird durch die Bildlegende auf die Geschichte vom verlorenen Sohn bezogen. Die Beischrift bezieht sich in Latein und Deutsch auf Venus- und Bacchusfreuden. Das Blatt steht für eine Vielzahl von niederländischen Genrebildern, welche oft unter einem Titel aus der Bibel lockere Szenen aus Wirtszimmern oder Bordellen illustrieren. Der moralisierende Vorwand des Bildes bleibt bei diesen realistischen Darstellungen kaum wahrnehmbar. Nur selten wird das einzelne Liebespaar in einer erotischen Situation geschildert, bei der sich die Freuden der Tafel mit der des Bettes verbinden. Es sind zumeist Gruppen von Paaren, die in ›lockerer Gesellschaft‹ beisammen sind und die verschiedenen Stufen vertraulichen Beisammenseins vor Augen führen.
H. O.

11.1.2

Ein Austernessen zu zweit

Jean Baptiste Bernard Coclers
(Lüttich 1741-1817 Lüttich)
wohl London, 1780
bez. o.r.: B. Coclers f. 1780;
Rückseite: No: B 1
Öl/Lwd, 34,5 x 29,5 cm
Lit.: Thieme-Becker 1912, Bd. 7, S. 151
Deutschland, Privatbesitz

Das Genrebild zeigt eine winterliche Austernmahlzeit vor dem Ofen in der Stube eines Wirtshauses. Die zweite frische Austernplatte ist aufgetragen und wird mit Weißwein, Weißbrot, Pfefferstreuer und Zitrone auf weißen Fayencetellern und Damasttuch serviert. Die Muscheln liegen auf einer Zinnplatte und wurden frisch geöffnet aus der Küche hereingetragen. Das erste Dutzend wird abgetragen. Das aufgeschlagene Bett mit Wärmegefäß hinter der reich gekleideten und hoch frisierten Dame deutet hin auf die erotische Konsequenz, welche Austern als willkommene Wirkung stets zugeschrieben wurde. H. O.

11.1.3

›La Mansarde‹ – die Liebe im Studentenzimmer

Nicolas Eustache Maurin
(Perpignan 1799-1850 Paris)
Paris, um 1830
bez. LA MANSARDE ; Imp. par J. Mayer
Lithographie koloriert, Gummi arabicum überzogen, 23,5 x 30 cm
Lit.: Fuchs, Illustrierte Sittengeschichte vom Mittelalter bis zur Gegenwart, Berlin 1912, S. 282, Abb. 299
Slg. Böhmer im Münchner Stadtmuseum

Nach dem Fall der staatlichen Zensur 1830 entstanden in Paris eine Fülle erotischer Graphiken, die in ganz Europa verbreitet wurden. Maurin war durch seine erzählerische Darstellungskunst einer der gesuchtesten Lithographen und arbeitete für mehrere Pariser Verleger.
Am frühen Abend hat der Student ein Mädchen auf sein Zimmer unters Dach eingeladen. Auf dem Arbeitstisch unter dem Fenster wurden die Bücher beiseite geschoben und der Tisch mit Kuchen, Obst und Champagner gedeckt. Kuchen und Wein waren bereits nach Beschreibungen Casanovas die klassische unkomplizierte Liebesmahlzeit im 18. Jahrhundert. Das Ende der gemeinsamen Mahlzeit ist erreicht. Der Stuhl des Mädchens liegt umgestürzt, und sie sitzt auf dem Schoß ihres Liebhabers, der angeberisch einen Strahl Champagner aus der Flasche in das Zimmer spritzt. Das Bett mit offenem Himmel verweist auf den weiteren Verlauf der geschickt komponierten Bilderzählung.
Andere Exemplare dieses Stiches zeigen die vollständige Legende, die den Künstler identifiziert.
H. O.

11.1.3

II.I.2

11.1.4

11.2 Serviceteile

11.2.1
Teile eines Tafelservices
Entwurf Johann Peter Melchior
(Lindorf 1742-1825 Nymphenburg)
Manufaktur Nymphenburg, um 1810/20,
Ausformung 1. Hälfte 19. Jh.
bez. Preßmarke Rautenschild, bei den Tellern teilweise mit Stern, Ritzzeichen
Porzellan, glasiert mit Goldrand
Terrine 27,5 cm, ø 29 cm; Platte ø 33 cm;
Sauciére 24 cm; Teller ø 23 cm
K 87/19

Die Tafelserviceteile sind mit ihren glatten, gerundeten Formen, die nur durch einfache Profile und Kanten betont sind, charakteristisch für die Geschirrproduktion der Nymphenburger Porzellanmanufaktur zu Anfang des 19. Jahrhunderts. Nur Accessoires wie Deckelknauf und Henkel sind schmückend plastisch gestaltet, bei der Terrine beispielsweise als stilisierter Pinienzapfen bzw. als Henkel aus Rundstäben mit Blattansätzen unten. Während bei Vasen und Kaffegeschirren die glatten Flächen gerne reich mit Malerei überzogen wurden, blieb das Tafelgeschirr meist zurückhaltender geschmückt - häufig wie hier mit breitem Goldstreifen, einem Dekor, den sich sicherlich nicht nur der Adel, sondern auch das gehobene Bürgertum leisten konnte. Die Provenienz dieser Tafelserviceteile ist jedoch bei diesen Stücken unbekannt. Auch eine genaue Datierung ist schwierig, da das Formenrepertoire der Nymphenburger Manufaktur gerade bezüglich des Tafelgeschirrs während der ersten Hälfte des 19. Jh. weitgehend konstant blieb. Einen Anhalt dafür bieten die zwei erhaltenen, mit Umrißzeichnungen versehenen Preisverzeichnisse von 1831 und 1840, in denen die Modelle aufgeführt sind: die »Terrine mit ord.(inären) Henkeln« als die einfachste unter acht verschiedenen Terrinen, hier mit 3 1/2 »Maas Inhalt« in der kleineren von zwei lieferbaren Gößen; die Saucière mit dem Vogelkopfhenkel, in ähnlicher Form auch bei anderen Manufakturen geführt, begegnet als ›Saucier No 1‹, wobei als Alternative eine schiffchenförmige ›Saucier No 2‹ in zwei Größen angeboten wurde; die ›runde Schüssel‹ entspricht der zweitkleinsten von vier verschiedenen Größen. Die Modelle entstanden jedoch sicherlich bereits deutlich früher, die Terrine zumindest wohl schon um 1810 nach Ent-

11.1.4
›Der Hunger kommt beim Essen‹
Franz Teichel (Berlin um 1816 - ? Paris)
Paris, um 1845
bez. ›Le appetit vient en mangeant - Peint par Teichel - 11 - Lith. par Bettanier Frères‹
Lithographie aquarelliert, 33,2 x 25,6 cm (beschnitten)
Slg. Böhmer im Münchner Stadtmuseum

Bildmotive verraten eine Geschichte, die in gehobenem Milieu spielt. Hier besucht ein Herr in Gesellschaftskleidern ein junges Mädchen. Dessertwein, Konfekt und Bisquits bilden das einfache Mahl, über dem sich Zärtlichkeiten entwickeln, was bereits durch den doppeldeutigen Bildtitel angesprochen wird. H. O.

wurf des bis 1822 tätigen Modellmeisters Johann Peter Melchior. Dieser hatte nämlich auf Geheiß der Manufakturleitung neue Geschirrmodelle geschaffen, darunter 1810 nachweislich eine in der Grundform sehr ähnliche Terrine ›mit Schlangenhenkeln‹, die 1831 ebenfalls noch in der Produktion war. Auch die glatte, innen gemuldete Form der Teller und Schüssel geht vom Grundentwurf auf ihn zurück, auch wenn diese hier die in das zweite Jahrhundertviertel zu datierende, im Profil der Tellerunterseite leicht veränderte Form mit ganz niedrigem Standring und nur leicht gebauchtem Schwung aufweisen. Zwei der Teller tragen als Fabrikmarken im Fuß das Rautenschild mit Stern eingepreßt, das allgemein zwischen 1850-1862 datiert wird, die anderen Teile das eingepreßte Rautenschild ohne Stern, wie es in den Jahrzehnten davor üblich war. Da weitere Anhaltspunkte fehlen, muß offen bleiben, ob die Serviceteile aus einem umfangreicheren, immer wieder ergänzten Tafelservice oder aber auch aus verschiedenen Provenienzen stammen. K. G.

11.2.3
Zwei Gabeln
München, 1814
bez. Stadtmarke mit Jahreszahl 14; nicht identifizierte Meistermarke IM
Silber, gegossen, getrieben, gehämmert, graviert, je 21,1 cm
29/657

Auf dem Stielende Gravur: OG (Monogramm des Münchner Apothekers Otto Giesen).

11.2.4
Zwei Löffel
Johann Sigmund Christeiner
(ca. 1776-1831 Augsburg); Vertrieb: Johann Alois Seethaler
(Augsburg 1775-1835 Augsburg)
Augsburg, um 1810
bez. Augsburger Stadtmarke (Seling 281); auf der Laffe Meistermarke SC
(Seling 2650); auf dem Stiel ›Seethaler‹
(Seling 2637)
Silber, getrieben, graviert, je 21,9 cm
29/657

Auf dem Stielende Gravur: OG (Monogramm des Münchner Apothekers Otto Giesen).

11.2.1

1.2.2
Zwei Messer
München, 1815
bez. Stadtmarke mit Jahreszahl 15; nicht identifizierte Meistermarke IM
Silber, gegossen; Stahl, gehämmert
je 23,7 cm
29/657

11.2.5
Schöpfer
Georg Sanctjohanser
(Kirnberg 1778-1852 München)
München, 1818
bez. Münchner Stadtmarke mit Jahreszahl 18 und Meistermarke: G.St.Johans
Silber, gegossen, geschmiedet, 30,5 cm
Lit.: AK Biedermeier, München 1987, Kat. 4.15.16
39/1210

11.2.6
Salzständer
Louis (Ludwig) Wollenweber
(Zweibrücken 1792-1855 München)
München, 1827
bez. Münchner Stadtmarke und Jahreszahl 27, Meisterstempel Louis Wollenweber (R^3 3588)
Silber, gegossen, getrieben, ziseliert
13,4 x 14,2 x 5,9 cm
Lit.: AK Biedermeier, München 1987, Kat. 4.15.27
XIa/79

11.2.7
Champagnergläser
Deutschland, um 1800
farbloses Glas, modelgeblasen, geformt
20,2 cm
69/279, 1-2

Nach den aufwendig geschnittenen und geschliffenen Gläsern des 17. und 18. Jahrhunderts trat mit dem beginnenden 19. Jahrhundert das undekorierte farblose Glas wieder verstärkt in den Vordergrund. Einfache Grundformen – quadratische Standplatte, facettierter Balusterfuß und hoher, oben weit ausschwingender Kelch – fügen sich zu einem Glas zusammen, das allein durch seine Form wirken will. N. G.

11.3.1

11.3.1
Ein Paar Kerzenleuchter
Paris, um 1770
Bronze feuervergoldet, galvanisch nachvergoldet, 27,4 cm, ø 14 cm
Lit.: Ottomeyer, Die Ausstattung der Residenzen König Max I. Josephs, in: AK Wittelsbach und Bayern, III/1, 1980
35/2124, a-b

Die beiden Leuchter im ›Goût grec‹ zeichnen sich durch einen klassizistischen architektonischen Dekor aus, der in Paris um 1755 aufkam und 1775 abklang. Vasen, Rosetten, eingelegte Kanneluren, Godronierung und Flechtbänder sind wie auch hier die charakteristischen Motive. Das Leuchterpaar stammt aus der Münchner Residenz und wurde 1935 vom Stadtmuseum übernommen.
Die meisten Objekte dieser Stilphase entstammen den Sammlungen der Herzöge von Zweibrücken, die in Paris ein Palais besaßen, das durch den Architekten Pierre Patte um 1770 im ›Goût grec‹ neu eingerichtet wurde. H. O.

11.3.2
Kandelaber mit Blütenaufsatz
Jacob Samuel Allgöwer
(Meister 1798; gest. 1809 Augsburg)
Friedrich Jacob Biller
(Augsburg 1447-1810 Augsburg)
Unterteil 1800, Oberteil 1803
bez. Augsburger Beschau und ISA, FJB
Silber, 43,5 cm, ø 30 cm
Lit.: vgl. Seling 2588, 2644; Brückner, Der Blumenstauß als Realie. Gebrauchs- und Bedeutungswandel eines Kunstproduktes aus dem christlichen Kult, in: Medium aevum quotidianum 25, 1992, S. 19-63
München, Galerie Henrich

Einflammige Kerzenhalter ließen sich durch in die Tülle eingesteckte Arme in mehrflammige Kandelaber verwandeln und dienten so dem Lichtluxus einer festlichen, abendlichen Tafel. Der etwas ältere Kerzenhalter mit den abstrakten Formen des Frühklassizismus kann bei diesem Beispiel mit einem dreiarmigen Leuchteraufsatz versehen werden, der durch einen naturalistisch gestalteten Blumenstrauß bekrönt wird. Natürliche Blumen wurden bis weit in das 19. Jahrhundert hinein niemals auf der Tafel verwendet, da sie an die Vergänglichkeit des Lebens erinnerten. Sie wurden vielmehr durch künstliche Nachformungen ersetzt, die als höhere Wirklichkeit galten. Die Metallbearbeitung der Blumen und Blätter ist so angelegt, daß sich das bewegte Licht der Kerzen darin in Lichteffekten reflektiert. Es muß betont werden, wie teuer künstliche Beleuchtung mit Kerzen war. Kerzenlicht wurde in ostentativer Verschwendung eingesetzt und unterschied sich vom billigen, stinkenden Unschlitt- oder Talglicht und nach Qualitäten des Wachses. Erst in der Biedermeierzeit kamen nichttropfende Wachs/Stearinmischungen auf, die als teure Marktprodukte unter den Namen ›Apollo‹ und ›Milli‹ vertrieben wurden.
H. O.

11.3.3
Runder Tisch aus Schloß Landshut
München, um 1800
bez. Etikett: K. Schloss Landshut, Appart: I. E, Zimmer No. 72, Inventar No. 5; Etikett: Kgl. Residenz München, Lit. C, No. 66; Fahrnisnr. d. Residenzmuseums
Kirschbaum massiv (Beine und Leisten) und furniert; Blindholz Kiefer, wohl nachträglich eingefügtes Querbrett vorne Buche, 78 cm, ø 82 cm
Lit.: Ottomeyer, Zopf- und Biedermeiermöbel, München 1991
35/2126

Der vierbeinige Tisch mit runder Zarge und runder polierter Platte ist eine Neuerung des ausgehenden 18. Jahrhunderts. Der Typ stammt aus England und tritt seinen Siegeszug in Europa an. Noch zusätzlich mit Auszügen versehen wird der runde Zargentisch zur am meisten verbreiteten Eßtischform. Der vierbeinige Tisch steht im Biedermeier in Konkurrenz mit Mittelstützentisch mit einem Balusterfuß und setzt sich erst später durch. Das im Münchner Stadtmuseum erhaltene Exemplar stammt aus der Hofhaltung der Wittelsbacher in Landshut. H. O.

11.3.4
Stühle mit eingelegten Messingkanneluren
München, um 1800
Kirschbaum massiv; Eckverstrebungen innen Eiche; Messingeinlagen
83/45 x 42 x 38 cm
Lit.: Ottomeyer 1991, Nr. 49
M 85/43, 1-4

Die Stühle zeigen das gesamte Repertoire abstrakten frühklassizistischen Ornaments. Die eingelegten Messinghohlkehlen sind von den Kanneluren einer Säule abgeleitet. Auffallend ist die Massivholzkonstruktion, die für Möbel dieser frühen Zeit in München charakteristisch ist.

Bereits 1786 veröffentlichte das Journal des Luxus und der Moden (Bertuch/Kraus, Januar, S. 37, T. 111) einen ›englischen Stuhl‹ mit rundem Lehneneinsatz und mit in Messing eingelegten Kanneluren an Beinen und Lehnenrahmen. Der Mahagonistuhl war 1786 von dem Schreiner Holzhauer in Weimar für die Herzoginwitwe gefertigt worden. H. O.

11.3.5
Étagere oder ›Stummer Diener‹
Mainfränkisch, 1807-13
bez. N.102 (schwarzer Pinsel); Etikett: K. Schloss Würzburg/Appart. C/Zimmer No. 6/Inventar No. 6; Etikett mit blauem Perlstab: Würzburg Schl. Invent. 1288; Fahrnisnr. des Residenzmuseums
Kirschbaum massiv (Beine) und furniert; Blindholz Eiche und Fichte,
107 cm, ø 60 cm
Lit.: AK Biedermeier, 1987, Nr. 4.2.4.5; Ottomeyer 1991, Nr. 109; Börsch-Supan, Marmorsaal und blaues Zimmer, so wohnten Fürsten, Berlin 1976; Thornton, Authentic Decor, The Domestic Interior 1620-1920, London 1984
35/2193

Das Beistellmöbel wurde in England als ›dumb waiter‹ im 18. Jahrhundert entwickelt, als »a usefull piece of furniture to serve in some respects in the place of a waiter, whence it is so named« (Sheraton 1803, S. 203).
Das Möbel stammt aus dem Schloß Würzburg und ist in der Ausstattungsphase zu finden, als der Großherzog von Toskana von 1807 bis 1813 das Gebäude bewohnte. Im Würzburger Inventar von 1820 (SV 503, S. 328) wird der Tisch mit seinem Pendant als »Nr. 102, 2 Gueridons von geschliffenem Kirschbaumholz mit 3 Tafeln auf 3 Füßen ruhend« erwähnt, hinzugefügt wurde, daß er unter dem Großherzog von Toskana, d. h. vor 1813 angeschafft und der Wert mit 11 Gulden festgelegt war. Die beiden Möbel standen später im Billard- und Spielzimmer der Kronprinzessin im dritten Stock und wurden, wie der Begriff »gueridon« nahegelegt, zum Aufstellen von Leuchtern benutzt.
Über ihren ursprünglichen Gebrauchswert hinaus, der darin bestand, als Beistelltisch bei der Tafel zu dienen, werden die ›Stummen Diener‹ in den deutschen Schlössern auch zu verschiedenen anderen Zwecken verwendet, etwa um Porzellan und Erinnerungsstücke repräsentativ zur Schau zu stellen. H. O.

1.3.6
Ovales Beistelltischchen aus Schloß Nymphenburg
Wohl Friedrich Gottlob Hoffmann
Leipzig, um 1790
Esche massiv und furniert; Blindholz Eiche, Fichte, Nußbaum; feuervergoldete Beschläge aus gedrücktem Messingblech; gestanztes, punziertes Messingband, handgearbeitete englische Rollen aus Messing
75 x 68,5 x 43,5 cm
Lit.: Ottomeyer 1991, Nr. 82
35/2261

Nahe verwandt ist ein Tischchen mit Blecheinsatz in Schloß Schönbusch bei Aschaffenburg, das ursprünglich aus Schloß Bamberg stammt und von Friedrich Gottlob Hoffmann in Leipzig um 1790 gefertigt wurde. Nach der Abbildung zu urteilen, sind beide Tische darüber hinaus in derselben strähnigen Holzart furniert und tragen die gleichen ovalen Beschläge. In der Schublade befindet sich ein kleines Stück handgeschöpftes Papier mit der Aufschrift ›12 f...‹, vielleicht das erhaltene Preiszettelchen. Zwölf Gulden wäre für die damalige Zeit der angemessene Preis. H. O.

11.3.3

11.3.7
Kommode mit Messingprofilen aus der Münchner Residenz
München, um 1800
bez. G. 135. (rote Ölfarbe); Etikett: A VI/62./880; Etikett: (.) 490; Etikett: Königl. Residenz München, Appart. VI, Zimmer No. 61, Inventar No. 5; Fahrnisnummer des Residenzmuseums
Starkes Kirschbaumfurnier, Blindholz Fichte, Schubladenkanten oben und untern mit aufgesetzten Eichenleisten verstärkt, innen weitere Leisten von einer Reparatur in Eiche und Kirschbaum, Messingbeschläge
85 x 118 x 57 cm
Lit.: Ottomeyer 1991, Nr. 34
35/2120 Tausch Residenzmuseum 1935

Ein Kommodenpaar dieses Typs stand in der Münchner Residenz im Appartement des Prinzen Karl und wird im frühesten Inventar 1815 beschrieben: »2 Commoden von Kirschbaum u. jede mit 2 Schubladen und 2 franz. Schlössern ohne Schilde noch Handgriffe, die Ecken und Ränder oben wie auch die Schubladen mit messingnen Stäben eingelegt. Eine von ihnen hat eine Hosse von grüner Leinwand« (SV 4, S. 274, Vorzimmer).

11.3.8
Zylinderbüro
Süddeutsch, um 1800
bez. 48 und 666 (blaugraugrüne Tempera); Etikett: Aschffb./1217; Etikett: K. SCHLOSS Aschaffenburg, Appart: 11 Etage, Zimmer No. 132, Inventar No. 11; Fahrnisnummer des Residenzmuseums
Kirschbaum furniert, Blindholz Fichte; vordere Rahmenleisten Eiche; außen glatte Messingknöpfe und gedrückte, wohl nicht originale Beschläge; innen feuervergoldete Bronzeknöpfchen, 113 x 113 x 66 cm
Lit.: Ottomeyer 1991, Nr. 18
35/2133

Der Unterbau in der Art einer zweischübigen Kommode ruht auf vier verjüngten Beinen, die durch je zwei umlaufende Bänder gegliedert sind.
Wie die alten Inventarnummern verraten, stand das Zylinderbüro früher im Aschaffenburger Schloß. Es ist einer der insgesamt vier »Schreibsilinder von Kirschbaumholz« aus dem Schloßinventar des Vorbesitzers, Fürstprimas von Dalberg, das 1816 von Kronprinz Ludwig übernommen wurde (SV 269, Inventar v. 1818). H. O.

11.3.9
Bett mit Schwarzlotmalerei
um 1815
bez. Tattenbach (mehrfach mit blauem Stift); 43 (schwarzer zusammengesetzter Schablonenstempel)
Kirschbaum furniert, teilweise schwarz gebeizt; Blindholz Kiefer
100/40 x 107 x 230 cm
Lit.: Ottomeyer, München 1991, Nr. 75.1
35/2242 Tausch Residenzmuseum 1935

Das Bettgestell mit umlaufend glatter Sockelleiste ruht auf Kugelfüßen. Die gleichhohen Wangen sind nach außen geschweift, um den Betthimmel offen zu halten. Das durchlaufende Furnierbild ist vertikal geführt. Front und Wangen tragen ornamentale und figürliche Schwarzlotmalereien, die in querliegende Rauten einbeschrieben sind: auf der Vorderseite den ›Flußgott Nil‹ und ›Abundantia‹, in der Mitte eine Rosette mit Palmettenansätzen; auf den Wangen je zwei Rauten, unten mit Lorbeerkranz, oben mit Groteskenmotiv. Der Möbeltyp, für Madame Récamier 1798 in aufwendiger Form entwickelt, wurde seiner Ähnlichkeit mit einem Boot wegen ›lit bateau‹ genannt und war die verbreitetste Bettenform während des Klassizismus. In Münchner Residenzinventaren heißt der gängige Typ entsprechend ›Schiffbettstatt‹. Wie die Aufschriften der Innenseite vermuten lassen, stand das Bett im Zimmer einer Gräfin Tattenbach, die als Hofdame in einem Wittelsbachischen Schloß wohnte. Das Bett ist bereits in älterer Zeit durch Anstückung der Seitenbretter um etwa zehn Zentimeter verlängert worden. H. O.

11.3.10
Betthimmel
Süddeutsch, um 1815
bez. 2842 (schwarze Schablonennummer)
Kirschbaum furniert; Blindholz Fichte; erneuerter weißer Streifentüll mit Quastenborte; Unterlage grüne Seide
12 x 87 x 57 cm
35/2243 Tausch Residenzmuseum 1935

11.3.11
Empire-Lüster aus dem Schloß Biederstein
Süddeutsch, um 1810
Eisenblech, gefaßt und vergoldet, Glas, 90 cm, ø 40 cm
Lit.: AK Biedermeier, München 1987, Nr. 4.8.4
33/29

Kleiner Kronleuchter, der en miniature das ganze Repertoire seines Typus beinhaltet: den Korb aus geschliffenen Kristallteilen mit seinem Behang, den umlaufenden Reif mit sechs aufgesetzten Kränzen und Armen und einer zweistufigen Bekrönung mit aufragenden Palmetten. H. O.

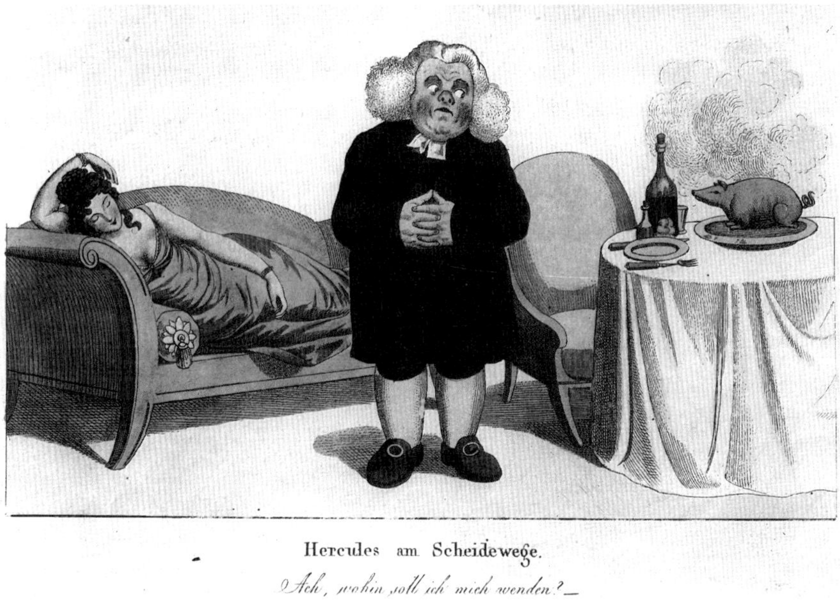

12.1.4

DER EINSAME ESSER

Als Grundtyp menschlichen Fehlverhaltens kommt der einsame Prasser schon in den römischen Komödien und Satiren vor. Karikiert wird hier der gierige Reiche, der niemandem etwas gönnt als sich selbst. So heißt es bei Juvenal: »Kohl müßten sich die Armen kaufen und Feurung, während der Herr Patron des Waldes und des Meeres allerbeste Gaben hinunterschlingt, tafelnd allein im geräumigen Saale. Tische gibts da so viele, so schöne, so breite, so alte, aber verpraßt am einsamen Tisch muß werden das Erbgut. Kein Tischgenosse ist hier zu sehen. Wer möchte auch ertragen derlei schmutziges Schwelgen? Welch ein Schlund, der sich ganze Wildschweine auftischt: Tiere, zur Labung von Gästen geschaffen! Aber die Strafe ereilt dich, sobald du geschwollenen Bauchs den unverdauten Pfau ins Bad trägst und dich da ausziehst. Da trifft den Alten der Schlag und das Testament ist noch nicht fertig. Das gibt neuen und lustigen Stoff für Gespräche beim Mahl, ...« (1, 134-145).

Der Mensch soll gesellig sein und auch gesellig essen. Wenn er sich aus der Eßgemeinschaft absichtsvoll davonstiehlt oder dem gemeinsamen Tisch fernbleibt, um einsam dem Essensgenuß zu frönen, dann handelt er asozial und wird schuldig. Die Todsünde der Völlerei, ›Gula‹, wird als der alleine essende Schlemmer dargestellt. In mittelalterlichen Manuskripten oft auch in Gestalt eines Chinesen, da man aus Reiseberichten wußte, daß der chinesische Kaiser alleine aß und ihm allein an die hundert Schüsseln aufgetragen wurden.

Die Ablehnung des Teilens und die Lust daran, alleine zu essen, erfolgt aus verschiedenen Gründen. Der Esser will ungestört ohne Rücksicht auf Tischgenossen seinem Verlangen nachgehen, er will nicht beobachtet werden, vor allem aber, um sich auf sich selbst, seinen Appetit, seine Lust und seine Gier zu konzentrieren. Die Konventionen und Rituale der Tafel sind aufgehoben, er kann sich gehen lassen.

Der naive Naturalist Sancho Pansa bemerkt dazu: »Hätte ich etwas Gutes zu essen, so würde es mir stehend und für mich ebenso gut und besser schmecken, als wenn ich einem Kaiser zur Seite säße. Und es heißt wohl in Wahrheit, weit besser schmeckt, was ich in meinem Winkelchen verzehre, ohne Komplimente und Reverenz, und wenn es Brot und Zwiebeln wären, als die welschen Hähne vornehmer Tafeln, wo ich gezwungen bin, langsam zu kauen, wenig zu trinken, mir oft den Mund zu wischen, nicht zu niesen noch zu husten, wenn mich die Lust ankommt, noch etwas zu tun, was Alleinsein und Ungebundenheit mit sich bringt.« (Miguel de Cervantes, Don Quijote, 1605/1615)

Was in sensibler empfindenden Zeiten als unanständig galt, wurde im 18. Jahrhundert als komisch empfunden. Burleske Fresser werden als Karikaturen menschlicher Existenz dargestellt, wie sie stehenden Fußes einen

12.1.7

großen Brocken Fleisch verschlingen. Mit Beginn des 19. Jahrhunderts treten einige neue Spezies auf. Zu dem ›Gourmet‹, dem unterscheidenden Feinschmecker, und dem ›Gourmand‹, dem allesvertilgenden Vielfraß, traten Gastronom und Gastrosoph als wissenschaftliche und philosophische Varianten des Essers hinzu, die sich bisweilen nicht vom Verdacht befreien konnten, kultivierte Fresser zu sein. Die klassische Darstellung zeigt den Gourmand alleine am Tisch. Nebentische und Regale füllen statt Büchern Viktualien und Konserven, die aus allen kulinarischen Provinzen versammelt sind. »Der Gourmand ist begierig auf alles, was gut schmeckt, ohne Rücksicht auf die Gesundheit, auf das Maß und die Gesetze der Grazien... Der Gourmet ist bloß lüstern, doch nur nach alledem, was Zunge und Auge anlockt. Aber der Gastrosoph wählt aus dem Garten das Beste, in schönster Form, mit gewissenhafter Rücksicht auf Gesundheit und Schicklichkeit.« (van Vaerst, Reprint 1975, S. 10–11) Bis auf den ›Fresser‹ ißt niemand gerne alleine. Der heutige einsame Esser gönnt sich die Essensmenge zur Beruhigung und Belohnung nach einem anstrengenden Tag, und das entbehrte Gegenüber wird durch Zeitung, Radio, Buch oder Fernseher ersetzt.

H. O.

12.1 Fresser und Prasser

12.1.1

12.1.5

12.1.1
Poltrone als Fresser
Giuseppe Maria Mitelli
(Bologna 1634-1718 Bologna)
Bologna, 1683
bez. unten: ›L'honorato poltron, ... /
Giu. Mitelli g.f.‹
Radierung, 18,8 x 26,9 cm
Nürnberg, Germanisches National-museum, GM K 15964 Kapsel 393

Poltrone, eine beliebte Figur aus der italienischen »Commedia dell'arte«, charakterisiert das Großmaul, das sich zu Hause herumtreibt. Hier verspeist er allein ein Brathuhn. Andere Leckereien sind hinter ihm aufgestellt und aufgehängt. Für sich allein zu essen und dabei Maß und Ziel zu verlieren galt als eine absonderliche, komische Rolle.
Hinzuweisen wäre noch auf das wie eine Pyramide aufgestellte Käsestück, was der im 17. und 18. Jahrhundert üblichen Art entspricht, ein aus dem Käselaib herausgeschnittenes Stück zu servieren (vgl. Kat. 3.1.3). H. O.

12.1.2
›Der Freß-Narr‹
Nürnberg, um 1710
bez. ›Der Freß-Narr. /
Ich pflege meines Bauchs allein. /
Und mäst mich wie ein junges Schwein: ‹
Radierung und Kupferstich,
18,4 x 12,3 cm
Nürnberg, Germanisches National-museum, HB 23790[43] Kapsel

Die Darstellung des Fressers, der eine ganze Lammschulter zum Munde führt und im Hintergrund in synchroner Darstellung der sich erbrechende Überfressene, stammt aus einer größeren Serie von Narrendarstellungen, die Untugenden und Laster drastisch vor Augen führen. H. O.

12.1.3
›Le gourmand‹ – der Vielfraß
Joseph Frh. v. Goez
(Hermannstadt 1754-1815 Regensburg)
Augsburg, 1784
bez. ›Le Gourmand. / se vend à Augsb. dans le Neg. comun de l'Acad. Im d'Empire avec son Priv. avec defense de n'en faire ni vendre des copies / Joh. v. Goez invenit et del. – R. Paris h. et sculp.‹
Kupferstich, 22,3 x 15,2 cm
München, Staatliche Graphische Sammlung, 159916

Der einsame Esser stillt seinen Hunger mit Brot, Würsten und Fleisch im Stehen. Seine Tracht deutet auf einfachen Stand hin. Mit pathetischer Geste wirft er den Kopf zurück und legt die Rechte auf seinen Bauch. Das späte 18. Jahrhundert kennt viele Darstellungen des Gourmands, Vielfraßes oder Fressers, die als populäre Graphiken in Läden und Jahrmärkten vertrieben wurden. Oft ist die Figur dem deutschen ›Hanswurst‹ angenähert. Solche Bilderfindungen wurden häufig kopiert und in Raubdrucken oder Varianten unter die Leute gebracht. Um das Eigentumsrecht zu wahren, hat der Stecher eine lange Legende mitgestochen, mit dem er jegliche Kopien verbietet. H. O.

12.1.4
›Hercules am Scheidewege.
Ach wohin soll ich mich wenden?‹
wohl Johann Michael Voltz
(Nördlingen 1784-1858 Nördlingen)
Nürnberg, um 1810
Radierung aquarelliert, 24,7 x 39,4 cm
Lit.: Reynst, Friedrich Campe und sein Bilderbogen-Verlag, Nürnberg 1962, Nr. 969
Nürnberg, Germanisches Nationalmuseum 18354 Kapsel 1298

Die Karikatur spielt auf den Mythos an, bei dem Herkules als Jüngling in der Einöde zwei Wege vor sich sah. Der eine führte zur Wollust und der andere zur Tugend, die durch Aphrodite und Minerva personifiziert werden (Prokidus und Fabeln Äsops). Der moderne Tugendheld wird hier als Geistlicher dargestellt, der untätig zwischen einer schlafenden Schönen und einem duftenden Spanferkel steht. Die Augen haben jedoch den Blickkontakt zum Spanferkel aufgenommen. Die Karikatur will sagen, daß die Tugend der Geistlichen darin besteht, anderen Verlockungen zu erliegen. In der Typisierung des Geistlichen werden Vorbilder englischer satirischer Blätter zitiert. H. O.

12.1.3

12.1.5
›Der Geschmack‹
Johann Michael Voltz
(Nördlingen 1784-1858 Nördlingen),
Verlag Friedrich Campe
Nürnberg, um 1811
bez. ›Der Geschmack. Nürnberg bei Friedr. Campe / No. 268‹
Radierung, 35,8 x 21,5 cm
Lit.: Reynst 1962, Nr. 268
Nürnberg, Germanisches Nationalmuseum, HB 3630 Kapsel 1298

Das Blatt stammt aus einer Serie der fünf Sinne, die von dem Verleger Campe vertrieben wurde. Nach Art eines deutschen Wirtes gekleidet fühlt der Dicke schon um 9 Uhr morgens einen solchen Grad der Sättigung, daß er vor dem üppigen Gabelfrühstück verzweifelt.
Magd, Hund und Katzen nutzen den Moment, um sich ihren Anteil zu holen. Der Tisch ist mit Suppe, Wein und Braten gedeckt. H. O.

12.1.6
Der ›Gastronom‹ nach dem Essen
um 1805
bez. ›Le Gastronome après dîner – (handschriftlich) chez martinet rue du Coq No. 15‹
Stich, koloriert, 35,5 x 26,5 cm
Slg. Böhmer im Münchner Stadtmuseum

In der groben Manier des englischen Karikaturisten Gillray wird ein Fresser charakterisiert, der nach dem Besuch des weltberühmten Pariser Restaurants Very erschöpft zusammengesunken ist und die Rechnung über seine einsame Mahlzeit über 45 frs. in der Hand hält.
Als ›Gastronom‹ wurde damals nicht der Restaurateur oder Gastwirt bezeichnet, sondern der Feinschmecker, der durch bewußtes und aufmerksames Essen den Gesetzmäßigkeiten des Geschmacks nachspürte.
Der Karikaturist will sagen, daß sich hinter der vorgeblichen Suche nach Regeln doch nur plumpe Völlerei verbirgt. Später wandelte sich der Begriff und wurde auf die wahren Gesetzgeber des Essens, nämlich die Gastwirte, angewendet. H. O.

12.1.7
›Der Nimmersatt‹
Joseph Stöber (Wien 1768-1852 Wien)
nach Matthäus Loder
(Wien 1781-1828 Bad Gastein)
Wien, 1818
bez. ›Essen muß man um zu leben,
Daran kann kein Zweifel seyn,
Aber leben um zu essen
Kann ein Narr von ganz allein. ...
Fresst ihr Nimmersatten! – opfert
Alles für ein einz'ges Loch
Euer Altar ist der Magen,
Euer Priester ist der Koch – ‹
Stahlstich, 21,8 x 15,1 cm
Nürnberg, Germanisches Nationalmuseum, K 22517,18 Kapsel 290

12.1.8
Der gefräßige bayerische Landtagsabgeordnete
Verlag C. Hohfelder
München, 1849
bez. ›No. 1 – Ein Landtagsabgeordneter wie er sein soll? / Eure Rede sey: ja! ja! hm! hm! / Was darüber ist, das ist von Übel / Carricaturen Cabinet.‹
Lithographie, 34 x 27 cm
Lit.: Proebst, München 1968, S. 171, Nr. 1623; AK Biedermeier, München 1987, Nr. 12.5.4.18
P 1623

Die politische Satire zeichnet den bayerischen Landtagsabgeordneten wie er nicht sein soll: bestechlich, gefräßig, konservativ, klerikal, bayerisch-national, protzend und allem zustimmend. Ungesellig hat sich der Fresser in einen Winkel zurückgezogen und über konservativen Zeitungen Teller, Schüsseln, seinen Maßkrug, Rosenkranz und Münzen ausgebreitet. H. O.

12.2 Gerätschaft

12.2.1
Besteck
C. Dangmann / S. Vogeley
Deutschland, 1. Hälfte 19. Jh.
bez. C. Dangmann / G. Vogeley
Silber, geschmiedet, gegossen
Messer 25,4 cm, Gabel 22,4 cm, Löffel 23,6 cm
42/346-48

12.2.1

12.2.2
Dessertgabeln
Georg Sanctjohannser
(Kirnberg 1778-1852 München)
München, um 1818
bez. Münchner Stadtmarke mit Jahreszahl 18; Meistermarke GSt
Silber, geschmiedet, 19,5 cm
40/196, 1-2

12.2.3
Schöpflöffel
Josef Westermayer
(München 1797-1871 München)
München, 1856
bez. Stadtmarke mit Jahreszahl 56 und Meyerhofer
Silber, getrieben, Kelle innen vergoldet
32 cm
39/1198

Zur Markenfrage vgl. Reisebecher im Etui (Kat. 24.1.3)

12.2.4
Tranchierbesteck
Mitte 19. Jh.
Stahl, geschmiedet; Elfenbein geschnitzt
Messer 35,5 cm, Gabel 27,8 cm
58/59

Teile eines 42-teiligen Bestecks

12.2.5
Wasserkaraffe und Wasserglas
Bayerischer Wald, um 1800
Farbloses Glas, mattgraviert, geschliffen
21,2 und 10,7 cm
L 120; L 92

12.2.6
Champagnerkelch
wohl Bayerischer Wald, um 1800
Farbloses Glas, geschnitten und geschliffen
17,2 cm
Lit.: AK Biedermeier, München 1987, Kat. 4.13.5
48/249

Exemplar aus einem Satz von fünf erhaltenen Gläsern. Seit dem Beginn des 19. Jahrhunderts differenzierten sich die noch heute gültigen Glastypen für die verschiedenartigen Weingetränke aus. Die Champagnerspitze hat in dieser Entwicklungsphase ihren Ursprung. N. G.

12.2.7
Freundschaftsglas
Deutschland, um 1820
Farbloses Glas, geschliffen, geschnitten
15,9 cm
57/860

Der ausschwingende Teil der Kuppa wird durch zwei bildliche Darstellungen unterteilt: einem auf einer Wolke dahinfliegenden Genius mit Schreibfeder (Poesie) und einer mit Weinlaub umzogenen Pyramide mit der Aufschrift: AUS/ DANK/ BAR/ KEIT; dazwischen die etwas mühsamen Verse: ›Der Himmel segne Sie mit Glück und Freuden. / Ist unser Wunsch zu allen Zeiten, / Des Schöpfers Güte umstrahle Sie nur immer, / Das (!) wir uns mit Ihren noch ofte freun, dieses Tages Schimmer‹

12.2.8
Teller mit Flechtwerkrelief und durchbrochener Fahne
Steingutmanufaktur Schäftlarn
Schäftlarn bei München, um 1820
bez. Pressmarke: Schäftl.
Steingut, ø 22,2 cm
28/661

12.2.9
Kaffeekanne
Steingutmanufaktur Schäftlarn
Schäftlarn bei München, um 1820
bez. Pressmarke: Schäftl.
Steingut, 16,5 cm
Lit.: AK Biedermeier, München 1987, Kat. 4.12.6, Abb. S. 394
29/392/5

12.2.10
Kännchen
Steingutmanufaktur Schäftlarn
Schäftlarn bei München, um 1820
bez. Pressmarke: Schäftl.
Steingut, 10,8 cm
Lit.: AK Biedermeier, München 1987, Kat. 4.12.6, Abb. 394
29/392/8

12.2.11
Zuckerdose
Steingutmanufaktur Schäftlarn
Schäftlarn bei München, um 1820
bez. Pressmarke: Schäftl.
Steingut, 11,6 cm
29/392/5a

12.2.12
Tasse mit Unterteller mit dem Porträt Max I. Joseph
Steingutmanufaktur Schäftlarn
Schäftlarn bei München, um 1815
bez. Pressmarke: Schäftl.
Steingut, Tasse 6,2 cm
Unterteller ø 12,8 cm
XId/285

Lit. zur Steingutfabrik Schäftlarn: AK Wittelsbach und Bayern III/2, Kat. 964; AK Glanz und Ende der alten Klöster. Säkularisation im bayerischen Oberland 1803, Benediktbeuern 1991, Kat. 230

Die allgemeine Tendenz, nach der Aufhebung der Klöster (1803) die aufgelassenen Gebäude für gewerbliche, seltener auch für kulturelle Zwecke zu nützen, verwirklichte sich exemplarisch im Fall des Prämonstratenserklosters Schäftlarn bei München. Allerdings existieren kaum verläßliche Nachrichten zur Steingutfabrik, die 1817 in Gebäuden des Klosters eingerichtet wurde. Gründer war ein Kgl. Triftverwalter namens von Faber. Die Fabrik trat in Konkurrenz zu der bereits 1794 in Laim bei München gegründeten Steingutmanufaktur, deren Produktion sich nicht wesentlich von der in Schäftlarn unterschied. Insbesondere die braunen Glasuren wurden für beide Fabriken charakteristisch. Daneben wurde Kaffee-, Tee- und Tafelgeschirr mit schlichtem Repräsentationswert mit weißen und cremefarbenen Glasuren und durchbrochenen Dekoren sowie Bildergeschirr mit Umdruckdekoren hergestellt. Das Vorbild englischer Steingutfabriken wurde ebenso wirksam wie etwa das der Steingutfabrik in St. Pölten. 1826 gab es im altbayerischen Gebiet sechs Produktionsstätten für Steingut- und Fayencegeschirr mit mehr als zehn Beschäftigten, zu denen Schäftlarn gehörte. Es entsprach der allgemeinen Entwicklung, daß im ersten Drittel des 19. Jahrhunderts die Steingutfabriken die traditionellen Prozellan- und Fayencemanufakturen in den Hintergrund drängten. Für Schäftlarn ist zu Beginn der dreißiger Jahre die jährliche Lieferung von 3000 Zentnern Tonerde aus Neuburg a.d. Donau bezeugt. Die Existenz der später von Abraham, dann von ›D‹ Wihl geführten Fabrik in Schäftlarn ist bis zum Beginn der 50er Jahre des 19. Jahrhunderts bezeugt. N. G.

12.2.5 12.2.6 12.2.5

12.3 Möbel

12.3.1
Rechteckiger Tisch mit grüner Platte
wohl München, um 1820
Fichte und Kiefer, Platte grün gestrichen, Gestell braun maseriert, 73 x 87 x 51 cm
Lit.: Ottomeyer 1991, Nr. 123
M 81/86 Schenkung Joseph Wurm

Das einfache Gebrauchsmöbel mit verjüngten, leicht geschweiften Vierkantbeinen und einer der Zarge vorgelegten Schubladenfront ist noch original gefaßt. Der grüne Anstrich der Platte erinnert an einen Bezug aus Leder oder gewachstem Leinen, der rotbraune, streifig maserierte Anstrich des Gestells soll dunkles Mahagoni imitieren. Der vierkantige Schubladenknauf ist aus Holz geschnitzt. H.O.

12.3.2
Aufsatzbuffet
Süddeutsch, z.T. um 1800
Fichte mit mehreren übereinanderliegenden Ölfarbanstrichen: weißgrau, weiß, hellgrün, grün
240/90 x 167 x 53 cm
Lit.: Ottomeyer 1991, Nr. 1
66/2430, 1-2

Das Schrankunterteil hat zwei Türen mit eingefalzten, abgetreppten Feldern mit eingezogenen Ecken und darüber zwei glatte Schubkästen. Der Aufsatz mit Eckprofilierung und gestäbten verglasten Fenstern zeigt ein Kranzgesims mit Hohlkehle. Auf dem Deckbrett des unteren Kastens wurde später rechts eine Kaffeemühle festgeschraubt. Unterteil und Aufsatz gehören ursprünglich nicht zusammen, wobei das Oberteil mit seinen überstrichenen Rocaillebeschlägen und den Eckprofilen noch aus dem 18. Jahrhundert stammt. Zu dem Schrank gehören noch weitere Küchenmöbel, die ebenfalls grün gestrichen sind; ihnen fehlen aber jede klassizistischen Gestaltungsmotive, und sie dürften erst später entstanden sein. H. O.

12.3.2

12.3.3
Kommodenpaar aus Schloß Bayreuth
Fränkisch, um 1790-1800
bez. Etikett: K. Schloss Bayern/Appart.: I. Etage/Zimmer No. 12 (und 14) Inventar No. 23 (und unleserl.); Etikett: KGL. Schloss Bayreuth/Lit. E No. 7; Reste von zahlreichen anderen Etiketten;
lt. Leihgabenkat. 1929 Bayreuth, I. Etage, Zimmer 31, Inventar Nr. 43 und 44
Eibe furniert, Fäden Ahorn, Blindholz Kiefer und Fichte, gedrückte, querovale Messingbeschläge, 86 x 110 x 53 cm
35/2210 und 35/2211

Die Schubladenfronten werden durch Adern in drei Felder unterteilt, so daß sich im Furnierbild des mittleren Feldes ein Sterneffekt, in dem der Seiten ein Fischgräteffekt ergibt. Das System der Mittelfelder ist auf die Gestaltung der Deckplatte übertragen und wiederholt sich auch in den Seitenfeldern. Das radiale Furnierbild steht noch in der Tradition des ausgehenden 18. Jahrhunderts. H.O.

12.3.4
Zwei Spiegelblaker
München, um 1800
bez. Etikett, senkrecht beschriftet: P 75/539 und P. 75/540; 17 und 16 (mit Bleistift); lt. Leihgabenkat. MStM v. 1929: A.N.P. 75, Inv. 539 u. 540
Obstbaumholz massiv; Blindholz Kiefer und Fichte, 49 x 38,5 cm
Lit.: Ottomeyer 1991, Nr. 127
35/2136 und 35/2137

Der rechteckige Rahmen mit den eingezogenen Ecken gehört noch dem Zopfstil an. Die Rosettenappliken in den Ecken fehlen. Die Leuchterarme aus gedrehtem und geschmiedetem Messing sind abnehmbar und so ausponderiert, daß sie alleine stehen können. Wie die Bleistiftnummern auf den Rückseiten annehmen lassen, gehörten die beiden Blaker ursprünglich zu einer größeren Serie.
Solche Spiegelblaker hingen als Vierersatz in einem Vorzimmer des großen Speisesaals im Obergeschoß des Küchenbaus von Schloß Nymphenburg. Sie werden erwähnt als »4 Spiegel in Kirschb. Rahmen mit zwei doppelten Armleuchtern« (SV 192, S. 212, Nr. 430). 1821 wurden die älteren Stücke an den Hirschgarten abgegeben und dort im Speisesaal gebraucht. H. O.

12.3.5
Zwei Leuchter
Louis Wollenweber
(Zweibrücken 1792-1855 München)
München, wohl 1825
bez. auf Fußplatte MZ: Louis Wollenweber (kursiv); BZ: Mü. Kindl m. (2)5 (unten)
Silber gegossen, getrieben, punziert und ziseliert, 27,5 cm
Lit.: AK Biedermeier, München 1987, Nr. 4.15.23
39/1195 und 1196

Die Leuchterschäfte ruhen auf einem dreibeinigen Sockel aus Tierklauen.

DIE HÄUSLICHE KAFFEETAFEL

Die wichtigste Tischgesellschaft war über Jahrhunderte das gemeinsame Mittag- oder Abendessen. Im Laufe des 18. Jahrhunderts kam jedoch die Kaffee- oder Teegesellschaft auf, welche im 19. Jahrhundert reguläre Formen annahm und als gesellschaftliche Veranstaltung die Essenseinladung zum großen Teil verdrängte. Dabei gab es gewissermaßen einen ›Tee-Kaffee-Äquator‹, der mitten durch Europa und Deutschland lief, und eine nördliche Hälfte, wo vorwiegend Tee getrunken wurde von einer südlichen Hälfte, wo vorwiegend Kaffee konsumiert wurde, trennte. In München war Kaffee beliebter.

Damenkränzchen am Kaffeetisch, aus: Johann Rottenhöfer, Der elegante Kaffee- und Teetisch, München 1864

Eingesetzt hatte der Genuß der sogenannten Kolonialgetränke im 17. Jahrhundert und entwickelte sich gegen 1760 als privates Vergnügen des Adels und gehobenen Bürgertums. Kaffee, Tee und Schokolade ersetzten mit einem kleinen Gebäckstück, dem Hörnchen, Kipferl oder Croissant, die bis dahin übliche Morgensuppe als die erste Mahlzeit am Tag. Dieses Frühstück war keine gemeinschaftliche Mahlzeit, sondern wurde alleine eingenommen.

Bei Kaffee und Tee am Nachmittag oder frühen Abend wurde der Rahmen etwas erweitert. Man genoß den Kaffee mit Freunden oder mit Familienmitgliedern. Der Kreis wurde immer größer, was sich z.B. am Format der Kannen

Eine Teegesellschaft,
aus: Johann Rottenhöfer, Der elegante Kaffee- und Teetisch, München 1864

ablesen läßt oder auch an den immer umfangreicheren Kaffee- und Teeservicen, die aus Silber hergestellt oder bei den Porzellanmanufakturen bestellt wurden.

Bei der wirtschaftlichen Not in Deutschland nach dem Ende des siebenjährigen Krieges 1763, während der französischen Revolutions- und Koalitionskriege 1792–1807 und der napoleonischen Kriege bis 1814 kamen in weiten Kreisen Formen des Tafelluxus oder aufwendige Einladungen aus Gründen der Sparsamkeit kaum mehr vor und blieben auf die großen Jahresfeste und Familienfeiern beschränkt.

Ersatz bot die Kaffee- oder Teegesellschaft, zu der sich Familie, Freunde und Gäste zusammenfanden. Selbst in ehemals üppig repräsentierenden Kreisen setzte sich die Kaffeegesellschaft als übliche Form der gesellschaftlichen Einladung durch, und statt einer aufwendigen Speisenfolge gab es zu den anregenden heißen Getränken nichts als ein Butterbrot.

Entsprechend dieser neuen Kultur der Schlichtheit und Sparsamkeit während des Empire und Biedermeier entstand eine große Zahl von neuen Möbeltypen und Tischgeräten, die oft ihren fernen Ursprung in englischen Typen haben, wo Tagesgesellschaften und Teegeschirr bereits um die Mitte des 18. Jahrhunderts größere Verbreitung gefunden hatten.

Das Zentrum der neuen Rituale ist der große runde Zargentisch über einem mittleren Fuß, der aus der Mitte des Raumes an ein Kanapee gezogen wurde. Dieses Polstermöbel ist der vornehmste Platz und blieb als Ehrenplatz den Personen mit dem höchsten gesellschaftlichen Rang reserviert.

Während im Biedermeier die Kaffee- und Teegesellschaft noch eine gemischte Gesellschaft von Familienmitgliedern und Freunden war, findet in der frühen Gründerzeit die Trennung der Geschlechter statt. Die Herrenabende und Herrenfrühstücke finden ihre Antwort in Damenkränzchen und Damengesellschaften, die sich um den Kaffee- und Teetisch versammelten.

H. O.

13.1.1
Die Kaffeetrinkerin
Peter Jakob Horemans
(Antwerpen 1700-1776 München)
München, 1770
bez. l.u.: Petrus Horemans 1770
Öl/Lwd, 42,5 x 54 cm
Lit.: AK P.J. Horemans München 1974, Nr. 94 (ohne Abb.)
München, Bayerische Staatsgemäldesammlungen, 2945

Darstellungen kaffeetrinkender Gesellschaften waren im 18. Jh. üblich, und auch in Bildnisdarstellungen ist das Motiv des Kaffeetrinkens zumal bei P. J. Horemans durchaus geläufig (vgl. Kat. 13.1.2).
Ob es sich bei dem vorliegenden Bild allerdings um ein Portrait handelt, darf man bezweifeln. Eher möchte man es als ein Sittenbild mit stillebenhaften Motiven bezeichnen. Allerdings weisen Seidenmantel und offene Tür über das rein Stillebenhafte hinaus. Sie bringen eine moralisierende Aussage in die Darstellung, die etwa lautet: Der Kaffee wird die Frau verleiten, das Haus zu verlassen – dafür steht die offene Tür – und ihr luxuriöses Getränk in Gesellschaft anderer Frauen zu sich zu nehmen. Der über den Tisch geworfene Mantel besagt außerdem: Für die Kaffeevisite genügt nicht mehr ein einfacher Woll- oder Kattunmantel, er muß aus Atlasseide sein. Kritik am Kaffeegenuß hat J. G. Krünitz in seiner Encyclopädie 1789, Bd. 32 mehrfach in Worte gefaßt, die wie der Begleittext zu dem vorliegenden Bild klingen: »Die ehemalige häusliche Arbeitsamkeit muß unstreitig bei häufigen Kaffeebesuchen sehr leiden. Es versteht sich nicht allein von selbst, daß weder Herr noch Frau im Hauswesen etwas vornehmen können, wenn sie am Kaffeetische Besuch haben oder geben, sondern auch die Magd, welche die Visitenstuben reinigen, auch wohl heizen, den Kaffee bereiten, in anständiger Kleidung aufsetzen, wegnehmen, auf die Fremden warten und zu fernern Diensten bereit sein muß, kann diesen Nachmittag sonst keine Hausarbeit verrichten« (S. 201). »Warum schreiet der Säugling und lärmen seine Geschwister die ganze Nachbarschaft voll? Warum lernen diese Knaben zuhause nichts, und warum haben

jene Mädchen verdächtigen Zuspruch? Vater und Mutter trinken anderwo Kaffee. Vor Zeiten war es nicht so« (S. 202).
M. M.

13.1.2
Zwei Damen beim Kaffee
Peter Jacob Horemans
(Antwerpen 1700-1776 München)
München, 1772
bez. r.u.: Petrus Horemans/ 1772
Öl/Lwd, 41,6 cm x 51,8 cm
Gm 80/9 Ankauf Kunsthaus Lempertz

Die ›Damen beim Kaffee‹ des Petrus Horemans gehören einem Themenkreis an, der erst im 18. Jahrhundert Eintritt in die Genremalerei fand; war doch der Kaffee selbst – wie übrigens auch Tee und Schokolade – erst gegen Ende des 17. Jahrhunderts über Marseille und Venedig auf den europäischen Markt gekommen. Das ›levantinische Getränk‹ fand rasch Anhängerschaft. Ein Zeitzeuge, Johann Georg Krünitz, erläutert ausführlich Vorzüge und Schädlichkeit des Kaffeetrinkens in seiner Enzyklopädie von 1789: »Der Kaffee macht munter und vertreibt den Schlaf; in dieser Absicht würde er also in manchen Fällen als ein nützliches Mittel besonders bei fetten, trägen schläfrigen und phlegmatischen Personen zu gebrauchen sein« (S. 186). Andererseits stimmt laut Krünitz die Ärzteschaft darin überein, »daß der Kaffee melancholischen, hypochondrischen und hysterischen Personen überhaupt schädlich sei«. Es sollten daher »viele Frauenzimmer sich diesen ihren Lieblingstrank nicht gar zu gut schmecken lassen« (S. 187). Trotz einer Vielzahl von ›Traktaten wider die Kaffeeseuche‹, trotz Staatsmonopolen und enormer Preissteigerung war der Siegeszug des Kaffees nicht mehr aufzuhalten.
Zunächst an den Fürstenhöfen verbreitet, drang die Sitte des Morgenkaffees und des Mokkas nach Tisch mit Vehemenz in die Privathaushalte ein. Unter den wohlhabenden Bürgern gehörte es bald zum guten Ton, Kaffeegesellschaften zu geben oder zu besuchen. Die ›Kaffeevisite‹ wurde zur geselligen Einrichtung und war im Leben der Frauen eine nicht zu unterschätzende Neuerung. Der Besuch der Kaffeehäuser war den Männern vorbehalten, Sache der Frau war es nach wie vor, die Häuslichkeit in jeder Hinsicht zu pflegen und innerhalb der Familie ein zurückgezogenes, nutzbringendes Leben zu führen. Krünitz (S. 200 ff.) beklagt den nun einsetzenden Müßiggang im Leben der Frauen sowie den neuen Geld- und Zeitaufwand. Wer auf sich hielt, ließ die Wohnung um die ›Besucherstube‹, den Hausstand um das Kaffeegeschirr aus Porzellan erweitern. Ebenso spielte die sog. ›bessere Kleidung‹ eine zunehmende Rolle, die schließlich zu den bekannten Auswüchsen der Mode in den 90er Jahren des Jahrhunderts führte. Der Kaffeetisch wurde in den Augen der Moralisten zum Treffpunkt, aber auch Umschlagplatz für alle möglichen Luxusmoden und Bedürfnisse.

13.1.2

Die vorliegende Darstellung von Petrus Horemans zeigt eine solche Kaffeestunde, abgehalten zwischen zwei kostbar à la mode gekleideten und frisierten Damen. Der Tisch ist mit changierender Atlasseide aufs vornehmste gedeckt, die Gastgeberin hält die silberne Kaffeekanne am hölzernen Griff, die Freundin reicht die mit Kaffee gefüllte Untertasse und weist das leere Schälchen aus edlem Porzellan dem Betrachter. Die silberne Platte mit Zuckerstreudose und Etagère, darauf Konfekt, vervollständigen das kostbare Zubehör (eine Milchkanne fehlt). Das zweimanualige Cembalo mit aufgeschlagenen Noten sowie die teilweise verglaste Doppeltür im Hintergrund runden das vornehme Ambiente der Szene ab. M. M.

13.1.3a
Familienbildnis der Familie von Obwexer
Johann Jakob Mettenleiter
(Großkuchen 1750-1825 St. Petersburg)
1781
bez. auf der Kante des runden Tisches: Jacob Mettenleiter p.
Öl/Lwd, 95 x 127 cm
Gm 84/9 Ankauf Parcus-Kannengießer, München

13.1.3b
Familienbildnis der Familie Obwexer
Johann Jakob Mettenleiter
(Großkuchen 1750-1825 St. Petersburg)
1781
bez. am Fensterrahmen u.: Jacob Mettenleiter p. 1781
Öl/Lwd, 95 x 126,5 cm
Lit.: Zorn, Josef Anton und Peter Paul Obwexer, in: Bilder aus dem Bayerischen Schwaben V, München 1956, S. 270-280.
Gm 83/6 Ankauf Fam. Parcus, München

Die im Sinne von Gegenstücken konzipierten beiden Familienbildnisse sind in der zeitgenössischen Literatur als »2 Konversationsstücke mit den Bildnissen der von Obwexerischen Familien zu Augsburg« überliefert. (Johann Georg Meusel, Teutsches Künstlerlexikon oder Verzeichnisse der jetztlebenden Teutschen Künstler, Lemgo 1809, II. Bd., S. 44 ff. sowie Felix Joseph Lipowsky, Baierisches Künstlerlexikon, München 1810, Bd. I, S. 205.) Die Bilder stellen die Familie der beiden Söhne von Johann Obwexer (Klausen um 1700-1766 Augsburg), Josef Anton (1730-1795) und Peter Paul (1739-1812) dar. Sie waren die Inhaber der Augsburger Handelsfirma

13.1.3b

›Joh. Obwexer sel. Söhne‹, die mit der Herstellung und dem Export von Baumwollkattun erfolgreich wurde. Ihres unternehmerischen Erfolges wegen wurden die Brüder 1778 in den Reichsritterstand erhoben. Allerdings währte der Erfolg der Handelsfirma danach nicht mehr lange: 1787 mußte Konkurs angemeldet werden. Die Nobilitierung mag Anlaß für die Entstehung unserer 1781 datierten Familienbilder gewesen sein.
Sie zeigen jeweils eine figurenreiche Komposition in einem Innenraum, der die Zeichen des Wohlstandes trägt: Wandverkleidung mit gemusterter Tapete und vertäfelter Sockelzone, intarsierter Holzfußboden und venezianischer Lüster etc. Im Zentrum eines jeden Zimmers stehen ein runder oder eckiger Tisch, um den sich die Dargestellten in lockerer Anordnung gruppieren. Auf jedem Bild öffnet sich das Fenster in eine angedeutete Baumlandschaft: das Familientreffen findet in entspannter Atmosphäre auf einem Gartengut außerhalb der Stadtmauern statt.
Der Genuß von Kaffee, Tee und Wein dient der Erhöhung des Lebensgefühls und wird in der Darstellung als Angelegenheit großbürgerlichen Prestiges aufgefaßt. Als Geschäftsleute, die zeitweise in engsten Handelsverbindungen mit Amsterdam und darüber hinaus mit den holländischen Kolonien in Westindien (insbesondere Curaçao) standen, konnten die Brüder Obwexer leicht Kaffee importieren. Kaffee, Tee und Wein gelten als Attribute des Wohlstandes. Diesen herauszustreichen, war die Aufgabe des Malers. Nichts im Bild deutet auf Arbeit oder Kontor hin, auf die Grundlage für den gehobenen Lebensstil der Familie. Die detailfreudige Darstellungsweise, der Sinnbildlichkeit fremd ist, entspricht der realiter angestrebten Daseinsform der bürgerlichen Großfamilie, die ihr Vorbild in der Aristokratie sieht. M. M.

13.1.4
›Eine moderne junge Frau von München‹
Albrecht Adam
(Nördlingen 1786-1862 München)
nach einem Entwurf von Carl August von Lebschée
(Schmuggel 1800-1877 München)
München, ohne Jahr (1825/26)
bez. München bey Hermann u. Barth
Lithographie, koloriert, 38,5 x 27 cm
Lit.: AK Biedermeier 1987, Nr. 7.4.9
29/251

Die Lithographie der Münchner Bürgersfrau am Kaffeetisch geht auf eine Zeichnung von Carl August von Lebschée zurück. Das von Albrecht Adam lithographierte Blatt erschien sowohl als Einzelblatt, wie als 37. Blatt in Felix von Lipowskys Mappenwerk ›Sammlung bayerischer National-Costüme‹. Die zweisprachige Bildunterschrift lautet: ›Eine moderne junge Frau von München. Une jeune femme de la Classe bourgoise d'aprésent à Munic‹. Lipowsky ging es in seiner Sammlung ausschließlich um die Dokumentation der unterschiedlichen Trachten und Moden. Er vermerkt zu der Darstellung folgendes: »Eine Bürgers-Frau, modern gekleidet, sitzt behaglich auf einem Canapé, Sofa von den Türken genannt, und trinkt Café. Silberne Kannen und ein Zuckergefäß, zierlich nach dem neuesten Geschmacke verfertiget, stehen auf einem Tische, und ein Schwall liegt nachläßig neben ihr, um, wenn die Herrin in Geschäften das Haus verläßt, sogleich ihren Hals und Busen zu bedecken.

Des Zimmers Einrichtung, so wie das Benehmen dieser Frau verrathen Anstand, Geschmack und Reinlichkeit, und ein auf ihrem Schoose ruhendes Buch, das in der so beliebten Miniatür-Ausgabe, vermuthlich einen Roman des Britten Walter Scott in deutscher Uebersetzung enthält, zeigt von ihrer Belesenheit, zeigt, daß sie in einer höhern Töchterschule gebildet worden, auch gute Augen habe, indem Sie, um den kleinen Druck zu lesen, der Brille nicht bedarf.

So sind sie jetzt; aber ober dem Haupte der schönen Bürgerin hängt ein altes Gemälde, andeutend, wie sie einst gewesen, und darstellend einen Fleischer (Metzger) mit seiner Gattin im bürgerlichen Kostüme des XV. Jahrhunderts, deren Seite das Bild der Treue und Wachsamkeit, ein Hund, zu sehen ist.« S. B.

13.1.5

Geburtstagskaffee des Josef Westermayer und seiner Familie

Anonym (Pankraz Koerle?)
(München 1823-1875 München)
1847
Öl/Lwd, 106 x 87 cm
Lit.: AK Biedermeier, München 1987, Nr. 5.2.31
52/86

Dargestellt sind der Silberarbeiter Josef Westermayer (München 1797-1871 München) und seine Frau Maria Theresia (geb. 1803) sowie deren Kinder Ludwig (1833-1890), Maria Barbara (geb. 1835), Josef (geb. 1836), Bartholomäus (1839-1858), Friedrich (geb. 1841), Otto (geb. 1842) und Klara (geb. 1844). Maria Theresia war die Tochter des Münchner Uhrmachers Josef Minutti, von dem das Münchner Stadtmuseum mehrere Pendulen und eine Wanduhr besitzt (vgl. AK Biedermeier 1987, S. 376). ›Minutti‹ war übrigens nicht das Pseudonym des Bartholomäus Maierhofer, wie anläßlich der Erstveröffentlichung des Bildes 1987 (Nr. 5.2.31) geschrieben wurde (frdl. Hinweis Mathias Klein). Maierhofer war Stiefvater des Josef Westermayer (sen.) und hat diesem 1831 seine Silberarbeitergerichtigkeit überlassen. Maierhofer (gest. 1841) vererbt dem Stiefsohn auch das Haus Thiereckgasse 2, das hinfort von der kinderreichen Familie Westermayer bewohnt wird.

Frau und Kinder scharen sich wohlgeordnet um den Familienvater, dessen Geburtstag (am 29. Dezember 1847) offensichtlich gefeiert wird. Im pelzverbrämten Hausrock nimmt der Jubilar die Glückwünsche entgegen, und die älteste Tochter spricht wohl eben ein Gedicht, ehe sie dem Vater das blumengeschmückte Geschenk überreicht. Haben alle Kinder gratuliert, wird man sich an den vom rechten Bildrand angeschnittenen Kaffeetisch setzen. Das mit Golddekor versehene Geschirr, der mit Puderzucker gestäubte Gugelhupf und die Blumensträuße weisen darauf hin, daß es sich nicht um eine gewöhnliche, sondern um eine festliche familiäre Kaffeetafel handelt. M. M.

13.1.4

13.1.5

13.2.1

Kaffeeservice

Entwurf Johann Peter Melchior
(Lindorf 1742-1825 Nymphenburg)
Manufaktur Nymphenburg, um 1810,
Ausformung um 1825
Porzellan, mattblaue Glasur, Goldrand
Kaffeekanne 25 cm, Milchgießer 20 cm,
Zuckerdose 17 cm, Tasse 8 cm,
Unterteller ø 13 cm
x d/188

Der Gegensatz zwischen dem mattblauen Fond an den Gefäßkörpern und der polierten Vergoldung an allen übrigen Teilen der Gefäße, bei denen das Weiß des Porzellans nur noch an den Unterseiten der Unterteller zum Vorschein tritt, macht den Reiz dieses eleganten und kostbaren Services aus. Es ist wegen dieses Dekors um 1825 zu datieren. Die Modelle zu den Kannen und der Zuckerdose entstanden hingegen bereits früher, um 1810, sind sie doch in den seit 1812 erhaltenen Abrechnungsbüchern der Manufaktur vom ersten Jahrgang an als Zuckerdose, Kaffee- und Milchkanne »antik C« verzeichnet. Geschaffen hat sie der 1797 in die Manufaktur eingetretene Modellmeister Johann Peter Melchior, der bei seinem Dienstantritt die Weisung erhielt, »vor allem geschmackvolle Modelle nach modernem Gusto« zu entwerfen. Da die Mode damals von Frankreich diktiert wurde, bedeutete das, daß er sich an französischen Vorbildern mit ihren glatten, eleganten Formen orientieren sollte, die ihrerseits antike Einflüsse verarbeiteten. Tatsächlich sind die Modelle dieses Services nicht neu, eiförmige Kannen mit Vogelkopfausgüssen, Henkel mit Palmettenenden oder Dosen in Form von Urnen finden sich auch bei anderen Manufakturen. Doch entsprachen sie so sehr dem Geschmack der Zeit, daß sie in Nymphenburg sehr häufig ausgeformt und verkauft werden konnten. Dabei war dieses Kaffeeservice ›antik C‹ innerhalb des Nymphenburger Sortiments sicherlich vor allem für gehobene Ansprüche gedacht, die erhaltenen Ausformungen sind meist reich dekoriert oder zumindest an Rändern und Kanten vergoldet. Zudem kosteten zwei andere Modelle der Manufaktur, das Modell ›ordinär‹ und das Modell ›antik A‹, beide mit annähernd zylindrischen Grundformen, weniger als die Hälfte. Je nach Umfang des Services wurden die Gefäße in verschiedenen Größen geliefert, die Kaffeekanne und die Zuckerdose in fünf, die Milchkanne in drei verschiedenen sog. ›Sorten‹. Für die Tassen dazu wurde meist eines von drei Modellen gewählt, niedrige Schalen, hohe Becher oder, wie hier, niedrige Becher mit über den Lippenrand gezogenen Henkel mit Maskeron-Ansatz unten. Dieses Modell ist in datierten Ausformungen von 1819 und von 1830 bekannt, scheint aber 1831 aus dem Repertoire der Manufaktur genommen worden zu sein, da es in dem in diesem Jahr erschienenen bebilderten Preiscourant nicht mehr aufgeführt ist. Die Modelle der Kannen und Zuckerdosen ›antik C‹ scheinen hingegen ein Dauererfolg gewesen zu sein: sie blieben noch bis fast zur Mitte des Jahrhunderts im Programm der Manufaktur. Erst der Ende 1847 angetretene Inspektor Eugen Napoleon Neureuther, der einen barock-historistischen Stil bevorzugte, nahm sie aus der Produktion. K. G.

13.2.2
Sechs Kaffeelöffel
Louis (Ludwig) Wollenweber
(Zweibrücken 1792-1855 München)
München, 1824
bez. Stadtmarke Münchner Kindl und Jahreszahl 24; Meisterstempel ›Wollenweber‹ (kursiv) R[3] 3588
Silber, gegossen, vergoldet, graviert, 16 cm
Lit.: AK Biedermeier, München 1987, Kat. 4.15.18
39/1009

Auf der Vorderseite des Stiels Gravur: gRK, aus einem Satz von 12 im Münchner Stadtmuseum befindlichen Löffeln.

13.2.2

13.2.3
Konfitürenbehälter mit sechs Löffeln
Bartholomäus Maierhofer
(Obersimbach 1773-1840 München)
München, 1825/26
bez. Meistermarke BM, Münchner Stadtmarke mit Jahreszahl 25 (auf den Löffeln) bzw. 26 (auf der Zarge)
Silber, getrieben, gegossen, punziert, ziseliert; Kristallglas, 18 cm, ø 12,5 cm
Lit.: AK Biedermeier, München 1987, Kat. 4.15.7
XIa/83

Die um den Rand des Konfitürengefäßes angebrachten Halterungen, in die die Löffel mit abwärtsweisendem Stiel eingesteckt werden, sind für die doppelte Anzahl von Löffeln vorgesehen. Nach französischem Vorbild wurde die Konfitüre gemeinschaftlich aus dem Behälter gelöffelt.

13.2.3

13.2.4
Zuckerstreulöffel
Louis (Ludwig) Wollenweber
(Zweibrücken 1792-1855 München)
München, 1823
bez. Stadtmarke Münchner Kindl und Jahreszahl 23, Meisterstempel Wollenweber, (kursiv) R[3] 3588
Silber, gegossen, ausgestanzt, vergoldet
22,6 cm
Lit.: AK Biedermeier, München 1987, Kat. 4.15.21
39/999

13.3 Kanapee und Kaffeetisch

13.3.1
Kaffeetisch aus der Münchner Residenz
München, vor 1815
bez. Etikett: Königl. Resid. München. Appart. VI, Zimmer No. 39, Inventar No. 41; Lt CN 41 und A VI, 34, 474 (Bleistift); Fahrnisnummer des Residenzmuseums
Mahagoni furniert; Einlagen und geschwärzte Profile aus Ahorn; Blindholz Fichte; untere Platte in Kiefer; Holme in Eiche; Schwarzfirnismalerei; Platte beschliffen; Ornamente vergröbernd nachgezogen
81 cm, ø 135 cm
35/2139, Tausch Residenzmuseum 1935

1815 wird ein solcher Tisch im Residenzinventar vermerkt als »1 Kaffeetisch von Mahagoni H. steht auf 3 Füß mit vorspringenden Sockeln, in der Mitte eine Säule in Form eines Gueridons mit 3 runden Blättern mit vorspringenden Stäben«. Mit dem letzten Satz ist der Balusterschaft mit seinen drei horizontalen Profilscheiben gemeint. Das Möbel stand im Salon der Prinzessin Auguste Amalie (SV 4, S. 156).
H. O.

13.3.2
Sitzgarnitur aus Schloß Nymphenburg
Wohl Hofschreinerei Daniel
München, um 1815
bez. 1237 (Schablonennummer Nymphenburg); Etikett: K. Schloss Nymphenburg, Südlicher Pavillon, App. IV, Zimmer No. 31, Inventar No. 16, (17), 18-21; Etikett: K. Schloss Nymphenburg,
Lit.: A,Nr. 32, Fahrnisnummer des Residenzmuseums
Kirschbaum massiv und furniert, teilweise geschwärzt, Blindholz Buche, Schwarzfirnismalerei
Polsterstühle 88,5/48 x 43 x 41 cm,
Kanapee 93/46 x 150 x 47 cm
Lit.: Ottomeyer 1991, Nr. 61-2
35/2233-36, 35/2280 und 35/2281

Die Ausführung ist wohl der Hofschreinerei Daniel zuzuschreiben, die zahlreiche Möbel für Schloß Nymphenburg lieferte. Es gibt keine klaren Kriterien, die es erlauben, Stühle und Kanapee als Garnitur anzusehen, jedoch lassen die gemeinsamen Inventarnummern erkennen, daß die Stücke schon seit Mitte des 19. Jahrhunderts zusammen standen und als Ensemble gebraucht wurden. Der neuere rosafarbene Seidendamast, mit dem die Möbel bezogen sind, verstärkt den Eindruck der Zusammengehörigkeit.
Im Biedermeier war es üblich, das Kanapee als Sitzmöbel bei Tische zu gebrauchen. Dies gilt nicht bloß für die gemeinsame Kaffeetafel, sondern auch für größere Essen, bei denen Hausherr und Hausfrau auf dem Polstermöbel am runden Tische sitzen.
H.O.

13.3.3
Zwei Polsterstühle mit Voluten
Süddeutsch, um 1820-30
Nußbaum massiv und furniert, Nußbaummaser furniert, Blindholz Fichte
91,5/45 x 41,5 x 40 cm
Lit.: Ottomeyer 1991, Nr. 68
69/975, 4-5

Der unten und oben in der Mitte eingezogene, geschwungene Lehnenrahmen ist durch dunkler intarsierte Voluten mit schwarzen, gewellten Schattenlinien, die sich mit ihren unteren Endigungen aus der Rahmenkontur lösen, plastisch interpretiert. Im unteren Bereich wird die Lehne durch einen geschwärzten Rundstab stabilisiert. Klassizistische Motive kommen bei dieser völlig freien Komposition nicht mehr vor.
H.O.

13.3.4
Lüster aus dem Prinz-Karl-Palais
München, nach 1800
Holz, blattvergoldet, Eisenmontierung mit Schaft, 50 cm, ø 95 cm
Lit.: AK Biedermeier, München 1987, Nr. 4.8.7
48/66

13.3.1

14.2.4 Die Münchner ›Mittwochsgesellschaft‹

DIPLOMATENESSEN *und der Service à la Russe*

Zur Zeit des Consulats und Empire 1798–1814 vollzog sich in Europa eine Revolution der Tafelsitten. Es setzte sich eine neue Form des Servierens durch, welche nachhaltig alle anderen Formen, Speisen aufzutragen, überformte und schließlich verdrängte. Die Dekoration der Tischmitte erfuhr eine entscheidende Änderung. Ursprung der Änderung war Rußland. Hier wurden nach orientalischem Brauch die verschiedenen Speisen nicht zugleich und nebeneinander aufgesetzt, sondern eine nach der anderen aufgetragen. Das Fleisch war dabei bereits in Scheiben geschnitten und mit der Garnitur, Sauce und den Beilagen auf dem Teller angerichtet. Diese bequeme und effektive Art zu Essen hatte entscheidende Vorteile, welche dem ›Service à la russe‹ zum Durchbruch verhalfen. Heute ist er zur wichtigsten Servierform durch Bedienung geworden, während bei häuslichen Essen noch Formen des französischen und englischen Servierens vorkommen.

Der ›Service à la russe‹ wurde vom Haushofmeister eines russischen Gesandten in Frankreich am Ende des 18. Jahrhunderts eingeführt und fand in Paris zuerst Anklang und Verbreitung. Bei dieser neuen Serviceform standen keine Schaugerichte mehr auf dem Tisch, die Tischmitte blieb funktional leer. Daher konnte sie mit dekorativem Augenschmaus gefüllt werden. Dies waren Aufsätze in Form von Vasen, Etageren, Schalen, die, mit Früchten, Konfekt und Seidenblumen gefüllt das Essen verschönten.

Die Tischgenossen blieben weitgehend davon entlastet untereinander und mit den Lakaien während des Essens über das Essen und die gewünschten Speisen zu sprechen. Die Konversation bei Tisch wurde durch das bequeme Verfahren intensiver, so daß man sich auf komplizierte und folgenreiche Themen einlassen konnte. Der Eßtisch verwandelte sich in einen Konferenztisch, bei dem aus der Atmosphäre der Tischgemeinschaft heraus eine freundliche Grundstimmung geschaffen wurde. Das Essen wurde ein Mittel der Diplomatie. »Die Gastronomie hat auch einen großen Einfluß auf die Geschäfte. Diese Beobachtung ist denen nicht entgangen, welche häufig die größeren Interessen zu behandeln haben. Man fand, daß der satte Mensch nicht der gleiche Mensch sei wie der hungrige; daß die Tafel ein gewisses Band um den Wirth und die Bewirtheten webt; daß das Essen die Gäste für gewisse Einflüsse zugänglicher und empfänglicher macht. Daraus entstand die politische Gastronomie. Mahlzeiten sind ein Regierungsmittel geworden; das Loos der Völker wird oft bei einem Festessen geworfen, dafür sprechen in neuester Zeit auch Tatsachen.« (Rottenhöfer, 1858, reed. 1966, S. 8)

Während die meisten Gerichte bis gegen 1750 nach ihrer sozialen oder regionalen Herkunft benannt werden und etwa ›Morue à la Bourgeoise‹, ›Œufs à la Reine‹ oder ›Artichauds à la Piemontoise‹ heißen, kommen um

›Armes München‹

»Wie ich bereits bemerkte, gehört die Aristocratie Münchens wohl zu der ärmsten des Erdenrundes. Nur sehr wenige Familien leben mit gehöriger Aisance, Glanz in höchster Potenz ist wohl bei Keiner anzutreffen. Dies ist um so auffallender, da es wohl in keinem Orte der Welt leichter ist, Aufwand zu bestreiten, als eben in München. Leute mit einer halben Million im Vermögen, würden hier – wenn sie gesonnen wären ihre Zinsen ordentlich und mit Anstand an den Mann zu bringen – Alles eclipsiren. Einige Hamburger Matadore vom schweren Gewichte, Leutchen von 4 bis 8 Millionen Mark Banko, würden ganz unbezweifelt diesem Adel sehr imponiren können. Ich kenne alte Familien, denen alle Vaisselle fehlt, um eine Anzahl von Gästen zu bewirthen, und die daher bei vorfallenden Diners sich damit vom Glacier Tambosi versehen lassen, bei dem das Dessert bestellt wird. Man denke die unmodischen, im täglichen Dienste usirten, mit dem einfachen Namenszuge des Glaciers, versehenen Bestecke auf hochgräflicher Tafel, und nicht einmal das Service von Silber, sondern nur höchstens platirt. Von dem Luxus, mit der Vaisselle die Mode mitzumachen, sie einschmelzen und umarbeiten zu lassen, der in andern Städten bei Vornehmen und Reichen de rigueur ist, weiß man hier, wie natürlich nichts.«

Lewald, I., 1835, S. 74 f.

diesen Zeitpunkt bereits die ersten Benennungen nach Feldmarschällen, Diplomaten und berühmten Persönlichkeiten vor; Gerichte haben Namen wie ›à la Conti‹, ›à la Villeroy‹, ›à la Soubise‹, ›à la Pompadour‹ (nach Menon, La Science des Maîtres d'Hôtel Cuisiniers ..., Paris 1789).

Nicht der Koch gab dem von ihm erfundenen Gericht seinen Namen, sondern sein Patron, der es auf Gesellschaften zuerst einführte. Zwanzig, dreißig Jahre später hat sich diese Tendenz zur Inflation der Namen ausgewachsen. Die Staatsmänner des Consulats und Empire wetteiferten untereinander darum, wer den besten Koch beschäftigte und in wessen Küche die berühmtesten Gerichte entstanden. Talleyrand, Cambacérès, Kardinal Fesch und andere napoleonische Große züchteten in ihren Küchen Genies wie Carême. »Die Heere Napoleons wurden schließlich geschlagen, der Koch Talleyrands blieb Sieger. Die Alliierten eroberten Paris, die Pariser eroberten die Alliierten.« (F. Hussong, 1937, S. 104)

Staatsessen, Diplomatenessen, Vertragsessen und Arbeitsessen haben ihre Bedeutung als integrierende Tafelrunden gewahrt. Ebenso existierte eine Fülle von Namen für Gerichte fort, mit denen an die Geschichte der großen Küche angeknüpft wird. Die ganze Geschichte Bayerns während des frühen 19. Jahrhunderts läßt sich z. B. so umreißen:

Soupe Bonaparte
Salade Empire
Omelette Leuchtenberg
Tournedos Beauharnais
Hammelkotelett Montgelas
Selle de mouton Belle-Alliance
Kartoffeln Lola Montez
Eisbecher Metternich
Crème bavaroise

Die Poesie der geschichtlichen Namen steigert den Reiz der Speisen. Eine Pfirsichhälfte in Vanille-Läuterzucker pochiert, erkaltet, abgezogen, dressiert auf Vanilleeis, nappiert mit Püree von frischen Himbeeren heißt auch dann noch ›Pfirsich Melba‹, nach der ehemals hochberühmten australischen Sängerin Nelli Melba (1861–1931), wenn sie bereits zu Pfirsichstücken aus der Konservendose über Speiseeis mit Vanillearoma mutierte.

H. O.

14.1.1
Tafelaufsatz von König Max I. Joseph von Bayern
Entwurf der Leuchter 1809
Pierre Paul Prud'hon
(Cluny 1758-1823 Paris),
Sonstige Teile und Ausführung Pierre-Philippe Thomire, (1751-1843 Paris),
Paris, 1817 bzw. 1810
bez. THOMIRE ct. Cie. A PARIS,
bzw. THOMIRE & CIE 1810 (auf SIIa8I)
Bronze, feuervergoldet, Stahlmontierungen
Vase SIIa24 48 cm, ø 19 cm, Kompott-untersatz SIIa8 24,5 cm, ø 23 cm, Spiegelplatte SIIa37 23 cm, ø 38 cm, Korb SIIa29 50,4 cm, ø 18,2 cm, Tellersockel SIIa9 10 cm, ø 21 cm
Lit.: Ottomeyer/Pröschel, Vergoldete Bronzen, München 1986, Bd. 1, Nr. 5.16.3, S. 383 ff., Bd. 2 ebd., Artikel Cohen über Thomire; AK Die Grafen von Schönborn, Nürnberg 1989, Nr. 447; AK Kaiserlicher Kunstbesitz aus Haus Doorn, Berlin Charlottenburg 1991, Nr. 183, S. 1-10
München, Wittelsbacher Ausgleichsfonds, SIIa 8, 9, 24, 29, 37

Um 1810 kam in Paris der Brauch auf, sich feuervergoldeter Tafelaufsätze auf Spiegelplatten als Dekoration der Tafelmitte zu bedienen. Sie lösen zwischen 1810 und 1840 weitgehend die sonst üblichen Tischdekorationen aus Porzellan, Silber oder Vermeil ab. Fürstliche Haushaltungen verfügten über mehrere solcher ›Surtouts‹, deren Bestandteile während des ganzen Essens stehen blieben. Die bronzenen Surtouts haben sich aus ›Chemins de glace‹ und den Tafelaufsätzen für den Dessertgang im Zusammenhang mit dem ›Service à la française‹ herausentwickelt, wurden aber ausschließlich für den ›Service à la russe‹ gebraucht, bei dem die Tafelmitte von Schüsseln und Terrinen frei bleibt. Die Spiegelplatten dienen dazu, den Lichtschein zu reflektieren, die vergoldeten Bronzen ins rechte Licht zu rücken und in der Tiefe zu spiegeln. Wie in einem Wasserspiegel erscheinen die Formen verdoppelt und ergeben das Gesamtbild von Statuen und Vasen in Wasserbecken, wie es auch bei der Gestaltung klassizistischer Gärten üblich war. Übliche Bestandteile eines bronzenen Surtouts sind ein mittlerer Korb oder eine Vase, oft über Tragefiguren, dann Körbe und Leuchter, Obst- oder Konfektétagèren, Tellersockel sowie Kompottschalen auf Untersätzen. Die Bestandteile eines Surtouts wurden zwar als Ganzes und wie aus einem Guß gefertigt, waren aber so geplant, daß die verschiedenen Stücke als Baukastensystem beliebig untereinander kombiniert werden konnten. So war es möglich, die Spiegelplatten von Rund für vier Personen bis zur Galatafel für 46 Per-

sonen zusammenzusetzen, das Tafelgerät mit oder ohne Leuchter zu verwenden, die Körbe mit Blumen, Seidenblumen oder Obst zu dekorieren, die Figuren auf den Sockeln der Umrandung der Spiegelplatten gegen Vasen zu tauschen.
Der Tafelaufsatz des bayerischen Königs ist gut dokumentiert. Im Jahr 1818 ließ sich Eugène de Beauharnais, Herzog von Leuchtenberg, von dem Pariser Bronzier Thomire, der auf solche bronzenen Tafelaufsätze spezialisiert war, ein Kostenangebot machen (Universität Princeton, Beauharnais Archiv, Box 100, 14.5.1818). Dabei wird erwähnt, daß er kürzlich ein sehr schönes rundes ›Surtout de table‹ für die Kabinettsessen des Königs geliefert hat. Ziselierung und perfekte Vergoldung wurden hervorgehoben. Die Fruchte kommen in Kristallteller auf den Bronzen. Für große Diners werden weitere Teile angeboten:

1. Eine Étagère mit drei Kristallschalen und weiblichen Figuren um eine Säule, die untereinander Kränze halten. Die Mittelsäule wird von einer Schwanenfigur bekrönt (280 frs.)
2. Eine weitere Étagère auf rundem hohen Sockel, aber mit Bacchantinnen, wobei die mittlere Säule von einem knienden Kind bekrönt wird (300 frs.)
3. Eine weitere solche Étagère, diesmal mit drei Chimären (220 frs.)
4. Ein Kompottschalensockel auf dreieckiger Basis mit Dreifuß
5. mit drei Greifen sowie oben drei Schwäne als Aufsatzfiguren (160 bzw. 120 frs.).
6. Ein ›Tambour‹ oder ›Porteassiettes‹ mit drei Greifen auf rundem Sockel (120 frs.)
7. Ein solcher Tellersockel mit einem Korbgeflechtrelief am Sockel (100 frs.)

Die entsprechende ebenso numerierte Zeichnung blieb in der Bibliothek Marmottan in Neuilly erhalten (frdl. Hinweis und Photoüberlassung durch Madame C. Arminjon, Paris).
Die Zeichnung hat Entsprechungen mit dem Surtout des Königs in der Form des Tellersockels und in den drei kranzhaltenden Frauengestalten des Kompottschalensockels.
Ältester Teil des Surtouts ist der Korb oder ›corbeille‹ mit den drei Frauen mit Füllhörnern. Der Entwurf stammt aus dem Jahr 1809. Ursprung sind zwei Toilettetischleuchter einer silbernen Garnitur, welche die Stadt Paris 1810 der neuvermählten Kaiserin Marie Louise schenkte. Den Entwurf zum Leuchter zeichnete Prud'hon, die Formen modellierte Roguier, Guß und Montage waren dem Goldschmied Odiot

14.1.1

übertragen, und Thomire, der für seine Ziselierkunst berühmt war, besorgte diesen Teil der Oberflächenbearbeitung. Thomire übernahm dann 1810 das Modell und machte es zur Grundlage seiner Produktion von Tafelaufsätzen. Weitere Ausführungen des Korbs mit einfacherem Sockel sowie angesetzten Leuchterarmen finden sich im Museum Marmottan, im Kölner Kunstgewerbemuseum und tauchen bisweilen im Kunsthandel auf. Die Knaben mit den Wasserurnen sind eine Besonderheit des Münchner Modells.
1825 wird der Tafelaufsatz des Königs im Nachlaßinventar beschrieben und auf 1100 Gulden geschätzt. Er umfaßt damals die runde Platte, den Korb, die Vase, acht bronzene Untersätze sowie elf gläserne Teller als Einsätze. Wenn die Vase gegen den Korb ausgewechselt wurde, konnten zugleich auf der bronzenen Galerie der Spiegelplatte die kleinen Vasen gegen Kinderfiguren ausgewechselt werden. H. O.

14.1.2
Surtout für den ›Service à la russe‹
wohl Florenz
Bronze feuervergoldet, Spiegelglas, Blindholz Eiche, 5 x 423 x 61 cm
München, Wittelsbacher Ausgleichsfonds, SII a 35 I-IX

Die Spiegelplatten zur Aufstellung eines Tafelaufsatzes bestehen aus sieben quadratischen Platten und zwei halbrunden Endstücken, die lose aneinandergesetzt sind und sich je nach Größe der Tafel untereinander kombinieren lassen. Die Ornamente und ihre Ausarbeitung entsprechen nicht Pariser Bronzearbeiten, es handelt sich daher wahrscheinlich um eine italienische Arbeit. Für das ›Florentiner Surtout‹ wurden nach 1870 »9 große Spiegel« und zwei Endstücke erwähnt (GHA Obersthofmeisterstab 663). H. O.

14.2.1
Porzellansurtout
mit farbigem Blumendekor
Manufaktur Edouard Honoré
Paris, 1820-30
bez. I: ›Ed. Honoré à Paris‹
II: s.o. mit Umschrift: Ancienne Maison Daguerre / no. 4 Boulevard Poissonière
III auf Rotulus: Ed. Honoré Boulvard Poissoniere no. 4 A PARIS / Manufacture à Champroux Allier No. Prix
Porzellan, bemalt und vergoldet

Tafelaufsatz
1 großer Corbeille I, 23,5 cm, ø 33 cm
2 kleine Körbe 9,5 cm, ø 24 cm
2 Glacière I, 35 cm, ø 27 cm
3 große Tambour I, 7,5 cm, ø 28 cm
5 kleine Tellersockel II, 6 cm, ø 19,5 cm
1 Fußschale mit Palmettenhenkel 12 cm, ø 21,5 cm
1 Compotière 12 cm, ø 25 cm
1 flache Fußschale I, 9 cm, ø 23 cm
1 Étagère I, 37,5 cm, ø 22 cm
2 ovale Schalen I, 6,5 cm, B 25 cm, T 14 cm
1 Zuckerdose 17 cm, ø 19 cm
2 flache Platten 2,3 cm, ø 25,5 cm (wahrscheinlich Unterplatten für Flaschenkühler)
4 Eiskühler 19,5 cm, ø 23 cm

Service
4 tiefe Teller, vor allem II
35 flache Teller, ø 23,5 cm I und II
37 Dessertteller mit Blüte, ø22 cm I
2 Fleischplatten ø 45/30 cm, Nymphenburg rot gemarkt
Lit.: Danckert, Handbuch des europäischen Porzellans, München 1978, S. 360, Nr. 71; Plinval de Guillebon, Porcelaine de Paris, 1770-1850, Paris 1972, S. 208-19, S. 316; AK Biedermeier, Nr. 4.11.1; vgl. AK Wittelsbach und Bayern III/2, Nr. 1254 (Eintragungen von R. Rückert)
K 76/23-8

Das in ungewöhnlicher Vollständigkeit erhaltene Service ist ein Geschirr, das für den ›Service à la russe‹ gebraucht wurde. Während der ganzen Mahlzeit stand der Dessertgang als Zierde auf dem Tisch. Die Fertigung in Porzellan anstatt in Bronze erlaubte auch die Teller der Tafelgarnitur anzugleichen und so einen völlig einheitlichen Eindruck zu erzeugen. Nach Größe gestaffelt und in doppelachsiger Symmetrie erschienen die Gefäße auf dem Tisch, wobei die Gefäße mit Blumen, Früchten oder mit Konfekt gefüllt wurden. Dabei war eine gewisse Variationsbreite der Kombinationen möglich und bezweckt. Das Service zeichnet sich durch plastisch geformte Dekore aus, die zusammen mit den großen, ganz vergoldeten Flächen der Sockel, Füße und Außenflächen deutlich zeigen, daß feuervergoldete bronzene Surtouts das Vorbild abgaben. Die von bunten Blütengirlanden umzogenen großen Gefäße und die einzelnen Blütenpflanzen im Fond der Dessertteller und Körbe sind mit höchster botanischer Genauigkeit wiedergegeben. Breite Goldstreifen auf rosa Grund bilden den ab-

14.2.1

strakten Kontrast zu den vielfarbigen Blumenmotiven. Der raffinierte Dekor mit dem Einsatz polierter Goldpartien zwischen matten Farbzonen hat für die Spiegelung und Reflektion des Lichts eine ungewöhnliche Wirkung. Dieser Dekor ist in dem Musterbuch Honorés im Pariser Musée des arts décoratifs nicht bezeugt. Für Herstellung und wohl auch Gebrauch war das große Dessertservice der Manufaktur Sèvres das Vorbild, welches 1809 in Paris hergestellt und an das Bayerische Königshaus geliefert wurde. Das »Service de Dessert... à guirlandes des fleurs coloriées sur fond d'or... bouquets des fleurs coloriées ou rosaces d'or au milieu de pièces« zeigte gleichartigen Dekor, wo die farbigen naturalistischen Blumengirlanden ähnlich vorkommen, allerdings auf breite Goldränder der Gefäße gesetzt sind.
In München hieß das Dessertservice das ›Pariser Rosen Porzellan‹, da diese Blumen mit besonderer Liebe und Sorgfalt von den hochspezialisierten Porzellanmalern der kaiserlichen Manufaktur dargestellt wurden.
Das Honoré-Porzellan folgt diesem Vorbild, verzichtet allerdings darauf, den polychromen Blumendekor auf die Goldbänder zu setzen und dividiert beide Motive auseinander. Während das ›Pariser Rosen Porzellan‹ um 24 Teller der Manufaktur Nymphenburg ergänzt wurde, um den Ansprüchen einer großen Tischgesellschaft zu genügen, ist das Honoré-Porzellan um zwei Nymphenburger Servierplatten kopierend ergänzt worden, um in Vermengung mit anderen Serviceformen Schauessen auf den Tisch zu bringen (45 x 29,5 cm; gemarkt mit ›Nymphenburg‹ und rotem Rautenschild). Der Gebrauch solcher prächtigen Porzellane war auch bei Hof auf hohe Feste und besondere Gelegenheiten beschränkt. Sonst bediente man sich »ordinairen« Porzellans. Geht man davon aus, daß unser Honoré-Service in etwa vollständig erhalten ist, dann war es für zwölf Personen angelegt und ermöglichte mit jeweils neuen Tellern einen Suppengang, vier Hauptspeisegänge und zwei Dessertgänge mit den kleineren blumendekorierten Tellern. Nicht alle Gäste aßen von allen Gängen. Die Teller wurden nach jedem Gang selbstverständlich gewechselt. So kommen auf jeden Gast als Folge sieben Teller (vgl. Malortie 1846, 48). Diese standen während des Essens auf den Tellersockeln, ›tambours‹, auf der Tafel bereit, wie der Vergleich mit den erwähnten ›porteassiettes‹ des bronzenen Surtouts zeigt. H. O.

14.2.2
Dessertbesteck
Georg Wollenweber
(Zweibrücken 1788-1829 München)
bzw. Louis Wollenweber
(Zweibrücken 1792-1855 München)
München, 1827-29
bez. Stadtmarke Münchner Kindl mit Jahreszahlen 27, 28 und 29; Meisterstempel Georg Wollenweber bzw. Louis Wollenweber (Löffel), Silber, vergoldet
Messer 18,4 cm, Gabel 18,2 cm, Löffel 15,6 cm
Lit.: AK Biedermeier, München 1987, Kat. 4.15.28
39/983

14.2.3
Tischdecke mit Servietten
um 1815
bez. Monogramm CH
Weißer Leinendamast, rotes Baumwollstickgarn (Monogramm und Nummern)
Decke 495 x 215 cm
Servietten 93 x 81 cm
42/344

14.2.4
Sechs Zeichnungen für die Mittwochsgesellschaft
Joseph Petzl
(München 1803-1871 München)
München, 1830
Bleistift, je ca. 17 x 13 cm
Lit.: AK Biedermeier, München 1987, Kat. 10.3.12
M IV/798 1-6

14.2.1

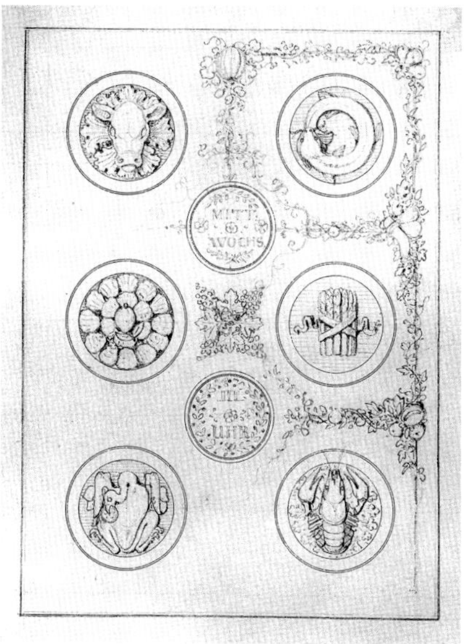

14.2.4

Die sechs Bleistiftzeichnungen von Joseph Petzl stammen aus dem Besitz der ›Mittwochsgesellschaft‹ und waren möglicherweise als Entwürfe zur Illustration der Satzungen dieser geselligen Vereinigung gedacht. Dem Zeitgeist entsprechend entstanden in München zu Beginn des 19. Jahrhunderts eine große Anzahl von Vereinen mit ganz unterschiedlichen, meist kulturellen oder politischen Interessen. Zu den Vereinen, die sich dem geselligen und gesellschaftlichen Umgang verschrieben haben, zählt die Mittwochsgesellschaft, deren exklusiver Charakter sich allein schon durch die Beschränkung auf zehn Mitglieder manifestiert. Die Mitglieder der ›löblichen Gesellschaft zu den sechs Schüsseln‹, wie sie sich auch nannte, trafen sich hauptsächlich zu exklusiven Diners, zu einer ebenso exklusiven Uhrzeit, um drei Uhr nachmittags. In vierzehntägigem Turnus war immer ein anderes Mitglied aufgerufen, in seinem Haus ein Menü auszurichten. Das Motto war: ›nicht mehr als sechs Schüsseln, aber gut‹, wobei allerdings die Austern zum Entrée nicht als eigener Gang gezählt wurden.

1. Eine wohlbeleibte Köchin in Münchner Tracht macht an einem Pult Eintragungen in ein Haushaltsbuch. Das Schreibpult trägt die Inschrift ›NICHT MEHR ALS SECHS, ABER GUT!‹, das Motto der Gesellschaft, die ihre Menüs auf sechs Gänge, sog. Schüsseln, beschränkt wissen wollte. Im Hintergrund sind die verschiedensten Küchenutensilien wie z. B. Kochlöffel, Wiegemesser, Teigrädchen, Nudelholz, Schneebesen und Mörser aufgereiht.

2. Eine Herrengesellschaft an einer reich gedeckten Tafel wird von Mädchen in Münchner Tracht bedient. Die Kleidung, die reiche Ausstattung der Tafel sowie das qualitätvolle Mobiliar lassen auf ein aristokratisches oder sehr wohlhabendes bürgerliches Milieu schließen.

3. Die dritte nicht vollständig ausgeführte Zeichnung gibt in Aufsicht die erwähnten sechs Schüsseln mit verschiedenen Gerichten wieder: Wels, Spargel, Krebs, Geflügel, Austern und Kalbskopf. Zwei runde Medaillons tragen die Inschrift ›MITTWOCHS‹ und ›III UHR‹ und weisen damit auf die Zeit hin, zu der sich die kulinarische Gesellschaft zu treffen pflegte.

4. Vignette, die unter einer Weingirlande eine prunkvolle Schüssel mit Straßburger Gänseleberpastete zeigt. Der Deckel trägt einen Kandelaber, den ein Truthahn am Bratspieß ziert. Flankiert wird das Gefäß von zwei Füllhörnern und zwei antiken Kannen mit bukolischen Darstellungen.

5. Nur teilweise ausgeführte Vignette mit Rahmengirlande, in die Weinflaschen eingeflochten sind. In der Mitte ein Stern, der aus sich abwechselnden Champagnerflöten und Weingläsern gebildet ist.

6. Justitia sitzt mit dem Richtschwert auf einem Thron, zu ihren Füßen Champagnerflasche und Champagnerglas. Schelmisch blinzelt sie durch die gespreizten Finger der vorgehaltenen rechten Hand.
Die Darstellung nimmt Bezug auf das nicht ganz ernst gemeinte Gericht, das nach jedem Essen der Mittwochsgesellschaft abgehalten wurde. Die Beteiligten urteilten über das von einem der Mitglieder ausgerichtete Mahl. Die Strafe diente nicht zuletzt zur Finanzierung des Champagnerkonsums. Die Inschrift ›INIUSTITIA SALUS‹ (Im Recht liegt das Heil) spielt durch den sehr gering gehaltenen Abstand der ersten beiden Worte auf ein Wortspiel ›Gerechtigkeit – Ungerechtigkeit‹ an. Die beiden Opferstöcke verweisen auf die Bußgelder, die die Mitglieder nach dem scherzhaften Urteilsspruch zu zahlen hatten. Die beiden Lictorenbündel darüber sind aus Kochlöffeln mit Schlachterbeil und Bratspieß gebildet.
S. B.

Im Stil des Frühbarock – Speisezimmer der Gründerzeit, München um 1880

KURZE GESCHICHTE DES SPEISEZIMMERS UND SEINER ELEMENTE

Das eigene Speisezimmer war stets der größte Luxus. Die Urzelle der Einraumwohnung für eine Familie mußte sich mehrfach geteilt haben, bis die Fünf- oder Sechsraumwohnung entstand, wo neben dem Speisezimmer als weitaus notwendigere Räume die Küche, das Schlafzimmer, das Wohnzimmer, das Kinderschlafzimmer und ein Flur vorhanden waren. Das Eßzimmer ist also der Raum, der zuletzt entsteht und der als erster wieder der Sparsamkeit zum Opfer fällt. Als Eßnische im Wohnzimmer, im Eßplatz in der Küche oder durch Integration ins Wohnzimmer existiert der Eßraum als eine Nebenfunktion des Wohnens fort.

Das Eßzimmer und seine Ausstattung haben nur eine kurze Geschichte gehabt. Ihre Entwicklung in Deutschland setzt erst um 1850 von England ausgehend ein und befindet sich gegen 1950 bereits wieder in voller Auflösung.

Von alters her bildete der Eßtisch das wichtigste Element einer Stube in der Stadt oder auf dem Land. Der große vierbeinige Stubentisch mit Schublade hatte seinen festen Platz in der Ecke gegenüber dem Ofen. Die Hausgenossen saßen auf der umlaufenden Wandbank, herangezogenen Bänken oder Brettstühlen. Über dieser Ecke befand sich der Herrgottswinkel mit Kruzifix und Andachtsbildern. Die Sitzordnung beim Essen entsprach der sozialen Stel-

Private Essen fanden zur Barockzeit im Schlafzimmer statt.
Nach Abraham Bosse,
Das Schlafzimmer als Eßzimmer,
Paris/Nürnberg um 1640
Nürnberg, Germanisches Nationalmuseum

lung: Männer saßen auf den bevorzugten Wandbänken, Frauen und Kinder gegenüber, auf Sitzmöbeln vor dem Tisch.

Diese Grundsituation steht im Widerspruch mit der zentralen und symmetrischen Raumdisposition der höfischen Welt des ausgehenden 18. Jahrhunderts, wo strenge Ordnung und Einheitlichkeit der Garnitur als Ideal gelten. Von England übernimmt Frankreich gegen 1780 die Einrichtung eines fest installierten Speisezimmers mit dunklen polierten Mahagonimöbeln und fügt diese Möbel in seine Art der Raumgestaltung ein. Diese ersten Speisezimmer sind in ihrem Vorkommen auf Residenzen, Schlösser und Stadtpalais beschränkt. Eine solche Eßzimmergarnitur besteht aus einem mittleren Eßzimmertisch, in der Regel mit einem verborgenem Ausziehmechanismus und einer polierten Platte, dann aus einem Satz gleichartiger Eßzimmerstühle, bis-

›Saletl‹, zentral geordneter Speisesaal in der Pagodenburg im Nymphenburger Park, Joseph Effner, 1717-19 – die Küche befand sich in einem benachbarten Haus, die Anrichte in einer Raumnische

weilen in Kombination mit Armlehnsesseln, einem verspiegelten Vitrinenschränkchen, dann einem Buffet mit einem Überbau über der Anrichtfläche und einer Kommode oder einer Anrichte mit Doppeltüren. Ecketageren, Konsoltische zum Anrichten und Beistelltische werden zur Ergänzung entwickelt.

Diese Garnituren wurden anfangs nach dem Prinzip der Gleichartigkeit aus verschiedenen Möbeln zusammengestellt, wobei man allerdings auf die gleiche Furniersorte achtete.

In Deutschland gibt es kurzfristig und ohne jede Fortsetzung Speisezimmermöbel im äußersten nordwestlichen Zipfel des Reichsgebietes. Wie auch in Nordfrankreich und Südbelgien entsteht gegen 1750 im Rheinland ein neuer Speisezimmertyp, dessen Hauptbestandteil ein Schrank mit Stufengiebel, verglasten Doppeltüren, Schubladen oder Doppeltüren ist. Während der Mahlzeit konnten diese ›Aachen-Lütticher Schränke‹ geöffnet werden und fungierten gegenüber dem Tisch als ein Buffet. Zu einer solchen Ausstattung gehörten Eßtische mit seitlichen Ausziehbrettern und Schubladen auf der Längsseite, doppeltürige, niedrige Anrichten und hochlehnige Polsterstühle. Die Möbel sind meist in massivem, dunklem Nußbaum oder Eichenholz ausgeführt und bleiben in der Regel ungefaßt.

In Süddeutschland kommen Speisezimmermöbel des 18. Jahrhunderts selten vor. Der verglaste Porzellanschrank in den Gelben Zimmern der Münchner Residenz wäre hier als Ausnahme zu nennen. Erst um 1890 wurden solche Möbel aus dem Rheinland oder Nordfrankreich in großen Mengen nach Süddeutschland importiert und kamen über den Antiquitätenhandel in private Haushalte. Für München spielte hier die Firma Bernheimer eine besondere Rolle.

Alle Speisezimmer zeichnen sich durch einen hohen Grad der Einheitlichkeit aus und waren die zentriertesten und am strengsten geordneten Räume der Wohnung. Der Eßtisch steht regelmäßig in der Raummitte. Das Buffet nimmt die Hauptwand ein. Die Anrichte oder Kredenz steht gegenüber.

Zwischen spätem Biedermeier und Neorokoko ändert sich, abgesehen von der Invasion der Ornamente und der Schnitzwerke, an den Grundprinzipien wenig. Die Suche nach der Gemütlichkeit während der Gründerzeit bringt ein Kuriosum hervor. Bereits im Wohnzimmer des Biedermeier war es üblich, den Tisch zum Essen vor das Kanapee zu ziehen. Diesen väterlichen Brauch nimmt der ›altdeutsche Stil‹ der Neurenaissance wieder auf und erfindet das Eßzimmerkanapee mit hoher Rückwand und einem Stellbrettüberbau für Pokale, Schaugefäße und Platten. Dem archaischen Brauch, ein Ruhemöbel am Tisch zu haben, ist keine lange Dauer beschieden. Der Jugendstil reformiert die Speisezimmer und inszeniert eine vollkommene Ästhetisierung des Alltags ohne jede Rücksicht auf den Benützer, der sich vielleicht nicht in Hochstimmung befindet und der der perfekten und einheitlich guten Form gnadenlos ausgeliefert ist.

Die Erneuerung der Speisezimmergarnitur nach der Rückkehr zu den schlichten Formen der ›Neuen Sachlichkeit‹ steht wieder ganz unter dem Diktat der ›Anglomanie‹. Polierte, dunkle Furnierflächen, mechanische Ausziehtische, Highboards und Sideboards und hohe Rückenlehnen an Polsterstühlen sind Grundelemente, die in den 20er und 30er Jahren Wiederaufnahme finden und bis in die 50er Jahre hinein das Bild bestimmen.

Die Not der Nachkriegszeit gibt das Speisezimmer als Ideal auf und sieht es als Raumverschwendung und unnötigen Formalismus an.

»Der Wohn-/Eßraum wurde wieder zur Selbstverständlichkeit. Wohnen ist heute für viele identisch mit Weiträumigkeit, mit Offensein zwischen den ein-

Das Mittagessen in der Stube – gegessen wird in Deutschland auf dem Kanapee, Friedrich Voltz, Nürnberg um 1820

Eßzimmer mit Sitzecke im Neurenaissance Stil, aus: Hirth, Das Deutsche Zimmer, München 1899

zelnen Bereichen, mit dem Verschwinden oder wenigstens teilweisen Aufheben der Raumgrenzen. War eines der ästhetischen Leitbilder unserer Großeltern die Symmetrie, so suchen wir heute die Spannung des Asymmetrischen, genießen wir den Reiz überraschender Durchblicke und wechselnder Überschneidungen.

Das offene Wohnen wird zur Idealvorstellung unserer Tage. Dahinter steht zuerst und vor allem eine ästhetische Maxime. Um ihretwillen nehmen wir sogar Nachteile in Kauf, wie sie sich gerade beim Wohn-/Eßraum in der unvermeidlichen Geräusch- und Geruchsbelästigung äußern.... erst in den letzten Jahren hat sich immer stärker die Vorstellung durchgesetzt, auf ein getrenntes Eßzimmer zu verzichten, und zwar selbst dort, wo seine Einrichtung bei reichlich vorhandenem Raum ohne weiteres möglich gewesen wäre.« (Hatje 1961, S. 121, 173).

Dabei rückt der Eßtisch aus dem Zentrum in eine Raumecke oder wandert mit einer Eckbank in die ›Eßnische‹. Das notwendige Geschirr findet im Wohnzimmer Platz.

Als neue Möbeltypen entstehen relativ kleine Verwandlungstische: höhenverstellbare Tische, Klapptische, Ausstelltische und Wandtische, die sich unauffällig ins Wohnzimmer integrieren lassen. Das Highboard erhält einen Vitrinenteil, eine Besteckschublade und einen Geschirrteil mit Klappen. Mit allen Mitteln wurde als ästhetisches Ziel Leichtigkeit zu erreichen versucht, um das Zusammendrängen der Funktionen in das Eßzimmer oder die Eßküche zu mildern. Die Forderungen der Kleinwohnung sind seitdem unverändert geblieben. Die bürgerliche deutsche Wohnkultur verläßt zwischen 1850 und 1950 immer wieder das Eßzimmer mit dem zentralen Eßtisch und seinen Möbeltypen englischen Ursprungs und kehrt zu der ›gemütlichen‹ Lösung des Wohn-Eßraumes zurück. Ursprünglich war es die umlaufende Eckbank mit dem Tisch im Winkel, dann im Biedermeier der runde Tisch vor dem Kanapee, in der Gründerzeit der Eßtisch vor dem umlaufenden Sofa, bis hin zur Eßecke der Moderne.

Das Essen ist an den Tisch gebunden. Tisch und Essen sind Synonyme. Die Erfindung des Eßtisches liegt im Frühmittelalter. Die große, raumfüllende Tafel auf Tischböcken bleibt bis ins 18. Jahrhundert eine temporäre Installation

Wohn-Eßraum mit Eßecke und Sitzbank, München um 1910

nur für die Essensstunden. Die Wanderung dieses mobilen Tisches durch die Vorzimmer und Kemenaten dauerte lange, bis im 18. und im 19. Jahrhundert das Eßzimmer und der Speisesaal mit ihren festen Installationen entstanden.

Ebenso wandelten sich die Essenszeiten zusammen mit den Möglichkeiten, durch künstliches Licht den Tag in die Nacht auszudehnen. Von ursprünglich zwei Mahlzeiten, ›Frühstück‹ und ›Nachtmahl‹, reduzierte sich die Zeitspanne auf ›Frühstück‹, ›Mittagessen‹ und ›Abendessen‹. Alle Mahlzeiten haben während ihrer Geschichte die Tendenz, jeweils zu immer späteren Zeiten stattzufinden. Vom »Steh auf um fünf, Iß zu Mittag um neun, Geh zu Bett um neun, Und du wirst leben der Jahre neunundneunzig« aus dem Spätmittelalter sind wir inzwischen weit entfernt. Im 17. Jahrhundert ging man mittags um elf zu Tisch, im 18. und 19. Jahrhundert saß man mittags, zwölf Uhr, bei Tisch. Heute kann es dagegen zwei Uhr werden. Das Abendessen folgt in Mitteleuropa mit etwas über sechsstündigem Abstand. Die Ausdehnung des Tags

Das Speisezimmer in der Küche, aus: Technik im humanen Bereich – Das Praktikable nimmt ästhetische Formen an, in: Die Kunst und das schöne Heim, Juni 1968, 66. Jg., S. 310 (F-Programm der Osta-Werke)

bis in den Abend war von der Verfügbarkeit künstlichen Lichts im Speiseraum abhängig.

»Im Dunkeln kann man nicht essen. Kerzenbeleuchtung bei Nacht gibt den Speisen und Getränken ein viel höheres Licht, hebendere Schatten, einen viel lebendigeren Ton als die trockene Prosa des Tageslichts.« (Anthus 1832, reed. 1962, S. 105). Die immer spätere Festlegung der gemeinsamen Essenszeiten war vom Aufwand an künstlichem Licht abhängig und ein Kennzeichen der Zugehörigkeit zu höheren sozialen Schichten.

Zum Luxus der Tafel gehörte deswegen auch immer der Luxus des Lichtes, den man durch eine Vielzahl von Kerzen, reflektierenden Metallgefäßen, Spiegelplatten und Verspiegelungen zu mehren und einzufangen versuchte. Dieses Bemühen ist zusammen mit dem technischen Fortschritt ein konstanter Faktor für die Gestaltung des Speisezimmers. Auch als elektrisches Licht größte Helligkeit erlaubt, bleibt für die Tischkultur der Tafelleuchter als zentrale Installation für die Inszenierung der Tafeldekoration erhalten.

Das Tischtuch macht im Wechsel der Tischkonstruktionen eine kuriose Geschichte durch. Im Mittelalter und in der frühen Neuzeit war das Tischtuch eine nötige Vorrichtung, um die rohe Bretterkonstruktion der Tafel auf den herbeigetragenen Böcken zu verhüllen. Das weiße Tischtuch war aus Damast und wurde so gestärkt und gepreßt, daß es in quadratischen scharfen Knicken fiel. War der Tisch breiter als die mögliche Webbreite, wurden die Leinenbahnen zusammengenäht, wobei man farbige Streifen zwischen die Leinenstücke setzte. Diese waren insbesonders für quadratische und runde Tische nötig. War der Tisch eine feste Konstruktion aus Massivholz, wurde in Deutschland selbstverständlich ohne Tischtuch gegessen. Das Essen ohne Tischtuch ging als ›à l'allemande‹ in die Literatur ein.

»Ich könnte gut ohne Tischtuch auf deutsche Art essen, aber ungern ohne saubere Serviette; ich beschmutze Servietten mehr als die Deutschen oder Italiener es tun und brauche kaum einen Löffel oder eine Gabel«, schrieb Montaigne um 1580.

In England wurden die großen, polierten Mahagonitische ebenfalls ohne Tischtuch gebraucht. Hier allerdings, um voll Stolz die kostbare Edelholzfläche zu zeigen. Vor den warmen Tellern, feuchten Gläsern, tropfenden Kerzen und heißen Platten schützte man die Politur mit ledernen Sets und Tischläufern aus Leder oder Stoff.

Im 19. Jahrhundert kamen die Traditionen des polierten und furnierten Eßtisches, der Tafeldecke und der Sets dann zusammen.

Die Entwicklung ging dahin, alles gemeinsam zu verwenden, also auf den polierten Tisch zum Schutz ein Moltontuch zu spannen, eine Tischdecke darüber zu legen und darauf noch Sets, Tischläufer und im extremen Fall obendrein Platzteller zu verwenden.

Wir leben heute auf einer dicken Schicht Reste von Verhaltensweisen, Erwartungen, Standards, Traditionen und Geräten. Zweckbestimmung und Sinn sind meist vergessen oder haben sich gewandelt. Alles wird gleichzeitig und in Rudimenten gebraucht, die Dinge werden als äußere Zeichen eingesetzt, ohne daß ihre wirkliche Verwendung zustande käme. Mit diesen Zeichen wird die Konformität gegenüber gesellschaftlichen Normen signalisiert: Der Gastgeber zeigt an, daß er weiß, wie man es macht, wie es sich gehört und wie es richtig ist. Die Tendenz zur Überladung der Tafel ohne Sinn und Verstand zeigt deutlich die Diskrepanz zwischen gesellschaftlichen Konventionen und Funktionen der Dinge.

H. O.

Literatur

Alcouffe, 1986
Defour, o.J.
Kreisel, Himmelheber, 1983, Bd. 2, Abb. 949-953
Gloag, 1969
Zander-Seidel, 1990
Zinnkann, 1985

15.1 Möbel für das Speisezimmer

15.1.1
Ovaler Auszugstisch
wohl Mainz, um 1850
Platte: Mahagonimaserholz, Fuß: Mahagoni, Zarge: Nußbaum auf Kiefer
75 x 116 x 87 cm
48/98

Eßtische mit mechanischer Unterkonstruktion, um die Länge der Tafel entsprechend der Zahl der Gäste einzurichten, kommen in Deutschland erst gegen 1835 auf. Die aufwendig mit einem kostbaren Wurzelholz furnierte Tischplatte zeigt, daß man um die Mitte des 19. Jahrhunderts dem englischen Brauch folgte, an einem polierten Tisch zu essen, oder die Tischfläche zumindest außerhalb der Mahlzeiten so präsentierte. Anfangs wurde die Platte auf ein mittleres Fußgestell gesetzt. Diese instabile Konstruktion wurde später zugunsten der wesentlich festeren Art mit vier Beinen aufgegeben. H. O.

15.1.2
Vitrine mit Etagerenaufsatz
um 1845, Nußbaum furniert und massiv, Innenausbau Ahorn, Blindholz Fichte,
120/188 x 88 x 43 cm
Lit.: vgl. Zinnkann 1985, Abb. 197; Himmelheber 1983, 665
58/311

Der Typ einer ringsum verglasten Vitrine mit einem buffetartigen Aufsatz kam in den frühen 40er Jahren auf und ist in Mainz bezeugt. Damit verbunden ist eine komposite Mischung verschiedener Stilanregungen, wobei Renaissance- und Barockmotive als geschnitzte Schmuckformen dem Korpus additiv aufgesetzt werden. H. O.

15.1.3
Vitrine
wohl München, um 1835
Nußbaum massiv und furniert, innen Ahorn furniert, Blindholz Fichte
161 x 73 x 39,5 cm
Lit.: Ottomeyer, Zopf- und Biedermeier-Möbel, München 1991, Kat. 10
M 71/37, Nachlaß Ebenböck 1952, Nr. 82

Der geradwandige Rahmenaufbau mit vorgeblendetem Sockelbrett steht auf vier gedrechselten Füßchen. Tür und Seitenwände sind verglast, die Rückseite ist verspiegelt. Die Fachböden sind fest eingebaut und liegen in der Höhe der Querstäbe der Verglasung.
In den Mainzer Katalogen der Zeit gehören Vitrinen zu der üblichen Ausstattung eines Speisezimmers. Gerade die hohe verglaste und verspiegelte Form kann als eine Form der Etagère angesehen werden. H. O.

15.1.4
Anrichte oder Kommodenschrank
süddeutsch, um 1850
Nußbaum massiv und furniert auf Fichte und Kiefer, 90 x 88 x 43 cm
Lit.: vgl. Himmelheber, Deutsche Möbelvorlagen 1800-1900, München 1988, S. 221 ff.
58/312

Speisezimmer in einer Berliner Wohnung, um 1855
Aquarell, Privatbesitz

DER ENGLISCHE EINFLUSS

Eine Tafel nach französischer Art.

Eine Tafel nach russischer Art.

Eine Tafel nach englischer Art.

Eine Tafel nach deutscher Art.

Der selten beschriebene ›Service à l'anglaise‹ war eine im 19. Jahrhundert gebräuchliche Art, Speisen aufzutragen und vorzulegen. Besonders nordeuropäische Fürstenhöfe und das gutsituierte Bürgertum machten vom ›Service à l'anglaise‹ Gebrauch. Bestandteile dieser Sitten sind nicht untergegangen und existieren bis heute fort. In England waren diese Konventionen so selbstverständlich, daß sie unbewußt blieben und nicht niedergeschrieben wurden: »Diese Gewalt, welche die Engländer über die Fremden ausüben, sie zu ihren Sitten zu zwingen, ist wirklich merkwürdig. Sie reden gar nicht davon und tun eigentlich nichts dazu, aber man findet hier alles in so festen, konsequenten und durch alle Punkte durchgehenden Formen, auch bis auf gewisse Unterschiede so gleich durch alle Stände der Nation, daß einem auch gar nicht einmal der Gedanke kommt, sich davon ausnehmen zu wollen.« (Wilhelm von Humboldt an seine Frau Caroline, London 9.01.1818).

Zur Charakterisierung des ›Service à l'anglaise‹ muß zuerst kurz auf die Hauptmerkmale der beiden anderen Arten des Servierens eingegangen werden:

Beim ›Service à la française‹ folgten drei Gänge aufeinander. Suppen, Hors d'oeuvres, Entrées und Relevés standen symmetrisch geordnet in Terrinen und auf Schauplatten auf der Tafel und wurden in der Folge gegen die ›Grosses pièces‹, Rots und Entremets ausgewechselt, denen dann die Platten mit Desserts aus der Konditorei folgten. Das Tranchieren der ›Grosses pièces‹ erfolgte durch Diener an Nebentischen, die auch beim Auflegen der Gerichte auf die Teller halfen.

Beim ›Service à la russe‹ stand die Tafeldekoration für den Dessertgang von Anfang an auf dem Tisch. Konfekt, Obst, Kompott und Blumen bildeten die kontinuierliche Tafelzier. Die linear aufeinander folgenden Gänge des Essens wurden auf Tellern bereits fertig geschnitten und angerichtet durch die Bedienung den Gästen vorgesetzt. Die Suppe wurde in Tellern gereicht. Das Menü war nach Art und Umfang nur auf der geschriebenen Menükarte zu überschauen.

Der ›Service à l'anglaise‹ zeigte verwandte Züge zum französischen Servieren. Auch hier stand der erste Gang fertig zu Beginn des Mahles auf dem Tisch, die Gäste halfen jedoch einander dabei, von den Platten und aus den Schüsseln zu nehmen. Diener arbeiteten an Anrichten und portionierten kompliziertere Speisen. Die Eigentümlichkeiten lagen darin, daß das kunstgerechte Tranchieren der Bratenstücke durch den Hausherrn erfolgte und die Suppe von der Hausfrau ausgeteilt wurde. Solche patriarchalischen Sitten wurden im 19. Jahrhundert auch in Haushalten des Adels gepflegt, gemildert wurde dieses archaische System durch die Diener, welche von Buffets weitere

Speisen austeilten (nach Ernst von Malortie, 1888, S. 11–37). An der damals englischen Unversität Göttingen gehörte das Tranchieren als akademisches Studienfach neben Reiten und Fechten zur Grundausbildung eines Studenten und wirklichen Herren. Es wurden dort dementsprechend ›Vorträge über die Kunst des Tranchierens‹ gehalten.

Einen tieferen Einblick in ›typisch englische‹ Sitten, die sich von kontinentalen Bräuchen gravierend unterschieden, geben Schilderungen aus den Jahren 1805 und 1818 durch Besucher Großbritanniens. Den ausführlichsten Bericht verdankt man Johanna Schopenhauer, Mutter des berühmten Philosophen, die mit ihrer Familie von 1803 bis 1805 England und Schottland bereiste (Johanna Schopenhauer, 1830, Bd. 15/16, Kapitel: Ein Tag in London). Sie bemerkt erstaunt und auch bisweilen schockiert die ihr fremden Sitten.

Modell- und Zeichnungsbuch (nach T. Sheraton), J. T. Wenzel, Leipzig 1799, Bd. 2, Tf. 60

Das ›Dinner‹ beginnt in der Regel um 18.30 Uhr am frühen Abend. Alles steht fertig zum ersten Gang auf dem Tisch bis auf die Gläser. Servietten sind damals eine absolute Neuigkeit. Zuvor bedienten sich die Gäste des lang herabhängenden Tischtuchs. Die Sitte gilt noch bei den Familienmahlzeiten. Im Gegensatz zum größeren Teil Europas nehmen der Hausherr und die Hausfrau an den beiden Enden der langen Tafel Platz. Während die Gäste nur Stühle angeboten bekommen, verfügen der Hausherr und die Hausfrau über Armlehnstühle als ihre Ehrenplätze. Dann beginnt eine zeitraubende und sehr umständliche Prozedur: die Hausfrau teilt die Suppe aus, und der Hausherr tranchiert; dabei fragen sie jeden der Gäste der Reihe nach, wieviel er haben möchte und welche Stücke oder Teile er bevorzugt. Dabei entwickelt sich eine fortgesetzte Diskussion über die verschiedenen Qualitäten und Quantitäten der Essensportionen.

»(Der Gast) muß Rede und Antwort von jeder Schüssel geben, ob er davon verlangt, ob viel oder wenig, mit Brühe oder ohne Brühe, welchen Teil vom Geflügel, vom Fisch, ob er es gern stärker oder weniger gebraten hat, eine Frage, die besonders oft die Fremden in Verlegenheit setzt; man sagt: Much done or little done, wörtlich übersetzt heißt das: viel getan oder wenig getan.« Es gilt als unschicklich, über etwas anderes als das Essen zu sprechen und mit Konversation die Mahlzeit zu stören. Nach der Suppe werden alle aufgesetzten Speisen zugleich angegangen und nicht der Reihe nach wie man es sonst gewohnt war. Freunde des Hauses halfen bei der komplizierten Prozedur des Austeilens. Natürlich erwähnt Johanna Schopenhauer auch die

◁ *Gegenüber*
aus: Henriette Löfflers großes illustriertes Kochbuch, Ulm 1878

klassischen Kritikpunkte englischen Essens, wie: blutiges Fleisch, halb rohes Gemüse, ungespicktes Wild, Wasserküche, keine Saucen, welche diese Bezeichnung verdienen, statt dessen schildert sie bereits 1805 den exzessiven Gebrauch von Cayennepfeffer, eingemachter ›pickles‹, Sojasauce, Ketchups und anderer starker Gewürzzubereitungen oft in Form fertig gekaufter Konserven. Gewürze und Saucen werden in umfangreichen ›cruets‹ während des ganzen Essens bereitgehalten und ohne jede Zurückhaltung gebraucht. Gelindes Erstaunen verursacht das Zutrinken mit Portwein, bei der jeder der anwesenden Herrn verpflichtet ist, auf jede der anwesenden Damen mit ›to your very good health‹ einen Toast auszubringen. Entsetzen verursacht, daß am Ende des Essens Käse aufgetragen wird, ein Brauch, der in Deutschland oder Frankreich in Gegenwart von Damen undenkbar wäre. Ekel verursacht schließlich der Gebrauch von ›rincing-bowls‹ aus Kristall, mit denen bei Tisch der Mund ausgespült wird. »Die ganze so beschäftigte Gesellschaft erinnerte uns oft an einen Kreis Tritonen, wie man sie Wasser speiend um Fontänen sitzen sieht.« Danach wird der Tisch mitsamt dem Tischtuch abgeräumt, Früchte und Süßigkeiten gereicht, kein Kaffee serviert und erst nachdem die Damen sich getrennt zurückgezogen haben, für alle gemeinsam durch die Hausfrau Tee gereicht.

Als Besteck wurden um 1800 auf dem Kontinent Löffel verschiedener Größe gebraucht, dann eine Gabel und ein Messer mit einer Stahlklinge. Dazu kamen verschiedene Vorlegebestecke. In England hingegen entsteht ein neuer Luxus an verschiedensten Bestecken und einer Vielzahl verschiedenster Vorlegebestecke.

Der ›Service à l'anglaise‹ braucht stets mehr als drei verschiedene Besteckgarnituren, die nebeneinander aufgelegt werden. Wilhelm von Humboldt sieht sich 1818 außerstande, englische Gäste in die preußische Botschaft einzuladen, weil er weder über notwendige silberne Terrinen, Schüsseln und Platten, noch über die sechs silbernen Bestecksätze pro Gast verfügt, die anständigerweise erwartet werden. »Mit meinem Silber bin ich sehr schlimm dran, und nach hiesiger Mode wird mein Tisch nie gut aussehen. Wir haben nicht genug und nicht groß genug, und nicht nach Art hiesigen Tafel-Arrangements. So hat man hier immer zwei Terrinen, größere Schüsseln zu den Fischen und großen Fleischspeisen. Der Unterschied kommt daher, daß man alles zugleich aufsetzt, und dies anders zu machen, daran ist schlechterdings nicht zu denken.«

Materialluxus verband sich dabei in England mit einer bewußten Schlichtheit der Gestaltung: »Der Luxus ist in keinem Lande höher gestiegen, und das Verzweifeltste ist, daß er noch dabei immer ganz einfach aussieht. Diese Verbindung der Einfachheit mit dem ungeheuren Aufwande ist das wahre und echte Zeichen des Reichtums und der Wohlhabenheit« (Humboldt, a.a.O. 9.1.1818).

Silberarbeiten wurden oft als geschlossene Garnituren gefertigt, wobei sämtliche Teile dem gleichen Dekor folgten. Die umfangreichen Besteckservice waren für spezifische Zwecke der Form nach variiert. Damit setzt eine Entwicklung ein, die bei Einheitlichkeit der guten Form eine äußerste Verschiedenheit der Zweckbestimmungen sucht. Die europäischen Industrieausstellungen werden das Forum, auf dem ein Wettbewerb vornehmlich der englischen und französischen Silbermanufakturen ausgetragen wird, bei dem es darum geht, neue Typen zu propagieren und den europäischen Luxusmarkt für Silbergerät zu dominieren (z.B. Christofle Paris, Elkington London). England erfindet das Brotmesser und Kinderbesteck, Frankreich die Austerngabel, die ›manche à gigot‹, das Melonenmesser. Wer z.B. Fischbestecke zuerst um 1870 auf den Markt warf, bleibt unklar. Sie galten lange als neureiche Erfindung, und einige europäische Fürstenhäuser verwenden als Zeichen besseren Stils bis heute zwei Gabeln als Fischbestecke. Um 1900 erreicht die Entwicklung einheitlicher Silberbestecke ihren Höhepunkt. Das Besteck 2401 von der Firma Bruckmann umfaßt bis zu 120 verschiedene Typen von Eßgerät, die alle dem gleichen japanisierenden Dekor folgen. Manche Besteckteile unterscheiden sich nur durch Größenunterschiede von weniger als einem Zentimeter (nach Sänger, 1991).

Tranchierbestecke, die meist separat in einem Etui aufbewahrt werden, gehören obligatorisch dazu und sind als Garnitur gestaltet. In Frankreich erleben solche Sätze gegen 1838–40 ihren Durchbruch, und die Vielzahl der erhaltenen und auf dem Markt angebotenen Stücke bezeugt, daß der Brauch des ostentativen Tranchierens durch den Hausherren sich von England ausgehend auf dem Kontinent verbreitet.

Noch überwältigender war der Einfluß englischer Sitten beim Frühstück. Während auf dem Kontinent das Frühstück des Patriziats und Adels sich lange auf ein Kännchen gezuckerten Kaffee, Schokolade oder Tee beschränkte, das bestenfalls durch ein Gebäckstück begleitet wurde, war das englische Frühstück eine opulente Familienmahlzeit, die gegen 9 oder 10 Uhr gemeinsam eingenommen wurde. Kernstück bildeten weißes Brot, Toast, Bisquits Hotrolls mit Marmelade, Honig, Eier mit den vielfältigen Möglichkeiten eines ›cooked breakfast‹. Gemeinsam mit dem ›afternoon tea‹ entwickeln sich hierfür eine Reihe von Tafelgeräten, die in der deutschen Biedermeierkultur, im skandinavischen und europäischen Klassizismus rasche Aufnahme und künstlerische Interpretation fanden. Tabletts, Tee- und Kaffeegarnituren, Toastständer, Toastgabeln, Bisquitschalen, Samoware, Teerechauds und entsprechende Bestecke gehören seit 1810 mit der zunehmenden Verbreitung englischen Lebensstils zur Grundausstattung des gehobenen Haushalts.

Gleichzeitig ändert sich von England ausgehend die Möblierung des Speiseraums. Auf dem Kontinent gibt es vor 1800 das festinstallierte Speisezimmer mit Eßtisch, Buffet und ausschließlich zum Essen gebrauchten Stühlen nur in wenigen Ausnahmefällen. In der Regel speiste man im ersten Vorzimmer an einer temporär auf Tischböcken aufgesetzten Tafel, wobei Konsoltische und Stühle zeitweilig diesem Zweck zugeordnet wurden. Die Stühle wurden als Eßzimmerstühle durch besondere Bezüge adaptiert. So wählte man meist Korbgeflecht und Maroquainleder als geeignete Sitzflächen aus. England hingegen entwickelt am Ende des 18. Jahrhunderts das gesamte neue Instrumentarium an Eßzimmermöbeln. Es entsteht der ausziehbare mechanische Eßzimmertisch mit furnierter Fläche, welcher der Größe der Tischgesellschaft angepaßt werden kann, dann der leichte, schmale ›dining-room chair‹ mit Lederpolster und hoher gebogener Rückenlehne, weiter der Anrichttisch mit Schubladen, das ›side board‹, dazu der große Anrichtschrank mit offener Stellfläche, Türen und Schubladen – das ›buffet‹ oder ›service cupboard‹. Diese Möbel werden als einheitliche Garnitur gestaltet. Von England her entsteht somit die Typologie des Speisezimmers, das sich in der geschlossenen Form auf dem Kontinent dann gegen 1840/50 etabliert. Dabei bleiben ›englische‹ Charakteristika erhalten, wie mechanische Möbel, das polierte Mahagoni- und Satinwood oder die hohen Lehnen für Speisezimmerstühle, z.T. mit Roßhaarstoffen. Für die teilverglasten Speisezimmerschränke gilt noch lange das Motivrepertoire Hepplewhites oder Sheratons. Ihre Standflächen dienen dazu, das Silbergerät und das Kristall des Hauses zur Schau zu stellen.

Die Eßzimmergarnitur, die in ihren Grundzügen bis heute erhalten geblieben ist, war sicherlich der wirksamste Beitrag englischer Tischkultur.

Der ›Service à l'anglaise‹ geriet schon bald selbst in England in Auflösung. Mrs. Beeton's ›Book of Household Management‹ kennt 1912 noch den ›Dinner Table – Old fashioned Style‹ mit seinen ›cruets‹, den großen Menageren an allen vier Ecken des Tisches, den Suppenterrinen und Suppentellerstapeln an den Tischenden und für jeden Gast von rechts außen Fischmesser, großer Löffel, zwei Tafelmesser und links Fischgabel und zwei Tafelgabeln. Jedem Gast ist ein kleines Bouquet zugeordnet als ›nose-gay‹ (S. 1680-1). Aber ein Hauptmoment ist in Verfall geraten: »Carving – our ancestors had a practical knowledge of this art indispensable to the education of every gentlemen. We moderns also realise how much a really good carver can do towards diminishing waste, distributing choice proportions equally, and maintaining the sightly appearance of a joint« (Preface VII. vgl. S. 1258).

In der modernen deutschen Hotellerie existiert der Begriff ›Englischer oder Rundservice‹ bis heute. Damit ist gemeint, daß die großen Speiseplatten unzerlegt angerichtet werden. Heute nimmt der Chef de rang dem Gastgeber das mühselige Tranchieren an einem Beistelltisch ab. Suppen werden in Terrinen serviert. »Im Eindecken der Tafel besteht ein wesentlicher Unterschied: Während man im allgemeinen vermeidet, mehr als drei Bestecke einzudecken, legt man im englischen Service auch mehr Besteckteile neben den Tellern auf. Menagen und Würzsaucen sind von vornherein auf der Tafel placiert.... Der englische Service ist die vornehmste Art des Servierens... Neben den eigentlichen Bedienungsarbeiten umfaßt er: Tranchieren, Filieren, Flambieren und Zubereiten und Fertigmachen von Speisen am Tisch des Gastes.« (Pries 1989).

H. O.

Literatur

Beeton, 1912
Pries, 1989
Sänger, 1991

GABELFRÜHSTÜCK – *um 1880*

Der gedeckte Tisch zum Gabelfrühstück.

aus: Maria Aabel, Neues illustriertes und bewährtes Kochbuch für den guten und feineren Tisch in allen seinen Theilen, Regensburg, 1891

1876 fand in München anläßlich des 25jährigen Jubiläums des Bayerischen Kunstgewerbevereins die erste ›Deutsche Kunst- und Kunstindustrieausstellung‹ statt. Sie leitete die starke Verbreitung von Formen der deutschen Renaissance ein. Der Rückbezug auf die Renaissance in der Möbelkunst und im Kunstgewerbe war damals allerdings nicht neu. Bereits 1851 hatte sich die Würzburger Möbelfirma von Stephan und Adam Barth an der Londoner Weltausstellung mit einem Damenschreibtisch in dieser Stilausprägung beteiligt (Nürnberg, Germanisches Nationalmuseum). Gottfried Sempers theoretisch begründete Hinwendung zur Renaissance hatte den Boden für die allgemeine Rezeption dieses Stils bereitet. Nach der Mitte des 19. Jahrhunderts stand er bereits nahezu gleichberechtigt neben der Neugotik und dem zweiten Rokoko. Die spezifische Ausprägung der Renaissance nördlich der Alpen allerdings erlebte ihren großen Aufschwung erst nach der Reichsgründung des Jahres 1871. Neben dieser nationalen Komponente war auch ein klassenspezifisches Motiv für die Stilwahl mitentscheidend. Das Bürgertum suchte die Identifikation mit den bürgerlichen Leistungen des 16. Jahrhunderts, dessen Stil ihm unter diesem Gesichtspunkt für die eigenen Bedürfnisse angemessen erschien. Zwar bildeten auch hier die ersten kunstwissenschaftlichen Schriften die Grundlage einer intensiven Auseinandersetzung mit dem historischen Stilphänomen, doch blieben die ideologischen Motive weitaus stärker im

aus: Johann Rottenhöfer, Anweisung in der feinern Kochkunst, München, 1858

Gabelfrühstück für 8 Personen.

8 Teller Austern mit Citronen.
1 Caviar mit frischer Butter.
1 Kalbs-Coteletten auf dem Roste gebraten.
1 Hammelsnierchen.
1 Gebackene Seezungen.

Gabelfrühstück für 16 bis 18 Personen.

Geflügel-Bouillon.
2 Kleine Pastetchen.
2 Schill mit Kartoffeln.
2 Beefsteaks auf Haushofmeisters-Art.
2 Pflückerbsen auf englische Art.
2 Gebratene Kapaunen.

Extra 4 Teller, welche sogleich aufgesetzt werden:

1 Teller Sardinen in Oel.
1 Teller mit Galantine von Indian mit Aspic.
1 Teller Hamburger Pökelfleisch.
1 Kleine Terrine mit Gänseleber.

Vordergrund, als dies bei der Rezeption der allgemeinen Renaissanceformen der Fall war. Geradezu als störend für die künstlerische Entwicklung wurde mitunter eine allzu theoretisierende Zergliederung des Aneignungsvorganges empfunden. Friedrich Pecht, selbst ursprünglich Künstler, seit den 40er Jahren des 19. Jahrhunderts zunehmend als Kritiker und Kunstschriftsteller tätig, drückte dies in der Auseinandersetzung um die Deutschrenaissance in bezug auf deren Münchner Schule deutlich aus: »Wenn daher irgendetwas mir eine Gewähr geben könnte, daß unsere Münchner Künstler sich auf dem richtigen Wege befinden, so wäre es das, daß auch nicht entfernt ein theoretischer oder kunstliterarischer Einfluß sie dazu gebracht hat, sich an die Formen unserer deutschen Renaissance wieder anzuschließen, sondern lediglich der Instinkt, der Umstand, daß sie ihnen so sympathisch, gleichsam ihre angeborene Muttersprache waren ... Überhaupt entsteht ächte Kunst nie aus der Doktrin, aus Reflexion, sondern aus der Tiefe des Gemüths.«

Muster für eine Inneneinrichtung: ›Speisezimmermeublement‹, F. Schwarz, München 1881

Das Gemüthafte, Gemütliche, die atmosphärischen Werte kennzeichnen neben den aktuell-politischen Bezügen den mentalitätsgeschichtlichen Hintergrund der Rezeption der Deutschrenaissance. Bürgerlich-familiär stellte sich das Verhältnis zur Geschichte dar. ›Unserer Väter Werke‹ war der zum Schlagwort werdende Titel der historischen Schau, die der Kunstgewerbeausstellung des Jahres 1876 beigegeben war. Der in München lebende Verleger und Schriftsteller Georg Hirth, neben Lorenz Gedon der wichtigste Mentor der Verbreitung der Deutschrenaissance, veröffentlichte 1880 die erste Ausgabe seines Buches ›Das deutsche Zimmer der Renaissance‹, das den bezeichnenden Untertitel ›Anregungen zur häuslichen Kunstpflege‹ trägt. Hirths Werk über das deutsche Zimmer ist gleichermaßen eine Darstellung der Gestaltungsprinzipien der Renaissance in Deutschland und eine Anweisung zur stil- und geschmackssicheren Wohnungseinrichtung des ausgehenden 19. Jahrhunderts.

In knapper Form hatte Hirth bereits 1879 in einem Vortrag im Bayerischen Kunstgewerbeverein über ›Zimmereinrichtung im Renaissancegeschmack‹ gesprochen und dabei in anschaulicher Weise und auf die Praxis bezogen seine Grundprinzipien der Raumgestaltung erläutert. Der natürliche Braunton des Holzes spielt in diesem Zusammenhang die wesentliche Rolle. Nicht nur die Möbel, sondern auch die Vertäfelung der Räume, die Holz- oder Kassettendecken mit ihren verschiedenfarbigen, lediglich gebeizten und mit Wachs eingelassenen Hölzern konstituieren nach Hirths Auffassung das Deutschrenaissancezimmer, dessen Wirkung durch gezielt eingesetzte satte und warme Farbtöne (Gemälde, Tapeten, Gobelins) gesteigert werden konnte.

Das im Klassizismus so entscheidende reine Weiß wird in diesem Zusammenhang mit Nachdruck abgelehnt. Die Überlegenheit der deutschen Renaissance gegenüber der italienischen erweist sich für Hirth nicht zuletzt durch den Farbenreichtum der Hölzer. In der Charakterisierung der ›Renaissancefarben‹ schließlich verliert er geradezu den Boden unter den Füßen, wenn er schreibt, »das tiefe Blau des italienischen Himmels und unserer herrlichen Gebirgsseen, das wir ja auch in den Augen unserer Frauen bewundern, gewissermaßen das farbige Symbol der Unendlichkeit und der Verklärung alles Irdischen; das prachtvoll glühende Rot des gesunden warmen Blutes und der aufgehenden Sonne; das saftige Grün und das gesättigte Braun unserer Hochwaldpfade und Auen«. Diese Passage charakterisiert mehr als nur die unkontrollierte Begeisterung eines gebildeten Bonvivants. Hirth selbst bezeichnete seine Methode als »eine Art Philosophie der Dekorationskunst«. Der subjektive Faktor ist stark ausgeprägt und damit der Einfluß zeitbedingter Mentalitätsmuster offenbar.

Ähnlich wie Hirth, wenn auch auf weniger hohem Niveau, mochte mancher Zeitgenosse die Zimmereinrichtungen der deutschen Renaissance als den adäquaten Rahmen seines bildungsbürgerlichen Selbstverständnisses empfunden haben. Zwar war der Anspruch der Durchdringung des Wohnambientes mit Deutschrenaissanceformen allgemein, doch empfahlen sie sich für bestimmte Einrichtungsaufgaben besonders. Das Speise- und das Herrenzimmer blieben auf breiter Ebene auch dann noch die Domäne der Ausstattung in Formen der deutschen Renaissance, als diese ihre allgemeine Bedeutung verloren hatte, als die Stiladaptionen sich innerhalb der bürgerlichen Wohnung differenzierten und sich beispielsweise der Salon im Stil des Barock und Rokoko präsentieren konnte, deren fließende Formen weitgehend der Damensphäre zugeordnet wurden. Erst mit dem Jugendstil ergab sich die Möglichkeit, das Gehäuse des Historismus aufzubrechen.

Doch gingen selbst nach der Jahrhundertwende die Anschauungen auseinander. Spemanns goldenes Buch vom Eigenen Heim befindet 1905 einerseits: »Unbeschadet der modernen Bequemlichkeitsansprüche – Zentralheizung, Küchenaufzug, elektrisches Licht, Ventilation etc. – halten die alten Stilformen der Renaissance bis zum Louis XVI. doch noch recht gut stand …«, um an anderer Stelle die »falsche Sentimentalität« der weltanschaulich motivierten Stilentscheidung abzulehnen: »Denn gerade die Renaissancenachahmungen und die gotische Imitation gewannen das Herz des Publikums durch allerlei verborgenliegende Nebensächlichkeiten, durch Reflexionen romantischer oder patriotischer Art, und nichts ist geeigneter, über formale Unzulänglichkeiten hinwegzutäuschen, als derartige Beeinflussungen.«

Die angesprochenen technischen Neuerungen spielten schon zur Hochzeit des Historismus eine gewisse Rolle. Spuren der industriell-technischen Expansion, von der diese Zeit geprägt war, schlugen sich auch im bürgerlichen Haushalt nieder. Bereits 1871 veröffentlichte die ›Zeitschrift des Kunstgewerbevereins‹ in München ein großdimensioniertes Büffet in aufwendigen Renaissanceformen, das Joseph von Schmaedel für das Speisezimmer des Kgl. Erzgießereiinspektors Ferdinand von Miller entworfen hatte, ausgeführt von der für die Rezeption der Deutschrenaissance so entscheidenden Hofschrei-

»Alles was im Verlauf der Mahlzeit gebraucht wird, muß sich wohlgeordnet auf dem Tische vorfinden und leicht erreichbar sein.«
aus: Ch. Kraft, Das Serviettenbrechen, Servieren, Tranchieren…, Braunschweig 1908

Erinnerung an Kaulbachs Eßzimmer

Da ist vor allem das hübsche, weinumrankte Elternhaus in der Gartenstraße (jetzt nach dem Vater Kaulbachstraße genannt) mit den etwas düsteren, aber doch gemütlichen Räumen, worunter das alte vertäfelte Speisezimmer mit den abwärts führenden Stufen wohl die erste Stelle einnimmt. Die Vertäfelung (aus dem 16. Jahrhundert) hatte der Vater vor Jahren in Nürnberg aus einem Patrizierhaus gekauft. Sie befindet sich in unserem persönlichen Besitz und bildet mit dem alten Büfett (aus dem 17. Jahrhundert), das in uns unbekannter Zeit aus einer alten Klosterbettstatt in ein solches umgewandelt wurde, mit den vielerlei Andenken darauf, den schönsten und ehrwürdigsten Schmuck unseres Heims.
In Mitte des Eßzimmers stand ein großer achteckiger Tisch, von dem ich auch etwas erzählen möchte.
Als der Vater im Jahre 1836 vom König Ludwig I. das Atelier am Lehel zur Verfügung gestellt bekommen hatte, war darin auch ein achteckiger, alter steinerner Tisch, dessen Platte, ganz mit schöner Mosaik eingelegt, die verschiedenen Wappen der Kurfürsten, deren Namenszüge, Blumen und Arabesken, darstellte. König Ludwig hatte diesen Tisch dem Vater geschenkt, deshalb ließ dieser ihn, als er Direktor der Akademie wurde und das feuchte, unge-

sunde Atelier aufgab, in sein Haus an der Gartenstraße schaffen. Dort stand das kostbare alte Möbel nun viele Jahre. Eines schönen Tages aber, ich mochte etwa fünfzehn bis sechzehn Jahre alt sein, wurde der Tisch von der Residenz aus reklamiert, als Eigentum des Hofes. Der Vater willigte selbstverständlich sofort in die Rückgabe ein, wenn auch mit einigen Glossen, und entschloß sich schnell, ihn ganz genau für sich kopieren, anstatt der fürstlichen Namenszüge und Embleme aber diejenigen der Familie Kaulbach anbringen zu lassen. Wochenlang sah ich dann, wenn ich an dem Eßzimmer vorüberging, einen blonden, hübschen jungen Mann, Herrn Fiotti, an dem Tisch arbeiten, mit Mosaiksteinchen und Gips hantierend. Ich ging gern und oft vorüber, wagte aber niemals ein Wort an den geschickten Künstler zu richten. Als endlich der schöne Tisch mit dem Bienenkorb und Spinnrocken, dem Pegasus, dem ›kühlen Bach‹, den Namenszügen und Blumengirlanden aus herrlicher Mosaik fertig vor uns stand, wurden mehrere gute Freunde zu einem leckeren Male geladen, wobei der neugeschaffene Tisch mit manchem Champagnertropfen getauft wurde. Er befindet sich jetzt im Besitze meines Bruders, während der alte Tisch ein ehrenvolles, aber ruhiges Dasein in einem Saale der Residenz oder auf einem der Schlösser führt. Dieser altehrwürdige Tisch dürfte möglicherweise derselbe sein, den v. Heigel in seinem wunderhübschen Büchlein ›Nymphenburg‹ (damals Vorstadt Münchens) erwähnt.

(aus: Josefa Dürck-Kaulbach, Erinnerungen an Wilhelm Kaulbach und sein Haus, München 1918, S. 9f)

nerei von Anton Pössenbacher. Das Möbel bildete die Überbauung des Speiseaufzuges, der die Verbindung zur im Souterrain des Hauses gelegenen Küche herstellte. Die große historische Gebärde, hinter der der technische Mechanismus verborgen wird, ist charakteristisch für diese Zeit. Diese Praxis kann symbolhaft aufgefaßt werden für die Lebenshaltung, die sich gerade mit der ›behaglichen‹ Wohnungsausstattung im Stil der deutschen Renaissance verbindet. Die Wohnung insgesamt, jedoch besonders das Herrenzimmer diente als Refugium vor den Härten einer konkurrenzorientierten Realität, als Ort der musischen Erbauung und des durch Regeln gebändigten gesellschaftlichen Verkehrs. In der gedämpften Atmosphäre, die das historisierende Ambiente bot, konnte der materielle Aspekt des bürgerlichen Daseins, gleichsam ebenfalls gedämpft und dann durchaus erträglich, wieder in seine anerkannten Rechte treten.

In diesem Rahmen hatte auch die gemeinsame Mahlzeit ihren festen Platz. Insbesondere das Frühstück, weniger das erste, sondern das zweite, das englische oder das ›Gabelfrühstück‹, empfahl sich für das gesellige Zusammentreffen der Herren der bürgerlichen Schicht. Im Gegensatz zum Nachmittag, der für gesellschaftliche Zusammenkünfte der Damen zur Disposition stand, war der Vormittag den Unternehmungen der Herren vorbehalten. »Bei Besuchen gehören die frühen Tagesstunden ausschließlich den Herren und ihren Geschäften«, heißt es in Franz Gebhardts 1885 erschienenem Werk ›Der gute Ton in allen Lebenslagen‹, einem der beliebten Handbücher für den gesellschaftlichen Verkehr. Die offiziellen Frühstücke fanden auch Eingang in die hohe Politik. ›Déjeuners à la Bismarck‹ hießen die vom Kanzler des deutschen Kaiserreiches eingeführten Parlaments-Frühstücke mit Selbstbedienung am kalten Büffet. »... sehr bezeichnend für die Unruhe unserer Zeit, in der man sich nicht einmal Muße nimmt, gemächlich zu speißen«, kommentierte 1904 Dr. P. M. Blühers ›Meisterwerk der Speisen und Getränke‹ diese Form des Arbeitsessens. Insbesondere zu festlichen Anlässen wurde das zur Mittagszeit gereichte zweite Frühstück zur ausgedehnten Zusammenkunft mit zahlreichen Gängen. Die Speisekarte eines Frühstücks, das die Stadt München am 4. September 1883 dem Völkerrechts-Institut gab, ist erhalten: Hühnerpastetchen, klare Oxtail-Suppe; Forellen mit Butter; Kalbsrücken, garniert; Rebhühner, dazu Salat, Kompott und Champagnerkraut, schließlich Dessert und Käse mit Butter, dazu fünf verschiedene Weine. Ähnlich reichhaltig waren die Gabelfrühstücke im privaten Bereich.

In Deutschland hatten die gewaltigen Frühstücke ohnehin Tradition. Berühmt-berüchtigt waren die bis zu sechsstündigen Leipziger Frühstücke der Biedermeierzeit. Wenn auch nicht dermaßen aufwendig, so waren die geselligen Frühstücke auch im eßfreudigen ausgehenden 19. Jahrhundert immer noch reichhaltig und zeitintensiv konzipiert. Bewußt ging es etwas weniger förmlich zu als bei abendlichen Einladungen und Festlichkeiten. Der Frack konnte selbst beim sogenannten ›großen Frühstück‹ durch den Überrock ersetzt werden. Bei reinen Herrenfrühstücken dürfte es auch in anderen Zusammenhängen etwas legerer zugegangen sein, denn – so ›Der gute Ton in allen Lebenslagen‹: »Vieles von dem was Herren unter sich recht wohl interessieren kann, ist in Damengesellschaft ausgeschlossen«.

N. G.

Literatur

Bahns, 1987
Hirth, 1880
Hufschmidt, 1992
Segieth, 1983
ZS des Kunstgewerbevereins in München, 1871, 1876, 1879

16.1 Die Speisezimmergarnitur

16.1.1

Speisezimmergarnitur im altdeutschen Stil

deutsch, um 1880

bez. Buffetschlösser: Wilh. Haaf, Elberfeld, Schreibschrankschlösser: Graef und Pagenstecher, Elberfeld

Eiche massiv, Blindholz Fichte z.T. Buche

Schreibschrank, 77/222 x 170 x 80 cm, Nr. 35/414

Buffet, 95/255 x 158 x 65 cm, Nr. 35/413

Sofa, 50/125 x 200 x 75 cm, Nr.35/415

2 Sessel, 46/115 x 60 x 56 cm, Nr. 35/416-7

5 Stühle, 47,5/109 x 44 x 44 cm, Nr. 35/418-22

Wandspiegel mit Konsole, 185 x 100 x 35 cm, Nr. 35/424

Wanduhr, 132 x 34 x 13 cm, Nr. 35/425

Ausziehtisch, 74 x 150 x 98 cm, Nr. M 71/205

Lit.: Platz, Wohnräume der Gegenwart, Berlin 1933, Abb. S. 196

AK Leben und Arbeiten im Industriezeitalter, Nürnberg, 1985, Nr. 18/4

35/413-25, M 71/205

Eine Besonderheit der deutschen Gründerzeit war nahezu auf allen gesellschaftlichen Ebenen die Verbindung des Wohnzimmers mit Schreibschrank, Sofa, Polstermöbeln und Vitrinenschrank mit dem Eßzimmer und seinem Mobiliar, nämlich Eßtisch, Sesseln, Stühlen und Buffet. Als Möbel, das beide Funktionen verklammert, wird das Kanapee mit Umbau entwickelt, auf dessen Aufsatzbrettern sich Prunkgefäße zur Schau stellen lassen. Solche Möbel gab es während der deutschen Renaissance, die für das Ornament Vorbild abgibt, natürlich nicht. Wohn-/Eßzimmer, die in malerischer Dekoration ›künstlerisch verziert‹ waren, lassen sich sowohl in kostbaren und aufwendigen Versionen als auch als gebeizte Fichtenholzmöbel nachweisen (vgl. AK Prinzregentenzeit 1988, S. 261-3, Nr. 4.1.6). Der altdeutsche Stil wurde durch die in München abgehaltene Ausstellung ›Unser Väter Werk‹ 1876 propagiert. Dabei stammten die Rauminszenierungen von Münchner Künstlern wie Seitz, Gedon und Lenbach.

Vorbesitzer der Speisezimmergarnitur war der wohlsituierte Kommerzienrat Karl Breuninger, Mitinhaber der Getreidegroßhandelsfirma Geist & Breuninger in München. Die Wohnung befand sich in München-Bogenhausen, Lamontstr. 32.

H. O.

16.2.1
Tafelaufsatz
deutsche Silberwarenfabrik, um 1870
bez. a.d. Boden: L. Rasche
Silber, gegossen, gedrückt, graviert, teilvergoldet; Glaseinsätze z.T. geschliffen
61 x 57 cm, Privatbesitz

Der weitgehend aus maschinell gefertigten und gegossenen Einzelteilen montierte Tafelaufsatz repräsentiert die Tafelkultur der Gründerzeit; meist wurde er noch von kleineren Aufsätzen und Blumentöpfen flankiert. Seine Schalen trugen Früchte, in die Vase steckte man Blumen. R. S.

16.2.2
Dessertteller
mit Ansichten deutscher Burgen
Vaudrevange (Wallerfangen), um 1850
Feinsteingut, schwarzer Kupferdruck, blaue Bordüre, ø 21 cm
Lit.: AK 200 Jahre Keramiktradition Vaudrevange/Wallerfangen 1791-1991, Mettlach/Wallerfangen 1991, Kat. 164, 166
Mettlach, Keramik-Museum

Laut Aufschrift dargestellt die Burgen: Sonneck (= Sooneck), Spurkenburg, Dosenau, Rheinstein, Hohenstein.
Seit Mitte des 18. Jahrhunderts von dem englischen Zeichner und Stecher Robert Hancock (1727?-1817) der Umdruck von Kupferplatten auf Porzellan oder Steingut erfunden wurde, erfreute sich diese Technik steigender Beliebtheit. Mit dem Siegeszug der englischen Steingutware auf dem Kontinent und deren Nachahmung durch dort ansässige und neugegründete Manufakturen fand auch das Umdruckverfahren zur Produktion von Bildergeschirr europäische Verbreitung. Sowohl die Firmen Villeroy in Vaudrevange, als auch Boch in Mettlach führten die Technik ein. 1836 erfolgte die Fusion der beiden Firmen. Erst nach diesem Zeitpunkt ist wohl die Dessertteller-Serie mit deutschen Burgen entstanden. Das Sujet erfreute sich seit der Romantik allgemeiner Beliebtheit und war seit den Befreiungskriegen zunehmend mit nationaler Symbolik aufgeladen. Der vergleichsweise niedrige Preis förderte die Verbreitung des dekorativen Bildträgers zum Alltagsgebrauch und zur Erbauung im bürgerlichen Milieu. N. G.

16.2.1

16.2.3
Teile eines Bestecks
deutsch, um 1860
Silber, gepreßt; Stahl
bez. 13; verschlagene Herstellermarke
Gabel 21,5 cm, Messer 25 cm
Privatbesitz

In Technik und Stil typisches Beispiel der Serienbesteckproduktion der Jahrhundertmitte. Dünnblechige gepreßte Heftgriffe, ausgefüllt mit einem Kitt und eingesetzten, vergoldeten Stahlvorderteilen. Das Ornament ist aus barockisierenden und neogotischen Elementen komponiert. R. S.

16.2.4
Zwölf Obstmesser
Louis (Ludwig) Wollenweber (Zweibrücken 1792-1855 München)
München, vor 1837
bez. Meisterstempel Wollenweber; spätere Zutat: Halbmond und 800
Silber, gegossen, getrieben, ziseliert, punziert, Klingen vergoldet 17,5 cm
K 73/800

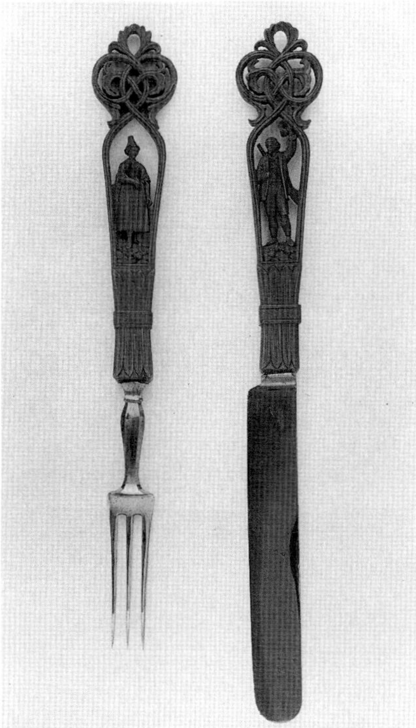

16.2.5

16.2.5
Besteck
Hermann Dyck
(Würzburg 1812-1874 München)
München, um 1850
Lindenholz, geschnitzt, Stahl
Messer 29 cm, Gabel 26,5 cm
Lit.: AK 125 Jahre Bayerischer Kunstgewerbeverein, München 1976, Kat. 327; AK Biedermeier, München 1987, Kat. 7.3.13
K 71/393/1-2

Das Trachtenwesen war durch Ludwig I. von Bayern im Rahmen der ›Vaterlandskunde‹ besonders gefördert worden. Die Erneuerungstendenzen der kunstgewerblichen Produktion, die ihren zukunftsweisenden Ausdruck 1851 in der Gründung des Bayerischen Kunstgewerbevereins fand, führten auch zur Auseinandersetzung mit heimatlichen Formen, bzw. zum Versuch, volkskünstlerisch orientierte Arbeiten geschmacklich zu beeinflussen. In diesem Zusammenhang ist auch das Besteck zu sehen, dessen Griffe in phantasievoller Gestaltung den landschaftlichen Bezug aufnehmen. Über gebündelten Kornähren stehen in durchbrochenen Feldern eine männliche und eine weibliche Figur in Tegernseer Tracht. Die Griffe enden in Ornamentformen, die in freier Gestaltung den Bezug zur barocken Formenwelt Oberbayerns aufnehmen. Die reformerische Absicht wird in einem Kommentar deutlich, mit der die ›Zeitschrift des Vereins zur Ausbildung der Gewerke‹ 1853 (Heft 2, S. 8) Entwürfe Hermann Dycks kommentierte: »Die Zeichnungen zu diesen Geräthen sind in der Absicht entstanden, unseren heimischen industriösen Holzschnitzern zu Oberammergau und Berchtesgaden als Muster zu dienen, nach denen sie diese vielgebrauchten Geräthe mit Leichtigkeit in großer Zahl möglichst billig herstellen können.« Der Entwurf zu dem vorliegenden Besteck geht in seiner genrehaften Dimension etwas über diese Vorschläge für die heimischen Schnitzer hinaus. N. G.

16.2.6
Wild-Vorlegebesteck
Süddeutschland, 19. Jh.
Stahl, gegossen, geschmiedet, präparierte Wildläufe
Messer 35,7 cm, Gabel 33,3 cm
63/17471, 1-2

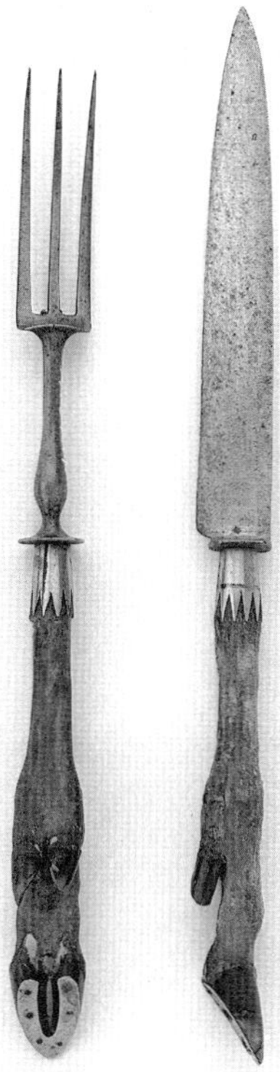

16.2.6

16.2.4

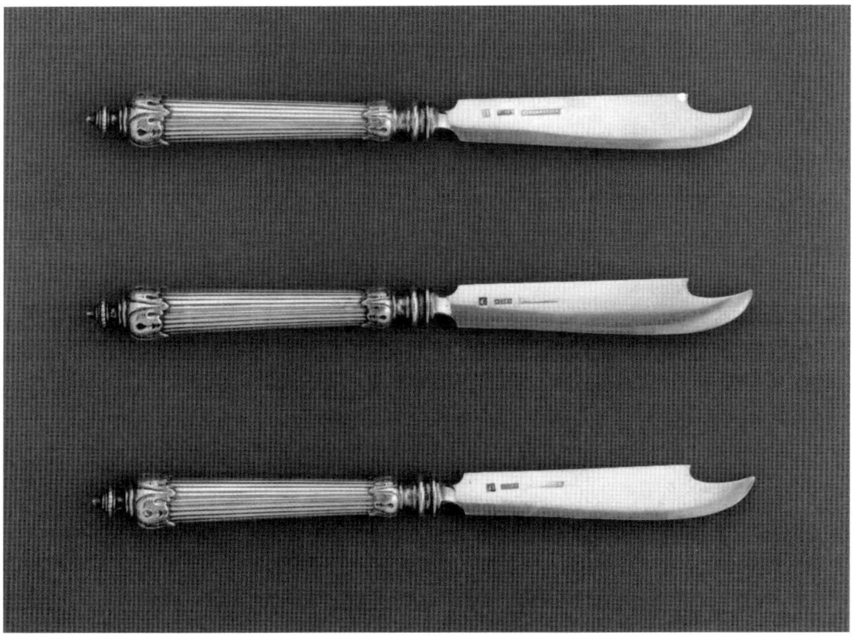

16.2.7
Römer
Bayerischer Wald (?) um 1890
Farbloses Glas mit mattgeschnittenem Weinlaubdekor 16 cm
Lit.: AK Prinzregentenzeit, München 1988, Kat. 4.1.23
K 87/55, 1-10

Der Gläsersatz stammt aus dem Besitz des Münchner Kommerzienrats Max Bullinger (Papiergroßhandel und -fabrikation). Formal entsprechen die Gläser der gängigen bürgerlichen Variante des Römers, der nicht zuletzt aus Gründen nationaler Ideologie am Ende des 19. Jahrhunderts zur beliebtesten Weinglasform in Deutschland geworden war. N. G.

16.2.8
Ateletten in Schwertform
Carl Weishaupt
(München 1802-1864 München)
München, 1842
bez. ›Weishaupt‹ gravierte Königskrone
Silber gegossen und ziseliert, 20-21 cm
Lit.: vgl. Rottenhöfer, Neue ... Anweisungen in der feineren Kochkunst (1858) reed. 1966, S. 334, 331, 209; Lerchen S. 443
München, Bayerische Schlösserverwaltung SK 3463-4, 3466-71

Silberspießchen waren die große Mode um 1850 und wurden in allen möglichen Formen und Größen gebraucht. Rottenhöfer bildet im Anhang 15 verschiedene Möglichkeiten der Gestaltung ab (S. 970-1). Der Zweck der sogenannten ›Lerchenspieße‹ oder ›Ateletten‹ (Rottenhöfer S. 209) bestand darin, große Bratenstücke zu dekorieren. Dazu steckte der Koch besondere Leckerbissen wie Trüffeln, Hahnenkämme, Nierchen, Pökelzunge, die Bezug zum Braten und seiner Garnitur hatten, auf solche silbernen Spießchen, die senkrecht gefächert von oben in das Bratenstück eingestochen wurden. Die figürlichen Bekrönungen der Silberspieße kamen dabei zur Geltung. Sie wurden symmetrisch und nach Motiven wechselnd angeordnet. Dieser Art zu dekorieren dürften die ›Lerchenspieße‹ vor allem zuzuordnen sein.
H. O.

16.2.9
Tischdecke im Renaissancestil
Deutsch, um 1880
bez. gesticktes Monogramm: LG
Leinendamast, 175 x 265 cm
Privatbesitz

Dekor mit umlaufendem Fries mit Genien, die ein Blattfries halten. Darauf sitzen Rollwerkkartuschen mit Allegorien der Künste und der Industrie im Wechsel. An den Schmalseiten ein Tondo mit zwei schildhaltenden Genien.

16.2.10
Überhandtuch
Adelheid Freifrau von Lochner-Henßlein, geb. Henßlein von Enßenheim,
(Bad Kissingen 1837-1907 Bad Kissingen)
um 1870/80
weißes Leinen, weiße Leinen-Klöppelspitze, weißer Tüll, buntes Bauwoll-Stickgarn, Goldfaden, Flachstich
144 x 54 cm, Spitze 27 cm
A 71/67

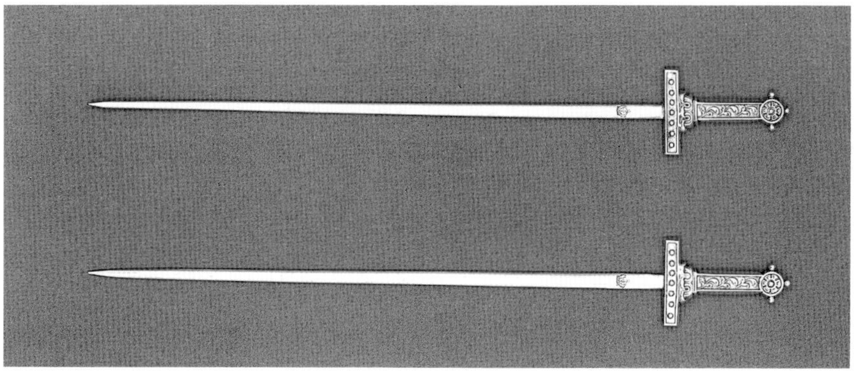

16.2.8

Darstellung einer reich geschmückten jungen Dame in altdeutscher Tracht mit Blütenkrone auf langem blondem Haar, die sich vor einer geöffneten Schmuckkassette im Handspiegel betrachtet. Eine junge Dienerin kniet vor ihr und schließt ihr einen Schuh, eine ältere im dunklen Kleid und weißer Haube legt ihr einen Schleier um. Die Szene ist umgeben von Ästen, Blüten und Ranken. Dazwischen hängt ein Spruchband mit der Aufschrift: ›Edles Gestein, / Prachtvolles Erz / Werthvoller stets / Ein treuliebend Herz‹. Unterkante mit doppelreihiger Spitze in Rankenmotiven.
A. L.

16.2.11
Frühstück am 4. September 1883
Menükarte für ein von der Stadt München dem Völkerrechtsinstitut gegebenes Frühstück
München 1883
Holzschnitt und Typendruck
11,4 x 23 cm
M IV/2522

Zu dem zur Mittagszeit anberaumten ›Frühstück‹ wurde folgendes Menü aufgetragen: Hühnerpastetchen, Oxtail-Suppe, Forellen mit Butter, Kalbsrücken garniert, Rebhühner, dazu Salat, Compot, Champagnerkraut, Dessert und Käse mit Butter. Neben den Hauptgerichten sind die dazu zu servierenden Weine aufgeführt. Die Menüfolge wurde gerollt in einer mit goldenen und schwarzen Rauten verzierten Kapsel mit gedrechselten Verschlußkappen auf die Tafel gelegt. S. B.

16.3 Dekorationsstücke

16.3.1
Widmungsgeschenk
›Den Manen Kaulbach's‹
München, 1874
bez. auf der Kartusche der Vorderseite: ›Den Manen Kaulbach's / Friedr. Bruckmann‹; auf der Kartusche der Rückseite: ›Am 15. Oct. 1874‹
Holz, Messing, versilbert, teilweise vergoldet, 25 x 18,5 x 9,8 cm
Lit.: AK 125 Jahre Bayerischer Kunstgewerbeverein, München 1976, Kat. 121
66/2778

Der Münchner Historienmaler und langjährige Akademiedirektor Wilhelm Kaulbach ist am 7. April 1874 gestorben. Am 15. Oktober desselben Jahres wäre er 70 Jahre alt geworden. Zu diesem Datum ließ der Verleger Friedrich Bruckmann (1814-1898) eine Gedächtnisgabe für die Familie des Verstorbenen anfertigen, aus deren Besitz sie in das Münchner Stadtmuseum gelangte. Den ›guten Göttern‹ Wilhelm Kaulbachs opfern an einem römischen Altar die Personifikationen der Gelehrsamkeit (mit Buch und Globus) und der Malerei (mit Palette). Friedrich Bruckmann verband eine langjährige geschäftlich unterlegte Freundschaft mit Wilhelm Kaulbach. Seit 1856 stand Kaulbach bei Bruckmann unter Vertrag, 1860 wurde dieser Vertrag durch einen anderen ersetzt, nach dem Kaulbach 30 Jahre lang für den Verlag Bruckmann tätig sein sollte. Die ›Goethe-Gallerie‹ war das bekannteste Werk dieser Zusammenarbeit. Ferner sollte Kaulbach nach dem Wunsch Bruckmanns Illustrationen zu Werken Schillers, Uhlands, Rückerts, Lessings, Wielands und Bürgers liefern. Doch entzog sich der Maler unter Hinweis auf seine künstlerische Ungebundenheit dem allzu festen Zugriff des Verlegers. Bei Bruckmann erschienen auch Einzelproduktionen von Kaulbachs berühmtesten Gemäldekompositionen, wie das ›Zeitalter der Reformation‹ und die ›Zerstörung von Jerusalem‹. Die Verbindung von Geschäftsinteresse und Herrenfreundschaft charakterisiert ein bürgerliches Milieu des 19. Jahrhunderts, das seine räumliche Entsprechung im Typus des ›Herrenzimmers‹ fand, der zum festen Bestandteil der bürgerlichen Wohnung wurde. N. G.

16.3.2
Pokal der Schützengesellschaft Hirschau
München (?), um 1866
Messing; Silber, gegossen, getrieben, graviert, 50,5 cm
43/39

Am Sockel vier Wappen mit den gravierten Inschriften: ›Feste Hand / die / Augen offen // Wohlan / ihr Schützen // Gut gezielt / ist / halb getroffen / Seid einig / einig, einig; auf der Wandung der Cuppa die gravierten Zeilen: Gestiftet von den Mitgliedern / der / Schützengesellschaft / Hirschau / im Jahre 1866 // Erinnerung // Am Tage des Ein- / zugs der siegreichen / Truppen in München / wurde von der Gesell- / schaft Hirschau / dem Heldenfürsten / Führer der bayerisch-/ en Armee Sr. K. K. / Hoheit Kronprinz Friedrich Wilhelm / von Preussen & d. / deutschen / Reiches / in diesem Pokale / ein Ehrentrunk / gereicht / München 16. Juli / 1871.‹

16.3.3
Pokal des Krankenunterstützungsvereins der Maurer Münchens
München, um 1879
Silber, gegossen, zieseliert, graviert; Bronze, gegossen, vergoldet, 59,5 cm
Lit.: AK 125 Jahre Bayerischer Kunstgewerbeverein, München 1976, Nr. 205
29/975

16.3.4
Ehrenpokal des Münchner Bürgervereins
Entwurf: Anton Seder
(München 1850-1916 Straßburg)
Ausführung: Theodor Heiden
(1853-1928 München)
München, 1882
bez. im Deckel: HEIDEN
Messing, gegossen, zieseliert, graviert, Rubinglas, 70 cm
Lit.: AK 125 Jahre Bayerischer Kunstgewerbeverein, München, 1976, Nr. 548
35/502

16.3.5
Ehrenpokal, gestiftet von den Mitgliedern des Krankenunterstützungsvereins der Kolporteure und Zeitungsträger
Ferdinand Barth
(Partenkirchen 1842-1892 Partenkirchen)
München, 1887
Silber, gegossen, gepreßt, ziseliert, punziert; Bronze, gegossen; Achatsteine, 66,8 cm
Lit.: AK Renaissance der Renaissance. Ein bürgerlicher Kunststil im 19. Jahrhundert. Lemgo 1992, Kat. 153
XI a/24

Im 19. Jahrhundert erlebte die Produktion von Ehrenpokalen aller Arten einen gewaltigen Aufschwung. Besonders die korporations- und leistungsorientierten bürgerlichen und kleinbürgerlichen Schichten sahen in den Ehrungen den adäquaten Ausdruck der Würdigung öffentlicher und privater Verdienste. Die Festigung der Honoratioren- und Untertanengesellschaft im Kaiserreich verstärkte diese Entwicklung schubhaft. Die historisch legitimierten Motive für die mehr oder weniger aufwendigen Pokalformen erhöhten nach dem Zeitverständnis den Rang der Ehrung durch eine gleichsam auralische Verbindung mit den positiven Werken der Vergangenheit. Selbst prosaische Unternehmungen wie die aus den fehlenden staatlichen Sozialmaßnahmen hervorgegangenen Krankenunterstützungsvereine kamen ohne den repräsentativen Vereinspokal nicht aus. Daneben blühte die Pokalüberreichung zu Ehren künstlerischer und wissenschaftlicher Verdienste oder anläßlich privater und geschäftlicher Jubiläen. Der Empfang hochgestellter Persönlichkeiten, wie etwa der des preußischen Kronprinzen Friedrich Wilhelm in München anläßlich des Einzuges der siegreichen Truppen nach Beendigung des deutsch-französischen Krieges 1871, war ohne den öffentlichen Trunk bereits aus vorhandenen oder neu in Auftrag gegebenen Pokalen nicht denkbar. Dieses Erbe reichte weit in die Vergangenheit zurück und wurde gerade deshalb im Zeitalter des Historismus umso nachdrücklicher gepflegt. Auf den Wappenschilden der Wandung die gravierten Inschriften: ›Kranken / Unterstützungs / Verein / der Maurer / Münchens / und dessen / Vorstädte // Gründer / Anton Schenkl / 18. Mai 1879 // Einig / Wollen wir sein / Treu und Fest / dem / Verein.‹ N. G.

16.3.6
Kerzenleuchter
bez. 1891
Präparierte Wildläufe, Silber gefaßt
ca. 33 cm
München, Privatbesitz

Die Leuchter wurden als Erinnerung an eine Jagd in Schottland gefertigt.

16.3.7
Eine Münchner Künstlergesellschaft im Stubenvoll
Friedrich Schoen
(Worms 1810-1868 München)
München, 1844
bez. F. Schoen (ligiert)/px. München/1844
Öl/Lwd 92,5 x 119 cm
Lit.: Kunstblatt 26, 1845, 144; Boetticher II, 1, 1901 Nr. 7, 631; Daheim 66, Nr. 22 v. 15.10.1929, 23 f. m. Abb.; Pschorr Bräu München. Alt-Münchener Gaststätten (Texte Fr. X. Ragl o. J., 9-11 m. Abb.); AK Biedermeier, 7.3.28
IIb/114

Das Bild ›Künstlerkneipe beim Stubenvoll in München‹ wurde 1844 vom Münchner Kunstverein angekauft und von dem Privatier Kühbacher in Passau gewonnen (Jahresbericht 1844, Nr. 55). Es stellt das beliebteste Künstlerlokal Münchens dar, das am Unteranger Nr. 26 lag und im altdeutschen Stil eingerichtet war: Man erkennt auf dem Bild deutlich die neugotischen Stühle. Im Hintergrund sieht man in den Wandnischen Statuetten der 12 bronzenen Kolossalfiguren der Wittelsbacherahnen, die Ludwig von Schwanthaler seit 1832 für den Thronsaal des Festsaalbaues der Münchner Residenz schuf.
Zu dem Bild existiert im Münchner Stadtmuseum eine alte Umzeichnung mit Nennung der wichtigsten Namen der Dargestellten (Inv. 30/1939). Danach ist der stehende Wortführer mit dem Trinkhorn der Historienmaler Feodor Dietz, vorn am Tisch sitzt links, den Krug hebend, der Genremaler Karl von Enhuber, ihm gegenüber in Rückenansicht der Genremaler Heinrich Marr, hinter dem sich der Bildhauer Franz Xaver Schwanthaler (mit karierter Weste) dem Betrachter zuwendet, neben ihm stehend mit Schottenmütze der Genremaler Kaspar Kaltenmoser; hinten am Tisch sich zuprostend links der Lithograph Heinrich Kohler und rechts der Genremaler Nils Simonsen, stehend hinter Kohler der Landschaftsmaler Christian Morgenstern und in der linken Ecke, über die Stuhllehne zurückblickend, in Schot-

tenmütze der Genremaler Friedrich A. Wyttenbach.
Der Maler Friedrich Pecht schrieb 1843: »Wir kneipten allabendlich im Café Scheidel an der Kaufingerstraße, während der größte Teil der jungen Maler im Stubenvollbräu sich zum ersten Male ein Lokal im gotischen Stil, eng, rauchig und unbequem, aber sehr romantisch geschaffen hatte, wo Feodor Dietz und Kreling (Historienmaler) das große Wort führten und es oft sehr wild und lärmend herging.« B. E.

16.3.8
Wanddekoration
Hermann Kaulbach
(München 1846-1909 München)
München, 1880
bez. l.u. auf dem Mittelstück: HK
Öl/Lwd, 109,5 x 113/278 cm
Lit.: AK Prinzregentenzeit, 4.11.21
66/2665

Die möglicherweise fragmentarische dreiteilige Wanddekoration nimmt im mittleren Teil mit dem Spruchband ›Der ernsten That / Dem frohen Wort / Dem sei mein Haus und Heim ein Ort‹ und der Jahreszahl ›MDCCCLXXX‹ Rücksicht auf eine darunter angebrachte Tür oder ein Fenster und ist als Folge von ungleichen Kielbögen mit hermenförmigen Pfeilern gebildet. Dahinter stehen vor Bäumen und blauem Himmel Personen im Renaissancekostüm, die über die steinerne Brüstung blicken. In der Mitte unter dem größten Bogen erscheinen drei Kinder mit dem Spruchband, links daneben der ›hausherr‹ und gleichzeitig Maler des Bildes im schwarzen kurzen Mäntelchen, gefälteltem Ärmel, schwarzem Barett und einem Wappen mit drei Schilden (vielleicht in Anspielung auf die 1831 gegründete Münchner Altertumsgesellschaft Zu den drei Schilden), rechts davon die ›hausfraw‹, seine Frau Sophie, geb. Schroll, im roten Kostüm mit Pelzbesatz, goldenem Brusteinsatz, goldener Haube und einem Adlerwappen. Oben in der Architektur befinden sich links ein Wappen mit Münchner Kindl und rechts ein Adlerwappen mit Menschenkopf. Der Kielbogen zwischen Mann und Frau über ihren Kindern trägt die Inschrift: ›meiner viellieben hausfraw Sofia/Kaulbachin geben zum tag nat. dom.‹ Unter anderen werden der Ministerialrat Wilhelm Völck, der Maler und Akademiedirektor Eugen von Stieler, der Musiker Joseph Giehrl und der Dichter Karl Stieler dargestellt.
Über die Herkunft der Wanddekoration ist nichts bekannt. Kaulbach hatte Zeit seines Lebens immer nur Etagenwohnungen bezogen. Um 1880 wohnte die Familie in der Schellingstraße 14 im zweiten Stock, das Atelier befand sich im Erdgeschoß des Hauses Gartenstraße 12. Im Jahre 1883 verkaufte er das Anwesen Königinstraße 17 seines 1872 verstorbenen Vaters Wilhelm von Kaulbach. Obgleich der Sohn hier nie einzog, besteht doch die Möglichkeit, daß die Wanddekoration für dieses Haus gedacht war. B. E.

STILGARNITUREN DES NEUROKOKO

Familienfeier bei der Münchner Brauerfamilie Sedlmayr, Münchner Stadtarchiv

Das Jahrhundert war beinahe zu Ende, als sich die Internationale Kunst- und Jubiläumsausstellung in München 1888 als letzten retrospektiven Dekorationsstil »jenes heitere Stilgewand angezogen, sich das Rokoko auf Stirn und Titel geschrieben« hatte, wie in der Chronik dieser Veranstaltung zu lesen ist.

Neue Betrachtungen jener historischen Kunstauffassung des 19. Jahrhunderts belegen mittlerweile, daß die Dekorsysteme und Ornamentmuster des französischen Louis-xv-Stils, die speziell in Bayern durch Cuvilliés, Bustelli und Günther zu höchster Blüte gereift, niemals gänzlich verlorengegangen waren. Anknüpfungspunkte an die Kunst des Ancien régime bildete die Restauration in Frankreich, die mit der Übernahme der Macht auch deren historische Legitimation zu untermauern suchte. Ähnliche Tendenzen können in Österreich festgestellt werden, dessen Aristokratie dem Glanz der alten Zei-

Familienessen der Habsburger und Wittelsbacher in Bad Ischl, Nürnberg, Germanisches Nationalmuseum

ten nachtrauerte. Spätestens um 1835 hatten Ornamente und Formen im Rokokostil die architektonische Geradlinigkeit des Biedermeier mit reichen Schmuckformen aufgelockert.

In der Vielzahl der Stilrichtungen, die 1851 auf der ersten Weltausstellung in London gezeigt wurden, konnte sich das Rokoko innerhalb eines breiten Stilpluralismus durchaus behaupten, und in Bayern meldeten die Akten der Kgl. Porzellan-Manufaktur Nymphenburg, »im Jahre 1848 begann die Einführung des sogenannten Rokokogeschmackes«. Die fortschreitende Mechanisierung der kunstgewerblichen Betriebe erleichterte die Nachahmung beliebiger Vorbilder, die von Musterzeichnern zusammengestellt wurden. Neben dem handwerklichen Einzelstück trat die industrielle Massenware ihren Siegeszug an. Dabei wurden häufig teure Rohstoffe durch kostengünstige Surrogate ersetzt.

Auf der Suche nach einem spezifisch deutschen Stil, der national verwurzelt sein sollte, wurde spätestens anläßlich der Kunstausstellung 1876 in München die Neorenaissance tonangebende Interieursprache des inzwischen durch Industrie und Handel emporgestiegenen wilhelminischen Bürgertums. Die Assoziation zur ›altdeutschen‹ Vergangenheit wurde durch reichgeschnitzte Aufsatzmöbel, dekoriert mit Kopien alter Zinnhumpen und Fayencen, in Räumen zelebriert, deren Fenster mit bleiverglasten Butzenscheiben den Blick nach draußen verwehrten. Derart jeglicher Realität entrückt, entstand eine Aura demokratischer Selbstdarstellung, die sich weit in das 20. Jahrhundert hinein großer Beliebtheit und Ansehen erfreuen sollte.

Als Alternative zu diesem ›ernsthaft-würdigen‹ Nationalstil formulierte sich das dritte Rokoko, das auf der bereits erwähnten Kunst- und Jubiläumsausstellung 1888 mit größtem Erfolg gezeigt wurde.

Gerade München war prädestiniert, das locker-leichte, hellfrische, lebens- und sinnenfrohe Rokoko wieder aufleben zu lassen, stand doch eine große Zahl von Interieurs der Residenz, Schloß Nymphenburgs und der Amalienburg als Vorbilder zur Verfügung. Ferner waren die hiesigen Kunsthandwerker durch Arbeiten für König Ludwig II. in den Schlössern Linderhof (1869–1878) und Herrenchiemsee (1878–1886) sowohl in der Nachempfindung als auch der Kopie technisch bestens geschult. Wer aus bürgerlichen Kreisen stammte und durch Industrie oder Handel zu Geld gekommen war, sehnte sich nun nach ›Höherem‹, das, durch Titelverleihungen unterstützt, im imitierten Rokoko-Ambiente seinen Ausdruck fand. Die Welt der C- und S-Bögen, der Blumenranken und liebreizenden Putten, der Spiegelnischen und Deckenmalereien überfüllte die bürgerlichen Wohnräume mit modischem Prunk. Bezeichnend dafür ist eine Kabinett-Einrichtung im Besitz des Münchner Stadtmuseums, die auf jener Ausstellung 1888 von dem Hofmöbelfabrikanten Anton Pössenbacher gezeigt wurde. Ebenso sei auf den ›Silbersalon‹ im Haus des Münchner Bierbrauers Hacker hingewiesen, der mit seiner originalen Fassung der reichen Schnitzereien erst vor wenigen Jahren wiederentdeckt wurde.

17.1.1

Sämtliche Bereiche der Tafelkultur erfuhren binnen kürzester Zeit einen ungeheuren Aufschwung. Gerade das bewegte Motiv der Rocaille schien für die Dekoration von Bestecken, Porzellanen und Glas aufgrund vielfältiger Variationsmöglichkeiten besonders geeignet, ja hatte sich bald »der Form und der Funktionstüchtigkeit des Gebrauchsgeräts bemächtigt« (R. Sänger).

Während die Hersteller von Tafelbesteck nur mäßig auf die Modestile früherer Jahrzehnte reagiert hatten und mehr traditionellen Mustern aus England und Frankreich treu geblieben waren, bedeutete das Neorokoko einen ungeheuren Aufschwung, der sich im Fall der Heilbronner Silberwarenfabrik Bruckmann & Söhne allein mit 15 Mustern niederschlug, die zum Teil über Jahrzehnte angeboten wurden. Parallel dazu erhöhte sich auch der Um-

1178. Rheinsalm nach Rothschild. Saumon du Rhin à la Rothschild.

Der Rheinsalm, 3½ bis 6 Kilo schwer, wird wie jener in Nr. 1172 (Abschnitt 39) in der Court-Bouillon abgekocht und in seinem Sude kalt gestellt. Hierauf wird er ausgehoben, die ganze Haut davon abgelöst, mit einem Tuche leicht abgetrocknet und über einen schön dekorirten Fettsockel gelegt. Er wird sodann mit sehr weiß gerührter Mayonnaise glatt und egal bis auf den Kopf überzogen, darüber werden die schuppenartigen Schilder mit grüner Ravigote auf beiden Seiten durch ein Cornet angespritzt, ebenso über dem Rücken die angegebene Zeichnung mit recht schwarzen Trüffeln geschmackvoll belegt.

Ist der Salm auf die angegebene Weise schön dekorirt, so werden sieben Ateletten mit Krebsen besteckt und, wie es die Zeichnung darstellt, der Länge nach über dem Fische eingesteckt. Der Rand des Sockels wird mit schön geschnittenen Aspic-Croutons verziert.

Lachs mit Atelettenspießchen auf Talgsockel, aus: Johann Rottenhöfer, Anweisung in der feinern Kochkunst, München, 1858

fang eines Tafelbestecks um eine hohe Zahl von Vorlegeteilen, deren Sinn und Zweck heutzutage häufig im Unklaren liegt.

Dagegen hatte die Kgl. Porzellan-Manufaktur Meissen das gesamte Jahrhundert über an Reproduktionen aus ihrer barocken Blütezeit festgehalten, denen ab 1886 Neuschöpfungen im Rokokostil von Emmerich Andresen (1843–1902) zur Seite gestellt wurden. Die technische Perfektion der Ausführungen ließ allerdings malerische Details und den Charme der Vorbilder vermissen. Für die zahlreichen Fabriken in Thüringen und Sachsen, die häufig gerade erst gegründet worden waren, blieb der Meissner-Stil erstrebenswertes, jedoch selten erreichtes Vorbild.

In Berlin wurde 1888 Alexander Kips (1858–1910) künstlerischer Direktor der Porzellan-Manufaktur, der ebenfalls Formen des 18. Jahrhunderts aufleben ließ, jedoch hauptsächlich ein überreich dekoriertes und mit zarten Puderfarben bemaltes Prunkporzellan entwarf, das häufig mit Porträts der kaiserlichen Familie versehen wurde. Große Formate bei Vasen, Konsolen und Prunkaufsätzen sollten der neuen Größe des Deutschen Reiches entsprechen.

In der Porzellan-Manufaktur Nymphenburg wurde 1892 das Service ›Rokoko‹ nach alten Modellen gefertigt und gleichzeitig Leopold Gmelin (1847–1916) beauftragt, im Zeitstil neue Serviceformen zu entwerfen. Wie auch seine Kollegen wählte Gmelin für die Form ›Baroque‹ oder ›Neu-Rokoko‹ Varianten der klassischen Kugel- und Birnformen für die Gefäßkörper, die mit einem zarten Relief mit Muschelwerk und Rocaillen überzogen wurden. Glatte Reserven boten Platz für Blumen- oder Genremalereien nach alten Vorbildern oder Nachempfindungen.

Trinkgläser jener Zeit wurden hauptsächlich durch Schnitt oder Emailbemalungen im Rokokostil dem Geschmack angepaßt. Die Gläser, die meist nach Formen des frühen 18. Jahrhunderts hergestellt wurden, unterschieden sich von ihren Vorbildern durch größere Reinheit der Masse und exakte Ausarbeitung der Dekore. Zu den führenden Glasverlegern gehörten J. & L. Lobmeyr in Wien, deren geschnittene oder bemalte Gläser historische Vorlagen aus Böhmen heranzogen, die mit asymmetrischen Kartuschen, Gitterwerk und Blüten verziert wurden.

A. Z.

Literatur

Mundt, 1973/1983
Sänger, 1991
Spiegl, 1980

17.1.1

Der Pächter der Kgl. Porzellan-Manufaktur Nymphenburg, Albert Bäumel, hatte es sich 1888 zur Aufgabe gemacht, historische Formen und Figuren des 18. Jahrhunderts wieder aufleben zu lassen. Zu den ersten Neuausformungen im Geschirrbereich, für die sich einige meist stark beschädigte Modellformen finden ließen, gehörte das Modell ›Rokoko‹, das zwischen 1755 und 1760 von F. A. Bustelli entwickelt worden war. Es zeichnet sich durch lebhaft geschwungene Rocaillen am Stand und Henkeln sowie die angeschnittene Zitrone als Deckelknauf aus. Das erste vollständige Service wurde 1892 mehrere Wochen lang im Bayerischen Kunstgewerbeverein ausgestellt, bevor es seiner Empfängerin, I.K.H. Prinzessin Ludwig Ferdinand, übergeben wurde. Internationale Anerkennung erfuhr die gelungene Neuausformung, die stilistisch den Schöpfungen des Neorokoko überlegen war, auf der Weltausstellung in Chicago 1893. A. Z.

17.1.1
Speiseservice ›Rokoko‹
Franz Anton Bustelli
(wohl 1723-1763 Nymphenburg)
Kgl. Porzellan-Manufaktur Nymphenburg
1755-1760, Ausformung um 1912
bez. auf den Unterseiten geprägter Rautenschild, unterglasurgrüne Manufakturmarken, purpurne Malermarken und Dekornummern; Porzellan mit purpurfarbener Blumenmalerei
Ovale Terrine, Gemüseschüssel 21 x 21,5 cm; Saucière, ovale Platten 35 x 45 cm; 2 Salzgefäße 8 x 4,8 cm; Pastetentöpfchen ø 8,5 cm; kleine Platte 27 x 23 cm; flache Teller ø 25 cm; tiefe Teller ø 24 cm
Lit.: Braun-Ronsdorf, 200 Jahre Nymphenburger Tafelgeschirr, Darmstadt 1954, S. 12, Abb. 3
K 71-356

17.1.1

17.1.2
Messer
London / Birmingham, um 1886
bez. fünf Marken: Herstellermarke IG; lion passant; Anker; Jahresbuchstabe L; duty mark (Queen Victoria); Auf der Klinge: Goldsmiths Alliance Limited; London Made; Silber, gegossen, gepreßt; Stahlklinge, 28,8 cm
K 73/799

17.1.3
Gabeln
London, um 1885
bez. fünf Marken: Herstellermarke ISH; lion passant; Leopardenkopf; Jahresbuchstabe K; duty Mark (Queen Victoria)
Silber, gegossen, gepreßt, 21,5 cm
K 73/816

17.1.4
Löffel
London, um 1885
bez. fünf Marken: Herstellermarke ISH; lion passant; Stadtmarke London (Leopardenkopf); Jahresbuchstabe K; duty mark (Queen Victoria)
Silber, gegossen, gepreßt, 22,7 cm
K 73/803

17.1.5
Fischbesteck
England, um 1888
bez. nicht identifizierte Marken
Silber, gegossen, gepreßt, graviert
Messer 22,7 cm, Gabel 19,2 cm
K 73/801

17.1.6
Dessertmesser
London / Birmingham um 1886/88
bez. fünf Marken: Herstellermarke ISH bzw. IG; lion passant; Stadtmarke London (Leopardenkopf) bzw. Birmingham (Anker); Jahresbuchstabe L bzw. N; duty mark (Queen Victoria)
Silber, gegossen, gepreßt, Stahl
K 73/811

17.1.2-17.1.5

17.1.7
Zwei Schöpflöffel
England, um 1888
bez. nicht identifizierte Marken
Silber, gegossen, gepreßt, 18,3 cm
K 73/813

Die Teile entstammen dem Tafelsilber der Stadt München, das um das Jahr 1888 als englischer Import erworben wurde. Anlaß mögen die zunehmenden repräsentativen Verpflichtungen der Stadt (Centenarfeier für Ludwig I., Besuch Kaiser Wilhelms II.) gewesen sein.

17.1.8

17.1.8
Wein-, Sekt- und Likörgläser mit Tiermotiven und Rocaille-Ornamenten
Deutschland, um 1880
Farbloses Glas, mattgeschnitten
13,6 cm, 17,3 cm und 11,5 cm
Lit.: Schack, Die Glaskunst. Ein Handbuch über Herstellung, Sammeln und Gebrauch des Hohlglases, München 1976, S. 303, Bildkatalog, Nummer 291
58/703; 58/704; 58/705

17.1.9
Tischdecke mit sechs Servietten
Artistinnen des Zirkus Knie
gekauft in München, um 1930
Weißes Tafelleinen, Doppeldurchbrucharbeit (punto tagliato), Gitter-Stäbchengrund in zwei verschiedenen Größen
Decke 350 x 265 cm
Servietten 48 x 48 cm
München, Privatbesitz

Die Tischwäsche stammt aus dem Besitz der Modesaloninhaberin Tilde Baumann, München. Nach ihrer Auskunft kaufte sie Decke und Servietten um 1930 in München von Artistinnen des Zirkus Knie, die sich mit solchen Handarbeiten während des Winters ein Zubrot verdienten. A. L.

17.2 Vertiko

17.2.1
Vertikos
Paris, 1867
M 90/41,2 bez. mit Etikett auf Rückwand: Bahnamtliche Rollfuhr Gesellschaft m.b.H. München 2, Arnulfstr. 31a / von München-Hauptbahnhof nach Vilshofen / Knauer / Vilshofen, 17. August 194...
Palisander, Mahagoni, Buchsbaum, Ahorn, Nußbaum, Rosenholz u. a. auf Fichte furniert, innen mit grünem Stoff bespannt, Platte in weiß-grauem Marmor, gegossene Bronzezierleisten, vergoldete Bronzeapplikationen, 137 x 115 x 45 cm
Lit.: vgl. Ledoux-Lebard, Les Ebénistes du XIXe siècle 1795-1889, Paris o.J; Himmelheber, Deutsche Möbelvorlagen 1800-1900 – Ein Bilderlexikon, München 1988, S. 180-200
M 90/41, 1-2; Schenkung E. Bürgel, München

Die doppeltürigen Halbschränke mit oberer durchgehender Schublade gehören zu einem eigenartigen Zwittertyp, der im Historismus entstand. Im Französischen als ›Meuble d'entre deux‹ bezeichnet, verbindet das Vertiko Gestalt und Aufgaben eines Schrankes in Sockelform mit Motiven, die vom Wäscheschrank und Schreibschrank übernommen wurden. Im Deutschen als Zierschrank oder Vertiko bezeichnet, dient es vor allem zur Aufstellung von Prunkge-

fäßen und zur Aufbewahrung von Geschirr im Speisezimmer.
Die beiden Schränke, die das Stadtmuseum als Schenkung erhielt, zeichnen sich durch eine aufwendige Maketerie aus, die ›première partie‹ und ›contrepartie‹ bilden, d.h. die aus zwei übereinandergelegten Furnierblättern ausgeschnittenen Formen sind positiv und negativ verwendet. Damit werden die beiden Schränke zu einem Paradebeispiel kunsthandwerklichen Könnens. Beide Schränke sollen 1867 auf der Pariser Weltausstellung gekauft worden sein, danach wurden sie in eine Wiener Wohnung integriert, bevor sie nach München kamen.
Die Gestaltung der Möbel entspricht dem sogenannten ›Louis XV Stil‹ in der phantasievollen und frei erfindenden Version des frühen Zweiten Rokoko. Neorokokomöbel wurden bereits auf der Pariser Weltausstellung 1855 ausgestellt und waren auch 1867 noch der verbreitetste Stil im Frankreich Napoleons III. H. O.

17.2.2
Vasenpaar
Fischer & Reichenbach
Pirkenhammer/Böhmen, vor 1846
bez. Blindstempel: F & R
Porzellan, Aufglasurfarben, Golddekor
38,8 cm
K 91/17, 1-2; Schenkung E. Bürgel

Die 1803 gegründete Porzellanfabrik in Pirkenhammer stand seit 1831 unter der Leitung von Christian Fischer, der nach 1846 zum Alleineigentümer der Firma wurde. Bereits unter der Firmierung Fischer & Reichenbach war es gelungen, die Manufaktur zu einer der führenden Böhmens zu machen. Die geschmacklich sehr populären Erzeugnisse der böhmischen Manufakturen wurden selbst für das Wiener Porzellan zur bedrohlichen Konkurrenz. Bereits seit den dreißiger Jahren waren es nicht zuletzt die Formen des zweiten Rokoko, die der böhmischen Produktion breite Absatzmärkte sicherten. Bunte Farben, kräftige Vergoldungen und stark plastisch geschwungene Formen kennzeichnen das Vasenpaar aus Pirkenhammer als typische Zeugnisse dieser Produktion. Wie häufig wurden als Vorbild für die inhaltlich aufeinander bezogenen Bildfelder (artige und raufende Kinder) offenbar gemalte oder graphische Darstellungen verwendet. Der stilistische Unterschied bestätigt diese Vermutung. N. G.

17.2.3
Sechs Polsterstühle im Rokokostil
Entwurf: wohl André Guillot
wohl 1849
Nußbaum massiv, 94 x 42,5 x 40 cm
Lit.: Zweig, Zweites Rokoko – Innenräume und Hausrat in Wien um 1830-1860, Wien 1924, Abb. 63, 49
M 71/240-245

Nach dem Testament der Schenkerin wurden die Stühle von einem André Guillot im Jahr 1849 entworfen.
Die scheinbar frühe Datierung der Neurokokostühle paßt gut in das Bild der erforschten Wiener Entwicklung, wo solche Möbel bereits um die Mitte des 19. Jahrhunderts verbreitet sind. Die Stühle gehörten zu einem zentral geordneten Speisezimmer, das sich als Raumtyp in dieser Zeit im deutschsprachigen Gebiet etabliert und verbreitet. Auf einem der Stühle hat sich noch ein aufgebundenes Kissen zur Schonung der empfindlichen Bezüge beim täglichen Gebrauch erhalten. H. O.

17.2.1

Das Diner, Franz von Stuck, 1904, München, Bayerische Staatsgemäldesammlungen

STILREFORM IM JUGENDSTIL

Die Entwicklung des deutschen Jugendstils leitete eine Neubewertung der angewandten Kunst ein, die man erstmals neben den Gattungen der freien Künste Malerei und Plastik als gleichberechtigt ansah. Es waren Maler und Architekten, die sich 1897 anläßlich der Internationalen Kunstausstellung im Münchner Glaspalast zusammengefunden hatten, um die Abkehr vom Historismus als bloßem Dekorationsstil bei Möbeln, Kunsthandwerk und Gebrauchsgegenständen zu propagieren.

Angeregt von den Schriften des Sozialreformers John Ruskin hatte 1883 in England der Maler William Morris in Ablehnung der mechanisierten Fabrikarbeit die handwerklich orientierte ›The Art Workers Guild‹ gegründet, die in der Art eines Zunftwesens organisiert war und sich an Vorbildern des mittelalterlichen Handwerks stilistisch orientierte. Anstatt der industriell hergestellten Massenware im Kunstgewerbe propagierte er Materialgerechtigkeit, Klarheit und Logik des Aufbaus, Schlichtheit und Schönheit der Form im Kunsthandwerk. Diese Grundsätze wurden auch in Deutschland begeistert aufgenommen. Als Gegenpol zur zunehmend technisierten Welt, deren industrielle Leistungen man gleichzeitig auf den Weltausstellungen feierte, wurde die Natur zur ausschließlichen Grundlage neuer Formansätze herangezogen, deren Umsetzung von vegetabilen und organischen Vorbildern in funktionale und dekorative Elemente von Frankreich und Belgien ausging. Der Ästhetik des Jugendstils untrennbar verbunden waren eine neue Materialauffassung, die den Werkstoff in seiner ihm gegebenen Qualität zeigen und nicht verfremden wollte, sowie ein auf konstruktiven Erfordernissen beruhendes Entwurfskonzept, das praktischen Anforderungen der Nutzung im jeweiligen Bereich zu entsprechen hatte. Die Umsetzung dieser Ideen wurde zunächst vom Künstler selbst in Zusammenarbeit mit handwerklich geschulten Herstellern getragen und als vorbildliches Einzelstück auf Kunstausstellungen gezeigt. Dabei standen erstmals der Name des Künstlers und damit die qualitative Bewertung des Entwurfs über dem des Ausführenden. In Erkenntnis der engen Abhängigkeit von technischem Wissen in Konstruktion und Materialmöglichkeiten mit freier künstlerischer Gestaltung erfolgte 1898 die Gründung der Vereinigten Werkstätten für Kunst im Handwerk, um eine ineinandergreifende Arbeit von Künstler und Hersteller zu gewährleisten. Hermann Obrist, Richard Riemerschmid, Peter Behrens, Bernhard Pankok, Bruno Paul, Theodor Schmuz-Baudiss und andere beschritten mit höchst individuellen Mitteln den Weg, den gesamten Lebensraum des Menschen neu zu gestalten. Von der Raumgestaltung bis zum Speiselöffel durchzog der Reformwille sämtliche Bereiche des täglichen Lebens, die als Gesamtkunstwerk neu konzipiert wurden.

In Schönheit essen

»Die Reform des Tafelgedeckes beginnt schon bei der Serviette. Sie hat heute noch eine Form, die ihre Gebrauchsart längst überlebt hat. Kein Mensch von Lebensart wird sie heute noch mit einem Zipfel unter dem Kinn in den Kragen stecken. Man legt sie heute einfach über den Schoß. Die zweckentsprechende Form sollte demnach jene sein, welche etwa das Handtuch besitzt: ein längliches Rechteck. Daß die Serviette weich und lind sei, wird zwar in der Theorie immer verlangt, aber die Praxis kennt nur damastene Servietten, die anfangs bocksteif sind und nach längerem Gebrauch abhaaren. Die Zeiten sind wirklich vorüber, wo Linnen dem Silber gleichgestellt war.
Über das Glas wäre manches zu sagen. Gewöhnlich sitzt das Glas wie ein Blumenkelch auf hohem dünnen Stengel, was zwar anmutig anzusehen, aber in sehr hohem Maße unpraktisch ist. Erstens wird die Standfestigkeit gering, bei leiser Berührung fällt das Glas um, und zweitens ist der Stengel beim Reinigen allzuleicht abzudrehen. Aber auch dickes Glas ist nicht zu empfehlen, weil nicht gut daraus zu trinken ist. Zwischen Lippe und Flüssigkeit soll sich so wenig Glaswand befinden als immerhin möglich. Aus dieser Voraussetzung ergibt sich die organische Form des Trinkglases von selbst; es müßte einen starken, feststehenden, starkwandigen Fuß und Stengel haben und müßte gegen den Rand ganz dünn verlaufen, um als angenehmes Glas empfunden zu werden. Handsam soll das Glas sein und mundgerecht. So einfach die Lösung scheint, ich habe ein solides Glas noch nicht gefunden.
Dem Glase steht das Porzellan zunächst. Ich weiß, daß die meisten Leute buntbemaltes Geschirr lieben. Es macht zwar nicht viel aus, ob das Geschirr bemalt ist oder einfach weiß, nur ist zu bedenken, daß

die Bemalung häufig Schäden des Porzellans verdecken muß. Reliefartiger Dekor am Tellerrand ist im höchsten Grade unzweckmäßig, aber alles Unzweckmäßige ist am häufigsten anzutreffen. Ganz weißes Geschirr ohne bunte Streifen ist sehr vornehm in der Wirkung, aber merkwürdigerweise selten im Gebrauche zu finden.

Und nun das Silber. Es ist ja heute noch der Stolz jedes wohlhabenden Hauses, der wohlgehütete Schatz, den man nur zu besonderen Festtagen oder zu Ehren seines Gastes zu verwenden wagt. Die Silberlöffel im Alltag zu gebrauchen, würde der Mehrzahl der Hausfrauen als beispiellose Verschwendung erscheinen. Ich weiß wirklich nicht aus welchem Grunde. Gerade für den Alltagsgebrauch ist echtes Edelmetall wie Silber allein zu verwenden, weil es widerstandsfähiger und sauberer zu halten ist als billiges Zeug, das oftmals erneuert werden muß, immer übel aussieht und zuguterletzt viel höher zu stehen kommt als Silber. Der wahrhaft ökonomische Sinn wird sich immer nur des letzteren bedienen. Gewöhnlich aber ist für die Hausfrau das Silberzeug bloß Gegenstand des platonischen Genusses, ohne weiteren Daseinszweck, als ›still im eigenen Glanz zu ruhen‹, und als Brautgeschenke gefühlsame Erinnerungen der Hausfrau zu bewahren. Den Kranz so frommer Tugenden aber wollen unsere ungeweihten Hände nicht zerreißen. Sprechen wir lieber von der Form, die das Silberzeug erhalten hat. Die Liebe der Künstler hat sich ja dem Silber in besonderem Maße zugewendet, und gerade in den letzten Jahren ist viel an dem Tafelbesteck probiert worden. Bei der heutigen Art, Messer und Gabel leicht zu halten, hat das Besteck auch jene Leichtigkeit und Zierlichkeit erhalten, die man ihm wünschen mag. Jedermann hat sich schon über die Gabel geärgert, die absolut keine Sauce fassen will. Als aber Oberbaurat Otto Wagner sein Reformbesteck ausstellte, gab es dennoch eine kleine Erschütterung. Man ist die alte Form schon so gewöhnt, daß die wenigsten Menschen einsehen wollen, daß es da noch etwas zu reformieren gibt. Da gab aber eines Tages ein einarmiger General den Anstoß zu einer Revolution. Der wollte eine Gabel, mit der er nicht nur spießen, sondern auch schöpfen und nötigenfalls auch schneiden konnte. Die Gabel wurde gefertigt; sie besaß eine flache löffelartige Form mit drei kurzen Zinken, so daß man damit bequem spießen und zugleich Sauce fassen konnte.

Diese Gabel ist sicherlich der reformierteste Teil des Reformbesteckes. Sie dürfte allgemeine Annahme finden, denn auch von der

Erster Träger dieses demokratischen Künstler-Stils ohne historische Bezüge war das finanziell unabhängige liberale Bürgertum, während konservative Kreise der wilhelminischen, historisch gebundenen Kunstauffassung treu blieben. Unter den deutschen Fürsten bildete der kunstinteressierte Großherzog Ernst Ludwig von Hessen eine Ausnahme, der in Darmstadt eine Künstlerkolonie ins Leben rief, an der neben Josef Maria Olbrich und Hans Christiansen auch Peter Behrens tätig war. Ihm gelang es, nicht nur Bau und Einrichtung seines Privathauses nach eigenen Plänen zu gestalten, sondern einschließlich der Tischwäsche seinen Haushalt mit selbstentworfenem einheitlichen Gebrauchsgerät auszustatten. Ähnlich umfassend arbeiteten Henry van de Velde und Richard Riemerschmid, die damit eine neue Qualität der Zusammenarbeit mit der Industrie in den Bereichen Textil, Glas, Porzellan und Metall einleiteten. Im Gegensatz zur handwerklichen Einzelausführung unterlag jede serielle Herstellung spezifischen Produktionsprinzipien, die der Künstler erst kennenlernen mußte, um seine Ideen materialgerecht umsetzen zu können.

Bemerkenswerterweise übernahmen eher kleinere Betriebe künstlerische Entwürfe in ihre Herstellung, während sich die etablierten Großhersteller abwartend verhielten. Im Bereich der Porzellankunst entstanden im Auftrag der Vereinigten Werkstätten bei der privaten Porzellanfabrik Swaine & Co. in Hüttensteinach seit 1898 erste Serviceformen nach Entwürfen von Theodor Schmuz-Baudiss, darunter das auf der Weltausstellung in Paris 1900 ausgezeichnete Service ›Pensée‹, dessen Umrißform und Dekor dem floralen Jugendstil verpflichtet waren. In der Gestaltung ähnlich war das Fischservice von Hermann Gradl, das die Porzellan-Manufaktur Nymphenburg ebenfalls 1900 in Paris präsentierte. Dieser verspielte und durch reliefierte Ornamente belebte Porzellanstil wurde von zahlreichen Fabriken durch eigene Entwürfe rasch verbreitet.

Gleichzeitig entwickelte sich eine geometrisch-abstrakte Formgebung, die auf einer neuen Anschauung von Konstruktion und Funktion basierte. Künstlerischer Formwille stand über einer Konzession an das Material, als Peter Behrens 1900 das mehr als hundertteilige Kaffee-, Tee-, Mokka- und Speiseservice der Porzellanfabrik Bauscher in Weiden schuf, das auch in seinem Darmstädter Haushalt Verwendung fand. Die mit Ausnahme der runden Teller sechs- bzw. achteckige Grundform sämtlicher Teile wurde auf ihren glatten, leicht konkaven Flächen mit drei verschiedenen linearen Druckdekoren in unterschiedlichen Farben versehen, die dem geometrischen Stil des Services entsprachen. Der große Umfang dieses und anderer Porzellanservice entsprach dem Wunsch des Kunden, der nach wie vor mit Tafelgerät repräsentieren wollte.

Ebenfalls starken Ausdruck individueller Handschrift zeigte das Tafelservice Henry van de Veldes, das ab 1903 in der Kgl. Porzellan-Manufaktur in Meissen entwickelt wurde. Seine straff gespannten Konturen führten besonders im Bereich der Griff- und Knauflösungen zu knappen, dynamisch bewegten Formen, denen der abstrahierte Dekor – auf den Tellern einem Peitschenhieb ähnlich – entsprach. Van de Velde konnte es entgegen den bislang gepflegten Usancen der Manufaktur durchsetzen, daß das Service mit seinem Namen betitelt und jedes Teil mit dem Monogrammstempel versehen wurde.

Auf dieses Recht verzichtete Richard Riemerschmid, dessen kurz danach ausgeführtes Kaffee-, Tee- und Speiseservice in der keramischen Tradition der Volkskunst stand. Weiche, bauchige Formen wurden durch ein kleinblättriges Rapportmuster ergänzt. Wie auch das Muster van de Veldes wurde die

Dekoration in Unterglasurbemalung ausgeführt, wodurch man hoffte, dem Zwiebelmuster des 18. Jahrhunderts einen würdigen Nachfolger zur Seite stellen zu können. Der wirtschaftliche Erfolg stellte sich aber bei diesen Geschirren nicht im erwarteten Maße ein. »Das große allgemeine Publikum nimmt an dem Service kein Interesse, die Kritik hat es fast einstimmig abgelehnt, und nur in den van de Velde befreundeten Kreisen hat sich Teilnahme für dasselbe kund getan.«

Fast von Anfang an nahm die deutsche Silberwaren- und Besteckindustrie an der Entwicklung des neuen Stiles teil, denn sämtliche Künstler-Besteckgarnituren entstanden in mechanisierten Spezialbetrieben, selbst wenn häufig der Name eines Silberschmiedes oder Juweliers als Provenienz angegeben wurde, dieser jedoch meist den Auftrag nur vermittelte und anschließend den Vertrieb übernahm. Wie auch in der Porzellanherstellung wurde nach ersten Skizzen ein Gipsmodell angefertigt, von dem die endgültige Werkform (Stahlstanzen) abgenommen wurde, da branchenbezogen von einer Herstellung in größerer Serie ausgegangen wurde. Die künstlerische Formgebung blieb meist auf die Griffzone der Geräte beschränkt und wurde nur in einigen Fällen auf die Vorderteile und Klingen erweitert, wodurch völlig neue Modelle entstanden, wie bei Riemerschmid, Vogeler, Christiansen, Olbrich und besonders van de Velde. Der Umfang einer Besteckgarnitur hatte sich im Lauf des 19. Jahrhunderts durch Veränderung der Eßgewohnheiten und neue Speisen auf über hundert Einzelteile erweitert. Diese Zahl wurde durch unterschiedliche Größen einzelner Teile noch gesteigert und beweist den hohen Status, der solchen Garnituren beigemessen wurde. Erstaunlicherweise wurden Künstlerbestecke nicht um das sonst übliche Tafelgeräteprogramm – Kannen, Schalen und Platten – erweitert.

Trinkservice der führenden Künstler des Jugendstils beschränkten sich auf eigenständige Formen von Kuppa und Schaft unter Verzicht des bis dahin üblichen reich ornamentierten Schliff- oder Gravurdekors. Nur in wenigen Fällen wurden Muster von Porzellanservicen auf die Glasgarnituren durch Bemalung übertragen. Durch ihr betont schlichtes Erscheinungsbild wurden diese in Handarbeit hergestellten Gläser Vorbilder für die kommende Serien-

hygienischen Seite her ist ihr Angenehmes wegen ihrer leichten Reinbarkeit nachzusagen.
In den Ansprüchen, die wir in ästhetischer Hinsicht an den Eßtisch stellen, prägt sich ein guter Teil unserer Erziehung und unserer persönlichen Kultur aus. Die Mahlzeiten sind Feste des Leibes, die bei Homer, der von seinen Helden getreulich berichtet, wann sie die Hände zum lecker bereiteten Mahle erhoben, eine Art fröhlicher Gottesdienst werden. Der Adel der Form kommt später hinzu. Es genügt dem Kulturmenschen nicht, daß das Mahl lecker bereitet sei. Die schöne Form ist nicht zu entbehren. Sie ist das halbe Essen. Die ästhetische Förderung wird geradezu zur körperlichen. Eine gewisse absolute Schönheit des Eßtisches hat sich herausgebildet, die sich mit Einfachheit wohl verträgt und die nur eine Verschiebung hinsichtlich der Kostbarkeit verträgt. Diese ist aber sicherlich zu entbehren. Eine Sehnsucht nach Schönheit geht durch unser Zeitalter. Wenn nichts fruchtet, will man wenigstens ›in Schönheit sterben‹. Das ist gewiß sehr edel, aber anmutsreicher ist: ›in Schönheit leben‹. Und dazu gehört: ›in Schönheit essen‹.«

(aus: Joseph August Lux, Die Moderne Wohnung und ihre Ausstattung Wien/ Leipzig 1905)

Speisezimmer in der Wohnung Dr. Wolff in München, um 1903/4, Entwurf: Henry van de Velde, aus: Joseph Lux, Das Neue Kunstgewerbe, Wien, 1904

produktion. Kelchglas- oder Becherservice umfaßten zwischen sechs und zwölf verschiedene Modelle, die dem Anspruch der zeitgemäß reichgedeckten Tafel entsprachen. Der Moderne besonders aufgeschlossen stand die Kristallglasfabrik Benedikt von Poschinger in Oberzwieselau gegenüber, die ab 1898 Muster von Riemerschmid, Behrens, Adelbert Niemeyer, Georg Carl von Reichenbach und Albin Müller ausführte. ›Kunstgläser‹ entstanden auch in der Rheinischen Glashütten AG Köln-Ehrenfeld.

Die angesprochene Konfrontation zwischen künstlerischem Individualismus und Akzeptanz beim Publikum führte häufig zur Ablehnung solcher avantgardistischer Objekte, die für den Benutzer ein Zwangssystem sein konnten. Bereits 1900 schrieb Adolf Loos in der ›Geschichte vom armen reichen Mann‹, daß solche Gesamtkunstwerke von ihren Bewohnern nicht ohne ständigen Nachhilfeunterricht durch den Künstler bewohnbar seien. Größte Verfechter vollkommen durchgestalteter Ensembles waren die Künstler der 1903 gegründeten Wiener Werkstätten, Josef Hoffmann und Koloman Moser, deren völlig neue tektonische Strenge, mit sparsamsten Mitteln dekoriert, höchste Ästhetik kunsterfüllter Atmosphäre ausstrahlte. Um die gewünschte Geschlossenheit zu erreichen, bedienten sich in der Anfangszeit die Entwerfer gleicher Dekorationsformen. Quadratische Lochmuster fanden sich im Schliff von Überfanggläsern ebenso wie bei durchbrochenen Metallarbeiten, deren kubische Grundform selbst bei Blumenkörbchen und Konfektschalen zur Doktrin wurde. Welch kulturelle Bedeutung der Tafelkultur damals beigemessen wurde, belegen die zahlreichen Veranstaltungen mit dem Titel ›Der gedeckte Tisch‹, die in Deutschland und Österreich mit dem Anspruch von Kunstausstellungen organisiert wurden. Zu einem Wiener Versuch schrieb 1906 die Presse mit kritischer Ironie: »Das geometrische Element leitet die beiden Kunsttafeldecker bei ihren Schöpfungen und der neue Verdauungssegensspruch wird wohl lauten müssen: ›Wünsche wohl liniert zu haben.‹ ... Zum stilgerechten Zerlegen des Rindfleisches bedarf man eines Lineals und eines Zirkels, die Knödel werden von einem Kunstdrechsler nachgedreht und die einzig stilreine schwarz-weiße Mehlspeise sind die von Koloman Moser verbesserten Mohnnudeln.«

Bis zum Ersten Weltkrieg entstand eine Vielzahl von Tafelgeschirren und Bestecken, die im Auftrag der Hersteller von Künstlern entworfen wurden und jetzt nicht mehr Teil eines umfassenden Konzeptes waren. Die Gestaltung ging auf den Zweck der Nutzung, den Rohstoff und die technischen Notwendigkeiten der Herstellung zurück. In diesem Sinn machte sich der 1907 gegründete Werkbund die ›Veredelung der gewerblichen Arbeit‹ unter ästhetischen, sozialen und volkswirtschaftlichen Gesichtspunkten zum Ziel. Und obwohl in der Folge bedeutende Erfolge erzielt wurden, schrieb Peter Behrens noch 1910 in ein Musterbuch der sächsischen Metallwarenfabrik August Wellner: »Wenn die Geschmackskultur eines Volkes am deutlichsten durch das Aussehen der Dinge, deren wir uns täglich bedienen, bezeichnet wird, so sollte die moderne Bewegung, die eine Annäherung von Kunst und Industrie verspricht, und deren Ansätze, nämlich Geschmack in große Kreise zu tragen, gewiß anzuerkennen sind, jedoch mehr wie bisher ihr Interesse auch dem Tafelgerät zuwenden.« (nach Sänger 1991, S. 71)

A. Z.

Literatur

Sänger, 1991
AK Peter Behrens und Nürnberg, 1980
AK Die Prinzregentenzeit, 1989
AK Richard Riemerschmid, 1982

18.1 Wohnung Dr. Wolff von Henry van de Velde

18.1.1
Speisezimmer im Reformstil
Henry van de Velde (Antwerpen 1863-1957 Zürich)
H. Scheidemantel, Hofkunsttischlerei Weimar, um 1904
Kiefer massiv, weiß lackiert, Blindholz: Kiefer, Sperrfurnier: Ahorn
Innenausbau: Ahorn, dunkel gebeizt
Zwei Pfeilerschränke, 180 x 80 x 46 cm, 62/848, 1-2
Anrichte, 113 x 104/154 x 64 cm, 62/848, 3
Vier Stühle, 45/99 x 45 x 41 cm, 62/848, 5-8
Runder Tisch, 72 cm, ø 150 cm, M 72/380
Lit.: Dritte deutsche Kunstgewerbeausstellung, Dresden 1906, Kat. S. 113
Ottomeyer, 1988, Nr. 78

Die weiß gefaßte Speisezimmer-Garnitur ist aus verschiedenen Möbeln zusammengestellt, die zur Zeit ihrer Herstellung als Garnitur gebraucht und auch verstanden wurden, obwohl sie sich in Detaillösungen unterscheiden.
Gemeinsam ist ihnen die klare, geschlossene Rechteckform mit geraden Linien, die Gestaltung der Innenkontur und der Schattenmodellierung durch feine Profile und Hohlkehlen. Van de Velde sieht in letzterem die Aufgabe des Ornamentes. Sie »scheint mir eine doppelte. Sie besteht teils darin, die Konstruktion zu unterstützen und ihre Mittel anzugeben, teils wie ich schon beim griechischen Ornament erklärt habe, durch das Spiel von Licht und Schatten Leben in einen sonst gleichmäßig erhellten Raum zu bringen«.
Das Zimmer wurde von der Firma Scheidemantel in Weimar in zahlreichen Ausführungen und unterschiedlichen Kombinationen gefertigt. Dabei wurde die Sitzgruppe mit verschiedenen Vitrinen, Anrichten und halbhohen Geschirrschränken kombiniert. Die Garnitur des Münchner Stadtmuseums findet sich dargestellt im Buch von Josef August Lux aus dem Jahre 1908. Es handelt sich dabei um Raumaufnahmen zweier Zimmer im Haushalt des Bankdirektors Dr. Wolff am Karolinenplatz 5 in München. Der Jugendstil als Reformstil läßt sich nur begreifen, wenn man ihn auch als eine Lebensreform versteht. Er steht im direkten Widerspruch zur üppigen, historisch orientierten Dekorationsweise der Gründerzeit. Lux kritisiert 1905 den Neurenaissance-Stil:
»Der Plüschdekorationsdivan trug die ach so bekannten Dekorationsteller. Die altdeutsche Kredenz war geschnitzt, zwar sehr roh und albern, aber im großen und ganzen trug das Möbel eine Façade wie ein italienischer Palazzo. Säulen waren an jedem Türchen, aber sie hatten nichts zu stützen. Sie waren angeklebt und bewegten sich mit der Tür auf und zu.
Der massive Speisetisch hatte unten eine kreuzweise Verspreizung, so daß man nicht recht wußte, wie man die eigenen Beine unter den Tisch bringen soll.
Die üblichen Speisezimmersessel standen herum, mit Sitzflächen aus Holz, das figurale Ornamente eingepreßt hatte, so daß man sich nicht niedersetzen konnte, ohne sich einer schönen Maske mitten ins Gesicht zu setzen – herrlich! Natürlich war auch ein Pfeilerspiel da mit Trumeau, dunkle Vorhänge, um alles in allem eine beziehungsreiche, wurstrot- und sauerkrautfarbene Gesamtstimmung zu erzeugen, die seit einer Generation in Speisezimmern so beliebt ist.« (S. 64-66). Der Reformstil macht all dies anders. Er durchlichtet und durchsonnt den Raum und vermeidet alle Materialien und Verzierungen in denen sich Staub festsetzen kann oder die nicht leicht gereinigt werden können. Im extremen Fall bedeutet dies eine weiße Lackierung der Holzteile. Dann bedeutet dies den völligen Verzicht auf alles plastische Ornament und die Reduktion der Formen auf leichte Profilierungen, und gegen die steife Unbequemlichkeit setzte van de Velde geschwungene weiche Formen, wischbare Messing- und Lederorberflächen sowie eine gesuchte Einfachheit. »Erst wenn man von jedem Ornament absieht, wird man zu ruhigen, einheitlichen Wirkungen und zu einer stillen und vornehmen Schönheit gelangen« (ebd. S. 68). H. O.

18.1.2
Teile aus dem ›Speiseservice van de Velde‹
Henry van de Velde
(Antwerpen 1863-1957 Zürich)
Meißen, Königlich-Sächsische Porzellan-Manufaktur, 1904
bez. Schwertermarke; Künstlersignet van de Velde, Maler-Nr. 71, verschiedene Modellnummern
Porzellan, blaue Unterglasurmalerei
Kleiner Teller ø 17,5 cm, Dessertteller ø 23 cm, Speiseteller ø 26,7 cm, Saucière 29 cm, kleine Platte 35,5 cm, große Platte 41,5 cm
Lit.: Jüst, Meissener Jugendstil-Porzellan, Leipzig 1983, Abb. 91; van de Velde, Tokyo 1990, S. 92 f, Nr. 90
Privatbesitz

Wie bei dem silbernen Tafelgerät entwickelt van de Velde Formen und Dekor des nur wenig später entworfenen Porzellanservices »... ganz aus dem Geiste der Funktion, der Bewegung heraus und kommt zu einem Ergebnis, das die Tradition schroff verneint« (nach Walcha, in Reibig, 1973, S. 199). Das in zwei Dekorationsvarianten (Unterglasurblau und Gold) hergestellte Service wurde von den zeitgenössischen Kritikern weitgehend abgelehnt und fand nur wenige Käufer. R. S.

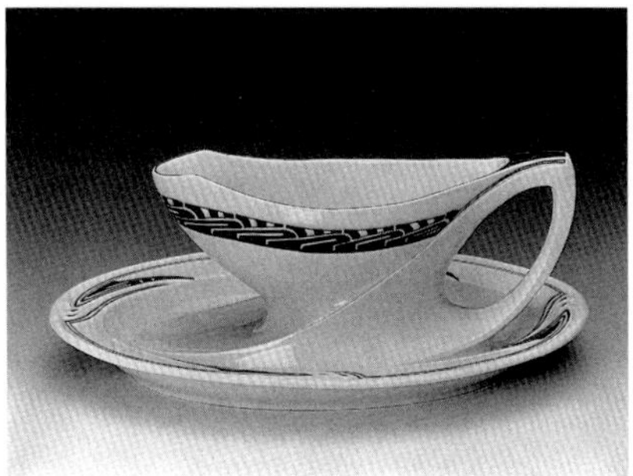

18.1.2

18.1.3
Tafelbesteckteile ›Modell 1‹
Henry van de Velde
(Antwerpen 1863-1957 Zürich)
Bremen, Silberwarenfabrik Koch & Bergfeld, ab 1903 für den Weimarer Juwelier Theodor Müller hergestellt
bez. 84, Künstlersignet van de Velde, französische Punze für ›réexportation‹;

18.1.2/18.1.3

Löffel: Mondsichel, Krone, 800, Monogramm ›RS 1930‹; Tortenheber: Mondsichel, Krone, 875, französische Punze für ›réexportation‹
Silber, vorgeprägt und geschmiedet, ziseliert, graviert
Messer 26 cm, Gabel 22 cm, Löffel 17,1 cm, Fruchtlöffel 22 cm, Fischmesser 20,5 cm, Fischgabel 17,6 cm, Kaviarmesser 19 cm, Kompottlöffel 19,3 cm, Tortenheber 28 cm, Vorlegelöffel 21,8 cm
Lit.: Sänger, Das deutsche Silber-Besteck, Stuttgart 1991, S. 208-216
Privatbesitz

Kurz nach Aufnahme seiner Lehrtätigkeit in Weimar 1902 entwarf van de Velde ein 335-teiliges Tafelsilber mit Besteck, das dem Großherzog von Sachsen-Weimar zu seiner Hochzeit am 30. 4. 1903 geschenkt werden sollte. Die Ausführung der Bestecktteile wurde über den Weimarer Hofjuwelier Th. Müller an die Bremer Silberwarenfabrik Koch & Bergfeld vermittelt, die im Mai 1903 die ersten Teile fertigte. Dieses ›Modell 1‹ wurde bis weit in die 30er Jahre hergestellt. Als sog. Juwelierbesteck trägt es nicht die Herstellermarke der Bremer Firma. Form und Gestaltung der Handhaben der Besteckteile sind von ›Kraftlinien‹ bestimmt, die van de Velde als Leitgedanken seiner ›Basis der neuen Ornamentik‹ 1902 formulierte und den Besteckteilen darüber hinaus einen hohen Grad von Funktionalität verleihen. R. S.

18.1.4
Salzschiffchen mit Löffel
Henry van de Velde
(Antwerpen 1863-1957 Zürich)
Weimar, Hofjuwelier Theodor Müller (?), 1903
bez. TH.MÜLLER DEPOSÉ, Mondsichel, 875, Künstlersignet van de Velde, geritzt: XII (Schiffchen); Mondsichel, 875, geritzt: XII (Einsatz), 84, Künstlersignet van de Velde, französische Punze für ›réexportation‹ (Löffel)

Silber, getrieben
Schiffchen 8,8 cm, Löffel 8,5 cm
Lit.: Osthaus, van de Velde (1920), Abb. S. 142; Sänger, Das deutsche Silber-Besteck, Stuttgart 1991, S. 214, Nr. 96 (Rein-Zeichnung Blatt 11, Salzlöffel, Auftragsnummer 46164)
Privatbesitz

Ähnlich den Bestecken (vgl. Kat. 18.1.3) werden bei den Korpusteilen des Tafelsilbers durch die Kraftlinien ›aktive Formen‹ und eine Verlebendigung der Oberflächen erzeugt, die die Gesamtform als ›Ornament‹ erscheinen lassen (Kessler 1904, S. 458 ff.). Es bleibt jedoch fraglich, ob wirklich alle bekannten Korpusteile bei dem Weimarer Juwelier Th. Müller hergestellt wurden oder ob nicht auch hier andere Werkstätten als ›Subunternehmer‹ beteiligt waren: nach van de Veldes ›Erinnerungen‹ scheint zumindest manches von ›einem bekannten Juwelier in Frankfurt‹ gearbeitet worden zu sein (vgl. Velde, 1962, S. 240).
R. S.

18.1.5
Gläser und Karaffe
Hans Christiansen
(Flensburg 1866-1945 Wiesbaden)
Theresienthal, Theresienthaler Krystallglasfabrik Egon von Poschinger, um 1904
Farbloses Glas mit Wellenschliff
Weißweinglas 25 cm,
Süßweinglas 11,5 cm, Karaffe 33,5 cm
Lit.: MK Künstlerkolonie Darmstadt. o.O.u.J., S. 58, Nr. 76
Privatbesitz

Die Form der Gläser und der einfache Wellenschliff sind für Christiansen gesichert, während der Wellenschliffdekor mit Schleife bisher nicht als Entwurf des Künstlers nachgewiesen werden konnte. R. S.

18.1.6
Weinkühler
Peter Behrens
(Hamburg 1868-1940 Berlin)
Lüdenscheid, Metallwarenfabrik Eduard Hueck, um 1904
bez. Ligatur PB; Firmenmarke
Zinn gegossen, poliert
23,8 cm, mit Henkel 29,5 cm
Lit.: MK Künstlerkolonie Darmstadt, o.O.u.J., S. 22, Nr. 22
Privatbesitz

18.1.8 / 18.1.9

18.1.7
Tischdecke mit Servietten
Otto Eckmann
(Hamburg 1865-1902 Badenweiler)
um 1900
bez. gesticktes Monogramm MH; im Damast eingewebt: OE
Leinendamast, Decke 159 x 217 cm
Serviette 72 x 70 cm
Privatbesitz

Weitgehend abstrahierter Wellendekor in doppelachsiger Symmetrie. In der Mitte ein Kreis von Blütenmotiven. Servietten im Motiv leicht abweichend. Diese Art des dynamischen Ornaments ist typisch für Otto Eckmann und findet sich auch bei anderen textilen Entwürfen, wo ähnlich abstrakte Motive verwendet werden.

18.1.8
Platte
Henry van de Velde
(Antwerpen 1863-1957 Zürich)
Weimar, Hofjuwelier Theodor Müller (?), um 1903
bez. TH. MÜLLER DEPOSÉ, Mondsichel, Krone, 800; Künstlersignet van de Velde und 1295 (Modellnummer ?)
Silber, getrieben, ziseliert, graviert
ø 36,5 cm
Lit.: Die Kunst 16 (1907) Abb. S. 63; Sänger, Das deutsche Silber-Besteck, Stuttgart 1991, S. 215, Abb. 91 (Originalfoto Louis Held, Weimar, wohl 1903); van de Velde, Tokyo 1990, S. 88, Nr. 102, dazu Kat. 18.1.4 (Salzschiffchen)
Privatbesitz

18.1.9
Silberteller
Henry van de Velde
(Antwerpen 1863-1957 Zürich)
Weimar, Hofjuwelier Theodor Müller (?), um 1902/03
bez. TH. MÜLLER DEPOSÉ, Mondsichel, Krone, 875; Künstlersignet van de Velde
Silber, getrieben, ziseliert, graviert
ø 21,8 cm
Lit.: van de Velde, Tokyo 1990, S. 89, Nr. 103, s. dazu Kat.-Nr. 18.1.4 (Salzschiffchen)
Privatbesitz

18.1.10
Flaschenuntersetzer
Henry van de Velde
(Antwerpen 1863-1957 Zürich)
Weimar, Hofjuwelier Theodor Müller (?), 1903
bez. TH. MÜLLER DEPOSÉ, Mondsichel, Krone, 800; Künstlersignet van de Velde, französische Punze für ›réexportation‹
Silber, getrieben, ziseliert, graviert
ø 12,5 cm
Lit.: AK Metallkunst. Kunst vom Jugendstil zur Moderne (1889-1939), Bd. 4, Berlin 1990, S. 481, Nr. 518, s. dazu Kat. 18.1.4 (Salzschiffchen)
Privatbesitz

18.1.11
Dessertmesser aus dem Besteck Modell 111
Henry van de Velde
(Antwerpen 1863-1957 Zürich)
Hersteller: Koch & Bergfeld, Bremen
Bremen, nach 1907
bez. 900 Van de Velde-Signet
Silber, geschmiedet, 17,4 cm
Lit.: AK Die Prinzregentenzeit, München 1988, Kat. 6.2.1.2; Sänger, Das deutsche Silber-Besteck 1805-1918, Stuttgart 1991, S. 220-224
K 88/36, 1-3

Van de Veldes Entwurf zum Besteck Modell 111 ist wahrscheinlich bereits um 1907 entstanden. Die Beschäftigung des Künstlers mit dem Gegenstand geht auf den Auftrag für das Tafelsilber zur Hochzeit des Großherzogs von Sachsen-Weimar zurück

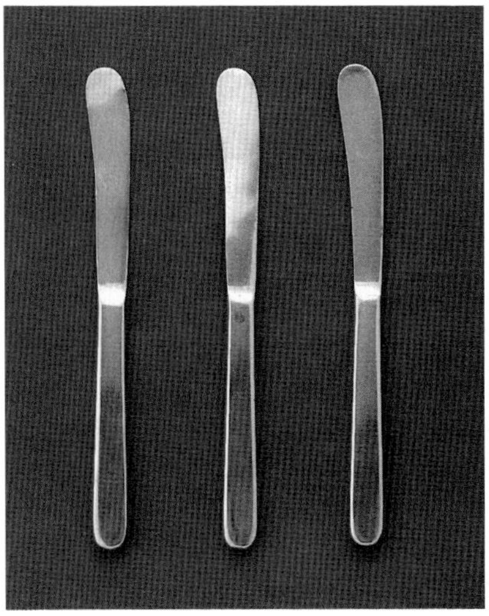

18.1.11

(Modell I). Ab Mai 1903 waren bei Koch & Bergfeld in Bremen die Teile des Tafelsilber-Bestecks entstanden. 1905/06 folgte der Entwurf zu Modell II (unter dieser Bezeichnung bei Koch und Bergfeld geführt), der eine wesentliche ornamentale Straffung und Rationalisierung der Form bedeutete. Der nächste Schritt auf diesem Weg war der Entwurf zum Besteck Modell III, dem die Dessertmesser entstammen. Nach den Forschungen von Reinhard W. Sänger beweist eine 1908 zur Veröffentlichung hergestellte Fotografie die frühe Datierung des Entwurfs (bisher wurde allgemein die Entstehungszeit des Entwurfs 1910-1912 vermutet). Die handgearbeiteten Ausführungen der Modelle stammen von der Firma Koch & Bergfeld in Bremen, die industrielle Herstellung lag seit 1910 bei der Bahner AG in Düsseldorf. Ein Musterbuch dieser Firma bildet einen Löffel aus dem Besteck Modell III ab. Mit dem Stempel der Firma gekennzeichnete Teile des Bestecks sind allerdings nicht nachweisbar. Unterschiedliche Klingenstärken der Dessertmesser des Münchner Stadtmuseums verweisen auf die handgeschmiedete Produktion der Firma Koch & Bergfeld. N. G.

18.1.12
Sechsteiliges Teeservice
Henry van de Velde
(Antwerpen 1863-1957 Zürich);
Ausführung: Hofjuwelier Theodor Müller Weimar
bez. Signet van de Velde; Th. Müller / Weimar, Halbmond, Krone, 900, Deposé
Silber, getrieben; Elfenbein
Tablett 64 x 43,8 cm, Wasserkessel mit Rechaud 37,5 cm, Kaffeekanne 17 cm, Teekanne 10,5 cm, Milchkännchen 7 cm, (Zucker-)Schale 22 x 16,5 cm
Lit.: AK Der westdeutsche Impuls 1900-1914, Kunst und Umweltgestaltung im Ruhrgebiet. Die Deutsche Werkbund-Ausstellung Cöln 1914, S. 247, Abb. 5,
K 60/17, a-f

Henry van de Veldes Entwürfe zu verschiedenen Silberservicen bilden einen Höhepunkt der künstlerischen Neubesinnung zur Zeit der Jahrhundertwende. Auslöser dafür war ein Auftrag, den van de Velde 1902 vom Hof des Großherzogtums Sachsen-Weimar für die Gestaltung des Tafelsilbers zur Hochzeit des Großherzogs Wilhelm Ernst mit Prinzessin Karoline von Reuß erhielt. Hierbei kam es zur Zusammenarbeit van de Veldes mit der Weimarer Hofjuwelierfirma Theodor Müller, deren Kapazitäten jedoch für diesen großen Auftrag bei weitem nicht ausreichten. Dennoch war diese Zusammenarbeit durch die besondere Sorgfalt, die man dort van de Veldes Entwürfen angedeihen ließ, für den Künstler so befriedigend, daß er auch in den folgenden Jahren mit der von Hans und Wilhelm Müller geführten Firma enge Verbindung hielt. Die verschiedenen be-

kannten Silberservice veranschaulichen van de Veldes Weg zur ornamentlosen Gestaltung des künstlerischen Gegenstandes. Die reine Form des Zusammenspiels von Idee und Material konstituiert den Gegenstand unter Einbeziehung der Fähigkeit des Materials, Licht und Schatten zu immer neuen Wirkungen zu verwandeln. Das Service des Münchner Stadtmuseums ist van-de-Velde-Servicen im Hessischen Landesmuseum Darmstadt und im Kunstgewerbemuseum Zürich eng verwandt. N. G.

18.2.1

18.2 Haus Thieme von Richard Riemerschmid

18.2.1
Speisezimmer aus dem Hause Thieme in München
Richard Riemerschmid (München 1868-1957 München),
Fa. B. Kohlbecker & Sohn
München, 1902/1903
bez. In den Türen der Schränke gravierte Metallschilder: ›Kohlbecker München‹
Mahagoni rot gebeizt und poliert, massiv und furniert, Blindholz: Fichte, Messingbeschläge, Schränke innen matt blau gestrichen
Buffet, 86/214 x 152 x 94 cm, 62/844; Anbauschränke, 184 x 192 x 52 cm, 184 x 60 x 52 cm, 58/931, a + b; kleine Anrichte, 116 x 104 x 61 cm, 58/932; Pfeilerschrank, 98 x 71 x 37 cm (Aufsatz), 66 x 74 x 37 cm (Kommode); 58/934; Bodenstanduhr, 80/227 x 75 x 57 cm, M 72/375; Ausziehtisch, 75,5 x 119,5 x 287; (+2 x 67) cm, M 84/01; 18 Stühle, 41/78 x 46 x 54 cm, 58/936, a-d und M 84/2, 1-14; zwei Armlehnstühle; 45/99,5 x 62 x 51,5 cm, 58/937, a-b
Lit.: AK Riemerschmid, München 1983, 32, Kat. 97; Ottomeyer, Jugendstilmöbel, Bestandskatalog des Münchner Stadtmuseums, München 1988, Nr. 16

Riemerschmid stattete den großen von ihm erweiterten Eckraum mit einem lockeren, stark asymmetrischen Arrangement von Möbeln aus. Die Möbelentwürfe folgten dem älteren Grundriß des Raumes und der vorgegebenen Abfolge der Fenster, was sich am besten an der Schrankwand zeigt. Während das Buffet vor der Wand zu stehen kam, wurden die niedrigeren linken Anbauschränke in asymmetrischer Anordnung unter die Fenster gestellt. Durch das Hinzufügen eines Teetisches und eines weiteren Eßtisches wurde der Raum über die Funktion eines repräsentativen Eßzimmers hinaus auch als Gesellschaftsraum oder Salon für Empfänge oder Soiréen nutzbar gemacht.
Die Wirkung des Raumes wurde durch seine Gesamtkomposition erreicht. Gespannte Linien der flachen Segmentbögen kommen an den Möbeln vor und finden sich vor der Fensternische, über dem Doppelfenster und in der Arkatur, die den Raum teilt. Die Bögen ruhen auf polierten Messingsäulen. Als durchgehendes Gestaltungsmotiv läßt sich der Farbkontrast von glänzend roter Politur der Möbel und mattem Blau des Tuchbezuges, dem auch die Innenausmalung der Schränke entspricht, finden. Diese komplementäre Farbstellung, hier Blau mit rotem Muster, tritt ebenfalls in den Teppichen auf. Es ist anzunehmen, daß auch bei den Vorhängen und in der Deckenbemalung diese zwei Farbtöne vorkamen. Die zum Teil noch erhaltenen Wandfliesen sind in einem Ton zwischen Grau und Violett gehalten und stehen in leiser Dissonanz zu den anderen Farben.
Um den großen Eßtisch, der durch einen Ausziehmechanismus eine Länge von etwa 4,20 m erhält, gruppieren sich zahlreiche Stühle. Ehemals 22 Stühle, vier davon in Privatbesitz, und zwei Armlehnsessel waren für eine große Tischgesellschaft vorgesehen. Aufgrund der unterschiedlichen Polsterungsart und der Farbe des Holzes lassen sich zwei Serien vermuten. Während bei zehn Stühlen und den beiden Armlehnsesseln die Polsterung mit konischen Messingnägeln aufgesetzt ist, ist sie bei den übrigen acht Stühlen in eine Holznut eingefügt und mit einem aufgeklebten Band abgesetzt.
Außerdem ist bei diesen Stühlen das Holz deutlich heller. Die tiefen Lehnen fungieren als Lendenwirbelstütze. Bei den Sesseln ist sogar in Höhe der Armlehnen eine zweite Rückenlehne eingesetzt, die damit der Forderung von Orthopäden gerecht wird.
H. O.

18.2.2
Teile aus dem Speiseservice ›Riemerschmid‹
Richard Riemerschmid
(München 1868-1957 München)
Königlich-Sächsische Porzellan-Manufaktur Meißen, 1904/05
bez. Unterglasur Schwertermarke, verschiedene Malernummern, verschiedene Modellnummern
Porzellan, blaue Unterglasurmalerei
kleiner Teller ø 17 cm,
Dessertteller ø 22 cm,
flacher Teller ø 26 cm,
tiefer Teller ø 24,5 cm, Terrine ø 34 cm,
Saucière ø 15 cm,
runde Schüssel ø 24,5 cm, große ovale Platte 51 cm, Fischplatte 64 cm
Lit.: Jüst, Meissener Jugendstil-Porzellan, Leipzig 1938, Abb. 93; Die Meister des Münchner Jugendstils, Hrsg. Hiesinger, München 1989, S. 133, Nr. 116
Privatbesitz

18.2.2/18.2.3

18.2.2

Im Gegensatz zu van de Veldes abstrakter Linienführung strahlt das im Februar 1903 von Riemerschmid in Angriff genommene Service in Form und Dekor eine von der Töpferkunst inspirierte Behäbigkeit aus und knüpft in seinen folkloristischen Elementen an das alte Zwiebelmuster an. Durch die Dresdner Werkstätten angeboten, erlangte es eine beachtliche Verbreitung. R. S.

18.2.3
Teile aus dem ›Juwelierbesteck C. Weishaupt‹
Richard Riemerschmid
(München 1868-1957 München)
Heilbronn, P. Bruckmann & Söhne für den Juwelier C. Weishaupt, München 1911/12
bez. 800, Mondsichel, Krone, V. W. (Messer, Gabel, Löffel); 800, Mondsichel, Krone, Foehr (Kaffeelöffel); 800, Mondsichel, Krone, C. WEISHAUPT (Fischbesteck, Eislöffel)
Silber, Stahl
Messer 24,5 cm, Gabel 21,7 cm,
Löffel 21,7 cm, Fischmesser 21,1 cm,
Fischgabel 17,1 cm, Eislöffel 11,3 cm,
Kaffeelöffel 14,8 cm
Lit.: Weishaupt, München, Silberne Bestecke, o.O.u.J., S. 1 ›Künstlerbesteck München‹; Die Kunst, 26, 1912, Abb. S. 510; Sänger, Das deutsche Silber-Besteck, Stuttgart 1991, S. 199 f., Abb. 80
Privatbesitz

Das schlichte, dem ›klassischen‹ Rundstilmuster nahestehende Besteck hat Riemerschmid für den Münchner Juwelier Carl Weishaupt entworfen. Wie alle Bestecke nach Riemerschmid-Entwürfen aus der Zeit vor dem 1. Weltkrieg wurde es bei der Heilbronner Silberwarenfabrik P. Bruckmann & Söhne gefertigt. Der Verkauf lag bis 1973 weitgehend in der Hand des renommierten Juweliergeschäfts; darüber

18.2.2

hinaus wurde es über die Vereinigten Werkstätten, über die ›Gemeinnützige Vertriebsstelle deutscher Qualitätsarbeit‹ des ›Dürerbundes‹ sowie durch den Stuttgarter Hofjuwelier Foehr vertrieben. In einem Verkaufskatalog des Münchner Juweliers wird das Besteck als ›Künstlerbesteck München‹ angeboten. Entwerfer und Hersteller blieben bei solchen Juwelierbestecken meist anonym. R. S.

18.2.3

18.2.4
Suppenschöpfer ›Modell M 350‹
Richard Riemerschmid
(München 1868-1957 München)
Heilbronn, Silberwarenfabrik P. Bruckmann & Söhne für den Juwelier C. Weishaupt, München, 1912
bez. 800, Mondsichel, Krone,
C. WEISHAUPT
Silber 32,2 cm
Lit.: Sänger, Das deutsche Silber-Besteck, Stuttgart 1991, S. 196-199
Privatbesitz

Das wohl bekannteste Riemerschmid-Besteck ist mit dem Modell ›M 350‹ gegeben, dessen schlichte Spatelform von einer in Spiralenden auslaufenden Linie begleitet wird. Im gleichen Zeitraum (1911/12) hat Riemerschmid sein erfolgreichstes Besteck (Künstlerbesteck München für C. Weishaupt, s. Kat. 18.2.3) sowie das Modell ›M 309‹ entworfen, dem kein so großer Erfolg beschieden war. R. S.

18.2.5
Stengelgläser mit Goldrand
Hans Christiansen
(Flensburg 1866-1945 Wiesbaden)
Theresienthal, Theresienthaler Krystallglasfabrik Egon von Poschinger, um 1906
Farbloses bzw. grünes Glas, Goldrand
Weißweinglas, grün 20 cm,
Weinglas, 18,3 cm, Weinglas, 16,2 cm,
Likörglas, 13,8 cm
Lit.: Ein Dokument Deutscher Kunst, Darmstadt 1901-1976, Bd. 4, Darmstadt 1976, S. 49, Nr. 113
Privatbesitz

18.2.6
Tischdecke mit Servietten
bez. Gesticktes Monogramm EM
Leinendamast
Decke 204 x 340 cm, Serviette 72 x 69 cm
Privatbesitz

Klassizistische Anklänge und stilisierter Blattdekor sind hier in eine bewegte Gesamtkomposition eingebunden.

18.2.7
Löffel, Gabel und Messer
Richard Riemerschmid
(München 1868-1957 München)
Ausführung: Bruckmann & Söhne, Heilbronn; Vertrieb: Vereinigte Werkstätten für Kunst im Handwerk
München 1899/1900
bez. Mond, Krone 800 RR (ligiert), Firmenzeichen VW (ligiert) im Rechteck
Silber, Stahl, geschmiedet
Löffel 19,6 cm, Gabel 20,2 cm,
Messer 24 cm

18.2.7

Lit.: AK Richard Riemerschmid, Vom Jugendstil zum Werkbund, München 1983, S. 294; AK Die Meister des Münchner Jugendstils, München 1988, Kat.102 (mit ausführlichen Literaturangaben); Sänger, Das deutsche Silber-Besteck. Stuttgart 1991, S. 188-194
K 86/3, 1-3

Die Besteckteile gehören zu den früheren Versuchen Richard Riemerschmids, die Gestaltung von Eßbestecken zu reformieren. Die Zeitschrift Dekorative Kunst (2. Jg., 1899, S. 145) hob dies besonders bezüglich der Gabel mit den paarweise zusammengefaßten Zinken hervor: »Wir ha-

18.2.5

18.2.8

ben so viele Speisen, deren flüssiger Bestandteil durch die langen Zinken der Gabel rinnt und bei denen es doch nicht üblich ist, den Löffel oder gar das Messer zu verwenden.« Riemerschmids originelle formale Lösung würde diesen Verlusten entgegenwirken. Besonders der Griff des Messers käme außerdem der Sitte entgegen, das Instrument am äußeren Ende und mit ausgestrecktem Zeigefinger zu halten. Riemerschmid entwickelte das Besteck aus einem Entwurf wohl des Jahres 1898, der 1899 in verschiedenen ›Prototypen‹ veröffentlicht wurde. Die in Sammlungen erhaltenen Besteckteile weichen formal von diesen Prototypen ab. Die Teile des Münchner Stadtmuseums entsprechen in ihrer Zusammensetzung der Abbildung des gedeckten Tisches eines Frühstückszimmers von Martin Dülfer, das 1899 in der Zeitschrift Deutsche Kunst und Dekoration abgebildet wurde.
N. G.

18.2.8
Besteck
Friedrich Adler
(Laupheim 1878-1944 Auschwitz) Ausführung: Berndorfer Metallwarenfabrik Arthur Krupp AG
Berndorf und Esslingen, um 1908
bez. Herstellermarke
Alpaca, versilbert
Messer 25,5 cm, Gabel 21,3 cm, Löffel 21,4 cm, Dessertmesser 21,2 cm, Dessertgabel 19,3 cm, Dessertlöffel 14,9 cm
Lit.: AK Bestecke des Jugendstils. Solingen 1979, Kat. Nr. 192; Sänger, Das deutsche Silberbesteck, Stuttgart 1991, S. 104 f.
K 82/75, 1-6

Die Zuschreibung des Besteckentwurfs an Friedrich Adler stützt sich neben stilkritischen Erwägungen vor allem auf die Aussage des Sohnes des Künstlers, Hermann Adler, nach der das Besteck in Familienbesitz war und ohne Zweifel immer als Entwurf des Vaters galt. Adler war seit April 1907 Professor für ornamentale Kunst an der Staatlichen Kunstgewerbeschule in Hamburg. Schon vorher hatte er den vegetabilisch-ornamentalen Stil seiner Frühzeit zugunsten abstrakt-stereometrischer Gestaltungsprinzipien aufgegeben. Aus der Spätzeit dieser Phase, die um das Jahr 1905 endet, scheint der Entwurf des Bestecks zu stammen, das ab 1907 produziert wurde.
N. G.

18.2.9
Eisbecher
Schwäbisch Gmünd, Silberwarenfabrik Gebr. Kühn (?), um 1903
bez. 800, Mondsichel, Krone, Firmenmarke
Silber, gedrückt, gegossen
12 cm, ø 10 cm
Privatbesitz

18.3 Einheitliches Bild und gute Form

18.3.1
Besteck ›3001 1/2 Darmstädter Stil, Modell Christiansen‹
im originalen Eichenkasten
Hans Christiansen
(Flensburg 1866-1945 Wiesbaden)
Heilbronn, Silberwarenfabrik P. Bruckmann & Söhne, 1902
bez. Mondsichel, Krone, 800, Adler (Firmenzeichen)
Silber, z. T. vergoldet, geprägt, graviert; Stahl; Glas 47 x 55 x 41 cm
Lit.: Sänger, Das deutsche Silber-Besteck, Stuttgart 1991, S. 134 ff., Kat. Nr. 22, Abb. 75
Privatbesitz

Die für 12 Personen ausgelegte Besteckgarnitur von insgesamt 196 Einzelteilen enthält in der ersten Lage neben Tafellöffeln und -gabeln, Dessertmessern und -gabeln noch vier Serviettenringe in zwei Größen, in der zweiten Lade Tafelmesser, Fischbestecke, Hummergabeln und Messerblöcke, in der dritten Lade Obstmesser und -gabeln, Moccalöffel, Eislöffel, Austerngabeln und Teelöffel, in der vierten Lade Tortenheber, Salatbesteck, Fischvorlegebesteck, Vorlegegabel und sechs Salzschälchen mit Glaseinsätzen samt zwölf vergoldeten Löffelchen und in der fünften Lade Käse- und Buttermesser sowie neben verschiedenen Vorlegeteilen und Schöpfern noch ein Teesieb und eine Zuckerzange. Die sechste und leere Lade ist als ›Reserve‹ gekennzeichnet. Eine solche Garnitur hat 1911 ca. M. 1000,– (ohne Kasten) gekostet. Meist von der Braut als Mitgift in die Ehe eingebracht und aufbewahrt in einem massiven Eichenkasten, stellte sie in der Tat als ›Familiensilber‹ einen kleinen Schatz dar.
R. S.

18.3.2

18.3.2

18.3.2
Besteckteile
der Modelle ›3001 und 3001 1/2, Darmstädter Stil, Modell Christiansen‹
Hans Christiansen
(Flensburg 1866-1945 Wiesbaden)
Heilbronn, Silberwarenfabrik P. Bruckmann & Söhne, 1902
bez. Mondsichel, Krone, 800, Adler (Firmenzeichen)
Silber, z. T. vergoldet; geprägt, graviert; Stahl
Modell 3001 1/2: Messer 25 cm, Gabel 21,2 cm, Löffel 22 cm, Dessertmesser 21 cm, Dessertgabel 18 cm, Dessertlöffel 18,7 cm.
Modell 3001: Messer 25,3 cm, Gabel 21,2 cm, Dessertmesser 20,8 cm, Dessertgabel 18 cm
weitere Teile: Kaffeelöffel 14,7 cm, Mokkalöffel 11,2 cm, Kuchengabel 14,5 cm, Kuchenmesser 17,7 cm, Tortenheber, graviert 26,7 cm, Kuchenmesser 27,5 cm, Fischheber, klein, mit Gravur 25,3 cm, Fischheber, groß, mit Gravur 28,4 cm, Fischheber, profiliert 29,3 cm, Fischvorlegegabel, profiliert, 23 cm, Fischheber, glatt 29,5 cm, Fischvorlegegabel, glatt 24 cm, Fischmesser mit Heftgriff 20,5 cm, Fischgabel mit Heftgriff 18,2 cm, Fischmesser 19,7 cm, Fischgabel 17 cm, Kaviarmesser mit Hornklinge 16,4 cm, Kaviargabel 14,1 cm, Kaviarlöffel 14,6 cm, Austerngabel 14,1 cm, Hummergabel 20 cm, Konfektgabel 12,2 cm, Konfektmesser 12,8 cm, Bonbon- oder Zuckerzange 13,8 cm, Kuchengabel 14,6 cm, Eisvorleger 22,6 cm, Eislöffel 14,3 cm, Eierlöffel 11,4 cm, Senflöffel 12,2 cm, Salatbesteck, Vorderteile aus Elfenbein 24,7 cm, Salatbesteck, 2tlg. 22,2 cm, Kompottlöffel 20,4 cm, Gemüselöffel 24,1 cm, Fleischgabel, groß 26 cm, Fleischgabel, klein 19,7 cm, Fleischspieß 20 cm, Pastetenschaufel 19,9 cm, Saucenlöffel, klein 18 cm, Käsemesser, groß 20,1 cm, Buttermesser, groß 19,6 cm, Buttermesser, klein 16,7 cm, Spargelzange 21,4 cm, Spargelheber 23,4 cm, Tranchiermesser 32,7 cm, Tranchiergabel 27,7 cm, Suppenkelle 32,5 cm, Bowlenkelle im Etui 33 cm, Speiseschieber 10,5 cm, Teesieb 16,8 cm, Serviettenring ø 5,8 cm
Lit.: Sänger, Das deutsche Silber-Besteck, Stuttgart 1991, S. 130-136
Privatbesitz

Das Besteck wurde aus einem Prototypen entwickelt, der auf der Künstlerkolonie-Ausstellung 1901 in Darmstadt ausgestellt war. Der Entwurf von Christiansen darf als eine der elegantesten und darüber hinaus vielteiligsten Besteckgarnituren der Jugendstilzeit überhaupt gelten. Bereits 1902 begann die Produktion von gleich zwei Modellvarianten: bei Modell 3001 sind die Heftgriffe (bei Messern, Vorlegeteilen etc.) mit sog. Pistolengriffen ausgestattet, die Gabeln mit kurzen Zinken sind reich graviert und z. T. durchbrochen, während entsprechende Teile von Modell 3001 1/2 über gerade Heftgriffe und gewöhnliche Zinken verfügen. Löffel und alle Tafelhilfsgeräte waren weitgehend mit geraden Griffen ausgestattet, so daß sie für beide Varianten verwendbar waren. Weiter war es grundsätzlich möglich, nicht nur dieses Besteck in drei unterschiedlichen Gewichtgruppen zu erwerben, und viele der Tafelhilfsgeräte standen in meist zwei Größen und mehreren Ausstattungsvarianten zur Verfügung. So konnte ein Fischvorlegebesteck in verschiedenen Größen, aber auch z.B. mit glatt belassenen, reich gravierten, am Rand profilierten Vorderteilen ausgestattet sein, während bei den Griffen die Wahl zwischen flachen Stiel- und vollplastischen Heftgriffen gegeben war. Ein Salatbesteck wurde in bis zu elf mehr oder weniger variierten Ausführungen angeboten. Christiansen konnte bei diesem Besteck auch sämtliche silbernen Vorderteile sowie die Messerklingen gestalten, anderes (Stahlzinken, Obst-, Konfekt- und Kuchenmesserklingen etc.) wurde hingegen aus dem Standard-Repertoire der Zulieferer entnommen. Dieses außergewöhnliche Besteck war selbst noch 1930 im Programm der Herstellerfirma zu finden. R. S.

18.3.3
Gedeckter Tisch
Carl Moll (Wien 1861-1945 Wien)
Öl/Lwd, 86 x 93 cm
Lit.: Fritz, Der Wiener Maler Carl Moll. Ungedr. Diss., Wien 1963;
AK Wien um 1900, Wien 1964, Nr. 83;
Gmeiner, Carl Moll, Salzburg 1985;
AK Interieurs Wiener Künstlerwohnungen 1830-1930, Wien 1990, Nr. 65.3
Nürnberg, Germanisches Nationalmuseum, Gm 1755
(Leihgabe der Stadt Nürnberg)

Das Bild gewährt einen Blick in das von Josef Hoffmann 1900/01 errichtete Haus Moll/Moser auf der Hohen Warte in Wien. Bekannt für den dort gepflegten Lebensstil, war das Haus häufiger Treffpunkt der abtrünnigen »Sezessionisten« um Gustav Klimt. Alma Mahler-Werfel berichtet in ihren Erinnerungen darüber.
Zwischen 1903 und 1908 hat Moll eine Reihe von Ansichten seiner Wohnung gemalt (im Historischen Museum der Stadt Wien). ›Der gedeckte Tisch‹ war Titel einer im Oktober 1906 von der Wiener Werkstätte veranstalteten Ausstellung. W. T.

18.3.4
Die kleine Neugierde
Julius Exter
(Ludwigshafen 1863-1939 Feldwies 1905)
bez. u. l. Julius Exter 1905
Öl/Lwd, 120 x 61 cm
Lit.: Heilmeyer, Julius Exter. In: Die Kunst unserer Zeit 11, 1909, Abb. S. 131; Julius Exter 1863-1939. Ein Chiemseemaler in Feldwies. Bearbeitet von Stefan Nadler. Bayerische Schlösserverwaltung München 1990
München, Städtische Galerie im Lenbachhaus, G 1 623

Das 1905 datierte Bild ist vermutlich eine Darstellung aus dem Hause und der Familie des Künstlers. Solche Darstellungen nehmen seit 1898, dem Zeitpunkt seiner Heirat und des Ankaufs von Haus und Grundstück in Feldwies zu. Dargestellt ist offenbar eines der beiden Kinder von Exter, das hier neugierig über den Rand eines festlich gedeckten Tisches gebeugt ist. Es ist Abend, und im Hintergrund empfangen der Hausherr – wohl in Rückansicht – und die Hausfrau – die Dame im roten Kleid hinter ihm – eine ältere Dame mit ihrem Mann. Ganz hinten sieht man die Köchin. Die liebevolle Darstellung der Einrichtung mit Biedermeierstühlen und einem weinroten Sofa sowie kostbarem Porzellan ist vielleicht mit beeinflußt durch das 1899 erschienene, sehr beliebte Buch von Karl Larsson ›Das Haus an der Sonne‹ (vgl. Nadler, Exter, 1990, S. 35).
An den Wänden hängen offenbar Werke von Julius Exter. So erkennt man rechts über dem Sofa neben dem Ovalbild deutlich das Mittelbild seiner Darstellung »Charfreitag« von 1895, das sich in den Bayerischen Staatsgemäldesammlungen befindet. Da das künstlerische Werk Exters zur Zeit nur in Ausschnitten bekannt ist, ist die Zuordnung der anderen Bilder nicht möglich. B. E.

18.3.3

aus: Eugenie Erlewein,
Hauswirtschaftlehre der Neuzeit,
1. Teil, Bd. 2, München um 1935

DIE 30er JAHRE – *Die Neue Einfachheit*

Die wirtschaftliche Depression der Nachkriegszeit ließ alte Klassenunterschiede verwischen und zerstörte dadurch auch die althergebrachten, in der sozialen Hierarchie wurzelnden Gewohnheiten in der allgemeinen Lebensführung, die sich auch auf den Bereich der Tischkultur erstreckten. Dadurch wurden kulturelle Erneuerungstendenzen begünstigt, die sich nun stärker an technischen, wirtschaftlichen und sozialen Gegebenheiten orientierten als an zweckfreier Ästhetik. In einer Zeit geistiger Verluste polarisierten sich nach Benevolo zwei Richtungen, die einerseits künstlerisches Schaffen als Ausdruck von Anarchie und reinem Aktivismus sehen wollten, andererseits an frühere Versuche anknüpften, feste und objektive Grundlagen zu schaffen, um eine neue, allgemeingültige Formsprache zu schaffen. Vereinfacht bewertete man den Widerspruch als eine Auseinandersetzung zwischen klassizistisch-konservativen Kreisen, die als antimodern galten, und industriell-technischen ›Kulturbolschewisten‹, deren politische Nomenklatur nach 1933 bereits Wertung genug war.

19.1.1

Das Speisezimmer (Eßzimmer)

1 der Hausherr (Haushaltungsvorstand, Gatte, Ehegatte, Vater)
2 die Hausfrau (Gattin, Ehegattin, -frau, Mutter); 1–2 die Eltern
3 der Knabe (Junge, Bube, Sohn)
4 das Mädchen (Mädel, die Tochter)
3–4 die Kinder (Geschwister);
1–4 die Familie
5 die Hausgehilfin (Stütze der Hausfrau, das Dienstmädchen) mit Servierschürze und Haarbinde (Häubchen) [deckt)
6 der Eßtisch (als Kaffeetisch ge-
7 die Tischdecke (eine Kaffeedecke)
8 der Kaffeelöffel [setzer
9 die Kaffeekanne: a der Unter-
10 das Milchkännchen (der Sahnen-
11 die Zuckerdose [gießer)
12 die Tasse (Kaffeetasse, Obertasse, der Tassenkopf) mit der Unter-
13 der Kuchenteller [tasse
9–13 das Kaffeeservice
14 der Kaffeetrichter
15 der Kuchen (Napfkuchen, Gugelhupf, die Bäbe)
16 das Tragbrett (Servierbrett, Präsentierbrett, Tablett): a die Kuchenplatte (der Kuchenteller)
17 der Kuchenheber (Tortenheber, die Kuchenschaufel)
18 die Zuckerzange
19 die Mundtuchtasche [dem Ring
20 das Mundtuch (die Serviette) mit
21 der Kakaotopf (die Kakaokanne)
22 der Geschirrschrank (das Büffet)
23 die Teekanne
24 die Kaffeemütze (Kaffeehaube)
25 die Keksdose
26 die Bowle (das Bowlengefäß)
27 der Bowlenlöffel
28 die Klingel für das Mädchen
29 die Hängelampe
30 die Zimmerdecke (Decke)
31 die Stuckverzierung (Stuckarbeit, der Stuck)
32 das Stilleben (ein Bild)
33 das Getäfel (Paneel, die Täfelung, Wandverkleidung aus Holz)
34 die Krümelschippe mit -bürste (Tischschaufel mit Tischbürste)
35 das Wandbrett (Paneelbrett)
36 der Zinnkrug
37 der Zinnteller
38 die Zinnschüssel
36–38 das Zinngeschirr (Zinn)
39 der Henkelkrug (Bierkrug, das Seidel) [ein Samowar)
40 der Teekessel (die Teemaschine;
41 die Anrichte (der Anrichtetisch, -schrank, Nebentisch, die Servante, Kredenz, der stumme Die-
42 die Käseglocke [ner)
43 die Pfeffermühle
44 der Eierbecher [dem Löffelchen
45 der Senfnapf (die Senfbüchse) mit
46 der Salzstreuer (das Salzfäßchen)
47 der Parkettfußboden (Parkettboden, das Parkett)

Heute bedarf das Programm des Weimarer Bauhauses keiner Rechtfertigung mehr, das den Zweck künstlerischer Arbeit nicht darin sehen wollte, eine Form zu erfinden, sondern mittels dieser Form den Verlauf des täglichen Lebens zu modifizieren, obwohl nicht alle zeitgenössischen Entwerfer damit übereinstimmten. Eine nachhaltige Bedeutung hatte das praktische Ausbildungsziel, die immer wieder angesprochene Problematik zwischen Künstler und Handwerker durch eine parallel laufende Ausbildung in beiden Bereichen zu lösen. Auch außerhalb dieser Richtung stehende Gestalter schlossen sich dem an. Gleichzeitig verschob sich in ganz Europa der Akzent moderner Gestaltung nicht nur auf die Suche nach einem Stil, sondern auf die dazu nötige Methode, die Achtung vor dem menschlichen Maß und eine absolute technische Sauberkeit beinhaltete. Großes Ansehen wurde daher der Werkbundausstellung 1927 in Stuttgart, 1930 in Paris und der Bauausstellung in Berlin 1931 zuteil, die mit vollständigen Interieurs den Vergleich mit französischen und amerikanischen Beiträgen bestanden. Aus der heftig geführten Diskussion um diese ›Neue Sachlichkeit‹ entwickelte sich ein internationaler Stil, der vernünftig und gemäßigt eine Verschmelzung von Alt und Modern, von Neuerung und Tradition präsentierte.

Die soziale Utopie einer Emanzipation der Gesellschaft durch veränderte Wohn- und Lebensbedingungen verhalf nur kurzzeitig ihren Sinnbildern, wie zum Beispiel den Stahlrohrmöbeln Marcel Breuers oder Mies van der Rohes, zum Erfolg. Der von den Nationalsozialisten zur Staatskunst mißbrauchte Klassizismus zog sich dagegen auf tradierte Positionen zurück, die im Möbelbau höchstens geometrische Raster als Zitat der Moderne zuließen. Dabei wurde auf beste Materialverarbeitung und ausgewogene Proportionen großer Wert gelegt, wie an den Einrichtungen von Bruno Paul, Fritz August Breuhaus und Georg Schneck abzulesen ist. Dem wirtschaftlich aktuellen Thema der ›billigen Wohnung‹ wurde durch Systematisierung der Herstellung in normierten Größen Rechnung getragen.

Die moderne Industrieform klarer Prägung beruhte auf handwerklich erarbeiteten Prinzipien, die in ihrer Durchführung die Ein-, fast Unterordnung

Die Tafel

1 der Eßtisch (Speisetisch; teilweise gedeckt)
2 das Tischtuch (Tafeltuch)
3 der Teller (der flache Teller; als Suppenteller: der tiefe Teller)
4 das Mundtuch (die Serviette)
5 das Brötchen (Tafelbrötchen)
6 das Eßbesteck: a die Gabel, b das Messer auf der Messerbank
7 (a, b) das Fischbesteck
8 der Suppenlöffel
9 der Kompott- oder Nachtischlöffel
10 der Kompotteller ⌈(Dessertteller)
11 der Brot- und der Nachtischteller
12 das Sektglas (ein Spitzglas)
13 das Rotweinglas
14 der Römer
3–14 das Gedeck
15 das Salatbesteck
16 das Tranchierbesteck (Zerlege-,
17 die Suppenkelle ⌊Vorlegebesteck)
18 der Tafelaufsatz
19 der Korkzieher (Pfropfenzieher)
20 der Nußknacker
21 die Obstschale: a das Obstmesser
22 die Geflügelschere
23 die Suppenschüssel (Terrine, Suppenterrine)
24 der Soßenlöffel (Tunkenlöffel)
25 die Sauciere (Soßen-, Tunkenschüssel, der Soßennapf)
26 die Sektflasche (Schaumwein-
27 die Weißweinflasche ⌊flasche) a die Flaschenkapsel
28 die Rotweinflasche
29 die Karaffe
30 die Chiantiflasche
31 der Tafelleuchter
32 der Ständer mit Essig- und Ölflasche (die Menage)
33 das Butter- und das Käsemesser
34 der große Kompottlöffel
35 die Schüssel: a die Kompottschüssel, b die Gemüseschüssel, c die Kartoffelschüssel
36 die Butterglocke (Butterdose)
37 die Platte (als Braten-, Fleisch- oder Gemüseplatte)
38 der Gemüselöffel
39 der Kartoffellöffel
40 das Brotkörbchen (Semmelkörbchen): a die Brotschnitte

aus: Der große Duden, Bildwörterbuch der deutschen Sprache, Leipzig, 1935

des Entwerfers in den Herstellungsprozeß erforderten. Zu individueller Personalstil stand einer beabsichtigten Massenverbreitung, die auch geschmacksbildend wirken sollte, entgegen und wurde daher von der Avantgarde abgelehnt.

Porzellanhersteller, die in den vorausgegangenen Jahren kurzlebige, dem modischen Zick-Zack-Stil verpflichtete Service in großer Zahl auf den Markt gebracht hatten, versuchten nun mit eindrucksvoll schmucklosen Formen ihren Produkten wieder einen gewissen Kulturwert einzuräumen. Die glatten, stereometrisch aufgebauten Formen von Marguerite Friedländer-Wildenhain, nach ihrem Entstehungsort ›Halle‹ bezeichnet und von der Berliner Porzellan-Manufaktur ausgeführt, bildeten 1927 den Auftakt. Keramisches Verständnis für Nuancen führte hier zu fein abgewogenen Proportionen und Details. Rational konsequent hielt dagegen Hermann Gretsch bei seinem 1931 für die Porzellanfabrik Arzberg entworfenen Seriengeschirr ›1382‹ an strikten Kugel- und Eiformen fest. Als besonders preiswertes Modell hält sich ›1382‹ bis heute in der Produktion und beweist dadurch seine allgemeine Gültigkeit als sachliche Form.

Eleganter waren die Entwürfe Wolfgang v. Wersins, ›Helena‹ und ›Lotos‹, die für die Porzellan-Manufaktur Nymphenburg und die Rosenthal AG in Selb 1936 entstanden. Seinem Formverständnis lag ein Bezug zum historisch erprobten Gebrauchsgefäß zugrunde, den er 1931 als Leiter der Neuen Sammlung in München in einer Ausstellung ›Ewige Formen‹ anhand von Beispielen aus verschiedenen Jahrhunderten und Kulturen anschaulich zu machen versuchte. Diese Methode eines ›zeitlosen‹ Eklektizismus, der sich auf Traditionen der Materialbearbeitung und des Gebrauchs berief, spricht auch aus dem japanischen Schalen entlehnten Service ›Urbino‹ von Trude Petri, das 1931 in Berlin entwickelt wurde. Den zwanzig Jahre lang vom Werkbund propagierten Grundsatz von sachlicher Form, die in enger Zusammenarbeit zwischen Künstler und Hersteller zu erarbeiten sei, mißbrauchte das nationalsozialistische Reichsamt ›Schönheit der Arbeit‹ bei jenen Eß- und Trinkgeschirren, die nach Entwürfen von Heinrich Löffelhardt in verschiedenen deutschen Fabriken hergestellt wurden und deren Formen durch einen starken Scherben eher plumpe Behäbigkeit als gelungene Gestaltung vermitteln.

Das Material und seine neuen, technisch erweiterten Eigenschaften erhob Wilhelm Wagenfeld zum Ausgangspunkt der Gestaltung, als er ab 1931 für das Jenaer Glaswerk Schott & Gen. feuerfeste Teeservice und Kochgeschirre entwarf. Sie entsprechen veränderten Anforderungen an Gebrauch und Ästhetik ebenso wie die zahlreichen Nutzartikel des täglichen Lebens, die in den Vereinigten Lausitzer Glaswerken in Weißwasser bis 1945 erstmals der Preßglasproduktion neue Akzente vermittelten. Führend war auch die Staatliche Fachschule für Glasindustrie in Zwiesel unter ihrem Direktor Bruno Mauder. Technische Innovation mit neuer Form verbanden Richard Süssmuth, Karl Wiedmann und Walter Dexel, letztere in Zusammenarbeit mit der Glasabteilung der Württembergischen Metallwarenfabrik.

aus: Eugenie Erlewein, Hauswirtschaftslehre der Neuzeit, 1. Teil, Bd. 2, München um 1935

Im Zuge einer Rückbesinnung auf klassische Formen wurden auch Künstlerbestecke aus der Vorkriegszeit weiterhin hergestellt oder neu aufgelegt. Dazu zählten Arbeiten von van de Velde, Behrens, Riemerschmid, Groß und Olbrich, die neben neuen Entwürfen von Josef Arnold, Gerhard Duve, Franz Rickert, Albert Thomeé und Ernst Schmidt das Angebot bestritten. Eine Anpassung an geänderte Eßgewohnheiten führte bei Besteckgarnituren zu einer Zwischengröße von Speise- und Dessertbestecken, wie sie heute üblich ist.

Da zahlreiche Entwürfe der dreißiger Jahre erst nach 1945 kontinuierliche Verbreitung fanden, erhält der eigentlich gut gemeinte Ratschlag im ersten Band der Reihe ›Hausrat, der zu uns paßt‹ von Hermann Gretsch in der Retrospektive einen schalen Beigeschmack: »Auf deinem gedeckten Tisch sollen nicht die Modelaunen irgendeines Musterzeichners zum Ausdruck kommen, sondern deine Gesinnung.«

A. Z.

Literatur

Benevolo, 1984
Steingräber, 1979
MK Metallkunst, 1990

19.1.1
Speisezimmer ›Modell 331‹
Bruno Paul
(Seifhennersdorf/Sa. 1874-1968 Berlin)
Deutsche Werkstätten AG, Dresden-Hellerau, 1934
Birnbaumholz, dunkel poliert, innen Ahornfurnier, Messingbeschläge
Geschirrschrank 138 x 233 x 50 cm M 78/15, Anrichte mit Marmorplatte 80 x 133 x 46 cm M 78/16, ovaler Tisch 76 x 145 x 106 cm M 78/17, Armlehnstühle 82/45 x 51 x 56 cm M78/18
Stühle 82/45 x 46 x 50 cm M78/19 (nach Entwurf von Karl Bertsch, Ausführung in Birke), zugehörige Lampe, Messing brüniert, rote und beige Seide, 54 cm
Lit.: DeWe-Kat. 1935, S. 22; Die Kunst, Bd. 72, Juli 1935, S. 232; DeWe-Kat. 1936, S. 45; DeWe-Kat. 1937, S. 56-57; DeWe-Kat. 1938, S. 56-57; AK Bruno Paul, München 1992, S. 259, Nr. 575
M 78/15-19

Um eine optisch ›leichte‹ Raumwirkung zu erreichen, wählte Bruno Paul bei diesem Speisezimmer erstmals eine halbhohe Form für den Geschirrschrank, der zusätzlich einen Vitrinenteil erhielt. In der kaum gebrochenen Flächigkeit der Front, die das feingemaserte Furnier zur Geltung bringt, und dem eingerückten Sockelunterbau steht das Möbel noch im Stil der späten 20er Jahre, während die Vitrine in der Mitte Vorbild für eine Generation von Industrieherstellern wurde, die besonders im ›Gelsenkirchener Barock‹ weiteste Verbreitung fand.
A. Z.

19.2.1
Speiseservice ›Lotos‹
Wolfgang von Wersin
(Prag 1872-1976 Bad Ischl)
Staatl. Porzellan-Manufaktur Nymphenburg, 1936
Porzellan, blauer Rand
Suppenterrine, mit Knauf 23 cm, Ragoutschüssel mit Deckel, mit Knauf 18 cm, Saucière, 9 x 22,5 x 15,5 cm, ovale Platten 27 und 35,5 cm, runde Schale, ø 23,5 cm, flache Teller, ø24,5 cm, 16,5 cm, tiefe Teller, ø 24,5 cm
Lit.: Ziffer, München 1990, S. 302, P 78
Privatbesitz

Seit den 30er Jahren war der Entwerfer Wolfgang von Wersin für die Porzellan-Manufaktur Nymphenburg, die Porzellanfabriken Ph. Rosenthal, Thomas, L. Hutschenreuter und Bauscher tätig. Aus dem Bestreben um ›Ewige Formen‹, einer von Wersin in der Neuen Sammlung bereits 1931 veranstalteten Ausstellung von Gebrauchsgefäßen verschiedener Jahrhunderte, läßt sich ein Formbegriff ableiten, der ohne politische Motivation zeitlos und in ihrer Gestaltung ausgewogene Entwürfe hervorbrachte. Die weit ausladende Schalenform mit geschwungenem Deckel und gerilltem Knauf folgt einem organisch entwickelten Formgedanken, dem das Service auch seine Bezeichnung verdankt. Dadurch unterscheidet es sich von den streng der Geometrie verpflichteten Servicen von Hermann Gretsch oder Marguerite Friedländer. Es erhielt auf der Weltausstellung in Paris 1937 einen Grand Prix. A. Z.

19.2.2

19.2.2
Besteckgarnitur Modell-Nr. 2810 mit Kasten
Friedrich August Breuhaus de Groot
(Solingen 1883-1960 Köln)
Solingen, J. A. Henckels Zwillingswerk AG, 1931
bez. Zwillingsmarke, 90 bzw. 100 (Silberauflage), im Kasten: J. A. Henckels, Zwillingswerk Solingen, Wien I, Kärntner Straße 24

19.2.1

Alpaca versilbert, Stahl
Messer 24,8 cm, Gabel 20,6 cm, Löffel 20,6 cm, Dessertmesser 19,8 cm, Dessertgabel 17,4 cm, Kaffeelöffel 14,5 cm, Mokkalöffel 11,5 cm, Kuchengabel 15 cm, Zuckerzange 9,5 cm, Fleischgabel 20 cm, Saucenschöpfer 18 cm, Suppenschöpfer 33 cm, Vorlegelöffel 25,5 cm, Tortenheber 24 cm
Lit.: Deutsche Goldschmiede-Zeitung 43 (1940), Abb. S. 14; AK Metallkunst. Kunst vom Jugendstil zur Moderne (1889-1939), Bd. 4, Berlin 1990, S. 220 f.
Privatbesitz

Zu ihrem 200jährigen Bestehen hat die Firma J. A. Henckels 1931 ein Jubiläumsbesteck mit plastisch gestalteten Griffen und Stielen nach Entwurf des Architekten F. A. Breuhaus produziert. Das Modell steht formal in unmittelbarer Nähe zu einem bereits 1928 für die Württembergische Metallwaren-Fabrik bis zur Serienreife entwickelten, aber letztlich nicht produzierten Muster.
R. S.

19.2.3
Kelchgläser ›Lobenstein‹
Wilhelm Wagenfeld
(Bremen 1900-1990 Stuttgart)
Weißwasser, Vereinigte Lausitzer Glaswerke (VLG), 1937
Farbloses Glas, geschliffener Schaft
Weißweinglas 13 cm, Cognacglas 11 cm, Wasserglas 14,3 cm, Sherryglas 11 cm
Lit.: Täglich in der Hand. Industrieformen von Wilhelm Wagenfeld aus sechs Jahrzehnten, Worpswede 1987, S. 113, Nr. 83, 84
Privatbesitz

Nach dem Motto ›Auch das allerbilligste Glas kann schön sein‹ hat W. Wagenfeld in stetiger Entwicklungsarbeit nicht nur die Glasproduktion der Vereinigten Lausitzer Glaswerke revolutioniert. Hier gelang ihm mit der Schaffung der Produktion des sog. ›Rautenglases‹, genannt nach einer aufgeklebten Rautenmarke auf seinen Glaserzeugnissen, ein Qualitätsstandard, der seinen kulturellen Bestrebungen und der Wirtschaftlichkeit der Industrie gleichermaßen standhielt. R. S.

19.2.4
Teeservice
Josef Hillerbrand
(Bad Tölz 1892-1981 München)
Porzellanmanufaktur Nymphenburg für die Deutschen Werkstätten
Nymphenburg, um 1927
Porzellan, Aufglasurfarben
Kanne 15,8 cm und 13 cm, Milchkännchen 9,4 cm, Teller ø 17 cm, Tasse ø 9 cm, Unterteller ø 14 cm
Lit.: AK Die Zwanziger Jahre in München, München 1979, S. 420, Kat. 363
K 78/165

19.2.3

19.2.5
Weingläser
Josef Hillerbrand
(Bad Tölz 1892-1981 München);
Josephinenhütte für die Deutschen Werkstätten
Schreiberhau, 1927
Farbloses Glas, formgeblasen
13,5 cm, 12 cm, 9,5 cm
Lit.: AK Die Zwanziger Jahre in München, München 1979, S. 420, Kat. 365
K 78/167

Hillerbrands Entwürfe entsprechen ganz dem Grundsatz der Deutschen Werkstätten, eine moderne Formgebung durch Zweckmäßigkeit und Materialgerechtigkeit zu erzielen. Der Künstler war 1920 zu den von Richard Riemerschmid geleiteten Deutschen Werkstätten gekommen und war nach dem Weggang vor Karl Bertsch zu einem der führenden Entwerfer des zwischen Tradition und Avantgarde im Sinne einer lebensnahen ›Neuen Sachlichkeit‹ vermittelnden Unternehmens geworden. Hillerbrand war als Dekorationsmaler ausgebildet worden und brachte seine Fähigkeiten auf diesem Gebiet in die Gestaltung von Möbeln und vor allem Textilien ein. In diesem Zusammenhang sind auch Hillerbrands abstrahierend vegetabile Porzellandekore der 20er Jahre zu sehen. Die Gläser, aus einem Satz von 9 Exemplaren und einer Karaffe stammend, sind konsequent aus dem Zusammenwirken von Materialeigenschaften und Formbewußtsein entwickelt. N. G.

19.2.6
Tischdecke mit Würfelmuster und umlaufender Bordüre
Deutschland, um 1930
bez. gesticktes Monogramm RA
Leinendamast, 168 x 220 cm
64/1008/1

19.2.7
Plakat zur Ausstellung ›Der gedeckte Tisch‹
Franziska Slopsnies
Herm. Sonntag & Co, München, 1926
bez. l.u.: Franziska Slopsnies München
1926
Farblithographie, 84 x 70 cm
C 9/91

20.2.1-20.2.3

DIE 50er JAHRE – *Ein Sieg der Moderne*

»Gerade in Zeiten geistigen Wandels ist das Bedürfnis nach Sicherheit in den Menschen besonders groß«, konstatierte J. A. Meisenbach 1951 und bezog sich auf den deutschen Beitrag der IX. Triennale in Mailand. Die Erzeugnisse, die in diesem Rahmen ausgestellt wurden, waren zum größten Teil dem ›Ruf nach Sachlichkeit, Zweckmäßigkeit und Materialgerechtigkeit‹ in alter Werkbundtradition verpflichtet. Doch im Vergleich zu Amerika, Italien und den skandinavischen Ländern, deren spielerischer Umgang mit Form und Ästhetik heitere Bewegung und freundliche Farben in die Welt der Gebrauchsgegenstände gebracht hatte, schienen Deutschlands Entwerfer in ihrem Klassizismus der rigiden ›guten Form‹ zunächst wie gefangen.

War man von der Dynamik der amerikanischen Stromlinie noch fasziniert, so stand man den Einflüssen Skandinaviens unsicher gegenüber. Die Bemerkungen zu jenen organisch gestalteten, spielerisch die Formen auflösenden Kunstschöpfungen, wie zum Beispiel den Glasarbeiten Tapio Wirkkalas und Timo Sarpanevas, reichten von ›Offenbarung‹ bis strikter Ablehnung dieses ›zweiten Jugendstils‹. Ähnlich erging es der Lichtdecke von Luciano Baldessari mit plastischen Elementen von Umberto Milani, die über dem Eingang zur oben erwähnten IX. Triennale in Mailand angebracht waren. Leichtigkeit und Bewegung, wie sie den Mobiles eines Marcel Duchamps oder Alexander Calders bereits zwanzig Jahre zuvor eigen waren, führten in eine Welt abstrakt-organischer Plastizität, die sich auf sämtliche Objekte im Wohn- und Lebensbereich übertragen ließ – häufig jedoch unter starkem Verlust künstlerischer Qualität. Aus einer Ästhetik der Raumdurchdringung, Bewegung und Linienfluß war ein ›organic design‹, wie eine Ausstellung im Museum of Modern Art in New York betitelt wurde, entstanden, die zeigen wollte, daß »geometrische Präzision einem neuen weicheren Gefühl gewichen ist, das sich in einer größeren Flüssigkeit des Linienverlaufs und einer Auflockerung der Erscheinung ausspricht« (Paul Reilly, zit. nach Maenz 1984, S. 127).

Der gebogenen und gerundeten Formgebung kamen neue Methoden der Holz- und Metallverarbeitung entgegen, die zu den Schichtholzstühlen oder dem ›Wire Chair‹ von Charles und Ray Eames führten. Die logische Fortsetzung lag in den stapelbaren Glasfiberstühlen dieses Entwerfers, die gleichzeitig der Tendenz des mobilen Wohnens entsprachen. Bei der rasanten Expansion der Kunststoffe als ›modernes Material‹ denkt man heute hauptsächlich an die als Oberflächenbeschichtung von Küchenmöbeln verwandte Plastikmischung Resopal, die bereits um 1930 als Preßmasse für elektrische Isolierzwecke bekannt war und nun zusammen mit ihrer kleinteiligen Bemusterung zu einem Synonym für dieses Jahrzehnt wurde.

Trotz einer ersten Begeisterung für alles Neue in Kreisen einer intellektuellen Jugend war in Deutschland der überwiegende Teil des Publikums gewohnt, langlebige Gebrauchsgüter zu bevorzugen, an denen man sich nicht ›schnell absah‹, weshalb dem spontanen Esprit des Zeitgeschmacks auf Dauer nur geringe Wertigkeit beigemessen wurde. Unterstützt wurde das Festhalten am Vertrauten durch die unsichere wirtschaftliche Situation, die Konsumenten eher dazu veranlaßte, ihren Vorkriegsbesitz wieder zu rekonstruieren oder bestenfalls zu ergänzen. Einer Umfrage von 1955 nach, waren 60 Prozent der Deutschen mit dem Angebot der Möbelhersteller mit ›Hochglanzpolitur‹ zufrieden, 30 Prozent bevorzugten einen »einfachen Werkstätten-Stil« und nur zehn Prozent wollten »wirklich ganz moderne Räume« – also den ›Nierentisch‹ (nach Maenz, S. 126). Moralisierende Hilfestellung gaben dabei zahlreiche literarische Wohnberater, deren erste Auflagen meist schon vor dem Krieg erschienen waren und die anhand von Bildbeispielen den Konsumenten anschaulich vor Augen führten, daß Wohnen eine Frage des guten und schlechten Geschmacks und somit letztlich eine moralische Angelegenheit sei.

Tischdekoration für ein Weihnachtsmenue 1958

Im Bereich der Tischkultur bedeutete die Zusammenarbeit der Porzellanfabrik Ph. Rosenthal mit dem amerikanischen Entwerfer Raimund Loewy und seinem Mitarbeiter Richard S. Latham einen entscheidenden Schritt in die neue Richtung des ›New Look‹, dem Service wie die ›Form E‹, ›Form Exquisit‹ oder der Klassiker ›Form 2000‹ verpflichtet waren. Der in der Mitte eingezogene Doppelkonus dieser Modellform wurde zum Synonym der frühen 50er Jahre und vielfach variiert von anderen Gestaltern übernommen, da er in seiner klaren Erscheinung rationaler Formgebung entsprach. Es blieb ebenso Rosenthal vorbehalten, in Deutschland dem skandinavischen Design den Weg zu bereiten und ab 1956/57 Tapio Wirkkala und Bjørn Wiinblad als freie Entwerfer zu beschäftigen.

Auf dem Fundament des Bauhauses, der Neuen Sachlichkeit und zeitgebundener Eleganz entwickelte das deutsche Nachkriegsdesign seine eigene Prägung, die in der 1950 gegründeten und 1955 eröffneten Hochschule für Gestaltung in Ulm weitergeführt wurde. Dem organoiden Trend folgten die Entwerfer nur kurzzeitig, darunter Fritz Heidenreich oder Beate Kuhn, während die dominierenden Persönlichkeiten wie Wilhelm Wagenfeld, Heinrich Löffelhardt und Wolfgang v. Wersin sich für materialgerechtes Gestalten in proportional ausgewogenen Formen entschieden, mit denen sie die Traditionen der Vorkriegszeit in die Gegenwart führten und Gebrauchsgegenstände der Tischkultur schufen, die heute vielfach als Klassiker bewertet werden. Dabei war durchaus die bewegte Form eines der Mittel zum Ausdruck, bevorzugt wurden jedoch eine gewisse Klarheit und Rationalität.

Verglichen mit früheren Arbeiten dieser Entwerfer finden sich in den fünfziger Jahren eine Leichtigkeit und Eleganz, die durch eine schlanke Silhouette und leicht gezierte Details erreicht wurden. Dabei flossen ergonomische Gesichtspunkte der Materialbehandlung und Herstellungstechnik zunehmend mit ein. Obwohl die überwiegende Zahl damals gestalteter Serviceformen eine glatte Oberfläche aufwies, die sich besonders zur übergreifenden Dekorierung eignete, erhielten auch rein optische Schmuckdetails ihre Berechtigung, wie sie die Porzellanservice ›Gloriana‹ 1951 von Wagenfeld oder ›Orion‹ von Wersin 1946/56 zeigen.

Gleichzeitig entwickelten sich durch das Wechselspiel von Export, besonders nach Amerika, und importierten Speisegewohnheiten neue Formteile, darunter Porridgeschalen, ›Baker‹ oder Olivenschalen, die z.B. von der Porzellan-Manufaktur Nymphenburg im Speiseservice ›Adonis‹ nach Entwürfen von Wolfgang v. Wersin zwischen 1951 und 1956 angeboten wurden.

Einen bedeutenden Zuwachs erfuhren die westdeutschen Glashersteller durch die zahlreichen vertriebenen Glasmacher aus Böhmen und Schlesien, die häufig zur Gründung neuer Glashütten anregten. Eine Personalunion von Entwerfer und Hersteller ist, wie die Beispiele von Richard Süssmuth oder Josef Riedel beweisen, gerade in diesem Produktionszweig häufig zu finden. Ihr Gespür dem Material gegenüber verfeinerte die glatten, nur selten dekorierten Formen der Gläser, die sich parallel zum Wirtschaftswunder besonders vielfältig entwickelten, da es dem Trend entsprach, für jedes Getränk eine spezielle Glasform zu entwickeln. Beredtes Beispiel ist der bis heute aktuell gebliebene und kaum veränderte Cognacschwenker J. Riedels von 1957.

Neben zeitgemäßer Zweckbestimmung führten Materialentwicklungen auf dem Gebiet der Besteckherstellung zu neuen Lösungen. Die Einführung von hochveredeltem, rostfreiem Chrom-Nickel-Stahl ermöglichte es, Griff und Heft in einem Werkstück zu formen. Das ästhetische Augenmerk wurde jedoch von der Gestaltung der Griffzonen auf die Formgebung von Laffe, Zinken und Schneide verlagert und führte in Verbindung mit neuen Eßgewohnheiten u.a. zur breiten, kurzzinkigen Gabel, die Löffelfunktion übernehmen konnte. Neben der Württembergischen Metallwarenfabrik zählte der Solinger Unternehmer Carl Hugo Pott zu den kreativsten Persönlichkeiten auf diesem Markt, der neben zahlreichen eigenen Modellen auch mit Designern wie Don Wallance (1950), Elisabeth Treskow (1953), Paul Voss (1954) und Josef Hoffmann (1957) zusammenarbeitete. A. Z.

Literatur

Maenz, 1984
Schulz, 1983

20.1.1
Speisezimmer
Georg Satink
(Köln 1902-1985 Köln)
WK-Verband, Stuttgart, 1954
Mahagoni und Buche, dunkelbraun gebeizt, Messingbeschläge
Geschirrschrank 90/93 x 240 x 50 cm, Anrichte 76/79 x 120 x 40 cm (Modell WK 267), Ausziehtisch 74,5 x 160/260 x 90 cm, Stühle 84/44 x 46 x 58 cm (Modell WK 764)
Lit.: Harbers, Neue Gestaltungsmöglichkeiten mit Serienmöbeln, in: Die Kunst und das schöne Heim, 53. Jg., 1955, S. 434-437; Wichmann, Basel-Stuttgart 1978 M 89/13-16

Georg Satink gehörte bereits seit 1934 zu den Entwerfern der Deutschen Werkstätten AG in Dresden-Hellerau für Einzel- und Serienmöbel. Sein glatter, formsicherer Stil war von einer langjährigen Mitarbeit im Kölner Atelier Bruno Pauls geprägt. 1952 entstand die Anbauserie WK-Satink, deren strenge Geometrie der Frontgestaltung durch hell-dunkles Furnier belebt wurde. Einer allgemein angestrebten Auflockerung des deutschen Rechteckmöbels kommen um 1954 diagonal geführte Formelemente in Form von Stuhl-, Tisch- oder Schrankbeinen entgegen, während die Zeitkritik die Schräge für eine »formale Äußerlichkeit« hält, »denn es ist kein ernstlicher sachlicher Grund dafür anzuführen« (G. Harbers). A. Z.

20.2.1
Speiseservice ›Form 2025‹
Heinrich Löffelhardt
(Heilbronn 1901-1979 Stuttgart)
Porzellanfabrik Arzberg, 1957
bez. Fabrikmarke, Modellnr. 2025
Porzellan mit Druckdekor
Flacher Teller ø 24 cm, ø 19 cm, Suppentasse ø 12 cm, Untertasse ø 17 cm, Schale ø 13 cm, Platte 27 cm, Saladière ø 21,5 cm, Deckelschüssel ø20 cm, Saucière ø 20 cm, Butterplatte 10,5 x 17 cm, Salz- und Pfefferstreuer 7,5 cm
Lit.: AK, Hohenberg 1987, S. 74, Abb. S. 76; AK fifty fifty, Formen und Farben der 50er Jahre, Hessisches Landesmuseum Darmstadt 1988, Nr. 196
Privatbesitz

Heinrich Löffelhardt war bereits vor dem Krieg auf dem Gebiet serieller Industrieentwürfe für die Porzellanfabriken Bausche und Rosenthal im Auftrag des Amtes ›Schönheit der Arbeit‹ tätig. Seine Modelle für Arzberg (darunter die Form 2000 aus dem Jahr 1954) zeichnen sich durch straffe, aber fein fließende Linienführung aus, eben »eine Form von höchster Eleganz«, wie die Firmenwerbung suggerierte. 1957 erhielt die Form eine Goldmedaille auf der XI. Triennale in Mailand. Der monochrome und flächendeckende Dekor ›Filigran‹ erinnert an die Bemusterung der Resopaloberflächen in zeitgleichen Kücheneinrichtungen. A. Z.

20.2.2
Besteckgarnitur Modell ›Atlanta‹ 4200
Wilhelm Wagenfeld
(Bremen 1900-1991 Stuttgart)
WMF, Geislingen, 1954/55
bez. WMF, Halbmond, Reichskrone
925 Sterlingsilber
Messer 21 cm, Gabel 19 cm, Löffel 20 cm, Kaffeelöffel 14,5 cm, Moccalöffel 11 cm, Suppenschöpfer 29 cm, Soßenlöffel 19 cm, Salatbesteck 20 cm, große Vorlagteile 22 cm, Buttermesser 19 cm, Bratengabel 18,5 cm
Lit.: AK Wilhelm Wagenfeld. 50 Jahre Mitarbeit in Fabriken, Köln 1973, Nr. 564; AK Bremen, Täglich in der Hand, Worpswede 1987, Nr. 216; AK fifty fifty, Formen und Farben der 50er Jahre, Hessisches Landesmuseum Darmstadt 1988, Nr. 108
Privatbesitz

20.1.1

20.2.1

20.2.3
Kelchgläser
Richard Süßmuth
(Ruhland 1900-1974 Hofgeismar)
Glashütte Süßmuth, Immenhausen, 1952
farbloses Glas, geschliffen, 12,5 cm
Privatbesitz

Die 1923 in Penzig/Schlesien gegründete Werkstätte für Glaskunst Richard Süßmuth, wurde in Immenhausen mit eigener Hohlglasherstellung wieder eröffnet. Süßmuth verband in seinem Schaffen einfache Formen mit schlichten Schliffdekoren, die über Jahrzehnte vom Kunden angenommen wurden. A. Z.

20.2.4

20.2.4
Salz- und Pfefferstreuer ›Max und Moritz‹
Wilhelm Wagenfeld
(Bremen 1900-1991 Stuttgart)
WMF, 1952/53
farbloses Preßglas, Cromargan, 6,8 cm
Lit.: AK Wagenfeld, Stuttgart 1980, S. 43; Täglich in der Hand, Bremen 1988^2, S. 156, Abb. Nr. 191, WZ Nr. 505; MK Köln 1989, S. 271, Nr. 544
Privatbesitz

20.2.5
Mokkaservice ›Elite‹
Josef Hillerbrand
(Bad Tölz 1892-1981 München)
Porzellanfabrik Lorenz Hutschenreuther, 1949
Porzellan, schwarz gespritzt
unterglasurgrüne Fabrikmarke mit Modellname Elite
Mokkakanne 19 cm, Milchgießer 9,5 cm, Zuckerdose 8 cm, ø 8,5 cm, Mokkatassen 5 cm
Lit.: AK Hohenberg 1989, S. 75
Privatbesitz

20.2.6
Tischleuchter
Wilhelm Wagenfeld
(Bremen 1900-1991 Stuttgart)
WMF 1952
Messing versilbert, 29 cm
Lit.: Täglich in der Hand, Bremen 1988^2, WZ Nr. 554; MK Köln 1989, S. 295, Nr. 649
Privatbesitz

20.2.7
Orchideenvase ›Schwangere Luise‹
Fritz Heidenreich
(Mähring 1895-1966 Selb)
Porzellanfabrik Philipp Rosenthal AG, Selb, 1950
bez. Modellnr. 2593
Porzellan, schwarz bemalt, 17,5 cm
Lit.: Hilschens/Fritz Hannover 1982, Abb. S. 17; AK Berlin 1983, S. 161 m. Abb.
Privatbesitz

Entwerfer in der sachlich funktionalen Tradition des Werkbunds sahen in solchen biomorphen und asymmetrischen Formen Anklänge an den frühen Jugendstil, den man ablehnte, weil es schade wäre, »wenn unter dem Druck eines internationalen Jugendstils das anständige Niveau, das wir in Deutschland doch wirklich erreicht haben, wieder verloren ginge und das mühselig erzogene Publicum wieder verwirrt würde«, wie Wolfgang von Wersin 1951 bemerkte.
A. Z.

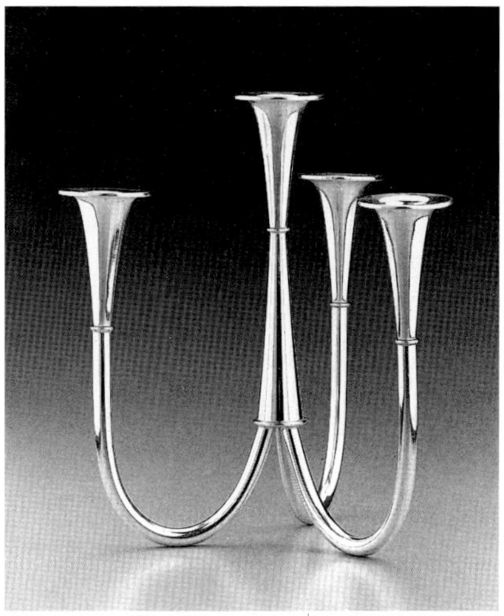

20.2.6

MODERNE ZEITEN – *Traditionen und Trends*

Die avantgardistischen Formexperimente im Design der Nachkriegszeit klangen gegen Ende der 50er Jahre allmählich aus. Sie hatten den Tafelgeschirrbereich schon allein aus praktischen Gründen weit geringer beeinflußt als gemeinhin angenommen. Bekannteste Entwerferin von asymmetrischem Tischgeschirr war die nach Amerika ausgewanderte gebürtige Ungarin Eva Stricker-Zeisel mit ihren Entwürfen ›Museum‹, ›Riverside‹ und ›Hallcraft/Classic‹ für amerikanische Porzellanfabriken Mitte der 40er bis Mitte der 50er Jahre. In den deutschen Fabriken blieben die Stromlinie und das Spitzoval auf Tee- und Mokkaservice begrenzt. Die ironische Warnung eines Kritikers (U. Conrads): »Man kann sich leicht im Ton vergreifen« betraf daher auch eher die Gestaltung von Zierporzellan wie Vasen, Schalen und Figurinen.

In den 60er Jahren dominierte den Geschirrbereich die Zylinderform, die irgendwie »wohl in der Luft gelegen haben muß« (G. Brackert). Bekannteste Beispiele sind Heinrich Löffelhardts Formen ›2050‹ und ›2075‹ für die Porzellanfabrik Schönwald (1959/1965), Hans Theo Baumanns Form ›Berlin‹ für die Rosenthal AG (1959) und Tapio Wirkkalas ›Variation‹ ebenfalls für Rosenthal (1962).

Diese Aufzählung ließe sich auch auf andere Hersteller erweitern. Es waren die ›männlichen‹ Kriterien von Rationalität, Funktionalität und Nüchternheit, die jetzt den Markt kennzeichneten. Besonders ausgeprägt findet sich dies vor allem bei ›System- und Kompaktgeschirren‹ für den Hotel- und Gaststättenbedarf mit platzsparender Stapelfähigkeit und vielseitiger Verwendbarkeit der einzelnen Geschirrteile. Versuche, den strengen Zylinder der Formen aufzulockern, bestanden in vertikaler Reliefierung der Gefäßwandungen. Für diese höchst materialgerechte Lösung fand Tapio Wirkkala eine Rhythmisierung von eigenwilliger Eleganz, die eine zusätzliche farbige Dekoration fast ausschloß (Service ›Variation‹). Im übrigen mußten die glatten Flächen der Geschirre zu einer fast exzessiven Dekorgestaltung herhalten. Man versuchte das Defizit im Formalen mit einer Fülle an farbigem Ornament auszugleichen. Anleihen bei der Malerei der Op- und Pop-Art waren keine Seltenheit; die nüchternen Gefäßformen wurden bis an die Grenzen des Möglichen ›ausgereizt‹.

Vermittelnd zwischen Zylinder und konvex-konkaven Kurvenformen schufen Siegmund Schütz für die Staatliche Porzellanmanufaktur Berlin und wiederum Tapio Wirkkala für die Rosenthal AG fast zur gleichen Zeit (1963) die Service ›Kreis und Oval‹ sowie ›Composition‹. Der Italiener Ambrogio Pozzi versuchte 1968 ebenfalls den Zylinder durch halbkugelige Deckel und Fußformen aufzulockern (›Duo‹ / Rosenthal).

»Wir bitten zur Brotzeit«,
Zinn: L. Mory,
Möbel: F. Radspieler & Co.,
Besteck: Wilkens
Rustikal gedeckter Tisch, aus:
Die Kunst und das schöne Heim,
65. Jg. 1966, S. 40

Die Schnörkellosigkeit und Strenge der meisten Service entsprachen jedoch trotz Formvarianten und Dekorschwemme auf Dauer nicht den Wünschen der meisten Käufer, und mitten im westdeutschen Wirtschaftswunder-Boom entwickelte sich eine nostalgische Rückbesinnung. Während die ersten Cocktailsessel und Blumenhocker schon auf dem Sperrmüll landeten, brach vor allem zunächst unter Jugendlichen eine Begeisterung für Omas Blümchenmuster-Kaffeekanne aus. Ein Bedarf, der sich anfangs noch weitgehend auf Trödelmärkten decken ließ. Wem von den Älteren die Moderne schon immer suspekt gewesen war, der suchte jetzt allmählich für sein Buffett im Gelsenkirchner-Barock das passende ›Stilservice‹. Stilechte Manufakturservice waren jedoch zumeist unerschwinglich, und die Geldmittel der Normalverbraucher flossen jetzt eher in technischen Luxus wie Autokäufe oder Eigenheimbauten, Kühlschränke, Fernseher und Waschmaschinen. Da konnte die Porzellanindustrie mit preiswerten Surrogaten aushelfen, die keineswegs erst auf den Formenböden der Fabrikgebäude gesucht werden mußten, sondern zum Teil schon seit Jahrzehnten mit bemerkenswerter Dauerhaftigkeit ihre Liebhaber fanden. Einzig Rosenthal unterzog sich der Mühe – teils aus mangelnder firmeneigener Tradition, teils aus dem Anspruch, als Meissen des 20. Jahrhunderts gelten zu wollen –, eine ›moderne‹ Barockform zu entwickeln. Zusammen mit dem Modelleur Hans Wohlrab schuf der dänische Keramiker und Graphiker Bjørn Wiinblad bereits 1959 die birn- und zwiebelförmige Serviceform ›Romanze‹, deren Name durchaus Programm war. 1964 wurde sie – entsprechend dem erweiterten Produktionsprogramm des Unternehmens – zu einer kompletten Tischausstattung mit Trinkgläsern und Besteck ergänzt. Zur Umsatzstärkung dieses neuen Services hatte man einen Klassiker der 30er Jahre, Wolfgang von Wersins Form ›Helena‹, 1960 aus der Kollektion genommen.

Einem anderen Klassiker wagte man allerdings mit ähnlicher Methode nicht, den Garaus zu machen: ›Maria‹. Höhen und Tiefen der Modetrends überstand dieser ›Dauerrenner‹ des Rosenthal-Konzerns fast unbeschadet, lediglich der Artikelumfang von über hundert verschiedenen Teilen ist – entsprechend dem modernen Gebrauch - beträchtlich geschrumpft. 1914 auf den Markt gebracht, bewahrte die Form ihren bürgerlich-klassizistischen Charme über die Zeitläufe, vor allem in der undekorierten Weißausführung. Der ursprüngliche Neoklassizismus der Stilisierung – vermutlich in Anlehnung an eine Silberform – wird in der Firmenwerbung heute großzügig als echter Klassizismus ausgegeben. Auch die Reliefornamentik aus Granatäpfeln und Olivenzweigen, dem das Service seine alte Bezeichnung ›Ceres‹ verdankte, wird heute oftmals als Rosenrelief bezeichnet.

Andere Fabriken können ebenfalls mit solchen Klassikern in der Kollektion aufwarten. Allen voran Hutschenreuther mit seinem barocken Kaffee- und Tafelservice ›Maria Theresia‹ von 1926, in der seit 1930 ausgeführten Variante des kobaltblauen Meissener Zwiebelmusters als Unterglasurdekor-Druck. Dieses Dekormuster mit seiner über 300jährigen Geschichte ist zweifellos das berühmteste in der europäischen Porzellangestaltung. Eigentlich aus den ›indianischen‹ Motiven von Erdscholle, Chrysanthemenzweig und -blüte, Pfingstrose, Pflaumenblüte und Bambus entwickelt, kam um 1850 für den fernöstlichen Dekor die Bezeichnung ›Zwiebelmuster‹ auf. Der einfarbige Blaudekor wurde derart erfolgreich, daß bereits um 1890 von einer wahren ›Zwiebelmusterpest‹ gesprochen wurde. Wegen der zahlreichen Nachahmungen auf Steingut, Fayence und Porzellan kennzeichnete Meissen ab 1888 seine Malereiausführung zusätzlich auf den Oberseiten mit der Schwertermarke im Fuß des Chrysanthemenzweiges. Dieses Urmuster des Dekors blieb so übermächtig, daß es nie gelang, andere, modernere Blaumalereien wie z.B. einen Riemerschmid-Entwurf von 1903 für Meissen erfolgreich zu lancieren.

Von Villeroy & Boch stammt der dritte Klassiker: ›Alt Straßburg‹ von 1915. Das zentrale polychrome Blumenstraußmotiv aus Rosen, Tulpen, Vergißmeinnicht, Gänseblümchen und Hyazinthen erinnert in seiner Komposition an lothringische und Straßburger Fayencen. Dieses im 18. Jahrhundert recht verbreitete Malerei-Motiv ist hier in origineller Gestaltung als Druck wiedergegeben, ergänzt um Linienzierat und Streublümchen. Die Form ist zurückhaltend nur mit schwacher Fassonierung versehen und entspricht den Silber- und Fayenceformen der Barockzeit. Wie bei allen modernen Nachempfindungen sind jedoch moderne Ansprüche der Verbraucher berücksichtigt. So in formaler Hinsicht mit wesentlich kleineren Terrinen und Kannen. Dazu finden sich neuzeitliche Salz- und Pfefferstreuer anstelle der alten Gewürzfäßchen. In technischer Hinsicht ist die Spülmaschinenfestigkeit der Dekore heute ebenfalls eine unumgängliche Bedingung in modernen Haushalten.

Anknüpfend an klassische, allerdings ostasiatische Gefäßformen schuf Tapio Wirkkala zum hundertjährigen Jubiläum der Firma Rosenthal 1979 das Service ›Century‹. Seine Oberflächengestaltung erinnert an ›Reiskornmuster‹ des Blanc de Chine. Eine extrem dünnwandige Scherbenstärke des Porzellans sowie noppenförmige Standfüßchen statt eines Standrings an Tassen und Schüsseln verstärken die fernöstliche Wirkung. Die Schwächen solcher Übertragungen für den europäischen Bedarf zeigten sich jedoch schon wenig später in der Abänderung von Tellern und Tassen, die ursprünglich schalenförmig waren und dann mit den üblichen Tellerfahnen bzw. Tassenstandvertiefungen versehen werden mußten. Auch die aparte Henkellösung aus montierten Metallbügeln wurde verändert. Ein Höchstmaß an individueller Ästhetik stieß hier an seine Grenzen.

Von anderem ästhetischen Anspruch zeugt das Service der Picasso-Tochter Paloma Picasso von 1988 für Heinrich-Porzellan, einem Unternehmen der Firma Villeroy & Boch. Die weichfließenden, empirehaften Formen haben das Flair von ›Lifestyle‹ und ›High Society‹ der Entwerferin, die auch Schmuck und Parfümflakons gestaltet. Der dekorative Schwarz-Rot-Gold-Banddekor ›Castellon‹ verbindet sich mit dem Oberflächenschmelz des Bone-China – einem niedriger gebrannten Weichporzellan – zu besonderem Effekt.

›Idee‹ einer Tischdekoration mit Rosenthal Porzellan (Kat. 21.2.1), aus: Die Kunst und das schöne Heim, 66. Jg. 1968, S. 43

Perlartige Reliefverzierungen an Teller- und Plattenrändern sowie an Deckelknäufen unterstreichen die preziöse Wirkung. Stärker noch auf seine Dekorwirkung bedacht ist ein Service-Set der Pariser Designerin Laure Japy für La Seynie/Saint Yrieix, Frankreich. In der Tradition der aufwendigen Porzellanmalerei des zweiten Kaiserreichs versucht sie durch eine Fonddekoration den Marmoreffekt von Halbedelsteinen wie Jaspis, Malachit und Lapislazuli zu erzielen. Die schlichten Tellerformen kontrastieren lebhaft zu Serviceteilen von mediterraner Üppigkeit. Es steht für einen Trend in der Warengestaltung der 90er Jahre unseres Jahrhunderts. Geradezu nüchtern erscheint dagegen die Form ›Trend‹ der Firma Thomas, einem Tochterunternehmen der Rosenthal AG, von 1981. In sachlicher Offenheit verkündet der Hersteller denn auch den Verkaufserfolg seines Services in einer Werbekampagne zum Jahreswechsel 1987/88: »Trend kleckert nicht, Trend klotzt« war und blieb damit das meistverkaufte Geschirr in Westdeutschland seit Jahren.

Die Werbung bildete dazu die Kaffeekanne des Services ab: rundlich solide, von offensichtlicher Gebrauchstüchtigkeit. Die Scherbenstärke erinnert an dickwandiges Gaststättenporzellan, ohne daß es jedoch die Funktionalität dieser Geschirre besitzt; es wirkt eher behäbig. Ein feines, horizontales Rillenornament auf der gesamten Wandung suggeriert eine Fertigung auf der Drehscheibe wie bei volkstümlichem Keramikgeschirr der 30er Jahre. Auf der weißen Porzellanform erzeugt es jedoch eine gewisse Eleganz. Man könnte vermuten, daß dieses Geschirr des jungen Engländers Robin Levien, dem auch feuerfeste Teile zugehören, eine ähnliche Dauerhaftigkeit erreichen wird wie die legendäre Gretsch-Form ›1382‹ der Firma Schönwald, die seit 1932 ununterbrochen in der Fertigung ist und sich gerade in jüngster Zeit wieder erhöhter Beliebtheit erfreut.

B. F.

Literatur

Brackert, 1984
Conrads, 1952
Fritz, 1989
Miedtank, 1991
Mundt, 1986
AK Designer for Industry, 1984

21.1 Das lange Leben der Traditionen

21.1.1
Speiseservice ›Maria‹
Werksentwurf
Rosenthal/Selb, Entwurf 1914, Ausformung 1992
Porzellan, glasiert

Dazu Glasserie ›Alexa‹, Entwurf Atelier Peill+ Putzler, Düren; Besteckteile ›Alt Spaten‹, Robbe und Berking, Flensburg
Alle Teile Leihgaben der Firma Kustermann, München

21.1.2
Speiseservice ›Zwiebelmuster‹
Werksentwurf
Hutschenreuther/Selb, Entwurf Form 1926, Entwurf Dekor 1930, Ausformung 1992
Porzellan mit blauem Unterglasurdekor

Dazu zwei Biertulpen aus der Glasserie ›Orlando‹ von Theresienthal; Besteckteile ›Augsburger Faden‹, Fa. Wilkens
Alle Teile Leihgaben der Firma Kustermann, München

21.1.3
Speiseservice ›Alt Straßburg‹
Werksentwurf
Villeroy & Boch, Entwurf 1915, Ausformung 1992
Fayence, Unterglasurdekor

Dazu Römer aus der Glasserie von Theresienthal; Besteckteile ›Cambridge‹, Entwurf Walter Storr, Fa. Wilkens
Alle Teile Leihgaben der Firma Kustermann, München

21.1.4
Speiseservice ›Trend weiß‹
Entwurf Robin Levien
Thomas/Selb, Entwurf 1981, Ausformung 1992
Porzellan, glasiert

Dazu Glasserie ›Coppa‹, Thomas; Besteckteile ›2733‹ der Fa. Pott, Solingen, Entwurf Carl Pott
Alle Teile Leihgaben der Firma Kustermann, München

21.2 Im Trend

21.2.1
Speiseservice ›Romanze‹
Entwurf Bjørn Wiinblad (geb.Kopenhagen 1918), Modelleur Hans Wohlrab
Rosenthal/Selb, Entwurf 1959, Ausformung 1992
Porzellan, glasiert

Dazu Glasserie ›Romanze‹ von Rosenthal Classic, Entwurf Bjørn Wiinblad, 1964; Besteckteile ›Romanze‹, Entwurf Bjørn Wiinblad, 1964
Alle Teile Leihgaben der Firma Kustermann, München

21.2.2
Speiseservice ›Century‹
Entwurf Tapio Wirkkala (geb. 1915 Hanko/Finnland)
Rosenthal/Selb, Entwurf 1979, Ausformung 1992
Porzellan, glasiert

Dazu Glasserie ›Lotus‹ glatt, Entwurf Richard Latham, Rosenthal; Besteckteile ›Century‹, Entwurf Tapio Wirkkala / K.G. Hansen
Alle Teile Leihgaben der Firma Kustermann, München

21.2.3
Speiseservice ›Castellon‹
Entwurf Paloma Picasso
Heinrich/Selb, Entwurf 1988, Ausformung 1992
Porzellan mit Unterglasurdekor

Dazu Glasserie ›Sommeliers‹ von Riedel, Kufstein; Besteckteile ›Pearl‹, Entwurf Paloma Picasso, Villeroy & Boch
Alle Teile Leihgaben der Firma Kustermann, München

21.2.4
Speiseservice ›Feuillage‹
Entwurf Laure Japy
Le Seynie/Saint Yrieix, Frankreich, Entwurf 1989, Ausformung 1992
Porzellan, Unterglasurdekor

Dazu Glasserie ›Monta‹ von Christian Dior, Paris; Besteckteile ›Aria‹, Fa. Christofle, Paris; Chromschale, Fa. Alessi
Alle Teile Leihgaben der Firma Kustermann, München

DIE REALE UTOPIE – *Der Silberschmied Erhard Hössle*

»Man saß auf hochlehnigen schweren Stühlen, speiste mit schwerem Silbergerät schwere, gute Sachen, trank schwere, gute Weine dazu und sagte seine Meinung« schrieb Thomas Mann 1901 über die Tafelsitten einer patriarchalischen früheren Gesellschaft (Buddenbrooks, Erstes Kapitel).

Die Gepflogenheit, mit schwerem Silber zu speisen, hat ihre Tradition. Auch heute liefert der Silberschmied, was dafür gebraucht wird. Der individuelle Gastgeber kauft kein Gerät von der Stange oder Konfektionsware, sondern beauftragt den Schmied.

Erhard Hössle ist ein erfahrener Silberschmied, der in München bei Franz Rickert gelernt und studiert hat. Der Lehrer gehört neben Moritz in Nürnberg und Karl Müller in Halle zu den großen Vertretern der Silberschmiedekunst in Deutschland. Sein Wirken reicht bis in die 60er Jahre hinein. Von Erhard Hössle heißt es, er könne wie Rickert schmieden, so, als ob der berühmte Lehrer selbst das Stück getrieben hätte.

Die Nähe zu Rickert behinderte jedoch nicht den eigenen langen künstlerischen Werdegang. 1969 wird er Professor für Goldschmiedekunst an der Akademie in Nürnberg. Dort setzt er hohe Maßstäbe in die perfekte handwerkliche Ausführung und hält fest an einer wirklichen Abhängigkeit von

22.1.7

Form und Funktion. Individueller Entwurf, eigenhändige Ausführung – die eigene »Handschrift« ist ihm wichtig. So betont er die Notwendigkeit der Einheit von Handwerk und Kunst neben den Tendenzen des Designs, das auf anonyme Logistik in der Fertigungstechnik baut.

Erhard Hössle und alle, die bei ihm während der Nürnberger Akademiejahre gelernt haben, zeigen zum Erstaunen mancher Alessianer, daß ihnen Anachronismen egal, eine hohe Tischkultur wichtig ist. Die Formen muten nicht zeitgebunden an. Sie sind archaisch, niemals pseudofunktional oder gar modisch. Ihre Selbstverständlichkeit beziehen sie aus einer Zeit, die vor unserer Zeit liegt, ihre Formen aus dem unbefangenen Gebrauch des edlen Materials.

H. B.

22.1.5

22.1.1
Pfanne mit Doppelhenkeln
Ebenhausen
sign. E.H. 1979
Sterlingsilber, getrieben
ø 42,5 cm

22.1.2
Flache Kelle
sign. E.H. 1979
Sterlingsilber, getrieben
40 x 13 cm

22.1.3
Rechaud
Ebenhausen, um 1979
Sterlingsilber, montiert
7,5 cm, ø 29,3 cm

22.1.4
Schüssel mit 2 Henkeln
sign. E.H. 1977
Sterlingsilber, getrieben
13 cm, ø 17,5 cm

22.1.5
Schale
Sterlingsilber, getrieben
5 cm, ø 14 cm

22.1.6
Schöpfer
1977
sign. E.H.
Sterlingsilber, getrieben
40,5 cm, Kelle ø 7,3 cm

22.1.7
Steckplatte mit 6 vierteiligen Bestecken und 2 Salzstreuern
sign. E.H. 1979
Sterlingsilber, geschmiedet
Gabel, dreizinkig, Löffel, 22 cm, Messer, 23 cm, Gabel, zweizinkig, 26,2 cm, Platte 13,5 x 32 cm, Streuer, 8 cm, ø 3,3 cm

22.1.8
Becher
um 1972
Sterlingsilber, getrieben
8 cm, ø 8,5 cm
Alle Objekte Ebenhausen, im Besitz des Künstlers

22.1.1, 22.1.2

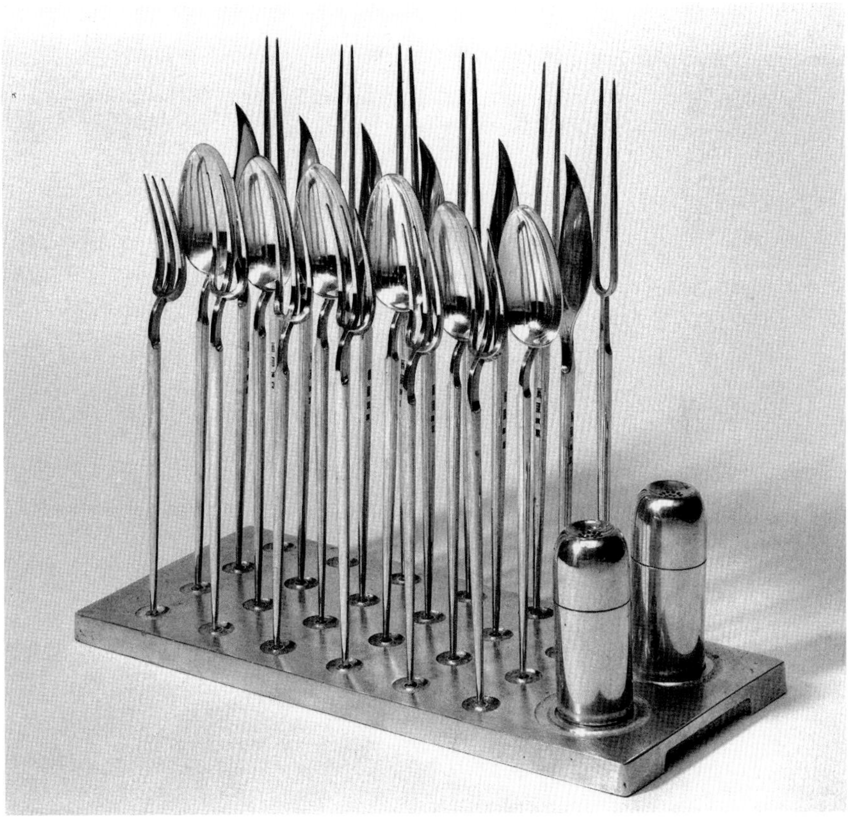

22.1.7

DAS UTOPISCHE PROJEKT
– *Bibs Hosak-Robb*

Eßgefäße *tong*

Der Eßtisch wird auch in Zukunft ein besonderer Ort der Begegnung und der Kommunikation sein. Dort werden wichtige soziale Strukturen geknüpft und gepflegt. Im Gegensatz zu heute wird nicht mehr das Eßzimmer-Design als formalistischer Wertmaßstab präsent sein, sondern das Essen und die Möglichkeit der Kommunikation stehen im Vordergrund der Gestaltung. Um der heute schon einsetzenden Vereinsamung, auch ›cocooning‹ genannt, entgegenzuwirken, entwickeln sich in häuslicher Atmosphäre Umgebungen, die Geborgenheit und Intimität bieten. Der Technologisierung im 20. Jahrhundert, der Industrie- und Massenkultur mit ihren überdimensionalen und komplizierten Schnittstellen bzw. Interfaces folgt die Besinnung auf alles Ursprüngliche.

In diesem Zusammenhang werden Inhalte aus vorangegangenen Zeiten wiederbelebt. Riten und Zeichen beeinflussen die Gestaltung unserer häuslichen Umgebung. Traditionelle Materialien und handwerkliche Fertigkeiten gewinnen an Bedeutung und fließen in die Gestaltung ein. Die Kostbarkeit von Rohstoffen wird im Bewußtsein auf Umweltschutz neu bewertet. Die Konsumenten erwarten von den Produzenten, daß auf ihr gesteigertes Umweltbewußtsein eingegangen wird.

Als Folge entstehen langlebige Produktreihen von hoher handwerklicher Kunst aus edlen Materialien und neuen recyclingfähigen Grundstoffen. Die Produkte werden hochwertiger und teurer. Sammelreihen entstehen, und die erstandenen Gegenstände werden an die nächste Generation weitergegeben.

Zeichen der Zeit für das 21. Jahrhundert:
Leichtigkeit als Kontrast zu unserer komplizierten Umwelt.
Kontrast der Werte in der Produktgestaltung.

Wertmaßstäbe wie bei Geschirr und Besteck herkömmlicher Art lösen sich auf. Massenprodukte treten in den Hintergrund. Werte funktionaler Art, wie z.B. Werkzeugcharakter, treten hervor. Ursprüngliche Funktionen gewinnen an Bedeutung. Durch den Einsatz von Materialqualitäten entwickeln sich neue Qualitäten. Dekoration und Lifestyle treten zurück, dafür erleben Material, Herstellungsqualität und Handwerkskunst eine Erneuerung.

Qualitäten wie Erfahrung, Ausgewogenheit, Echtheit, Kunsthandwerk und Langlebigkeit fließen in die Projektgestaltung ein. Die Anknüpfung an traditionelle Eßkultur und die Nutzung von Erkenntnissen über Materialien und Herstellmethoden vorangegangener Zeiten bieten die Grundlage zu dem folgenden Projekt *tingtong*.
Zum Tisch. *ting*.
Der Tisch als Begegnungs- und Kommunikationsort wie bei einer Feuerstelle.
Die Tischaufhängung erinnert an den hängenden Kochtopf im Freien. Das Essen steht im Vordergrund, deshalb besteht der Tisch aus leichtem durchsichtigen Material, er tritt in seiner Durchsichtigkeit zurück.
Die Tischplatten, davon gibt es zwei aus Glas, beschreiben den Raum, der dem Essen und dem Genießer eingeräumt wird.
Dies signalisiert Luft und Freiraum für individuelle Genüsse und Gestaltung.

Tisch *ting*

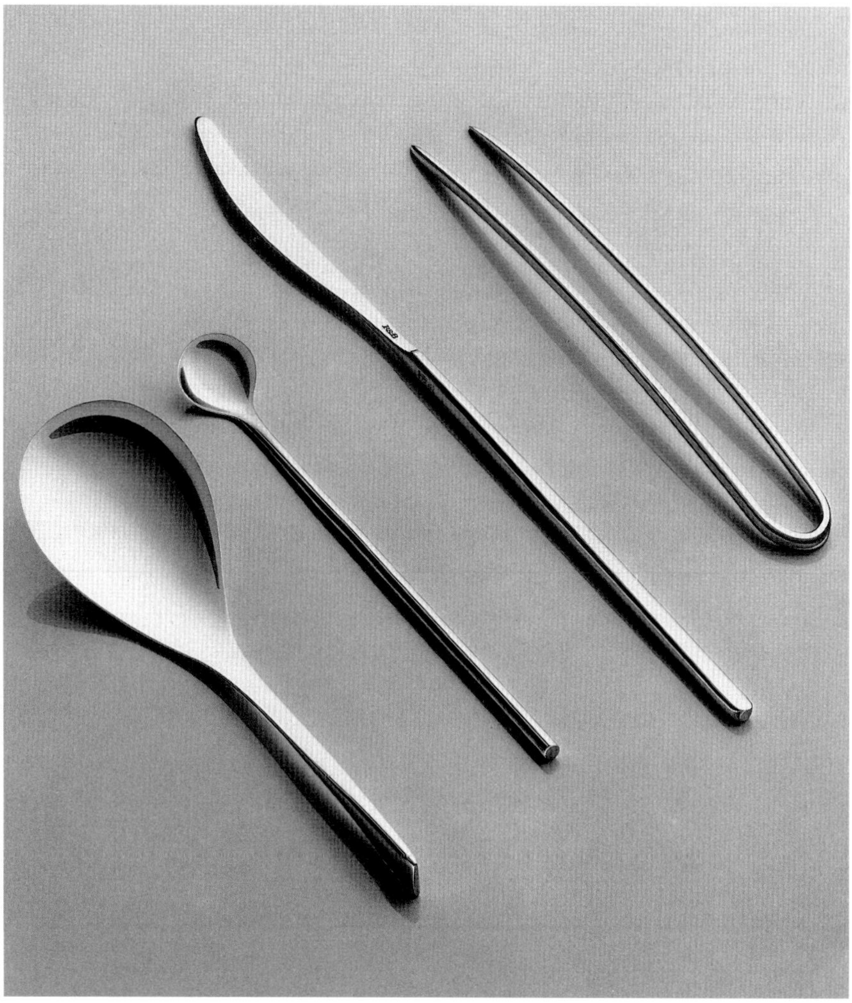

Eßwerkzeug *edo*

Mein Beitrag, dekoriert mit handgearbeitetem Filz, vermittelt Vertrautheit, Wärme und Natürlichkeit.
Die Dimension Zeitlosigkeit wird durch das unvergängliche Material Edelstahl, welches für die Tischaufhängung benutzt wird, unterstrichen.
Zu den Eßgefäßen. *tong*.
Der Platz des Gastes wird klar umrissen mit dem Platzteller. Der Platzteller nimmt die Erinnerung an die Holzteller vergangener Zeiten auf.
Der Platzteller erhebt sich über der Tischoberfläche in Form einer Wölbung, die nach innen gehend zu einer Vertiefung führt.
Ein Schutzwall wird kreiert.
In die Vertiefung lege ich eine Silberschale, den Wärmespeicher, hinein. Der eigentliche Teller aus Glas oder Porzellan findet seinen Platz im Schutz des Walles.
Der Teller hat keine ausgeformte Standfläche, sondern greift die gewölbte Form der archaisch-altertümlichen Tumblerform auf und findet seine Stabilisierung in der geschützten Holzform.
Anstatt der Holzplatzteller können auch Porzellane verwandt werden, die zum Beispiel mit traditionellen Mustern bemalt sind, jedoch durch ihre Form einen neuen Umgang mit Präsentation von Essen auslösen. Der Tellerrand des Glaseinsatzes ist asymmetrisch und steht über den Wall nach obenhin heraus und läßt sich somit leicht greifen, um nach Gebrauch in die Spülmaschine zu wandern.
Zu den Eßwerkzeugen. *edo*.
Das erste Besteck, das ein Eßwerkzeug ist.

Das Werkzeug selbst erhält eine reduzierte Formensprache, gerade genug, um als Set erkannt zu werden.
Im Vordergrund der Gestaltung steht die Zubereitung und die Qualität des Essens. Der ungewohnte Umgang mit Essen vermittelt neue sinnliche Wahrnehmungen. Mehr Konzentration zum Essen wird erforderlich.
Edo, ein Eßwerkzeug für kostbare Nahrung mit einer delikaten Anmutung und eleganter Handhabung:
Ein skalpellartiges, langes, distanziertes Schneidewerkzeug, zum Zerteilen der Nahrung in mundgerechte Stückchen.
Ein besonders sympathisches, weich anmutendes, löffelartiges Werkzeug. Die kurzstielige und kopflastige Form ermöglicht bei der Nahrungsaufnahme ein direktes Gefühl für die aufgenommene Menge und Qualität. Es signalisiert die Nähe zur sinnlichen Wahrnehmung.
Ein zangenartiges Gebilde, zum Fixieren von Nahrung beim Zerteilen und zur Aufnahme von Essenshäppchen.
Ein besonders kleiner zierlicher Löffel für die Aufnahme von besonderer Kost und für süße Leckerbissen.

B. H.-R.

Weißes Bräuhaus
München, 1899
Stadtarchiv München

ESSEN AUSWÄRTS – *Kost und Logis im Altmünchner Wirtshaus*

Für die Bürger und Einwohner des mittelalterlichen Münchens war der Wirt (caupo) weniger des Essens, sondern hauptsächlich des geselligen Trinkens halber von Bedeutung. Gegessen wurde – von festlichen Anlässen abgesehen – in der Regel zu Hause. Nur der Stadtfremde (Gast), der ja auf Beherbergung und Verköstigung angewiesen war, nahm seine täglichen Mahlzeiten im Wirtshaus ein. Dementsprechend trifft das Münchner Stadtrecht von 1340 auch eine grundsätzliche Unterscheidung zwischen den ›gastgebern‹ und den ›leitgebern‹. Während erstere die Fremdenversorgung gewährleisten, beschäftigen sich letztere in erster Linie mit dem Ausschank geistiger Getränke (mhd. līt.), wobei gegenüber Met und Bier bis in die frühe Neuzeit in München der Wein als preiswertes Luxus- und Importgut bevorzugt wurde. Die für den Ausschank dieses Getränkes zugelassenen Wirte wurden auch ›schenken‹ (weinschenken) genannt. Selbstverständlich war eine Abgrenzung der beiden Gewerbezweige hinsichtlich der Zielgruppen oder des Versorgungsangebotes in der Praxis wohl nie zu erreichen, weshalb sich 1406 die Gastgeben und die Schenken auch in einer einheitlichen Zunft zusammenfanden, die 1420, 1442, 1489, 1561 usw. jeweils fortgeschriebene Satzungen erhielt. Daß bereits um die Mitte des 14. Jahrhunderts die Leitgeben und Schenken auch Gäste beherbergten, erhellt sich aus Art. 340 des Stadtrechtsbuches von 1340. Daß sie schon vorher auch Essen verabreichten, verdeutlicht eine ältere Ratssatzung zu Beginn des 14. Jahrhunderts, derzufolge Leitgeben und Schenken den »laeuten von der stat umb Ezzen und umb Trincken und umb spil« nicht borgen sollten.

Weinhandel und Salzhandel standen im mittelalterlichen München in enger Verbindung und wurden von den politischen Führungsschichten betrieben. Dementsprechend war und blieb auch die Einheitszunft der Weinwirte in München stets hoch angesehen, ihre Angehörigen saßen mit ihren Häusern im Zentrum und an den Hauptstraßen der Stadt und bildeten gemeinsam mit den Handelsleuten den Kern des Äußeren Rats. Die Münchner Weingastwirtschaften wurden in der Folge den vollkommenen Wirtschaften des bayerischen Landrechts, den sogenannten ›Tafernen‹ gleichgeachtet, welche neben dem Recht der Beherbung und Verköstigung Fremder auch die exklusive Erlaubnis hatten, Hochzeiten, feierliche Gastmähler sowie Musik- und Tanzveranstaltungen abzuhalten. Der einzige Unterschied zu den landrechtlichen Tafernen bestand schließlich darin, daß die Weingastgeber zwar auch Bier an ihre Hausgäste verzapfen, es jedoch im Gegensatz zu den definierten Taferwirtschaften nicht über die Straße verkaufen durften.

Zutreffend bemerkt 1782 Lorenz von Westenrieder in seiner ›Beschreibung der Haupt- und Residenzstadt München‹ über die führende Rolle der

Erasmus von Rotterdam (1467-1536): Geschichten aus deutschen Gasthäusern

Ein anderer gelehrter Mann der Zeit von europäischem Ruf, Erasmus von Rotterdam, der freilich ein sehr verwöhnter und empfindlicher Herr war, schreibt um dieselbe Zeit auf die von dem Italiener so gelobten deutschen Gasthäuser eine wahre Satire: »Kommst du nachmittags um 4 Uhr an, so wirst du doch vor 9, 10 Uhr abends nichts zu essen bekommen, Freundchen; denn es wird nicht eher angerichtet, als bis vermutlich alle Gäste beisammen sind – damit das Gelaufe nicht immer sei. Also etwa um 9 Uhr abends taucht ein alter graubärtiger, struppiger, sauer blickender, schmutziger Ganymed mit geschorenem Haupthaar auf und überzählt mit grämlicher Miene wortlos mit den Augen die Gäste. Je mehr ihrer sind, desto unbarmherziger wird eingekachelt, mag es draußen noch so warm sein; denn es gilt als Haupterfordernis einer guten Bewirtung, daß die Leute schwitzen. Es ist zum Ersticken. Kann einer den Dunst nicht ertragen und öffnet ein Fenster, so heißt es gleich: ›Zumachen, zu, zu!‹ Antwortet er, es werde ihm übel, so heißt es gleich: ›Such dir eine andere Herberge.‹ Nun werden die Tische gedeckt. Reine Segeltücher, was der Graubart über die hölzernen Tische breitet. Alles setzt sich, reich und arm, Herr und Knecht durcheinander, bunte Reihe, kein Unterschied der Stände. Der liebliche Ganymed bringt jedem einen hölzernen Teller und einen hölzernen Löffel, dazu einen gläsernen Krug und ein Stück Brot, mit dem man sich bis zur Suppe die Zeit vertreibt – nämlich ein Stündchen lang. Endlich kommt der Wein. Du lieber Himmel! Wein? Essig! Untrinkbar! Ich biete dem Kellner einen Groschen, daß er mir eine bessere Sorte bringt. Er hört nichts, und komme ich noch einmal, so schnauzt mich der Kerl an: ›Hier sind Grafen und Markgrafen eingekehrt, kein einziger hat

sich beschwert‹, und der beliebte Kehrreim: ›Wem's hier nicht ansteht, der suche sich ein anderes Nachtlager!‹ ...
Mit großem Gepränge werden die Schüsseln aufgetragen. Erst eine Brotsuppe; hierauf Würzallerlei oder ein Stück Pökelfleisch; sodann ein Hirsebrei; zuletzt, wenn man beinahe satt ist, ein Braten, der nicht weit reicht und bald wieder verschwindet. Wenn nun abgeräumt würde! Niemand ißt mehr. Aber nein, jetzt erscheint der graubärtige Ganymed wieder oder auch der Wirt selbst, der nicht viel besser aussieht, und fragt, ob jemand noch Appetit habe. Besserer Wein wird aufgetragen, dazu alter, madiger Käse, und getrunken, was das Zeug hält. Ein betäubender Lärm geht los. Die Gaukler und die Spaßmacher treten auf – kaum zu glauben, was die Deutschen an diesen Lappereien für ein Vergnügen finden; diese fahrenden Leute singen und spielen, fiedeln und blasen den Gästen, springen und pochen ihnen die Ohren voll, so daß sie wohl oder übel zuhören und bis in die tiefe Nacht aufbleiben müssen.«

Zitiert nach: Hussong, 1937, S.47-48

Münchner Weinwirte: »Gasthäuser, worin man Fremde beherbergt, sind den ursprünglichen Freyheiten nach nur die hiesigen Weinwirtshäuser.« Er ergänzt diese Feststellung mit dem Hinweis, daß »genau genommen« auch jeder Bierbrauer in der Stadt dieses Beherbergungsrecht genieße. Damit erinnert er an den Umstand, daß seit dem 15. Jahrhundert der Bierkonsum in München stark zugenommen hatte, wodurch auch die Brauer eine wichtige Rolle im Gastgewerbe zu spielen begannen. Es konnte nicht ausbleiben, daß sie mit der Zeit auch de facto das begehrte Beherbergungs- und Verköstigungsrecht an sich brachten: Ihre Braustätten verfügten über eigene Wirtschaften, die ebenfalls den landrechtlichen Tafernen gleichgeachtet wurden, obwohl in der Regel zu deren vollkommenem Wirtschaftsbetrieb die Erlaubnis zum Weinausschank fehlte. Ende des 15. Jahrhunderts sind allerdings noch zahlreiche Brauer überliefert, welche die Schenkensteuer entrichteten, ein deutlicher Hinweis darauf, daß sie ihren Gästen auch Wein vorsetzten. Erst das 16. und 17. Jahrhundert drängte den als Importgut (Österreich, Tirol, Trentin, Neckar) verteuerten Wein in der Gunst der Bürgerschaft zurück und festigte mit dem steigenden Bierabsatz die gesellschaftliche Position der Brauer. Ihre ältesten belegbaren Standorte waren in der Übergangszone von Äußerer und Innerer Stadt, dort, wo sich die Hauptstraßen trichterförmig oder platzartig erweiterten, da hier die Abstelle für die Gespanne der bäuerlichen Marktbeschicker war. Unter den Brauern rangierten die seit dem 17. Jahrhundert an Zahl rasch zunehmenden ›Bierzäpfler‹, die vornehmlich den Weißbierausschank besorgten. Das Brauen des Weißbieres war seit 1602 landesherrliches Regal, weshalb die Weißbierwirte keiner Zunft angehörten, sondern als ›hofschutzbefreit‹ galten. Sie hätten de jure eigentlich nur ihr Getränk verabreichen dürfen, doch hatten sie sich schnell auch die Speisenverabreichung angemaßt, wie sie, den Brauereiwirtschaften gleich, bisweilen Bauern der Umgebung, die ihre Produkte zum Markt brachten, bei sich übernachten ließen. Somit war innerhalb der alten Stadtverfassung, die bis Anfang des 19. Jahrhunderts andauerte, eine Vielzahl von Wirtschaften zu ›Kost und Logis‹, d.h. zu einer umfassenden Versorgung der Fremden und der Einheimischen bereit: Die historische Herleitung der einzelnen Befugnisse war natürlich nicht allein von historischem Interesse. Das beweisen eindrucksvoll die nicht abreißenden Prozesse und Querelen der einzelnen einschlägigen Ge-

Gasthaus zum Ernest Baumgartner, München, um 1835
Stadtarchiv München

Hotel Garni, Ignaz Leinfelder
München 1860, Stadtarchiv München

werbe, bei denen wie bei anderen Handwerkern und Zünften mit einem kaum mehr nachvollziehbaren Wust von Anschuldigungen, Verdächtigungen und Beweisangeboten dem Konkurrenzneid freier Lauf gelassen wurde.

Für das Essensangebot hatten neben den Wein- und Bierwirten seit dem Mittelalter auch die Köche (Garköche, Sudelköche) eine wichtige Rolle gespielt. Sie waren vor allem die Anlaufstellen des ›kleinen Mannes‹ für preiswerte gekochte Speisen, doch blieben sie durch die offiziell fehlende Befugnis zum Getränkeausschank in der Gunst des Publikums etwas benachteiligt. Die im 18. Jahrhundert aufgekommenen ›Traiteurs‹ bildeten eine hervorgehobene Schicht der öffentlichen Speisegeber, die sich bereits vor, besonders aber nach der 1804 zustande gekommenen Vereinigung mit den Kaffeesiedern des Wein- und eines (allerdings eingeschränkten, weil nicht maßweisen) Bierausschankes erfreuten.

Einen ausgezeichneten Überblick über die unterschiedlichen Verköstigungsmöglichkeiten in Münchner Lokalen zu Beginn des 19. Jahrhunderts bietet Anton Baumgartner in seiner ›Polizey-Übersicht‹ vom März 1805, die hier im Faksimile abgebildet ist.

Man kann davon ausgehen, daß in der bis Mitte des 16. Jahrhunderts wohlhabenden Bürgerstadt das Speiseangebot der Wirte bereits früh einen hohen Standard erreicht hatte. Quellen über die Eßkultur finden sich freilich nur spärlich. Ein wichtiger Indikator sind die Ratsmahlzeiten aus dem Rathaus (Wähler- und Schwörmahl, Kammer-, Steuer- und Salzsendermahl), denn bestimmte Ausgaben dafür sind in den Kammerrechnungen spezifiziert. Danach gehörte Fleisch, insbesondere Schweine- und Rindfleisch mit Innereien, daneben aber auch Süßwasserfisch (Renken, Hechte, Saiblinge) zu den Hauptbestandteilen der Mahlzeiten, beliebtestes Zugemüse war das Kraut, gerne wurden Würste und Sülzen gereicht. Leckereien waren Nüsse, Mandeln, Weinbeeren und ›Mercepan‹. Als sich in der zweiten Hälfte des 16. Jahrhunderts Versorgungsengpässe auftaten, setzte der Magistrat 1561 dem Zechen und Schmausen der Einwohnerschaft Grenzen. Man nahm daran Anstoß, daß untertags, also zwischen den ordentlichen drei Mahlzeiten nicht nur den Reisenden, sondern auch den Bürgern in den Wirtshäusern warmes Essen offeriert wurde, was als anstößiger Luxus beklagt wurde. Deshalb wurde angeordnet, »daß kein Gastgeb, es seynn Weyn-, Met- oder Pierwirt allhie zwischen den Zwayen gewondlichen Malzeiten weder zemorgens, undertags

23.6.1
München, 1906

23.6.1
München, 1923

keit und die gastronomischen Bedürfnisse eines internationalen Publikums ausgerichtet, das Fürstlichkeiten, Adel und Finanzwelt umfaßte. Nicht uninteressant, daß das ›Vier Jahreszeiten‹ die auf ein neues Areal übertragene Weingastgeben-Gerechtsame des berühmten ›Goldenen Hahn‹ an der Weinstraße zur Grundlage hatte, wie andererseits das Dom-Hotel in der Kaufingerstraße die Konzession des am selben Standort über Jahrhunderte florierenden ›Schwarzen Adler‹ fortführte.

Das Münchner Wirtsgewerbe im 19. Jahrhundert war dabei in einen festen rechtlichen Rahmen gebettet. 1825 ermöglichte ein neues Gewerbegesetz allen durch Anlage und Einrichtung geeigneten Schankbetrieben den Aufstieg zu radizierten (d.h. auf ein bestimmtes Gebäude festgeschriebenen) Tafernwirtschaften. Das Gewerbegesetz von 1868 unterwarf die Wirtschaften einer neuen Einteilung, welche für Neugründungen ein je nach Kapazität vierstufiges Berechtigungssystem vorsah, a) Beherbergung von Fremden, b) Verabreichung von Speisen, c) Ausschank geistiger Getränke, d) Verabreichung von Kaffee etc. Für die nach 1868 neu zugelassenen Bierwirtschaften wurden nach Ausweis des Wirtskatasters grundsätzlich die Berechtigungen b) bis d) gebündelt.

Die zu Beginn des Jahres 1873 in Bayern eingeführte Reichsgewerbeordnung brachte eine weitere Neueinteilung, derzufolge die ›Gastwirtschaft‹ mit dem Recht zur Fremdenbeherbergung und zur Verabreichung der verschiedensten Speisen und Getränke von der ›Schankwirtschaft‹, die in erster Linie auf den Bierausschank angelegt war, unterschieden wurde. Den Schankwirten war entsprechend dem Inhalt der jeweiligen Konzession auch die Abgabe von warmen Speisen, zumindest aber der Verkauf von Brot, Käse und Wurst an ihre Gäste erlaubt.

Bei den nach 1873 konzessionierten Wirtschaften wurde amtlicherseits nur noch zwischen den Gastwirtschaften und den Schankwirtschaften ›neuerer Art‹ differenziert. Dieser unterscheidende Hinweis in den Statistiken war notwendig, weil es daneben ja noch immer die von alten radizierten Brauereibetrieben abgeleiteten vollberechtigten Wirtschaften gab, desgleichen die radizierten Tafernen des Gewerbegesetzes von 1825 und schließlich die bisher konzessionierten einfachen Bierwirtschaften. Die meisten der radizierten und realen (als verkaufbares Recht gehandelten) Wirtsgewerberechte befanden sich übrigens gegen Ende des 19. Jahrhunderts in den Händen der großen Münchner Brauereien. Sie waren ausgesprochene Spekulationsobjekte, mit deren Hilfe eine Konzession wesentlich einfacher durchgesetzt werden konnte und wurden dementsprechend mit durchschnittlich 20000 Mark bezahlt.

Die amtliche Klassifizierung der Wirtschaften im Sinne der Reichsgesetzgebung von 1873 hat nicht zwangsläufig in der offiziellen Firmierung der Münchner Wirtschaften einen Niederschlag gefunden. Häufig wurden die auf historische Gewerbegerechtsame bezogenen Namen weiter verwendet, wie auch eine nachträgliche Erweiterung oder Reduzierung der ursprünglichen Konzessionsbefugnisse nicht unbedingt in der Fassadenaufschrift des Lokals zum Ausdruck kommen mußte. Dem eigentlichen Namen vorgesetzte Bezeichnungen wie ›Gasthof‹ oder ›Gastwirtschaft‹ wiesen unter Berücksichtigung der geschilderten Unsicherheitsfaktoren in der Regel auf einen Beherbergungsbetrieb hin, wogegen sich die in den zwanziger Jahren unseres Jahrhunderts aufkommende nivellierende Benennung ›Gaststätte‹ in erster Linie auf Schankstätten mit Küche bezog. Reine Schankwirtschaften verwendeten dagegen mit Vorliebe Namensverbindungen mit -quelle, -halle oder -stüberl.

23.6.1
München, um 1910

Seit dem letzten Drittel des 19. Jahrhunderts war bei Lokalen mit schwerpunktmäßiger Speisenverabreichung die Selbstbezeichnung ›Restaurant‹ in Mode gekommen und sehr beliebt. Hierüber läßt sich der über die Mißstände im Münchner Verpflegungswesen besonders informierte und besorgte Dr. August Rollinger 1907 in einer köstlichen Broschüre über ›Münchens Schattenseiten‹ wie folgt aus:

»Zahlreiche Lokale, die nichts anderes sind als gewöhnliche Bierwirtschaften oder Brauerei-Ausschanke, führen aber zur Täuschung des Publikums den stolzen Titel ›Restaurant‹, ohne dieser Bezeichnung auch nur halbwegs gerecht zu werden; ja die meisten Inhaber derartiger Lokale haben überhaupt keine Ahnung vom fachgerechten Betrieb eines Restaurants. Sie sind eben Bierwirte, aber keine Restaurateure, und gerade diese unter falscher Flagge segelnden Bierwirte sind es, deren ganze Art der Geschäftsführung zur schärfsten Kritik herausfordert, obgleich auch anderwärts nicht alles tadellos erscheint.«

Derselbe Autor hat in der angeführten Broschüre ein kühnes Reformprogramm abgedruckt, das die interne Problematik der Münchner Wirtschaften zu Beginn unseres Jahrhunderts charakterisiert: »... Rauchverbot während der Speisezeiten, wenigstens in einzelnen Räumen. In den öffentlichen Räu-

reichten. Die Gäste konnten nach Belieben davon wählen. Bei begehrten Delikatessen kam es vor, daß dem letzten in der Reihe nichts mehr blieb. So berichtet Heinrich Heine, daß ein Karpfen in polnischer Sauce ihn zuletzt erreicht und er nur das Lorbeerblatt bekommt, das als Gewürz dient. »Die Preise der Weine sind im Gastzimmer angemerkt« und konnten nach Quantität und Qualität zum Essen bestellt werden. Zum Ausschank diente die Weintheke. In München gebräuchlich waren vor allem Tiroler Weine, dann Rhein- und Frankenweine und die export- und lagerfähigen französischen Kreszenzen, die teils in Fässern, teils in Flaschen importiert wurden. Es galt Rauchverbot in diesem distinguierten Haus. Im ›Schwarzen Adler‹ verkehrten neben berühmten Persönlichkeiten (vgl. Kat. 23.1.3) die gutgestellten Münchner Kaufleute. Sie trafen sich unter den Stubenzeichen mit den Insignien des Handelsstandes.
H. O.

23.1.1

23.1.2
Zehn Polsterstühle,
wohl München, wohl 18. Jahrhundert
Eiche massiv, erneuerter rosa Leinenbezug; M 71/27, 1 Lehne erneuert; M 71/27,8 linker Stab der Rückenlehne erneuert, rechter Volutenaufsatz am Lehnenstab vorne abgebrochen, 50/104 x 43 x 42 cm
Lit. vgl. Windisch-Graetz, Möbel Europas, München 1983, Bd. 2, Abb. 457, vgl. Palluch, Lorenzo Quaglio, München 1983
Inv. Nr. M 71/27, 1-10 (Nachlaß Ebenböck)

Dieser Stuhltyp war in München im 18. Jahrhundert gebräuchlich. Seiner Grundform nach stammt er aus dem 17. Jahrhundert.

23.1.3
Franz Joseph Albert (gest. München 1790),
Anonym - Umkreis Georg Desmarées, um 1775
Öl /Lwd, 83,4 x 65,8 cm
Gm 49/189, Ankauf Clara Albert, München

23.1.3

Selbstbewußt tritt uns der Gastgeber und Weinwirt F. J. Albert in seinem Bildnis gegenüber. Mit der gepuderten, die Stirn freigebenden Perücke, dem blauen Seidenjackett, aus dessen Ärmeln und Halsausschnitt edle Spitze hervorquillt, ist der Dargestellte aufwendig und à la mode gekleidet. Die über die Schulter drapierte rote(!) togaartige Seidenschärpe setzt einen zusätzlichen Akzent, der die dem Edelmanne abgeschaute Positur des Portraitierten zusätzlich betont.
Die Weingastgeber waren in München seit altersher in einer eigenen Zunft vertreten und gehörten immer zu den angesehensten Handelsleuten, etwa vergleichbar den Apothekern. Es war üblich, daß sich die Mitglieder des Äußeren Rats zu einem Viertel aus Weinwirten zusammensetzten. Durch kurfürstlichen Erlaß von 1687 war die Zahl der Weingastgeber in München auf 24 festgesetzt. Ihnen war nicht nur das Recht gegeben, Wein auszuschenken – wie den Weinzapflern –, sondern auch Gäste mit Speisen zu bewirten und Fremden Unterkunft zu bieten, ebenso wie übrigens auch den Bierbrauern. Hochzeits- und Kindstaufmahle sowie andere volkstümliche Feste durften von den Weingastgebern ausgerichtet werden (Schlichthörle 1845, Bd. 2, S. 334). F. J. Albert, dessen Geburtsjahr wir nicht kennen, stammt aus einer bekannten Münchner Stadtmusikantenfamilie und vielleicht war der 1701 nachgewiesene Stadtgeiger Kaspar Albert sein Vater. Im Jahre 1754 jedenfalls erwirbt Franz Joseph A. die ›Weingastgeb und Weinbranntgerechtsame‹ des Münchner Bürgers Johann Ferdinand Roth aus dem Tal. Ein Jahr später ist er Mitglied des Äußeren Rats und erwirbt das Anwesen Kaufingergasse 23, Ecke heutige Liebfrauengasse, zwischen Frauenkirche und Schönem Turm gelegen. Die auf dem Hause seit altersher liegende Schankgerechtigkeit geht ebenfalls an Albert über, und er eröffnet 1755 den ›Schwarzen Adler‹, den er zu einem der angesehensten Gasthöfe Münchens macht. Er führt ihn bis zu seinem Tod im Jahr 1790. Danach übernimmt sein Sohn Karl, dessen Bildnis von J. G. Edlinger ebenfalls im Besitz des MStM ist (Inv. II c/205), den ›Schwarzen Adler‹ und führt ihn bis 1806. Laut Anton Baumgartners Polizei-Übersicht 1805 hat der Schwarze Adler einen Hof und »unferne der Schießhütte gelegen« einen Garten, der eine Remise für 40 Wagen bereit hält. Im Hof ein ›Steften‹ Wasser, der zugleich für die Küche benutzt wird, einen Blitzableiter und Laternen, 8 Retiraden, Stallplatz für 24 Pferde und mehrere gewölbte Keller zum Frischhalten der Speisen und Getränke. Das Haus verfügt über einen Tanzsaal, geschmackvoll ausgemalt und mit Spiegeln versehen und 38 Gastzimmer, etc. (XIX, 1. Juni 1805, S. 21).
Unter seinem Begründer erlebte der ›Schwarze Adler‹ eine glanzvolle Zeit, und illustre Gäste gehörten zu seiner Klientel. So macht 1761 der Venezianer Bernardo Bellotto gen. Canaletto, Hofmaler Augusts des Starken in Dresden, hier Station. Sechzehn Jahre später steigt W. A. Mozart, der München achtmal besucht hat, erstmals bei F. J. Albert ab. Auf der Reise nach Paris 1777 wohnte er mit seiner Mutter vom 24. September bis 11. Oktober im ›Schwarzen Adler‹. Bei einem von Albert veranstalteten Hauskonzert am 4. Oktober 1777 tritt Mozart im ›Schwarzen Adler‹ als Interpret auf. Ein zweites Mal ist Mozarts Logis bei Albert für das Jahr 1790 verbürgt, als er sich von Frankfurt am Main

zurück nach Wien begibt (Ende Oktober bis Anfang November). Es war Mozarts letzter Aufenthalt in München.
Vier Jahre zuvor, am Beginn seiner Italienischen Reise 1786, auf dem Weg von Karlsbad zum Brenner, nächtigt J. W. Goethe vom 6. zum 7. September im ›Schwarzen Adler‹. Er selbst tut dessen nicht eigens Erwähnung; in seinen Auslassungen über das kalte und nasse Wetter, das ihn in München empfing, erwähnt er den dem Gasthof benachbarten ›Schönen Turm‹, der die Kaufinger von der Neuhauser Gasse trennt, indem er schreibt: »Nun scheint die Sonne im Untergehen noch an den alten Turm, der mir vor dem Fenster steht« (Italienische Reise, 1786).
Das Bildnis besitzt in dem Portrait der Maria Anna Albert, geb. Duschl, ein Gegenstück. (Inv. 49/190). M. M.

23.1.4
Visitenkarte des Franz Joseph Albert, Gastgeber ›Zum Schwarzen Adler‹,
München, 1750, Franz Joseph Albert Gastgeber zum Schwarzen Adler in der Kauffingergaße negst dem Schönnen Thurn in München.
Kupferstich, 17,2 x 22,8 cm
38/690

Die geschmackvoll mit Rocailleumfassung, Kaiseradler und Mönch im Wappen gestaltete Visitenkarte deutet auf das große Ansehen des Gastgebers Franz Joseph Albert und seines Gasthofes ›Zum Schwarzen Adler‹ hin.

23.1.4

23.1.5
Ansicht des Gasthofes ›Zum Schwarzen Adler‹ um 1830 in der Kaufinger Straße, Ecke Liebfrauenstraße, mit Durchblick auf die Frauentürme
Joseph Puschkin (1823-1905), München, um 1890
bez. r.u. sign. Puschkin
Aquarell, 18,8 x 23,6 cm
Neuner 13

23.1.5

23.2.1a
Joseph Kratzer-Prügelwirt
Anonym, um 1790-1800
Öl/Lwd, 76,7 x 59,5 cm
36/1435 Nachlaß Anton Simmerlein

Das Inventarbuch verzeichnet für die beiden Portraits ›Franz Xaver Grazer (Prügelwirt)‹ und ›Ursula Grazer (Prügelwirtin)‹ als Dargestellte. Laut Familienbogen des StadtAM lebte ein Bierbrauer Franz Xaver Kratzer (sic!) 1781-1836 in München. Das vorliegende Bildnis ist um 1790-1800 anzusetzen; Franz Xaver Kratzer kommt daher aus Altersgründen für den Dargestellten nicht in Betracht. Es kann sich daher um Joseph Kratzer, den Vater des Franz Xaver handeln. Joseph, ein Bauernsohn aus Niederambach im Landkreis Freising, verheiratete sich 1762 mit der Köchin Sabine Sedlmayr. Ihr gehörte der Prügelbräu, das ihr Bräutigam z.Zt. der Eheschließung zu Lehen nahm. Jedenfalls schenkte Joseph Kratzer von 1762-1800 Märzenbier in seiner an der Neuhausergasse 26 gelegenen Gastwirtschaft ›Zum Prügelbräu‹ aus. Dieser Bräu war der Vorgänger der späteren Spatenbräu-Bierhalle und des Hotels Bamberger Hof. Bierbrauer hatten außer dem Brau- und Schankrecht das Gastungs- und Herbergsrecht. Sie hatten das Recht, ihre Hausgäste des Mittags und Abends zu verköstigen und auch gekochte Speisen über die Straße abzugeben. Man hat sich daher den Prügelbräu als lebhaften und gut besuchten Gasthof mit Brauerei vorzustellen. 1808 übernimmt der Sohn Franz Xaver Kratzer den Prügelbräu und führt ihn bis zu seinen Tod 1838. M. M.

23.2.1b
Maria Ursula Kratzer-Prügelwirtin
Anonym, um 1790/1800
Öl/Lwd, 75,9 x 60,0 cm
36/1436 Nachlaß Anton Simmerlein

Das Bildnis ist das Gegenstück zum Portrait des Prügelbräus Franz Xaver Kratzer (Inv. 1435). Dieser war in dritter Ehe seit 1770 mit Maria Ursula verheiratet, der Mutter des Franz Xaver Kratzer (1781-1836) und einer Tochter Rosalie, die in das Oberkandlerbräu an der Neuhausergasse heiratete. Weitere Nachrichten sind über die dritte Prügelwirtin nicht bekannt.
M.M.

23.2.2
Kellnerinnen von München, Sommelières de Munic,
Albrecht Adam
(Nördlingen 1786-1862 München),
München, o.J. [1825/26],
bez. Bey I.M. Hermann in München
Kolorierte Lithographie, 26,2 x 20 cm
MIV/780

Vorder- und Rückansicht zweier Kellnerinnen in einer fiktiven Münchner Straßenszene. Beide in Münchner Tracht mit geschürtem Mieder und Ringelhaube. Die Vorderansicht zeigt die Festtracht, die Rückansicht die Werktagstracht.

Münchner Kellnerinnen um 1835

»Was nun aber noch vorzüglich den Reiz dieser Orte erhöht sind die Kellnerinnen. Was sind Kellnerinnen? Grisetten? halb und halb – ihrer Function nach – aber eine Grisette in's Deutsche, in's Altbaierische übersetzt. Keine andere Stadt in Deutschland hat sie, am wenigsten Bremen, wohin sie der unwissende Balzac versetzt. (...) Aber die Kellnerinnen in München besitzen Bildung und Menschenkenntniß. Für das erste zeugt, daß sie Saphir's Schriften und die Landbötin lesen, für das zweite, die Art und Weise, wie sie mit den Gästen umgehen.
»Ich wünsche Ihnen einen recht vergnügten Abend,« ist die gewöhnliche, kürzeste Anrede, die sie für ganz uninteressante, wildfremde Leute stets in Petto haben. Sagt man, daß man ein Glas Bier wünsche, und fügt: »schönes Kind« hinzu, so erwidert die Kellnerin gleich: »Ja, wer so schön wäre, wie Sie, mein schöner Herr!« und lächelt, oder lacht dabei. Ist man eitel, so kann man das für ein Compliment nehmen. Bringt sie das Bier hochschäumend im Glase, so fragt sie: »Schaffen's a Brod a?« und bejaht man dieß, so wirft sie das Brod, das sie schon in der Hand hatte, auf den dastehenden Teller und geht fort, damit es nicht heißen soll, sie dränge sich den Gästen auf. Geht man weg, so ruft sie einem Jeden nach: »Ich wünsch' einen recht vergnügten Abend, kommen's bald wieder, erzeigen uns ferner's die Ehr'!« – (...)
Die Münchener Kellnerinnen sind ein schöner Menschenschlag von 16 bis 30 Jahren. Älter werden sie nur selten angetroffen. Junge Jahrgänge werden besonders geliebt. In ihrer Kleidung lieben sie die hellen Farben, sie ist nach der üblichen Mode zugeschnitten. Das Riegelhäubchen darf nicht fehlen. Aus alten Kellnerinnen werden oft Kaffeewirthinnen, oder Haushälterinnen bei Hagestolzen gemacht. Im erstern Falle bewahrten sie ihre frühere Liebenswürdigkeit; im Letztern sollen sie ihren Character verändern.«

Lewald, 1835 II. Teil, S. 177-179

23.2.3
Kellnerinnen von München, Sommelières de Munic
Albrecht Adam
(Nördlingen 1786-1862 München),
München, o.J. [1825/26],
bez. Bey I.M. Hermann in München
Kolorierte Lithographie, 30,3 x 24,2 cm

23.2.2

Lit. AK Wittelsbach III/2 1980, Nr. 948-949,
AK Biedermeier, 1987, Nr. 3.1.27
M I/1891/4

Vorder- und Rückansicht zweier Kellnerinnen in Münchner Tracht beim Servieren im Caféhaus. Beide Darstellungen der ›Kellnerinnen von München‹ sind aus der Sammlung Bayerischer National-Costüme, die der Jurist, Historiker und Archivar Felix Joseph Lipowsky (Wiesensteig 1764-1844 München) herausgab. Die Kellnerinnen vor der Stadtszene, Kat. 23.2.2 erschienen im I. Heft als Blatt 1. Dieses Blatt löste Kritik aus, da man den Berufsstand nicht erkennen konnte. Deshalb folgte ein 2. Blatt im III. Heft als ›Dareingabe‹, das die Kellnerinnen beim Servieren zeigt. Die Münchner Kellnerinnen wurden häufig wegen ihrer Putzsucht kritisiert. Aber nach den Überlieferungen der Zeit konnte nur ein geringer Teil der Kellnerinnen sich so prächtig ausstatten. U. Z.

23.2.3

23.2.4
Tracht der Münchner Kellnerinnen
München, um 1840
Seidenfaçonné, Baumwolle, Seidenlamé
36/2038, 2032, 34/558, XII/260

Sechsteilige Kellnerinnentracht mit lindgrünem, eng gefälteltem, am Saum abgenähten Baumwollrock, mit lindgrünem Seidenfaçonné-Mieder, darüber schwarzem Seidenfaçonné Schnürmieder, weißer Baumwollbluse mit Keulenärmeln, weißer feiner Baumwollbatistschürze und goldfarbener Riegelhaube aus Seidenlamé mit broschierten Blumen mit Glatt- und Krausgoldfäden. Diese Münchner Tracht der Kellnerinnen ist vielfach in Wort und Bild überliefert.

23.2.5
Die schöne Coletta
Toni Aron (1859-1820),
München um 1880, bez. r.u.: Toni Aron
Öl/Lwd, 194,5 x 93,5 cm
Lit. AK Prinzregentenzeit, München, 1988, Nr. 4.4.5
21342

Seit 1830/40 waren in München junge Mädchen in Tracht mit silbergeschnürtem Mieder, seidenem Schultertuch, Kropfband und Vorschürze ein beliebtes Motiv für Bilder meist kleinen Formats. Steht die Darstellung der einstmals wegen ihrer Schönheit berühmten Kellnerin Coletta einerseits in der Tradition der biedermeierlichen Genrebildnisse, so erhält sie durch das repräsentative Hochformat einen nicht zu übersehenden Bedeutungszuwachs. Coletta – von dem Maler Aron im Dienste der Löwenbrauerei dargestellt – war ein aus Ebenried bei Aichach stammendes junges Mädchen, das »diesen hübschen, untersetzten Typus mit den brünetten Haarbandeaus, den etwas zu großen Füßen und den unbedenklichen Sitten« zu verkörpern scheint, von dem Thomas Mann in seiner 1903 erschienenen Novelle ›Gladius Dei‹ schreibt. Toni Aron hat Coletta noch einmal in einer 1889 datierten, aquarellierten Federzeichnung in Verbindung mit dem Bürgerlichen Bräuhaus dargestellt (Münchner Stadtmuseum, Proebst 1772). Coletta Möritz (1860-1953) war auch dem Maler Friedrich August Kaulbach für seine übermütige Schützenlisl Modell gestanden. Die in ihrer Jugend umschwärmte Hebe war in erster Ehe mit dem Schwabinger Bierwirt Franz Xaver Buchner, in zweiter Ehe mit einem Postbeamten verheiratet. M. M.

23.3 Die Gastwirtschaft Kratzer im Lehel

23.3.1
›Kratzers Gasthaus‹ – Elemente einer Wirtsstubeneinrichtung
München um 1900
Vertäfelung Fichtenholz, nachträglich weiß gestrichen

Die im altdeutschen Stil mit Beschlagwerkornamenten verzierte Vertäfelung der Wirtsstube stammt aus einer Münchener Bierwirtschaft in der Lerchenfeldstraße 15 im Lehel, die zusammen mit dem Haus im schlichten Neurenaissancestil 1981 dem Abbruch zum Opfer fiel. Durch Vermittlung des Landesamtes für Denkmalschutz kam die Vertäfelung des Gastzimmers in das Münchner Stadtmuseum.

Kratzers Gasthaus, München, Lerchenfeldstraße, um 1930

Kratzerwirt, Anf. 20 Jh.

Gaststube, Kratzers Gasthaus, München, Zustand um 1980

Das Haus besaß zur ebenerdigen Gastwirtschaft einen kastanienbestandenen Biergarten mit einer Kegelbahn, es verfügte ebenfalls über einen Gassenausschank. Als ›Gasthaus zum Riedlhof‹ wird das Anwesen 1902 zuerst genannt und als ›Gasthaus Leitmayer‹ im Münchner Adreßbuch erwähnt. 1906 wird dann der ausgebildete Metzger Joseph Kratzer Wirt. Er unterhielt eine Speisewirtschaft mit preiswertem Mittags- und Abendtisch. Täglich wurde Rindfleisch gekocht und bildete die Basis für Fleischsuppen, Gemüsesuppen, Grießnockerlsuppen, Tellerfleisch und Ochsenfleischgerichte. Zusätzlich kamen als Brotzeiten Wurstwaren auf den Tisch, und am Wochenende waren Braten und Knödel obligatorisch. Der Bierausschank betrug wochentags 1 Hektoliter und lag am Wochenende bei 1,5 Hektolitern. Durch die Gassenschänke wurde offenes Bier im Straßenverkauf gereicht. Neben dem Essen war dies die Haupteinnahmequelle des Betriebs. Kunden waren die Arbeiter und Angestellten des nahegelegenen Maffeibetriebs, Geschäftsleute und die kleinbürgerliche Klientel der Nachbarschaft. 1921-1936 führte Georg Prüller, der in die Wirtshausfamilie eingeheiratet hatte, den Familienbetrieb, der an seinen Sohn überging. Die Wirtsstube war ursprünglich mit etwa 60 Thonetstühlen und ungefähr 10 weißgescheuerten Tischen mit Eschenplatten eingerichtet. Die dunklen Plüschvorhänge mit aufgesetzten Borten an den Ringen, die Flügeltüren mit farbigen Butzenscheiben und die reichornamentierte, ehemals dunke Vertäfelung schufen ein in sich stimmiges Ambiente. Später wurde die Vertäfelung der Wirtsstube weiß überstrichen, durch Tabakrauch wieder gebräunt und überstand gut die Zeitläufe, bis die Altmünchner Idylle aus finanziellen Gründen abgerissen wurde. H. O.

23.4.1

23.4.1
Zwei Kartenspielstühle aus dem Wirtshaus ›Zum ewigen Licht‹
Gebrauchsort München, 18. Jahrhundert
Ahorn massiv, 54/86 x 30 cm
Lit. vgl. Leopold Schmidt, Bauernmöbel, 1967, Abb. 59 rechts, Stühle aus Illerbeuren/Schwaben 18. Jh.
29/1025, 1026

Die Form mit sattelförmigem Sitz und einer Fläche auf der Rückenlehne ist eine analoge Entwicklung zu französischen Kartenspielstühlen, auf denen der Spieler umgekehrt mit aufgestützen Ellenbogen saß, um es länger am Spieltisch auszuhalten.
Der Stuhltyp ist bereits im 17. Jahrhundert als Stuhl für einen jungen Burschen bei der Familientafel bezeugt (Zander-Seidel, 1990, 302, Abb. 260).
Solche Wirtshausstühle sind sonst in schwäbischen Gastwirtschaften gebräuchlich. ›Zum Ewigen Licht‹ war der Vorläufer der Gastwirtschaft ›Peterhof‹, wo angeblich die Weißwurst, ›das Licht der Welt erblickte‹.

23.4.2
Der Teppichhändler
Johann Georg Christian Perlberg
(Köln 1806-1884 Nürnberg),
1837, bez. u.r. I.G. Perlberg
Öl/Lwd, 60,3 x 73,6 cm
Lit. AK Biedermeier, München, 1987
Nr. 3.4.1
11 B/86

Das Gemälde erhält seinen Titel von dem Fieranten (fliegenden Händler) in der Zillertaler Tracht, der einen bunten Teppich aus Ziegenhaar, einen sog. Defereggenteppich vor den Gästen der überfüllten Wirtsstube zum Zwecke der Anpreisung aufgefaltet hält. Eine Hökerin in der Oberländer Otterfellmütze, die die Züge der damals in München bekannten ›Nuß-Kathl‹ trägt, hält Naturalien, u.a. Nüsse feil. Die Kellnerin entspricht ganz dem verbreiteten Typus der ›Jolie Bavaroise de Munich‹. Die Soldaten tragen die bayerische Ulanen-Uniform, die nach Auflösung der Regimenter abgeschafft wurde (frdl. Hinweis M. Junkkelmann).
Die Häufung von Motiven, der Detailreichtum, das Erschließen des Innenraums in immer neuen Varianten – sei es durch eine geöffnete Tür, ein Fenster oder einen Spiegel – scheint endlos zu sein. – Die Darstellung, die als Gegenstück zu Anton Evers ›Münchner Wirtsgarten‹ von 1842 (siehe Kat. 23.4.3) angesprochen werden kann, idealisiert das Leben der kleinen Leute aus der folkloristischen Perspektive, spielt in vergangener Zeit und enthebt sich auf geradezu unangenehme Weise jeglichen Wirklichkeitsbezugs, nicht ohne den tumben Invaliden oder großsprecherischen Soldaten noch zu denunzieren. M. M.

23.4.3
Münchner Wirtsgarten
Anton Evers (Moritzberg/Hannover 1802-1848 Hannover), 1841,
Öl/Lwd , bez. e. u. E. (?) A EVERG 41
55,4 x 70,8 cm
Lit. AK Biedermeier, 1987, Nr. 4.4.30
61/347

Wie die Wiener das Leben vor den Toren der Stadt in den Volks- und Kaffeegärten genossen, so standen den Münchnern – und stehen noch heute – die Wirtsgärten offen.
Friedrich Boetticher führt in den ›Malerwerken des 19. Jahrhunderts‹, Bd. 1, 1, 297 unter den Werken des seit 1832 in München ansässigen Malers Anton Evers eine Lithographie des Titels »Der Wintergarten zu Schwabing, Szenen aus dem Münchner Volksleben« an. Dieses Blatt wurde nach dem vorliegenden Gemälde durch Th. Driendl lithographiert. – Unter den im Adreßbuch von 1842 aufgezählten fünf Schwabinger Wirtsgärten ist kein ›Wintergarten‹. Immerhin hatte es einen Bierwirt an der Winterstraße gegeben, die am südlichen Rand des Englischen Gartens zwischen dem Palais des Prinzen und der Isar ihren Verlauf nahm (später Prinzregentenstraße). Dieser Bierwirt trug allerdings den Namen ›Zum Alletag‹. Ob dieser zum ehem. Graggenauer Viertel gehörende ›Vorzügliche Vergnügungsort‹ gemeint ist, oder ob die topographischen Angaben nur allgemeinster Art sind – wie in seinem übrigen der Genremalerei angehörenden Werk –, muß dahingestellt bleiben. M. M.

23.4.4
Maibockausschank in einer Wirtschaft
Franz Xaver Nachtmann (Bodenmais 1799-1846 München)
1824, bez. auf einem Zettel am Boden u.l.v. der Mitte ›1824‹
Öl auf Holz, 46,2 x 60,5 cm
Lit. AK Biedermeier, 1987, Nr. 6.1.16
51/332

Der Bockkeller, in dem der Maibock ausgeschenkt wurde, befand sich laut Häuserbuch der Stadt München (1, 1958, Graggenauerviertel, 219) seit 1807 in der Alten Münze, Münzstr. 7, Ecke Platzl, nachdem der Münzbetrieb in die Neue Münze am Hofgraben 4 umgezogen war. Nach dem in München erscheinenden ›Bockblatt‹ (2,1839,6) befand sich der ursprüngliche Bockkeller seit 1638 in einem Gewölbe des Alten Hofes und war über eine Brücke über den Pfisterbach zugänglich. Seit Nachtmanns Bild zeigen alle Darstellungen bis zu Peter Ellmers kolorierter Lithographie von ca. 1840 (MStM P 1373) immer dieselben, wohl dreischiffigen Räumlichkeiten mit Kreuzgratgewölbe. Seit 1844 gab es offenbar Pläne, den Bockkeller zu erneuern. Doch noch 1849 bezeichnet Gustav Wenng das Haus Münzstraße 7 als Bockkeller (Topographischer Atlas von München). Es ist also anzunehmen, daß der Keller noch länger in Betrieb blieb.
Die Bockzeit, in der seit 1638 das dunkle Starkbier ausgeschenkt wurde, was zunächst nur die Hofbrauerei durfte (später gab es zwei Filialen am Schrannenplatz und im Tal), umfaßte 14 Tage vor und 14 Tage nach Fronleichnam (Bockblatt 2, 1839, 6). Der Bockkeller wurde zu dieser Zeit mit Birken geschmückt, und man genoß die ersten Maitage, indem man nicht nur im Keller, sondern auch davor stehend das Bier zu sich nahm und die weit geöffneten Fenster Licht und Luft in die alten Gewölbe brachten. Zu diesem festlichen Anlaß trafen die Vertreter aller Stände bei Bier, Rettich, Würstchen und Harfenmusik zusammen. Auf Nachtmanns Bild erkennt man rechts hinten Studenten, in der Mitte stehen drei wohlhabende Bürger im Zylinderhut beisammen, dazwischen sieht man einfache Leute in der Tracht der Gebirgler. Wie auf allen Bildern dieser Zeit beherrschen auch im Bockkeller die bunten Uniformen der Militärs das Bild: links ein Infanterist des Leibregiments, vorn links ein Cheveauxlegers mit Fouragiermütze und rechts ein Leutnant des Kürassierregiments Prinz Carl (die Identifizierung verdanken wir Marcus Junkelmann). B. E.

23.4.4

23.4.5
Münchner Bierkeller
Johann Heinrich Hasselhorst (Frankfurt/M. 1825 bis nach 1860), 1887
bez. r.u.: J. Hasselhorst
Öl/Lwd, 71,5 x 49,0 cm
Lit. AK Prinzregentenzeit, 1988, Nr. 4.16.23 (Abb.); nicht bei Boetticher!
61/298 Ankauf Dr. H. Fetscherin, München

Dem Gemälde liegt ein Entwurf zugrunde, der anläßlich des IX. Deutschen Bundes- und Jubiläumsschießens in Frankfurt (3.-10. Juli 1887) als Dekorationsmalerei in der Pschorrbräubierhalle zur Ausführung kam.
In Anlehnung an die barocke Deckenmalerei ist die Apotheose eines Bierkellers in der Gestalt einer jungen Kellnerin dargestellt. Im Zentrum von grölenden, sich in Bierseligkeit umarmenden, Würstl und Kraut über den Nachbarn ergießenden Menschentrauben schwebt leichtfüßig im aufgeputzten Trachtengewand die lichte Erscheinung der niedlichen, pausbäckigen Kellnerin. Ihr Typus geht wohl auf Münchens berühmteste Kellnerin, die ›Schöne Coletta‹ zurück. Coletta Möritz aus Ebenried (1860-1953) war mehrmals Modell gestanden: Friedrich August Kaulbach für die ›Schützenliesl‹ 1878 (AK Prinzregentenzeit München 1988, Nr. 4.7.1) sowie um 1880 Toni Aron für ein lebensgroßes Ganzfigurenbildnis (vgl. Kat. 23.2.5) M. M.

23.4.6
›Münchner Volksleben – Der Sommerkeller‹
Friedrich Kaiser
(Lörrach 1815–1890 Berlin)
München, um 1835
M.u. Gedr. v. J.B. Kuhn
Lithographie, 26,4 x 33,5 cm
M II/378.1

23.4.7
Münchner Bürgermädchen bei der Brotzeit im Biergarten des Wirtshauses am Chinesischen Turm im Englischen Garten
Heinrich Kohler
(Stuttgart 1808-1885 München)
nach Carl Engel (Londorf/Oberhessen 1817-1870 Rödelheim)
um 1800, bez. r.u. Nach d. Originale auf Stein gez. von H. Kohler bez. l. u. gemalt v. C. Engel
Kolorierte Lithographie, 44,7 x 36,2 cm
Z 2199 a

23.4.8
Biergartenbetrieb und Volksszene am Chinesischen Turm im Englischen Garten
nach Gustav Sundblad (Augsburg 1835-1891 wahrscheinlich Leipzig)
1865, bez. l.u. G. Sundblad
Xylographie aus der Leipziger Illustrierten Zeitung 1865, 24 x 23,5 cm
P 1206

23.4.9
Großhesseloher Kirchweih
Joseph Zächenberger (München 1731-1802 München), 1780
Öl/Lwd doubl., 101,5 x 147,0 cm
Lit.Eisenmann, Beschreibung der Haupt- u. Residenzstadt München, München 1814, S. 231f., Joseph Söltl, München und seine Umgebung, München 1837, S. 413f.
II b/9

Zächenberger stellt den denkwürdigen Besuch des Kurfürsten Karl Theodor am 29. Juni 1779 in Großhesselohe dar (AK Die Isar – ein Lebenslauf‹, München 1983, Kat. Nr. 201). Die Schwaige wurde damals von der Heilig-Geist-Spitalverwaltung betrieben, die auch das Bild 1780 bei Zächenberger bestellte. Die Kirchweih in Großhesselohe wurde auch von Petrus Horemans 1737 und 1747 dargestellt (AK Peter Jakob Horemans, München 1974, Nr. 13, Taf. 6 und Nr. 19, Taf. 8).
Die heute noch existierende Waldwirtschaft Großhesselohe erfreute sich bei den Münchnern von altersher großer Beliebtheit: »Kein Freund ländlicher Unterhaltung lasse sich den kleinen Ausflug nach diesem, etwa 2 Stunden von München entlegenen, Lustorte gereuen, wenn er nicht eine unserer angenehmsten Landparthieen vermissen will. Schon im Hingehen wird man durch mannigfaltige Naturgenüsse erfreut. Gleich ausserhalb der Stadt öffnet sich eine ausgebreitete, heitere Ebene, auf deren einen Seite die Orte Haidhausen, Berg, Ramersdorf, Giesing, Harlaching und Thalkirchen, dem Auge in der Ferne begegnen. Die Chaussee führt durch Unter- und Mitter-Sendling. Der Ort selbst ist nicht sowohl durch die Seltenheit seiner Naturschönheiten, als vielmehr anziehend durch das Interesse der häufigen Gesellschaften, die sich hier so fröhlich und ungebunden an einander schließen. Ein schattenreiches Wäldchen empfängt den Wanderer. Auf dem so genannten Sommerwirthschaftsplatze ladet ein geschmackvoller, im Freyen errichteter, bedeckter Tanzplatz von 58 Fuß im Durchschnitte, zum Tanze ein. Um denselben befinden sich Gastlogen, wovon die meisten auf dem hohen Ufer der Isar und in einer Reihe stehen, dann Tische, Bänke, Kegelstätten u.s.w. Auch eine Kapelle schmückt diesen ländlichen Erheiterungsplatz; Genüsse von Speisen und Getränken aller Art stehen zu Gebothe.
Man sieht dort im Sommer an Sonn-, Feier- und Montägen, oft gegen 100 Wagen, eine Menge Reiter und über 1000 Menschen versammelt. Für dritthalb hundert Pferde sind Sommerställe erbaut. An der einen Seite rauscht die Isar vorbei, und der Blick in das tiefe Thal dieses Stromes, auf dessen Rücken man öfters Flöße daher schwimmen sieht, gewährt angenehme Unterhaltung. (...) Weiter gegen die Stadt zu stehen die Oekonomie = Gebäude, gleichfalls mit einer schicklichen Einrichtung für die Bewirthung, in mehreren Zimmern und einem geräumigen Saale, hauptsächlich für zahlreichen Besuch in Wintertagen bestimmt.« (Eisenmann, 1814, S. 229) M.M.

23.4.9

23.4.10

23.4.10
Flößerwirtschaft ›Zum Grünen Baum‹ an der Unteren Lände
Joseph Stephan, um 1760
Öl/Lwd, 52,8 x 69,3 cm
Lit. AK Isar, 1983, Nr. 277
AK Stadtbild München, 1990, Nr. 4.12
36/798

Nicht nur ein topographisches Zeugnis einer längst verschwundenen Lokalität, sondern auch ein typisches Gesellschaftsbild des Rokokozeitalters. Im Vordergrund die Floßlände, auf dem Floß die Bierfässer mit dem im ›Grünen Baum‹ ausgeschenkten beliebten Tölzer Bier.
»Gleich hinter dem westlichen Teil der steinernen Isarbrücke, der heutigen Ludwigsbrücke, dort, wo vordem der ›Rote Turm‹, berühmt aus der Oberländer-Mordweihnacht von 1705, sich erhob, indessen 1796 durch Brand zerstört wurde, begann die Zone der Lände. Da standen vor allem – Wirtshäuser, dazu das Haus des Ländemeisters und das Ländebureau. Die Wirtshäuser wurden nicht nur von den Flößern nach des Tages Last und Mühen fleißig benutzt, sondern auch von den Soldaten und Unteroffizieren der benachbarten Kasernen und von den Münchner Spaziergängern und Flanierern regelmäßig aufgesucht. Wer an der Isar bummelte, wo es immer etwas zu sehen gab, der beendete in einem der drei Ländewirtshäuser, beim ›Turmwirt‹, beim ›Grünen Baum‹ oder beim ›Ketterl‹ seine Wanderung. Der ›Turmwirt‹ war ein Überbleibsel des alten ›Roten Turms‹ oder vielmehr eines Seitengebäudes davon; bei ihm gab es die meiste ›Straßenkundschaft‹, auch die Fuhrleute, die zur Au hinausfuhren, sprachen gerne zu. Am berühmtesten war freilich der ›Grüne Baum‹, von dem es schon zu Ende des 18. Jahrhunderts vielverbreitete, mit Versen versehene Kupferstiche als von einer der originellsten Wirtschaften Alt-Münchens gab. Sogar König Ludwig I. kam gelegentlich einmal hierher, wenn er wußte, daß Künstler oder Schauspieler und Hofopernsänger hier zechten, und später verschmähten es nicht einmal die exclusiven ›Nordlichter‹, der Kreis der ›Berufenen‹, die Leute um Dönniges, hier für ein paar lustige Kneipstunden vom hohen Roß herabzusteigen«.
Wolf, 1928, S. 466–467

23.4.11 a
Modell der Flößerwirtschaft ›Zum Grünen Baum‹ an der Unteren Lände
wahrscheinlich Max Irlinger
München, um 1886
Holz, Pappe, Wacholderzweige
13 x 37,5 x 37,5 cm
Lit. AK Stadtbild München, 1990, Nr. 4.11
I c/64

Dieses Modell wurde als Erinnerungsstück anläßlich des Abbruchs 1886 gefertigt.

23.4.11 b
Modell der Flößerwirtschaft ›Zum Grünen Baum‹ an der Unteren Lände
Glasmaler Martin Zill
München, 1930–1940
Holz, Pappe, 13 x 26,5 x 24,3 cm
42/258

Die Modelle erinnern an die beliebten Flößerwirtschaften am linken Isarufer nördlich der Ludwigsbrücke. Dort kehrten

›an der Länd‹ die Flößer ein, wenn sie ihr Floßholz verkauften und ihre Waren umschlugen. Auch für die Münchner waren beide Wirtschaften, die 1886 abgebrochen wurden, beliebte Ausflugslokale.

›Grüner Baum‹

Der berühmte ›Grüne Baum‹. Er lag unmittelbar am Isarufer in der Nähe der Zweibrückenstraße 84, und war Anlandeplatz ›Länd‹ für die die Isar von Tölz und Lenggries herunterkommenden Flöße, und ist damit schon sein echt volkstümlicher Charakter bezeichnet. Es war ein herrlicher Platz; man wußte ja noch nichts von einer Eindämmung der lustigen Isar durch hohe Mauern, und von einem Isar-Quai mit langen Häuser-Reihen. Flach von der Straße aus neigte sich das Ufer zum Wasser. Am Ufer lagen die mächtigen Baumstämme einzeln und übereinander getürmt, die die Isar heruntergeflößt worden waren; an mächtigen in den Boden eingerammten Pflöcken mit dicken Seilen befestigt lagen die angekommenen Flöße im Wasser und weiter ab vom Ufer stand das kleine, behäbige Wirtshaus, davor lange Tische und Bänke, an denen die Flößer nach überstandener Fahrt sich das Münchner Bier gut schmecken ließen. Neben dem Wirtshaus war ein kleiner Wirtsgarten mit schattigen Kastanienbäumen und Tischen, Stühlen und Bänken und das war ein Lieblingsplatz der Münchner für gemütliche Zusammenkünfte an schönen, warmen Sommerabenden und es war keineswegs die schlechteste Gesellschaft, die sich da einfand. Wir Kinder liebten diesen Platz über alles; da konnte man spielen und herumkrabbeln zwischen und auf den Baumstämmen, am Wasser mit Sand und Steinchen sich unterhalten und im Wasser plätschern und allzufrüh kam immer die treue Anna, die uns Kinder heimholte, während die Erwachsenen in gemütlicher Gesellschaft noch weiter den Abend genossen.

Adam, 1989, S. 151-152

23.4.12
Pfeifenkopf mit Darstellung der Flößerwirtschaft ›Zum Grünen Baum‹ an der Unteren Lände
Porzellanmanufaktur Nymphenburg
München, um 1850
Porzellan mit Überglasur- und Goldmalerei, 11,5 cm
Lit. AK Isar, 1983, Nr. 278
A 78/252

23.4.13
Ansicht der ehemaligen Flößerwirtschaft ›Zum Ketterl‹ an der Unteren Lände, heute Steinsdorfstraße
Christian Steinicken
(München 1831-1896 München)
München, 1884
bez. Steinicken 1884, Juni
Aquarell, 28 x 42,5 cm
Z 336

Ebenso wie der ›Grüne Baum‹ war die Flößerwirtschaft ›Zum Ketterl‹ als Ausflugslokal beliebt. Beide Flößerwirtschaften wurden 1886 abgebrochen.

23.4.14
Modell der Flößerwirtschaft ›Zum Ketterl‹ an der Unteren Lände
Glasmaler Martin Zill
München, 1930-1940
Holz, Pappe, 13 x 28,5 x 27,5 cm
42/259

23.4.15
Die Schloßwirtschaft in Alt-Schleißheim
Franz Quaglio
(1844 München–1920 Wasserburg am Inn)
1874, bez. r.u. Franz Quaglio
Öl/Lwd, 70 x 113 cm

23.4.15

Lit. Georg Jakob Wolf, Bayerische Kunstausstellungen 1930. Münchner Malerei von 1800 bis heute. In: Bayerland 41, 1930, S. 631. – Reinhardt, Katalog der Gemälde des 19. und 20. Jahrhunderts (bis zum Zweiten Weltkrieg) im Lenbachhaus. Manuskript Ende der siebziger Jahre (Lenbachhaus)
München, Städtische Galerie am Lenbachhaus, Inv.Nr. G 220

»Die noch heute betriebene Wirtschaft befindet sich seit Anfang des 17. Jahrhunderts im Westtrakt des 1597 von dem bayerischen Herzog Wilhelm v. als Herrenhaus einer Musterschwaige erbauten und 1626 von Kurfürst Maximilian I. umgebauten, später ›Altes Schloß‹ genannten Teils der Schloßanlage in Schleißheim bei München«. (Brigitte Reinhardt).
Darstellungen von Gastbetrieben mit Ausschank im Freien sind im 19. Jahrhundert in München sehr verbreitet und entsprechen der Vorliebe der Bevölkerung, sich – zumeist zum Biertrinken, aber nicht nur – sowohl in den Bierkellern am Stadtrand wie auch an idyllischen Orten in der Umgebung zu treffen, z.B. im Prater oder in der Menter Schwaige oder wie hier in Schleißheim. Typisch für diese Orte war die ungezwungene Mischung aller Stände.
Die ersten derartigen Darstellungen innerhalb der Münchner Malerei stammen aus dem 18. Jahrhundert: Johann Peter Horemans' Bilder von der Großhesseloher Kirchweih von 1737 und 1747 (Privatbesitz, sh. auch Kat.-Nr. 23.4.9). Allerdings waren dies Dokumentationen eines jährlich wiederkehrenden Festes (um Pfingsten). Dies gilt nur in Ausnahmefällen für die vielen Bilder dieses Typus, die im 19. Jahrhundert folgten und die verschiedensten Orte außerhalb der Stadt wiedergaben. Hier muß an die Gründung des Englischen Gartens (1789) erinnert werden, der die Wanderlust der Münchner zu ferner gelegenen Zielen offenbar anregte.
Die Schleißheimer Wirtschaft war, wie auf dem Bild deutlich erkennbar, kein reiner Bierausschank. Den Damen wird Kaffee serviert. Das Bild unterscheidet sich gegenüber früheren Beispielen dadurch, daß das Hauptgewicht nicht mehr auf der zechenden Gesellschaft liegt, sondern daß es mehr um die Atmosphäre geht, die den Ort charakterisiert. B. E.

23.4.16
Kronfleischküche
Speiselokal für die unteren Volksklassen im ehemaligen Stadtbauamt, gegenüber dem Alten Rathaus
München, 1908-1955, Foto
Stadtarchiv München Nr. R 245 G-I-3 a

Die Kronfleischküche hat ihre Vorläufer in den Verkaufsständen der Metzger an der Fleischbank am Petersbergl, die verschiedene Innereien und Würste genußfertig verkauften. 1881, nach dem Abriß der Fleischbank, wurde die Kronfleischküche ins Kellergeschoß des Alten Rathauses verlegt, dann 1908 in das Stadtbauamt, wo sie bis 1955 weiterbestand.

23.4.16

23.5 Speisetempel – München 1921-1992

23.5.1
Speisetempel – Walterspiel

»Das mir vorschwebende ideale Restaurant, das ich Ihnen, meine geehrten Leser, im folgenden vorführen will, darf nicht groß sein, es soll auch nicht in einer Hauptstraße oder an einem Platz in der Stadtmitte liegen. Die geeignetste Lage hierfür ist eine kleine Nebenstraße, etwas abseits vom Trubel der Stadt, aber trotzdem leicht erreichbar. Diese Seitenstraße sollte möglichst Parkerlaubnis haben, es sei denn, daß sich unmittelbar neben dem Restaurant ein Parkplatz befindet.
Kann man ein schönes, altes Patrizierhaus ausfindig machen, das seinen Besitzern nicht mehr zusagt, so scheint mir das für unsere Zwecke ungleich geeigneter als ein monumentaler Neubau, der sehr viel Geld kostet und doch nicht das mitbringt, was wir unter Atmosphäre verstehen. Die Räume eines solchen alten Hauses strahlen von vornherein Wärme und Behaglichkeit aus, und das typisch Wirtshausmäßige, das wir unter allen Umständen vermeiden wollen, wird ihnen immer fern bleiben, auch wenn wir sie natürlich, unseren Bedürfnissen entsprechend, verändern und neu ausstatten müssen. Gut wäre es, wenn unser Haus zwei Eingänge hätte oder besser gar von drei Seiten zugänglich wäre.

Walterspiel, München, Fürstenstraße 2, 1921-26, Stadtarchiv München

Walterspiel, München 1921-26, Stadtarchiv München

Natürlich ist es leichter, in einem neu zu erbauenden Haus die Räumlichkeiten zweckentsprechend einzurichten, wie ich es in den folgenden Ausführungen eingehender schildern werde. Ein altes Patrizierhaus stellt uns hierbei vor eine viel schwierigere Aufgabe. Gilt es doch hier eine geschickte Lösung zu finden, um einerseits allen modernen Ansprüchen der Zweckmäßigkeit zu genügen, andererseits aber auch dem vorhandenen Gesamtstil geschmackvoll Rechnung zu tragen.
Von außen braucht unser Restaurant nicht aufzufallen. Ein gepflegtes, gut geführtes Haus hat keine große Reklame nötig. Es schafft sich seinen Ruf – vielleicht nicht von heute auf morgen, dafür um so sicherer – durch zufriedene Gäste. Das gastronomisch Besondere, das universelle kulinarische Wissen des Fachmannes sind dazu allerdings unumgängliche Voraussetzungen.
Am besten liegt das aus verschiedenen Räumen bestehende Restaurant zu ebener Erde, wo man ihm soviel Tageslicht wie möglich zu verschaffen sucht. Das Restaurant selbst ist nur für etwa sechzig Personen gedacht. Dazu kommt ein kleiner Saal für zwanzig bis fünfundzwanzig Gedecke und zwei kleine Salons für vier bis sechs Personen. Letztere müssen im Stil eines vornehmen Privathauses gehalten sein (...).
Die meisten Menschen, von den Nichtstuern abgesehen, an denen uns sowieso nicht viel gelegen ist, können sich mittags meist nur wenig Zeit zum Essen nehmen. Es liegt am guten Restaurateur, an seinem Instinkt, möchte ich sagen, die Wünsche seiner Gäste zu erraten. Nicht immer wollen sie Gänseleber, Trüffel, Schnepfen, Ortolane; sehr häufig gefallen ihnen einfache Hausgerichte lokaler oder nationaler Art, sorgfältig zubereitet, viel besser.
Abends ist das etwas anderes: Der illustre Gast kommt nicht täglich zu uns; aus besonderem Anlaß aber verbringt er allein oder im Kreis von Freunden bei uns einen ganzen Abend. Ist er der Gastgeber einer größeren Gesellschaft, bespricht er vielleicht vorher mit uns seine persönlichen Wünsche und unterrichtet uns über die eine oder andere Eigenheit seiner Gäste.
Die Tischdekoration, bei der wir selbstverständlich den Verhältnissen unseres Auf-

traggebers und dem Anlaß Rechnung zu tragen haben, muß sich harmonisch in den Stil des Raumes einfügen.
Ein gut geführtes Restaurant ist eine Zufluchtstätte für den Feinschmecker, der unter Umständen eine längere Reise oder eine Autofahrt nicht scheut, um sich an einem Spezialgericht, das er nirgends sonst erhalten kann, zu erfreuen (...).«

Gefüllter Fasan nach meiner Art
Faisan Farci Walterspiel

»Einen gut gereinigten Fasan nehme ich von vorne aus und entferne den Brustknochen. Das Innere wird mit einem Gläschen Sherry gewissermaßen ausgewaschen. Die ganzen Innenwände müssen damit befeuchtet sein. Der Fasan wird dann mit fertigem Gänseleberparfait (parfait de foie gras truffée) gefüllt, mit Speck bardiert und gebraten.
Er benötigt in diesem Falle acht bis zehn Minuten länger als sonst. Beim Tranchieren wird die Brust vorsichtig heruntergenommen, weil das Parfait durch das Braten etwas weich wird. Man gibt dem Gast zuerst eine Unterlage von Gänseleber auf den Teller und legt die Brust in Streifen darüber. Bei dieser Zubereitungsart wird der Speck nicht mit serviert. Doch setzt man den Fasan wie oben auf einen frisch hergestellten Brotcroûton.«

Der Wels oder Waller
Le Glanis

»Der Wels oder Waller kann bis zu einem Zentner schwer werden. Er ist weit verbreitet, aber nicht überall geschätzt. Doch kann ein zwölf- bis fünfzehnpfündiges Exemplar, das nicht aus einem stehenden Gewässer kommt, wohl eine Delikatesse sein. Der Waller aus der Isar, dem Inn und anderen schnellfließenden Gebirgsflüssen, besonders der aus der Iller, ist wirklich hervorragend.
Lebendfrisch abgeschlachtet, in Scheiben geschnitten, in Salzwasser abgekocht und mit bester zerschmolzener Tafelbutter serviert, stellt er für den Feinschmecker einen bemerkenswerten Genuß dar. Irgendwelche Künsteleien, z.B. die Zubereitung in Weißwein oder Champagner, sind bei diesem Fisch fehl am Platze: er will und muß einfach bleiben.«

Walterspiel, 1978[7], S. 17, 22, 187 u. 347

23.5.2
Speisetempel – Aubergine

Unter den Armen hat Eckart Witzigmanns Kochuniform je vier kleine, vernietete Löcher: Damit er Dampf ablassen kann. Wenn er sich ärgert, reichen sie nicht aus. Dann blafft er los: »Nicht träumen hier, hast keine Augen, bist blöd?« Er kann großartig sauer sein; so wie jüdische Mystiker das Böse in der Welt auf eine Schreibfehler bei der Entstehung der Ur-Thora zurückführten, geht für den Chef der ›Aubergine‹ wegen eines vergessenen Amuse gueule die Welt unter, inklusive Zusammenbruch der allgemeinen Arbeitsmoral und Aufgabe jeglicher Hoffnung auf irgendein Talent beim Nachwuchs.
Die Apokalypse des Meisters Eckart dauert fünf Sekunden. Dann ist die Welt wunderbar gerettet, durch eine schaumige Sahne für den Topfen-Palatschinken (»So soll es sein, schlabber schlabber!«) oder durch einen Saibling. Andächtig balanciert Witzigmann ihn auf den offenen Händen wie ein Samurai sein Schwert, bewundert die blanken Schuppen, das rosa Fleisch, »ein Traumkerl«. Als hätte er ihn aus dem Gebirgbach geangelt. Und schon stiehlt sich jenes Glitzern in seine Augen, das bei normalen Menschen durch den Anblick großer Mengen Geldes oder der begehrten Frau entzündet wird, bei Künstlern durch die Energie des ungeformten Materials: Daraus muß ich unbedingt etwas machen!
So hat alles angefangen. Der unbändige Drang, Natur in Form, die beim Essen Geschmack heißt, zu verwandeln, führte den Küchenjungen aus Badgastein in die Elite-Bruderschaft der Drei-Sterne-Köche und macht ihn auch dort noch einmal zu einer Ausnahme.(...). Er ist lieber beim Fisch als im Fernsehen, und ist er es einmal nicht, wird er unruhig, weil ihm Neues für den Fisch eingefallen ist oder weil er sehen muß, ob das, was ihm gestern eingefallen ist, heute von seiner Brigade auch so gekocht wird.
Deshalb schaukelt der Begründer des deutschen Küchenwunders, der Österreicher, der eine Nation gelehrt hat, daß essen etwas anderes ist als den Mund vollnehmen, der im doppelten Sinne erste Drei-Sterne-Koch in diesem Land nach einundzwanzig Jahren ununterbrochenen Erfolgs auch nicht etwa auf einer Yacht vor Monte Carlo, jettet nicht zu Auslands-Filialen und Auftritten in den Koch-Manegen von Frankfurt über Bangkok bis New York. Deshalb steht er in der Küche, jeden Tag, von morgens bis nachmittags, von abends bis spät nachts. Und deshalb häufen sich in der Bilanz der 21 Ruhmesjahre wohl die Luxusprodukte – Tausende Kilo Kaviar, Hummer, Gänseleber, Lachs – nur eines ist ganz unluxuriös geblieben: das Konto des Kochs.
Mit einer Würstchenbude kann man mehr Geld verdienen, als einem kleinen Spitzen-Restaurant. Die Gastronomen rechnen es vor bis zum letzten Gramm Trüffel. Das Auge mag es nicht glauben. Das große

23.5.2

Menü kostet immerhin 225 Mark in der ›Aubergine‹, sie ist jeden Abend ausgebucht, und dann noch die Weinpreise, und die schicken Frauen mit dem vielen Gold um den Hals werden doch von ihren Begleitern gewiß in Dom Pérignon und Château Margaux gebadet (...) Witzigmann sagt: »Für 45 Gäste habe ich achtzehn Köche, dazu zehn Angestellte im Service. Ich kaufe nur die besten, also teuersten Produkte. Beim Wein verdienen wir ein bißchen, aber meine Gäste sind nicht die Reichen, sondern vor allem Mittelständler, für die dreihundert Mark pro Kopf eine ganz hübsche Investition bedeuten.«

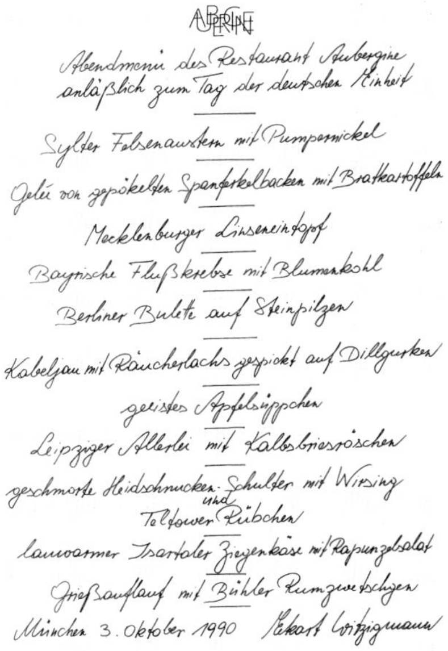
Abendmenü des Restaurant Aubergine
anläßlich zum Tag der deutschen Einheit

Sylter Felsenaustern mit Pumpernickel

Gelée von gepökelten Spanferkelbacken mit Bratkartoffeln

Mecklenburger Linseneintopf

Bayrische Flußkrebse mit Blumenkohl

Berliner Bulete auf Steinpilzen

Kabeljau mit Räucherlachs gespickt auf Dillgurken

geeistes Apfelsüppchen

Leipziger Allerlei mit Kalbsbriesröschen

geschmorte Heidschnucken-Schulter mit Wirsing und Teltower Rübchen

lauwarmer Isartaler Ziegenkäse mit Rapunzelsalat

Grießauflauf mit Bühler Rumzwetschgen

München 3. Oktober 1990 Eckart Witzigmann

23.5.2

Was bleibt, sind einige Prozent Rendite, manchmal auch weniger als das. Mittags zum Beispiel, wenn hin und wieder Tische unbesetzt sind. Betriebswirtschaftlich gesehen: Ein Witzigmann-Essen ist zu billig. Am Kunstwert gemessen: Ein Witzigmann-Essen ist lächerlich billig. Aber leider gibt es noch keinen Gour-Meter, auf welchen die zehn Mark für Klops, Fritten und Cola wie Wucher erscheinen und das Menü in der ›Aubergine‹ wie geschenkt. (...) Was Witzigmann beim Rückblick auf 21 Jahre irritiert wie ein fremdelnder Beigeschmack in einer schönen Sauce, ist das Mißverständnis zwischen kulinarischer Kultur in Deutschland. Auf der einen Seite die statistisch nachbeweisbare Menge der guten Restaurants und mindestens tüchtigen, oft hervorragenden Köche, viele von ihnen Witzigmann-Schüler. Auf der anderen ein nicht meß-, aber spürbarer Mangel an genußfreundlicher Atmosphäre, in der die Kunst des Kochens aufgehoben wäre und zu einem Kulturelement gediehe, so selbstverständlich wie Film oder Oper, Theater oder Mode, Design oder Literatur. Deutschland, ein Land mit vielen erstklassigen Restaurants – ja. Aber ein Land der Grande Cuisine wie Frankreich oder Belgien –, noch lange nicht (...).
Noch immer bei nicht wenigen Gästen falsche Ehrfurcht, (...) weil hinter dem Bewußtsein, ›bei Witzigmann‹ zu dinieren, der eigentliche Wunsch, nämlich sich an einem außergewöhnlichen Kunstakt zu erfreuen, verblaßt. Auch furchtsame Gäste gibt es, die vor dem eigenen

Wagnis zurückschrecken und Unbekanntes lieber nicht anrühren – so wandern zuweilen Trüffelscheiben in die Küche zurück. Was dem Chef fast das Herz bricht. Dann wieder jene Klientel, die im Hochgefühl, sich das Beste leisten zu können, nur die Spitzen der Spargelköpfe ißt und die Stangen liegenläßt. Was den Chef in Wut versetzt. Abgehoben vom Publikum der Großen Küche und seiner noch immer nicht geringen Unsicherheit: die kleine Schar der öffentlichen Esser, die Erbsenzähler des einwandfreien Geschmacks, die Eßkritiker. Kein Zweifel, sie haben viel für den Aufstieg der deutschen Gastronomie getan, Witzigmann wäre der letzte, der das bestritte. Doch einigen laufen nach zwanzig Jahren Gänseleber reichlich Läuse über die eigene, sie haben sich von den Enthusiasten der Frühzeit zu mißmutigen Inspektoren gewandelt, die ein aufgespürter Fehler nachhaltiger zu befriedigen scheint als ein gelungenes Gericht. Statt zwischen Künstler und Konsumenten zu vermitteln, halten sie Monologe auf einem ein paar tausend Menüs entfernten Planeten, wohin ihnen weniger Abgebrühte kaum folgen können, schon gar nicht junge Leute, die in der Welt der rohen Fresser die Lust am Gekochten erst entdecken.(...) »Maßarbeit am Gast«, das ist sein Ideal. Die Kellner in der ›Aubergine‹ sind darin geschult, Wünsche und Stimmungen zu erkunden, amtieren als Botschafter zwischen Küche und Saal. Vorlieben und Abneigungen der Gäste, die häufiger kommen, kennt der Chef ohnehin genau. Dennoch passiert es ihm manchmal – so wie in verhexten Vorstellungen selbst große Schauspieler ihr Publikum nicht erwärmen können –, daß er das Gefühl hat, »gegen eine Wand zu kochen«. Das sind für ihn verlorene Tage, dann muß man in der Küche in Deckung gehen, dann »hob i halt a Laune«.
Wenn es aber läuft, und das ist meistens so, dann läuft auch Witzigmann mit voller Kraft, »auf geht's, Mann«, dann springt das kreative Glitzern in seine Augen, die zum besseren Riechen breit angelegten Nasenflügel blähen sich in den heißen Küchenlüften, das freundliche Genuschel wird zu Kommandos verkürzt, die zu verstehen ein Laie einen Crashkurs in Witzigmannsch ableisten müßte – wer vermutet schon hinter dem Rätselwort »amandangebn« die Anweisung , eine Speise in den Salamander zu schieben. Dann hat der Chef seine Blicke überall, korrigiert Präsentationen, bremst oder beschleunigt die Zeiten zwischen den Gängen, vermerkt sehr genau die Sonderwünsche der Gäste. Und wenn es dann glänzend läuft, wenn der Spaß am Kochen mit dem Spaß am Essen beantwortet wird, wenn die Kellner beflügelt wie Götterboten von der Küche zum Tisch, vom Tisch zur Küche eilen und beiden Seiten nur Gutes vermelden, dankt Witzigmann mit kleinen Improvisationen. Plötzlich steht ein Teller mit Frikadelle und Kartoffelsalat auf dem Tisch, die Frikadelle so klein wie ein Fünfmarkstück, der Salat vier Scheiben – aber beides so liebevoll gewürzt und angemacht wie ein Hauptgang. Oder, man ist in Bayern, es erscheint ein Weißwürstl mit Kraut, fingerdünn, genug für den Genuß, aber nicht so viel, daß es von den Kunststücken im Menü ablenkt. Anschaulicher als hier in der ›Aubergine‹ mit ihrem küchentreuen, allgegenwärti-

gen Chef kann man nirgendwo erleben, wie nahe Kochen der Kunst kommt. Kunst wohlverstanden nicht im Sinne von perfektem Handwerk oder aufwendiger Dekoration wie zu Carêmes Zeiten. Kunst wie ein Gedicht, wie eine Skulptur. Weil dies eine anspruchsvolle Behauptung ist (Witzigmann würde sagen, »tiefer hängen«) braucht sie als Beweis einen Begriff, der im Küchenlatein nicht auftaucht: Transformation, Übertragung, Ebenenwechsel, Verwandlung von Zufall in Ordnung, Materie in Form, das ist Grundgesetz der Kunst – und der Großen Küche. Damit ist nicht die physikalische Veränderung durch Erhitzen gemeint, vielmehr die Transformation von Naturprodukten in eine neue Geschmacks-Realität, zu der alle Produkte ihr Bestes beitragen.

Da steht der Herr Witzigmann in der Küche und bewundert den frischen Saibling. Er tastet das feste Fleisch, sieht die rosa Farbe, den glänzenden Leib, sieht vielleicht einen Gebirgsbach, riecht die kühle Morgenbrise, hört das Plätschern springender Fisch. Und nimmt sich vor: Das soll man alles auf der Zunge haben, wenn man meinen Saibling ißt. Ja, ja, sagt der interessierte Laie, Eigengeschmack, rein in die Pfanne mit dem Jungen, nicht zu lange, dann hast du's. Fehlanzeige. Das Eigenaroma ist für den Koch nicht das Ziel, sondern der Ausgangspunkt seiner Kunst. Nur wenige Produkte offenbaren die Geschmacksideen, die in ihnen stecken, aus eigener Kraft. Jeder kennt das. Der Apfel in einem Strudelkleid schmeckt viel mehr nach Apfel als der nackte in der Hand. Daher: Tansformation. Die Frische des Fischs: Mit welchen Kräutern kann man sie hervorheben? Sein zartes Fleisch: Braucht es eine Umhüllung, und welche Sauce schmeichelt ihm? Die Eleganz: Welches Gemüse in welcher Form wird ihr gerecht?

Ein Kochkünstler hat Geschmacksbilder im Kopf. Er versucht, sie mit seinen Mitteln zu malen. Bilder von Meer und Wald, Bilder von betäubenden Gerüchen und pastellfarbenen Düften, Bilder von fordernder Schärfe und süßer Hingabe, von Fülle und Versagung , von Verschwendung und Askese, Bilder von Kraft und Dekadenz, von Härte und Nachgiebigkeit, von Sehnsucht und Sattheit. Das treibt Witzigmann und all die Großen seiner Zunft auf ihre Entdeckungsreisen in die Ästhetik des Geschmacks. Das läßt ihn manchmal nicht schlafen, weil er tüfteln muß, eine Nacht mit Bries und Zander. Wie jeder Künstler verabscheut Witzigmann Routine und Bekanntes (»Das macht schon jeder«), und Routine beginnt für ihn schon nach dem ersten Mal. Dann hat er das Rezept abgehakt und in einem der dicken Büchlein notiert, die er seit seiner Lehrzeit führt, eine einmalige Bibliothek des Geschmacks. Wenn man innerhalb von zwei Monaten in der ›Aubergine‹ viermal Blanquette de veau ißt, ißt man vier unterschiedliche Gerichte. Witzigmann verändert die Sauce von weiß zu braun, fügt je nach Saison Spargel oder Morchel oder Trüffeln hinzu, bevorzugt mal Essig, mal Gewürze. Jedes Rezept ist für ihn ein work in progress, nie ist er zufrieden. Aus seinen frühen Münchner Jahren im ›Tantris‹ findet sich in der ›Aubergine‹ kein einziges unverändertes Rezept mehr. Nicht einmal das legendäre ›Kalbsbries à la Rumohr‹ (mit Trüffeln im Strudelteig), das andere Köche sich schon im goldenen Rahmen an die Wand genagelt hätten.(...).

Die besessene Sucht nach neuen Dimensionen führt unvermeidlich zu komplizierten Rezepten. Mit »drei Tisch, einer Pfanne und einem Koch« (Witzigmann) ist keine Grande Cuisine zu machen. Um seine Ideen umzusetzen, braucht er Spezialisten, den Mann für die Sauce, für den Fisch, fürs Fleisch, die Patisserie. Allein die Zubereitung der Tauben-Chartreuse wäre für manches Restaurant ein abendfüllendes Programm. Wenn man den Arbeitsaufwand sieht und schmeckt (die investierte Mühe gehört ja zum Zauber eines Gerichts), hat man den Maßstab für Spitzen-Gastronomie.(...)

Achtzehn Köche drängen sich in der kleinen Küche der ›Aubergine‹. Kurz vor sieben Uhr abends, wenn das Restaurant öffnet, werkeln sie noch gelassen, ihre Jacken sind weiß, die Raumtemperatur angenehm. Eine Stunde später steht die Brigade in der Hölle, es dampft und brutzelt auf allen Herden, die Hitze hat die Gesichter gerötet, die Jacken sind fleckig von Fett und Sauce. Keine Sekunde, um frische Luft zu schnappen. Es sind durchweg junge Köche. Sie werden nicht gerade fürstlich bezahlt. Doch sie sind nicht des Geldes wegen hier, sondern wegen Witzigmann. Bei ihm lernen sie in eineinhalb oder zwei Jahren mehr als anderswo in zehn. Eine erfolgreiche Zeit in der ›Aubergine‹ zählt in der Branche soviel wie in der Wirtschaft ein Einser-Jura-Examen. Die Zahl der deutschen Meisterköche aus der Witzigmannschule spricht für sich, Schuhbeck, Haas, Ederer sind nur drei von vielen. Witzigmann weiß, daß seine Leute einen harten Job haben (...). Die ›Aubergine‹ ist eine Institution, deren Wunder als selbstverständlich hingenommen werden. Institutions-Leiter Witzigmann träumt bisweilen einen Moment fort von den Mühen der klassischen Küche, dann schwärmt er von den schnellen, leichten Gerichten der Japaner (»denen gehört die Zukunft«) und von den spanischen Tapas und findet sogar für das Prinzip der Buletten-Ketten ein freundliches Wort. Kochen kann ja so simpel sein. Kunst leider nicht, denn »Kunst ist schön, macht aber viel Arbeit«, hat ein anderer großer Münchner Künstler, Karl Valentin, gewußt. Deshalb wird man Witzigmann weiter in der Aubergine sehen, vertieft in eine neues Palatschinken-Rezept (als gelernter Patissier liebt er die Patisserie) oder die zehnte Kalbshaxen-Variation. Und wenn er eines Tages nicht mehr in dieser heißen Drei-Sterne-Küche stehen sollte, dann in einer anderen – am liebsten in Paris. »Das wäre noch mal eine Herausforderung, gegen soviel Konkurrenz in einer Stadt anzutreteten.«(...)

Ziemann, Gourmet, Nr. 64, 1992 S. 62 ff.
(der Originaltext wurde gekürzt)

23.5.3
Der Feinkost-Käfer

»Es ist nicht so einfach, fremde Gäste über München zu orientieren – zumindest verlangen jene Leute, die mir über den Weg laufen, über zahllose Dinge erschöpfende Auskunft. Aber manchmal macht's auch Spaß, und dieserhalb bleibt mir eine Dame im Gedächtnis, die sich – nach ihren eigenen Worten – einen soliden ›Käfer-Komplex‹ zulegte.
Es fing damit an, daß sie zu einem Empfang der Bayerischen Staatskanzlei eingeladen war (denn es war nicht irgendeine Dame) und sich über die Erlesenheit der kulinarischen Genüsse nicht beruhigen konnte. Sie gab ihre Verwunderung darob einigen Gästen kund, hörte von ihnen aber lediglich das bedeutungsschwer ausgesprochene Wort: ›Käfer ...‹.

Und dann kam die glanzvolle Privatparty, bei der ich selber das Vergnügen hatte, diese Dame kennenzulernen. Es gab die schönsten Sachen zu trinken, und das Büfett, das herumgereicht wurde, kam zur Hälfte aus dem heißen Ofen. Die Dame stand neben mir. Man hatte ihr gesagt, daß ich Münchner sei, und sie wollte mich ganz wichtige Dinge fragen, kam aber vorläufig nicht dazu, da sie sich auch zum drittenmal frisch gebratene Liliputwürstl nicht entgehen lassen wollte. Dann setzte sie zum Sprechen an, konnte aber einer Platte mit Schweinsbratenwürfeln samt Miniatur-Kartoffelknödeln so wenig wie ich widerstehen. Außerdem gab es Prager Beinschinken, würzige Biedox, eine schwedische Spezialität mit Remoulade und indischer Mangofrucht, und nicht zu vergessen: frische Champignons, die in Kalbfleischfarce gebacken mit frischer Dillrahmsoße serviert wurden. Alles wurde mundfertig mit kleinen bunten Spießchen appetitlich herumgereicht. Sämtliche Gäste taten dasselbe wie wir – sie ließen es sich schmecken, als hätten sie drei Tage lang nichts zu essen bekommen.

23.5.3

Zwei Tage darauf war sie Gast bei der Eröffnung des neuen Rosenthal-Studios in der Leopoldstraße. Da erlebte sie nun wiederum ein Büfett von seltener Vollkommenheit. Und wiederum tönte ihr auf eine Frage, wer denn das herbeigezaubert habe, die Erklärung »Käfer« entgegen.
»Und diese Bedienung«, wunderte sie sich, »so etwas von Adrettheit und Liebenswürdigkeit...« Man pflichtete ihr aus vollstem Herzen bei und sagte mit jener Lässigkeit, mit der man über längst gewohnte Dinge spricht: »Jaja, der ›Käfer‹ hat ausgesucht hübsche Käfer.«

Es herrschte also eine echte Party-Stimmung, und wohlgefällig nahm man den freundlichen Geistern immer neue Happen und frisch gefüllte Gläser ab. Endlich retteten wir uns in eine Sitzecke. Die Dame atmete auf, nahm eine Zigarette und sagte mit einem glücklichen Lächeln, die Atmosphäre genießend: »Käfer«.

»Alle Achtung«, lobte ich. »Sie wissen in München ja schon sehr gut Bescheid«. – »Ja«, sagte sie, »ich weiß Bescheid. Ganz München wird von einem gewissen Käfer versorgt.« – »Das ist leicht übertrieben«, erklärte ich gemessen. »Aber immerhin ist die ›Käfer‹-Stadtküche die größte, die wir haben. Außerdem gibt es die ›Käfer‹-Theaterbetriebe. Im Cuvilliés-Theater, im Herkules-Saal, den Residenz-Sälen und natürlich auch im Nationaltheater finden Sie unseren Käfer.«
»Oh«, hauchte sie »ist das wahr?«
»Keine ›Meistersinger‹ ohne Käfer«, mischte sich plötzlich unser Gastgeber ein. »Und erst ›Arabella‹, gnädige Frau! Da haben wir vorgestern eine Pause erlebt, eine Pause...«
Er war mit seiner Gattin zu uns getreten, und diese seufzte nur: »Jetzt ist der Kunstfreund bei seinem Lieblingsthema!« Und in der Tat: der Mann entpuppte sich als Kenner. »Das Nationaltheater-Foyer«, begann er, »ist eines der beliebtesten Restaurants von München. Man soupiert dort vor Beginn der Vorstellung und meldet sich dazu telefonisch an, weil sonst alles belegt ist. Aber man kann sich auch für die erste Pause anmelden, und wenn die ebenfalls schon belegt ist, bietet Küchendirektor Franz Hetzinger die zweite Pause an. Und was der für Orders bekommt! Da werden etwa ›Vier Hummern ausgelöst mit Deinhard-Lila‹ bestellt, ein anderer Anruf läßt ›Cocktail-Happen mit frischem Hummer, Kaviar, Gänseleber, Poulet und Katenschinken mit MM-Blau-Rot‹ reservieren – aber gleich für 25 Personen. Außerdem gibt es noch das riesige dekorative Büfett für Stehgäste. Persönlich bekannte Gäste brauchen sich

23.5.3

23.5.3

nicht um sofortige Bezahlung zu kümmern; ihnen wir die Rechnung zugeschickt. Mir zum Beispiel ...«

Weil das alles jedoch der Hausherr sagte, hatte sich ein ganzer Kreis um uns gebildet. Jeder wußte etwas über Käfer, und alle sprachen durcheinander. »Er kommt auf Wunsch mit seiner fahrbaren Küche, sorgt für musikalische Unterhaltung, Zelte, Scheinwerfer und Blumen!« – »Für eine wunderbare Blumendekoration!« – »Das Geschirr, das Geschirr!« piepste eine Blondine. »Das Porzellan, die Gläser, das Silber und die Tischwäsche!« – »Na, und bei Gartenfesten? Da kommt er mit fahrbaren Öfen, mit Grill und Salamander zum Flambieren, mit Frigidaires. Er liefert sogar Tisch und Stühle ...« – »Muß er doch alles haben! Aber der eigentliche Erfolg ist sein Fachgeschäft. Es kommt ja alles aus dem eigenen Lager. Da kann man doch ganz anders kalkulieren.« – »Quatsch, er hat einfach Spaß daran, das ist alles.« – »Ich hab' ihn sogar am Nürburgring gesehen, mit einer ›Original Bayerischen Brotzeit‹, die hatte er auf riesige polierte Eichenholzbretter aufgebaut. Auf Brettern mit Rinde, Herrschaften!«

Die Sätze schwirrten nur so durch die Luft, und auf diese Weise erfuhr man auch, daß der gastronomische Generalstab des Hauses samt und sonders erblich belastet ist und im Haus Käfer wie bei Franz Hetzinger die Gastronomie zur Familientradition gehört.

Es war eine denkwürdige Stunde. Für mich besonders deshalb, weil mich die bewußte Dame verpflichtete, sie am nächsten Tag in das Feinkosthaus Käfer in Bogenhausen zu führen. Dort brauchte ich allerdings nichts zu erklären. Die Delikatessen aus aller Welt und ihre märchenhafte Fülle taten optisch und aromatisch sofort ihre Wirkung. Meine Begleiterin bewunderte alles, und mit Mühe zog ich sie von den duftenden süßen Sachen aus der hauseigenen Konditorei in die berühmte alkoholische Käfer-Gasse. Aber da hatte sie schon die kleine Eckbar entdeckt, von der ich sie über eine gute Stunde nicht mehr losbekam. Erst bestellte sie ein Grillgericht, dann wußte sie nicht, welche von den dreißig frischen Feinkostsalaten sie nehmen sollte, und dann wollte sie unbedingt wissen, wer sonst noch an der Bar säße.

»Stammgäste aus der High Society«, raunte ich ihr zu. »Außerdem Künstler, die im Prinzregententheater proben...«

Sie sah um sich und erschauerte. »Sie müssen aber auch hier Stammgast sein, weil man gar so freundlich zu ihnen ist?« flüsterte sie dann.

»Ich? Ich hole mir im Vorbeigehen eine Flasche französischen Landwein. Der ist billig und sehr gut. Oder ich nehme mal einen Schluck an der Bar, das ist alles!«

Sie glaubte mir nur halb und fragte noch: »Gibt es noch mehr ›Käfer‹?«

Ich sah mich nach den reizenden Bedienungen um, bezwang mich jedoch und erklärte: »Im ›Großen Brockhaus‹ steht, daß man in puncto ›Käfer‹ gegen 300 000 kennt. Aber wir in München kennen nur einen, den Feinkost-Käfer – der allerdings ist ein Prachtexemplar erster Ordnung!«

Şailer, in: Hatzfeld u. Wallraf, 1965, S. 111-115

23.6.1 München, 1906

23.6.1
Speisekarten Münchner Restaurants
München, 1908-1926
Lith. Druck
Lit.: AK Das ABC des Luxuspapiers, Berlin 1983, S. 246
E 1–E 10

Die Umschlagseiten der Speisekarten der Münchner Restaurants (Restaurant Burghof, Franziskaner, Feilbach, Bürgerbräu, Hoftheater, Mathäser Bräu, Ausstellungs-Bierhalle, Bamberger Hof, Großer Rosengarten) werden u.a. von Ludwig Hohlwein, Carl Moos, Otto Naegele, Josef Futterer und Ludwig Presuhn gestaltet. Auf den Innenseiten werden Speisen regionaler und überregionaler Herkunft angeboten.
Speise- oder Speisenkarten enthalten das gesamte Speisenangebot eines Gastwirtes. Meist gibt es gesondert dazu Getränke- oder Eiskarten. Die Speisekarten unterscheiden sich damit von den Menü- oder Tafelkarten, die die Speisen- und Getränkefolge eines Essens beinhalten und meist für besondere Anlässe in adeligen und höfischen Kreisen gefertigt wurden.
Die ersten Speisekarten entstanden nach der französischen Revolution, als die arbeitslosen Köche der Höfe und des Adels Restaurants eröffneten und dort Speisekarten als Überblick über ihr umfangreiches Speiseangebot aufstellten.
Für die Herstellung der Speisekarten waren um 1920 in München besonders die Firmen Obpacher und Schön bekannt. R. H.

Lächerliche Speisenkarten

Die Speisenkarte bildet ein Objekt, das vielfach zum Lachen reizt und zu sarkastischen Bemerkungen Anlaß gibt; denn sie zeigt mit ungeschminkter Klarheit den Bildungsgrad vieler Münchener ›Restaurateure‹ und der meisten ›Hoteliers‹ im bayerischen Hochland. Schon der Titel ist häufig falsch gedruckt: »Speisekarte« statt Speisenkarte. Da man nirgends die Karten selbst, etwa wie Oblaten, konsumiert, sondern die darauf verzeichneten Speisen, muß es doch folgerichtig lauten: Speisenkarte. Ja, die deutsche Sprache ist sehr schwierig; deshalb findet man auf deutsch sein sollen-

23.6.1 München, 1908

den Speisenkarten die meisten Speisen in der Regel in fremden Sprachen, und zwar in einem ungewöhnlich korrekten ›Französisch‹, ›Englisch‹ oder ›Italienisch‹ verzeichnet, das jedoch sonderbarerweise die meisten nicht poliglott veranlagten Angehörigen jener Nationen für Türkisch, Arabisch oder sonst was betrachten, ohne einer Uebersetzung fähig zu sein.
Da liest man beispielsweise ›Bullion‹ statt Bouillon = Fleischbrühe, ›Dammatensuppe‹ statt Tomatensuppe = Paradiesapfelsuppe, ›Winzersuppe‹ statt Windsorsuppe, ›Mocktortelsuppe‹ statt Mock turtle soup = nachgeahmte Schildkrötensuppe (im Gegensatz zu Real turtle soup = echte Schildkrötensuppe); Beefsteak erscheint abwechselnd als ›Befsteak‹, ›Beufsteak‹ oder ›Boeufsteak‹ – also vorne französisch und hinten englisch! Eine ähnliche Verstümmelung erleidet vielfach das Roastbeef in der Form von ›Rœstboeuf‹ oder gar ›Roßbef‹ Pommes frittes = gebackene Kartoffel werden durch falsches Schreiben verwandelt in pomes de fruits = Fruchtäpfel und ebenso wird aus Mayonnaise des poisson = Fischsalat durch Weglassen eines s, Mayonnaise de poison = Giftsalat, den kaum ein Gast bestellen wird, außer er trägt sich mit Selbstmordgedanken. Das magyarische Wort Gulyas wird kurzweg ›Gollasch‹ oder gar mit französischem Anklang ›Goulasch‹, ja selbst ›Goullage‹ geschrieben, obwohl dies keineswegs der Aussprache entspricht. Viele ›fremdsprachige‹ Bezeichnungen stellen selbst gewiegte Sprachenkenner im ersten Moment vor fast unlösbare linguistische Rätsel! Was bedeutet wohl ›Din de fasse‹? Es soll heißen: Dinde farcie = gefüllte Truthenne. Oder was ist ›Kalbskopf ala Wiener Greth‹? Die Wiener Grethe ist nichts anderes als das arg verhunzte à la vinaigrette = essigsauer. Aber was ein ›Kalbskopf alla dada‹ sein soll, das konnte bisher trotz aller Mühe nicht erforscht werden; vielleicht führt ein Preisausschreiben zu einem befriedigenden Ergebnis. Weiter ist zu lesen ›Andokot‹ statt Entrecôte = gebratenes Mittelrippenstück, ›Iristeff‹ statt Irish stew = gedämpftes Hammelfleisch mit Gemüsen, ›Fiele‹ statt Filet, ›Antifi‹ statt Endivien, ›Bire‹ statt Purée = Brei, ›Champions‹ statt Champignons usw. Am Schlusse dieser kleinen Sammlung von falschem Französisch, Englisch und Unsinn aus Speisenkarten südbayerischer Herkunft seien noch zwei besonders rätselhafte Wortgebilde verewigt, wie sie ebenfalls auf einer Speisenkarte gefunden wurden: ›Puleori‹ und ›Hemeter‹. Ersteres sollte bedeuten Poulet aux riz = Huhn mit Reis, letzteres aber Ham and eggs = Schinken mit Eier. – Sancta Simplicitas!(…) Die Gäste haben berechtigten Anspruch darauf, daß auf den Karten die Speisen klar und deutlich bezeichnet werden – also fort mit solchem Blödsinn. Sehr zu beanstanden ist ferner die tolle Ueberfüllung der Speisenkarten. Auf zwei oder drei Seiten riesigen Formates sind unzählige Speisen gedruckt und geschrieben zu lesen, ja zumeist sind auch noch die Ränder vollgeschmiert. Einzelne Speisen finden sich auf der gleichen Karte doppelt oder dreifach – gedruckt und dann überflüssig auch noch geschrieben – verzeichnet. Diese Überladung kommt von der krankhaften Sucht gerade der ungebildeten Wirte, den Gästen stets eine mit allen möglichen und unmöglichen Speisenbezeichnungen vollgepfropfte Karte zu zeigen, um von einer sehr reichhaltigen Speisenauswahl fabeln zu können. In Wirklichkeit hat aber die Sache ein ganz anderes Gesicht(…) Der ganze Humbug ist von pfiffig sein wollenden Bierwirten – tüchtige Restaurateure haben solche Mätzchen nicht nötig, sie würden sich auch schämen, sie anzuwenden – berechnet für einfältige Gäste, die sich durch viele Namen blenden lassen. Nach Ansicht der bewußten Wirte würde es ja nicht ›imponieren‹, wenn auf der Karte klar, deutsch und ehrlich zu lesen wäre: Rindsbraten. Die zehn verschiedenen Namen für Rindsbraten machen mehr Effekt und bieten unwissenden Gästen eine ›reichhaltige Speisenwahl‹. Und so, wie mit dem beispielsweise angeführten Rindsbraten, verhält es sich noch mit vielen anderen Speisen – viele Namen für dasselbe.
Hat sich nun ein Gast mühsam und mit erheblichem Zeitaufwand durch eine derartige Riesenkarte durchgearbeitet und seine Wahl getroffen, dann kann es ihm, wie die Erfahrung täglich lehrt, mehrmals nacheinander vorkommen, daß es das Bestellte ›nicht mehr gibt‹. Darin birgt sich vielfach auch ein Schwindel, der jeden Tag beobachtet werden kann; denn es ist keine Seltenheit, daß Speisen auf den Karten verzeichnet und damit den Gästen angeboten werden, die überhaupt nicht vorhanden waren, also auch gar nicht vergriffen werden konnten. Man schreibt eben die Karten nur voll, damit sie im Hinblick auf die unerläßliche ›reiche Speisenauswahl‹ mit Namen ganz ausgefüllt erscheinen.
Im Zusammenhange damit steht, daß vielfach Speisen, die bereits tatsächlich vergriffen sind, also nicht mehr geliefert werden können, den Gästen durch die Speisenkarten noch lange angeboten werden. Dieser Unfug ist in München sehr stark in Uebung und es herrscht gerade in dieser Beziehung eine unglaubliche Schlamperei in den meisten öffentlichen Gastlokalen. Genau so, wie der Kaufmann, ist auch jeder Wirt verpflichtet, zu liefern, was er anbietet. Ist eine Speise vergriffen, dann muß er sofort seine Offerte zurückziehen oder, mit anderen Worten, den Namen der nicht mehr lieferbaren Speise auf der Karte unverzüglich streichen. Wird das rechtzeitige ›Streichen‹ der Speisenkarten unterlassen, so macht sich der Wirt einer Übertretung der Gewerbeordnung schuldig und kann eventuell auch bestraft werden.(…)

23.6.1 München, 1908

23.6.2

Gerade in vorzüglichen, von fachmännisch gebildeten Restaurateuren geleiteten Restaurants gibt es keine derartigen monströsen Karten; dort findet man einfache Frühstücks-, Mittags- und Abendkarten mit je höchstens zwanzig bis dreißig verschiedenen Speisen, die aber auch wirklich vorhanden sind und in tadelloser, sorgfältiger Zubereitung auf den Tisch kommen, wie es sich gebührt. Namentlich gibt es dort nur wenige fertige Speisen, weil es nicht nach dem Geschmacke von Gästen ist, die vom Essen etwas verstehen, lange vor dem Genuß fertiggestellte Speisen, die inzwischen natürlich verdorben sind, zu genießen.

Deshalb wird in wirklichen Restaurants das Hauptgewicht mit Recht auf Speisen gelegt, die erst nach der Bestellung frisch zubereitet werden. In München ist es jedoch leider in der Regel umgekehrt. Es werden für die Mahlzeiten, wie in Kasernen, große Futtermassen vorbereitet und bevor diese nicht abgesetzt sind, verweigern oft die in den Küchen zumeist herrschenden Wirtinnen mit glatter Unverschämtheit die Abgabe frisch zuzubereitender Speisen. Ja, was bekümmert es die Gäste, was in den Küchen ohne Bestellung vorbereitet wird? Kein Gast hat es nötig, zu essen, was vorbereitet wurde; vielmehr steht jedem Gast die freie Wahl zu unter allen Speisen, die auf der Speisenkarte verzeichnet sind, gleichgültig, ob sie schon fertiggestellt oder erst zuzubereiten sind. Und jeder Wirt ist im Sinne der Gewerbeordnung verpflichtet, abzugeben, was er auf der Speisenkarte unter Angabe des Preises anbietet.

Also fort mit den Riesen-Speisenkarten und her mit einfachen, nicht gedruckten, sondern hektographierten Frühstücks-, Mittags- und Abendkarten, die am besten aus einem Blatt bestehen, das auf der Vorderseite die Speisen und auf der Rückseite die Getränke verzeichnet. Auf diese Weise bekommen die Gäste mit einem Blatt gleichzeitig die Speisen- und die Getränke-(Wein)- Karte in die Hand. Die bisher auf den Speisenkarten zu findenden Abbildungen sind höchst überflüssiger Mumpitz ohne jeden Wert. Dagegen legen die gebildeten Gäste einen sehr großen Wert darauf, daß ihnen zu jeder Mahlzeit und jeden Tag andere Speisen, wie es in wirklich gut geführten Restaurants üblich und selbstverständlich ist, geboten werden. Was es mittags gab, darf abends nicht wieder auf der Karte erscheinen und umgekehrt – also nicht zu jeder Mahlzeit alles und immer dasselbe. In der geordneten Abwechslung liegt die wirkliche Reichhaltigkeit der Auswahl!

Rollinger, 1907, S. 16f

23.6.2
Regensburger Gastgewerbliche Fach- und Kochkunstausstellung
August Schmidt,Regensburg, 1912
Plakat, Lithographie, 99,5 x 65,5 cm
B 9/50

23.6.3
Große Jubiläums-Ausstellung für das Hotel- und Gastwirtegewerbe
Straßburg, 1910
Plakat, Lithographie, 109,5 x 66 cm
B 9/51
23.4.16

23.6.4
Alfred Boettner, Salvatorstraße 20, Caviar, Austern, Hummer, Krebse, Focas, Frühstücksstube
Curt Ullrich, München, 1910
Plakat, Lithographie, 55 x 58 cm
A 13/52

Frühstück bei Boettner – München 1965
»... Schaut man von der Einmündung links, erblickt man am Ende der sanft abfallenden Maximilianstraße das hochgelegene Maximilianeum, diese pompöse Gloriette des 19. Jahrhunderts. Auf dem Wege dorthin liegt das berühmte ›Waltherspiel‹; aber das ist mir für mittags zu teuer. Wendet man sich scharf rechts, steht man vor dem Fenster eines Delikatessengeschäftes, in dem allerlei Köstlichkeiten appetitanregend zur Schau gestellt sind. Es ist jedoch nicht nur ein Delikatessenladen, es ist ›Boettner‹, und ›Boettner‹ liebe ich ganz besonders. Hier will ich frühstücken, denke ich, und trete ein. Jahrelang begrüßte den Gast ein blasses, zwergenhaftes Männchen mit grauem Spitzbart. Noch in den ersten Jahren nach dem Krieg stand es da, höflich und schweigsam. Und als es gestorben war, fehlte ›Boettner‹ etwas.
Wie gesagt, es ist noch früh; daher bekomme ich einen Tisch, den man sonst nur auf vorherige Bestellung erhält. Herr Basel legt mir die Speisenkarte vor, die angenehme Arbeit des Wählens beginnt. Ich weiß: hier werde ich wie immer vorzüglich essen. Was soll ich nehmen? Soll ich üppig sein? Vielleicht eine Vorspeise? Für Krebse in Dill ist es nicht die Jahreszeit – aber hier: Möweneier! Oder soll ich lieber doch Räucherlachs mit geschlagenem Kren nehmen? Er ist ausgezeichnet und mild. Nein, ich möchte doch Möweneier mit Toast und Butter. Und dann? Für Wild, Rebhuhn oder Fasan ist es ebenfalls zu früh im Jahr. Nirgends wird ein Rehrücken so gut zubereitet wie hier. Ich wähle Ochsenzunge in Madeira, dazu Spinat und Kartoffelpüree, ein Viertel von dem guten roten Elsässer und hinterher Erdbeeren und Kaffee.
Bei ›Boettner‹ hat man das beruhigende Gefühl, daß sich ein Stück Münchner Gemütlichkeit unverändert erhalten hat, und es scheint, als steige mit dem Zigarettenrauch und dem leisen Duft der Speisen noch ein anmutiger Gruß jener auf, die einst hier gegessen haben, seit das Restaurant in den neunziger Jahren des vorigen Jahrhunderts seine Pforte öffnete. Der kleine Raum ist braun getäfelt, nicht besonders schön, aber behaglich.
Ich lasse die Augen schweifen: am anderen Ende, mir gegenüber entdecke ich R. Raffalt, der sich mit sichtlichem Genuß seiner Mahlzeit widmet. Es gibt nicht mehr viele Menschen, die mit solchem Vergnügen essen können wie er. Das stellte ich in Rom fest, wo er mich zu einem köstlichen Diner bei Alfredo eingeladen hatte. An dem großen Tisch dort drüben wird lebhaft gesprochen. Das ist doch der schwerreiche Sammler aus Paris mit seiner Frau und seinem Freund, der aussieht wie ein verwelkter Blumenkohl. Gerade als mir die Möweneier serviert werden, tritt der alte Fürst W. herein und muß zu seinem Ärger erfahren, daß alles besetzt ist. »Haben Durchlaucht bestellt? Nein? Tut mir sehr leid, aber wenn Durchlaucht in einer halben Stunde wiederkommen wollen ...«
O gute Stunde des Frühstücks in stillem Behagen. Man denkt an das bestellte Menü und empfindet Essen und Trinken wieder einmal als eine der angenehmen menschlichen Tätigkeiten.

Ich habe die Erdbeeren mit Rahm gegessen, vor mir steht der Kaffee samt einem Teller verführerischer Petitsfours.

Wie unterscheiden wir uns hier
vom allgemeinen Bürgerthier?
Durch den Genuß von Malassol?
Den andern thut er grad so wohl.
Durch Rheinwein, Mosel und Bordeaux?
Der andre sauft ihn ebenso.
Da bringt man dieses Buch uns her
Hier sieht man's, man ist populär.

schrieb 1912 Ludwig Thoma in das Gästebuch, das jetzt aufgeschlagen vor mir liegt. Ich blättere und entdecke, daß vor allem Aristokraten, Künstler, Schriftsteller, Musiker und Theaterleute hier gerne saßen und sitzen. Illustre Namen! Max Halbe und Max Dauthendey, Pfitzner und Richard Strauß, Arthur Schnitzler und Moissi, Max Reinhardt, Heinrich Mann – seinen Bruder Thomas suche ich vergeblich – Hans Knappertsbusch, die Maler Grützner (der die rotnasigen dicken Mönche malte) und F.A. von Kaulbach, Prinz Adalbert von Bayern, dessen hübsches Buch ›Die Herzen der Leuchtenberg‹ gerade erschienen war. Der Fürstlich Schaumburg-Lippesche Hofkammerpräsident und Kabinettschef – er hat keinen Titel ausgelassen – Freiherr von Kapher. Man sieht ihn mit würdiger Hofratsmiene das Menü studieren. Die Botschafter Grafen Monts und Lerchenfeld, Staatssekretär Richard von Kühlmann, der größten Wert auf gute Küche legte. »München ohne ›Boettner‹ wäre ein Diner ohne Dessert« vermerkt 1917 der Türke Moukthar Pascha. 1918 hat sich Göring zusammen mit Udet verewigt, in nächster Nähe von Albert Baron Goldschmidt-Rothschild, der sich in der Emigration das Leben nahm. Gulbranson schmeckte es bei ›Boettner‹ ebenso gut wie 1935 ›Edward England‹ und Wallis Simpson, wie Hans Ewers, Erich Kästner und Henny Porten. Der letzte Gästebucheintrag 1963 stammt von Erich Maria Remarque und Paulette Goddard. Es fehlt Carl J. Burckhardt, der ›Boettner‹ liebt, und Annette Kolb – die großartige, liebenswerte Dichterin, die ihr Rotweinglas umwarf, ihre Pillen unter den Tisch rollen und dann ihre Handschuhe liegen ließ. Ich hatte Annette zum Abendessen eingeladen und holte sie in ihrem Hotel ab; aber es dauerte lange, bis wir gehen konnten. »Wo ist mein Stöckerl?« Es wurde nach einigem Suchen gefunden. »Wo ist mein Täscherl! Grad war's noch da. Ach, Dämonen umtanzen mich! Ah, da isses! Aber jetzt der Mantel, wo ist denn der?« Ihren Vorschlag, im Schlafrock zu gehen, lehnte ich ab. Der Mantel fand sich, Annette wandte sich zum Gehen. »Jessas meine Handschuh! Also ohne Handschuh geh ich nicht«. Wir suchten lange, bis sie sich in einem Koffer fanden. »Nun sind wir fertig – wo ist mein Täscherl! Grad war's noch da. Ich kann nicht ohne – meine Brille, Pillen, Taschentuch.« Ach, man kann mit der Kolb nicht ausgehen! Nach wiederum langer Suche fand sich die Tasche – im Koffer, dem die Handschuhe entnommen worden waren. Nach diesen aufreibenden Vorbereitungen zum Aufbruch schmeckte es Annette bei ›Boettner‹ besonders gut. »Weil wir nur ›Boettner‹ haben« lese ich von einem zufriedenen Gast. Ich klappe das Buch zu, bezahle die Rechnung, die sich diskret eingefunden hat, stelle fest, daß alles wieder teuerer geworden ist, und gehe. Draußen scheint die Sonne, ich wandle die Theatinerstraße wieder hinauf ...«

Prinz Franz zu Wittgenstein, in: Hatzfeld u. Wallraf, 1965, S. 47-50

CLOTILDE SALVATORI,
ehemalige Wirtin der Osteria Italiana, erzählt

Giovanni di Lorenzo: *Fast ein halbes Jahrhundert lang hat Ihre Familie italienische Lokale in München betrieben, länger als jeder andere Wirt in der Stadt.*

Clotilde Salvatori: Ja, und das hat eine Vorgeschichte: Mein Großvater war im Vatikan beschäftigt, aber er starb jung. So blieb mein Vater als Bub ein Waise. Die Gräfin Pecci, eine Nichte des Papstes, übernahm die Fürsorgepflicht. Denn meine Großmutter, eine Pianistin, war ja auch schon tot. Der Vater wurde dann auf eine Jesuitenschule geschickt. Die Sommerferien verbrachte er immer auf dem Weingut der Gräfin in Velletri bei Rom. Als er um die 18 Jahre alt wurde, wollte er zunächst Pfarrer werden, dann schlug man ihm vor, eine Soldatenkarriere zu machen. Er hat aber nur seinen Wehrdienst geleistet. Am Ende wollte er lieber in die Gastronomie und Hotellerie. Da hat man ihm dann gesagt, gut, geh' an den Comer See. Am Comer See aber brauchte er unbedingt Deutschkenntnisse. Da sagte er sich, wenn ich schon Deutsch lernen muß, dann gehe ich gleich nach Deutschland. Und dann ist er, ungefähr im Jahr 1907, in München hängengeblieben. Es hat ihm so gut gefallen, er war ganz verliebt in München. Und dann ist er ins Regina gegangen zum alten Herrn Volkhart. Die Familie besitzt heute noch den Bayerischen Hof. Da war mein Vater, der Giuseppe Lombardi hieß, für alle der ›Peppino‹, und man hat ihn sehr gern gemocht. Endlich hat er die Sprache gelernt. Er hat auch als Kurierkellner gearbeitet, weil er Französisch sprach und gute Umgangsformen hatte. Sogar den deutschen Kaiser hat er bedient. Es kam dann soweit, daß alle bei ihm sitzen wollten. Im Jahre 1910 hat er meine Mutter kennengelernt, die hat im Bayerischen Hof gearbeitet, in der Weißzeugbeschließerei. Damals haben die ihre Tischdecken und Bettwäsche selbstgemacht. Meine Mutter kam aus Fürstenfeldbruck. Der Peppino hat sie nicht mehr ausgelassen. Herrschaft, hat's immer g'sagt, jetzt ist der Italiener scho wieder da! ... Und immer mit seiner roten Krawatt'n, i werd no ganz narrisch, hat sie gesagt. Im selben Jahr haben sie geheiratet, und 1911 bin ich zur Welt gekommen. Jetzt bin ich 81. 1915 ist ja dann der Krieg losgegangen (gemeint ist der Kriegsbeginn in Italien, d. Hrsg). Mein Vater hat immer noch im Regina gearbeitet. Aber die Kellner sind langsam eifersüchtig auf meinen Vater geworden und schimpften: Alle lachen sie zu dem Italiener hin. Da hat der Herr Volkhart gesagt, Peppino, es ist gescheiter, du gehst nach Italien, ich kann nicht garantieren, daß sie dir nichts tun. Mein Vater hat gesagt, ich habe zwar Familie da, aber wenn das so ist, dann mache ich halt meine Pflicht und gehe nach Italien, das wird schon nicht so lange dauern. In Trient wurde er Soldat und ging in ein Versorgungslager. Meine Mutter ist mit uns Kindern hiergeblieben.

Aber ihr Vater kam zurück.

Ja, 1921 oder 1922. Zunächst war er Verkäufer an einem Stand in der Großmarkthalle, bis er sich selbständig machte und ein Geschäft in der Schillerstraße mit Obst und Südfrüchten eröffnete. Damals mußte man das mit Karren von der Großmarkthalle ins Geschäft schleppen. Nix Auto! Und dann hat er so ab 1923 auch noch mit Wein gehandelt aus Italien. Wir hatten einen Weinkeller. Da mußte ich schon abfüllen, das hab' ich schon gelernt.

Wie hieß das Geschäft?

Lombardi. Es stand dort, wo heute das Hotel Hauser ist. Aber das Haus gibt es nicht mehr.

Gab es damals noch andere italienische Lebensmittelgeschäfte in München?

Das weiß ich nicht. Auf alle Fälle haben wir damals als erste Wein vom Baron Ricasoli gehabt, einen Chianti Brolio. Da ist eigens der Vertreter aus Italien zu uns gekommen. Aber es war ja kein Geld da, und wir haben das ganz langsam abstottern müssen. Am Oberanger war schon ein italienisches Restaurant, das hat mein Vater auch beliefert. Das war keine gute Gegend damals, das war ein Ort für gewisse Damen. Die Kunden, die mein Vater belieferte, haben ihn aber nie bezahlt. Es war zum narrisch werden. Er ist immer wieder hingegangen, dann haben sie ihm mal zehn, mal zwanzig Mark gegeben. Bis er eines Tages sagte: Denen helf' ich, jetzt mach' ich selber ein Restaurant auf. Ich bin vom Fach, ich kann's. Und dann haben wir 1929 in der Rambergstraße, da unten in Schwabing, ein sehr schönes Lokal aufgemacht, es hatte acht Boxen, fünf große und ein paar kleinere Tische. Das hieß auch schon Osteria Italiana Lombardi und war hinter der Akademie, an der Ecke Kurfürstenstraße. Vorher ist noch in der Nachbarschaft gefragt worden, ob das recht ist, daß da ein Italiener aufmacht. Und da haben die natürlich gesagt, den brauchen wir nicht, »des woll' ma net«. Die waren immer noch böse auf die Italiener hier, wegen des Krieges.

Wer hat die Umfrage veranlaßt?

Na die Stadt, die wo die Konzession hergibt. Wir durften zunächst bloß bis um 19 Uhr aufhaben, so wie die Geschäfte auch, obwohl es ein richtiges Lokal mit Küche und allem war. Das war schwierig. Schon allein wegen der Miete, die wir zahlen mußten. Am Abend gehen die Leute erst Wein trinken. Da hat mein Vater gesagt, mir hilft der Nuntius. Er hat ihm erklärt, daß er Familie und zwei Kinder hat. Der Nuntius hat geholfen, beim Bürgermeister und der Stadt. Mein Vater bekam sofort die Konzession. Man muß sich immer gut halten mit den Pfarrern, gell!

Gab es denn, von der Feindschaft im Ersten Weltkrieg abgesehen, eine Stimmung gegen Ausländer in München?

Ja, die gab es, hauptsächlich gegen Italiener.

Woran haben Sie das bemerkt?

Als wir noch Kinder waren, haben wir die italienische Schule in München besuchen dürfen, so einmal oder zweimal die Woche. Das war am italienischen Konsulat in der Königinstraße. Und da haben sie immer schon gesagt: »Kinder, wenn ihr Straßenbahn fahrt, nicht italienisch miteinander sprechen, damit nichts passiert.« Und dann haben sie uns 1925, als wir das Gemüsegeschäft in der Schillerstraße hatten, ein Plakat hingemacht: ›Kauft keine italienische Ware!‹

Haben Sie sich geängstigt?

Nein, mir hat niemand angemerkt, daß ich Italienerin bin.

Und wie hat Ihr Vater reagiert?
Man hat schon gemerkt, daß er Italiener ist. Er hat verdammt nicht auseinandergekannt, was Uhre und was Hure heißt: Zur Uhr hat er Hur gesagt, und zur Hur hat er Uhr gesagt.

Was hat denn Ihr Vater in der Osteria gekocht?
Wir hatten schon richtige italienische Küche, Pasta, Gemüse, Fritto misto vom Fleisch, mit Hirn. Meine Mutter hat das zubereiten müssen und deswegen immer eine große Wut gehabt. »Du mit deinem frixte mixte«, hat sie zu meinem Vater gesagt. Und dann hatten wir auch Aal, Forellen. Damals hat es wenig Seefische gegeben, das ist ja später erst losgegangen.

Haben Sie die Pasta selbstgemacht?
Damals noch nicht, die Pasta kam von Buitoni. Sauce Bolognese oder Römische Soße haben wir dazu gemacht: Nur Tomaten, Knoblauch, Petersilie und Öl natürlich. Die Tomaten haben wir geschält und entkernt. Die Büchsentomaten sind erst in den 40er Jahren gekommen. Ich war die erste, die damit gekocht hat.

Was für Gäste kamen in die Rambergstraße?
Schöne, liebe Menschen. Viele Studenten auch, und viele Künstler, die – um die Ecke war das Simplicissimus – kamen zu uns zum Essen und sind dann wieder ins ›Simpl‹ gegangen. Wir haben sofort internationale Kundschaft gehabt, also hauptsächlich Künstler, Geschäftsleute von der Großmarkthalle, die früher zu uns ins Geschäft kamen, Orangenhändler aus Sizilien, sogar Gäste aus Übersee: »Kommen S' doch mal zu uns nach São Paulo«, haben die uns gelobt, weil wir so schöne Salate machten. Der Benjamino Gigli ist auch gekommen. 1936 hat er hier in München einen Film gemacht, und da war er bei uns immer beim Essen. Als er mal Probleme mit dem Hals hatte, ließ er extra San-Pellegrino-Wasser aus Italien einfliegen, obwohl's Fachinger doch auch getan hätte. Der Ringelnatz hat auch immer dagesessen. Der hat seine Gedichte auf die Manschetten geschrieben. Dann hat er meine Schwester gerufen: Cilli, bring mir die Schere! Und dann hat er einfach das Stück von der Manschette abgeschnitten. Und dann hatten wir junge Leute, die später sehr große Männer geworden sind, zum Beispiel der Herr Käutner, der Regisseur. Der hat als Student in der Nachbarschaft gewohnt und hatte wenig Geld. Aber diese Studenten waren alle so lieb, da hat mein Vater gesagt, na ja, zahlst es halt morgen, wennst heut' kein Geld hast. Risotto mit Hühnerfleisch haben wir viel für die gemacht, das war magenfüllend.

War die Osteria für damalige Verhältnisse ein teures Lokal?
Mittelmäßig, sagen wir mal. Kein Luxuslokal, es war ja rustikal geführt. Aber unser Geld mußten wir dafür schon haben. Der Teller Spaghetti kostete 70 Pfennig, der Risotto 50 Pfennig. Und die Piccata 1,20 Mark. Die Leute haben gefragt: Was, eine Mark zwanzig und nix dabei? Da war wirklich nix dabei. Und der Wein kostete 55 Pfennig – der Schoppen. Das war ihnen auch zu teuer: Wo anders kostete er 35 Pfennig. Dann mußte ich denen erklären, daß unserer aber ein guter Wein war.

Haben Sie von Anfang an im Lokal mitgearbeitet?
Ja, so wie meine Mutter und meine Schwester, weil er uns so nichts hat zahlen brauchen, der Vater, nicht mal ein Taschengeld, nichts. Wir waren nicht krankenversichert. Und einen freien Tag haben wir am Anfang auch nicht gekriegt. Wir sind in kein Theater gekommen und nirgendwohin. Er hat auch immer geschaut, was für Gäste ich bediente. ›Wer ist dieses Bürscherl da hinten?‹ Meine Schwester hat als Bedienung die vordere Partie gehabt und ich die hintere. Da sind immer die besseren Leute hintergegangen, so daß ich

Ausländische Küche in München

Es ist inzwischen zu einer Selbstverständlichkeit geworden, sich nach Büroschluß mit Freunden beim Italiener um die Ecke zu verabreden. Auf der Suche nach der Adresse im Telefonbuch wird man sich der Vielfalt der Möglichkeiten bewußt, ausländisch Essen zu gehen, will man auf die deutsche Küche verzichten.
Doch wie hat alles begonnen? Um sich ein Bild von den Anfängen der fremdländischen Küche in Deutschland machen zu können, ist eine Auswertung der Münchner Adreßbücher aufschlußreich. In den Adreßbüchern stößt man erst im Jahr 1930 auf einen italienisch angehauchten Restaurantnamen : Die ›Osteria Bavaria‹ in der Schellingstraße 62. Sie bot jedoch, wie der Name schon erahnen läßt, nur vereinzelt italienische Spezialitäten an. Die Speisekarte bestand vielmehr überwiegend aus einheimischen Gerichten.
Läßt man sich auf die Quelle ›Adreßbücher‹ ein, so muß dabei berücksichtigt werden, daß manche Restaurants überhaupt nicht oder erst viel später erfaßt werden und darüber hinaus auch Gaststätten existieren, die einen deutschen Namen tragen, jedoch ausländische Spezialitäten anbieten und unter deutscher Führung laufen.
Den Adreßbüchern zufolge kamen dann 1933 das Weinrestaurant ›Tivoli‹ in der Widenmayerstraße 52 und 1934 das ›Italia‹ in der Herzog-Wilhelm-Straße dazu. Im Adreßbuch von 1940 werden dann immerhin fünf italienische Gaststätten aufgeführt.
Kurz zuvor, in den Jahren 1938/39, als die Namensgebung ›Deutscher ...‹ immer beliebter wird, eröffnet das erste chinesische Restaurant ›Wu Guo Liang‹ in der Augustenstraße 31. Es bleibt bis zum Jahr 1953 das einzige chinesische und zugleich das erste fremdländisch-nicht-italienische Restaurant in München. Daneben läßt sich eine fortschreitende Zunahme der italienischen Eisdielen und Cafés feststellen. 1953, das Adreßbuch listet nun etwa zwölf Eisdielen auf, findet sich auch das zweite chinesische Restaurant, ›Tai Tung‹, in der Amalienstraße 25 und der erste Spanier, ›Madrid in München‹, in der Barerstraße 47.
Die ausländischen Restaurants werden immer zahlreicher, und so wird im Adreßbuch von 1954 zum ersten Mal die Rubrik ›Fremdländische Gaststätten‹ eingerichtet, unter denen sich auch mit

dem ›Balkan Grill‹ das erste jugoslawische Restaurant befindet. Die italienischen Spezialitätenlokale besitzen gegenüber anderen jedoch immer noch Vorrang. 1957 läßt sich allmählich eine Zunahme der jugoslawischen Küche beobachten, die sich durch die Jahre hindurch soweit entwickelt, daß die jugoslawischen Restaurants nach den ›Italienern‹ zahlenmäßig den zweiten Platz einnehmen. In der Statistik von 1972 sind 74 Jugoslawen aufgeführt. 1992 sind sie mit 132 Restaurants vertreten und liegen so hinter den Italienern (317) und den Griechen (165) auf dem dritten Platz. Auf der Suche nach weiteren Restaurants stößt man im Adreßbuch von 1959 auf eine Kuriosität. In der Theresienstraße existiert zu dieser Zeit eine Gaststätte, die Spezialitäten der jüdisch-polnischen Küche anbietet. Der Name bezieht sich schlicht auf die Straße und lautet ›Theresia‹.

Frankreich, als unmittelbarer Nachbar, ist in der Statistik von 1972 nur mit fünf Lokalen vertreten. Die zunehmende Beliebtheit der ›Nouvelle cuisine‹ macht sich jedoch bemerkbar, und so liegt Frankreich 1992 mit 65 Restaurants an fünfter Stelle. Die ersten französischen Restaurants in München, u.a. ›Auberge centre la bonne‹ am Oskar-von-Miller-Ring, wurden, den Adreßbüchern zufolge, jedoch erst 1964 eröffnet. Im selben Jahr ist auch das erste indische Restaurant, ›Taj Mahal‹, verzeichnet.

Obwohl die Zahl der italienischen Restaurants in den folgenden Jahren weiter zunimmt, taucht die Bezeichnung ›Pizzeria‹ erst 1966 auf.

Die griechischen Gaststätten, die der diesjährigen Statistik nach auf dem zweiten Platz liegen, konnten sich erst relativ spät in München etablieren. ›Rhodos Grill‹ in der Franziskanerstraße 49 ist 1966 noch das einzige griechische Restaurant. Vor 25 Jahren eröffnete, laut Quellenlage, das erste Restaurant mit russischer Spezialitätenküche. Es nannte sich ›Datscha‹ und befand sich in der Kaiserstraße 3.

Ab dem Jahr 1970, inzwischen ist auch ein Restaurant türkischer Nationalität vertreten (›Istanbul‹, Goethestraße 8), ist eine beständige Zunahme der ausländischen Gaststätten zu verzeichnen. 1972 sind vierzehn Nationen vertreten, die mit der deutschen Küche konkurrieren und unter welchen sich auch die Tschechoslowakei, Bulgarien und Rumänien befinden.

1992 gibt es schließlich kaum ein Land,

mehr Arbeit hatte. Um acht Uhr in der Früh sind wir aufgestanden und um zwei Uhr in der Nacht sind wir ins Bett gekommen. Ich bin heute ganz kaputt von der Arbeit.

Wann immer die Rede auf die Osteria kommt, denkt jeder sofort an Hitler und sein Gefolge. Warum?

Da hat es oft ein Mißverständnis gegeben: Meine Mutter starb 1938, mein Vater 1941. Er war schwer zuckerkrank. Der Vater ist einfach umgefallen und war tot. Ich habe mir schon vorher gedacht, du mußt was unternehmen, sonst stehst du im Wind und hast dich umsonst geplagt. Und dann habe ich neben der Arbeit die Hotelfachschule in Pasing gemacht. Ich wußte, wenn ich den Abschluß habe, geben sie mir auch die Konzession. 1944 wurden wir in der Rambergstraße ausgebombt. Bis dahin gab es in München zwei Osterie: unsere, die original italienisch war, und dann noch die Osteria Bavaria in der Schellingstraße, die ich dann erst nach dem Krieg übernommen habe. Da haben sie auch gut gekocht, aber mehr deutsch, deutsch-österreichisch. Die hatten eine österreichische Köchin, die hat Apfelstrudel gemacht und Salzburger Nockerl, ich hab' sie noch kennengelernt. Besitzer war die Familie Deutelmoser, und die hat diese Bavaria schon 1890 aufgemacht. Das waren sehr nette Leute und Italienliebhaber.

Und die zogen dann jede Menge Nationalsozialisten an …

Wissen S', das erste ›braune‹ Haus war in der Schellingstraße Nummer 50. Ich kann es Ihnen zeigen, es geht zur Barer Straße hin. Es ist immer noch braun. Und am Eingang ist ein Adler drauf. Den Adler wollten sie auch weghauen, der ist aber nicht weggegangen. Im ersten ›braunen‹ Haus haben sie sich alle getroffen. Die haben damals noch alle in der Nachbarschaft gewohnt. Da war weiter unten zum Beispiel ein Bürstenhändler, der hat die Bürsten selbstgemacht. Unser Lokal war nur zehn Minuten davon entfernt. Aber wir haben unsere Gäste gehabt, und die Osteria Bavaria hat ihre Gäste gehabt.

Zu Ihnen ist der Führer nicht gekommen?

Zu mir nicht, da hinunter überhaupt nicht. Aber es sind andere Herren gekommen.

Nämlich?

Seine anderen Leute. Die ersten Ärzte, die ersten Apotheker. Die haben einen ganz großen Tisch gehabt. Es waren mindestens 15 Personen. Und auch der Professor Ziegler, der Maler, dem Führer sein Lieblingsmaler. Dann habe ich noch die Familie vom Heß bedient – er selbst war nicht da – und die Familie Schirach. Und Himmler ist auch einmal gekommen. Den habe ich nicht vergessen, er war auf Tisch drei, vis-à-vis vom Buffet, ich habe solche Angst gehabt vor dem Menschen, und der hat das auch gemerkt und war sehr nett zu mir. Ich weiß sogar noch, was der gegessen hat: Gemüsesuppe und ›Bracioline alla fiorentina‹, vom Kalb.

Warum hat Hitler die andere Osteria bevorzugt?

Ich glaube, der ist da hereingegangen, weil da alles bewacht war. Wenn der kam, war von den Klosetts bis in den Speicher hinauf alles unter Kontrolle. Der hat seine Bullen dafür gehabt. Bei den Klosetts ist extra eine Wand eingezogen worden.

Kamen während dieser Zeit noch die Studenten, die Künstler, die Ausländer zu Ihnen?

Unsere Osteria war eigentlich eine Oase für alle Ausländer und für die Juden, die sind auch gekommen. Die haben immer gesagt: Bei euch kann man wenigstens reingehen. In anderen Restaurants hatten die ja Schwierigkeiten. Und die Sophie-Scholl-Studenten sind auch gekommen zu uns, mit ihrem Herrn Professor, die alle gegen den Hitler waren, und die sie dann umgebracht haben. Die saßen immer an Tisch acht, in der Box acht. Ganz lieb waren die.

Haben die da ihre Aktionen besprochen?

Ich habe nichts gehört. Einmal wollten sie eine Feier mit dem Professor Huber machen und haben den Tisch vis-à-vis bestellt. Das Lokal war voll, aber die kamen und kamen nicht. Andere Gäste wollten sich da hinsetzen. Aber ich hab' gesagt, die haben den bestellt, ich kann den nicht weggeben. Da haben s' gedacht, ich mach Pflanz', und waren mir böse. Dabei war das der Abend, wo sie verpfiffen und verhaftet wurden, alle miteinander.

Hatten Sie davon aus der Zeitung erfahren?

Ja, das hat sich natürlich gleich herumgesprochen.

Haben Sie denn den Nazis geglaubt, als sie sagten, diese Studenten seien Schwerverbrecher?

Nein, die Jungen waren nicht radikal, (zögert) die Nazis waren radikal. Die haben kurzen Prozeß gemacht. Wenn einer in der Zeit, in der es dunkel war, ein Rad gestohlen hat, draußen, und sie haben den erwischt, der ist aufgehängt worden.

Wenn Sie über die Nazis sprechen, dann werden Sie immer ganz vorsichtig und leise. Haben Sie Angst, darüber zu reden?

Beinahe schon, ja.

Warum?

Wir haben da nie was sagen dürfen, nicht einmal lachen... obwohl uns nie etwas passiert ist, im Gegenteil. Aber einmal saß an dem großen Tisch eine jüdische Familie. Ich hab' ja nicht gewußt, daß das Juden sind, ich hab' ja gar keine Zeit gehabt, ich hab' geschaut, daß ich was zum Essen herausbringe. Da waren alte Frauen dabei, die haben eine Hutfabrik gehabt, Frank hieß die Familie. Da kommen ein paar Nazis in Uniform ins Lokal und haben die beobachtet. Plötzlich stehen die auf, packen die Juden, hauen sie auf den Kopf, schleppen sie auf die Straße und schimpfen. Ja was fällt euch denn ein, hab' ich gesagt, das sind meine Gäste, und hab' mich so hergestellt. Geh weg, haben s' gesagt, sonst machen wir dir morgen deine Bude ganz zu. Herrgott, hab' ich mir gesagt, das ist mir ja noch nie passiert. Ich habe so gezittert, da ist gerade meine Mutter gestorben gewesen, 1938, ich war vollkommen fertig. Die Rambergstraße geht dann ein Stückerl vor, ich hab' keine Zeit gehabt, um nachzuschauen. Die sind aber nie mehr gekommen.

Woher wußten Sie, daß es sich um Juden handelte?

Na, weil die in der Uniform gesagt haben, die Saujuden, so haben sie ja angefangen. Ich hab' gesagt, laßt meine Leute in Ruhe, ich habe ja nicht gewußt, daß das Juden sind. Es hat ihnen ja nicht auf dem Kopf gestanden.

Hätten Sie das auch gesagt, wenn Ihnen vorher bekannt gewesen wäre, daß das Juden waren?

Ja... wir haben ja überhaupt keine Politik betrieben, da drin. Das war das einzige Mal, daß so etwas passiert ist.

War Ihr Lokal während des Nationalsozialismus das einzige italienische Restaurant in München?

In der Residenzstraße war noch eines, aber da hat man sich nicht mehr darum gekümmert, gell. Es hieß ›Rilina‹. Und in der Sendlinger Straße war meines Wissens auch eine Gelateria. Ich hab' für nichts Zeit gehabt als für meine Bude.

das sich nicht auf der Liste der fremdländischen Restaurants finden läßt. Vergleicht man beide Statistiken, 1972 und 1992, miteinander, so zeigt sich, daß sich ihre Zahl innerhalb von 20 Jahren verdreifacht hat. Auffällig ist dabei, daß die traditionellen Restaurants, die Spezialitäten aus Österreich oder der Schweiz anbieten, rückläufig sind. 1972 gab es noch 34 österreichische Gaststätten, während es in diesem Jahr nur noch sieben sind. Wohl sind sie der deutschen Küche zu ähnlich, um den Konkurrenzkampf mit der fremden Küche bestehen zu können. S. U.

Der Krieg ging zu Ende. Ihr Lokal war zerstört.
Was haben Sie dann gemacht?

Dann haben wir zunächst nichts mehr gehabt. Alles hin. Bei Verwandten in Fürstenfeldbruck habe ich ein paar kleine Zimmer mit Kochgelegenheit erwischt. Da hatte ich schon meine Tochter. Und da sind wir da draußen geblieben, bis sich das Ganze beruhigt hat, der ganze Krieg. Vor der Währungsreform hab' ich gesagt, jetzt müssen wir schau'n, daß wir nach München kommen. Ich bin ja immer noch Italienerin, ich mußte also einen Antrag stellen für ein neues Lokal, dann für eine Wohnung. Auf dem Amt haben sie gesagt, ja wenn Sie kein Geschäft haben, brauchen Sie keine Wohnung. Dann bleiben Sie ruhig in Fürstenfeldbruck. Dann wollte ich ein Geschäft aufmachen, dann haben s' gesagt, wenn Sie keine Wohnung haben, kriegen Sie kein Geschäft. Schließlich traf ich eine Fischhändlerin, die mich früher immer beliefert hatte, die so nett zu mir war. Die hat gesagt, ich schau' für dich, daß du wieder unterkommst. Es dauert nicht lang, kommt s' daher: Du, ich weiß dir ein Lokal, in der Viktor-Scheffel-Straße, Ecke Belgradstraße. Das war im Krieg a Wärmestub'n für alte Leute. So habe ich wieder ein Restaurant aufgemacht. Da ist jetzt ein Beefsteak-Lokal drin.

Wie hieß das?

Das hieß auch ›Osteria Italiana Lombardi‹. Unsere Lokale haben immer denselben Namen behalten.

Haben Sie genauso weitergemacht wie vorher?

Ja. Eine ganz kleine Reklame in der Abendzeitung, weil ich kein Geld hatte: ›Wir sind wieder da.‹ Die Bude war voll. Ich habe gekocht und mein Mann war am Buffet und hat gemanagt.

Das war dann der Signor Salvatori. Wo hatten Sie den inzwischen kennengelernt?

Schon mit meinem Vater war ich nach Montefiascone gefahren, um den ›Est!Est!!Est!!!‹-Wein einzukaufen. 1941 habe ich meinen Mann dort kennengelernt. Seine Eltern besaßen einen Weinberg. Sein Schwager war Weinhändler, und wir haben von seinem Schwager immer Weine bekommen. Der Schwager hat eines Tages zu meinem Mann gesagt: »Du heiratest die Clotilde.«

Und Sie hatten dabei kein Wörtchen mitzureden?

Ja, eigentlich gar nicht viel, da bin ich gar nicht lang gefragt worden. 1942 haben wir geheiratet.

Die Osteria in der Viktor-Scheffel-Straße haben Sie aber nicht lange behalten?

Nein, nachdem der ganze Nationalsozialismus untergegangen ist, hatte der Herr Deutelmoser von der Osteria Bavaria Probleme. Das war ganz ein braver Mann. Weil bei ihm aber die ganzen Nationalsozialisten ein und aus gingen, war er auch bei den ersten dabei. Die haben ihm bestimmt gesagt, du mußt auch mitgeh'n in den Verein, er hat dann das goldene Kreuz gehabt, mit dem goldenen Kranz darum. Und nach dem Krieg haben sie gesagt, du warst bei den ersten dabei, deine Konzession – weg. Die haben ihm dann einen Geschäftsführer da reingesetzt, einen Fliegeroffizier. Der Deutelmoser hat droben gewohnt, er hat Tränen geweint, der arme Kerl. Nach fünf Jahren wollte er den Pächter nicht mehr haben, und das haben wir spitzgekriegt. Wir haben ihn besucht und uns geeinigt und das Lokal 1951–52 übernommen. Wir wollten ja wieder Wein handeln, aber in der Viktor-Scheffel-Straße war nicht genug Kellerraum da.

Sah diese Osteria genauso wie heute aus?
Ich habe dann die Bänke hereinmachen lassen, das ist aber leider kein gutes Holz gewesen. Sonst war eigentlich alles so wie heute.

Mit Ihnen erst also wurde aus der Osteria Bavaria die Osteria Italiana.
So ist es. Da hab' ich eine Köchin gehabt, 26 Jahre lang, die kommt heute noch zu mir. Eine Deutsche, der habe ich es gelernt. Nudeln, Ravioli, Tagliatelle, haben wir alle selbstgemacht. Das war neu in München. In der ersten Zeit haben wir zwischen fünf und sechs auch noch Dämmerschoppen gehabt. Die Gäste haben dann ihre Brotzeit herausgezogen, ein bißchen Käse und Wurst dazu, und einen Schoppen Wein genossen. Für 55 Pfennig. Auch das Schaumomelette haben wir gestrichen, denn das haben wir nicht mehr derpackt. Den Apfelstrudel gab's dann auch nicht mehr. Am Anfang hatte ich auch nur deutsche Kellnerinnen, die waren sehr nett. Vor allem die gute Centa, die hat 36 Dienstjahre gehabt und war nicht einen Tag krank. Das mit den italienischen Obern kam erst viel später.

Ließ sich von den alten Nazis noch einer blicken?
Ja, wahrscheinlich. Man hat das nicht mehr so gemerkt. Die Frau vom Schirach ist allein wiedergekommen und hat mir noch ein Buch geschenkt. Nein, ich glaub' nicht, nicht so richtig. In den ersten Monaten hatte ich noch eine Köchin aus der alten Osteria. Die echte Köchin hatte er ja von der Osteria auf seine Burg mitgenommen, da auf dem Obersalzberg. Er hat sich immer in den Bismarcksaal gesetzt, da hatte er Schutz, weil da keine Fenster sind. Die Köchin hat mir erzählt, daß er nur Auflauf gegessen hat, Blumenkohlauflauf und so etwas. Ich hab' gesagt, schade, daß ich nicht dabei war: Ich hätte ihm gerne Marschier-Pulver nei'gmischt – O Gott, ist das jetzt auf dem Tonband drauf?

Kamen nach dem Krieg immer noch die Prominenten zu Ihnen?
Alle sind sie gekommen. Der Strauß war Stammgast, der ist schon als Junggeselle gekommen. Aus Italien der Mastroianni, der hat sich ganz allein in einer Ecke versteckt. Rossellini mit Ingrid Bergmann. Und der Umberto war auch bei uns, der König von Italien. Sehen Sie mal, ich hab' noch die Speisekarte aufgehoben, die er unterschrieben hat. Und hier ist ein Knopf vom Hemd, den er verloren hat. 1956 habe ich einen guten Koch gehabt: Wir haben eigens ein Schnitzel gemacht aus Kalbfleisch, das haben wir innen mit Parmaschinken belegt und in Parmesan paniert und dann noch einmal durch das Ei gezogen und dann nochmal mit Semmelbröseln paniert. ›Scaloppa Savoia‹ hat das geheißen. Also, ich habe schon viel gegessen, aber Scaloppa Savoia habe ich noch nicht gegessen, hat Umberto gesagt. Es hat ihm geschmeckt. Ab und zu haben wir das Gericht dann auf der Speisekarte gehabt.

Hat sich Ihre Speisekarte mit den Jahren verändert, es gab doch spätestens in den 70er Jahren viel Konkurrenz?
Also, ich habe immer den gleichen Trott gemacht, bis zum Schluß, bis 1976. Dann habe ich aufgehört. Und dann ist ja die Schicki-Micki-Küche gekommen. Wenn ich die schon sehe! Wenig auf dem Teller, viel auf der Rechnung. Was hatten wir noch auf dem Teller. Bei uns haben sie die Sachen zu zweit gegessen!

G. d. L.

ESSEN UNTERWEGS

»Den genußvollen Auftakt des Tages bildet das Frühstücksbüffet. Es bietet alles, was das Herz begehrt: mit knusprig-frischen Croissants, Toast- und Brotsorten, Cornflakes und Konfitüren, Schinken, Käse und Eiern in vielen Variationen ... kurz, mit einer Ouvertüre des guten Geschmacks. Die Clubtafel zum Mittag und zum Diner: eine außergewöhnliche, ständig sich erneuernde Vielfalt an Salaten, verschiedenen Fleischsorten, frischer Fische, verschiedener Desserts ... Da kann man tafeln, soviel man mag und kann.« So wirbt der Prospekt eines französischen Ferienklubs von 1992 für den Urlaub im exklusiven Schlaraffenland.

Vieles hat sich offensichtlich geändert seit den Verhältnissen, die ein mittelalterlicher Reisebericht beschreibt: »Der Wein ging uns bereits aus, und das Wasser wurde von den Pferden so aufgewühlt, daß es nicht zu genießen war. Hätten wir nicht Zwieback und Gottes Beistand gehabt, so wären wir vielleicht gestorben.«

Wegzehrung, Gastfreundschaft und Herbergsessen

Nicht nur das Essen auf Reisen hat sich verändert, vor allem die Motive, sich einer solchen Ortsveränderung auszusetzen, sind heute andere als früher. Während die Urlaubsreise immer mehr zu einem zentralen ›Freizeitvergnügen‹, einem Statussymbol und Menschenrecht geworden ist, kam über Jahrhunderte kein Bürger, geschweige denn ein Bauer, auf die Idee, freiwillig die nächste Umgebung seiner Heimat zu verlassen. Niemand, auch nicht die Mönche, Studenten oder Handwerksgesellen, reiste zu seinem Vergnügen, und selbst wohlhabende Reisende konnten sich unterwegs kaum den gewohnten Luxus verschaffen.

Dennoch waren bereits im Mittelalter Millionen von Menschen unterwegs. Pilger und Boten, Kleriker und Scholaren, Vagabunden und Bettler, Soldaten und Handelsleute, Könige und Päpste. Nicht zu vergessen die ›Reisigen‹, die Soldaten und Landsknechte, deren Unternehmen mit Urlaub recht wenig zu tun hatte. Sie alle bewegten sich in einer feindlichen Welt – auf schlechten Straßen und durch unbekanntes Gebiet, ohne Schutz vor Hitze und Kälte, ohne die Sicherheit, Nahrung und Herberge zu finden, und in ständiger Gefahr, von Räubern überfallen und von Wirten ausgeplündert zu werden. Abseits der großen Straßen, der Handels- und Pilgerwege waren Gasthäuser ohnehin selten und für die weniger Wohlhabenden zudem unerschwinglich. Die meisten reisten zu Fuß und führten ihre Nahrung als ›Wegzehrung‹ weitgehend mit sich. Sie bestand aus haltbaren Speisen wie Brot und

Öl, getrocknetem oder geräuchertem Fleisch und Käse. Allgemein bevorzugte man den Herbst als Reisezeit, da dann nicht nur das Klima günstig, sondern auch Lebensmittel dank der frisch eingebrachten Ernte besonders preiswert waren. Außerdem konnte man sich notfalls auch von Nüssen, Haselnüssen, Bucheckern und wilden Beeren ernähren. Auch ein Fischernetz gehörte häufig zur Reiseausrüstung.

Grundsätzlich galt auch für private Haushalte das christliche Gebot, Fremde aufzunehmen und ihnen Nachtlager und Nahrung zu gewähren. Der Reisende konnte bei der Ernte mitarbeiten oder durch den sogenannten ›Zehrpfennig‹ seine Verpflegung vergelten. Und in nicht allzuvielen Fällen wird es den Reisenden so schlecht ergangen sein, wie es ein mittelalterlicher Bericht aus der Zeit einer Hungersnot schildert: »Viele Menschen reisten von einem Ort zu einem anderen, um dem Hunger zu entfliehen. Hatten sie unterwegs Gastfreundschaft gefunden, so wurden sie nachts von denen umgebracht und verspeist, die sie aufgenommen hatten.«

Besonders machten es sich Spitäler und Hospize, die von Orden und Bruderschaften unterhalten wurden, zur Aufgabe, Pilgern und anderen Reisenden Unterkunft und Nahrung zu bieten; Wein und Bier, Suppe oder Brei standen hier auf dem Speisezettel. Auch die Ordensregel des hl. Benedikt schrieb die Fürsorge für Reisende ausdrücklich vor, so daß die Klöster für Reisende ein bevorzugtes Ziel zur Rast waren. Hier kann man auch die Anweisung finden, Armen und einfachen Pilgern ein anderes Essen wie z.B. »Bohnen oder etwas anderes Bäuerliches« vorzusetzen, als den höhergestellten Gästen.

An diesen Reiseverhältnissen änderte sich über die Jahrhunderte vor allem für die ärmeren Reisenden wenig, und Karl Philipp Moritzs Roman ›Anton Reiser‹ von 1785 gibt sicher noch ein gutes Bild von der üblichen Kost jener Reisenden, die zu Fuß unterwegs waren und nur wenig Geld zur Verfügung hatten. »Als nun der Mittag herannahte, so kehrte er in einem Dorfe in einem geringen Wirtshause ein, wo er ohnedem außer Bier und Brot auch für Geld nichts hätte haben können... Es machte ihm nun unbeschreiblich Vergnügen, daß er für wenige Pfennige ein so großes Stück schwarzes Brot erhielt, welches ihn den ganzen Tag gegen den Hunger sicherstellte. Er brockte sich einen Teil davon ins Bier und hielt auf diese Weise das erste Mittagsmahl nach seinen eigenen strengen Gesetzen, von welchen er von nun an während der Reise nicht abging.«

Auch wer sich Nachtlager und Essen in der Herberge leisten konnte, war nicht unbedingt zu beneiden. Der Reisende hatte gewöhnlich gemeinsam mit den anderen Gästen mit der ›table d'hôte‹ des Wirts vorliebzunehmen, die – wie die Reiseberichte vom Mittelalter bis ins 18. Jahrhundert fast übereinstimmend berichten – schlecht und teuer war und oft so unangenehme Umgebung mit sich brachte, daß der Gast schließlich froh war, das Mahl beenden zu können. Erasmus von Rotterdam schildert im 16. Jahrhundert den unerfreulichen Aufenthalt und die ebensolche Bewirtung in einem typischen deutschen Gasthaus. »Bald kommen mit großem Gepränge die Schüsseln. Die erste bietet fast immer Brotstücke mit Fleischbrühe, hierauf kommt etwas aus aufgewärmten Fleischarten oder Pökelfleisch oder eingesalzener Fisch... Dann wird auch etwas besserer Wein gebracht.« Beschwert sich ein Gast, so wird ihm versichert, daß hier der gesamte Adel Deutschlands verkehre und mit der Kost immer zufrieden gewesen sei.

Auch Adolph Freiherr von Knigge stimmt ein in die Beschwerde über die unfreundlichen und betrügerischen Gastwirte und warnt den Reisenden vor ihren halsabschneiderischen Methoden. »Die Wirte fragen uns gemeiniglich:

was wir zu essen befehlen? – Das ist ein Kunstgriff, durch den man sich nicht fangen lassen braucht; denn bestellt man nun etwas, zum Beispiel ein Huhn, einen Pfannekuchen oder dergleichen, so muß man dieses Gericht und noch obendrein eine gewöhnliche Mahlzeit bezahlen. Man tut da am besten zu antworten: man verlange nichts, als was grade im Hause oder schon zubereitet sei.«

Seit dem Spätmittelalter gab es allerdings auch große Gasthäuser, die mit eigenen Schlacht-, Back- oder Brauhäusern bestens auf die Bewirtung der Gäste eingerichtet waren. Wohlhabende Gäste konnten wohl auch Bedienstete vorausschicken, die Unterbringung und Verpflegung organisierten. Eine spanische Verordnung vom Ende des 15. Jahrhunderts z.B. schreibt als Mindestausstattung eines Gasthauses die folgenden Utensilien für die Küche vor: Kochtöpfe, Bratpfannen und -spieße, Licht, Tische mit Decken, Bänke, Suppenschüsseln, Teller, Salzfässer, Tassen, Krüge, Bottiche, Kessel, Holzeimer.

Durchaus häufig waren auch eingewanderte Wirte, die natürlich das bevorzugte Ziel ihrer reisenden Landsleute darstellten. Durch sie kam frühzeitig eine gewisse Internationalität in die Gasthausküche, da sie für ihre Gäste heimatliche Gerichte zuzubereiten pflegten.

Kulinarische Vergnügungsreisen

Verglichen mit den Schilderungen des Erasmus oder Knigges nehmen sich die Reisen Goethes zu den böhmischen Bädern schon wie lukullische Exkursionen aus. Zwar schreibt auch er, es sei ihm schon von seinem Vater »eine äußerste Abneigung gegen alle Gasthöfe eingeflößt worden«, diese Einstellung scheint ihn aber nicht davon abgehalten zu haben, die Qualität der dortigen Gasthausküche ausgiebig zu erproben und in seinen Tagebüchern zu würdigen. Auch in Phasen selbst auferlegter Diät nimmt sich der Speiseplan einigermaßen üppig aus: Neben Geflügel und Fischen gibt es Rindfleisch mit Sardellensauce, Rindszunge mit polnischer Sauce, Wild mit Pilzen, dazu Semmelknödel, Karlsbader Strudel und allerlei Mehlspeisen, darunter die Gollatschen (Hefekuchen mit Pflaumenmus gefüllt), die poetische Erwähnung gefunden haben. »So manche Gollatschen man früh und spat / Bei den ›Kurfürsten‹ gebacken hat.« Im ›Weißen Roß‹ in Elbogen dagegen werden die Forellen mit Butter und Kartoffeln gerühmt, im Teplitzer ›Goldenen Schiff‹ stehen gesottenes und gebratenes Fleisch, Geflügel, Fische, Salate und Kompott auf der Rechnung.

Auch Brillat-Savarin stellt für die Entstehungszeit des Restaurants im späten 18. Jahrhundert den positiven Zusammenhang zwischen Reisen und Essen heraus: »Auch für die Reisenden, die Fremden, für die, deren Familie sich zeitweilig auf dem Lande befindet, für alle, die keine Küche im Hause haben oder infolge besonderer Umstände entbehren müssen, ist diese Einrichtung außerordentlich bequem und angenehm. Jeder, der über fünfzehn bis zwanzig Franken zu verfügen in der Lage ist, kann sich an den Tisch eines erstklassigen Restaurants setzen und wird dort ebensogut und sogar besser verpflegt werden als an der Tafel eines Fürsten. Denn das Mahl, das ihm der Restaurateur bereitet, ist ebenso glänzend; außerdem kann er sich nach seinem Belieben die Speisen aussuchen und ist überdies durch keine persönliche Rücksichtnahme irgendwie behindert.«

Mit der industriellen Revolution beginnt auch für das Reisen ein neues Zeitalter. Eisenbahn und Dampfschiffe erleichtern das Fortkommen mit größerer Geschwindigkeit und Bequemlichkeit. Bald gehört es zum gesellschaftlichen Muß, die Sommermonate in einem der mondänen Bade- oder Kurorte zu verbringen. Ziel der großen Hotels in diesen Ferienorten ist es, den Gästen den gleichen Luxus zu bieten, den sie aus den europäischen Metropolen gewohnt waren. Hier entwickelt sich auch die noch heute maßgebende internationale Hotelküche, die das Erbe der französisch geprägten internationalen Küche der Aristokraten fortführt.

Ähnliches gilt auch für die großen Luxusschiffe auf den Ozeanen, die bestrebt waren, den Komfort der Hotels noch zu übertreffen. Zahlreiche neue oder Altes verfeinernde Rezepte mit teuren Ingredienzen und aufwendige Zubereitung entstanden in den Hotelpalästen der Belle-Epoque, die bis zur Gegenwart den Standard der traditionellen gehobenen Kochkunst repräsentieren.

In diese Zeit fällt auch die Erfindung der Speisewagen in den Eisenbahnzügen. Während die Züge der ersten Jahrzehnte zu den Mahlzeiten noch anhielten und den Reisenden Zeit ließen, eines der damals teilweise sehr modernen und eleganten Bahnhofsrestaurants aufzusuchen, gab es bald – seit 1868 in den USA, seit 1880 in Deutschland und etwas später auch in anderen Ländern – eigene Speisewagen mit auf der Basis von Konserven vorgefertigten Gerichten. Die Reise brauchte nun nicht mehr unterbrochen zu werden; Zeit war gespart.

Ähnliches gilt etwas später für das neue Verkehrsmittel Flugzeug, wo schon seit den Zwanzigerjahren dieses Jahrhunderts den Reisenden mehrgängige Menus serviert wurden. Weniger luxuriös waren die Verhältnisse auf den Autostraßen. Hier erfüllte – und tut dies bis heute – noch der alte Gasthof die Aufgabe der Verpflegung der Reisenden. Mit den Autobahnen entstand während des Dritten Reichs – zunächst als Automatenrestaurant – in der ›Raststätte‹ mit ihrer standardisierten Verpflegung auch eine neue Form der Gaststätte für eilige Automobilisten, die heute auch in den Drive-In-Restaurants fortlebt. Auf den modernen Autostraßen entwickelte sich allerdings auch eine positive Gemeinsamkeit zwischen Automobilismus und Gastronomie, die sich am deutlichsten in dem seit den Sechzigerjahren von der Reifenfirma Michelin herausgegebenen Restaurantführer manifestiert. Durch genaue Beschreibung und Klassifikation des Restaurants weiß der Reisende schon im voraus genau, wo er die Bewirtung findet, die er sucht.

Das Touristenmenu

Bis in die Zeit nach dem Ersten Weltkrieg blieb die Vergnügungsreise weitgehend ein Privileg der Oberschicht. Mit ersten Formen des modernen Massen- und Pauschaltourismus beginnt dann in den Zwanzigerjahren die demokratische Epoche in der Geschichte des Reisens. Die Gastronomie der betroffenen Regionen stellte sich schnell auf die neuen Verhältnisse ein: Gerade auch Orte, die bislang mit der Welt nicht in weitere Berührung gekommen waren, mußten oder durften nun große und vorausplanbare Mengen von Gästen erwarten und versorgen. ›Typisches‹ Essen und Folklore wurden erwartet; Trachtenkapellen und Schuhplattler gehörten nun zum obligatorischen Angebot.

Mit der fortschreitenden Verbreitung des Autos in den Sechzigerjahren weitet sich dann der Horizont der deutschen Touristen über ihr Vaterland hinaus. Italien wird zum bevorzugten Ziel. Wie bei ihren Vorfahren ist auch ihr zentrales Reisemotiv die Flucht aus der ›Kultur‹ in die Natur, und ein

Bergpartien Ludwigs II.

Wenn ein König Ausflüge macht, dann ist das etwas anderes, als wenn unsereiner mit dem Rucksack in die Berge zieht. Da müssen schon Tage vorher die Wege und Übergänge instandgesetzt werden – das zuständige Forstamt ist dafür verantwortlich. Die Jagdhäuser sind zu reinigen, die Betten zu klopfen, die Vorplätze müssen aufgekiest oder vom Schnee befreit werden, kurz alles Erdenkliche muß geschehen, um für den Besuch eines so anspruchsvollen Gastes wohl vorbereitet zu sein.
Für die Hofküche brachten solche Bergpartien immer besonders hohe Anforderungen mit sich. War des Königs Unterkunft auf den Jagdhütten oft einfach genug, ja primitiv – beim Speisen wollte es der König immer genau so reichlich haben wie auf seinen Schlössern! Möglichst große Auswahl der Gerichte und ihre sorgfältigste Zubereitung waren also eine Selbstverständlichkeit für die Hofköche. Denn wer wollte schon den Unwillen seines höchsten Herren erregen? So gab es auch unter den außergewöhnlichsten Umständen nach der Suppe eine Vorspeise, etwa Pastetchen, gratinierte Muscheln oder ähnliches, dann gekochtes Ochsenfleisch mit frischem Gemüse, ein Gang übrigens, den der König alltäglich wünschte, dann eine Zwischenspeise wie Lammkotelettes mit Kastanienpüree, Hühnerfrikassé, hernach Braten von Wild oder Geflügel nach der Jahreszeit, darauf etwa Dukatennudeln mit Krebsbutter als warme Süß-Speise, Rahmstrudel oder Savarin mit Früchten, dann Eis, Obst, Dessert und Mokka. Dazu wurde vor dem Braten das Getränk gereicht, Sorbet oder Waldmeisterbowle, Römischer Eispunsch oder was sonst gerade zum Menü paßte.
Bei den primitiven Kochvorrichtungen in den Jagdhäusern war es natürlich keine Kleinigkeit, diesen Anforderungen voll gerecht zu werden. Dabei mußte dann auch noch die Verköstigung der Träger erwogen werden. Man brauchte sie, denn auch für kurze Abstecher ins geliebte Gebirge mußte der ganze Bedarf an Lebensmitteln, Küchengeschirr, Tafeltüchern, Damastservietten und noch vieles andere, natürlich auch das ganze Speiseservice, mitgeschleppt werden.

Hierneis 1953, S. 27-29

wichtiges Symbol dieser Suche nach dem natürlichen Leben ist das Essen. Rotwein und in Olivenöl Gebratenes, gegrillte ganze Fische, Knoblauch und Kräuter werden als archaische Küche wahrgenommen, zugleich genossen und verachtet. Daneben sehnt man sich nach der heimischen Kost als der einzig wirklich guten, und es wird nicht lange dauern, bis die reisefreudigste Nation es erreicht hat, daß Eisbein mit Sauerkraut, Würstchen und Bier auch an südlichen Stränden jederzeit verfügbar sind.

In den Sechzigerjahren entdecken dann Großunternehmen das Reisegeschäft und ermöglichen auch die ersten erschwinglichen Flugreisen ins Ausland. Mallorca wird zum Synonym des deutschen Massentourismus mit den ihm eigentümlichen neokolonialen Auswirkungen für die betroffenen Länder. Zunehmend schwindet das ursprüngliche Interesse der Touristen an der Kultur des bereisten Landes, das Wiederfinden der heimischen Verhältnisse – reduziert um die Arbeit – wird zum Ideal des in abgeschlossenen Hotelkomplexen verbrachten Urlaubs. Berührung mit der Lebensart des Gastlandes, auch mit ihrem Essen, ist nur noch in einer folkloristischen Zubereitung erwünscht.

Rezepte als Souvenir und exotische Phantasiereisen

Auch für diese Touristen gilt, daß sie die Kultur ihres Heimatlandes durch ein kulinarisches Phänomen bereichern, ähnlich jenem, das sich in anderen Ländern durch den Austausch mit ihren Kolonien ergab. Die Reisenden bringen die Rezepte bzw. die ungefähre Vorstellung von bestimmten Gerichten mit, die für sie Symbolwert besitzen, modifizieren sie nach ihrem eigenen Geschmack und integrieren sie in die heimische Küche. Mit dem indisch-englischen Curry verhält es sich so nicht wesentlich anders als mit den italienisch-deutschen Spaghetti oder der Pizza. Nicht zuletzt war und ist das Reisen ein Statussymbol. Exotische Speisen verlängern es gleichsam in den Alltag, indem sie Weltläufigkeit und Liberalität, Bildung und gehobenen kosmopolitischen Geschmack symbolisieren und sich damit deutlich von der bornierten Fixierung des Spießers auf die einheimische Küche unterscheiden.

So erhält die fremde Küche zu Hause einen neuen Status. Auf der unmittelbaren Ebene der Alltagserfahrung vergegenwärtigt sie das Andere und Fremde, das als Erweiterung des eigenen kulturellen Horizonts und als Genuß erfahren wird. Durch die exotische Speisekarte eines Restaurants können so auch fiktive Reisen simuliert werden; Traum- und Gegenwelten werden in der Küche entworfen.

Diese Verbindung zum nichtheimischen Leben, zu Reise und Exotik bringen manche Restaurants bereits seit dem ausgehenden 19. Jahrhundert auch in ihrer Dekoration zum Ausdruck – sie simulieren italienisches, orientalisches oder alpenländisches Ambiente und geben auch jenem Gast, der sich solche Reisen nicht leisten kann, die Illusion, für einen Abend ›kulinarisch reisend‹ in anderen Gefilden zu weilen. So bot z.B. das Großrestaurant ›Haus Vaterland‹ im wilhelminischen Berlin dem kosmopolitischen Gast eine Mexiko-Bar, ein Grinzinger Heurigenlokal, ein türkisches Café, ein russisches Lokal und eine Rheinterrasse. Hier ließen sich ohne großen Aufwand typische Gerichte in typischem Ambiente mit entsprechender Hintergrundmusik konsumieren.

Auch heute lassen französische Bistros, englische Pubs, griechische Tavernen oder amerikanische Bars weniger die Urlaubsgewohnheiten des Durchschnitts erkennen, als vielmehr die Identifikationen ihres Publikums. Demgemäß stellen solche Phantasiegebilde, der Western-Saloon ebenso wie die Pizzeria, auch eher Fiktionen als authentische Ausschnitte einer anderen Kultur dar. Diesem Mangel an Realismus korrespondieren die angebotenen Gerichte: Mexiko-Schnitzel, Pußta-Sauce, Toast Hawaii oder Peking-Ente haben mit ihren Vorbildern meist nur wenig zu tun.

Jedenfalls bleibt festzustellen, daß die Verbindung von Tourismus und Küche sogar traditionelle deutsche Abneigungen gegenüber den übelschmeckenden und geradezu amoralischen Speisen anderer Kulturen – sie sind allerdings teilweise eher Abneigungen einer puritanischen Nachkriegskultur – ins Wanken gebracht hat, so daß heute Fisch oder Schnecken, Schafsfleisch oder Knoblauch als weitaus akzeptabler gelten als noch vor wenigen Jahrzehnten.

B. B.

Literatur

Knigge, 1987
Mennell, 1988
Ohler, 1986
Rath, 1984
Urzidil, 1981

24.1.1
Reiseservice mit Speisegerät und Leuchtern
Johann Heinrich Menzel
(Breslau um 1685-1750 Augsburg)
Johannes Warnberger
(Augsburg um 1667-1758 Augsburg)
Cornelius Poppe
(Hamburg um 1650-1723 Augsburg)
Augsburg, um 1718/20
Koffer: Holz mit Leder
Gerätschaften: Silber, vergoldet, getrieben, gegossen, graviert und ziseliert
20,5 x 40 x 30,5 cm
Lit.: Heitmann, Die deutschen sogenannten Reise-Service und die Toilettengarnituren von 1680 bis zum Ende des Rokoko und ihre kulturgeschichtliche Bedeutung, Hamburg 1979, Kat. 24, 47 ff.
Bushart, Kostbarkeiten aus den Kunstsammlungen der Stadt Augsburg 1967, 162, Abb. S. 92
Seling, Die Kunst der Augsburger Goldschmiede 1529-1868, Bd. III, München 1980, S. 314, Nr. 2035 g, S. 329 Nr. 2097 d, S. 260, Nr. 1815 r
Augsburg, Städtische Kunstsammlungen, Maximilianmuseum 12086-12098

Vornehme Reisende pflegten bis ins 19. Jahrhundert hinein die von ihnen benötigten Service in Koffern mitführen zu lassen, da öffentliche Herbergen sich den Luxus edlen Tafelgeschirrs oft nicht leisten konnten. Erste bescheidene Zusammenstellungen kennen wir aus der Zeit um 1600. Besonders prunkvolle Koffer des 18. Jahrhunderts versorgten fürstliche Gesellschaften von sechs bis zwölf Personen bei der Tafel, vergaßen aber auch Toilettenutensilien oder Schreibgarnituren nicht. Erst die Wende zum 18. Jahrhundert aber faßte

durch Form und Dekor das Geschirr zu aufeinander abgestimmten Sätzen zusammen.
Dieser Koffer ist nur für eine Person berechnet. Er enthielt ein dreiteiliges Besteck, den langstieligen Mark- und Eierlöffel, Eierbecher und Gewürzdose, Deckelbecher, Doppelterrine und Servierplatte, zwei Leuchter und Lichtputzschere. Alle Stücke ziert ein eleganter Bandelwerkdekor, der kleine Gußmedaillons antikischer Köpfe einschließt. Wie die Marken ausweisen, entstand das Service 1718/1720 in Augsburg, nicht als Leistung eines einzelnen Goldschmiedes, sondern, wie üblich bei solchen Aufträgen, als Gemeinschaftsarbeit verschiedener Meister, die nach einer verbindlichen Gesamtkonzeption arbeiteten. Johann Heinrich Menzel schuf Terrine und Becher, Jacob Warmberger Platte, Leuchter und Lichtputzschere, Cornelius Poppe Eierbecher, Marklöffel und wohl das heute verlorene Besteck (Bushart 1967). Die perfekte Erhaltung der Stücke spricht für eine rein repräsentative Verwendung. Gebrauchsspuren sind nicht zu finden. Solche Reiseservice waren Ehrengeschenke unter Fürsten, wurden in der Garderobe verwahrt und als Schaugerät gebraucht. Die kleine Terrine oder ›Ecuelle‹ ist Hauptbestandteil des Speisegeräts für eine Person. Aus ihr wurde die Morgensuppe gereicht; sie fand auch bei anderen Mahlzeiten Verwendung. Der Deckel ist mit kleinen Füßen versehen. Umgekehrt konnte der Deckel als Schale gebraucht werden. Mit der großen Kredenzplatte, ein gefußtes Tablett, konnten die Speisen und Getränke ohne Berührung durch den Diener serviert werden. Ein Teller, der leicht durch Schnitte abgenutzt wurde, fehlt wie oft in Reiseservicen. Die Gewürzdose für Pfeffer und Salz ist ein Doppelbehälter mit verschließbaren Deckeln. Andere größere Service weisen noch weiteres Tafelgerät, Kaffee- oder Teekannen, Toilettengegenstände und Handarbeits- und Schreibzeug auf. H. O.

24.1.2
Reisebecher
Josef Westermayer
(München 1797-1871 München)
München, 1852
bez. Stadtmarke mit Jahreszahl 52,
Meistermarke: Mayrhofer (kursiv)
Silber, getrieben, innen vergoldet;
Lederetui mit Samtfutter 8 x 6,5 cm
Lit.: AK Biedermeier, 1987,
Kat. 7.1.28;
zu Westermayer ebd. S. 402
38/1277

Josef Westermayer übernahm bereits 1831 die Silberarbeitergerechtigkeit von Bartholomäus Maierhofer. Die Produkte von Westermayers Werkstatt tragen jedoch weiterhin das Meisterzeichen ›Mayrhofer‹ (kursiv). N. G.

24.1.2

24.1.3
Mundzeug mit Etui
Besteck:
Johann Jakob Bruglocher († 1752)
Dose:
Johann Abraham Winkler († 1768)
Augsburg, 18. Jh.
bez. Augsburger Beschau R^3 260/261 (1759-61)
Silber vergoldet, lederbezogenes Etui mit Samtfütterung
Etui: 27 x 13 cm
Suppenlöffel: 19,2 cm, Messer: 24,6 cm,
Gabel: 18,2 cm, Fleischgabel: 22,3 cm
Marklöffel: 16,2 cm
Gewürzdose: 3,3 x 5,3 x 4,1 cm
Augsburg, Städtische Kunstsammlungen,
Maximilianmuseum 9489

In einem mit schwarzem Leder bezogenen und mit beigem Samt gefütterten Etui wurde das Mundzeug (Suppenlöffel, zweizinkige Fleischgabel, vierzinkige Eßgabel, Marklöffel, Messer) und Gewürzdose verwahrt.

24.1.4
Reisegarnitur aus der Familie der Freiherrn von Tautphoeus
München, um 1800/1810
Holz, Blech lackiert, Glas, Steinzeug
21 x 35,5 x 25,5 cm
A 80/148

Schwarz lackierter Holzkasten mit einfacher, aber reichhaltiger Reisegeschirr- und Toilettenausstattung. Kocher, Kännchen, Becher, Teedose, Zuckerdose aus Blech sind in eingepaßten Blechdosen verwahrt. Ein Bierkrug aus Steinzeug, Porzellantasse, -kännchen und Silberlöffel ermöglichen die Einnahme eines kleinen Imbisses, für den auch Wasser auf dem Kocher gewärmt wurde. Mit zahlreichen Toilettenartikeln (Ohrlöffel, Zahnbürste, Fläschchen u. a.) konnte der ehemalige Besitzer auf Reisen gehen. Aus dem Besitz der Familie Tautphoeus, München.

24.1.4

24.1.5
Reisebesteck
Joh. Esaias Niggus
Dose: unbekannter Meister
Augsburg, 1769-1771
bez.: Seling 1523, Dose: unbekannter Meister, R^3 842 (b. Seling nicht erwähnt)
Silber, Dose innen vergoldet, Stahl, Glasbecher facettiert
Messer: 24 cm, Vorlegegabel: 21,5 cm, vierzinkinge Gabel: L 18 cm, Marklöffel: 15,8 cm, Eierbecher: 5,4 x 4,7 cm, Glasbecher: 8 cm, Dose: 6,5 x 3,1 cm, Etui: L 25,7 cm, B 18,6 cm,
Lit.: Hernmarck, Die Kunst der europäischen Gold- und Silberschmiede von 1450-1830, München 1978, Abb. 494, Text S. 197
AK Messer-Löffel-Gabel, Frankfurt 1964, Nr. 153, Abb. 8
Frankfurt, Museum für Kunsthandwerk, 9982 a-i, 997, 1003

Achtteiliges Reisebesteck in braunem Lederetui mit Prägung. Alle Silberteile mit Blütenzweigen und Rocaillen dekoriert. Rechteckige Gewürzdose mit abgeschrägten, fassonierten Ecken und gerundetem Boden auf vier Volutenfüßen, Scharnierdeckel, Doppel-Eierbecher mit Balusterschaft. Glasbecher beschädigt.

24.1.6
Reisebesteck mit Etui
Abraham III Warnberger, Joh. II Pfeffenhauser oder Pepfenhauser (Dose)
Augsburg, 1737-1739
bez. Seling 1961
Seling 1919 i
Silber, vergoldet, graviert, punziert; Stahl (Messerklinge)
Messer: 23 cm, Gabel: 18 cm, Löffel: 19 cm, Marklöffel: 16 cm, Dose: 5,7 x 2,3 cm,. Leder-Etui: 28,5 cm
Lit.: AK Messer-Löffel-Gabel, Frankfurt 1964, Nr. 145
AK Kunst und Kunsthandwerk, Frankfurt 1966, Nr. 121
AK Kunst und Kunsthandwerk aus dem Besitz des Mitteldeutschen Kunstgewerbevereins im Museum für Kunsthandwerk zu Frankfurt, Frankfurt 1958, S. 28/29
Frankfurt, Museum für Kunsthandwerk, Dauerleihgabe des Kunstgewerbevereins in Frankfurt am Main, V 80 a-f

Alle Teile des Reisebestecks sind mit Laub- und Bandelwerk graviert und punziert, ornamentiert.

24.1.7
Klappbesteck, 3teilig (Messer, Gabel, Löffel)
Augsburg, 1. Hälfte 18. Jh.
bez. Auf der Messerklinge eingeschlagen: H. Auf der Laffe des Löffels I. F.
Silber, graviert, punziert
Messer: 18,8 cm, Löffel: 19,6 cm, Gabel: 19,7 cm
Augsburg, Städtische Kunstsammlungen, Maximilianmuseum 4465, 4466, 4467

24.1.8
Reisebesteck in runder Dose
um 1905
Leder, Eisen, Elfenbein, 12 cm
A 87/18
Lederbezogene Dose mit 3teiligem Klappbesteck aus Stahl mit Elfenbeingriffen.

24.1.9
Reise- oder Wandertasche für Handwerker
Anfang 19. Jh.
Schweinsleder, Leinen, 60 x 19 cm
68/910

Handwerker-Wandertasche in Rollenform mit seitlichen Trageschlaufen, Klappe mit dreifachem Riemenverschluß, innen Leinenfutter mit Ösenverschluß und Schnürung.

24.1.10

Schwäbischer Fuhrmann beim Frühstück

Gaider

um 1850

bez. r. u.: Gaider del. et sc.

Kolorierte Aquatinta, 30,8 x 23 cm

63/2488

Fuhrmann, mit Fuhrmannskittel bekleidet, frühstückt am Tisch. Ein beigefügtes Gedicht erläutert seine Situation:

Wenn draußen Wind und Wetter braußt
Der Sonne Brand uns senget
Ein tüchtig Frühstück aus der Hand
Den Unmuth bald verdränget
Die Pferde ziehn dann rascher an
Ihr Frühstück schmekt im Freien
Und ich, und sie, wir lachen dann.
Mag's regnen oder schneien.

24.2 Essensträger und Essensbehälter für Arbeit und Freizeit

24.2.1 a

Etagenspeiseträger

Johann Georg Teufel

(Fridolfing bei Salzburg um 1717-1782 München)

München, nach 1756

bez. Stadt- und Meistermarke, Hintze, Bd. 6, S. 113, Nr. 556

Zinn, gegossen, 24,5 x 18 cm

XIb/417

In typengeschichtlichem Zusammenhang stehen die Essenträger aus Zinn sowohl mit den Steilwand- als auch mit den Ohrenschüsseln. Sie bestehen aus mehreren übereinandergestapelten Gefäßen mit senkrechter Wandung und waagrechten Griffen mit Öse. Durch diese Ösen konnte zum Transport ein Lederriemen gezogen werden, der die Schüsseln fest zusammenhielt. Der Deckel mit drei Kugelfüßen des Exemplars des Münchner Stadtmuseums kann umgedreht als Teller verwendet werden. N. G.

24.2.1a

24.2.1 b

Etagenspeiseträger

um 1910

Steingut, Abziehbilddekor, 25 x 16 cm

A 91/69

24.2.1c
Etagenspeiseträger mit Tragebügel
ein- und vierteilig
1. Hälfte 20. Jh.
Email, Aluminium, 13-18 x 15-16 cm
A 83/323, A 78/745/2, A 83/334

Ein- und mehrteilige Speisenträger ermöglichten die Mitnahme einer Mahlzeit an den Arbeitsplatz. In den Essensträgern konnten die Speisen zur Mittagspause erwärmt werden. Die Fabrikleitung stellte dafür dampfgeheizte Wärmetische zur Verfügung.

24.2.1d
Speisebehälter mit Bügelverschluß
Gebrauchsort München, 1. Hälfte 20. Jh.
Email, Aluminium, 12,5-19,5 cm
A 80/206, A 83/323, A 78/745/1

24.2.1c, 24.2.1d

24.2.1f

24.2.1e
6 Eß- und Trinkbehälter: Eierdosen, Trinkbecher, Flasche, Brotdose, Besteck
Gebrauchsort München, 1930-1950
Aluminium
A 89/401, A 83/361, A 82/110, A 80/110, A 84/376, A 88/268

Bis in die 2. Hälfte des 20. Jahrhunderts waren die leichten Aluminiumbehälter und -gefäße für Picknick und Wanderungen die bevorzugte Ausstattung.

24.2.1 f
Thermosflasche
Junvel
Gebrauchsort München, um 1930
Metall, 25 cm
A 87/367

24.2.1 g
Kugel-Service
Entwurf: Helen von Boch
Fa. Villeroy & Boch
Mettlach, um 1972
Keramik glasiert, 27 cm
Lit.: AK Therèse Thomas, Villeroy & Boch, 1748-1985, Art et industrie céramique, 1985, Nr. 163

Nürnberg, Gewerbemuseum der Landesgewerbeanstalt im Germanischen Nationalmuseum, 11500-11518

Das Service (stapelbar) ist aus der Kugelform entwickelt. Alle Teile (Salatschüssel, vier Suppenschalen, drei Platten, vier Eßteller, Gemüseschüssel, Terrine mit Deckel, vier Dessertteller) lassen sich zu einer Kugel zusammensetzen.

24.2.1g

24.3 Kriegsproviant

24.3.1
Fahrender Küchenwagen
erfunden und beschrieben von Anton Baumgartner königl.-baierischem Rathe. Marmites ambulantes inventées et décrites
München, 1806
Heft, 23 S.
L 1961/175

1806 veröffentlichte der königliche Polizeidirektor Anton Baumgartner in deutscher und französischer Sprache seine Erfindung eines fahrenden Küchenwagens, der die Armee im Kriegsfall mit warmen Essen versorgen konnte. Bisher wurde im Felde in Kesseln abgekocht, die bei überraschenden Angriffen feindlicher Truppen während des Kochens ausgeleert werden mußten, um sie abzutransportieren. Die fahrenden Küchenwagen konnten jegliche Truppenbewegung mit gefüllten Kochkesseln mitmachen – es konnte im Stand und im Fahren gekocht werden. Dazu verringerten sie den Holzverbrauch, der vorher bei den vielen Feuerstellen ungeheuer groß war. Nach Baumgartners Entwurf (Holzfahrwerk, Eisenherd mit vier Kupferkesseln) fertigten der Münchner Wagenfabrikant Roth und der Kupferschmied Wasenegger einen Modellwagen in natürlicher Größe an, der auch einen bequemen Sitz für den Koch hatte. Baumgartner erprobte mehrfach diesen Wagen, so z.B. während einer Hofjagd in Forstenried, an der König Max und Napoleon teilnahmen. Der ›Rumfordische Suppenkoch‹ Wolfgang Rothhammer kochte damit die berühmte Rumfordsuppe.
Der König und besonders Napoleon zeigten starkes Interesse am Küchenwagen, aber auch an der ›Rumfordsuppe‹ (s. dazu auch Kap. 37) wie Baumgartner vermerkt. Ein Modell dieses Küchenwagens mit Dedikationsinschrift des Münchner Polizeidirektors an den französischen Kaiser befindet sich heute im Musée de l'Armée in Paris. U. Z.

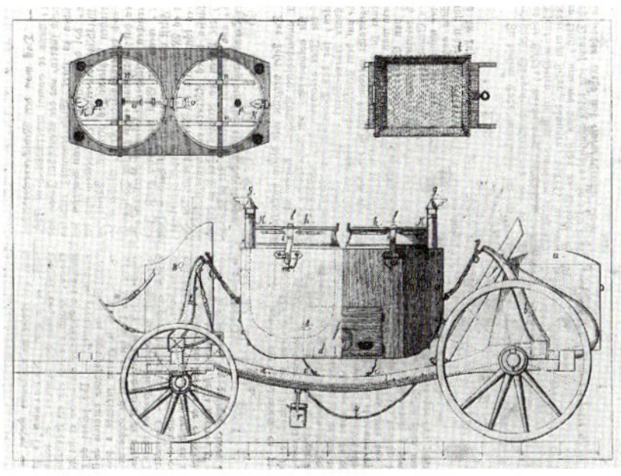

24.3.1

24.3.2
Fahrbare Feldküchenwagen (2 Modelle)
G. Schupp, Augsburg
vielleicht gezeigt auf der Münchner Industrieausstellung 1854
Holz, Metall, 62-79 x 31-35,5 x 83-96 cm
Augsburg, Städtische Kunstsammlungen, Maximilianmuseum o. Nr.

Die Verpflegung der Armee im Felde sicherten die fahrbaren Feldküchen, über deren Konstruktion sich selbst Goethe Gedanken machte.

24.3.3
Hindenburg Armee-Feldkocher mit Verpackungsschachtel, Patronen, Gebrauchsanweisung
Firma Werner und März
Mainz und Wien, 1914-18
Eisenblech, 10 x 13,5 x 8 cm
A 87/307

24.3.4
Kochgeschirr mit Becher und Klappbesteck für Soldaten
um 1940
Aluminium, 8,5 x 15,5 cm
A 85/546, 1-3

24.3.5
Feldflasche mit Filzbezug
deutsch, um 1940
Aluminium, Filzbezug, 22,5 cm
A 84/172/1

24.3.6
Richard Schielicke,
Fleischlose und fleischarme Feldküchengerichte
Verlag E. S. Mittler & Sohn
Berlin, 1942, Heft, 46. S.
A 86/203, 17

24.3.7
W. Ziegelmayer,
Die Feldküchengerichte. Nach dem Original-Feldkochbuch des OKW 1941
Berlin, 1942, Heft, 102 S.
A 89/193

24.3.8
Deutscher und Französischer Kriegszwieback
Backwerk in Scheibenform, und kleinen Stücken, 3-7 cm
XII/151-152

Zwieback gehört zum Notproviant für Soldaten. Der Münchner Kriegsteilnehmer Maß Preißer, städtischer Aufseher, brachte deutschen (kleinstückig) und französischen (Scheibe) Militärzwieback als Andenken aus dem Ersten Weltkrieg nach Hause.

24.3.2

DAS SCHNELLE ESSEN – *Vom Imbiß zum Fast Food*

Der weltweit einhundertmilliardste (in Zahlen: 100000000000) Hamburger aus der Produktion von McDonald's soll am 13. Mai 1993 verkauft werden. Diese Prognose der Konzernstrategen in Chicago wird sich wohl erfüllen, und dabei ist dieses Jubiläum nicht mehr als ein Zwischenergebnis innerhalb von Steigerungsraten, deren Ende nicht abzusehen ist.

Es ist allerdings auch das Zeichen eines in der Geschichte des Essens – ebenso wie in jener des Marketing und der Vertriebsorganisation – wohl einzigartigen Erfolgs. 1955 eröffnete der Firmengründer Ray Kroc sein erstes Restaurant in den USA, 1968 besaß er dort schon tausend und 1980 konnte das 6000. in München eröffnet werden. »Das Schönste an Tokio ist McDonald's, das Schönste an Stockholm ist McDonald's, das Schönste an Florenz ist McDonald's. Peking und Moskau haben bis jetzt noch nichts Schönes.« Heute scheint es abzusehen, daß Andy Warhols berühmtes Aperçu bald ganz überholt sein wird. Als am Moskauer Puschkinplatz schließlich ein ›anderes‹ Restaurant eröffnet wurde, drängten sich am ersten Tag 30000 Kunden um die Verheißungen aus dem Westen.

Der Begriff Fast Food sagt deutlich, worum es geht: Es ist das Gebot der Schnelligkeit, das diese Ernährungsweise definiert. Ihm sind die Produktion der Speisen ebenso wie ihr Verzehr unterworfen, ihm folgt das soziale Leben, das sich um die Lokale der Hamburgerketten entwickelt hat. Und deren außerordentlicher Erfolg läßt nur den Schluß zu, daß es sich hierbei um ein für unsere Gegenwart offensichtlich zentrales Phänomen handeln muß, in dem verschiedene Stränge der Alltagskultur zusammenlaufen und eine zugleich allgemeine und einfache Ausdrucksform gefunden haben.

Daß Fast Food eine Erfindung von Geschäftsleuten und nicht von Wirten ist – die in den Schnellrestaurants Manager heißen –, wirft ein erstes Licht auf die Andersartigkeit der ›anderen Restaurants‹ und auf ihre Neuartigkeit in der Geschichte der Gastronomie. Sie sind getreue Gegenbilder des Tempos im städtischen Arbeitsleben und der Mobilität seiner Protagonisten, darüber hinaus der Standardisierung und Funktionalisierung der alltäglichen Lebensformen. Das Essen hat sich dem Gebot der Mobilität und der Zeitersparnis angepaßt. Es kann so kaum überraschen, daß das Autobahnkonzept von McDonald's für die USA – es wird verkauft unter dem Namen McStop – dem modernen Arbeitsreisenden einen Allroundservice vom Tanken und Autowaschen bis zum Einkaufen und Essen anbietet; mit geringstem Zeitaufwand sind hier alle zum fortgesetzten Betrieb von Maschine und Mensch notwendigen Maßnahmen zu treffen.

Den heute vielleicht schon nicht mehr deutlich empfundenen Kontrast dieser Ernährungsweise zu den Formen der klassischen europäischen Eßkultur kann man sich kaum kraß genug vorstellen. Das traditionelle Mahl war wesentlich durch die Gemeinschaft definiert sowie durch die Ordnungen, die sie konstituieren und stabilisieren. Die ›Mahlzeiten‹ waren tatsächlich zentrale Faktoren, denen man eine bestimmende Rolle in der Ordnung des Lebens zusprach, und hatten ihre eigene Zeit. Dies zeigt sich in den festen Essenszeiten im Tagesablauf und in den Riten, nach denen die Mahlzeiten ablaufen, ebenso wie in den Hierarchien der Tischordnung, der festen Reihenfolge der Gänge oder in den zivilisatorischen Regeln der Tischsitten und der Kommunikation an der Tafel.

All diese Gesetze sind für Fast Food aufgehoben. Man ißt, wenn man Hunger oder gerade Zeit hat, man tut dies allein oder in zufälliger Gesellschaft, man verspeist die Gerichte in fast beliebiger Reihenfolge, mit den Fingern und ohne die unnötigen Komplikationen sogenannter guter Manieren – und man fühlt sich wohl dabei, obwohl oder gerade weil alle unmittelbar sozialen Komponenten des Essens ausgeblendet sind. (Es sei hier noch angemerkt, daß das Wort ›Kumpan‹ seinen Ursprung hat in ›compagno‹, d.h. derjenige, mit dem man das Brot teilt; der dieses alleine verzehrende ›Eigenbrötler‹ spricht ohnehin für sich.)

Das nichtalltägliche Essen: Reise und Krieg

Immer schon gab es natürlich auch das schnelle Essen. Es gehörte als solches allerdings im wesentlichen den Ausnahmesituationen zu, der Eile eines Lebens, das nicht im alltäglichen Rahmen verlief. Die Ausnahme schlechthin vom stabilen Leben mit seiner ausgeprägten Eßkultur war für die Menschen vergangener Jahrhunderte das Reisen. Hier, wie vor allem in seiner besonders unfreiwilligen Form des Krieges, entstanden auch die ersten Formen des schnellen Essens.

Vor der Erfindung des Tourismus reiste man nur gezwungenermaßen, beschwerlich und unter vielerlei Entbehrungen. Selbst reiche Reisende mußten weitgehend auf gewohnten Luxus verzichten. Auch ihre Ernährung war von mitgeführten haltbaren Speisen und vom Angebot der Herbergen abhängig. Grundlegend änderte sich diese Situation erst im technischen Zeitalter, im besonderen mit dem Aufkommen der Eisenbahn. Hier war das Essen nicht mehr in die Initiative des einzelnen gestellt, sondern die Unternehmer der Eisenbahngesellschaften mußten sich um die Ernährung ihrer Fahrgäste sorgen und vor allem zeitsparende Methoden der Zubereitung entwickeln.

Mit zunehmendem Autoverkehr stellte das gleiche Problem der Zeitersparnis sich später auch dem Reisenden im Kraftwagen. Er wollte die Autobahn nicht mehr verlassen, um das nächste Dorfgasthaus aufzusuchen, sondern möglichst gleichzeitig mit dem Auftanken seines Fahrzeugs auch seinen Magen füllen. Die Entwicklung zur Raststätte, die ihren Namen vielleicht nur bedingt verdient, begann in Amerika, wo die Idee des Drive-in mit seinem Angebot an ›roadside-food‹ entstand. Aber bereits während des III. Reiches wurden auch an deutschen Reichsautobahnen die ersten Automatenrestaurants eingerichtet.

Diese Entwicklung war nur möglich, seitdem ungefähr gleichzeitig mit dem Siegeszug der Eisenbahn in der zweiten Hälfte des 19. Jahrhunderts die Industrialisierung der Nahrungsmittelindustrie mit neuen Techniken der Konservierung und Verarbeitung größter Mengen von Naturalien standardisierte Formen einfacher Nahrungsmittel geschaffen hatte. Einen entscheidenden Anteil an ihrer Förderung und Nutzbarmachung für das schnelle Essen hatten dabei die Logistiker der Heeresversorgungsämter.

Den Planern der modernen Massenheere ging es darum, eine Massennahrung zu finden, die schnell und mit geringem Aufwand zuzubereiten und ebenso zu verzehren war. Sie waren die ersten, die großes Interesse an den neuen vorgefertigten und leicht transportablen Nahrungsmitteln hatten. Bereits im Krimkrieg (1853–1856) wurden Konserven zur Verpflegung der Expeditionseinheiten mitgeführt. Im deutsch-französischen Krieg von 1870/71 gehörte dann auch die gerade erfundene Erbswurst zur Ausrüstung der deutschen Armee, und im ersten Weltkrieg waren Konserven und andere Arten standardisierter Nahrung schon ein wesentlicher Faktor der Truppenverpflegung. In Mainz und Spandau entstanden Fabriken, die monatlich acht Millionen Konserven herstellten.

Die Konserven werden von nun an das schnelle Essen bis in die Gegenwart begleiten. Lange Haltbarkeit und Transportfähigkeit sichern ihnen universelle und überzeitliche Präsenz. Bereits bei ihrer Herstellung wird alles Individuelle und Lokale des natürlichen Nahrungsmittels nivelliert und in die möglichst einheitliche Erscheinungsform der vom Etikett stilisierten Ware umgeformt. Ernte bzw. Schlachten, Einkauf und Verzehr stehen in keinem zeitlichen Zusammenhang mehr, die Lebensmittel sind anonym verfügbar für alle Situationen, in denen schnelles Essen verlangt wird. Ein Kochbuch der Fünfzigerjahre – mit dem Untertitel ›Ein Brevier für den Feinschmecker‹ – preist in seinem Kapitel ›Die Konserve – Retter in allen Lebenslagen‹ die Vorzüge dieser Kost auch für den privaten Haushalt: »Konserve bedeutet Schnell-Küche für die berufstätige Frau, die ach so oft nur wenig Zeit hat. Deckel auf, die offene Dose in ein Wasserbad gestellt – nach zehn Minuten anrichten nach persönlichem Geschmack – und schon ist ein Essen gezaubert, dessen Vorbereitung sonst Stunden erfordern würde. Für die berufstätige Frau ist gesparte Zeit gespartes Geld.« (Amadeus 1958, S. 159, zit. nach Rath 1984, S. 249) In der Folgezeit sind es schließlich Tiefkühltruhen und Mikrowellenherde, die zur Zeitersparnis beitragen: Das fertig zubereitete Gericht ist im Supermarkt erhältlich und kann in Sekundenschnelle erwärmt und serviert werden. Kochkunst, so scheint es, hat in vielen Haushalten ausgedient.

Essen in der Arbeitspause

Mit Reise und Krieg waren die außergewöhnlichen Situationen eines traditionell stabilen und zeitextensiven Lebens angesprochen, in denen sich schnelles Essen als Notwendigkeit erwies. Sie betrafen Ausnahmen, die zunächst noch keinen prägenden Einfluß auf die Formen des gesamten Lebens hatten.

Diese Voraussetzungen ändern sich, als mit der Industrialisierung eine grundsätzlich andere Situation für große Teile der Bevölkerung entsteht. Die industrielle Arbeit schafft für alle Bereiche des Lebens neue Bedingungen, die sich wesentlich von jenen des bürgerlichen ebenso wie des bäuerlichen Daseins unterscheiden. Zeitmangel wird nun die Grundgegebenheit der gesamten Lebensgestaltung. Geschwindigkeit ist nicht länger eine Ausnahmeforderung, sondern die Grundmaxime der Arbeit überhaupt. Die fremdbestimmte Zeit beherrscht in einem nie dagewesenen Maß den gesamten Tagesablauf, der nun, wie die Maschinenarbeit, zur Rationalisierung ansteht. Unter ihrem Diktat sind Mahlzeiten, die nun nur noch als Unterbrechung der Arbeit gelten können, schlechthin kaum vorgesehen. Das schnelle Essen wird zum wenig lustvollen und ungesunden Alltag. Die Essenspausen der frühen Industriearbeiter waren sehr kurz und boten höchstens Gelegenheit, am Fabrikzaun ein vorgekochtes Gericht im ›Henkelmann‹ entgegenzunehmen, das ein Familienmitglied brachte, oder etwas von einem fliegenden Händler zu kaufen. Da diese Kontakte bald als Störung der Arbeit angesehen wurden, ging man dann dazu über, innerhalb des Geländes die Möglichkeit zum Erwerb von Essen zu bieten, was den Fabrikbesitzern überdies noch den Profit an der Verpflegung ihrer Arbeiter sicherte. Zunehmend machten auch die weiten Wege zwischen Arbeitsplatz und Wohnung in den immer größer werdenden Industriestädten sowie die sehr langen und unregelmäßigen Arbeitszeiten ein Essen in der Familie unmöglich.

Mc Drive, München
Bodenseestraße, 1992

Dies ebenso wie die wachsende Beteiligung auch der Frauen am Arbeitsprozeß und die oft äußerst dürftigen Wohnverhältnisse des Proletariats führten zu einer weiteren einschneidenden Veränderung der Ernährungsgewohnheiten. Fehlende Zeit, mangelhafte Kochgelegenheiten und auch die Tatsache, daß immer weniger Arbeiter eine Familie hatten, ließen das häusliche Kochen immer weiter zurückgehen und schufen den Raum, in dem sich neue Stätten des billigen und schnellen Essens entwickeln konnten. Der Imbiß nicht mehr nur für den Reisenden, sondern für den gehetzten Alltag des arbeitenden Menschen entsteht.

In Wien sind es die Gulaschhütten, in Berlin wird Erbsensuppe mit Speck angeboten. Für München z.B. sind hier in den Gasthäusern vorgefertigte Gerichte wie Lüngerl mit Knödel oder Tellerfleisch zu erwähnen, deren geringer Preis und anhaltende Beliebtheit wohl auch Gründe dafür sind, daß sich hier lange Zeit keine eigene Imbißkultur im engeren Sinn entwickeln konnte. Auch die Zwiebelsuppe der Pariser Bistros oder die englischen Fish-and-

Chips können in diesem Zusammenhang gesehen werden, waren sie doch nicht nur ein schnelles Essen für die Hunderttausende von Arbeitern, sondern auch ein Imbiß für alle, die zu jeder Zeit ein einfaches Essen suchten.

Eine Berliner Besonderheit war der mobile Wurstverkäufer, seit 1898 nach seinem ersten Vertreter ›Wurstmaxe‹ genannt, der in einem Bauchladen heiße Würste mit sich trug und auch während der Nacht auf den Straßen anbot. Ebenfalls zur besonderen Eßkultur der deutschen Hauptstadt gehörte seit den Neunzigerjahren des vergangenen Jahrhunderts das berühmte Lokal von ›Bockwurst-Schulz‹, das nach seinem Hauptgericht benannt war und zahlreiche Nachahmer fand. Schließlich wurde in Berlin 1949 auch die Curry-Wurst erfunden, die sich seitdem zum sicher beliebtesten deutschen Schnellessen entwickelte und mit dem Status eines Markenprodukts unter dem Warenzeichen 721319 in München eingetragen ist.

Die Curry-Wurst ist das Symbol der Blütezeit der Imbißbuden, die in Deutschland nach dem Krieg beginnt. In diesen Würstchen- und Pommesbuden kann das Angebot mit geringen regionalen Unterschieden auch aus Nürnberger- oder Thüringer-Grillwürsten oder aus Leberkäs bestehen, aus Frikadellen oder Schaschlikspießen, halben Hähnchen oder Hot-dogs, zu denen Senf und Ketchup, Mayonnaise und Essiggurken, Pommes frites, Kartoffelsalat und Brötchen zu haben sind.

Noch heute, wenn auch durch städtische Verordnungen stark dezimiert, finden sich diese Imbißbuden vor allem an den Hauptverkehrswegen und -knotenpunkten, in U-Bahnstationen und an Bushaltestellen, die die arbeitenden Massen bei ihrer Pendelreise zu und von der Arbeit täglich frequentieren.

Allerdings hat sich das Imbißangebot in den letzten Jahren auf einem anderen Feld auch wieder beträchtlich erweitert. Die Theken mit fertigen Gerichten bei Metzgern, Feinkosthändlern und in Fischgeschäften, die Stehrestaurants der Italiener und die Pizza zum Mitnehmen ebenso wie der türkische Kebab eroberten sich ihren Platz im Geschäft mit dem schnellen Essen. Und viele unter ihnen machen in Angebot und Preis deutlich, daß es sich hierbei keineswegs um eine primitive Art der Ernährung handeln muß.

Der moderne Imbiß

Etwas später als die Heere der Arbeiter kommen zu Beginn dieses Jahrhunderts auch die städtischen Angestellten in die Situation der arbeitsbedingten Mobilität, die ihnen keine Zeit zum häuslichen Essen läßt und sie in die Verlegenheit bringt, eine einfache und schnelle Ernährungsform zu suchen. Da sie über mehr Geld als jene verfügen, entspricht ihren Bedürfnissen nun auch das Gastgewerbe in einer ausgeprägten neuen Form des schnellen Essensangebots. Das eigentliche Zeitalter der ›anderen‹ Restaurants und die Verbreitung der anderen Tisch- und Kommunikationssitten beginnt.

Als ein frühes Beispiel dieser sich entwickelnden Kultur der Schnellrestaurants sei Robert Walsers Beschreibung des berühmten Berliner Lokals ›Aschinger‹ vom Beginn dieses Jahrhunderts angeführt. »Immer wimmelt es ein und aus von eßlustigen und satten Menschen. Die Unbefriedigten finden rasch an der Bierquelle und am warmen Wursturm Befriedigung, und die Satten springen wieder an die Geschäftsluft hinaus, gewöhnlich eine Mappe unter dem Arm, einen Brief in der Tasche, einen Auftrag im Gehirn, einen festen Plan im Schädel, eine Uhr in der offenen Hand, die sagt, daß es jetzt Zeit ist ... Menschen, die essen, betrachten andere, die ebenfalls mit den Zähnen arbeiten. Wenn einer den Mund gerade voll hat, so sehen zu gleicher Zeit seine Augen einen, der mit Hereinschieben beschäftigt ist, an... Und das Schönste ist, man kann stundenlang am Fleck stehen, das verletzt niemanden, das findet kein einziger von all denen, die kommen und gehen, auffällig. Wer hier an der Bescheidenheit Geschmack findet, der kann auskommen, er kann leben, es hindert ihn niemand. Wer keine gar so besondere Herzlichkeit beansprucht, der darf ein Herz haben, man erlaubt ihm das.«

Bei ›Aschinger‹ sind bereits alle Charakteristika der Imbißkultur versammelt. Man ißt zeitlich ungebunden und alleine, man verzichtet auf Besteck, und Tischsitten, Einordnung in eine Tischgemeinschaft und Kommunikation sind überflüssig. Weder Bedienung noch andere Gäste erwarten irgendein geselliges Verhalten. Und vor allem: Man ißt nicht nur, sondern ist zugleich unterhalten und ohne jede Gegenleistung in das anonyme Geschehen des städtischen Treibens einbezogen.

Es sind mehr oder weniger diese Prinzipien, denen auch die seit den Sechzigerjahren aufkommenden Snack-Restaurants in unseren Kaufhäusern und Supermärkten ihre Beliebtheit verdanken. Sie vereinen die Funktionalität des Einkaufens mit der Entlastung von anstrengenden Eßsitten und dem Unterhaltungswert der umgebenden Öffentlichkeit. Wer nach der Arbeit essen und einkaufen muß, findet hier alle Wünsche in entspannender Weise befriedigt.

In der gleichen Zeit kamen auch die ersten Vertreter des amerikanischen Fast Food nach Deutschland und siedelten sich zunächst vor allem in der Nähe der amerikanischen Militärbasen an. Anfangs nur zögernd von der Bevölkerung akzeptiert, traten sie seit den Siebzigerjahren einen Siegeszug an, dem auch die Verteidiger alteuropäischer Kulturwerte zunächst nur erfolglos entgegentreten konnten.

Weltweit teilen sich heute die großen Hamburgerketten den größten Teil des Fast-Food-Marktes. Es gibt da noch Wimpy und Burger King, der in Australien den vielsagenden Namen Hungry Jack führt, Burghy, Burger Boy und Big Burger, Little Chef oder die Hamburger Machine, mit etwas anderem Schwerpunkt auch Kentucky Fried Chicken oder Pizza Hut, nicht zu vergessen die europäischen Ketten wie Nordsee oder Wienerwald. Weitgehend haben sie inzwischen, unterstützt von der Gesetzgebung, die kleinen Imbißstubenbesitzer oder -pächter, wie sie die klassische Würstchenbude betrieben, verdrängt.

Was an diesem gesamten Phänomen neu ist – unter anderem –, mag man sich vergegenwärtigen bei einem Rückblick auf jenen ursprünglichen Begriff des Imbisses, den Carl Friedrich von Rumohr in seinem 1822 erschienenen ›Geist der Kochkunst‹ vorstellt. Für ihn ist der Imbiß ein Zwischengericht, das zwischen den täglichen Hauptmahlzeiten z.B. als zweites Frühstück eingenommen werden kann, oder aber ein Zwischengang innerhalb eines umfangreicheren Essens, den er in der Abfolge der Gänge zwischen die Suppe und den Eingang, der eigentlichen Vorspeise, stellt. Er soll den ersten Heißhunger dämpfen, den Magen anregen und auf die Hauptgerichte hinführen. Für das ›häusliche Mahl an einem Fasttage‹ schlägt er z.B. folgenden Imbiß nach der Suppe vor: »Frische Heringe oder Sardinen, geräucherter Lachs, Kaviar, auch andere geräucherte Fische, welche, wie der Aal oder wie die schwarze Forelle von Berchtesgaden, des Erwärmens auf dem Roste bedürfen; endlich auch marinierte Fische. In Seegegenden dafür Austern, Muscheln und Strandkrebse. Gegenüber gesäuerte Gurken oder kleine Gurken, Veitsbohnen, Blumenkohl und andere mit Spezereien in Essig eingesottene Vegetabilien.«

Walsers Imbiß bei Aschinger ist anders, aber er hat seine eigenen Gesetze und seine eigene Ästhetik. Während die Formen des schnellen Essens nach klassischen Kategorien nur als Defizite zu formulieren sind, werden sie hier nun positiv gefaßt. Was an Raffinesse der Kochkunst oder an Errungenschaften der gesellschaftlichen Zivilisation verlorengehen mag, wird an psychischer Entlastung des Individuums und an Unterhaltungswert hinzugewonnen.

So kann an der Imbißbude z.B. auf dem Bahnhof auch ein Effekt eintreten, der ganz im Gegensatz zur Maxime der Schnelligkeit des Essens zu stehen scheint. Die Formlosigkeit und soziale Undefiniertheit dieser Orte übt offensichtlich auch große Anziehungskraft auf diejenigen aus, die mit ihrer Zeit nicht zu sparen brauchen: Stadtstreicher und Jugendliche, Arbeitslose und Rentner. Sie fühlen sich hier nicht ausgeschlossen, brauchen keine Rücksicht auf Konventionen zu nehmen und gewinnen umsonst einen Zeitvertreib, den ihnen die betriebsame Öffentlichkeit bietet. Diese Kategorien haben die Fast-Food-Restaurants vor allem der amerikanischen Ketten zur Vollendung entwickelt. Wesentliche Faktoren sind auch hier Ästhetik und Unterhaltung. Mit höchsten Werbeetats wird Corporate Identity geschaffen und gepflegt. Sie umfaßt Lokal und Personal ebenso wie die standardisierten Gerichte. Im Vordergrund der Werbung stehen Kategorien wie Qualität und Eindeutigkeit der Gerichte und ihrer Zutaten, Sauberkeit und Schnelligkeit ihrer Zubereitung, Freundlichkeit und Entspanntheit der Atmosphäre.

Überall ist das Essen eindeutig als Ware präsent, eine Klarheit, die seinen ästhetischen Charakter nicht mindert, sondern wesentlich dazu gehört. Fast Food ist ein Konzept, das Schnelligkeit nicht nur beim Verzehr der Speisen, sondern bereits bei ihrer Zubereitung voraussetzt. Das Hamburger-Hacksteak ist in wenigen Minuten gar und muß in wenigen Minuten auch verkauft werden. Es wird nicht mehr gekocht, sondern aus einfachen Bestandteilen zu einem bekannten Endprodukt zusammengesetzt – überschaubar und nachvollziehbar. Ebenso vollzieht sich der Austausch von Ware und Geld. Deutlicher als der europäische Sprachgebrauch macht der amerikanische, daß man Essen auch im Lokal ›kauft‹. Wert und Gegenwert sind eindeutig definiert und müssen stimmen; mehr und anderes ist nicht zu erwarten, individuelle Zufälligkeiten und Überraschungen sind ausgeschlossen.

Im Interesse von ›top convenience quality‹ sind nicht nur die Ingredienzen in einem Höchstmaß standardisiert und von den Folgen menschlicher Unzulänglichkeiten unabhängig, sondern ist auch die äußere Form des Produkts normiert und nach ästhetischen Vorstellungen gestaltet. Food Design versucht, in Optik und Geschmack das zu stilisieren, was der Verbraucher von Industriegütern erwarten kann: die Einheit von Schönheit und Funktionalität. Der Appetit kommt ja nicht erst beim Essen, sondern schon beim Sehen.

Überall und jederzeit ist das Essen gleich. Diese Qualitätsgarantie vermitteln auch die Orte, wo es angeboten wird. Auch in den Lokalen herrscht das Design: Sie sollen schön und immer gleich sein, freundlich und einladend, ohne so etwas wie individuelles Engagement des Kunden, Schwellenangst oder auch nur die umsatzschädigende Lust zu langem Verweilen auszulösen. Daß die Akkordarbeit bei der Produktion der Hamburger überall sichtbar ist, wirkt nicht störend: Alles ist einfach, offensichtlich und ohne Geheimnisse.

Daß diese Lokale sich ähneln wie eine Telephonzelle der andern, registrieren die Kunden nicht etwa als Mangel an Individualität. Sie schätzen im Gegenteil gerade jene Gleichförmigkeit, die ihnen das Gefühl gibt, überall zu

Hause und mit der Situation vertraut zu sein. Dieser Wiedererkennungseffekt zeigt mehr als den Erfolg guter Produktwerbung an. Er kann nur auf einer tiefen Identifikation beruhen. Er setzt voraus, daß das schnelle Essen von Hamburgern in bunter Umgebung eine Weltanschauung, ein umfassendes Lebensgefühl symbolisiert. Unabhängigkeit und ein universelles Heimatgefühl, Jugend und Sauberkeit, Konsumfreudigkeit und Unternehmungslust, soziale Gleichheit und Freiheit von zivilisatorischer Einschnürung, das scheinen die mit dem amerikanischen Mythos verbundenen Werte zu sein, die zunehmend auch in den europäischen Fußgängerzonen ihre Erfüllung finden. Die Gäste im Fast-Food-Lokal genießen ein neues Lebens- und Gemeinschaftsgefühl, dessen Artikulation ihnen von der Werbung abgenommen wird. Es verbindet, ohne Verbindlichkeit zu fordern.

Indem bestimmte Formen des Essens in diesem Maß Bedeutungsträger eines idealen Lebensstils werden, lassen sie die Notwendigkeit des Essens immer mehr vergessen und rücken es zunehmend in den Kontext der Freizeit, wo es seinen Platz in der Gesellschaft von Shopping, Sport, Reisen und anderen Unterhaltungsangeboten findet.

In diesem Kontext von Kino und Disko, Fußgängerzone und Kaufhaus erweist sich das Hamburgerrestaurant in seinem letzten sozialen Charakter – als Medium der Unterhaltung. Banale Bedürfnisse und zweckfreie Ästhetik stehen sich hier nicht feindlich gegenüber, sondern verschmelzen zu einem Kontinuum des Entertainments, dessen Elemente sich wie Snacks in beliebiger Reihenfolge arrangieren lassen. Der Imbiß wird wieder zum Zwischengang in der allerdings hierarchielosen Menufolge der Alltagsunterhaltungen.

Die Werbung von McDonald's empfiehlt: »Die so gesparte Zeit kann man sinnvoll nutzen: ein kleiner Einkaufsbummel, ein Gang zum Amt, Joggen im Park oder ein paar Takte lesen.« Aber nicht alle scheinen diese ›sinnvolle‹ Lebensperspektive für erstrebenswert zu halten. Es war gerade die Eröffnung des McDonald's Restaurants an der Spanischen Treppe in Rom, die den Anlaß zur Sammlung der Gegner von Fast Food gab. Ihre Maxime heißt Slow Food und meint mehr als nur langsames Essen. Langsamkeit bedeutet auch Reflexion, Sorgfalt und Hinwendung zum Einzelnen. Das Essen wäre dann wieder als integraler Bestandteil des Lebens aufzufassen, als eine der unmittelbarsten Beziehungen, die der Mensch zu Natur und Kultur hat. So setzt die Slow-Food-Bewegung sich dafür ein, die lokale und natürliche Produktion von Lebensmitteln zu unterstützen und die regionale und traditionelle Küche auch in der Gastronomie zu fördern. In ihrem Widerstand gegen das Vergessen und die Nivellierung der Tafelkultur und Lebenskultur scheint die Kunst zu leben sich auf ihre einfachsten Gründe an Herd und Tisch zu besinnen.

B. B.

Literatur

Becher, 1990
Elias, 1991
Grefe, 1987
Mennell, 1988
Rath, 1984
Rumohr, 1822
Tolksdorf, 1981
Walser, 1978

LANDESPRODUKTE UND MÄRKTE IN MÜNCHEN

Auf dem Viktualienmarkt

»Nach wenigen Schritten sind wir am Viktualienmarkte. Dessen Bild ist für eine malerische Wanderung wohl an einem frühen Sommermorgen am geeignetsten, wenn die erst wenige Stunden alte Sonne das Kreuz von St. Peter und der heiligen Geistkirche bestrahlt und die Fenster der den großen Platz umgebenden Häuser mit blendendem Scheine umgaukelt und ein reiner blauer Himmel auf die zahllosen Holzbuden herniederblickt, die frische Morgenluft und bald den köstlichen Duft von Rosen und Nelken, bald intensiven Gewürzgeruch, den feuchten Dunst frischer Gräser und das ätzende Zwiebelaroma in buntem Durcheinander zuführt. ›Einkauft! Einkauft!‹ tönt uns auf allen Seiten entgegen, bald aus dem frischen Munde eines kräftigen jungen Landmädchens, dann von den breiten Lippen einer stämmigen dame de la halle, oder aus dem zahnlosen Munde einer vergilbten Händlerin, welche den Hexenglauben in uns erwecken könnte. Das Girren der Tauben, das Schnattern der Gänse, gackernde Hühner, meckernde Lämmchen und eines Spanferkels melodiöse Arie bilden das Programm der Marktmusik.
Immer enger wird es zwischen den Budenreihen, mehr und mehr sammelt sich das kauflustige Publikum. Hübsche und häßliche, junge und alte, saubere und schmutzige Köchinnen, elegante Damen, dicke Weiber, ärmlich gekleidete, blaße Arbeiterfrauen gehen wechselnd an uns vorüber, dazwischen Schulkinder, die sich Kirschen kaufen, Soldaten, die sich die Mädchen begucken. Die dicke Madame dort prüft mit ihren grobknochigen Fingern sorgfältig als Kennerin die Stärke eines Kapauns, daneben kauft eine dürftige junge Frau um einige Pfennige Gemüse und Suppengewürz. Die zwei hübschen Köchinnen lassen sich von der dicken Gemüsefrau die großartigsten Münchener Mysterien erzählen.«

Ammer, 1877

In München ansässige Handwerker (u.a. Bäcker, Metzger, Küchlbäcker) und Händler (von Käsekäuffler über Fruchthändler zu Krämer und Kolonialwarenhändler) versorgten die Bevölkerung mit Lebensmitteln. Strenge Verordnungen regelten Verkauf, Vielfalt des jeweiligen Warenangebots und Güte. In Läden und an Ständen wurden Lebensmittel verkauft, dazu kamen fliegende Händler auf die Märkte. Heute sichern Handwerker und Händler mit ähnlichen Spezialangeboten, aber auch Delikatessenläden, Ladenketten, Kaufhäuser und Großmärkte die Versorgung der Bevölkerung. Bis ins 19. Jahrhundert kauften die Münchner Lebensmittel zusätzlich auf Jahrmärkten, die den Festzeiten des Kirchenjahres folgten. Fliegende Händler boten auf diesen Märkten meist Fernhandelswaren, u.a. Meeresfische, Gewürze, aber auch irdenes Küchengeschirr an. Die oft beschriebene ›Gebnachtdult‹, die an Dreikönig begann, bot die Möglichkeit zum Großeinkauf von eingelegtem oder getrocknetem Meeresfisch für die damals noch gänzlich fleischlose, 40tägige Fastenzeit.

1768 erfahren wir aus dem Rituale Oeconomicum (Auszüge aus dem R. O. verdanke ich Herrn Professor Dr. K. S. Kramer), daß der Küchenmeister des Augustiner Chorherrenstiftes Indersdorf zur Münchner Gebnachtdult reiste, »damit er alldort auf die fasten die nothwendige Waaren einkauffte: alß Stockhfisch insgemain 350 Lb oder wenigst 300 Lb, item Pruckhen (Bremer Bricken), Hausen, Häring, Käss, zuckher«.

Von sehr großer Bedeutung für die Lebensmittelversorgung der Münchner Bevölkerung waren die Wochenmärkte, auf denen Getreide, Eier, Käse, Milch, Schmalz, Fisch, Gemüse, Obst feilgeboten wurden und die auch von Bauern des Umlandes beliefert wurden. 1296 belegt eine Urkunde den Getreidemarkt, die Schranne auf dem allgemeinen Marktplatz, dem heutigen Marienplatz. Die wöchentliche Schranne versorgte München, das bayerische Oberland, teilweise auch Tirol mit Getreide. Unter städtischer Aufsicht und Kontrolle für Güte und Preis fand dieser Markt dienstags und samstags statt. Nach strenger zeitlicher Regelung konnten am Schrannentag, frühmorgens, als erste die einheimische Bevölkerung, im Anschluß daran die ortsansässigen Brauer, Bäcker, Melber und Küchlbäcker, dann die Nichtmünchner und Ausländer ihren Bedarf decken. Der Markt galt als der größte Süddeutschlands und sicherte den Nachschub und Umschlag an Getreide, das bis weit ins 19. Jahrhundert 70 Prozent der Grundnahrung der Bevölkerung ausmachte.

An Schrannentagen, die seit 1806 nur noch an Samstagen abgehalten wurden, herrschte ein reges Treiben. Ab- und anfahrende Fuhrwerke drängten sich in den Straßen. Die Klagen über derartige Verkehrsbehinderungen führten 1849 zu dem Beschluß, eine Schrannenhalle an der Blumenstraße zu bauen. 1853 findet in der sog. Maximilians-Schranne der erste Markt statt. Doch erwies sich der Neubau, fern der Bahnhöfe, nach kurzer Zeit als Fehlplanung, da die Getreidetransporte nun auf den Eisenbahnwegen die Stadt erreichten. An den Bahnhöfen in Haidhausen und Thalkirchen entstanden neue städtische und private Lagerhäuser, die nach 1871 München noch einmal zum Mittelpunkt des süddeutschen Getreidehandels werden ließen.

Auf dem allgemeinen Markt wurden neben Getreide seit Anfang des 14. Jahrhunderts auch Eier, Geflügel, Schmalz, ab 1365 Fisch und ab 1567 Käse, Kraut, Rüben und Obst angeboten. Der Eiermarkt hatte besonders große Bedeutung: Der Aufklärer Friedrich Nicolai vermerkt in seiner Beschreibung einer Reise durch Deutschland und die Schweiz für die Stadt

Viktualienmarkt,
München 1992

München einen auffällig hohen Eierverbrauch von 7.430.795 Eiern für das Jahr 1776 und führt diesen auf die Fasten-, Mehlspeisen und Kuchen zurück, »mit denen sich die Einwohner Münchens vollstopfen« (München hat 1781 ca. 37800 Einwohner).

Auch der Fischmarkt auf demselben Marktplatz sicherte für die vielen Fastentage ein reiches Angebot an Fischen aus den oberbayerischen Seen, aus Isar und Donau. Die großen Flußkrebse etwa aus der Altmühl gehörten bis

Konsumtionstabelle

und jährliche Zufuhr von baierischen Landstädten, Märkten und diesen Gegenden vom J. 1789.
Von den Gebieten Aibling, Aichach, Au, Burgrhain, Dachau, Eggenfelden, Erding, Haag, Kling, Kraiburg, Krandsberg, Mießbach, Moosburg, Neumarkt, Neuötting, Rhain, Rosenheim, Schwaben, Trosburg, Vilsbiburg, Wald, Wasserburg, Weilheim, Wolfrathshausen sind im J. 1789. in allen 1617 Lieferungen hieher gemacht worden, an der Zahl:
8125 Spanferkeln, 1 zu 40 kr. macht 550 fl. 150548 Hühner, 1 zu 30 kr. macht 75274 fl. 28608 Hennen, 1 zu 20 kr. macht 7869 fl. 30 kr. 7509003 Eyer, 6 auf 1 Batzen. macht 83433 fl. 5 kr. 2355 Zent. 27 Pfd. Butter, 1 Pfd. zu 15 kr. macht 58867 fl. 25 kr. 4657 Zent. 64 Pfd. Schmalz, 1 Pfd. zu 16 kr. macht 124200 fl. 3402 1/2 Obst-Panzen, 1 Panzen zu 2 fl. macht 6805 fl. 28347 Tauben, 1 Paar zu 12 kr. macht 2832 fl. 56 kr. 39652 Enten, 1 zu 30 kr. macht 19826 fl. 91578 Gänse, 1 zu 40 kr. macht 60000 fl. 14427 Kapaunen, 1 zu 40 kr. macht 9618 fl. 7673 Stückel, 1 zu 1 fl. macht 7673 fl.
Summa 454948 fl. 56 kr.

Konsumtionstabelle München, 1789, aus: Burgholzer, 1796, S. 481-482

»1858, dem Jahr des siebenhundertjährigen Stadtjubiläums, kamen folgende Mengen auf den Viktualienmarkt: 1653331 Pfund Schmalz zu 28 1/2 Kreuzer, 388940 Pfund Butter zu 27 1/2 Kreuzer je Pfund, 19903000 Eier zu 11 3/4 Kreuzer je 12 Stück, 25527 alte Hennen zu 26 Kreuzer, 67761 junge Hühner zu 24 Kreuzer, 77286 Gänse zu einem Gulden 22 Kreuzer, 2863 Indiane zu zwei Gulden und 9462 Kapaune zu 53 Kreuzer je Stück. 1861/62 betrug der Gesamtumsatz auf dem Viktualienmarkt 1815962 Gulden.«

Schattenhofer, 1984

33.2.4

zur Krebspest der 80er Jahre des 19. Jahrhunderts mit den Fröschen aus Moosburg und Freising zu den angebotenen Fastenspeisen. 1831 wird dieser Fischmarkt auf den heutigen Viktualienmarkt verlegt, dann 1856 in die Richtung Westenriederstraße verdrängt, und seit 1898 sorgt auch die Handelsgesellschaft Nordsee mit ihrer Niederlassung für ein vielfältiges Fischangebot.

Spezielle, nach ihrem Angebot benannte Märkte, versorgten die Münchner an verschiedenen Plätzen der Stadt mit einer Vielfalt von Lebensmitteln, wie die zahlreichen Eier-, Kräuter-, Geißmilch-, Salz-, Gänse- oder auch Saumärkte zeigen. Im 19. Jahrhundert wurden Märkte verlagert und zusammengefaßt. Der Markt auf dem alten Marktplatz wurde 1801 auf den ehemaligen Friedhof der Peterskirche und 1807 hinter die Hl. Geistkirche verlegt, dem Standort des heutigen Viktualienmarktes. 1878 waren bereits diverse Viehmärkte vom Vieh- und Schlachthof abgelöst worden.

Die Wochenmärkte wurden direkt von Gärtnern und bäuerlichen Erzeugern mit Waren beliefert. Immer wieder erhebt sich die Klage, »daß in solchen Landgegenden am schlechtesten gegessen wird, wo man nicht zu weit von der Hauptstadt entlegen ist. – »Der schlechteste Leerhäusler getraut sich fast kein Ey keine Milch zu den gewöhnlichsten Speisen, vielweniger Butter oder Schmalz zu was gebacknen zu verwenden. Nach 3 Wochen hat er schon wieder so viel zusammengespart, daß er entweder auf der Schulter, oder mit dem Schubkaren eine neue Lieferung nach München thun kann«. Diese Bemerkungen aus einer Beschreibung Münchens von 1796 setzen sich bis ins 20. Jahrhundert fort. In der von Friedrich v.d. Leyen durchgeführten volkskundlichen Münchner Umfrage von 1908/09 war auch der Komplex Nahrung enthalten, und in den Antworten aus Gilching und Wangen bei Starnberg wird über das minderwertige bäuerliche Essen geklagt. Bedauert wird das Ende der ›kräftigen Schmalzkost‹, denn die Bauern liefern Milch, Butter, Geflügel lieber in die Hauptstadt und die Vororte und geben auch den Dienstboten schlechte Kost. Nudeln, Baunzen, Rührmilchnudeln, die weit verbreitete Alltagskost, wurde demnach seltener oder ›sogar mit Kunstbutter‹ zubereitet.

Seitdem hat sich diese Verkaufssituation gänzlich verändert. Bäuerliche Händler verkaufen Ware aus eigener spezifischer Produktion auf dem Viktualienmarkt. Ebenfalls zum Nutzen des Produzenten und des städtischen Einkäufers vermarkten Bauern auf den ›Bauernmärkten‹, die in allen Stadtteilen entstehen, direkt ihre Waren.

In den vergangenen Jahrhunderten versorgten auch Straßenhändler, etwa die Milch- und Buttermädchen, die Bevölkerung. Als Ausrufer boten sie ihre Waren »jeder mit eigener sehr verschieden kadenzierter Melodie«, wie Lorenz Hübner sie 1805 beschreibt, bis weit ins 19. Jahrhundert in den Straßen an. Seit dem 18. Jahrhundert lassen sich durch graphische Blätter Ausrufer mit ihrem vielfältigen Warenangebot aus vielen Städten belegen. Für München überliefert sie Gustav Kraus (1804–1852) mit dem Blatt ›Münchner Local-Straßen-Concert‹.

Nicht nur die Ausrufer, sondern auch Markt, Markthändler überlieferten Graphiken und Gemälde. Bäuerliche Händler und Ausrufer werden zu beliebten Motiven der Porzellanmanufakturen. Nach Kupferstichen von Caylus (1692–1765) und Rötelzeichnungen von Bouchardons (1689–1762) werden die Pariser Ausrufer-Figuren der Meissner Manufaktur modelliert. In München entwirft Franz Anton Bustelli (1723–1763) 1755 Händlerfiguren aus ei-

›Krenweiberl‹ München 1992

Ausrufer und Händler

»Es bezeichnet die großen Städte, unter dem Lärmen des Tages von stetem Geschrei zu wiederhallen. London, Paris und noch mehr Mailand, Venedig und Neapel ertönen von dem stentorischen Mund der die Straßen durchwandernden Verkäufer. In nichts ist der Dialekt prägnanter, aber zugleich auch dem Fremden unverständlicher ausgedrückt, als in diesen Rufen einer niedrigen Klasse. Die Münchener Polizei legt ihnen jedoch manche Einschränkung auf, obwohl sie hier weniger stören, als anderswo. Man hört für gewöhnlich nur das Geschrei des Bauers, der ›weißen und rothen Sand‹ verkauft, den Hafenbinder (›Hoooofabind‹), den Haderlumpensammler (›Hoaderlump‹), ›Soagklei'n‹ (Sägspäne), ›Kaft's Erba, Daubir‹, (Kauft Erdbeeren, Taubbeeren), ›Aschen‹, ›Kranawittensulz‹, (Wachholderbeersulz), dann endlich das unendbare ›U–a–afts Rührmillisauri‹ (gestockte Rührmilch). Die neueren Stadttheile sind mehr verschont und überhaupt werden die Ohrzerreißenden Töne seltener ... Den dames de la halle gleichen auch unsere Fisch- und Obstweiber und ganz besondere Megären sind die an den uralten Fleischbänken handthierenden häßlichen Kuttelwäscherinnen. Die Getreidschranne beschäftiget gleichfalls viele Weiber, die das Korn im Schäffel abstreichen, die Getreidmesser lärmend herbeirufen, und zuletzt den Schrannenplatz leeren und reinigen. Immer bedeutender wird das Schauspiel, welches dieser Fruchtmarkt alle Samstage von früh Morgens bis Nachmittags 3 Uhr darbietet. Hundert tausende werden wöchentlich an Einem Tage hier im Kauf und Verkauf auf Hand und Wort umgesetzt. Es verlohnt sich, aus dem Fenster eines der umliegenden Cafés das geschäftige tosende Treiben von Bürger und Bauer zu überblicken.«

Fernau, 1. Heft, 1840 S. 116-117

Eiermarkt

»Aus dem Thale Petri kommt man durch den Rathhausbogen unmittelbar auf den Eiermarkt.
Ein ungeheurer nackter Onuphrius ist zur linken hier an ein Gebäude gemahlt, welcher von dem ersten bis in das 3te Stockwerk reicht, und die Jahrzahl 1490 unter sich hat. Die gemeinen Leute nennen ihn den Christoph auf dem Eiermarkt, zu dessen Riesenlegion er zuverläßig gehörte. Der Eiermarkt führt geradezu auf den Kornmarkt, oder den Schrannenplatz, dessen linke Seite man hier vor sich hat. Eier- und Kornmarkt haben, so wie der jenseitige Theil, Durchgangsbogen, unter denen sich Kaufgewölbe und Buden aller Art, und über denen sich Kaffeehäuser hinan reihen. Aus dem Eiermarkte führen zwei sehr schmahle Durchgänge zur Kirche zu St. Peter, wovon eines das Pfaffengäßchen genannt wird. Der Haupteingang aber ist aus dem Kornmarkte durch das Schleckergäßchen, von den Waaren der Lebküchner und Zuckerbäcker (Schleckwaaren), welche hier feil standen, so genannt. Hier werden jetzt größtentheils Blumen, Erdbeeren, Haselnüsse u.d.gl. in Körbchen feilgeboten.
Dieses Gäßchen, das nur zwischen einigen Eckgebäuden sich beschränkt, erweitert sich in den Rindermarkt, dessen Nahme zwar geblieben; aber dessen Geschäfte in jene des Brodmarktes (wo das Brod der Auer an Mittwochen und Sonnabenden feilgebothen wird) verändert haben. Diese Strasse ist sehr breit, und krümmt sich bis an den Ruffinithurm hinan.«

Hübner, Bd. 1, 1803, S. 286 f.

Warenlieferung zum Markt und zur Markthalle in München, aus: Baumgartner, 1805

gener Anschauung ›auf den Märkten Münchens‹ für die Manufaktur Nymphenburg.

Die Porzellanfiguren, Graphiken und Gemälde überliefern Händler und Händlerinnen in ländlicher, pittoresker, oft geschönter Kleidung. Sie sind auch Zeugnisse der zeitgemäßen Vorliebe für die ländliche, bäuerliche Welt, die der Hof bei ›Bauernhochzeiten‹ nachahmte. Aber mit ihrer ländlichen Kleidung signalisierten die Händler die frische Ware aus dem bäuerlichen Umland. Trachten blieben bis heute für Werbung und Verpackung ein Zeichen für Ursprünglichkeit von Lebensmitteln, die dann als Bauernbrot oder Bauernschinken u.a. auf den Markt kommen.

Im Stadtbild Münchens hat sich die Fränkin als Händlerin in Tracht erhalten. Sie verkauft einheimische Gewürze und Kräutertees oberfränkischer Herkunft und bietet Gewürze aus Übersee an. Mit dieser Kleidung kennzeichneten sich und ihre Ware seit dem 19. Jahrhundert die Frauen der Obst- und Gemüseanbaugebiete um Erlangen.

U. Z.

Literatur

Burgholzer, 1796
Eisenmann, 1814
Hübner, 1803
Reinheckel, 1992
Schattenhofer, 1984

25.1.2

25.1.1

Viktualienmarkt

Domenico Quaglio

(München 1786-1837 Hohenschwangau), 1824, bez. u.r. auf Kiste: D. Quaglio f. 1824

Öl/Lwd, 70 x 90,5 cm

Lit.: Schornsches Kunstblatt 1824 (Nr. 94), S. 375 f., Jahresbericht des Vereins München 1824 (Nr. 49); AK Bayern Kunst und Kultur, 1972, Nr. 1661; AK Wittelsbach, III/2, 1980, Nr. 987; AK Biedermeier, München, 1987, Nr. 2.3.1

30/1678

Möglicherweise entstand das Bild, das 1824 im Münchner Kunstverein ausgestellt war, schon im Auftrag der Stadt, von der es 1930 zusammen mit seinem Gegenstück an das Münchner Stadtmuseum übergeben wurde. Anläßlich der Ausstellung von 1824 schreibt das Schornsche Kunstblatt: »Das Gemälde des Victualien-Marktes verdankt zunächst seine Entstehung dem Umstande, daß vor kurzem zur Bequemlichkeit und Verschönerung der Stadt einige alte, an jenen stoßende Gebäude eingelegt wurden, deren Andenken, oder vielmehr die Ansicht des Platzes, wie er früher gewesen, gleichwohl erhalten werden sollte ... Den Platz zunächst umgeben mehrere alte Gebäude, wovon der zur Rechten an die Kirche zum heil. Geist stoßende Pfründtner-Saal nun hinweggeräumt ist. Rückwärts dieser Gebäude und über dieselben erhebt sich ein Theil der nahen St. Peterskirche mit ihrem Thurme, zur Rechten der Raththurm.« (375.)

Im Jahre 1823 war der Abbruch der Ställe und Ökonomiegebäude, die sich im linken Bildteil befinden, begonnen worden. Anlaß war die Verlegung des Spitals (gegründet 1253) in das Kloster der Elisabetherinnen. Die Spitalgebäude wurden zwar von ihren Insassen evakuiert, jedoch nicht abgerissen, wie das Kunstblatt suggeriert, sondern noch lange als Warenlager für Getreide, Früchte und Hopfen verwandt, bevor sie 1870 zur Fleischbank umfunktioniert und 1885 abgebrochen wurden.

Man sieht ganz rechts die Hl. Geist Kirche, dann das ehemalige Weiber- und anschließend das Männerhaus des Spitals. Die dazugehörigen Höfe, denen sich nach links zu noch der Wirtschaftshof anschloß, wurden seit 1807 als Viktualienmarkt verwandt, der zu diesem Zeitpunkt vom östlichen Ende des Schrannen-, des heutigen Marienplatzes, hierher verlegt wurden. Abbrüche weiterer Gebäude wie der Hl. Geistschmiede, der Spitalschreiberwohnung, des Bräuhauses, der Pfisterei und des Badhauses erfolgten im Jahre 1828.

Vor dem Alten Peter sieht man hinter den Spitalgebäuden das Kaffeehaus zum ›Haarpuderwaberl‹, später Café Neumayer.

B. E.

25.1.2

Der Viktualienmarkt in München

Heinrich Weber

(1843-1913 Esplingerode b. Eichsfeld) München, vor 1892, bez. r.u. Hein. Weber

Öl/Lwd, 88 x 70 cm

Lit.: Boetticher II, 2, 1901, Nr. 16; Reinhardt, Katalog der Gemälde des 19. und 20. Jahrhunderts (bis zum Zweiten Weltkrieg) im Lenbachhaus.

Manuskript Ende der siebziger Jahre (Lenbachhaus).

München, Städtische Galerie im Lenbachhaus, G 5585

Heinrich Weber war Schüler von Wilhelm von Diez an der Münchner Akademie. Das Bild vom Viktualienmarkt ist ein Zeugnis dieses Lehrer-Schüler-Verhältnisses, denn es geht auf eine im Lenbachhaus befindliche Studie von Wilhelm von Diez zurück (G 10 889). Die lockere, in differenzierten, für Wilhelm von Diez typischen Grauabstufungen wurde von Weber fast wörtlich übernommen und in den Details ausgeführt. Dabei blieb zwar die Farbstimmung, Konturen und Flächen aber wurden in einer für Wilhelm von Diez unüblichen Form verfestigt. Hier mögen Erinnerungen an biedermeierliche Genreszenen vom Viktualienmarkt eingeflossen sein. So besitzt das Münchner Stadtmuseum eine sehr verwandte Komposition ›Szene auf dem Blumenmarkt‹, die 1842 von Theodor Wegener gemalt wurde (P 11 633). Doch die sittsamen, biedermeierlichen Damen haben sich bei Weber in ein vollblütiges, kräftiges Dienstmädchen verwandelt, einen barocken Typus, den auch Wilhelm von Diez liebte. Sowohl das Dienstmädchen wie auch die stillebenartigen Arrangements mit Wildpret und Geflügel im Hintergrund kehren in Varianten im Werk Webers auch als selbständige Sujets wieder.

Der Typus des Marktbildes mit stillebenartigem Arrangement der angebotenen Güter tritt zuerst in Antwerpen um die Mitte des 16. Jahrhunderts auf und löst sich sehr bald aus dem Zusammenhang religiöser Szenen. Norbert Schneider sieht in der Begründung diese Bildtypus einen Zusammenhang mit der Revolution der Agrarverhältnisse im 16. Jahrhundert, bei der es im wesentlichen um die Umstellung von der Selbstversorgung auf eine Produktion für den Markt ging (Schneider, 1989, S. 25 ff.). Auf Webers Bild sieht man im Hintergrund den Chor der 1271 errichteten Heiliggeistkirche, die 1724-1738 barockisiert wurde, sowie typische Altmünchner Bürgerhäuser, wie sie heute nur noch vereinzelt – am Sebastiansplatz und im Ignaz-Günther-Haus – erhalten sind.

Nach Boetticher erschien das Bild erstmals auf Lepkes Berliner Kunstauktion vom 5. April 1892 und wird wohl wenig vorher entstanden sein. B. E.

25.1.3

Münchner Viktualienmarkt

Martin Schönberger

(München 1864-nach 1908), 1892

bez. r.u. Schönberger München

Öl/Karton/Sperrholz, 42,5 x 33,5 cm

42/364

Aus dem Nachlaß des Künstlers via Dr. Alex. Berg, Frankfurt/M.

Die Szene auf dem Viktualienmarkt stellt im Vordergrund wahrscheinlich ein Dienstmädchen dar mit einem großen Henkelkorb voll Salat und Rettichen. In den Armen hält es mit sicherem Griff einen lebenden Hahn. Im Hintergrund erkennt man Verkaufsstände mit gerupftem Geflügel und Gemüse. Das Geflügel wurde aus Dörfern und Bauernhöfen in Stadtnähe auf den Markt gebracht. Vor der Verlegung des Marktes fand der Eier- und Geflügelmarkt am östlichen Ende des Marktplatzes zu Füßen des (Alten) Rathauses statt. Später wurde er täglich auf dem sog. Obstmarkt hinter der Hl. Geist Kirche abgehalten.

M. M.

25.1.4

Der sogenannte Kräutlmarkt auf der Ostseite des Marienplatzes vor dem alten Rathaus

unbekannter Künstler, um 1740

Kolorierter Kupferstich, 31,2 x 42 cm

P 348

25.1.5

Ansicht des Marktes auf dem Salvatorplatz vor der Salvatorkirche

Joseph Helldobler, München, 1840

Aquarell, 33,2 x 23,5 cm

M II/220

25.1.3

25.1.6

25.1.6
Bürgersleute mit Obstverkäuferin und Nußverkäufer auf dem Marienplatz mit Blick auf die Frauentürme
Johann Michael Mettenleiter
(Großhuchen 1765-1853 Passau)
München, 1810
bez. M. u. Jo. Mich Mettenleiter
inv.: et fec: 1810
Aquarell, ø 41 cm
Z (C 17) 2177

Das Händlerpaar in ländlicher Tracht bietet den Münchner Bürgern in städtischer Tracht Pfirsiche und Walnüsse an. Zahlreiche Nußhändler boten in München auf der Straße oder in den Gasthäusern Nüsse an. Sie galten als Schutz vor der Cholera, die in München im 19. Jahrhundert mehrfach ausbrach. Sie wurden ebenfalls schon im 17. Jahrhundert in den Rezepturen zur Pestprophylaxe und -therapie des Münchner Stadtarztes Malachias Geiger verwendet (vgl. Kat. 26.3.1). U. Z.

25.1.7
Nuß-Kathl
Josef Valentin
(Straubing 1818-1895 München),
1842, bez. l.u. J. Valentin prinxit 1842
Öl/Lwd, 36,2 x 27,3 cm
Lit.: Münz, Gspassige Leut, München 1977, S. 106.
Eichhorn, 7.v. (1818-1895); Bll. d. Bayer. LV f. Familienkunde 48 (1985), Bd. xv, H.S/7, S. 157 ff.;
dieselben: J. V., Ein Straubinger Maler, sein Werk und seine Familie, in: Jahresbericht des Hist. V. f. Straubing Jg. 87, 1985 S. 435 f
II c/20, Legat J. Valentin 1884

Die ›Nußkathl‹, deren bürgerlicher Name nicht überliefert ist, erfreute sich in den 1830er und 40er Jahren in München einer großen Popularität. Mit der für sie typischen Oberländer Otterfellmütze angetan, ging sie sommers wie winters durch die Münchner Gasthäuser und bot aus ihrem großen Henkelkorb Rettich, Radieschen, Blumen und vor allem Nüsse feil. J.G.Ch. Perlberg hat ihr mit seinem Bild ›Der Teppichhändler‹, 1837 dat., ein Denkmal gesetzt. Ihr Bildnis von Josef Valentin ist fünf Jahre später entstanden und zeigt eine verhärmte alte Frau, die angeblich 1835 nicht nur am ›Radiweiberrennen‹ teilgenommen, sondern diesen Wettlauf auch gewonnen haben soll. (Münz, 1977, S. 106)
M. M.

25.1.8
Frauen beim morgendlichen Einkauf auf dem Münchner Fruchtmarkt
George Robert Lewis
(London 1782-1871 Hampstead), 1822,
bez. r.u. G. Lewis f. u.M. G.L. del. et sc.
Kolorierte Radierung
22 x 28,7 cm
P 1767

25.1.9
›Münchner Local Strassen Concert‹
Gustav Kraus
(Passau 1804-1852 München), München, um 1830, bez. r.u. lith. v. Gustav Kraus
Kolorierte Lithographie, 39,2 x 53,3 cm
Lit.: AK Biedermeier, München 1987, Nr. 3.2.1
P 1805

In drei Reihen werden Straßenhändler, Hausierer und Kleinunternehmer mit ihren typischen Kaufrufen dargestellt.

25.1.10
Monatsbild März: Fischmarkt auf dem Viktualienmarkt zwischen Heiliggeistspital und -kirche
Joseph Adam, München, 1867/68
Quadriertes Aquarell, 17,9 x 21,8 cm
P 489

25.1.11
Münchner Marktszene mit Marktfrau, Kunden und Kindern an einem Obst- und Eierstand während der Osterzeit
unbekannt, München, um 1855
Aquarell, 32,1 x 25,6 cm
MS III/331

25.1.12
Junge Frau beim Einkaufen handelt mit einer Rettiche und Eier feilbietenden Marktfrau
unbekannt, München, um 1850
Aquarell, 35 x 22 cm
35/258 (B 104/15)

25.1.13
Obstverkäuferin mit dem Hofgartentor im Hintergrund
Caesar Willich
(Frankenthal 1825-1886 München)
München, um 1850, bez. C. Willich
Aquarell, 17,3 x 10,6 cm
1960/50

Mädchen in Tiroler Tracht. In den Beschreibungen Münchens wird im 19. Jahrhundert immer wieder auf die Tiroler Mädchen hingewiesen, die in München Obst verkaufen.

25.1.13

25.1.9

Lebensmittelberufe im 18. Jh.

»1. Mit der Nahrung geben sich ab und beschäftigen sich, und zwar
a) mit Bereitung der nothwendigen Churfürstliche Hofpfisterey 1; bürgerliche Bäcker 54; haben sich sonderheitlicher Freyheiten vom Kaiser Ludwig vom Jahr 1322 zu erfreuen, der diesem Handwerk nächst der Hochbrücke ein eignes Haus erbauen ließ; Müller 17; empfiengen von diesem Kaiser die Freyheit eines eignen Richters, des Hofkastners, ausser in Crimminalfällen; Melber 25; Metzger 65 (schon zünftig im J. 1597, auf 3 Bänken, nämlich der untern nächst dem Raththurm, der obern nächst dem schönen Thurm, und der neuerrichteten vor dem Kostthörl vermög Verordnung vom 20ten Jäner 1793, haben sämmtlich für in der Stadt gegerbte Ochsenhäute gewiße Prämien zu erhollen, und alsdann das Recht, selbe an deßwegen begünstigte ausländische Handelsleute zu verkaufen vermög einer Verordnung vom 30. August 1787;
Ferner: Krautmänner und Essigsieder 24; Milchmänner 61.
b) Mit Bereitung der lekerhaften Nahrungsarten geben sich ab Lebzelter (sieh unten Methschenke) 6, Oblatenmacher 2; und Garköche 15 (schon zünftig 1597).
Ferner: Küchelbäcker 10; Zuckerbäcker 11; Gewürzmüller 2; Pastetenbäcker 4; Gerbensieder 2.
c) Mit dem Nahrungshandel geben sich ab, und nähren sich
Fischer 6; Obstler 10, Kornkäufler 16, Kornmesser 10, Salzstößler 18, wovon die Salzsender verschieden, Käßkäufler 14, (schon zünftig 1597); Scheibenmacher 16.
Ferner: Früchthändler 10; Geflügelhändler 6; Wildbräthändler 4; Gärtner 58, die ausser dem sonst gewöhnlichen Kraut ausländische Gemüßarten, Früchten und Blumen pflanzen. Selbst die schöne oder Gartenkultur hat einen neuen Handelszweig eröffnet. Hievon ist Johann Leonhard Dietz Churfürstl. gnädigst privilegirter Saamen- und Blumen-Hoflieferant und Negotiant für alle Arten von Küchengewächsen, Futterkräutern, und Blumen ... Den Tyrolern ist nur auf 8 Personen der Handel in München gestattet, und zwar nur mit eignem Tyrolerobst, und keinem innländischen.«

Burgholzer, 1796

25.1.14
Gemüsestände auf dem Viktualienmarkt vor dem 1891/93 abgebrochenen Fischerturm der ehemaligen Stadtbefestigung
Friedrich Perlberg
(Nürnberg 1848-1921 München)
München 1892, bez. r.u. F. Perlberg, München 1892
Aquarell, 59,5 x 46 cm
P 490

25.1.15
Serie von Berufsfiguren
Franz Anton Bustelli
(wohl 1723-1763 Nymphenburg)
Porzellan-Manufaktur Nymphenburg, 1755
bez. geprägter Rautenschild und Modellnummern
Porzellan, bunt bemalt
Lit: Hofmann, Die Geschichte der Bayerischen Porzellan-Manufaktur Nymphenburg, III. Bd., Leipzig 1923, S. 404-407, Abb. 120-121, S. 126, 127;
Jedding, Europäisches Porzellan, München 1974[2], Abb. 504 (Fischer), 505 (Eiergretl);
Termolen, Nymphenburger Porzellan, Rosenheim 1986, Abb. S. 31 (Fischer, Apfelkramerin)

25.1.15a

25.1.15e

25.1.14

a.) Apfelkramerin
Porzellan, bunt bemalt
Höhe 15 cm (Neuausformung)
München, Staatl. Porzellan-Manufaktur
Nymphenburg

b.) Fischer
Porzellan, bunt bemalt
Höhe 17,4 cm (Ausformung um 1900)
K 84/17

c.) Täubling-Gretl
Porzellan, bunt bemalt
Höhe 19,5 cm (Neuausformung)
München, Staatl. Porzellan-Manufaktur
Nymphenburg

25.1.15 c

d.) Hachelmann
Porzellan, bunt bemalt
Höhe 19 cm (Neuausformung)
München, Staatl. Porzellan-Manufaktur
Nymphenburg

e.) Käsmann
Porzellan, bunt bemalt
Höhe 16,5 cm (Neuausformung)
München, Staatl. Porzellan-Manufaktur
Nymphenburg

f.) Eiergretl
Porzellan, bunt bemalt
Höhe 15 cm, Ausformung
um 1760
K 37/405

In der höfischen Gesellschaft war es Mitte des 18. Jahrhunderts beliebt, extreme Standesunterschiede in das Amüsement einzubinden. Bauernhochzeiten oder ›Handwerksoper‹ wurden in entsprechenden Kostümen von der Aristokratie gefeiert. Vergleichbar waren damit figürliche Tischdekorationen, die auf den Erwerb der verspeisten Delikatessen hinwiesen. So findet sich eine erste Serie sogenannter ›Chris-de-Paris‹-Figuren, die ihre Waren auf Pariser Märkten lautstark feilboten, in den von J. J. Kaendler in Meissen bereits um 1745 nach Stichen des Comte de Calyus (nach Zeichnungen des Bildhauers Edmé Bouchardon) gefertigten Figuren, darunter ein Kesselflicker und der bekannte Landkartenverkäufer. Eine zweite Folge mit etwa 35 Figuren, die zwischen 1753 und 1755 von J. J. Kaendler, P. Reinicke und F.E. Meyer geschaffen wurde, beruhte wiederum auf der Umsetzung von französischen Bildvorlagen. Absolut eigenständig entwarf dagegen F.A. Bustelli seine sechsköpfige Gruppe von Berufsfiguren, die nicht nur bildhauerisch seine individuelle Handschrift tragen, sondern auch in der Auswahl der einzelnen Typen den in München auf dem Schrannenplatz abgehaltenen Märkten entnommen wurden. A. Z.

25.1.16
Schwabinger Milchmädchen
unbekannter Modelleur
Porzellan-Manufaktur Nymphenburg
1816 (Neuausformung)
bez. geprägter Rautenschild und Modellnummer 209
Porzellan, bunt bemalt, Höhe 18 cm
Lit.: Hofmann, Die Geschichte der Bayerischen Porzellan-Manufaktur Nymphenburg, III. Bd., Leipzig 1923, S. 557, Abb. 383, S. 429
München, Staatl. Porzellan-Manufaktur Nymphenburg

Das freundlich blickende Mädchen mit seinen Milcheimern an der Tragestange und in der rechten Hand taucht bereits 1816 als Teil eines Schreibzeugs in den Archivalien auf. Ob man sich die kleinen Eimerchen als benutzbare Tintengefäße vorstellen darf, bleibt fraglich. A. Z.

25.1.17
Die Schnupferin
wohl Eugen Napoleon Neureuther (München 1806-1882 München)
Porzellan-Manufaktur Nymphenburg
1847-1850 (Ausformung um 1900)
bez. unter dem Sockel geprägter Rautenschild und geritzte Modellnr. 213
Porzellan, bunt bemalt, Höhe 15 cm
Lit.: Hofmann, Die Geschichte der Bayerischen Porzellan-Manufaktur Nymphenburg, III. Bd., Leipzig 1923, S. 561
31/297

Dargestellt ist eine typische Münchner Bürgersfrau in fortgeschrittenem Alter. Während dem Einkauf, den sie in einem gefüllten Weidenkorb am linken Arm trägt, macht sie auf den Viktualienmarkt eine kleine Pause und nimmt eine Prise Schnupftabak, um anschließend die Besorgungen fortzusetzen und dabei mit den Marktleuten Klatsch und Tratsch auszutauschen, was ihr auch die mundartlich bayerische Bezeichnung ›Ratschkatl‹ einbrachte. Das Marktgeschehen war im 19. Jahrhundert unverzichtbarer Bestandteil zwischenmenschlicher Kommunikation. A. Z.

25.1.18
Einkaufskörbe mit Deckel
München, um 1890
Weide geflochten, Henkel mit Metall verstärkt, 47 x 46 x 30 cm
A 84/154, A 81/255

25.1.19
Einkaufstasche
Gebrauchsort München, um 1900
Baumwolle, Sisal, Borte, Schnur, Stickgarn
T 82/225

Jutenetz mit aufklappbarem Drahtbügel und Holzgriff, darüber naturfarbene Tasche mit roten Kanten, Bortenapplikation und Lochstickerei in Stielstich: vier Rettiche mit Aufschrift »Kauf gut ein!«

25.1.20
Oberfränkische Tracht eines ›Krenweiberl‹ mit Tragekorb
Heroldsbach/Oberfranken, 1991
Baumwolle, Samt, Handstickerei,
Korb: Leder, Weide
T 92/88/1-10

Tracht einer Oberfränkin, die bis 1991 vor dem Kaufhof am Marienplatz Kren, Gewürze und Tee verkaufte. Die ›Krenweiberl‹ aus den ländlichen Obst- und Gemüseanbaugebieten um Erlangen – Nürnberg offerieren in dieser Tracht seit Ende des 19. Jahrhunderts ihre Waren.
Graphiken und Gemälde des 19. Jahrhunderts zeigen ländliche Händler, die in ihrer typischen Tracht Obst und Lebensmittel feilboten und mit ihrer Kleidung auf eine bestimmte Herkunft und damit auf die Güte ihrer Waren aufmerksam machten. Diese werbewirksame Verbindung Tracht und Nahrungsmittel hat sich auf der Verpackung von Landbrot oder Bauernschinken als ›Qualitätsmerkmal‹ bis heute erhalten.

25.2 ›Schranne‹ – der Getreidemarkt

25.2.1
Schrannenplatz
Anonym
1634, bez. u.: 1·6·34
Kasein/Lwd, 115 x 236,5 cm
Lit.: MPZ-Information (F. Scholz), 1991, S. 5
L 1096 (= R 2834 BNM)
Dauerleihgabe Bayerisches Nationalmuseum München

Ehe der Münchner Markt 1807 vor das Heiliggeistspital an die Stelle des heutigen Viktualienmarkts verlegt wurde, wurde auf dem zentralen Hauptplatz der Stadt, der sich westlich des (Alten) Rathauses bis zum Eingang der alten Kaufingergasse erstreckte, Markt abgehalten. Dieser Marktplatz an der Stelle des heutigen Marienplatzes gliederte sich von Osten nach Westen in den Eiermarkt, den Fischmarkt und den Kornmarkt, Schranne genannt. Dieser westliche Teil des Marktes ist auf unserem Bild festgehalten, und zwar von der Südseite aus mit Blick auf die den Platz säumenden Häuserfronten, die auf den sog. Lichten Bögen ruhen.
Das 1634 datierte Bild ist nach dem Einzug König Gustav Adolfs von Schweden (1632) und vor der Errichtung der Mariensäule (1638) entstanden. Es illustriert eindrucksvoll einen Markttag voll Handel und lebhaften Getümmels. Die Schranne selbst ist verstellt durch eine Holzhütte, vor der Soldaten Karten spielen, ein anderer seine Notdurft verrichtet. Es ist die Hauptwache, die erst im Jahr 1771 westlich an die Kaufinger-/Ecke Weinstraße verlegt werden wird.
Mit Hellebarden gerüstete Soldaten halten sich um das freistehende Gebäude auf. Links und rechts des Wachhauses stapeln sich die hellen, mit dem Schrannenzeichen versehenen Getreidesäcke, die – teils geöffnet – von Kornkäufeln (siehe Kat. 25.2.3) auf ihre Qualität hin geprüft werden. Nach Osten hin schließt sich ein Lager großer Fässer an, in – teilweise mit hellem Tuch überspannten – Rad- oder Kufenfuhren. Nicht restlos geklärt ist, ob es sich um Wein- oder Salzfässer handelt. Der Weinmarkt hatte seinen Ort lange in der Weinstraße, der Salzmarkt hat immer vor den Salzstädeln auf der ›Gred‹, dem heutigen

25.2.1

Promenadeplatz, stattgefunden. Die Nähe der Bürgertrinkstube und des Weinstadls – sie schließen sich dem letzten Haus am rechten Bildrand an –, lassen die Vermutung zu, daß es sich um Weinfässer handelt. Der Getreidemarkt oder die Schranne (eigentlich Meßstätte), »dieser wichtige Handel wird alle sonnabende bei Sonnenschein und Regen unter freiem Himmel gepflogen« (Schmeller, Bayerisches Wörterbuch, Bd. 2, S. 602). Schenkt man der Darstellung glauben, so fand der Handel zwischen tätlichen Auseinandersetzungen und Raufereien, zwischen Schandesel und Galgen statt. Nicht zuletzt wegen des großen Tumultes drang man in späteren Zeiten darauf, »den lärmenden Getreidemarkt aus dem Herzen der Stadt an einen passenderen Ort und dabei auch unter Dach zu bringen.« (Schmeller a. a. O. S. 603). Die ersehnte Schrannenhalle wird 1851 an der Blumenstraße errichtet, 1853 kann der Kornmarkt umziehen.
Am Fuße des Neptunbrunnens aber bietet ein sog. Eisenkrämer in aller Ruhe seine Ware an. Dem Eisenkrämer war es gestattet, im Schutz der Schranne einen Verkaufsstand zu betreiben.
Wie überall, so waren auch in München am Schrannenplatz – wie die Ausleger verkünden – zahlreiche Gasthöfe angesiedelt: am linken Bildrand das ›Goldene Lamm‹, nördlich der Schranne das Gasthaus ›Zur Goldenen Krone‹, in dem König Gustav Adolf 1632 abgestiegen war, daneben das Gasthaus ›Zum Staindl‹ (ohne Ausleger). Das Haus mit Stufengiebel hat offenbar ›Die blaue Traube‹ beherbergt. Die Hausfronten waren reich mit Fassadenmalerei versehen. Die meisten ihrer Besitzer setzten sich aus Gewerbetreibenden zusammen, die hier am Marktplatz als Kornkäufel oder Kornmesser tätig waren. An der Stelle dieser Häuser steht heute das von Georg Hauberisser erbaute und 1908 vollendete Neue Rathaus.
Das Gemälde gehört zum Bestand der Bayerischen Staatsgemäldesammlung (Centrale Gemälde Galerie Nr. 2622/130) und soll dem Inventar zufolge aus Schleißheim (Altes Schloß?) stammen. Es wurde 1914 dem Bayerischen Nationalmuseum übergeben, und war einige Zeit in der ›Zunftstube‹ ausgestellt. Das Bayerische Nationalmuseum hat das Gemälde dem Münchner Stadtmuseum als Dauerleihgabe überlassen. M. M.

25.2.2

Der Schrannenplatz in München gegen das Alte Rathaus, umgeben von 14 Randansichten (›Das alte München‹)

Heinrich Adam
(Nördlingen 1787-1862 München)
München, 1839
bez. r. u. auf der Plane des Pferdewagens: HA 1839
Öl auf Holz, Mittelbild: 80 x 58,2 cm
Randbilder 12,5 x 17 cm (quer) und 19 x 12,5 cm (hoch)
Lit.: Jahresbericht des Münchner Kunstvereins, München 1840, Ausst. Nr. 291
AK München und Oberbayern, Linz 1971, Nr. 105
AK Adam, München 1981, Nr. 170
AK Biedermeier, München 1987, Nr. 6.1.26
28/561

Die Ergänzung eines Haupt-(Mittel-)bildes durch Randansichten ist ein beliebter Bildtypus des 19. Jahrhunderts. Diese Darstellungsform kommt aus der Druckgraphik, beginnt schon in der Populärgraphik des 17. Jahrhunderts und führt schließlich zur Ansichtspostkarte. Randansichten sind keine beliebige Zutat, sondern gehören erläuternd zum Hauptbild, bieten zusätzliche Information und vervollständigen in ihrer additiven Reihung den Hauptschauplatz eines Bildes durch die Nebenschauplätze.
H. Adam hat vier Bilder dieses Typus der Münchner Stadtdarstellung gewidmet:

1. vorliegendes Bild, oft als ›Das Alte München (I)‹ bezeichnet (1839),
2. als Gegenstück dazu ›Das Neue München‹ (1839; 28/562) Mittelbild: Max-Joseph-Platz,
3. ›Das Alte München (II)‹ (1843; II b/7) Mittelbild: Schrannenplatz gegen Westen
4. ›München und seine Umgebung‹ (1842; 28/63) Mittelbild: Gesamtansicht gegen Südwesten.

Ist bei Adam das ›Neue München‹ durch die ludovizianischen Neubauten definiert, so das ›Alte München‹ durch den Hauptplatz, einzelne Stadttore und wichtige sehenswerte Sakral- und Profangebäude vom Mittelalter bis zum Klassizismus. Zum Mittelbild: Der Schrannenplatz gegen Osten mit dem Alten Rathaus. Der seit Oktober 1854 so benannte Marienplatz wurde noch Anfang des 19. Jahrhunderts schlichtweg als Platz oder Hauptplatz bezeichnet, später dann bis zur Namensänderung als Schrannenplatz, weil an diesem Ort neben anderen kleinen Märkten (Eiermarkt, Kräutlmarkt) seit alter Zeit die ›Schranne‹, der Getreidemarkt abgehalten wurde. Einen solchen Markttag schildert Adam. Im September 1853 wurde die Schranne in die neuerbauten Maximilians-Getreidehallen (Schrannenhalle) längs der Blumenstraße verlegt. Es sind keine vergleichbaren gemalten zeitgenössischen Marienplatzansichten von dieser Qualität bekannt. Adam bewahrt hier noch ein gewachsenes Stadtbild, dessen Verfall, rapide Veränderungen und Traditionslosigkeit gerade durch ein falsch verstandenes Traditionsbewußtsein bereits ein Vierteljahrhundert später durch die Neugotik des Alten Rathaus-Umbaus und Neuen Rathaus-Neubaus (1861-64, ab 1867) eingeleitet wurde. Zu den Randbildern: Die 14 Randansichten verteilen sich auf vier hochformatige (rechts und links), sechs querformatige (oben und unten) und vier quadratische (Ecken). Die Anordnung der Motive folgt bis auf die Eckbilder einer eigenen Gesetzmäßigkeit. In den vier Seitenbildern sind Kirchen dargestellt. Der Michaelskirche links steht rechts die Theatinerkirche gegenüber, darunter Frauenkirche links und Salvatorkirche rechts. Von den jeweils drei Bildern der oberen und unteren Leiste sind die äußeren den alten Stadttoren gewidmet. Oben links das Kosttor, rechts das Sendlinger Tor, unten links das Angertor, rechts das Isartor von der Innenseite noch im Zustand vor der Restaurierung. Erst im ›Neuen München‹ erscheint das restaurierte Tor als linkes oberes Eckbild. Die mittleren beiden Bilder der oberen und unteren Leiste sind wieder Gegenüberstellungen. Unten die ›alte‹ Herzog-Max-Burg, oben das ›neue‹ Leuchtenberg-Palais, das jüngste aller dargestellten Gebäude. Die vier Eckbilder sind schlecht in einen Zusammenhang zu bringen, es sei denn, man trennt das einerseits zur Stadt, andererseits zum Hofe Gehörige. Oben links das Alte Rathaus von der Talseite (Adam malte es schon 1838 in einer großen Fassung, 34/206), rechts die Kürassier- oder Schwere Reiter-Kaserne an der Zweibrückenstraße. Unten links der ehemalige Heumarkt und jetzige St. Jakobsplatz mit der Heuwaage vor dem Städtischen Zeughaus (Münchner Stadtmuseum), rechts die Fassade der Residenz an der Residenzstraße. Diese Randansichten wiederholen sich z.T. und variiert in dem obengenannten ›Das Alte München II‹ (MStM), in dem bei Boetticher (I, I, 1891) erwähnten, ehemals in der Neuen Pinakothek befindlichen Adamschen Gemälde des Schrannenplatzes gegen Westen (1836, WAF BI 428) und in der motivisch gleichen Berliner Variante (1835, Staatl. Schlösser u. Gärten, Bln.-Charlottenburg). V. D.

25.2.3

25.2.3
Bildnis eines Münchner Kornkäufels
Anonym, Ende 18. Jh.
Öl/Lwd, 80 x 63 cm
40/587, Ankauf Dr. Fleischmann, München

Der Dargestellte in reich mit Silberknöpfen gezierter Jacke und einer Weste aus Goldbrokat wird im Inventarbuch als Bierbrauer bezeichnet. Auffällig an diesem Bildnis sind das auf dem Tisch in einem weißen Stück Tuch dargebotene Korn und die runde Messingdose mit Deckel in der Hand des Dargestellten, die wohl Gewichte enthält. Diese Attribute sind bei Darstellungen von Bierbrauern nicht üblich. Getreideproben und Meßgewichte möchte man eher im Zusammenhang mit Kornmessern vermuten. Nach Schlichthörle 1844, Bd. I S. 281 ist der Kornmesser allerdings ein schlichter tädtischer Bediensteter, dem nichts anderes als die Abmessung des Getreides obliegt. (Das Maß war übrigens keine Gewichts- sondern eine Kubikeinheit: der Schäffel. Der Schäffel bezog sich auf 208 halbe bayerische Getränkemaße.) Weitaus angesehener war der Kornkäufel (Getreidehändler), den das Bild vermutlich darstellt. M. M.

25.2.4
Ansicht der 1852/53 von Karl Muffat erbauten Schrannenhalle an der Blumenstraße
Carl Heinrich Wenng
(Nördlingen 1787-1853 Stuttgart), München, um 1853
bez. M.u. C.H. Wenng, Erfinder des Kunstdrucks, inv: del: et sc.
Steingravierung, 37,6 x 49,3 cm
P 1360

25.2.5
Marktbetrieb in der Münchner Schrannenhalle mit Bauern, Händlern und Arbeitern
Ludwig Bechstein
(Meiningen 1843-1914 München), München, 1873
bez. r. u.: L. Bechstein
Xylographie aus der Leipziger Illustrierten
25 x 36 cm
35/2036

25.2.6
Das Innere der Schrannenhalle
unbekannter Stecher nach Heinrich Adam
(Nördlingen 1787-1862 München), München, um 1855
Stahlstich, 20,6 x 26,5 cm
30/175

25.2.4

25.2.7
Getreidemaße
Gebrauchsort Oberbayern, 19. Jh.
Laubholz, Eisen
21-23 cm, ø 35 cm
Freilichtmuseum des Bezirks Oberbayern an der Glentleiten, 90/230; 91/1517

25.2.8
Sackkarre
Gebrauchsort Oberbayern, 19. Jh.
Esche, Eisen, 113 x 48 x 36 cm
Freilichtmuseum des Bezirks Oberbayern an der Glentleiten, 82/1142

25.2.9
Getreidesäcke und Sackbrezen
Gebrauchsort Oberbayern
19. und Anfang 20. Jh.
Leinen, Sackbrezen: Laubholz
116-140 x 50-53 cm
Freilichtmuseum des Bezirks Oberbayern an der Glentleiten, 91/1507, 1-2, 89/381, 89/376, 89/380, U/4707

Das Getreide wurde in Leinensäcken transportiert, mit den ›Sackbrezen‹ wurden die Säcke verschlossen und konnten damit auch getragen werden.

›Kuhmilli – Butta – Saurs‹

»Das Leben auf den Straßen war gegen heutzu Tage sehr verschieden. Leute sah man sehr wenig, der Verkehr war ein geringer, so zwar daß man zum Fenster hinaussah wenn einmal ein Wagen vorbeifuhr – alle Lebensbedürfnisse mußte man am Markth kaufen, es wurde gar nichts ins Haus gebracht außer Milch die früh und abends auch von Milchmädeln ausgetragen wurde (...), ferner fuhren Bauern Mädeln in die Stadt mit einem Schubkarren auf dem Milchkübel standen und riefen -k - a - afts - k - a - afts - Kuhmilli – Butta – Saurs – Ferner kamen Bauern die einen Kübel trugen und ausriefen – Kranawit-Sulz – ferner Hafenbinder sie riefen ›Haferbind‹ – Säg-feiler sie riefen ›Sägfeiln‹ – das einzige was heut noch besteht ist. Kafts Erdbir – Taubir – Molbir – ›Weiß-Sand‹ gehört auch der früheren Zeit an.«

Privataufzeichnungen von Friedrich von Hellingrath (1826-1896) München

25.3 Milch und Eier

25.3.1
Milchmädchen und Soldat
Emil Gottlieb Rittmeier
(St. Gallen 1820-1920 Freudenstadt)
1844, bez. l. u.: E. R. 1844
Öl/Pappe, 26,3 x 23,3 cm
Lit.: AK Biedermeier 1987, Nr. 2.3.6
Taf. 287
41/170 Aus dem Münchner Kunsthandel

Entsprechend der Lithographie ›Milchmädchen aus der Umgebung von München‹(s. Kat. 25.3.2) wurde die Milch entweder mit der leichten Milchkutsche aus der Umgebung in die Stadt gefahren oder von Milchmädchen am Schulterjoch in die Stadt getragen. Mehrere deckellose, hölzerne Butten hängen an beiden Enden des Joches. Eisenmann (1814) zählt die Milch zu den geringeren Hausbedürfnissen (S. 207), die von den Milchmädchen »mit verschiedenen kadenzierten Melodien« in den Straßen ausgerufen wird. Der Weidenkorb auf unserem Bild birgt noch andere landwirtschaftliche Produkte, die das Milchmädchen gleichzeitig mit der Milch zum Verkauf anbietet. M.M.

25.3.2
Milchmädchen aus der Umgebung von München. Lactières des environs de Munic
Albrecht Adam
(Nördlingen 1786-1862 München)
München, o. J. (1825/1826)
bez. I. M. Hermann in München
Kolorierte Lithographie, 27 x 38,5 cm
29/251

Das Blatt mit Milchmädchen in Tracht wurde als Blatt XVI in der Sammlung Bayerischer -National-Costüme von Felix Joseph Lipowsky (Wiesensteig 1764-1844 München) herausgegeben. Milchmädchen verkauften die Milch von Haus zu Haus mit lautem Ausrufen. Lipowsky fügt dem Blatt folgenden Text hinzu:

25.3.1

»Da große Städte lediglich von der Zufuhr ihrer Umgegend die Lebensmittel erhalten, so muß denselben von den benachbarten Dörfern auch die Milch zugetragen werden, derer ihre Bewohner theils zur Nahrung, theils als Arznei, theils auch zum Behufe der Künste bedürfen, und so erhielt auch die köngl. baier. Haupt- und Residenz-Stadt München schon in ferner Vorzeit die nöthige Milch von den Landbewohnern ihrer Umgebungen, vorzüglich aber des nächst gelegenen Dorfes Schwabing. Diese Milch tragen die Mädchen in rein gehaltenen aus Holz verfertigten, dann mit eisernen, oder kupfernen Reifen umgebenen Kübelchen in die Stadt, und bringen sie an einer gebogenen, an beiden Enden mit eisernen Hacken versehenen hölzernen Stange auf ihren Schultern in die Häuser zum Verkaufe. Andere, die weiter von der Stadt entfernet sind, oder die mehrere Kühe haben, und also auch grössere Quantitäten Milch verkaufen, führen dieselbe auf einem Wägelchen, von einem Pferde gezogen, dahin.«

25.3.2

25.3.3
Sennerinnen von der Kreutz-Alpe bey Tegernsee.
Bergères d'une Alpe près de Tegernsée
wohl Albrecht Adam
(Nördlingen 1786-1862 München)
München, o. J. (1825/1826)
bez. Hermann u. Barth, München
Kolorierte Lithographie 27 x 38,5 cm
29/251

Das Blatt der Sennerinnen in Tracht wurde als Blatt VII in der Sammlung Bayerischer-National-Costüme von Felix Joseph Lipowsky (Wiesensteig 1764-1844 München) herausgegeben. Eine der beiden Sennerinnen buttert im Stoßbutterfaß die Almmilch. Die Alm-Butter war im München des 19. Jahrhunderts ein begehrter Handelsartikel.

25.3.4
Zunftlade der Käskäufler
München, 1756
Nußbaum auf Fichte, Mooreiche, Eibe, Eisenbeschläge, Thuja, Deckel intarsiert in Ahorn, 40/48 x 69 x 44 cm
Lit.: vgl. Schlichthörle, Die Gewerbsbefugnisse in der K. Haupt- und Residenzstadt München, 1. Band, Erlangen 1844, S. 247 ff.
XIII/86

Lade der Käskäufler, die sich Ende des 16. Jahrhunderts von den übrigen Käuflern (Viktualienhändler) abtrennen. Käskäuflern war der Handeln mit Käse, »wovon das Pfund unter 24 Kreuzern kostet« (den teuren Käse verhandeln die Kaufleute), der Handel mit Stoffen (Zwilch, Loden, Leinwand, Barchent), Federn und Heringen erlaubt. Sie verkauften im Laden und auf dem offenen Markt.

25.3.5
Der Geißmilchmarkt an der Roßschwemme
anstelle des heutigen Kustermann-Hauses an der Westseite des Viktualienmarktes
Joseph Puschkin (München oder Hamburg 1823-1905 München)
München, um 1890
bez. r. u. Puschkin f
Aquarell, 27,7 x 21,5 cm
Lit.: Schattenhofer, Beiträge zur Geschichte der Stadt München, Die alten Münchner Märkte und Dulten, aus: OA, 109. Bd., 1. Heft, München 1984, S. 87
Neuner 82

Auf dem Aquarell melken Frauen am Zaun festgebundene Ziegen (= Geißen) und verkaufen die Milch direkt an die Kunden. Der Geißmilchmarkt war in der zweiten Hälfte des 19. Jahrhunderts entstanden, als Milch- und Molkenkuren gegen Tuberkulose Mode wurden. Wie geschätzt die warme Ziegenmilch war, schildert Julie Adam in ihren Erinnerungen aus den Jahren 1863 1873:
»Jenseits des Baches, am Holzzaun festgebunden, standen frühmorgens eine Menge ustiger Geißen, gehütet von alten Frauen oder jungen Mädchen. Schwächlinge und kränkliche Leute, Groß und Klein, holten sich da die damals als kräftigstes Heilmittel ungemein geschätzte und beliebte frischgemolkene Ziegenmilch. Zu Kranken wurden die guten Tiere in's Haus gebracht und der Becher schäumender Milch in die Wohnungen getragen.« (Adam, 1989, S. 109)
U. Z.

25.3.6

25.3.6
Modell eines Milchwagens der Firma Kuchler, Gesellschaft für hygienische Milchversorgung m.b.H.
München, um 1906
Sperrholz, Messing, lackiert
38 x 48 x 14 cm
Lit.: AK Prinzregentenzeit, München 1988, Nr. 2.3.71; Spiekermann, Milchkleinhandel im Wandel. Eine Fallstudie zu München 1840-1913. MS-Beitrag zur 9th International Ethnological Food Research Conference, Ireland, June 17-22, 1992
65/967

Die Münchner Firma Kuchler stellte ›Milchausschankwagen‹ für den hygienischen Straßenverkauf von Milch her. Sie vertrieb die Wagen in ganz Deutschland, in der Habsburger Monarchie und in Rußland. Die patentierten Kuchler-Wagen wurden in verschiedenen Größen (Pferdewagen, Handwagen) angeboten. Seit 1906 wurden sie in München eingesetzt. Die Firma Kuchler verkaufte in München gleichzeitig eigenproduzierte, hygienische Milch. Sie versorgte mit großem Erfolg die Arbeiterbevölkerung in den Außenbezirken mit Milch, die billiger war als die der Zentralmolkerei in den Ladengeschäften. Trotz dieser preiswerten Versorgung wurden bis 1912 nur 11 KuchlerWagen genehmigt, da Kleinhändler sowie Haus- und Grundbesitzer gegen dieses alternative Versorgungssystem protestierten. U.Z.

25.3.7
Kuchler Milchausschankwagen ›Ich trinke nur Milch aus Kuchler's Milchausschankwagen‹
Carl Moos, München, um 1910
Plakat, Lithographie, 91,5 x 61 cm
B 13/82

25.3.7

25.3.8 a
Milchkanne mit Deckel und Henkel
Gebrauchsort München, 1. Hälfte 19. Jh.
Kupfer, innen verzinnt, 21 x 17,5 cm
Lit.: AK Biedermeier, München 1987, Nr. 4.16.20
KuS 2224

25.3.8 b
3 Milchkannen
Gebrauchsort München
1. Hälfte 20. Jh.
Weißblech, Eisenblech emailliert
H. 22-28, ø 11-15 cm
A 83/294/1 A 88/272/1 A 88/272/4

25.3.9
Milchflasche der Firma J. Erlmeier/Hoflieferant
Gebrauchsort München, um 1930
Glas, H. 23 cm
A 92/100

25.3.10
Butterrührgerät
Gebrauchsort München
1. Hälfte 20. Jh.
Glas, Gußeisen, Holz, 34 x 9 x 9 cm
A 88/242

25.3.11
Butterdose, Deckelgefäß mit Glaseinsatz
Gebrauchsort München, um 1950
unglasierte Irdenware, Glas, 11,5 x 16 cm
A 80/62

25.3.5

25.3.19

25.3.19
Eierständer für 12 und 48 Eier
Gebrauchsort München, um 1910
Ahorn, 8-16,5 x 20-37 x 18-20 cm
58/413, A 88/254

25.3.20
Eierpfanne
Gebrauchsort München, 19. Jh.
Kupfer getrieben, innen verzinnt
2,7 x 17 x 25 cm
KuS 1326

25.3.6
Modell eines Milchwagens der Firma Kuchler, Gesellschaft für hygienische Milchversorgung m.b.H.
München, um 1906
Sperrholz, Messing, lackiert
38 x 48 x 14 cm
Lit.: AK Prinzregentenzeit, München 1988, Nr. 2.3.71; Spiekermann, Milchkleinhandel im Wandel. Eine Fallstudie zu München 1840-1913. MS-Beitrag zur 9th International Ethnological Food Research Conference, Ireland, June 17-22, 1992
65/967

Die Münchner Firma Kuchler stellte ›Milchausschankwagen‹ für den hygienischen Straßenverkauf von Milch her. Sie vertrieb die Wagen in ganz Deutschland, in der Habsburger Monarchie und in Rußland. Die patentierten Kuchler-Wagen wurden in verschiedenen Größen (Pferdewagen, Handwagen) angeboten. Seit 1906 wurden sie in München eingesetzt. Die Firma Kuchler verkaufte in München gleichzeitig eigenproduzierte, hygienische Milch. Sie versorgte mit großem Erfolg die Arbeiterbevölkerung in den Außenbezirken mit Milch, die billiger war als die der Zentralmolkerei in den Ladengeschäften. Trotz dieser preiswerten Versorgung wurden bis 1912 nur 11 KuchlerWagen genehmigt, da Kleinhändler sowie Haus- und Grundbesitzer gegen dieses alternative Versorgungssystem protestierten. U.Z.

25.3.7
Kuchler Milchausschankwagen ›Ich trinke nur Milch aus Kuchler's Milchausschankwagen‹
Carl Moos, München, um 1910
Plakat, Lithographie, 91,5 x 61 cm
B 13/82

25.3.7

25.3.5

25.3.8 a
Milchkanne mit Deckel und Henkel
Gebrauchsort München, 1. Hälfte 19. Jh.
Kupfer, innen verzinnt, 21 x 17,5 cm
Lit.: AK Biedermeier, München 1987, Nr. 4.16.20
KuS 2224

25.3.8 b
3 Milchkannen
Gebrauchsort München
1. Hälfte 20. Jh.
Weißblech, Eisenblech emailliert
H. 22-28, ø 11-15 cm
A 83/294/1 A 88/272/1 A 88/272/4

25.3.9
Milchflasche der Firma J. Erlmeier/Hoflieferant
Gebrauchsort München, um 1930
Glas, H. 23 cm
A 92/100

25.3.10
Butterrührgerät
Gebrauchsort München
1. Hälfte 20. Jh.
Glas, Gußeisen, Holz, 34 x 9 x 9 cm
A 88/242

25.3.11
Butterdose, Deckelgefäß mit Glaseinsatz
Gebrauchsort München, um 1950
unglasierte Irdenware, Glas, 11,5 x 16 cm
A 80/62

25.3.12
Formen für sogenannten ›Oakas‹
(Eierkäs = Speise aus Milch, Eiern und Rosinen)
Gebrauchsort München, 19. Jh.
Irdenware, innen glasiert
Länge: 17,5-25 u. ø 14,5 cm
Lit.: Bauer, Ingolf, Hafnergeschirr aus Altbayern, München 1976, Nr. 263 (Osterlamm)
29/1041, 29/1042, 30/1663, 30/1664, 61/917

In diesen Formen entstand der sog. ›Oakas‹, eine Speise aus Milch, Eiern und Rosinen. Durch die Löcher sollte die Molke abtropfen.

25.3.12

Eierkas (Oakas)
»Man nimt auf ein Maß gute Milch 12 Eier, sprudelt es mitsamen in einen Hafen recht gut ab, seiht es dan durch ein Sieb, in eine Pfanne, rührt es auf der glut so lang bis es dick wird, /: Sieden darf es aber nicht :/ dan rührt man Zucker auch Weinbeeren nach belieben darunter, thut dan das Gerührte in ein Sieb heraus, unter welchen man eine Schüßel stellt, laßt die Milch gut wegseihen, den Eierkäs füllt man in Mödl, drückt in aber recht stark aus, damit keine Milch darin bleibt, dan laßt man in einem kühlen Ort stehen stürtzt ihn heraus auf Schüßel, dan ist er fertig.«
(Handschriftliche Rezeptsammlung, süddeutsch, 1843, L 1962/203)

25.3.13
Buttermodel und Butterstempel
süddeutsch, Anfang 20. Jh.
Ahorn
Model: 8 cm, Stempel H. 17,5, 14,5 cm
A 73/32/1-3, XI c/131

Butter galt lange Zeit als Delikatesse und war bei ärmeren Leuten keineswegs alltäglich. Besonders für Festtage wurde sie in Modeln geformt oder mit Stempeln verziert. In Oberbayern waren plastisch gestaltete Butterfiguren beliebte Hochzeitsgeschenke.

25.3.14

25.3.14
Der Eierbauer
Anonym, vor 1800
Öl/Lwd, 58,5 x 45,6 cm
29/874, 1929 aus alten Beständen transferiert (K 2071)

Eier waren ein wichtiges Nahrungsmittel. Vor allem bei der Zubereitung von Fastenspeisen waren sie unverzichtbar. Dem Viktualienverzeichnis von 1803 zufolge wurden im Laufe des Jahres siebeneinhalb Millionen Eier verbraucht. Bei knapp 50.000 Einwohnern eine stattliche Menge. (Hübner, 1803, S. 30.) Die Eier wurden auf dem Eiermarkt vor dem (Alten) Rathaus zusammen mit Geflügel sowie Butter und Schmalz verkauft. Später wurde der Verkauf hinter die Heiliggeistkirche auf den Viktualienmarkt verlegt. Die Eier kamen ebenso wie die Milch aus dem nächstgelegenen Umland. Dabei unterschied man zwischen ›Trucheneiern‹ und ›Körbeleiern‹. Dieser Eierbauer bietet Körbeleier an. Körbeleier waren frisch und zum alsbaldigen Verzehr bestimmt, während es sich bei den Trucheneiern möglicherweise um eingelegte Kalkeier handelte, die in Truhen transportiert wurden. Für das Jahr 1803 zählt die statistische Aufstellung der Polizei-Übersicht von München ausschließlich Trucheneier. Eine Begründung dafür gibt es nicht. Wahrscheinlich wurden die frischen Korbeier bis dahin nicht auf den Markt gebracht, sondern von bäuerlichen Fieranten an den Haustüren angeboten. Der Verkauf gefärbter Eier galt als Vergehen und wurde mit Konfiskation geahndet.
Die Figur des Eierbauern ist ein Motiv, das schon im 15. Jahrhundert im Zusammenhang ständischer Darstellungen vorkommt. (z.B. Albrecht Dürer, ›Drei Bauern im Gespräch‹, um 1496/97 und ›Bauernpaar auf dem Markt‹, dat. 1519, (Hollstein 87 und 89) sowie eine Dürer zugeschriebene Federzeichnung, ›Das verliebte Bauernpaar‹, Mailand Bibl. Ambrosiana (AK Albrecht Dürer, Nürnberg 1971, Nr. 424). Es ist fraglich, ob mit diesem Bildnis eines Eierbauern eine bestimmte Person verbunden ist. Der Mann trägt die Spuren des Alters und der niederen Herkunft. Er ist einfach, aber nicht ungepflegt gekleidet. Unter Umständen ist mit dem braunen Rock mit den roten Aufschlägen sein ehemaliger Soldatenrock gemeint.
Der alte, der untersten Sozialschicht angehörende Mensch fand um die Jahrhundertwende zunehmende Aufmerksamkeit. 1790 wurde das Armenhaus gegründet, dessen Berater Anton Baumgartner (1761-1831) war, der Verfasser der Polizei-Übersicht von München. I. G. Edlinger fand unter den alten Männern Modelle für einige seiner Bildnisse. Auch die Münchner Waisenhäuser waren offenbar mit einer Galerie von Bildnissen ausgerüstet, die als Stifterbildnisse angesprochen werden, gleichwohl zeigen sie Züge von ›Armeleutebildnissen‹ und Altersdarstellungen. Altendarstellungen fanden auch Eingang in die Kalender. Im ›Wegweiser für München auf das Jahr 1805‹ ist für jeden Monat ein Stich mit dem ›Bildnis einer alten Person aus der Gegend von München‹ nach Zeichnungen von Ferdinand Schiessl (1775-1820) abgebildet. Dazugehörige Biographien folgen am Ende des Bandes. Die Darstellung des alten Menschen im Bildnis geht auf die niederländische Malerei des 17. Jahrhunderts zurück. Ohne Verschlüsselung durch Mythos oder Allegorie haben Rembrandt und Franz Hals diese Form des Bildnisses zur Blüte gebracht. Die Rezeption der niederländischen Malerei vor und um 1800 ist ein bekanntes kunstgeschichtliches Phänomen. Für die Münchner Malerei wurde die Kopistentätigkeit in der Kurfürstlichen Galerie in Schleißheim ein stilbildendes Element. Es ist wahrscheinlich, daß der bis heute anonyme Maler in diesem künstlerischen Umfeld zu suchen ist.
M.M.

25.3.15
Eiertrage
süddeutsch, um 1900
Holz, Leinen, 68 x 37 x 35 cm
A 92/158

Die Eiertrage, ein Holzgestell mit Stoff bespannt, wurde auf dem Rücken getragen. Mit ihr konnte eine große Anzahl Eier zum Markt transportiert werden.

25.3.16
Eierstand ›Babette Koller‹, Viktualienmarkt
Jos. Paul Böhm
München, 1936
Photographie, 10,5 x 16,5 cm
41/117/1-2

25.3.17
Eierkocher in Fom eines Huhns
Entwurf: Richard Riemerschmid
(München 1868-1957)
Ausführung: Winhart & Co, München
München, 1896, Fabrikationsnummer 23
Kupfer, getrieben, gehämmert, gefräst, patiniert, innen verzinkt, Holzsockel
23 cm
Lit.: Kunst und Handwerk, 47. Jg., 1897/98, S. 420, Abb. 425; AK Kleinplastik und figürliches Kunsthandwerk München 1974, S. 70, Nr. 87; AK Richard Riemerschmid. München 1982, S. 293, Nr. 321
K 65/812

Ein Exemplar des Spirituskochers in Form einer Henne war 1898 in der Münchner Glaspalastausstellung zu sehen. Erst im Vorjahr war es den Münchner Kunstgewerblern zum ersten Mal gelungen, zur Internationalen Kunstausstellung zugelassen zu werden. Riemerschmids witzige Lösung für den Eierkocher zeigt, daß sich der Künstler von der Würde des Ortes nicht sonderlich beeindrucken ließ. Das unter dem Huhn liegende Ei kann aufgeklappt werden, um das Brennmaterial aufzunehmen. Das Huhn ist ebenfalls zu öffnen und enthält in seinem Inneren eine Vorrichtung für die Aufnahme von drei Eiern. Bis zur Aufklappnaht kann es mit Wasser gefüllt werden. Dem Gegenstand entspricht die einfache Behandlung des Materials. Leopold Gmelin lobte in seiner Besprechung der Ausstellung von 1898 in der Zeitschrift ›Kunst und Handwerk‹»... die äußerst originell gedachte und in ihrer naiven Durchführung höchst drollige ›Eierhenne‹ von Richard Riemerschmid«. N.G.

25.3.18
Eierbecher
Entwurf:
Hans Eduard v. Berlepsch-Valendas
(St. Gallen 1849-1921 Planegg)
Ausführung: Winhart & Co, München
München, 1898
Kupfer, getrieben, gelötet, 4,3 cm
Lit.: Kunst und Handwerk, 47. Jg., 1897/98, S. 422, Abb. 612;
AK Die Meister des Münchner Jugendstils, München 1988, S. 38
K 77/86/2-4

1898 stellte der in München lebende Schweizer Künstler H. E. v. Berlepsch-Valendas im Zusammenhang mit den künstlerischen Erneuerungsbestrebungen dieser Zeit Überlegungen zur Reform des Eierbechers an. Einer Familienanekdote zufolge war er es leid, die Spitze des auf herkömmliche Weise senkrecht im Becher stehenden Eies abzuschlagen. Um eine größere Öffnungsfläche zu erhalten, experimentierte er hiernach mit Entwürfen, die eine Schräglage des Eies ermöglichten. Die Originalitätssuche, die dem künstlerischen Aufbruch der Jahrhundertwende allgemein attestiert werden kann, dürfte jedoch dabei, über die technischen Überlegungen hinaus, eine nicht zu unterschätzende Rolle gespielt haben. Jedenfalls ließ Berlepsch einen ›schrägen‹ Eierbecher in zwei verschiedenen Versionen von der Münchner Firma Winhart & Co herstellen. In der Glaspalastausstellung des Jahres 1898 waren beide vertreten. Die drei Eierbecher des Münchner Stadtmuseums entsprechen der Version, die in der Ausstellung zusammen mit einem kugelförmigen Eierkocher gezeigt wurden. Bei nur leichter Schräglage ersetzt der weit heruntergezogene Griff den dritten Fuß des Bechers. Wurden die Eierbecher nicht benutzt, stellte man sie, den Griff nach innen, mit dem Eierkocher auf eine Platte, die das Set ergänzte. N.G.

25.3.16

25.3.19

25.3.19
Eierständer für 12 und 48 Eier
Gebrauchsort München, um 1910
Ahorn, 8-16,5 x 20-37 x 18-20 cm
58/413, A 88/254

25.3.20
Eierpfanne
Gebrauchsort München, 19. Jh.
Kupfer getrieben, innen verzinnt
2,7 x 17 x 25 cm
KuS 1326

DIE STADT UND DAS FLEISCH

Die gewerblich-handwerkliche Versorgung der Menschen mit Fleisch läßt sich in den mittelalterlichen Städten sehr früh nachweisen. In München hatte der Rat der Stadt in den Handwerks-Satzungen des 14. Jahrhunderts den Metzgern ihre Aufgabe in der Stadtgemeinde korporativ zugewiesen. Deren Sprecher, die sog. ›Vierer der carnifices‹ hatten den Schwur zu leisten »alles das vich, daz under die penck kumpt, [zu] beschawen und die stat, arm und reich, darinne besorgen, daz gu(e)t fleisch geslagen und gestochen werde, alz von alter herkumen ist, trewlich on allez geverde...« Die sich entwickelnde Zunft sah darin zum einen die Sicherung ihres Gewerbes, sie war damit aber auch gerade in Perioden der Fleischknappheit verpflichtet, den stets wachsenden Fleischbedarf der Stadt zu befriedigen.

33.2.4

Immer wieder geriet in früheren Zeiten die Ernährungslage der Städte in Gefahr, stockte ihre Brot- und Fleischzufuhr und ließ weniger existentielle Phänomene in den Hintergrund treten. Bis in das späte 17. Jahrhundert verhinderten zünftische Organisation des Handwerks und konservatives Handeln des städtischen Rates, daß die Zahl der zugelassenen Metzger mit den Bedürfnissen der anwachsenden Bevölkerung Schritt hielt. Auf die das städtische Leben bedrängenden demographischen Schübe wußte man nur zögernd zu reagieren: So verlegte zunächst der fürstliche Stadtherr die noch hölzernen Fleischbänke im Jahre 1315 weg vom zentralen Schrannenplatz auf den heutigen Viktualienmarkt und errichtete Bänke aus Stein. Die Zunft setzte sich schließlich aus den ca. 40 Metzgern der Unteren und der neuen ›Oberen Fleischbank‹ am Färbergraben zusammen. Das auch im 16. und 17. Jahrhundert noch in vielen Bereichen mittelalterlich strukturierte München hatte einem doppelten Druck standzuhalten, denn neben der allgemein steigenden Bevölkerungszahl galt es auch, die Bürde und Last einer höfischen Residenz zu tragen: so rechnet allein im Jahre 1565 der ›Hofmetzger‹ 2197 Kälber, 2710 Lämmer und 142 Rinder ab. Die Quellen zu den Speise- und Konsumgewohnheiten der städtischen Bevölkerung sind ansonsten eher spärlich: Die bekannteren Rezeptbücher etwa der Philippine Welser (1527–1580), das Klosterkochbuch von Tegernsee (ca. 1534), die 1483 in Nürnberg gedruckte ›Küchenmaisterey‹ oder auch der Reisebericht des Philosophen Michel de Montaigne durch Süddeutschland aus dem Jahre 1580 gestatten ebensowenig Einblick in den Küchenzettel der durchschnittlichen Stadtbevölkerung wie die reglementierten Speisepläne der geistlichen Einrichtungen und Spitäler. Ausgeglichen wird dieses Manko in der Überlieferung jedoch durch unser Wissen um die Gesuche des Metzgerhandwerks an den städtischen Rat und mit welchem Nachdruck man in diesem Gremium Unregelmäßigkeiten und innergewerblichem Streit durch Einsatz eigener ›commissarii‹ nachging.

An den Fleischbänken

»Der verpflichtete Bankknecht, welchem die Erhaltung der Reinlichkeit und Ordnung so anders in der Bank obliegt, ist der bürgerliche gestuckte Metzgermeister Andree Süß, welcher von den Jungmetzgern vom Stücke 1 hl., von den Altmetzgern aber vom Stücke 4 kr. Lohn hat, und wenn er ein Stück Vieh selbst arbeiten hülft, dafür besonders bezahlt wird. – Er wohnt unmittelbar auf der Metzge selbst, und kocht den bürgerlichen Metzgern und ihren Knechten täglich das Stück Fleisch, welches jeder zu seinem Frühstücke hergiebt, um sich für seine harte Arbeit zu stärken. Als Belohnung für seine Mühe, und für Holz und Salz, das er dazu herschaffen muß, bleibt ihm die Suppe, die er kreutzerweise wieder verkauft, und vielleicht eine der gesündesten und nahrhaftesten Suppen ist, die es giebt. Er gebraucht aber die Vorsicht, wenn er ein Stück Fleisch bekommt, das etwas riecht, dieß in einem besondern Hafen zu kochen, um die übrige Suppe damit nicht zu verderben. – Bey diesem Bankknecht herrscht die musterhafteste Reinlichkeit, und Zinn und Kupfer ist immer spiegelblank.«

»Die sogenannten Kudelwamper, welche sonst die Eingeweide des geschlachteten Viehes verkauften, existieren gegenwärtig nicht mehr; sondern jeder Metzger hat zu diesem Behufe ein sogenanntes Waarenmensch, welche auf kleinen transportablen Stühlen und Bänken gleich beym Eintritte in die Bänke ihre Waaren verkaufen, und zwar vom alten Fleische Kudelfleck, Füsse, Leber, Milz, Hirn, Lunge und Würste vom Innern, – vom jungen Fleische aber Kres, Füsse, Mägerln, Wämperln und Schafblutwürste, welch letztere gleich angebrüht, und zum Genusse fertig verkauft werden, bey welchem Frühstücke sich Dienstags, Mittwochs, Donnerstags und Sonntags Morgens eine Menge Menschen auf offener Straße einfinden.«

Baumgartner, 1805

Im Mittelpunkt der Diskussion um das Fleisch stand immer sein Preis. Bis in das 19. Jahrhundert haben wir es mit dem herrschaftlich gesetzten Preissatz zu tun, der die erlaubten Beträge für »das guete faiste Waldt und [Ge]pirg-Ochsenfleisch« angibt, für »das gemösste und faiste böste Khiefleisch«, das Stierfleisch, das Kalbfleisch, das Fleisch der Kitzen und Lämmer, das Schaffleisch, für die Köpfe der Schafe, die Innereien der Kälber, der Schafe und Lämmer, von Züngerl und Leber, der Brat- und Leberwürste und schließlich des Schweinefleischs, wobei dank der beim Backvorgang anfallenden Kleiereste vor allem die städtischen Bäcker die zahllosen Schweine mästeten.

Die Bestimmungen des Fleischsatzes waren den zu den städtischen Schlachtbänken zugelassenen Metzgern stets dann ein Dorn im Auge, wenn die obrigkeitliche Preisfestsetzung und die reale Lage auf dem Fleischmarkt nicht mehr zu vereinbaren schienen. Der Metzger war Handelsmann und Fleischbereiter in einer Person, der seine Aktivitäten auf das engere, regionale Umfeld um die Stadt beschränken konnte, sich aber auch ins Salzburgische, in die Steiermark, in den Bayerischen Wald oder nach Wien, ja bis Ungarn und Siebenbürgen wagte.

Suchte er die Vieh- und Jahrmärkte in Tölz, zu Wolfratshausen, Miesbach, Aibling oder den »vom Heyligen Perg zu Erling im Veldt bey Andex« auf, begegneten ihm dort die Metzger aus dem »Firstenthumb Bayrn« aus Landshut, Schrobenhausen, Dachau, Bruck, Weilheim, Landsberg, Aichach, Friedberg und ganz besonders die von »ausserlanndts« aus Augsburg, Kaufbeuren, Kempten, denen er sich häufig genug unterlegen fühlte.

Gelegentlich begegnete man auch kapitalkräftigen Handelsleuten, die das Vieh herdenweise aufkauften und über das Gebirge nach Süden entführten, nicht selten dank fürstlicher Rücksichtnahmen durch unangreifbare ›Policen‹ abgedeckt. Hier kamen große Geldsummen zum Einsatz in einem Spiel, das letztlich und ausschlaggebend von den städtischen Zentren Oberitaliens bestimmt wurde. Dreh- und Angelpunkt des europaweiten Fleischmarktes war Venedig, in dessen Sog riesige Ochsenherden aus ganz Europa, vom Balkan her und ganz besonders aus Ungarn in die Lagunenstadt getrieben wurden.

Je knapper den Münchner Metzgern ihr heimischer Nachschub wurde, um so mehr sahen sie sich gezwungen, selbst in der Fremde Handel zu treiben, geschäftliche Verbindungen aufzunehmen, um dann möglichst aus Wien, dem großen Umschlagplatz an der Donau, die Münchner Fleischversorgung zu sichern. Die Finanzierung dieser Unternehmungen ließen sie sich meist durch Gelder aus der Stadtkammer kreditieren, gelegentlich streckte auch der Hof die benötigten Mittel vor. Für die Metzger hieß es dann, ihre Kalkulation offenzulegen und Viehpreise, Treiberlohn, Futterkosten und Zolltaxen samt Schlachtbankzinsen gegen die Einnahmen aus Unschlitt, Fleisch-, Wurst- und Lederverkauf aufzurechnen.

Der Hof war – nicht zuletzt zur Deckung des eigenen Bedarfs – an billigem Fleisch, also einem niedrigen Fleischsatz und somit an nur bescheidenem finanziellen Gewinn der Metzger interessiert. Dies jedoch schmälerte die Möglichkeiten des Münchner Handwerks gegenüber den oberdeutschen und reichsstädtischen Konkurrenten zumal aus Augsburg, denen derartige Beschränkungen nicht im Wege standen.

Brachten über längere Jahre hin kriegerische Wirren in Ungarn den Nachschub des benötigten Fleisches fast zum Erliegen oder gefährdete z.B. der Dreißigjährige Krieg die heimische Landwirtschaft, dann wurde den Metzgern ihr ansonsten recht ertragreiches Geschäft erschwert. Der innergewerbliche Kampf sowie die Auseinandersetzungen mit den benachbarten Gewerben der Köche und Kuttelwäscher, aber auch mit den Lederern und Gerbern wurde härter. Bestimmte zudem, wie in den zwanziger Jahren des 17. Jahrhunderts, Getreidemangel, ungenügende Brotversorgung und gar noch eine rapide Münzverschlechterung das innerstädtische Klima, so glaubte der Rat der Stadt nicht selten, die Metzgermeister mit Gefängnis oder Verbannung aus der Stadt bedrohen zu müssen. Meist waren es die städtischen Aufseher, die Bankknechte, die den Rat von unlauteren Absprachen unter den Metzgern unterrichteten, von heimlichen Schlachtungen mit überteuerten Verkäufen oder davon, daß die Metzgersfrauen beim Verkauf sich bestechlich gezeigt oder betrügerisch gewogen hätten.

Verkaufsbänke der Münchner Metzger am alten Rathaus
aus: Baumgartner, 1805

Energisch ging die Obrigkeit von jeher gegen jene vor, welche die gesundheitssichernden Schlachtordnungen nicht beachteten, die detaillierten Beschauvorschriften zu umgehen suchten, unkontrolliert in den Privathäusern schlachteten oder Vieh aus infektionsgefährdeten Gegenden in die Stadt führten. Es waren vor allem diese Aspekte der Volkshygiene, die im 19. Jahrhundert den Bau zentraler Schlachteinrichtungen bewirkten. Klagten im Jahre 1828 noch die kommunalen Gemeindebevollmächtigten dem Magistrat gegenüber, daß Ratten und anderes Ungeziefer eine ›Reparatur und Verschönerun‹ der noch schindelgedeckten Bänke unumgänglich machten, so dauerte es gleichwohl bis ins Jahr 1878, daß Viehmarkt und Viehschlachtung der inzwischen 220000 Einwohner zählenden Stadt in deren Südwesten zwischen heutiger Zenetti-, Tumblinger- und Thalkirchner Straße zentriert wurden.

Damit war der Anschluß an eine inzwischen europaweite Entwicklung gefunden: Man realisierte den für die Anlieferung so wichtigen Gleisanschluß, der das bis dahin übliche Herantreiben des Viehs auf die Eisenbahn lenkte, schuf unterschiedliche Stallungen, Schlacht-, Maschinen- und Kühlhallen, integrierte Werk- und Gaststätten, nutzte zunächst eine eigene Brunnenanlage und später die städtische Hochdruckquellwasserleitung, richtete Laboratorien und moderne Trichinenbeschau ein, schuf Bürogebäude ebenso wie eine eigene Viehmarktbank – das Handwerk, dessen Milieu und Traditionen über Generationen hinweg den städtischen Fleischverzehr bestimmte, hatte in einer modernen, industriegeprägten Zeit seinen Platz im Leben der städtischen Bevölkerung neu zu suchen.

Auch wenn das 20. Jahrhundert entscheidend durch die Auswirkungen der beiden Weltkriege und der damit verbundenen Hunger- und Notsituationen geprägt ist, so ist gleichwohl für die westeuropäische Gegenwart nach den ersten Jahren des Sättigungs- und des Nachholbedarfs – wirtschaftlich mit Wurst- und Fleischfabrik, kulinarisch eher mit Schlachtplatte und Konservenwurst markiert – kennzeichnend das Auseinanderklaffen zwischen einer zum Unterhaltungsverhalten mutierten Fast-Food-Mentalität und einer auf den Erhalt der natürlichen Lebensgrundlage bedachten neuen Ernährungsweise. Es ist gerade die Stadt, die das Nebeneinander von Fleischboutique und Ökometzgerei sichtbar macht, und es sind nicht zuletzt die Städter, die Bauernmärkte besuchen und sich Schlachttermine von freilaufenden Rindern und Lämmern als Geheimtip austauschen.

I. Sch.

Quellen

Stadtarchiv München:
Ratssitzungsprotokolle; Gewerbeamt;
Schlacht- und Viehhof;
Steueramt.

Literatur

Creuzbauer, 1903
Dirr, 1934
Horn, 1974
Horn, 1980
Maehnert, 1990
Opel, 1928
Schlichthörle, 1844/45
Westermann, 1979

Zerlegung des Schweins, 32.2.4

25.4.2 a und b

25.4.1
Verordnung des Kurfürsten Ferdinand Maria vom 30. April 1657 den Preisaufschlag für Fleischwaren und Getränke betreffend
Typendruck mit aufgepreßtem bayerischen Siegel, 42,5 x 34 cm
29/1225

25.4.2a
Bildnis eines Münchner Metzgers
Mathias Schmid(t)
(Mannheim um 1760-1823 München),
1787, bez. l.u.: Math. Schmid invenit/1787
Öl/Lwd, 101,7 x 79,0 cm
IIc/13 Provenienz unbek.

25.4.2b
Bildnis einer Münchner Metzgerin
Mathias Schmid(t)
(Mannheim um 1760-1823 München)
1787, bez. l.u.: Math. Schmid burgerlich/Mahler & Vergolder/ 1787
Öl/Lwd, 102 x 79,9 cm
IIc/14

Die beiden Halbfigurenbildnisse, deren Provenienz unbekannt ist, gehören zum alten Bestand des MStM. Bei seiner Eröffnung als »Historisches Museum« 1888 wurden diese Bilder im ›Portrait- und Trachtenkabinett Nr. 4‹ als Portraits eines ›Münchner Bürgerehepaars aus alter Zeit‹ vorgestellt. In der Ausstellung ›München im XVIII. Jahrhundert‹, München 1901, die von Rudolf Seitz im Studiengebäude des Bayerischen Nationalmuseums eingerichtet wurde, waren die beiden Gemälde in der Eingangshalle »über den beiden Türen rechts« zu sehen. Erstmals erscheinen sie hier unter dem Titel ›Portraits eines Münchner Metzgers und seiner Frau‹. Als Adelbert Niemeyer anläßlich der Ausstellung ›Das bayerische Handwerk‹, München 1927 im Ausstellungspark einen Zunftraum (Halle I, Raum 23) einrichtet, werden u.a. vier Moriskentänzer von Erasmus Grasser sowie die beiden Bildnisse unter dem Titel ›Portraits eines Münchner Metzgermeisters und seiner Gattin‹ gezeigt (AK Das bayerische Handwerk, München 1927, S. 95 f.). O. D. Potthoff veröffentlicht alsdann die beiden Bildnisse in seiner Illustrierten Geschichte des deutschen Fleischerhandwerks, Berlin 1927 als ganzseitige Abbildungen unter dem Titel ›Eine Münchener Metzgermeisterin‹ (nach S. 128) und ›Ein Münchener Metzgermeister‹ (nach S. 192). Für die Richtigkeit dieser Identifizierung liefert Baumgartner den Hinweis. »An diesen Teil des Rathausgebäudes stößt die bürgerliche untere Metzge an. Selbe ist oberhalb des Eintrittes in die Bank mit einem Freskogemälde geziert, welches zwischen 2 Fenstern und zwischen Gehängen angebracht ist, die die verschiedenen Attribute des Fleischer-Metiers darstellen. – Das Gemälde repräsentiert einen Rindvieh-, Schaf- und Ziegenmarkt in einer angenehmen Gegend. – Vorne wird unter schönem Laubwerk ein Ochse festgehalten, der gerade den Schlag mit dem Beil erhalten soll. Der Metzgermeister, welcher mit seiner Ehegattin im feiertaglichen Staat dabei steht, ist in einen braunen Rock, rote Weste und schwarze Beinkleider, alles mit

25.4.3

silbernen Knöpfen besetzt, in eine runde Halskrause und einen runden Hut gekleidet. – Die Metzgerin hat eine schwarze Schleierhaube, woran für den Haarwulst und für die Nestnadel hinten eine goldenen Kappe befestigt ist, auf dem Kopfe. Sie hat ein schwarzes großes Korsett (worunter man das Mieder mit dem Silbergeschnür erblickt) und einen roten Rock unten mit einem Goldborten besetzt, am Leibe, und an den Händen Handschuhe von gestrickter Seide. Ihre Mitte ziert ein silberner Gürtel.« (Baumgartner, 1805, o. Seitenangabe).
Diese Beschreibung bezieht sich auf ein Fresko, das über dem zum Tal gelegenen Eingang in die Fleischbank angebracht war und bei der Niederlegung dieses Baues und der Öffnung des Geländes um das Heilig-Geist-Spital für den Viktualienmarkt 1885 verlorenging. Eine der Polizeiübersicht von Baumgartner beigefügten Radierung (Nr. XXXV) von Ferdinand Bollinger (Daten unbek.) bildet die bauliche Situation ab und zeigt das Fresko in Umrissen. Diese Abbildung zusammen mit der minutiösen Beschreibung der Kleider des Paares lassen keinen Zweifel, daß die beiden Einzelportraits dieses Paar von der unteren Metzge überliefern. Dafür spricht auch die Tracht der beiden, die im Hinblick auf die Datierung der Bilder (1787) historisierende Züge nicht verleugnet (vgl. vor allem den Gürtel der Frau und die Halskrause des Mannes). Die Darstellung des Münchner Metzgerpaares war offenbar höchst populär, denn sie findet sich als ganzfiguriges Doppelportrait als Wandschmuckmotiv bei F. J. Lipowskys, ›Sammlung Bayerischer National-Costüme‹, München o.J. (1825/26) Bl. XXXVII, der in seiner Beschreibung des Blattes auf die »bürgerlichen Kostüme des XV. Jahrhunderts« hinweist, die das Metzgerpaar trägt.
Welche Tradition sich hinter der Darstellung des sog. Münchner Metzgerpaares verbirgt, war nicht zu erschließen. Vielleicht handelt es sich um einen historisch nicht weiter belegbaren Zunftvorsteher und seine Frau. Eine Parallele wäre dann die Wappenscheibe der St. Galler Metzgerzunft von 1564 (Zürich, Schweizer Landesmuseum), auf der die Schlachtung eines Ochsen im Beisein einer Frau dargestellt ist (O. D. Potthoff a.a.O. Abb. nach S. 32).
Es ist anzunehmen, daß Mathias Schmid, der sich auf den Bildern als Maler und Vergolder bezeichnet, den Auftrag erhielt, diese beiden Bildnisse vom Fresko an der Fleischbank in freier Weise zu kopieren. Der Anlaß ist unklar, wahrscheinlich aber handelt es sich um einen Auftrag der Metzgerzunft, die dieses Wahrzeichen in ihre Versammlungsstube holen wollte.
M. M.

25.4.3
›Münchner Metzgerfamilie‹
Petrus Jakob Horemans
(1700 Antwerpen – 1776 München)
1755
bez. rs. P. Horemans. pinx./1755
Öl/Holz, 24,5 x 31,5 cm
37/1374, Ankauf aus dem Kunsthandel (Ludwig Firmkes)

25.4.4
›Münchner Metzgerfamilie mit Kalbskopf‹
Petrus Jakob Horemans
(1700 Antwerpen - 1776 München)
1755
bez. rs. P. Horemans. pinx./1755
Öl/Holz, 24,6 x 31,5 cm
37/1375, Ankauf aus dem Kunsthandel (Ludwig Firmkes)
Lit.: AK Bayern. Kunst und Kultur, 1972, Nr. 1083 (Abb.) u. 1084
AK Peter Jakob Horemans 1974
Emmens, 1973, S. 93 ff.
de Jong, Einleitung in: AK Die Sprache der Bilder, 1978, S. 11 ff.
Renger, Zur Forschungsgeschichte der Bilddeutung in der holländischen Malerei in: AK Die Sprache der Bilder a. a. O.

Die beiden als Gegenstücke konzipierten Gemälde wurden 1972 erstmals unter dem Titel ›Münchner Metzgerfamilie‹ (Inv. Nr. 37/1374) und ›Münchner Metzgerfamilie mit Kalbskopf‹ (Inv. Nr. 37/1375) veröffentlicht. In der Peter Jakob Horemans gewidmeten Werkschau 1974 erscheinen die Bilder unter dem Titel ›Metzgerfamilie‹ (Inv. Nr. 37/1374) und ›Gruppenbild um einen Kalbskopf‹ (Inv. Nr. 37/1375), letzterer ein bereits im Inventar niedergelegter Titel. Für 37/1374 findet sich dort die Titelversion ›Interieur mit Kuttlerehepaar‹. Dieser Tradition zufolge werden die beiden Darstellungen gemeinhin ›Münchner Metzgerbilder‹ genannt. In der Tat weisen die Gebilde im Zentrum der Bilder auf das Metzgerhandwerk hin, denn dort ist jeweils rohes Fleisch dargestellt: einem nicht mehr ganz jungen Paar, das beim Wein sitzt, werden Innereien eines frisch geschlachteten Tieres durch eine Magd demonstriert, das andere Mal wird ein bis auf die Schnauze enthäuteter Kalbskopf auf einem Teller präsentiert. Außerdem quellen rohe Fleischstücke aus dem Henkelkorb, dessen Deckel die junge Frau geöffnet hält, so als würde sie ihren Einkauf, den sie von der Metzgerbank mitgebracht hat, dem Herren gegenüber zeigen.
Diese Interpretation schildert die Darstellungen auf der Ebene ihrer – anscheinend – realen Erscheinungsweise. Gleichwohl fügen sich einige Motive nicht in diesen Kontext, ja sie tragen den Charakter des Absurden.
Absurd scheint es, einem beim Wein sitzenden Paar Innereien in ungekochtem Zustand aufzutischen, und dies mit einem törichten, fast anzüglichen Lächeln seitens der Magd. Das Paar schenkt seine Aufmerksamkeit auch keineswegs diesem seltsamen Angebot, sondern holt den Betrachter mit teils fixierendem, teils wie animierend wirkendem Blick an die Szene heran. Bei der sog. Metzgerfamilie mit Kalbskopf sind die Blicke der dargestellten Personen untereinander vernetzt: die junge, kokett zurückweichende Frau sucht den Blick des Mannes, der wohlgefällig den Korb mustert. Die mit Zipfelmütze und Bierglas möglicherweise als Gastgeber apostrophierte mittlere Figur fixiert den offenbar zögerlichen Herrn mit einem breiten, auffordernden Lachen. Solche Details verleihen der auf den ersten Blick eindeutigen Darstellung ein irritierendes Moment, und man fragt sich, was dies mit dem berufsspezifischen Inhalt der Bilder zu tun hat. Neue ikonographische Forschungen haben nachgewiesen, daß die ›reale‹, d. h. die äußerlich

sichtbare Alltagswelt der niederländischen Genremalerei immer eine tiefere Bedeutung verborgen hält. Unter Heranziehung der Markt- und Küchenstücke des 16. und 17. Jahrhunderts wurde plausibel, daß Frauen, insbesondere Küchenmägde, in Verbindung mit rohem Fleisch als Allegorie auf die ›voluptas carnis‹ zu verstehen sind. Mit dieser Deutung, die 1973 durch J. A. Emmens erstmals zur Diskussion kam, werden auch die sog. Münchner Metzgerbilder ihrem Inhalt nach verständlich. Das Bett im Hintergrund läßt keinen Zweifel mehr, daß die häusliche Szene ihre Sinngebung in der Darstellung moralisierender Inhalte fand, in diesem Falle der Darstellung des Lasters der ›Fleischeslust‹. Das sog. Metzgerbild mit Kalbskopf wird dann als Bordellszene wohl richtig gedeutet, wobei Kalbskopf etc. die Erhöhung ins Allegorische bewirken.

Peter Jakob Horemans ist Vertreter der niederländischen Malerschule. Er war Schüler von Jan Joseph I Horemans (Antwerpen 1685-1759 ebenda), bis er 1724 die Vaterstadt verließ, um Italien und Rom zu bereisen. Die Reise wurde 1725 in München abgebrochen, da der Maler hier eine für ihn günstige Auftragslage vorfand. Horemans blieb in München bis an sein Lebensende (1776). Durch P. J. Horemans hat die Gattung der Genremalerei in München Eingang gefunden. Seine Bilder standen schon zu Lebzeiten unter gutem Ruf, und F. J. Lipowsky hebt im Bayerischen Künstler-Lexikon 1810 seine »Konversations-, Architektur-, Früchte- und Küchenstücke« hervor. Ebenso wie diese sind auch die sog. Münchner Metzgerbilder ohne den Einfluß des niederländischen Genrebildes nicht denkbar.

M. M.

25.4.5

Das Schlachthaus der Metzgerei Gerl in der Weinstraße im Zustand von 1783

München, 1783

Aquarell, weiß gehöht, 14 x 20,8 cm

51/263

25.4.6

›Der Fleischer‹

Johann Friedrich Voltz

(Nördlingen 1817-1886 München)

nach Johann Michael Voltz

(Nördlingen 1784-1858 Nördlingen)

München, 1833

Radierung, 21 x 25,5 cm

Lit.: AK Biedermeier, München 1987, Nr. 2.2.1

M II/3812,5

Blatt aus einer Serie von 12 Blättern verschiedener Handwerksberufe, die wahrscheinlich als Anschauungsbilder für den Unterricht der Kinder gedacht waren.

25.4.7

Vogelschauansicht des von Arnold Zenetti 1876-78 erbauten Schlacht- und Viehmarktes zwischen der Tumblinger- und Thalkirchner Straße

Christian Steinicken

(München 1831-1896 München)

um 1880

bez. l. u.: Zeichnung u. Stahlstich von Ch. Steinicken

Stahlstich, 37,3 x 51,6 cm

P 1358

25.4.5

Zerlegung des Ochsen, 32.2.4

25.4.8
Zunftlade der Metzger
München, 1798
bez. I 17 R/E 98 W
Eiche und Nußbaummaser furniert, Einlagen Mooreiche und Ahorn, Blindholz Fichte, Schloß fehlt, Eisengriffe
31 x 60 x 33,5 cm
Lit.: Ottomeyer, Zopf- und Biedermeiermöbel, München, 1991, Kat. 182
65/640

Der rechteckige Kasten mit profilierter Sockel- und Deckelleiste steht auf verjüngten Vierkantfüßchen mit Kannelur. Die Fronten tragen querrechteckige, von Streifenintarsien eingefaßte Wurzelmaserfelder mit Eckquadraten, die in helle und dunkle Dreiecke unterteilt sind. Intarsiert sind im Feld der Schauseite Hackklotz, Messer, Beil und an Haken eines Gestänges hängende Würste, Schinken und Innereien sowie auf den Seiten ›I 17 R‹ und ›E 98 W‹.

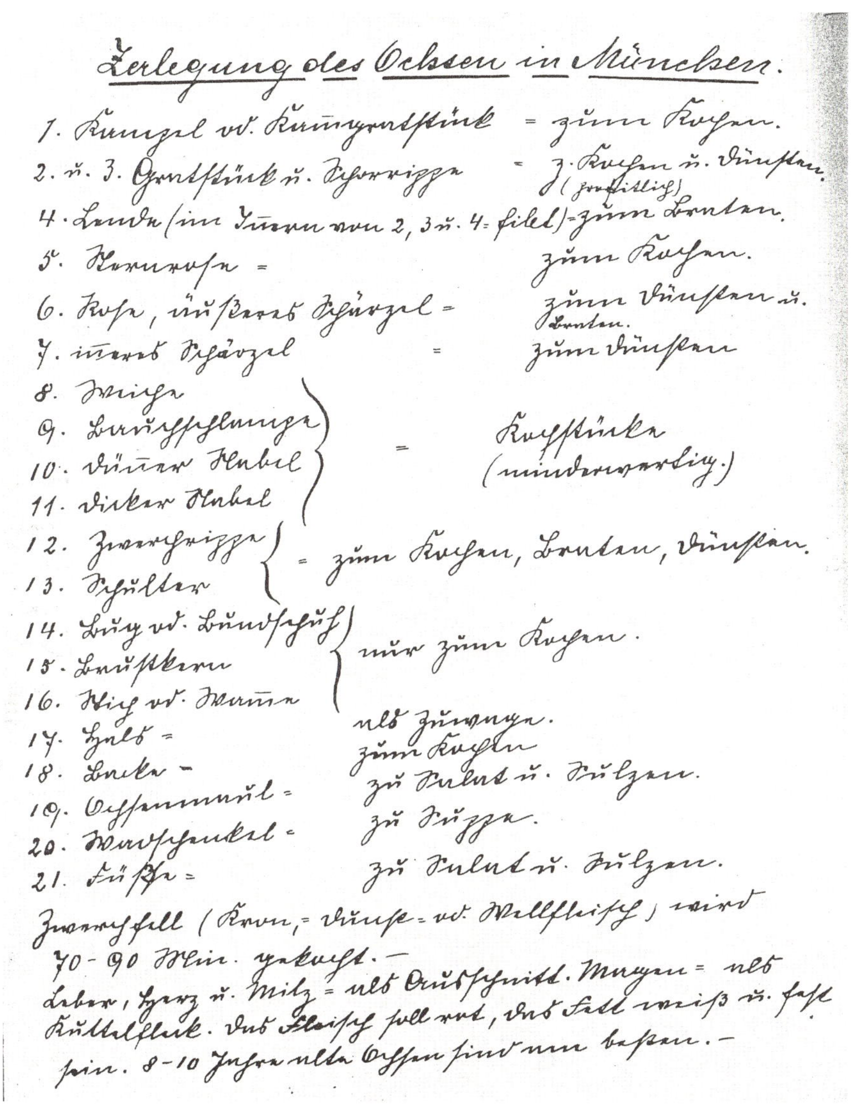

Zerlegung des Ochsen in München.

1. Kanzel od. Kammgratstück = zum Kochen.
2. u. 3. Gratstück u. Hochrippe = z. Kochen u. Dünsten (vorzüglich)
4. Lende (im Innern von 2, 3 u. 4 = filet) = zum Braten.
5. Hornrose = zum Kochen.
6. Rose, äußeres Schärzel = zum Dünsten u. Braten.
7. inneres Schärzel = zum Dünsten
8. Weiche
9. Bauchschlange
10. dünner Nabel
11. dicker Nabel
(8.–11.) = Kochstücke (minderwertig.)
12. Zwerchrippe
13. Schulter
(12.–13.) = zum Kochen, Braten, Dünsten.
14. Bug od. Bandschuh
15. Brustkern
16. Stich od. Wamme
(14.–16.) nur zum Kochen.
17. Hals = als Zuwage.
18. Backe = zum Kochen
19. Ochsenmaul = zu Salat u. Sulzen.
20. Wadschenkel = zu Suppe.
21. Füße = zu Salat u. Sulzen.

Zwerchfell (Kron-, Dünst- od. Wellfleisch) wird 70–90 Min. gekocht. – Magen = als Leber, Herz u. Milz = als Aufschnitt. Kuttelfleck. Das Fleisch soll rot, das Fett weiß u. fest sein. 8–10 Jahre alte Ochsen sind am besten. –

25.4.9
Lehr- oder Gesellenbrief für den Metzger Wilhelm Angerer
München, 1848
Lithographie und Handschrift mit aufgepreßtem Zunftsiegel, 42,6 x 54,5 cm
37/1190/2

Der Brief wurde am 7. Februar 1848 ausgestellt für den Metzgerssohn Wilhelm Angerer in der Vorstadt Au und ist mit einer Ansicht der Maria-Hilf-Kirche und ihrer Umgebung verziert.

25.4.10
Metzgergürtel
süddeutsch, Anfang 19. Jh.
Schweinsleder, Federkielstickerei
102 x 14 cm
Lit.: Potthoff, Illustrierte Geschichte des deutschen Metzgerhandwerks, Berlin 1931
A 73/49

Leibgürtel (Geldkatze) mit ornamentierter ovaler Messingschließe. Aufgesetztes besticktes Vorderblatt mit Metzgeremblem (Ochsenkopf, gekreuzte Metzgerbeile) in Blumenranken und Randornamenten. Aufgesetzte bestickte Schlaufe mit Ranken, Blüten und Randornamenten. Gürtel mit Innenschnürung zum Aufbewahren von Geld.

25.4.11
Wetzstahl für Metzger mit Messinggriff in Ochsenkopfform
süddeutsch, 19. Jh.
Stahl, Messing, 25,5 x 2,5 cm
A 83/323

25.4.12
Metzgerbeil
Gebrauchsort Oberbayern, 19. Jh.
Stahl, Laubholzgriff, 31 x 9 cm
Freilichtmuseum des Bezirks Oberbayern an der Glentleiten, 91/451

25.4.13
Eugen Brunfaut,
Kunstgemäße Garnierung von Schüsseln
Verlag der Allgemeinen Fleischer-Zeitung Actien-Gesellschaft, Berlin, um 1910[2]
Pappband, 36 Tafeln
(Chromolithographien)
A 91/126

Der Küchenmeister und Lehrer der Kochkunst gibt mit den Tafeln Anregungen und Vorbilder zum Garnieren von kalten Platten, Schinken und Sulzkoteletts.

25.4.14
Metzger, Schaufensterfigur
deutsch, um 1930
Papiermaché, textile Bekleidung, 70 cm
Puppentheatersammlung 44.144

Metzgerfigur mit lachendem Gesicht in typischer Metzger-Berufskleidung. Im Inneren der Figur befindet sich ein Federmotor, der den Kopf in dauerhaftes Wackeln versetzen kann. Der Metzger stand als beweglicher Blickfang im Schaufenster einer Metzgerei.

25.4.15
Wurstdose
süddeutsch, um 1900
Steingut, Auflegdekor, 15 x 19,5 x 6 cm
Privatsammlung München

Weiße Deckeldose zum Servieren von ›Heissen Würstl‹. Dosendeckel mit aufgelegtem Steingut-Würstchen.

25.4.16

25.4.16
Eingang in den als Fleischhalle dienenden Weiberbau des ehemaligen Heiliggeistspitals, vom Tale aus gesehen
um 1880
Max Kuhn
(München 1838-1888 München)
Aquarell, 30,7 x 34 cm
Z (C 7) 975

25.4.17
Das Innere der Fleischhalle im ehemaligen Weiberbau des Heiliggeistspitals
August Seidel
(München 1820-1904 München)
München, um 1880
bez. l. u.: A. Seidel
Aquarell, 26 x 35,7 cm
Z (B 9) 978

25.4.13

DAS ›NÖTIGE‹ SALZ

Seit der Mensch begann, Feldfrüchte zu kultivieren und sich überwiegend von Pflanzen zu ernähren, muß er täglich zur Regulierung seines Wasserhaushalts im Körper zusätzlich ca. 5g Salz zu sich nehmen.
Die Bedeutung des Salzes für alles Leben kommt in vielen Mythen und Riten zum Ausdruck. So hat sich z.B. bis heute im christlichen Abendland der Brauch erhalten, an Ostern zusammen mit Brot, Eiern und Schinken auch Salz zu segnen.

Salz ist auf der Erde reichlich vorhanden. Es ist in den Meeren mit einem durchschnittlichen Salzgehalt von 35 g pro Liter gebunden, und auf dem Festland gibt es riesige Salzlagerstätten. Die unterirdischen Salzlager haben sich in einem Zeitraum von Millionen von Jahren nach tektonischen Verschiebungen in abgetrennten Binnenmeeren durch Verdunstung gebildet, wobei sich die einzelnen Sedimente nach Grad ihrer Löslichkeit schichtweise ablagerten, nacheinander Kalk, Gips und Anhydrid, schließlich Stein-, Kali- und Magnesiumsalz.

Im 19. Jahrhundert beginnt die Wissenschaft, die Bedeutung des Kochsalzes für den menschlichen Organismus zu erforschen. 1860 veröffentlicht Carl von Voit (ein Schüler des Chemikers Justus von Liebig), der als Begründer der wissenschaftlichen Ernährungslehre gilt, seine Untersuchung über den Einfluß des Kochsalzes in der Nahrung auf den Stoffwechsel.

Übermäßiger Salzkonsum gehört bei unseren heutigen Ernährungsgewohnheiten zu den wichtigsten Verursachern der sogenannten Zivilisationskrankheiten. Um den Salzverbrauch reduzieren zu helfen, bietet die Industrie Diätsalze an, bei denen Natrium durch Kalium ersetzt ist, und Gewürzsalze mit Beimischungen von Kräutern und Gemüseextrakten. Außerdem gibt es zur Vorbeugung gegen Mangelerscheinungen Jodsalz sowie mit Vitaminen und Mineralien angereicherte Salze.

Dreißig Prozent des weltweit geförderten Salzes gewinnt man heute aus den Meeren in Salzgärten. Meersalz enthält neben geringen Mengen an Jod eine Reihe von Spurenelementen, weshalb es mitunter dem Steinsalz vorgezogen wird. 70 Prozent der Produktion stammen aus kontinentalen Salzlagerstätten. Das Steinsalz wird im Bergbau entweder im trockenen Zustand gefördert und durch Erhitzen auf 900-1000 Grad gereinigt (Hüttensalz) oder in Sinkwerken nach Anreicherung des eingeleiteten Süßwassers als gesättigte Sole in Salinen wieder eingedampft. Dieselbe Methode dient auch der Gewinnung von Salz aus Solequellen und salzhaltigem Grundwasser (Siedesalz).

Jahrtausendelang war Salz in meerfernen Gebieten unerläßlich für die Konservierung und Ernährung und daher kostbar. Dank moderner Technologie und Transportmittel wird es heute überall in ausreichendem Maße und

»Etwas vom Nutzen des Küchensalzes.

Das Koch- oder Küchensalz wird deßwegen bey dem Einmachen der Gurken und des Sauerkrautes zugesetzt, damit diese Gewächse während der Zeit, da die Gährung erregt werden soll, nicht in Fäulniß übergehe. Wird aber davon zu viel zugethan, so wird die beabsichtete Gährung wieder dadurch gehindert, die Gewächse bleiben hart, und werden wenig oder gar nicht sauer. Wann aber manche aus bloßer Unwissenheit Kupferbleche unter die Gurken legen, um solchen eine schöne grüne Farbe zu verschaffen, aber in gleicher Absicht die Brühe, eine Nacht über in einem kupfernen Kessel stehen lassen, so mögen solche ihr schädliches Verfahren aus dem, was allgemein von dem nachtheiligen Gebrauch des kupfernen Geschirres bekannt ist, selbst einsehen lernen.
Bey dem Einpökeln des frischen Fleisches darf hingegen das Salz schon nicht geschont werden, damit dem Fleische dadurch ein Theil der Wäßrigkeit entzogen werde und dasselbe mit einer starken Salzlake bedeckt, vor Fäulniß bewahret werde.«

J. G. S., 1797, S. 109

sehr preisgünstig angeboten. Wir können kaum noch nachvollziehen, daß Salz bei Verknappung sogar mit Gold aufgewogen wurde, wie arabische Quellen aus dem 11. Jahrhundert aus Zentralafrika berichten.

Der Abbau von Steinsalz im Untertagebau ist im alpenländischen Raum schon im 9. vorchristlichen Jahrhundert in Hallstatt durch Funde von Bronzegeräten nachzuweisen. Im Berchtesgadener Land, wo man seit der Frühzeit die ergiebigen Solequellen nutzte, begann man ab dem 12. Jahrhundert, zusätzlich noch Salz im Bergbau zu fördern. Im Laugwerkverfahren leitete man in einen vorher in den Berg getriebenen Werkraum Süßwasser, das nach 60–70 Tagen als gesättigte Sole wieder abgepumpt wurde. Das Eindampfen der Sole in Pfannen verlangte mehr Brennholz, als die umliegenden Wälder liefern konnten. Zur Entlastung der Saline Berchtesgaden baute man 1619 eine zweite Saline in Traunstein, die durch eine ›Pipeline‹ mit Sole versorgt wurde, und 1810 eine dritte Saline in Rosenheim.

Durch die ergiebigen Salzvorkommen in Berchtesgaden und im bayerischen Hall (»hal« bedeutet ursprünglich »Salz«; daher reiches Hall – Reichenhall) war der Salzhandel in Bayern ein bedeutender Wirtschaftszweig. In Konkurrenz mit dem ›minderen‹ Salz aus dem österreichischen Hallein transportierten Fuhrleute bayerisches Salz auf Flüssen und über Salzstraßen bis nach Böhmen, Ungarn und nach Westen bis in die Ostschweiz.

Eine wesentliche Einkommensquelle der Fürsten war die Salzsteuer. Die Stadt München hat ihre Gründung dem Salzhandel zu verdanken. Heinrich der Löwe, der sein Herrschaftsgebiet in Bayern festigen wollte, zerstörte die Föhringer Isarbrücke des Freisinger Bischofs, über die die Salzstraße über Augsburg nach Westen führte, um dadurch den Handelsverkehr über seine eigene, etwas weiter südlich neu errichtete Brücke bei Munichen umzulenken. Dem Marktflecken an der neuen Brücke verlieh der Herzog dann das Markt-, Münz- und Zollrecht und schuf damit die Voraussetzungen für die städtische Entwicklung. Kaiser Friedrich Barbarossa legitimierte den Vorgang auf dem Reichstag zu Augsburg am 14.6.1158. Das Datum gilt seither als Gründungstag der Stadt.

1332 wiederholte Kaiser Ludwig der Baier in einer goldenen Bulle das wahrscheinlich schon auf Heinrich den Löwen zurückgehende Privileg, das besagte, daß der gesamte Salzhandel zwischen den Alpen und Landshut über München geführt und dort die Ware zum Verkauf angeboten werden müsse. Gefördert durch diesen Wegezwang und das Stapelrecht, war der Salzhandel im Mittelalter der bedeutendste Wirtschaftszweig Münchens.

Dem Wesen der mittelalterlichen Wirtschaftsordnung entsprechend war auch der Münchner Salzhandel durch eine genaue Ordnung geregelt. Die Fernhändler, die sogenannten Salzsender, waren in einer Zunft zusammengeschlossen und gehörten der städtischen Oberschicht an und stellten Mitglieder im Äußeren und Inneren Rat. Der Zugang zur Zunft war Bürgern mit einem bestimmten Vermögen und Grundbesitz vorbehalten. Die Salzsender mußten sich jedes Jahr festlegen, auf welchem Stapelplatz sie einkaufen bzw. welchen Stapelplatz sie von München aus beliefern wollten. Abweichungen waren verboten. Die Stadt verteidigte die Interessen ihrer Salzsender, indem sie zeitweise auswärtigen Salzhändlern die Belieferung des Münchner Marktes verbot. Aus Wettbewerbsgründen durften die Salzsender nur in eigener Person oder vertreten durch einen Angestellten, keinesfalls durch einen anderen Salzsender und auf eigene Rechnung Handel treiben, wobei als Höchstmenge eine ›Irte‹ (um 1500 betrug eine ›Irte‹ 128–130 Scheiben pro Woche) festgesetzt war. Um zu verhindern, daß Salzlieferungen über die Isar an München vorbeigeschmuggelt wurden, kontrollierten Überreiter oder Salzbereiter das Umland.

Salz wurde in verschiedenen Größen und Formen gehandelt. Bis zum 14. Jahrhundert war das ›Fuder‹ (50–60 Pfund) gebräuchlich. Um eine solche Handelseinheit herzustellen, wurde das noch feuchte Salz in kegelförmige Holzgefäße gestoßen, die man nach dem Trocknen in sog. Pfieselhäusern wieder entfernte. Für den Transport härtete man dann die Fuder über dem Feuer. Die gängigste Handelsform waren ›Scheiben‹ mit einem Volumen von 92,5 l. Einem ›Krötel‹, d.h. Salzfaß, entsprachen jeweils 3 bis 4 Scheiben. Scheiben und Fässer wurden auf Wagen, gebrochenes Salz, Plach- oder Galvensalz auch auf Saumtieren von Säumern transportiert. Der Legende nach war der in München verehrte Winthir, der Schutzpatron von Neuhausen, ein solcher Salzhändler.

Salzfuhrwerk mit Reichenhaller Salz, aus: Baumgartner, 1805

Die Salzsender ließen die Waren von Fuhrleuten zu einem wöchentlich neu festgesetzten Lohn nach München bringen. Bis zu Beginn des 15. Jahrhunderts wurde der Salzhandel an einem bestimmten Tag auf dem Wochenmarkt am Marienplatz abgewickelt. Die Waren lagerten in privaten Salzgreden oder -stadel. Um einen besseren Überblick über ihre Salzvorräte zu erhalten, begann die Stadt im Jahre 1406 in der Kreuzgasse (heute Promenadeplatz) mit dem Bau eines öffentlichen Salzstadels. 1408 mietete sie daneben zwei weitere Lagerräume an, 1487 kam ein vierter Salzstadel an der Maffeistraße dazu. Mit der Einrichtung städtischer Salzstadel konzentrierte sich der gesamte Salzhandel Münchens im Kreuzviertel, wo Salzmesser, Krötelschreiber, Salzlader und Büchsenknechte im Auftrag der Stadt den Salzhandel abwickelten. Der Handelsumfang läßt sich anhand der Zolleinnahmen in den Kammerrechnungen nachvollziehen. Er betrug beispielsweise 1422–1431 aufgerundet durchschnittlich 65 000 Scheiben pro Jahr, das sind fast 100000 Zentner, in den Spitzenjahren 1470–1479 durchschnittlich 115500 Scheiben pro Jahr (173000 Zentner). Die Stadt bezog aus dem Salzhandel auch beträchtliche Einnahmen. Den Scheibenzoll, einen Einfuhrzoll von 1 Pfennig/Scheibe, begründeten die Bürger damit, daß sie »die statt desterbaß gebesseren und gebauen mögen«.

Salzstößler zerstießen die Salzblöcke und betrieben den Kleinhandel. Aus ihrer Zunftordnung geht hervor, daß sie für den Weitertransport zerstoßenes Salz auch in leere Weinfässer füllten. Neben den Salzstößlern waren am Detailverkauf noch Kerzengießer, Krämer und Eisenhändler beteiligt.

Im Laufe des 16. Jahrhunderts fanden die Privilegien der Münchner Salzsender immer weniger Beachtung. Da dies die Gewinne schmälerte, zogen sich die alten traditionsreichen Salzsenderfamilien allmählich aus dem Geschäftsleben zurück. 1587 schließlich endete mit der Auflösung der Salzsenderzunft der freie Salzhandel, als Herzog Wilhelm, der nach Ankauf der Berchtesgadener Saline 1509 durch Albrecht IV. die Produktion kontrollierte, nun auch das Handelsmonopol beanspruchte. Die der Stadt durch den Salzhandel zufließenden Zoll- und Stadeleinkünfte erfuhren jedoch keine Einbußen.

1778 begann die Stadt mit dem Bau zweier großer Salzstadel auf dem ehemaligen Richtplatz an der heutigen Arnulfstraße (damals Salzstraße), den Salzhandel vor das Karlstor zu verlegen. Neben diesem Handelszentrum gab es 1820/50 im Tal noch einen kleineren Salzmarkt für Salzkärrner, die ihre Ware von den Salinen selbst bezogen, mit Rücksicht aber auf den Kleinhandel nur in Mengen von über 50 kg weiterverkaufen durften.

1807 erließ Bayern zum Schutz der heimischen Salzproduktion ein Einfuhrverbot für Salz. Mit Einführung der Gewerbefreiheit 1868 erlosch das staatliche Salzhandelsmonopol. In Bayern befindet sich die Salzproduktion heute noch in staatlicher Hand, da die ›Bayerische Berg-, Hütten- und Salzwerke AG‹ zu 100 Prozent dem bayerischen Staat gehört.

Im heutigen Stadtbild Münchens sind außer dem mittelalterlichen Salzstadel im Montgelaspalais des Hotels Bayerischer Hof keine weiteren Hinweise über den Salzhandel und seine entscheidende Bedeutung für die Frühzeit der Stadt mehr zu finden.

I. Schr.

Literatur

Bergier, 1989
Schattenhofer, 1984
Schlichthörle, 2 Bde, 1844-45
Stahleder, 1992
Vietzen, 1936

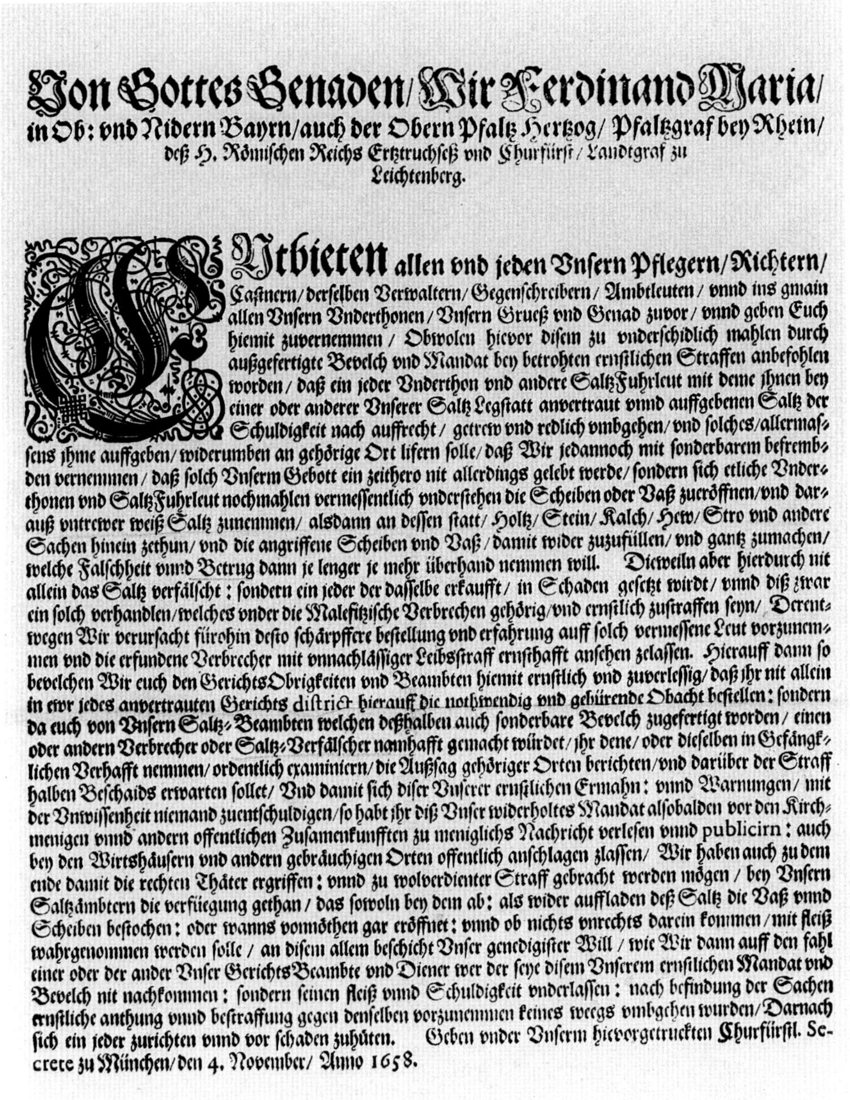

Von Gottes Genaden/ Wir Ferdinand Maria/ in Ob: vnd Nidern Bayrn/auch der Obern Pfaltz Hertzog/ Pfaltzgraf bey Rhein/ deß H. Römischen Reichs Ertztruchseß vnd Churfürst/ Landtgraf zu Leichtenberg.

Entbieten allen vnd jeden Vnsern Pflegern/ Richtern/ Castnern/ derselben Verwaltern/ Gegenschreibern/ Ambtleuten/ vnnd ins gmain allen Vnsern Vnderthonen/ Vnsern Grueß vnd Genad zuvor/ vnnd geben Euch hiemit zuvernemmen/ Obwolen hievor disem zu vnderschidlich mahlen durch außgefertigte Bevelch vnd Mandat bey betrohten ernstlichen Straffen anbefohlen worden/ daß ein jeder Vnderthon vnd andere SaltzFuhrleut mit deme jhnen bey einer oder anderer Vnserer Saltz Legstatt anvertraut vnnd auffgebenen Saltz der Schuldigkeit nach auffrecht/ getrew vnd redlich vmbgehen/ vnd solches/ allermassens jhme auffgeben/ widerumben an gehörige Ort lifern solle/ daß Wir jedannoch mit sonderbarem befremden vernemmen/ daß solch Vnserm Gebott ein zeithero nit allerdings gelebt werde/ sondern sich etliche Vnderthonen vnd SaltzFuhrleut nochmahlen vermessentlich vnderstehen die Scheiben oder Vaß zueröffnen/ vnd darauß vntrewer weiß Saltz zunemmen/ alsdann an dessen statt/ Holtz/ Stein/ Kalch/ Hew/ Stro vnd andere Sachen hinein zethun/ vnd die angriffene Scheiben vnd Vaß/ damit wider zuzufüllen/ vnd gantz zumachen/ welche Falschheit vnnd Betrug dann je lenger je mehr überhand nemmen will. Dieweiln aber hierdurch nit allein das Saltz verfälscht: sondern ein jeder der dasselbe erkaufft/ in Schaden gesetzt wirdt/ vnnd diß zwar ein solch verhandlen/ welches vnder die Malefitzische Verbrechen gehörig/ vnd ernstlich zustraffen seyn/ Derentwegen Wir verursacht fürohin desto schärpffere bestellung vnd erfahrung auff solch vermessene Leut vorzunemmen vnd die erfundene Verbrecher mit vnnachlässiger Leibsstraff ernsthafft ansehen zelassen. Hierauff dann so bevelchen Wir euch den GerichtsObrigkeiten vnd Beambten hiemit ernstlich vnd zuverlessig/ daß jhr nit allein in ewr jedes anvertrauten Gerichts districk hierauff die nothwendig vnd gebürende Obacht bestellen: sondern da euch von Vnsern Saltz-Beambten welchen deßhalben auch sonderbare Bevelch zugefertigt worden/ einen oder andern Verbrecher oder Saltz-Verfälscher namhafft gemacht würdet/ jhr dene/ oder dieselben in Gefängklichen Verhafft nemmen/ ordentlich examinirn/ die Außsag gehöriger Orten berichten/ vnd darüber der Straff halben Beschaids erwarten sollet/ Vnd damit sich diser Vnserer ernstlichen Ermahn: vnnd Warnungen/ mit der Vnwissenheit niemand zuentschuldigen/ so habt jhr diß Vnser widerholtes Mandat alsobalden vor den Kirchmenigen vnnd andern offentlichen Zusamenkunfften zu meniglichs Nachricht verlesen vnnd publicirn: auch bey den Wirtshäusern vnd andern gebräuchigen Orten offentlich anschlagen zlassen/ Wir haben auch zu dem ende damit die rechten Thäter ergriffen: vnnd zu wolverdienter Straff gebracht werden mögen/ bey Vnsern Saltzämbtern die verfüegung gethan/ das sowoln bey dem ab: als wider auffladen deß Saltz die Vaß vnnd Scheiben bestochen: oder wanns vonnöthen gar eröffnet: vnnd ob nichts vnrechts darein kommen/ mit fleiß wahrgenommen werden solle/ an disem allem beschicht Vnser genedigister Will/ wie Wir dann auff den fahl einer oder der ander Vnser GerichtsBeambte vnd Diener wer der seye disem Vnserem ernstlichen Mandat vnd Bevelch nit nachkommen: sondern seinen fleiß vnnd Schuldigkeit vnderlassen: nach befindung der Sachen ernstliche anthung vnnd bestraffung gegen denselben vorzunemmen keines weegs vmbgehen wurden/ Darnach sich ein jeder zurichten vnnd vor schaden zuhüten. Geben vnder Vnserm hievorgetruckten Churfürstl. Secrete zu München/ den 4. November/ Anno 1658.

25.5.0
Verordnung des Kurfürsten Ferdinand Maria vom 4. November 1658 die Salzfälscherei betreffend
München, 1658
Typendruck, 41,6 x 32,7 cm
46/148

Verordnung gegen das ›Salzfälschen‹, die den Salzfuhrleuten verbietet, die »Scheiben oder Vaß (Faß) zueröffnen und darauß untrewer weiß Saltz zunemmen/alsdann an dessen statt/Holtz/Stein/Kalch/Hew/Stro und andere Sachen hinein zethun und die angriffene Scheiben und Vaß/damit wider zuzufüllen/und gantz zumachen/...«

25.5.1 Salzwege und Salzstadel

25.5.1a
Idealisierte Darstellung der ältesten Isarbrücke mit Salzzug im 12. Jahrhundert
München, 1782
bez. l. u.: J. N. Maag del. et sc. 1782
Kupferstich, 49 x 37 cm
Lit.: AK Die Isar, 1983, Nr. 321
Kupferstich aus: Bergmann, Beurkundete Geschichte von München, München 1783
Lxb/25

»Für die Ausfuhr des Salzes nach Schwaben kam ursprünglich der römische Hauptstraßenzug Salzburg – Augsburg in Frage, der den Inn in der Nähe von Rosenheim und die Isar bei Grünwald kreuzte. Spätere Jahrhunderte hatten aber für den Transport des Reichenhaller Salzes eine kürzere Verbindung gefunden. Sie überschritt den Inn bei Wasserburg und die Isar bei Föhring. Dieser Ort gehörte seit dem Jahre 903 den Bischöfen von Freising, die die Benützung der dortigen Brücke von der Entrichtung eines Zolles abhängig machten. Die günstige Lage des Ortes hat darüber hinaus vermutlich auch Anlaß gegeben, die alte Salzniederlage von Freising hierher zu verlegen. Jedenfalls war Föhring zur Zeit der Münchner Stadtgründung auch mit Marktrecht und einer Münze ausgestattet. Wann und auf Grund welcher königlichen Verleihung der Markt zu Föhring eingerichtet wurde, ist unbekannt. Möglicherweise wurde das Föhringer Marktrecht von dem bis ins 11. Jahrhundert bestehenden Salzmarkt zu Sempt, das von den Grafen von Ebersberg dem Bistum Freising geschenkt worden war, abgeleitet. Ob Föhring auch bereits mit einem ausschließlichen Recht für den Uebergang des Salzes über die Isar nach Schwaben ausgestattet war, läßt sich nicht sagen ... Diese Lage fand Heinrich der Löwe bei seinem Eingreifen vor. Im Rahmen einer großzügigen Politik, die ihm im Südosten Deutschlands eine ähnliche Stellung schaffen sollte, wie er sie im Norden hatte, legte er in dem Zeitraum zwischen 1156 und 1158 bei dem Orte München eine Brücke über die Isar, verpflanzte hierher Markt und Münze und zerstörte darauf die bischöfliche Anlage Föhring.«
Vietzen 1937, S. 4-5

25.5.1b
Ansicht der Salzstädel in der Arnulfstraße
August Jacob
(Polle/Weser 1834-1895 München)
München, 1863
15,7 x 24,3 cm
M III/167

Seit 1779 standen an der heutigen Arnulfstraße die kommunalen Salzstadel, die 1890 abgebrochen wurden. Die Vorgängerbauten dieser Salzstadel lagen um den heutigen Promenadeplatz und in der Nähe der Isar.
»Die Fürsorge der Stadt für den Salzhandel beschränkte sich nicht nur auf die Verteidigung ihrer Privilegien, auf den Erlaß von handelspolizeilichen Vorschriften und von Zunftordnungen für die am Salzhandel beteiligten Bürger, sie sorgte für ihn auch durch die Bereitstellung öffentlicher Salzstädel als Lagerhäuser (...). Alle diese Salzstädel lagen, wie auch die Häuser der meisten Salzsender um den heutigen Promenadeplatz und in den angrenzenden Straßen. Andere Salzstädel sollen sich direkt an der Isarbrücke befunden haben, wo sie nicht selten dem jahrlich wiederkehrenden Hochwasser der Isar ausgesetzt waren«.
Vietzen 1937, S. 55, 56

25.5.2
Salzgefäße für den Haushalt

25.5.2a
Salzmeste
Johann Ferdinand Renz
(Meister 1699, gest. 1742 München)
München, um 1702
bez. Stadt- und Meistermarke, Hintze, Bd. 6, S. 109, Nr. 539/5
Zinn, gegossen, graviert
23 x 12,5 x 11,2 cm
K 30/2219

Das teure Salz wurde in Vorratsgefäßen in der Küche, meist in der Nähe des Herdes, um ein Verklumpen durch Feuchtigkeit zu verhindern, verwahrt. Diese Mesten, Salzbehälter mit Klappdeckel und Wandhalter, gehörten zum wichtigen Kücheninventar. Sie waren aus Holz, Zinn, Kupfer oder Messing gebräuchlich und zählten mit ihren Verzierungen auch zu den ›Schaustücken‹ der Küche. Das Salz bedeutete, in kleinen Mengen, die tägliche Speisewürze. Für das Einlegen von Fleisch, Kraut und Rüben wurde es in großen Mengen verbraucht. U. Z.

25.5.2d

25.5.2b
Kleine Salzmeste
Christoph Stange
(Meister 1662, gest. 1717 München)
München, um 1690
bez. Stadt- und Meistermarke, Hintze, Bd. 6, S. 107, Nr. 530
Zinn, gegossen, gelötet, graviert
18,2 x 9,3 x 8,7 cm
38/36

25.5.2c
Salzmesten
Gebrauchsort München, 1758 und 18. Jh.
Messing, Treibmuster
24-24,5 x 18-23 x 10,5-11 cm
A 90/80, A 90/81

25.5.2a/25.5.2b

25.5.2d
Salzmesten
Gebrauchsort München, 1791 und 19. Jh.
Kupfer, getrieben, innen verzinnt
25-29,5 x 14-17 x 13-17,5 cm
KuS 2133, 73/890

25.5.2e
Salzmeste
Gebrauchsort München, um 1900
Eiche, Emailleschild, 29,5 x 16 x 12,5 cm
A 92/94

25.5.2f

25.5.2f
›Salzkircherl‹, Behälter für geweihtes Salz
Tirol, 19. Jh.
Zirbelkiefer, bemalt
23 x 12,3 x 6,4 cm
Lit.: Kriss-Rettenbeck, Bilder und Zeichen religiösen Glaubens, München 1963, S. 31-32
Nürnberg, Germanisches Nationalmuseum BA 1192

Geweihtes Salz wurde in Tirol und Südtirol im sogenannten›Salzkircherl‹, das neben dem Weihbrunnkessel in der Stube hing, verwahrt. Hier bekam das Salz eine Wertigkeit als Andachtsmittel und Sakramentalie. Aus dem ›Kircherl‹ konnte man durch eine kleine Öffnung mit dem durch Speichel oder Weihwasser angefeuchteten Finger Spuren des geweihten Salzes aufnehmen und damit Zunge und Mund berühren.

25.5.3
Salzgefäße auf der Tafel

Das ›heilige Salz‹ war ein wichtiges Element in der Geschichte der Tafelkultur. Salz ist der Inbegriff der Tischgemeinschaft, die ›Salz und Brot‹ teilt, sowie Zeichen der Gastfreundschaft. Salzbehälter nahmen bei Tisch anfangs den zentralen Platz ein, wurden aber später dem einzelnen Gedeck zugeordnet. Sie blieben stets ein bewußt gestaltetes Accessoire. Die Bedeutung und das Zeremoniell der lebenswichtigen Würze durchliefen charakteristische Stadien bei der Organisation der Tischgemeinschaft. Das Salzfaß auf der Tischmitte markierte das Oben und Unten der Tischgemeinschaft. Es unterschied die bessere Tischhälfte des Hausherrn und des Ehrengasts von der schlechteren Partie der gemeinsamen Tafel.

Die Verwendung silberner Salzgefäße blieb nicht auf adelige Haushalte beschränkt, sondern kam auch im Bürgertum vor. Natürlich geht das Salz bei längerem Kontakt eine chemische Verbindung mit dem Edelmetall ein und schwärzt es. Dies nahm man jedoch in Kauf. Das Salz mußte aber stets neu eingefüllt werden.

Im Mittelalter versprach man sich von einer schnellen Oxydation der polierten Silberfläche die Anzeige von beigemischten Giften. Manchmal war das Salzfaß mit einer ›Natternzunge‹ verbunden (vgl. Kap. 35). Später wurde das silberne Salzfaß zum Prestigeobjekt.

Als Grundform wird die flache, halbrunde Salzschale auf einen hohen Fuß gesetzt und durch einen breiten Sockel gegen das Umstürzen gesichert. Diese Sanduhrform war in ganz Europa verbreitet. Bis ins 16. Jahrhundert waren Salzfässer oft mit einem Deckel verschließbar. Die Tischgenossen entnahmen das Salz mit der Spitze ihres Messers. Als unfein galt es, die Speise direkt ins Salz einzutauchen oder sich mit den Fingern zu bedienen. Dabei das Salzfaß umzustürzen galt nicht bloß als Ungeschicklichkeit, sondern als sicheres Zeichen zukünftigen Unglücks. Auf Leonardo da Vincis Abendmahlfresko hat Judas gerade das Salzfaß umgestoßen.

Das Salz kam vom Block abgeschlagen, grob zerkleinert und gemahlen in das Salzfaß. Da die jeweilige Menge für nur ein Essen bestimmt war, blieben die Gefäße klein. Um so mehr Sorgfalt verwendeten die Kunsthandwerker auf einen ansprechenden Schmuck der reich ornamentierten Gefäße. Im 16. Jahrhundert nimmt die Tischmitte oft eine große Schüssel ein, und auf der symmetrisch gedeckten Tafel werden zwei oder vier Salzfässer aufgesetzt. Montaigne, der das mittlere Salzfaß gewohnt war, beschreibt 1580, daß in Schwaben vier Salzfässer diagonal nach Art eines Andreaskreuzes zu den vier Tischecken hin standen. Durch die Vervielfachung war damit jede Hierarchisierung aufgehoben.

Bei der Vervielfachung der Salzgefäße geht die Tendenz von dem einen kostbaren Edelmetallgefäß, das über Generationen in einer Familie Verwendung fand, fort zu der Umsetzung mannigfacher Formgedanken und dem Einsatz von allen möglichen Materialien. Glas-, Fayence-, Majolika- und Zinngefäße blieben aus dem 16. Jahrhundert erhalten. Die Sitte, je zwei Gästen ein Salzfaß zuzuordnen hat zur Folge, daß im 18. Jahrhundert viele Salzfässer als Doppelschalen entstehen. Im Rahmen einer Tendenz der individuellen Zuordnung des Tischgeräts erhält fast jeder seine eigene Salzschale.

Die Naturform der Muschel als Leitform des Rokoko wird im 18. Jahrhundert gebräuchlich und erinnert beiläufig an den Ursprung des Salzes aus dem Meer. Unter dem Einfluß des Klassizismus gibt die Opferschale eines Dreifußes meistens die Grundform ab. Gebildete Zeitgenossen wußten dabei selbstverständlich vom Salzopfer der Alten. Eine zeitübergreifende Tendenz ist es, die Salzschale in figürlichen Gestaltungen der Tischdekoration zu integrieren. Bei dieser Entwicklungsreihe führt der Weg vom mittelalterlichen Salzschiff über Meeresgottheiten der Renaissance, die eine Salzschale halten, bis hin zu der porzellanenen Figurenwelt des Rokoko und den großen Mehrzweckgefäßen eines Surtouts, bei dem Zitronenschale, Pfeffer, Salz, Essig, Öl und Tafelleuchter zu einem komplizierten Tafelaufsatz miteinander verbunden sind, der die Tischmitte schmückt.

Englischer Geschmack sucht dazu eine vernünftige Alternative. Es entsteht eine Tablettform mit einem hohen mittleren Griff. Daran kann man den ›cruet-stand‹ herumreichen, ohne die Standplatte aus der Waagerechten zu bringen. Wie in einer Schiffskombüse sind die gläsernen Gefäße durch Einsatzlöcher oder ein umlaufendes Geländer vor dem Stürzen gesichert. Unter dem französischen Namen ›Ménage‹ verbreitete sich diese Form des vielteiligen Gewürzbehälters in ganz Europa und bleibt bis heute gebräuchlich. Um die Mitte des 19. Jahrhunderts ändern sich dann die technischen Möglichkeiten der Salzaufbereitung. Das feuchte, grobkristalline, graue Salz wird zu einem weißen, streufähigen feinen Pulver, das nun aus einem Salzstreuer mit gelochtem Deckel gleichmäßig auf die Speisen geschüttet werden kann. Wie weit diese flächendeckende Streutechnik im Vergleich zu den starken Akzenten der Punkttechnik den Geschmack der Speisen verändert, läßt sich in einer Beschreibung nur schwer fassen, aber im Selbstexperiment leicht nachvollziehen. Die jüngste Geschichte brachte das voll rieselfähige Salz, das nicht mehr die Löcher des Streuers verklebt, und schließlich eine Renaissance des grobkristallinen Salzes, das analog zur Pfeffermühle in einer Salzmühle bei Tisch zermahlen wird. Was beim Pfeffer Sinn macht, da beim Zermahlen Aromastoffe freigesetzt werden, wird bei Natriumchlorid zu Unsinn und einer ziemlich sinnentleerten ›culinarischen‹ Geste. Der Kenner rettet sich zu grauem Meersalz in einer Muschel, was wohl die Urform war.

Lit.: Gruber 1982, 161 ff; Bergier, 1989, 9. Kap. H. O.

25.5.3a
Salznäpfchen
Hans I. Warnberger
(Augsburg 1564-1628 Augsburg)
Augsburg, um 1615-20
bez. Beschauzeichen: Pyr (R3164) Meistermarke Eule i. rd. Schild (R3438) Seling, 1033
Silber, getrieben, vergoldet, 5,3 x 7,2 cm
Augsburg, Städtische Kunstsammlungen, Maximilianmuseum
4788-4789

25.5.3b
Salzgefäße
wohl Caspar Miller (I oder II)
München, um 1670
Silber, getrieben, punziert, ziseliert
9,4 x 11,2 cm
28/1673, 1-2

Der Meister ist nicht eindeutig festzustellen. Die Marke kommt für beide Meister gleichen Namens in Betracht (Caspar Miller I, Meister 1647, gest. 1673; Caspar Miller II, Meister 1655; gest. 1700), die im Entstehungszeitraum in München tätig waren.

25.5.3c
Salzschale
Joh. Matthias Scheppich
Augsburg, um 1680/84
Silber, getrieben, gegossen graviert
9,1 x 8,6 cm
Lit.: Seling Die Kunst der Augsburger Goldschmiede 1529-1868, 3 Bde. München 1980
Nürnberg, Gewerbemuseum der Landesgewerbeanstalt im Germanischen Nationalmuseum, 807

25.5.3d
Salzgefäß
Johann Philipp Groß
(Augsburg 1660-1742 Augsburg)
Augsburg, 1755/57
bez. Stadtmarke, Seling, Nr. 235;
Meistermarke Seling, Nr. 1838; R3 819
Silber, getrieben, 3,9 x 8,9 x 7 cm
XIa/70

Auf der Unterseite der Kalotte: Stempel mit Rautenmuster und Umschrift ›KRANKENHAUS‹ sowie die Buchstaben V und E. Das Datum der Augsburger Beschau und das Todesdatum des Meisters divergieren um 15 Jahre (!).

25.5.3e
Salzschälchen
Johann Georg Christoph Neuss
(Augsburg 1774-1857 Augsburg)
Augsburg, 1819
bez. Stadtmarke Augsburg, Seling Nr. 306;
Meistermarke Seling 2665 f.
Silber, teilweise vergoldet, getrieben gegossen, ziseliert, 8 x 9 x 5 cm
K 73/863

25.5.3f
Salzschale in Muschelform, Löffel mit Muschelaffe
August Schleißner (1825-1891)
wohl Hanau, um 1870
Silber, getrieben und gegossen, Reste von Vergoldung
Schale: 7,5 x 7,5 cm, Löffel: 8,2 cm
Nürnberg, Gewerbemuseum der Landesgewerbeanstalt im Germanischen Nationalmuseum, 1488/1-2

25.5.3g
Salzgefäß, getragen von drei Harpyien
Italien (?), 16. Jh. (?)
Fayence, Glasur in blau, gelb, grün und braun verlaufend 15,8 x 13 cm
Nürnberg, Gewerbemuseum der Landesgewerbeanstalt im Germanischen Nationalmuseum, 4084

25.5.3h
Salzgefäße
wohl Ansbach, um 1720-30
Fayence, Unterglasurbemalung
7,6 x 11,2 cm
Lit.: Bayer, Die Ansbacher Fayencefabriken, München, Braunschweig, 1959²; Krieger, Kat. d. Sammlung Adolf Bayer, Ansbach, 1963
Nürnberg, Gewerbemuseum der Landesgewerbeanstalt im Germanischen Nationalmuseum, 7806, 7933

25.5.3i
Figürliche Tafelaufsätze mit Salzmuscheln
Porzellanmanufaktur Wien, um 1750
Porzellan, glasiert
19,4 und 19,9 x 15,5 und 15,7 cm
Nürnberg, Gewerbemuseum der Landesgewerbeanstalt im Germanischen Nationalmuseum, 8141, 8142

25.5.3j
Salzgefäße
Ende 18. Jahrhundert
ohne Marken
Zinn, gegossen, 3,1-3,6 x 4,3-5,2 cm
28/1664, 1-3

25.5.3k
Salzgefäß
Schweiz, Flühli (?), 18. Jh. (?)
Milchglas, 5,4 cm
Lit.: Drahotová, Urbanek, Europäisches Glas, Hanau 1982, S. 90 f.
Nürnberg, Gewerbemuseum der Landesgewerbeanstalt im Germanischen Nationalmuseum, 8096

25.5.3l
Zwei Salzgefäße in Schifform
Konrad Linck
(Speyer 1730-1793 Mannheim)
Porzellan-Manufaktur Nymphenburg nach einem Frankenthaler Modell 1762-1766 (Neuausformung)
bez. unterglasurblaue Löwenmarke, geprägter Rautenschild und Modellnr. 1329
Porzellan, bunt bemalt, 9 cm
München, Staatl. Porzellan-Manufaktur Nymphenburg

Es handelt sich hier um Modelle der Frankenthaler Manufaktur, die im Jahr 1800 von Kurfürst Karl Theodor aufgelöst wurde. Einige Figuren und Geschirre wurden bereits vor 1900 in Nymphenburg ausgeformt. Ein Großteil der Modellformen jedoch, wie auch diese Salzschiffchen wurden erst 1918 vom Pfalzmuseum in Speyer, meist unvollständig oder stark beschädigt, nach München überwiesen, um, in der Folge restauriert oder ergänzt, als Grundlage heutiger Neuausformungen zu dienen.
A. Z.

25.5.3m
Salzbehälter in Form eines Schiffes, ›Der Kahnfahrer‹
Ende 18. Jh., Feinsteingut
11 cm, L. 12 cm
Lit.: AK Th. Thomas, Villeroy & Boch 1748-1930, Amsterdam 1977/78
Mettlach, Slg. Villeroy & Boch

25.5.3n
Salzgefäß in Schifform
Holitsch, 2. Hälfte 18. Jh.
Fayence, rötlicher Scherben, Glasur, unrein weiß, 14 x 17 cm
Lit.: Kybalová, J. Holitscher Fayencen, S. 119, Kat. 59
München, Bayerische Schlösserverwaltung, Slg. Nottbohm 442

Ovales Gefäß in Form einer Holzbarke, auf deren Planken ein junges Mädchen mit einem Fruchtkorb im Schoß sitzt. Vor ihr

25.5.31

zwei Vertiefungen zur Aufnahme von Salz und Pfeffer. Schiffschnabel als Maskeron. Eingezogener glasierter Boden, unglasierter Standreif. Schiffskörper braun grünlich bemalt, Rock des Mädchens mit Streublümchen, Weste gelb-braun gestreift. Fein gemalte Gesichtszüge sowohl bei dem Mädchen als auch bei dem Maskeron.

A. M.

Salzgefäße aus dem Inventar Karls des Kühnen, Herzog von Burgund

um 1460

(Auszüge nach de Laborde, Les Ducs de Bourgogne, Paris 1851)

»297. Item, ein Salzfaß von Gold, mit Deckel, gemacht mit Ästen und Blättern und mit kleinen Körnern übersät, hellrot emailliert als Bekrönung eine Tropfenperle, Gewicht: 1 Mark.

298. Item, ein anderes Salzfaß von Gold mit einem Drachen auf einem Bodenstück und ringsum garniert mit Perlen und mit Zweigen kleiner Bäume mit hängenden Perlen, und auf dem Deckel des Salzfasses sind fünf Perlen und eine Natternzunge, Gewicht 3 Mark 2 Unzen und eine halbe....

2302. Item, ein anderes Salzfaß von Gold, das eine Dame hält, hellrot emailliert auf Gold und die genannte Dame ist auf einem Sockel über einem kleinen Fuß und das genannte Salzfaß ist aus Serpentin, Gewicht 4 c, 15 est....

329. Item, ein kleines Salzfaß von Kristall, garniert mit Gold und mit einem Löffel von Gold mit einem weiteren kleinen Salzfaß, Gewicht 1 Mark Gold.

343. Item, ein Salzfaß mit einem Mann gekleidet auf türkische Art auf Moriskenweise mit einem Schild vor sich, geschmückt mit Rubinen und Perlen, das Salzfaß ist auch mit Rubinen und Perlen verziert und die Salzlöffel aus Achat....

355. Item, ein Salzfaß aus Jaspis in Art eines Schiffes, geschmückt mit Perlen, Saphiren und Balasrubinen von denen einer fehlt und einen Deckel als Türmchen auf dem ein Saphir und vier Perlen sind, auf den beiden Enden des Schiffes zwei Engel und auf dem Fuß die Verkündigung Unser Lieben Frau, Gewicht 11 Mark 1 Unze....

2649. Ein Salzfaß aus vergoldetem Silber mit einem Stiel wie ein Geschütz, das zwei Affen halten, die auf beiden Seiten mit dem Wappen Seiner Erlaucht gewappnet sind und auf allen drei Seiten sind kleine Stücke von Einhorn, drei Geschütze und mehrere Buchstaben, und wiegt 7 Unzen 5 est.

653. Item, zwei andere niedrige Salzfässer aus Silber, gedeckelt, von vergoldetem Silber am Deckel und Fuß durchbrochen gearbeitet, Gewicht zusammen 3 Unzen, 5 est....«

GABEN ASIENS, TRIBUTE AMERIKAS

Pomeranzenbaum, aus dem Hausbuch der Cerruti, Oberitalien, Ende 14. Jh. Wien, Österreichische Nationalbibliothek

»Nim lampriden vnd snit sie an sehs stu(e)cke, daz mittels stu(e)ck mache minner danne die andern stu(e)cke. besprenge ez mit saltze und legez uf einen hu(e)lzinen rost. brat sie gar. nimm daz mittelste stu(e)cke, als ez gar si gero(e)st, stoz ez in eime mo(e)rser vnd tu(e) dar zv(o) gestozzen galgan vnd pfeffer vnd ingeber vnd ku(e)mel vnd muschat blu(o)men vnd negelin...«

Dieses Fischrezept aus der ersten Hälfte des 14. Jahrhunderts zeigt exemplarisch die Vorliebe mittelalterliche Köche für orientalische Gewürze. Zwar verwendeten – wie das Kochbuch des Apicius zeigt – schon die Römer neben Kräutern und Salz den aus Indien importierten Pfeffer in ihrer Küche, doch erst im Mittelalter gab man zudem noch Muskatnuß, Ingwer, Nelken, Kardamom, Zimt und Safran in so erstaunlichen Mengen an alle Fleisch- und Fischarten, Eierspeisen, ja sogar an Kompott und Wein, daß viele Gerichte an die heutige arabisch-indische Küche erinnern.

Dieser Gewürzhunger wird vielfach mit den damaligen Konservierungstechniken erklärt, die sich auf das Pökeln, Trocknen, Räuchern und Einlegen beschränkten. Der intensive Salz- und Säuregeschmack oder aber der gewisse ›hautgout‹ leicht verdorbener Lebensmittel sollte mit kräftiger Würze überdeckt werden. Überzeugender jedoch ist das Argument, daß es medizinische Leitgedanken waren, die zur freigiebigen Verwendung von asiatischen Spezereien führten. Bis weit in das 18. Jahrhundert galt, was Conrad Hagger 1719 im ›Neuen Salzburger Koch-Buch‹ formulierte, nämlich »daß die Küche der Apotheck correspondiere, und der Koch den Herren Medicum gleichsam secundiere«. Den Gewürzen wurde dabei besondere Heilkraft zugeschrieben. Pfeffer »dienet in allen kalten Zufällen«, Safran »hat eine sonderlich durchdringende Krafft das Herz zu erquicken und den Schlaff gelinde zu befordern« erklärt Johann Sigismund Elsholtz, bezeichnenderweise ein Arzt, der 1682 das Kochbuch ›Diaeteticon‹ verfaßte. Besonders in der Seuchenbekämpfung wurde auf die exotischen Gewürze zurückgegriffen. Als Ingredienzen von Küchlein, als Räucherwerk oder als Amulett um den Hals getragen wurden sie 1549 vom Münchner Pestarzt Malachias Geiger zur »Special Praeservativ Cur« gegen die Pest verordnet. Wie nahe medizinische und magische Vorstellungen im Mittelalter und der Frühen Neuzeit beieinander lagen, zeigt das Beispiel der Muskatnuß, die als Talisman gleichzeitig Hautkrankheiten heilen und durch Liebeszauber den Geliebten bzw. die Geliebte für immer an seinen Träger binden sollte.

Diese besonderen magischen Qualitäten wurden den Gewürzen wie auch den Edelsteinen zugeordnet, weil man sie als ›göttliche Attribute, als Früchte von den Bäumen des Paradieses‹ betrachtete, dessen reale Existenz man im Fernen Osten, dem Herkunftsland dieser Stoffe, vermutete. Doch nur wenige konnten sich die orientalischen Gewürze überhaupt leisten. Sie zählten zu den beinahe unerschwinglichen Luxusgütern und waren somit das Privileg einer dünnen, finanzstarken Oberschicht, während sich der Großteil der Bevölkerung mit einheimischen Küchenkräutern zufrieden geben mußte. Gerade deshalb diente die verschwenderische Verwendung von Spezereien bei Gastmählern und als Gastgeschenke den geistlichen und weltlichen Herren als soziales Abgrenzungskriterium gegenüber niedrigeren Ständen. Man demonstrierte Reichtum und damit seine hohe soziale Stellung und politische Macht. Exotische Gewürze fungierten wie Samt und Seide, Brokate und Damaste als Statussymbole eines aristokratischen Lebensstils, der bis ins 16. Jahrhundert hinein durch orientalische Luxusgüter geprägt war.

Der Import dieser Waren, allen voran der Gewürze, war im Mittelalter und der Frühen Neuzeit ein bedeutender Wirtschaftssektor. Seit den Kreuzzügen hatten sich die Handelsbeziehungen zwischen Europa und dem Orient intensiviert. Von ihren Anbaugebieten auf den Molukken und in Indien wurden die Gewürze von arabischen, später auch türkischen Zwischenhändlern über die Karawanenstraßen in die Häfen der Levante und Ägyptens gebracht. Dort wurden sie von italienischen Händlern aufgekauft und über das Mittelmeer nach Europa verschifft. Es waren vor allem die oberdeutschen Kaufleute, die sie dann vom Hauptumschlagplatz Venedig auf dem Landweg zu den größten süddeutschen Märkten in Augsburg und Nürnberg lieferten.

Weil für die Gewürze auf dem europäischen Markt beinahe jeder Preis gezahlt wurde, wurden sie immer wieder verfälscht. Hieronymus Bock warnt in seinem Kochbuch vor der »falschen Specerei« etlicher Landstreicher: »Sie mengen den Gerbelier vnder den Pfeffer / die negelin seind der mehrer theil eitel Fusci vn gedo(e)rrt holtz. Die gestossen muscat ware(n) runtzelechte dürre rümpff / das Zimmet pulver ist halber lohe oder eiche rinden / der saffran halber sandal ma(e)l / vnd anders. Vnd darmit aber ein jede wurtz das Gewicht desto baß mo(e)ge erlangen / so laufft der rein golt sandt gemeinlich vnder sie alle«.

In Nürnberg unterlagen die Spezereien deshalb seit 1441 der Schau, einer Qualitätskontrolle durch städtische Bedienstete. Gewürzfälscher wurden dort mit grausamen Leibstrafen oder sogar mit der Todesstrafe belegt.

Der Fernhandel war zwar aufgrund der unzureichenden Transportmöglichkeiten risikoreich, gleichzeitig konnten jedoch enorme Gewinne erzielt werden. Im 16. Jahrhundert wurde auf den europäischen Verbrauchermärkten für Pfeffer bis zum Dreißigfachen seines Einkaufspreises gezahlt, so daß in der Gewürzbranche die Möglichkeit zur raschen Reproduktion und Akkumulation des eingesetzten Kapitals und damit zur Herausbildung des Handelskapitalismus bestand. Der Reichtum Venedigs und die legendären Vermögen der Nürnberger und Augsburger Handelsfirmen beruhten auf der Kontrolle des europäischen und levantinischen Gewürzhandels. Münchner Kaufleute betrieben den Fernhandel im Mittelalter und der Frühen Neuzeit in kleinerem Stil, obwohl auch sie über die Alpen nach Venedig reisten, um dort ihr breitgefächertes Gewürzsortiment einzuhandeln. Die Krämer der Residenzstadt erstanden ihre Waren jedoch wohl größtenteils in Augsburg oder Nürnberg, oder aber auf der jährlich in München stattfindenden Jakobidult, wo auch auswärtige Gewürzgroßhändler seit dem 14. Jahrhundert ihre Importware feilboten.

Gerade weil der Handel mit Spezereien so lukrativ war, versuchten die Seefahrernationen Europas seit dem 15. Jahrhundert, den arabisch-türkischen Zwischenhandel zu umgehen und einen direkten Zugang zu den ostasiatischen Anbaugebieten zu erhalten. Die Gewürze wurden so zu einem wichtigen Motiv für die Suche des Seewegs nach Indien. Nach der Kapumseglung durch Vasco da Gama 1498 sicherten sich die Portugiesen den Zugriff auf die Spezereien durch den Aufbau eines Kolonialreiches, das im 17. Jahrhundert von den Holländern, später von England übernommen wurde. Damit war das venezianische Gewürzmonopol gebrochen, der Gewürzhandel erfuhr sowohl eine Verlagerung als auch eine Dezentralisierung. Neben Venedig, das als wichtiger Umschlagplatz für den süddeutschen Raum bestehen blieb, stiegen im 16. Jahrhundert Antwerpen, im 17. Jahrhundert Amsterdam und schließlich London zu zentralen Stapelplätzen auf. Daneben existierten weitere europäische Einfuhrhäfen wie Marseille und Hamburg. Doch zu dieser Zeit hatten die Gewürze ihre dominierende Stellung im Fernhandel bereits verloren.

Mit den portugiesischen Entdeckungsreisen hatte sich der europäische Gewürzimport im Lauf des 16. Jahrhunderts nahezu verdoppelt und stieg bis zur Mitte des 17. Jahrhunderts weiter an. Pfeffer, Muskatnuß und Nelken wurden nun für breitere Bevölkerungsschichten verfügbar. Wie Kochbücher dieser Zeit zeigen, imitierte das Bürgertum zunächst die Würzgewohnheiten der spätmittelalterlichen Aristokratie. Nach 1650 ging der Pfefferverbrauch in Europa jedoch allmählich zurück.

Schon 1550 forderte Hieronymus Bock, statt der asiatischen Spezereien vermehrt einheimische Küchenkräuter zu verwenden: »Zwar wachsen auch im Teutschen land auch vil gutter vnnd gesunder wurtz/ die etwan den auslendigen frembden specereien gleich sein mo(e)chten/ daran lassen wir uns aber keins wegs genu(e)gen/ wir mu(e)ssen stets in Indiam/ vnd gen Calicuthen nach wurtz schiffen/ Solches ist allein den Kauffherren gespilt/ die wissen uns die speceteien zuverkauffen (...) So wachsen auch im Teütsch land die edele wolriechende Weckolter beerlin... ist nit die klein spitz odöricht salbei/ sie sei grün oder dürr ein kostlich wolriechende wurtz/ in der Kuchen vnd in der artznei. Haben wir nit auch Maieron/ Rosamarein/ Quendel/ Boley/ groß vnd klein Hyssop/ Basilgen/ Thymus ... Frawenwurtz/ Coriander/ Dysamen/ Lybstöckel/ Alantwurtz/ vnd der gleichen vil wolriechender Kreütter/ samen vnd wurtzel.«

32. Abschnitt.
Vom Indian. De la dinde.

33.2.4

Johann Georg Krünitz betrachtet in seiner ›Oeconomischen Encyclopädie‹ 1773 die »verführerische Kunst... zu würzen« sogar als »unerschöpfliche Quelle von Krankheiten... Alle Gewürze, die wir aus Ost- und Westindien erhalten, scheinen für unsere Naturen viel zu hitzig, und nichts weniger als Speisen, sonder vielmehr bloß Arzneyen für uns zu sein.« In diesen Aussagen deutet sich der Wandel von der stark gewürzten mittelalterlichen Küche zum italienisch bzw. französisch beeinflußten, durch raffinierte Zubereitungsarten geprägten Geschmack der Renaissance und des Barocks an.

Auch Christoph Columbus suchte den Seeweg nach Indien, dem Gewürzland; seine Reise endete jedoch mit der Entdeckung des amerikanischen Kontinents. Zwar wurden auch aus Mittelamerika neue Gewürze wie Paprika oder Vanille nach Europa eingeführt und in den Speiseplan der Alten Welt allmählich eingefügt, einen tiefgreifenden Wandel erfuhr das europäische Ernährungssystem aber erst durch die Integration neuer Genußmittel: Zucker, Kaffee, Schokolade, Tee und Tabak lösten die asiatischen Gewürze in ihrer Rolle als kulinarische Statussymbole ab und durchliefen dann einen vergleichbaren Diffusionsprozeß vom Prestigeobjekt aristokratischen Luxusstrebens zum weitverbreiteten, jedermann gebräuchlichen Genußmittel.

Der Zucker, der hier als Beispiel betrachtet werden soll, wurde seit den

Kreuzzügen aus den ursprünglichen Anbaugebieten im arabisch-indischen Raum ebenso wie die Gewürze über Venedig nach Europa geliefert. Der Rohrzucker war zu dieser Zeit eine so kostbare Rarität, daß er fast ausschließlich als Medikament Verwendung fand. Mit Zypern, Sizilien und den Canarischen Inseln wurde das Anbaugebiet im 14. und 15. Jahrhundert weiter ausgedehnt, aber erst mit der Entstehung der Plantagenwirtschaft auf den Antillen, dann in Mittelamerika und Brasilien wurde die Produktionsbasis so erweitert, daß Zucker die Funktion eines Genußmittels übernehmen konnte.

Zunächst blieb der Zuckerkonsum ausschließlich auf aristokratische Kreise beschränkt. In der Herrenküche wurde der Honig, der gleichfalls teure aber doch gängige Süßstoff des Mittelalters, vollständig durch den Zucker verdrängt, während gleichzeitig raffinierte Desserts – Confitüren, kandierte Gewürze und Früchte, Gelees und Marzipane – den Abschluß der Mahlzeit bildeten. Zuckerwerk und Marzipan dienten als Baustoffe prunkvoller Schaukonfekte, die nun statt der Gewürze als Prestigeträger die herrschaftliche Tafel zierten. Marx Rumpolt, der Koch des Mainzer Churfürsten, empfahl 1581 in seinem Kochbuch als abschließenden Gang eines kaiserlichen Banketts achtzig verschiedene Formen Zuckerwerks. Neben Braten, Schinken, Würsten, Obst und Salaten sollte »ein Schloß ... und alles darein/ was in das Schloß gehört«, ein »wagen sampt den Pferten« sowie »Eydechssen vnd schlangen/ auch allerley Thier vnd Menschen« aus Zucker nachgebildet werden.

33.2.4

Zuckerwarenstand, Augsburg, um 1710
Nürnberg, Germanisches Nationalmuseum

Wie Rumpolt schreibt, wurde zu dieser Zeit das »Zucker-Confekt auß der Apotecken« bezogen, ein Befund, der auf die frühere Funktion des Zuckers als Medikament verweist. In München lieferte noch 1637 die Hofapotheke in der Maxburg »Confekt, Condita, Latwergen und spanische Sulz«, eine Art süßer Gelatine, für die kurfürstliche Tafel. Wie ein Verzeichnis aus derselben

Die Begehrlichkeit auf Süßwaren – die Neugierde auf Kunst
Wiener Theaterzeitung, 1835–40
Privatsammlung

Zeit zeigt, wurde auch das Zuckerwerk, das wie ehedem die Gewürze als Gastgeschenk an hochrangige Besucher übergeben wurde, in dieser Apotheke hergestellt. Im Laufe des 17. Jahrhunderts übernahm diese Aufgaben allmählich das sich formierende Zuckerbäckergewerbe.

Der höfische Zuckerkonsum, der im 18. Jahrhundert seinen Höhepunkt erreichte, wurde von einer Vorliebe der Aristokratie für Südfrüchte begleitet. Zitronen, Pomeranzen, Limonen, aber auch die in Haiti beheimatete Ananas kamen als Gelee, Sülze, Torte oder in Form von Limonade auf die Tafeln der Oberschicht des Ancien Régime. In München benötigte man 1637 »jährlich 600 Stück süße Genueser Pomeranzen, die eingemacht und in Zucker abgesotten, zu den dörttlen vonnöthen sind, die allein auf die ch(ur)f(ürst)l(iche) Tafel kommen«. Zur Zeit Max Emanuels brauchte man für die kurfürstliche Küche angeblich »mehr Pommeranzen und Limonen als ... gemeine Äpfel«.

Die Versorgung Münchens mit ausländischen Früchten oblag der Zunft der Früchtehändler. Außerdem war es in der Oberschicht zur Mode geworden, die exotischen Pflanzen in Glas- und Treibhäusern selbst zu ziehen. In der Residenzstadt besaß Ende des 18. Jahrhunderts z.B. der Kaufmann Ignaz Cleer an der Isar einen »mit den besten ... ausländischen Gewächsen und Früchten erfüllten Garten«. Dominikus von Schwaiger kultivierte auf einer Anlage an der Dachauer Straße mehr als 1500 Obstbäume und betrieb dort auch ein Gewächshaus.

Die neue Geschmacksrichtung manifestierte sich in der Ausgestaltung des Tafelgeschirrs. Der Zitronenkorb gehörte im Rokoko als Teil des ›Plat de menage‹ zum festen Bestandteil des vornehmen Tafelsilbers. Der Zucker wurde nicht nur in Kombination mit Südfrüchten, sondern auch als unverzichtbare Ingredienz der neuen Warmgetränke Tee, Kaffee und Schokolade genossen. Auch auf diesem Sektor wirkte die Aristokratie innovativ. Doch je mehr die Oberschicht dem Zuckerluxus frönte, desto stärker war der Drang niederrangiger Stände, dieses Verhalten zu imitieren und so selbst eine Prestigeerhöhung anzustreben. Mit der Emanzipation des Bürgertums erfolgte die Übernahme der süßen Würze erst in die Festtags- dann auch in die Alltagsspeisen. Für bäuerliche und städtische Unterschichten wurde der Zucker erst im 19. Jahrhundert mit dem Beginn der Rübenzuckerproduktion verfügbar. Deren technische Voraussetzungen waren schon in der zweiten Hälfte des 18. Jahrhunderts von dem Berliner Chemiker Andreas Sigismund Markgraf und seinem Schüler Franz von Achard geschaffen worden, doch erst die napoleonische Kontinentalsperre trieb seit 1806 die Preise für Rohrzucker aus Übersee so in die Höhe, daß sich der Zuckerrübenanbau auch ökonomisch lohnte. Die größten Anbaugebiete lagen im Norden des ehemaligen Reichsgebiets. In Bayern war es Joseph von Utzschneider, der die erste Zuckerrübenfabrik auf seinem Hof in Obergiesing gründete. Zwölf weitere Verarbeitungsbetriebe folgten, doch wurde meist nur wenige Jahre lang Rübenzucker produziert. Dessen Qualität ließ nämlich gegenüber dem Rohrzucker weiterhin zu wünschen übrig. Erst im Laufe des 19. Jahrhunderts konnte sie durch Verbesserung der Züchtung und industriellen Verarbeitung so gesteigert werden, daß der Rohrzucker wegen seines höheren Preises schließlich vom deutschen Markt verdrängt wurde. Die Bedeutung des Zuckers in der Nahrung der städtischen Industriearbeiter des 19. und frühen 20. Jahrhunderts lag in seiner Rolle als billiger Kalorienlieferant begründet. Gelöst in Kaffee, als Marmelade, als Süßigkeit und als Speisewürze konnte er die Defizite in der Ernährung der Frauen und Kinder ausgleichen und wurde so zum – wenn auch aus heutiger Sicht fragwürdigen – Grundnahrungsmittel der Unterschichten.

Eine vergleichbare Bedeutung für den Wandel des europäischen Ernährungssystems seit dem Spätmittelalter kommt der Kartoffel zu. Diese Nutzpflanze wurde wie die Tomate, der Mais, der Kürbis, die Paprika und die grüne Gartenbohne vom amerikanischen Kontinent in die Alte Welt überführt und in deren Speiseplan eingegliedert. Dieser Prozeß war, gerade was die Kartoffel betrifft, ein langwieriger Vorgang, der sich regional unterschiedlich und phasenverschoben vollzog.

Spanische Eroberer brachten die Knollenfrucht, die schon die Indios im peruanischen Hochland anbauten, nach Europa, wo sie zunächst als Zierpflanze in den Lustgärten der Fürsten oder aber in den botanischen Anlagen von Gelehrten und Universitäten als Arzneipflanze gezüchtet wurde.

Der feldmäßige Anbau kann, nach Günter Wiegelmann, nicht in Kontinuität mit der oberschichtlichen Gartenkultur gestellt werden, sondern erfolgte über eine Neueinführung von den spanischen Niederlanden und England. Seit der Mitte des 18. Jahrhunderts wurde die Kartoffel zunächst in landwirtschaftlich benachteiligten Gebieten der Pfalz und der Mittelgebirge als Zukost angebaut. Mit dem Wandel der Agrarwirtschaft von der Drei-Felder-Wirtschaft zum Fruchtwechselanbau wurde die Brache als Anbaufläche für die Kartoffel nutzbar, doch erst unter dem Eindruck der großen Getreidekrisen am Ende des 18. Jahrhunderts wurde das Knollengemüse zum Ausgleich in größerem Stil kultiviert.

Im ›Baier'schen Kochbuch‹ der Maria Katharina Siegel, das um 1815 erschien, befindet sich folgendes frühes Rezept für eine »Paradiesäpfelsoß«:
Man lasse in einem Reinl Abschöpffett oder Butter zerfließen, schneide die Paradiesäpfel darein, lasse sie dünsten, staube ein wenig Mehl daran und lasse sie noch ein wenig dünsten, gieße ein wenig Fleischbrühe und ein Quartl Wein daran, rühre einige kleingeschnittene Zitronenschalen, dann Zucker und das nöthige Salz darunter, lasse sie gut aussieden und passiere sie durch ein Haarsieb in die Sossiere zum Auftragen.

Maria Katharina Siegel, Baier'sches Kochbuch, Regensburg um 1815, S. 65

Tomate, ›poma amoris fructu rubro‹ aus: Basilius Besler, Hortus Eystettensis, Nürnberg 1613

Wie die Kartoffel in Bayern während der großen Hungerkrise von 1771/72 aus Not vom Schweinefutter zur Speise erhoben wurde, erklärt Johann Pezzl 1774 in seiner Reisebeschreibung: »Wie man mir erzählt hat, so gieng es arg her in jener Theuerung; damals lernten die Baiern zum erstenmal Erdäpfel essen, mit denen sie zuvor nur die Schweine gemäßtet hatten«. Graf Rumford, der zwischen 1884 und 1898 in bayerischen Diensten stand, schrieb in den ›kleinen Schriften politischen öconomischen und philosophischen Inhalts‹ über die Kartoffel: »Dieses Höchst schätzbare Gewächs ist nun erst sehr spät in Bayern bekannt geworden; und der Widerwille des Publicums und vorzüglich der Armen war dageg damals, als wir sie in der öffentlichen Küche des Arbeitshauses zu München gebrauchten, so groß, daß wir uns durchaus gezwungen sahen, sie zuerst heimlich einzuführen.« Die Knolle wurde kleingeschnitten unter die berühmte Rumfordsche Suppe gemischt und erst als die Armen Gefallen an dieser Mischung fanden, wurde das Geheimnis ihrer Zutaten enthüllt. Außerdem förderte Rumford in dem von ihm initiierten Militärgarten, dem späteren Englischen Garten, den Kartoffelanbau und veröffentlichte Rezepte für Kartoffelpudding, Klöße, gekochte Kartoffeln und Kartoffelsalat. Vielleicht ist es auch dieser Propaganda zu verdanken, daß sich im nördlichen und östlichen Münchner Umland nach der Getreidemißernte und Teuerung von 1816/17 viele Ackerbaugemeinden auf den Kartoffelbau zur Versorgung der Münchner Haushalte umstellten. Von übrigen bayerischen Gebieten hob sich diese ›Insel des überdurchschnittlichen Kartoffelbaus‹ deutlich ab. Die Kartoffel, hatte sich zu einer ausgesprochenen Not- und Armenspeise der ländlichen und städtischen Unterschichten entwickelt, deren tägliches Brot sie wurde. Sie ersetzte die Vielzahl von Suppen, Musen und Breien in den Hauptmahlzeiten, Getreide wurde nun nur noch in Form von Brot zu den Nebenmahlzeiten gegessen. Den Aufstieg in die bürgerliche Küche schaffte die Knollenfrucht erst, nachdem sie durch aufwendige Zubereitungstechniken als Knödel, Gratin oder Püree veredelt und aufgewertet worden war. Ihre Stellung im heutigen Ernährungssystem erhielt die Kartoffel durch die industrielle Verarbeitung. Seit dem Ende des 18. Jahrhunderts beschäftigten sich Wissenschaftler mit den Verfahren zur Trocknung der Knolle, doch erst 1914 gelang es, Kartoffelflocken ohne Nährwertverluste herzustellen, die zur Grundlage der heutigen Fertigprodukte wurden.

Länger als die Kartoffel verblieb die Tomate als reine Zierpflanze in den Gärten und Gewächshäusern. Obwohl schon im 16. Jahrhundert deutschen Gelehrten bekannt war, daß die rote Frucht in Italien als Nahrungsmittel kultiviert und vielfältig in der Küche verwendet wurde, galt sie bis ins 19. Jahrhundert hinein als giftig. In Zedlers Universal-Lexikon steht noch 1738 über die Tomate: Sie »zieret mit ... ihrer anmutigen Frucht, sowohl die gärten zur sommerzeit, als auch die zimmer, wohin man sie des winters stellet, nicht wenig...« Es »wird das Kraut sowohl wie die frucht vor ungesund gehalten, wie wohl sie in India und Italia in scheiben geschnitten und mit pfeffer, saltz, oel und eszig, wie etwan ein gurkensalat, zur kühlung genossen werden.«

Als vollwertiges Nahrungsmittel setzte sich die Tomate erst in den 20er Jahren unseres Jahrhunderts durch. Mit dem Vordringen der Mittelmeerküche seit den 70er Jahren wurde die rote Frucht vor allem in der Gastronomie populär. Zu Ketchup verarbeitet wurde die Tomate zum unverzichtbaren Inventar einer jeden Imbißstube.

I. S. B.

Literatur

AK Oikos, 1992
Bock, 1550
Braudel, 1985
Burgholzer, 1796
Ehlert, 1990
Elsholtz, 1682, reed. 1984
Geiger, 1649
Hagger, 1719, reed. 1977
Haushofer, 1978
Haushofer-Hartschimmelhof, 1954
Küster, 1987
Mennell, 1988
Müller-Fassbender, 1970
Pezzl, 1774, reed. 1973
Rath, 1984
Rumpolt, 1581, reed. 1980 (3)
Rumford, 1797
Sandgruber, 1986
Schivelbusch, 1980
Schlichthörle, 1844/1845
Solleder, 1938
Stengel, 1952
Teuteberg/Wiegelmann, 1986(2)
Volckamer, 1708
Wiegelmann, 1967

26.1 Handelswege und Kolonialwaren

26.1.1
›Triumph der Venezia‹
Anonym, Kopie nach Paolo Veronese
17. Jh.
Öl/Lwd, 2,07 x 1,46 cm
IId/85

Erst vor wenigen Jahren ließ sich das im Depot hängende Bild mit dem Gemälde Paolo Veroneses ›Trionfo di Venezia‹ im Dogenpalast in Venedig in Verbindung bringen.
Mit Hilfe maltechnischer Beobachtungen und der Analyse eines Blaupigments war es möglich, das Bild des Münchner Stadtmuseums zeitlich einzuordnen. Hinweise zu seiner Herkunft und dem genauen Zusammenhang mit dem Gemälde Veroneses konnten bisher nicht gefunden werden.
Das Gemälde Veroneses entstand als Auftragsarbeit für die Neuausstattung der 1577 durch einen Brand zerstörten Säle des Dogenpalastes. Das gedankliche Programm der darzustellenden Ereignisse entwarfen mehrere venezianische Gelehrte der Zeit, so z. B. Jacopo Conaini und Jacopo Marcello. Die Ausführung übertrug man verschiedenen Künstlern. Veronese erhielt u. a. den Auftrag für das große Gemälde ›Triumph der Venezia‹ über dem Thron des Dogen in der Sala del Consiglio Maggiore. Zu dem Gemälde sind von ursprünglich sicher zahlreichen Skizzen noch zwei erhalten (Richard Cocke: Veronese's Drawings, London 1984): die Zeichnung eines Kriegers auf seinem Pferd und eine große Kompositionsstudie für das ganze Gemälde. Diese Studie ist quadriert, hat also wohl auch als Riß für das Gemälde gedient. Veronese beschäftigt hier besonders die Architektur, deren Perspektive und Proportion, die räumliche Wirkung des großen Bogens und der salomonischen Säulen. Während er den Architekturentwurf genau auf das Gemälde überträgt, zeichnet er die Figuren freier und bewegter als auf dem ausgeführten Gemälde und deutet viele Details nur an oder läßt sie weg, wie z. B. das Wappen auf der mittleren Stütze der Balustrade oder die Statuen auf den salomonischen Säulen.
Das Gemälde entstand zwischen 1578 und 1582. Seine Größe 9,04 auf 5,80 m und seine Position über dem Thron des Dogen entsprechen der Bedeutung der Darstellung, die C. Ridolfi bereits 1648 in seiner Schrift ›Le maraviglie dell'arte‹ lobt und folgendermaßen beschreibt:
»Über den Wolken malte er Venezia zwischen zwei Türmen, ähnlich dem »alten Rom«, und von einer Siegesgöttin mit königlichem Diadem gekrönt, weil sie ja als Königin über das Adriatische Meer und die vornehmsten Städte der Lombardei herrscht. Er malte auch die geäugte Ruhmesgöttin, welche die goldene Posaune bläst und ihren [Venedigs] Ruhm offenbart. (Zit. nach: Escher, 1917).
Als die Gemäldefolgen im Dogenpalast zur Verherrlichung Venedigs vollendet waren, gehörten Venedigs große Zeiten bereits der Vergangenheit an, und die Lagunenstadt hatte ihre Bedeutung für die Einfuhr exotischer Waren bereits verloren.
Der anonyme Maler des Münchner Bildes hält sich genau und in allen Details an die Darstellung des Gemäldes von Veronese. Es fehlt nur das Wappen auf der Balustrade, das auch auf der Kompositionsskizze Veroneses zu dem Gemälde nicht ausgeführt ist. Durch diese Beobachtung stellte sich die Frage nach den Vorlagen des Malers und der Entstehungszeit des Bildes.
Das Format des Münchner Bildes ist mit 2,07 auf 1,46 m wesentlich kleiner als das Gemälde Veroneses. Seine Form war nie oval, sondern rechteckig, oben mit einem geschweiften Bogen abgeschlossen; dies könnte auf eine Verwendung als Galeriebild schließen lassen. Der geschweifte Bogen wurde später zu der heutigen Rechteckform ergänzt.
Folgende Gründe lassen vermuten, daß das Münchner Bild, trotz des fehlenden Wappens, nach dem ausgeführten Gemälde Veroneses und nicht nach seiner Kompositionsskizze entstanden ist:
Die Malerei der Darstellung geht an keiner Stelle über das Oval Veroneses hinaus, alle Leerstellen des Rechtecks werden durch die Draperie des grünen Vorhangs ausgefüllt.
Die Malweise des Münchner Bildes ist im Vergleich zu den Arbeiten Veroneses flüssiger, weniger trocken und weniger pastos in der Setzung der Lichter, die Behandlung der Plastizität der Architektur und der Figuren bleibt flacher (Eastlake, 1847, S. 295).
Seine Entstehungszeit läßt sich durch maltechnische Bobachtungen eingrenzen: Die Leinwand, aus zwei großen und vier schmalen Bahnen zusammengesetzt, ist gleichmäßig mit einer zweifarbig roten, in zwei Schichten aufgetragenen Grundierung bedeckt. Gemälde zweischichtig zu grundieren wird erst mit dem 17. Jh. üblich (Koller, 1984). Zur Zeit Veroneses wurden Gemälde weiß grundiert, häufig mit dunklen Imprimituren, oder wie z. B. ab 1570 bei Tintoretto dunkelgrau oder schwarz.
Als Pigment der blauen Farbe wurde natürliches Ultramarin (Lapislazuli) nachgewiesen. Dies macht eine Entstehungszeit des Bildes vor dem frühen 18. Jh. wahrscheinlich, da sonst das 1704 erfundene und in der europäischen Malerei ab ca. 1730 fast ausschließlich vorkommende Preußischblau vermalt worden wäre.
Der heutige Keilrahmen, der erst nach der Veränderung des Formats angefertigt wurde, entspricht durch die Art der verzapften Eckverbindungen einem Rahmentyp, der vor allem in Frankreich im 19. Jh. üblich war (Brachert, 1973). Außerdem fand sich auf ihm der Rest eines Klebezettel mit der Aufschrift: »Part. 1ome I sans numeros, L'Apothéose ...« und entlang der Spannränder Reste einer französisch bedruckten Papierumklebung. Es ist also zu vermuten, daß das Münchner Bild aus Frankreich nach München gekommen ist. A. H.

26.1.2
Inka-Tapete mit zwei Szenen
Präsentation der Frauen vor Pizzaro (Présentation des femmes à Pizzare) und: Der Kazike schenkt auf Bitten Las Casas Gonzales das Leben (Le Cacique accorde la vie à Gonzales à la demande de Las Casas)
je 216 x 212 cm, 4,5 Bahnen, Papierbogen: 42 x 56 cm
Entwerfer unbekannt, Manufaktur Joseph Dufour, Paris, um 1818
Holzdruck in Farbe
Lit.: AK Papier Peints Panoramiques, Paris 1990
Nouvel, Französische Papiertapeten 1800-1850, Tübingen 1981
M 91/38, 1-5

In der ersten Hälfte des 19. Jhds. ist auch die Inka-Tapete nach München gekommen. Leider ließen sich bisher keine schriftlichen Quellen zu ihrer Geschichte finden. Nach Auskunft des letzten Besitzers stammt sie aus dem ehemaligen Palais Öttingen-Wallerstein in der Arcisstraße (heute Meiserstr. 13), das 1928 einem Gebäude des evangelischen Kirchenrats weichen mußte. Zum erstenmal ist das Palais 1814 auf einem Stadtplan Münchens verzeichnet, auf einem Plan von 1818 als Besitz eines Geheimrats Lampl angeführt. Ludwig, Fürst von ÖttingenWallerstein, erwirbt das Gebäude 1843 (Auskunft Dr. Volckhamer, Archiv ÖW). Ob der Fürst die Tapete mit dem Palais übernahm, ist nicht nachzuweisen. Da er ein Kunstliebhaber und -sammler sowie ein Kenner von Paris war (wo er z.B. 1806 Ludwig I. traf), ist vorstellbar, daß er die Tapete in Paris bestellte. Sicher ist sie vor ihrer 2. Auflage 1856 nach München gekommen, da sie noch auf zusammengeklebte Papierbögen und nicht auf fortlaufende Papierbahnen gedruckt ist. Die Fabrikation von Papierbahnen war ab 1829 möglich und wurde fast unmittelbar nach 1830 von den Tapetenmanufakturen übernommen.
Hersteller der Tapete ist Joseph Dufour, der Entwerfer ist unbekannt. Sie dürfte um 1818 entstanden sein, da Dufour sie mit zwei weiteren Tapeten seiner neuesten Produktion bereits 1819 auf der ›Exposition des produits de l'industrie française‹ ausstellt und dafür eine Goldmedaille erhält. Die Inka-Tapete zeigt auf insgesamt 25 Bahnen sowohl Szenen aus dem Leben der Inkas, wie z. B. eine Familie vor ihrem Zelt, den Fischfang oder das Fest im Sonnentempel als auch die Begegnung der Inkas mit den spanischen Eroberern, z. B. die Ankunft des Pizzaro in Peru oder die Präsentation der Inkamädchen vor Pizzaro.
Unmittelbare Vorlage ist der Roman ›Les Incas ou la Destruction de l'empire du Pérou‹ von Jean-François Marmontel (Paris, Lacombe 1777), der in mehreren Auflagen in Paris erschien und bereits 1777 ins Deutsche übersetzt wurde (Heinrich L. Brönner, Frankfurt und Leipzig), sich also großer Beliebtheit erfreut haben mußte. Dufour hält sich nicht genau an die ziemlich verworrene Erzählung des Romans, er zeigt einzelne Szenen, die er durch Bäume, Waldstücke oder Felsen trennt. Dadurch ist, wie bei allen Bildtapeten dieser Zeit, eine veränderbare Zusammensetzung der Szenen möglich, und die Tapete kann der Architektur unterschiedlicher Räume angepaßt werden. Sie werden so im Gegensatz zur Wandmalerei zum mobilen Wandschmuck nach Maß.
Dufour hatte bereits 1804 eine Tapete mit der Darstellung eines fremden, gerade erst entdeckten Landes gedruckt: ›Les Sauvages de la mer Pacifique‹, für die er 1806 einen Preis erhalten hatte.
Auf der Inka-Tapete zeigt Dufour beides: die ›edlen Wilden‹, die als liebevolle Eltern ihr Kind in der Hängematte schaukeln oder auf dem Rücken tragen, die freigiebig Pizzaro mit Geschenken empfangen oder großmütig dem Spanier Alonso (Gonzales) das Leben schenken. Daneben als Hintergrund und Vordergrund: eine großartige Landschaft und die reiche, exotische Pflanzenwelt eines fernen Kontinents. Die 1784 erschienenen Reiseerlebnisse Captain Cooks dienten als Vorlage für die Tapete ›Les Sauvages de la mer Pacifique‹. Sie waren, besonders durch die Berichte Georg Forsters, des Begleiters von Captain Cook, auch dem deutschsprachigen Leser bekannt. Für den Druck der Inka-Tapete könnte die Reise Alexander von Humboldts Anregung geboten haben, die er von 1799 bis 1804, wohl unter dem Eindruck der Fahrten seines Freundes Georg Forster, nach Südamerika unternahm und in einem 30bändigen Werk bearbeitete, das zwischen 1805 und 1839 in Paris erschien. Humboldt entwirft hier ein ›Naturgemälde der Tropen‹, er bemüht sich als erster, im Gegensatz zu den früheren Weltumseglern, um die genaue, botanische Erforschung und Beschreibung der Pflanzen.
Auch auf Dufours Tapeten sind bis ins Detail genau Pflanzen und Früchte abgebildet, die damals noch Raritäten auf den europäischen Märkten waren wie Ananas und Bananen.
Dufour hat mit den Darstellungen auf seinen Tapeten auch erzieherische und aufklärerische Ziele verfolgt. In dem Begleitbüchlein zu der Bildtapete ›Les sauvages de la mer Pacifique‹ schreibt er:
»Wir haben gedacht, daß man uns dankbar sein sollte, auf bequeme Art und Weise eine Vielzahl von Völkern vereint zu haben, die das weite Meer von uns getrennt hält. Ohne die Wohnung verlassen zu müssen und nur, indem man sich umschaut, kann ein eifriger Mensch, der die allgemeinen Reisegeschichten und die Berichte der Reisenden liest, sich in Gegenwart der Personen glauben und den Text mit den Gemälden vergleichen. Er wird sich auch mit der Verschiedenheit der Formen und der Kostüme vertraut machen ...« (Zit. nach: Leiss, 1961).
Das Münchner Stadtmuseum besitzt von den insgesamt 25 Bahnen der Inka Tapete 21. Jede Bahn ist aus einzelnen Papierbögen aus geschöpften Papier mit Siebstruktur (Höhe 42,0 cm x Breite 56 cm) in einer Länge von 2,16 Metern zusammengeklebt. Sicher befand sich unter der Tapete, in Höhe der Möbel, noch ein Sockel, der vielleicht marmoriert oder mit einer Vertäfelung versehen war und den richtigen Blickwinkel auf die Tapete garantierte. Die zusammengesetzten Bögen wurden zuerst grundiert und durchgehend mit der hellblauen Farbe, die den Grundton des Himmels bildet, gestrichen. Dann erst begann die Arbeit des Druckers. Für jede Farbe und Form gab es einen Druckstock, der aus Holz geschnitten war. Er mußte so genau auf die Papierbahn gesetzt werden, daß das Bild ohne Unklarheiten in der Form und ohne Verschiebungen in den Farbnuancen entstand. Der Handdruck eignete sich besonders gut für die abgegrenzten, nacheinander gedruckten Farbflächen, da man mit der Druckplatte dickflüssige, stumpfe Farben auftragen kann, die kleinen Sprenkel in den Farbflächen und die Wülste an ihren Rändern halten den Blick fest und geben einem guten Druck seinen ganz speziellen Charakter. A. H.

26.1.2

26.1.3
Fensterläden einer Kolonialwarenhandlung
um 1830
Öl auf Holz, 123 x 68 cm
Lit.: AK Aufbruch ins Industriezeitalter, Führer durch die Ausstellung zur Wirtschafts- und Sozialgeschichte Bayerns von 1750-1850, Augsburg 1985, Nr. 312
Nürnberg, Germanisches Nationalmuseum
HM 38 a, b

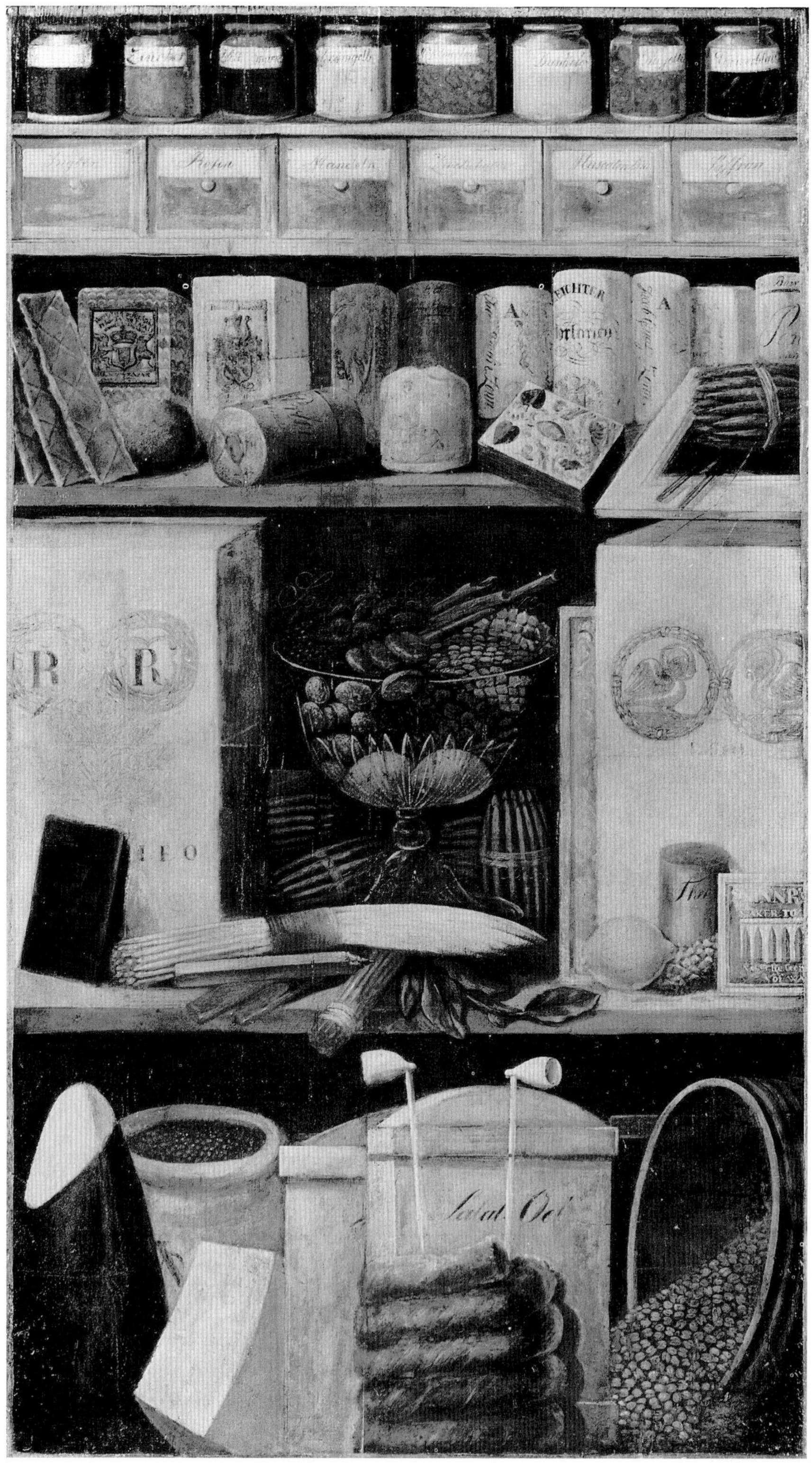

26.1.4

26.1.4
Ladenschild der Krämerei Mayerhofer, Deggendorf
Deggendorf, um 1854
Öl auf Holz, 66 x 91 cm
Lit.: Spiegel, Markt und Handel im Stadtmuseum Deggendorf,
Deggendorf 1987, S. 30-34
Deggendorf, Stadtmuseum, 1680

Das Ladenschild bildet das breite Warenangebot der Krämerei ab, die Anton Mayerhofer seit 1854 in Deggendorf betrieb. Dort sind von links nach rechts zu erkennen: In der oberen Reihe bunte Halstücher, Borten, Stoffballen, auf eine Schnur gezogenes Manna (?), Kerzen und Draht, darunter Käse, handgeschmiedete Nägel, Baumwolle, aufgerollte Bänder, Wiener Schuhwichspulver, Zuckerhut, Siegellack, Zitrone, Salz im Sack mit Mayerhofer-Monogramm, ebenso der grüne ungeröstete Kaffee, Bleistifte, Wollgarn, Tonpfeife, Federkiele, aufgerollter Tabak, Päckchen mit ›Pariser No. 2‹ von Lotzbeck in Augsburg, ›Portrice ohne Rippen‹ und eine Zigarre.

26.1.5
Preis-Liste über ›Colonialwaren‹ der Firma Carl Steinmetz
München, 1913/14
Pappumschlag, Buchdruck, 19 x 12 cm
A 88/53,1

Preisliste und Angebot über ›Colonialwaren‹ mit einem reichen Sortiment an Tee, Kaffee, Zigarren, Gewürzen, getrockneten Früchten, Zucker, Weinen und Konserven. Die Firma Carl Steinmetz bot ihre Waren in zwei Münchner ›Verkaufslokalen‹ (Goethestraße und Blumenstraße) an.

26.2 Gewürze

26.2.1
Saffran und Gewürz Schau in Nürnberg
Georg Paul Nusbiegel (1713-1776)
Nürnberg, 1786
Schabkunstblatt, 32 x 62 cm
Lit. Kleine Mitteilungen, Bayerland, 25, München 1890, S. 299-300
Nürnberg, Stadtmuseum, Fembo-Haus, Nor. K. 6033

Schabkunstblatt nach dem gleichnamigen Gemälde des Malers Sandrath. In Nürnberg, dem bedeutendsten Gewürzhandelszentrum des Mittelalters, unterlagen die Gewürze der Schau, einer amtlichen Visitation der importierten Waren. Gewürzfälschungen wurden hart bestraft. Die berühmte Safranschau wurde in Nürnberg 1441 angeordnet. Veranlassung war die Einfuhr von 13 Pfund verfälschtem Safran durch den Ulmer Kaufmann Heerberger. Safran, als die ›köstlichste Frucht‹ bereits im Alten Testament bekannt, färbt Speisen und Textilien und wurde als Würz- und Heilmittel verwendet.

26.2.1

26.2.2
Die finsteren Bögen am Marktplatz in München mit Tuch- und Gewürzhandel
Karl Altmann
(Feuchtwangen 1800-1861 München)
München, 1826
Öl auf Holz, 31 x 35,7 cm
Lit.: AK Biedermeier, München, 1987, Nr. 2.3.4
II b/120

Karl Altmann erscheint 1825 zum ersten Mal im Mitgliederverzeichnis des Münchner Kunstvereins. Er ist 1826 mit vier Bildern erstmals auf Ausstellungen des Kunstvereins vertreten, eines der 1826 ausgestellten Gemälde trägt den Titel »Perspective durch einen Theil der Arcaden am Marktplatz in München« (Bericht des Kunstvereins in München,, 1826, 9 u. 25, Nr. 426). Offenkundig handelt es sich dabei um das vorliegende Gemälde, mit dem u. a. sich der Maler demnach im Kunstverein eingeführt hat. – Bei den von Verkaufstheken begleiteten Arkaden handelt es sich um die gotischen Laubengänge, die den Marktplatz an seiner Südseite vom Schleckergaßl (heute Rindermarkt) bis hin zum sog. kleinen Rathaus säumten: »In alter Zeit ruhten alle Häuser auf dem Marktplatz auf Bögen, die meist zu Kramläden verwendet waren, wie es an der Südseite jetzt noch der Fall ist, weshalb auch die Häuser an dieser Seite zu den ›Krämern‹ hießen.« (Regnet 1879, 44.) Dargestellt ist der östliche Teil der Lauben mit Ausblick auf das (Alte) Rathaus, von dem eines der hohen Fenster zu sehen ist, und dem sich davor ausbreitenden Kräutlmarkt. Bei den angebotenen Waren handelt es sich offenbar um Gewürze und Tuch. M. M.

26.2.3 **Gewürzbehälter für Tafel und Haushalt**

26.2.3 a
Pfeffer- und Salzdose
Augsburg, 1777-1779
bez. Meistermarke GLi. Queroval
Beschau: R3276 (Augsburg 1777-1779)
Silber getrieben und gegossen
3,4 x 6,8 x 5,1 cm
Augsburg, Städtische Kunstsammlungen, Maximilianmuseum 4751

26.2.3 a

26.2.3 b
Gewürzschalen
Friedrich Gabler(?) (um 1767-1841)
Münster(?), Anfang 19. Jh.
bez. Meisterzeichen: Gabler
Silber getrieben, innen vergoldet, 6 cm
Lit. Scheffler, Goldschmiede Rheinland-Westfalens, Daten, Werke, Zeichen, Berlin, New-York 1973, S. 840, Nr. 133
Nürnberg, Germanisches Nationalmuseum HG 9399 u. 9400

Die elegante Form und der Verzicht auf Dekor weisen die Gewürzschalen als Erzeugnisse aus der Epoche des Klassizismus aus. Durch die Vergoldung sind die Schalen vor Korrosion durch aggressive Gewürze geschützt. U. T.

26.2.3 c
Vorratsgefäß für Gewürze
Johann Wolfgang Pintz
(1691-1769 Nürnberg; Meister 1721)
Nürnberg, um 1750
bez. Nürnberger Stadtzeichen mit Beigemark des Johann Wolfgang Pintz
Zinn, 13 cm, Fuß 8,2 cm, oben 6,2 cm

Lit. Hintze, Nürnberger Zinngießer, Leipzig 1921 Nr. 390
Nadolski, Altes Gebrauchszinn, Gütersloh 1983, S. 170
Nürnberg, Germanisches Nationalmuseum HG 11179

Das konische Gefäß, das von einem Stülpdeckel mit kugelförmigen Knauf verschlossen wird, diente zur Aufbewahrung und zum Schutz der im 18. Jahrhundert noch sehr teuren Gewürze wie Nelken, Safran oder Zimtblüten, aber auch für Salz und Mehl. U. T.

26.2.3d
Gewürzschränkchen mit acht Schubladen
Gebrauchsort München, um 1905
Kirschbaum, Blechschilder
17,5 x 17,5 x 8,5 cm
559/15

Gewürzschränkchen mit acht Schubladen für Kümmel, Fenchel, Muskat, Zimmt, Pfeffer, Anis, Safran und Ingwer.

26.2.3e
Gewürzdose mit acht kleinen Dosen
Süddeutsch, 19. Jh.
Kirschbaum, gedrechselt, 11 cm, ø 18 cm
58/350

Gedrechselte Deckeldose mit Pfeffer-, Fenchel-, Safran-, Ingwer-, Zimmt-, Muscat-Nüsse-, Piement- und Nelkendosen.

26.2.3 f
Gewürzdose mit Gewürzfächern und Muskatreibe
Anfang 20. Jh.
Blech, lackiert, ø 14,5 cm
A 86/107

Dose mit Fächern für vier verschiedene Gewürze und eingearbeiteter Muskatnußdose, deren Wandung als Reibfläche für das Reiben der Muskatnuß genutzt werden kann.

26.2.3 e

26.3 ›Schutz und Nutz‹ der fremden Gewürze

26.3.1
Malachias Geiger, Kurzer Vnderricht vnd Guetachten wie mann sich bey ietzigen Sterbens-Lauffe Praeseruieren vnnd Da iemand inficiert wurde curieren solle. Sambt Ainer Instruction für die Wundarzt und Warter auch andern welche sich bey dergleichen Kranckhen brauchen lassen
München, 1649
Pappband, 29 S., 3 Kupferstiche
M 1/483/1-3

Das Büchlein enthält sowohl Schutzkurrezepte gegen die Pest als auch Heilmittelrezepte bei Pesterkrankung. In seiner Pestprophylaxe und -therapie setzt der Arzt und Chirurg der churfürstlichen Hauptstadt München und der churfürstlichen Spitäler auf die Heilkraft der Gewürze. Zimt, Nelken, Muskatblüte werden in den Rezepten mit Öl-, Frucht-, Edelsteinpulver- und Zuckerzusätzen zu Latwergen und Zeltlein (Mus und Gebäck) vermengt. Auch Pestamulette zum Umhängen aus Gewürzkombinationen, verfestigt mit Tragant, sollen nach Malachias Geiger vor der Krankheit schützen. U. Z.

26.3.2
Mörser
Gebrauchsort München, 15.-16. Jh.
Bronze, 11,5-18,5 cm, ø oben: 11,5-18,5cm
Lit.: Dexel, Das Hausgerät Mitteleuropas, Braunschweig, Berlin 1962, S. 194-195
KuS 301, 387, 397

Mörser in diesen Formen sind für die südlichen und westlichen Landschaften Deutschlands typisch. In ihnen konnte u. a. Gewürz gestoßen werden, um auch die bis ins 18. Jahrhundert beliebte Gewürzmischung ›Trisenet‹ herzustellen, die aus Zucker, Ingwer, Zimt, Muskat, Galgan und Cardamon bestand.

26.3.4

26.3.3
Nelkenkorb
süddeutsch, 1850
bez. a. Boden: Lebe glücklich Liebe/immerhin, deinen treuen/ Freund u. denk an Ihn/1850
Gewürznelken, farbige Glasperlen, Papier, Glas, 7 cm, ø 19 cm
Lit.: AK Biedermeier, München 1987 Nr. 5.1.87
66/2495

Körbchen aus Nelken und farbigen Glasperlen geflochten, auf dem Boden Freundschaftsvers hinter Glas. Die importierten Nelken dienten über ihre Bedeutung als Heil- und aromareiches Würzmittel hinaus auch dazu, Unheil abzuwehren. Eine Freundschaftsgabe aus den teuren Nelken zeigt eine besondere Wertschätzung des Beschenkten. Die Nelken, Blütenknospen eines immergrünen Ebenholzgewächses, wurden von den Molukkeninseln importiert. Sie waren seit dem frühen Mittelalter in europäischen Küchen begehrt.

26.3.4
Muskatnuß in Silberfiligranfassung
Ende 18. Jh./Anfang 19. Jh.
Muskatnuß, Silberfiligran, Seidenband
14,5 x 2,3 cm
München, Bayerisches Nationalmuseum
Kr A 266

Muskatnüsse in Silber gefaßt oder ungefaßt wurden als Liebesamulette und zur Krankheitsabwehr (besonders bei Hautkrankheiten) verwendet.

26.3.5
Muskatreibe
alpenländisch, 1768
Holz, Kerbschnitzerei; 15 x 3,5 cm
Berlin, Staatliche Museen, Museum für deutsche Volkskunde, 87/64

Verzierte Muskatreiben nahm man mit in die Wirtshäuser, um Wein und Bier mit geriebener Muskatnuß zu würzen. Neben der Bedeutung als Würzmittel galt die Muskatnuß als Aphrodisiakum.

26.3.6
Muskatreibe
Gebrauchsort München, Anfang 20. Jh.
Blech, 14 cm
A 83/323

Einfache Muskatreibe mit kleinem Fach zum Verwahren der Nuß, die im Haushalt zum Kochen verwendet wurde.

26.4 Der teure Zucker

26.4.1
Honigdosen aus der Wachszieherei und Lebzelterei Ebenböck
München, um 1850
Jeweils auf der Stirnseite Monogramm M. E. (Mathias Ebenböck)
Zinn
15,5-21,5 x 18-23 cm
K 70/173, Nachlaß Ebenböck Nr. 31

Zinnerne Vorrats- und Verkaufsdosen für Honig in Würfelform mit Deckel. Jahrhundertelang war Honig der einzige inländische Süßstoff für Speisen und Getränke. Auch der Honig war, wie der noch teurere importierte Zucker, nicht jedermann zugänglich. Honig erbrachte als gesuchter Handelsartikel hohe Steuereinnahmen. Haushaltsratgeber des 19. Jahrhunderts vermerken, daß Honig gegenüber dem Zucker stets einen Nachgeschmack habe, der nicht zu allen Süßspeisen passe.

Die Zuckerform stammt aus der Fürstlichen Runkelrübenfabrik in Wallerstein, die 1838 in Betrieb ging. Fürst Friedrich von Oettingen-Wallerstein hatte in seinen Besitzungen in Böhmen bereits Erfahrungen mit derartigen Fabriken gemacht. Auch die Muster für die irdenen Zuckerformen, die der Fürst in Dietfurt, später in Ulm anfertigen ließ, stammten aus Böhmen. Die Formen kosteten in den drei benötigten Größen zwischen einem halben und eineinhalb Gulden.
Die Rüben wurden auf den fürstlichen Domänen angebaut. Die Anlage sollte jeweils von Herbst bis Frühjahr laufen und zunächst 15.000-20.000 Zentner Rüben im Jahr verarbeiten. Ein Problem stellte der niedrige Zuckergehalt der Rüben dar, der zudem auch witterungsabhängig war. Die Zuckerrübe ist eine spätere Züchtung aus der Runkelrübe.
1840 erhielt die Wallensteiner Fabrik auf der Industrieausstellung in Nürnberg eine Belobigung für ihre Produkte. Als 1843 nach dem Tod des Fürsten aus finanziellen Gründen die Domänen verpachtet wurden, kam es zu Schwierigkeiten mit der Rübenzufuhr: Die Pächter oder die Bauern der Umgebung waren nicht dazu zu bewegen, den bewährten Getreideanbau zugunsten der arbeitsintensiven Rüben einzuschränken, erst recht nicht zu dem niedrigen Preis, den die Domänen erhalten hatten. Da sich kein Pächter für die Fabrik fand, wurde 1844 der Fabrikbetrieb eingestellt. Die Einrichtung wurde soweit möglich von den anderen fürstlichen Betrieben übernommen oder versteigert. R. K.

Plakat für Kolonialwaren, zu denen der Zucker gezählt wird.
Zucker wurde bis Mitte des 19. Jahrhunderts importiert. Er kam als Rohrzucker in Fässern nach Deutschland. Hier wurde er gereinigt und in die Zuckerhutformen gegossen. Auch der Zucker aus den einheimischen Rüben (das technische Verfahren Rübenzuckergewinnung ist seit der 1. Hälfte des 19. Jahrhunderts bekannt) wurde in dieser Form angeboten.

26.4.4
Zuckerhut
Gebrauchsort Oberbayern
1. Hälfte 20. Jh.
26 x 10,5 cm
Freilichtmuseum des Bezirks Oberbayern an der Glentleiten, 81/2108

Zucker wurde meist in der klassischen Form des ›Zuckerhuts‹ angeboten, wie z. B. die Warenschilder der Kolonialwarenhändler des 19. Jahrhunderts überliefern. Im 18. Jahrhundert wog ein Zuckerhut zwischen 2 und 20 Pfund. Zum Zerkleinern waren Zuckerbreche oder Zuckerhammer notwendig. Der gebrochene oder im Mörser gestoßene Zucker wurde in verschließbaren Dosen sicher verwahrt. Zuckerhüte waren noch in der 1. Hälfte des 19. Jahrhunderts beliebte Geschenke, da Zucker als Importware teuer war.

26.4.1

26.4.8 a

26.4.2
Zuckerhutform
Gebrauchsort Fürstliche Runkelrübenfabrik Wallerstein, um 1840
Irdenware, 55 cm, ø 25 cm
Maihingen, Rieser Bauernmuseum, 4.95100

Der Zuckersirup wurde zum Erkalten in irdene Formen gegossen, die in einem Gestell auf der Spitze standen. Nach mehreren Stunden konnte man den Stöpsel aus dem Loch an der Spitze ziehen, damit der restliche, nicht kristallisierte Sirup abfließen konnte. Dieser konnte erneut gekocht und in Formen gegossen werden.

26.4.3
Kolonialwaren mit Zuckerhut
München, 1924
Plakat, 70 x 46 cm
A 13/53

26.4.5
Zuckerbreche
süddeutsch, 19. Jh.
Eiche u. Buche, Eisen, 14 x 43,5 x 23,5 cm
A 85/23

Zuckerbrechen zum Zerkleinern der Zuckerhüte gehörten zur Ausstattung der bürgerlichen Küche.

26.4.6
Zuckerbreche mit Zuckerhammer
Gebrauchsort München, 19. Jh.
Nußbaum, Ahorn, Eisen
25,5 x 45 x 11 cm
538

Die Zuckerbrechzange wurde auf einem hölzernen Unterbau befestigt. Im Unterbau liegt in einer Schublade ein hölzerner Zuckerhammer. Breche und Hammer nutzte man zum Zerkleinern des Zuckerhutes oder der Zuckerstücke.

26.4.7
Mörser
Gebrauchsort München, 19. Jh.
Gelbguß, 16,5 cm, ø oben 19 cm
1942/232

Auch zum Zerstoßen der Zuckerbrocken zu feinem und zu Puderzucker waren Mörser notwendig.

26.4.8 **Zuckergefäße**

26.4.8a
Verschließbare Zuckerdosen
Gebrauchsort München, um 1845
Messing, 15-23,5 x 17,5-21,5 x 17-23,5 cm
KuS 1337, 1338

Verschließbare Zuckerdosen bezeugen den Wert des kostbaren Zuckers, der zuerst aus Arabien, Madeira, Zypern, von den Canarischen Inseln, dann von den Westindischen Inseln (Mittelamerika) importiert wurde. Mit der Rübenzuckergewinnung seit Mitte des 19. Jahrhunderts verbilligte sich das Süßmittel.

26.4.8b
Zuckerstreudose
Gebrauchsort München, um 1850
Messing, 13 x 7 cm
KuS 1353

Speziell für Puderzucker war diese Streudose gedacht, um Speisen und Kuchen zu süßen.

26.4.8c
Zuckerdose mit Deckel
Meister E B F (tätig um die Mitte des 18. Jahrhunderts in Nürnberg)
Nürnberg, Mitte 18. Jh.
bez. Meisterzeichen EBF im Schild, Beschauzeichen N (R34303)
Silber getrieben, 6,8 x 12,5 x 9,5 cm
Lit.: AK Zuckergefäße und Zuckergeräte aus Silber im Zuckermuseum, Berlin 1991, S. 204,
Nürnberg, Germanisches Nationalmuseum, HG 9385

Im 18. Jahrhundert nannte man die Behältnisse für Zucker ›Zuckerschachteln‹. Sie waren damals ein bedeutender Nürnberger Exportartikel. U.T.

26.4.8d
Zuckerdose mit Zange
Johann Carl Schüller (?)
(nachweisbar 1809-1832)
Dresden, 1811
bez. Meisterzeichen Schöller; Jahresbuchstabe N für 1811, Beschauzeichen gekreuzte Schwerter mit Querstrich, mit 13 und D (?)
Silber, getrieben, gepreßt, Filigran, innen vergoldet
Zuckerdose: 20 cm, Zuckerzange: 15,7 cm
Lit.: AK Zuckergefäße und Zuckergeräte aus Silber im Zuckermuseum, Berlin 1991, S. 194 und S. 222
Nürnberg, Germanisches Nationalmuseum, HG 10897

Die Zuckerdose in Schiffsform mit Deckel in Filigranarbeit und vorgefertigten Appliken ist ein charakteristisches Erzeugnis aus der Zeit der Frühindustrialisierung, als auch Goldschmiede dazu übergingen, fabrikmäßig vorgefertigte Teile mitzuverwenden. Die gebauchte Wandung ist mit einem Eichenlaubfries belegt, der an den Schmalseiten in bärtigen Satyrmasken endet. Wahrscheinlich war die Zuckerdose für einen katholischen Haushalt bestimmt, da sich an der ausgebauchten Wandung ovale Appliken mit Maria mit Jesuskind in Anlehnung an das Gnadenbild der ›Maria-Hilf‹ und Joseph mit dem Jesuskind finden. Der Deckel ist ebenso wie der bewegliche Bügel mit Drahtfiligran ausgefüllt. Er ist von einer sich zu einem stehenden Ring windenden Schlange als Griff bekrönt, wie sie ebenfalls häufig an Tafelsilber des Klassizismus zu finden ist. Die Zuckerzange weist in der Biegung eine Applike mit einer Satyrmaske zwischen Efeuranken auf; die Griffe sind mit Drahtfiligran ausgefüllt und enden in einer ovalen, leicht vertieften Fläche, deren Außenseiten eine Rosette zeigen. Die auffallende Größe der Zange erklärt sich aus der Tatsache, daß der Zucker bis ins frühe 19. Jahrhundert noch nicht mundgerecht zerkleinert wurde. U.T.

26.4.8e
Zuckerdose
Steingutmanufaktur Laim
München/Laim, um 1810/20
bez. auf der Unterseite: Fabr. Laim
Steingut, 9 x 14,5 x 8,3 cm
Lit. AK Biedermeier, München 1987, Kat. 4.12.4; zur Manufaktur Laim ebd. S. 390 f.
29/1035

Ebenso wie die Manufaktur in Schäftlarn sollte die 1792 konzessionierte Steingutmanufaktur in Laim bei München nach dem Willen der Gründerin, der Reichsgräfin Elisabeth von Betschard, den übermächtigen englischen Steingutimporten entgegenwirken. Zugleich war die englische ›Creamware‹ Vorbild für die einheimische Produktion. Ihren Höhepunkt erlebte die vielfach den Besitzer wechselnde Manufaktur um das Jahr 1823, als sie mit 25 Beschäftigten einen Jahresumsatz von 10.000 fl. erwirtschaftete. N.G.

26.4.8f
Zuckerdose
Firma Eduard Wollenweber
München, um 1890
bez. Firmenstempel: ED. WOLLENWEBER, 800, Halbmond, Krone
Silber, getrieben, gegossen, ziseliert, graviert, 12 x 13,2 x 11 cm
Lit.: AK Die Prinzregentenzeit, München 1988, Kat. 4.1.8 (Abb.)
K 79/50,5

Die Zuckerdose gehört zu einem fünfteiligen Teeservice in aufwendigem Neobarock-Stil. Befördert durch den nostalgischen Blick auf die Bauten von König Ludwig II († 1886) und vor allem durch die Deutschnationale Kunstgewerbeausstellung des Jahres 1888 setzte sich das Neobarock zunehmend im letzten Jahrzehnt des 19. Jahrhunderts auch im bürgerlichen Milieu durch, ohne jedoch im ganzen die langanhaltende Identifikationsmöglichkeit zu bieten, wie es davor und noch darüber hinaus durch die Deutschrenaissance der Fall war. Für den bürgerlichen Salon jedoch empfahlen sich die der aristokratischen Vergangenheit entlehnten Formen des Barock und Rokoko durch ihren festlichen Repräsentationswert. N.G.

26.4.8g
Mohr und Mohrin mit Zuckerdose
Franz Anton Bustelli
(wohl 1723-1763 Nymphenburg)
Porzellan-Manufaktur Nymphenburg

26.4.8 g

1756-1760 (Neuausformungen)
bez. geprägter Rautenschild und Modellnr. 173 und 174
Porzellan, bunt bemalt, 14,5 und 15,5 cm
Lit. Hofmann, Die Geschichte der Bayerischen Porzellan-Manufaktur Nymphenburg, III. Bd., Leipzig 1923, S. 430, Abb. 126, S. 135
Newman, Die deutschen Porzellan-Manufakturen, I. Bd., Braunschweig 1977, Abb. 149, S. 151 (Meißen)
München, Staatl. Porzellan-Manufaktur

Ebenfalls zur Reihe fremder Völkerschaften gehören diese beiden wenig bekleideten Figuren, die zusätzlich einem praktischen Zweck als Zuckerdose dienen. Europa wurde zu Bustellis Zeiten noch aus überseeischen Kolonien mit Zucker beliefert, wie er anhand der ›indianisch‹ anmutenden Figuren verdeutlichen wollte. Die Bemalung der Körper erfolgte nicht in Schwarz, sondern stets in Dunkelbraun. A. Z.

26.4.8 h
Zuckerstreuer
Gebrauchsort München, Mitte 18. Jh.
Zinn, gegossen, graviert, durchbrochen
15 cm
Lit.: Stengel, Zucker und Zuckergerät, Berlin 1952
XI b/275, XI b/276

28.4.8 j

Birnenförmige Zuckerstreudosen mit Standfläche, die zum Füllen abnehmbar ist. Diese Zuckerstreudosen für den Tischgebrauch sind in der Form ähnlich den Streudosen für andere Gewürze, die in der Renaissance bekannt waren. Ob diese Form schon damals auch für Zucker üblich war, bleibt ungeklärt. Streudosen aus Zinn und Fayence sind in Deutschland seit dem 18. Jahrhundert bekannt. U. Z.

26.4.8 i
Zuckerstreuer
Schrezheim, 2. Hälfte 18. Jh. (?)
Fayence, grauweiße Glasur, Bemalung in Muffelfarben, 19,2 cm, ø 9,2 cm
Lit.: Erdner und Nagel, Die Fayencefabrik in Schrezheim, Ellwangen 1972
Nürnberg, Gewerbemuseum der Landesgewerbeanstalt im Germanischen Nationalmuseum, 395

26.4.8j
Zuckerstreuer
Schrezheim, um 1760
Fayence, 14 cm
Lit.: Erdner und Nagel, Die Fayencefabrik in Schrezheim, Ellwangen 1972
Nürnberg, Germanisches Nationalmuseum, Ke 1641

Der Zuckerstreuer weist die seit etwa 1700 in Frankreich beliebte elegante Balusterform auf. Er ist bemalt in Mangan und Grün mit Streublumen und kleinen Zweigen. Der Streukopf wird aufgesetzt und mit einem Stöckchen festgehalten, das durch ein Loch an der Unterkante des Streukopfes und der Oberkante des Corpus gesteckt wird.
Zuckerstreuer mit konvex-konkavem Umriß und durchbrochenem Streukopf wurden, wie anderes Tafelgerät auch, sowohl in Silber als auch in Keramik hergestellt. Da der Zuckerverbrauch seit der Mitte des 18. Jahrhunderts stark zunahm, bevorzugte man jedoch seit etwa 1770 Zuckerschalen oder Zuckerdosen. U.T.

26.4.8 k
Zuckerstreuer
(Fayencemanufaktur bestand 1758-1824)
Ludwigsburg, um 1760
bez. am Boden Monogramm mit gegenständig verschlungenen doppelten C für Herzog Carl Eugen, darunter zweimal gegenständige 2 für Größenangabe
Fayence, 18,7 cm
Nürnberg, Germanisches Nationalmuseum, Ke 2050

26.4.9 **Zuckerzangen- und löffel**

26.4.9 a
Zuckerzange mit Lyramotiv
um 1830/40
Silber, getrieben, granuliert, 17,7 cm
58/319 b

Zuckerzangen in Silberfiligran, ziseliert, gepreßt oder geätzt waren seit dem 18. Jahrhundert Zubehör zu den silbernen Zuckerdosen und Zuckerschalen. Die ›gute Sitte‹ erfordert, daß Zuckerstücke und Streuzucker bei Tisch mit Zange oder Löffel aus der Zuckerdose genommen werden. Diese Geräte bezeichnet Theodor Fontane die »Werkzeuge der Unbequemlichkeit«. Walter Stengel nennt sie »Paradigmata der Stilgeschichte des Fingerspitzengefühls«, die in einer Formenvielfalt als Zangen und Scheren mit Enden in Löffel-, Muschel- oder Handform entstanden (Stengel 1952).

26.4.9 b
Zuckerzange mit Blumendekor
um 1860
bez. Marke DK und 13
Silber, getrieben, gepreßt, punziert, graviert
15,1 cm
58/319 a

26.4.9 c
Zuckerzange in Storchenform
19. Jh.
Silber gegossen, 13,5 cm
Lit.: Stengel, Zucker und Zuckergerät, Berlin 1952
A 87/435

Der lange Storchenschnabel dient zur Aufnahme der Zuckerstücke. Griffring mit Standfläche in Form eines Frosches. Bei geöffneten Scheren wird ein liegendes Wickelkind sichtbar. Derartige Zuckerzangen, seit der 2. Hälfte des 18. Jahrhunderts bekannt, werden bis ins 19. Jahrhundert hergestellt. Sie wurden lange als Nabelscheren verkannt. U. Z.

26.4.9 d
Zuckerzange
Koch & Bergfeld,
Silberwaren und Besteckfabrik
Bremen, um 1900
bez. Herstellermarke, Halbmond, Krone, 800
Silber, gepreßt, innen vergoldet, 14 cm
59/873

26.4.9 e
Zuckerzange mit Jugendstildekor
um 1900
bez. Nicht identifizierbare Marke B. ARR (?)
Silberlegierung, 13 cm
K 72/643

26.4.9 f
Zuckerzange mit geformten Schwänen
um 1900
Silberlegierung, getrieben und ziseliert
15,8 cm
65/742

26.4.9 g
Zuckerstreulöffel
Gebrauchsort München, 19. Jh.
Silber, Beingriff, 21 cm, ø 6,0 cm
A 88/234

Zuckerstreulöffel mit blütenartiger, durchlöcherter Laffe und Stiel mit Beingriff. Mit Hilfe des Löffels streute man bei Tisch Zucker über die Speise.

26.4.9 h
Zuckerstreulöffel
Simon Lübbers III (?) (tätig 1807-1840)
Bremen, um 1830/40
bez. Stadtmarke, Meistermarke: Lübbe . . . (leicht verschlagen)
Silber, Silberlegierung, getrieben, gepreßt
17 cm
48/222

26.4.10 **Zuckerluxus**

26.4.10 a
Schultüten (Zuckertüten)
Gebrauchsort München, 20. Jh.
Goldpapier, Pappe, 51-78 cm
Lit.: AK Das ABC des Luxuspapiers, Berlin 1983, S. 242-243
A 82/156, A 82/158

Die Schultüten werden in manchen deutschen Landschaften wegen ihres Inhaltes an Süßwaren und Backwerk Zuckertüten genannt. Mit Süßigkeiten sollte der erste Schultag versüßt werden. Zuckerhaltige Leckereien waren als Anreiz zum Lernen und als Belohnung guter Schulleistungen seit Jahrhunderten üblich gewesen. Die Schultüte kann seit dem 19. Jahrhundert (1817 Jena, 1820 Dresden) belegt werden. U. Z.

26.4.10 b

26.4.10 b
Konsoltisch, durch Hochklappen der Deckplatte in eine Anrichte zu verwandeln
um 1840
Mahagoni massiv und furniert, Blindholz Fichte, Schublade Ahorn, schwarz-weiße Marmorplatte, 138 x 97 x 52 cm
Lit.: Ottomeyer, Zopf- und Biedermeiermöbel, München, 1991, Kat. 142
39/651

Das Möbel stammt aus der Zeit, als erstmals eigene Speisezimmermöbel entwickelt wurden. Solche Möbel und ihre Typen sind von englischen Vorbildern abhängig, werden in Frankreich rezipiert und in Deutschland über die Kataloge der Mainzer Möbelfabrikanten verbreitet.
Der Konsoltisch hat eine geschlossene gefelderte Rückwand und zwei durchlaufende gedrechselte Balusterbeine, welche die Sockelplatte, ein Zwischenbrett und den Zargenkasten mit zwei Schubladen tragen, wobei die Kantenprofile in der Gestaltung der Baluster fortgeführt werden. An Scharnieren ist die hölzerne Deckplatte hochzuklappen. Aus ihrer Unterseite sind zwei Konsolbretter und ein Stellbrett herausklappbar. Dabei greift ein Zapfen des Konsolbrettes in eine Aussparung des Stellbrettes und stabilisiert die Konstruktion. Im aufgeklappten Zustand wird die Stellfläche der kleinen Anrichte durch eine hitzeunempfindliche Marmorplatte gebildet. Eine Variante des Möbeltyps kommt noch 1874 in Renaissanceformen vor. Auf ihn wurden auch Schalen mit Früchten, der Nachtisch mit kostbarem Konfekt und anderem teurem Zuckerwerk gestellt.

26.4.10 c
F. P. Glass
Torten-Verzierungen.
Tart-Decorations, Decorations de tartes, Ornamenti di Torte.
Vorlagen zur Verzierung und Dekorierung von Torten den Anforderungen der Gegenwart entsprechend und in natürlicher Größe zum Gebrauche für Conditoren, deren Gehilfen und Lehrlinge sowie auch zum Vorzeigen und Auswählen bei Bestellungen.
Verlag Heinrich Killinger, München, 1896
Buchdruck, 40 Farbtafeln
L 64/50

Die Vorlagen entwarf der Münchner Konditormeister F. P. Glass, um Beispiele für Tortendekorationen aus geformtem Marzipan, gezogenem Zucker und kandierten Früchten zu geben.

26.5 Zitrone – die seltene Frucht

26.5.1
Plat de menage (= Gewürzständer) mit zwei Kännchen, einem Streuer, ein Senfgefäß
Höchst, um 1750
Fayence, weißgraue Glasur mit dunklen Pigmenten
Ständer: 27,0 cm, ø 19,8 cm
Streuer: 13,3 cm, ø 6,0 cm
Kännchen: 13,0 cm, ø 6,1 cm
Kännchen: 13,0 cm, ø 6,5 cm
Senftopf: 11,8 cm, ø 6,3 cm
Lit. Hüseler, Konrad, Deutsche Fayencen, 3 Bde. Stuttgart 1956-58,
Bauer, Europäische Fayencen, Frankfurt 1977
Nürnberg, Gewerbemuseum der Landesgewerbeanstalt im Germanischen Nationalmuseum, 979/1-5

Plat de menage mit Kännchen, Senftopf, Streuer und Ständer zum Auflegen der kostbaren Zitronen, die importiert oder in Gewächshäusern für die Tafel gezüchtet wurden. Zitronensaft wurde auch an der Tafel zum Verfeinern der Speisen benutzt. Die Zitrone, deren ursprüngliche Heimat Vorderasien ist, wird seit dem Mittelalter in Südeuropa kultiviert.
»In der Küche und zu Tische, werden die Citronen auf mancherley Art gebrauchet. Man stellet sie entweder ganz auf die Tafel, damit ein Jeder selbst ihren Saft über das Gebratene oder andere Speisen auf seinem Teller drücken möge; oder, man schneidet sie in Scheiben, das Gebratene damit zu belegen, oder an gekochtes Fleisch, Fische und Pasteten. Den Saft drückt man in die Bouillons. Man macht daraus Geleen, Müse ec. Endlich machen die Zuckerbäcker auch allerley Confect von den Zitronenschalen, welche sie entweder zu Kränzchen winden, und mit Canarienzucker zu candirten Zitronenschalen machen, oder die Schalen in Stückchen zerschnitten, entweder glatt oder kraus, mit Zucker in dem Confititirkessel überziehen, woraus die Zuckerstängel meistens unter dem feinen Confect bestehen. So wissen auch geschickte Köchinnen und Hausmütter den Citronenbiscuit, Zitronensalat, und andere Leckerbißchen daraus zu machen.«
Krünitz, 1787, 8. Teil, S. 158.

26.5.2
Kavalier mit Zitrone
Johann Paul Rupert Härtl (1715-1792 Traunstein) oder Joseph Ponhauser (tätig zwischen 1754-1755)
Porzellan-Manufaktur Nymphenburg
1754 (Neuausformung)
bez. geprägter Rautenschild
Porzellan, unbemalt, 16,5 cm
Lit.: Hofmann, Die Geschichte der Bayerischen Porzellan-Manufaktur Nymphenburg, III. Bd., Leipzig 1923, S. 374-376
Termolen, Nymphenburger Porzellan, Rosenheim 1986, Abb. S. 10
München, Staatl. Porzellan-Manufaktur Nymphenburg

Die Urheberschaft dieser Figur läßt sich bis heute nicht sicher belegen. Der überschlanke Körper und die steife Haltung reihen den Kavalier aber in eine Gruppe stets gleich aufgebauter Figuren – Damen und Kavaliere, die sich nur durch ihre Attribute unterscheiden. Daraus ergab sich eine höfische Gesellschaft, die als Tafelzier Verwendung fand. A. Z.

26.5.2

26.5.3
Terrine
mit Zitrone als Deckelknauf
Fayencemanufaktur Vegesack
(bestand 1750-1761), 1757-1760
Monogramm D & WT für Dietrich
und Wilhelm Terhellen im Deckel und
am Boden
Fayence, 28 x 43,5 cm
Lit.: Stoehr, Deutsche Fayencen und deutsches Steingut. Berlin, o. J., S. 487; Nagel, Fayencen. München 1977, S. 58; Weiß, Ullstein Fayencebuch. Eine Kunst- und Technikgeschichte der Fayencen mit Markenverzeichnis. Frankfurt-Berlin-Wien 1970, S. 312; Grundmann: Tafelsilber. Einführung. In: Schätze deutscher Goldschmiedekunst von 1500 bis 1920. Berlin 1922, S. 311-313
Nürnberg, Germanisches Nationalmuseum, Ke 2111

26.5.5

26.5.3

Die Terrine ist ein Deckelgefäß, das in Frankreich zur Zeit Ludwigs XIV. aufkam und ursprünglich für ein spanisches Gericht, die Olla podrida (französisch pot à oille) vorgesehen war, dann wurden aber auch Ragout- und Fleischgerichte darin serviert. In Deutschland hingegen kamen die ersten Terrinen erst gegen 1740 auf. Das Wort Terrine leitet sich von terra = Erde, Ton her und weist damit auf das keramische Material, aus dem die Terrinen ursprünglich immer hergestellt worden waren, ehe sie auch in die Goldschmiedekunst Eingang gefunden haben.
Die Deckelbekrönung in Form einer Zitrone oder einer anderen Frucht findet sich auch bei silbernen Terrinen und zeigt, daß keramisches und silbernes Tafelgerät im 18. Jahrhundert formal einander angeglichen waren.
Die von Dietrich Terhellen, seinem Bruder Wilhelm und seinem Schwager Christoph Mühlhausen gegründete Fayence-Manufaktur von Vegesack (Bremen) stellte vor allem Zuckerformen her. U. T.

26.5.4
Deckelterrine mit Platte,
Deckelknauf in Form eines Rebhuhns
mit einer Zitronenscheibe
Eberhard Ludwig Ehrenreich (1723-1803)
Marieberg/Stockholm, Schweden, 1766
Fayence, Glasur grauweiß,
Muffelfarbenbemalung
Lit.: Nagel, Fayence, Battenberg Antiqu. Kat., München 1977, S. 113
Nürnberg, Gewerbemuseum der Landesgewerbeanstalt im Germanischen Nationalmuseum, 900/1, 900/2

In der Küche des 18. Jahrhunderts kommen verstärkt Ragouts aus vermischten Wildgeflügel-, anderen Fleisch-, Pilz- und feinen Gemüsesorten in heller legierter Sauce auf. Zum Abschmecken wurde in der Regel Zitronensaft hinzugefügt. Entsprechend der Bedeutung für die ›neue Küche‹ wurde das Ragout in aufwendigen Gefäßen serviert, die in ihrer figürlichen Ausgestaltung auf den Inhalt, wie hier mit Zitrone und Rebhuhn, eingehen.

26.5.5
Ovale Terrine mit Zitrone als Griff
Form von Franz Anton Bustelli (wohl 1723-1763 Nymphenburg)
Porzellan-Manufaktur Nymphenburg
1755-1760, Ausformung um 1780
bez. geprägter Rautenschild, geritztes Kreuz mit drei Punkten
Porzellan, bunt bemalt
225 x 34,5 x 23,8 cm
Lit.: Jedding, Europäisches Porzellan, München 1974[2], Abb. 479 (Form)
AK Mus. Frankfurt, Deutsches Porzellan des 18. Jahrhunderts, Geschirr und Ziergerät, Museum für Kunsthandwerk, Frankfurt am Main 1983, S. 207, Nr. 363 (Form), S. 211-213, Nr. 370-375 (Dekor)
München, Bayerische Schlösserverwaltung, o. Nr.

Während der Griffknauf der Terrine in Form einer aufgeschnittenen Zitrone naturalistisch bemalt wurde, wurde das Gefäß selbst mit dem sog. ›Atlasdekor‹ versehen, einem Muster, das der Textilkunst entliehen ist und zwischen 1780-1790 in Nymphenburg unter der Bezeichnung ›en taffent‹ geflammt (Preiscurant 1792) eingeführt wurde. Ähnliche Dekore wurden bereits zuvor in Frankenthal und Wien verwandt. A. Z.

26.5.6
Zitronenpressen
Gebrauchsort München, 19. u. 20. Jh.
Ahornholz, Porzellan, Blech
50-62 cm, ø 11 cm
A 86/126, A 30/333, A 92/79

26.5.7
Regensburger Hochzeitspaar mit Zitronen
Sammlung Bayerischer-National-Costüme München, o. J. (1825/1826)
bez. Hochzeits-Kleidung nach alt Reichstädtischer Sitte zu Regensburg
Kolorierte Lithographie, 27 x 38,5 cm
29/251

Trachtendarstellung eines evangelischen Hochzeitspaares aus der Reichsstadt Regensburg.
Das Blatt erschien im VI. Heft der Sammlung Bayerischer-National-Costüme, die der Jurist, Archivar und Historiker Felix Joseph Lipowsky (1764-1844) herausgab. Das Hochzeitspaar hält jeweils eine Zitrone in den Händen. In Süddeutschland hatte die Zitrone im Lebenslaufbrauchtum (Kommunion, Konfirmation, Primiz, Hochzeit, Tod) ihren festen Platz. Ihre Wertigkeiten als Symbol des Eros und des Leides, ihre tatsächlichen Wirkungen auf die Gesundheit und ihre teure Seltenheit mögen dabei von Bedeutung sein.

Aus dem ›Bamberger Kochbuch‹ von 1805 stammt das Rezept für die
›Süße Sulze von Zitronen‹:

»Der Kalbsstand dazu wird bereitet, wie hier folget: Für 12 Personen schneide von 8 Kalbsfüßen das Fleisch, hacke die Beine zusammen, wasche sie sauber aus, lege das Fleisch der Kalbsfüße nebst den zusammengehauenen Röhrbeinen in einen Kessel oder Hafen, gieß 3 Maß Wasser daran, und setze sie an das Feuer. Wenn solche anfangen zu kochen, so nimm den Faum mit einem Faumlöffel herab, und gieb die Schalen von einer Zitrone dazu, damit der Kalbsstand recht hell werde. Wenn die Kalbsfüße ganz weich sind, und das Wasser bis auf 2 Maß eingekocht ist, so mache den Stand durch ein sauberes Tuch in ein reines Geschirr, und laß den Stand stehen; die Kalbsfüße lege in ein sauberes Wasser, und laß sie ebenfalls kalt werden. Die Kalbsfüße können gebacken als Beylage zum Gemüse verwendet werden; sonach reib von 6 Zitronen die Schalen ganz auf Zucker ab, den gestandenen Kalbsstand setze in ein sauberes Kastrol, gieb die abgeriebenen Zitronen auch dazu, drücke den Saft von den 6 Zitronen hinein, gieß anderthalb Maß Wein daran, gieb auch 12 Nägelein, ein kleines Stückchen Zimmet und 1 Halbpfund Zucker dazu, setze die ganze Masse auf Kohlfeuer, laß sie langsam kochen, und verkoste die Sulze, ob nicht etwa noch etwas Zucker notwendig sey. Wenn sie einige Minuten gekocht hat, so schlage von 6 Eyern das Weiße zu einem gelinden Schnee, mische ihn unter die Sulze, oben auf die Sulze lege einen Deckel mit Kohlen, damit sich dieselbe aufziehe, und sich breche; dann binde ein Tuch auf einen Stuhl über eine Form an die 4 Beine mit Bindfaden sehr fest, und gieß die Sulze hinein; man setzet aber deswegen zuvor eine Form oder anderes Geschirr darunter, damit die Sulze hineinlaufen kann. Was schon durchgelaufen ist, fülle wieder oben darauf, damit die Sulze immer heller und klärer werde, und so verfahre so lange, bis die Sulze ganz hell ist, dann wird sie so fortlaufen bis auf den letzten Tropfen. Hernach gieß die durchgelaufene Sulze in eine saubere Form oder auch in kleine Förmchen nach Belieben, wie man will, setze sie an ein kaltes Ort, aber wenn du Eis hast, auf dasselbe, so ist es noch besser. Wird es Zeit zum Anrichten, so tunke die Form in ein lauliches Wasser, damit sich die Sulze von der Form abledige, stürze sie auf eine Schüssel, und gieb sie zur Tafel«.

Klietsch, 1805.

26.6.1
Der Würzburger Hofgärtner mit einer Ananas
Joseph Anton Glantschnigg
(Bozen 1695-etwa 1755 Würzburg)
Würzburg, um 1745
Öl/Lwd, 96 x 132,5 cm
Lit.: Toussaint-Samat, 1987
Würzburg, Mainfränkisches Museum, S 35, 205

26.6.1

Einer der größten Erfolge gärtnerischen Könnens war es, eine Ananaspflanze heranzuziehen und zur Reife zu bringen. Dies konnte nur in einer der verglasten und temperierten Orangerien gelingen, die zu den Nebengebäuden der Barockschlösser gehörten und sowohl dazu da waren, den Tisch des Schloßherren zu versorgen wie Sammlungen seltener Pflanzen zu beherbergen. Während anfangs die Zitrusfrüchte am prestigeträchtigsten waren, wurde im 17. Jahrhundert die Ananas zur neuen Frucht der Gewächshauskultur. Die gereifte brasilianische Frucht überstand die Seereise nach Europa nicht und wurde deswegen erstmals 1642 im Gewächshaus der Duchess of Cleveland gezogen, um dem englischen König serviert zu werden.
La Quintinie, der Hofgärtner Ludwig XIV, konnte seinem Souverän nur wenig später den gleichen exotischen Genuß verschaffen. Die Ananas gelangte allerdings in Europa nicht zur vollen Reife und brauchte einen kräftigen Zuckerzusatz, um genießbar zu werden. Dennoch wurde sie mit Gold aufgewogen und blieb ein fürstliches Vergnügen und Prestigeobjekt.
Der Tiroler Maler Glantschnigg arbeitete als Wanderkünstler, ließ sich in Würzburg nieder und malte dort für die Fürstbischöfe und ihren Hof. Aus dieser Lebensphase stammt sein Porträt eines Hofgärtners, der, begleitet durch einen Adlatus, die Produkte seines Könnens vorweist, so verschiedene blühende Aloearten, amerikanische Kakteensorten, eine buntblättrige rosa Geranie. Mit besonderem Stolz weist er mit der Linken auf den Zweig eines blühenden Trompetenstrauches und hält eine reife Ananasfrucht auf dem rechten Arm. H. O.

26.6.2

26.6.2
›Bromelia Ananas‹ Fruchtstand einer gewöhnlichen Ananas
um 1820
Lithographie, 46,5 x 31,7 cm
Lit.: Stengel, Berliner Tafelfreuden, Berlin 1961, S. 40-41
42/167

Seit Mitte des 17. Jahrhunderts wurden in Nürnberg Abbildungen von Ananasfrüchten veröffentlicht. Sie war die extravagante Frucht auf den fürstlichen Tafeln. Ananas wurden in den Gewächshäusern des Adels zusammen mit Pomeranzen, Zitronen und Melonen gezüchtet. Der Hofgärtner Friedrichs II. bezog Ananaspflanzen aus Holland und England. Im 18. Jahrhundert waren in Deutschland 30 verschiedene Ananassorten bekannt. Um 1750 kostete eine Ananas 9 Taler. Gegen Ende des 18. Jahrhunderts verbilligt sich ihr Preis – 6 Stück kosten dann 7 Taler und 8 Groschen. 1810 gehören kleine Ananaspflanzen in Töpfen zu den Weihnachtsgeschenken für Kinder. U. Z.

26.6.4

26.6.3
Türkin mit Ananas
Franz Anton Bustelli
(wohl 1723-1793 Nymphenburg)
Porzellanmanufaktur Nymphenburg
1756 (Neuausformung)
bez. geprägter Rautenschild
und Modellnr. 194
Porzellan, bunt bemalt, 11,5 cm
Lit.: Hofmann, Die Geschichte der Bayerischen Porzellan-Manufaktur Nymphenburg, 111. Bd., Leipzig 1923, S. 429, Abb. 110, S. 114
München, Staatliche Porzellanmanufaktur Nymphenburg

Das Gegenstück der Türkin war die sitzende Einzelfigur eines Chinesen mit Teetasse. Einzeln tauchen sie im 18. Jahrhundert nur selten auf. Bekannter ist die Verbindung beider Figuren in der sog. ›Kaffeegruppe‹, die gleichsam als Synonym für ferne Länder und deren Delikatessen angesehen wurde. A. Z.

26.6.4
Ananasformen
Gebrauchsort München, 18./19. Jh.
Kupfer getrieben, innen verzinnt
6-9,5 x 16,5-23 cm
KuS 554, 886, 1049

26.6.3

Die Ananasformen aus Kupfer erinnern an die Beliebtheit dieser Frucht. Die Kupferformen wurden wohl benutzt, um Sülzen aus der Frucht oder aus Ananas-Essenz und -Sirup die Form einer Ananas zu geben. Sie entstammen einer Zeit, in der die Ananas in weiten Bürgerkreisen ›Mode‹ wurde.

26.7.1 a

26.7 Kartoffeln aus Amerika

26.7.1 Die fremde Knollenfrucht

26.7.1 a
Kartoffelblüte und Knollen
›Papas Peruanorum‹, aus Basilius Besler
›Hortus Eystettensis‹
Nürnberg, 1613
kolorierter Kupferstich
68 x 56,5 cm
München, Pfanni, Otto Eckart KG

Die aus Peru stammende Kartoffel wurde zuerst in den Gärten als Zier- und Arzneipflanze angebaut. Der Fürstbischof von Eichstätt Johann Konrad von Gemmingen berief 1609 den Nürnberger Basilius Besler (1561-1629), Apotheker, Naturaliensammler und Botaniker, in seine Residenz, um dort auf dem Gelände der Willibaldsburg einen botanischen Garten zu errichten. Diesen beschrieb Basilius Besler unter dem Titel ›Hortus Eystettensis‹. Der prachtvolle Pflanzenatlas erschien mit nahezu 1100 Abbildungen erstmals 1613 in Nürnberg. Er weist u. a. die Kartoffel und die Tomate aus.

26.7.1 b
Kartoffel, Blüte und Knolle
Leipzig, um 1800
kolorierter Kupferstich (nach Bertuch)
36 x 30 cm
München, Pfanni, Otto Eckart KG

26.7.1 c
Kartoffelformen ›Verschiedene Knollen‹
19. Jh., colorierter Kupferstich
39 x 28 cm
München, Pfanni, Otto Eckart KG

26.7.1 d
Achtet auf den Kartoffelkäfer
herausgegeben vom Königlich-Preußischen Ministerium für Landwirtschaft, Domänen und Forsten
Berlin, 1877
Plakat, Farblithographie, 40 x 51 cm
München, Pfanni, Otto Eckart KG

Auf Plakaten wurde 1877 vor dem Kartoffelkäfer, der nach 1850 mit Kartoffellieferungen aus den USA nach Europa eingeschleppt wurde, gewarnt. 1876/77 tauchte er erstmals in Deutschland auf und konnte damals noch wirksam bekämpft werden. Nach 1936 breitete er sich rasch in Westeuropa aus. Wie Kartoffelfäule (verursacht durch einen Pilz), Würmer und Wühlmäuse, konnte auch der Kartoffelkäfer ganze Ernten vernichten. Dagegen gab es von seiten des Staates Vorschläge und Aufrufe zur Bekämpfung der Schädlinge und damit zur Sicherung des neuen Grundnahrungsmittels.

26.7.1 e
Kartoffelpflanz- und -Erntegeräte
um 1900
Kreide- und Federlithographie
37 x 30,5 cm
München, Pfanni, Otto Eckart KG

26.7.1 f
Die dümmsten Bauern haben die größten Kartoffeln
um 1920
Postkarte, Farblithographie, 14 x 9 cm
München, Pfanni, Otto Eckart KG

26.7.1 g
Kartoffelernte, Anschauungsmaterial für den Schulunterricht
Zeichnung v. A. Toller,
Verlag Friedrich Wreden
Braunschweig, um 1895
Chromolithographie, 44 x 55 cm
G 73/15/16

26.7.1 h
Erntekorb für Kartoffeln
Gebrauchsort Oberbayern,
1. Hälfte 20. Jh.
Eisen, Buchenholzgriff, 32,5 x 60 x 35 cm
Freilichtmuseum des Bezirks Oberbayern an der Glentleiten, U/4708

26.7.0
Kartoffelacker bei Weßling
Wilhelm Trübner
(1851 Heidelberg – 1917 Karlsruhe)
1876, bez. l. u. W. Trübner 1876
Öl/Lwd, 62 x 77 cm
Literatur:
Rosenhagen, Trübner, Knackfuß-Künstlermonographien 98, Bielefeld und Leipzig 1909, S. 91, 100, Abb. 38; Beringer, Trübner, des Meisters Gemälde. Klassiker der Kunst, Bd. 26, Stuttgart und Berlin , Abb. Taf. 93; Trübner, Personalien und Prinzipien. Eingeleitet von Emil Waldmannn. Berlin 1918, S. 26; AK Wilhelm Leibl und sein Kreis. Städtische Galerie im Lenbachhaus München 1974, Kat. Nr. 158 m. Abb.; Reinhardt, Katalog der Gemälde des 19. und 20. Jahrhunderts (bis zum Zweiten Weltkrieg) im Lenbachhaus. Manuskript Ende der siebziger Jahre (Lenbachhaus); Ruhmer, Der Leibl-Kreis und die reine Malerei. Rosenheim 1984, S. 375, Farbabb. 89.
München, Städtische Galerie im Lenbachhaus
62277

Lovis Corinth, der Trübner in München als seinen eigentlichen Lehrer bezeichnet, schreibt: »Er (Trübner) malte das Verpönteste, das man dem Münchner Malergeschmack zumuten konnte: moderne Soldaten in den krassesten Farben der Uniformen, und als Manövergelände bevorzugte er schon damals das ganz gemeine Kartoffelfeld, welches zu jener Zeit noch nicht besonders hoffähig war.« (Zit. nach: Berend-Corinth 1958, S. 23). Der in dieser Äußerung unterstellte Gegensatz war offenbar die historisierende Tonmalerei der Diez-Schule.
Das Bild entstand im Sommer 1876, als Trübner zusammen mit Carl Schuch zum Malen in Weßling in Oberbayern war. Man sieht am Rande eines Kartoffelfeldes bayerische Feldartillerie, die beim Manöver Kontakt mit einem ›feindlichen‹ Posten aufnimmt (Brigitte Reinhardt).
Die von den Inkas angebaute Kartoffel kam durch die spanischen Eroberer nach Europa und wurde zunächst als Zierpflanze in Schloßgärten verwandt. Zuerst in Irland und schließlich durch Friedrich den Großen wurde der Anbau der Kartoffel als Nahrungsmittel gefördert. Mit der Industrialisierung, die die Trennung großer Teile der Bevölkerung von den ursprünglichen Quellen der Ernährung zur Folge hatte, wurde um 1850 die Kartoffel auf dem Kontinent allgemein als billiges Volksnahrungsmittel angebaut. B. E.

26.7.2 Die Kartoffelküche

Marx Rumpolt,
Ein new Kochbuch,
Frankfurt/Main 1581
und Conrad Hagger,
Neues saltzburgisches Kochbuch,
Augsburg 1719

Kochrezepte für Kartoffeln

Marx Rumpolt, ›Churfürstlich Mainzischer Mundkoch‹

»37. Erdtepffel. Schel vnd schneidt sie klein / quell sie in Wasser / vnnd druck es wol auß durch ein Härin Tuch / hack sie klein / vnd rößt sie in Speck / der klein geschnitten ist / nim ein wenig Milch darvnter / vnd laß darmit sieden / so wirt es gut und wolgeschmack.«

Marx Rumpolts Rezept zählt zu den frühesten Kartoffelrezepten in Deutschland. Zu seiner Zeit war das Knollengemüse auf dem Speiseplan noch eine Rarität und ein Kuriosum. Erst in den ersten Jahrzehnten des 19. Jahrhunderts setzte sich die Kartoffel in der Volksnahrung endgültig durch und wurde zu einem wichtigen Grundnahrungsmittel vor allem für die Unterschichten. Zahlreiche spezielle Kartoffelkochbücher verbreiteten variantenreiche Zubereitungsweisen und sorgten so für den Aufstieg der Knolle in die bürgerliche Küche.
I. S. B.

26.7.2 f

Conrad Hagger, ›Hochfürstlicher Saltzburgischer Stadt- und Landschafftskoch‹
No. 138. Dardoffeln.

»Dardoffeln / so noch frisch von der Erden herkommen / werden sauber gewaschen / und mit einer neuen scharpffen Birsten den daran hangenden Sand aus etlich Wassern / Stuck vor Stuck / sauber abgebutzt / wann sie aber mit Wachs bekleidt / so werden sie in heiß Wasser geworffen / damit das daran hangende Wachs / sammt der Erden / sauber davon gebutzt werde / dann werden sie gleich gantzer / mit gantzen Zwibel / Näglein / und Muscat-Blühe / gleich den Eyern in Wein gesotten / und trucken im Servier zu Tisch gegeben / mit Lemoni / oder Pfeffer / Eßig und Oel beygesetzter.
No 139. Dardoffeln anderst zu kochen. Dardoffeln gebutzt /gescheelt / oder ungescheelt zu dünnen Blättlein geschnitten / gleich mit wenig Wasser / Pfeffer und Oel in die Schüssel gericht / auf der Glut warm gemacht / und also warm mit frischen Lemoni / oder Pomerantzen zu Tisch gegeben; Andere nehmen auch an statt des Wassers Fleisch- oder Erbes-Brühe / und an statt des Oels wird guter Butter genommen.
No. 140. Dardoffeln in brauner Jus. Dardoffeln gibt man auch in guter brauner Jus. Dito / mit Butter und Eyerdotter / Gewürz und Lemom-Safft wol fricassirt.«

Kartoffelstand am Jakobsplatz, München, 1912

26.7.2 a
Küchengewächse
J. F. Schreiber
Eßlingen b. Stuttgart, um 1890
Farblithographie
44 x 50 cm
München, Pfanni, Otto Eckart KG

26.7.2 b
Christian Reuß,
Über den vorteilhaftesten Anbau und die beste Benutzung der Kartoffeln zu Mahlzeiten, Brantewein, Puder, Stärke, Seife, Lichter, Sauerteig u. dergl.
Voß und Compagnie
Leipzig, 1794
München, Pfanni, Otto Eckart KG

26.7.2 c
G. Fr. Jacobi,
Erd- und Grundbirn
1818
München, Pfanni, Otto Eckart KG

26.7.2 d
Bernhard Friedrich Voigt,
Kartoffelbüchlein für Reich und Arm
Weimar, 1864
München, Pfanni, Otto Eckart KG

26.7.2 e
Auguste und Lina Kux,
Die Kartoffelküche
Mühlheim, 1888
München, Pfanni, Otto Eckart KG

26.7.2 f
M. Aabel,
Neues illustrirtes bewährtes Kochbuch für den guten bürgerlichen und feineren Tisch in allen seinen Theilen.
Zuverläßiger Rathgeber zur Bereitung guter schmackhafter Speisen, Getränke u. Backwerke. Ferner genaue Anleitung über Ausbeinen, Dressiren, Spicken, Verzieren u. a., sowie Anleitung über Verwendung der Salicylsäure in der Küche.
Nebst Anhang
I. Die vollständige Kartoffelküche.
II. Das Serviren, Tischdecken, Serviettenbrechen und Tranchieren. Mit vielen Abbildungen.
III. Das Einkochen der Früchte, Bereitung der Fruchtsäfte, Hausschnäpse, sowie die in Blechbüchsen einzumachenden Früchte und Gemüse.
Mit besonderer Berücksichtigung der österreichischen, bayr., rhein. u. franz. Kochkunst!
Verlag Stahl, Regensburg, 1891
Pappband, 619 S. u. 120 S.
A 88/86

Das Kochbuch enthält eine Anleitung zur ›vollständigen Kartoffelküche‹ mit Rezepten für Kartoffelsuppen, Knödel, Nudeln, Strudel, Pasteten, Gemüse, Salate usw. mit einer Einführung zur Geschichte der Kartoffel. Dazu erteilt die Autorin Ratschläge zum Einkauf und Lagern.

26.7.2 g
Marie Buchmeier,
Neues Kartoffel-Kochbuch,
169 Originalrezepte
Josef Habbel, Regensburg, nach 1900
Pappband, 122 S. (m. Register)
A 86/119

26.7.2 h
Lina Morgenstern,
Die Kartoffelküche
Berlin-Charlottenburg, um 1910
München, Pfanni, Otto Eckart KG

26.7.2 i
›In der Küche‹
1905/10
Lithographie nach Reinhold Hoberg
37 x 29,5 cm
München, Pfanni, Otto Eckart KG

26.7.2 j
Kartoffelquetsche, -stampfer, -reibeisen
Gebrauchsort München, 1. Hälfte 20. Jh.
Weißblech und Eisenband, Ahorn
L. 31-36,5 cm
58/416, A 80/60, A 85/10, A 88/275

26.7.2 k
Knödelformer
Anfang 20. Jh.
Metall, L. 43 cm, ø 7 cm
München, Pfanni, Otto Eckart KG

26.7.2 l
Kartoffeldampftopf
Gebrauchsort München, um 1950
Eisenblech, Email, 23 cm, ø 20 cm
A 87/405

26.7.2 m
Abdecktuch für Kartoffeln
Gebrauchsort Süddeutschland,
1. Hälfte 20. Jh.
Baumwolle, Baumwollgarn
38,5 x 35,5 cm
T 83/327

Abdecktuch für die gekochten Kartoffeln mit eingesticktem Spruch, der den Zweck des Tuches beschreibt:
›Erdäpfel sind nur dann beliebt
Wenn man sie warm zu Tische giebt
Darum lass dich's nie verdriessen
Ins Tuch sie einzuschließen‹.

26.7.2 n
Pfanni Knödel und Kartoffelpuffer
unbekannt
Hamburg, 1955
Plakat, Lithographie, 83 x 58,5 cm
A (D) 13.18/6

Die Anfänge der Firma Pfanni (Otto Eckart KG) gehen auf das Jahr 1868 zurück. Damals gründete die Familie Eckart die erste süddeutsche Konservenfabrik. 1914 wurden dann zum ersten Mal Kartoffeln getrocknet, und in den beiden Weltkriegen wurden für die Wehrmacht Trockenkartoffeln produziert. 1949 begann dann endgültig der Siegeszug der Pfanni-Knödel.

PRIVATE VORRATSHALTUNG

24. Eingemachte Früchte & Gemüse.

Nahrungsmittel zu bevorraten ist für Notzeiten lebensnotwendig. Auch heute wird die Bevölkerung Deutschlands vom Bundesverband für den Selbstschutz aufgerufen, einen Vorrat an Lebensmitteln und Trinkwasser einzulagern, der 14 Tage ausreichen sollte. Den Hinweis »für den Fall, daß Störungen der Lebensmittel- und Trinkwasserversorgung auftreten«, erhalten wir auf der Rückseite der Telefonbücher mit einer Auflistung des erforderlichen Notvorrates.

Immer wieder veranlassen Meldungen von politischen und wirtschaftlichen Krisen Teile der Bevölkerung zu Hamsterkäufen. So verwahrt das Stadtmuseum z.B. Öldosen, die in der Zeit des Koreakrieges mit anderen Lebensmitteln vorsorglich eingelagert und nie verbraucht wurden. Auch vor Umweltkatastrophen, die Lebensmittel belasten, versucht man sich heute mit Vorräten zu schützen. Allerdings spielt im allgemeinen die Vorratshaltung für die Gegenwart keine allzu große Rolle mehr, da die Lebensmittel ganzjährig täglich frisch und in kleinen Mengen zu kaufen sind. Importierte frische Waren sorgen für ein konstantes, reiches Angebot, und Kühlschrank und Tiefkühltruhe erleichtern heute das Verwahren.

Doch wächst gerade in letzter Zeit wieder das Interesse, eigenen Vorrat an Früchten, Gemüsen und anderen Lebensmitteln anzulegen, um deren Herkunft – etwa aus kontrolliertem Anbau – und deren schonende Konservierung direkt zu sichern.

Die ungeheure Bedeutung, die Vorratshaltung für die Ernährung früherer Epochen hatte, läßt sich nur ermessen, wenn man sich die Veränderungen in der Nahrungsmittelversorgung vor Augen hält, die sich seitdem vollzogen haben.

Der grundlegende Unterschied zur heutigen Situation liegt darin, daß die Menschen früher in ihrer alltäglichen Nahrungsmittelversorgung wesentlich abhängiger von den zeitlichen Schwankungen des Marktes waren. Durch Mißernten, durch Veränderungen der politischen Verhältnisse, durch Zölle und Steuern, nicht zuletzt aber einfach durch den Wechsel der Jahreszeiten schwankte die Versorgungslage auf den Märkten ständig. Hungersnot bedeutete über Jahrhunderte mehr noch als Krieg eine reale Bedrohung der Menschen.

Wie die ländliche Bevölkerung, waren auch die Städter weitgehend von den saisonalen Produkten der Ernte, auch geschlachtet wurde vorwiegend im Winter, abhängig. Der Handel mit Lebensmitteln folgte notwendig diesen Zyklen, bis erst in jüngster Vergangenheit seine regionale und zeitliche Bindung durch moderne Techniken der Konservierung und internationale Verteilung aufgehoben wurde. So war es in die Weitsicht und Verantwortung des

Einkäufe und Vorrat

»Wer die Zeit vor dem Weltkrieg nicht kennt, und wer nicht in München gelebt hat, weiß nicht mehr, was Einkäufe bedeuten. Sie galten, so wenig wie dem bloßen Luxus oder nur einem Tand, doch selten den notwendigsten Bedürfnissen des Tages. Kartoffeln und Äpfel wurden nicht im Laden gekauft. Sie rollten vom Bauernwagen in den Keller, wo in dem vom Vater ausgeschwefelten Faß auch der saure Pfälzer lagerte, sie kamen in Fässern und Kisten aus der Heimat des Vaters am Bodensee, von Tettnang oder von Weingarten. Auch zum Metzger ging die Mama im allgemeinen nicht. Die Münchener Metzger fuhren ihre blutige Last vom Schlachthof in ihre Läden auf leichten Tafelwagen mit hohen Rädern, vor denen die weitausgreifenden Traber der Daglfinger Rennbahn in der Gabel gingen; in die Wohnungen kam das Fleisch auf Fahrrad, Metzgerburschenschulter und Holzmulde. Noch faßte auch der großstädtische Haushalt Vorräte, die vom Laden unabhängig machten: den blau eingebundenen Zuckerhut, Gewürze, Mandeln und Weinbeeren, Mehl, Erbsen und Linsen. Vieles kam aus der Ferne, wie der Wein aus Edenkoben und die Dauerwurst aus Gütersloh. Was fehlte, schickte der Nachbar und Kolonialwarenhändler Alexander Michel, dem die gute Lage an der Ecke des Elternhauses, sein Vorname und sein Regiment über den gleichnamigen Sohn eine gewisse Großartigkeit verlieh. Auch Kaffee und Tee traten erst im Weltkrieg in der Papiertüte des Kleinhändlers auf; in der guten Zeit waren sie den Sendungen von Herrn Häusler beigepackt, die dieser in einem braunen Kastenwagen vorfahren ließ. Van Houtens Kakao aber veredelte die Luft der Vorratskammer aus ansehnlichen, bebilderten Blechbüchsen.
So kaufte man im Laden nur, was das Leben schöner, die Mahlzeit lieblicher und die Wurstplatte bunter machte. (...) Immer wieder froh begrüßt, bedient im wahren, längst vergangenen Sinn des Wortes, geehrt durch pflichtmäßige Sorgfalt, aber noch mehr durch die herzliche Freundlichkeit dieser Stadt, entlassen mit dem ewig wiederholten Segenswunsch: ›Beehren Sie uns bald wieder.‹ Das klang so aus dem Mund mächtiger, weißgeschürzter Konditoren, hinter Kassen thronender Inhaberinnen, ältlicher Ladnerinnen und der rührenden, blassen und blaugeäderten, bescheidenen Lehrmädchen, deren Lebenszweck es zu sein schien, Stoffballen über Leitern herabzuwälzen, Schuhschachteln zu türmen und

einzelnen Haushalts gestellt, die Ernährung über das ganze Jahr hindurch sicherzustellen.

Ein deutliches Indiz für die große Bedeutung der Vorratshaltung sind auch die früher sehr hohen Preise der wichtigsten Mittel zur Haltbarmachung von Lebensmitteln, vor allem für Salz und für Zucker. Da sie als lebensnotwendig galten, waren sie wichtige Handelsgüter und wurden auch zu bevorzugten Waren der Besteuerung und der staatlichen Kontrolle.

Überdies waren auch die Möglichkeiten des einzelnen zum Erwerb von Lebensmitteln viel begrenzter als heute. Solange es kein dichtes Netz von Einzelhändlern gab, war der Einkauf auf dem Markt oder direkt beim Produzenten praktisch die einzige Möglichkeit, Lebensmittel zu beschaffen. Große Mengen, die zudem preiswerter waren, wurden angeschafft und im Haushalt weiterverarbeitet und gegebenenfalls konserviert.

Bis ins 20. Jahrhundert war in den Haushalten die traditionelle Vorratshaltung mit dem Ziel der Eigenversorgung eine notwendige und zeitaufwendige Arbeit. Das einheimische Angebot an Gemüse und Obst, aber auch an Fleisch, Butter und Eiern, war im Spätsommer und im Herbst besonders reichlich und preiswert. Die tüchtige, preisbewußt wirtschaftende Hausfrau mußte dieses Angebot nutzen, um winterbedingte Versorgungslücken zu überbrücken und überteuerte Angebote zu umgehen. Als besondere Tugend der Hausfrau galt es, mit großer Umsicht, Warenkenntnis und Fürsorge diesen Vorrat einzulagern, falls finanzielle Mittel, Zeit, Arbeitskräfte und der Raum zum Verwahren überhaupt zur Verfügung standen. Wie wir aus Aufzeichnungen über Münchner Arbeiterhaushalte erfahren, bedeutete noch um 1900 für viele Menschen die tägliche Nahrungsbeschaffung ein großes finanzielles Problem, Küchen und Vorratsräume waren kaum vorhanden.

Das notwendige Wissen über die Beschaffenheit der Lebensmittel und die zahlreichen, verschiedenen Konservierungsmethoden vermittelten über die Generationen weitergegebenes Wissen sowie Kochbücher und Ratgeber. Jahrhundertelang war die Haltbarmachung von Lebensmitteln ein kaum befriedigend lösbares Problem gewesen. Das Lagern der Gemüse mit Wurzel in Sandkisten, das Trocknen, Dörren, Einzuckern, Einsalzen, Räuchern, Einlegen in Essig, Einkochen, Einsäuern oder Einkalken waren in städtischen und ländlichen Haushalten die traditionellen Methoden der Haltbarmachung.

Einen wesentlichen Fortschritt in der Technik der Konservierung bedeutete es, als 1804 François Appert das Sterilisieren von Frischwaren in Gläsern und Büchsen entwickelte. Der Verbrauch von Zucker und Salz, die bisher zum Konservieren in großen Mengen benötigt wurden, konnten so reduziert werden. Für die Hausfrau war das Eindosen in Konserven allerdings äußerst kompliziert. Seit den 70er Jahren des 19. Jahrhunderts übernahmen diese Technik des Konservierens dann neue Industriebetriebe, die die ersten Gemüse-, Obst- und Fleischkonserven auf den Markt brachten. Erst um 1900 kam es dann zu einer deutlichen Erleichterung der häuslichen Vorratshaltung. Die Firma Weck und später die Firma Rex boten Gläser an, die unter Hitze und Ausnutzung des Luftdrucks mit Hilfe eines Gummiringes verschlossen werden konnten. Diese Methode setzte sich schnell durch, und entsprechend den Firmennamen wurden ›einwecken‹ und ›einrexen‹ schlechthin zu den Begriffen für das Einkochen.

Bis in die 50er Jahre unseres Jahrhunderts wurden auch Eier für die Winterzeit, in der die Preise höher waren, da die Hennen weniger Eier legten, konserviert. Die Mai- und Augusteier, beide Monate garantieren bei frischem Grün- oder reichlichem Körnerfutter gute Qualität zu angemessenem Preis, wurden umgeben von Kalk oder Wasserglas in Steinzeugtöpfen verwahrt. Einen Eiervorrat für kürzere Zeit lagerte man auf durchlöcherten Holzgestellen.

Aber nicht allein für den Winter wurde in den Haushalten vorgesorgt, auch die Grundnahrungsmittel für den täglichen Verbrauch kaufte man ein. Einen Einblick in die umfangreiche Vorratshaltung eines großbürgerlichen Haushalts erhalten wir aus den Schilderungen der Frauenrechtlerin Louise Otto-Peters (1819–1895), die sie in ihrem ›Frauenleben im deutschen Reich. Erinnerungen aus der Vergangenheit mit Hinweis auf Gegenwart und Zukunft‹ von 1876 gibt:

»In großen Kellern lagerten ganze Kufen vom Rhein mit den besten Sorten gefüllt, daneben friedlich der sonst so verrufene Meißner in veredelter Gestalt, Stückgefäße von allen Größen und Werthen und ganze Dutzende gefüllter Flaschen – den Weinkeller besorgte der Vater selbst. Daneben ein andrer Keller, wo auf besonderen Gestellen viele Scheffel Aepfel wohlgeordnet lagen, darunter die Kartoffeln, dann zwei riesenhafte Pökelfässer, wohlgefüllt mit Rind- und Schweinefleisch, das dann später, theilweis in den eignen Räucherkammern auf den Boden durch Holzrauch in den Essen, mit vielen Würsten noch eine zweite Zubereitung erhielt. In Gewölben des Erdgeschosses Buttertöpfe von allen Größen wohlgefüllt, zum Kochen für den Winter, Fässer und Krüge mit Gurken und Gemüsen, ganze Schränke voll Büchsen mit eingemachten Früchten, ganze Horten voll gebacknes Obst, Eier in Stellagen mit Löchern zierlich aufgestellt, andere vom Juli und August in irdenen Töpfen und Kalk wohl verwahrt – ein Erträgniß der eigenen Hühnerzucht – und dann, je nach der Jahreszeit, Wild vom kleinsten bis zum größten, Geflügel u.s.w. Auch die Materialwaaren wurden im Ganzen gekauft – Zucker und Kaffee mindestens nach 1/4 und 1/2 Centnern und so Alles. Da wirthschaftete es sich wohl hübsch und wenn Besuch kam, brauchte man nur aus Keller und Speisekammer zu holen, was gebraucht ward – allein Alles dies vorzubereiten und zu erhalten erforderte doch keine geringe Mühe. Wie oft mußte man nicht allein im Keller nach den Aepfeln sehen, die, mit den faulen Fleckchen heraussuchen, sie noch schnell zu verwenden.«

Doch galt es nicht nur, Fleisch und Eier haltbar zu machen. In den Stadt- und Landhaushalten war das Einlagern von Kraut und Rüben von größter Bedeutung. Beide waren in München und seiner Region wie im ganzen süddeutschen Raum regelmäßiger Bestandteil der an sonstigen Gemüsen armen Mehlspeis- und Schmalzkost, die bis ins 19. Jahrhundert, wo sich endgültig Kartoffeln und andere Gemüse durchsetzten, vorherrschte.

Gärten umgaben die Stadt, in denen die Münchner Bürger Kraut für den Eigenbedarf pflanzten. Weißkraut war die »eigentliche und fast einzige, im großen angebaute Pflanze der intensiven, teils landwirtschaftlichen, teil gärtnerischen Kultur um München.« Es bildete, frisch oder eingelegt, neben Brot und Brei die Hauptnahrung für Alltag und Fasttag. In den ländlichen Gegenden sicherten bäuerliche Übergabeverträge zwischen Altbauern und Hoferben den Bedarf an ›Kraut und Rüben‹ und zeigen an, welche Bedeutung diese Kost für breite Bevölkerungsschichten hatte. Kraut und Rüben wurden durch Milchsäuregärung haltbar gemacht. Carl Wibmer notiert dazu 1862 in seiner ›Medizinischen Topographie und Ethnographie der Haupt- und Residenzstadt München‹:

»Die Gemüse anlangend, muss hier eines in München sehr gebräuchlichen Gerichtes erwähnt werden, des sogenannten Sauer- und Rüben-Krautes; erstres wird aus weissem Kohl, letztres aus weissen Rüben, welche zerschnitten

in flimmernder Ofenhitze, in stockiger Luft, im grellen Gaslicht Band, Spitze und Litze nach der Schlacht des Wühlens und dem Sieg des Kaufes wieder aufzuwickeln. Diese Mädchen sind alle gestorben.«

Heimpel, 1985, S. 21-22

Kraut und Rüben – Reisebericht 1580

» (...)Überall werden Kohlköpfe gezogen, die man mit einem besonderen Instrument klein zerhackt und dann in großen Mengen in Zubern einsalzt: davon werden den ganzen Winter Kohlsuppen gekocht.(...) Allenthalben im Land dort werden Rüben und Kohlrüben mit gleicher Sorgfalt zerhackt und zerkleinert, ähnlich wie man Getreide drischt; sieben, acht Männer halten in jeder Hand ein großes Messer und schlagen damit im Takt in Gefäße von Gestalt unserer Kelter: das gibt Vorrat, der wie ihre Krautköpfe für den Winter eingesalzen wird. Von diesen beiden Gewächsen sind zwar nicht die Gärten, wohl aber die Felder voll, und es finden richtige Ernten statt.«

Montaigne, Neuausgabe 1963, S. 79, 105

27.2.5

und in saure Gährung versetzt werden, bereitet. Sie bildeten früher mit wenig Ausnahmen, da sie sich sehr leicht aufbewahren lassen, fast das ständige Gemüse des gemeinen Mannes und sind auch, wenn gut zubereitet, gesund und schmackhaft. Viele Familien liessen und lassen sich von diesen beyden Gemüse-Arten zu Beginn des Winters von den sogenannten Krautschneidern ansehnliche Vorräthe im eignen Hause zurichten, und bewahren sie im Keller das Jahr hindurch zum Gebrauche auf.

Erst mit dem Jahrhundert ist mit dem Gebrauch der Kartoffeln auch der der frischen Gemüse in allgemeine Aufnahme gekommen.«

Die Vorräte an Sauerkraut lagerten in Steinzeugtöpfen und Holzfässern im kühlen Keller, von wo aus dem Krautfaß portionsweise das Sauerkraut geholt wurde, wie Wilhelm Busch in ›Max und Moritz‹ reimt: »Eben geht mit einem Teller / Witwe Bolte in den Keller, / Daß sie von dem Sauerkohle / Eine Portion sich hole…«.

Bis 1888 Adam Ballinger Münchens erste Sauerkrautfabrik gründete, konnte Sauerkraut über Jahrhunderte auch auf dem Markt gekauft werden. Auch Küchlbäcker, denen das Auskochen der Fastenspeisen erlaubt war, betrieben den Krauthandel, da Frisch- und Sauerkraut wesentliche Bestandteile vor allem der fleischlosen Fastenkost waren. Es ist bezeichnend, daß das einst so wichtige Nahrungsmittel Sauerkraut bis heute das Klischeebild der deutschen und auch der bayerischen Küche bestimmt.

Nicht nur das Einsäuern von Kraut und Rüben waren zur Sicherung der Alltagskost unverzichtbar, auch das Dörren und Trocknen von Früchten an der Luft und in Dörrapparaten erbrachte einen Vorrat für die wichtige Zuspeise zur vorherrschenden Mehlspeiskost. Zu Kompott aufgekocht ergaben die Trockenfrüchte den flüssigen ›Dauch‹, in den die Mehlspeisen getaucht wurden und der gleichzeitig süßte.

Anna Wimschneider beschreibt dies in ihren Erinnerungen ›Herbstmilch‹, wobei der Titel Herbstmilch auf die ländliche Vorratshaltung an Sauermilch hinweist, die im Kübel gesammelt, bis zur Vergärung verwahrt und portionsweise zu Suppe oder Zuspeise verarbeitet wurde: »Im Herbst haben wir viel Kletzen getrocknet. Jeder Bauer hatte einen eigenen Dörrofen, der Tag und Nacht geheizt wurde. In der Nacht steckte man große Holzstücke in den Ofen und drosselte den Zug, dann gings bis zum Morgen nicht aus. Die Wasserbirnen wurden die saftigsten Kletzen. Es verging fast kein Tag auf dem Bauernhof, an dem es nicht Mehlspeisen und Kletzenbrühe gegeben hat. Weckgläser waren noch kaum da. Wenn jemand keinen eigenen Dörrofen hatte oder gerade besonders viel Birnen angefallen sind, so wurden sie im Brotbackofen getrocknet. Wenn da von den Dienstboten jemand hineinkriechen mußte, mußte der oder die beim Auslesen singen, daß im Ofen nicht so viel gegessen werden konnte.«

26. Gedörrte und getrocknete Früchte und Gemüse.

Für einen Münchner Haushalt der 1. Hälfte des 19. Jahrhunderts notiert die Hausfrau in ihren Schreibkalendern das Einlagern der Kartoffeln, das Einlegen von Kraut, Bohnen und Gurken. Sie zählt und vermerkt ihre Vorräte. ›Steinerne‹ Häfen, Schüsseln, Gläser und Flaschen wurden mit Säften, Gelees, Mus, Essig- und Cognacfrüchten oder selbst gemachtem Senf gefüllt.

Aus den übrigen im Kalender aufgezeichneten Lebensgewohnheiten dieser Familie läßt sich eine gutbürgerliche Wohlhabenheit ablesen, die der Hausfrau das Einkochen mit dem damals teuren Zucker, das Einlegen in Cognac, das Verarbeiten von Melonen ermöglichte.

Heute ist das Einkellern von Kartoffeln, das Lagern von Vorräten in den warmen, kleinen Kellern und in den winzigen Küchen ohne Speisekammer nahezu unmöglich. Kühlschrank und Tiefkühltruhe werden nun für kurz- und langfristige Vorratshaltung genutzt. Dabei galt der Eisschrank, 1874 von Carl von Linde erfunden, bis in die 50er Jahre des 20. Jahrhunderts als Luxusartikel. Das Einfrieren von Lebensmitteln erbringt eine zusätzliche zeitsparende und schonende Möglichkeit des Konservierens. Heute basieren riesige Industriebetriebe auf der Methode der Tiefkühlung und versorgen die Bevölkerung mit einem vielfältigen Angebot.

U. Z.

Literatur

Elixhauser u. Krajicek, 1992
Haushofer, 1978
Hopf-Droste, 1988
Schaffer, 1957
Schlichthörle, 1844
Thurnwald, 1991
Wiedemann, 1991

27.1 Ausstattung für den Vorratsraum

27.1.1
Küchenmobiliar des Staatsbahngüterdienst-Tagelöhners Franz Wurm
München, 1895
Fichte zweifarbig gebeizt,
hellblauer Anstrich
Lit.: AK Prinzregentenzeit, München 1988, Kat. 5.1.33
M 81/85, 1, 3,6

1895 verehelichte sich der aus dem mittelfränkischen Hilpoltstein stammende Franz Wurm (18.3.1865-31.1.1944) in München mit Antonie, geb. Dirsch (31.11.1867-1.7.1943). Das Ehepaar zog in den dritten Stock der Parkstraße 33 auf der Schwanthaler Höhe. Aus dieser Wohnung stammt das ausgestellte Mobiliar. Franz Wurm war Staatsbahngüterdienst-Tagelöhner. Später arbeitete er als Kondukteur, avancierte dann zum Schaffner, nach dem Ersten Weltkrieg wurde er schließlich Zugführer. Die schmalen, schlichten, gestrichenen Möbel sind für die beengten Verhältnisse einer kleinen Küche geschaffen, zu der zum Wirtschaften und Kochen noch ein Spülstein und der Herd gehörten. Oft wurden die Küchenmöbel nach einer Modernisierung und Erneuerung der Einrichtung in Vorratskammer und -keller weiter verwendet.

27.1.2
Der Keller. Bilder zum ersten Anschauungsunterricht (Nr. 7)
J. F. Schreiber
Eßlingen bei Stuttgart, 1890
Farblithographie, 32,5 x 41 cm
A 77/247

Der Keller.
»Küche und Keller gehören zusammen. Kraut, Rüben, Kartoffeln, Gurken und Zwiebeln – sie finden in der Küche Verwendung. Der Schinken und die prächtigen Würste werden bald in die Küche wandern, um sie für den Tisch zuzurichten. Was nicht aufgebraucht wird, kommt wieder in den kühlen Keller, wo auch das Brot einen Platz

27.1.2

gefunden hat, damit es nicht austrocknet. Das kostbarste, was der Keller birgt, das ist der Wein, den wir da in Flaschen aufgestapelt sehen. Der Küfer ist eben damit beschäftigt, aus dem mächtigen Fasse weitere Flaschen mit Wein zu füllen. Damit er denselben auch probieren kann, ohne das Faß anzustechen, benutzt er die Heber, welche am Flaschengestelle hängen. Die große Kanne neben den Rüben enthält gewiß edlen Rebensaft, und das Glas auf dem Fasse hat als Probierglas gedient. Auch die Waschfässer sind in den Keller geschafft worden. Sie sollen nicht zusammentrocknen und zerfallen.« (Walther, Nr. 7)

27.2 Kraut und Rüben

27.2.1
Karoline Hofner (?) im Krautgarten
Johann Baptist Hofner
(Aresing b. Schrobenhausen 1832-1913 München), um 1890
Öl/Lwd, 38 x 52 cm
Schrobenhausen, Lenbachmuseum, 476

Hofner, dessen Werk in der Tradition der Münchner Schule entstand, machte sich u.a. als Tiermaler einen Namen. Im ›Krautgarten‹ wird die private Atmosphäre des heimischen Gartens meisterhaft eingefangen.

27.2.1

27.2.2
Deckelterrine in Krautkopfform
Schrezheim, um 1770
Fayence, Scharffeuerbemalung
27,8 cm, ø 15 cm
Lit.: Erdner, u. Nagel, Die Fayencefabrik zu Schrezheim, Ellwangen 1972
Nürnberg, Gewerbemuseum der Landesgewerbeanstalt im Germanischen Nationalmuseum, 536

Besonders im 18. Jahrhundert wurden Früchte und Gemüse aus fernen Ländern und heimischen Gärten in Fayence geformt. Die leicht verderblichen Raritäten – wie etwa Zitrone oder Melone – blieben so unvergänglich für das Auge bewahrt. Auch der heimische Krautkopf wurde mit seiner reichen Blattform zum Vorbild für Terrinen. Man vermutet, daß sie mit Ragout-, Gemüse- oder Suppenspeisen gefüllt ihren dekorativen Platz auf der gedeckten Tafel oder Anrichte hatten. Aber der Dichter und Übersetzer Johann Heinrich Voß (1751-1826) überliefert in seiner Verserzählung ›Luise‹ anschaulich den Gebrauch des ›Krautkopfes‹ als Bowlengefäß.

In der Kumme ›geformt wie ein purpurner Kohlkopf‹ wird der ›Bischof‹, ein berühmtes Getränk aus Rotwein, rohem oder gekochtem Zucker mit gerösteten grünen und gelben Pomeranzen serviert:

»Feines Gedeck, Eßlöffel und englische Messer und Gabeln;
Auch das Zuckergeschirr von violigem Glase, mit Silber
Künstlich gefaßt, wie ein Korb, ein Geschenk der gnädigen Gräfin;
Brachten die feineren Teller von Thon, und spanische Erdbeern
Auf eiförmiger Schüssel, auch sahnige Milch in gestülpter
Porzellanener Kumme, geformt wie ein purpurner Kohlkopf,
Welche mit wärmendem Punsch und Bischof füllte der Vater,
Wann ein Freund ihn besucht' in sausenden Tagen des Winters;
Brachten mit Eppich umlegt die Bachkrebs, ähnlich den Hummern,
Und zween kalte gebratne Kapaun, umhüllt vor den Fliegen;
Brachten sodann für Walter und Karl vielrautige Waffeln,
Hochgehäuft, Kunstwerke der preislichen Köchin Susanna;
Auch die duftende Frucht der grüngestreiften Melone;
Butter in blauem Gefäß, goldfarbige: über dem Deckel
Ruht' ein käuendes Kind als Handgriff; lieblichen Schafkäs'
Und holländischen Käs', und einen gewaltigen Rettich
Für den Papa; auch Kirschen von vielfach würziger Gattung,
Stachelbeeren, wie Pflaumen an Wuchs, u. geschwollne Johaunsbeern.
Als nun wohl sie geordnet den stattlichen Schmaus auf dem Teppich,
Neigte das blühende Mädchen sich hold und lud die Gesellschaft:
(...)Zünde die Lichter mir an und trage sie, liebe Susanna,
Flugs in die Stub', auch bringe den Schirm für die gnädige Gräfin.
Ich nun steig' in den Keller hinab und hole zum Bischof
Rotwein und Pomeranzen; Die sorgst für den purpurnen Kohltopf.
Zucker steht in der Kammer genug und das Übrige weißt du.«

Voß, um 1790

27.2.4

27.2.3
Krautverkauf von einem Bauernfuhrwerk in der Vorstadt Au unterhalb der Franziskaner-Leist-Brauerei
Willi Döhler
(München 1905-1973 München)
München, um 1930
bez. r.u. Döhler W.
Holzschnitt, 31,3 x 23,7 cm
39/1182

27.2.4
Krautschneider bei der Arbeit mit dem Krauthobel
Peter Baumgras
(Bayern 1827- seit 1879 Chikago/USA)
München, 1848
bez. r.u. P. Baumgras 1848
Bleistiftzeichnung, 23,9 x 30,3 cm
28/115

Der Krautschneider sitzt vor dem Krauthobel, der auf zwei Beinen steht und auf seinem Stuhl aufliegt. Die Krautköpfe legt er in den Ziehschlitten des Standhobels und zerkleinert sie durch das Hin- und Herziehen auf den Hobelmessern. Das kleingeschnittene Kraut wurde in großen Mengen als Wintervorrat eingelegt. Die Krautschneider gingen auch als Wanderarbeiter von Haus zu Haus.

27.2.5
›Witwe Bolte's Sauerkrautvorrat‹
aus: Wilhelm Busch, Max und Moritz / eine Bubengeschichte / in sieben / Streichen / (2. Streich)
Braun und Schneider, München [1865]
Pappband, Titelblatt, 1 Bl. Vorwort
und 53 numerierte Blätter
mit 99 schablonenkolorierten
Holzschnittillustrationen
A 77/228

Im zweiten Streich der Bubengeschichten von Max und Moritz, die 1865 in erster Auflage in München erschienen, schildert Wilhelm Busch in Wort und Bild Witwe Boltes Gang in den Vorratskeller, um dort ›Sauerkohl‹ zu holen. Währenddessen ziehen die beiden Übeltäter durch den Kamin die Hühner aus der Pfanne am Herd.

»Eben geht mit einem Teller
Witwe Bolte in den Keller,
Daß sie von dem Sauerkohle
Eine Portion sich hole,
Wofür sie besonders schwärmt,
Wenn er wieder aufgewärmt.«

27.2.6
Krauthobel mit Standbeinen
Gebrauchsort Oberbayern, 19. Jh.
Buche, Eisen, 70 x 46 x 88 cm
Freilichtmuseum des Bezirks Oberbayern an der Glentleiten, 85/1014

27.2.7
Wiegemesser zum Zerkleinern des Krautes
Gebrauchsort Oberbayern, Anfang 20. Jh.
Eisen, Laubholzgriff, 21 x 44 x 11 cm
Freilichtmuseum des Bezirks Oberbayern
an der Glentleiten, U/4470

Kleine Krautmengen wurden mit dem Wiegemesser geschnitten.

27.2.8
Krautfaß mit Drehverschlußdeckel
Gebrauchsort Oberbayern, 19. Jh.
Eiche, 63 cm, ø 41 cm
Freilichtmuseum des Bezirks Oberbayern
an der Glentleiten, U/4707

27.2.9
Rübenmühle
Gebrauchsort München, Ende 19. Jh.
Eiche, Fichte, Eisen, 47 x 103 x 30 cm
69/906

Rübenmühle zum Zerkleinern der Rüben, die als Wintervorrat wie Sauerkraut eingelegt wurden.

27.2.10
Rübenraspel
Gebrauchsort Oberbayern, 19. Jh.
Fichte, Eisen, 60 x 21,5 cm
Freilichtmuseum des Bezirks Oberbayern
an der Glentleiten, U/4706

Raspel zum Zerkleinern der Rüben. Rübenschnitzel wurden wie Kraut in Fässer und Steinzeugtöpfe eingelagert.

27.3 Vorratsgefäße und -geräte

Rezeptdienst, um 1940

27.3.1
Einkochgläser und Sterilisierungsapparate mit Thermometer
Fa. Weck, Norma, Kieffer, Monopol
Gebrauchsort München, 1. Hälfte 20. Jh.
Glas, Zinkblech, Email
A 80/49, A 80/50, A 80/52

Johannes Weck (1841-1914) entwickelte Anfang des 20. Jahrhunderts ein Verfahren, das Lebensmittel in Gläsern durch längere Hitzeeinwirkung haltbar machte. Die entsprechenden Gläser und Sterilisierungsapparate wurden zuerst durch die Firma Weck in Öflingen/Baden hergestellt und ermöglichten das Sterilisieren von Lebensmitteln, eine Methode, die seit dem 18. Jahrhundert bekannt war, nun auch für die häusliche Vorratshaltung. Auch konnte der Inhalt der durchsichtigen Einmachgläser ständig kontrolliert werden.

27.3.2
J. Weck (GmbH),
Wecks Frischhaltung ›Koche auf Vorrat‹ Gebrauchs-Anweisung für die Weck'schen Einrichtungen
Öflingen/Baden, um 1903
Heft, 64 S.
A 86/203/9

Werbegeschenk der Firma Weck, die zu Anfang des 20. Jahrhunderts viele Jahre als einzigem Einkochgläser und Einkochapparate herstellte und dadurch bewirkte, daß ›Einkochen‹ zum ›Einwecken‹ wurde. ›Einkochen‹ wurde zur weitestverbreiteten Methode des Konservierens für den häuslichen Vorrat.

27.3.3
Einkochgläser Marke Weck. Führend seit 50 Jahren
um 1950
Plakat, Lithographie, 84 x 59 cm
A (D) 10.8/1

27.3.4
Vorratsgefäße aus Westerwälder Steinzeug und Krummeich's Konservenkrüge
Gebrauchsort München und Oberbayern, 1. Hälfte 20. Jh.
Steinzeug, 8,5-19,5 cm
58/379; 58/430-433; A 81/276, 1-2 und Freilichtmuseum des Bezirks Oberbayern an der Glentleiten, 86/1505; 86/1998; 88/2441/3

Die grauen, blaugemusterten Vorratsgefäße werden bis heute im Westerwald hergestellt. In diesen Steinzeugtöpfen konnten Vorräte in Essig, Salz oder Schmalz eingelegt werden. Sie wurden auch in Oberbayern zur Vorratshaltung genutzt. Die braunen ›Steinzeugkrüge‹ mit Glasdeckel der Firma Krummeich kamen um 1900 für kurze Zeit als Einmachtöpfe auf den Markt, bevor sich die durchsichtigen Einkochgläser durchsetzten.

27.3.5
Bunzlauer Vorratsgefäße und Gärtopf mit Deckel
Gebrauchsort München und Oberbayern, 1. Hälfte 20. Jh.
hochgebrannte Irdenware, braune Lehmglasur
Lit.: AK Bunzlauer Geschirr, Berlin 1987
A 82/171; A 85/542; A 91/91,92; A 92/86 und Freilichtmuseum des Bezirks Oberbayern an der Glentleiten, 84/558

Die hohen und flachen, braun glasierten Vorratsgefäße mit Henkel wurden mit verschiedenen Vorräten gefüllt (u.a. Eier, Pflaumenmus, Bohnen, Gurken, Schmalz, Schmalzfleisch), mit Pergamentpapier oder der Haut der Schweinsblase zugebunden und in Keller und Speisekammer verwahrt. Gefaße aus hochgebrannter Irdenware eignen sich zum Verwahren von Vorräten, die in Essig, Salz oder Fetten eingelegt werden. Die braunen Töpfe aus dem niederschlesischen Töpfergebiet um Bunzlau waren – wie in ganz Deutschland – auch im Münchner Raum beliebte Vorratsgefäße. Der hohe Gärtopf mit Deckel wurde zum Einlegen von Sauerkraut benutzt. Sein Deckel lag in einer tiefen Rinne auf dem Gefäß auf. Sobald die Rinne mit Wasser gefüllt wurde, war der Topf luftdicht verschlossen, zugleich konnten aber die beim Einlegen des Sauerkrauts entstehenden Gase durch Öffnungen am Deckelrand entweichen. Diese Gartöpfe waren zweckmäßiger als die Krautfässer, deren Deckel mit Steinen beschwert werden mußte. U. Z.

27.3.5

27.3.6
Deckeldosen zur Vorratshaltung
Gebrauchsort München, 1. Hälfte 20. Jh.
Weißblech
18-22,5 cm, ø 15-19 cm
58/333, A 82/10/, A 83/227/1

27.3.7
Ballonflaschen
Gebrauchsort München, 19. Jh.
Glas, 45 cm
A 82/172-173

27.3.8
Flaschenträger für vier und sechs Flaschen
Gebrauchsort München, um 1900
Eisendraht, 23,5-31 x 21-23,5 cm
A 84/324, 1-2

27.3.9

27.3.9
Flasche mit Wasserglas zum Eiereinlegen
Henkel
Düsseldorf, um 1920-30
25 x 9,5 cm
o.Nr.

Bis in die 50er Jahre des 20. Jahrhunderts wurden Eier als Wintervorrat eingelegt. Dazu brauchte man gelöschten Kalk oder spezielle Einlegmittel, wie Wasserglas, das es zu kaufen gab.

27.3.10
Eierständer für 208 Eier
Gebrauchsort München, 1. Hälfte 20. Jh.
Ahorn, 147 x 103 x 30 cm
A 83/179

27.3.11
Beerenkamm
süddeutsch, um 1930
Buche, Eisen, 6,5 x 18 x 13 cm
A 88/241

Der Beerenkamm ermöglichte das Abkämmen der Schwarzbeer- oder Preiselbeerstauden und erleichterte und beschleunigte damit die Beerenlese.

27.3.12
Flaschenkorker
Gebrauchsort München, um 1910
Messing, Holz, 28 cm
A 92/83

27.3.13
Zwiebelbehälter
Gebrauchsort München, um 1900
Eisendraht, Baumwolle gehäkelt
A 81/262

27.3.14
Fliegengitter mit Untersetzer
Gebrauchsort Oberbayern
1. Hälfte 20. Jh.
Buche, Ahorn, Drahtwerk
Freilichtmuseum des Bezirks Oberbayern an der Glentleiten, 85/1435, 81/124, 89/1474, 82/2772

Die gewölbten Fliegengitter schützten die Nahrungsmittel in Speisekammer und Keller vor Fliegen und anderem Ungeziefer. Sie wurden über die Holzteller mit den aufliegenden Vorräten gestülpt und sorgten für eine abgeschlossene, doch luftige Lagerung.

27.3.15
Fliegenschrank
Gebrauchsort Oberbayern, Anfang 20. Jh.
Stahlblech, lackiert, 61 x 43 x 36 cm
Freilichtmuseum des Bezirks Oberbayern an der Glentleiten, 89/876

In den Speisekammern und Vorratskellern wurden Lebensmittel im Fliegenschrank verwahrt, dessen feinmaschiges Gitter Fliegen und anderes Ungeziefers abhielt. Gleichzeitig konnten die Vorräte abgeschlossen, aber luftig lagern.

27.3.16
Eiskasten
Gebrauchsort München, um 1925
Fichte, Weißblech, 85 x 96 x 49 cm
A 92/131

Eiskasten zum Einlegen von Eisstangen, die zum Kühlen von Lebensmitteln dienten. Die notwendigen Eisstangen wurden geliefert.

27.3.17
Stapelbare Vorratsdosen
Entwurf: Wilhelm Wagenfeld, 1938
Lausitzer Glaswerke, vor 1945
Glas, 20,5 x 26,5 x 17,5 cm
A 92/59/1-10

27.3.18b

27.3.18 a
Heinrich Nikolaus KG. Weinessig
Botho Schmidt
München, um 1910
Plakat, Lithographie, 59 x 41,5 cm
A 13/65

27.3.18 b
Einer der Besten! Liebherr
Kühlschränke, Hopfer
um 1955
Plakat, Lithographie, 119 x 83 cm
B (D) 10.11/3

27.3.18 c
Tiefkühlkost Solo
Hamburg, 1949
Plakat, Lithographie, 83 x 58,5 cm
A (D) 13.20/1

27.3.17

Die Küche, Johann Jacob Kleinschmid, Augsburg, 1736/39, Nürnberg, Germanisches Nationalmuseum
Speise- und Geschirrkammer, Johann Jacob Kleinschmid, Augsburg, 1736/39, Nürnberg, Germanisches Nationalmuseum

DIE KÜCHE – *Vom offenen Feuer zur Anbauküche*

Die Küche ist der Raum zum Garen und Bereiten der Speisen; ihr wichtigster Teil ist der Herd mit seinen Geräten. In manchen Regionen, z.B. in der des niederdeutschen Hallenhauses, ist die bodennahe Feuerung herkömmlich, in anderen, so im süddeutsch-alpenländischen Bereich, hielt man es für zweckmäßig, die Herdfläche für die Bereitung der warmen Nahrung (Arbeitsvorgänge: Rühren, Würzen, Abschmecken usw.) vom Boden abzuheben. Auf frühen Kochbuchillustrationen erkennt man Herde, die zunächst bis zum Knöchel, dann bis zu den Knien reichten oder sogar bis auf Hüfthöhe aufgemauert waren. Seit der Mitte des 16. Jahrhunderts lag die Höhe der tischartigen Herde zwischen 30 und 100 cm, ihre Fläche bei 1 bis 2 qm. In der Regel waren diese Herde aus (Bruch-)Steinen gebaut und besaßen vorne eine gewölbte Öffnung, in der Brennholz gelagert werden konnte. Als Abdeckung dienten zunächst Stein-, später Eisenplatten.

Das offene Feuer bedeutete immer Brandgefahr: Man deckte es nachts mit Asche oder einer Feuerstülpe ab. Die Küche mußte gemauert, ihre Gewölbe möglichst hoch sein, ein Feuerdach und schließlich ein ausladender Kaminhut, der in einen Schlot mündete, sollten Funken und Rauch abhalten.

Im süddeutschen Stadthaus befand sich die Kochstelle meistens in einer rückwärts gelegenen Nische des Flurs zwischen Wohn- und Schlafstube. Damit der Herd von allen Seiten bedienbar war, mußte der Kaminhut ziemlich hochgesetzt werden. Ruß und Rauch schlugen in die Küche zurück und waren oft bis ins 20. Jahrhundert herein bestimmend für diesen Raum. Er blieb zudem – um den Luftzug zu lenken – in vielen Häusern fensterlos, oft nur durch das Feuer erhellt. In München waren diese schwarzen Küchen bis in die erste Hälfte des 19. Jahrhunderts üblich. Mit diesen Zuständen hatten sich die Küchenleute als einem unabwendbaren Übel abgefunden. Man nimmt an, daß die häufige Erwähnung der ›Triefäugigkeit‹ bei Frauen und die zahllosen Wallfahrten zu Heiligen für Augenleiden mit dieser Situation zusammenhängen.

Wie soll man sich nun die übrige Ausstattung der Rauchküche vorstellen? Am offenen Herd war vor allem ein Gerät wichtig, um die Holzscheite abzuheben und der Luft Zutritt zu verschaffen: der Feuerbock. Er bestand aus einem Vierkanteisen, das vorne und hinten hochgebogen war, um das Abrutschen der Scheite zu verhindern. Rundgebogene Eisenstücke bildeten die Füße. Zum Hantieren am Herd gebrauchte man verschiedene Hilfsgeräte wie Zangen, Schaufeln und Gabeln sowie einen Blasebalg zum Anfachen der Glut.

Nahezu unverzichtbar waren in den alten Küchen Spieß und Rost, mit deren Hilfe Fleisch und Fisch gebraten wurden. Zunächst wurde der Spieß ein-

Münchner Küche 1863-1873

»Gleich nach der Haustüre seitlich rechts, war die Tür zur großen, geräumigen Küche, die zur Verzweiflung von Köchin und Putzfrau auch ganz mit roten Ziegeln gepflastert war. Zwei große Fenster sahen gegen den einen Hof und waren wohl zum Schutz für uns Kinder mit einer Eisenstange quer durch versichert. Ein großer stattlicher Herd mit eingemauertem Bügelofen, in den die Stahleinlagen zum Eisen noch in die Glut geworfen und mit großen Schürhaken ganz rot und weiß glühend wieder herausgeholt wurden; waren sie es in der gewünschten Zeit nicht, wehe, dann war es um die gute Laune der Bügelfrau geschehen, und auch die gute Mutter stieß wohl einen Stoßseufzer aus, über verlorne Zeit und verdoppelte Mühe; diese Manipulationen verfolgten wir Kinder mit größtem Interesse. Was den Großen Arbeit und Mühe war, war uns ja eitel Freude, Abwechslung und Unterhaltung. Ein anderer interessanter Gegenstand in der Küche war die sogenanne Anrichte, ein Möbel, das heutigen Tags Kinder kaum interessieren würde; aber zu unserer Zeit waren unten nicht Häfen, Töpfe und Schüsseln, sondern eine »Hühnersteige«, in der leibhaftige, lebendige Gockerl saßen, die gefüttert und gemästet wurden. Zur nötigen Reinigung ihres Heimes wurden sie von Zeit zu Zeit ausgelassen, liefen lustig in der Küche umher und führten ihre Hahnenkämpfe auf. Eine meiner ersten kindlichen Betätigungen war es, für die Gockerl Semmel-Klein zu kneten und ihre unpassenden Hinterlassenschaften auf dem Küchenboden mit Sägespänen zu bestreuen. In einer Ecke stand in der Größe einer Badewanne ein großer, kupferner Trog mit einem Wasserhahn, ein Gegenstand endloser Aufregungen, Ärgernisse und Zwistigkeiten der gesamten dienstbaren Geister, von denen später zu erzählen sein wird. Von der Küche und vom Gang führte eine Türe in das erste Zimmer, das eine Mischung von allem Möglichen war, denn man war damals nicht so anspruchsvoll, für alles und jedes eigene Räume zu haben.« (Adam, 1989, S. 110-111)

fach zum Feuer gehalten und gedreht, wobei man den Arm auf ein angewinkeltes Bein legte, bald aber erdachte sich der menschliche Erfindergeist Auflegevorrichtungen und verschiedene Mechanismen, die das mühsame stundenlange Drehen erleichterten. Aufwendige Bratenwender gehörten jedoch mehr in den Bereich der höfischen und großbürgerlichen Küche, der kleine Mann behalf sich, wenn er überhaupt etwas zu braten hatte, mit einem Rost. Zumeist kochte er das wenige Fleisch, das ihm zur Verfügung stand, in der Suppe oder im Kraut.

Für den Durchschnittshaushalt waren vor allem Pfannen in verschiedener Größe und Tiefe notwendig, vom kleinen Kindsbreipfännlein bis zur wuchtigen Schmalzpfanne. In ihnen bereitete man die gängige Volksnahrung, Breie und Suppen. Sie standen auf einem Dreifuß bzw. Pfannenknecht mit abgespreiztem Bein, das oben eine Gabel zum Aufstützen des langen Stieles besaß. Kessel aus Eisen, Kupfer oder Bronze hingen an Ketten aus dem Kaminhut; sie dienten zum Wärmen des Gebrauchswassers und zum Kochen. Daneben gab es eine Anzahl von Hafen/Töpfen aus Metall oder Ton. Die preiswerte Irdenware zeichnete sich durch günstige Kocheigenschaften aus und fand auch in Stadthaushalten weit häufiger Verwendung, als der erhaltene Bestand ver-

Kochen, Rösten und Räuchern über offenem Feuer auf gemauertem Herd, Ausschnitt aus dem Monatsbild Dezember von Hans Wertinger, um 1525–1530 Nürnberg, Germanisches Nationalmuseum

muten läßt. Oft hatten die Töpfe auch kleine Füße und einen Deckel, der das Kochgut vor Ruß und Schmutz schützte. Für die Bereitung von Speisen, die ein langsames Garen bzw. Dünsten erforderten, z.B. Brei, Auflauf oder Gemüse, setzte man das Gefäß neben das Feuer oder über eine leicht glimmende Glut. Natürlich gab es in der gehobenen Küche noch eine ganze Reihe von Spezialgeräten wie Schneckenpfannen, Rührbesen, Sieb, Schöpfer usw.

Mobiliar fand sich sehr wenig in den alten Rauchküchen. Auf den bildlichen Darstellungen des 16./17. Jahrhunderts sieht man nur gelegentlich kleine, eintürige Schränke zur Verwahrung von Speiseresten, Gewürzen und verschiedenen Utensilien. Immer aber gab es einfache Wandbretter und Gestelle, auf denen das Gebrauchsgeschirr, die Teller und Schüsseln, Löffel usw. Platz fanden, eben alles Küchengerät, das rasch zur Hand sein mußte. Da waren vielleicht noch ein paar Hocker, ein Hackstock oder eine Bank zum Abstellen bzw. Vorbereiten der Speisen. Erst als der Rauch nicht mehr schwärzend durch den Raum zog, konnte man daran denken, die Küche mit anspruchsvolleren Verwahrmöbeln auszustatten. Seit dem 17. Jahrhundert häufen sich die Klagen über den lästigen, beißenden Hausrauch. Die humanen Bestrebungen der Aufklärer mögen von Einfluß gewesen sein, die Arbeitsbedingungen in der Küche zu verbessern. Unmittelbarer Anlaß aber war die zunehmende Holzknappheit. In theoretischen Untersuchungen und praktischen Experimenten begann man, sich mit dem ›Wärmestoff‹ zu beschäftigen. Gegen Ende des 18. Jahrhunderts erkannte man, daß das Feuer nicht von stofflich-körperlicher Beschaffenheit ist. Schriften über holzsparende Öfen und Beratungsstellen für richtiges Heizen schossen aus dem Boden. Steinkohlenfeuerung

Küche mit offenem Feuer, Bratenwender Feuerbock und Deckeltöpfen, die Küchenmägde begießen den Braten, rühren, stampfen im Mörser, füllen das Geflügel oder erledigen den Abwasch
aus: Florinus, Oeconomus prudens et legalis. Oder Allgemeiner klug- und rechts-verständiger Haus-Vatter,
Nürnberg, Frankfurt, Leipzig, um 1702
Nürnberg, Germanisches Nationalmuseum

Die Papstküche mit offener Feuerstelle
aus: Bartolomeo Scappi, Opera di
M. Bartolomeo Scappi, cuoco secreto di
Papa Pio v., 1570
München, Bayerische Staatsbibliothek

wurde staatlicherseits empfohlen, ebenso Feuerroste und Züge für den Rauchgasabzug. In Berlin gründete man sogar eine ›Gesellschaft für Holzsparkunst‹ (1784).

Es entstanden hier und dort Vorformen einer geschlossenen Feuerung, die sogenannten Castrol-Herde. Ein Beispiel: Der in München wirkende Rokoko-Architekt F. Cuvilliés d.Ä. hatte in Schloß Amalienburg eine Prunkküche mit prächtigen Delfter Kacheln einrichten lassen; über dem gemauerten Herd mit offener Feuerstelle erhebt sich ein aufwendig geschmückter Kaminhut. Im Hintergrund, unauffällig in der Ecke angebracht, ist ein technisch interessanter Herd plaziert: Die Herdplatte weist fünf gesonderte viereckige Vertiefungen auf, sogenannte Kochlöcher, von einem gemeinsamen Feuerraum aus beheizt. Die Kochtöpfe standen auf Füßen oder Rosten über diesen Öffnungen, die allerdings noch viel Heizenergie nutzlos abgaben.

Mit wissenschaftlicher Spürnase und großem menschlichen Engagement ging der aus Amerika stammende Physiker Benjamin Thompson, der spätere Graf Rumford, das Problem an. Privat und im Auftrag öffentlicher Institutionen (ab 1784 im Bayerischen Staatsdienst) führte er Versuche zur Verbesserung der Heizanlagen durch. Er kümmerte sich um die zweckmäßige Einrichtung der Küchen, um die Armen- und Soldatenspeisung, um wärmesparende

Nebenraum der Papstküche mit Backofen
aus: Bartolomeo Scappi, Opera di
M. Bartolomeo Scappi, cuoco secreto di
Papa Pio v., 1570
München, Bayerische Staatsbibliothek

Geräte. In Wort und Bild wandte er sich an Handwerker und Köche, um den neuen Ideen den Weg in die Praxis zu erleichtern. Ausgang seiner Betrachtungen war die Vergeudung von Brennstoff beim Kochen. Er versuchte, die für die einzelnen Speisen zuträglichste Garzeit zu ermitteln, unnötiges Sieden zu vermeiden. Die Konzentration der Wärmequelle sei Voraussetzung: Dem offenen Feuer sagte er den Kampf an; bei geschlossenen, mit Türen, Rosten und Zügen versehenen Herden sei nur der fünfte Teil an Brennstoff nötig. Eine Drosselklappe am Rauchfang solle die Hitze genau dosieren, damit nicht einmal zuviel, einmal zuwenig Holz aufgelegt werde. Nach seinen Vorstellungen sollte für jeden Topf eine eigene Feuerstelle mit einem durch Schieber geregelten Horizontalabzug der Luft vorhanden sein, wie es beispielhaft in der Küche des Barons von Lerchenfeld in München gegeben war: Die Kanäle münden in den großen Hauptkanal des Schornsteins. Wenn kein Feuer gebraucht wird, kann der Schieber in der Aschengrube beinahe geschlossen und der obere Teil des Herdes zugedeckt werden. Binnen einer halben Minute ist dann das glimmende Feuer durch Luftzufuhr wieder zu entfachen. Ein Fenster nach außen oder ein Loch mit Ventilator bewirken, daß keine allzu große Hitze im Raum entsteht, die bisher vor allem im Sommer eine Qual für das Küchenvolk war.

Die schwarze Küche mit offenem Feuer, Frontispiz zu: Supp', Gemüs' und Fleisch für bürgerliche Haushaltungen, Darmstadt 1842
Nürnberg, Germanisches Nationalmuseum

Rumfords Fantasie im Erfinden immer neuer Küchenvorteile war unerschöpflich. Er kümmerte sich um die richtige Form der Töpfe und ihrer Deckel, um feuersparende Bratröhren, er nahm das Prinzip des Dampfkochtopfes vorweg mit einem Modell, das er gezielt für die ärmere Bevölkerung ausdachte. Auch die preiswerte und sehr kalorienreiche ›Rumfordsuppe‹ war für die notleidende Bevölkerung bestimmt. Bezeichnend für seine Arbeit ist folgender Satz: »Diese Dinge werden wahrscheinlich für Kleinigkeiten gehalten werden, aber Bequemlichkeit und Zeitgewinn sind nicht selten die Resultate der Aufmerksamkeit, die man der guten Ordnung minder wichtiger und dem Anschein nach ganz unbedeutender Dinge widmet.«

Lange währte die Inkubationszeit der Rumfordschen Ideen. Erfolgreich vordringen konnten all diese Neuerungen nur, wo staatlicher Druck dahinter stand. Sonst blieben sie meist wenig beachtet, der ›Sparherd‹ fand nur sehr zögernd Eingang in die Haushalte. Schuld daran trug nicht nur die Trägheit der Bevölkerung, die am Altgewohnten festhielt; auch die Handwerker arbeiteten in festgefahrenen Normen und scheuten die Schwierigkeiten neuer Methoden. Die Eisenhütten waren auf ihre gewohnten Ofenmarken eingeschworen und mieden die Kosten, sich z.B. auf die dünneren Platten der Sparherde und die schwierig herzustellenden Einzelteile umzustellen. Die dicken Herdplatten der alten Herde bedeuteten zudem auch mehr Gewinn für die Eisenindustrie, weil sie nach Gewicht verkauft wurden.

Die helle Küche mit Fenster und aufgesetztem Kochherd für ›geschlossenes Feuer‹, Frontispiz zu: Lina, Die neue Köchin, Augsburg 1857

Doch die neuen Ansätze und Einsichten ließen sich nicht mehr aus der Welt schaffen. In Schrift und Praxis kam es nach der Jahrhundertmitte zu allen möglichen Kombinationen: Herde mit seitlich angebauten Backröhren, mit und ohne Wärmekasten und Wasserschiff, Ofen-Herd-Kombinationen, Kochöfen für die Stuben, ganze Ofenwände für Großküchen. Die Sparherde, auch ›Kochmaschinen‹ genannt, setzten sich vor allem im städtischen Bereich allmählich durch.

Die Herdplatte hatte nun mehrere herausnehmbare, ineinanderpassende Ringe: So konnte man Töpfe verschiedener Größe in die Öffnungen einhängen. Sie besaßen ringförmige Halterungen, die für einen exakten Abschluß sorgten, so daß das Feuer im Herdraum blieb und das untere Drittel der Töpfe umspielte. Der Kochvorgang ging rascher und energiesparender vor sich. Noch waren diese Herde, die mit Ofenrohren an den Kamin angeschlossen wurden, häufig riesige aufgemauerte Ungetüme, aber schon entstanden leichtere, handlichere Modelle. Auf der großen Industrieausstellung in London

Die ideale Küche, aus: Josephine Huber (Hrsg.), Neues illustriertes Universal-Kochbuch, Straubing 1907

1851 wurde zum ersten Mal ein transportabler eiserner Herd aus Amerika gezeigt, der bald in England Nachahmung fand und ab den 60er Jahren auch in Deutschland fabrikmäßig hergestellt wurde.

In die jetzt rauchfreie Küche konnte ein neuer Möbeltyp einziehen, das Büffet: Auf einem zweitürigen Unterschrank, in dem die Töpfe verwahrt wurden, erhebt sich das durch Glastüren abgeschlossene Oberteil, in dem das Geschirr Platz fand. Um 1900 kam im städtischen Bereich dann der innen mit Blech verkleidete Eisschrank auf, den man zum Kühlen der Nahrungsmittel mit gekauftem Stangeneis fütterte. Die Küche wurde in einfachen Kreisen der Städte auch für Wohnzwecke benützt. Eine Eßecke, ein Kanapee betonten den familiären Charakter. Um für die Bereitung oder zum Aufwärmen kleinerer Speisen den Herd nicht eigens anfeuern zu müssen, schafften sich viele Hausfrauen und Junggesellen die praktischen Petroleum- oder Spirituskocher an. Zum Fertiggaren vorgekochter Speisen, z.B. von Reis oder Hülsenfrüchten, bediente man sich auch der mit einer Isolierschicht versehenen Kochkisten.

Neue Formen und Materialien für Geschirre und Geräte kamen auf. Natürlich fielen nun jene Hilfsgeräte weg, die am offenen Herd gedient hatten: Dreifüße und Pfannenknechte, Dreibeintöpfe, Kessel und Roste, die auf der Herdplatte zum Braten aufgestellt worden waren. Die alten Gefäße aus Eisen, Kupfer und Bronze wurden größtenteils durch leichter zu handhabende abgelöst. Sie waren durch die neue Technik des Heizens auch mehr geschont. Von der Mitte des vorigen Jahrhunderts an wurde Weißblech in Fabriken ausgewalzt, vom Klempner zu Gefäßen verarbeitet oder maschinell gepreßt. Um den Blechgeschmack zu vermeiden, brachte man innen eine Zinnschicht an; außen zeigen diese Geschirre oft bunte Bemalung. Auch Ausstechformen für Kleingebäck stellte man aus Blech her. Sie traten an die Stelle der alten hölzernen Model, die vor allem die weihnachtlichen Lebkuchen geformt hatten. Nun gab es vielfältigere Figuren in dem neuen Material (Herzen, Monde, Tiere, Sterne usw.) und im Lauf der Zeit auch eine Fülle von Rezepten.

»Richtige Verwendung der Kochgeschirre

Bei unrechter Verwendung der Kochgeschirre kommt es oft vor, daß Speisen einen unangenehmen Beigeschmack oder eine unschöne Farbe bekommen oder daß die Geschirre zu schnell beschädigt werden. Man darf z.B. Gemüse nicht in eisernen Geschirren, deren Glasur (Email) beschädigt ist, kochen, Milch nicht in ein irdenes Geschirr geben, welches schon zu Fett, Suppe und dgl. gebraucht wurde, in Messing und Kupfer nichts Saures u.s.w.
Rein gehaltene emaillirte Eisengeschirre können zu Allem gebraucht werden, da sie keinen Geruch oder Geschmack annehmen und keine Metalleigenschaft haben. Ist deren Glasur beschädigt, so sind solche noch gut zum Kochen von Wasser, Erdäpfeln o. dgl. Dergleichen Casserole eignen sich zum Erhitzen von Fett, um Einbrennen zu machen, Fleisch zu dünsten und zu braten, weil dazu nicht neue genommen werden sollen, deren Glasur dadurch leiden würde. Zur längeren Erhaltung der Glasur ist auch schneller Temperaturwechsel zu vermeiden, das heißt: man soll nichts Heißes in solches Geschirr geben, wenn es kalt ist und nichts Kaltes, wenn es heißt ist. Man darf es auch nie leer auf den heißen Herd stellen, damit es nicht springt. Auch wenn heißes Eisengeschirr auf rohe Weise herumgestoßen wird, springt die Glasur.
Unglasirte Eisenpfannen sind brauchbar zum Braten und Backen, zum Kochen von Milch und dgl.

In Messingpfannen kann man ebenfalls Verschiedenes kochen, weil sie weder Fett noch Geruch einziehen, dooch darf nichts darin stehen bleiben. Man muß sie auch vor jedem Gebrauche ansehen, ob nicht etwa ein grüner Fleck darin ist, welchen man sorgfältig wegreiben muß. Ebenso müssen kupferne Casserole oder Formen, besonders selten gebrauchte, wegen Ansatz von Grünspan genau angesehen, und wenn die Verzinnung schadhaft wird, der Frau gezeigt werden, damit sie selbe rechtzeitig kann erneuern lassen.
Da Zinn sich durch Hitze leicht auflöst, darf man verzinnte Geschirre nicht leer auf den heißen Herd stellen und sie nicht zum Erhitzen von Fett benützen.
Zum Aufbewahren von Speiseresten eignen sich nur Geschirre von Thon, Steingut, Porzellan, Glas, Porzellangeschirre sind auch vorzüglich zum Backen von Mehlspeisen, sowie zum Einsieden von Früchten, da sich die Farbe am schönsten erhält.«

Prato, 1882[2], S. 37-38

In der zweiten Hälfte des 19. Jahrhunderts gewannen Küchengefäße aus Kupfer oder Eisenblech mit Emailleüberzug an Beliebtheit, ganze Garnituren entstanden, ja sogar die Außenflächen der Herde wurden in den dazu passenden Farben gestaltet und bunt dekoriert. Um 1900 setzte sich in Stadthaushalten dann das silberglänzende, leichte Aluminium durch. Es paßte gut in die modernen Küchenräume der gehobenen Stände, die mit der alten ›Rußkuchl‹ nichts mehr zu tun hatten: Die dunkel – grau, grün oder braun – gestrichenen Einrichtungen des 19. Jahrhunderts waren weißen Möbeln und Wänden gewichen, die Holzfußböden blitzenden Fliesen. Licht, Luft und Sauberkeit, das war die Devise der fortschrittlichen Küche im ersten Viertel unseres Jahrhunderts. Glatt und praktisch sollten die Geräte und Möbel sein, arbeitssparende Maschinen die Küchenmühen beschränken.

Die größte Erleichterung bedeutete wohl die Einführung von Gas und Elektrizität. Zunächst stellte man ein- bis zweiflammige Gaskocher neben den Sparherd; viele fürchteten anfangs noch eine geschmackliche Beeinträchtigung des Kochguts durch das Gas. Elektrisches Licht kam in den städtischen Küchen um 1900 auf, aber erst nach dem Ersten Weltkrieg wurden Gas- und Elektroherd für breitere Bevölkerungsschichten erschwinglich.

Das erste Viertel unseres Jahrhunderts entwickelte die Idee der wandverbundenen Anbaumöbel, die Platz und Wege sparen und auch der berufstätigen Frau das Schalten und Walten in der Küche angenehm machen sollten. Diese Tendenzen vervollkommnete man bis hin zu den modernen, durchrationalisierten Einbauküchen von heute.

33.2.6

12 Einleitung.

Kücheninventarium.

2—3 kupferne oder verzinnte Fleischkochtöpfe.
Fig. 10—12.

1 großer gußeiserner Wasserhafen.

1 Schaumlöffel, 1 verzinnter kupferner Durchschlag für Fleisch, Gemüse und Braten, 2 verzinnte Schöpflöffel verschiedener Größe, 2 Ragoutlöffel, von denen der eine zum Abschöpfen des Fettes zu gebrauchen ist.
Fig. 13—16.

10 Casserole von 10—40 Centimeter, 3—15 Wiener Zoll Durchmesser. Die hier abgebildeten Casserole sind nach Größe und Form verschieden.
Fig. 17—19.

Fig. 20—22.

Kücheninventarium. 13

Die zwei größeren haben hohle Deckel, welche geeignet sind, als Sautirplatten oder als Deckel zu dienen; die beiden andern sind geeignet, Kohlen oder heiße Asche über sich aufzunehmen.
Fig. 23.

3 Sautirpfannen (plats à sauter) mit Deckeln.

1 ovale Casserole mit dazu gehörigem Rost. Es dient zur Bereitung jeder Art von gedünstetem Fleisch. Man kann darin aber auch Schinken, Rindslende, Kalbscarre und wenn es nöthig ist, auch Fische zubereiten.

1 Casserole zum Glaciren des Fleisches mit eingelassenem Deckel.
Fig. 24.

1 Casserole, um Glace oder Fleischextract ins Wasserbad zu stellen.
Fig. 25.

Fig. 26.

1 Casserole mit Aufguß, sogenannte Zuckerpfanne.

1 Schmortopf zum Dämpfen des Fleisches, genannt Braisière.
Fig. 27.

Küche: Das Wort bedeutet den Raum der Nahrungsbereitung und zugleich die Summe der Speisen, die aus ihm hervorgehen. Wie sich der Raum verändert hat, haben wir gesehen – aber sind auch die Speisen andere geworden?

Es muß festgestellt werden, daß nicht nur im Bereich des Küchengeräts über viele Epochen hinweg bestimmte Grundtypen bzw. Leitformen kaum einem Wandel unterliegen; auch die Kost selbst – also: Zubereitung, Geschmacksrichtung, Speisenverbindung und -folge – gehört zu den am meisten mit Tradition behafteten Konstanten des menschlichen Lebens. Eine Verschiebung der Akzente in diesem Bereich kann überhaupt nur sehr allmählich und über Jahrzehnte oder Jahrhunderte hinweg erfolgen.

Überraschenderweise ist die zeitaufwendige Mühsal in der Küche von einst zum Hobby von heute geworden. Das offene Feuer, das endlich seine schädigende Macht über den Arbeitsplatz der Frau verloren hatte, eroberte sich die gemütliche Ecke des Familien- und Gästesitzbereichs im Wohnzimmer, mitsamt seinem nostalgischen Zubehör. Die hohe Kochkunst mit ihren verfeinerten und nahrhaften Speisen, einst begehrtes Statussymbol, steht als Möglichkeit heute allen Volksschichten offen – und ist längst den Einschränkungen des Gesundheitsbewußtseins gewichen.

G. B.

Küche für das ›Sozialwerk für Wohnung und Hausrat‹, Baden-Baden, Entwurf: Sep Ruf. Aus ›Die Kunst und das schöne Heim‹, München, 1955

Elektrische Küche, um 1930
München, Deutsches Museum

Literatur

Benker, 1987

28. 1. Schwarze Küche 1750-1780

28.1.1 **Die Einrichtung**

28.1.1a
Tisch und zwei Stühle im Zopfstil
süddeutsch, um 1800
Fichte massiv, geschnitzt und grün, braunrot und gold gefaßt
Tisch: 81 x 96 x 62 cm
Stühle: 50/85 x 46 x 34 cm
Lit.: Ottomeyer, Zopf- und Biedermeiermöbel, München 1991, Kat. 43
Tisch: M 71/203
Stühle: M 71/202, 1-2

Der Tisch und die ungepolsterten Stühle gehören zu einer Garnitur; sie zeigen die gleichen antikischen Formen, die 1755-75 in Paris als ›goût grec‹ entwickelt wurden, in Süddeutschland aber noch um 1800 und bis 1815 gebräuchlich waren. Die originale Oberfläche der Möbel ist Grün mit braunroten und goldenen Partien.
Der frühklassizistische Tisch steht auf Klotzfüßen. Eine umlaufende Fußleiste verbindet die nach unten verjüngten, kannelierten Beine, die am Ansatz mit Triglyphen verziert sind. Die Zarge umläuft eine verkröpfte Randleiste, und eine Breitseite ist mit einer Schublade versehen.
Die Stühle haben verjüngte Beine, weite Kanneluren und geschnitzte Schuhe. Die Zarge ist nach unten gestuft und profiliert. Zwischen den beiden gestuften Querleisten der Lehne ist ein zweifach geschlitztes Brettchen, wohl ein Metopenmotiv, eingespannt. Die Eintiefung von Zarge und Lehnenrahmen ist mit einem Flacheisen ausgestemmt. Auf den Ecken des Lehnenrahmens sitzen geschnitzte Rosetten, die goldgelb gefaßt sind, da solche Appliken auf Metallformen zurückgehen. Die Stühle folgen in der äußeren Form den Mahagonistühlen mit feuervergoldeten Bronzebeschlägen, die ehemals im Bereich der Hofkunst entstanden. In billigem Fichtenholz wird das Vorbild des Luxusmöbels formal umgesetzt, die kostbaren Materialien werden jedoch gespart. H. O.

28.1.1b
Wandregal mit Vitrinenaufsatz
18. Jh.
Eiche, hellgrün gestrichen
67 x 41 x 14 cm
M 71/188

28.1.2b

28.1.2
Das Bild der Küche

28.1.2a
Stilleben mit Kupfergeschirr
Franz Friedrich Franck
(Kaufbeuren 1627-1687 Augsburg)
17. Jh.
Öl auf Holz, 40 x 30,5 cm
Augsburg, Städtische Kunstsammlungen,
Deutsche Barockgalerie
Nr. 5154, 5155

Zwei Stilleben mit Kupfer- und Messinggeschirr (Deckelkannen, Messingbecken, Kupfertöpfe, Kerzenleuchter), die in gehobeneren Haushalten des 17. Jahrhunderts in Gebrauch waren.

28.1.2b
Stilleben mit Küchengeschirr
Johann Wurzer, 1813
bez. l.u.: Johann Wurzer
nach der Natur gemalt 1813
Öl/Lwd, 28 x 37,2 cm
Traunstein, Stiftung Heimathaus 2696

28.1.2c
Stilleben mit Tafelgeschirr
Johann Wurzer, 1813
bez. l.u.: Johann Wurzer nach der Natur gemalt 1813
Öl/Lwd, 28,3 x 36,9 cm
Traunstein, Stiftung Heimathaus 2695

Die beiden Stilleben geben das Küchengeschirr und das Tafelgeschirr in einer irrealen, arrangierten Situation wieder und nicht in der Gebrauchssituation. Auf dem Gemälde mit Küchengeschirr sind unterschiedliche Gerätschaften aus Kupfer, Messing und Hafnerware zusammengestellt, die zur Ausstattung einer Küche des frühen 19. Jahrhunderts gehörten: eine tiefe, innen hellblau glasierte Kröninger Schüssel, ein Messingmörser mit Stößel, zwei Messingkannen mit Henkel und Ausguß für heißes Wasser, eine Kupferform für süße und saure Sülzen in Melonenform, zwei Stieltöpfe aus Kupfer, zwei Stielpfannen, Wasserbehälter und Wasserkannen und eine Schraubflasche. Auf den Borden an der Rückwand finden sich Stielpfannen, Dreibeintöpfe mit Deckeln und Henkeltöpfe aus Ton. Schöpflöffel, Trichter und Salzmeste finden ebenso ihren Platz an der Rückwand wie eine ovale Kupferform und ein graublauer Bierkrug mit Zinndeckel. Unrealistisch wirkt auch die Zusammenstellung des Tafelgeschirrs. Die einzelnen Teile lassen nicht vermuten, daß sie jemals in dieser Kombination einen Tisch geziert haben könnten. Die zwei birnförmigen Steinzeugkannen und die Schraubflasche gehören nicht zu den Gerätschaften einer gedeckten Tafel. Auch alle anderen Teile scheinen willkürlich zusammengestellt. Eine Terrine aus Zinn, zwei kleinere aus Keramik, unterschiedliche Formen von Kaffee- oder Teetassen, zwei zylindrische und zwei balusterförmige Kaffeekannen aus Metall, zwei unterschiedliche Salzgefäße, verschiedene Krüge, ein Gemüselöffel. Auf den Holzborden an der Rückwand kommen Zinn und Keramikteller und verschiedene Einzelteile aus Glas zur Darstellung.
S. B.

28.1.2c

28.1.2d
Küchenstilleben
Peter Jakob Horemans
(Antwerpen 1700-1776 München)
1774, bez. r.u.: Petrus Horemans 1774
Öl/Lwd, 33 x 42,5 cm
Lit.: Hanfstaengl, Meisterwerke in der Städtischen Galerie im Lenbachhaus München. München und Ahrbeck/Hannover 1965, S. 16 m; AK Peter Jakob Horemans München 1974, Kat. 121.
München, Städtische Galerie im Lenbachhaus,
8852

Horemans war 1725 von Antwerpen nach München übersiedelt und hatte mit der Serie von Jagdbildern für die Amalienburg 1731 den ersten großen kurfürstlichen Auftrag erhalten. Nach einer längeren Pause setzen 1759 wieder regelmäßige Aufträge ein, wobei es sich jetzt um kleine Kabinettbilder handelt, um Porträts oder Stilleben, meist Pendants oder größere Serien. Daneben gibt es private Aufträge mit gleicher Thematik, zu denen das Küchenstilleben des Lenbachhauses gehört. Diesem wurde in dem grundlegenden Katalog von Johann Georg Prinz von Hohenzollern versuchsweise ein in Privatbesitz befindliches Stilleben als Gegenstück zugeordnet (Kat. 122).
Den Typus des Küchenstillebens brachte Horemans aus den Niederlanden mit. Ihre Entstehung geht auf das 16. Jahrhundert zurück. Der Antwerpener Maler Pieter Aertsen (1508/9-1575) ist der Begründer dieser Gattung. Das Küchenstilleben entsteht gleichzeitig mit dem Marktstück, einer Gattung, die sich zu dem Zeitpunkt entwickelt, als durch reiche städtische Pächter die ehemals feudale, vorwiegend auf Selbstversorgung ausgerichtete Landwirtschaft zunehmend auf eine Produktion für den Markt der großen Städte umgestellt wurde. In den gleichzeitig entstandenen Stilleben stellte sich der Ertrag des Bodens, bzw. der Erde, als Grundlage des Wohlstandes dar, eine Denkweise, die durch die Physiokraten im 18. Jahrhundert eine theoretische Grundlage erhielt. (Schneider, 1989, S. 26ff.). Zwar sind die inhaltlichen Bezüge auf die Elemente oder die Jahreszeiten sowie die moralischen Implikationen, die symbolisch in diesen Bildern unterstellt waren, im 18. Jahrhundert nicht mehr in gleicher Weise verbindlich wie im 16. und 17. Jahrhundert, doch deuten die Serien und Gegenstücke, die für Horemans' Werk typisch sind, darauf hin, daß solche Zusammenhänge noch immer nicht ganz vergessen sind, auch wenn dekorative Kriterien möglicherweise vorherrschen (vgl. Grimm, Küchenstücke, Marktbilder, Fischstilleben, In: AK Stilleben in Europa, S. 351-379).
Übrigens war laut Grimm neben der Kunstkammer vor allem das Speisezimmer Ort solcher Stilleben, deren Inventar von einfachsten, bäuerlichen Gegenständen bis zu den prunkvollsten Arrangements reicht, wobei die Kunst der malerischen Aufbereitung zunehmend das Hauptkriterium der Wertschätzung solcher Bilder wurde. Auch bei Horemans werden die eher einfachen Gegenstände durch die Komposition und den farbigen Reiz, die ihnen der Maler abgewinnt, überhöht. B. E.

28.1.2e
Kücheninterieur mit Biertrinkerin
Peter Jakob Horemans
(Antwerpen 1700-1776 München)
1765, bez. r.u.: Petrus Horemans 1765
Öl/Lwd, 40 x 52 cm
Lit.: AK Peter Jakob Horemans,
1975, Nr. 92
München, Bayerische Staatsgemäldesammlungen 2934

Ein Küchenmädchen sitzt auf einem Tölzer Stuhl, die Hand am gefüllten Bierkrug auf dem Herd. Es macht den Eindruck, als legte die junge Frau eine Ruhepause ein. Tatsächlich aber deutet nichts auf vorangegangene Arbeit hin, sieht man von den Holzscheitern und dem lodernden Feuer ab. Auf dem Hackstock warten Gockel und Krautkopf auf die Zubereitung, desgleichen weiteres Gemüse auf der Bank. Ein zusammengerolltes Hündchen neben roter Stoffdraperie, die Kirschen auf dem Teller und teilweise am Zweig und dazu die Rose in der Hand des Küchenmädchens, dies alles weist auf den stillebenhaft allegorischen Zusammenhang innerhalb dieses ›Küchenstücks‹ hin.
Der Blick in die wohl bürgerliche Küche vermittelt einen Eindruck von Kochen am Herd mit offenem Feuer, einmal mit einer Pfanne auf einem Pfannenknecht, zum anderen mit zwei irdenen Henkeltöpfen, die ans Feuer geschoben sind. Seitlich am Herdrand wurden verzinnte Kupfergeschirre abgestellt. Im Schüsselrahmen und im Wandkasten wird Keramikgeschirr verwahrt, das wohl zum Teil von Kröning in Niederbayern stammt. Auf dem Schrank liegen gestürzt ein flacher Henkeltopf mit drei Beinen (vgl. Kat. 28.1.5a) zusammen mit einem gelbglasierten Henkeltopf. Gegenstück zu Kücheninterieur mit Kaffeetrinkerin. M. M.

28.1.2f
Zank der Küchenmagd über die zerbrochenen Eier
Johann Jakob Dorner d. Ä.
(Ehrenstetten/Breisgau 1741-1813 München)
18. Jh.
Kolorierte Zeichnung, 35,7 x 28,5 cm
München, Staatliche Graphische Sammlung, 438

28.1.3 Handgeschriebene Kochbücher

28.1.3a
Ein Koch Buch von Warmen Speißen, undschiedlichen Sachen zu machen, pro anno 1782
Süddeutschland, 1782
Pergamentband, Handschrift
von einem Schreiber, 451 S.
36/32

Das Kochbuch enthält neben Kochrezepten auch Arzneirezepte für verschiedene Krankheiten, beide mit alphabetischem Register. Die Bezeichnung der Speisen erfolgt nach süddeutschem Sprachgebrauch (Nudl, Strudl, Knödl, Semmel, Hendl). Die gesammelten Kochrezepte reichen vom gefüllten Hendl, Rheinsalm, Laperdan, Krebssuppe, Krebspastete, Lemoni-Sulz, über Linzer Torte, Englische Lebzeltl, Grieß-Muß, Polnischer Suppe bis zu Rindfleisch, Kalbsbratwurst und gebratenem Kalbsherz.

28.1.3b
Koch=Buch, Darinnen zu finden wie man Allerhand köstliche Speisen kochen und zu richten kann
Süddeutschland, 1788
Pappband, Handschrift von einem Schreiber, 171 S.
L 1876

Das handgeschriebene Kochbuch beginnt mit Rezepten für ›Allerhand Suppen und Soosen‹ und fährt mit Fleisch-, Fisch-, Pasteten-, Mus-, Eier- und Mehlspeisrezepten fort. Die Bezeichnung der Speisen (Semmel, Muß, Kuchel, Sträubel, Nudel) läßt auf eine Herkunft aus Süddeutschland schließen.

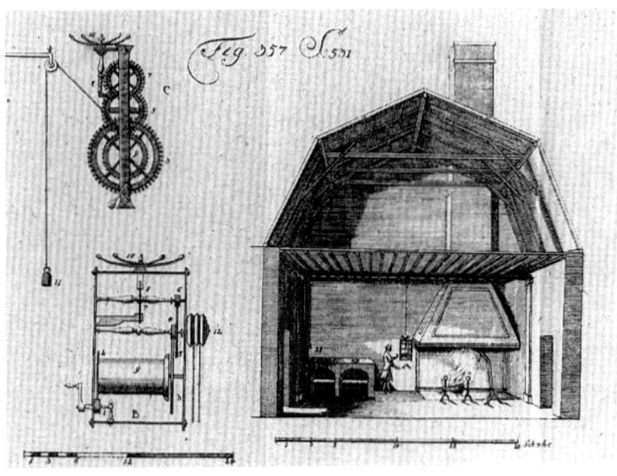

Bratenwender, aus: Krünitz, Bd. 6, Berlin 1775

28.1.4 Herdgerät

28.1.4a
Kesselhalter, sog. ›Sägehal‹
Gebrauchsort München, 18. Jh.
Messing, 30 cm
Lit.: AK Herd- und Küchengerät, 1989, S. 21 ff.
2583, 2584

Sägeband mit beweglicher Schiene, die mit einer Einhakvorrichtung an den Sägezähnen befestigt werden kann. Der Sägehal wurde im Abzugskamin über dem offenen Feuer mit dem Bandhaken befestigt. Durch Verstellen des Sägebandes konnte der Abstand zwischen Kessel und offenem Feuer geändert werden.

28.1.4b
Dreifuß
süddeutsch, 18.-19. Jh.
Eisen, 20 cm, ø 34 cm
München, Deutsches Museum, o. Nr.

Rundgestell auf drei Beinen, um das Kochen auf offenem Feuer für Gefäße ohne Standbeine zu ermöglichen und zu steuern. Dreifüße waren seit der Antike bekannt. Ihre gestalthafte Form mag der Grund dafür sein, daß sie in Sagen und Märchen ihre Rolle spielen.

28.1.4c
Bratenwender
süddeutsch, 18-19. Jh.
Eisen, 51-64 x 45-49,5 x 27,5-49,5 cm
Lit.: Benker, Altes Küchengerät und Kochpraxis, Teil 1, in: Bayerisches Jahrbuch für Volkskunde, München 1972/75, S. 136-179
München, Deutsches Museum
62431/1-2, 15847

Bratenwender mit Zahnradmechanik, dem Uhrwerk der Turmuhr verwandt, vereinfachten das Wenden des Bratgutes auf dem Bratspieß am offenen Feuer. Das Räderwerk ermöglichte das Aufziehen der Bratspießuhr, die mit Hilfe von Gewichten ablief (Gewichtsbräter). Später wurden diese durch eine Spiralfeder ersetzt (Federbräter). Die von einem Räderwerk betriebenen Spieße erübrigten das mühselige Drehen mit der Hand. Bratenwender waren meist großbürgerlichen und adeligen Haushalten vorbehalten. In einfalchen Haushalten gebrauchte man vorwiegend handbetriebene Bratspieße oder einen einfachen Bratrost. Unter den Bratspieß schob man ein

Fettpfanne, die das abtropfende Fett aufnahm. Auch das Nachlaßinventar von 1758 des ehemals vermögenden Münchner Branntweiners J. A. Weigl zählt den Pratter=Bratenwender auf. (Striedinger 1899, S. 101-116)

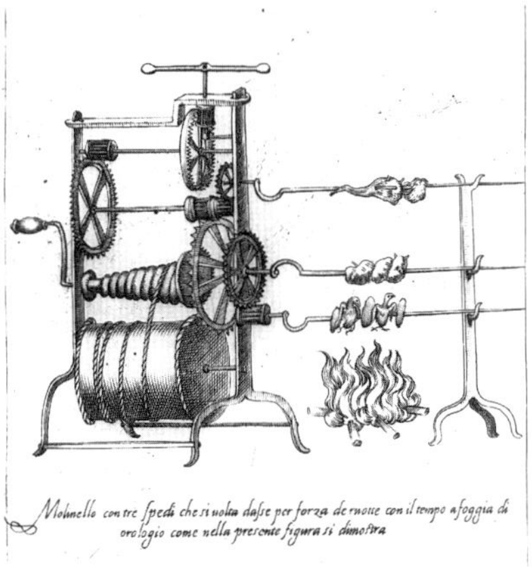

Bratenwender mit Vogelspießen, aus: Bartolomeo Scappi, Opera di M. Bartolomeo Scappi, cuoco secreto di Papa Pio v., 1570, München, Bayerische Staatsbibliothek

28.1.4d
Drehbarer Bratrost
Süddeutschland, 18.-19. Jh.
Eisen
19 x 66 cm, ø32,6 cm
Lit.: AK Herd- und Küchengerät, Wien 1989, Nr. 23
München, Deutsches Museum, 19594

Runder, drehbarer Rost auf dreibeinigem Untergestell mit Stiel. Mit ihm konnten über offenem Feuer Fleisch, Wurst und Brot geröstet werden. Zahlreiche Suppenrezepte schreiben die Einlage von geröstetem Brot vor. Bratroste werden in den Kücheninventaren seit dem 15. Jahrhundert genannt.

28.1.4e
Pfannenknecht mit verstellbarer Pfannenstütze
süddeutsch, 18.-19. Jh.
Eisen, 20 x 59 cm, ø 25 (Standfläche) cm
Lit.: AK Herd- und Küchengerät, 1989, S. 32 ff.
München, Deutsches Museum, 20585

Eiserne Pfannenknechte erleichterten den Gebrauch der Pfanne ohne Standbeine über offenem Feuer. Auf der runden Abstellfläche lagerte die Pfanne, die Pfannenstütze ermöglichte das Auflegen des Pfannenstiels und erhöhte so die Standfähigkeit.

28.1.5 Kochgerät

28.1.5a
Dreibeintöpfe (›Grapen‹)
Gebrauchsort München, 16. und 17. Jh.
Bronze, gegossen, Eisenbügel
16-27 cm, ø 16-28,5 cm
Lit.: Dexel, Das Hausgerät Mitteleuropas, Braunschweig und Berlin 1962, S. 205; Gebhard, Volkskundliche Untersuchungen zu dem Inventar des Ritters Erhard Rainer von Schambach bei Straubing aus der Zeit um 1360, in: Bayerisches Jahrbuch für Volkskunde, München 1978/79, S. 61 ff.
KuS 454, 456, 458

Drei kugelförmige Dreibeintöpfe, im Glockengießerverfahren hergestellt, jeweils mit zwei Henkeln, in die Bügel eingehängt wurden. Die drei Standbeine ermöglichen das direkte Kochen und Steuern des Kochens über dem Feuer. Mit Hilfe des Bügels wurde der Topf an Sägehal oder Kaminkette eingehängt. Man konnte so in veränderbarer Höhe über dem Feuer kochen oder Speisen bzw. Wasser wärmen. Im Nürnberger Kochbuch von 1691 werden ›stollichte Hafen‹ (= Hafen mit Standbeinen) für das Zubereiten der ›Ollapotrid‹, einem an Fisch-, Fleisch- und Gemüsezutaten reichen, suppenartigen Mischgericht empfohlen. Bereits um 1360 werden im Kücheninventar des Ritters Erhard Rainer von Schambach bei Straubing 2 Bronze-Hafen aufgelistet.

28.1.5b
Dreibeintöpfe (›Grapen‹)
Gebrauchsort München, 16. und 17. Jh.
Bronze, gegossen, 18-29 cm, ø 13-27 cm
Lit.: Dexel, Das Hausgerät Mitteleuropas, Braunschweig und Berlin 1962
KuS 168, 451, 452

Drei beutelförmige Bronze-Dreibeintöpfe, im Glockengießerverfahren hergestellt, mit Henkeln und mit Bügel (KuS 168). Dreibeintöpfe in dieser Beutel- und Kugelform waren besonders im 16. und 17. Jahrhundert in den gehobenen Haushalten üblich. Diese Bronzetöpfe, wie auch Bronzepfannen und Mörser wurden mit anderen Metallgeräten aus Messing und Kupfer während des 1. Weltkrieges (1915) aus Privatbesitz beschlagnahmt. Sammelort war die städtische Kriegsmetallstelle, bei der die Münchner Bevölkerung zur Unterstützung der ›Rüstung und Wehr des Landes‹ Metallgeräte abgeben mußte. Durch eine Ministerialentschließung vom 12. Oktober 1915 konnten aus diesem Sammelbestand kulturgeschichtlich und kunsthandwerklich bedeutende Stücke ausgesondert und dem Münchner Stadtmuseum übergeben werden (Bayerischer Heimatschutz, Jg. 13, Heft 11/12, München 1915). Dieser bedeutende und umfangreiche Bestand gibt Zeugnis für die Vielfalt der notwendigen und gebräuchlichen Küchengerätschaften des 17.-19. Jahrhunderts.

28.1.5b

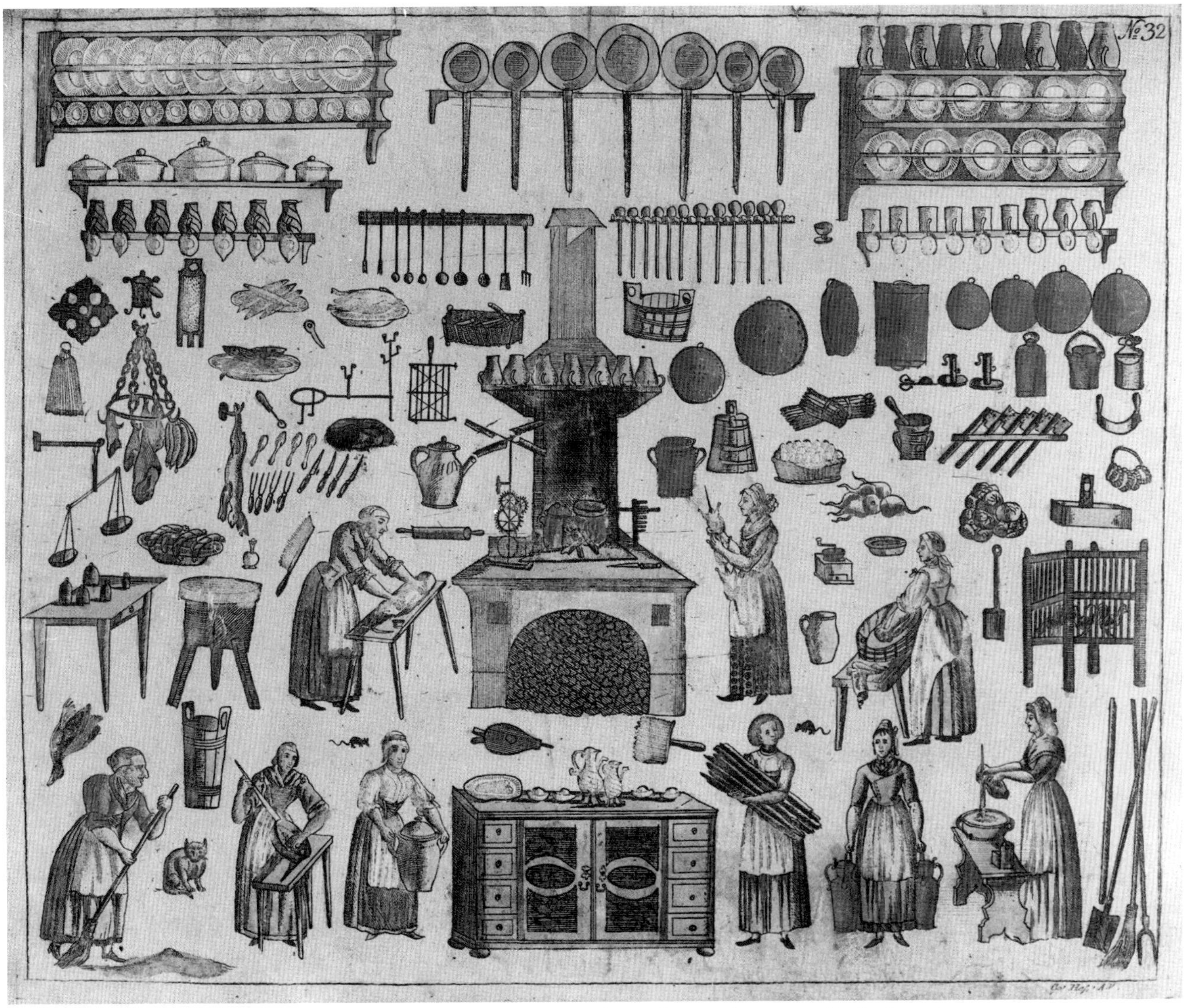

›Die Küche‹ mit Ausstattung und Gerät, Gottlieb Hess, Augsburg, Ende 18. Jh., Augsburg, Graphische Sammlung

»Streuet hernach in einen stollichten Hafen ein wenig geriebenes Eyerbrod/Cardamen/Muscatblüh und Pfeffer; macht eine Lage von obigen allerley Sachen darauf/dann wieder Gewürtz; giesst eine gute Fleischbrüh/oder aber durchgezwungene Krebsbrüh/daran/und lasts also ein wenig darinnen sieden; thut zuletzt einen guten Theil Butter darein/daß es davon wohlgeschmack wird; aber die Krebs-Scheeren und Schwänze/muß man zum theil in einem besondern Häfelein sieden lassen/und hernach zum bestecken gebrauchen: Wann nun dieses geschehen/leget es in eine etwas flache Schüssel/mit einem breiten Bort/schön zierlich erhebt/und so dann hin und wieder die kleine Knötlein; steckt überal zwischen dieselbige Krebs-Schwäntze und dergleichen Scheeren/und um die Schüssel zum auszieren/«

Vollständiges Nürnbergisches Kochbuch, 1691

28.1.5c
Breipfännchen
Gebrauchsort München, 17. Jh.
Bronze, gegossen
5,5 cm, mit Stiel: 25 cm, ø 14,5 cm
Lit.: Dexel, Das Hausgerät Mitteleuropas, Braunschweig und Berlin 1962, S. 295
KuS 2457

Rundes Breipfännchen mit Stiel. Stiel mit angedeuteter Wiegenform und darin liegenden Wickelkindern verziert. Die 3 Standbeine des Pfännchens sind abgenommen. Das Breipfännchen wurde demnach wohl zum Zubereiten des ›Kindsmus‹ zuerst über offenem Feuer und dann ohne Standbeine auf der Herdplatte benutzt.

28.1.5d
Stielpfannen
(5 Kupfer-, 4 Messingpfannen)
Gebrauchsort München, 18. Jh.
Kupfer getrieben, innen verzinnt, und Messing
mit Stiel 45-61 cm, ø 14,5-19,5 cm
KuS 2420, 2422, 2475, 2476, 58/438, 62/752, 66/2125, A 90/87, A 92/121

Sowohl in Kupfer- als auch in Messingpfannen mit hoher Wandung wurden ›Kindsmus‹ und andere Speisen gegart. ›Kurzgebratenes‹ wurde darin nicht bereitet. Bei der Verwendung von Kupfergeschirren im Haushalt war stets darauf zu achten, daß das Gefäß innen tadellos verzinnt war, um sich so vor dem giftigen Grünspan des Kupfers zu schützen.

28.1.5e
Deckeltöpfe
Gebrauchsort München, um 1700
Bronze, gegossen, ø 18-20,5 cm
KuS 458, 1356, 1357, 1358

Deckeltöpfe in ähnlicher Form, aber an Wandung und Deckel verziert, sollen zum Wärmen oder Servieren der berühmten Olla-potrida (ein gehaltvolles Eintopfgericht) verwendet worden sein. Ein unverzierter Deckeltopf ist bereits aus dem 15. Jahrhundert mit dem Straßburger Marienlebenzyklus (um 1420) überliefert (Straßburg, Musée de l'œuvre Notre-Dame): In die Wochenstube der heiligen Anna tritt ein Mädchen, das eine Speise in diesem Gefäß hereinträgt. Am Ende des 18. Jahrhunderts belegt der Augsburger Bilderbogen ›Die Küche‹ von Gottlieb Hess die Verwendung dieser Deckeltöpfe, die in reicheren städtischen Haushalten gebräuchlich waren. U. Z.

28.1.5e

28.1.5f
Gebauchte Henkeltöpfe
Gebrauchsort München, 17./18. Jh.
Bronze, gegossen, 16-18 cm,
Lit.: Dexel, Das Hausgerät Mitteleuropas, Braunschweig und Berlin 1962, S. 442
KuS 462, 463, 2000

28.1.5f

28.1.5g
Dreibeinpfannen
Gebrauchsort München, 18. Jh.
Bronze, gegossen
10,5-11 cm, ø 14,5-19,5 cm
KuS 2451, 2455 a

28.1.5h
Henkeltöpfe
Gebrauchsort München, 18./19. Jh.
Kupfer getrieben, innen verzinnt
11,5-14,5 cm, ø 11,5-12 cm
KuS 2073, 2230

28.1.5i
Stürzen (Deckel)
Gebrauchsort München, 18. Jh.
Kupfer, Unterseite verzinnt, ø 24,5-31 cm
58/48 a, b

28.1.6
Küchengefäße und -geräte

28.1.6a
Salzfaß mit Deckel (›Meste‹)
Gebrauchsort München, 1772
Tanne, gebunden, 33,5 x 19 x 17 cm
29/15

28.1.6b
Balkenwaage
Gebrauchsort München, 18. Jh.
Messing
28/540

Die Balkenwaage mit 2 Waagschalen wurde an einem Wandhaken in der Küche befestigt. Die Waage gehörte im 18. Jahrhundert zur Ausrüstung einer bürgerlichen Küche (vgl. Bilderbogen ›Die Küche‹ von Gottlieb Hess, Augsburg, Ende 18. Jh.).

28.1.6c
Küchengeräte, Fleischgabel und Schaumlöffel
Gebrauchsort München, 1617 und 1661
bez. AMRN 1617 MI a.d. 1661
Eisen, Messing, L. 42 u. 45,5 cm
37/1322-1323

Die zweizinkige Eisengabel (1617) und der Schaumlöffel mit Eisenstiel und gelochter Messinglaffe (1661) sind an ihren Stielen mit eingeschrotetem Muster, Initialen und Daten verziert. Fleischgabel und Schaumlöffel werden seit dem 15. Jahrhundert in Wort und Bild als Teile des Kücheninventars überliefert. Die Gabel könnte zum Wenden des Fleisches, aber ebenso zum Wenden des Schmalzgebäckes in siedendem Fett benutzt worden sein. Der Schaumlöffel war notwendig, um Kochgut aus Wasser und Öl aufzunehmen. U. Z.

28.1.5g

28.1.6d
Küchengeräte: flache und tiefe Schaumlöffel, Kupfer- Stielseiher, Messing-Stieltrichter, kleine und große Schöpflöffel
Gebrauchsort München, 18. Jh.
Messing, Kupfer, Eisenstiele
Lit. Gebhard, Volkskundliche Untersuchungen zu dem Inventar des Ritters Erhard Rainer von Schambach bei Straubing aus der Zeit um 1360, in: Bayerisches Jahrbuch für Volkskunde, München 1978/79, S. 61 ff.
KuS 2430, 2504, 2509, 2532, 2537, 2560, 2561, 2569, A 85/18

Küchengeräte werden zusammen mit Geschirr in Wort und Bild seit dem letzten Viertel des 15. Jahrhunderts überliefert. Besonders der Schaumlöffel erscheint schon um 1360 im Inventar des Ritters Erhard Rainer von Schambach bei Straubing, wie auch auf dem Nürnberger Holzschnitt von Hans Paur (um 1475). Ein Messingtrichter mit Stiel gleichen Typs ist aus dem 18. Jahrhundert mit Peter Horemans ›Stillleben‹ mit gerupftem Huhn (1765) belegt.

28.1.6e
Mörser mit Stößel
süddeutsch, 17. und 18. Jh., datiert: 1668, 1696, 1730, 1757
Gelbguß, 9,5-17,5 cm, ø 8-18 cm
245,287, 351, 358, 419, 437, 884, 908, 42/235

Mörser – in leicht gebogener, konischer Form mit Knopf-, Eck- und Tierkopfhen-

28.1.6e

keln und Stößeln – waren notwendig, um Salz, Zucker, Gewürze, Gemüse und Fleisch zu stoßen, zerkleinern oder zu musen. Erst um 1900 verdrängen Reib- und Fleischmaschinen die Mörser.

28.1.6f
Gemüseraffel
Gebrauchsort München, 18. Jh.
Nußbaum mit Band- und Raffeleisen
42,5 x 14 cm
A 92/89

Hochrechteckiges Holzbrett mit eingesetztem Quer- und eingestecktem Raffeleisen. Mit Raffeleisen zerkleinert man Gemüse.

28.1.6g
Durchschlag, Seiher mit Stiel
Gebrauchsort München, 18. Jh.
Kupfer getrieben, Holzgriff, ø 22-39,5 cm
KuS 2359, 3806

Zum Säubern und Abtropfen des Gemüses sowie zum Abseihen von Kochgut waren Seiher und Durchschlag notwendige Bestandteile des Kücheninventars.

28.1.6h
Löffelbrett
Gebrauchsort München, Ende 18. Jh.
Kupfer, 25,5 x 27,5 cm
KuS 1381

Herzförmiges Löffelbrett mit 18 Löchern zum Einstecken der Löffel. Löffelbretter gehörten zu den Gerätschaften der Küche. Sie waren aus Messing oder Kupfer in Herz- oder Rechteckform bis ins 19. Jahrhundert üblich.

28.1.6i
Mulden (Tröge)
Gebrauchsort München, 18. Jh.
Kupfer getrieben und punziert,
innen verzinnt, 46-84 cm
A 92/124, A 92/125

Langrechteckige Mulden mit langovalen Vertiefungen wurden in der Küche zum Vermengen der Zutaten zu Backwerken und anderen Speisen benutzt.

28.1.6j
Kupferschüsseln
Gebrauchsort München, 18. Jh.
Kupfer getrieben und punziert
innen verzinnt
11,5-15,5 cm, ø 18-43 cm
KuS 1111, 2314, 2320

28.1.6k
Kupferbackformen
Gebrauchsort München, 18. Jh.
Kupfer getrieben, innen verzinnt
ø 16,5-32 cm
KuS 649, 712, 733, 734, 803, 1012, 1026, 1225, 1226, 1271

Kupferbackformen, mit und ohne Rohr, in verschiedenen Blatt-, Herz- und Schüsselformen mit Treibmuster. Der Kuchenteig wurde mit viel Eischnee als Treibmittel gemischt und zum Backen meist zum Bäcker getragen oder in Hausbacköfen, oft außerhalb der Küche gelegen, geschoben. Das bequeme Backen im Haus erleichterten und ermöglichten erst die Kochherde mit integriertem Backrohr, die sich im Lauf des 19. Jahrhunderts durchsetzten. U. Z.

28.1.6l
Kuchen- oder Tortenheber
Gebrauchsort München, 18. Jh.
Kupfer, Holzgriff
38,5 cm, 25 cm
KuS 1375

28.1.6m
Deckelkannen
Gebrauchsort München, 18. Jh.
Kupfer getrieben, innen verzinnt
13 und 17,5 cm
KuS 2079, 2219

28.1.6n
Gebauchte Kupferkännchen
Gebrauchsort München, 18. Jh.
Kupfer getrieben, innen verzinnt
9-12 cm
KuS 2029, 2060, 2069, 2077, 2151, 2159

28.1.6o
Schraubflaschen
Gebrauchsort München, 18. Jh.
Kupfer getrieben, Zinnverschluß
12-32 cm
KuS 2177, 2178, 2179, 2180, 2185, 2187, 2188, 2189

Acht Schraubflaschen verschiedener Größen mit eingearbeitetem Zinngewinde mit Zinnschraubverschluß.
Schraubflaschen gehörten auch zur Küchenausstattung des Bürgerhauses, wie der Bilderbogen ›Die Küche‹ von Gottlieb Hess, Augsburg (Ende des 18. Jahrhunderts) aufzeigt.

28.1.6p
Weinkühler
Gebrauchsort München, 18. Jh.
Kupfer getrieben, innen verzinnt
23,5 x 27,5 x 46,5 cm
A 92/126

28.1.7 **Wasserkannen und -behälter**

28.1.7a
Wasserkannen in Stitzenform
Gebrauchsort München, 18. Jh.
Kupfer getrieben, innen verzinnt, 35-46 cm
Lit.: Dexel, Das Hausgerät Mitteleuropas, Braunschweig und Berlin 1962, S. 378
KuS 170, 176, 177, 179

Diese Kannen konnten, gut gefüllt, 8-9 Liter fassen. Sie wurden auch als ›Nürnberger Kannen‹ bezeichnet. Ein Holzschnitt von Jost Amman im Trachtenbuch des Hans Weigel (1577) zeigt eine Nürnberger Magd mit Kannen dieses Typs auf dem Weg zum Brunnen.

28.1.7a

28.1.7b
Wassereimer mit Tragebügel
›Münchner Eimer‹
Gebrauchsort München, 18.-19. Jh.
Kupfer getrieben, innen verzinnt,
Tragebügel aus Eisen, 34-34,5 cm,
ø unten 27,5-32 cm
Lit.: Dexel, Das Hausgerät Mitteleuropas, Braunschweig und Berlin 1962, S. 378
66/2526, A 90/75, A 90/76

Wassereimer von leicht gebogener konischer Form, Oberteil mit eisernem Tragebügel überspannt. Sie wurden zum Transport des Wassers vom Brunnen ins Haus verwendet. Diese Eimer mit einem Fassungsvermögen von 9-10 Litern sind als

Frau beim Wasserholen mit ›Münchener Eimer‹, München, Anfang 20. Jh. München, Stadtarchiv

28.1.7b

›Münchner Eimer‹ bekannt. In München waren sie bis ins 20. Jahrhundert in Gebrauch, da z.B. in Teilen von Haidhausen und der Au erst im 20. Jahrhundert Wasserleitungen in die Häuser gelegt wurden. Selbst in der Hofküche wurden diese Eimer gebraucht, wie Johann Rottenhöfer in seinem Kochbuch ›Neue theoretisch-praktische Anweisung in der feinen Kochkunst‹ (München, [1880]) mit der Abbildung der Hofküche überliefert. U. Z.

Wasserstreit, München 1863 – 1873

»Da von allen Parteien Fenster in den gemeinsamen Hof gingen, ging schon zwischen den Dienstboten mancher mehr oder minder aufregender und anregender Meinungsaustausch hin und her, und besonders interessante Ereignisse verbreiteten sich schnell im ganzen Haus. Anlaß zu besonders erregten Szenen gab, wie schon früher erwähnt, immer wieder die große Wasserpumpe. Es war eine sehr mühsame Arbeit zu zweien, den Hebel hin- und herzubewegen, und traten von einer Partei zwei zum Pumpen an, so wurde dies bei den anderen Parteien angesagt, damit diese ihre Wasserhähne schlossen und das Wasser nur durch den einen geöffneten Hahn in den richtigen Trog floß. Aber die Versuchung, sich die Müh und Arbeit anderer zunutze zu machen, war doch zu groß, und so kam es doch immer wieder vor, daß unberechtigte Hähne so halb, zeitweise auch ganz geöffnet waren, und wenn die armen Pumperinnen zu ihrem Trog heraufkamen, fanden sie ihn kaum halb gefüllt. Da gingen dann gerade keine Schmeichelreden von einem Stockwerk zum anderen; wir im 3. Stock waren natürlich die Bedrohtesten und unsere Anna konnte dann ganz Tüchtiges leisten an kreischenden, schimpfenden Kraftausdrücken für die Wasserdiebe. Überhaupt, was sie anpackte und unternahm, wurde alles äußerst intensiv und mit größtmöglichem Kraftaufwand betrieben, so auch das Pumpen und so geschah es anderseits auch, daß sie unten pumpten, schwitzten und schnaubten, und wenn oben eines zufällig in die Küche kam, der Trog über- und übersprudelte, und der ganze Küchenboden überschwemmt war. Dann gab's natürlich heroben wieder Ärger und Verdruß. Um derartige Mißgeschicke zu verhüten, wurde, wenn irgend möglich, eines von uns in der Küche postiert, um genau zu beobachten, ob das Wasser reichlich genug floß, oder Stockungen eintraten, oder der Grant voll war, und mit heiligem Eifer und großer Gewissenhaftigkeit ließen wir mit heller Stimme, ganz ›Brangänenhaft‹ unsere Warnrufe erschallen.

Adam 1989, S. 133-134

Wasserleitungen, Brunnenwerke

Kaum wird München, in der Vortrefflichkeit und Vollständigkeit dieser wichtigen öffentlichen Anstalten, von einer andern Stadt Deutschlands übertroffen werden. Die Wasserleitungen aus der Isar durch Kanäle sind sehr kunstvoll und zahlreich; sie treiben Maschinen, bewässern Wiesen und Gärten, dienen zum Flößen, und sichern vor Überschwemmungen. Ihren Anfang nehmen sie schon zwischen Thalkirchen und Harlaching.
Mit großem Kostenaufwande werden dieselben sorgfältig unterhalten. Da die Lage der Stadt sehr hoch, und die Isar, wie die Quellen, aus denen das Wasser in die Stadt und Vorstädte geleitet wird, viel niedriger fließen; so mußte dieses durch Kunstwerke oder hydraulische Maschinen, auf die erforderliche Höhe getrieben werden, um es durch die unzähligen, unter der Erde fortlaufenden, Röhrenleitungen zu vertheilen. Solcher Druckwerke oder Brunnenhäuser sind rings um die Stadt 14 erbaut, von welchen die neun beträchtlichsten auf Kosten des Hofes, die übrigen fünf auf Kosten der Stadt, unterhalten werden. Drei von diesen Brunnenwerken stehen jenseits der Isar, theils am Brunnenthale, über dem sogenannten Abrecher, theils am Fuße des Lilienberges in der Au; die übrigen diesseits der Isar, zwischen dem Isar-, Sendlinger- und SchwabingerThore. Die ganze Masse des gesunden, frischen Trinkwassers, welches durch diese Maschinen der Stadt und ihren Umgebungen zuströmt, beträgt in 24 Stunden, über 52,800 Eimer, oder über 136,000 baierische Kubik-Fuße.
Von diesem beträchtlichen Vorrathe springen, in und um die Stadt, Fontainen; fließen Brunnen; werden Bassins gefüllt, und in den Gassenrinnen der Unrath fortgeschafft. Außer diesen Röhrenleitungen, existiren in mehrern Straßen und Häusern der Stadt noch besondere Brunnen, aus welchen durch sehr gut eingerichtete Pumpwerke Wasser für den nöthigen Bedarf geschöpft werden kann.«

Eisenmann 1814, S. 188-189

Frau beim Wasserholen, München, Anfang 20. Jh., München, Stadtarchiv

28.1.7c
Wasserbehälter mit Deckel
Gebrauchsort München,
Ende 18. Jh. und 1866
Kupfer getrieben, innen verzinnt
67-74 cm, ø unten: 37-38 cm
KuS 8, 9

Wasserbehälter dieser Art wurden bis zur Einführung der allgemeinen Wasserleitung in der 2. Hälfte des 19. Jahrhunderts verwendet. In ihnen verwahrte man das Wasser, das mühselig in Kannen oder Tragebutten vom Haus- und Straßenbrunnen in die Küche getragen wurde. Wasserbehälter dieser Art fassen etwa 40 Liter. Der Deckel konnte Hygieneprobleme wie abgestandene Wasservorräte nur geringfügig mindern.

28.1.7d
Wasserkübel mit Tragegriff
Gebrauchsort München, 18.-19. Jh.
Kupfer getrieben, innen verzinnt
18-22 cm, ø 21-26 cm
KuS 2197, 2198

28.1.8 Herd und Haus

28.1.8a
Modell des ehemaligen Donisl-Anwesens mit Einrichtung im Biedermeierstil
München, wohl um 1900
Holz, Gips, 131 x 173 x 52 cm
Lit.: AK Biedermeier, München 1987, Nr. 4.1.3; Erdmannsdorffer, Das Bürgerhaus in München, Tübingen 1972, S. 61-62
o.Nr.

Das Modell wurde für die Bau- und Gewerbeschüler wohl zur Demonstration der unhygienischen Zustände der Abwasser- und Abortsysteme angefertigt. Es hält den Zustand von 1830 fest. Mit Modell 59/364 (Kat. 28.1.8b) zeigt es die fensterlosen, schwarzen Küchen mit Herdstellen für offenes Feuer, über dem gekocht und gebraten wurde. Das Vorbild der Küche mit geschlossenem Kochherd, die nach Plan und Idee des Grafen Rumford im Münchner Palais des Baron von Lerchenfeld Ende des 18. Jahrhunderts gebaut wurde, setzt sich in München erst langsam im Ablauf des 19. Jahrhunderts durch.

28.1.8b
Querschnitt durch ein Altmünchner Bürgerhaus, Modell des ehemaligen Donisl-Anwesens
München, um 1930
46 x 53 x 10 cm
59/364

Das Modell zeigt den Zustand des Anwesens von 1830 mit schwarzer Küche und Herdstelle für offenes Feuer.

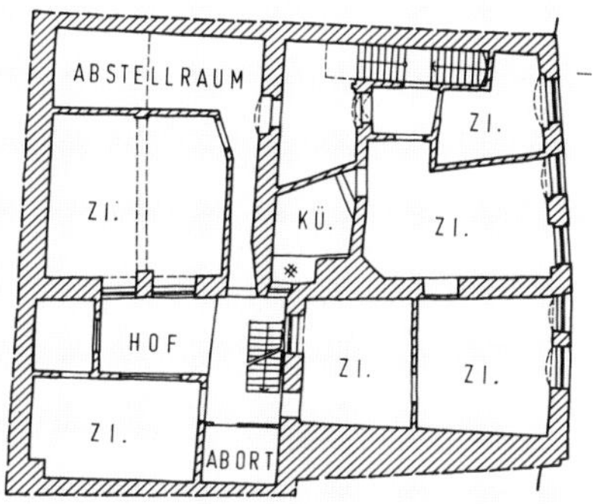

Schwarze Küche, München, Sterneckerstraße, Ende 18. Jh., Grundriß, aus: Erdmannsdorffer, Tübingen 1972

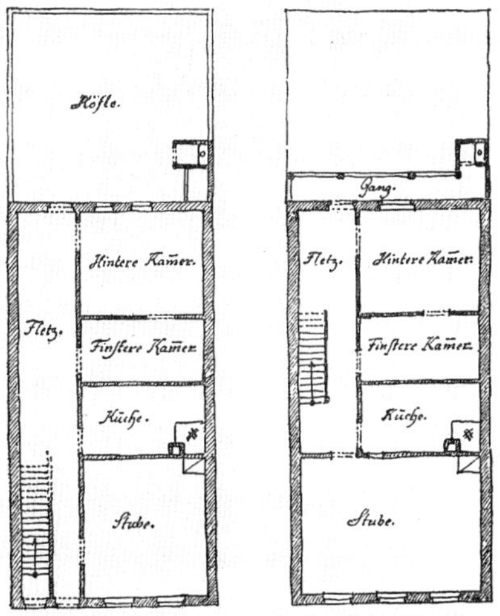

a Erdgeschoßgrundriß b Grundriß des 1. Obergeschosses

Schwarze Küchen in Erdgeschoß und 1. Obergeschoß, München Bräuhausstraße, Ende 18. Jh., Grundriß, aus: Erdmannsdorfer, Tübingen 1972

28.1.8c
Benjamin Graf von Rumford,
Ueber Küchen = Feuerheerde und Küchengeräthe nebst Beobachtungen über die verschiedenen Theile der Kochkunst und Vorschlägen zu ihrer Verbesserung, Bd. III,
kleine Schriften politischen, ökonomischen und philosophischen Inhalts.
Weimar, 1803²,
Pappband, 436 S., XIII Tafeln
A 90/61/3

Graf Rumford (1753-1814), seit 1784 in pfalz-bayerischen Diensten, nahm sich nicht nur der Verbesserung des Armenwesens an, sondern versuchte gegen Ende des 18. Jahrhunderts mit zahlreichen Überlegungen, die Entwicklung des Herdes und der Kochgeräte voranzutreiben. Die geschlossenen Herdsysteme entwickelte er als Nebenprodukt seiner systematischen Forschungen zur Wärmetheorie. Grundgedanke war die ökonomische Nutzung der Heizenergie. Das bisher übliche Herdfeuer zum Kochen und Braten bedeutete eine Verschwendung an Brennmaterial bei nur geringer Nutzung der Energie. In München wurde nach seinen Plänen und unter seiner Aufsicht die ›vollkommenste Küche‹ im Hause des Baron von Lerchenfeld gebaut. Der von ihm konstruierte Kochherd arbeitet mit geleiteten und geregelten Luftzufuhr- und Rauchabzugssystemen. Rumfords ideenreiche Schriften werden von Kupferstichen der Herdsysteme und Kochgeräte ergänzt. Die Münchner Entwicklungen wurden in seinen Schriften verbreitet und in Europa und Amerika genutzt.
U. Z.

28.1.8c Querschnitt

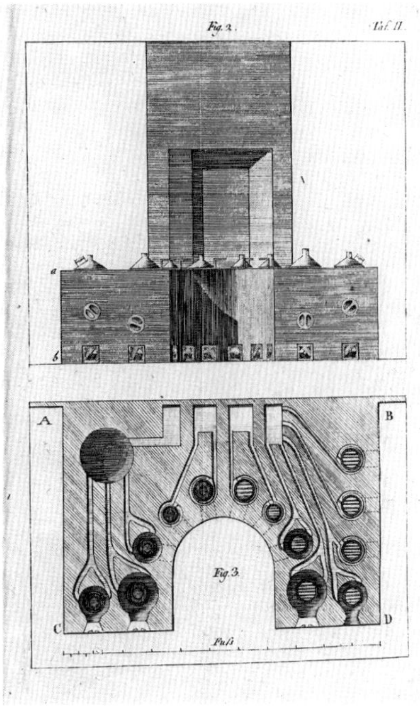

28.1.8c Von Rumford entwickelter Küchenherd, Palais Lerchenfeld

28.1.8 d

Flacher Henkeltopf auf drei Beinen

Niederbayern, wohl Kröning (?), um 1850
Irdenware
Lit.: Bauer, Ingolf, Hafnergeschirr aus Altbayern, Kataloge des Bayerischen Nationalmuseums München, Bd. xv, 1, München 1976, S. 90, Nr. 27
München, Bayerisches Nationalmuseum 71/403

Der dreibeinige Henkeltopf konnte zum Kochen in die Glut gestellt oder an das offene Feuer geschoben werden. Peter Jacob Horemans überliefert ihn aus dem 18. Jahrhundert mit den Gemälden ›Kücheninterieur mit Biertrinkerin‹ (Kat. 28.1.2e) und ›Die Suppenesserin‹. (Kat. 7.1.6) Friedrich von Hellingrath (1826-1896) schildert in seinen Kindheitserinnerungen in Wort und Bild den Gebrauch dieser irdenen Dreibeintöpfe in der Küche seines Elternhauses an der Münchner Damenstiftstraße (Privataufzeichnungen des späteren königlich-bayerischen Kämmerers und Chefs des Gendarm Corps, Friedrich von Hellingrath (1826-1896), A 84/320):
»Jeden Samstag wurden wir gebadet, was für die Dienstboten, die das Wasser über 3 Stiegen hinauftragen mußten keine kleine Aufgabe war – ebenso wurde im Hause alles gewaschen und im Hofe aufgehängt auch war jeden Samstag große Zinn und Kupferwäscherei, denn damals hatte man nur Zinnteller und Schüsseln und sehr viel Kupfergeschirr – zum Kochen hatte man offenes Feuer und die Tiegel, die hierzu verwendet wurden, hatten 3 oder 4 Füße...«

28.1.8 e

Schatulle für Zündgerät, Feuerstein, Feuerstahl, Zunderschwamm oder -lappen

Gebrauchsort München, um 1830
Kupfer getrieben, 3 x 15 x 8 cm
KuS 1350

In der Dose mit gewölbtem Deckel wurden die notwendigen Utensilien zum ›Feuerschlagen‹ verwahrt. Deckeldosen dieser Art – oder aus Weißblech – standen griffbereit in der Nähe des Herdes. Sie waren Küchenzubehör und wurden auf einer der beiden ›Haushaltungstafeln‹ von 1742 festgehalten, die bildlich sowohl wenige Küchengeräte als auch Lebensmittel in Art von Merk- und Schreibtafeln auflisten. Bis zur Erfindung des Streichholzes (1815 und 1833) war das ›Feuerschlagen‹ zum Entzünden des Herdfeuers eine mühselige Morgenarbeit, die der Hausfrau der Köchin viel Zeit kostete. Diese Arbeit beschreibt die Frauenrechtlerin Louise Otto-Peters (1819-1895) in ihren Lebenserinnerungen ›Frauenleben im deutschen Reich‹ (1876): »In jeder Küche stand damals meist auf einem Sims über dem Herd ein länglich viereckiges Kästchen von weißem Blech, dasselbe enthielt vier Gegenstände, die man haben mußte, um Licht zu machen: einen Stahl, ein Stück Feuerstein, Schwefelfaden und in einer nach unten mit Blech geschlossenen Abtheilung, eine braunschwarze trockne Masse, die man »Zunder« hieß.
(...) wenn der Verbrennungsprozeß zu weit oder auch zu wenig vorgeschritten war, so gehörte schon eben so viel Geschick als Erfahrung dazu, das richtige Maß zu halten. Wollte man also Licht haben, so schlug man mit Stahl und Feuerstein zusammen über dies Zunderkästchen bis einer der heraussprühenden Funken da hineinfiel und als glühendes Pünktchen sich darin so lange verhielt, bis es gelang mit Hilfe des Athmens den daran gehaltenen Schwefelfaden ein blaues Flämmchen zu entlocken und damit das bereitstehende Licht zu entzünden – pustend und hustend, denn der Schwefeldampf kam meist in die Kehle – und so geschah es manchmal, daß ein unfreiwilliges Husten und Nießen das Licht wieder auslöschte und die Arbeit von Neuem beginnen mußte. Es war wie gesagt keine leichte Arbeit – es gehörte Geschick dazu und gutes Material, namentlich auch was den Zunder betraf.«

28.1.8 f

Schlageisen und Feuersteine

Gebrauchsort München, um 1830
Eisen, Messing, 7 und 7,5 cm
XI b/463, 47/1741

28.1.8e

28.2.1 **Zum Beispiel: Puppenküche**

28.2.1 a
Herd für ›geschlossenes Feuer‹
Nürnberg, um 1800
Schwarzblech, lackiert,
Messingblechtüren, vier Bronzetöpfe,
15 x 21 x 14 cm
Lit.: AK Aus Münchner Kinderstuben, München 1976, Nr. 326
68/199

Der handgearbeitete kleine Herd, der aus der Glockengießerfamilie Kännlein stammt, vermag die neue Herdform zu verdeutlichen, die aufgrund von Überlegungen Rumfords gegen Ende des 18. Jh. entstand. Bei seinen Forschungen zur ökonomischen Nutzung der Wärme stieß der amerikanische Physiker auf die Verschwendung von Heizenergie. Bisher hatte man mit offenem Feuer gekocht und gebraten. Auf Vorschlag Rumfords wendete man ein geschlossenes System an, bei dem die Luftzufuhr und der Rauchabzug geleitet waren und geregelt werden konnten. Das hatte bei gleicher Leistung eine erhebliche Ersparnis des Brennmaterials zur Folge. Das damals entwickelte Herdmodell blieb bis in das 20. Jh. gültig. H. O.

28.2.1 b
Puppenherd
süddeutsch, 1. Hälfte 19. Jh.
Schwarzblech, Messing, 47 x 41 x 27 cm
Lit.: AK Aus Münchner Kinderstuben, 1976, Nr. 327
Lit.: AK Biedermeier, 1987, Nr. 4.2.13.28
A 76/136

Herd mit dachförmigem Aufbau und seitlicher Ofendurchsicht zum Warmstellen der Speisen.
Ehemals Crailsheimscher Besitz.

28.2.1 c
Puppenherd
süddeutsch, um 1915
Schwarzblech, Weißblech, Kupfergeschirr
33 x 37 x 25 cm
55/515, 1-10

28.2.1 d
Elektro-Puppenherd
süddeutsch, um 1900
Schwarzblech, Messing
35,4 x 54,5 x 43,5 cm
München, Deutsches Museum, Nr. 6630

28.2.1 e
Elektro-Puppenherd
Fa. Märklin, Göppingen, um 1930
Blech, Email, Aluminiumgeschirr
39 x 39 x 19 cm
70/328

28.2.1e

28.2.1a

28.2.1b

28.2.1 f

z.B. Puppenküche

Seit dem Ende des 18. Jahrhunderts wurden Puppenküchen zum beliebten Spielzeug bürgerlicher Mädchen. Bis dahin waren die Küchen in die prunkvollen Puppenhäuser integriert gewesen. Bereits 1803 bot der berühmte Nürnberger Spielwarenhändler Hieronimus Bestelmeier die Einzelküche mit Herdstelle für offenes Feuer in seinem umfangreichen Versandkatalog an. Das Spielzeug Puppenküche wurde, entsprechend den Tendenzen der Zeit, als Erziehungsmittel für kleine Mädchen eingesetzt. Damit sollte die zukünftige Hausfrau auf das ihr zugedachte Wirkungsfeld in Küche und Haushalt vorbereitet werden. Puppenküchen stellen nur mit Einschränkung ein getreues Abbild der realen Küchen ihrer Entstehungszeiten dar. Sie sind als Idealtyp der Küche bürgerlicher Schichten anzusehen. So geben sie mit ihren Ausstattungen, den Veränderungen der Herdsysteme (offenes Feuer mit Rost und Spieß, Herd mit ›geschlossenem‹ Feuer), der Kücheneinrichtung (offenes Verwahren an Wänden, auf Borden; Wasserbank, Anrichte, Küchenschrank), der Farbgestaltung (dunkel zu weiß), den erforderlichen Küchengeschirren (Kupfer-, Eisen-, Messing-, Irden-, Emailgeschirr) und den Vorratsschränken, Hühnergattern und Speisekammern Zeugnis einer Entwicklung, die durch technische und wirtschaftliche Veränderungen in der Erwachsenenwelt in Gang gesetzt wurde.

Die Puppenküchen hielten über die reale Gebrauchszeit hinaus z.B. am repräsentativen Ausstattungsstil barocker Prunkküchen fest, die an Wänden, auf Borden und Kaminsimsen, in Schüsselrahmen und Gitterschränken mit glänzenden kupfer- und Messinggeschirren ›prunkten‹. Das Schaustück Küche blieb damit bis ins 19. Jahrhundert für das Kinderspiel erhalten. Aber auch die Wirklichkeit stand zuweilen Pate, wenn Eltern für die Töchter die hauseigene Küche in Kleinformat anfertigen ließen.

Die Puppenherde, die je nach Entstehungszeit mit den ›neuen Energien‹ ausgestattet wurden, sollten als lehrreiches Spielzeug denselben Zweck wie die Puppenküchen erfüllen. Bis heute werden beide, speziell für Mädchen, in moderner oder »nostalgischer« Ausführung angeboten. Daneben steht eine reiche Auswahl an Kinderkochbüchern zur Verfügung, die ihren Ursprung in den Puppenkochbüchern haben, die seit 1788 den ›jungen Frauenzimmern‹ offeriert wurden. Heute sprechen die Kinderkochbücher meist Mädchen und Jungen an.

U. Z.

Lit.: Stille, 1985.

28.2.1 f
Prunkküche
süddeutsch, um 1780
Fichtenholzgehäuse,
Kupfer-, Zinn-, Messinggeschirr
45 x 92 x 60 cm
Lit.: AK Aus Münchner Kinderstuben,
1976, Nr. 300
A 76/289

Prunkküche mit reicher Ausstattung an Kupfer-, Zinn- und Messinggeschirr. Herdstelle für offenes Feuer, zwei Glasschränke und Anrichte.

28.2.1 g
Prunkküche
Memmingen, um 1780
Fichtenholzgehäuse, Zinn-, Kupfer-,
Blech-, Fayence-, Porzellangeschirr
34 x 62 x 55 cm
Lit.: AK Aus Münchner Kinderstuben,
1976, Nr. 301
57/952

Küche mit Herdstelle für offenes Feuer, Borden, Küchenschrank und Hühnergatter. Mit reicher Geschirrausstattung. Aus der Memminger Patrizierfamilie von Schelhorn.

28.2.1 h
Miniaturküche
Berchtesgaden, um 1800
Elfenbein, gedrechselt, geschnitzt
16 x 22 x 13 cm
Lit.: AK Aus Münchner Kinderstuben,
1976, Nr. 299
A 76/156

Miniaturküche mit Fenster als Abbild zeitgenössischer Küchen mit Herdstellen für offenes Feuer, Tisch, Bank, Borden für Küchengeräte und -geschirre, Hühnergatter.

28.2.1 i
Puppenküche
süddeutsch, 1908
Fichtenholz, Porzellan- und Emailgeschirr
35 x 82 x 38 cm
Lit.: AK Aus Münchner Kinderstuben,
1976, Nr. 312
55/514

Puppenküche, nach dem Vorbild der elterlichen Küche, mit Kochherd (geschlossenes Feuer), Büfett, Anrichte und Borden. 1908 als Weihnachtsgeschenk für Gabriele Merlack gearbeitet.

28.2.1 j
Puppenküche
deutsch, um 1978
Blech, lackiert, 27 x 32,5 x 10 cm
A 81/115

Küche nach ›Bauknecht‹-Modell mit bäuerlichem Blumendekor.

28.2.1g

28.2.1 k
Puppenkochbücher
Kochbüchlein für die Puppenküche, Nürnberg 1859, A 71/115
Kochbuch für kleine und große Mädchen, Chemnitz 1893, A 88/79
Die Puppenküche, o. J. (um 1900), 55/514
Holst Adolf (Verse) und Wenz-Viëtor Else, Grete kocht, Oldenburg, 1933,
Privatbesitz G. Schmidt

28.2.1 l
Haustöchterchens Kochschule, Beschäftigungsspiel
Otto Maier, Ravensburg, um 1900
Pappe, Glas, Aluminium
9,5 x 23,3 x 31,2 cm
A 83/27

Die kleine Köchin

»Wie die Alten sungen, zwitschern auch die Jungen! und das ist besonders dann gut, wenn die Melodie eine schöne ist, nicht blos angenehm für Die, welche sie zum Besten geben, sondern auch für die Zuhörer. Für einen hungrigen Magen giebt's aber kaum angenehmere Musik als das Klappern der Teller und das Klirren der Löffel, Messer und Gabeln, begleitet von dem Duft kräftiger Suppen, leckerer Gewürze und nahrhafter Braten.
Wir finden unter den kleinen Mädchen geborene Köchinnen oder Hausmütterchen, denen die Küche der liebste Platz im Hause und die Köchin die ehrwürdigste Person darin ist. Solche versuchen sich schon früh in der edlen Kochkunst, und das ist ganz gut, wenn sie hübsch aufmerksam und vorsichtig dabei sind. Haben sie zeitig gelernt Topf und Tigel zu behandeln, so wird ihnen später die Suppe nicht so leicht anbrennen«

Leske, 1873, S. 100

Elektrische Herde und Kochgeräte, um 1930, München, Deutsches Museum

28.2.2
Erleichterung und Zeitersparnis – Gas- und Elektroherd

Gasherde sind seit 1851 auf dem Markt, können sich nur langsam durchsetzen, obgleich in vielen deutschen Städten private Gasgesellschaften Gas anbieten und für den Aufbau zentral vernetzter Versorgungssysteme, die bis in die Häuser geführt wurden, sorgen. Noch nach der Jahrhundertwende stehen große Teile der Bevölkerung dem Gasherd ablehnend gegenüber. In München propagierte die städtische Gasgesellschaft den Gebrauch von Gasgeräten und verlieh diese noch um 1905/10 an ihre Kunden. Elektroherde und -geräte wurden erst Anfang des 20. Jahrhunderts für den Hausgebrauch üblich. Kleine Elektrogeräte wurden schon 1883 den Besuchern der elektrotechnischen Ausstellung in Wien vorgestellt.
Gas und Elektrizität in Küche und Haus beenden die Mühen des Anfeuerns, den Ruß in den Küchen, die tägliche Arbeit mit Holz- und Ascheschleppen. Die Hersteller der ›neuen‹ Geräte sichern dem Verbraucher Geld- und Zeitersparnis. Kürzere Kochzeiten ohne Vorheizen ermöglichen die ›schnelle Küche‹ und die kurze Zubereitung des Morgenkaffees. Mit der Nutzung der ›neuen Energien‹ verändern sich langfristig auch Koch- und Eßgewohnheiten. Gas- und Elektrokochbücher kommen auf den Markt, die von privaten und städtischen Gasanstalten herausgegeben oder von den Herstellern der Gas- und Elektroherde propagiert werden. U. Z.

Lit.: FS, Hundert Jahre Gas, 1950
Bieling und Scholl, München, 1966
AK Leben und Arbeiten, 1985

Koche mit Gas!

Wie viele wirtschaftliche Hausfrauen, die heute unter dem Drucke der mühseligen Bedienung des Kohlenherdes seufzen, würden dadurch von einer Sklaverei entlastet werden. Keine Asche, kein Ruß an den Töpfen, keine Schlacken, keine Hitze, kein belästigender Rauch!
Koche mit Gas!
Dieser Mahnruf soll aber teuer und nur für reiche Leute sein. Welcher Irrtum! Gerade für den Mittelstand und ganz besonders für den Arbeiterstand ist die Gaskocherei berufen, da dieselbe neben der Reinlichkeit bei vernünftigem Gebrauch auch thatsächlich billiger ist.
Hierzu gesellen sich dann noch Vorteile, deren Bedeutung verhältnismäßig wenig Hausfrauen bis jetzt bekannt ist. Diese Nebenvorteile bestehen vor allem in der täglichen Ersparnis an Zeit und Geld.
Alle Haushaltungen gewinnen dadurch eine außergewöhnliche Arbeitserleichterung. Der Morgenkaffee ist in 5 bis 10 Minuten – ein gutes bürgerliches Mittagsbrot mit Braten in einer Stunde – hergerichtet. 3 bis 4 Stunden täglich werden an Zeit durch das Gaskochen erspart.
Morgens, mittags, abends und nachts – so oft nur Feuer gewünscht wird – ist die volle Glut zum Kochen, Braten, Backen und ohne Mühe und Vorbereitung im Augenblick vorhanden, wo die Gasflamme entzündet wird.

Goehde, 1899, S. 14-16

28.2.2 a
Tischgasgeräte
Gebrauchsort München, 1895-1905
Eisen, Gußeisen
13-14,3 x 55-59,5 x 36,5-53 cm
München, Deutsches Museum
62304, 80840

Flache Tischgeräte wurden in München hergestellt und auch von den Stadtwerken als Leihgeräte den Haushaltungen überlassen. In München war 1850 das erste private Gaswerk gebaut worden, das 1899 in die Hände der Stadtgemeinde überging. War das Gas für Beleuchtungszwecke rasch populär geworden, so setzte es sich als Heizquelle nur schwer und langsam durch, obgleich schon 1851 auf der Weltausstellung in London ein Gasherd vorgeführt worden war. Aber in den 90er Jahren des 19. Jahrhunderts standen große Teile der Öffentlichkeit dem Gasherd voller Mißtrauen gegenüber. Spezielle Gaskochbücher (vgl. Kat. 28.2.2d) versuchen neben den Rezepten die Vorteile des Gases aufzuzeigen:
»Unter allen brennenden Tagesfragen der Neuzeit, welche hervorgerufen sind, um eine tief einschneidende Wirkung auf unser gesamtes volkswirtschaftliches Leben auszuüben, steht in erster Reihe mit vollem Recht die Gaskochfrage. Das ›Kochen mit Gas‹ bringt für unser Familienleben, wie erwiesen, nicht nur einen Nutzen an Zeit und Geld, sondern trägt vor allem dazu bei, daß für jede Hausfrau, welche bisher die Küche als ein Feld harter Arbeit betrachtete, sich die Pflicht in eine angenehme Beschäftigung umwandelt. Die Küche zählt bekanntlich zu den wesentlichsten Elementen einer glücklichen Ehe; denn eine tiefe Wahrheit liegt ja in dem alten Wort: ›Der Weg zum Herzen des Hausherrn geht, durch den Magen‹.«

Gasherd, Zentralwerkstatt Dessau,
2. Hälfte 19. Jh.,
München, Deutsches Museum

Elektrische Küchengeräte, 1903,
München, Deutsches Museum

28.2.2 b
Elektro-Bratpfanne und Elektro-Kochplatte
Schindler, Bregenz/Vorarlberg
1887 und 1888
Eisen, ø 14 und 23 cm
München, Deutsches Museum
59688, 59670

1873 sagte Werner von Siemens in einem Vortrag zum Thema ›Electricität im Dienste der Industrie‹ voraus, daß »man in späteren Zeiten den durch gewaltige dynamoelektrische Maschinen erzeugten Strom wie gegenwärtig Gas und Wasser den Häusern zuführt und beliebig zu Licht-, Wärme- oder Krafterzeugung verwenden wird«. 10 Jahre später werden den Besuchern der elektrotechnischen Ausstellung in Wien kleine elektrische Haushaltsgeräte vorgeführt, die in Zukunft mit den Elektroherden die Arbeit in Küche und Haus erleichtern sollten. U. Z.

28.2.2 c
Elektroherd
Hummel-Hellberger, München, 1902
Eisen, 80,7 x 127 x 53 cm
München, Deutsches Museum, 66706

28.2.2 d
Richard Goehde,
Koche mit Gas! Ein Mahnruf für die sparsamen Hausfrauen.
Kochbuch für die gesunde, schmackhafte bürgerliche Küche mit Anleitung zum sparsamsten Gebrauch aller Gas-Apparate für jedes Gericht. Berlin, 1899
Wachspapierband, 1414 S. (mit Register)
A 90/83

Kochbücher dieser Art versuchten, die Ablehnung der Bevölkerung gegenüber dem Gas zu überwinden.

»Willst, liebe Hausfrau, sparsam sein
An Zeit und Geld im Leben,
So blicke in mein Buch hinein,
Es wird Dir Aufschluß geben.

Du wirst ihm danken, glaub es mir,
Es hält, was drin versprochen,
Es giebt den besten Ratschlag Dir,
Fortan mit ›Gas zu kochen‹.«

Goehde, 1899

28.2.2.e
Alles macht Askania Gas-Herd
Ludwig Hohlwein, München, um 1925
Plakat, Lithographie, 57,5 x 42,5 cm
A 10/44

28.2.2 f
Koch-Herde Roeder
Ludwig Hohlwein, München, um 1925
Plakat, Lithographie, 30 x 22,5 cm
AA 10/10

28.2.2 g
Günstige Gelegenheit / Gasherd / Gasgemeinschaft München
Josef Mehlhart, München, um 1930
Plakat, Lithographie, 98 x 59,5 cm
A 10/10

28.2.2g

28.3 Der geschlossene Herd – Küchenfortschritt 1850-1870

28.3.1 Kücheneinrichtung

28.3.1a
Küchenmöbelgarnitur
wohl München, um 1850
Fichte massiv, Arbeitsplatte Ahorn, grauer Ölanstrich
M 71/135-143

Die einfachen Küchenmöbel verschiedener Herkunft und Machart sind durch einen grauen Anstrich zu einer scheinbar einheitlichen Garnitur zusammengefaßt. Die meisten Möbel haben unter der grauen Farbe noch einen älteren grünen, dunkelgrün maserierten Farbauftrag. Laut alten Etiketten befanden sich diese Küchenmöbel einmal in dem Haushalt Gewürzmühlstraße 17, 3. Stock im Lehel.
Die Küche gehörte ehemals der Familie Eilles. Sie ist ein selten überliefertes Beispiel für die Möbel, welche für die ersten Küchen mit geschlossenem Herdfeuer entstanden. Die Verdrängung von Feuer und Ruß erlaubten, die Küche reinlich und sauber zu halten und mit besseren, farbig lackierten Möbeln auszustatten. Dazu entstand der Vitrinenschrank, in dem das Küchengerät hinter Glas verwahrt wurde. Kommoden mit Schubladen werden damals zuerst in Küchen verwendet. Als Herd ›mit geschlossenem Feuer‹ wurde seit 1850/60 der aus Kacheln aufgesetzte Herd mit Eisenplatte gebräuchlich, wie ihn Johann Rottenhöfer in seinem Kochbuch ›Die gute bürgerliche Küche . . .‹, das nach 1862 erschien, besonders empfiehlt und der in München bis in unser Jahrhundert in Gebrauch war. H. O.

Aus Kacheln aufgesetzter Herd, München, 2. Hälfte, 19. Jh.

28.3.2 Bilder der Küche

28.3.2 a
Zwei Studien zu weiblichen Dienstboten
Franz Michael Neher
(München 1798-1876 München)
München, um 1835
Bleistiftzeichnungen
15 x 11,5 cm, 17 x 17,5 cm
Lit.: AK Biedermeier, München 1987, Nr. 3.1.19
MS IV/1425 a, b

Zwei Dienstmädchen bei der Putzarbeit, ein Dienstmädchen beim Einkauf.

28.3.2 b
Innenansicht einer Küche, dazu Legende mit Aufzählung der sichtbaren Gerätschaften und Lebensmittel
Schreiber, Eßlingen/Neckar, um 1845
Kolorierte Lithographie, 33,8 x 42 cm
Lit.: AK Biedermeier, München 1987, Nr. 4.2.58
35/986

28.3.2 c
Die städtische Küche
E. Walther, Bilder zum ersten Anschauungsunterricht für die Jugend (Nr. 5)
J. F. Schreiber, Eßlingen bei Stuttgart, 1890
Farblithographie
32,5 x 41 cm
A 77/247

»5. Die städtische Küche.
›Stets blank und rein der Topf soll sein.‹
Nicht der Topf allein ist hier blank, nein, hier blitzt alles – von den Geräten am Küchenbrette und im Schranke bis zur weißen Schürze der Köchin. Alles ist an seinem Platze; alles ist praktisch eingerichtet. Da sehen wir Wasser- und Gasleitung; da ist Ventilation; da ist ein Gestell zum Aufstellen der aufgewaschenen Teller und Schüsseln; der Bratofen enthält eine Wärmeröhre und eine Vorrichtung zum Erwärmen des Wassers u.s.w. Der Fußboden ist mit Steinfliesen belegt. Zu Mittag wird es Gänsebraten geben. Die Gans liegt bereits auf dem Anrichtetische. Die Köchin mit einem zierlichen Häubchen und einem Schlüsselbund an der Schürze ist eifrig am Kochherde beschäftigt. Ein Dienstmädchen unterstützt sie. Nach dem, was wir vor uns sehen, läßt sich annehmen, daß das Essen gut geraten wird.« (Walther, Nr. 5)

28.3.2 d
Die ländliche Küche
E. Walther, Bilder zum ersten Anschauungsunterricht für die Jugend (Nr. 4)
J. F. Schreiber, Eßlingen bei Stuttgart, 1890
Farblithographie, 32,5 x 41 cm
A 77/247

»4. Die ländliche Küche.
Die Landleute leben einfach, und so brauchen sie für ihre Küche auch nicht viele Geräte. Einige Teller und Schüsseln, einige Töpfe und Pfannen, Kaffeemühle und Durchschlag und noch einige Kleinigkeiten – das reicht für die Küche aus. Dagegen ist ein großer Kessel notwendig, denn in der Küche wird auch für das Vieh gekocht. Es kann daher auch nicht alles so sauber gehalten werden wie in der städtischen Küche. Die Glucke mit ihrem Küchlein ist sogar gekommen, denn sie findet hier mancherlei Futter. Die Magd will eben die Mittagssuppe bereiten. Daneben hat sie aber noch anderes zu thun. Sie holt eben Sahne aus der Milchkammer. Sie will dieselbe in das Butterfaß schütten und dann buttern. Zu ihrem Schrecken bemerkt sie, daß sich die naschhafte Katze ein Stück Fleisch geholt hat, das diese soeben verzehren will. Der Katze wird es wohl schlimm ergehen.« (Walther, Nr. 4)

28.3.3 Handgeschriebene Kochbücher

28.3.3a
Handgeschriebenes Kochbuch
süddeutsch, um 1843
Pappband, Handschrift von einem Schreiber, 246 Rezepte (mit Register)
L 1962/33

Handgeschriebenes Kochbuch der Maria Müller mit Rezepten für Mehlspeisen, Marmeladen, Essigfrüchte, Suppen, Soßen, Gemüse-, Fleisch- und Fischgerichten. Die einzelnen Speisen werden nach süddeut-

28.3.2c

schem Sprachgebrauch bezeichnet (Strudel, Hasenöhrl, Spatzen, Pflanzl, Schlegl, Hendl). Den vielen überregionalen und regionalen Rezepten fügt die Autorin ein Rezept zur Zubereitung des Otters, einem in Süddeutschland geläufigen Fastengericht, hinzu:
»Einen Otter zu machen. Man streift den Otter aus, legt ihn ein paar Tag lang in mehrere Waßer, damit er nicht mehr fischelt, dan salzt man ihn, siedet ihn aber nur ein wenig in Salzwasser; thut in wieder heraus und salzt ihn, legt ihn in eine Reine, legt ein Stück Butter einen mit Nelken ansteckten Zwiebel, Pfeffer, Lorbeeren (?), Muskatnuß, Limonienschallen, Eßig und Wein u. Erbsensooß dazu, laße ihn so lange gemach kochen, bis der Otter weich ist, man thut auch ein wenig Mehl daran, damit man ein Sooß bekom̄t«.

28.3.3b
Handgeschriebenes Kochbuch der Sophie Säurle (1818-1870)
München, um 1845
Pappband, Handschrift von einem Schreiber, unpaginiert
1958/51

Kochbuch mit aufgezeichneten Rezepten zur Suppen-, Fleisch-, Fisch-, Auflauf-, Torten- und Dessertzubereitung.

28.3.3c
Handgeschriebenes Kochbüchlein
süddeutsch, 1848
Heftchen, Handschrift von einem Schreiber, unpaginiert
63/4514

Das kleine Kochbüchlein enthält meist Rezepte für Süßspeisen, für einige Fisch- und Fleischrezepte (u.a. Schüsselfleisch, gedämpftes Kalbfleisch). Dazu Einmachrezepte, z.B. für die ehemals beliebten und berühmten Borstorfer Äpfel.

28.3.4 **Küchengeräte**

28.3.4 a
Tisch-, Küchen- und andere Geräte
E. Walther, Bilder zum ersten Anschauungsunterricht für die Jugend (Nr. 6)
J. F. Schreiber, Eßlingen bei Stuttgart, 1890
Farblithographie
32,5 x 41 cm
A 77/247

Tisch- und Küchengeräte werden zusammen mit anderen im Haus notwendigen Geräten abgebildet und in einer Textleiste benannt. Für Tisch und Küche wurden u.a. Suppenschüssel, Wellholz, Reibeisen, Gurkenhobel, Quirl, Trichter, Durchschlag, Schaumlöffel, Rührlöffel, Mörser, Kupferhafen, Pfanne, Glutzange aufgeführt.

28.3.4b
Zehn Teile Koch- und Bratgeschirr
Gebrauchsort München, Mitte 19. Jh.
Irdenware, glasiert
4,5-9 x 20,5-48 cm, ø 23-31 cm
34/1130, 34/1131, 65/345, 70/18,
A 82/99, A 82/99, A 82/127, A 82/128,
A 82/129, A 82/170

Runde Henkeltöpfe mit Deckel, Reine, Pfannen und Hasenbräter. Das gelb und gelbgrün glasierte, irdene Koch- und Bratgeschirr war bis in die 2. Hälfte des 19. Jahrhunderts in Münchner städtischen Haushalten üblich. Das Irdengeschirr, damals preiswerter als Metallgeschirr, kam wohl meist aus Niederbayern und konnte auf den Märkten gekauft werden. Ein Teil der Irdengeschirre, wie die flachen, runden Doppelhenkeltöpfe und die Bratreinen mit niedriger Wandung, stammen aus dem Münchner Haushalt des Kaminkehrermeisters Weigl, Schönfeldstraße. Im Kochbuch ›Lina, Die neue Küche, Augsburg 1857‹ wird besonders dieses gelbglasierte Irdengeschirr zum Sieden, Dünsten und Braten als das zweckmäßigste aufgeführt. Der Münchner Hofkoch Johann Rottenhöfer empfiehlt in seinem Kochbuch ›Die gute bürgerliche Küche‹ (um 1865): »Da für bürgerliche Haushalte das Kochen in kupfernen Kasserolen, theils wegen der Anschaffung derselben, wie auch das öftere Verzinnen theuer zu stehen kommt, so ist immer das irdene Geschirr, theils des Preises, aber besonders der Gesundheit wegen, zu empfehlen obschon recht blank geputz-

28.3.4a

te, aufgehängte kupferne Casserolle, nebst eben solchen Formen, eine große Zierde für eine kleine Küche sind.«
Die bereits verfügbaren Emailgeschirre, die später endgültig die irdenen verdrängen, lehnt Rottenhöfer noch ab. Als Grundausstattung der bürgerlichen Küche empfiehlt der Hofkoch: »6 irdene Fleischtöpfe von verschiedener Größe, 6 irdene tiefe casserolartige Tiegel in verschiedenen Größen, 6 irdene flache Tiegel für die Mehlspeisen in verschiedenen Größen, 2 irdene Bratpfannen (Reineln)«. U. Z.

28.3.4c

28.3.4 c
Dampftopf Bavaria
Gebrauchsort München, 1885-90
Gußeisen, emailliert, 34 cm, ø 26 cm
Lit.: AK Kochen und Konservieren, Glentleiten 1992
A 80/90

Bereits im 18. Jahrhundert nutzte der Franzose Papin die im Zusammenhang mit dem Luftdruck bekannten physikalischen Gesetze zur Erfindung eines Dampftopfes. Ende des 19. Jahrhunderts wurden schwere gußeiserne, auch emaillierte Dampftöpfe in bayerischen Eisenhütten produziert. Die Deckel erhielten, wie noch heute, Überdruckventile und wurden mit Hilfe von Schraubverschlüssen oder Federklammern gegen den Topf gepreßt. Eine Verbesserung brachte das 20. Jahrhundert mit Abdichtungen aus Gummi.

28.3.4 d
Siebe
Gebrauchsort München, Mitte 19. Jh.
Tannenholz
6,5-15 cm, ø 11-24,5 cm
A 78/343, A 82/82, 70/39

28.3.4e
Küchenbeil
Gebrauchsort München, 19. Jh.
Eisen, Holzgriff, 31 cm
A 83/153

28.3.4f
Kaffeeröster zum Einsetzen in die Herdplatte
Gebrauchsort München, 19. Jh.
Eisenblech, mit Stiel 26 cm, ø 20 cm
32/259

Oftmals wurden grüne Kaffeebohnen gekauft, die man erst zu Hause röstete. Den teuren Bohnenkaffee versuchte man mit Eicheln, Wickensamen, gekeimter Gerste u.a. zu ersetzen. Auch diese Ersatzstoffe mußten geröstet werden.

28.3.4 g
Kaffeemühle
Wien, 19. Jh.
Gußeisen, Holz, 29 x 29 cm
A 78/464

28.3.4h
Kartoffelpresse mit Standbeinen
Gebrauchsort München, Mitte 19. Jh.
Eiche, Buche, Fichte, Eisenblech
42 x 28 cm
A 87/306

28.3.4i
Zuckerbreche
Süddeutschland, Mitte 19. Jh.
Eichen-, Buchenholz, Eisen
10 x 34 x 21 cm
70/17

28.3.4j
Kupfer-Streichholzbehälter mit Reibfläche
Gebrauchsort München, um 1855
Kupfer getrieben, 17,5 x 10,5 x 4,5 cm
KuS 1850

28.3.4k
Holzspalter
Gebrauchsort München, um 1885
Buchenholz, Eisen, 60 x 6 cm
A 92/107

28.4
Weiß und sauber – die Küche um 1900

28.4.1 **Mobiliar und Zubehör**

28.4.1a
Einrichtungsgarnitur einer Wohnküche
Gebrauchsort München, um 1900
Fichten- und Kiefernholz, weiß gestrichen, z.T. Linoleumplatten
M 88/62-67, II 91/22

Speisezimmer sind ein großer Luxus und kommen erst ab einer Vier-Zimmer-Wohnung vor. Nichts lag näher, als in einer Zwei- oder Drei-Zimmer-Wohnung in der Küche zu essen. Man verband also durch eine einheitliche Gestaltung die herkömmlichen Küchenmöbel mit den im 19. Jahrhundert entwickelten Speisezimmermöbeln. Das Küchen-Büffet ist das typische Möbel aus dieser Entwicklung. Es verbindet Funktionen der Geschirraufbewahrung mit dem Servieren und Anrichten der Speisen und Getränke. Der weiße Anstrich, der in mehreren Schichten erneuert wurde, zeigt neue Ansprüche an Hygiene und Sauberkeit im Küchenbereich, wie sie im Rahmen der Lebensreformbewegung um 1900 verbreitet waren. Es ist uns eine intakte Wohnkücheneinrichtung der Jahrhundertwende unverändert mit vielen originalen Ausstattungsstücken (u. a. mit Kombiherd Kohle/Gas und Eiskasten aus den 20er bzw. 30er Jahren) überliefert. Sie stammt aus dem Nachlaß des unverheirateten Schaustellers und Friseurs Hermann Kretschmar (1902-1988), der einen Teil des Jahres auf Tournee war und sonst im Haus Angerlohstr. 12 in München-Allach wohnte. Die Einrichtung geht auf seine Eltern zurück (Julius und Helene Kretschmar), die in München heirateten und ihren Hausstand gründeten.

Küchenbüffet
Süddeutsch, um 1900
Fichtenholz weiß gestrichen, Eisenbeschläge, Linoleumplatte und Kiefernholz (verschiedene Schichten in weißer Ölfarbe)
193 x 111 x 57,5 cm

Zweiteiliges Büffet mit verglastem Vitrinenaufsatz und offenem Mittelfach. Das Unterteil steht auf einem in Bögen geöffneten Brettsockel. Das Möbel hat unten eine Doppeltür, dahinter einen Einlegeboden,

darunter zwei Schubladen und ein Anschlagsbrett. Die obere Platte besteht aus grüngesprenkeltem Linoleum mit hölzernen Querbeinen. Das offene Mittelfach hat auf ganzer Länge ein Tassenbord.
Der Vitrinenteil darüber ist seitlich im leichten Winkel zurückversetzt und schließt mit einem profilierten Kranzgesims. Das maschinengeschnittene, obere Profil zeigt einen Eierstab.

Waschkommode
Fichten- und Kiefernholz, verschiedene Schichten weißer Ölfarbe
83 x 83,5 x 48 cm

Kommode mit zwei Türen und einer oberen, durchgehenden Schublade. Das Möbel steht vorne auf rundgedrechselten Füßen. Die auf Rahmen und Füllung gearbeiteten Türen werden seitlich von zwei Lisenen eingefaßt. Die eine Schublade darüber, die nach vorne aufklappbar ist, ist auf den Seiten mit zwei diamantierten Bossen gerahmt. Die Deckplatte ist nach oben hochzuklappen.

Waschkommode
Kiefernholz, Spanholz und Fichtenholz
51 x 39,5 x 39 cm

Einfaches, auf Rahmen und Füllung gearbeitetes Möbel mit drei übereinander liegenden Schubladen als Front, die oberste Schublade blind, Deckplatte hochzuklappen und darunter befindet sich ein emailliertes Waschbecken.

Eisschrank
Weichholz, Buchenholz, Eisen, z.T. verzinkt, Glasauskleidung
110 x 100 x 51 cm

Schrank mit zwei Türen, oberer Lade und unten Auffangbecken. Zur Lebensmittelkühlung mit Blockeis. Die Eisblöcke wurden in die mit Holz isolierte Zinkwanne oben auf einen Rost eingelegt. Das Schmelzwasser floß in einem Rinnen- und Röhrensystem in das untere Auffangbecken ab, das mit Überlauf- und Ablaßhahn ausgestattet ist. Der Schrank ist innen mit weißem Riffelglas versehen.

Küchentisch
Weichholz gestrichen
mit Messingbeschlägen
80 x 120 x 72 cm

Tisch auf vier gedrechselten Balusterfüßen. In die seitliche Zarge durchgehende Schublade eingesetzt. Die Tischplatte mit Linoleumflache ist mit umlaufendem Umleimer versehen.

Zwei Stühle
Weichholz weiß mit Ölfarbe gestrichen und Linoleumplatte, 91 x 43 x 40 cm

28.4.1a

Hocker
Weichholz weiß mit Ölfarbe gestrichen und Linoleumplatte
49 x 40 x 40 cm

Handtuchhalter
Buchenholz weiß gestrichen
13 x 60 x 20,5 cm

Konsolbretter mit Appliken. Eine Handtuchstange, die in Keulenknöpfen endigt, und ein Querstab mit vier Haken. H. O.

28.4.1b

28.4.1 b
Überhandtuch
Gebrauchsort München, um 1910
Baumwolle, Baumwollgarn
118,6 x 59,5 cm
T 81/690

28.4.1 c
Wandschoner für die Küche
um 1900-1920
Baumwolle, Baumwollgarn
Lit.: AK Stille, Trautes Heim Glück allein. Gestickte Sprüche für Haus und Küche. Frankfurt/M. 1979
T 81/384, T 82/60, T 82/172, T 83/335, T 82/52

Wandschoner wurden in die Küche hinter Tische, Kommoden und Wasserbänke gehängt. Mit gestickten Bildern und Texten wiesen sie auf hausfrauliche Tugenden hin: ›Teuer das Mehl, alles, auch das Fleisch, wer billig zu kochen versteht dem gebührt

28.4.1c

Preis!‹ ›Ordnungssinn und Sauberkeit sind der Küche schönstes Kleid‹. ›Ist die Köchin nett und rein schmeckt das Essen doppelt fein‹. ›Giebt's einen guten Schmaus bleibt der Mann zu Haus‹.

28.4.2 **Geschirr und Gerät**

28.4.2 a
Emailgeschirr aus dem Haushalt Feßler
Gebrauchsort Prien, um 1915-1920
Eisenblech, Email
4-16,5 cm, ø 16,5-23,5 cm
Lit.: AK Kleindorfer-Marx, Emailgeschirr für alle Zwecke, Schriftreihe des Kreismuseum Walderbach, Bd. 2, Walderbach 1986[2]
A 83/153

Das Emailgeschirr verdrängte seit Mitte des 19. Jahrhunderts die Töpfe, Pfannen, Bräter, Teller, Krüge und Kannen aus den herkömmlichen Materialien (Irdenware, Messing, Kupfer, Eisen). Neue Technologien ermöglichten eine industrielle Massenanfertigung emaillierter Küchengefäße. Nach anfänglicher Ablehnung und nach Verbesserungen der Glasuren wuchs die Nachfrage nach dem neuen Geschirr. Bisher mußte mit der Irdenware und den Kupfergefäßen besonders sorgfältig umgegangen werden, da Bleiglasuren und Grünspan die Gesundheit beeinträchtigen konnten. Das ›giftfreie‹ (auch dies traf für die ersten bleihaltigen Glasuren und u. a. für die Stoßstellen nicht ganz zu) und hygienisches Emailgeschirr war zwar noch teurer als das irdene, aber dafür auch strapazierfähiger. Neben Fabriken in Sachsen, Westfalen und im Rheinland produzierten seit 1872 in Amberg/Oberpfalz die Gebrüder Baumann Emailgeschirr und fertigten bereits 1896 zeitweise täglich 37.000 Gefäße. U. Z.

28.4.2 b
Wasserkessel
Gebrauchsort München, 1. Hälfte 20. Jh.
Eisenblech, emailliert
18 cm, ø unten 20 cm
A 92/76

28.4.2a

28.4.2 c
Küchengeräte (Reibmühle, Bohnenschneider, Fleischwolf, Apfelschälmaschine, Fleisch-/Gemüsehacker, Fleischsaft- und Fruchtsaftpresse)
Alexanderwerk und unbekannt
1. Hälfte 20. Jh.
Gußeisen, Stahl
A 84/379, A 80/158, A 81/273, A 92/88, A 87/310, A 92/91, A 85/85, A 88/291

Seit Ende des 19. Jahrhunderts erleichtern mechanische Küchengeräte die Arbeit in den bürgerlichen Küchen. Sie verkürzen die langwierige, anstrengende Handarbeit des Hackens, Reibens, Schlagens, Pressens, Passierens, Rührens und Knetens. Sie halfen mit, die Arbeitskraft der Dienstboten, die zu Anfang des Jahrhunderts in großer Zahl in die Industrie abwanderten, zu ersetzen.
Die Apfelschälmaschine war bereits 1838 in Amerika erfunden worden. U. Z.

28.4.2 d
Balkenwaage mit Gewichtssatz
Gebrauchsort München, um 1905
Eisen, 17 x 38 x 15 cm
A 85/375, 1-2

Nach Gewicht werden die Zutaten zu den Speisen gemessen. Die Rezeptangaben der Kochbücher kennen seit dem beginnenden 18. Jahrhundert Rezepte mit genaueren Maßangaben. Bei Marx Rumpolt (Ein new Kochbuch, Mainz 1581) galten Gewichtsangaben in Rezepten als überflüssig und eines Koches unwürdig. In der Folgezeit werden dann in den Rezepten ungenaue Maße (ungefähr, ein wenig) oder Mengenangaben nach Geldwerten (z. B. um 2 Kreuzer) gegeben, die schließlich von Mengenmaßen abgelöst wurden, die von Region zu Region unterschiedlich waren. Mit dem Jahr 1872 erfolgt die Vereinheitlichung nach Kilo, Pfund oder Gramm. U. Z.

28.4.2 e
Zwiebelbehälter
Gebrauchsort München, um 1905
Email, 23 x 21 x 11 cm
A 83/334

28.4.2 f
Brotbehälter
Gebrauchsort München, 1. Hälfte 20. Jh.
Eisenblech, emailliert, 16 x 40 x 22 cm
A 82/184

28.4.2 g
Kuchenbrett
Gebrauchsort München, 1. Hälfte 19. Jh.
Fichtenholz, ø 55,5 cm
A 88/375

28.4.2 h
Löffelbrett mit Kochlöffel, Stampfer und Quirl
Gebrauchsort München, 1. Hälfte 20. Jh.
Ahorn- und Fichtenholz
12 x 35 x 13,5 cm
A 81/271; 58/415, 417, 420; A 80/349

28.4.2 i
Wandhalter mit verschiedenen Bürsten
Gebrauchsort München, um 1910
Blech emailliert
Bürsten: Holz mit verschiedenen Borsten
44,5 x 27 x 4 cm
A 83/153, A 82/231-235, 1-3

Die verschiedenen Bürsten wurden für Tassen, Kannen, Siebe, Schnauben, Gläser, zum Spülen oder zum Einstreichen des Bratens benutzt und an einem Wandbrett aus Blech in der Küche griffbereit verwahrt.

28.4.2 j
Elektrokochplatte
Gebrauchsort München, 1907
Eisen, 85 x 26 cm, ø 12 cm
A 92/85

28.4.2 k
Verein für Volkshygiene (Hrsg.)
Die gute Hausmannskost
Carl Aug. Seyfried u. Comp.
München, [1903][4], Pappband, 142 S.
A 89/352

Kochbuch für die ›arbeitende Klasse‹, in der aus Geld- und Zeitmangel ›schlecht‹ gekocht wurde. Der Münchner Verein für Volkshygiene hielt speziell für Frauen und Mädchen der Arbeiterklasse Kochkurse ab. Sie sollten erlernen, mit wenig Geld und mit wenig Zeit systematisch zu haushalten, gezielt einzukaufen und abwechslungsreich zu kochen. Zugleich wurde ein Kochbuch nach Schweizer Vorbild herausgegeben. Die Schweizer Kochvorschriften für billige und schmackhafte Gerichte wurden der Münchner bzw. bayerischen Art zu kochen angepaßt. Weite Teile der arbeitenden Bevölkerung mußten sich so einschränken, wie dies Elisabeth Hell (1911) in ihrer Untersuchung zur Lage junger Schneiderinnen in München zusammenfaßte:

»Die Güte und Nahrhaftigkeit des Mittagessens, das in der Familie eingenommen wird, richtet sich außer nach den Geldmitteln, die der Hausfrau zur Verfügung stehen, auch nach Ihren Kenntnissen mit relativ Wenigem eine abwechslungsreiche und gesunde Kost zu schaffen. Das allgemein Uebliche ist bei dem weitaus größeren Teil der Familien, daß 1/2-1 Pfd. Rindfleisch minderer Qualität, das sich nur zum Kochen eignet, gekauft wird. Die Quantität richtet sich nicht nach der Menge der Personen, die damit verköstigt werden soll, sondern nach der Einnahme der Familie. So muß in einem Fall 1/2 Pfd. des wohlfeilsten Rindfleisches für 4 Personen, 3 Erwachsene und 1 Kind ausreichen; in einem anderen Fall 3/4 Pfd. für 10 Personen, 5 Erwachsene und 5 Kinder; in einem dritten Fall 3/4 Pfd. für 6 Personen, 4 Erwachsene und 2 Kinder, weiterhin 1 Pfd. für 10 Personen, 6 Erwachsene und 4 Kinder und 3/4 Pfd. für 4 erwachsene Personen usw. Das Fleisch wird regelmäßig, außer an Sonntagen, gekocht, selten gebraten, denn abgesehen davon, daß die billigeren Fleischstücke sich wenig zum Braten oder Schmoren eignen, legt der Münchner den Hauptwert bei der Mahlzeit auf eine gute Fleischsuppe. Das Kochfleisch ist zwar nährstoffreich, es enthält bis zu 30 % Eiweißgehalt, es ist aber wenig schmackhaft und schwerer bekömmlich. Die Suppe dagegen enthält neben 97,5 % Wasser hauptsächlich Stoffe, die den Appetit anregen. Das Fleisch erhalten fast ausschließlich, besonders, wenn es nur in kleinen Quantitäten vorhanden ist, der Mann und die älteren Söhne. Die Mutter und die Kinder begnügen sich mit der Suppe und mit dem Gemüse. Als Gemüse sind am häufigsten Kartoffeln, Nudeln, Grieß oder Wirsing«.

(Hell, 1911, S. 116-117) U. Z.

28.4.3c

28.4.3 **Kataloge und Werbematerial**

28.4.3 a
Spezial-Katalog für Kücheneinrichtungen der Fa. Martin Pauson
F. Bruckmann
München, um 1900
Typendruck
Lit.: AK Die Prinzregentenzeit, München 1988, Nr. 2.8.16
A 88/97

28.4.3 b
Küchengeräte Eduard Rau,
Tafel-Geräte Küchen-Möbel,
München, Kaufingerstraße 9
Emil Pirchan
München, um 1910
Plakat, Lithographie
48,5 x 97,5 cm
B 10/5

28.4.3c
Stahl Panzerteppich Manufaktur Ideal GmbH München 34
Franz Xaver Mederer
München, um 1900
Plakat, Lithographie
62,5 x 33 cm
A 10/22

Der einfache Emailausguß in der Küche oder auf dem Gang ersparte das mühselige Wasserholen am Haus- oder Straßenbrunnen. Der Stahlteppich schützte den Boden vor Wasserflecken.

28.4.3d
H. Kutzner,
Münchner Haushaltungsbuch des Rabatt-Spar-Vereins München
München, 1914
Farblithographie, 30,3 x 21 cm
30/1043

Die Ausgabe des Münchner Haushaltungsbuches sollte zum genauen Eintrag der Haushaltskosten anregen, um gerade bei niedrigen Einkommen den Überblick und die Einteilung über Lebensmitteleinkäufe zu bewahren.

1 die Küchenwaage (eine Feder-, Uhr-
waage)
2 der Küchenschrank (das Küchenbüfett,
3 die Brotkapsel ⌊-buffet)
4 die Kaffeemühle
5 das Kabarett (eine Speiseplatte)
6 der Aufwaschtisch (Abwasch-, Spül-
tisch): a das Aufwaschbecken (die Auf-
waschschüssel)
7 die Aufwaschbürste
8 der Behälter für den Sand und die
Soda („Sand und Soda“)
9 der Schornstein (Kamin, die Esse)
10 der Gasherd (Gaskocher; mit zwei
Brennstellen)
11 der Gashahn (an der Wand)
12 der Gasanzünder
13 der Gasschlauch
14 das Gaszuleitungsrohr
15 der Stürzenhalter (Deckelhalter; mit
den Stürzen, Deckeln)
16 der Küchenherd (Herd, Kochherd; ein
Ofen, Kohlenherd)
17 die Feuerung: a die Luftklappe
18 der Aschenkasten
19 die Kohlenschaufel (Kohlenschippe)
20 der Kohlenkasten ⌈Röhre)
21 der Bratofen (Backofen, die Bratröhre,
22 der Wasserkessel (Wasserkocher): a die
Signalpfeife (am Pfeiftopf, -kessel)
23 die Pfanne (Bratpfanne)
24 der Kochtopf
25 der Schmortopf (die Kasserolle, das
26 das Schiff (Wasserschiff) ⌊Kasserol)
27 der Fleischklopfer
28 der Schöpflöffel (die Schöpfkelle, Kelle)
29 der Kochlöffel
30 der Schaumlöffel (die Schaumkelle)
31 das Hackmesser (Hackbeil)
32 der Quirl (Wirtel)
33 der Stampfer
34 das Ofenrohr
35 der Topflappen
36 der Feuerhaken (Feuerstocher)
37 die Feuerzange
38 der Wasserhahn (die Wasserleitung)
39 der Ausguß (das Ausgußbecken, der
Gußstein, Wasserstein, Schüttstein: a der
Geruchsverschluß), b die Verschluß-
schraube (zum Ablassen von Schlamm
40 das Abflußrohr ⌊usw.)
41 der Seifennapf (Seifenhalter)
42 der Mülleimer (Kehricht-, Abfall-, Dreck-
43 der Handtuchhalter ⌊eimer)
44 das Geschirrtuch (Tellertuch, Küchen-
45 das Handtuch ⌊tuch)
46 das Gläsertuch
47 das Messer- und Gabeltuch
48 die Köchin (die Küchenfee)
49 die Speisekammer (Vorratskammer)
50 die Speckseite
51 die Wurst
52 der Schinken
53 die Konservenbüchse (Konservendose)
54 das Einmachglas (mit eingemachten
55 die Kuchenform (Form) ⌊Früchten)
56 der Kloß
57 das Eierschränkchen
58 der Wassereimer (Eimer)
59 der Küchentisch
60 die Brotschneidemaschine
61 die Reibmaschine (Reibe; s. auch 82)
62 der Fleischwolf
63 die Milchflasche
64 das Sieb (der oder die Rätter)
65 die Messerputzmaschine
60–62 und 65 Küchenmaschinen
66 der Fliegenschrank (das Schränkchen
mit Fliegengitter)
67 das Eckbrett (Ortbrett)
68 das Küchenfenster
69 die Scheibengardine
70 der Milchtopf
71 die Büchse (für Kaffee, Tee, Kakao)
72 das Küchenbrett
73 die Sanduhr (als Eieruhr)
74 das Tee-Ei
75 das Salzfaß (die Salzmeste)
76 das Gewürzschränkchen
77 das Mehlfaß (die Mehlmeste)
78 die Merktafel
79 das Schlüsselbrett
80 das Wiegemesser
81 das Nudelholz (Wälgerholz)
82 das Reibeisen (die Raffel, Reibe; s.
83 das Hackbrett (Wiegebrett) ⌊auch 61)
84 der Küchenstuhl
85 der Eisschrank (Kühlschrank)
86 die Geldtasche (Börse, der Geldbeutel,
das Portemonnaie)
87 der Putzschrank (die Küchenbank)
88 der Kübel (die Kufe, Gelte)
89 die Wasserkanne (Kanne, Kandel)
90 der Ausgießer (die Schnauze, Zeite, Zeute,
Zotte, Zottel, Schneppe, der Schnabel)
91 die Fliesen: a die Bodenfliesen (ein
Bodenbelag), b die Wandfliesen ⌈uhr)
92 die Küchenuhr (Telleruhr, eine Wand-

Vollständige Idealküche 1935, aus: Der große Duden, Bildwörterbuch, Leipzig 1935

28.5.1 Die gestaltete Küchengarnitur – Bruno Paul

28.5.1a
Kücheneinrichtung aus dem Haus Riffarth, München, Agnes-Bernauer-Str. 101
Bruno Paul
(Seifhennersdorf 1874-1963 Berlin)
Dresden Hellerau Deutsche Werkstätten, 1926/7
Fichte, rot und schwarz gestrichen
Lit.: AK Bruno Paul, München 1992, Kat. 507, 680
M 79, 15, 1-6

Die bewußt einfach gehaltene Küche entstand als Einzelauftrag für das Haus des Dipl.-Ing. Riffarth. Bruno Paul verwendet noch viele traditionelle Elemente aus der Zeit um 1910, wie die Raute, gedrehte Balusterstäbe und die Quadrate der Verglasung des Küchenbüffets, jedoch auch in ihrer Schlichtheit überraschend moderne Elemente wie die Zifferblätter der Wanduhr. Über die Reduktion der Formen hinaus, zeigt die Gestaltung der Küchenmöbel noch keine Ansätze zu einer rationellen Ausformung der Küchenmöbel.
Alle Grundtypen sind aus Traditionen des 19. Jh. herausentwickelt und nur durch die kühne Farbigkeit der gelackten Oberflächen im 20. Jh. angesiedelt.

Küchenanrichte
Kiefer, rot und schwarz gestrichen
Schubladen, Rückwand Preßspanplatte
130 x 116 x 62 cm
Unterbau auf geradem, eingezogenem Sockel mit zwei Türen und darüber zwei nebeneinanderliegende Schubladen. Vorkragende Arbeitsplatte. Aufsatz mit 23 cm tiefem Stellbrett, gefelderter, auf Rahmen und Füllungen gearbeiteter Rückwand zwischen hochoval ausgesägten Wangen mit Balusterstützen.

Geschirrschrank
Fichte, rot und schwarz gestrichen
180 x 126 x 65 cm
Unterbau: in der Mitte vier übereinanderliegende Schubladen, flankiert von zwei hochrechteckigen Türen. Darüber zwei ausziehbare Stellbretter. Eingezogener gerader Sockel. Unten offener Aufsatz von etwas mehr als halber Tiefe mit hochoval ausgesägten Wangen mit Balusterstützen. Darüber zweitüriger Schrank mit dreigeteilter Front mit Ornamentglasfüllungen. Quadratische, durch Holzstege in 16 Felder aufgeteilte Seitenfelder, Mitte zwischen aufgesetzten schwarzen Leisten hochrechteckig mit Rautensteg.

Hocker
Fichte, rot und schwarz gestrichen
47 x 39 x 39 cm (Sitz)
Quadratisch, mit vierpassförmigem Griffloch, auf kreuzförmig ineinandergesteckten, in Bogenlinien ausgesägten Brettbeinen. Orangefarbig lackiert, Sitz schwarz eingefaßt.

Handtuchhalter
Fichte, rot und schwarz gestrichen
19 x 60 x 10 cm
Dunkelorangefarbig lackiert, querrechteckiges, unten eingezogenes Wandbrett mit fünf dünnen Metallhaken und darüber jeweils weißen Rechteckschildern mit schwarzer Beschriftung: Wischtuch, Handtuch, Messertuch, Tellertuch, Gläsertuch. Gerades Deckbrett, rechteckige Wangen mit abgerundeter Ecke und durch diese durchgestreckte schwarz lackierte Vorhangstange.

Wanduhr
Fichte
23 x 23 x 4 cm
Quadratisch, mit kreisförmig angeordneten arabischen Ziffern. Gehäuse, Ziffern und Zeiger orange, Zifferblatt elfenbeinfarbig gestrichen. Werk erneuert.

Deckelhalter
Fichte, rot und schwarz gestrichen
67 x 26 x 20 cm
Orangefarbig gestrichen, pylonenförmig sich nach oben verjüngend, mit in die Wangen eingesägten, schrägen Schlitzen zum Einstecken der Deckel. Gerades Sockelbrett mit vorgesetztem, schwarz lackiertem, gedrechseltem Steg. H. O.

28.5.1b
Elektrischer Volksherd Protos
Siemens
Gebrauchsort München, 1929
Eisen, 82 x 61 x 47,5 cm
Lit. Bieling, Scholl, Elektrogeräte für den Haushalt, Ihre Entwicklung im Hause Siemens, Berlin, München, 1966
München, Deutsches Museum 1987-173

Der erste Siemens-Elektroherd entstand 1926 als Tischherd mit untergestelltem runden Bratrohr. 1929 wurde diese Herdform verbessert und kam als »Volksherd Protos« mit dem nun eingebauten runden Bratrohr auf den Markt.

28.5.1c
13 Teile runde und ovale Jenaer Glas-, Koch-, Brat-, und Backgeschirre
Jenaer Glaswerk Schott & Gen.,
nach Entwürfen von Wilhelm Wagenfeld und Werksentwurf
Jena, 1928-1932
Glas, ø 21-30 cm
Jenaer Glaswerke Schott & Gen.,
Lit.: Die Jenaer Glasküche morgens mittags abends, Jena [um 1932]
AK Design im 20. Jahrhundert, Köln 1989
Nürnberg, Galerie Auch

Die runden und ovalen Back- und Bratformen sowie Bratschalen, Auflaufformen, Bratpfannen und die Backform aus feuerfestem Glas waren seit Mitte der 20er Jahre dieses Jahrhunderts auf dem Markt. Dazu erscheinen Kochbücher, z. B. ›Die Jenaer Glasküche‹, die zeigen »wie man Speisen und Getränke appetitlich und wohlschmeckend zubereiten und in dem gleichen Gefäß, in dem sie gekocht, gebraten oder gebacken wurden, zu Tisch bringen kann. Kochen in Jenaer Glas heißt Nährwerte erhalten, Zeit und Heizung sparen und trotz geringerer Arbeit seine Mahlzeiten am gepflegten Tisch mit Genuß einnehmen (...) Aus dem Ofen heraus werden die Schüsseln auf den Tisch gebracht, denn die Formschönheit der Jenaer Haushaltsgläser macht sie zugleich zum Tafelgeschirr ...«.
Was für Geschirre gibt es aus feuerfestem Jenaer Glas?
Kurz gesagt: für jeden Zweck! In der Tat ist die Auswahl unter den feuerfesten Jenaer Haushaltsgläsern heute so groß, daß jeder Wunsch erfüllt werden kann.
Dabei ist zu beachten, daß ja jede Form für viele Speisen und Zwecke geeignet ist. Die porenfreie Oberfläche nimmt keinerlei Speisereste auf und ist daher nach sachgemäßer Reinigung völlig geruchlos. Wir können also in einer Form heute Fleisch, morgen Fisch, übermorgen Süßspeisen zubereiten.
Oder denken wir an die Backschale. Die übliche Bratpfanne wird nur für gebratene Speisen, wie Pfannkuchen, Braten, verwendet. In der gleichen Form aus feuerfestem Jenaer Glas können wir auch Torten zubereiten. So hat jede Form ihre vielfache Verwendungsmöglichkeit, die den Wert noch erhöht (...).«

28.5.2 **Die Münchner Küche – Robert Vorhoelzer**

28.5.2a
Die Münchner Küche
Robert Vorhoelzer
(Memmingen 1884-1954 München),
München, 1928/29
Rekonstruktion nach Zeichnungen und Photos
Lit.: Aicher, Die Küche zum Kochen, Das Ende einer Architekturdoktrin, München 1987, S. 16
AK Robert Vorhoelzer – Ein Architektenleben, Die Klassische Moderne der Post, München 1990

Im Rahmen des sozial orientierten Wohnungsbaus planten Architekten für die Bewohner ihrer Mietshäuser auch Küchen bis in jedes Detail für alle Arbeitsabläufe. Für die Siedlungen des Architekten Ernst May entstand dieser Prototyp aller modernen Küchen. Diese ›Frankfurter Küche‹ war eine schmale Gangküche für eine Person, die eine moderne technische Lösung für die Hausfrau anbot. Mit rationalen ergonomischen Überlegungen waren alle Vorräte, Kochstellen, Zubereitungsplätze, Abstell- und Anrichtflächen geplant, um Arbeitskraft und Zeit zu sparen. Nur mit der Konsequenz: »Der Haupteinwand gegen diese Art von Küchen ist der, daß die Menschen meistens anders wirtschaften als hier vorgegeben ist. Kinder dürften sich wirklich nicht während des Kochens bei der Mutter aufhalten ... und viele brechen nicht mit der Gewohnheit, in der Küche zu essen.« (Ludwig Neundörfer 1930).

28.5.2a

Frankfurter Küche, 1927

Eine Antwort auf die rigide Funktionalität war die Wohnküche Robert Vorhoelzers, der in seinen Wohnsiedlungen für Postbeamte eine andere Lösung vorschlug. Er plante eine Küchennische, die vom Wohn/Eßraum durch eine Glaswand mit Durchreiche getrennt war, aber Blickverbindung und Kontakt zwischen beiden Raumteilen erlaubte. Die transparente Trennwand aus Holz und Glas zwischen Kochnische und Wohn/Eßraum hat sich in der Folge nicht durchgesetzt und wurde in vielen Münchner Wohnungen verhängt oder andersartig geschlossen. Die Zukunft gehörte der ›Frankfurter Küche‹, die über eine Ausstellung in Schweden 1930 in den 50er Jahren als Schwedenküche wieder nach Deutschland zurückkam. Alle ›modernen‹ Küchen sind Lösungsvorschläge für den Massenwohnungsbau, die vernünftige technische Lösungen für ein sparsames Platzangebot enthielten und mit ihrem Charakter als »Einbauküchen« sich für alle Bereiche durchsetzten.

Die ›Münchner Küche‹ hatte durchdachte Lösungen anzubieten: wie Belichtung und Belüftungseinrichtung für Bad und Kochnische, die auf die Loggia hinausgehenden Klappfenster mit Kippflügelverschlüssen, das durchlaufende Seitenoberlicht, das den Flur erhellt, die Entlüftungskamine mit Aero-Klappe für jedes Bad und jede Küche, das Emaillebecken der Spüle, das innen mit einem Holzrahmen bündig abschließt und dadurch Geschirrbruch eingeschränkt, und schließlich heißt es: Die gesamte Kücheneinrichtung hat sich im Gebrauch bewährt. . . . Die Einbaumöbel werden von den Mietern sehr geschätzt.

Als besondere Neuerung beschreibt eine Autorin 1928 die Anordnung und Ausführung des Herdes und der Spülwand, den leicht zu reinigenden Gasherd mit hochgelegenem Bratrohr, das Becken, das – unten frei – Arbeit im Sitzen ermöglicht, betont den Schwenkhahn über Spüle und Ausguß, den seitlich hochzuklappenden Drahtkorb zum Gemüsewaschen und Abspülen des Geschirrs, den ausziehbaren Drahtbehälter unter der Spüle für Waschmittel, Bürsten etc. sowie den tief gelegten Ausguß für Schmutzwasser. H.O.

Die neuzeitliche Idealküche der Eschebachwerke, 1930.
Aus: Erna Horn, der neuzeitliche Haushalt, München 1930.

28.5.3 **Küchenbüffet**

28.5.3a
Weißes Küchenbüffet
Mellmann-Küche, um 1928
178 x 189 x 51 cm

Unterteil mit drei Türen, Oberteil viertürig, die beiden mittleren verglast (Eisblumendekor). Alle Türen seitlich vorgerundet. Große querrechteckige Stollenfüße mit integrierten Schubladen.
Scharnierbeschlag weit in die Türen hereingreifend gearbeitet. An der Innenseite der rechten unteren Türe Montage für Gewürzgläser.
14 Gläser verschiedener Größe mit Schraubdeckel vorhanden. Innenseite der mittleren Türe: Einteilung für Putzgerät.
Hinter der linken Türe 6 Schubladen inkl. Metallschublade für Geld und emailliertes Brotfach.
Über der mittleren Türe ausziehbares Stellbrett.
An der Innenseite der linken oberen Türe Eiersanduhr und Etikett: Mellmann-Küchen.

28.5.3b
Küchenbuffet
Süddeutsch, um 1956
Buche massiv, Eschenfurnier auf Sperrholz und Fichte, Griffe Bakelit, Linoleum
94/171 x 159 x 53 cm
Lit.: vgl. AK Gelsenkirchener Barock, Gelsenkirchen 1991
M 88/49

Der Typ eines Reformküchenschrankes wurde seit der Mitte der 20er Jahre in modernen Formen – wie hier – oder mit historisierendem Dekor von Möbelfabriken in großen Stückzahlen angeboten und ab Werk vollständig eingerichtet verkauft. Dazu gehörten in der Regel ein offenes Mittelfach, ein mittlerer Vitrinenteil für das ›schöne Porzellan‹, das Brotfach, Besteckschubladen, Fächer für Geschirr und Kochtöpfe, Schütten für Vorräte aus Glas und als Besonderheiten ein verschließbares Fach für Haushaltsgeld, ausklappbare Brotschneidemaschine, Gewürzdosen und Eierfach.
Das Küchenbuffet verbindet Funktionen wie Bevorratung, Kochen und Anrichten eines Küchenschrankes mit den Ansprüchen eines repräsentativen Buffetmöbels und ist damit das Verbindungsstück, in dem Küche und Eßzimmer zur Wohnküche amalgamiert werden.
Vor der Verdrängung durch die ›moderne‹ Einbauküche waren diese Küchenbuffets Möbel, die in nahezu allen Haushalten vertreten waren. Es ist erstaunlich, daß in einer mobilen Gesellschaft mit häufigem Wechsel der Wohnung und des Wohnortes Einbauküchen, die man nur schwer oder nicht mitnehmen kann, eine so ausschließliche Vertretung erfahren haben. H.O.

25.5.4 Anbauküche und neue Lösungen

28.5.4a
Schrankelement aus einer Leicht-Küche
Herst.: Fa. Gebrüder Leicht, Schwäbisch-Gmünd, um 1956
Sperrholz, weiß und farbig lackiert
Anrichte: H 84,5 B 1,10 T 54 cm
Oberschrank: 80 x 109,5 x 35,5 cm
M 91/16-17

Neben der Einbauküche Poggenpohl 2000 war die Leicht-Küche in den 50er Jahren weit verbreitet. Sie zeichnete sich durch die ungewöhnliche Konstruktion der Oberschränke aus, die nach oben tiefer wurden und nach vorne mit schräg gestellten Schiebetüren verschlossen wurden. Das hatte den Vorteil, daß nach oben große und leichte nach unten kleine Gefäße und Geräte zu stehen kamen, die öfter gebraucht wurden.
Die Schiebetürenkonstruktion vermied schmerzhafte Kollisionen bei geöffneter Oberschranktür, die ein entschiedener Nachteil von Klapptürenkonstruktionen bleiben.
Die Leicht-Küche war in großen Teilen aus leichtem Sperrholz gefertigt, wurde an verschiedenen Stellen durch eingesetzte Gitter entlüftet und verfügte über eine herausklappbare Brotschneidemaschine.
Die pastellfarbige Farbgebung der Flächen

25.5.4b

war durch die Ästhetik der 50er Jahre bedingt.
Die Firma Leicht wurde 1928 gegründet und arbeitete als mittelgroßer Betrieb mit 300 Angestellten, welche diese Kombinationsschränke als genormte Großserie fertigte. H.O.

28.5.4b
Frau Kramer
Juliane Stiegele (tätig in Augsburg), 1982
Mischtechnik (Acryl, Leinwand, Holz, Porzellan)
208 x 158 cm
Gm 84/1

28.5.4c
Küchenbaum – Die minimale Lösung
Stefan Wewerka
(geb. 1928 Magdeburg)
Herst.: Tecta, Lauenförde,
in Produktion seit 1984
Stahlrohr, verchromt, Plexiglas, Granit, Sperrholz
196 x 120 cm
Lit.: AK Design heute, Frankfurt 1988, S. 166, Kat. 362
A 92/102

Der Küchenbaum verbindet durch seine Mittelsäule die verschiedenen Arbeitsflächen in der Form von schwenkbaren und höhenverstellbaren Kreissegmenten. Im Innern der Säule laufen die Zuleitungen. Die minimalistische Arbeit entstand im Widerspruch zu den Massiven, stabilen Elementen der sonst üblichen Schrankküchen. Die verschiedenen Funktionsflächen sind dazu da, um auf drei Elektroplatten zu kochen, auf einer Holzplatte zu arbeiten und zu essen, in einer Spüle abzuwaschen, in einem Ring Utensilien zu stauen, im Korb Zutaten bereitzuhalten sowie an Hakenstangen Kochgerät und Tücher zu hängen.
In seiner Beschränkung auf das Wesentliche versucht der Architekt und Bildhauer Wewerka, die Bewegungsabläufe des Wirtschaftens und Arbeitens in die mobilen, asymmetrischen Arbeitsflächen umzulenken. H.O.

28.5.4d
Küchenwerkbank Variation 1: pur
Entwurf: bulthaup-Werksteam,
Aich, 1988, Edelstahl
93,4–101,4 x 261 x 72 cm
Leihgabe bulthaup GmbH & Co., Küchensysteme, 8318 Aich

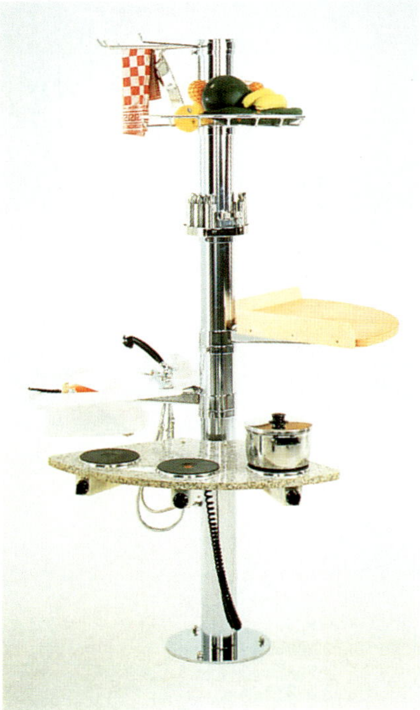

28.5.4c

Die bulthaup ›Küchenwerkbank‹ stellt einen neuen technisch geprägten Typ von Küche dar, der in konzentrierter Funktionseinheit, die zum Kochen notwendigen Arbeitsfelder mit Kochfeld, Kochstellarmaturen mit Flachbecken, verschiebbaren Arbeitsbrettauflagen, Müllabwurf, Tiefbecken und Abstellplatz in Tischform zusammenfaßt. Ihre besondere Wertigkeit erfährt sie durch die Möglichkeit einer freien, wandunabhängigen Aufstellung. Wie in dem professionellen Küchenraum heutiger Berufsköche oder in den herrschaftlichen Schloßküchen mit ihren umgehbaren Kochmaschinen erlaubt dieser freie Stand im Raum – jetzt im häuslichen Gefüge –, daß zwei oder drei Personen stehend in Gemeinschaft an der ›Küchenwerkbank‹ Essen vor- und zubereiten. Die in die Mitte des Raumes gesetzte Herdstelle könnte ebenso an die Position der zentralen Feuerstätten in Haus und Hütte vergangener Zeiten erinnern, von der aus die arbeitende Hausfrau das Geschehen im Hause überblickte und regelte und um die sich die Bewohner des Hauses scharten.
Herd und Arbeitsfelder mit der ›Küchenwerkbank‹ in den Raum gestellt, geben auch die Möglichkeit, dem bevorstehenden sinnlichen Erlebnis des gemeinsamen Essens das sinnliche Erlebnis des Kochens in Gemeinschaft voranzustellen.
Mit dieser Werkbank werden vor allem auch die Ideen und Vorgaben Otl Aichers realisiert, die er 1982 mit seinem Buch »Die Küche zum Kochen. Das Ende einer Architekturdoktrin« festsetzte und beschrieb. Die Wichtigkeit der sinnvollen Ausstattung und Ausrüstung des Arbeitsplatzes Küche mit exakten Forderungen an seine Gestaltung u.a. hinsichtlich des Herdbereiches mit Dunsthauben, die die offene Organisation der Geräte ermöglicht, der Naßbereiche mit flachen und tiefen Becken, Armaturen, Arbeitsplatte, Arbeitshöhe (die Werkbank ist höhenverstellbar), des Materials, verband er mit Ansprüchen an den Arbeitsplatz Küche, die einer geselligen, angenehmen Nutzung entgegenkommen. U.Z.

28.5.4d

29.1.8

KOCHKUNST IN BAYERN

Bis in die moderne Zeit, wo der überregionale Handel mit Lebensmitteln die traditionelle Einheit von Produktion und Verzehr aufgelöst hat, war die Ernährung der Menschen weitgehend von den Ernten, Viehbeständen und Märkten ihrer unmittelbaren Umgebung abhängig. Über Jahrhunderte war die Küche also notwendig ›regional‹, ohne daß man allerdings einen Begriff von dieser Eigenheit gehabt oder sie gar besonders wertgeschätzt hätte.

Im Gegensatz dazu fällt bei der Betrachtung der Eßgewohnheiten der Oberschicht vom Mittelalter bis ins 19. Jahrhundert auf, daß ihre Rezepte von einer starken Internationalität geprägt sind, die auf einem im wesentlichen identischen Lebensstil des europäischen Adels und später des Großbürgertums beruht. Hier war die Abhängigkeit von einheimischen Produkten geringer, während die Formen ihrer Zubereitung von Regeln geprägt wurden, die überregionale Gültigkeit besaßen.

Dies änderte sich in Deutschland erst mit dem neuen Natürlichkeitsideal im späten 18. Jahrhundert und mehr noch in der Folge der Romantik, als man mit der nationalen Vergangenheit auch den Reiz der ›einfachen, volkstümlichen‹ Lebensart entdeckte – gemeinsam mit dem Interesse für die Trachten erwachte auch der Geschmack für die Gerichte in ihrer regionalen Besonderheit. Dies läßt sich deutlich ablesen an den Kochbüchern der Zeit, die nun Gerichte als ›typisch‹ bayerisch, schwäbisch oder badisch definieren und damit einem größeren städtischen Publikum erst als solche bewußt machen.

Zugleich brachte die Epoche des Nationalbewußtseins auch ein wirtschaftliches Denken mit sich, das die Produkte des eigenen Landes in den Vordergrund stellte und weitgehende Unabhängigkeit von Importen forderte.

Johann Georg Krünitz verweist 1806 in seiner von den Tendenzen der Aufklärung geprägten ökonomisch-technologischen Enzyklopädie auf die Vorzüge einheimischer Nahrungsmittel, die für den Menschen als die gesündesten anzusehen sind:

»Die Menschen würden, bey dem Gesetze der Mäßigkeit, sehr glücklich und gesund seyn, wenn sie sich mit den Nahrungsmitteln begnügten, die ihnen ihr eigener Grund und Boden liefert. Denn wie der Schöpfer überhaupt die natürlichen Produkte eines jeden Landes nach den Bedürfnissen der darin lebenden Menschen und Thiere eingerichtet hat: so hat er vornehmlich auch jedem Lande seine eigenen Nahrungsmittel gegeben, welche der Natur der darin lebenden Geschöpfe angemessen sind. Wir könnten unsern Hunger und Durst stillen, und ihn selbst mit der größten Wollust des Gaumens befriedigen, mit Speisen und Getränken, die unser Klima reichlich hervorbringt. Zu diesem Ende hätten wir gar nicht nöthig, aus anderen Welttheilen die Nahrungsmittel herzuholen, die unsern Körper zerstören, weil sie nicht für unser

Der Münchner Speisezettel um 1854/57

»Der Münchner hat sich von jeher des Rufes erfreut, daß er sein Theil auf Essen und Trinken halte. Vom Standpunkte der Unpartheiligkeit aus können wir ihm auch in der That eine übertriebene ((Thätigkeit,)) Mäßigkeit u. Nüchternheit nicht zur Last legen, obwohl er zuletzt auch mit Wenigem sich zu begnügen weiß.
Den Grundsatz: »Sechs Tage gedarbt und am siebenten gejubelt« bringt er viel häufiger zur Praxis als jenen eines gleichmäßigen mittleren Durchschnittsgenusses. Man belausche nur einen Bürgersmann der mittleren Schichte, wenn er mit Weib und Kindern einen Ausflug nach den benachbarten Unterhaltungsorten macht. Da wird herzhaft dafür gesorgt, daß der Wirth seinen Verdienst habe und der beträchtliche Ballast an kaltem Fleische, Schinken und Würsten pp der von daheim mitgeschleppt wird, dient nur zum ›Zuspitzen‹, wie sie sagen, und thut den ergiebigen Portionen, die an Ort und Stelle zugeführt werden keinen Abbruch. Zu dem poetischen Genuß einer ländlichen Parthie bedarf es immer eines materiellen Gegengewichtes, das meist zu einem Uebergewichte wird, und in dieser oder jener Weise das Gleichgewicht stört. – Zerlegen wir nunmehr den bürgerlichen Mittagstisch in seine Bestandtheile, nachdem wir vorerst bemerkt, daß der Morgen die Familie beim Kaffee findet, – wenigstens Weib und Kinder, während der Eheherr namentlich in den unternen Klassen ein späteres Frühstück von Bier und Brod nicht selten vorzieht. – Ein kräftiges und ergiebiges Stück Rindfleisch spielt die Hauptrolle am werktägigen Mittagstische der um 11 Uhr bei den Gewerbetreibenden gedeckt sein muß. Der Feiertag hinwieder bringt das unvermeidliche »Kalbsbratl«, ohne welches er zuverläßig zu den verlorenen gerechnet würde. Der Kalbsbratengeruch im ächten Münchner Bürgerhause mittleren

Schlages gehört so wesentlich zur festtägigen Stimmung, wie das Sonntagsgewand und die gewichsten Stiefel.
Die Vortrefflichkeit des Münchener Kalbfleisches weiß aber auch jedmännlich zu rühmen, und der zureisende Fremde wird dieses Urtheil bestätigen. In dieser Güte mag auch eine Entschuldigung liegen für jenes erstaunliche Quantum, welches das Jahr über den Verdauungsprozeß durchzumachen hat. Im Jahre 1840/41 wurden gegen 90,000 Kälber in München geschlachtet, und im Jahre 1830, wo die Bevölkerung etwas über 77,000 Seelen erreichte, wurden 76,979 Kälber verzehrt, so daß durchschnittlich auf jede »Seele« ein Kalb traf! Hierbei darf nicht unberücksichtigt bleiben, daß ein gutes Theil Kalbfleisch zu s.g. kälbernen Bratwürsten verarbeitet wird, welche item ein ganz besonderes Lieblingsgericht des Münchners bilden, ohne daß der Geschmack hierfür von auswärts in gleichem Maaße getheilt wird. Ueberhaupt ist das Münchener Wurstfabrikat noch zu keinem erklecklichen Rufe gelangt, obwohl die s.g. Mannheimer-Köche ein rühmenswerthes Nachahmungstalent entwickeln, und gar Manches als Frankfurther oder Gothaer Waaren cursirt, was der guten Stadt München seine Genesis verdankt. So kündet sich denn selbst in diesen kleinen Dingen der Mangel am marktschreierischen Talenten, das selbst noch heutzutage dem Münchner Gewerksmanne – wie dem Süddeutschen überhaupt – weniger geläufig ist als seinen nördlicheren Collegen im Reiche. Statt des Kalbsbratens erscheint an hohen Festtagen wohl auch eine ›fette Gans‹ auf dem Tische, doch ist im Allgemeinen der Verbrauch von Geflügel in den Bürgerhäusern ein ziemlich geringer. – Das alles wird nun verzehrt, unabhängig des ergiebigen Quantums Rindfleisches, das in München seiner Bestimmung entgegengeht.
Ueber 20,000 Mastochsen, Stiere, Rinder und Kühe bilden die Hekatomben, welche alljährlich dem Appetit der Münchner Bevölkerung zum Opfer fallen. Die Erscheinung wird erklärlich, wenn man nur bedenkt, was alltäglich am halbgesottenen s.g. ›Tellerfleisch‹ oder ›Kronfleisch‹ als Vormittagsimbiß verzehrt wird, ohne daß es einen entscheidenden Einfluß auf den Mittagsappetit zu äußern vermöchte!
Wir haben, als zu dieser Kathegorie gehörig, noch eines ganz besonderen Lieblingsgerichtes der Münchner Erwähnung zu thun. Ein gebratenes ›Spanferkel‹ (Frischling) bildet unzweifelhaft den Glanzpunkt eines festlichen Bürgermahles! – Der Braten wird nicht selten durch ein s.g. Vor-

Klima und unsere Natur geschaffen sind. Der Asiater, Afrikaner und Amerikaner bekümmert sich gar nicht um die europäischen Speisen, und hat nicht die geringste Sehnsucht darnach. Diese Völker genießen allein das, was ihnen ihre eigenen Länder darbieten. Bloß der Europäer ist damit nicht zufrieden, sondern mit einer unersättlichen Begierde und mit der größten Lebensgefahr bringt er aus allen Welttheilen eine Menge von Nahrungsmitteln zusammen, deren er völlig entbehren kann.«

Dem Rat, die landestypischen Nahrungsmittel zu verwenden, entspricht auch die Tendenz des ausgehenden 18. Jahrhunderts, eine regionalspezifische Kochkunst zu propagieren. Kochbücher, regional oder lokal an eine Stadt gebunden, waren bereits im 17. Jahrhundert bekannt (u.a. Nürnbergisches Koch-Buch von 1691 oder das Augsburger Kochbuch von 1788). Seit Ende des 18. Jahrhunderts, den neuen Zeitströmungen folgend, vergrößert sich deren Zahl. In Bayern erscheinen seit 1800 ›Bairische Kochbücher‹, ›Bairische Nationalkochbücher‹, aber auch Kochbücher, die in ihrem Titel Bamberg, Würzburg, Regensburg, Lindau oder München als spezifische Herkunft angeben. Sie alle waren bestimmt für den städtisch-bürgerlichen Haushalt, während in ländlich-bäuerlichen Küchen diese Kochbücher erst mit dem Entstehen der Landwirtschafts- und Haushaltungsschulen am Ende des 19. Jahrhunderts Eingang fanden. Solche regionalen Kochbücher erscheinen bis zum Ende der 1870er Jahre in zahlreichen aufeinanderfolgenden Auflagen. Die politischen Gegebenheiten nach der Reichsgründung von 1870 gaben den Ausschlag für die vermehrt erscheinenden ›deutschen‹ Kochbücher. Seit 1872 sind auch ihre Maßsysteme vereinheitlicht.

Die bayerischen Kochbücher des 19. Jahrhunderts vermischen die ländlich-bäuerliche Küche mit der an französischem Vorbild orientierten feinen Kochkunst des Adels und des Bürgertums. Weite Teile der Bevölkerung Süddeutschlands hielten bis ins 20. Jahrhundert an der traditionellen, regionaltypischen Mehlspeis- und Schmalzkost fest, die sich aus der Abhängigkeit von eigenen Produkten, dem Festhalten überlieferter Lebensformen und dem Jahreslauf in der Landwirtschaft ergab. Diese Küche mit einer Vielzahl von Nudeln und Knödeln hatte auch für die Region München ihre Bedeutung,wie Heinz Haushofer 1978 zusammenfaßt:

»München mit seinen Vorstädten und den umliegenden Dörfern lag bis ins 19. Jahrhundert eindeutig im Gebiet der sog. Mehlspeisen- oder Schmalzkost, wobei der Fleischgenuß beim ›gemeinen Volk‹ im Mittelalter zunächst den Hohen Feiertagen, dann allen Feiertagen, mit fortschreitender Wohlhabenheit allen Sonn- und Feiertagen, vorbehalten blieb.« Mehr oder weniger Fleisch – das war ein Wertmesser für den Lebensstandard. Grundlage aber blieben Roggen- und Weizenmehl, wobei anstelle des eigentlichen Weizens in Altbayern noch bis ins 19. Jahrhundert vielfach der Vehsen (oder Dinkel) trat. Das Kochfett war fast ausschließlich das Butterschmalz. Diese Kost hatte sich, nach einer Feststellung des Münchner Anthropologen Heinrich von Ranke 1872 in ihrer Grundlage ›im großen Ganzen seit 2 1/2 Jahrhunderten kaum geändert‹, wie er aufgrund der Rechnungen seines nahe bei München liegenden Gutes Laufzorn nachwies. Noch 1872 zeigte der Küchenzettel seines Betriebes: Mo. Mehlschmarrn, Di. Semmelknödel, Mi. Nudeln mit Kraut, Do. Knödel mit Kraut, Fr. Nudel mit Gemüse, Sa. Semmelschmarrn, So. Fleischknödel.« Es liegt auf der Hand, daß eine solche Kost dem Einbau des Gemüses in den Küchenzettel nicht entgegenkam. Wurde einmal Gemüse auf den Speiseplan gesetzt, so kann man dies schon fast als eine Ausnahme in diesem fortschrittlichen Gutshaushalt betrachten.

Ein beliebter Ratgeber war das ›Baier'sche Kochbuch‹ der Maria Katharina Daisenberger, geb. Siegel, das seit den 1820er Jahren in vielen Auflagen erschien. Das Kochbuch der M.K. Daisenberger enthält, wie die meisten der zwischen 1800 und 1878 erschienenen bayerischen Kochbücher, sowohl einige Besonderheiten als auch Gemeinsamkeiten im Vergleich mit den Kochbüchern anderer deutscher Regionen, die hier kurz angedeutet werden sollen. Allen gemeinsam ist das getrennte Rezeptangebot für Fleisch- und Fasttage. Die Auflistung der Rezepte entspricht der Servierfolge bei Tisch, dabei sind sechs Gänge (Suppe, Voressen, Fleisch mit Gemüse, Braten, Fisch, Dessert) in gehobenen Haushalten üblich.

Als regionale Spezialitäten sind vor allem die vielen Rezepte für Suppen mit Knödeleinlagen (Fleisch, Grieß, Kartoffel, Mehl, Semmel, Brösel), die Voressen (vorzugsweise ›Ragout‹ oder ›Eingemachtes‹, meist Kalbfleisch, Rindfleisch und Innereien) zu nennen. Die Gemüse, die man zusammen mit Fleisch auch zu einem Gang verbunden servierte, sollten mit der sogenannten ›Einbrenn‹ zubereitet oder mit Mehl gestäubt werden. Dieses Andicken der Gemüse wurde zu einer Besonderheit der bayerischen Küche.

Für Braten und Bratengang enthalten die meisten Kochbücher Rezepte für Wild, Geflügel, Kalb-, Rind- und Schweinefleisch. Am beliebtesten und gebräuchlichsten waren dabei Kalb- und Rindfleisch. Das ›Kalbsbratl‹ als Sonntags- und Festtagsbraten und das gekochte Rindfleisch als Alltagsgericht bleiben in fast keiner Schilderung der Münchner Lebensgewohnheiten unerwähnt.

Das Schweinefleisch spielte eine geringere Rolle, und nur Spanferkel erreichten eine größere Beliebtheit. Die Verwendung von Innereien und des gesamten Schlachttieres – besonders des Kalbes – vom Kopf bis zu den Füßen, könnte als Eigenart der Rezeptsammlungen bayerischer Kochbücher gelten. Euter, Kutteln, Kalbskopf, Kälberfüße u.a. sind heute auf dem Umweg über die ›Arme-Leute-Küche‹, für die sie etwa 1905 das Kochbuch ›Die gute Hausmannskost‹ (herausgegeben vom Münchener Verein für Volkshygiene) als sehr preiswerte Fleischspeisen empfiehlt, zum gesuchten ›Schmankerl‹ einer neu belebten bayerischen Regionalküche geworden.

Dem Bratengang folgte der Fischgang. Dafür und für die zahlreichen Fasttage boten die Kochbücher eine Vielzahl von Fischrezepten zur Zubereitung einheimischer und Meeresfische an. In der Fastenküche wurden gerne auch Krebse, Austern, Frösche und Schnecken verarbeitet.

Besonders fällt in den bayerischen Kochbüchern die Vielzahl der süßen und sauren Mehlspeisen auf. Sie bestimmten den Speisezettel der Fasttage oder schlossen als Süßspeisen das Essen ab. Die Vielzahl der Sülzen, süß und sauer zubereitet, scheint ebenso eine Besonderheit bayerischer Küche gewesen zu sein.

Der Knödel, Fundament einheimischer Mehlspeiskost und Zuspeise zum ländlichen Festtagsbraten, wird zusammen mit den Nudeln als traditionelles Fastengericht oder in zahlreichen Varianten, mit und ohne Fleisch, als Suppeneinlage genannt. Vor allem die Kartoffelknödel, als ›Kartoffel-Knöderl‹ für die Suppe bereits um 1820 im Siegel-Daisenberger-Kochbuch geführt, erfreuen sich in der Küche des endenden 19. Jahrhunderts zunehmender Beliebtheit, als sich in Bayern die Kartoffel weiter durchgesetzt hatte. Schließlich formierten sich ›Knödl‹ (Semmel- wie Kartoffelknödel) und Schweinsbraten mit dem Entstehen eines klischeehaften Bayernbildes am Ende des 19. Jahrhunderts zum bayerischen Nationalgericht.

Die wenigen Wurstrezepte in den Kochbüchern sollten den Köchinnen

essen eingeleitet, das aus eingemachter Lunge oder Leber oder Kuttelfleck (Rindsmagen) besteht. Das findet sich insbesondere häufig in den Wirthshäusern, welche die unverheirathete arbeitende Klasse verkostigen. – Gemüse wird verhältnismäßig weniger und bloß zum Fleische consumirt, doch gelten Kraut und Bayerische Rüben als bayerisches Spezificum.
Noch zu Anfang des vorigen Jahrhunderts lieferten die eigenen Krautgärten und Änger der Bürger ein ganz erkleckliches Deckungsmittel dieses Bedürfnißes. Mit den Kartoffeln, die noch vor wenigen Jahrzehnten vorzugsweise als Schweinfutter angesehen wurden, ist nunmehr völlige Versöhnung eingetreten und der Verbrauch kein geringer.
Dem gegenüber ist aber der Münchner gleichzeitig nichts weniger, als ein Feind namentlich fetter Mehlspeisen. Es wäre dieß auch in der That eine Calamität, da bei dem größeren katholischen Theile die Fasttage noch mit ziemlicher Gewissenhaftigkeit gehalten werden, wenn auch der ›Züchtiger‹ (Scharfrichter) mit seinen Knechten zur Zeit nicht mehr wie früher umgeht, in den Häusern und Nachsicht hält, ob das Fastenangebot nicht überschritten werde. Seit Erfindung der ›Dampfnudeln‹, die nicht unwahrscheinlich von München aus ihre herzengewinnenden Wanderungen durch das deutsche Vaterland und selbst über den Rhein machten, – seit Erfindung dieser Nudeln par excellence ist auch in der That dem Münchener das ›Fasten‹, – das sich vom ›Enthalten‹ in sehr wesentlichen Dingen unterscheidet, eine wohlfeile Tugend geworden. Früher, als noch Butter, Schmalz und Eier an Fasttagen verpönt waren, war die Carenz jedenfalls empfindlicher. Schon mit der Bulle Papst Sixtus IV. vom 26. Januar 1480 ist aber die Sache erträglicher geworden. Die Verwendung jener Ingredienzien wurde durch dieselbe aus dem Grunde gewährt, »quod in oppido Monacensi ejusque districtu ... non crescat oleum olivarum«. So wiegt doch in der Welt irgend ein Gewinn jeden Entgang wiederauf! –
An die Dampfnudeln reihen sich als Lieblingsgerichte die verschiedenen Sorten von Schmarren, Bafesen, Strauben und insbesondere die zahlreichen Spezies der bayerischen ›Knödel‹.(...) Die Qualität der Münchner Knödel hat unter Einheimischen und Fremden stets Anerkennung gefunden und ›Leberknödel mit saurer Sauce oder mit Sauerkraut‹ mögen wohl als ein Münchner Wahrzeichen gelten.«
Fentsch, S. 126-129.

Die ›Münchener Küche‹

»(...) Vor mehreren Jahren veröffentlichte ein Franzose in einer großen Pariser Zeitung eine Schilderung des Münchener Lebens, wie es sich ihm, dem Fremden, bot. Dabei nannte er die Münchener Bierhäuser, die sich ja vielfach auch ›Restaurant‹ nennen, große Sautroge, an denen sich die Einwohnerschaft Münchens mästet. Die Norddeutschen bezeichnen allgemein die Speisen aus Münchener Wirtshausküchen als ›Schlangenfraß‹ und die Österreicher reden davon nur als von einem ›besseren Schweinefutter‹. –
Ein vornehmer Italiener sagte dem Verfasser einst in Florenz: »München ist eine reizvolle Stadt und ich freue mich immer sehr, wieder dorthin zu kommen – allein es hat auch eine schlimme Seite: minderwertige Küche. Verirrt man sich gelegentlich aus seinem Hotel in eines der vielen Bierhäuser, um dort das Volksleben zu studieren, dann hat man sicher einige Tage an verdorbenem Magen zu laborieren«.
In München gibt es das beste Fleisch, wie kaum anderwärts in der Welt und auch die vorzüglichen Gemüse; allein in den Küchen wird in der Regel das Rohmaterial total verdorben. Wie man weiß, bereitet ein tüchtiger Koch selbst aus minderwertigem Material noch wohlschmeckende Speisen und darin liegt eben Kunst; ein schlechter Koch dagegen verdirbt auch das allerbeste Material. In München fehlen zumeist geschulte Köchinnen, wie man sie namentlich in Wien findet, die die Zubereitung der Speisen mit Verständnis und Sorgfalt betätigen und so herrscht gewöhnlich in den Küchen der ›Restaurants‹ eine unglaubliche Schlamperei, die anderwärts niemals geduldet würde.
Alles, was serviert wird, trieft von Wasser oder übelschmeckendem Rindsfett; denn schwimmen muß jede Speise nach »Münchener Art«. Gewürze scheint man in diesen Küchen gar nicht zu kennen; wenigstens finden sie kaum eine Verwendung, ja selbst Salz und Pfeffer erachtet man dort als überflüssig. Sind auch Speisen völlig mißlungen, und dies trifft leider nur zu oft zu – sie werden den Gästen doch vorgesetzt! Beschweren sich aber die Gäste, dann finden in der Regel die Wirte die Beschwerden unberechtigt und jene Gäste als unangenehme Nörgler; falls dies jedoch ganz unmöglich erscheint, dann drücken sich die Wirte mit einigen faulen Witzen um die Ecke. Manchmal kann aber ein Gast, der nicht alles, was ihm vorgesetzt wird, unbesehen schlucken will, eine reichlich bemes-

Anregungen geben, verschiedene Fleischsorten, reines Schweinefleisch oder Innereien, zu verarbeiten. Auch die Metzgerwürste Münchens waren kulinarisch unbedeutend, wie sie noch 1841 C. Fernau in seinem ›Münchener Hundert und Eins‹ beschreibt: »Ebenso wenig Ruf kann sich München in Hinsicht seiner Würste beilegen. Das beste Produkt hierin ist noch immer fremdes, Regensburger, Nürnberger, Braunschweiger, Gothaer, Mannheimer«.

1857 allerdings verbessert sich die Lage mit der legendenhaften Erfindung der Münchener Weißwurst. Der Siegeszug der Weißwurst als Nationalgericht begann, scheint aber in München mit einigen Schwierigkeiten verbunden gewesen zu sein, wie Hermann Heimpel (geb. 1902) aus seiner Kindheit schildert: »Die Pinakotheken überließ man, da man sie ja ›kannte‹, wie überhaupt die Klassiker, gern den Fremden, wie überdies auch das Hofbräuhaus, auch zu den Weißwürsten gingen Spengels damals noch nicht, denn Münchener lebten weniger münchnerisch, als Fremde glaubten; es wäre auch zu spät gewesen, denn eine Weißwurst ›darf das Elfuhrläuten nicht gehört haben‹«. (Heimpel 1985, S. 106 f).

Die bürgerlich-städtischen Haushalte, primäre Zielgruppe der bayerischen Regionalkochbücher, waren mit mancherlei Gemüse- und Salatsorten vertraut; seit Jahrhunderten gehörten bereits Kraut und Rüben zum ländlichen und städtischen Speisezettel. Alle Kochbücher gaben dazu einfache und verfeinerte Rezepte an.

Einige Gemüsesorten scheinen durch den Einfluß des nahen Italiens oder durch die Vermittlung Österreichs besonders beliebt geworden zu sein, wie etwa Artischocken, Broccoli und Blumenkohl (Karfiol). Selbstverständlich wurden, wie die Kochbücher vorschlagen und Marktbeschreibungen belegen, Bohnen, Erbsen, Kohlrabi, Sauerampfer, Spargel, Wirsing, Mangold, Rotkraut, Pilze als Gemüse und Endivien, Hopfensprossen, Chicorée, Rote Rüben, Brunnenkresse, Rapunzel, auch Pilze (meist Champignons oder Morcheln) zu Salaten verarbeitet. Einheimische und fränkische Gärtnereien beschickten die Märkte der Stadt. Seit Beginn des 19. Jahrhunderts versorgte zudem der mitteldeutsche Versandhandel Berufs- und Privatgärtner mit Sämereien für Gemüse- und Salatanbau. Die Tomate (Paradiesapfel) allerdings galt lange Zeit noch als giftig. Im allgemeinen wurde sie erst nach 1850 in den Küchen verwendet. Eine frühere Besonderheit belegt daher das Siegel-Daisenberger-Kochbuch der 1820er Jahre mit seinem Rezept für eine Paradiesäpfelsauce.

Diese Kochbücher bieten Gemüse nicht als Einzelgericht an, sondern nur zu Braten, gekochtem Fleisch, aber auch zu Bavesen. Mischgemüserezepte bleiben selten, und Eintöpfe fehlen im Gegensatz zu Norddeutschland bis in die 1860er Jahre ganz. Weite Teile der Bevölkerung aßen trotz des Angebots an verschiedenen Gemüsen nur Sauerkraut und Rüben. Dies mag sich mit dem sogenannten ›Pichelsteiner‹, einem Eintopf aus Kartoffeln, Gemüsen und Fleisch, der angeblich 1847 in Püchlstein/Ostbayern erfunden wurde, geändert haben. Der Eintopf wurde schließlich sogar immer mehr zum deutschen Nationalgericht. 1933 empfahl die Nationalsozialistische Partei den Deutschen einen ›Eintopfsonntag‹ im Monat und warb auf Plakaten und durch öffentliche Eintopfessen dafür.

Regionalkochbücher stehen vor allem in Süddeutschland im Spannungsfeld der feinen französischen Küche und der traditionellen bäuerlichen Kostweise. Dies bestätigen vor allem die an französischen Vorbildern ausgerichteten Rezepte für ›Frikassee‹, ›Ragu‹, ›Fleischschü‹, ›Frikando‹ und nicht zuletzt das bis heute für die Bayerische Küche charakteristische ›Bœuf a la Mode‹.

Das ›Böf a la Mod auf bayerische Art‹, in Essig und Gewürzen gebeiztes Rindfleisch, oder das ›Böf a la Mod auf französische Art‹, wie im französischen Originalrezept gespicktes Rindfleisch, in Wein und Gewürzen eingelegt und mit dem Zusatz von ›Soßlebkuchen‹ gedünstet, wurde zur Spezialität. Trotz oder wegen seiner französischen Herkunft eroberte dieses Gericht über die Küche des Adels und des höheren Klerus die bayerischen Küchen. Selbst in der ärmeren Oberpfalz wurde es zum typischen bürgerlichen Mittagessen. Selbstverständlich reiht auch Alfons Schuhbeck das ›Böfflamott‹ in die Rezepte seines ›Neuen Bayerischen Kochbuchs‹ (1991) ein. Daß dieser Einfluß der französischen Küche nicht von allen gelassen hingenommen wurde, belegt recht anschaulich die Kontroverse zwischen Graf Rumohr und dem Koch Jean Neubauer.

Anschaulich wird die sich wandelnde Situation in der ersten Hälfte des 19. Jahrhunderts in der Auseinandersetzung des Grafen Rumohr mit den Theorien von Jean Neubauer verdeutlicht. Neubauer, der in München tätige Mundkoch des Grafen von der Wahl und Herausgeber eines Kochbuches, in seiner gesellschaftlichen Umgebung selbstverständlich eingeschworen auf die französische Kochkunst, hatte in den 70er Jahren des 18. Jahrhunderts der Landesküche Bayerns den Krieg erklärt. Seiner Meinung nach passe sie bestenfalls zu den Bauernhochzeiten, tauge aber nicht für eine herrschaftliche Tafel.

Carl Friedrich von Rumohr (1785–1843) sieht bereits in den 20er Jahren des folgenden Jahrhunderts Jean Neubauers Kochbuch als das Musterbeispiel der von ihm abgelehnten Verfremdung der deutschen Kochkunst durch die Übernahme der französischen Küche an. Neubauers Werk sei neben vielen anderen Kochbüchern schuld daran, daß die »National- und Provinzial-Kochbücher, welche doch stets in der Volks- und Landesart begründet sind und fast ohne Ausnahme schmackhaft und nahrsam sind«, verdrängt worden seien.

Rumohr verficht diese Gedanken in seinem Buch ›Vom Geist der Kochkunst‹, das 1822 als eines der bedeutendsten deutschen gastrosophischen Werke erschien. Darin propagierte er allein die natürliche, der Landesart eigene Küche. Ihm gilt die Kochkunst der Franzosen – für ihn die ›Vertreter aller Gehäcksel und Vermengungen‹ – als Entartung, die er vor allem in Überwürzung und unnatürlichen Vermengung von Speisen sieht.

Diese Auffassung entspricht ganz der des Volksaufklärers R. Z. Becker, der in seinem Mildheimischen Liederbuch von 1799, einer Liedsammlung, die Denkungsart und Sitte des ›Volkes‹ verbessern wollte, das Essen nach französischem Vorbild kritisch charakterisierte:

»Wenn dort ein Leckermaul
im weichen Sessel hingestreckt,
die abgestumpften Zähne bleckt,
beym Ragout aus Paris:
O, dann wie wohl ist mir,
ich spotte jeder Erdennoth
bey kalter Kost und Butterbrod,
und Wein ist mir mein Bier«.

Rumohr, vertraut mit den Regionalkochbüchern seiner Zeit, wendet sich auch gegen das ›Baier'sche Kochbuch‹ von Daisenberger-Siegel. Darin habe Frau Daisenberger keineswegs die natürliche, landestypische Küche zusammengestellt, sondern gebe mit ihren Rezepten eine »apicische Geschmacksverirrung« weiter. Sie selbst rühmte, wie viele Autoren bayerischer Kochbücher, die Bayerische Küche als die Beste unter den Regionalküchen

sene Portion Grobheiten zur Erinnerung mitnehmen, denn die meisten Münchener Bierwirte, die sich ›Restaurateure‹ nennen, sind keineswegs zarte Naturen – sie waren ursprünglich Metzger und Schenkkellner und stehen vielfach auf dem protzigen Standpunkt: bleibt ein Gast weg, dann kommen zehn andere Gäste.
Die ›Münchener Küche‹ dreht sich in der Hauptsache um das ›Ewig Kälberne‹. In keiner Stadt der Welt wird soviel Kalbfleisch konsumiert als in München, was vom volkswirtschaftlichen Standpunkt aus keine erfreuliche Erscheinung ist. Besonders in den Bierwirtschaften, auch in jenen, die sich Restaurant nennen, bildet das Kalb das Fundament des ganzen Küchenbetriebes und vermutlich würde ein Münchener Wirt Selbstmord begehen, wenn er einmal durch besondere Umstände verhindert wäre, seinen Gästen Kälbernes vorzusetzen. Schon die Frühstücke bestehen hauptsächlich aus Kalbfleisch in allen möglichen Formen der Zubereitung: Bratwürste, die nicht wie anderwärts gebraten, sondern gesotten werden und in ihrer faden, völlig gewürzlosen Herstellung nach dem absoluten Nichts schmecken; – Weißwürste, die gelegentlich ganz gut sein können, wenn man sich daran gewöhnt hat; Kalbsherz gesotten, gedünstet oder gebraten; Kalbsleber essigsauer, geröstet oder gebacken; Kalbsnieren essigsauer oder geröstet; Kalbsbries, Kalbslunge, Kalbs-Gulyas usw. – Also hauptsächlich Würste und kälberne Eingeweide! Und so was nennen dann die Münchener ›Restaurateure‹ ›pikante‹ Frühstücke in reicher Auswahl. Die primitive und einseitig kälberne Frühstückskarte der Münchener Wirte erpreßte bekanntlich schon vor Jahren einem ›Volksdichter‹ die höhnischen Zeilen:
»Heut' gibt's Weißwürst' in der Soß,
Morg'n gibt's G'schwollne, Sie, die san famos:
Uebermorg'n kommen dann die G'selcht'n d'ran,
Nachher fang' ma wieda bei dö Weißwürst an«.
Mittags und abends wimmelt es nur so von Kälbernem aller Art, und zwar ohne Unterbrechung Tag für Tag. Voraus und jederzeit erscheinen die fünf unvermeidlichen ›Kalbsbraten‹ (Nieren-, Schloß-, Grat-, Schlegel- und Brustbraten), dann folgen die gebratenen, abgebräunten, gedünsteten und essigsaueren Kalbshaxen, die Kalbsköpfe en tortue, à la vinaigrette oder abgebräunt, Kalbshirn essigsauer oder in Tunke, Kalbszüngerl gedünstet und abgebräunt, Kalbsfüße gebacken oder in Tunke,

Kalbs-Gulyas, sowie Kalbfleisch gesotten, gebacken, gedünstet, gewichst und geschliffen. Und dabei reden die Münchener Wirte von einer ›reichhaltigen Speisenauswahl‹, ohne zu begreifen, daß die Einseitigkeit der ›Münchener Kalbsküche‹ nicht mehr übertroffen werden kann!«

Rollinger, 1907, S. 23-26

Nahrungsweise des oberbayrischen Landvolks

»Charakteristisch für die Nahrungsweise des Landvolks in ganz Oberbayern ist die fast ausschließende Herrschaft von Mehl-, Milch- und Schmalzspeisen mit einem Zusatz von Gemüsen und die Beschränkung des Genusses von Fleischspeisen auf die fünf höchsten Festzeiten des Jahres: Fastnacht, Ostern, Pfingsten, Kirchweih und Weihnachten, so daß Fleischspeise und Festgericht für den Bauern fast identisch wird; nur an den Festtagen im Leben des Einzelnen – bei einem Kindelmahl oder Hochzeitsschmaus – wird eine Ausnahme von jener Beschränkung, aber dann freilich auch in ergiebigem Maße, statuirt. Ursprünglich sind die naheliegenden Gründe dieser Diät wohl darin zu sehen, daß der Bauer eben in seiner Kost auf dasjenige angewiesen ist, was ihm sein Acker und sein Garten bieten; vom Stall kann er nur die laufenden Zinsen, Milch und alles, was sich aus Milch bereiten läßt, ziehen; das Kapital im Stall, das Vieh selbst, bedarf er theils zur Feldarbeit, theils gewährt ihm der Verkauf an den Metzger in der Stadt eine unentbehrliche Erwerbsquelle. Dazu kömmt nunmehr die seit Jahrhunderten eingewurzelte Gewohnheit; auch mag vielfach die übrige Lebensweise und die Beschäftigung eine solche Nahrung von mehligen und fetten Speisen fordern; Thatsache ist, daß in manchen Gebirgsgegenden, z.B. in den Bergen des Chiemgaus der ungewohnte Genuß des Fleisches den Leuten gaströse Beschwerden bereitet.«

Bavaria, 1860, 1. Bd. S. 439

Deutschlands und empfiehlt ihr Kochbuch für 1 Gulden 45 Kreuzer den bürgerlichen Haushalten. Das Kochbuch hatte trotz Rumohrs Kritik großen Erfolg und prägte auch viele bayerische Rezeptsammlungen späterer Autoren. Es fällt auf, daß in vielen der bayerischen Kochbücher des 19. Jahrhunderts die Autoren die regionale Herkunft mit dem Zusatz »bayerisch«, »auf bayerische Art«, oder mit Diminutivformen wie in Knöderl, Nockerl, Laibel, Dukateln und Lammbrüstel betonen.

Die meisten dieser Regionalkochbücher wurden von Köchinnen herausgegeben, die auf langjährige Berufserfahrung und vielfältige Praxis in Gasthäusern und Hotels zurückblicken. Anna Maria Neudecker z.B., die Verfasserin des Kochbuchs ›Die Baierische Köchin in Böhmen‹ (1805 erschienen), führte der Berufsweg von Bayern nach Böhmen und so vermischt sie die Rezepte bayerischer, böhmischer und österreichischer Herkunft. Sie hatte das Kochen in Bayern erlernt, arbeitete als Köchin im böhmischen Franzensbad und in Karlsbad, also in einer Landschaft, deren Kochkunst auch Goethe rühmte und die Spitzweg unvergessen blieb. Die böhmische Küche hatte bereits Jahrhunderte zuvor einen guten Ruf, wie z.B. die Münchener Handschrift ›Die Kunst ungarisch und behamisch Essen zu kochen‹ aus dem Jahre 1458 und die Übernahme böhmischer Kochweise in Marx Rumpolt's ›Ein New Kochbuch‹ (von 1581) zeigen.

Trotz der großen Zahl der überlieferten Kochbücher und Quellen fällt es schwer, in der bayerischen Küche eine überzeugende Einheit zu erkennen. Je nach Landschaft zeigen sich spezifische Traditionen und kommen unterschiedliche Impulse zur Geltung, die schließlich dann auch die Regionalgrenzen überwinden und sich mit anderen Gepflogenheiten verbinden. Allerdings lassen sich auch vor allem in den Kochbüchern, die bewußt das Charakteristische der bayerischen Küche herausstellen wollten, einige gemeinsame Strukturen des spezifischen Gebrauches von Lebensmitteln und der Zubereitungsarten erkennen. Typisch hierfür ist das bereits 1813 erschienene ›Allerneueste Münchner Kochbuch‹ der Krescentia Buchner. Es wollte »Baierischen Mädchen und Hausfrauen« einen kulinarischen Mittelpunkt geben, indem es empfahl, sie sollten sich »wie in vielen Dingen so auch in der Kochkunst nach der Hauptstadt richten«.

Ein zunehmendes Bewußtsein von der Eigenart der bayerischen Küche zeigt sich auch bei der Übernahme von Kochbüchern, die sich in anderen Regionen, etwa für den Arbeiterhaushalt, bewährt hatten und die nun für den Gebrauch in Bayern den ›Gewohnheiten des Landes‹ angepaßt wurden. So war z.B. auch das System der Koch- und Haushaltungsschulen ›Prinzessin Arnulf‹ nach dem Berliner Letteverein aufgebaut, im Lehrplan aber wurden süddeutsche Gewohnheiten berücksichtigt.

Nach dem Vorbild der Berlinerin Lina Morgenstern entstanden in München seit 1914 auch Volksküchen. Sie »waren in München schwer einzuführen, weil der Münchner in der Kost wählerischer ist und die Gemüsekost nur in Notfällen liebt«.

Aber was wurde nun wirklich gegessen in Bayern?

Für die Landbewohner belegen Statistiken, Physikatsberichte und andere Quellen den hohen Anteil an Mehlspeis- und Schmalzkost bis in dieses Jahrhundert. Für die Stadtbewohner Münchens beschreibt z.B. der Aufklärer Lorenz Westenrieder 1782 eine abwechslungsreichere Ernährung mit hohen Anteilen an Fleischkost – immer natürlich abhängig von den materiellen Verhältnissen der Haushalte.

In den vergangenen letzten Jahren ist der bayerischen Küche, wie allen deutschen Regionalküchen, eine erneute Bedeutung zugewachsen. Bayerische Kochbücher, als Reprints alter Ausgaben und in neuer Zusammenstellung, sind in großer Zahl auf dem Markt erschienen. Sie propagieren die Verwendung einheimischer, landestypischer Produkte, die nach dem Angebot der Jahreszeit im Vordergrund des Kochens stehen sollen.

Seit 1977 fördert das Bayerische Landwirtschaftsministerium den Wettbewerb ›Bayerische Küche‹. Gesucht, untersucht und dann prämiert werden hier Gasthäuser, die regionaltypisch Gerichte mit heimischer Bezeichnung in guter Qualität anbieten. Der Wettbewerb soll das Angebot landesüblicher Spezialität fördern und der Nivellierung des Speisenangebots in der Gastronomie entgegenwirken.

U. Z.

Literatur

Haushofer, 1978, S. 361-370
Köstlin, 1986, S. 220-241
Krünitz, 1806, S. 119-120
Rath, 1989
Rumohr, 1978
Weissert, 1966
Westenrieder, 1782

Speisekarte der NS-Zeit, 29.1.1

29.1
Knödel und Weißwurst

29.1.1
Die Speisekarte der deutschen Heimat
des Restaurants ›Heidelberger‹ in Berlin
F.P. Blum, Berlin, 1938
Farblithographie, Typendruck
49 x 46,6 cm
A 9/84

Die Speisekarte weist die Regionalküchen Deutschlands und Österreichs aus.

29.1.2
Speisekarte des Löwenbräukellers
für die Alpenvereinssektion Männerturnverein
Georg Ritzer, München, um 1910,
bez. l.o. Ritzer
Lithographie, 47,5 x 32 cm
28/725
Auflistung der Bayerischen Schmankerln (von der Weißwurst bis zum ›Bifflamot‹) in bayerischer Mundart.

29.1.3
Ein echter Münchner in der Fremde
Fliegende Blätter, Bd. 39, Nr. 947, mit Abb.
Braun u. Schneider, München, 1863
X g/503

Der echte Münchner in der Fremde zaubert fern ›von seiner geliebten Vaterstadt‹ an die Wand seines Speisezimmers ein Schattenbild der Erinnerung: Vor der Stadtsilhouette sitzt er rauchend, mit dem Hund als Gegenüber, am Tisch, der u.a. mit Würsten, Braten- und Haxenstücken auf Tellern gedeckt ist. Bierkrug, Weinflasche, Havanna-Zigarrenkistchen, Geldsäcke, Würzgefäße und Deckelhumpen vervollständigen das Traumbild.

29.1.4
Unterlagen zum Wettbewerb ›Bayerische Küche‹ des Bayerischen Staatsministeriums für Ernährung, Landwirtschaft und Forsten
München, 1985

Unterlagen zur Ausschreibung und zu den Preisträgern des Wettbewerbs ›Bayerische Küche‹, der seit 1977 vom Bayerischen Staatsministerium für Ernährung, Landwirtschaft und Forsten für Gastwirte ausgeschrieben wird. Dabei werden u.a. die regionaltypischen Speisen, die »gegendübliche Ausstattung und Einrichtung« des Gasthauses, die Ordnung und Sauberkeit der Küche, auch Tischkultur und eine Speisekarte in »landsmannschaftlicher Sprache« der Bewertung zugrunde gelegt.

Ein echter Münchener in der Fremde.

Ferne von seiner geliebten Vaterstadt zaubert er an die Wand seines Speisezimmers ein Schattenbild der Erinnerung.

29.1.3

29.1.5
Knödelfresser, Automat
deutsch, um 1850
Papiermaché, Sockel Holz, 30 x 10 cm
Puppentheatermuseum
45.743

Die Figur wird durch ein Uhrwerk im Sockel bewegt. Der Mann führt den Löffel in seiner Rechten zum Mund, der sich dabei weit öffnet. Auf dem Löffel liegt als Knödel eine kleine Kugel, die im Schlund verschwindet und auf einer Rinne im Inneren des Körpers wieder zurück auf den Löffel fällt. F. D.

29.1.5

29.1.6
Die Knödelfresser
Mechanische Schießscheiben
deutsch, um 1900
Eisen, bemalt, 100 x 6 cm
Puppentheatermuseum
83/28 a-b

In der Zeit vor dem Ersten Weltkrieg konnte man in den Schießbuden auf Schießscheiben zielen, die mit mechanischen Bewegungsabläufen unterschiedlichste Effekte erzielten. Hinter den Knödelfressern dreht sich jeweils ein Kreuz, an dessen Enden kleine Tonscheiben hängen, die der Schütze abschießen kann. Zusätzlich führen die Figuren ihre Gabeln zu den weit aufgerissenen Mündern, hinter denen die Tonscheiben verschwinden. F. D.

29.1.9

29.1.7 a
Kartoffelreibeisen
Gebrauchsort München, 19. Jahrhundert
Messing, Eisen, 34,5 x 13 cm
Ku S 2353

29.1.7 b
Zwei Kartoffelquetschsäcke
Gebrauchsort München
20. Jahrhundert
Leinen, 35 x 38 cm
A 88/276/1-2

Säcke zum Ausdrücken der geriebenen Kartoffelmasse zur Weiterverwendung für Kartoffelknödel.

29.1.7 c
Kartoffelknödelbrett
Gebrauchsort München
20. Jahrhundert
Ahornholz, 40 x 24 cm
A 88/277

Dieses Kartoffelknödelbrett mit Löchern und erhöhtem Rand wurde zum Ausdrücken der geriebenen Kartoffelmasse verwendet. Dabei wurde die Kartoffelmasse im Quetschsack auf das schräg in einer Schüssel stehende Brett gedrückt. So konnte mit weniger Kraftaufwand das stärkehaltige Wasser in die Schüssel ablaufen, denn zum guten Gelingen der Knödel benötigte man die geriebenen Kartoffeln ohne Wasseranteil. Das Brett wurde im Münchner Haushalt Sperber benutzt und selbst hergestellt. U.Z.

29.1.8
›Münchnerin bei Weißwurst und Bier‹
Heinrich Zschille
(Großenhain 1858-1938 München)
um 1920
Öl/Lwd 93,4 x 92,2 cm
Gm 83/63, Nachlaß Dr. Steiner, München

Eine kräftige Frau mittleren Alters sitzt – die Hand am Maßkrug – vor einem Teller mit Weißwürsten, eine Semmel in der Hand. Auf der rückseitigen Wand (angeschnitten) ein Werbetext, der vollständig heißt: Münchner Bürger Bräu. Bei der Dargestellten handelt es sich lt. Vorbesitzer um eine Münchner Kellnerin, die hier offenbar privat eine Brotzeit im Bürgerbräu einnimmt. Der Typus der kräftig gebauten Münchnerin war weit verbreitet. So zeigt z.B. Ferdinand Schies(e)l (1775- um 1820) in volkstümlichen Szenen eine beleibte Harfenistin, die den Maßkrug zum Trinken ansetzt und den Teller mit Wurst und Semmel dabei im Schoß hält. Die Harfe steht währenddessen abgelegt neben der Künstlerin (Wirtshausszene mit Musikanten, Aquarell, Bl. 104, StGSlg. Inv. Nr. 41009). M. M.

29.1.9
Münchner Weißwurst und andere Spezialitäten
um 1910
Postkarten, Farblithographie, 14 x 7,5 cm
Privatsammlung

›Weißwürst mit Münchner Bier – Nix Besser's wünsch ich dir‹ – In Wort und Bild halten die Postkarten das Clichébild Münchner Alltagskost mit Weißwurst, Hax'n und Bier fest, die bis heute als Spezialitäten Bayerns oder auch Deutschlands um die ganze Welt gehen.

29.1.10
100 Jahre Weißwurst, 1857-1957
München, 1957
Foto (Reproduktion)
Stadtarchiv München, Nr. 2175-VI-8

1957 wurde mit dem ›Ersten Weißwurstkongreß der Welt‹ der 100jährige Geburtstag der Weißwurst gefeiert, die als bayerische Nationalspeise weltweit berühmt ist.

29.2.1
O. A.,
Bayrischer Küchenkalender für sechs Schüsseln auf alle Tage des Jahres und zwar an jedem Tage mit Veränderung der Speisen
Ign. Jos. Lentner, Buchhändler zum Schönen Thurme, München, 1813
Pappband, unpag.
L 1170

Der von einer unbekannten Verfasserin zusammengestellte Küchenkalender wird von einem Kochbuch ergänzt (Kat. 29.2.2). Für die erste Juniwoche 1813 wird z.B. empfohlen:

Wochen. Tage. Tage der Heiligen.	Suppe.	Voressen.	Fleisch, oder Fisch.	Gemüs.	Braten.	Salat.
1.Dienstag. Nikodemus.	Kräutelsuppe.	Eingemachtes Lammfleisch.	Schaaffleisch.	Gedünstete weisse Rüben.	Frikator.	Saure Ramsoß.
2. Mittwoch. Erasmus B.	Geschnittene Nudeln.	Blindes Schnepfenkoth.	Bernbratze v. saur. Ramt.	Gedünstete Quitten.	Gefüllte Hühnchen.	Spargelbohnen.
3. Donnerstag. KloriIdis K.	Bratknödel.	Tauben auf Wildart.	Ochsenfleisch.	Gedünstete Erdäpfel.	Vögel.	Kopf (Kropf-) Salat.
4. Freytag. Quirinus B.	Krebssuppe.	Gedünstete Rutten.	Kirchweihnudel.	Gedörrte Zwetschgen.	Biber.	Kartoffeln.
5. Samstag. Bonif.	Fischsuppe.	Tiroler Eierspeis.	Gebackene Dopfenküchel.	Gedünstetes Sauerkraut.	Gebratene Braren.	Spargelbohnen.
6. Sonntag. H. Pfingstfest.	Konsume, mit gebackenen Knödelchen.	Schnepfen-Pastete.	Ochsenfleisch.	Artischoken.	Spanfärkel.	Senf.
7. Montag. Pfingstm. Rob.	Hühnchensuppe.	Junges von Enten in Blut.	Ochsenfleisch.	Spargel in der Soß.	Gebratene Enten.	Karfiol.

29.2.1

29.2.2
O. A.,
Bayrisches Kochbuch für Fleisch- und Fasttage oder gründliche Anweisung, wie man das ganze Jahr hindurch einen Tisch mit sechs Schüsseln mit Veränderung der Speisen auf eine geschmackvolle und wohlfeile Art bedienen soll; nebst Angabe aller Kochregeln und der übrigen nöthigen Vorkenntnisse der Kochkunst.
Ign. Jos. Lentner, Buchhändler zum Schönen Thurme, München, 1813
Pappband, 270 S. (m. Register)
L 1113

Das Kochbuch für Fleisch- und Fasttage enthält Rezepte zu dem ›Bayrischen Küchenkalender‹ (Kat. 29.2.1). Die Rezeptfolge berücksichtigt sechs Schüsseln (= Mahlzeit mit sechs Gerichten – Suppe, Voressen, Fleisch oder Fisch, Gemüse, Braten, Salat). Diese Speisenfolge war allgemein üblich; sogar eine gesellige Münchner Vereinigung nennt sich ›Sechs-Schüssel-Gesellschaft‹. Der Artikel 18 der Satzung dieser Gesellschaft orientiert sich 1827 am Bayrischen Kochbuch: »Was für eine Schüssel gerechnet werden kann, soll nach dem Bayrischen Kochbuch entschieden werden«.
Kochkalender wie Kochbuch erscheinen bei Ign. Jos. Lentner, dem Buchhändler am Schönen Thurme in München, der in der ersten Hälfte des 19. Jahrhunderts im ›Übermaß‹ mit Gebetbüchern und Kochbüchern handelt.

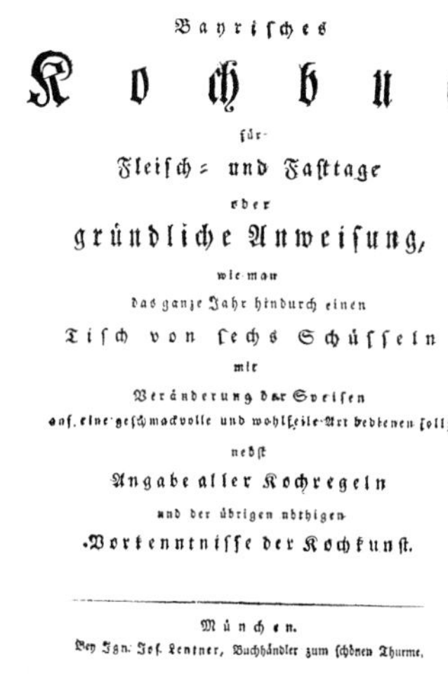
Bayrisches Kochbuch für Fleisch- und Fasttage oder gründliche Anweisung, wie man das ganze Jahr hindurch einen Tisch von sechs Schüsseln mit Veränderung der Speisen auf eine geschmackvolle und wohlfeile Art bedienen soll; nebst Angabe aller Kochregeln und der übrigen nöthigen Vorkenntnisse der Kochkunst.

München.
Bey Ign. Jos. Lentner, Buchhändler zum schönen Thurme.

29.2.2

29.2.3
Krescentia Buchner,
Allerneuestes Münchener Kochbuch für baierische Mädchen und Hausfrauen, oder gründliche und deutliche Anweisung zur Besorgung sowohl herrschaftlicher als bürgerlicher Küchen.
E.A. Fleischmann, München, 1813
Halbleinwandband, 495 S. (m. Register)
Lit.: Horn-Arndt, Schöne alte Kochbücher, Nr. 399
München, Monacensia-Sammlung, 8° Mon 3940

Krescentia Buchner's Kochbuch faßt Rezepte bereits »vorhandener Kochbücher«, Rezepte von Freundinnen und Rezepte »eigener Erfahrung« zusammen. Sie wählte den Titel ›Münchener Kochbuch‹, weil die meisten der darin beschriebenen Speisen in München auf diese Weise zubereitet werden. Wie zu dieser Zeit üblich, enthält das Kochbuch zu den Rezepten einen Kalender, der Fleisch, Geflügel, Fisch, Obst und Gemüse nach den Monaten auflistet, in denen sie am schmackhaftesten sind. Das Kochbuch folgt der üblichen Speisenfolge mit der bayerischen Spezialität des Voressens, der Vielzahl der sauren und süßen Mehlspeisen und der Fastengerichte mit zahlreichen Frosch-, Krebs-, Schildkröt-, Fisch- und Austernrezepten.
Dieses Kochbuch erscheint 1824 als Baierisches National-Kochbuch. U. Z.

29.2.4
Maria Katharina Siegel,
Baier'sches Kochbuch. Enthält leichtfaßliche und bewährte Anweisungen für alle Stände auf die vortheil- und schmackhafteste Art die Fleisch- und Fastenspeisen zu kochen, zu backen und einzumachen: Limonade, Mandelmilch und Punsch zu verfertigen, Tafeln nach der neuesten Art zu decken und zu trenschiren, nebst Unterricht für die Hauswirthschaft verschiedene nützlich Sachen zu machen, und nützlich anzuwenden, zum Einpöckeln und Räuchern des Fleisches, Brodbacken, Essigbrauen, Einmachen verschiedener Früchte, Holzersparen, Lichterziehen, Seifensieden, Stärckemachen, Färben, Bleichen usw., 2 Bde. [in 1 Bd.], J.M. Daisenberger
Regensburg, um 1825[7]
Pappband, 480 u. 220 S. (mit Register)
A 85/349

Das Baier'sche Kochbuch war »in allen guten Buchhandlungen zu finden« und kostete 1 Gulden und 30 Kreuzer. Spätere Auflagenfolgen erscheinen unter dem Namen Maria Katharina Daisenberger, geb. Siegel.

29.2.5
Maria Anna Neudecker, geb. Ertl,
Die bayerische Köchin in Böhmen.
Ein Buch, das sowohl für Herrschafts-, als auch für gemeine Küchen eingerichtet ist, und mit besonderem Nutzen gebraucht werden kann
Mayr'sche Buchhandlung
Salzburg, 1832[6]
Pappband, 522 S., 8 Tafeln (m. Register)
Lit.: Horn-Arndt, Schöne alte Kochbücher, Nr. 535
L 67/98

Maria Anna Neudecker erlernte das Kochen in ihrer bayerischen Heimat. Als Köchin war sie im böhmischen Franzensbad und im böhmischen Marienbad tätig. In ihrem Kochuch vereinigt sie Rezepte ihres Herkunftslandes mit böhmischen Rezepten, dazu gibt sie eine Anleitung zu Speisezetteln und zur ›Tranchierkunst‹. Das Buch gehörte laut handschriftlichem Eintrag von 1844 Theresia Kirchner, bürgerliche Hufschmiedstochter aus Aibling. U. Z.

29.2.6
S.J.W. (Sophia Julia Weiler),
Augsburgisches Kochbuch
Joseph Wolff Augsburg, 1836[20]
Halblederband, VI, 664 S., Titelblatt mit Kupfer (m. Register)
Lit.: Horn-Arndt, Schöne alte Kochbücher, Nr. 348
1947/34

Bereits 1788 erschien die Erstausgabe des Augsburger Kochbuchs der Sophia Julia Weiler. Es enthält trotz des expliziten Bezugs auf die Stadt im Titel Rezepte regionaler sowie überregionaler Herkunft.

29.2.7
Magdalena Maria Gräfin von und zu Portia,
Altadeliges bayer'sches Koch- und Konfektbuch für alle Stände aus dem Nachlasse einer berühmten Gräfin (Frau Magdalena Maria, Gräfin von und zu Portia). Mit Beiträgen von den vornehmsten Damen der ältesten Adelsgeschlechter Bayerns, in der Vorrede namenens aufgeführt. Nebst einer Anleitung zur Bereitung der Speisen und Getränke für Kranke und Wiedergenesende; einem täglichen Küchenzettel, einer Tranchirkunst und einem Anhange.
J. Lindauer, München, 1837
Halblederband, VIII, 368 S. (m. Register)
Lit.: Horn-Arndt, Schöne alte Kochbücher, Nr. 551
Passau, Kochbuch-Sammlung Höltl

Die Rezepte stammen von der Gräfin selbst, auch von ihren »hochadeligen« Freundinnen, vom königlichen Hofkoch »Meister Michael«, von der Hofköchin Sabine, von den Klosterfrauen zu St. Loreto/Landshut, von den Klosterfrauen des Regelhauses zu München und von »Herrn Pater Rudolph von Tegernsee«. Die Gräfin betont im Vorwort, daß dieses Kochbuch »aecht bayer'sche« Kochkunst enthält, da die Rezepte nur aus Bayern stammen und den Hausfrauen aller Stände zugedacht sind. Bis zur Jahrhundertwende pflegte auch die bayerische Hocharistokratie danach zu speisen. U. Z.

29.2.8
Christine Charlotte Riedl,
Lindauer Kochbuch, für guten bürgerlichen und feineren Tisch eingerichtet, bestehend in neunzehnhundert und sechsundfünfzig, in langjähriger Praxis erprobten Rezepten, wonach Fleisch- und Fastenspeisen, Saucen, Compote, Creme, Sulzen, Kuchen, Torten und anderes Backwerk, Obstgeléen, Marmeladen, Gefrorenes, warme und kalte Küche auf die beste und schmackhafteste Art zubereitet werden können.
Johann Thomas Stettner, Lindau, 1860[3]
Halbleinwandband, VI, 712 S., 8 Tafeln (m. Register)
Lit.: Horn-Arndt, Schöne alte Kochbücher, Nr. 560
1947/33

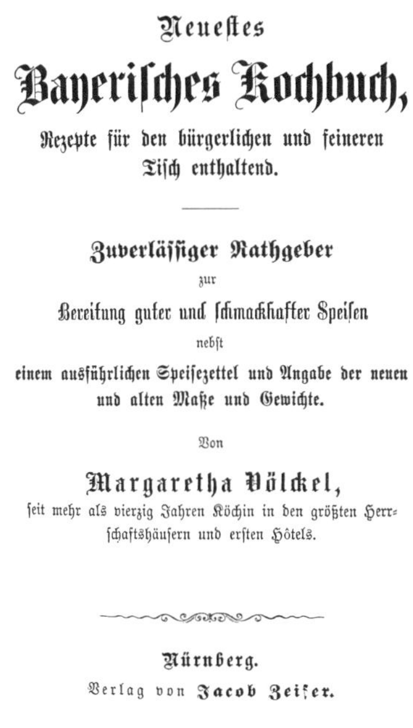
Neuestes
Bayerisches Kochbuch,
Rezepte für den bürgerlichen und feineren Tisch enthaltend.

Zuverlässiger Rathgeber
zur
Bereitung guter und schmackhafter Speisen
nebst
einem ausführlichen Speisezettel und Angabe der neuen und alten Maße und Gewichte.
Von
Margaretha Völckel,
seit mehr als vierzig Jahren Köchin in den größten Herrschaftshäusern und ersten Hôtels.

Nürnberg.
Verlag von Jacob Zeiser.

29.2.9

29.2.9
Margaretha Völckel,
Neuestes Bayerisches Kochbuch
Rezepte für den bürgerlichen und feineren Tisch enthaltend. Zuverlässiger Rathgeber zur Bereitung guter und schmackhafter Speisen nebst einem ausführlichen Speisezettel und Angabe der neuen und alten Maße und Gewichte.
Jacob Zeiser, Nürnberg, o.J. (um 1875)
Halbleinwandband, IV, 515 S. (m. Register)
A 88/98

29.2.10
Katharina Prato,
Die Süddeutsche Küche auf ihrem gegenwärtigen Standpunkte mit Berücksichtigung des Thee's und einem Anhang uber das moderne Serviren nach metrischem Maß und Gewicht berechnet für Anfängerinnen sowie für praktische Köchinnen
Aug. Hesse, Graz, 1885[18]
Leinenband, VIII, 694 S. (m. Register)
A 86/28

In ihrem Vorwort vermerkt Katharina Prato (= Katharina Edle v. Scheiger), daß die »Süddeutsche Küche (hier: Rezepte aus Süddeutschland, Österreich und aus der Habsburger Monarchie) auch im Norden Deutschlands, wo bekanntlich eine einfache Kochweise herrscht, immer mehr Verbreitung findet, so wie sie auch überall, wo Deutsche auf fremden Boden leben, die Bereitung der beliebten heimatlichen Gerichte vermittelt«.

29.2.11
Marie Schandri,
Marie Schandris berühmtes Regensburger Kochbuch
1981 Original Kochrezepte auf Grund vierzigjähriger Erfahrung zunächst für die bürgerliche Küche umgearbeitet und herausgegeben von Auguste Eser, geb. Coppenrath
1909[52]
Alfred Coppenrath, Regensburg,
Leinenband, VII, 884 S. (m. Register)
Lit.: Horn-Arndt, Schöne alte Kochbücher, Nr. 584
A 85/403

Das Regensburger Kochbuch, das in vielen Auflagen und Neubearbeitungen erschien, wird bis heute benutzt. Es enthält zu den Kochrezepten ›Die vollständige Fastenküche‹ und die ›Einmachkunst‹. Bereits 1909 wird es »trotz täglich wachsender Konkurrenz« als das bewährte, reichhaltigste und zuverlässigste Kochbuch offeriert.

Marie Schandri's
berühmtes
Regensburger Kochbuch.
1981
Original-Kochrezepte
auf Grund vierzigjähriger Erfahrung
zunächst
für die bürgerliche Küche
gänzlich umgearbeitet und herausgegeben von
Auguste Eser, geb. Coppenrath.
Mit Anhang:
I. Die vollständige Fastenküche,
oder praktische Anleitung zur Zubereitung von Fastenspeisen.
II. Die Einmachkunst.

Zweiundfünfzigste, einzig rechtmäßige, illustrierte Auflage.
Wohlfeile Ausgabe.
Regensburg 1909.
Verlag von Alfred Coppenrath.
H. Pawelek.

29.2.11

Das Kochbuch stammt aus dem Besitz der Edeltraud Feßler, Tochter des Chiemseeschiffahrtsunternehmers, Prien Stock.
U. Z.

29.2.12
E. Lydtin,
Bayerisches Kochbuch
München, 1947
Pappband, 324 S. (m. Register)
L 1208

Kochbuch mit regional bestimmten Rezepten, aber, wie das Vorwort vermerkt, sollen auch »Erkenntnisse wissenschaftlicher Forschung und ärztlicher Erfahrung auf dem Gebiete der Ernährung küchenpraktisch angewandt« und »in den Zeiten wirtschaftlicher Not (1947) die Mittel der Ernährung« verantwortungsbewußt eingesetzt werden.

29.2.13
Lehrerinnen der Haushaltungsschule Vohenstrauß (Hrsg.),
Vohenstraußer Kochbuch
Vohenstrauß, 1953[8]
Pappband, 504 S. (m. Register)
Frauenberufliche Schulen d. Armen Schulschwestern v.U.L.Fr., München

Kochbuch für einfache und gut bürgerliche Küche, Rezepte mit bayerischem Regionalbezug. Die Herausgeberinnen des Kochbuchs unterrichten an der Haushaltungsschule Vohenstrauß, einer Gründung der Armen Schulschwestern, die in Amberg 1882 die erste bayerische Haushaltungsschule eröffneten.

29.2.14
Erna Horn,
Lukull in Bayern
(Zeichnungen und Einband von Jochen Bartsch)
Braun u. Schneider, München, 1958
Pappband, 95 S.
Lit.: Horn-Arndt, Schöne alte Kochbücher, Nr. 948
L 88

29.2.15
Erna Horn,
Bayrische Kuchl,
Alte Bayerische Originalrezepte
(Fotos: C.P. Fischer, Zeichnungen: Cornelia von Seidlein)
BLV Vlg.Ges.
München, Wien, Zürich, 1982
(Nachdruck von 1977)
Werkstoff, 255 S.,
Lit.: Horn-Arndt, Schöne alte Kochbücher, Nr. 923
A 91/98

Rezeptsammlung der Kochbuchautorin und -sammlerin Erna Horn (vgl. Kat. 9.2.14), die auch zahlreiche Werke zur Kulturgeschichte bayerischer Kochkunst veröffentlichte.

29.2.16
Alfons Schuhbeck,
Das neue bayrische Kochbuch
Fotos Christian von Alvensleben
Zabert Sandmann, Taufkirchen, 1991[6]
Pappband, 256 S.
A 91/123

29.3.1

29.3.1
Das Eintopfgericht ist da.
Keiner darf hungern
Winterhilfswerk des deutschen Volkes
1934/35
Ludwig Hohlwein, München, 1934/35
Plakat, Lithographie, 84 x 60 cm
A 23/49

29.3.2
10. November 1 Topf
W. Habermeyer, deutsch, um 1940
Plakat, Lithographie, 85 x 58 cm
A 14/345

29.3.3
Erna Horn,
›Der Eintopf das deutsche Spargericht‹
Frasdorf – München, 1933, Heft, 29 S.
München, Bayerische Staatsbibliothek,
8° Oecon 2124^{x}

Rezeptsammlung für Eintopfgerichte, die »angeregt durch den großen Spargedanken unserer Staatsregierung« im Herbst 1933 zusammengestellt wurden, um für das »große Winterhilfswerk gerüstet« zu sein. Sie enthält Rezepte für Suppen-, Fleisch-, Fisch-, vegetarische, Gemüse- und süße Eintöpfe.

29.3.4
Zubereitung und Ausgabe
des ›Deutschen Eintopfgerichtes‹
München, 14.3.1937
Vier Fotos
Lit.: Köstlin, Der Eintopf der Deutschen. Das Zusammengekochte als Kultessen, in: Tübinger Beiträge zur Volkskultur, Bd. 69, Tübingen 1986, S. 220-241
Stadtarchiv München, Nr. 3873.

Seit 1933 propagierte die NSDAP zur Unterstützung des Winterhilfswerkes den ›Deutschen Eintopfsonntag‹. An Zubereitung und Ausgabe des verordneten Nationalgerichts beteiligten sich die Spitzen der Partei.

29.3.4

29.3.5
Pichelsteiner-Kochtöpfe
Gebrauchsort München, um 1900
Weißblech und Kupfer gepreßt, innen verzinnt 9-11,5 cm, ø 22-26,5 cm
A 80/12, A 82/116, A 89/525

Speziell zum Kochen des Pichelsteiner Eintopfs – angeblich 1847 im ostbayerischen Püchlstein erfunden – wurden diese flachen, gut verschließbaren Deckeltöpfe mit Henkeln genutzt. Da der Eintopf nicht umgerührt werden durfte, konnte der Topf gewendet und mit Deckel oder Boden auf den Herd gestellt werden.

29.3.5

Giorgio Sommer, Neapolitanische Kostümszene, Makkaroniesser, vor 1886

›PASTASCHUTA‹ – *Vom Ursprung eines deutschen Leibgerichts*

»In einem Land – Bengodi heißt es – wo sie die Weinstöcke mit Würsten anbinden und man auf dem Markt zur Gans für einen Taler auch noch das Junge dazubekommt, haben sie einen Berg aus lauter geriebenem Parmesan aufgehäuft. Oben stehen Leute und machen Makkaroni und Ravioli. Sie kochen sie in Kapaunenbrühe und werfen sie hinunter ins Volk. Und jeder sieht zu, daß er soviel davon bekommt, wie er nur kann.«

Schlaraffenland all'italiana. Entworfen von Giovanni Boccaccio in einer Geschichte des ›Decamerone‹: dem armen, einfältigen Maler Calandrino wird ein boshafter Streich gespielt. Bei der Vorstellung, sich den Sinnesfreuden eines Makkaronirausches hingeben zu können, läuft ihm das Wasser im Munde zusammen. Boccaccios Makkaroni – sie sind hier immerhin erstmals in der Literatur erwähnt – bewegten die Philologen, Historiker und Ernährungswissenschaftler gleichermaßen. Sie gelten als Beleg dafür, daß Teigwaren Mitte des 14. Jahrhunderts schon weithin bekannt und beliebt waren.

Boccaccio hatte als junger Mann lange in Neapel gelebt. 1327 war er dorthin geschickt worden, um Kaufmann zu werden. Da gab es mit Sicherheit schon die Makkaroni in dieser Stadt. Sie sind dort im frühen 12. Jahrhundert nachgewiesen, als Kampanien unter normannischer und später staufischer Herrschaft zum Königreich Sizilien gehörte. Die Neapolitaner – traditionelle Gemüseesser (mangiafoglie) – liebten die ausländische Teigware zunächst gar nicht. Sie galt ihnen als exotisches Genußmittel aus einer fremden Welt. Und sie verspotteten die Sizilianer ihrer Naschhaftigkeit und Völlerei wegen: sicilianu manciamaccaruna – sizilianischer Makkaroniesser.

Sie selbst wandelten sich zu den sprichwörtlichen ›Makkaronifressern‹ erst im 17. und 18. Jahrhundert. Da hatte sie die Liebe zur Nudel vollends gepackt, waren die Makkaroni zum Symbol Neapels geworden. Goethe berichtet im Mai 1787, was er dort »an der Ecke fast jeder großen Straße« und auf den Märkten sieht: »Was die Mehl- und Milchspeisen betrifft, welche unsere Köchinnen so mannigfaltig zu bereiten wissen, ist für jenes Volk, das sich in dergleichen Dingen gerne kurz faßt und keine wohleingerichtete Küche hat, doppelt gesorgt. Die Makkaroni, ein zarter, stark durchgearbeiteter, gekochter, in gewisse Gestalten gepreßter Teig von feinem Mehle, sind von allen Sorten überall um ein geringes zu haben. Sie werden meistens nur in Wasser abgekocht, und der geriebene Käse schmälzt und würzt zugleich die Schüssel.«

Und knapp 75 Jahre später wandert Ferdinand Gregorovius durch Neapel und staunt nicht schlecht über die ›Makkaronivertilger‹, die bereits eine touristische Attraktion sind: »Man macht sich wohl das Vergnügen, einem Lazzarone oder Fischerjungen ein paar Gran zu schenken, damit er sich Makkaroni kaufe und sich beim Verschlingen derselben produziere.«

»Makkaroni werden von feinsten Mehl, und am besten nur in Neapel bereitet. Man hat sehr verschiedene Arten. Die eigentlichen Makkaroni und Lasagnetti sind die gewöhnlichsten; nächstdem die Vermicelli, Fidelini, Stellette usw., welche feinere Sorten sind. Die besten werden im Flecken Torre dell' Annunciata am Fuße des Vesuvs gemacht. Sie bestehen aus einer Getreideart, die man in Italien Segarolla nennt, welche aus Sizilien und der Levante kommt.«

v. Vaerst, 1851

Makkaroni, lange Zeit Synonym für jede Art von Teigware, ganz gleich, welcher Gestalt, bezeichnet in der deutschen Sprache seit etwa 1800 die auch heute noch so genannte Röhrennudel. Die Herkunft des Wortes ›Nudel‹ – seit dem 16. Jahrhundert bezeugt – ist unbekannt. Als Nahrungsmittel hat sie wohl den Ruf eines Dickmachers gehabt: nudeln gleich mästen, ›Gänse nudeln‹; auch die ›nudeldicke Dern‹, die im Volkslied zu ihrem ›spannenlangen Hansel‹ gehört, läßt an Plastizität nichts zu wünschen übrig.

Man sagt, es gäbe heute in Italien rund 600 verschiedene Nudelformen. Mehr als hundert bringt die Teigwarenindustrie auf den Markt: die Großhersteller, die halbindustriellen und die handwerklichen Betriebe. Das meiste der ›hauseigenen‹ Produktion essen die Italiener selbst, 18 Millionen Doppelzentner beispielsweise 1989. Am internationalen Tisch der Nudelesser sitzt der deutsche – neben dem russischen, dem amerikanischen und dem französischen – auf Platz fünf.

Im übrigen wird der Pasta in Italien eine wahrhaft staatstragende Rolle zugebilligt. Die Einheit Italiens, von den Vätern des Risorgimento einst erträumt, hieße heute ›pastasciutta‹. Überall im Lande wiederhole sich jeden Tag ein alter, mittäglicher Ritus: geführt von einem unsichtbaren Regisseur rufen, völlig unabhängig voneinander, Millionen von Männern ihre Frauen an: »Ich bin auf dem Heimweg, wirf die Pasta ins Wasser!«

Jede Region Italiens liebt ihre Histörchen und Legenden, die aufregend oder amüsant, mystisch oder burlesk von der Erfindung des Nudelteiges erzählen. Doch in Wahrheit ist ein Schöpfer jenes Gebildes, das aus dem täglichen Leben eines Italieners nicht mehr wegzudenken ist, nirgends auszumachen. Nur so viel scheint sicher: Marco Polo hat die Nudel keinesfalls aus China mitgebracht! So lautet die mit kaum verhohlener Befriedigung verkündete These einiger italienischer ›Pastologen‹; auch wenn der deutsche Brockhaus das Gegenteil behauptet und hinzufügt, um 1300 seien in deutschen Haushalten schon Eiernudeln hergestellt worden.

Daß man in der chinesischen Küche seit altersher Teigblätter verwendete – denen der Lasagne nicht unähnlich, wenn auch aus Sojamehl gemacht –, beweist einmal mehr: die grundlegendsten Dinge des Lebens brauchten nicht erfunden zu werden. Sie erwuchsen vielmehr ganz allmählich aus einer gewissen Lebenserfahrung, ihr ›Erfinder‹ ist der gesunde Menschenverstand.

Das italienische Wort ›Lasagne‹ (ein Auflaufgericht aus Teigblättern mit Hackfleischfüllung) stammt aus dem Lateinischen ›laganum‹. In der antiken römischen Küche verstand man darunter einen Fladen aus gemahlenem Getreide und Wasser griechischer Herkunft. Später wurde er auch aus Öl und Getreidemehl gebacken. In der Sonne getrocknet oder, wie im ›Apicius-Kochbuch‹ aus der römischen Kaiserzeit beschrieben, schichtenweise mit einer schweren Fleischsauce zubereitet, gilt dieser Fladen mehr oder weniger als Vorläufer der Nudeln auf dem italienischen Speisezettel. Immerhin: ›laganatura‹ ist ein Begriff für Nudelholz, in Apulien und der Basilikata gibt es heute noch Nudelformen, in deren Namen Magna Graecia und das antike Rom weiterleben: ›laganella‹, ›làgane‹.

Der vermutlich zähe Fladen verschwand nach der Römerzeit nicht völlig vom Speisezettel. Doch galt er eher als ein etwas langweiliger Tischgenosse, ohne rechten Charakter. Mit dem locker gebackenen Brot, das sich seit dem 2. Jahrhundert v. Chr. durchgesetzt hatte, konnte er nicht konkurrieren.

Die Revolution in der Geschichte der Nudel vollzog sich schließlich in zwei Schritten: Einmal kam jemand auf die Idee, den Teig aus Wasser und Mehl in die Suppe oder ins kochende Wasser zu werfen, ohne ihm durch vorheriges

Rösten oder Trocknen eine gewisse Festigkeit zu geben. Zum anderen lernte der Mensch die differenzierte Verwendung der verschiedenen Weizenarten. Hartweizengrieß heißt das Zauberwort. Darin liegt der Keim für die moderne ›Pasta italiana‹.

Es spricht viel dafür, daß die Araber bei der Eroberung von Sizilien 827 den Gebrauch von Hartweizengrieß eingeführt haben. Nicht nur das deutsche, auch das italienische Wörterbuch enthält eine Fülle von Belegen dafür,

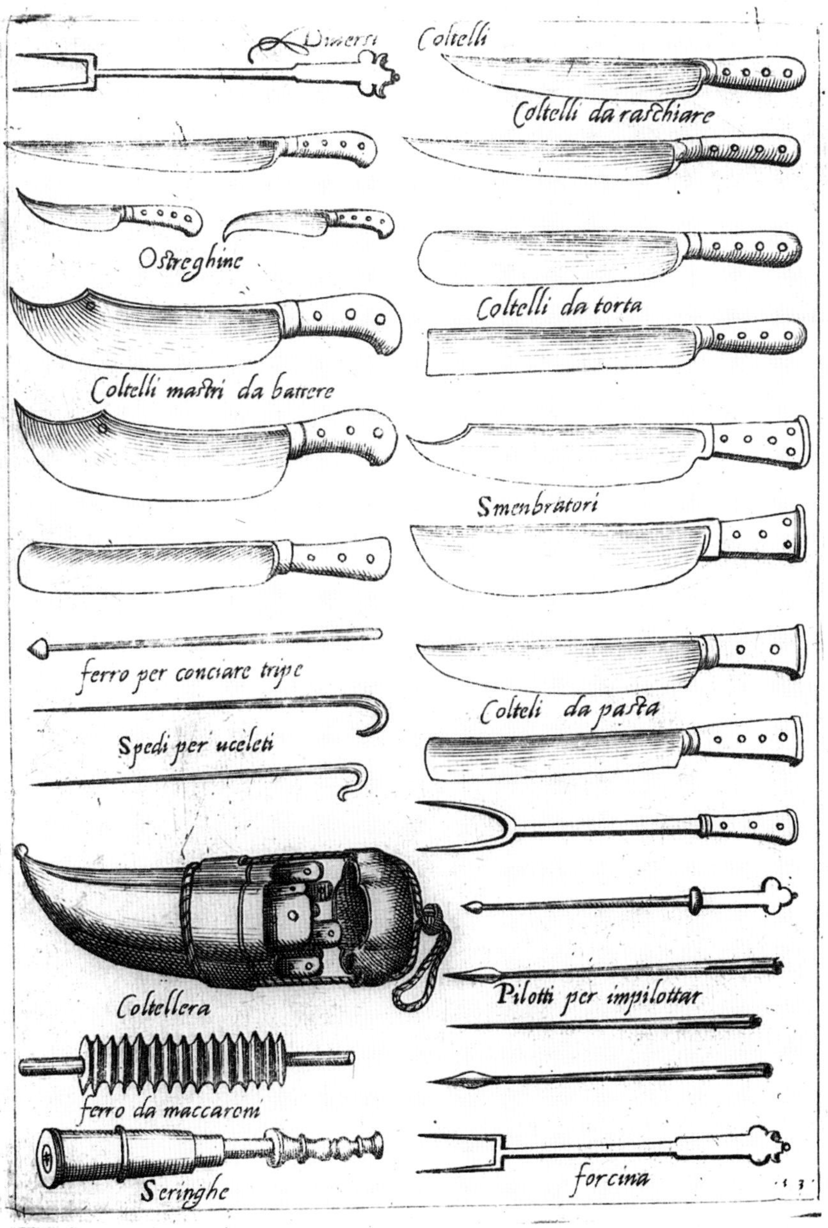

Verschiedene Messer und Küchengeräte zur Nudelherstellung wie z.B. Maccaroni-Eisen und Schabmesser, aus: Scappi, 1570

wie untrennbar Orient und Okzident miteinander verbunden sind. Und nun auch das noch: der italienischste Bestandteil der Cucina italiana – arabischen Ursprungs? Das erste historische Zeugnis für die Herstellung von Nudeln auf italienischem Boden stammt von einem Araber: der Geograph Idrißi verfaßt im Auftrag des normannischen Königs Roger II. von Sizilien eine Beschreibung der Welt. Darin heißt es 1145 über Sizilien, es sei ein liebliches Land, voll rauschender Bäche und klappernder Mühlen, wo eine fadenförmige Speise aus Mehl in so großen Mengen hergestellt werde, daß man damit auch noch Kalabrien und die Länder der Muselmanen und der Christen ernähren könne. Zur gleichen Zeit gibt es in Sizilien bereits die ›Pasta forata‹ – die Röhrennudel, die um Stöcke gewickelt und in der Sonne getrocknet wurde. Wenn man so will, ist das der dritte entscheidende Schritt in der Nudelhistorie: von da an war es möglich, langfristig große Vorräte anzulegen und die Teigwaren in die entlegensten Winkel der Erde zu transportieren.

Es scheint unglaubwürdig, doch die Spaghetti betreten als eine der letzten Nudelkreationen die Szene, zumindest was den Namen anbetrifft. So wenig schriftliche Zeugnisse die Entwicklungsgeschichte der Teigwaren überliefern, so schnell bekamen die der Phantasie entsprungenen bizarren Gestalten, die sich mit dem weichen Material formen ließen, ebenso bizarre Namen. 1824 heißt es in einem Epos über die ›Makkaroni von Neapel‹: »... zu dieser Sorte gehören das Makkerönchen, Löckchen von Foretana, Schnittchen, Pfaffenrohr und Schnürchen, Härchen, Bindfädchen (Spaghettone) und Würmchen, Spatzenzunge und Vaterunserchen.«

Der Diminutiv des Wortes ›spago‹ gleich Bindfaden wurde zum weltweiten Symbol für die gesamten italienischen Teigwaren. Und die müssen einem strengen Gesetz zufolge aus Hartweizengrieß (semola di grano duro) hergestellt sein und dürfen höchstens drei Prozent der weichen Weizensorte enthalten. Die italienische Nudel darf um die 370 Kcal/100 Gramm enthalten, 12–13 Gramm Eiweiß, 2–3 Gramm Fett und 70–75 Gramm Kohlehydrate. So landet sie, juristisch in eine feste Form gepreßt, auch in den deutschen Kochtöpfen. 28 Prozent der in Italien industriell produzierten Teigwaren werden exportiert; die Hälfte davon in die Länder der Europäischen Gemeinschaft; ein Viertel der in Deutschland verzehrten Nudeln kommen aus Italien.

Wo Schranken fallen, wachsen Ängste und Bedenken. Die geplante endgültige Freizügigkeit des europäischen Marktes wird manches verändern – so vermutet man in Italien. Wie die bayerischen Bierbrauer gegen die Verwässerung des Reinheitsgebotes wettern, so befürchten die Italiener eine Aufweichung ihrer Hartweizengrießverordnung.

Doch so schlimm wird es nicht kommen. In Italien werden die Gesetze noch weitgehend von Männern gemacht. Wer einmal in einem Restaurant genau hinhört, wenn eine vergnügte Männerrunde am Nebentisch ihr Menu bestellt – kenntnisreich und bestens informiert auch über die kompliziertesten Kochvorgänge; wer einmal erlebt hat, wie junge Wehrpflichtige zur Mittags- und Abendzeit möglichst die Kaserne fliehen, um bei ›mamma‹ zu essen – weil in der Kantine die ›Pasta al dente‹ und die ›Torta della nonna‹ einfach nicht zu haben sind – der weiß: die ›Pasta italiana‹ ist von der deutschen Eiernudel – in der die Anzahl der Eier pro Kilo Mehl, nicht aber die Mehlqualität bindend vorgeschrieben ist – fast nicht zu schlagen.

Vor allem dort nicht, wo der Ruf nach ›al dente‹ erklingt. Die Nudel ist empfindlich und ein wenig tyrannisch. Sie selbst bestimmt, wann sie gegessen werden will. Auf keinen Fall duldet sie, in gekochtem Zustand auf den Verzehr zu warten. Einmal in den Topf geworfen, fordert sie starke Anteilnahme. Trotz eindeutiger Kochanweisungen: »cottura: cinque minuti« ist es unerläßlich, sich vom Grad der Bißfestigkeit hin und wieder selbst zu überzeugen. Nur dann gelingt es, die Pasta ›al dente‹ auf den Tisch zu bringen.

Von italiengewohnten und -verwöhnten Pastaliebhabern bei uns immer wieder kategorisch angemahnt, schien der Begriff eine hochnäsige Lifestyle-Vokabel zu sein. Doch es hat sich herumgesprochen: er hat mehr mit Lebensqualität zu tun. Und er hat seine tiefere Bedeutung, wie wir von Pellegrino Artusi wissen. Der große italienische Gastronom hatte 1891 auf eigene Kosten sein unterhaltendes und umfangreiches Werk über ›Die Lehre vom Kochen und die Kunst gut zu essen‹ veröffentlicht. Darin schreibt er, er sei überzeugt davon, daß die Nudeln nach dem Kochen noch etwas hart bleiben müßten – auch wenn das paradox klinge. Sie hätten dann einen wesentlich angenehmeren Geschmack und: sie seien besser verdaulich! Zu weich gekochte Pasta werde weniger gekaut und sinke als schwere, kompakte Kugel in den Magen herab. Gut durchgekaut, eingespeichelt, gäbe sie die im Mehl befindlichen ernährungsphysiologisch wichtigen Stoffe wohltuend frei. Und er fügt hinzu: das sei auch der Grund, warum manche Kinderamme in einen wirklich häßlichen Brauch verfalle. Sie schöbe nämlich ihrem Zögling – wenn er nicht mehr recht essen möge – vorgekaute Breiklümpchen in den Mund.

In deutschen Kochbüchern tauchen industriell gefertigte Teigwaren um 1900 auf, und zwar vor allem die Makkaroni. Das Wort ›Spaghetti‹ wird überhaupt erst im 20. Jahrhundert in die deutsche Sprache übernommen. Die Hausmachernudeln hingegen stehen schon lange auf dem Speisezettel der deutschen Hausfrau: im ›Vollständigen Nürnbergischen Koch-Buch‹ von 1691 beispielsweise finden wir Nudeln in Fleischbrühe; Johanna Wilhelmine Cotta, eine der zehn Schwestern von Goethes Verleger, begann am 2. Mai 1792 ein Kochbuch für den eigenen Bedarf und notierte darin das Rezept für einen ›Nudles Kuchen‹ aus selbstgemachtem, ausgerolltem und grob geschnittenem ›nudles Teig‹; das ›Bamberger Kochbuch‹ von 1805 führt zwei ›Macaronisuppen‹ an (›Macaronen [Macaroni] italienische Nudeln‹), deren eine verdient, erwähnt zu werden: ein Teig (drei ganze Eier und drei Dotter auf ein halbes Pfund Mehl) wird dreigeteilt, mit Hilfe von rotem Farbstoff und grünem Spinatsaft werden zwei Teile entsprechend eingefärbt, so daß Nudeln in den italienischen Farben entstehen!

»Macaroni oder Maccaroni. Eine Art dicker, röhrenförmiger, zuweilen auch bandförmiger Nudeln, die aus Reismehl oder feinem Weizenmehl und Wasser, wohl auch mit Eiern, mit Hülfe eigener Maschinen am vorzüglichsten in Italien bereitet und von dort aus versendet werden; man ahmt sie zwar vielfach nach, allein die echt italienischen übertreffen an Güte alle anderwärts hergestellten bei weitem. Es giebt weiße und gelbe, dünne und dicke, lange und kurze Macaroni und als die besten gelten die zu Amalfi in der Provinz Neapel fabricierten, während die von Genua, Parma, Mailand, Bologna jenen immerhin nachstehen. Nachgemacht werden sie in Wien, Salzburg, Prag, Nürnberg, Erfurt, Halle, Magdeburg, Bamberg u.s.w., doch sind diese imitierten Fabrikate, vielleicht weil das dazu verwendete Mehl nicht so vortrefflich wie das italienische ist, wie schon gesagt geringer und daher allerdings auch wohlfeiler.« So heißt es unter ›M‹ im ›Universal-Lexikon der Kochkunst‹, Leipzig 1890. Der Beschreibung folgen 28 Rezepte für Makkaroni-Gerichte in den appetitlichsten Ausführungen: neben ›Macaroni mit Liebesapfel-Sauce‹ stehen ›Macaroni à la Portugaise‹ in Vanille-Milch und ›Macaroni mit Wein, auf französische Art‹. Von den Nudeln ist in diesem Lexikon außerdem unter ›N‹ die Rede, wobei darunter allerdings auch Dampfnudeln, Kartoffelnudeln und Spätzle zu verstehen sind.

In den Lebensmittelgeschäften werden um 1900 die Makkaroni keine Rarität mehr gewesen sein. In der Auflage aus der Zeit um 1910 von ›Henriette Davidis Originalkochbuch für die einfache und reiche Küche‹ (erstmals 1845 erschienen, danach vielfache Auflagen) wird zeitgemäß vor dem Kauf zu alter ›Maccaroni‹ gewarnt, weil sie leicht Milben bekommen könnten. Das umfangreiche Buch enthält fünf ›Maccaroni‹-Gerichte und darüber hinaus zwei Rezepte für hausgemachte Nudeln, die sich durchaus mit der italienischen

›Pasta fatta in casa‹ messen können. Im Kochbuch des Frankfurter Hausfrauenvereins aus den frühen zwanziger Jahren werden Makkaroni lediglich als Krankenkost empfohlen.

Einen kreativen Umgang mit der Nudel verrät hingegen ein Schweizer Kochbuch, das erstmals 1927 in Zürich erschien und die Rezepte der fleischlosen Küche des Bircher-Benner-Sanatoriums vorlegt. Es enthält unter anderem eine köstliche Makkaroni-Pastete, die Spaghetti kommen vor, und die Köchin des Sanatoriums wußte, wie man Nudeln kocht, al dente nämlich. Unmißverständlich lautet die Kochanweisung für Makkaroni: »Weich kochen, aber nicht verkochen lassen!«

Das Schlaraffenland des Giovanni Boccaccio, der Parmesanberg mit den herunterkollernden Nudeln, muß in der Emilia Romagna gelegen haben: ›Bengodi bei Bologna‹. Die Bologneser Küche gilt als eine der gediegensten innerhalb Italiens. ›Alla bolognese‹. Dieser Begriff steht für reichhaltige, üppige Kost, rundum unverfälscht, vertrauenerweckend. Hat sich vielleicht deshalb in die Speisekarten fast aller deutschen Haushalte mit Kindern und deutschen Gaststätten zwischen Flensburg und Garmisch sowie in die Wochenpläne fast aller Werkskantinen hierzulande seit vielen Jahren ein ›italienisches Gericht‹ eingenistet, das es in der traditionellen italienischen Küche so gar nicht gibt? Die Rede ist von den ›Spaghetti bolognese‹ oder – wie man es manchmal liest: – ›Spagetti Bolognäse‹ oder, anders ausgedrückt, ›Pastaschuta‹, dem deutschen Leibgericht. Die Rede ist kurz gesagt von den Spaghetti mit Tomaten-Hackfleisch-Soße. Freilich, es gibt sie auch in Italien in jeder Region, dort heißen sie dann ›Spaghetti al ragù‹ und die Fleischsoße ist Hunderten von regionalen Wandlungen unterworfen. Mit dem wunderbar duftenden, viele Stunden vor sich hinköchelnden ›Ragù alla bolognese‹ – und das gibt jede italienische Köchin auch sofort zu – hat das jedoch nichts zu tun. Das nämlich ist eine kulinarische Komposition aus drei Fleischsorten (mit dem Messer gehackt und nicht einfach durch den Wolf gedreht), aus Speck, Innereien, Butter und Schmalz, Fleischbrühe und Wein, die zu guter Letzt (den nur 40 Kilometer von Bologna entfernten Modeneser graust es) mit Milch oder Sahne verfeinert wird. Zu ihrem Ruhm gelangte diese Soße auch nicht als Zutat von simplen Industriespaghetti, sondern in ihrer wahrhaft genialen Verbindung mit den ›Tagliatelle‹, jenem hausgemachten Triumph der Bologneser Küche: geschnittene Bandnudeln, goldgelb, weich und lang. Und 1,5 cm breit.

Die selbsteingestandene, vielfach bezeugte Italien-Sehnsucht der Deutschen macht sich heute, da Italien nur noch eine Tagesreise entfernt ist, nördlich des Brenners an den Spaghetti fest, und es scheint, als seien sie ›alla bolognese‹ zu einem deutschen Nationalgericht geworden.

H. K.-H.

Literatur

Cavalli, 1990
Goethe, 1978
Gregorovius, 1968
Valli, 1991
Enciclopedia della Cucina, 1990

VOM KÜCHENTISCH ZUM FLIESSBAND

Die maschinelle Verarbeitung von Nahrungsmitteln in ›Fabriken‹ basiert auf den bekannten Methoden der Küche und des Nahrungshandwerks. Der Weg führte aus der Breite und Vielfalt der Aufgaben der Küche in die Spezialisierung auf bestimmte Rohstoffe und die Massenproduktion gleichartiger Erzeugnisse. Die Nahrungsmittelindustrie hat die Küchenarbeit erleichtert, Haltbares für die Vorratskammer produziert, aber auch neuartige Erzeugnisse auf den Markt gebracht: billiges Streichfett, sättigende Suppen, preiswerte Konserven für die einfache Küche, Fertiggerichte zur Arbeitserleichterung für alle. Die Bevölkerung der wachsenden Großstädte und der industriellen Ballungsräume bildete die neuen Märkte für Nahrungsmittelindustrie und -handel; diese entlasteten Küche und Vorratshaltung, boten neue Dienste. Der Gefrierschrank für die Vorräte der kleinen Haushalte steht im Supermarkt zur täglichen Bedienung.

Im Laufe der Entwicklung des Menschen haben sich zwei Aufgaben als Grundbedingungen für den kulturellen Aufstieg erwiesen – die eigenständige Produktion von Nahrungsmitteln durch ›Agrikultur‹ und die Pflege von Vorräten für den Winter. Seit der Jungsteinzeit – als der Mensch gelernt hatte, den Acker zu bebauen und Vieh zu züchten – war das Überleben unter anderem eine Frage des Kampfes um die Vorräte zwischen Mensch und Verderbskräften. Nahrungsmittel sind ›Nährboden‹ für Hefen, Bakterien und andere Verderbsorganismen. Mikroben brauchen fürs Überleben Nährstoffe und Wasser, und es ist der Wassergehalt der Nahrungsmittel, wo Schutzmaßnahmen zu ihrer Erhaltung ansetzen. Die meisten Methoden zum Schutz vor Verderb verringern den Wassergehalt durch Trocknen auf vielerlei Art. Andere Verfahren bedienen sich keimhemmender oder gar keimtötender Stoffe wie Salz, Säuren oder Rauch. Hitze tötet Mikroorganismen und Enzyme, bei tiefen Temperaturen leidet nicht nur der Mensch, bei tiefen Temperaturen sind Verderbsorganismen weniger aktiv, sterben ab, chemische Verderbsreaktionen laufen langsamer ab. Deshalb kühle Keller als Lager für die Vorräte, Eisschrank, Kühlschrank und Tiefkühltruhe. Einen unverzichtbaren Beitrag zur Erhaltung der Nahrungsmittel leistet die Verpackung.

Die meisten Konservierungsmethoden sind seit dem Altertum bekannt und in Gebrauch, Salzen und Räuchern bereits seit der Jungsteinzeit. Andere Methoden zur Erhaltung der Nahrungsmittel, wie Trocknen, Erhitzen, Kühlen, Backen und Braten, Säuern, Fermentieren, Gären, Einlegen in Öl oder das ›Reifen‹ von verarbeiteten Erzeugnissen, sind in der antiken Literatur beschrieben, durch Abbildungen und Grabungsfunde bezeugt. Fermentierte Fischsaucen in luftdicht verschlossenen Amphoren wurden seit der Zeitenwende aus Nordafrika bis nach Heidelberg in Germanien verkauft – manche

Einige Erfindungen und Entdeckungen der Nahrungsmittelindustrie im 19. Jahrhundert

1802 **Rübenzucker**, erste Kulturversuche mit Zuckerrüben auf Befehl des preußischen Königs Friedrich Wilhelm III.; entdeckt 1745 durch den Chemiker A. S. Markgraf, Rübenzucker›boom‹ seit 1811 wegen der Kontinentalsperre.

1810 klärte der französische Naturwissenschaftler Gay-Lussac den Vorgang der **Gärung** chemisch auf, wobei er als Voraussetzung die Entdeckung Apperts benutzte, wonach organisches Material durch Kochen an der Gärung gehindert werden kann.

1810/1850 **Konserven** durch den Franzosen Nicolas-François Appert, der dafür von Kaiser Napoleon III. einen Preis von 12000 Goldfranken erhielt. Zahlreiche Patente aus dem 17. bis 19. Jahrhundert zur ›Haltbarmachung‹ von Nahrungsmitteln in Blech und Glas. Konservenfabriken seit 1850, erste bayerische Konservenfabrik 1868 Johann Eckart in München.

1811 **Stärkezucker** durch den deutschen Chemiker S. C. Kirchhoff entdeckt; Hydrolyse von Stärke mittels Säure. Von Goethe während der Kontinentalsperre als Ersatz für Rohrzucker empfohlen. Erste deutsche Fabrik 1850 in Offstein, später im Großen von Maisstärkefabriken produziert.

1828 **Kakaobutter** durch Holländer Conrad Johannes van Houten Patent auf Abpressen des Kakaofettes; der ›entölte‹ Preßkuchen wird fein gemahlen und in Flüssigkeit zu einem Getränk ›gelöst‹. Bis Mitte des Jahrhunderts gab es Kakao und Schokolade nur als Getränk.

1842 **Maisstärke** durch den Schotten John Polson u. a. Die Erfindung betrifft das ›Naßvermahlen‹ von Mais und Abtrennen der fett- und eiweißhaltigen Keime durch physikalische Verfahren.

1847 **Fleischextrakt** erfunden durch Max von Pettenkofer in München, seit 1862 mit Liebigs Unterschrift von Südamerika aus vermarktet: zerkleinertes Fleisch wird in Druckkesseln ausgelaugt, unter Vakuum (bei niedriger Temperatur) zur Paste eingedampft und in Kleinpackungen abgefüllt. Großer wirtschaftlicher Erfolg, guter Geschmack, geringer Nährwert.
1856 gezuckerte **Kondensmilch** durch Gail Borden in den USA erstmals auf dem Markt. 1866 ›Anglo-Swiss Condensed Milk Company‹ von zwei Amerikanern in Zürich gegründet, später Nestlé. Milch wird in Vakuum bei niedrigen Temperaturen eingekocht.
1866 **Nährmehl** durch Henri Nestlé in Vevey, Schweiz: Mehl-Milch-Zuckermischung.
1871 **Margarine** durch den Franzosen Hippolyte Mège-Mouriès; streichfähiges Speisefett aus Rindertalg, später aus vielen Fettarten dank der 1902 von Wilhelm Normann und anderen erfundenen Fetthärtung von Ölen.
1872 **Erbswurst** durch Berliner Koch Grünberg; ›Convenience food‹ aus behandeltem ›aufgeschlossenem‹ Erbsmehl, Speck, Gewürzen und Salz.
1873 **Glukose** (Stärkesirup, Stärkezucker, Traubenzucker) erste Fabrik von Cicero Hamlin in Buffalo, im Staat New York. Stärke wird durch Säure oder Enzyme ›aufgeschlossen‹ zu einer Reihe von süßen Derivaten.
1875 **Milchschokolade** durch den Amateur Daniel Peter, der 1863 Tochter Fanny des ersten Schweizer Schokoladefabrikanten C. F. Cailler in Vevey heiratet: anstelle wäßriger Milch setzte er der Masse gezuckerte Kondensmilch zu; der Emulgator Lezithin wird seit 1930 zur Einsparung von Kakaobutter verwendet.
1879 **Schmelzschokolade** Der »Privatgelehrte, Amateur und Pröbler« Rudolph Lindt erfand in Zürich das Kneten und ›Conchieren‹ der Masse unter Zusatz von Kakaobutter; Schweizer Schmelzschokolade wird Vorbild aller Schokoladehersteller.
1886 **koffeinhaltiges Erfrischungsgetränk** durch den Apotheker John Pemberton in den USA; aromatisierter, säure- und koffeinhaltiger Sirup, der in markengeprägten Kleinflaschen zu einem ›soft drink‹ abgefüllt wird.
1886 **Trockensuppen** als Idee von Carl Knorr, Heilbronn, aus Frankreich mitgebracht, technisch vollendet und markengerecht in Haushaltsportionen verpackt.

haben ihre Reise in der archäologischen Abteilung eines Museums beendet.

Die moderne Industrie hat die traditionellen Verfahren der Konservierung übernommen, verfeinert und mit Hilfe neuer Technologien perfektioniert.

Am Anfang der Industrialisierung stand die Dampfmaschine, obwohl es natürlich auch vorher Ansätze gegeben hatte, Wasser- und Windkraft zu nutzen. Henri Nestlé ließ sich 1843 in Vevey nieder und bediente sich der »Nutzung eines Wasserstrahls von 9 mm Durchmesser« als Energiequelle. Die Dampfmaschine trieb ›Dampfmühlen‹, ›Dampfnudelfabriken‹ und ›Dampfbäckereien‹ an, trieb auch Eisenbahnen und Dampfschiffe durch Länder und über Meere im Dienste eines zur rechten Zeit wachsenden Weltmarktes, der die Industrie zuverlässig und während des ganzen Jahres mit Getreide, Mais, Zucker, Fleisch und Fett versorgte, sie zum Ausbau ihrer Kapazitäten ermutigte. Der Vertrieb der nun massenhaft produzierten und transportierten Waren stieß bald auf zu enge Handelskanäle, eine Verpackungsindustrie gab es noch nicht, und vor allem die für ›Reclame‹ wichtige Drucktechnik in Farben wartete noch auf ihre Industrialisierung. Trotzdem baute die junge Industrie ihre Kapazität aus, steigerte die Produktion, wobei die Modernisierung traditioneller Branchen und die Entstehung neuer Sparten sehr unterschiedlich vorangekommen sind.

Zu den traditionellen, früh industrialisierten Branchen, die schrittweise in immer größere Fabriken umzogen, gehören Brauerei, Branntwein-Brennerei, Zuckerraffinerie, Öl- und Getreidemüllerei, Herstellung von Schiffszwieback, der Weinbau und die Verarbeitung von Milch zu Käse. Erfindungen und neue Verfahren förderten neue Branchen: die Herstellung von Milchschokolade und ›löslichem‹ Kakao, von Suppenwürze und Brühwürfel, Margarine und Dosenkonserven. Die Übersicht in der Randspalte greift einige Glanzpunkte des Erfindergeistes und unternehmerischen Gespürs heraus aus der schwindelerregenden Betriebsamkeit, von der Erfinder, Fabrikanten und ›Pröbler‹ erfaßt zu sein schienen. Die neuen Industriellen beuteten eigene Erfindungen aus oder verwerteten vorhandene Verfahren kommerziell und vertrieben ihre Erzeugnisse erfolgreich mit einem Sinn für die weite Technik der Verkaufsförderung, die ›Reclame‹.

In der jetzt über hundertjährigen Geschichte einzelner Zweige der Nahrungsmittelindustrie sind die oft aus kleinen Handwerksbetrieben emporgestiegenen Firmen zu weltweiten Konzernen mit Milliardenumsätzen herangewachsen. Obwohl viele Handwerker sich schon Mitte des 19. Jahrhunderts zum ›Fabrikanten‹ aufgeschwungen hatten, ist die entscheidende Entwicklungsphase der Lebensmittelindustrie in die Zeit von 1880 bis 1914 zu datieren.

Die führenden Unternehmer der jungen Ernährungsindustrie – und alle anderen großen und kleinen – waren sicher nicht die ersten, die um Kunden geworben haben, können aber doch als die Erfinder der modernen ›Reclame‹ und des Markenartikels gelten. Wie die Industrialisierung selbst, lief auch die Werbung nur zögernd an – die Werbeverbote der Zünfte waren noch rechtlich und moralisch zu überwinden, hieß es doch z.B. in der Württembergischen Metzgerordnung von 1585 (abgelöst durch die Gewerbeordnung von 1862) »desgleichen soll auch kein Meister oder desselben Ehehalten, einiger Person, so bey eines anderen Banck stehet, Fleisch von ihme zu kaufen, zuschreyen, und von anderen abwendig machen, bey Straf zehen Schilling«. Auf bescheidene Zeitungsanzeigen ›An das verehrte Publikum‹ folgten Plakate, Sammelbilder, Emailschilder, bedruckte Blechdosen und die Packungen selbst als Werbeträger. Wichtig waren die zahlreichen Welt- und Gewerbeausstellungen mit ihrem Medaillensegen. Seit 1875 wurde Blech farbig bedruckt, die Chromolithographie fand in der Werbung ein fruchtbares Arbeitsfeld.

Mit gewissen Verzögerungen und leicht verfremdet paßte sich der Stil der Werbekunst den Befindlichkeiten der jeweiligen Epoche an. Die Anfänge moderner Werbegrafik entsprangen dem Biedermeier, gefolgt von historisierendem Klassizismus, einem Stil, der sich auch in Industriebauten und Fabriken in Form von Ritterburgen äußerte. Gegen Ende des Jahrhunderts setzte sich ein dekorativer Stil der Plakatkunst durch, der die Linien und Frauengestalten des Jugendstils, des Art nouveau nachempfand. Aus dieser Epoche stammen die schönsten Plakate bekannter europäischer und amerikanischer Künstler wie Toulouse-Lautrec, Mucha, Bradlex, Steinlen, Chéret und Hohlwein aus München.

Die Substanz der Werbeideen eines William Lever, Dr. August Oetker, Hermann Bahlsen, Julius Maggi oder Carl Knorr blieb bis heute identisch in ihrer Originalität, modernisiert wurden lediglich die ›Medien‹ der Werbung, als da sind Kino, Fernsehen, Bildschirmtext, Hörfunk, ›Publikumszeitschriften‹. Angesichts des dichten Gedränges auf den Regalen der Supermärkte hat die damals erfundene Identifizierung der Ware mit Namen und Marke des Herstellers noch an Bedeutung gewonnen.

1886 **Suppenwürze** durch Julius Maggi technisch entwickelt und vermarktet; hydrolisiertes, aufgeschlossenes Eiweiß in typischen Fläschchen. Der schwedische Chemiker J. J. Berzelius hatte 1831 festgestellt, daß mit Säure gekochtes Fleisch nach dem Neutralisieren fleischbrühähnlichen Geschmack und Geruch entwickelt.

1890 **Kaugummi, Erdnußbutter**, in den USA, **Ananaskonserven** auf Hawaii, Kathreiners **Malzkaffee** in Deutschland.

1894 **Backpulver** nach verschiedenen – meist unbrauchbaren – Rezepturen, von Dr. Rudolph Oetker in Bielefeld entwickelte wirksame Mischung von Chemikalien, die den Teig und das Gebäck im Ofen mittels Kohlendioxydbläschen ›gehen‹ läßt. (Auch Hefe entwickelt Kohlendioxyd).

1900 **entkoffeinierter Kaffee** durch Ludwig Roselius in Bremen; das im Kaffee enthaltene Koffein wird durch Lösungsmittel entfernt.

1905 **›Ovomaltine‹** durch A. Wander trockene Kraftnahrung aus Milch-Zucker-Malz-Eier-Kakao in der Schweiz.

1910 der Begriff **Vitamin** durch A. Funk in Deutschland.

1913 **Schmelzkäse** durch Stettler und Gerber in der Schweiz: Verflüssigen von geriebenem Hartkäse mit Hilfe von ›Schmelzsalzen‹

1925 **tiefgefrorene Lebensmittel** durch Birdseye in USA.

1937 **Instant Kaffee** durch die Gruppe Morgenthaler in Deutschland.

H.P. M.

Verpacken der Knorr-Erbswurst, Heilbronn, C. H. Knorr AG, um 1900

Der Übergang aus der Küche zur industriellen Verarbeitung der Nahrungsmittel war nicht nur bedingt durch Bevölkerungswachstum, Verstädterung und Entfremdung der Städter von ihrer ländlichen Basis – der neue ›Fabrikant‹ war auch angeregt durch unternehmerisches Gespür, Gewinnstreben, Freude am technischen Fortschritt und Erfindergeist. Die Gründerväter der Nahrungsmittelindustrie kamen aus den verschiedensten Berufsgruppen, im wesentlichen waren es Handwerker, Unternehmer und Erfinder. Als beispielhaft für diesen Typus des Nahrungsmittelfabrikanten können Justus von Liebig, der prominente Handwerker-Unternehmer, oder der gelernte Müller Julius Maggi gelten, ebenso erfolgreiche Fabrikantensöhne wie Carl und Alfred Knorr, die alle ein natürliches Talent für Markt und Marketing besaßen.

Der Name Justus von Liebig ist untrennbar mit dem einst so populären Fleischextrakt verknüpft. Die Herstellung geht auf mehrere Erfinder zurück, unter denen Justus von Liebig (1803–1873) der bekannteste ist. Mitbeteiligt war auch der Münchner Hygieniker Max von Pettenkofer (1818–1901). 1862 verhandelten Liebig und Pettenkofer mit dem Ingenieur Giebert, der dann in Südamerika eine Fabrik eröffnete, seit 1865 ›Liebig's Extract of Meat Company Ltd‹ mit Sitz in London. Liebig überwachte die Qualität, was mit seinem Namenszug auf den Etiketten und Sammelbildern werbewirksam zum Ausdruck gebracht wurde. Das weltbekannte Erzeugnis erreichte in den 1880er Jahren seinen Absatzhöhepunkt. Liebig hat natürlich noch anderes erfunden, sich u.a. auch mit Backpulver beschäftigt.

Der Reklamespruch wurde von Frank Wedekind verfaßt. Der Schriftsteller Frank Wedekind (1864-1918) war 1886-87 ›Vorsteher‹ des Reklame- und Pressebüros von Julius Maggi in Kempttal.
aus: Mollenhauer, 1988

Michael Julius Maggi (1846–1912), als Sohn eines Italieners und einer Schweizerin im Kanton Thurgau geboren, begann seine Laufbahn mit einer kaufmännischen Lehre in Basel, erlernte in Ungarn das Müllerhandwerk, um mit 23 die väterliche Hammermühle im Kempttal zu übernehmen. Betriebsam gründete er 1872 seine erste Firma, die Mühlengruppe ›Julius Maggi & Cie‹, 1886 die ›Julius Maggi KG‹ »zur Herstellung und zum Verkauf von volkstümlichen Nahrungsmitteln, von Spezialitäten und medizinischen Erzeugnissen«. Seit 1886 stellte Maggi Suppenwürze her, deren Ursprünge auf die Chemiker J. L. Proust und Jakob Berzelius zurückgehen; sie hatten mit Hilfe der Salzsäure des Magens Fleisch zu einer fleischbrüheähnlichen Substanz ›verdaut‹. Maggi experimentierte mit anderen Eiweißquellen, setzte seine Erkenntnisse in ein praktisches Verfahren um und entwickelte die industrielle Auswertung. Das vierkantige Suppenwürzefläschchen hat er selbst entworfen. 1890 gründete er mit neuem Kapital die ›Fabrik von Maggi Nahrungsmitteln AG‹, ließ 1897 in Singen am Hohentwiel eine deutsche Zweigfabrik als ›Maggi GmbH‹ eintragen. Um die Jahrhundertwende zog Maggi nach Paris, wo er sogleich die ›Société laitière Maggi‹ zum Vertrieb von Frischmilch gründete – ein unermüdlicher Unternehmer. Im Jahre 1947 verband sich die Firma Maggi mit dem Schweizer Nestlé-Konzern, dem sie heute angehört.

Vater Carl Heinrich Theodor Knorr (1800–1875) hatte 1838 in Heilbronn eine Zichorienmühle mit An- und Verkauf von Perlgerste, gerollter Gerste, Tapioka sowie getrockneten Früchten erworben. Die beiden Söhne Carl und Alfred, wohl ausgebildet und weit gereist, hatten im Ausland Sprachen gelernt und sich im Nahrungsgewerbe umgesehen. Carl hatte in Frankreich das Trocknen von Gemüse und die Herstellung von Suppenmischungen kennengelernt, die dort aus Mehl, Gemüse und Gewürzen fertig gemischt und in Épicerien (Spezereien) verkauft wurden. Im Jahre 1875, kurz vor dem Tod des Vaters, übernahmen die Brüder den Betrieb und begannen mit ›Knorr-Suppen‹ zu experimentieren; die Mühle wurde vergrößert, 1884 eine neue Fabrik für die Produktion von Mehlen aus Roggen, Erbsen, Linsen, Bohnen sowie für Tapioka und Sago gebaut. In einer Preisliste von 1886 erscheinen erstmals Suppenmischungen, auch in gepreßter Tablettenform, Kartoffelflocken, Teigwaren. Ein Erfolgsartikel war ›Knorr's Erbswurst‹ aus Erbsmehl, Speck, Gewürzen und Salz – erfunden von dem Berliner Koch Grüneberg, der sein Rezept 1870 an das preußische Kriegsministerium verkauft hatte. Das Ministerium nahm die Produktion in der ›Königl.Conservenfabrik‹ auf und produzierte täglich 75 000 ›Würste‹. Je 100 bis 150 gingen in Kisten an die Front, wo sie »jubelnd begrüßt« worden sein sollen. Die Tradition der C.H. Knorr AG (seit 1959 C.H. Knorr GmbH in Fusion mit der Maizena GmbH) lebt fort unter dem weltweiten Dach der Corn Products Corporation. Außer Erbswürsten werden heute allein unter dem Namen Knorr ca. 400 verschiedene Erzeugnisse auf den Markt gebracht, die in der Tat die Arbeit in der Küche erleichtern und eine Palette von Gerichten bieten, die keine Köchin und auch kein Koch allein bewältigen könnte.

30.1.18

Eng verknüpft mit der Steigerung industrieller Nahrungsmittelproduktion stieg die Flut amtlicher und privater Maßnahmen zu ihrer Kontrolle, zum Schutz vor Krankheit und Betrug; natürlich auch zum Schutz des ehrbaren Kaufmanns. Der Schutz des Verbrauchers war in früheren Zeiten – und ist es auch heute noch – zum einen gewährleistet durch Disziplin und Selbstkontrolle der Hersteller, des Handels, des Handwerks. Daneben gab es seit allen Zeiten auch amtliche Vorschriften für die Grundnahrungsmittel. Auch war der Verbraucher der Nahrungsmittel noch bis in die Anfänge unseres Jahrhunderts in der Lage, die meisten Erzeugnisse selbst fachkundig zu beurteilen. Trotzdem hat sich die Menschheit seit über viertausend Jahren mit der Gefahr der Verfälschung der Lebensmittel beschäftigen müssen. Aus dem gesamten Ablauf der Geschichte sind Vorschriften zur Reinhaltung und Überwachung der Nahrung überliefert.

In der römischen Kaiserzeit sorgte die Annona, eine kaiserliche Behörde zur Versorgung des Militärs und der Stadtbevölkerung, für die Ordnung der

Nahrungsmittel. Im Mittelalter übernahmen städtische Beamte die Marktkontrolle, unterstützt durch Organe der Zünfte. Das Volkacher Salbuch aus dem Jahre 1504 schildert in naiven Abbildungen, wie der Kontrolleur Fässer mit verdorbenen Heringen verbrennen läßt. Der Niedergang der Zünfte hatte zunächst eine Vernachlässigung der Überwachung mit sich gebracht, auch waren die Behörden dem technischen Fortschritt nicht gewachsen. Industrieller Aufschwung und Wachstum der Städte zwangen jedoch die Obrigkeit, den Verkehr mit Nahrungsmitteln sorgfältiger zu überwachen. Die erste Fassung der deutschen Nahrungsmittelgesetze, die bis heute dynamisch weiterentwickelt worden sind, entstand im Jahre 1879 in Form des ›Gesetzes über Nahrungs- und Genußmittel‹, das unverändert bis 1927 in Kraft blieb. Damals wurde anstelle der Bezeichnung ›Nahrungs- und Genußmittel‹ der Begriff ›Lebensmittel‹ eingeführt, der alles umfassen soll, was dazu »bestimmt ist, gegessen, gekaut oder getrunken zu werden«. Die Gesetzesänderung von 1958 brachte die Definition des ›fremden Stoffes‹ (seit 1974 ›Zusatzstoff‹: Farbstoffe, Konservierungsstoffe...), der grundsätzlich verboten wurde mit dem Vorbehalt, bestimmte Stoffe nach gesundheitlicher Prüfung zuzulassen. Der Schutz des Verbrauchers wurde stärker akzentuiert.

Eine einschneidende Änderung von übergeordneter Wirkung bringt der gemeinsame Binnenmarkt der EG zum 1. Januar 1993: Von dann ab sollten alle lebensmittelrechtlichen Vorschriften der Mitgliedstaaten vereinheitlicht werden und übereinstimmen.

Im Gegensatz zum detaillierten deutschen Recht will man in Brüssel vor allem auf grundsätzliche Vorschriften Wert legen. Die Vielfalt der nationalen Spezialitäten wird damit keineswegs ›vereinheitlicht‹, es soll nur sichergestellt werden, daß die Erzeugnisse nicht gesundheitsschädlich sind und der Verbraucher nicht getäuscht werden kann. Außerdem soll verhindert werden, daß sich künstliche Handelshemmnisse aufbauen. Bier z.B. darf auch weiterhin nach dem deutschen ›Reinheitsgebot von 1516‹ gebraut und als solches beschrieben, Spaghetti aus Hartweizengrieß geknetet werden.

In Deutschland wird die Einhaltung der Lebensmittelgesetze von den Behörden der Bundesländer überwacht. Die Kontrolle, bis jetzt meist beim Einzelhandel an Hand von amtlichen Stichproben vorgenommen, soll in die Produktionsstätten zurückverlagert werden. Für den einzelnen Betrieb wird – in die Verantwortung der Betriebsleitung – ein Qualitätssicherungssystem aufgebaut, das den Ablauf der Produktion überwacht und nicht lediglich das Endprodukt prüft.

H. P. M.

Literatur

AK Arbeitnehmer – Unternehmer 1985
AK Email – Handwerk – Industrie, 1981
AK, Leben und Arbeiten im Industriezeitalter, 1985
AK Tausendundeine Dose, 1986
Das Buch der Erfindungen und Industrien, 1872/74
Bäckerinnung Nürnberg, 1981
Ellerbrock (im Druck)
Green, 1979
Heer, 1966
MK Fränkisches Alltagsleben, 1985
MK Römische Steindenkmäler, 1988
Mollenhauer, 1984
Mollenhauer, 1988
Mollenhauer, 1974
Rostovtzeff, 1957
Ruf, 1989
Stoll, 1758
Stuyvenberg, 1969
Westen, 1925
Wilson, 1954

30.1.1

30.1.1

30.1.1
o.A.,
Liebig's Fleisch-Extract in der bürgerlichen Küche. Eine Sammlung erprobter und bewährter Recepte. Den Hausfrauen gewidmet von der Liebig Gesellschaft.
um 1900
Broschur, 64 S.
A 83/440

Die Kochbüchlein verteilte die Liebig-Gesellschaft als Werbegeschenk. Diese 1865 gegründete Gesellschaft stellte industriell Liebig's-Fleischextrakt her. Das Verfahren zur industriellen Produktion dieser stark konzentrierten Fleischbrühe hatte der auch in München lehrende Chemiker Justus von Liebig (1803-1873) entwickelt und verbessert (1847). Er wollte dabei den Fleischüberschuß in Uruguay und Argentinien nutzen, um mit dem daraus gewonnenen Fleischextrakt die Ernährung der Menschen anderer Erdteile zu verbessern. 1864 war in Fray Bentos/Uruguay bereits die erste Fleischextraktfabrik von dem Deutsch-Brasilianer Heinrich Georg Giebert erstellt worden, und die mit Fleischextrakt gefüllten weißen Steinguttöpfchen wurden in alle Welt versandt. U. Z.

30.1.2
Eugenie von Garvens,
Kleine Hexereien für ihn und alle
(hrsg. von der Liebig Gesellschaft m.b.H.)
J.J. Weber, Leipzig, um 1928
Broschur, 48 S.,
Zeichnungen von Rudolf Lipus
A 89/191

30.1.3
Liebig-Sammelbilder
um 1905
Chromolithographie
je 7 x 11 cm
67/358, 4-32

Sammelbilder waren eine frühe Form der Werbung: als kleine, rechteckige Bildchen mit dem Namen des Herstellers und des Händlers versehen, wurden sie beim Kauf des Produktes dazugegeben.
In Deutschland vertrieb ab 1875 die Liebig-Gesellschaft Liebig's-Fleischextrakt zusammen mit den – meist von unbekannten Künstlern gestalteten – Werbebildchen. Die ersten Liebig-Bilder wurden mit kindlichen, meist humoristischen Einzelmotiven versehen, bei denen der Extrakt-Topf besonders hervorgehoben wurde. Ab 1885

wurden Bilder-Serien mit den unterschiedlichsten Bildmotiven aus Kultur, Geschichte und Wissenschaft hergestellt, die nach 1900 mit erläuternden Texten auf der Bildrückseite ergänzt wurden.
Mit der Serien-Produktion wurden die Liebig-Bilder zum begehrten Sammelobjekt: Alben wurden hergestellt, Kataloge und Zeitschriften publiziert, Vereine gegründet. Zu Werbezwecken entstanden die ›Liebig-Kochbücher‹. Die Auflagen stiegen auf bis zu drei Millionen, die beliebtesten Serien wurden sogar gefälscht. Erst um 1940 wurde die Herstellung der bis zu 14farbigen Chromolithographien eingestellt. Auch die Firma Knorr nutzte Sammelbilder für die Werbung ihrer Artikel. R. H.

30.1.4
Dose für Rotti-Fleischwürfel für 1000 Würfel
München, um 1900
Weißblech, lackiert, 29,5 cm, ø 17 cm
A 88/328

Die Münchner Firma Rotti stellte Rotti – Böffcorn – Suppenwürze, -Suppenwürfel, -Saucenwürfel her.

30.1.5
Obron, Suppen-Extract. Verleiht Suppen, Saucen, Gemüsen, Fisch- und Fleischspeisen kräftigen Wohlgeschmack bei Billigkeit
Kastner u. Lossen, München, um 1900
Plakat, Farblithographie, 100 x 69 cm
Lit.: AK Prinzregentenzeit, München 1988, Nr. 5.1.38
B 13/10

Seit der 2. Hälfte des 19. Jahrhunderts entstanden Fabriken, in denen Suppenmehle, Suppentafeln und Würzen industriell produziert wurden. Um 1900 wurde auch in München-Mittersendling von der Fa. Obron ein Suppen-Extract hergestellt.

30.1.6
Gläser für Maggi-Brühwürfel
um 1950
Glas, 23,5 x 13 x 13 cm
A 91/70/1-2

1886 war im schweizerischen Frauenfeld Julius Maggi die Herstellung der ersten kochfertigen Suppe aus Erbsen- und Bohnenmehl und die Erfindung von Maggis Suppenwürze gelungen.

30.1.5

30.1.7
o.A.,
Erprobte Rezepte
Maggi-Gesellschaft, Berlin, um 1930
Pappband, 127 S.
A 86/203,2

30.1.8
Erna Horn,
So machts Freude, Das neue Maggi-Kochbuch
Singen/Hohentwiel, 1951
Pappband, 103 S. (mit Register)
A 91/63

Beide Kochbücher wurden als Werbegeschenke der Fa. Maggi zusammengestellt und verweisen mit ihren Rezepten auf die Produkte der Firma.

30.1.9
Maggi Suppenwürfel
Otto Haberlin
1953
Plakat, Lithographie
86 x 61 cm
A (D) 13.18/3

30.1.9

30.1.10
Knorr Werbepostkarten
1899-1913
Farblithographie, 9 x 14 cm
Heilbronn, Knorr/Maizena
Unternehmensgruppe

Die industrielle Herstellung und Vermarktung von Suppen- und Würzerzeugnissen erfuhr nach Liebig's-Fleischextrakt (seit 1864 industriell produziert) den eigentlichen Auftrieb. Seit den 70er Jahren des 19. Jahrhunderts begann Carl Heinrich Knorr (1800-1875) in Heilbronn/Neckar die industrielle Herstellung von Fertigsuppen. Die Suppenmehle, aus eiweißreichen Hülsenfrüchten gewonnen, konnten das teure Fleisch ersetzen und boten weiten Teilen der Bevölkerung die Möglichkeit, billig und schnell eine nahrhafte Suppe zu bereiten, oder auch mit den Würzen Saucen, Suppen und Gemüse schmackhafter zu machen.

30.1.11
Knorr Sammelbilder
1898 und um 1900
Farblithographie
5,5-7,3 x 5,5-11,2 cm
Heilbronn, Knorr/Maizena
Unternehmensgruppe

Die rechteckigen Sammelbilder verweisen auf Vorder- und Rückseite auf verschiedene Produkte der Firma Knorr. Die quadratischen Sammelbilder (1898 gab es 600 ›verschiedene Sujets‹) wurden speziell Knorr's Suppentafeln beigegeben.

30.1.12
Knorr Reklamemarken
1910-1913
Farblithographie
Heilbronn, Knorr/Maizena
Unternehmensgruppe

30.1.11

30.1.13
Werbe-Bogen für Knorr-SoS
um 1908
Typendruck, 42,5 x 52,7 cm
Lit.: AK Zur Geschichte der Suppe, 10000 Jahre Suppe, 150 Jahre Knorr, Heilbronn 1988
Heilbronn, Knorr/Maizena Unternehmensgruppe

30.1.14
Original Erbswurstrezepte der Fa. Knorr A.G.
28.3.1912
Handschrift, 24 x 18 cm
Lit.: Ruf, (Hrsg.), Die sehr bekannte dienliche Löffelspeise, Velbert-Neviges, 1989
Heilbronn, Knorr/Maizena Unternehmensgruppe

Seit 1889 produziert die Firma Knorr die heute noch erhältliche Erbswurst. Nach dem Originalrezept besteht sie im wesentlichen aus Erbsmehl, geräuchertem Speckfett, Salz, Nierenfett, Zwiebel, Sos und Pfeffer. Die Erbswurst wurde 1866 von Grünberg in Berlin erfunden. Er verkaufte »sein Geheimnis für 37000 Thaler dem Kriegsministerium zum ›Vorteil für die Ernährung der Soldaten im Felde‹«. Die Erbswurst wurde in Wasser aufgekocht und ergab, wie auch andere industriell gefertigte Suppenpräparate, eine sättigende Mahlzeit.

30.1.15
Aufhänger für Erbswurst
um 1950
Eisen, Email, 14,5 x 3,5 cm
Lit.: AK Zur Geschichte der Suppe, 10000 Jahre Suppe, 150 Jahre Knorr, Heilbronn 1988
Heilbronn, Knorr/Maizena Unternehmensgruppe

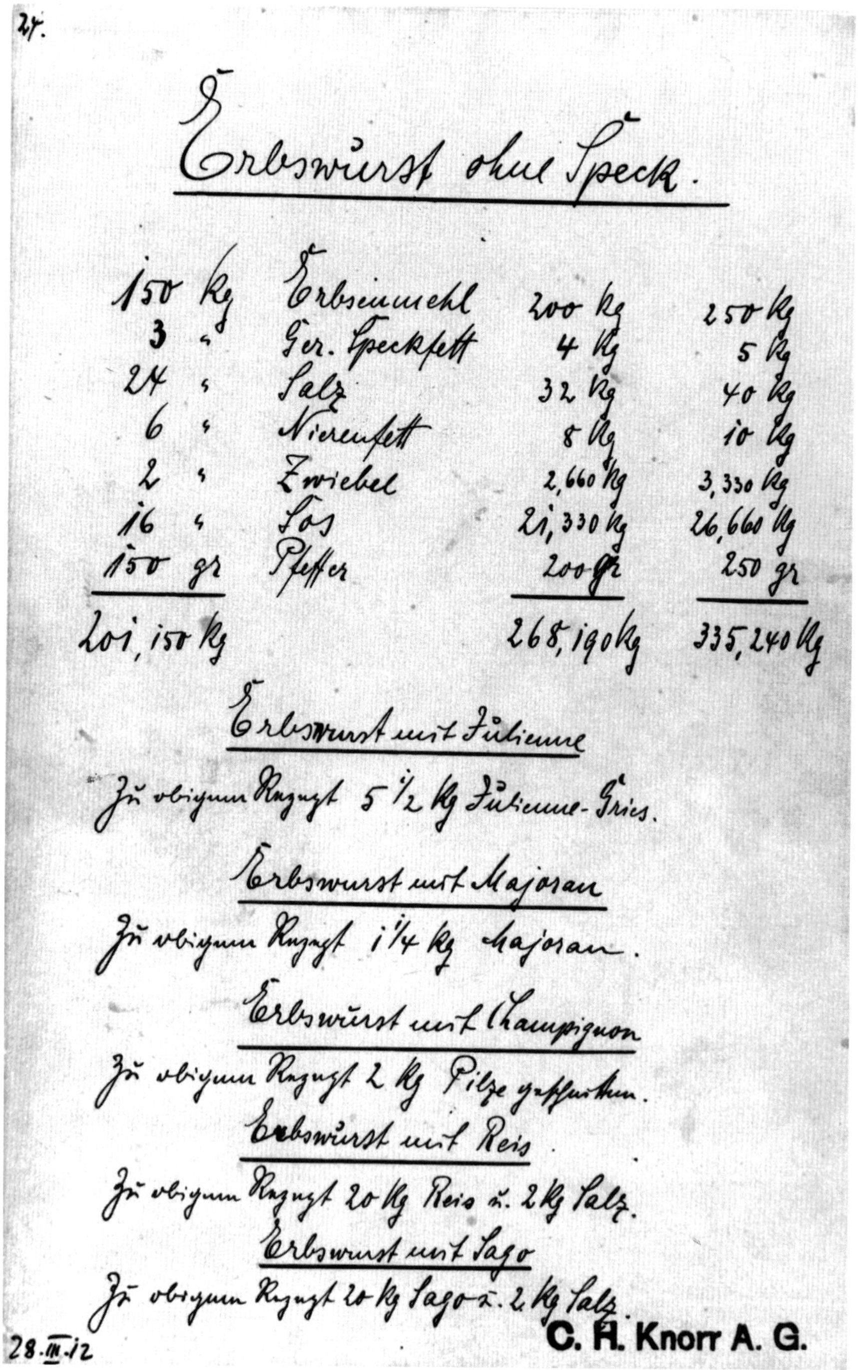
27.

Erbswurst ohne Speck.

150 kg	Erbsenmehl	200 kg	250 kg
3 "	Ger. Speckfett	4 kg	5 kg
24 "	Salz	32 kg	40 kg
6 "	Nierenfett	8 kg	10 kg
2 "	Zwiebel	2,660 kg	3,330 kg
16 "	Sos	21,330 kg	26,660 kg
150 gr	Pfeffer	200 gr	250 gr
201,150 kg		268,190 kg	335,240 kg

Erbswurst mit Julienne
Zu obigem Rezept 5 1/2 kg Julienne-Gries.
Erbswurst mit Majoran
Zu obigem Rezept 1/4 kg Majoran.
Erbswurst mit Champignon
Zu obigem Rezept 2 kg Pilze geschnitten.
Erbswurst mit Reis
Zu obigem Rezept 20 kg Reis u. 2 kg Salz.
Erbswurst mit Sago
Zu obigem Rezept 20 kg Sago u. 2 kg Salz.
28.III.12
C. H. Knorr A. G.

30.1.14

30.1.16
Schachteln für Knorr-Suppen und Knorr-Soßen
um 1930
Faltschachteln, Farbdruck
16-18 x 21,5, 24 x 8-12 cm
Lit.: AK Zur Geschichte der Suppe, 10000 Jahre Suppe, 150 Jahre Knorr, Heilbronn 1988
Heilbronn, Knorr/Maizena Unternehmensgruppe

30.1.17
Email-Werbeschild ›Knorr Suppenwürfel‹ – Pilz und feine Erbsensuppe, 3 Teller 10 Pfg.
1900-1914
Eisen, Email, 50 x 55 cm
Lit.: AK Zur Geschichte der Suppe, 10000 Jahre Suppe, 150 Jahre Knorr, Heilbronn 1988
Heilbronn, Knorr/Maizena Unternehmensgruppe

30.1.18
Email-Werbeschild ›Knorr Suppen‹
um 1930
Eisen, emailliert, 33 x 49 cm
Lit.: AK Zur Geschichte der Suppe, 10000 Jahre Suppe, 150 Jahre Knorr, Heilbronn 1988
Heilbronn, Knorr/Maizena Unternehmensgruppe

30.1.17

30.1.19
Email-Werbeschild
›Knorr's Suppe und Hafermehl‹
um 1930
Eisen, emailliert, 19 x 49 cm
Lit.: AK Zur Geschichte der Suppe, 10000 Jahre Suppe, 150 Jahre Knorr, Heilbronn 1988
Heilbronn, Knorr/Maizena Unternehmensgruppe

30.1.20
Flasche für Knorr Würzsoße
Gebrauchsort München, um 1930
Glas mit Aufkleber, 29 cm
Lit.: Ruf (Hrsg.), ›Die sehr bekannte dienliche Löffelspeise‹, Velbert-Neviges 1989, S. 73 ff.
A 92/134

Ab 1908 begann die Firma Carl Heinrich Knorr mit der Produktion der Knorr-Sos.

30.1.21
Knorr Rindfleisch Suppe
J. Binder, 1951
Plakat, Lithographie
119 x 84 cm
B (D) 13.18/2

30.1.21

30.2.1
M.J. Greiderer/Hoflieferant/
Wild- u. Geflügel-Halle/Dienerstrasse/...
Franz Roth
München, vor 1908
Plakat, Lithographie
127,5 x 87 cm
C 13/23

30.2.2
Wilhelm/Mozer/München-Nord/
Adalbertstraße 31 A/Telefon 1939/
Delikatessen u. Weine/Diners/
in u. außer dem Haus, Refreshments
Ludwig Hohlwein
München, 1909
Plakat, Lithographie
125 x 90 cm
C 13/22

30.2.3
Stuhr's Caviar
Ludwig Hohlwein
1909
Plakat, Lithographie
104,5 x 74,6 cm
B 13/29

30.2.3

30.2.4

30.2.4
Maccaroni/Scheurer Frères/
Logelbach, Elsass
Siegmund von Suchodolski (1875-1935)
um 1910
Plakat, Lithographie
75 x 53 cm
A 13/66

30.2.5
Dr. Klopfer-Nudeln/und Maccaroni/
Nahrhaft wie Fleisch!
Ludwig Hohlwein
München, 1912
bez. l.o. Ludwig Hohlwein
Plakat, Lithographie
90 x 60 cm
A 13/143

30.2.6
Palmona/
Feinste/Pflanzen-/Butter-/Margarine...
Ludwig Hohlwein
München, um 1913
bez. r.u. Ludwig Hohlwein
Plakat, Lithographie
123 x 80 cm
C 13/20

30.2.7
S. Schlinck/Palmin/ feinstes Cocos-Speisefett/ H. Schlinck & Cie. A. G./ Hamburg-Mannheim
Ludwig Hohlwein
München, um 1913
bez. r.o. Ludwig Hohlwein München
Plakat, Lithographie
127 x 80,5 cm
C 13/19

30.2.8
Palmefka/Feinste Pflanzen-butter-Margarine/Franz Kathreiners Nachfolger GmbH München
Ludwig Hohlwein
München, 1913
Plakat, Photolithographie und Druck
109 x 76 cm
B 13/25

30.2.9
Drumm's/Goldelse/die besten/ Nudeln u. Maccaroni
Ludwig Hohlwein, München, um 1930,
bez. l.u. Ludwig Hohlwein
Plakat, Farboffset
65 x 45 cm
A 13/135

30.2.10
Guten Appetit! Feima...
Otto Ottler, München, um 1950,
bez. r.u. Ottler München
Plakat, Lithographie 86 x 61 cm
A (D) 13.16./1

30.2.11
Zibella die Bevorzugte!
Otto Ottler, München, um 1950,
bez. l.o. Ottler München
Plakat, Lithographie
84 x 59,5 cm
A (D) 13.15.1

30.2.7

E. Weilshäuser's
Vegetarisches Kochbuch
Bearbeitet von E. Hering
Leipzig
Th. Grieben's Verlag (L. Fernau)
M. Burger.

31.1.5

SO NATÜRLICH WIE MÖGLICH

Ernährungswandel und Ernährungsreform

In den letzten 150 Jahren haben sich die Ernährungsgewohnheiten in den westlichen Industrieländern so grundlegend verändert wie kaum zuvor in der Menschheitsgeschichte.

Die Industrialisierung und damit die Modernisierung und Technisierung der Arbeitswelt fanden bereits früh Eingang in die Nahrungsmittelproduktion. Für die Ernährungswirtschaft eröffneten sich in der zweiten Hälfte des 19. Jahrhunderts ganz neue Möglichkeiten bezüglich Herstellung, Produktion und Verarbeitung, aber auch bezüglich Lagerung und Verpackung von Lebensmitteln. Das Angebot an Lebensmitteln erweiterte sich durch den Einsatz neuer technischer Verfahren und den Einsatz chemischer Zusätze: die Konservendose mit luftdichtem Abschluß des Inhalts, die Sprühtrocknung, das Pasteurisierungsverfahren, aber auch die Revolutionierung der Aufbewahrungsmöglichkeiten durch die aufkommende Kühltechnik und die Verbesserungen im Transportnetz durch den Eisenbahnbau waren nur einige der wichtigsten Neuerungen. So konnten im vorindustriellen Zeitalter beispielsweise Milch und Milchprodukte nur wenige Kilometer weit transportiert werden – innerhalb weniger Tage waren, ähnlich der heutigen Vorzugs- und Rohmilch, die unbehandelten Produkte verdorben.

Waren die Lebensmittel im vorindustriellen Zeitalter weitgehend unverarbeitet an die Haushalte verkauft worden, so fanden sich nun immer mehr verarbeitete und veredelte Produkte in den Regalen. Die Konservendose und damit das Fertigprodukt wurden bald zu Massenkonsumartikeln, die eine rasche Nahrungszubereitung, wie sie die veränderten Arbeits- und Lebensbedingungen im industriellen Zeitalter oftmals bedingten, ermöglichten.

Diese Entwicklungen sowie durch die Industrialisierung bedingte sozioökonomische Veränderungen, wie insbesondere die Zunahme der Kaufkraft in breiten Bevölkerungsschichten, beeinflußten nachhaltig die Ernährungsgewohnheiten. Hatten im vorindustriellen Zeitalter vegetabile, also pflanzliche Produkte wie Kartoffeln, Hülsenfrüchte und Getreideprodukte dominiert, so verschob sich die Nahrungsmittelpalette zugunsten tierischer Produkte wie Milch, Fleisch oder Wurst. Ganz entscheidend veränderte sich zudem der Zuckerkonsum: Wurden um 1850 lediglich zwei Kilogramm jährlich verbraucht, so liegt der Zuckerkonsum eines Bundesbürgers heute bei 38 Kilogramm. Die Massenproduktion von Zucker war ebenso wie die Herstellung von Margarine als billiges Buttersatzprodukt erst durch die industrielle Revolution möglich geworden. Auch der Verbrauch von Kartoffeln und Hülsenfrüchten änderte sich grundlegend.

Dieser Ernährungswandel, der sich bereits Ende des letzten Jahrhunderts abzeichnete, läßt sich kurz charakterisieren: Die Ernährung wandelte sich von einer wenig verarbeiteten, kohlehydrat- und ballaststoffreichen zu einer fett- und eiweißreichen, ballaststoffarmen Ernährung mit hohem Verarbeitungsgrad. Ihren Höhepunkt hat diese Ernährungsform in unseren Tagen erreicht.

Bereits im 19. Jahrhundert regten sich erste warnende Stimmen, die diesen Ernährungswandel kritisierten und auf eventuelle gesundheitsschädigende Folgen hinwiesen. Die Vertreter dieser gegenüber der konventionellen Ernährung kritisch eingestellten Bewegung nannten sich ›Ernährungsreformer‹ und begründeten damit die sog. ›Ernährungsreform‹. Eingebettet war dieser reformerische Ansatz im Bereich Ernährung in die ganzheitlich ausgerichtete, naturverbundene Lebensreformbewegung. Lebensreform definierte sich als umfassendes, alternatives Konzept zur Umgestaltung der Lebens- und Arbeitswelt. Die Vertreter der Lebensreform versuchten negativen Folgen der Industrialisierung entgegenzutreten – Ernährung war dabei ein ganz entscheidender Ansatzpunkt, da eine Veränderung von jedem einzelnen ausgehen konnte. Neben der Ernährungsreform umfaßte die Lebensreform die unterschiedlichsten Einzelbestrebungen. So zählen zur Lebensreformbewegung die Naturheilkunde, der Vegetarismus, die Antialkoholbewegung, die Jugendbewegung, die Reformpädagogik, das Siedlungswesen, die Bodenreform, die Naturschutz- und Heimatschutzbewegung, die Freikörperkultur und Kleidungsreform, die Tierschutz- und Antivivisektionsbewegung sowie die alternative Landwirtschaft. Setzten die Einzelbewegungen auch an den unterschiedlichsten Punkten der Lebensführung an, so ist allen doch die Hinwendung zur Natur und zu einer möglichst naturverträglichen Lebensweise sowie die Ablehnung der negativen Begleiterscheinungen der Zivilisation und Industrialisierung gemein.

Das ›Festmahl der Vegetarianer in Amsterdam am 12. des Erntemonats 1879‹

bot folgende Abwechslung: Senfsuppe. Linsenpastete. Wassermorchel mit Salzkartoffeln. Ragout von hartgekochten Eiern mit Stachelbeersauce. Blumenkohl. Gebratener Jeed (eine in Holland viel vorkommende Art Unkraut) mit Kartoffeln. Indischer Reis mit Melochi und Kerri. Gefrorener Käsepudding. Dessert. Pumpernickel. Gleich nach der indischen Schüssel ergriff der javanische Radja Kasa Tjoeng das Wort: seit einigen Monaten erst Vegetarianer, fühle er sich schon physisch wie moralisch so gestärkt, daß seine Untergesetzten in Indien sofort desselben Glückes theilhaftig werden sollten; worauf Mynheer Jut, ein bekehrter ehemaliger Schlachtermeister aus Leemvarden, durch das Festmahl zu einer entsprechenden Rede begeistert wurde.

Eingebunden in diese Gesamtbewegung und ihre Idee trat die Ernährungsreform für die Rückkehr zu einer gesunden, natürlichen und im heutigen Sprachgebrauch vollwertigen Ernährung ein und stand damit im Gegensatz zum beschriebenen Ernährungswandel. Die Empfehlungen für eine gesunderhaltende Ernährung sprachen sich für eine Einschränkung des Fleischkonsums, den Verzehr von möglichst naturbelassenen, frischen, unverarbeiteten Lebensmitteln und die Verwendung von Vollkornprodukten aus. Logische Konsequenz dieser Ernährungsvorstellungen war eine Einbindung der Landwirtschaft in den Bereich der Lebensreform. Die ebenfalls durch die Industrialisierung stark veränderte Landwirtschaft entsprach nicht den ernährungsreformerischen Anforderungen. So bildete sich Anfang dieses Jahrhunderts eine alternative Landwirtschaft heraus, die auf künstliche Düngemethoden verzichtete und mit dem Anthroposophen Rudolf Steiner (1861–1925) und seinem Konzept der biologisch-dynamischen und damit naturnahen Wirtschaftsweise ihren ersten bedeutenden Vertreter fand.

Zu den Pionieren der Ernährungsreform gehörten der Schweizer Arzt und Lebensreformer Dr. med. Max Bircher-Benner (1867–1939) oder der Rostocker Bakteriologe und Hygieniker Prof. Werner Kollath (1892–1970). Letzterer führte den Begriff der ›Vollwertkost‹ ein und erweiterte den Bennerschen Ansatz einer stark rohkostorientierten Ernährungsweise um die Einstufung der Nahrungsmittel in fünf Ordnungsgruppen. Das am wenigsten verarbeitete, frische und rohe Produkt erhielt dabei die höchste Wertigkeit und repräsentiert damit die erste Gruppe der Ordnungsübersicht. Kollath prägte den Satz »So natürlich wie möglich« und skizzierte so mit wenigen Worten das Ideal der Ernährungsreform.

Einer der Hauptkritikpunkte waren die Methoden der industriellen Konservenindustrie. Schon früh versuchten Ernährungsreformer darauf aufmerksam zu machen, daß derart ver- und bearbeitete und wenig schonend hergestellte Nahrungsmittel insbesondere bezüglich des Vitamingehaltes nicht der ursprünglichen, natürlichen Nahrungszusammensetzung entsprachen. Man erkannte bereits im ausgehenden 19. Jahrhundert, daß die Veränderungen des täglichen Speisezettels innerhalb eines für die menschliche Evolution sehr kurzen Zeitraums von wenigen Jahrzehnten nicht ohne Folgen bleiben konnten. Heute weit verbreitete sog. ›Zivilisationskrankheiten‹ wie Gicht, Arthrose, Zuckerkrankheit, Rheuma, Übergewicht oder Herz- und Kreislauferkrankungen begannen bereits damals zu Volkskrankheiten zu werden.

Die theoretischen Ansätze der Ernährungsreform wurden ergänzt durch das Aufkommen eines neuen Wirtschaftszweiges. Es entstanden erste Produktionsstätten ernährungsreformerischer Nahrungsmittel sowie Verkaufsstellen, in denen Lebensreformer einkaufen konnten. So eröffnete das erste Reformhaus 1887 in Berlin; nach dem ersten Weltkrieg gab es bereits 200 Reformhäuser, 1945 über tausend. Das Angebot in den Reformhäusern reichte, ähnlich der heutigen Produktpalette, von Reform-Pflanzenbutter und Reform-Honig, über Fleischersatzprodukte, Gemüse- und Obstsäfte, Sauerkraut und Vollkornprodukte bis hin zu Reformkleidung wie der ›Wörishofener Sandale‹ sowie lebensreformerischer Literatur. Auf Messen und Ausstellung, wie etwa der Hygiene-Ausstellung in Dresden oder speziellen Gesundheits- und Ernährungsmessen, wurden die Reformprodukte dem Verbraucher vorgestellt. Die erste derartige Veranstaltung, die ›erste Ausstellung für volksverständliche Gesundheitspflege‹, fand 1887 in Leipzig statt und steht am Anfang einer Reihe von Messen, die ihren Bogen bis heute spannt. Neben den Reformhäusern wurden seit den 1880er Jahren zahlreiche Speisehäuser und Gaststätten gegründet, deren Angebot ebenfalls nach ernährungsrefomerischen Gesichtspunkten ausgerichtet war.

Innerhalb der Lebensreform befassen sich drei Einzelbestrebungen mit dem Bereich der Ernährung. Neben der bereits erläuterten Ernährungsreform und der an dieser Stelle nicht näher beleuchteten Antialkoholbewegung ist es insbesondere der Ansatz des Vegetarismus. Obwohl der Vegetarismus auf eine jahrtausendealte, religiös geprägte Tradition zurückblickt und zahlreiche Vertreter der Kulturgeschichte sich der vegetarischen Lehre zuwandten, erlebte die vegetarische Idee erst im Zuge der Lebensreformbewegung eine Blüte. Die ernährungsreformerischen Ansätze sind nicht deckungsgleich mit den Zielsetzungen des Vegetarismus. Beiden gemein ist das Bemühen um eine natürliche Ernährung. Vegetarismus will dabei jedoch mehr sein als eine Diät – mit dem Verzicht auf Fleisch ist ein sehr umfassender, ganzheitlich orientierter Ansatz der Lebensführung verbunden, auf den hier nur hingewiesen werden kann. Die ersten Vertreter der vegetarischen Idee in Deutschland lebten in der ersten Hälfte des 19. Jahrhunderts. Sie übernahmen den angelsächsischen Vegetarismus und dessen Organisationsstrukturen. Zentrale Bedeutung innerhalb der frühen vegetarischen Bewegung kommt dem freireligiösen Pfarrer Eduard Baltzer (1814–1887) zu. Baltzer begründete im Jahre 1867 den ersten vegetarischen Verein, den ›Verein für natürliche Lebensweise‹ in Nordhausen (Thüringen), verfaßte aber auch das mehrbändige Werk ›Natürliche Lebensweise‹, das bald zum Standardwerk wird und auch heute noch lesenswert ist. Dem Baltzerschen Verein folgten bald andere Vereine und Organisationen, vegetarische Zeitschriften und Flugblätter. Untersucht man, welche Bevölkerungsschichten der vegetarischen Ernährung gegenüber besonders offen waren und welche Sozialstruktur die Vereine hatten, so stellt man

Vegetarianer-Festmahl in Dresden
am 18. September 1874.

Linsen-Suppe mit Eier-Nocken.
Vegetarianisches Allerlei statt mit Fleischbrühe mit Schmalz und Butter.
Kartoffel-Croquettes, boshafterweise in Koteletten-Form.
Reispudding mit Sauce.
Grüne Bohnen mit Makaroni.
Gelbe Erbsen mit Sauerkraut.
Kunitzer Eierkuchen mit Kompott.
Dessert und Früchte.
Weizenschrotbrot nach Belieben.
Wein war erlaubt.
Der Korrespondent, welcher anwesend war, klagt sowohl über zu kleine Portionen als auch über die großen Zwischenräume zwischen jeder Speise.
Vor dem Festmahle war im großen Garten ein Kommers, bei dem Milch der Stoff war.
Der Korrespondent, nicht Vegetarianer, eilte in das benachbarte Hotel, um sich durch ein Beefsteak zu sammeln.

Diner der Vegetarianer
im Zoologischen Garten zu Hannover
Mittwoch, 26. November 1884.

(Ueber 100 Couverts).
Menu.
Suppe von jungen Erbsen mit Griesklößen.
Scorzener-Wurzeln mit Bratkartoffeln.
Verschiedene Salate und Kompotte.
Blumenkohl mit Eiersauce und Kartoffelcroquettes.
Eingemachte Früchte.
Creme mit Johannisbeersauce.
Frisches Obst.
Dessert ec.
Zum Schluß Graham-Brot und Pumpernickel.
Getränke: Wein und Limonade.

Malortie, 1888[3], S. 295

fest, daß die ersten Vertreter wie auch später die Vereinsmitglieder aus bürgerlichen Kreisen stammten. In die Arbeiterschicht konnte die Idee der vegetarischen Ernährung nur wenig eindringen, da für den Arbeiter und seine Familie die tägliche Fleischmahlzeit bis weit in dieses Jahrhundert hinein immer noch als anzustrebendes Statussymbol galt. Nicht jede Arbeiterfamilie konnte sich täglich Fleisch leisten. So mußte beispielsweise ein Maurer im ausgehenden 19. Jahrhundert etwa drei Stunden arbeiten, um ein Kilo Rindfleisch kaufen zu können. Für die sozialistischen Arbeiterorganisationen war eine Mahlzeit ohne Fleisch ein Zeichen für Ungleichheit innerhalb der Gesellschaft. Eine Kooperation mit der vegetarischen Bewegung und ihren Zielvorstellungen war daher vom Ansatz her zum Scheitern verurteilt.

Zwischen den 1870er Jahren und dem Ersten Weltkrieg erschienen zahlreiche Bücher und Beiträge zu den verschiedensten Fragen der vegetarischen Ernährung, wie auch für die Jahrzehnte zwischen den beiden Weltkriegen umfassende Literatur zur Ernährungsreform vorliegt. Besonderes Anliegen der vegetarischen Bewegung waren stets praktische Hilfen in Form von Kochbüchern. Die ersten vegetarischen Kochbücher kamen Ende des letzten Jahrhunderts auf den Markt – heute ist die Zahl der vegetarischen Rezeptsammlungen kaum mehr überschaubar. Diese Kochbücher sollten anschaulich machen, welche Vielfalt die vegetarische Küche bietet und wie eine Familie auch mit wenig Geld ernährt werden kann. Gerade der ökonomische Aspekt einer fleischlosen Ernährung spielte innerhalb der vegetarischen Kochbuchliteratur eine große Rolle. In vielen vegetarischen Kochbüchern finden sich daher detaillierte Kostenaufstellungen und Gegenüberstellungen von fleischlosen und fleischhaltigen Gerichten.

Die Ernährungsempfehlungen der Ernährungsreformer finden heutzutage immer mehr Echo in der Öffentlichkeit. Eine gesunde, ausgewogene Ernährung mit wenig Fleisch und viel frischem Obst und Gemüse sowie Vollkornprodukten wird heute allgemein als geeignet angesehen, den sog. ›Zivilisationskrankheiten‹ entgegenzuwirken.

J. B.

Literatur

Baltzer, 1871[2]
Baumgartner, 1992
Bircher-Benner, 1903
Heischkel-Artelt, 1976
Kollath, 1983
Kollath, 1986
Krabbe, 1977
Ringheid, 1985
Teuteberg, 1972
Teuteberg, 1987

31.1 ›Natürliche Küche‹

31.1.1
Hugo und Hermann Zeidler,
Der Vegetarier
Zeitschrift für harmonische Lebensweise, Organ des Deutschen Vereins für naturgemäße Lebensweise u. seiner Zweigvereine sowie der Thalysia- (Waisenhaus) Stiftung XXII
Berlin, 1889
Bad Soden, Archiv der Eden Stiftung

31.1.2
Luise Rehse,
Bratbüchlein zur Herstellung nahrhafter und wohlschmeckender Bratspeisen ohne Fleisch
Adolf Sponholtz, Hannover, 1898[3]
Leihgabe Dr. Judith Baumgartner

31.1.3
Carlotto Schulz u. Dr. med. Liepelt,
Vegetarisches Kochbuch
mit Gesundheitsregeln
Max Breitkreuz, Berlin, 1890[3]
Pappband, 176 S. (m. Register)
A 88/89

Vegetarisches Kochbuch mit dem Motto: »Ist es schon von Wert, über Art und Beschaffenheit unserer Nahrung unterrichtet zu sein, so ist es nicht minder wichtig, zu wissen, wie wir essen sollen«, das erstmals 1885 erschien.

31.1.4
Eduard Baltzer,
Vegetarisches Kochbuch
für Freunde
der natürlichen Lebensweise
mit einem Vor- und Nachwort
von Eduard Baltzer.
H. Hartung und Sohn, Leipzig, 1903[15]
Halbleinwandband, XV, 197 S.
A 88/84

Den Wert des ›Baltzer'schen Kochbuchs‹ beschreibt das Vorwort:
»Die vegetarische Kochbuchlitteratur vermehrt sich rapid. Ein erfreuliches Zeichen gesteigerten Bedürfnisses und vermehrten Anklangs der vielgeschmähten und vielgepriesenen vegetarischen Kost! Alle möglichen neuen Erscheinungen von diesem Titel und Thema sind auf den Büchermarkt gekommen. So groß aber auch die Zahl der neuen Rezeptsammlungen und Anleitungen werden mag, auf eine gediegene Originalarbeit, wie die des Vegetarier-Veteranen Baltzer wird man immer wieder gerne zurückkommen und sie wird nie verdrängt werden, zumal es sich die Verlagshandlung angelegen sein läßt, die Neuauflagen durch Nachbesserung und Vermehrung auf der Höhe der Entwicklung des Gebiets zu halten. Das Buch hat sich längst eingebürgert und darf allen, denen es noch kein alter Bekannter ist, warm empfohlen werden.«
Das Kochbuch schließt mit einer Auflistung von Speisehäusern, Pensionen, Naturheilanstalten mit vegetarischer Küche.

31.1.5
E. Weilshäuser,
Illustriertes Vegetarisches Kochbuch
bearbeitet unter Mithilfe von
Berta Wachsmann von E. Hering,
ehemaligem Vorsitzenden des
›Deutschen Vegetarier-Bundes‹
Th. Grieben, Leipzig, 1913[10]
Pappband, IV, 206 S. (m. Register),
3 Farbtafeln
L 62/339

Jubiläumsauflage des 1871 erstmals erschienenen Kochbuchs mit neuen ergänzenden Rezepten zu vegetarischen ›Nationalspeisen‹. Im Anhang Auflistung der vegetarischen Speisehäuser, Kur- und Erholungsanstalten in Deutschland.
In München gab es 1913 sechs vegetarische Speisehäuser: Reform – Augustenstraße, Lotos – Glückstraße, Ceres – Löwengrube, Ethos – Ottostraße, Thalysia – Schommerstraße, Vegetarierheim - Türkenstraße (vgl. auch Kat. 31.1.9 u. 31.1.11).

31.1.6
Marie Wach,
Natürliche Ernährung
Koch- und Lehrbuch von Frau Marie Wach
(Kurheim für Rohkost und vegetarische Diät, Bad Wörishofen)
Selbstverlag der Verfasserin
Bad Wörishofen, 1925, Pappband, 192 S.
A 86/203, 11

31.1.7
Lisbeth Ankenbrand,
Die Rohkostküche
Gesundheit durch vitaminreiche Nahrung
Mit einem Vorwort von
Dr. med. Karl Friedrich Keim, Stuttgart
308 erprobte und bewährte Rezepte mit Speisenfolge. Anweisung zur Herstellung von Rohkost.
Neuzeitliche Gemüsezubereitung und vegetarische Bratspeisen
Anhang: Rohkost als Heilnahrung in Krankheitsfällen
Süddeutsches Verlagshaus, Stuttgart, 1928
Pappband, 110 S. (mit Register)
A 88/92

31.1.8
Lisbeth Ankenbrand,
Gesunde fleischlose Küche
619 erprobte und bewährte Rezepte bearbeitet nach den neuesten Ernährungslehren
Anhang: Speisezettel für jeden Monat (Mittag- und Abendessen) Ratschläge für Kuren aller Art
Süddeutsches Verlagshaus, Stuttgart, 1929
Pappband, 152 S. (mit Register),
Kunstdruck-Bildtafeln
A 88/91

31.1.9

31.1.9
Ethos/Vegetarisches Restaurant/Ottostr. 1
H.H. Gulfried
München, um 1914
Plakat, Lithographie, 70 x 99 cm
B 9/63

31.1.10

31.1.10
Reformhaus München/
Ernst Pfletschinger/...
Siegmund v. Suchodolski
München, 1910
Plakat, Lithographie, 55 x 46 cm
A 13/51

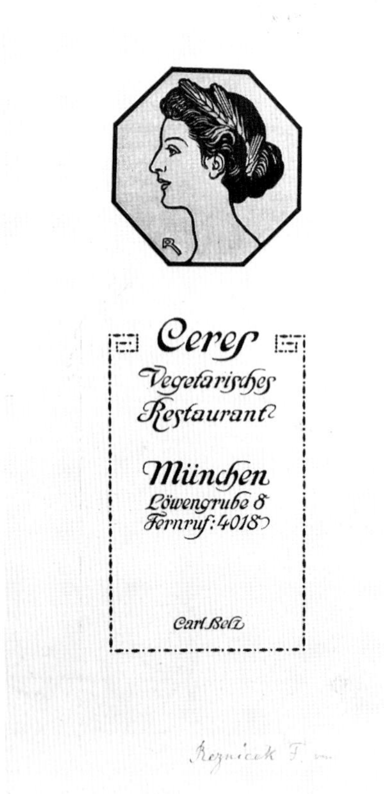

31.1.11

31.1.11
Speisekarte
des Vegetarischen Restaurant Ceres
Ferdinand v. Reznicek
München, 1908
Lithographie, Typendruck, 28,5 x 14 cm
E 3

Als Speisen werden u. a. aufgelistet: Tomatensuppe mit Spinatklößchen, warme Obstsuppe, Linsen mit Sauerkraut, Grießklöße, Kaiserflammeri.

31.1.12
Kochkiste ›Reform – Selbstkocher‹
Gebrauchsort München, um 1930
Fichte, 41,5 x 65 x 33 cm
A 92/130

Die Deckelkiste, mit Sägespänen isoliert, bot zwei Kochtöpfen mit auf dem Herd vorgegarten Speisen Platz. In der Kochkiste konnten die Speisen langsam und schonend nachdämpfen und wurden so wohlschmeckender. Die vegetarischen Kochbücher verweisen stets auf den Gebrauch dieser Kochkisten, die auch halfen, Energie einzusparen; deswegen wurden sie besonders in Notzeiten genutzt.

KOCH UND KÖCHIN – *Arbeitsplatz Küche*

Die Küche – das Reich der Frau. Diese Klischeevorstellung von der Frau, die sich um Küche, Kinder und Kirche zu kümmern hat, hält sich bis in unsere Zeit und entspricht zumindest teilweise auch heute noch den Tatsachen. Es ist in der Regel die Frau, die aufgrund ihrer meist geringeren Verdienstmöglichkeiten ›daheim‹ bleibt und sich um den Haushalt kümmert, während der (Ehe)mann die Rolle des Ernährers innehat und einem Beruf außer Haus nachgeht. So wendet sich z.B. Luise Haarer im Vorwort zu ihrem Buch ›Kochen und Backen nach Grundrezepten‹ von 1983 noch immer wie selbstverständlich an »junge Mädchen und Frauen«.

33.2.6

Die Küche – das Reich der Frau. Dies gilt freilich nur für die Küchen in Privathaushalten. In Hotels und Restaurants ist es sehr wohl der Mann, der in der Küche regiert. Wird das Kochen in den Berufsstand erhoben, ist es mit einer fundierten Fachausbildung verbunden, so sind es überwiegend Männer, die zum Kochlöffel greifen.

Diese geschlechtsspezifische Aufteilung in Alltagsküche und professionelles Kochen hat eine alte Tradition:

Kleiner Streifzug durch die Geschichte des Kochens

Wann besorgten Personen welchen Geschlechts in welchen Gesellschaftsschichten die Küchenarbeit? Mit welcher Ausbildung, welcher gesellschaftlichen Position war dies verbunden und wie sahen das genaue Tätigkeitsfeld und die Entlohnung aus?

Auf einer geschlechtsspezifischen Spurensuche durch die Kulturgeschichte des Kochens bewegen wir uns auf der Ebene verschiedener Begrifflichkeiten. Gehen wir der Berufsbezeichnung ›Koch‹ nach, so werden wir, zumindest was das 18. und 19. Jahrhundert angeht, nur auf Spuren männlicher Personen treffen. Hof-Koch, Mund-Koch und Gar-Koch, dies alles waren männliche Berufe mit entsprechender Ausbildung, die Frauen verwehrt war. Suchen wir nach Frauen, die in der Küche tätig waren, müssen wir weitläufigeren Spuren nachgehen. Weibliche Tätigkeit in der Küche verbirgt sich hinter dem Begriff ›Gesinde‹ und ›Hausmutter‹ im 18. Jahrhundert ebenso wie hinter der Bezeichnung ›Dienstmädchen‹ im 19. Jahrhundert und hinter dem Begriff ›Hausfrau‹ bis in die heutige Zeit.

Unterschiedlich ist dabei auch das Tätigkeitsfeld. Kochen Männer, so ist dies ein klar umrissenes Aufgabenfeld, mit entsprechender Ausbildung und eindeutig im Bereich der professionellen Arbeit angesiedelt; sind dagegen die Frauen in der Küche tätig, so beschränkt sich dies nicht allein auf die Essenszubereitung, sondern ist – je nach gesellschaftlicher Position und Vermögensverhältnissen – mit den vielfältigsten Aufgaben verbunden, vom Einkaufen auf dem Markt bis hin zum mühevollen Reinigen des Kochgeschirrs. Frauenarbeit in der Küche hat ihren Standort zwischen Lohnarbeit und unbezahlter Hausarbeit.

Hof-Koch, Mund-Koch und Gar-Koch versus Köchin, Hausmutter und Hausfrau

Köchinnen

Oft fehlt es den Köchinnen gar an aller Gründlichkeit der Bildung. Putz- und Modesucht, Romanenleserey, verliebte Narrheiten und mehr deßgleichen lassen gar keinen rechten Zusammenhang der Begriffe in ihnen aufkommen. Häufig treiben sie heut zu Tage ihr Geschäft mit Unlust. Doch sind sie deshalb nur um so eigensinniger, und lassen sich durch nichts aus ihrer gewohnten Bahn bringen. Vergebens habe ich viele hundert Köchinnen zum Besseren zu leiten versucht. Was ich auch sagen und durch Beyspiele belegen mochte, so sahen doch viele Frauenküchen, in die ich Morgens hinein trat, jederzeit aus wie ein Waschhaus. Hier ein Napf voll Küchenkräuter, die im Wasser schwammen, dort fluthete der künftige Salat, hier langte das Suppenfleisch, dort der Braten und Fisch in kaltem oder gar in lauem Wasser. (...)
Prellerey im Einkauf ist leider an der Tagesordnung, seitdem manche Hausfrauen zu faul, zu unwissend, zu sentimental geworden sind, um Vorräte anzulegen; seitdem mithin für jeden Tag des Jahres Auslagen zu machen sind, bey denen die Köchinnen selten sich selbst vergessen.

o. A. Baierisches National-Kochbuch, 1824, S. VI[1]

Für das 18. Jahrhundert mögen die Ausführungen von Johann Georg Krünitz in seiner ›Oeconomischen Enzyklopädie‹ von 1788 Pate stehen. Er trennt klar zwischen dem Kochen als ausgebildetem Beruf und Kochen als angelernter Tätigkeit und ordnet dies auch gleich den Geschlechtern zu:
»Unter Koch versteht man zwar insgemein eine jede Person, welche durch Erfahrung mit den Speisen in der Küche so umzugehen gelernt hat, daß sie, vermittels der daran gehörigen Gewürze und andern Zubereitungen nicht nur einen guten Geschmack bekommen, sondern auch gute Nahrung geben. In diesem Verstande nennt man auch gemeiniglich eine solche Frauensperson, welche in einer Haushaltung vornehmlich hierzu gebraucht wird, eine Köchinn. Insbesonderheit aber versteht man unter dem Worte Koch, einen in dieser Kunst besonders erfahrenen und geübten Menschen, welcher nicht nur eine gute Kenntniß von der Natur und den Eigenschaften der mancherley Arten von Speisen besitzt, sich auf niedliche Bissen versteht, und eine kluge Wahl darunter anzustellen weiß, sondern auch nach der Vorbereitung eine jede Art insbesondere, bald auf diese, bald auf jene Weise wohlschmeckend, und daneben zierlich zu bereiten und auszuputzen geschickt ist.« (Bd. 42, Krünitz, 1788, S. 216 f.)
Je nach Tätigkeitsbereich gab es den Mund-Koch, der für die »herrschaftliche Tafel« verantwortlich war, den Hof-Koch, »welcher die Speisen für die Hofleute oder für den Kammertisch zurichtete«, den Ritter-Koch, Reise-Koch und Feld-Koch. 1730 waren am Münchner Hofe des Herzogs Karl-Albrecht der Mundkoch und die Mundköchin des Herzogs, der Mundkoch der Herzogin, der Mundkoch des Herzog Ferdinands, der Mundkoch der Herzogin, ein Frauenzimmerkoch und ein Nebensachenkoch tätig.
Als ›Gar-Köche‹ bezeichnete man diejenigen Köche, die Speisen für den Verkauf in Wirtshäusern oder auf der Straße zubereiteten. Sogar ungeschickte Köche, die »schmutzig und unreinlich« mit den Speisen umgingen, hatten eine eigene, eher unrühmliche Bezeichnung: sie wurden ›Sudel-Köche‹ genannt. In der Kochkunst ›geübt‹ und ›erfahren‹ zu werden war den Männern vorbehalten, denn nur sie hatten die Möglichkeit, der Kochzunft beizutreten. 1734 folgte in München die erste umfassende Zunftordnung den Zunftsätzen früherer Jahrhunderte, die vor allem die Aufgabe hatte, die einzelnen Tätigkeiten und Kompetenzen von Gar-Köchen, Metzgern und Bäckern genau voneinander abzugrenzen, um so alte Streitigkeiten zwischen diesen Zünften beizulegen. Häufige Reibungspunkte waren z.B. das Schlachten von Vieh, der Verkauf von rohem Fleisch und die Anfertigung von Würsten. 1844 faßt Anton Schlichthörle die Gewerbebefugnisse der Stadt München zusammen. Er unterscheidet dabei zwischen den ›Garköchen‹, die gekochte Speisen »in und außer dem Hause« verkaufen durften, den ›Mannheimer-Köchen‹, die »die Würste nach Mannheimer-Art bereiteten« und den ›Chaircutiers‹, wie sie bis dahin schon in Frankreich existierten.

Koch und Herrentafel, 17. Jh.
Nürnberg, Germanisches
Nationalmuseum

Männer konnten es als Meisterköche durchaus zu Ruhm und Ehre bringen, denn zum Lebensstil und guten Ton gehörte es für den fürstlichen Hof und hohen Adel, einen männlichen Koch – am besten französischer Herkunft – zu halten, was man sich auch einiges kosten ließ.

Weniger begüterte Familien mußten dagegen mit einer ›Frauensperson‹ vorliebnehmen. Dafür konnte eine Köchin auch vielfältiger eingesetzt werden als ihre männlichen Kollegen; sie konnte auch durchaus einmal zu »niederen« Arbeiten herangezogen werden, dazu Krünitz:

»Bey bürgerlichen Familien, die sich, sowie der niedere Adel, gemeiniglich in der Küche nur der Frauensperson zum Kochen bedienen, muß eine Köchinn nicht nur die Speisen und Eß-Waren einkaufen, und vom Markte nach Hause tragen, sondern auch dieselben kochen, zurichten, ja sogar das unreine Küchen-Geräth wieder reinigen und scheuern« (Krünitz, 1788, Bd. 42 S. 217)

Köchinnen gehörten zum ›Gesinde‹, unterlagen damit der Gesindeordnung und wurden nach dem allgemeinen Gesindetaten bezahlt. Nach der ›Berlinischen Gesindeordnung vom 3. Januar 1746‹ wurden an Lohn jährlich gezahlt: »Einer Köchin, welche nur gut kochen und braten kann« 10 bis 12 Rthr, wenn sie dagegen »mit Pasteten, Backwerk, Spicken und Braten zugleich umgehen, und so gut als ein Koch bestehen kann« erhielt sie bis zu 14, 18 oder bis 24 Rthrn.

Bis zum Ende des 18. Jahrhunderts war die übliche Lebensform vor allem bei den Bauern und Handwerkern das ›Ganze Haus‹. Arbeits- und Familienleben fand unter einem Dach statt, Erwerbs- und Hausarbeit, männlicher und weiblicher Arbeitsbereich waren eng miteinander verflochten. Der ›Hausvater‹ bildete zwar nach alter patriarchalischer Tradition das Oberhaupt der Familie, Frau und Kinder waren ihm rechtlich untergeordnet, doch hatte die Frau als ›Hausmutter‹ einen umfassenden und wichtigen Arbeitsbereich unter sich, wodurch sie eine gewisse ökonomische Macht und Autonomie besaß.

Ihr oblag die gesamte Hauswirtschaft, die Ausbildung und Anleitung des Gesindes, ja sogar das Zubereiten der Gesindekost. Krünitz' Ermahnungen dazu:

»Es ist daher ein nicht zu verzeihender Fehler, wenn die Hausmutter, bey der Zubereitung und Darreichung der Gesindekost, Schmutz und Unfläthereien nicht vermeidet. Raupen, Schnecken, Gewürme unter Salat und Kohl, oder Waschlappen, Windeln und dergleichen Unrath in den Küchengefäßen zu dulden, und aus Gleichgültigkeit gegen Sauberkeit und Unsauberkeit, unter die Gesindespeisen kommen zu lassen, kann doch manchem Dienstboten Ekel und Widerwillen erregen« (Krünitz, Bd. 17, 1788 S. 641)

Wenn Krünitz an einer anderen Stelle seiner Ausführungen über die Pflichten der ›Hausmutter‹ den Hausfrauen verspricht, die »reichlich sich vermehrende Koch- und Haushaltungsliteratur« habe den Nutzen, »daß nunmehr jene brave Hausmutter sich mit ein Paar Kochbüchern sehr leicht eine geschickte Köchinn ziehen und überhaupt ihr ganzes Hauswesen vom Canapé aus besorgen« könne, so entsprach das wohl kaum der Realität einer vielbeschäftigten Hausmutter (Krünitz, Bd. 42, S. 346).

Köchinnen in München 1854/57

»Wir haben noch schließlich Einiges über die Lohnverhältniße beizufügen. Der Lohn einer Dienstmagd in einem bürgerlichen Hause, welch theilweise die Küche besorgen, oder wenigstens der Hausfrau hiebei helfen muß, schwankt, – je nach den Verhältnißen der Dienstherrschaft und ihren eigenen Kenntnißen in der Kochkunst – zwischen 24 und 36 bis 40 fl.
Dazu erhält sie – neben einem verhältnißmäßigen Geschenke zur ›Dult‹ und zu ›Weihnachten‹ – die Verkostigung; statt des Abendimbisses aber beinahe durchgängig den sogenannten ›Nachtgroschen‹. – Dieser Nachtgroschen ist in doppelter Beziehung charakteristisch. Er bekundet einerseits den Willen, den Dienstboten, der sein Abendbrod aus eigenen Mitteln sich schaffen muß, außerhalb die Familie zu setzen. Insbesondere aber will sich dadurch die Herrschaft die freie Disposition über den Abend sichern.
Man weiß nicht, wie und wo man ihn verlebt, und ob nicht etwa, – wie gar häufig der Fall – die Wirthsküche herhalten muß.
Geübtere Köchinen erhalten nie unter 36 fl. Jahreslohn; in vornehmeren Häusern 48 bis 60 fl. nebst Nachtgroschen.
Der Monatlohn einer sogenannten Von- und Zugeherin ist 2 bis 3 fl, dazu die Verköstigung am Morgen und Mittag.
Der Lohn der Dienerschaft in Herrschaftshäusern ist sehr verschieden.«

Fentsch, Zit. nach Rattelmüller 1989, S. 158

Vom ›Ganzen Haus‹ zur bürgerlichen Familie

Ende des 18. Jahrhunderts löste sich unter dem Einfluß der französischen Revolution die feudale Ständegesellschaft und damit auch die traditionelle Lebensform des ›Ganzen Hauses‹ auf. Zudem hatten die Entwicklungen der Urbanisierung und Industrialisierung weitreichende Folgen für die wirtschaftlichen und sozialen Verhältnisse. Die Schicht des gehobenen Bildungsbürgertums schälte sich aus der Ständegesellschaft heraus und wurde tonangebend.

Die gesellschaftlichen Umwälzungen zogen auch eine Veränderung der kulturellen Leitbilder nach sich. Es bildete sich ein Familien- und Weiblichkeitsideal heraus, das für das gesamte 19. und bis weit ins 20. Jahrhundert hinein bestimmend werden sollte. Dazu gehörte die strikte Trennung von Erwerbs- und Hausarbeit, von männlichem und weiblichem Handlungsraum. Das bis heute sich noch zäh erhaltene Prinzip entsteht: der Mann agiert draußen ›in der feindlichen Welt‹, die Frau schaltet und waltet im Inneren, schafft das traute Heim als Bastion gegen die feindliche Außenwelt. Die Hausarbeit verschwindet zunehmend hinter Wohnungs- und Zimmertür und wird zum ›privaten Getto der Frau‹.

Koch und Küchenmagd,
wohl Augsburg, um 1750
Nürnberg, Germanisches Nationalmuseum

Seit 1840 kamen verstärkt Ratgeber, Anstandsbücher und moralisch belehrende Schriften auf den Markt.

Praktische Tips für Haushaltsführung und Anleitung des Dienstpersonals waren darin verbunden mit moralischer Geistes- und Herzensbildung. Sehr emotional geschrieben, sollten diese Lebenshilfen eine enge, persönlich-intime Verbindung mit den Leserinnen schaffen. So kleidet eine vielgelesene Autorin, Marie Susanne Kübler, in ihrem Buch ›Das Hauswesen nach seinem ganzen Umfange dargestellt in Briefen an eine Freundin‹ ihre wertvollen Hausfrauentips für eine junge, frisch verheiratete Frau in eine Art fiktiven Briefroman:

»Es sind nun vierundzwanzig Jahre her«, so schreibt sie, »seit ich eines Tages eine Bekannte besuchte, ein junges liebenswürdiges Weibchen, das kaum die Honigmonate der Ehe hinter sich hatte. Ich traf die Freundin in trübseliger Stimmung und auf mein Befragen nach der Ursache einer solchen Mißstimmung erhielt ich die mit thränenden Augen und gepreßter Stimme gegeben Antwort: ›O, ich bin unglücklich! Ich wußte nicht, welche Menge von Anforderungen an mich in der Ehe gestellt würde; ich dachte mir das ›Haushalten‹ so schön. Aber das ist kein Kinderspiel! Täglich muß ich einsehen lernen, daß ich von einem Hauswesen viel zu wenig verstehen und meinem Manne in keiner Weise so recht genügen kann.‹« (Kübler, Das Hauswesen . . ., Vorwort zur 6. Auflage).

Bei ihren nun folgenden Ratschlägen knüpft sie an die geschlechtsspezifische Erziehung und konsequente ›Abrichtung‹ schon kleiner Mädchen auf ihre bevorstehenden Aufgaben als Ehefrau und Mutter an:

Erinnerungen aus der Hofküche Ludwigs II.

Der Einstand

(. . .) Am ersten November 1882 wurde mein Name als Hofkücheneleve in die Personalakte des königlich Bayerischen Obersthofmarschallstabes eingetragen. Vier Jahre lang durfte ich der Hofhaltung eines ungewöhnlichen Königs angehören. Die Küchenjungen am Bayerischen Königshofe waren gut gelitten, gut gehalten, und wurden nach alter Tradition sorgfältig angelernt, damit sie dereinst die pensionierten Mundköche ersetzen konnten. Auch für ihre Verpflegung war reichlich gesorgt, jeder Küchenjunge erhielt im Tag sein Stück Fleisch und alles andere zum Bereiten eines Mittagessens, und jedem war sein eigenes Kochplätzchen an den großen Herden zugewiesen.

Hierneis, 1953, S. 7-8

Erinnerungen aus der Hofküche Ludwigs II.

Die Hofküche

Die Grundlage und das goße Vorbild der Bayrischen Hofküche war – übrigens im Gegensatz zum Berliner Hof, der die englisch-deutsche Kost vertrat – die französische Gastronomie, und ich glaube, daß sich die Küche der Münchner Residenz der Namen der berühmten Küchenmeister Napoleons, Bernard und Dupois, und des Werkes Brillat-Savarins, die den Ruhm der französischen Kochkunst in alle zivilisierten Länder trugen, würdig erwies. Die Reichhaltigkeit der Speisenfolge, die Auswahl und Zubereitung der einzelnen Gerichte, die kostspieligsten und raffiniertesten Zutaten, zu denen die auserlesensten Gewächse und Erzeugnisse des In- und Auslandes beisteuern mußten, waren auch während der Regierung Ludwigs II. der Stolz der bayrischen Hofküche. Und so wurde bei den großen Hoftafeln an Trüffeln, echtem Schildkrötenfleisch, Langusten, indischen Vogelnestern, an Straßburger Gänseleber und ähnlichem nicht gespart. Die berühmten Poularden von Châlons, Roueneser Mastenten, Southdowner Hammelrücken, Kurländer Rentierrücken, Pariser Langusten, Whitestable-Austern, Wolga-Sterlets voll von Malosoll – all dies und noch manch andre Delikatessen vom bernsteinfarbigen Calville und den saftigen ›Doyenne‹ – bis zu den ›Madame-Verte‹-Birnen sorgten für den Tafelgenuß. (...)
Unsere Pfauen allerdings waren mehr materieller Natur. Aus den Züchtereien Roms, wo sie schon zu Ciceros Zeiten die vornehmen Römer mit dem Wohlgeschmack ihres zarten Fleisches ergötzten, wurden einige besonders schöne und junge Exemplare erworben. Nach vorsichtigstem Entfernen des herrlichen Gefieders und nach bratenfertiger Zubereitung wurden sie mit Trüffeln eingefüllt, die vorher in feingeschabtem Speck geschmort waren, dem man feine Kräutchen und Gänseleberstückchen zugesetzt hatte. Die also gefüllten Pfauen wurden darauf wieder gut zugenäht und einige Tage im kühlen Keller aufgehängt, bis das ganze Fleisch von dem Trüffelaroma durchdrungen war. Am Tage der Verwendung wurden die Trüffel wieder herausgenommen, mit feiner Farce vermengt und von neuem in die Pfauen eingefüllt, die dann mit Speckscheiben umbunden und schön lichtbraun gebraten wurden. Das Anrichten war dabei eine Kunst für sich. Auf großen silbernen Schüsseln wurden

»Versetze dich mit mir zurück in jene Periode deiner frühesten Kindheit, wo es in deiner Seele zu dämmern begann und aus ihrem Chaos sich allmählich die Gedanken entwickelten; hier schon triffst du auf Spuren deiner Bestimmung. Während die lärmenden Spiele deiner Brüder dich weniger anzogen, richtetest du deinen Puppen ein Hauswesen ein und versuchtest in emsiger Geschäftigkeit deine Kochkünste mit dem kleinen Küchenapparate, der schon bei einer deiner ersten Christbescherungen nicht fehlen durfte. O heilige Einfalt des Kindes, dem das zerkrümelte Brot, ein zerhackter Apfel, Nußkerne mit eigenhändig gestoßenem Zucker bestreut und ähnliche Gerichte zierlich auf die Tellerchen und Schüsselchen gelegt, wie Leckerbissen schmeckten! Es ahnte damals, wo seine Zubereitungen den zur einst schwerer sein würde, den leckern Gaumen der Männerwelt zu befriedigen, und daß die edle Kochkunst ihm vielleicht noch manchen Schweißtropfen auspressen könnte« (Kübler: Das Hauswesen ..., Erster Brief)

Von frühester Kindheit an sollten kleine Mädchen mit Hilfe pädagogischer Mittel auf ihre späteren Aufgaben vorbereitet werden. Im Illustrierten Spielbuch für Mädchen faßt Marie Leske 1873 dies zusammen:

»Wir finden unter den kleinen Mädchen geborene Köchinnen oder Hausmütterchen, denen die Küche der liebste Platz im Hause und die Köchin die ehrwürdigste Person darin ist. Solche versuchen sich schon früh in der edlen Kochkunst, und das ist ganz gut, wenn sie hübsch aufmerksam und vorsichtig dabei sind. Haben sie zeitig gelernt Topf und Tigel zu behandeln, so wird ihnen später die Suppe nicht so leicht anbrennen (...)«

Wer kochte nun aber in dieser veränderten Gesellschaft des 19. Jahrhunderts? Dies kam vor allem auf Stand, Ansehen und Vermögen der Familie an. Eine möglichst große Anzahl an Dienstpersonal gehörte zum guten Ton und zu den Repräsentationspflichten jedes gutbürgerlichen Hausstandes. In besser gestellten großbürgerlichen Familien gehörten zum Dienstpersonal meist ein Kindermädchen, ein Haus- und Stubenmädchen und eine Köchin. An besonderen Festtagen wurde sogar noch eine in der Kochkunst besonders erfahrene Kochfrau hinzugezogen.

Aber auch in jedem durchschnittlichen Haushalt des bürgerlichen Mittelstandes wurde wenigstens ein Dienstmädchen gehalten, das vorwiegend für die Küchenarbeit zuständig war. So wird in gut gestellten Familien die Hausfrau selbst wohl kaum je zum Kochlöffel gegriffen haben.

Unter dem Dienstpersonal herrschte eine strenge Hierarchie. Auf der untersten Stufe rangierte das Kindermädchen; die angesehenste und von den meisten Dienstmädchen angestrebte Stellung war die der Köchin, da ihre Position eine gewisse Autonomie und eine verhältnismäßig gute Bezahlung versprach.

Im München des 19. Jahrhunderts war die Köchin eine Seltenheit. Kochen gehörte zum Aufgabengebiet der Dienstmädchen, die sich aus Prestigegründen gerne Köchinnen nannten, zumal die Köchin in der Rangstufe weiblicher Hausbediensteter an erster Stelle stand. Auch die Herrschaft führte aus diesem Grund das Dienstmädchen als Köchin. In den Münchner Haushalten sind 1909, trotz des bereits bestehenden Dienstbotenmangels, 2488 weibliche Hausdienstboten beschäftigt. Davon sind 1032 als Dienstmädchen für »alles«, 828 als Köchinnen, 57 als Haushälterinnen, und 17 als Küchenmädchen tätig.

Auch 1909 ist für München die Bezeichnung Köchin nicht eindeutig, da sich noch immer viele Dienstmädchen mit Kochtätigkeit als Köchin bezeichnen oder von der Herrschaft so bezeichnet werden.

Auch wenn das Leben bürgerlicher Frauen im 19. Jahrhundert nur scheinbar müßig war – die frühere Hausarbeit wurde abgelöst durch aufwendige Repräsentationspflichten und intensivierte Kindererziehung –, konnten Frauen der Arbeiterschicht von einem solchen Leben nur träumen. In Bayern stieg die Anzahl verheirateter Arbeiterinnen zwischen 1895 und 1907 um 72 Prozent. Zu den acht bis zehn Stunden Fabrikarbeit, die zur Existenzsicherung der Familie notwendig war, kam noch die gesamte Last der Hausarbeit und Versorgung der Kinder. Vor Beginn der beruflichen Arbeitszeit mußte das Frühstück zubreitet und die Mittagsmahlzeit vorbereitet werden. Oft wurde auch nach der Arbeit in den späten Abend hinein bereits das Essen für den nächsten Tag vorgekocht. So begann der Tagesablauf der meisten Fabrikarbeiterinnen zwischen 4 und 5 Uhr morgens und endete erst spät am Abend.

Brotsockel befestigt, auf deren Mitte dann der kunstvoll zerlegte, aber wieder zusammengesetzte Pfau seinen Platz hatte, während der noch freibleibende Rand des Sockels, der altrömischen Sitte entsprechend mit dem schillernden Kopf, dem Hals und dem leuchtenden Schwanz besteckt wurde.
Als am Tag der Pfauen-Première sich dann die zwölf servierenden Lakaien mit ihren Schaustücken dem König gegenüber im Halbkreis aufbauten, glitt ein allgemeines freudiges Staunen über alle Mienen – es war ein Bild, würdig eines Sonnenkönigs!

Hierneis, 1953, S. 18-19

Kriegs- und Krisenzeiten

»Nicht nur Schwert und Bombenkeil,
Auch im Kochlöffel liegt unser Heil«

Kurz und knapp bringt ein Kochbuch aus der Zeit um 1917 ›Haus und Herd in schwerer Zeit. Ein Wegweiser zum Durchhalten in Küche und Haushalt‹ von Caroline Herrmannsdorfer die Aufgabe der Frauen in Kriegszeiten auf den Punkt. »Der Mann im Felde – die Frau am häuslichen Herd«, beide sollen sie gemeinsam und jeweils auf ihre Art dazu beitragen, das »Vaterland zu retten« und den Feind zu bannen, die Männer den »sichtbaren Feind« im Felde, die Frauen den »unsichtbaren Feind der häuslichen Not«. Aufgabe der Frauen ist es, den »Mehl-, Brot-, Fleisch- und Kohlenverbrauch einzudämmen«, jede ›Verschwendung‹ an Nahrungsmitteln ist dabei »Verrat am eigenen Vaterlande«. So können Frauen nach Ansicht von Frau Herrmannsdorfer gemäß ihrer ›natürlichen Bestimmung‹ zu »Heldinnen« fürs Vaterland werden:

Deutsche Hausfrauen, werdet Helden im Geiste der Arbeit und Schaffensfreude, der Unterwürfigkeit, Zuversicht und Sparsamkeit, Ausdauer und Beharrlichkeit, Helden im Entsagen, Dulden und gläubigen Gottvertrauen, daß ihr einst die heimkehrenden Helden würdig und gleichberechtigt empfangen könnt!

›Bayerisches Kriegskochbüchlein‹ heißt ein anderes Kriegskochbuch aus der Zeit des Ersten Weltkriegs.

»Wir wollen und müssen unseren tapferen Kriegern die teure Heimat so erhalten, wie sie ihr Bild im Herzen tragen«, appelliert Frau von Memel im Vorwort an die Frauen und fordert sie auf, an Kriegskochkursen u.ä. teilzunehmen. Hier soll den Haufrauen gezeigt werden, »wie man Familie und Dienstboten bei aller durch den Krieg gebotenen Sparsamkeit ausreichend und schmackhaft ernähren« könne.

In wirtschaftlichen Notzeiten zeigt es sich besonders deutlich, daß es die Frauen sind, die für die Subsistenz verantwortlich sind. An sie richten sich all die Appelle zur Sparsamkeit, die Kriegskochbüchlein, die Anleitungen zum sparsamen Kochen, die Kochkistenkurse und ähnliche ›Wegweiser zum Durchhalten‹; sie sind es, die die Kunst des Überlebens in Notzeiten beherrschen müssen, während es meist die Männer sind, die für das Renommée der Restaurantküchen verantwortlich zeichnen.

S. BÜ.

Literatur

Benker, 1987
Haarer, 1983
Häntzschel, 1986
Herrmannsdorfer, 1917
Horn, 1980
Krünitz, Bd. 17 u. 42, 1788
Kübler, 1883
Leske, 1873
Mennell, 1988
Mußner, Diss. 1918
Müller, Heidi, 1981
Plößl, 1983
Schlichthörle, 1844
Walser, 1986

32.1 Berufsbild

32.1.1
Fahne der Stadtköche
Josef Müller, München, 1736
(Gemälde 1860), mit der Aufschrift: ›Das löblich Handwerck der Stadtköch 1736‹
weinroter Seidentaft, Goldborte, Gold-Sprengarbeit, Goldquaste, Bild in Öl auf Leinwand, Schriftband: Sprengarbeit auf Silberlamé, 150 x 305 cm
T 83/210

Fahne der Stadtköche mit Ölgemälde des Hl. Laurentius mit dem Rost auf der Vorderseite und dem Hl. Markus auf der Rückseite. Der Hl. Laurentius gilt wegen seines Märtyrertodes – er wurde, der Legende nach, auf einem Rost gebraten – als Patron der Köche.

32.1.2

32.1.2
Bildnis des Hofküchenmeisters Loehle
Anonym, um 1790
bez. r. s.: Franz Fidel Loehle/k.b. Hofküchenmeister/ geb. 31. Dez. 1756 zu Sigmaringen/ gest. 7. Sept. 1823 zu München.
Öl/Lwd, 53,0 x 42,3 cm
50/7

Die rückseitige Aufschrift dieses Bildnisses identifiziert den Dargestellten als den königl.-bayer. Hofküchenmeister Franz Fidel Loehle (Sigmaringen 1756-1813 München). Als Hofküchenmeister führte Loehle das Personal der Hofküche an. Ihm unterstanden sieben Mundköche, eine Mundköchin, drei Bratenmeister, drei Backmeister sowie Gehilfen der Mundküche und die Küchenjungen. Die Hofküche gehörte zum Stab des Obersthofmarschalls, u.a. zusammen mit der Silberkammer, der Hofkellerei, der Hofpfisterei und der Hofgärtnerei. M. M

32.1.3a
Garkoch Franz Ant. X. Schäfer (1812-1857)
Rudolf Neelmeyer
(Osnabrück 1821-1868 München)
1856, bez. am l. Rand: R. Neelmeyer/1856
Öl/Lwd, 63,8 x 56,6 cm
67/517/1

32.1.3b
Margarethe Schäfer (1821-1858)
Rudolf Neelmeyer
(Osnabrück 1821-1868 München)
1856, bez. r. u.: R. Neelmeyer/1856
Öl/Lwd, 63,6 x 56,5 cm
67/517/2

gleichbar den heute noch bestehenden fränkischen Wurstküchen. Bier oder Wein durfte allerdings nicht gereicht werden, da dem Garkoch zwar das Gastungsrecht, nicht aber das Schankrecht zustand. Die Mannheimer Köche hingegen pflegten Herstellung und Verkauf kalter Wurstwaren und Sülzen sowie kalten Rauchfleisches; (als dritte Gattung gab es vorübergehend die ›Charcutiers‹. Sie stellten eine Vielzahl verfeinerter Wurstwaren her, Schlichthörle a.a.O. S. 170 berichtet 1844, daß die Charcutiers mit den Mannheimer Köchen zusammengegangen sind).
Die Metzger sahen in den Köchen immer eine bedrohliche Konkurrenz. Als die

32.1.3b

32.1.3a

Die beiden naiv gemalten Bildnisse des Franz Anton Schäfer (1812-1857) und seiner Frau Margarethe haben insofern Bedeutung, als sie einen Münchner Garkoch und seine Frau darstellen. Im Adreßbuch des Jahres 1857 ist zu lesen: »Anton Schäfer, bürgerlicher Koch, Sendlingergasse 23/Parterre, Hauseigentümer«. Im Inventarbuch ist der Dargestellt als ›Garkoch‹ bezeichnet.
Den Begriff des Garkochs gibt es erst seit dem ausgehenden 18. Jahrhundert, als sich die sog. Mannheimer Köche oder Schweinemetzger von den Köchen abzusetzen begannen. Der Garkoch war befugt, Würste aller Art, gebrüht, roh und geräuchert, zu bereiten und in seinem Laden Gäste damit sowie mit Speck zu bewirten, etwa verKöche anfingen, selbst zu schlachten, liefen sie dagegen Sturm und verlangten, daß die Köche ihren Bedarf auf den Fleischbänken eindecken sollten. Ein entsprechender Erlaß von 1619 wurde aber zunehmend unterlaufen, bis 1822 den Garköchen der Verkauf rohen Fleisches strikt untersagt wurde. Ein – wenn auch eingeschränktes – Schlachtrecht konnten ihnen die Metzger nie ganz streitig machen. 1829 wurde den Garköchen zugestanden, rohe Fleischüberbleibsel, die zum Wurstmachen nicht verwendet werden konnten, in kleinen Portionen für wenig Geld an Arme zu verkaufen.
M. M.

32.1.4

32.1.5

32.1.4
Köchin und Kindermädchen in München
unbekannter Künstler, München um 1810
kolorierte Radierung, 17,2 x 10,4 cm,
Lit.: AK Wittelsbach, III/2, 1980, Nr. 947
38/769

Die sitzende Köchin, das stehende Kindermädchen und das Kind zwischen beiden tragen Tracht. Die Bekleidung der Frauen mit offenem Mieder, Miederstecker und der großen Haube weist noch ins 18. Jahrhundert. Köchin und Kindermädchen sind zwei der Dienstboten, die im bürgerlichen Haushalt des 19. Jahrhunderts unentbehrlich waren. Innerhalb der Dienstbotenhierarchie nahm die Köchin die oberste, das Kindermädchen die unterste Rangstufe ein. Die Position der Köchin war in München selten, meist waren es die Dienstmädchen, die kochten und die übrigen Haushaltsarbeiten erledigten. Aus Prestigegründen bezeichneten sich die Dienstmädchen gerne als Köchin. Auch die Herrschaft führte, aus denselben Gründen, das Dienstmädchen als Köchin.
U. Z.

32.1.5
Titelblatt zu einem Kochbuch mit Küchen- und Tafelszene
Eugen Napoleon Neureuther
(München 1806-1882 München)
München, 1846
Radierung 25,3 x 19,4 cm
M II/2756

32.1.6
Blick in eine Küche mit Köchin am Herd
Ignaz Bergmann
(Müchen 1797-1865 München),
München um 1850
Bleistiftzeichnung, 30,3 x 18,5 cm
MS II/2123

32.1.7
Dienstbotenbuch der Theres Jackob (1874-1913), die sich als Köchin und Kindermädchen verdingte
München, 1874-1913
Pappbändchen, Buchdruck, Handschrift,
16,5 x 10,5 cm,
Lit.: AK Prinzregentenzeit, 1988,
Nr. 5.1.17
A85/392

Dienstbotenbücher mußten als Arbeitsnachweis und Zeugnis geführt und bei Dienstwechsel der Polizeibehörde vorgelegt werden. Dienstzeit und Zeugnis bestätigte der jeweilige Dienstherr. Theres Jackob, geb. 1858 in Künzing/Niederbayern, tritt mit 16 Jahren ihren ersten Dienst als Unterdirn auf einem niederbayerischen Bauernhof an. 1878 kommt sie nach München in den Haushalt des Bäckermeisters Otto Schleich. Ihr Arbeitsbereich bleibt ungenannt. 1880 beginnt ihr Dienst als ungelernte Köchin, den sie 1881 unterbricht, um bis 1887, wohl wegen eines eigenen Kindes, als Kindsmagd zu arbeiten. Von 1887-1889 dient sie wieder als Köchin und ist anschließend bis 1913 als Kindermädchen tätig. Ihre Dienstherrschaften sind Otto Schleich in der Sendlingerstraße, die Krippenanstalt, der Kaufmann Eugen Schwarz in der Theatinerstaße sowie der Hafnermeister Josef Xaver Mittermayer in der Hackenstraße. U. Z.

32.1.7

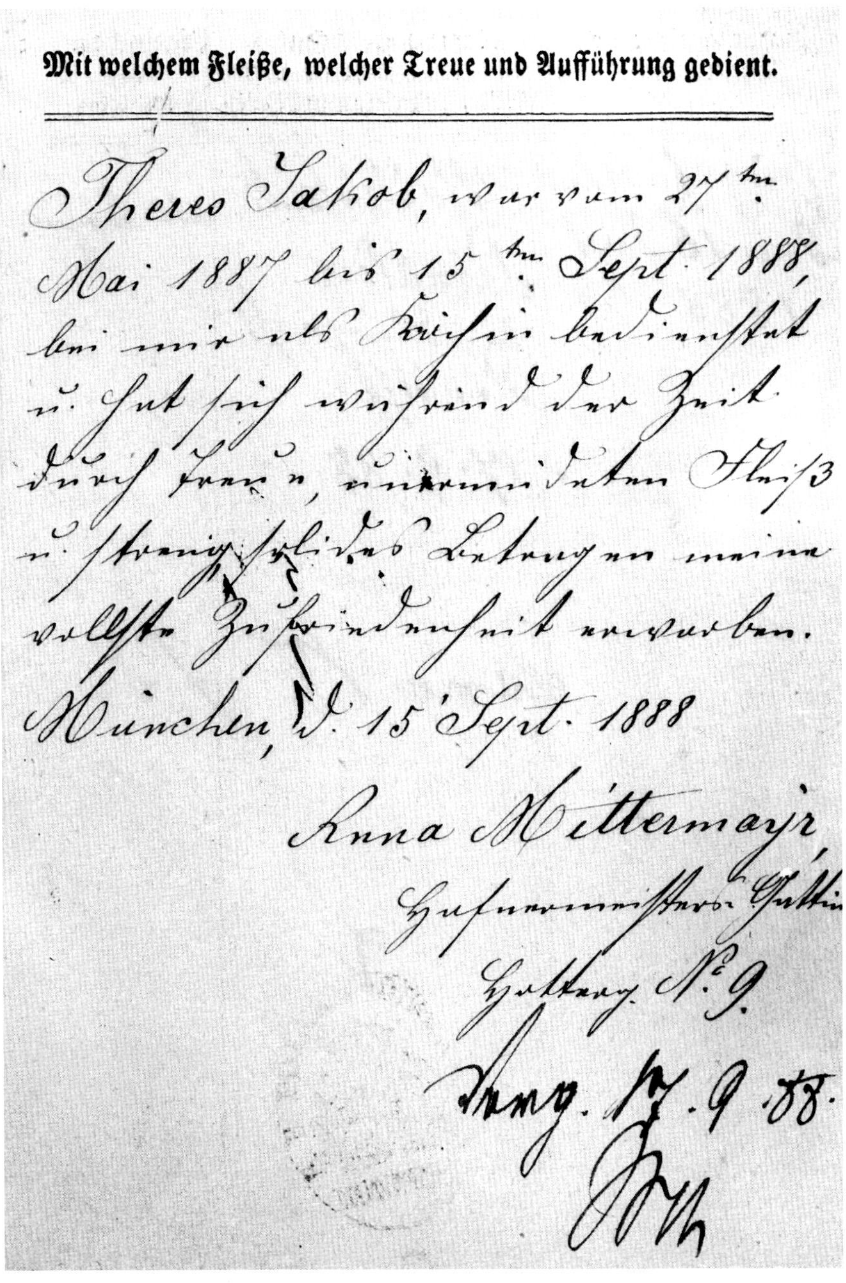
Mit welchem Fleiße, welcher Treue und Aufführung gedient.

Theres Jakob, war vom 27ten Mai 1887 bis 15ten Sept. 1888, bei mir als Köchin bedienstet u. hat sich während der Zeit durch treue, unermüdeten Fleiß u. strenge solides Betragen meine vollste Zufriedenheit erworben.
München, d. 15 Sept. 1888
Anna Mittermayr
Hafnermeisters Gattin
Hackenstr. No 9.
Angez. 17. 9. 88.

32.1.8
Handgeschriebenes Kochbuch ›Meine Koch-Rezepte‹ der Anna Moser (Anzing 1889-1957 Mannheim)
München, um 1915-1920
Pappband, Handschrift, 256 S. (m. Register), Privatbesitz

Anna Moser (später verheiratete Bichel) arbeitet von etwa 1905 bis etwa 1920 in München und bezeichnet sich selbst stolz als ›Herrschaftsköchin‹. In ihrem Kochbuch sammelt sie verschiedene Rezepte für Speisen, Gebäck und Getränke. Es enthält eine Register, das von ›Ananasspeise‹ über ›Fischgulasch‹, ›Kalbfleischpastete‹ bis zu ›Zimtsterne‹ reicht. A. L.

32.1.9
Berufskleidung eines Kochs
Gebrauchsort München um 1930/35
Baumwolle, Leinen
T 83/470, 1-5

Hose, Jacke, Halstuch, Mütze und zwei Schürzen. Getragen von Ignaz Baumann, 1887-1962, München, Küchenchef in mehreren bekannten Münchner Hotels und Restaurants wie Heide-Volm, Halali, Königshof, zuletzt Vier Jahreszeiten unter Alfred Walterspiel.

32.1.10
Die Köchin serviert, Anschauungstafel für die Schule
E. Beck, deutsch, um 1890
Chromolithographie, 91 x 73 cm
973/15/1

Die Köchin tritt aus der Küche ins Eßzimmer. In der Küche stehen auf dem gekachelten Herd mit Eisenplatte gußeiserne Töpfe, Bräter und Eierpfanne. Die Köchin serviert in einer Terrine die Suppe. Im Eßzimmer, das im Stil des Historismus eingerichtet ist, erwartet die Familie das Mittagessen.

32.1.11
Köchin, Schaufensterfigur
deutsch, um 1930
Papiermaché, textile Bekleidung, 68 cm
Puppentheatermuseum 44.143

Die Köchin stand als beweglicher Blickfang im Schaufenster eines Feinkostgeschäftes. Auf ihrer flachen Hand konnte ein Teller mit Ware präsentiert werden. Im Inneren der Figur befindet sich ein Federmotor, durch den der Kopf der Köchin zum wackeln gebracht werden kann.

32.1.11

HAUSWIRTSCHAFTS- UND KOCHSCHULEN

Zu Ende des 19. Jahrhunderts entstanden die ersten Haushaltungs- und Kochschulen. Orden, Vereine und Privatpersonen waren die Träger dieser Schulen und Institute. Je nach Trägerschaft vermittelten sie ›Mädchen aus dem Volk‹, höheren Töchtern oder Arbeiterinnen Hauswirtschaft und Kochen. Mit einer gründlichen Ausbildung zur Hausfrau wollte man auch den Mangel an Hauspersonal überbrücken, da bereits zu Ende des 19. Jahrhunderts viele der Dienstboten in die Industrie abwanderten.

Die Schulen boten aber ebenso eine Berufsausbildung, etwa zur Köchin, zur Hauswirtschaftsleiterin, oder ermöglichten eine Grundausbildung zu einem sozialen Beruf. Ziel der Schulen war auch, mit Kursen in Kochen und Hauswirtschaft für Arbeiterinnen und Arbeiterfrauen die soziale Lage der Arbeiterfamilien zu verbessern, sah man doch die unwirtschaftliche Haushaltsführung als Teil ihres Elends an.

1882 hatten die Armen Schulschwestern in Amberg die erste Haushaltungsschule Bayerns gegründet. Vorbild für Satzung und Lehrplan waren die erst kurz zuvor entstandenen Schulen in Württemberg. Entsprechend dem Ziel des Ordens, der 1833 von Theresia Gerhardinger gegründet worden war, unterrichteten die Schulschwestern ›Kinder des Volkes‹. In den neuen Haushaltungsschulen sollten Schülerinnen für den einfachen Haushalt in Stadt und Land ausgebildet werden. Kochen der »gewöhnlichen und besseren« Hausmannskost, Backen von Brot und Kuchen, Bevorratung, Reinigung der Zimmer, Wäschepflege und Hühnerzucht standen im Lehrprogramm. Jahre zuvor gehörte Hauswirtschaftslehre bereits an den Elementarschulen zum Unterrichtsprogramm der klösterlichen Schulen. Auch in München bestand mit der Ordensschule in der Au, 1839 gegründet, die Möglichkeit, nach sieben Jahren Elementarunterricht ein Jahr Haushaltsunterricht anzuschließen.

Der Amberger Gründung folgten zahlreiche, von Schulschwestern geleitete Haushaltungsschulen in ganz Bayern nach. Aus der Vohenstraußer Schule ging das ›Vohenstraußer Kochbuch‹ hervor, das jahrzehntelang in vielen bayerischen Haushalten verwendet wurde.

1895 übernahm in München der Volksbildungsverein die Trägerschaft der Haushaltungsschule an der Burgstraße. 1907 wird die Haushaltungsschule ›Prinzessin Arnulf‹ gegründet, die aus der hauswirtschaftlichen Abteilung des Frauenvereins Arbeiterinnenheim e. V. hervorging. Heute besteht diese Schule als städtisches Berufsbildungszentrum für Ernährung und Hauswirtschaft weiter. Zweck dieser Schule war bei ihrer Gründung die Ausbildung zur Haushaltungs- und Kochlehrerin. Der Lehrplan für diese zweijährige Ausbildung schloß sich u.a. dem hauswirtschaftlichen Seminar des berühmten Lette-Vereins Berlin an und »berücksichtigte dabei süddeutsche Verhältnisse und Anforderungen«.

Kochen der guten bürgerlichen Küche, feine Küche und Anrichten, Garnieren, Krankenküche, Backen, Einkochen und Konservieren waren Teil des Unterrichts.

Die Schule bildete auch Frauen und Mädchen in einjährigen Kursen für die Hauswirtschaft im eigenen Haus, für den Beruf der Hausbeamtin oder der Haushaltsleiterin aus. Dienstmädchen, die meisten waren ja ohne Ausbildung, konnten zum Sonderpreis Kochkurse belegen, wurden zur Köchin ausgebildet und konnten damit ihren Verdienst erhöhen.

Bei der Vermittlung bot dann die Schule Hilfe an. In einem Prospekt von 1909 verweist die Schulleitung besonders auch auf Kochkurse für die »Bedürfnisse des Mittelstandes«. Dabei standen die »Zubereitung einfacher und feinerer Kost mit Berücksichtigung der jeweiligen Jahreszeit, die Verwendung der Reste zu schmackhaften Speisen« neben Vorratshaltung und Ernährungslehre im Lehrplan.

Unter den privaten Haushaltungsschulen Münchens nahm die ›Münchner Kochschule‹ von Else Römer an der Liebigstraße 37 eine besondere Rolle ein. Von 1898–1937 unterrichtete sie die ›Höheren Töchter‹ Münchens. Ihre Schülerinnen konnten Kochkurse und Kurse zur Vorratshaltung belegen. Den ›Unterrichtsstoff‹ – Menüfolgen und Rezepte – trugen die Schülerinnen in gebundene Bücher mit alphabetischem Register und Aufdruck ›Münchner Kochschule‹ ein.

In den städtischen Volksschulen begann der Kochunterricht für Mädchen mit der Einrichtung des achten Schuljahres 1896/97. Nach den Vorstellungen des Stadtschulrates Georg Kerschensteiner sollten mit dem zusätzlichen Schuljahr »den Mädchen beim Übergang aus dem theoretischen Schulunterricht in das Leben die notwendigen Fertigkeiten mitgegeben werden, die sie befähigen den Kampf ums tägliche Brot zu bestehen«.
So stand der praktische Unterricht, besonders mit Kochen und Haushaltskunde, im Vordergrund. 1895 wurde in der Schule in Neuhausen, heute Schulstraße, die erste Schulküche eingerichtet.

Unter der nationalsozialistischen Herrschaft erhielt die hauswirtschaftliche Erziehung von Mädchen und Frauen eine neue Dimension. Gemäß Hitlers Kriegsplänen wurden die ökonomische Autarkie und die militärische Hochrüstung des Dritten Reiches zu den wirtschaftlichen Zielen der Nationalsozialisten. Die Reduktion der Konsumgüterindustrie zugunsten der Rüstungsproduktion verlangte neben der vielpropagierten ›Opferbereitschaft‹ eine hohe Eigenleistung der privaten Haushalte. Im Rahmen einer rationellen Haushaltsführung sollten die Frauen selbst Kleidung fertigen und Nahrungsmittel verarbeiten. Die hauswirtschaftliche Bildung der weiblichen Jugend bekam so eine staatstragende und herrschaftssichernde Funktion.

In der Nachkriegszeit verlor das Fach Hauswirtschaft in der allgemeinen Schulbildung allmählich an Stellenwert. Zwar werden heute nicht nur Mädchen, sondern auch Jungen in diesem Fach unterrichtet, im Lehrplan nimmt es jedoch nur noch geringen Raum ein. Hauswirtschaftslehre existiert als zweistündiges Pflichtfach nur noch in der siebten Klasse der Haupt- und Realschulen, in höheren Jahrgangsstufen wird sie nur noch als Wahlpflichtfach angeboten. Gleichzeitig erfuhr die hauswirtschaftliche Ausbildung jedoch eine Aufwertung durch Akademisierung. Neben der traditionellen praxisbezogenen Schulung an Berufsfachschulen und Fachakademien kann heute an verschiedenen technischen Universitäten der Studiengang Ökotrophologie mit Diplom abgeschlossen werden.

U. Z.

Literatur

Gebele, 1896
Klaus, 1983
Plößl, 1983
Witt, 1990
Ziegler 1935

32.2 Hauswirtschafts- und Kochschulen

32.2.1

Schulküche, München 1929

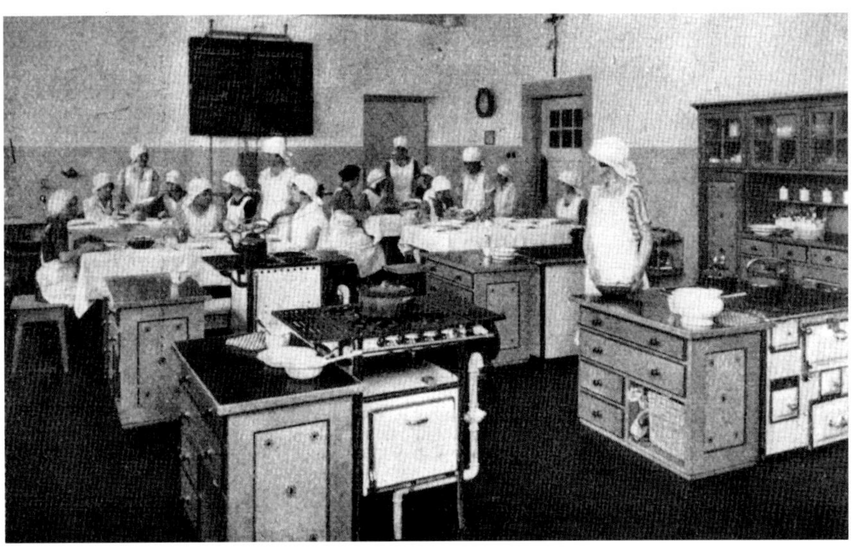

32.2.1
Modell der ersten Münchner Schulküche
Entwurf: Hans Grässel (Rehau/Ofr. 1860-1939 München), München, 1895
Holz, Metall, 46 x 117 x 79 cm,
Lit.: Festschrift 100 Jahre Schule in Neuhausen 1880-1980, München, 1980;
AK Aus Münchner Kinderstuben, 1750-1930, München 1976/77, Nr. 827
A 76/490

Modell der ersten Münchner Schulküche, die 1895 in München-Neuhausen, Schulstraße 3, eingerichtet wurde. Schulküche in dreifensterigem Gehäuse mit 4 Kochherden, Anrichten, Bufett, Schrank, Kredenz, Tischen mit Hockern, Katheder und Tafel. Die Bemalung der Möbel, wie die gesamte Ausstattung, ist im bäuerlichen Stil gehalten. Der ursprüngliche Raum dieser ersten Schulküche war 7 m breit, 10 m lang und 4 m hoch und war bis zur Höhe von 1,50 m mit ›Mettlacher Plättchen‹ gekachelt. Der Unterricht in Haushaltskunde und Kochen orientierte sich am Programm der Schulen in Kassel und Karlsruhe. Die Grundeinrichtung der Schulküchen erfolgte ebenfalls nach diesem Vorbild. Seit 1896/97 konnten Schülerinnen mit der Einführung des freiwilligen 8. Schuljahres den Unterricht in Haushaltkunde und Kochen (8 Wochenstunden) besuchen. Die Schulküche war für eine Unterrichtsgruppe von 24 Schülerinnen gedacht. Schulküchen in dieser Art, nach den Entwürfen des Stadtbaudirektors Hans Grässel, wurden auch in den Volksschulen an der Fürstenrieder Straße (1904) und an der Ridlerstraße (1905) eingerichtet. U. Z.

32.2.2
Die Schulküche in der 1902-1904 nach dem Entwurf von Hans Grässel erbauten Volksschule an der Fürstenrieder Straße
Hans Grässel
(Rehau/Ofr. 1860-1939 München)
München, 1904
übermalte Fotografie, 21,1 x 26,8 cm
Grässel 155

32.2.3

32.2.3
Die Schulküche in der 1905 nach dem Entwurf von Hans Grässel erbauten Volksschule an der Ridlerstraße
Hans Grässel
(Rehau/Ofr. 1860-1939 München),
München, 1905
übermalte Fotografien, 22,3 x 28 und
22,2 x 27,7cm,
Grässel 170-171

Seminarküche der Haushaltungsschule ›Prinzessin Arnulf‹, München, 1907

32.2.4
Zwei Eintragbücher der Münchner Kochschule Else Römer
München, um 1905
Leinenband, Handschrift, 21 x 16,5 cm
A 91/108, 1-2

Die beiden Bücher mit Goldaufdruck ›Münchner Kochschule‹ gehörten Herta Büttner, die handschriftlich das Erlernte eintrug. Sie besuchte, wie viele ›Höhere Töchter‹, die berühmte ›Münchner Kochschule‹ der Else Römer in der Liebigstraße 37. Die Schule bestand von 1898-1937. Die Schülerinnen mußten die erlernten Rezepte und die Haushaltskunde in die Bücher einschreiben. Ein Register erleichterte das Auffinden der Notizen. U. Z.

32.2.5
Haushaltungskunde, Ein Lehrbuch für Mädchen besonders zum Unterricht an höheren Mädchenschulen, Haushaltungspensionaten und Fortbildungsschulen
Eppler, A., Leipzig, Berlin, 1902
Pappband, 255 S.
A 82/305

Die Haushaltungskunde wie das Merkbuch (vgl. Kat. 32.2.8) wurde von Edeltraud Feßler, Tochter des Schifffahrtsunternehmers Ludwig Feßler aus Stock b. Prien/Chiemsee, benutzt. Sie besuchte seit 1902 das Erziehungsinstitut der Englischen Fräulein in München-Nymphenburg.

32.2.6
Dr. Oetkers Schulkochbuch
Henneking, E., Bielefeld, 1910
Pappband, 88 S.
A 92/132

Das von der Hauswirtschaftslehrerin E. Henneking verfaßte Schulkochbuch enthält einfache Rezepte für Anfängerinnen, eine kurze Einführung in die Ernährungslehre, eine Anleitung über den Umgang mit dem Herdfeuer, Anweisungen zur Küchenordnung, zur Reinigung des Kochgeschirrs, zur Wäschepflege, zum Gebrauch der Kochkiste und allgemeine Kochregeln. Spezielle Schulkochbücher kamen erstmals Anfang des 20. Jahrhunderts auf den Markt. Das Dr. Oetker Schulkochbuch wirbt gleichzeitig für die Produkte dieser Firma.

32.2.7
Dr. Oetkers Schulkochbuch, Ausgabe c
Henneking, E., Bielefeld, um 1928[3]
Pappband, 144 S.
A 87/7

Schulkochbuch für den hauswirtschaftlichen Unterricht und für den Hausgebrauch. Es war besonders für die angehende Hausfrau gedacht. Die erste Auflage des Dr. Oetker Schulkochbuchs erschien 1910 (vgl. Kat. 32.2.6).

32.2.8
Kochbuch mit Freiseiten
Fa. Edler und Krische, Hannover, um 1903
Lederband, Handschrift, Buchdruck
A 82/348

Dieses Merkbuch mit Freiseiten, Rezepten und Hinweisen zur Haushaltslehre nach dem System der Hannoverschen Kochschulen führte die Schülerin Edeltraud Feßler aus Prien.

33.2.6

KOCHEN UND SCHREIBEN – *Die Küche als literarischer Ort*

33.2.4

Da Kochen zu den praktischen Tätigkeiten gehört, die am besten durch Zuschauen und Nachmachen erlernt werden, vermieden ernsthafte Autoren lange Zeit dieses Thema. Lieber publizierten sie ihre Gedanken über Eß- und Kochgewohnheiten, Bekömmlichkeit und Unzuträglichkeit bestimmter Speisen, über das Wohlgefühl beim Akt des Einverleibens und die bösen Träume beim problematischen Vorgang des Verdauens.

Solche Schriften gab es bereits seit dem späten 5. Jahrhundert v. Chr. im antiken Griechenland. Dies wird deutlich aus Hinweisen der Römer Plinius d.Ä., Petronius Arbiter und Apicius. Philosophen und Ärzte der Antike waren sich darüber klar, daß der Mensch ist, was er ißt. Der griechische Hofarzt Mark Aurels, Galen (131–201), veröffentlichte in seinem Werk ›Die Kräfte der Nahrungsmittel‹ die seit dem 5. Jahrhundert v. Chr. geltende Lehrmeinung von den vier Elementen Feuer, Wasser, Erde und Luft, denen als Qualitäten Wärme, Feuchtigkeit, Trockenheit und Kälte zugesprochen wurden. Ihnen waren die menschlichen Körpersäfte Galle, kalter Schleim, schwarze Galle und Blut zugeordnet. Man stellte sich vor, daß die Temperamente (Choleriker, Phlegmatiker, Melancholiker, Sanguiniker) durch fehlerhafte Mischung dieser Körpersäfte zustande kämen. Nach Galens Ansicht sollte es die Aufgabe der Köche sein, die in den Nahrungsmitteln vorhandenen Kräfte bzw. Qualitäten so zu kombinieren, daß sie das Temperament der Menschen positiv beeinflußten.

Lange vor McLuhan, der die Medien in heiße und kalte klassifizierte, haben Ärzte und Philosophen von der Antike bis ins Mittelalter hinein Lebensmittel nach ihrer Hitze und ihrer Kälte beurteilt und daraus die Bekömmlichkeit menschlicher Nahrung abgeleitet. »...Issest du hitzige Speiße als Pfeffer, Zwiebeln und Knoblauch, die verbrennen dir dein Blut, auch Krebse. Issest du aber die Dinge, die sehr kühlen, wie Lattich und Wurzeln und die dem gleich sein an Kälte, die töten dir dein Blut und machen es gerinnen. Sein aber die Ding zu wässerig an ihn' selbst, die du issest, als Kürbis, die machen dir faul Blut in dem Leib«, heißt es in einer Aufzeichnung des Eberhard von Landshut aus dem 15. Jahrhundert. Hildegard von Bingen (1089–1179) vertrat in ihrem Werk ›Physica‹ die gleiche Auffassung. Sie forderte beispielsweise, die »starke Kälte« des Lattichs mit Essig und Kräutern auszugleichen. 1637 veröffentlichte Jeremias Drexel in München seine Gedanken über die Wirkung des Fastens auf den menschlichen Organismus (»Aloe, amari sed salubris succi ieiunium, quod in aula Ser. ^{mi} utriusque Bavariae Ducis Maximiliani S.R.I. Archidapiferi explicavit«).

Nach der Lektüre dieser und ähnlicher Schriften weiß man, was man schon immer geahnt hat: Essen ist ungesund, und nur diejenigen, die sich mäßig und nach einem ausgewogenen Speiseplan ernähren, haben eine Chance, ein bißchen älter zu werden als die Unmäßigen, Unwissenden. Diese Lehrmeinung wurde ab 1850 von deutschen Diätärzten aufgegriffen. Die Besorgnis über den schlechten Gesundheitszustand der Arbeiterfamilien in den Mietsquartieren der Großstädte nahm zu, und gleichzeitig mit der Wandervogelbewegung kam auch die Reformbewegung auf. Schneller als die Armen wurden die Wohlhabenden von der Sehnsucht nach gesundem Leben und gesunder Ernährung erfaßt. Der Arzt Bircher-Benner propagierte ab 1904 ›Sonnenlichtspeisen‹ für seine am Luxusleben erkrankten Patienten; in seinem Schweizer Sanatorium ließ er nur Früchtespeisen und Rohgemüse servieren. Die Rezepte dazu wurden in seinem Kochbuch veröffentlicht, das viele Auflagen erlebte.

33.2.4

Für die Industriearbeiter war dies nicht die richtige Diät, daher propagierten gleichzeitig andere Ärzte, wie der Däne Mikkel Hindhede, die fleischlose Kost auf Kartoffelbasis. Kartoffeln mit dicker brauner Sauce, ein Gericht, von dem unzählige Bauerngenerationen groß und stark geworden waren – das sei die richtige Ernährung für die körperlich arbeitende Bevölkerung. Hindhedes fleischlose Diät mit ihrer Absage an eiweißreiche Kost wurde in Zeiten der Lebensmittelrationierung gerne von den Behörden aufgegriffen. Auch heute noch findet sich dieser Unterschied in den Diätkochbüchern: Während einige Autoren Diät als Weltanschauung propagieren, bedeutet sie für andere eine Reaktion auf Notwendigkeit und Mangel.

Nicht nur die Geschichte der Diätkochbücher läßt sich bis in die Antike zurückverfolgen. Auch die Vorschriften zur Vorratshaltung sind bereits in den griechischen und römischen Haus- und Landwirtschaftsbüchern zu finden. So schreibt z.B. Marcus Porcius Cato zwischen 175 und 150 v. Chr. über die Aufgaben der Gutsverwalterin: »Daß sie viele Hennen und Eier hat! Getrocknete Birnen, Vogelbeeren, Feigen, Rosinen, Vogelbeeren in Most und Birnen und Trauben in Krügen und Quitten, Trauben in Trestern und in Krügen in die Erde gegraben: Scantianische Äpfel in Fässern und andere, die man immer aufhebt, und Wildäpfel, dies alles soll sie alljährlich sorgsam aufspeichern.« Diese idyllisch anmutenden Vorstellungen vom wohlgefüllten, wohlgeordneten Vorratskeller wurden im 17. Jahrhundert von den Autoren der sogenannten Hausväterliteratur aufgegriffen. Diese Hausväterliteratur entstand unter dem Eindruck der protestantischen Arbeitsethik und der Aufklärung. Ihre Autoren waren Pfarrer, Gutsbesitzer oder Gutsverwalter, die mit eindringlichen Worten vor Schlendrian und Schlamperei warnten und zu Fleiß, Produktivität und Geschäftstüchtigkeit aufriefen. »Alles ist verwertbar, und Gott will, daß wir es verwerten« war ihre Devise, die unser Leben auch heute noch prägt. Die Arbeitsmoral war nur dank äußerster Disziplin und Vorbildhaftigkeit von Hausvater und Hausmutter beim Gesinde durchzusetzen. Freilich finden sich in diesen Werken auch manche Ungereimtheiten, die in unseren Augen wenig mit Aufklärung zu tun haben. Da die Autoren der Hausväterliteratur einfach ihr ganzes Wissen publizieren wollten, gerieten auch Rezepte für aus der Antike bekannte Schaugerichte und alchemistische Tricks in die vom Aufklärungswillen geprägten Bücher.

Gleichzeitig erschienen Kochbücher, die alle damals bekannten Rezepte aufführten, so die sechs Bände umfassenden ›Opera‹ von Bartolomeo Scappi (1605 in Venedig verlegt), oder das ›Nürnberger Kochbuch‹, das den poetischen Titel trägt »Der aus dem Parnasso ehemals entlauffenen vortrefflichen Köchin ... Gemerckzettel; woraus zu erlernen, wie man über anderthalb Tausend, so wol gemeine, als rare Speisen ... zubereiten ... solle« (Nürnberg

1691). Sie richteten sich an adelige oder zumindest großbürgerliche Haushalte, in denen auch Frauen genügend Schulbildung erhalten hatten, um lesen und schreiben zu können.

Auch die Hauslehren in Romanform, beispielsweise Jean-Jacques Rousseaus ›Julie ou la nouvelle Héloise‹ (1761), waren für gebildete Leserinnen bestimmt. Rousseau verherrlichte das beispielhafte, von Rationalität, Lernwillen und Fleiß geprägte Familienleben auf dem Lande. Weniger berühmte Autoren und Autorinnen schrieben Briefromane oder Rahmenerzählungen, die das vernünftige Leben in Haus- und Landwirtschaft in allen Einzelheiten aufzeigen sollten, so z.B. M.S. Kübler: ›Das Hauswesen nach seinem ganzen Umfange dargestellt in Briefen an eine Freundin, mit Beigabe eines vollständigen Kochbuchs‹ (9. Aufl. Stuttgart 1880) oder Susanne Müller: ›Das fleißige Hausmütterchen‹ (13. Aufl. Stuttgart 1895).

33.2.4

Immer wieder versuchten erfahrene Köche, ihr individuell erworbenes Wissen einem größeren Leserkreis zugänglich zu machen, so Odilo Schreger mit ›Der vorsichtige und nach heutigem Geschmack wohlerfarne Speismeister‹ (Augsburg 1778), oder Sophie Juliana Weber mit ihrem ›Augsburgischen Kochbuch‹ (Augsburg 1788), das bereits 1809 in der zwölften Auflage erschien. Ganz wissenschaftlich näherte sich Benjamin Thompson, der von Max Joseph I. von Bayern zum Grafen Rumford geadelte Engländer im bayerischen Staatsdienst, dem Thema. In seinen ›Kleinen Schriften politischen, ökonomischen und philosophischen Inhalts‹ (Weimar 1803) beschäftigt er sich mit Küchenherden und Kochgerät. Bayern verdankt ihm die Einführung der Kartoffel und das Rezept der ›Rumford-Suppe‹, eines Eintopfes, der sowohl Soldaten als auch Armen als gesundes und preiswertes Nahrungsmittel dienen sollte.

Anfang des 19. Jahrhunderts weitete sich das Spektrum der Kochbücher und theoretischen Schriften zu Ernährung und Haushalt. Während Friederike Luise Löffler in Stuttgart 1800 ihr ›Ökonomisches Handbuch für Frauenzimmer, Band 1, welcher das Kochbuch enthält‹ und Johanna Maria Huber im gleichen Jahr in Stadtamhof ihr ›Bayerisches Kochbuch für Fleisch- und Fasttage‹ veröffentlichten, schrieben Gelehrte wissenschaftliche Abhandlungen über den Wandel der Koch-, Eß- und Lebensgewohnheiten ihrer Zeitgenossen. Karl Georg Rumy veröffentlichte 1816 ›Gemeinnützige ökonomisch-technologische Belehrungen für Haushaltungen in Städten und auf dem Lande‹, in denen noch einmal ausführlich alle bäuerlichen Handwerke wie Brotbacken, Lichterziehen, Seifekochen, Flachsverarbeitung und vieles mehr beschrieben werden. Karl Friedrich von Rumohrs ›Geist der Kochkunst‹ erschien 1822 – ein wehmütig in die gute alte Zeit zurückblickendes Werk, in dem wider die modernen Nahrungsmittelverfälschungen und Näschereien (damals schon...) gewettert und für die traditionelle, sehr arbeitsaufwendige Küche geworben wird. Suppen, Saucen, Braten, Vorratshaltung – zu allem weiß Rumohr ein gutes, handfestes Rezept, das dem jeweiligen Nahrungsmittel seinen Geschmack, seinen ›Charakter‹ beläßt. In Frankreich engagierten sich zur gleichen Zeit Grimod de La Reynière, Brillat-Savarin (›Physiologie du Goût‹ [1826]), Antonin Carême und Alexandre Dumas für eine gehobene Koch- und Eßkultur.

Seit Mitte des 19. Jahrhunderts betätigten sich zunehmend Frauen als Kochbuchautorinnen für Frauen. Die Kochbuchautorin Mary Hahn geht auf diese Spaltung in Männer- und Frauenküche ein, wenn sie schreibt: »Der Koch ist ein Feldherr, und wie oft im Kriege, geht es bei ihm verschwenderisch zu. Die Frau dagegen gleicht am Kochherde der sorgsamen Gluckhenne, die für ihre Pfleglinge die besten Bissen und Körnchen auswählt und nichts zugrunde gehen läßt.« Fortan gilt das Klischee, daß Männer professionell kochen und innovativ sind, während Frauen nur notgedrungen am Herd stehen und bei dieser Tätigkeit Kochbücher benutzen. Eine ›Lina‹ schrieb ›Die Köchin wie sie seyn soll und muß. Deutschlands Töchtern und Frauen gewidmet‹ (4. Aufl. Augsburg 1845), eine ›Rosamunda‹: ›Die Köchin ohne Fehl und Tadel‹ (3. Aufl. München 1841), Bücher, die mehrere Auflagen erlebten, da das Kochen im biedermeierlichen Haushalt immer wichtiger wurde. Die bürgerliche Hausfrau des 19. Jahrhunderts ist wohl am besten mit dem Bild charakterisiert, das sie beim Auftragen der Suppenterrine zeigt, wie Ludwig Richter oder Wilhelm Busch und andere Illustratoren des 19. Jahrhunderts es liebevoll bis satirisch festgehalten haben. Bald kamen Kochbücher für die regionale Küche auf den Markt, in denen alte, bewährte Rezepte eines Landstrichs zusammengestellt waren, so Marie Schandris ›Regensburger Kochbuch‹ (1867), Katharina von Pratos ›Die Süddeutsche Küche‹ (Graz, Wien 1858), Christine Hallers ›Neues Augsburger Kochbuch‹ (1882) oder, für Norddeutschland, Henriette Davidis' ›Praktisches Kochbuch für die gewöhnliche und feinere Küche‹ (8. Aufl. Bielefeld 1861). Nicht nur regionale Kochgewohnheiten und Eßvorlieben wurden in diesen Kochbüchern festgehalten, sondern auch die seit alters überlieferten und erst 1872 im Deutschen Reich vereinheitlichten regionalen Maße und Gewichte, beispielsweise Mandel, Nößel, Pfund, Metze, Quart oder Lot. Erst nach der Vereinheitlichung und der Übernahme des Dezimalsystems wurde es möglich, überregionale Kochbücher mit genauen Mengenangaben herauszugeben.

Die Wohlhabenheit der Gründerzeit prägte sich auch in der Erscheinungsform der Kochbücher aus, die mit aufwendigen Einbänden und vielversprechenden Titeln aufwarteten. Die Ausschmückung der Einbände mit Abbildungen von Köchinnen, Familienmüttern, Engelchen, Stilleben und Blumengirlanden blieb bis zum Anfang des 20. Jahrhunderts stilbestimmend. Rezepte, Unterhaltung, Kulturgeschichtliches, statistisches Zahlenmaterial – kurz: alles Wissenswerte wurde in Werken wie dem ›Appetit-Lexikon‹ und dem ›Universal-Lexikon der Kochkunst‹ zusammengestellt.

Die Kochbuchliteratur florierte; seit den 1870er Jahren schien es unumgänglich, ein, zwei, drei Kochbücher im Haushalt zu haben und nach ihnen zu kochen. Verschiedene Faktoren spielten zusammen, um das Kochbuch zum unentbehrlichen Ratgeber und Nachschlagewerk der bürgerlichen Hausfrau zu machen. Da war einerseits die Nahrungsmittelindustrie (Liebig, Knorr, Maggi, Maizena u.a.), die mit ständig neuen Produkten lockte; zur gleichen Zeit kamen in den deutschen Städten Delikateßhandlungen auf, in denen bis dahin unbekannte Waren aus fernen Regionen und dem Ausland angeboten wurden.

Die neuen Eisenbahnlinien Deutschlands transportierten frischen Fisch und andere leicht verderbliche, bis dahin nicht überall käufliche Güter quer durchs Land. Hygienebewegung und Gesundheitsbewußtsein kamen auf. Neues Kochgerät wurde hergestellt. Die ganze Gesellschaft wurde beweglicher; junge Familien zogen auf der Suche nach Arbeit und Geldverdienst weit weg von dem Wohnort ihrer Eltern. Unter diesen Umständen konnten junge Frauen das Kochen nicht mehr von ihren Müttern erlernen. Um die Jahrhundertwende wurden daher didaktisch aufgemachte ›Ratgeber‹, ›Schulkochbücher‹ (vgl. Dr. Oetker) und ›Leitfäden‹ veröffentlicht. Nicht mehr das ganze Repertoire von denkbaren Kochrezepten wurde aufgelistet, sondern ›Grundrezepte als Schlüssel zur Kochkunst‹.

Die Suppen-Lina

So hat man die Begründerin der Volksküchen zu Lebzeiten genannt. Lina Morgenstern, die vor über hundert Jahren den Berliner Hunger lindern half. Mit siebzehn Jahren hatte sie einen ›Pfennigverein zur Unterstützung armer Schulkinder‹ eingerichtet; das geschah 1847 und war vormärzlich gedacht. (...)
Als 1859 ein Frauenverein zur Förderung der Fröbelschen Kindergärten entsteht, ist Lina Morgenstern dabei. Wenig später gründet sie das erste Kindergärtnerinnenseminar und 1869 den Kinderschutzverein zur Unterbringung gefährdeter Säuglinge in Pflegestellen. Gleichzeitig ist sie Mitbegründerin des ersten Arbeiterinnen-Bildungsvereins und der ersten Krankenkasse für Arbeiterinnen. 1895 finden wir sie im Vorstand der Deutschen Friedensgesellschaft.
Dreißig Jahre lang, seit 1874, leitete Lina Morgenstern ihre ›Deutsche Hausfrauenzeitung‹, schrieb Haushalts- und Kochbücher, Kindergeschichten, Spielanleitungen, Gedichte, Erzählungen, Biographien und Gedanken zur Frauenbewegung ihrer Zeit, darunter eine dreibändige Darstellung ›Die Frauen des 19. Jahrhunderts‹. Dort heißt es im Vorwort, daß »die Frau nicht nur berufen ist, Gefährtin des Mannes und Mutter und Erzieherin der Kinder zu sein, sondern, daß zahlreiche Beweise geliefert sind, die sie bewährt zeigen als ernste und energische Arbeiterin auf allen Gebieten, welche das Gesamtwohl der Menschheit fördern ...«
Die erste Volksküche öffnet nach dem gewonnenen Krieg von 1866. So änderte er den Lebensunterhalt der siegreichen Einwohner. Später gab es in allen Stadtteilen

Die Hausfrau sollte die wichtigsten Rezepte erlernen, um darauf aufbauend selbständig zu variieren – ein emanzipatorischer Akt!

Die Marktlücke wäre nun wirklich geschlossen gewesen, hätten nicht findige Verleger und Autoren immer neue Themen entdeckt, die noch abzuhandeln waren. Der Beyer-Verlag in Leipzig brachte in den dreißiger Jahren eine Reihe großformatiger, bebilderter Hefte zu einzelnen Sparten wie ›Getränke‹, ›Kalte Speisen‹ u.ä. heraus. Seit der Jahrhundertwende gibt es Kochbücher für Alleinstehende, für Verliebte, für Pfadfinder, für den Dreipersonenhaushalt (junges Ehepaar mit Dienstmädchen), kurzum: für alle nur erdenklichen Bedürfnisse. Neue Kochtechniken brachten jeweils neue Kochbücher mit sich: Kochen mit Gas, mit Elektrizität, auf dem Grill, mit dem Römertopf, mit Jenaer Glas etc. Dieser Trend hält bis heute ungebrochen an, obwohl doch bereits in einem 1880 erschienenen Buch versprochen wurde: »Es bietet für alles, was ein bedrücktes Hausfrauenherz erfüllt, tröstende und erfolgreiche Hilfe.«

Ganz anders verhält es sich mit handgeschriebenen Kochbüchern, die keinen Wert auf Vollständigkeit legen. Im Mittelalter entstanden zahlreiche, auf persönlichen Erfahrungen beruhende Handschriften mit Rezeptsammlungen und Küchenplänen aus Kloster- oder herrschaftlichen Küchen, in denen sich Verfeinerung und Raffinement der in Wohlhabenheit Lebenden widerspiegeln. Die Rezepte sind eher Anregungen für einen abwechslungsreichen Speiseplan als Kochanleitungen. Die Mengenangaben sind ungenau; das Wissen um Kochtechniken wird vorausgesetzt.

Eines dieser Kochbücher ist eine Handschrift des Klosters Tegernsee aus dem 15./16. Jahrhundert, die Speisezettel, Kochbuch und Kalendarium vereint. Das Kochbüchlein »vermerkt das essen, so man das jar gibt dem Convent in das refectori ze Tegernsee«. Wichtig sind die vielen Rezepte für Fastenspeisen. An Vorschlägen für Mus (Obstmus, aber auch Gemüse), Kraut, Gebäck und Suppen fehlt es nicht. Im Kalender stehen überdies Anweisungen, was jeden Monat im Haus, im Garten, auf den Äckern und an den Fischteichen zu verrichten ist.

Auch der Codex 793 aus dem 15./16. Jahrhundert der Donaueschinger Hofbibliothek bringt neben medizinischen Hinweisen hauptsächlich Rezepte für Fastenspeisen. Das Raffinement ging so weit, daß er Rezepte zur Zubereitung von Bratwürsten oder Knödeln aus Fischfleisch enthielt. Das bekannteste deutsche Kochbuch des Mittelalters ist eine Würzburg-Münchner-Handschrift mit dem Titel ›Das bůch von gůter Spise‹ (14. Jahrhundert). Es handelt sich um eine Rezeptsammlung mehrerer Köche. Der Kompilator war vermutlich Michael de Leone, Protonotar des Fürstbischofs zu Würzburg.

Mit dem ausgehenden 15. Jahrhundert begann die Epoche der gedruckten Kochbücher: 1474 erschien ›De honesta voluptate et valitudine‹ des Bartholomäus Sacchi, genannt Platina Cremonensis; 1485 das erste deutsche gedruckte Kochbuch ›Kuchenmaystrey‹; 1490 das älteste französische mit dem Titel ›Le viandier‹; 1581 ›Ein new Kochbuch‹ von Marx Rumpolt; 1593–1603 die ›Oeconomia ruralis et domestica‹ des Johann Coler; 1598 ›Ein köstlich new nützlich Koch-Buch‹ der Anna Wecker aus Basel. Dennoch haben junge Mädchen und Hausfrauen weiterhin selbst Rezepte aufgeschrieben. Aus dem 18. Jahrhundert sind uns ›Kunst- und Mirakelbücher‹ erhalten, in die alles damals für Frauen Wissenswerte eingetragen wurde: Anleitungen zu Handarbeiten, Hausmittel gegen Schnupfen oder Rheuma, erbauliche Verse, Kochrezepte und Haushaltstips. Immer reflektierten die handgeschriebenen Rezeptsammlungen persönliche Vorlieben und damit die Privatsphäre

Berlins diese von einem wohltätigen Verein finanzierte Einrichtung, in der für wenig Geld warme Mahlzeiten verabreicht wurden.
Der nächste Kriegsgewinn bringt 1871 den Deutschen einen Kaiser und ein Reich – Lina Morgenstern jedoch muß anschließend den ›Berliner Hausfrauenverein gegen Verteuerung und Verfälschung der Lebensmittel‹ gründen. Und als die Gründerjahre ausbrechen, gründete Lina Morgenstern 1880 den ›Frauenverein zur Rettung sittlich verwahrloster und strafentlassener minderjähriger Mädchen‹. Jemand sollte einmal unsere Vergangenheit im Spiegel ihrer Speisezettel und Vereinsnamen darstellen.
Zeitgenossen schildern Lina als kleine, immer bewegliche Frau, die einen Kneifer trug, und rühmen ihren praktischen Sinn und das hervorragende Organisationstalent. Zur proletarischen Frauenbewegung zählt man sie nicht.

Kurbloch, 1987, S. 66-68

des Schreibers bzw. der Schreiberin. Oft wurde ein Rezept in immer neuen Varianten notiert – ein Zeichen dafür, daß dieses wirklich beliebt war. Selbstgeschriebene Kochbücher wuchsen mit der Erfahrung der Köchin, die die Originalrezepte mit eigenen Anmerkungen und Nachträgen ergänzte. In Kriegszeiten wurden die Mengenangaben für ›Friedensrezepte‹ der Not gehorchend abgeändert und ausländische Produkte wie z.B. Zitronat durch Kürbisfleisch ersetzt. Denn gebacken und gefeiert wurde auch in schlechten Zeiten. Was tagtäglich gekocht wurde, konnte man auswendig, aufgeschrieben hat man dagegen Rezepte für besondere Braten, für Kuchen, Torten und Salate, für das Ungewöhnliche.

Auch in handgeschriebenen Kochbüchern wurde häufig die systematische Einteilung der Rezepte übernommen, die seit dem 15. Jahrhundert üblich ist: Suppen, Saucen, Fleisch etc. Im 19. Jahrhundert versuchten manche Kochbuchautoren, eine Anordnung nach der klassischen Menüfolge (Hors d'Œuvres, Entrées, Entremets usw.) einzuführen. Dies erübrigte sich spätestens, als man im Ersten Weltkrieg keine großen Menüs mehr geben konnte. Selten wurden Kochbücher alphabetisch nach Rezepten oder nach Namen der Nahrungsmittel geordnet, obwohl es nützlich sein kann, wenn z.B. sämtliche Blumenkohlrezepte an einer Stelle zu finden sind. Kochbuchautoren und -benutzer kommen sich offensichtlich in einem gewissen Traditionsbewußtsein entgegen.

Nicht nur Rezepte, auch die Sprache der Kochbücher hat sich im Laufe der Zeit verändert. Das zunehmende bürgerliche Selbstbewußtsein im ausgehenden 18. Jahrhundert führte dazu, daß der Kochbuchautor seine Leser nicht mehr duzte; statt dessen bediente er sich der Formulierung »Man nehme...« oder des Passivs: »Hühner werden gebraten...«. Bei aller Modernität haben sich aber noch viele deftige Ausdrücke des Mittelalters in der Küchensprache gehalten. Das ›Abschrecken‹ der Teigwaren, das ›Schlagen‹ oder gar ›Peitschen‹ von Eiweiß, das ›Dressieren‹ des Geflügels vor dem Braten, das ›Einbrennen‹ und ›Ablöschen‹ der Mehlschwitze erinnern daran, daß Koch/Köchin eine beherzte, zupackende Person sein sollte. Bei der Überlieferung von Kochrezepten gab es häufig Hör- bzw. Schreibfehler – man denke nur an die vielen Schreibvarianten für ›Blancmanger‹ oder das in München sehr beliebte ›Bœuf à la mode‹.

Ganz gleich, ob Rezeptsammlungen als Jahrbücher, Kalender, Zeitschriften, Taschenbücher, Lehrbücher, Lexika, Werbeschriften oder in Gestalt von bunten Rezeptkarten zusammengestellt werden: das Kochen wird als kreative, Freude spendende Tätigkeit gefeiert. Der Anblick blutigen Fleisches, toter Tiere, nackter, gerupfter Hühner, der Gestank übergekochter Milch oder angebrannter Kartoffeln sind Erfahrungen, auf die kein Kochbuch vorbereitet. Und doch hat Kochen ein wenig mit Magie oder Zauberei zu tun. Die knappen, mit technischen Ausdrücken und Zahlen gespickten Kochanweisungen berichten nichts darüber. So nimmt es nicht wunder, daß trotz aller bewährten und erprobten Kochbücher die Küche einer der letzten Orte in unserem wohlgeordneten Dasein ist, wo jederzeit das ›Chaos‹ ausbrechen kann.

I. W.

Literatur

Bircher-Benner, 1904
Birlinger, 1864
Cato, Neuausgabe 1980
Danner, 1970
Feyl, 1961
Habs u. Rosner, 1894[2]
Hahn, 1920[15]
Hajek, 1958
Hindhede, 1911
Kopp, 1931
Sauer, 1928
Seidel, 1802
Universal-Lexikon der Kochkunst, 1897[6]

33.1.1
Battista Platina,
De honesta voluptate
Laurentius und Sibyllinus Umber, Venedig, 1475
Lit.: Horn-Arndt, Schöne Alte Kochbücher, Nr. 76
Passau, Kochbuch-Sammlung Höltl

Bl. 1 b: PLATYNAE DE HO- / NESTA VOLVPTATE / ET VALITVDINE LI- / BRI PRIMI CAPITA. Bl. 4 b: VIRI DOCTISSIMI Pla / tynae opusculum de obso- / niis ac honesta uoluptate: / impressum Venetiis labo- / re & diligentia Laurentii / presbyteri d Aquila: nee nō / Sibyllini Vmbri Duce in- / clyto Petro Mocenico. I- / dibus iuniis mcccclxxv. Bl. 5 a: PLATYNAE DE HONESTA VOLVPTATE: / ET VALIVTDINE AD AMPLISSIM VM AC / DOCTISSIMVM D.B. ROVERELLAM S. CLE / MENTIS PRAESBITERVM CARDINALEM / LIBER PRIMVS. Bl. 93 b: PLATYNAE DE OBSONIIS LIB. FIN. –

33.1.2

Von der Eerlichē
zimlichen / auch erlaubten Wolust des
leibs / Sich inn essen / trincken / kürtzweil etc. allerlay vnnd man-
cherlay Creaturen vnnd gaabenn Gottes / Visch / Vögel / Wildpret / Frucht
der erden etc. mit Gott / allen eerē / auch gesundthait des menschens / mit dancksagung zů
gebrauchen mügen / von allen Weisen / Erbaren vnd gelerten / besonders den Artz-
ten gerathen / zůgelassen vnd gestattet / fein ordenlich hie iñ x. bůcher gesetzt / ge-
kocht / vnd auff den tisch fein lustig berait vnd auffgetragen wirt / Durch
den hochgelerten Philosophum vnd Oratorem / das ist weysesten
vnd beredtesten Herrn / Bap. Platinam von Cremona / vnder
Friderico iij. dem Römischē Kaiser gelebt / im̃ Jar 1481.
jetz jüngst grüntlich auß dem latein verteütscht / durch
M. Stephanum Vigilium Pacimontanum.
Im jar / M. D. XXXXII.

Vnd zwar Gott hat sich selbs nicht vnbezeüget gelassen / hat vns vil gůts ge-
thon / vnd vom himel regen vnnd fruchtbare zeitung geben / vn-
sere hertzen erfüllet mit speiß vnd freüden etc. Acto. xiiij.

Der Verfassser war der päpstliche Bibliothekar Bartholomäus Sacchi, genannt Platina Cremonensis (1421-1481). Sein Werk in lateinischer Sprache ›De honesta voluptate et valitudine‹ (deutsch ›Von der ehrbaren Wollust und dem Wohlbefinden ...‹) gilt als das erste gedruckte Buch der Welt, das sich mit kulinarischen Dingen befaßte und im eigentlichen Sinn kein Kochbuch, sondern ein Hilfs- und Hausbuch war. Es beruht auf den zehn Büchern des Apicius über die Kochkunst aus dem ersten nachchristlichen Jahrhundert und anderen antiken Schriften des Cato, Columella und Plinius. Aufgeteilt in 10 Bücher, mit jeweils Einzelkapiteln, enthält Platinas Werk eine Vielfalt von Lebensregeln und Kochanweisungen, die mit dem Buch über das Wohnen des Menschen beginnen, dann Schlaf und Beischlaf, Koch, Kochkunst, Tafelservice, Salz, Brot u.a. abhandeln. Platinas ›De honesta voluptate et valitudine‹ wurde ein Erfolg. Zahlreiche Auflagen und Übersetzungen, aber auch Plagiate, sprechen von seiner Bedeutung.
In Frankreich war Platina während des ganzen 16. Jahrhunderts das Standardwerk, aus dem man Anregungen zur Kochkunst und zur Führung des Hauswesens entnahm. Die erste deutsche Übersetzung edierte 1542 Stephanus Vigilius Pacimontanus (erschienen bei Hainrich Stayner, Augsburg, s. auch Kat. 33.1.2) U. Z.

33.1.2
Battista Platina,
Von der Eerlichē / zimlichen, auch erlaubten Wolust des / leibs, Sich inn essen, trincken, kurtzweil etc. allerlay vnnd man- / cherlay Creaturen vnnd gaabenn Gottes, Visch Vögel, Wildpret, Frucht / der erden etc. mit Gott, allen eerē, auch gesundthait des menschens, mit dancksagung zů / gebrauchen mügen, von allen Weisen, Erbaren und gelerten, besonders den Artz- / ten gerathen, zů gelassen vnd gestattet, fein ordenlich hie iñ x bücher gesetzt, ge- / kocht, vnd auff den tisch fein lustig berait vnd auffgetragen wirt, Durch / den hochgelerten Philosophum vnd Oratorem, das ist weysesten / vnd beredtesten Herrn, Bap.

Platinam von Cremona, vnder / Friderico III. dem Römische Kaiser gelebt, im Jar 1481. / jetzt jüngst grüntlich auß dem latein verteütscht, durch / M. Stephanum Vigilium Pacimontanum. / Im jar, M. D. XXXXII./
H. Stayner, Augsburg, 1542
Lit.: Horn-Arndt, Schöne alte Kochbücher, Nr. 81
Passau, Kochbuch-Sammlung Höltl

Die Küche im Wittelsbacher Palaste zu München.

33.2.4

33.2 Kochbücher für jedermann

33.2.1
Maria Anna Neudecker,
Homöopathisches Kochbuch unter Anleitung eines practischen Arztes nebst einem Vorwort von demselben
Carl Gottlob Schmidt, Leipzig, 1831
Pappband, VIII, 208 S. (mit Register)
Lit.: Horn-Arndt, Schöne alte Kochbücher, Nr. 535
A 91/11

Maria Anna Neudecker, Herausgeberin des Kochbuchs ›Die bairische Köchin in Böhmen‹ (Kat. 29.2.5) verfaßte hier unter Anleitung eines Arztes auch ein ›Homöopathisches Kochbuch‹, das sich laut Vorwort auf das von Samuel Hahnemann (1755-1834) propagierte gleichnamige Heilverfahren stützt. Nach Titel und Vorwort wird zwar eine reizfreie »naturgemäße Diät und Lebensweise« empfohlen, aber die Kochrezepte reichen von kräftigsten Fleischbrühen über gebratenen Rehrücken bis zur Linzer Torte.

33.2.2
Franciska Walter,
Die feine Küche
Eine Auswahl von 280 neuer, beliebter Fleisch-, Fisch- und Mehl-Speisen, Backwerke, Eise und dergleichen. Nebst einem täglichen Küchenzettel und den Regeln des gesellschaftlichen Lebens und der Bewirthung. Nach eigener Erfahrung herausgegeben von Franciska Walter.
Ernst'sche Buchhandlung, Quedlinburg Leipzig, 1847
Pappband, XII, 158 S. (mit Register)
A 91/86

33.2.3
Henriette Davidis,
Praktisches Kochbuch für die gewöhnliche und feinere Küche
Zuverlässige und selbstgeprüfte Rezepte zur Bereitung der verschiedenartigsten Speisen und Getränke, zum Einmachen, und eine Hinweisung auf schnell zu machende Speisen. Mit einem Anhange, enthaltend Arrangements zu kleinen und größeren Gesellschaften und einen Küchenzettel nach den Jahreszeiten. Mit besonderer Berücksichtigung der Anfängerinnen und angehenden Hausfrauen
Velhagen & Klasing, Bielefeld, Leipzig, 1876[21]
Pappband, XXXII, 632 S. (mit Register)
Lit.: AK Beruf der Jungfrau, Henriette Davidis und Bürgerliches Frauenverständnis, Oberhausen 1988; Horn-Arndt, Schöne alte Kochbücher, Nr. 416 ff.
A 89/188

Henriette Davidis' (1800-1876) Praktisches Kochbuch erschien erstmals 1845 und ist mit vielen verbesserten und überarbeiteten Auflagen bis heute im Gebrauch.

33.2.4
J.(ohann) Rottenhöfer,
Illustriertes Kochbuch
Neue vollständige theoretisch-praktische Anweisung in der feinern Kochkunst mit besonderer Berücksichtigung der herrschaftlichen und bürgerlichen Küche von J. Rottenhöfer (Königl. Haushofmeister und vorher erstem Mundkoche weil Sr. Majestät des Königs Maximilian II. von Bayern)
Braun und Schneider, München, o.J. [1880[8]]
Leinwandband, 1023 S. (mit Register)
Lit.: Horn-Arndt, Schöne alte Kochbücher, Nr. 565
A 88/44

Der Verkauf diese Kochbuchs der ›feinern Kochkunst‹ (Erstausgabe 1858) war äußerst erfolgreich. Verkaufserfolg und der Wunsch vieler Hausfrauen veranlassen J. Rottenhöfer, ein weiteres Kochbuch für die ›gute bürgerliche‹ Küche zusammenzustellen (vgl. Kat. 33.2.5).
Otto von Völderndorff kritisiert in seinen ›Harmlosen Plaudereien eines Alten Münchners‹ (1898) nicht nur die Münchner Küche, sondern auch Johann Rottenhöfer: »Findet man doch in dem größten deutschen Kochbuch, in Rottenhöfers ›Vollständiger Anweisung zur Kochkunst‹ auf S. 88 folgenden Satz: ›in allen besseren Küchen findet man von einem Tag zum anderen eine einfache braune Sauce fertig, aus denen zu den verschiedensten Ragouts, mit ihren Essenzen versetzt, alle kleinen Saucen vollendet werden.‹ Also jahraus, jahrein, von einem Tag zum andern den alten

›Sudel‹ (um mit dem ›Meister‹ zu sprechen) wieder aufwärmen, das ist die Reinlichkeit in den ›besseren‹ Küchen, da möcht' ich nicht sehen, wie es in den ›schlechteren‹ zugeht!«
aus: Völderndorff, 1898, S. 195-196.

33.2.4

33.2.5
J.(ohann) Rottenhöfer,
Die gute bürgerliche Küche in all ihren Theilen. Ein auf langjährige Erfahrung gegründetes praktisches Handbuch. Den Frauen, Töchtern und Köchinnen gewidmet
Braun und Schneider, München
[nach 1862]
Leinwandband, 562 S. (m. Register)
Lit.: Horn-Arndt, Schöne alte Kochbücher, Nr. 564
München, Monacensia-Sammlung
R.C. Mon 7693

Johann Rottenhöfer schreibt auf »besonderes Verlangen« nach dem schnellen Absatz der 5000 Exemplare seines ersten Kochbuchs mit Anweisungen zur »höheren Kochkunst« dieses Kochbuch für die ›gute bürgerliche Küche‹, um damit den »Hausfrauen gerecht zu werden«. In der Einleitung dazu geht er besonders auf die Beschaffenheit und Ausstattung der bürgerlichen Küche ein. Er empfiehlt als den reinlichsten Kochherd den weißen, aus Kacheln aufgesetzten Herd mit Gußeisenplatte. Den Rezepten fügt er Speisezettel für Familienfeste und häusliche Mahle mit 8 bis 10 Gedecken an. Dabei gibt er den Rat, den Tisch reinlich zu decken und in die Mitte des Tisches das Rindfleisch zu stellen »welches mit einigen kleinen Tellerchen und kaltem Imbiß« zu umkränzen ist. U. Z.

33.2.4

991. Gesulzte Krammetsvögel. Grives en aspic.

Die Krammetsvögel werden wie die vorhergehenden ausgebrochen, gefüllt, im Ofen gar gemacht und sodann kalt gestellt. Unterdessen wird eine runde, glatte Form ins Eis gegraben und federkieldick mit Aspic begossen. Nachdem diese gestockt ist, wird eine geschmackvolle Dekoration von Trüffeln, gekochter Ochsenzunge und sautirten Hühnerbrüstchen hineingelegt, mit Aspic wieder

Rottenhöfer's Kochbuch. 28

33.2.6
Henriette Löffler,
Großes illustriertes Kochbuch für einfachen Tisch und die feine Küche, umgearbeitet und vermehrt mit vielen Recepten nach eigener Erfahrung von Theodor Bechtel Koch in Stuttgart früher im Hotel Klumpp im Wildbad
J. Ebner, Ulm, [1878[10]]
Leinwandband, IX, 669 S. (m. Register), Holzschnitte n. Breitschwert, Schnorr, Heyberger
A 89/83

33.2.7
Hedwig v. Hohenwald,
Illustriertes Viktoria Kochbuch der nord- und süddeutschen Küche
Ein unentbehrliches Handbuch für alle Anfängerinnen, jede Hausfrau und Köchin zur sparsamen Herrichtung des einfachen und feinen Tisches.
Ed. Freyhoff's Verlag, Oranienburg, 1893[3]
Leinenband, 643 S., Farbtafeln
A 89/82

»Nord und Süd, eng verbunden durch treue Liebe zu ihrem Kaiser und gemeinsamen großen Vaterlande, geben bereits fast in allen Beziehungen dieser Einigkeit Ausdruck und sollte da nicht auch ein gemeinsames, großes Kochbuch am Platze sein«, so begründet die Verfasserin den Titel ihres Kochbuches, das, wie viele andere, entsprechend den politischen Tendenzen, Rezepte aus ganz Deutschland zusammenfaßt.

33.2.8
Hedwig Albrecht,
Neues bürgerliches Kochbuch
Dresden, 1898
Halbleinenband, 383 S. (mit Register)
A 89/186

33.2.9
Hedwig Dorn (= Helene Dormeyer),
Zur Stütze der Hausfrau
Lehrbuch für angehende und Nachschlagewerk für erfahrene Hausfrauen unter Berücksichtigung ländlicher Verhältnisse
Paul Parey, Berlin, 1907[5]
Leinenband, 493 S.
A 83/495

33.2.10
Erhardt-Mathis,
Grosses illustriertes Kochbuch für den einfachen und den feineren Tisch
Zur Bereitung guter schmackhafter und wohlfeiler Speisen, Getränke und Backwerke enthaltend über 2000 erprobte und bewährte Rezepte nebst vielen Originalrezepten der süddeutschen, norddeutschen rheinischen, Thüringer, Hamburger, Wiener, französischen und englischen Küche, der Fasten- und Krankenkost ...
W. Herlet, Berlin [1910]
Leinenband, 37 Kapitel
A 83/494

33.2.11
Hedwig Heyl,
ABC der Küche
Carl Habel, Berlin, 1910[10]
Pappband, 837 S. (m. Register)
Lit.: Horn-Arndt, Schöne alte Kochbücher, Nr. 470
A 92/129

Dieses ›ABC der Küche‹ war gleichzeitig auch das Lehrbuch der Koch- und Haushaltungsschule, die Hedwig Heyl am Pestalozzi-Fröbelhaus II in Berlin leitete. Die Erstausgabe von 1885 widmete Hedwig Heyl der ersten Schülerin des Pestalozzi-Fröbelhauses II, Victoria, Prinzessin von Preußen.

33.2.12
Hyanzintha Lamprecht,
Kochbuch für drei und mehr Personen
Eine Anleitung, gut, aber auch sparsam für kleinere Haushaltungen zu kochen. Besonders für junge Frauen.
K. Dienstbier, München, 1919
Pappband, 368 S. (mit Register)
Lit.: Horn-Arndt, Schöne alte Kochbücher, Nr. 1056
A 82/306

33.2.13
Lina Morgenstern,
Illustriertes Kochbuch
bearbeitet, erweitert und herausgegeben von M. Richter
Heinrich Killinger, Nordhausen, 1926[10]
Leinenband, XI, 773 S., Umschlagbild Ludwig Hohlwein
A 90/119

Lina Morgenstern, geb. Adler (Breslau 1830-1909 Berlin), gründete 1866 die Berliner Volksküche, 1872 den Berliner Hausfrauenverein und eröffnete 1878 die Kochschule des Berliner Hausfrauenvereins. Nach ihren Ideen und ihrem Vorbild wurde auch die Münchner Volksküche aufgebaut.

33.2.14
Mary Hahn,
Illustriertes Kochbuch für die einfache und feine Küche
Ein unentbehrliches Lehr- und Nachschlagebuch für Hausfrauen und Köchinnen, unter besonderer Berücksichtigung der Anfängerinnen
Neubabelsberg b. Potsdam, 1927
Leinenband, 662 S. (m. Register)
Lit.: Horn-Arndt, Schöne alte Kochbücher, Nr. 873
A 92/128

33.2.15
Rudolf Zäch u.a.
Die neuzeitliche Küche
Ein praktischer Lehrkurs der Kochkunst und Ernährungskunde sowie der Diätküche
Carl Ehlers, Konstanz, Kreuzlingen, 1930
Leinenband, 1127 S. (m. Register)
A 92/58

VERBOTENE SPEISEN

Nahrungsmitteltabus und andere Gründe, nicht alles zu essen

In den meisten Kulturen gibt es bestimmte, durchaus bekömmliche und nahrhafte Speisen, die verboten sind oder zumindest abgelehnt werden. Bekannt sind die weißen Kühe Indiens, die weder getötet noch gegessen werden dürfen, oder das Schweinefleischverbot des Judentums und des Islam. Durchaus ähnlich verhält es sich heute aber auch in der mitteleuropäischen Kultur mit der Tatsache, daß z.B. Hunde-, Katzen- oder Rattenfleisch prinzipiell, Pferdefleisch weitgehend gemieden werden und mit einem Tabu belegt zu sein scheinen.

Gemeinsam ist allen Geboten und Verboten, die die Nahrungsmittelkultur bestimmen, daß sie innerhalb einer Gesellschaft oder sozialen Gruppe allgemeine Geltung beanspruchen und in ihrer Befolgung deren Mitglieder deutlich von anderen Gruppen unterscheiden. Dies ist der ursprüngliche soziale Sinn des Tabus, wie es für die Kultur sogenannter Naturvölker beschrieben wird: Bestimmte Handlungen in bezug auf bestimmte Personen, Tiere oder Objekte sind verboten, da solches Tun Unheil für die Gemeinschaft bedeuten würde. Dabei beruhen diese Verbote wesentlich gerade nicht auf rational nachvollziehbaren Gründen, sondern haben ihren geheimnisvollen Ursprung in einer gleichsam mythischen Vorzeit der jeweiligen Kultur. Sie gehören zu jenen symbolischen Ordnungen, die den Alltag einer Gesellschaft prägen und in ihm – gerade in ihrer Unverständlichkeit – eine höhere und die Gesellschaft in ihrer Identität bestärkende Macht repräsentieren.

Für das Verständnis der Funktion von Nahrungsmittelge- und -verboten in einer sozialen Gruppe ist somit allein ihre symbolische Bedeutung wesentlich, und es mag unentschieden bleiben, ob für ihre Genese die Abneigung gegenüber bestimmten Nahrungsmitteln früher war als ihre negative Symbolik oder ob umgekehrt religiöse und andere kulturelle Bedeutungssysteme diese Abneigung erst produziert haben. Dieser funktionalen Begründung allerdings widerspricht nicht, daß sich auch durchaus rationale Gründe anführen lassen, die bestimmte Tabus aus Erfahrungswerten der Menschen begründen und im Interesse des langfristigen Überlebens der Gemeinschaft als sinnvoll erweisen. So trifft es natürlich zu, daß Schweinefleisch in heißen Ländern nicht lange haltbar und in verdorbenem Zustand gefährlich für die Gesundheit ist. Ebenso mag sich die Zucht von Schweinen unter bestimmten Lebensbedingungen als wenig rentabel erweisen und daher für eine Gruppe schädlich sein. Allerdings beachten lange nicht alle Gesellschaften, die unter ähnlichen Verhältnissen leben, die gleichen Lebensmittelvorschriften. Entscheidend in jedem Fall aber ist es, daß für die Kulturen, in welchen ein gewisses Tabu befolgt wird, diese rationalen Zusammenhänge nicht bewußt sind, sondern magische Gründe angenommen werden.

Speisetabus

»Die Auer neigen sich insbesondere zu zwei Hauptuntugenden hin, nämlich zu einem unbegränzten Leichtsinne und zum übermäßigen Trinken. Der Winter ist für die meisten Auer eine gar schlimme Jahreszeit; dann hört der Verdienst bei den Bauten u. dgl. in der Residenzstadt auf, die wenigsten Familienväter haben daran gedacht, vom Verdienste des Sommers etwas zurückzulegen, und in manchem Haushalte tritt nun die bitterste Noth ein. Man hilft sich indessen so gut es gehen will; man bettelt, borgt, hungert und schlachtet fette Hunde, die man sich auf eine höchst wohlfeile Art zu verschaffen weiß. Die Noth macht erfinderisch und die Auer sind speculativ, das muß man ihnen lassen. – Uebrigens ist es selbst dem solideren Auer der ärmeren Klasse ein durchaus nicht zu überwindendes Bedürfniß, sich je zuweilen en canaille zu betrinken.«

von Schaden, 1835

Die grundlegende magische Kategorie, auf der solche Ordnungen beruhen, ist das ›Geweihte‹ oder das ›Heilige‹, der die Trennung in ›rein‹ oder ›unrein‹ folgt. Sie wiederum vermag ein ganzes System der Ethik und des Rechts zu begründen. Da das gemeinsame Essen einen fundamentalen Akt gesellschaftlichen Lebens darstellt, ist es nur natürlich, daß sich auch in diesem Bereich die grundlegenden sozialen Regeln artikulieren.

Auch wenn das aufgeklärte Bewußtsein die primitive Unterscheidung in ›rein‹ und ›unrein‹ nicht mehr akzeptiert und alle Entscheidungen scheinbar der subjektiven Urteilskraft anheimgestellt sind, so ist es doch offensichtlich, daß auch heute bei der Wahl und Ablehnung von Nahrungsmitteln irrationale und symbolische Kategorien eine große Rolle spielen.

Das verbotene Fleisch

Da in allen Kulturen das Fleisch einen höheren Rang in der Hierarchie der Lebensmittel einnimmt als pflanzliche Nahrungsmittel, ist es auch der bevorzugte Gegenstand von Ge- und Verboten. Vor allem in primitiven Jägerkulturen kommt dem Fleisch der in gemeinsamer Jagd erlegten Beutetiere eine große Bedeutung für das soziale Leben zu. Die Art und Weise, wie es der Hierarchie der Gruppenmitglieder entsprechend aufgeteilt wird, repräsentiert die soziale Ordnung. Da das Überleben der Gemeinschaft vor allem von der Jagd abhängt, haben in diesem Kontext viele religiöse Motive ihren Ursprung, wie z.B. das Opfer; Teilen und Verzehr von Fleisch sind unmittelbar religiöse Handlungen, an denen die Götter Anteil erhalten und die so die Verbindung der Menschen zu höheren Mächten repräsentieren. Durch freiwilligen Verzicht werden die Götter besänftigt und Gefahren gebannt. Aus diesem Zusammenhang dürfte sich wohl der Ursprung der meisten Tabus für bestimmte Arten von Fleisch erklären.

Zunächst anders scheint es sich mit den Nahrungsmitteltabus der christlich-europäischen Kultur zu verhalten. Das Christentum kennt keine religiösen Vorschriften, die bestimmte Speisen prinzipiell verbieten. Insofern alle Pflanzen und Tiere von Gott zur Nutzung durch den Menschen geschaffen wurden, sind sie auch zum Verzehr erlaubt. Dennoch ist es eine offensichtliche Tatsache, daß im christlichen Kulturraum bestimmte Fleischarten, obwohl sie genießbar und nahrhaft sind, kaum verzehrt werden. Dies gilt vor allem für Pferde, Esel, Hunde und Katzen, daneben für Mäuse, Ratten, Insekten, Reptilien usw.

Die ursprünglichen Gründe dieser Tabus sind ebenfalls in der religiösen Tradition zu suchen. Aus Funden geht hervor, daß in der Steinzeit z.B. das Fleisch wilder Pferde in großen Mengen verzehrt wurde. Den Germanen galt das Pferd als vornehmstes Opfertier, es war zugleich heilig und bevorzugte Speise. Und so waren es zuerst wohl die irisch-schottischen Mönche, die im Zusammenhang ihrer Germanenmission das Verbot für den Genuß von Pferdefleisch aussprachen. Mit dem Tabu des höchsten Opferessens wollten sie in das Zentrum der alten Religion treffen. Nach dieser Erklärung handelt es sich im Fall des Pferdefleischs nicht im ursprünglichen Sinn um ein Tabu, das in einer Kultur ›immer schon‹ gegolten hätte, sondern um ein gleichsam gemachtes, eigentlich nur um ein Verbot, das erst durch das Vergessen der rationalen Gründe und ein gleichzeitiges unterschwelliges Überleben der alten mythischen Dimension im Lauf der Zeit zu einem Tabu wurde.

Daß die katholischen Wurzeln dieses Tabus noch lange bewußt waren, zeigt sich auch daran, daß es im vergangenen Jahrhundert vor allem protestantische Länder bzw. das nachrevolutionäre Frankreich waren, die unter Berufung auf den irrationalen Ursprung dieser Scheu versuchten, die ›vernünftige‹ Verwertung von Pferdefleisch zu propagieren.

Das 19. Jahrhundert brachte dann tatsächlich eine Lockerung des Tabus für Pferdefleisch. Nicht zuletzt waren es die heimkehrenden Soldaten Napoleons, die es als Notration kennengelernt und die traditionelle Abscheu verloren hatten. Allgemein wuchs der Konsum von Pferdefleisch vor allem in Frankreich, aber auch in Süddeutschland. Wenn auch nur bedingt durch die besondere Notlage, erreichte er seinen Höhepunkt während der deutschen Belagerung von Paris 1871, wo zwischen sechzig- und siebzigtausend Pferde geschlachtet und verzehrt worden sein sollen. In allen größeren Städten gab es auch Pferdeschlachtereien, die allerdings traditionell meist von den übrigen Metzgereien getrennt waren. Daß damit die alte Tabuisierung des Pferdefleischs jedoch längst nicht aufgehoben war, zeigt sich auch daran, daß den Pferdemetzgern immer noch der Makel anhaftete, den der ›unehrliche‹ Beruf des Abdeckers, darin auf einer Stufe mit dem Henker stehend, bis ins 18. Jahrhundert hinein trug.

Auch das Pferdefleisch selbst war mit einem sozialen Makel behaftet. Da die Zucht von Pferden als Schlachttiere immer zu kostspielig war, handelte es sich vorwiegend um alte oder notgeschlachtete Tiere, die zum Verzehr angeboten wurden, und Pferdefleisch galt weithin als Arme-Leute-Essen. Ein weiteres Element kam hinzu: Da das Pferd dem städtischen Menschen kaum mehr unmittelbar oder im Arbeitszusammenhang, sondern nur noch vermittelt über den Sport und die Unterhaltungsmedien präsent ist, konnte es zunehmend eine rein symbolische Bedeutung als das ›edle‹ Tier schlechthin annehmen. So wird das Tabu nun bewußt als ein quasimoralisches Gebot verstanden, das ein besonders hochwertiges und dem Menschen zugeordnetes Lebewesen vor dem Verzehr schützt.

Noch radikaler als für Pferdefleisch gilt dieses Tabu des Verzehrs im europäischen Kulturraum für Hunde und Katzen. Sie werden vorwiegend als Haus- und Schoßtiere gehalten und genießen große emotionale Zuwendung. Zugleich besitzen sie traditionell den Status von Prestigeobjekten, der die gleichzeitige Verwendung als Nahrungsmittel auszuschließen scheint. Allerdings trifft es gerade auch für Katzen und Hunde zu, daß sie in ihrem alten mythischen Zusammenhang immer als unreine oder dämonische Tiere galten, die in einem besonderen Verhältnis zur Gottheit standen. Diese Symbolik mag bewußt nicht mehr präsent sein, lebt allerdings immerhin noch im weitverbreiteten Aberglauben und in vielen Sprichwörtern. Ähnliches gilt auch für andere, in Mitteleuropa tabuisierte Tiere wie z.B. Raubvögel, Störche, Schwäne, aber auch für Nager und Kriechtiere.

Nahrung für die Tugend

Im Zusammenhang der christlichen ›Tabus‹ ist auch das Fasten zu erwähnen, belegt es doch unter bestimmten Umständen und für bestimmte Zeiten gewisse Speisen mit einem dem Tabu ähnlichen Verbot. Untersagt wird vor allem der Genuß von Fleisch, teilweise der von tierischen Nahrungsmitteln überhaupt, oder von Alkohol. Der Unterschied dieser Verbote zum Tabu liegt in ihrem Ursprung sowie in der dem Fastenden bewußten Begründung seines Verzichts. Nicht ein mehr oder weniger geheimnisvolles Verbot gebietet den

Verzicht auf bestimmte Speisen, sondern ein rationaler Grund, der den Akt des Verzichts, nicht die Speise als solche, zum Gegenstand hat.

Letzter Sinn ist die über die Kontrolle des Körpers vermittelte innere Unabhängigkeit von allem Materiellen, die erst die tiefere Erkenntnis des Überirdischen ermöglicht. Leo der Große konnte in diesem Sinn das Fasten als »eine Nahrung für die Tugend« bezeichnen.

Wenn auch der Protestantismus das Fasten im engeren Sinn nicht kennt, so stimmt doch die puritanische Ethik mit diesen Normen der Ernährung durchaus weitgehend überein. Jede Art von Unmäßigkeit tut dem Seelenheil Abbruch, und da der Wert der Nahrung vor allem in der durch sie begründeten Leistungsfähigkeit zu messen ist, muß reiner Genuß nicht nur als sinnlos, sondern auch als verwerflich gelten. Lockerungen mancher Normen der Ernährung, aber auch neue Quasitabus entstanden mit dem Gesundheits- und Körperbewußtsein der Reformbewegungen seit dem 19. Jahrhundert. Erste Formen kontrollierter Ernährung waren bereits im 18. Jahrhundert aufgekommen, die die Meidung mancher Lebensmittel auf Grund ihrer tatsächlichen oder vermeintlichen Gesundheitsschädlichkeit vorschrieben. Immer waren allerdings nicht allein medizinische Indikationen maßgebend, sondern auch die Normen eines gewandelten Schönheitsempfindens sowie besondere Sensibilitäten des spirituellen Bewußtseins. Der Übergang zwischen rationalem und quasireligiösem Verhalten ist fließend. Einem solchen selbstgewählten Tabu unterwerfen sich in besonderem Maß die Vegetarier, die alles Fleisch, teilweise alle tierischen Produkte verwerfen. Medizinische Argumentation und moralische Gründe, die das Töten von Tieren als unerlaubt voraussetzen, laufen hier zusammen.

In der sogenannten alternativen Kultur, deren ganzheitliche Lebensauffassung gerade der Ernährung große Bedeutung beimißt, scheint auch ein säkularisierter Sinn des Fastens wieder entdeckt worden zu sein. Vor allem spirituelle Bewegungen, die sich an fernöstlichen Religionen orientieren, haben die Kontrolle über die Ernährung zu einem zentralen Moment ihrer Lebensführung erhoben. Bestimmte Nahrungsmittel werden abgelehnt, wobei auch das Wissen um die Umweltgifte eine große Rolle spielt, da sie auf die körperlich-geistige Verfassung des Menschen einen ungünstigen Einfluß haben. Das Ziel der Einschränkung der Ernährung ist auch hier ein quasireligiöses: die Übereinstimmung des Menschen mit der Natur, dem Leben und dem Kosmos.

Schließlich hat auch das allgemeine Gesundheits- und Schönheitsbewußtsein unserer Tage so etwas wie Tabus im Bereich des Essens hervorgebracht. Unangefochten herrscht das Ideal des schlanken und sportlichen Körpers, und alle Speisen, die im Verdacht stehen, die Bildung von Fettgewebe zu fördern, sind verpönt.

Verachtete Speisen

Auch unabhängig von der vegetarischen Bewegung ist es offenkundig, daß das gesellschaftliche Verhältnis zu manchen Speisen, besonders zu Fleisch, seit dem 19. Jahrhundert zunehmend von Tabus bestimmt ist. Indem die Realität des Hungers vor allem für die oberen Schichten schwindet, gewinnt die kulturelle Selektion größeren Raum, neue und feinere Grenzen des Akzeptablen und des Verwerflichen zu setzen. Es sind nicht Gründe religiöser oder medizinischer Art, sondern gleichsam zivilisatorische, die z.B. die Präsenz reglementieren, die dem Fleisch in der Öffentlichkeit zugestanden wird. Dies gilt sowohl für die Tiere und den Vorgang des Schlachtens wie auch für die Formen, in denen Fleisch als Speise aufgetragen wurde.

Hinsichtlich seines Verhältnisses zu Tieren ist das städtische Bürgertum besonders seit dem 19. Jahrhundert von zunehmender Entfremdung gegenüber der Herkunft seiner Nahrungsmittel geprägt. Schlachthöfe werden an den Stadtrand verlegt, zugleich aber werden gewisse Tiere als Haus- und Schoßtiere stark in einen emotionalen Kontext eingebunden. In die familiäre Liebesgemeinschaft aufgenommen, sind sie in solchem Maße Gegenstand der Identifikation, daß sie nicht nur selbst als Fleischspeise unvorstellbar sind, sondern überhaupt Speisen von der Tafel verdrängen, deren tierische Natur optisch offensichtlich zu erkennen ist.

Nahrungsmittel können unliebsame Symbole einer verdrängten Realität sein und daher einem gesellschaftlichen Tabu unterworfen werden. Daneben sind viele Speisen auch Träger einer Symbolik, die ebenfalls zum Grund ihrer Ächtung werden kann. Wie Kleidung und andere Ausdrucksformen der Lebensgestaltung sind gewisse Nahrungsmittel bzw. die Art ihrer Zubereitung mit sozialen Konnotationen versehen, die ihre Beliebtheit oder Verachtung mitbestimmen.

Besonders deutlich war der Gegensatz zwischen hochstehender und niedriger Speise über Jahrhunderte in der Konsistenz des Brotes präsent, wo Helligkeit und Feinheit des verwendeten Mehls über seine soziale Qualität entschieden. Eine Umwertung zugunsten des dunklen Vollkornbrotes – wie ja auch vieler anderer Kategorien des Essens – brachten hier erst die Reformbewegungen der Gegenwart.

Auch emotionale Stimmungen ganzer Gesellschaften wie nationale Affekte können die Bewertung bestimmter Speisen bestimmen. Die Übereinstimmung im Ekel kann Gruppen definieren, da sie unmittelbar mit dem Gefühl moralischer Überlegenheit belohnt.

Es ist offensichtlich, daß sich viele der sozial bedingten Tabus hinsichtlich des Essens – auch manches aus dem Bereich der sogenannten Tischmanieren wäre hier möglicherweise zu nennen – heute auflösen. Nicht mehr so sehr allgemeingültige Normen bestimmen das gesellschaftliche Leben, sondern subjektive Motive und Ziele, die zu einer großen Vielfalt des kulinarischen Angebots führen. Traditionelle Wertungen werden einer Neuinterpretation unterworfen, wie dies z.B. die neue Wertschätzung regionaler, in ihrem Ursprung bäuerlicher und einfacher Kost zeigt.

Wenn nichts mehr verboten oder prinzipiell verachtet zu sein scheint, so bedeutet dies allerdings nicht, daß die Speisen damit ihre symbolische Funktion eingebüßt hätten. Allerdings liegt sie heute nicht mehr so sehr in über viele Generationen tradierten Bedeutungen, sondern entsteht in den Zusammenhängen wechselnder Moden jeweils neu.

B. B.

Literatur

Harris, 1988
Mennell, 1988
Rath, 1984
Teuteberg, 1988

34.1 Nahrungsknappheit

Paris assiégé
[Belagertes Paris] mit Hinweisen zu tabuisierten Speisen im hungernden Paris
Jules Draner (Lüttich 1833-1926 Paris)
Paris, 1871, bez. r.u. Draner
Kolorierte Lithographien
32,5 x 25,5 cm
München, Privatsammlung

Die Folge mit 32 Blättern ›Paris assiégé‹ erschien 1871 in Paris. (Eine weitere Folge mit 32 Blättern ließ Draner 1873 mit dem Titel: ›Souvenirs du siège du Paris‹ folgen.) Zu den Themen dieser Mappe zählen die während der deutschen Belagerung von Paris im Herbst und Winter 1870/71 empfindlich verknappten Lebensmittel, die zur Neige gehenden Brennstoffe, die Einquartierungen und die preußischen Angriffe. Aus der Folge Blatt 1, 3, 16, 17

34.1.3

34.1.1
Paris assiégé [Belagertes Paris] – 1 – **Provision de Bouche**
– Entourée de bêtes comme l'est Madame, Madame a bientort de craindre la famine. [**Mundvorrat** – So umgeben von Hausgefährten, wie Madame sind, werden Madame eine Hungersnot kaum zu fürchten haben.]

34.1.2
Paris assiégé [Belagertes Paris] – 3 – **L'hippophagie**
A la recherche d'une nouvelle amélioration de la race chevaline. [**Die Pferdefresserei** (oder vielleicht, abgemildert: Pferdefleischgerichte). Auf der Suche nach einer weiteren Verbesserung der Gattung Pferd.]

34.1.3
Paris assiégé [Belagertes Paris] – 16 – **Les Comestibles**
– Mon pauvre Médor, je vais être forcé de te manger pour te conserver ton pauvre maimaître. [**Die Essbaren** (Hier wird mit der Doppeldeutigkeit des französischen Originalausdrucks gespielt: Die Eßbaren – Die Eßwaren) – Mein armer Médor, mir bleibt nichts anderes übrig, als dich zu verzehren, um dir dein armes Herrchen zu erhalten.]

34.1.4

34.1.4
Paris assiégé [Belagertes Paris] – 17 –
Les Comestibles
– Ah, s'ils savaient avec quoi je fais mes conserves de boeuf!
[**Lebensmittel** – Na, wenn die wüßten, woraus meine Rindfleischkonserven sind!]

Der Karikaturenzeichner und Lithograph Jules Draner (i.e.: Renard), geboren 1833 in Lüttich, gestorben 1926 in Paris, lieferte seit 1866 Zeichnungen für die Zeitschrift ›Charivari‹, später arbeitete er auch noch für ›L'Eclipse‹, ›Monde classique‹, ›Paris comique‹, ›L'Illustration‹ und andere Zeitschriften.

GIFTFURCHT UND TAFELZEREMONIELL

Vorkosten, Giftprobe und magisches Eßgerät

Weit verbreitet war an den Tafeln der Herrscher vom Mittelalter bis ins Barock die Angst, beim Essen vergiftet zu werden. Und tatsächlich ließen erwiesene Giftmorde und mehr noch unbekannte Todesursachen diese Befürchtung keineswegs unbegründet erscheinen.

So ging besonders dem fürstlichen Essen ein eigenes Zeremoniell des Vorkostens und der Giftproben voraus, das den Herrscher nicht nur vor verdorbenen Speisen, sondern auch vor Anschlägen seiner Gegner schützen sollte.

Morde durch Waffen oder durch Gift gab es zu allen Zeiten. Obwohl tödliche Gifte bereits in der Antike bekannt waren, scheint damals die Angst vor vergifteten Speisen keine so große Rolle gespielt zu haben wie später im Mittelalter. Mit der Vermehrung von Macht und Reichtum wuchs auch die Notwendigkeit, Maßnahmen zum Schutz der gefährdeten Person zu erfinden. Die Erzämter (Truchseß, Mundschenk, Kämmerer und Marschall) im deutschen Kaisertum hatten auch die Funktion, den Herrscher zu schützen. Fälle von Anschlägen auf hochgestellte Persönlichkeiten sind zur Genüge bekannt, und unbeweisbare Gerüchte nährten wiederum die Angst vor Vergiftung; z.B. regierte Herzog Albrecht II. von Österreich mit dem Beinamen ›der Lahme‹ (1298–1358) sein Land vom Lehnstuhl aus, nachdem er 1330, kurz nach Antritt seiner Regierung, an Vergiftungssymptomen erkrankte, die man einem verbrecherischen Anschlag zuschrieb.

Auch in kirchlichen Kreisen waren Attentate nicht selten. Die Legende berichtet, daß der durch seine Strenge bei seinen Klosterbrüdern in Vicovaro verhaßte Hl. Benedikt (480–543) nur durch Wunder vor Giftanschlägen gerettet wurde. Im 1024/25 erlassenen Wormser Hofrecht heißt es, daß Morde »fast täglich in der Bischöflichen Familie geschahen«. Papst Johannes XXII. (1316–34 Avignon) war zu Beginn seines Pontifikats Ziel mehrerer Giftanschläge. Der Salzburger Erzbischof Eberhard IV. starb 1429 nach nur zweijähriger Amtszeit durch Gift.

Das Vertrauen in die schicksalhafte göttliche Fügung genügte auch den geistlichen Herren nicht; argwöhnisch nicht allein gegen politische Feinde, sondern auch gegen engste Familienangehörige, gegen die eigene Hofgesellschaft und die Dienerschaft, suchte man sich mit einem komplizierten System von Sicherheitsmaßnahmen gegen Anschläge mittels vergifteter Speisen abzusichern. Die Zubereitung der Mahlzeiten in der Küche wurde streng überwacht, auf den oft weiten Wegen von dort zum Speiseraum wurden die Schüsseln mit Tüchern verbunden, was nicht nur ein Schutz vor Abkühlung, sondern auch gegen das Anbringen von Gift sein sollte. Es gab sogar Geschirr,

Natternzungenkredenz aus Korallenbaum
und aufgehängten Natternzungen,
westdeutsch oder burgundisch, um 1400,
Montierung deutsch 15. Jh., 1. Hälfte 16. Jh.
und 19. Jh.
Schatzkammer des Deutschen Ordens,
Wien

dessen Deckel mit einem Schlüssel abgesperrt werden konnte. Von diesen verdeckten Schüsseln leitet sich das heute noch bestehende Wort ›Couvert‹ (›Mettre le couvert‹) her.

Vor dem Verzehr der Speisen ließ man dann eine Giftprobe vornehmen. Unsere Kenntnisse über diesen kulturhistorisch aufschlußreichen Vorgang der Giftprobe sind höchst lückenhaft und können nur mit Hilfe vieler Belege und Erkenntnisse aus verschiedenen Jahrhunderten rekonstruiert werden und brauchen deshalb nicht immer für alle Zeiten und alle Orte gültig gewesen zu sein. Es ist daher durchaus möglich und sogar wahrscheinlich, daß die Giftprobe lokal und zeitlich nach unterschiedlichen Regeln vollzogen wurde. Es muß angenommen werden, daß es Testgerät in den verschiedensten Ausführungen und für unterschiedliche Zwecke gegeben hat und daß auch das Zeremoniell und mit ihm die Formen der dabei verwendeten Utensilien zeitbedingten Schwankungen unterworfen waren. So wird z. B. im Schatzverzeichnis des Jean de Berry (gegen 1416) von einer »épreuve d'argent, d'ancienne façon« gesprochen, was auf einen modischen Wandel schließen läßt; es handelte sich um einen silbervergoldeten Baum, von dem mehrere Natternzungen und Steine an Kettchen herabhingen.

Wir nehmen an, daß die Giftprobe anfänglich, wohl im Lauf des 12. Jahrhunderts, ohne besondere Feierlichkeit einzig mit dem Ziel vollzogen wurde, das Vorhandensein von Gift zu ermitteln. Man berührte die Speisen mit bestimmten, als geeignet erachteten Materien, denen man magische Kräfte zuschrieb. Dies waren vor allem seltene, kostbare, geheimnisvolle Substanzen wie Natternzungen, das Horn des Einhorns, Korallen, Krötensteine, der Bezoar, Bernstein sowie die meisten Edelsteinarten und andere seltene Mineralien wie Serpentin und Alabaster. Auch dem Horn des Steinbocks wurden wundersame Kräfte zugeschrieben, weshalb viele Trinkbecher aus diesem Material hergestellt wurden. Hildegard von Bingen (gestorben 1179) rät: »Mache dir von seinem Horn einen Messergriff und trage dies immer bei dir, so wirst du gesund bleiben.« Das heute für Aberglaube gehaltene Vertrauen in die magischen Kräfte dieser Materialien war damals noch fest im christlichen Glauben verankert.

In der Epoche der Gotik war es nur folgerichtig, daß sogar eine so profane Handlung wie die Giftprobe zu einem feierlichen Akt stilisiert wurde. In der höfischen Gesellschaft wurden bald auch hierarchische Grenzen gesetzt, die den Vollzug der Giftprobe nur einer Person fürstlichen Geblüts, dem Truchseß oder Mundschenk, und besonders bevorzugten Gästen erlaubte. Diese Regelung leuchtet ein, weil ohnehin nur die Besitzer von Macht, Reichtum und Ansehen, und das waren die weltlichen und geistlichen Fürsten, zum Kreis der Bedrohten zählten.

Die Prüfung erstreckte sich nicht nur auf die gereichten Speisen und Getränke, sondern auch auf alle Utensilien, mit denen der Fürst während der Mahlzeit in Berührung kam. Für die Verwahrung von Servietten, Tischtüchern, Brot, Salz- und Gewürzgefäßen sowie des persönlichen Eßgeräts des Fürsten gab es eigene Behältnisse, die von besonders vertrauenswürdigen Hofbeamten verwaltet wurden.

Zu den wichtigsten Behältnissen dieser Art zählten die prunkvollen Tafelschiffe (›Nefs‹) und später in sehr vereinfachter Gestaltung die ›Cadenets‹ (Cadenas, engl. caddinets). Auch für den Vollzug der Giftprobe entwickelten sich eigene Testgeräte wie spezielle Salzbehältnisse, Natternzungenkredenzen und andere Kombinationen mit Natternzungen, Probiergefäße für Flüssigkeiten u.a.

Vorschriften der höfischen Etikette können auch als Sicherungsmaßnahmen gegen Attentate angesehen werden, so etwa, daß der Fürst allein an einem Tisch speiste. Wenn Mundtücher und Tranchierbestecke vor ihrer Benutzung geküßt wurden, so sollte diese Geste erweisen, daß die Requisiten giftfrei seien.

Es paßt in dieses System eines verfeinerten Zeremoniells, daß es als ein Beweis unbegrenzten Vertrauens galt, wenn ein Gast die ihm zugedachte Giftprobe ablehnte. Wie übertrieben die Sicherheitsmaßnahmen sein konnten, erhellt die Tatsache, daß während der Mahlzeiten der burgundischen Herzöge nicht weniger als sechs Ärzte zugegen waren, die freilich auch die Aufgabe hatten, dem Fürsten diätetische Ratschläge für den Genuß bestimmter Speisen zu geben.

Truchseß und Mundschenk waren mit zahlreichen Unterbeamten für den Ablauf der Mahlzeit und damit auch der Giftprobe verantwortlich. Sie war ein Teil des Tischzeremoniells, das sich seit dem 12. Jahrhundert durch ständige Verfeinerung der gesellschaftlichen Umgangsformen besonders an den Höfen Frankreichs und Englands entfaltete. Doch über den Ablauf einer solchen Giftprobe erfahren wir aus früher Zeit nur sehr wenig. Die ältesten Hinweise können wir päpstlichen Inventaren entnehmen. Zu Beginn des Pontifikats von Bonifaz VIII. (1294–1303) war die Giftprobe üblich; im Inventar von 1295 gab es »unum napum de auro ad faciendum asagium« Auch in den etwas späteren Aufzeichnungen über das Tischzeremoniell am päpstlichen Hof (1305–07) wird zwar mehrfach vom ›fare assazium‹ gesprochen, jedoch ohne Einzelheiten über die Prozedur.

Eine für den deutschen Kulturbereich frühe Quelle über Giftproben von 1310 sei hier, allerdings mit Vorbehalt, erwähnt: Im Nachlaßverzeichnis des Herzogs Otto von Kärnten wird »grubam (?) unam cristallinam cum catena argentea« aufgezählt. Das vom Herausgeber mit einem Fragezeichen versehene Wort ›gruba‹ könnte richtig ›proba‹ heißen, wodurch der beschriebene Gegenstand als eine Probe aus Bergkristall an silberner Kette seinen Sinn erhalten würde.

Mit großer Wahrscheinlichkeit gab es damals bereits zwei Methoden der Giftprobe: das Berühren der Speisen und Getränke durch giftanzeigende Medien, von denen die wichtigsten bereits genannt wurden, und das sogenannte Vorkosten, indem ein vertrauenswürdiger Hofbeamter die festen Speisen mit einem Stück Brot berührte, das er dann verzehrte. (»Il credenzino fatto della molica del pane«, wie es 1581 Vincenzo Cervio in ›Il Trinciante‹ Kap. 8 nennt.) Entsprechend verfuhr er mittels eines speziellen, meist goldenen Gefäßes bei den Getränken (›assazium vini‹). Der einem realistischen Denken entsprechende Brauch des Vorkostens scheint etwas später aufgekommen zu sein als die Berührung mit giftanzeigenden Mitteln.

Über das Vorkosten sind wir durch die Inventare etwas besser unterrichtet, wahrscheinlich weil hierbei Gefäße aus Edelmetall benutzt wurden. Etwas mehr ist den langatmigen Schilderungen der Organisation des burgundischen Hofstaats von Olivier de la Marche aus dem letzten Drittel des 15. Jahrhunderts zu entnehmen. Der ›Panetier‹, heißt es, hat die Aufgabe, mit entblößtem Haupt das Salzgefäß in den Saal zu tragen, wobei ihm genau vorgeschrieben ist, wie er diesen Gegenstand zu halten hat. Ihm folgt der Truchseß (écuyer tranchant) mit dem silbernen Schiff, in dem sich die silbernen Vorschneidemesser, ein kleineres Schiff und ein verschlossenes Salzgefäß mit einem Stab aus Einhorn befinden. Sodann wird das Schiff zur linken Seite des Fürsten aufgestellt und sein Inhalt auf der Tafel plaziert. Nunmehr wird die Giftprobe vorgenommen, über deren detaillierten Ablauf freilich nichts zu erfahren ist.

Besondere Vorsichtsmaßnahmen galten vor allem dem Salz; es heißt bei Olivier de la Marche, daß der bedienende Panetier sich ans Ende der Tafel begebe, wo das Schiff stehe, in dem das persönliche Eßgerät und wahrscheinlich auch das Salz verwahrt wurden. Dem ›Nef‹ müsse er eines der beiden Messer entnehmen und (damit?) Salz aus dem großen Salzgefäß in das kleine tun, seine Probe machen und es vor den Fürsten stellen.

Dem Gifttest von Wein und anderen flüssigen Gerichten dienten henkellose Näpfe, die in französischen Quellen oft als ›tasses‹ bezeichnet werden. Aus dem Jahr 1464, also aus verhältnismäßig später Zeit, stammt ein Beleg über die Reparatur von drei solcher silbernen ›Tassen‹ für Essais, die zu einem Satz von sechs Stück gehörten. Da jedes Teil etwa 275 Gramm wog, müssen es recht stattliche Gebilde gewesen sein. Die auch sonst gelegentlich registrierten Reparaturen von Essais lassen auf einen regen Gebrauch dieser Prüfgeräte schließen.

Auch an den Fürstenhöfen außerhalb Frankreichs war die Prüfung der Speisen auf Gift üblich. Unter den kostbaren Stücken der Aussteuer, die Valentina Visconti aus Mailand anläßlich ihrer Hochzeit mit Louis d'Orleans

1389 mitbrachte, befand sich z.B. auch ein silbervergoldetes godroniertes Salzgefäß mit einem Korallenbaum, an dem 29 Natternzungen hingen; es soll fast zweieinhalb Kilogramm gewogen haben. Auch in England und Schottland war der Essai in Gebrauch, wovon mehrere Eintragungen im Inventar des englischen Kronschatzes aus den Jahren 1338 und 1356 berichten; in den folgenden Jahrhunderten war er oft mit Einhornpartikeln kombiniert.

Im Deutschen Reich war die Giftprüfung zumindest unter den Luxemburger Kaisern, die ganz in der französischen Lebensart aufgewachsen waren, eine gewohnte Prozedur. Benesch von Weitmühl beschreibt das Festmahl in Metz zur Weihnacht 1356, bei dem die Kurfürsten Kaiser Karl IV. bedienten: Der Pfalzgraf kam mit den Speisen in goldenen Schüsseln und stellte sie »facta credencia«, also nach der Giftprobe, vor den Kaiser, danach kam sein Bruder Wenzel mit Wein in goldenen Bechern, den er »facta credencia« dem Kaiser reichte.

Seit dem Ausgang des 15. Jahrhunderts liegen die Inventare der Mitglieder des Habsburger Kaiserhauses vor und liefern reiches Material über giftanzeigende Gerätschaften, leider meist nur in summarischer Beschreibung; sie treten vielfach unter der Bezeichnung ›credentz‹ auf, sind anfangs fast immer mit Natternzungen, im fortschreitenden 16. Jahrhundert zunehmend mit Teilen des Einhorn-Horns kombiniert. Im 16. Jahrhundert entartete die Giftprobe dann mehr und mehr zu einer zeremoniellen Formalität. Bezeichnend hierfür ist eine Bemerkung von Vincenzo Cervio in seinem Tranchierbuch (1581, Kap. 8 F): An erster Stelle nennt er Gründe des Zeremoniells, dann erst die Notwendigkeit eines Gifttests. Devot fügt er hinzu, wenn alle Untertanen und Diener ihren Herrn so lieben würden, wie dies bei dem Herzog von Urbino der Fall sei, wäre eine Giftprobe überflüssig, und wenn man sie trotzdem vornehme, dann »più per pompa che per necessità«, also eher aus protokollarischen Gründen, denn aus Notwendigkeit.

Auch am französischen Hof scheint die Giftprobe zu dieser Zeit nur noch eine Zeremonie ohne ernsten Hintergrund gewesen zu sein, sonst hätte man wohl kaum zugelassen, daß der damalige Dauphin, der spätere Louis XIII., vor seinem Vater den Essai ausführen durfte. Gerüchte über Vergiftungen und Vergiftungsversuche waren zu dieser Zeit im französischen Hofstaat allerdings noch immer ein beliebter Gesprächsstoff, wie den Erinnerungen des Herzogs von Saint-Simon zu entnehmen ist.

Ludwig XIV. wiederum, der das unglaublich komplizierte Hofreglement 1665 und nochmals 1681 erneuerte, legte größten Wert auf die Einhaltung des Gifttests, der ›faire le Prêts‹ genannt wurde. Der diensthabende Edelmann schnitt das schon präparierte Brot für die Probe, die der ›Chef de goblet‹ am Brot und am Salz des Königs ausführte. Er berührte auch mit dem Brot die Servietten im ›Nef‹ sowie Löffel, Gabel, Messer und Zahnstocher, die auf dem Cadenas, einer Art Tablett, ausgelegt waren.

Unter Ludwig XV. soll die Giftprobe nur noch in der Form des Vorkostens vollzogen worden sein: Fünf Edelleute bedienen den König bei offiziellen Banketten, einer von ihnen steht an dem Tisch, auf dem das Tafelschiff aufgestellt ist, der ›La table du prêt‹ genannt wurde. An Speisen und Getränken werden ständig Giftproben vollzogen. Erst mit der Revolution endete auch diese zeremonielle Handlung. Doch gelangten unter Napoleon die Tafelschiffe und die speziellen Behältnisse zur Verwahrung der persönlichen Eßrequisiten des Herrschers zu neuer repräsentativer Geltung.

G. S.

Literatur

AK Geschnitztes Steinbockhorn, 1990
Cartellieri, 1926
Franklin, 1899
Hansmann und Kriss-Rettenbeck, 1966
Hantsch, 1969
Laborde, 1851
Levin, 1920[3]
Mayr-Adlwang, 1898
Pogatscher, 1898
Rossacher, 1966
Schiedlausky, 1991

Dieser Beitrag ist die gekürzte und leicht veränderte Fassung eines Kapitels aus einem für den Druck vorgesehenen Manuskript: ›Salz auf der Tafel. Eine Geschichte des Salzgefäßes in Europa‹.

35.1 Giftabwehr

35.0
Schreibschrank mit der Intarsie eines Giftkelches als Heiligenattribut
Kloster Benediktbeuren, um 1720, bez. J.S.
Blindholz Fichte, Furnier Nußbaum, Ahorn, Eibe, Beschläge vergoldete Bronze
84/190 x 140 x 72 cm
Lit.: Mindera, Benediktbeuren, München 1939, S. 43
Kreisel/Himmelheber, Die Kunst des Deutschen Möbels, 1967, Bd. II, S. 132-33, Anm. 276
AK Glanz und Elend der alten Klöster – Säkularisierung im bayerischen Oberland, Benediktbeuren 1991, vgl. Kat. 17
30/2165

Der Schreibschrank stammt, wie die Vedutenintarsie auf der obersten Schublade leicht verrät, aus dem Kloster Benediktbeuren. Der 1722 bis 1725 entstandene Bibliotheksbau ist ausgelassen, ein Indiz, daß der Schrank vorher entstand.
An hervorgehobener Stelle auf der Tür des Mittelfaches befindet sich die Intarsie mit der Abtsmitra, dem Krummstab und dem zerbrochenen Pokal mit einer Schlange, die zeigt, daß er Gift enthält.
In vielen Heiligenlegenden ist die Geschichte überliefert, daß falsche Freunde dem Heiligen vergifteten Wein reichen, um ihn zu töten. Durch Eingreifen Gottes wird durch ein Wunder der Giftbecher gesprengt, der giftige Trank läuft aus und der Heilige ist vor dem Tod gerettet. Eine solche Erzählung ist sowohl mit dem Leben Johannes des Evangelisten wie auch mit dem Lebensbericht des Heiligen Benedikt verbunden. Es spricht vieles dafür, daß hier der Heilige Benedikt, Gründer des Ordens, gemeint ist, dem das Kloster Benediktbeuren angehört.
Da es keinen Abt mit den Initialen J.S. im 18. Jahrhundert in diesem Kloster gibt, liegt die Vermutung nahe, J.S. entweder als Kürzel für den Johannesnamen oder als Zeichen des Klosterschreiners, der das aufwendig geschmückte Prademöbel fertigte, zu interpretieren.
Die Möbel aus dem Kloster wurden bei der Säkularisation 1803 vor Ort versteigert und nur die besonders kostbaren Stücke zur Auktion nach München gegeben. H.O.

35.1.1

35.1.1
Fossiler Haifischzahn in gezackter Silberfassung mit Öse und Ring
sog. Natternzunge
Ende 18. Jh./Anfang 19. Jh.
Haifischzahn, Silber
4 x 3 (max.) cm
Lit.: Hansmann und Kriss-Rettenbeck, Amulett und Talisman, München 1966, S. 102 ff;
AK Erdgeschichte und Urwelt, Siegsdorf 1992, S. 214; Schiedlausky, Natternzungen, in: Kunst und Antiquitäten VI, München 1989, S. 25-30
München, Bayerisches Nationalmuseum, 25/76, 67

Mit Hilfe von Natternzungen, des Narwalzahnes, des Steinbockhornes oder des Bezoarsteines hoffte man, mögliche Giftzusätze bei Speisen oder beim Tafelgerät zu erkennen. Dabei wurden die organischen Substanzen als Giftindikatoren in die Speisen und die Getränke getaucht. Gefaßte Amulette aus den genannten Materialien oder daraus gestoßene Pulver gewährten Schutz und waren medizinische Heilmittel. Die Natternzungen, eigentlich fossile und rezente Haifischzähne, gebrauchte man seit der Antike als Giftschutz. Im ausgehenden Mittelalter wurde der antike Glaube an die Natternzungen mit christlicher Bedeutung belegt. Fossilen Haifischzähnen, in großer Zahl auf Malta gefunden, wurden durch das Schlangenwunder des Hl. Paulus, das er auf dieser Insel wirkte, zusätzliche Kräfte zugemessen. Aus dem Amulettbrauch entwickelte sich bereits seit dem 13. Jahrhundert der ›Natternzungenbaum‹ (Languiers) mit mehreren aufgehängten Natternzungen zum Gerät höfischer Repräsentation auf den Kredenzen der Könige und Fürsten. Zusammen mit dem Salzfaß, das ursprünglich auch die Utensilien der Giftprobe enthielt, spielen sie bis ins 18. Jahrhundert eine bedeutende Rolle im Hofzeremoniell. Inventare päpstlicher und fürstlicher Schätze verzeichnen Natternzungenbäume.

35.1.2
Serpentin-Bierkrug mit Zinnmontierung
18.-19. Jh.
Serpentin, Zinn
17,2 cm, ø oben: 10,5 cm, unten: 14,4 cm
Traunstein, Stiftung Heimathaus, 510/526

Serpentinkrüge, -becher und -teller (Schlangenstein) sollten durch Zerspringen Giftzusätze in Speisen und Getränken erkennen lassen. Auch den Gold-Rubingläsern sprach man im Glauben »an in Rubin verwandeltes Gold« giftabwehrende Wirkung zu.

35.1.3
Serpentin-Becher mit Zinnmontierung
1. Hälfte 18. Jh.
Serpentin, Zinn
10,8 cm, ø oben: 8,9 cm, unten: 7,8 cm
Traunstein, Stiftung Heimathaus, D: 528

35.1.4
Bezoarstein eines Huftieres
ø 3 cm
München, Zoologische Staatssammlung
1952/171

Bezoarsteine, Organsteine aus Gallen und Mägen verschiedener Tiere (Pferd, Esel, Rind, Hirsch, Gemse, Steinbock, Lama, Stachelschwein) galten als große Kostbarkeiten und waren als Amulett und als medizinisches Heilmittel gegen Gift und Pest gebräuchlich.

Bruchstücke der Steine und Bezoarpulver konnten in Apotheken gekauft werden. Bezoarstein, kurz in Wein gelegt, sicherte einen Gesundheitstrunk mit Gegengiftwirkung. Bezoarsteine vom Pferd, Rind und Steinbock sowie Steinbockhörner und Serpentingefäße mit giftanzeigender oder -abwehrender Wirkung werden im Inventar der Kunstkammer der Bayerischen Herzöge (1597) genannt. Kostbar gefaßte Bezoarsteine standen wie die Natternzungenbäume auf den fürstlichen Kredenzen und setzten über ihren Amulettcharakter hinaus Zeichen der fürstlichen Macht. Die politischen Systeme erforderten die Sicherung des Erhaltes der Dynastie, als deren höchste Bedrohung der heimtückische Gifttod des Regenten und Thronfolgers galt. Die kostbaren Geräte – Zeichen des Vorsehens und der Vorsicht vor dem drohenden Verlust der Macht – setzten nach außen sichtbare Zeichen der Macht und Repräsentation. U.Z.

35.1.5
Narwalzahn
(monodon monocerus)
Länge: 185
Lit.: vgl. Hansmann und Kriss-Rettenbeck, Amulett und Talisman, München 1966
München, Zoologische Staatssammlung, AN 1113

Auch der Narwalzahn galt seit der Antike als Gegengift gegen Arsenik und besonders starke Gifte. Er war der »mächtigste Talisman des Mittelalters und der Renaissance« und übertraf in seiner Beliebtheit zeitweise die Natternzunge. Mit dem Narwalzahn und dem Horn des Nashornes verbanden sich die Vorstellungen vom sagenhaften Einhorn-Horn und dessen unermeßlichen Kräften, die noch die vielfältige Symbolik des Einhornes unterlegten. Narwalzähne wurden in Schatzkammern verwahrt, in Apotheken geraspelt oder gestoßen als das ›wahre‹ Einhornpulver verkauft.
Auch das Steinbockhorn wurde in derselben Weise als medizinisches Heilmittel und als Amulett genutzt. Hornbecher und -pokale sollten das Gift des Getränkes anzeigen.

35.1.6
›The Last Dinner‹
Mathias Waske (geb. 1944 Crailsheim/Württemberg), München, 1990
Acryl auf Holz
91 x 100 cm
Lit.: AK Mathias Waske, Visionen und Parodien, München 1992
München, im Besitz des Künstlers

Schluß und Ende hat Waske in keinem Bild deutlicher gezeichnet als in seiner Vision ›The last Dinner‹ von 1990. Ein elegant gekleidetes Paar sitzt an einem weiß gedeckten Tisch. Ein Ober serviert. Der Boden, ausgetrocknet und durchfurcht, zieht sich als unendliche Ebene hin zum Lichtstreifen am Horizont, ein dürrer Ast ragt ins Bild. Die Stimmung, nach Sonnenuntergang, ist unheimlich. Kerzenflackern zeigt, daß ein leiser Wind bläst. Die Zivilisation ist untergegangen, die letzten Reichen lassen sich ein letztes Mal servieren. Krebs oder Hummer pflegte man an späten Abenden zu bestellen, das hat man wohl auch heute wieder kommen lassen. Doch was der Ober auf dem Silberteller zeigt, ist nicht das, wonach es aussieht. Es ist ein übergroßer Skorpion! Gift ist nicht in Waske. Aber Gift ist in diesem Skorpion und in manchem, was zu dieser Vision geführt hat. Dabei ist Waske kein Weltverbesserer oder, wenn doch, dann indem er glaubt, daß Humor, Ironie, Karikatur und Scherz mehr bewirken, als demonstratives Ausschütten von Unbehagen. In einer Zeit, in der die Sprache zu verflachen droht, in der sich Werbetexte in Wortspielen tummeln und überplappern, gewinnt das doppelbödige Bild wieder eine neue Dimension. A.R.

35.1.6

ABSTINENZ UND FASTEN

Alle historischen und gegenwärtigen Weltreligionen kennen das rituelle Speisetabu. Aus christlicher Sicht dient es der »Abtötung des natürlichen Triebes nach Speise und Trank zum Zwecke der sittlichen Vervollkommnung oder treuen Pflichterfüllung«, wie wir in Wetzer und Welte's Kirchenlexikon lesen, wo nicht weniger als 13 Termine bzw. Anlässe zum Fasten benannt werden. Die meisten davon sind heute entweder außer Kraft oder doch weitgehend unbekannt. Am längsten hielten sich: die vierzigtägige Fastenzeit vor Ostern, das ›Fronfasten‹ an den Quatembertagen (das Wort ist eine Zusammenziehung von quattuor tempora), d. h. den Mittwochen, Freitagen und Samstagen zu Beginn der Jahreszeiten, und das Vigilfasten an den Vortagen von Kirchenfesten.

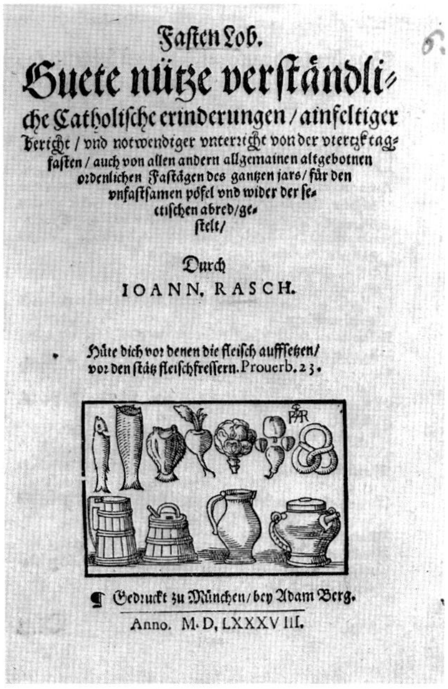
Fasten Lob.
Guete nütze verständliche Catholische erinderungen / ainfeltiger bericht / vnd notwendiger vnterricht von der viertzigtagfasten / auch von allen andern allgemainen altgebotnen ordenlichen Fastägen des gantzen jars / für den vnfastsamen pöfel vnd wider der sectischen abred / gestelt /
Durch
IOANN. RASCH.
Hüte dich vor denen die fleisch aufffetzen / vor den stätz fleischfressern. Prouerb. 23.
Gedruckt zu München / bey Adam Berg.
Anno. M.D.LXXXVIII.

Titelblatt zu ›Fastenlob‹ mit Abbildungen der gängigen Fastenspeisen, München 1588
München, Bayerische Staatsbibliothek

Die einstige hohe Zahl an Fasttagen, die immer zugleich Abstinenztage waren, scheint unzumutbar hart. Doch ist zweierlei zu bedenken: Es gab stets eine Fülle von Dispensen, und an allen Sonntagen und den ehedem so überaus zahlreichen Feiertagen war das Fasten ohnehin verboten. Mit der Abschaffung vieler Feiertage im 18. Jahrhundert entfielen selbstverständlich die entsprechenden Vigilfasttage.

Gesunken ist im Verlauf der Geschichte des Christentums nicht nur die Zahl der Termine, sondern auch die der verbotenen Speisen. So war etwa der Genuß von Fisch nur in den ersten Jahrhunderten untersagt. Am Ende des Mittelalters wurde das Verbot von Eiern, Milch und Milchprodukten aufgehoben. Viele Erleichterungen brachte die jüngste Zeit; so wurde etwa 1966 der Beginn der Abstinenzpflicht vom 6. auf das 14. Lebensjahr angehoben. Fast- und zugleich Abstinenztage sind jetzt nur noch der Aschermittwoch und der Karfreitag.

Mit der Aufzählung der verbotenen Speisen erfaßt man selbstverständlich nicht die wirklichen Verhältnisse. Es steht außer Frage, daß in der zweiten Hälfte des 15. Jahrhunderts gegen das Laktizinienverbot häufig verstoßen wurde. Der Verzicht auf Butter und Schmalz stellte das größte Problem dar in einem Land wie Bayern, wo, wie Schmeller es formuliert »doch kein Oelbaum fortkommt«. In einem Schreiben der Stadt München nach Rom vom 27. 4. 1479 wird bemerkt, daß bereits seit mehreren Jahren an den Fasttagen Milchspeisen genossen werden. Daraufhin wurde den Münchnern der Verbrauch von Butter gestattet. Auch andere bayerische Städte bemühten sich um solche Vergünstigungen. Die entsprechenden Dokumente hießen Butterbriefe, die, wie der Name schon sagt, nicht unbedingt für alle Laktizinien und auch nicht immer für alle Fasttage galten.

Stets wird ein Dispens mit dem Fehlen von Olivenöl begründet. Gewiß war dieses dem Finanzkräftigeren als Importware zugänglich, aber dessen Ver-

»Krebse auf einige Zeit aufzubewahren und fett zu machen

Man kann sie entweder in hölzernen Gefäßen oder Wassertrögen frey herumkriechen lassen, oder in eigene aus Weidenruthen zusammengeflochtene Fischreisen einschließen, und in Wasserbehältnisse legen, auf welche Art sie einige Wochen lang lebendig zu erhalten sind. Oder man setzt sie auch in eine leere Wanne oder Zober in den Keller und streuet etwas Gras, Petersilie, Brennesseln oder anderes dergleichen Grünes, was man hat, darüber.
Sollen sie aber noch dazu gemästet und besser werden, so muß man sie täglich mit süßer Milch oder süßem Rahm begießen. Sie sind besonders nach letztern so begierig, daß man es sehen kann, wie sie sich sogar einer dem andern denselben ablecken, und in wenig Tagen sehr wohlschmeckend werden.«

J.G.S. 1797, S. 2-3

»Saure Sulze eingelegt mit Gründlingen

Lies und wasche 3 Viertelmaß Gründlinge aus, und siede sie in einem Blausud (wie schon bey den Ragouts gezeigt worden ist). Gieß die Sulze in ein Modell oder eine Form, in welchem du sie haben willst, eines halben Glieds hoch, und setze sie in frischen Keller oder auf Eis, wenn man solches im Vorrath hat. Ist diese wenige Sulze gestanden, so nimm etliche geputzte Mandeln und Pistazien, und mache mit solchen kleine Zierathen in die gestandene Sulze. Kritzle mit dem Zitronenreißer eine Zitrone ab, schneide diese in 20 Scheibchen, lege sie auf die Form neben den Pistazien und Mandeln herum, und gieß 2 Anrichtlöffel voll von der Sulze oben darauf, damit die Zitronen und Mandeln anziehen oder fest bleiben. Lege auf ein sauberes Tuch die Gründlinge, damit der Blausud ablaufe, und dann in die Form, und gieß diese mit der sauren Sulze ganz voll. Setze diese wieder in Keller oder auf Eis, damit die Sulze gestehe. Ist es Zeit zum Anrichten und die Sulze ganz gestanden, so stürze sie auf eine Schüssel.«

Klietsch u. Siebell, 1805, S. 166-167

wendung hätte eine radikale Änderung der gewohnten Küche zur Folge gehabt.

Die Gewährung eines Butterbriefs war meist mit der Auflage verbunden, Geld im Wert eines Tagesverzehrs zu spenden. In vielen Kirchen standen dafür besondere Opferstöcke. Die Einnahmen waren für den Bau von Sankt Peter in Rom und bald auch für heimische Großkirchen wie z. B. den Regensburger Dom bestimmt.

Die Häufung der per Dispens erlaubten und die unerlaubten Übertretungen des Laktizinien- und Eierverbots führte schließlich zu dessen genereller Aufhebung; ausgenommen war davon die Karwoche.

Die Freigabe von Schmalz zur Speisenbereitung war für die Land- und Stadtbevölkerung gleichermaßen von Bedeutung. In München versorgten die seit 1575 zünftischen Küchelbäcker die Bürger während der Fastenzeit mit Fettgebäcken; als Zuerwerb war ihnen der Handel mit Kraut gestattet. Die Verminderung der Fasttage und wohl auch die sinkende Fastenmoral brachte es mit sich, daß die Küchelbäcker im Rahmen solcher Beschränkung kaum noch existieren konnten. Infolgedessen hob der Magistrat 1806 die vordem strenge Scheidung zwischen Küchelbäckern und Fleischköchen auf.

Nicht mehr gefordert, aber empfohlen wird der Verzicht auf Eier, Milch, Schmalz und Käse sogar noch im frühen 20. Jahrhundert. Diese Beschränkung war sicher leichter einzuhalten als im Mittelalter, ließ sich doch Olivenöl und später andere Öle mühelos im Kolonialwarengeschäft erwerben und stand zudem nach 1900 die rein pflanzliche Margarine zur Verfügung.

Das Fleischverbot war für den Großteil der Landbevölkerung kein Problem in einer Zeit, in der Fleisch oder gar Wurst ohnehin selten auf den Tisch kam. In seinem Beitrag über die bäuerliche Ernährung in der Bavaria schreibt Felix Dahn 1866: »Charakteristisch für die Nahrungsweise des Landvolks in ganz Oberbayern ist die fast ausschließende Herrschaft von Mehl-, Milch- und Schmalzspeisen mit einem Zusatz von Gemüsen und die Beschränkung des Genusses von Fleischspeisen auf die fünf höchsten Festzeiten des Jahres: Fastnacht, Ostern, Pfingsten, Kirchweih und Weihnachten, so daß Fleischspeise und Festgericht für den Bauer fast identisch wird«.

Das gilt auch noch für spätere Zeiten. F. W. Kaiser hat durch Befragungen in den Gegenden um Schliersee, Bayrischzell und Hausham erfahren, daß im späten 19. und noch bis in die dreißiger Jahre des 20. Jahrhunderts Fleisch nur an Sonntagen, in manchen Haushalten sogar nur an hohen kirchlichen Feiertagen gegessen wurde.

Ist heute von Fasten- und Abstinenzspeisen die Rede, denkt man nicht zuerst an Nudeln und Sauerkraut, sondern an Fisch. Der freilich ist nicht nach jedermanns Geschmack und manchem gar unbekömmlich. Alles Ausreden? So sah es jedenfalls der Kapuziner Wilhelm Geyss, der sich Ende des 17. Jahrhunderts in einer Fastenpredigt darüber folgendermaßen ausließ: »Ihrer etliche sagen / daß sie zu arm seynd / und können keine Fisch kauffen. Etliche / sie haben einen schwachen Magen / welchem die Fisch gantz zuwider seynd. Etliche / ihr Kopff seye gar zu bläd / wann sie dahero nur zween Täg Fisch essen / steigen ihnen gleich die Dämpff vom Magen in den Kopff / warumb sie stäts in Kopff-Schmerzen leben müssen. Etliche wenden ihr flüssige Natur vor: solten sie aber Fisch essen / wurde es noch vil ärger / und müßte er immerdar förchten Flüß / Catharren / oder gar einen Schlag.«

Unter diesen ›Begründungen‹ ist zumindest die erstgenannte, der finanzielle Aufwand, durchaus anerkannt. Wegen Mangel und somit Teuerung der Dörrfische wurde in den siebziger Jahren des 17. Jahrhunderts in weiten Teilen Bayerns das Abstinenzgebot aufgehoben. Über die Münchner Verhältnisse im 18. Jahrhundert sind wir durch Westenrieders ›Beschreibung‹ recht gut unterrichtet. Das Angebot auf dem Fischmarkt, der an allen Fast- und Abstinenztagen »auf dem Fischbrunnen« stattfand, war offenbar reichhaltig. Aber frischer Fisch war nach wie vor teuer. 1 Pfund Forellen kostete so viel wie zwei Enten, der Waller hatte den sechsfachen Preis von Rindfleisch, selbst die relativ billigen kleinen Weislinge kosteten 7 kr. pro Pfund, einen Kreuzer mehr als 1 Pfund Schweinefleisch. Auch ›ausländische‹ Fische gab es; der Lachs z. B. war mit 24 kr. pro Pfund doppelt so teuer wie Wildpret. Neben Fischen waren auch Frösche, Krebse und Schnecken angeboten.

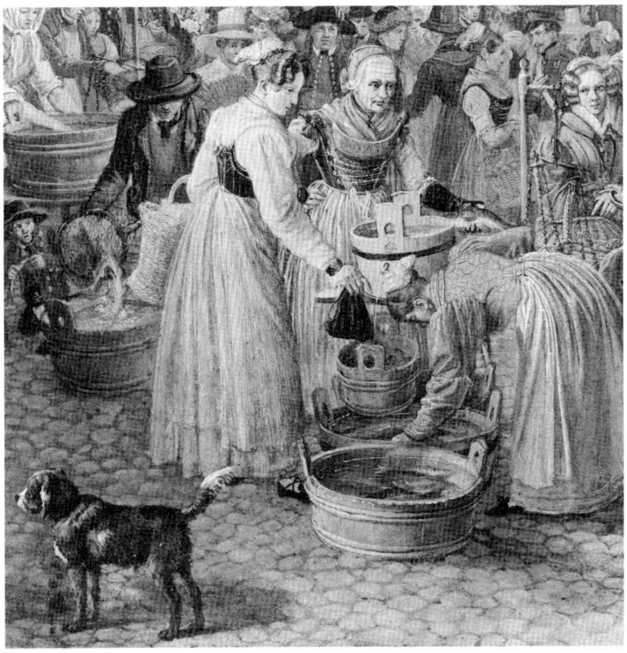

Lorenzo Quaglio, Fischmarkt in München (Ausschnitte), München 1828, Potsdam-Sanssouci, Staatliche Schlösser und Gärten

Gemäß der Marktordnung von 1819 durften die Isarfischer ihre Ware nicht mehr nur an den Fast- und Abstinenztagen, sondern immer anbieten. Nach der Mitte des 19. Jahrhunderts wurde die Binnenversorgung Münchens mit Forellen gesichert durch die Gründung der Fischzuchtanstalt (1855). Ihr Träger war der »Fischerclub«, aus dem sich 1873 der Bayerische Fischereiverein entwickelte, der sich auch um die Einführung ausländischer Fischarten wie z. B. der Regenbogenforelle aus Amerika (1881) verdient machte. 1929 wurde von der Mittleren Isar AG in München eine Abwasserfischteichanlage eingerichtet, in der Schleien, Karpfen und Forellen gezüchtet wurden.

Längst ist Fisch und anderes inländisches und exotisches Meer-, See- und Flußgetier jederzeit zu haben. An das Abstinenzgebot erinnern z. T. noch die Speisezettel der Kantinen, die freitags Fisch anbieten, ferner das Fischessen am Aschermittwoch, ein gesellschaftliches und politisches Ereignis der neueren Zeit. Der in der Volkskunde einst geprägte Terminus ›Brauch ohne Glaube‹ ist hier wohl am Platz.

Immerhin ist Fisch ohne Zweifel erlaubte Fasten- und Abstinenzspeise. Von Zeit zu Zeit traten Debatten über die anderen Wasserbewohner auf. Darf man Wasservögel essen, die sich von Fischen ernähren? Oder den Biber, der zwar ein Pflanzenfresser ist, aber im Wasser lebt? Über derlei Fragen mokierte sich Ludwig Ganghofer in seinem im 14. Jahrhundert spielenden Roman ›Der Klosterjäger‹. Der klösterliche Küchenmeister setzt dem Jäger an einem Fasttag nach einer Erbsensuppe, diversen raffiniert zubereiteten Fischen und

Froschschenkeln einen gebratenen Biber vor, mit der (falschen) Begründung, es handle sich um einen Fischfresser: »Das ist die Philosophie der Klosterküche: Biber, Otter und Wildente, ob Pelz oder Federn, was Fisch frißt, wird wieder als Fisch gegessen«. Der Jäger kontert mit der Frage, warum keine Hirschkeule aufgetragen werde, da sich Wild doch von Gras ernähre.

Mit den erlaubten kaltblütigen Tieren gab es durchaus Probleme. War schon Fisch in manchen Gegenden nicht leicht und auf dem Münchner Markt nicht billig zu bekommen, so ist es schlichtweg unvorstellbar, daß sich eine Familie 40 Tage hindurch von gesammelten Schnecken und gefangenen Fröschen, geschweige denn von Schlangen und Schildkröten ernährte. Schnecken, die jahrhundertelang in Klosterrechnungen als Fastenspeise nachzuweisen sind, wurden zwar auch von Laien gegessen, aber doch wohl eher als Ausnahme. Zwar konnte man bereits auf mittelalterlichen Märkten Schnecken und Frösche kaufen, jedoch in Speiseplänen, die ja die regelmäßigen Mahlzeiten verzeichnen, findet man sie nicht. Nach Westenrieder (1782) gab es Schnecken auf dem Münchner fastenzeitlichen Fischmarkt zu dem stattlichen Preis von 16 kr. pro Viertelpfund.

»Die Weinbergsschnecke und ihre Zubereitung zum Genuß

Die Weinbergsschnecke (Gartenschnecke, Helix pomatia), welche in Frankreich unter dem Namen le vigneron, la pomatique, bekannt ist, wird in ganz Europa häufig gefunden.
Man wirft sie sodann in einen irdenen Topf voll Wasser, thut eine Petersilienwurzel, eine Zwiebel, etwas Chalotten, Knoblauch, Salz und Pfeffer hinzu, womit sie 24 Stunden lang gekocht werden, um eine Bouillon daraus zu bilden, wobei das Wasser, nach dem Maaße, wie solches verdunstet, wieder ersetzt wird. Endlich setzt man, zwei Stunden vorher, ehe der Topf vom Feuer genommen wird, ein Stück Butter hinzu. Diese Butter muß sehr frisch sein, und es wird davon für 100 Stück Schnecken, ein Pfund angewendet.
Hierauf werden Petersilienwurzeln, Zwiebeln und Sauerampfer zusammen recht klein gehackt, diesen Kräutern etwas Salz, Pfeffer und geriebene Muskatennuß zugesetzt, und alles mit der Butter geschmort. Man bringt hierauf die Schnecken wieder in das Gehäuse, und gießt die geschmolzene Butter, nebst den übrigen Ingredienzen darüber. Werden der Butter einige Sardellen zugefügt, so erhöhen diese den Wohlgeschmack der Zubereitung bedeutend.«

Mollius, J.F.L. 1818, S. 55-56

In den seit dem späten 19. Jahrhundert erscheinenden volkskundlichen Vereinsorganen oder allgemein kulturhistorischen Zeitschriften findet man gelegentlich Notizen über die Kost an Fast- und Abstinenztagen.

Einem Bericht, der 1893 die Lebensverhältnisse »an der ober- und niederbayerischen Grenze« darstellt, entnehmen wir den Speiseplan der Kartage: »Karfreitag: Morgens nichts und abends nichts Warmes, dafür Bier oder Kletzen; mittags Fischsuppe mit Knödeln bzw. Brennsuppe, in welcher die Fische abgekocht werden. Karsamstag: Morgens nichts; nachmittags Schmalznudeln; abends Bier oder Kletzen«. An gewöhnlichen Feiertagen gab es »mittags im Sommer: Kaffee und Mehlschmarrn; im Winter: Kaffee und Kartoffelschmarrn«.

Auch am Heiligen Abend wurde Fleisch und Wurst erst nach der Christmette aufgetischt. Das Frühstück entfiel, mittags aß man weizerne Schmalznudeln, abends gab es wiederum Kletzen oder Bier.

Eine zweite Notiz aus einer der frühen Zeitschriften sei angeführt. In Reit im Winkl, so wird 1913 mitgeteilt, wurden zur Fastenzeit außer den stark gesalzenen Bretzen »auch eigens ungesalzene Bretzen gebacken zu der dort üblichen sog. Bretzensuppe. Die Bretzen werden mit gerösteten Semmelbröseln aufgeschmälzt, um der Suppe Geschmack zu geben«. Die Bäuerinnen verstanden sich also darauf, Schmackhaftes und Nahrhaftes zuzubereiten, ohne gegen das Abstinenzgebot zu verstoßen.

Der Verein für Volkskunst und Volkskunde veranstaltete 1906 eine Umfrage über Bräuche in ganz Bayern. Einige der eingesandten Antworten gehen auf den Aschermittwoch ein. Aus Ostermünchen wird beispielsweise berichtet: »Am Vorabend vom Aschermittwoch oder wenigstens am Morgen dieses Tages muß das Tischzeug resp. das Eßbesteck schon ganz besonders sauber geputzt werden, damit ja keine Fleischreste daran haften, denn jetzt geht ein anderer Wind – id est Fastenzeit«. Das ist ein Blick ins bürgerliche Milieu. Ganz allgemein galt, was z. B. ein Lehrer aus Aichach schreibt: »An Aschermittwoch gibt es kein Frühstück«.

Daß die Realität oft anders aussah, läßt sich denken. Die Klagen der Kirche bezüglich des Überziehens der Fastnacht bis über den Aschermittwoch hinaus sind sattsam bekannt. Daß es bei und nach dem Faschingsbegraben und der Geldbeutelwäsche meist feuchtfröhlich zugeht, kann man bis zum heutigen Tage beobachten.

Strenger Fast- und Abstinenztag war und ist vielfach noch heute der Vigiltag vor den Weihnachtsfeiertagen, der Heilige Abend. Nach Aufzeichnungen eines Pfarrers im Dachauer Land im späten 18. Jahrhundert bekamen die Dienstboten an diesem Tag: »auf Mittag Nudl wie an den Samstägen; auf die Nacht gesottne Birn und weisses Brod«. Etwas anders sah es zur selben Zeit in der Fürstenfeldbrucker Gegend aus: »Am hl. Abend gab es morgens um 8 Uhr eine aufgeschmalzene Wassersuppe, mittags Küachl, abends Weißbrot und Bier nach Belieben. Nach der Mette erhielten die Dienstboten nichts«. Diesen Notierungen sei eine aus dem späten 19. Jahrhundert zugesellt, wiederum aus dem ober- und niederbayerischen Grenzgebiet: »Morgens nichts; mittags weizerne Schmalznudeln, abends Kletzen und Bier«; soweit ist die Kost identisch mit derjenigen des Karfreitags. Nach der Christmette gab es Fleisch und Wurst; daher rührt die Bezeichnung ›Mettenwurst‹.

Die Zahl solcher lokalen und regionalen Belege ließe sich vergrößern. Grundsätzlich bestätigen alle, daß bei der ländlichen Bevölkerung der Fisch als Fastenspeise nur eine untergeordnete Rolle spielte, im Gegensatz zu den Städten mit ihren reichhaltigen Fischmärkten. In der bäuerlichen Küche gab es am häufigsten Mehlspeisen, die meist unter dem Sammelbegriff ›Nudel‹ genannt werden.

Ferner wird ersichtlich, daß Bier, auch in größeren Mengen konsumiert, nicht als Genuß- und Rauschmittel, sondern als nahrhaftes Getränk gewertet wurde. Deshalb unterlag es auch zu keiner Zeit einem Verbot. Die vorösterliche Starkbierzeit hat darin ihre Legitimation. Daß die zum Bier (im doppelten Wortsinn) ›gehörige‹ Brotzeit dabei weniger fastenzeitgerecht ausfällt, steht auf einem anderen Blatt.

Aber um Speisetabus geht es heute ohnehin nicht mehr in erster Linie. Die seit 1966 dafür verantwortlichen nationalen Bischofskonferenzen sind ermächtigt, das traditionelle Fastengebot aufzuheben und an seine Stelle Enthaltsamkeit in anderen Bereichen zu setzen: Verzicht auf Alkohol und Nikotin beispielsweise, auch »auf übermäßigen Medienkonsum, der uns oft den Blick auf die Wirklichkeit des Lebens verstellt«. So lautet eine Forderung in der ›Fastenhilfe '92‹, einem von der Katholischen Sozialethischen Arbeitsstelle der Deutschen Bischofskonferenz herausgegebenen Faltblatt. Nicht nur Verzicht worauf, sondern auch wofür, wird hier angesprochen: »Fasten und verzichten für mehr Gerechtigkeit in der Welt, für mehr Freiheit von den Dingen, für mehr Solidarität mit den Gefährdeten«.

E. H.

Literatur

Gierl, J.v., 1883
Hoermann, 1913, S. 146 f.
Kaiser, 1939
Ländlicher Speisezettel, 1937, S. 53-55
Lindner, 1935
Linsenmayr, 1877
Mitterwieser, 1915
Moser-Rath, 1991
Roegner-Aust, 1954, S. 296-480
Scheidl, 1919, S. 146-150
Schlichthörle, 1844
Schmeller, 1872-77
Theologische Realenzyklopädie, 1983
Westenrieder, 1782
Wetzer und Welte's Kirchenlexikon, 1866
Wildhaber, 1950, S. 119-184.

36.1 Fastenverordnung und Fastenspeisen

36.1.1
Verordnung des Kurfürsten Carl Theodor
vom 8. Februar 1796, das Einhalten der Fasttage, Speisevorschriften sowie das Spielen und Tanzen an Sonn- und Feiertagen betreffend
München, 1796
Typendruck, 33,5 x 21 cm
46/157

Die Verordnung gilt für Wirte und Privatpersonen und fordert die strikte Einhaltung der Abstinenz- und Fastentage. Der Landesherr droht den Wirten mit erheblichen Geldstrafen, sollten an Gäste, entgegen landesherrlicher und kirchlicher Anordnung, an Fast- und Abstinenztagen Fleischspeisen an der Wirtstafel, zu »gewöhnlichen Zeiten im Haus« oder »über die Gasse« verkauft werden. Die Fastenordnung muß nicht von Reisenden, Militärpersonen, Gästen anderer Bekenntnisse oder Katholiken mit Dispens befolgt werden. Aber der Wirt sollte diese Gäste nicht vor aller Augen in der Wirtsstube, sondern in seinem Wohnzimmer bedienen. U. Z.

36.1.1

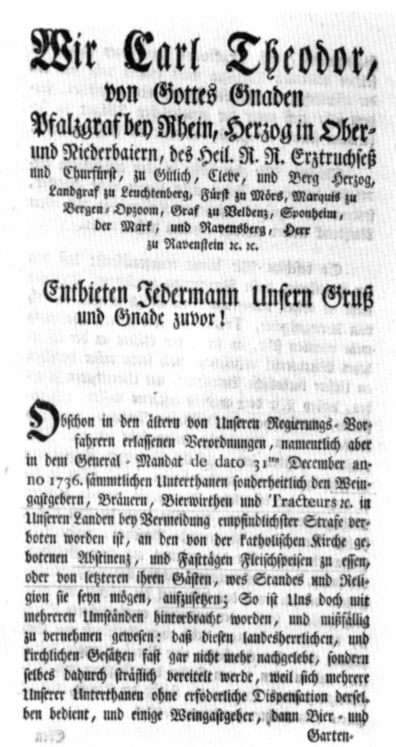

Wir Carl Theodor,
von Gottes Gnaden
Pfalzgraf bey Rhein, Herzog in Ober- und Niederbaiern, des Heil. R. R. Erztruchseß und Churfürst, zu Gülich, Cleve, und Berg Herzog, Landgraf zu Leuchtenberg, Fürst zu Mörs, Marquis zu Bergen-Opzoom, Graf zu Veldenz, Sponheim, der Mark, und Ravensberg, Herr zu Ravenstein &c. &c.

Entbieten Jedermann Unsern Gruß und Gnade zuvor!

Obschon in den ältern von Unseren Regierungs-Vorfahrern erlassenen Verordnungen, namentlich aber in dem General-Mandat de dato 31ten December anno 1736. sämmtlichen Unterthanen sonderheitlich den Weingastgebern, Bräuern, Bierwirthen und Tracteurs &c. in Unseren Landen bey Vermeidung empfindlichster Strafe verboten worden ist, an den von der katholischen Kirche gebotenen Abstinenz, und Fasttägen Fleischspeisen zu essen, oder von letzteren ihren Gästen, wes Standes und Religion sie seyn mögen, aufzusetzen; So ist Uns doch mit mehreren Umständen hinterbracht worden, und mißfällig zu vernehmen gewesen: daß diesen landesherrlichen, und kirchlichen Gesätzen fast gar nicht mehr nachgelebt, sondern selbes dadurch sträflich vereitelt werde, weil sich mehrere Unserer Unterthanen ohne erfoderliche Dispensation derselben bedient, und einige Weingastgeber, dann Bier- und Garten-

36.1.2

36.1.2
›Bilder aus der Charwoche in München‹ mit Volksbräuchen und dem Verkaufsstand der Froschschenkelverkäuferin
Adolf Cloß
(Stuttgart 1840– 1894 Stuttgart)
1880
bez. l. u. R.S. r.u. A. Cloß xA
Xylographie, 27,4 x 19,1 cm
Z 2075 b

Die ›Bilder aus der Charwoche in München‹ überliefern mit Fastenbräuchen (Prozession, Fußwaschung, Palmbuschen), Osterbräuchen (Speisenweihe, Eierpecken) die Froschschenkel als gängige Fastenspeise.

36.1.3
Verschiedene Fischmaße für den Marktverkauf
München, 1553
Holzschnitt
17,9; 21,6; 20,7 x 33; 34,8; 33,2 cm
Lit.: AK Isar, 1983, Nr. 581
30/489 a, b, c

Die drei Blätter, wohl aus der ›Bairischen Landesordnung‹ von 1553, sind beidseitig bedruckt und geben die Fische in natürlicher Größe wieder. Die Fische durften nur ab dieser Größe verkauft werden.
Blatt a: Vorderseite: Karpfen, Rückseite: Brachse
Blatt b: Vorderseite: Hecht und Schied, Rückseite: Aland und Barbe
Blatt c: Vorderseite: Äsche und Forelle, Rückseite: Nerfling und Huchen.
Bereits in der ältesten Landesordnung von 1516 (Das Buech der gemeinen landspot, landsordnung, Satzung und Gebreuch des Fürstenthumbs in Obern und Nidern Bairn. Im 1516 jar aufgericht – MStM, Maillinger Sammlung I/261-) wird die Fischerei in Donau, Inn, Isar und allen anderen Flüssen und fließenden Fischwassern streng geregelt. Den schriftlichen Verordnungen sind Fischmaße (Holzschnitte) der gebräuchlichen Fische in Mindestgröße beigegeben. In der Folge der Einzelblätter aus der Landesordnung von 1553 fehlen hier das Krebsmaß und das »Brütel-Maß«. Dieses »Brütel-Maß« – eine Abbildung in natürlicher Größe des »Brettleins«, über welches die Fischer die Maschen ihrer Netze und Reusen knüpfen sollten. Diese Maschengröße wurde durch das Brettlein vorgegeben, um zu verhindern, daß Fische kleiner als dieses Maschenmaß gefischt wurden. U. Z.

Fastendiners 1835

Größern Beifalls erfreuen sich allerdings, die, in katholischen Landen, üblichen gastronomischen Belustigungen, unter dem Namen: Fastendiners, hinlänglich bekannt. Es ist jetzt damit so weit gediehen, daß zwei bis drei Schüsseln mit Fischen das Einzige ist, was bei solchen Gastereien an die Fasten erinnert. Sonst war es anders, und man gab sich Mühe, aus Fischen, Mehlspeisen und Gemüsen ein Mahl von sechzig bis siebenzig Gerichten zusammenzusetzen. Freilich wurden Fischottern, Biber und mehrere Arten von Wasservögeln in die Liste der erlaubten Speisen gezogen; für Jemand, der eine Indigestion wagte, blieb es jedoch immer interessant ein Fastendiner mitzumachen, wie es hier vor Zeiten bei dem bekannten Weinwirthe Döllerer im Thale Statt zu finden pflegte.
Liebhaber der Gastronomie finden auch jetzt noch ihre Rechnung, denn bei Junemann, Havard, Tambost und Michel, schlingen die Fastendiners den rostigen Kranz, und man erstaunt darüber, welche Anstrengungen die Unternehmer für den Preis von 2 bis 3 Gulden das Couvert machen. Seefische aus Triest, große Lachsforellen von 20 Pfunden und darüber, Salme aus dem Rheine, junges Gemüse aus Strasburg und Welschland, feines Wild aus dem Gebirge, Alles wird aufgeboten, um die Gäste zufrieden zu stellen. In dieser Zeit ist München ein ›pays de cocagne‹, und der Münchener selbst ist dann bemüht, diese Vorzüge in's hellste Licht zu setzen. »Nicht wahr? hier ist's gut sehn! Wo lebt man so lustig wie hier?« – Das sind alsdann die stereotypen Anrufungen, die an den Fremden gerichtet werden. Die arbeitenden Classen, für die dergleichen Freuden nicht da sind, entbehren indeß viel, durch das Einstellen der Tanzmusik . . .

Lewald, 1835, 2. Teil S. 153-154.

36.1.3

36.1.4

36.1.4

36.1.4
Münchner Fischerordnung 1790
Anonym, 1790
Öl/Holz, 76,9 cm x 47,0 cm
X/58 Aus dem Marktbureau (Fischmarkt) überwiesen

Der beidseitig bemalte hölzerne Klappladen trägt auf der Vorderseite über schwarzgelb gerautetem Grund die Inschrift »Fischer: Ordnung 1790«. Über der Schrifttafel ein an Bandfestons befestigtes ovales Medaillon mit dem Profil eines Mönches, dem Münchner Wappenzeichen, jedoch von der Ganzfigur in Frontalansicht auf das Brustbild reduziert. Auf der Innenseite über blaugrünem Grund die Darstellung von 8 verschiedenen Fischen und einem Krebs in natürlicher Größe. Die Fische sind bezeichnet:

Forellen 1	Karpfen 6
Saibling 2	Brachse 7
Eitel 3	Barben 8
Hecht 4	(M?)äuchen 9
Aesche 5	

Der umgebende Leistenrahmen ist schwarzgelb gerautet.
Die Fischerordnung von 1516 ist Bestandteil der Landesordnung und regelt die Fischerei in Donau, Inn, Salzach und Isar. Sie hatte bis weit ins 19. Jahrhundert Gültigkeit. Mit ihr wurde den Münchner Fischern, soweit sie Angehörige der Zunft waren, das Recht verbrieft, in der Isar »zu fischen und zu krebsen«. Und zwar jeweils am Donnerstag und Freitag jeder Woche. Das Fischrecht erstreckte sich nicht nur auf den Hauptstrom, sondern auch auf die Seitenarme und Stadtbäche. Allerdings waren die Fischer verpflichtet, dem Landesherrn Speisefische für die Fütterung der Zuchtfische zu liefern. Zur Zeit der Bachauskehr war es den Fischern gestattet, an Ort und Stelle Fische zu braten und geladenen Gästen vorzusetzen. Sogar Bier war zu solchen fröhlichen Anlässen zugelassen. Das Wildern mit der Angel war bei Zuchthausstrafe untersagt. Man hatte dabei besonders die »Auer, Lechler, Haidhauser und andere Burschen, die den Müßiggang suchen« im Visier.
Außer dem Fischfang war den Fischern auch der Handel mit Fischen zum Wiederverkauf innerhalb der Stadt gestattet. Dafür waren die sog. hochgültigen Fische bestimmt, wie Hecht, Forelle, Renke, Waller, Karpfen und Aal. Dieser Handel durfte erst vormittags ab 10 Uhr einsetzen, nachdem die Münchner Haushalte sich eingedeckt hatten.
Unsere Lade mit der ›Fischerordnung 1790‹ bezieht sich auf die Fischerordnung von 1616, der nach Schlichthörle (1844) Abbildungen von Fischen und Krebsen beigefügt waren und zwar mit den »vorschriftsmäßigen Maßen«.
Die Tafel gehört zum Altbestand des Museums. Sie wurde lt. Inventar aus dem ›Marktbureau (Fischmarkt)‹ überwiesen. Der Fischmarkt war bis 1807 jeden Freitag am Fischbrunnen vor dem Landschaftshaus abgehalten worden. Über die tatsächliche Anbringung der Fischlade, die mit zwei Scharnieren und auf der Gegenseite mit einer Ringschraube versehen ist, mangelt es bisher am Beleg.

36.1.5
Fischformen
Gebrauchsort München
18. und 19. Jh.
Kupfer getrieben und gepreßt,
innen verzinnt
L. 30-46,5 cm
KuS 576, 578, 579, 584, 586, 591, 592, 597, 1062, 1210, A 90/95

Die Kupferformen wurden zumeist zur Zubereitung von Fischsülzen verwendet.

36.1.6
Fischform
Gebrauchsort München, 19. Jh.
Irdenware, grün glasiert, 7 x 41 cm
61/917 A

36.1.7
Fischschupper
Gebrauchsort München, um 1910
Holzgriff mit eingearbeiteter Blechsäge
10 x 14 cm
A 83/153

36.1.8
›Fischlagl‹
Gebrauchsort München
Ende 19. Jh.
Kupfer getrieben, innen verzinnt
14,5 x 35 x 22,5 cm
A 73/887

In dem ovalen Deckelgefäß mit Tragegriff konnten kurzfristig frische Fische im Wasser verwahrt werden.

36.1.9
Krebsformen
Gebrauchsort München, 18.-19. Jh.
Kupfer getrieben und gepreßt,
innen verzinnt
L. 16,5-30,5 cm
KuS 557, 559, 676, 677, 750, 780, 1031, 1034, 1035, 1037, 1038, 1069, 1151, 1152, 1156, 1162, 1200, 1290, 1291

In den Formen mit getieften Krebskörpern sollten wohl Krebssülzen oder Sülzen aus Fisch und Fleisch zur Krebsform erstarren. Mit im Mörser pulvrig gestoßenen Krebsscheren färbte man diese Speisen krebsrot. Krebse sowie Sülzen waren auch gängige bayerische Fastengerichte. Krebse gab es in großen Mengen in den bayerischen Flüssen (sie waren nicht nur Teil der Fastengerichte). Die Krebspest der 80er Jahre des 19. Jahrhunderts verteuerte sie und machte sie zur Luxusspeise. Mit Fleischsülzen in Krebsform, die die Form eines zulässigen Fastengerichts wahrten, wollte man auch das Fastengebot umgehen.

36.1.9

36.1.5

36.1.9

36.1.10
Schneckenpfannen
Gebrauchsort München, Ende 18. Jh. und 19. Jh., Kupfer getrieben, innen verzinnt, Eisen (Standbeine), ø 30,5 u. 43,5 cm
Lit.: Benker, Altes Küchengerät und Kochpraxis, Teil II, in: Bayerisches Jahrbuch für Volkskunde, München 1978, S. 251-283
KuS 1329, 1332

Die Schneckenpfannen ermöglichen die weitere Verfeinerung der bereits geschmorten Schnecken. Im Gehäuse wurden die gegarten Schnecken mit Butter bedeckt und in die Vertiefungen der Pfanne gelegt. Die Pfanne wurde bis zum Schmelzen der Butter über das offene Feuer gestellt. Schnecken waren als Fastenspeise erlaubt. In München kamen Schnecken aus Freising und Moosburg auf den Markt.

36.1.12
Messingkessel zum ausbacken von Mehlspeisen
Süddeutschland, Ende 19. Jh.
Messing
12,5-15; ø 28,5-36 cm
K 70/42, A 81/250

Bevor sich Herde mit Backrohr in den ländlichen und stadtischen Haushalten durchsetzten, bot sich mit dem Ausbacken in siedendem Fett eine Möglichkeit, Mehlspeisen herzustellen. Als Festgebäck sind sie in Form der Krapfen und Kirchweihnudeln bekannt. Für die vielen Fasttage servierte man zu den in Fett gebackenen Mehlspeisen (süß und sauer zubereitete ›Nudeln‹, ›Nockerl‹ u. a.) Kompott, Kraut, Krebsbutter und verschiedene süße oder saure Soßen.

36.1.11

36.1.11
Schildkrötformen
Gebrauchsort München, 18.-19. Jh.
Kupfer getrieben und gepreßt,
innen verzinnt, L. 23,5-29 cm
KuS 691, 706, 1045

Kupferformen mit getieften Schildkrötkörpern, zum Eingießen und Erstarren der Sülzen. Schildkröten einheimischer Herkunft waren auch als Fastenspeisen zugelassen.

36.1.13
Fahne der Stadtfischer
München, 1852
Damast, Goldborte, Gold-Metallfransen
Öl/Lwd, 145 x 290 cm
Lit.: AK Isar, 1983, Nr. 308
T 83/220

Darstellung zweier Szenen aus dem Wunderbaren Fischzug. Inschrift ›Der ehrsame Verein der Stadtfischer 1852‹.
Die Stadtfischer versorgten mit den Fischern aus Oberbayern die Münchner Bevölkerung mit Fischen, die bis ins 19. Jahrhundert am Fischmarkt beim Fischbrunnen auf dem heutigen Marienplatz verkauft wurden. Der Verbrauch an Fisch war wegen der zahlreichen Fasttage sehr hoch. Nach Anton Schlichthörle (1844) bestand »für die Ausübung der Fischerei seit den ältesten Zeiten ein eigenes Gewerbe, das der Fischer, welches von jeher im Zunftverband stehend, das ausschließliche Recht genießt, hier in der Isar Fische zu fangen«. Die Stadtfischer unterstanden der Landesordnung von 1516, die bis ins 19. Jahrhundert das Fischereiwesen in den bayerischen Flüssen bestimmte. U. Z.

36.1.14
Zunftlade der Fischer
Anfang 19. Jahrhundert
Eiche massiv, dunkel gebeizt
34 x 59 x 39 cm
XIII/6a; Schenkung der Fischer-Genossenschaft vom 4. 8. 1909

Geschweifte Vierkantfüßchen. Kasten mit leicht horizontal geschweiften Wänden, profilierter Sockelleiste, Hängezarge. Vier durch ausgestemmte gradlinige Konturen mit eingerundeten Ecken gebildete Felder in Leistenrahmen. Erhabene Füllung des Deckels ebenso konturiert.
Innen an Rückwand verlaufende Beilade. Eiserne zackenblattförmige Scharnierbänder. Zwei Schnappschlösser mit eisernen Schlüsselschildchen und Schlüsseln. Bewegliche Eisengriffe an gezacktem Beschlag. H. O.

36.1.15
Die Fischhalle am Markt
Hans Heider (1861-1947)
München, 1907
Öl/Lwd, 126,5 x 126,5 cm
Lit.: Münchner Maler im 19. Jh., 1982, Bd. 2, S. 121
71/31

Der Münchner Maler Hans Heider ist wenig bekannt. Er war seit 1884 kunsthandwerklich tätig und unterhielt ein Atelier für Dekorations- und Zimmermalerei. Ab 1899 besuchte er die Akademie. Er war Mitglied der Münchner Künstlervereinigung Luitpold-Gruppe, die sich 1896 – vier Jahre nach der Secession – von der Münchner Künstlergenossenschaft abgesetzt hatte. Heider war seit 1907 auf den Ausstellungen im Glaspalast vertreten. Auch große internationale Ausstellungen (Berlin, Rom, Venedig) beschickte er regelmäßig. Er ist vor allem Landschaftsmaler, dessen »feines Verständnis für atmosphärische Stimmungen« gerühmt wurde (Thieme-Becker, 1923, Bd. 16, S. 265). Das Gemälde ›Die Fischhalle am Markt‹ ist 1907 entstanden, jenem Jahr, in dem Heider erstmals im Glaspalast ausstellte. In diesem wie auch in den kommenden Jahren war Heider mit Landschaftsbildern vertreten. So ist das hier gezeigte Werk – dem Typus nach ein Arbeitsbild – für den Künstler in gewisser Weise untypisch. Dargestellt ist das Innere der – 1898 errichteten – Fischhalle am Viktualienmarkt (sie stand etwa am heutigen Platz der Nordsee-Fischhalle). Auf dem Tisch liegen Flußfische wie Huchen, Hecht und Karpfen, die damals noch in der Isar zu angeln waren, im Korb befinden sich auf Eisstücken die Seefische, für die an der Außenwand der Fischhalle geworben wurde. M. M.

37.2.6

DIE HUNGRIGEN SPEISEN – *Gesetze statt Brot*

Landesherrliche Maßnahmen gegen den Hunger im Herzogtum und Kurfürstentum Bayern im 16. und 17. Jahrhundert

Auf Hungersnöte und Versorgungsschwierigkeiten pflegte die mittelalterliche Obrigkeit im Rahmen ihrer beschränkten Möglichkeiten vor allem mit aktiver Mildtätigkeit zu reagieren. Diese Mildtätigkeit gegenüber dem notleidenden Untertanen war aber nicht nur Christenpflicht, sondern vielfach auch eine auf dem Untertanenverhältnis beruhende Rechtspflicht. Eine solche rechtlich fundierte Hilfspflicht galt auch im Verhältnis Grundherr – Bauer. Ein Bauer, der durch schlechte Ernten existenziell gefährdet wurde, war nicht nur von seinen Abgaben gegenüber dem Grundherrn befreit, sondern durfte auch Hilfe aus den Vorräten des Grund- oder Lehnsherrn beanspruchen, falls solche vorrätig waren. Falls.

Hilfe in Not erforderte Vorratshaltung. Diese Vorratshaltung war in der Regel der wunde Punkt und die Grenze aller Mildtätigkeit im Ernstfall. Landesherrliche oder staatlich verordnete Vorratshaltung wird zwar seit dem 17. Jahrhundert diskutiert, aber bis ins 19. Jahrhundert vernachlässigt. Lediglich die Kommunen waren seit dem Mittelalter in der Lage, in beschränktem Umfang Vorratshaltung (Kornspeicher) zu organisieren.

Der landesherrliche Kampf gegen den Hunger zeichnete sich durch die Jahrhunderte durch Kurzatmigkeit aus. Er begann in der Regel erst dann, wenn die Versorgungslage kritisch wurde. Dabei kümmerten sich die Landesherrn vielfach zuerst einmal um das Funktionieren der Märkte. Mit zu den häufigsten Ursachen von Versorgungsmängeln und Hungersnöten gehörten neben witterungsbedingten Ernteausfällen offensichtlich Störungen des Markts durch Aufkauf außerhalb des Marktes (Fürkauf), spekulative Hortung und Verteuerung des Getreides. In diesem Bereich finden wir auch die ersten übergreifenden landesherrlichen Maßnahmen. Fürkaufsverbote finden sich schon in den mittelalterlichen Gesetzbüchern.

Auch die Steuerung des Überflusses und der Verschwendung in der landesherrlichen Polizeigesetzgebung seit der beginnenden Neuzeit ist im Bewußtsein des Landesherrn eine Maßnahme gegen den Hunger.

Seit dem 16. Jahrhundert beginnen in Bayern wie in ganz Europa die Nahrungsmittel knapp zu werden. Teuerungen und Hungersnöte häufen sich. Ganz offensichtlich litt Europa besonders seit der Mitte des 16. Jahrhunderts unter einer Klimaverschlechterung, die sich durch drastische Ernteeinbußen bemerkbar macht. Belastet wird die Nahrungsmittelversorgung auch durch eine Zunahme der Bevölkerung, durch die Konfusionen im Münzwesen, durch die gehobenen Ansprüche und Maßlosigkeiten des bürgerlichen Mit-

Hungerjahre, Teuerung und Not, 1770/1771

»Auch das Jahr 1634 war ein schreckliches Nothjahr. Den 3. Jäner kostete ein Ey 10 kr. Diesem glich ferner das Jahr 1649. Es entstand da solcher Mangel, daß man Brod aus Disteln, Kleesamen und gedörrten Kräutern essen mußte.
Eben so oder noch schrecklicher waren die Jahre 1770 und 1771. Da diese Zeit uns schon näher rückt, und diese Jahre viele Aehnlichkeit mit der Gegenwart haben, so müssen wir sie näher kennen lernen.
Wir treffen das Jahr 1770 beynahe in dem nähmlich politischen Zustande an wie das Jahr 1570. Die Landwirtschaft war ganz vernachläßigt, der Viehstand herabgekommen, und das Land wimmelte von Müssiggängern und Bettlern aller Art....
Brod wurde immer eine seltnere Waare. In München mußte man seine Dienstbothen schon in der Nacht auf die Pfister (Hofbäckerei) oder zu einen eben bachenden Bäcker schicken, um an den künftigen Morgen es zu erhalten; die Dienstbothen kamen nebenbey meist mit blutigen Köpfen zurück. Arme und Bettler durchzogen gräßlich die Strassen. Manche blieben auch vor Hunger und Erschöpfung da liegen.
Doch geschah durch Mildthätigkeit vieles. Im Kloster der Servitinnen entstand mit dem Monath Jäner eine öffentliche Küche, wo gegen kupferne Zeichen eine gute Speise bereit war. Ein Zeichen kostete 4 kr., das man dann den Armen gab. Sie fanden auch im Joseph Spital, den ganzen Tag durch 2 Zimmer für sie erwärmt. – Zeitungen und Flugschriften und besonders die Münchner Intelligenzblätter, dann die Altöttinger Landwirthschaftsgesellschaft bemühten sich nun den Landmann für den Brachanbau empfänglich zu machen, und ihn nach oben bemerkten Regierungswunsche zu unterrichten. Zwei Handlungen in München verkündeten die Vorräthe der Sämen

dazu unter sehr mäßigen Preisen.
Der Anbau der Felder für das Frühjahr beschäftigte jezt die Regierung. Die Vorlehen der Speis und Samgetreider erhielten daher untern 6. Febr. alle mögliche Vorzüge, ein Jus Separationis auf dem ganzen Gute. Ohne alle Prozesse durfte man sich beym Ausdreschen dafür bezahlt machen. Sehr zweckmäßig brachte man mit dem allgemeinen Bettel und Müßiggange die Verbesserung des Schulwesens in Verband. Untern 5. Febr. erscheint eine ausführliche Verordnung über Schuleinrichtungen und Schulbesuche. Am 7. Febr. ward aller Getreidtransito verbothen. Die Mauthstationen erhielten den strengsten Befehl, alles Transito-Getreid beym Eintritt ins Land sogleich in Empfang zu nehmen, und in Baiern zu verkaufen. Eine nicht minder gewaltige Maßregel gegen fremdes Eigenthum, die natürlich allen Transitohandel zernichtete! Der 6. und 15. Febr. verfügte auch Speeren, über Ausfuhr von grünen oder gedörrten Obst, Bier, Heu und Grummet. (...)
Nicht allein in München sondern auch am Lande haben die Bäcker nach und nach zu bachen aufgehört. Brod wurde eine heimliche, verbothene Waare. Kein Bauer kam mehr auf den Markt. Disteln und Brennesseln dienten zur Nahrung. Zu den Schindern lief man um gefallenes Vieh, den Hunger zu stillen. Dieser traurige Zustand gab wie 1770 und die vorigen ähnlichen Jahre zu häufigen Auswanderungen Anlaß. Darüber bezeigte die Regierung unterm 2. May ihre große Unzufriedenheit und verbiethet das Auswandern unter Confiskation des Vermögens und andern Strafen. Doch wurde hier nicht auch der Galgen in Anwendung gebracht! Da Brod und Mehl so äußerst hart zu bekommen waren, besann sich auch der Bischof von Freising eines Bessern und erlaubte unter 14. May das Fleischessen selbst an Freytagen, Samstagen und andern sonst gebothenen Festtagen. (...)
Alle Herzen hoben zu den freudigsten Gefühlen sich, als mit Anfange Julius die Aernte begann. Ueberall wurde der erste Getreidwagen feyerlich empfangen und beschenkt. In allen Tempeln erschallten Danklieder zum Himmel. Im Triumphe zog in Münchens Strassen der heilige Benno umher, behangen mit der Aernte ersten Gaben, begleitet von der frommen Bevölkerung ganzen Zahl.«

Hazzi, 1818, S. 48 ff.

telstandes und der bäuerlichen Bevölkerung. Ruinöse Verschwendungssucht und Alkoholmißbrauch, Rücksichtslosigkeit und Egoismus, unchristliche Mitleidslosigkeit, gepaart mit religiöser Indifferenz sind feste Größen im Alltag des 16. Jahrhunderts, die das Gesamtbild gerade in Krisensituationen bestimmen.

Während die Forschung heute von der ›Preisrevolution‹ des 16. Jahrhunderts spricht und vorwiegend die naturwissenschaftlichen und politischen Kausalitäten analysiert, deuteten die Zeitgenossen die Zusammenhänge anders: Für den Landesherren waren die schlechten Ernten, die Hungersnöte und die Türkeneinfälle im Osten die Strafe Gottes für das unsittliche und sündhafte Verhalten der Untertanen (so schon ein landesherrliches Mandat vom 31. Oktober 1541). Für den Untertanen selbst war neben dem schlechten Wetter vor allem der hohe Steuerdruck, die hohe Abgabenbelastung, die Verschwendung des Hofes und die auf seine Kosten lebende und sich rasch vermehrende Bürokratie die Wurzel des Übels. Soweit schlechte Witterung die Ernten vereitelte oder Seuchen über das Land zogen, suchten die Untertanen seit den 70er Jahren auch die Schuld bei zaubereiverdächtigen Mitbürgern: Der Hexenwahn, der um diese Zeit ganz Europa heimsucht, hat eine seiner Wurzeln in der Hungerkrise der 60er und 70er Jahre des 16. Jahrhunderts.

Die landesherrlichen Obrigkeiten, die um diese Zeit durch kostspielige Vermehrung des Beamtenapparats die Grundlagen für den frühmodernen bürokratischen Staat legen, reagieren auf die Hungerkrisen mit zahllosen Befehlen, Mandaten, Gesetzen. Freilich: Der Vollzug der landesherrlichen Anordnungen bleibt mit wenigen Ausnahmen mehr als mangelhaft.

Fürkauf – Versuchung und Verderben

Der beste Weg, um in Mangelzeiten Geld zu verdienen, war die Spekulation mit Nahrungsmitteln, insbesondere der großangelegte Aufkauf von Getreide und Vieh außerhalb des Marktes (Fürkauf), sowie die Hortung und Zurückhaltung von Getreide zur Erzielung von Höchstpreisen.

Seit dem 16. Jahrhundert scheint eine Art ›Fürkauf-Fieber‹ die kaufkräftigen Leute erfaßt zu haben. Der Fürkauf, wiewohl immer streng verboten, wird zum Ausgangspunkt für sagenhafte Karrieren.

Die Bestrafung des Fürkaufs war seit dem Mittelalter in fast allen deutschen Territorien üblich, auch im Herzogtum Bayern. Nachdem schon Landgebote des 15. Jhs. in Bayern-München und Bayern-Landshut den Fürkauf verboten hatten, faßte man im vereinigten Herzogtum die Bestimmungen in der Landesordnung von 1516 (Teil 4, Blatt 46 ff.) zusammen.

In allen folgenden Landesordnungen und in vielen Mandaten ist dann dem Fürkauf viel Raum gewidmet:

Besonders untersagt war der Fürkauf beim Vieh: »Wöllen und ordnen wir / das kain Gasst / Landman / Innwoner/ noch yemands annder / das vaisst Viech / Ochssen Schlachtrinder / oder vaisst Saw / and ander Schlachtviech / an den Ställen kauffen noch verkauffen.« (Landesordnung 1516) und beim Getreide: »Es soll auch hyemit sonderlich aller Fürkauf des Getraids / wie er Namen hat / in unnserm Fürstenthumb Bayrn etc ausgenommen auff offenen Jarmärckten oder Wochenmärckten / verpotten sein / und bleiben« (Landesordnung 1516).

Die Geltungsschwäche des mittelalterlichen und frühneuzeitlichen Rechts machte es notwendig, daß die Fürkaufverbote in Zeiten des Mangels wiederholt wurden: Zwischen 1527 und 1534 kam es in ganz Mitteleuropa zu empfindlichen Ernteausfällen und zu einem Anstieg der Getreidepreise. Durch Wiederholung von Fürkaufverboten, durch Exportbeschränkungen und durch landesherrliche Unterstützungsmaßnahmen versuchten die bayerischen Herzöge damals die Lage in den Griff zu bekommen. In einem Mandat vom 20. April 1534 weisen sie auf den stetigen Anstieg der Getreidepreise hin und appellieren an ihre Untertanen: Alle, die noch Getreide vorrätig hätten, sollten dieses nach dem Vorbild des Landesherrn zu einem angemessenen Preis (zumindestens an ihre eigenen Gutsuntertanen) abgeben. Ihren Amtleuten befehlen die Herzöge, die Märkte strenger zu überwachen, damit auch die Armen zu angemessenen Preisen kaufen können.

Dieses Mandat von 1534 ist eines der ersten, in dem uns das Bild der Spekulation deutlich gegenübertritt. Da ist beispielsweise die Rede von Grundherren, die ihren Bauern Getreide, Vieh und Schmalz abkaufen, es horten und auf höhere Preise warten. Der Landesherr befiehlt, dieses gehortete Getreide zu beschlagnahmen, den Übeltäter zu melden.

Aus den Bestimmungen der Landes- und Polizeiordnung von 1553 (Buch 3, Titel 14) können wir dann erschließen, wie wenig effektiv die bisherigen Bestimmungen gegen den Fürkauf waren. So war es offensichtlich Brauch, durch Bezahlung von »Kaufgeld« an die Amtleute oder die Grundherren die Berechtigung zum Fürkauf, also zum direkten Kauf beim Bauern unter Umgehung des Marktes zu erwerben. Diese Praxis wird nun verboten. Erstmals werden nun Leibesstrafen für solche angedroht, die zum wiederholten Male als Fürkäufer gefaßt worden waren. Die gleiche Strafe soll die Amtleute treffen, die solche Fürkäufer unterstützen. Gleich im nächsten Artikel dieser Landes- und Polizeiordnung von 1553 werden die Fürkaufverbote wieder eingeschränkt: in Grenzgebieten oder dort, wo es dem »gemeinen Nutz« zum Nachteil gereichen würde, könnte man auch Ausnahmen zulassen.

1557 mußte man schon wieder neue Bestimmungen erlassen und den Fürkaufsbegriff erweitern, da geschickte Händler auf den Märkten alles nur zu dem einen Zweck aufkauften: um es gleich wieder weiterzuverkaufen. Alle Lebensmittel, die auf den Markt kamen, waren so »in die dritt oder vierdt Hanndt verkaufft...«, was genauso schädlich wie heimlicher Fürkauf (außerhalb des Marktes) sei. Solche Machenschaften werden, wie sich der Landesherr (Herzog Albrecht V.) ausdrückte, nicht von »aufrichtigen Gewerbsleuten«, sondern von »leichtferttigen vergebnen Personen« begangen, »damit dieselben irem Muessiggang und der Füllerey desto mer obzuligen auszewarten haben«.

Kritisch wurde die Versorgungslage in Bayern wie auch anderswo zur Zeit der europäischen »Hungerskrise«, die bereits am 16. Mai 1567 den bayerischen Landesherrn, Herzog Albrecht V., zu einem Fürkaufmandat mit inzwischen verstärkten Strafandrohungen bewog. Schuld an der gegenwärtigen Hungersnot sind nach Meinung des Landesherrn die in- und ausländischen Kaufleute, die ungestraft Fürkauf betreiben. Erstmals werden jetzt für die Delinquenten kurze Freiheitsstrafen und Landesverweisungen angedroht. Wieder einmal werden die Grundherren aufgefordert, nach dem Vorbild des Landesherrn Getreide an die Untertanen abzugeben.

Als dann 1567 die Ernte relativ gut ausfiel, die Preise aber trotzdem anzogen, wurde der Herzog wütend. In einem Mandat vom 22. November 1567 beschuldigte er Hofmarks- und Grundherren, daß sie aus Spekulationsgründen ihren Hintersassen Getreide und Schmalz unter Verstoß gegen die Fürkaufsverbote abgekauft hätten. Man erhöht nun die Anreize für Denunzian-

»Die physische Beschaffenheit Baierns ist nicht schlecht. Den Wein ausgenommen, hat es alle Gegenstände des allgemeinen Bedürfnisses in seinem eignen Schoosse: Getreide, Holz, Salz, Vieh ec. Von Getreide führt es bekanntlich bey gewöhnlich fruchtbaren Jahren vieles ins Ausland; aber in den Mißjahren 1771. und 1772. wurde fast für zwo Millionen Gulden Getreide aus dem Auslande eingeführt. Eine solche Unvorsichtigkeit war freylich eine grosse politische Sünde; und doch weiß ich nicht, ob man im Nothfall auch itzt, nach jener derben Lektion, hinreichend versehen wäre. Es sind zwar in einigen Städten, z. B. in München, Landshut, Ingolstadt, sogenannte Herzogkästen, darin landesfürstliches oder landständisches Getreide auf alle Fälle kann aufbewahret werden; aber nach der äussern Grösse zu urtheilen, wären sie zu diesem Zwek kann geräumig genug. Wie man mir erzählt hat, so gieng es arg her in jener Theurung; damals lernten die Baiern zum erstenmal Erdäpfel essen, mit denen sie zuvor nur die Schweine gemästet hatten; man lernte auch Haberbrod, Baumrindenbrod machen, und aus Kleyen mit Brennesseln vermischt Knödel (Klösse) kochen (...). Die ungewohnten, und ungesunden Speisen, die die Leuthe zur selben Zeit geniessen mußten, zogen Faulfieber, und die Theurung starke Auswanderungen nach sich...
Einige Kavaliers, einige Klöster, und Pfarrer zeichneten sich bey jener Noth höchst großmüthig aus; andere höchst abscheulich. Diese versteckten ihren Getreide-Vorrath bis der Preis aufs äusserste gestiegen war; sie flüchteten ihn auf die Kirchengewölber und Kirchthürme; man mußte Militärskommando hinschicken, ihn aufsuchen und herausholen zu lassen. Als einen Beytrag zur Abbezahlung der durch die kostbare Einführung des auswärtigen Getreides gemachten Schulden mußte jeder Bäcker im ganzen Lande noch drey Jahre lang nach der Theurung von jedem Schäffel Getreide, das er mahlen ließ, einen Gulden bezahlen.«

Pezzl, (1784), Neuausgabe 1973, S. 136-137

»Die Getreidepreise stiegen in allen Gegenden und Ländern, und nach alter Väterweise hörte man auch überall das gleiche Feldgeschrey über Kornwucherer als Ursache der Theurung. Es tönnte so durch ganz Europa: denn gleiche Witterung beherrschte beynahe diesen ganzen Erdtheil. Der Horizont war immer wie mit einem Leichentuch behangen, und die Sonne uns also stets ver-

hüllt. Dadurch und durch fortwährendes Regnen blieb der Boden naß und kalt und die Früchte, Getreid, Obst und Wein mager und schlecht. Viele träumten da von bemerkenden Flecken an der Sonne, die ihre wohlthätige Kraft für immer hemmen, und so das Erkalten und Versinken der Erde verkünden. Andere sahen gar einen Streifen, einer Sichel gleich, daran, als Beweis, daß diese Sichel das Menschengeschlecht nächstens wie Halme schneiden und vernichten wird. Auf allen Seiten standen nun Propheten auf, das Ende der Welt auf nächste Tage zu bestimmen. Auf eine gelehrte Weise wurde sogar bewiesen, daß der Komet von 1811, der einen glühenden Sommer brachte, der Sonne den Wärmestoff entzogen habe, daher die Flecken, daher, daß seit 1811 nur kühle, nasse, Gewitter schwangere Sommer folgten...
Untern 7. Februar 1817 erklärt sich die Staatsschuldentilgungs-Commission ermächtigt, ein Anlehen von 3 Millionen zu eröffnen, um damit im Auslande eine beträchtliche Quantität Getreid zu kaufen. Es scheint aber dieses Anlehen nicht zu Stande gekommen zu seyn; unterdessen reisten doch königl. Commissärs nach Holland, 100,000 Schäffel russisches Korn zu kaufen. Unterm 8. Febr. wurde gestattet, geringhaltigeres Bier zu bräuen und unter der Taxe zu verkaufen. Es bildeten sich nach und nach für Theurung und Noth in allen Kreisen Wohlfahrts Comités und Hilfsvereine, auch bey der Regierung in München ein Central-Comité. Das Isarkreis-Comité ließ in München die Knochen sammeln und die sogenannten Gallert oder Suppentafeln verfertigen, wodurch die Rumfortische Suppenanstalt einen Zuwachs erhielt.
(...)
Wohlthätig sorgte sowohl der König als mehrere Bewohner Münchens für die Armen. Der König ließ alle Wochen 937 Brodportionen vertheilen, welchen Beyspiel auf andere folgten. Ueberall in den Kreisen thaten die Wohltätigkeitsvereine vieles. Und beträchtliche Opfer brachte die Regierung zum Speis- und Samgetreid.«

Hazzi, 1818, S. 76 ff.

ten: Jeder, der einen verbotenen Fürkauf anzeigt, soll die Hälfte des zu beschlagnahmenden Kaufpreises erhalten, die andere fällt an die Obrigkeit.

Am 4. Juni 1569 muß Herzog Albrecht V. noch einmal ein geharnischtes Fürkaufverbot erlassen. Wieder ist von Mißernten, von Hungersnot und hohen Getreidepreisen die Rede; wieder muß der Landesherr den verbotenen Fürkauf der Hofmarksherren rügen. Die Untertanen werden ermahnt, Vorräte anzulegen.

In den Hungerjahren 1570 und 1571 häufen sich die landesherrlichen Mandate und Maßnahmen. In einem Mandat vom 30. Mai 1570 werden die vermeintlichen Ursachen der Teuerung und der Not der Untertanen genannt: der Zorn Gottes und die Nachlässigkeit der Beamten. In den nächsten drei Wochen sollen Prozessionen veranstaltet werden, das Volk soll von den Geistlichen zur Buße und Einkehr ermahnt werden. Ein dem Mandat beiliegendes Gebet muß am Ende der Predigt verlesen und nachgesprochen werden. Besonders erinnert das Mandat an die Bestimmungen gegen den Fürkauf und gegen übermäßiges Essen und Trinken. Bis zum Abklingen der Hungersnot dürfen die Bauern nicht mehr als 14 bis 16 Leute (= zwei Tische) zu Hochzeiten laden. Das gleiche gilt auch für Städte und Märkte. Dort darf ein dritter Tisch nur dann dazugestellt werden, wenn die Verwandtschaft entsprechend groß ist. Und wieder werden die Spekulanten gewarnt: Wer die Notlage der Untertanen ausnutze, solle bestraft werden; die Geizhälse und mitleidlosen Untertanen sollen von den Beamten genannt werden.

In einem Mandat vom 12. Oktober 1570 muß der Landesherr eingestehen, daß seine Fürkaufsverbote nichts fruchteten. »Das Widerspil aber ligt zu fast am Tag«. Wieder werden Strafen angedroht und wieder wird den Untertanen der Zorn Gottes vor Augen gestellt: Jetzt würden sogar Würmer das Saatgetreide auffressen. Die ›Traidkästen‹ des Landesherrn seien leer und eine Zufuhr von außen sei in Frage gestellt, weil überall gleicher Mangel herrsche.

Ein weiteres Mandat vom 16. Dezember 1570 beklagt, daß das Mandat vom 12. Oktober 1570 bei vielen Beamten und Hofmarksherren unbeachtet geblieben ist. Noch einmal wird an das Mitleid der Untertanen appelliert. Die Müller als ›Beschwerer‹ der Untertanen werden der Aufmerksamkeit der Beamten empfohlen. Das Weißbierbrauen wird jetzt als Verschwendung von Getreide und wegen des beschränkten Nährwerts des Weißbiers völlig untersagt.

Erneuert werden jetzt auch die Mandate gegen das Gotteslästern. Nach Meinung des Landesherrn sei das hemmunglose Fluchen der Untertanen ein Hauptgrund für Gottes Zorn und Gottes Strafe. Auch gegen überflüssige Esser, wie gartende Knechte und fremde Bettler geht man jetzt mit einer vorher unbekannten Schärfe vor.

Es sollte jedoch nicht besser werden. Ein Mandat vom 3. September 1571 beklagt, daß trotz der bisherigen Anordnungen, in denen zu ›gottseligen Übungen‹ aufgerufen wurde, die ›Plagen und Straffen‹ Gottes nicht enden. Und wieder wird der Maßnahmenkatalog der Mandate ab 1569 wiederholt: Fürkaufverbot, Exportverbot, Anweisung an die Grundherren, ihren Untertanen Getreide zu einem angemessenen Preis oder gegen Kredit zu verkaufen, Verbot, das Getreide von den Untertanen billig zu kaufen und es ihnen wieder teuer zu verkaufen, Anlage von Vorräten.

Sehr ausführlich werden die Fürkaufsverbote im Generalmandat des Herzogs Maximilian vom 13. März 1598 wiederholt. Alle verhafteten Fürkäufer müssen solange in Haft bleiben, bis der Hofrat oder die zuständige Regierung über die Bestrafung entschieden haben.

Als es 1614 zum ersten Mal in der Regierungszeit des Herzogs Maximilian (1598 bis 1651, seit 1623 Kurfürst) zu deutlichen Preissteigerungen beim Getreide kommt, zeigte sich, daß dieser Landesherr sich nicht allein mit dem Druck von Mandaten begnügte. Da er der Meinung war, daß die Stadtobrigkeit von München wegen ihrer Nachlässigkeit die Hauptschuld an den dauernden Verletzungen der Fürkaufsverbote trug, ordnete er 1614 die Durchführung einer Visitation der städtischen Bäcker an. Dabei stellte sich heraus, daß sich Münchner Bürger, ja sogar Münchner Geistliche durch die Spekulation mit Getreide enorm bereichert hatten. Solange das gehortete Getreide auf dem Markt gekauft worden war, war dieses Vorgehen zwar nicht strafbar, aber moralisch verwerflich: So hatte etwa der Dechant Christoph Schrenck den Bäckern den Scheffel Roggen um 6 Gulden 30 Kreuzer verkauft. Schrenck hatte auf der Münchner Schranne noch Getreide für 1500 Gulden liegen, das er nun zu überhöhten Preisen verkaufte, »welches dann von ainem Geistlichen ärgerlich zu hören«, kommentierte man im landesherrlichen Hofrat und zitierte Schrenck vor das Gremium, um ihm seine Verkäufe zu diesem Preis zu verbieten (Hofratsprotokoll vom 9. Mai 1614 – BayHStA Kurbaiern Hofrat 114).

Als sich im Herbst 1614 herausstellte, daß die Ernte mißraten war und das Saatgetreide so teuer war, daß es sich der Bauer nicht mehr leisten konnte, bildete man im landesherrlichen Hofrat einen eigenen Ausschuß, der geeignete Maßnahmen zu beraten hatte. Er verhängte vor allem Exportsperren.

Das spekulative Horten von Getreide durch Münchner Bürger war auch eine Gefahr für die Versorgung des Hofes. So hatten beispielsweise 1612, als der Hafer preiswert war, einige Münchner Bürger solche Mengen Hafer aufgekauft, daß das Hofgesinde und besonders die herzogliche Leibgarde nicht mehr genug Futter für ihre Pferde auftreiben konnte. Für den landesherrlichen Hofrat war dieses Verhalten verbotener Fürkauf und er befahl, dem Hofgesinde ein Vorkaufsrecht zu angemessenen Preisen einzuräumen.

Da grundsätzlich nur der Fürkauf, nicht aber die Spekulation mit Nahrungsmitteln als solche strafbar war, blieb der Kampf gegen die von der Hungersnot profitierenden Nahrungsmittelspekulanten durch die Jahrhunderte im wesentlichen erfolglos. Das zeigte sich auch in den Krisenjahren 1620–24 (›Kipper- und Wipperzeit‹). Die in ganz Deutschland herrschende Notlage wurde verschärft, weil zu den Nahrungsmittelspekulanten noch die Münzspekulanten kamen. Selbst der bayerische Landesherr mußte sich notgedrungen durch die Ausprägung minderwertiger Münzen an der allgemeinen Spekulation beteiligen.

Viele der Spekulanten empfanden wohl auch keinerlei Reue bei ihrem Treiben. Ein Zeugnis aus dem Norden Deutschlands beleuchtet sicher auch die Bewußtseinslage der bayerischen Spekulanten. Ein Pfarrer in Quedlinburg berichtete im Jahre 1621, daß die Spekulanten unter seinen Beichtkindern zwar zugeben würden, daß ihr wucherisches Treiben dem Geiste christlicher Liebe widerspreche, »aber sie wollen solches doch nicht unterlassen. Hätten sie doch, sagen sie, Gottes Segen dabei so mildreich empfunden, daß sich ihre Nahrung und Haushaltung um viele tausend Taler in wenig Zeit vermehret hätten. Und so befinden wir, daß sich solche Geizige wegen ihres Wuchers und Betruges noch für gesegnet und dabei auf die multitudo errantium (die Menge der ebenso Sündigen) hinweisen!«

Wie kein anderer Landesherr im Deutschen Reich hat Herzog und Kurfürst Maximilian von Bayern auf die Versorgungskrise dieser Jahre mit hohem Einsatz reagiert. Im April 1622 war es auf dem ganzen Nahrungsmittelsektor zu inflationären Preissteigerungen gekommen. Bis zum Vierfachen stiegen die Preise für Getreide und Fleisch.

Maximilian antwortete auf diese Entwicklung mit einem Mandat zur ›Abwürdigung der Münzsorten und Taxierung der Feilschaften‹ vom 23. September 1622. Die Münzen wurden neu bewertet und die Preise der Lebensmittel halbiert.

Doch die Halbierung der Lebensmittelpreise wurde von den meisten Verkäufern ignoriert. Dort, wo man den Verkauf schärfer überwachte, hielten die Verkäufer einfach ihre Ware zurück.

Die Städte waren nur schwer zu bewegen, die Taxierungen herabzusetzen, wie es die Mandate befahlen. Die Stadtobrigkeiten hielten es lieber mit den Händlern, um die Versorgung zu gewährleisten.

Die Beamten auf dem Land und die städtischen Obrigkeiten waren dem Spekulantenfieber nicht gewachsen. Mit schlechten Ernten waren 1622 die hohen Preise nicht mehr zu begründen. So befahl der landesherrliche Hofrat der Stadtverwaltung von Rain am Lech, die Getreidetaxen herabzusetzen: »In Sonderheit kombt uns glaubwürdig vor, das selber ortten das liebe Getraid durch den reichen Seegen Gottes dises Jar zimlich wol und zwar solcher Gestalt geratn, das ... gegen den Münchnerischen Satz daelbst in etwas Minderung ... fürgenommen werden mechte.«

Schließlich sah sich Herzog Maximilian im November 1622 gezwungen, Kommissare herumzuschicken, die gehortete Getreidevorräte ermitteln, visitieren und auf die Münchner Schranne schaffen mußten. Nach Meinung des Landesherrn war nicht die Münzkrise der Grund der Versorgungsschwierigkeiten, sondern die Nachlässigkeit der Beamten und die Halsstarrigkeit der auf Gewinn spekulierenden Untertanen.

Maximilian wußte natürlich, daß die Spekulanten, die das Getreide horteten, auf eine weitere Münzabwertung warteten. Die Münzabwertung vom September 1622 war hauptsächlich denen zugute gekommen, die Viktualien anzubieten hatten. Die landesherrlichen Kommissare mußten nun den Bauern auf dem Lande klarmachen, »das nach Gestalt der jetzigen Zeiten und Leuffen so baldt keine weitere Verenderung in der Münz zu besorgen und wann es auch schon darzue kommen sollte, alßdann alle Pfenwerth ohne Zweifel so wol als jetzund zugleich mit dem Gelt auch weitters hinabgesetzt und also bei den hinderhaltne Faylschaften ebenderjenige Verlust wie bey dem Gelt erwart werden muesse«.

Das glaubte natürlich niemand, da ja alle bisherigen Maßnahmen zeigten, daß die verordneten Taxen nicht zu halten bzw. umgangen worden waren.

Ende 1622 wurde der Getreidemangel immer größer. Nun wurden alle bisher erteilten Paßbriefe für Getreideexporte annulliert, auch die für Tirol und Augsburg, wo man auf die bayerischen Getreideexporte angewiesen war. Auch den Bitten des Kaisers gegenüber blieb Maximilian hart: man könne im eigenen Lande selbst um bares Geld keine Getreide mehr beschaffen. In der Hauptstadt München sei man gezwungen, Hafer und Gerste unter das Korn zu mischen. Mit den jetzt vorhandenen Vorräten könne angeblich nicht einmal das Saatgut bestritten werden.

Im Herbst 1623 entschloß sich der Landesherr zu einer totalen Kehrtwendung in seiner bisherigen Lebensmittelpolitik. Mit Mandat vom 26. September 1623 wurden alle Nahrungsmitteltaxen aufgehoben, die Preise dem freien Spiel der Kräfte überlassen. Tatsächlich kam der Preisauftrieb bei Getreide und Viktualien im Laufe des Jahres 1623 weitgehend zum Stehen. Lediglich in einzelnen Bereichen, wie beim Fleisch, dauerte es länger, bis sich die Preise wieder normalisierten. Das lag aber vor allem an den Metzgern, denen es besonders schwerfiel, Preisverbilligungen an die Verbraucher weiterzugeben, wie auch an den Wirten. Die bayerischen Landesherren des 16. und 17. Jahrhunderts hatten besonders die Wirte im Visier, wenn es galt, gegen überhöhte Nahrungsmittelpreise und gegen Nahrungsmittelverschwendung vorzugehen. Ihnen schob man fast immer eine Mitschuld an Hungerkrisen zu.

Allmächtige Metzger – Der obrigkeitliche Fleischsatz und die ehernen Gesetze des Marktes

Unter allen obrigkeitlich bestimmten Lebensmitteltaxen ist der Fleischsatz sicher der älteste. In der Landesordnung von 1553 (Buch 5 Titel 6) werden die Obrigkeiten verpflichtet, verbindliche Fleischsätze aufzustellen. Die Fleischsätze sollten dazu dienen, eine Fleischversorgung zu angemessenen Preisen zu gewährleisten. Angemessen hieß dabei vor allem, einen allzu großen Profit der Metzger zu verhindern.

Die Fleischsatzbestimmung der Landesordnung von 1553 führte zunächst zu einem Chaos, da jeder ›Flecken‹ unterschiedliche Fleischsätze festsetzte und da Vieh immer dorthin verkauft wurde, wo die höchsten Fleischsätze galten, so daß Untertanen in den Orten mit niedrigen Fleischsätzen leer ausgingen. Schnelle Preissteigerungen waren die Folge. In der Erläuterung der Landesordnung von 1557 (›Wie man fürohin den Fleischsatz fürnemen und anordnen soll‹) wird nun bestimmt, daß die Fleischsätze der größeren Städte auch für die Umgebung bis zu drei Meilen verbindlich sein sollten. Diese Fleischsätze sollten an den Hofrat und die Regierungen berichtet und von diesen überwacht werden.

Dabei versuchte man sich am Marktangebot (Viehverkauf) zu orientieren und vermied nach Möglichkeit Taxen, die dem Metzger keinen Profit mehr ließen. Doch bewirkte die Schwerfälligkeit des Taxierungsverfahrens, daß die Metzger zwar sehr schnell Preissteigerungen beim Viehkauf weitergaben, nicht aber Preissenkungen. Besonders in den Städten und Märkten des Herzogtums scheinen die Metzger einen bestimmenden Einfluß auf die Festsetzung der Fleischtaxen gehabt zu haben. Daher sah sich der Landesherr des öfteren gezwungen, durch landesweite Mandate die Fleischtaxen wieder herabzusetzen. Im Teuerungsjahr 1538 etwa setzte man die Preise für Fleisch landesweit durch Mandat wieder herunter, weil durch das Hereintreiben von ungarischem Vieh die Fleischversorgung offensichtlich gesichtert war, die Metzger aber noch immer die alten hohen Preise verlangten (Mandat vom 15. November 1538).

Ein besonderes Sorgenkind des Landesherrn waren die Münchner Metzger, die zu den teuersten im Lande gehörten, ja sogar teurer waren, als alle Metzger im benachbarten Ausland, wie Kurfürst Maximilian 1625 beklagte.

Wenn die Metzger nicht genug Fleisch hatten, so gaben sie ihre Ware ohne Rücksicht auf den Fleischsatz nur gegen Aufzahlung ab. So beklagte sich der landesherrliche Hofrat am 19. Juni 1612 bei der Stadt München, daß man derzeit von den Metzgern nur dann zufriedenstellend bedient wird, wenn man zusätzlich eine Kanne Wein mitbrächte. Selbst hohen Hofbeamten wurde das Fleisch von den Metzgern »gleich ihres Gefallens in quantitate et qualitate« zugewogen und verkauft (BayHStA Kurbayern Hofrat 99).

In München, wo es ja auch um die Versorgung des Hofs ging, wirkte an der

Festsetzung der Fleischtaxe neben der städtischen Obrigkeit auch der landesherrliche Hofrat mit. Dabei scheuten sich die Münchner Metzger nicht, auch auf das ehrwürdige Hofratskollegium massiven Druck auszuüben, wie ein Beispiel aus dem Jahre 1624 zeigt: Als die Hofräte im Januar den Fleischsatz für Waldochsen auf 5 1/4 Kreuzer und den für ungarische Ochsen auf 6 Kreuzer festsetzten, meldeten sich gleich am nächsten Tag zwei Metzger an, die dem Hofrat an Beispielen demonstrieren wollten, daß das Waldochsenfleisch ebenso seine 6 Kreuzer wert sei. Im Hofrat zeigte man sich über dieses Ansinnen der Metzger, die Hofräte »gleichsamb für Fleischbeschauer« zu halten, sehr ungehalten. Der Münchner Stadtobrigkeit wurde befohlen, die beiden vorlauten Metzger für einige Stunden einzusperren, falls sich herausstellen sollte, diese hätten das Fleisch aus eigenem Antrieb in den Hofrat gebracht (BayHStA Kurbayern Hofrat 189, Bl. 101). Die Hofräte, die ja selbst zu den leidgeprüften Abnehmern der Münchner Metzger gehörten, waren offensichtlich über die Anmaßung der Metzger so erbost, daß sie wenig später den Fleischsatz noch mehr herabsetzten. Das Waldochsenfleisch wurde auf 5 Kreuzer taxiert.

Um die überhöhten Fleischpreise der Münchner Metzger zu drücken, genehmigte der Hofrat am 6. Juli 1923 auch den Betrieb von Freibänken. Solche waren schon in der Landes- und Polizeiordnung von 1616 (Tit. 3 Art. 8) angeregt worden.

Exportverbote

Erst der Staat der Neuzeit war in der Lage, auch durch Exportverbote die Versorgungslage im Land günstig zu beeinflussen. In Bayern, das ja ein Getreideexportland war, bildeten Exportverbote ein wichtiges Mittel, um bei Hungersnöten einzugreifen, wie etwa bei der Hungersnot von 1529/30. In einem Mandat vom 15. Oktober 1530 wird darauf hingewiesen, daß die Unwetter des letzten Jahres und die Mißernte in diesem Jahr sowie die verstärkten Getreideexporte die Preise für Getreide so in die Höhe getrieben hätten, daß die armen Bauern Gerste, Hafer und Rattelkorn für ihr Essen mahlen müßten. Sowohl die Ausfuhr von Getreide als auch der Verkauf an Ausländer wird nun untersagt.

Mandate dieser Art wiederholen sich nun in der Zukunft. 1538 wird wegen des Ansteigens der Bierpreise die Ausfuhr des Malzes verboten.

Während der Hungerjahre 1567–1571 verhängte Herzog Albrecht v. eine generelle Ausfuhrsperre für Getreide. Dies betraf insbesondere Salzburg und Tirol, die Hauptimportländer für bayerisches Getreide. Ausländer durften auf bayerischen Märkten nicht kaufen. Inländer benötigten für den Export einen Paßbrief, der je nach Einzelfall zu erteilen war. Da auch außerhalb des Herzogtums der Hunger herrschte und Einkäufer aus den schwäbischen Reichsstädten, aus Tirol und der Schweizer Eidgenossenschaft jeden Betrag für Getreide zahlten, waren auch diese Exportverbote ohne großen Effekt. Erst im Jahre 1573 sah sich Herzog Albrecht in der Lage, die Exportbeschränkungen für Getreide (mit Ausnahme von Hafer) aufzuheben.

In den folgenden Jahren kommt es immer wieder zu beschränkten Exportverboten wie etwa am 7. Juni 1580. Nach der Ernte wird dieses Exportverbot wieder aufgehoben.

Längerfristige Exportverbote gab es erst wieder ab dem Hungerjahr 1614. Sie erwiesen sich aber als weitgehend unwirksam. Seit den 20er Jahren des

17. Jahrhunderts gehören landesherrliche Mandate mit Exportverbot zu den regelmäßigen Erscheinungen.

Hunger und Not – Die Regenten auch in den folgenden Jahrhunderten

Der 30jährige Krieg mit seinen Bevölkerungsverlusten hatte schließlich zur Folge, daß sich in der zweiten Hälfte des 17. Jahrhunderts die Nahrungsmittelversorgung verbesserte. Die stete Bedrohung durch Hungersnöte, wie sie seit der Mitte des 16. Jahrhunderts kennzeichnend war, hörte nun auf.

Die relative Idylle dauerte nur ein halbes Jahrzehnt. Das 18. Jahrhundert sollte für das Kurfürstentum Bayern wieder ein Hungerjahrhundert werden, und zwar ein ›hausgemachtes‹. Es waren vor allem die ungeheuren Abgabelasten, die seit Kurfürst Max Emanuel die Wirtschaft ruinierten. Dazu kamen die Kriegsereignisse in drei für das Kurfürstentum verlorenen Erbfolgekriegen.

Verteilung der Armensuppe an der Klosterpforte der Kapuziner, aus: Baumgartner, 1805

Das Unheil zeichnete sich schon Ende des 17. Jahrhunderts ab. Eine Hungersnot im Jahre 1692 führte zur Beschlagnahmung von Getreidevorräten und zur Gründung einer eigenen Getreidedeputation. Im Jahre 1697 veranstaltete der Hofrat eine Umfrage bei den Regierungen, um deren Meinungen über die Ursache der Teuerung und des Lebensmittelmangels zu erforschen. Da finden wir Vorschläge, die sehr fortschrittlich klingen, etwa wenn die Regierung von Amberg die Errichtung eines Universalmagazins anregt. Sehr mutig tippen die Regierungen die ›hausgemachten‹ Fehler an: Die Monopolien, die vielen neuorganisierten Kollegien in München (gemeint waren wohl die verschiedenen Kollegien zur Wirtschaftsförderung und im Kammerbereich), die Ausgaben für die langwierigen Kriege (Türkenkriege) und schließlich die vielen Aufschläge und Abgaben.

Besonders schlimm war dann die Hungersnot der Jahre 1711–1713, die sich in ähnlicher Form gegen Ende des Jahrhunderts in den Jahren 1770–1774 wiederholte.

Eigenartigerweise scheint trotz dieser Nahrungsmittelknappheit die Zahl der Bauern und die bewirtschaftete landwirtschaftliche Fläche laufend abgenommen zu haben. Die Ursache dafür liegt in der durch den Abgabendruck

Die Rumforter-Suppen-Anstalt.

»Wie gesagt, verband Graf Rumfort mit seinem in der Vorstadt Au errichteten Militär-Beschäftigungs-Hause eine Suppen-Anstalt, um den dortigen Arbeitern für geringes Geld die unentbehrlichste Nahrung zu verschaffen. Diese Anstalt wurde nach München übergepflanzt und verbreitete sich von da in mehrere Städte Bayerns. Diese Einrichtung allein schon würde den Namen des Rumfort im ehrenden Andenken erhalten haben, wenn ihn nicht sein reger Sinn für alles Gute und Schöne überall verkündet hätte.
Die Suppen-Anstalt in München hat nach einigen Lokal-Veränderungen endlich ihren stabilen Platz in der Nähe des Feuerhauses am Anger eingenommen. Bei hohen Preisen der Lebensmittel oder sich zeigendem Mangel an Arbeit werden fast jedesmal in den verschiedenen Stadt-Vierteln Filial-Anstalten creirt. Im Jahre 1847/48 befand sich in jedem Stadt-Viertel und in den Vorstädten eine solche Anstalt, welche an

Jedermann gegen einen Kreuzer oder gegen ein von der Armenpflege oder von Privaten erhaltenes Billet eine halbe Maß Suppe verabfolgte.
Die Suppe kann in eigenen mitgebrachten Gefässen abgeholt oder auch in dem dabei befindlichen Speise- oder Wärme-Zimmer sogleich verzehrt werden. In den gewöhnlichen Jahren werden von dieser Anstalt 51 bis 52,000 Portionen Suppe ausgekocht, und zwar für die Armen-Schüler circa 22,000, für die Arbeiter-Klasse 27,000, an Gesellschaften und an den Vinzens-Verein werden verkauft 2,500 Portionen, eben so werden gegen 10,000 Stück Brod verabreicht. Im Jahre 1848/49 stieg die Abgabe auf 23,760 Portionen Suppe und 45,000 Portionen Brod.
Seine Majestät der König spenden jährlich 610 Fl. zu diesem Zwecke.
Die Suppenköchin mit ihren Mägden kauft den Bedarf der hiezu benöthigten Viktualien, Fleisch, Brod, Erbsen, Linsen, Mehl, Gries, Erdäpfel, Salz und Gewürz ec. ein, und der Armenpflegschafts-Rath leistet die vorschußweise Zahlung. Dieselbe liefert ihre Einnahme oder die erhaltenen Billets wieder ab, und bestreitet damit die Ausgaben. Nur bei Errichtung aussergewöhnlicher derartiger Anstalten hat die Armenpflege einen grösseren Verlust. In gewöhnlichen Jahren werden, mit Ausnahme des Holzbedarfes im Betrage von 60-70 Klaftern, die Ausgaben größtentheils gedeckt, versteht sich mit Rücksicht darauf, daß die Armenfonds-Kasse die abgenommenen Billets der Anstalt selbst vergütet. Das nachgewiesene allenfallsige Defizit bezahlt ohnehin der Armenfond.«

Lindhamer, 1901, S. 108 f.

verursachten Überschuldung vieler Bauern, die nicht in der Lage waren, ihr Saatgetreide zu kaufen und schließlich durch Versteigerung ihrer Güter und Abmeierung vertrieben wurden. Taglöhner, landwirtschaftliche Arbeiter und Dienstboten verlangten nach Mitteilung der landesherrlichen Mandate soviel Lohn und arbeiteten dazu noch so schlecht, daß sie mit zum Ruin der Bauern beitrugen. Nach schlechten Erfahrungen mit Exportsperren und sonstigen restriktiven Maßnahmen in der Teuerungszeit 1770/1772 erörterte man unter Kurfürst Karl Theodor neue und weitergespannte Maßnahmen zur Erhöhung der Nahrungsmittelproduktion. Man erzielte dann auch mit der ›Peuplierungspolitik‹, der Güterzertrümmerung und der Erschließung bisher brachliegender Gründe beachtliche Erfolge. Doch gab es auch wegen der allzu liberalen Politik des Kurfürsten im Jahre 1788, als das Getreide in München knapp wurde, schwere Auseinandersetzungen zwischen dem Kurfürsten und dem Magistrat: Dieser hatte mit kräftigen Worten eine Getreidesperre gefordert und den Kurfürsten dabei so angegriffen, daß dieser zur Strafe mit seinem Hofstaat München verließ (Bauer, Geschichte der Stadt München 250).

Hinter den Maßnahmen des Kurfürsten Karl Theodor stand seit 1784 der aus Amerika stammende Benjamin Thompson (seit 1792 Reichsgraf Rumford). Bei seiner im Rahmen der Armenfürsorge ins Leben gerufenen »Beschäftigungsanstalt« ließ er die Arbeiter und Armen mit der von ihm rezeptierten einfachen, aber kräftigen »Rumfordsuppe« verköstigen. Auch nach der Schließung seiner Beschäftigungsanstalt blieb die Rumfordsche Idee einer öffentlichen ›Suppenanstalt‹ erhalten. Nach der Aufhebung der Klöster und der Entmündigung der Kommunen unter der Regierung des Ministers Montgelas war nun der Staat in Zeiten der Not doppelt gefordert.

Doch in den Hungerjahren 1816/17 zeigte sich die Ohnmacht der zentralisierten Bürokratie, Hungersnöte zu verhindern oder auch nur das Elend wirksam zu mildern. Wieder reagierte man mit Gesetzen (Armengesetz von 1816) und wieder machten Getreidespekulanten ein Vermögen. Die seit dem 17. Jahrhundert angemahnten öffentlichen Getreidespeicher wurden stets geplant, aber immer noch nicht gebaut.

Bis in die Mitte des 19. Jahrhunderts hinein konnten die Landesherrn das Hungergespenst nicht bannen: Mit wenigen Ausnahmen boten sie den Hungernden durch die Jahrhunderte Gesetze und Appelle zur Mildtätigkeit statt Brot. Die Wirklichkeit der Hungerjahre bestimmten indes nicht zuletzt die Nahrungsmittelspekulanten und alle, die an der Not ihrer Mitbürger zu verdienen hofften.

R. H.

37.1 Hungerjahre

37.1.1
O. A., Sichere Anleitung, wie man bey diesen theuren Zeiten wohlfeil und gut leben könne. Der Armuth zum Besten, von Neuem aufgelegt, Welchem noch beygefügt ist Kurzer Bericht Wie man aus Mehl mit Zusatz unterschiedlichen Garten-Gewächs gutes Hausbrod erhalten, und dadurch den dritten Theil an Getraid erspahren könne.
München, 1770
Heft, 16 S. u. 8 S. eingebunden mit Texten zur Anleitung zu Fleckputzmitteln u. a.
München, Bayerische Staatsbibliothek, 4° Oec. 11

Die Mißernte des Jahres 1770 mag zu dieser Anleitung zur Ernährung in Not- und Hungerzeiten geführt haben. Der anonyme Autor, der sich als aufrichtiger Menschenfreund bezeichnet, veröffentlicht ein Suppenrezept, das sich in Frankreich zur Speisung der Hungrigen bereits bewährt hatte und zeigt »wie man sich bey diesen klemmen und theuren Zeiten dannoch wohlfeiler und besser nähren könne... Es wird eine für junge und alte sehr gesunde und nahrhafte, anbey eine angenehme und ganz wohlfeile Nahrung vorgeschlagen«, die für 20 Personen 2 Tage reicht:
»Man nimmt: 2 Pfund Reiß, 7 Pfund Erdäpfel, 1 Pfund Kürbis, 1 1/2 Pfund gelbe Rüben, 1 1/2 Pfund weiße Rüben, Butter, Salz, 2 Pfund Brod, 28 Pfund Wasser, so in verschiedenen Speisen vorkommt«.
Die Rezeptur mit Kartoffelanteilen bestätigt, daß infolge der Hungersnot die Kartoffeln als Nahrungsmittel in breitere Schichten eingeführt werden. Zur Ersparnis des teuren Getreides fügt der Autor Vorschläge zum Strecken des Mehles bei der Zubereitung von Brot an. Als »Brod-Zusätze« bewährten sich besonders Kartoffeln, Kohl- und gelbe Rüben, Erbsen, Linsen, Bohnen, Hafergrütze und Kraut.
U. Z.

37.1.2
O.A., Ueber die Ursachen der gegenwärtigen Theuerung der Lebensbedürfnisse vorzüglich in der Hauptstadt München und übrigen Städten Baierns, nebst einigen Winken derzelben abzuhelfen
Johann Baptist Strobel
München, 1802
Heftchen, 73 S., 19 x 11,5 cm
Slg. Proebst, L 2212

Aufklärerische Abhandlung über die Ursachen der Teuerung und deren Bekämpfung. Der anonyme Autor sieht die Ursachen des schlechten Viehbestandes und damit die hohen Fleischpreise im Mißverhältnis von Wiesen zum Ackerland und der geringen Produktivität des Klee- und Futterkräuteranbaus. Er bemängelt die preistreibenden Verkaufssysteme des Getreide- und Gemüsehandels. Seine antiklerikale Haltung kommt u. a. in seiner Kritik am Eierverbrauch der Klöster an Fast- und Feiertagen zum Ausdruck. U. Z.

37.1.3

37.1.3
Benjamin Thompson Graf von Rumford
(Woburn/Massachusetts 1753-1814 Auteuil/Frankreich)
John Raphael Smith
(Derby 1752-1812 Worcester)
London, 1801
bez. Painted, Engraved & Published April 2. 1801, by I. R. Smith, Mezzotinto Engraver, to H. R. H. the Prince of Wales, No. 31, King Street, Covent Garden, London
Schabkunstblatt, Lit. 51,2 x 35,8 cm
Lit.: Rumford, Kleine politische Schriften, Bd. 1, Weimar 1797[2]
Larsen, E. Graf, Rumford - Ein Amerikaner in München, München 1961; AK, Wittelsbach, III/2, München 1980, S. 61 ff.; Baumann, ›Armuth ist hier wahrhaft zu Haus‹, MBM, Bd. 132, München 1984
57/340

Der Amerikaner Benjamin Thompson trat 1784 in pfalz-bayerischen Dienst. Von Kurfürst Karl Theodor wurde er 1792 in den Reichsgrafenstand erhoben. Graf Rumford ist nicht nur Schöpfer des Englischen Gartens, er reformierte das Heer, bekämpfte die Armut und das Bettlerwesen. Das Programm seiner rigorosen Maßnahmen gegen die Armut überliefert er in Band 1 der vierbändigen ›Kleinen Schriften politischen, oekonomischen und philosophischen Inhalts‹. Die Bettler wurden systematisch aufgegriffen und in das ›militärische Arbeitshaus‹ (1790 gegründet) in der Au gebracht. Dort verköstigte man sie mit der von Rumford zusammengestellten nahrhaften, billigen sog. Rumfordsuppe, gekocht auf den Rumfordöfen, die er selbst nach Studien der Wärmetheorie entwickelt hatte. Außerdem erstellte er für die Insassen des Armenhauses ein Arbeitsprogramm, das mit dem Anfertigen von Militärbekleidung oder dem Spinnen von Garnen kleine Verdienste ermöglichte.
U. Z.

Münchener Armen-Suppe – Rumfords Verbesserung

»Aber so gering auch die Kosten sind, welche die Beköstigung der Armen zu München erforderte, so sind sie doch seit kurzem durch Einführung der Kartoffeln noch mehr verringert. Dieses höchst schätzbare Gewächs ist nur erst sehr spät in Bayern bekannt geworden; und der Widerwille des Publikums und vorzüglich der Armen war dagegen damals, als wir sie in der öffentlichen Küche des Arbeits-Hauses zu München gebrauchten, so groß, daß wir uns durchaus gezwungen sahen, sie zuerst heimlich einzuführen. In einem entfernten Winkel wurde ein Zimmer zur Küche eingerichtet, um sie daselbst zu kochen. Sie mußten durch gänzliches Zerkochen und Zerstörung ihrer Gestalt und Textur so unkenntlich gemacht werden, daß man sie nicht entdecken konnte. Allein die Armen fanden bald, daß ihre Suppe an innerer Güte gewonnen habe; und sie gaben ihren Beyfall über diese Veränderung so allgemein und so laut zur erkennen, daß man es nicht länger für nöthig hielt, das Geheimniß ihrer Bereitung zu verhehlen. Unizt sind sie alle so große Liebhaber der Kartoffeln, daß sie sich schwerlich ohne dieselben befriedigen laßen würden. Der Gebrauch der Kartoffeln als eine Zuthat in die Suppe setzte uns in den Stand, eine beträchtliche Ersparniß an andere theuren Zuthaten zu machen, wie man aus der Vergleichung des folgenden Recepts mit den ersten sehen kann.«
Rumford, 1797, S. 274–276

Suppe No. I

Zuthaten	**Gewicht**		**Kostenbetrag**		
	lb	**L.**	**Rth.**	**ggr.**	**pf.**
4 Viertel Perlgraupen	141	4	3	21	8
4 Viertel Erbsen	131	8	2	10	5
Schnitte von feinem Waizenbrod	69	20	3	9	8
Salz	19	26	–	9	10
24 Maaß schwacher Bier-Weineßig oder vielmehr sauer gewordnes Bier	46	26	–	12	2
Maßer ungefähr 560 Maaß	1077	–	–	–	–
	1485	20			
Brennholz – 88 lb trocknes Tannenholz / die Bayrische Klafter / 3961 lb an Gewicht / zu 2 Rthl. 18 gr.			–	1	8
Lohn für drey Küchen-Mägde / zu 20 Gulden das Jahr / macht täglich			–	2	9
Tägliches Kostgeld für drey Küchen-Mägde jede 2 gr. 9 pf. macht			–	8	3
Tagelohn für zwey männliche Bedienstete			–	13	5
Reparaturen in der Küche und an Küchen-Geschirr, jährlich 90 Gulden, mach täglich			–	4	2
Totalsumme der täglichen Ausgaben,wenn 1200 Menschen beköstigt werden			11	22	–

Suppe No. II

Zuthaten	**Gewicht**		**Kostenbetrag**		
	lb	**L.**	**Rth.**	**gr.**	**pf.**
2 Viertel Perlgraupen	70	18	1	16	9
2 Viertel Erbsen	65	20	1	5	3
8 Viertel Kartoffeln	230	8	–	14	9
Brodschnitte	69	20	3	9	6
Salz	19	26	–	10	3
Weineßig	46	26	–	12	7
Waßer	982	30	–	–	–
Summe des Gewichts	1485	20			
Für Brennholz, Mägde und Bediente, Reparaturen			1	3	9
Summe der täglichen Ausgabe, wenn 1200 Menschen beköstigt sind.			9	1	10

Die obige Summe (9 Rthlr., 1 gr. 10) mit 1200, als der Zahl der vertheilten Suppen-Portionen, dividirt, beträgt jede Portion ungefehr 2 Pfennige.
Rumford, 1797, S. 274-276

Die Armensuppe

»Die Vertheilung von Armensuppen ist in München, so wie im Auslande nicht ganz neu. Zu München ist im J. 1771, um die traurigen Folgen der Theurung von der Klasse der Dürftigen abzuhalten, in einer eigens angerichteten Küche zwischen dem St. Joseph-Spital und dem Kloster der Servitinnen eine reinlich gekochte, auf Kosten der Wohlthäter für Junge und Alte, Gesunde und Kranke gedeihliche warme Speise, wovon die Portion 4 kr. kostete, zubereitet, und an der Pforte des gedachten Spitals gegen messingene Zeichen ausgetheilt worden. (Sieh Münchner Intelligenz-Blatt 1771). Allein die Rumfordische Suppe verdient sowohl ihrer Zubereitung, als Wohlfeilheit wegen neuerfunden genannt zu werden. Wir theilen einige der von dem Polizeidir. Baumgartner hierüber ertheilten Aufschlüsse in ihrem Zusammenhange aus den Münchner Zeitungsnachrichten mit. Ankündigung.

›Als der Plan, die Konvente der Franziskaner und Kapuziner von hier in andere Städte zu verlegen, seiner Realisirung sich näherte, war Seine kurf. Durchleucht vor allem darauf bedacht, daß es denjenigen, die bis hierher die unentgeldliche Klostersuppe daselbst genossen hatten, bei wirklicher Verlegung dieser Konvente nicht an der bisher empfangenen Nahrung fehlen möchte. Se. kurf. Durchl. gaben mir daher aus eigener Bewegung den Auftrag, einen Entwurf zu machen, wie diese Klostersuppe durch die vorzüglich Rumfordische Suppe ersetzt, und so für die ganze Stadt gemeinnützig gemacht werden könnte. Ich habe diesem höchsten Auftrage gemäß einen Vorschlag hierüber eingereicht, welcher nach der von Sr. kurf. Durchleucht mir ertheilten Genehmigung ausgeführt und hiermit bekannt gemacht werden darf. Denn, wenn es

1) eine der ersten Polizeipflichten ist, für Wohlfeilheit und hinlänglichen Vorrath der Lebensmittel nach möglichsten Kräften zu sorgen, so ist die Erfüllung dieser Pflicht gewiß noch wichtiger, wenn es darum zu thun ist, der ärmeren Volksklasse eine gesunde und sättigende Nahrung zu verschaffen; indem es ja außerdem in dem Augenblicke, wo der Reiche seinen Luxus einschränken muß, dem Armen an den unmittelbaren Lebensbedürfnissen fehlen müßte.

2) Obwohl seit einiger Zeit dieses letztere traurige Verhältnis in den größten Städten außer Deutschland eingetreten ist, so waren doch in München gewiß wenige, die hungerten, und dies auch aus der natürlichen Ursache, weil Niemand an seinem rechtlichen Broderwerbe gehindert wurde; weil die Freiheit des Handels mit Lebensmitteln die Leidenschaft des Habsüchtigen gegen seinen Willen zwang, dem Staate zu dienen; indem sie ihn ermunterte, mitten unter stehenden Heeren Magazine zu halten, die der Staat nicht zu bezahlen brauchte, und weil die Seligkeit, die die Menschen im Wohlthun genießen, viele brave Einwohner bewog, das Schicksal mancher Bedürftigen in der Stille zu erleichtern, während das Armeninstitut dort, wo offenbarer Mangel eintrat, nach allen Kräften steuerte.

3) ein Hilfsmittel zur Unterstützung der Bedürftigen blieb immer die bei den Franziskanern und Kapuzinern unentgeldlich ausgetheilte Klostersuppe mit, an deren Statt nunmehr die Rumfordische Suppe ausgetheilt werden soll, deren Einfachheit, Güte und Gesundheit den Nahmen ihres Erfinders der Nachwelt aufbewahren wird. Diese Suppe soll aber als eine öffentliche Anstalt den Armen nicht aufgedrungen werden; sondern für die Zukunft in einer eigenen, im Polizeihause hergerichteten Küche gekocht, und in einem daran stoßenden Zimmer an alle diejenigen, welche die Lust oder das Bedürfnis fühlen, sie abzuhohlen, käuflich überlassen werden.

4) Man sagt käuflich überlassen werden; denn es möchte nicht allerdings mit der Billigkeit übereinstimmen, dem Armen etwas am Almosen abzuziehen, und ihm als Surrogat die Suppe zu geben; indem manche durch Arbeiten in Privathäusern auf andere Art sich ihre Nahrung zu verschaffen wissen, welche daher offenbar verlieren würden, wenn ihnen für eine Suppe, die sie nicht genießen, am Almosen etwas vorbehalten werden sollte. Eben so schädlich würde es sein, die Suppe unentgeldlich zu geben; denn es ist bekannt, wie sehr es die Menschen verdirbt, sich sorglos dem kommenden Tage zu überlassen, wenn sie sich so ohne alle Mühe umsonst satt essen können.‹ «

Hübner, 1805, S. 521-523

37.1.4
Rumfordsuppe
W. Maiersolgk
um 1980
Photoübermalung, 19,5 x 29 cm
München, Pfanni, Otto Eckart KG

Vor dem Rumford-Schlößchen im Englischen Garten steht auf einem Sockel eine Suppenterrine mit Aufschrift ›Rumfordsuppe‹. Das Bild erinnert an Benjamin Thompson Graf von Rumford, der diese Suppe zur Verköstigung der Armen zusammenstellte. Neu war die Verwendung von Kartoffeln. Alle anderen Zutaten wie Perlgraupen, Erbsen und Brot waren schon für die Armensuppe früherer Zeiten üblich gewesen.

37.1.5
Die wohltätige Hausfrau
Joseph Bergler (Salzburg 1753-1829 Prag)
1805
Kupferstich, 24,8 x 27,2 cm
München, Staatliche Graphische Sammlung, Nr. 229624

Die ›wohltätige Hausfrau‹ verteilt mit einer Helferin aus dem großen Suppenkessel, der über dem offenen Feuer hängt, die Suppe an Arme, die diese in Gefäßen abholen. ›Die Hungrigen speisen‹ zählt zu den sieben leiblichen Werken der Barmherzigkeit, die nach der Hl. Schrift den Gläubigen als Pflichten auferlegt sind.

37.1.6
Die Verteilung des Armenbieres im Kreuzgang des Franziskanerklosters
nach Wilhelm Grögler
(1839-1897 München)
München, 1881
bez. r. u. W. Grögler
Xylographie, 19,6 x 28,5 cm
P 1711

37.1.7
Die Austeilung des Armenbieres an der Pforte des Franziskanerklosters
Baum nach Joseph Puschkin
München, um 1880
bez. r. u. Baum M. u. Originalzeichnung v. J. Puschkin
Xylographie, 30,3 x 21,5 cm
P 1710

37.1.5

37.1.8
Bügeltopf ›Kosthafen‹ zum Einsammeln von Essen
Gebrauchsort München, 19. Jh.
bleiglasierte Irdenware, 10,5, x 19,5 cm
58/428

Bügeltopf zum Tragen und Einsammeln von Essen. Aus dem München der 1. Hälfte des 19. Jahrhunderts wird überliefert: »... dann ging es wieder ans Lernen oder es kam ein Hauslehrer 3 mal die Woche – es war dies ein sogenannter armer Student die Suppe und Brod bekamen, oder wöchentlich 6 Kreuzer – solche arme Studenten gab es damals sehr viele und man konnte sie mit dem sogenannten Kosthafen, zwei Hafen mit einem Henkel verbunden herumgehen sehen um sich bei den Leuten das Essen zu holen – in der Schule wurde jeden Samstag an die armen Kinder Brod vertheilt jedes einen Wecken«. (Privataufzeichnungen des Friedrich von Hellingrath (1826-1896), München, Stadtmuseum, A 84/320)

37.1.9
Krankenhausgeschirr des Allgemeinen Krankenhauses links der Isar
Johann Nepomuk Lippert
(Meister ab 1792, gest. 1824)
München Anfang 19. Jh.,
bez. Krankenhaus
Zinn, gegossen
Lit.: Bauer, J. von, Annalen der städtischen allgemeinen Krankenhäuser zu München, FS, München 1913
37/1534, 37/1535

Die Teller und Schüsseln wurden wohl für das allgemeine Krankenhaus links der Isar angefertigt, das 1813 fertiggestellt wurde. Die Küche des Krankenhauses besorgten eine Köchin, zwei Küchenmägde und zwei Hausmägde. Nach vielerlei Beschwerden erstellt der Münchner Magistrat eine »Übereinkunft über die Beköstigung der Kranken sowie des gesammten Dienstpersonals« (1835), darin waren Herstellung, Abgabe und Diätkost genau geregelt. Der Wert des Essens wurde bei 14 Kreuzer angesetzt.

»Sonntag: zu Mittag ain Pätte Schnidl Supe ein Riebeskrauth und 1/2 Pfd. Kalbfleisch dann umb 2 Pfg. brodt zu nachts ain gersten nebst den einmach fleisch.
Montag zu Mittag ain aufgeschnidelte Suppe dan Krauth und fleisch um 2 Pfd.Brodt wie oben. zu nachts ain Reiß in der Suppen ... auch wider 1/2 Pfd. Fleisch sambt 2 Pfg. brodt.
Erchtag zu Mittag ain aufgeschnidelte Supe sambt fleisch und Kraut dan Brodt. zu nachts ain gerimbe ahrgersten und Wörschy nebst dem Fleisch und Brodt.
Mittwoch zu Mittag Suppe Fleisch und kraut sambt Brodt. zu nachts Reiss in der Suppe und weiße Rubn und 1/2 Pfd. Fleisch sambt Brodt.
Pfingstag zu Mittag Supe Fleisch und krauth sambt Brodt. zu nachts Gerste ein Eingemachtes Fleisch sambt Brodt zu zeiten Spinath od. Carviol nachdem die Sach zu bekommen ist.
waß aber die Schwächeren sind und die ganz Cosst nicht genießen, diessen bekomen geschnitene Nudl in der Supen oder abgetriebene Knödel wie auch abgetriebene Butter Nogerln. Etwan einen Kölberfuß oder Lungl zu zeiten auch gedempfte Äpfel auch gesottne und gebachene zwösken und apfel oder zwösken Pavesen wie auch Hirnpafeßen.
Freytag zu mittag ein durchgetribene Ärbes Subpen einen Reiss in der Milch oder aber einen Semmelschmarn. zu nachts ein knödlsupe sambt gesottne Äpfel oder ein zwösken muß vor allzeit 2 Pfg. Brodt dazu.
Sambstag zu Mittag eine Suppe und aufgegangene Nudl oder Küechl. Zu nachts eine Prensuppe und gesottene zwösken sambt ihr Brodt.«
Kostordnung im alten Krankenhaus wie im Bruderhaus, die 1751 eingeführt wurde, aus: Bauer, J. von, Annalen der städtischen allgemeinen Krankenhäuser zu München, FS, München 1913, S. 58

Not im Ersten Weltkrieg

»Die Ernährung war nun erbärmlich. Wir halfen etwas nach, indem wir mit Stock, Schnur und Angelhaken zu fischen begannen. Was wir fingen, waren nur ›Bürschlinge‹, sehr kleine Dinger, und die etwas größeren ›Rotaugen‹, mit denen wir die Tafel belieferten. Auch sammelten wir Schnecken, die wir kochten und aßen; der Hunger war größer als der Widerwille. Für den Geburtstag der Mutter, den 24. Juli, rahmten wir in aller Heimlichkeit unsere Milch ab, wochenlang, und versteckten den Rahm im Keller, um sie an ihrem Ehrentag mit Schlagrahm zu überraschen. Als wir am Morgen des Festes das Gesammelte holen wollten, fanden wir eine ertrunkene Maus darin, und aus der Überraschung wurde nichts. Zweimal die Woche radelte die Mutter den langen Weg nach Gmund am unteren Ende des Sees, wo es, wenn man Glück hatte, Gemüse zu kaufen gab. Auch wurden flehende Briefe an die Frau Senator geschrieben, die in Polling bei Weilheim lebte und Beziehungen zu Bauern hatte; während des ganzen Krieges suchte sie uns ein wenig mit Paketen zu helfen, während sie selber darbte – die liebende, sorgende Großmutter, wie aus einem Roman des Jahrhunderts, aus dem sie kam.«

Golo Mann, 1986, S. 54

Das hungerige München, 1919, Foto: Heinrich Hoffmann, München Stadtarchiv

Hungerjahre

Im vorindustriellen Europa war der Hunger ein Alltagsphänomen. Die Bevölkerung wurde von zyklisch wiederkehrenden Hungerkrisen heimgesucht, verursacht durch Mißernten, Seuchen und Kriege.
Erst im Zeitalter der Industrialisierung gelang es allmählich, die Ernährungslage zu stabilisieren. Eine Steigerung der Erträge wurde durch die technologische Entwicklung der Agrarwirtschaft, eine schnellere Verteilung der Nahrungsmittel durch die Verbesserung des Kommunikations- und Transportwesens erreicht.
Im 20. Jahrhundert führten in Deutschland – neben der Wirtschaftskrise zu Beginn der 30er Jahre – die beiden Weltkriege erneut zu Hungersnöten. Das Überleben der Bevölkerung sollte in diesen Zeiten durch »ein System der öffentlichen Zwangsregulierung von Produktion, Distribution und Konsum« sichergestellt werden.
Die wenigen noch verfügbaren Grundnahrungsmittel wurden rationiert und nur auf Lebensmittelmarken abgegeben. 1915 wurden erstmals Mehl- und Brotmarken ausgegeben, 1916 folgten Bezugsscheine für Butter, Milch, Zucker und Fleisch. Im Dezember 1916 bestand die tägliche Lebensmittelzuteilung in München aus 200 gr Mehl oder 260 gr Brot, 500 gr Kartoffeln, 1/4 l Milch, 36 gr Fleisch und 9 gr Butter. Vielfach konnte aber nicht einmal diese Ration tatsächlich ausgegeben werden, und auch die Qualität der Nahrungsmittel ließ immer mehr nach. Brot wurde mit Zusätzen wie Gerste oder Kartoffelmehl gestreckt, Milch mit Molke oder Wasser verfälscht.
Zusätzliche Nahrung war dringend notwendig. Wer konnte, betrieb Eigenbau. Gärten und öffentliche Plätze verwandelten sich in Gemüsebeete und Kartoffeläcker, auf dem Balkon zog man Tomaten, Kleinvieh wurde in Hinterhöfen und Wohnungen gehalten. Sogenanntes ›Wildgemüse‹ wie Sauerampfer, Löwenzahn und Brennesseln ergänzten den Speiseplan ebenso wie Beeren, Bucheckern und Eicheln. Auf dem Münchner Viktualienmarkt wurden Raben, Dohlen und Eichhörnchen zum Kauf angeboten.
Man ging ›Hamstern‹ auf dem Land oder tauschte auf dem Schwarzmarkt Wertgegenstände gegen Eßbares ein. Besonders begehrt waren dabei Ersatzstoffe: Trockenmilch und Trockenei, Kartoffelflocken und Süßstoff. Diese Produkte kamen nach dem Zweiten Weltkrieg vor allem mit den Care-Paketen aus den Vereinigten Staaten. Sie enthielten sogar auf dem Schwarzmarkt zu hohen Preisen gehandelte Delikatessen wie Schokolade,Corned beef und Kaffee.
Neben den Lebensmitteln fehlten auch Brennstoffe. Zum Garen der Nahrung wurde deshalb die ›Kochkiste‹ benutzt, die aus leicht verfügbaren Materialien in Eigenbau hergestellt werden konnte: Eine einfache Kiste wurde mit einer Isolierschicht aus Lumpen, Holzwolle, Stroh und Zeitungspapier versehen. Dorthinein stellte man einen fest verschlossenen Topf mit vorgekochten Gerichten, die dann ohne weitere Hitzezufuhr fertiggegart werden konnten.
Eine Bauanleitung für diese Kochhilfe, Ratschläge zum Verwerten von Altmaterialien und Rezepte für die noch verfügbaren Lebensmittel mit streckenden Zusätzen oder Surrogaten fand man in den ›Kriegskochbüchern‹, die in der Kriegs- und Nachkriegszeit von Wohlfahrtsverbänden, hauswirtschaftlichen Vereinigungen und staatlichen Stellen herausgegeben wurden. Hier konnte man nachlesen, wie aus Bucheckern Speiseöl gewonnen wurde, wie man Speisen ohne Fett braten konnte oder wie man Rübeneintopf, Rübenschnitzel, Löwenzahnsalat oder Eichelbrot zubereiten konnte. I.S.B.

37.1.13

Literatur

Erker, 1990
Fuchs, 1984
Haerendel, 1990
Krauss, 1984
Rudloff, 1992

37.1.10
Lebensmittelmarken I. und II. Weltkrieg mit Mappe
München und Süddeutschland, 1918-1949
A 92/133

Die rationierten Lebensmittel waren während und nach den beiden Weltkriegen nur gegen Lebensmittelmarken erhältlich.

37.1.11
Postkarte ›Bedürfnis-Karte‹
um 1920
Farblithographie, 14 x 9 cm
Privatsammlung

Postkarte mit Potpourri von Lebensmittelkarten (Eier, Fleisch, Butter, Brot, Wurst, Zucker, Kaffee).

37.1.12
Kartoffelquetschmaschine
Gebrauchsort Mittenwald, 1914
Gußeisen, Eisen, 22 x 38 x 19 cm
A 91/121

Die Maschine wurde im Ersten Weltkrieg für die Kartoffelbrot-Produktion (mit Kartoffeln wurde das knappe Mehl gestreckt) in der Bäckerei Schreyögg in Mittenwald angeschafft. In den Hungerzeiten während und nach dem Zweiten Weltkrieg kam die Maschine wieder zum Einsatz, da es nicht mehr genügend Getreide für die Versorgung der Bevölkerung gab.

37.1.13
Die städtischen Volksküchen
in der Auerfeldstraße 6
und in der Neuturmstraße 1
(Küchenräume und Speisesäle)
München, 1916-1917
Fotografien
Stadtarchiv München

Die Volksküche an der Auerfeldstraße wurde im November 1916, die Volksküche der Neuturmstraße im Februar 1917 eröffnet. 1914 hatte man in München die Notwendigkeit der Volksspeisung durch Volksküchen erkannt und wollte damit Kriegsangehörige und sonstige Unterstützungsberechtigte ausreichend und kostengünstigst ernähren. So errichtete man 1914 die erste Volksküche Münchens in der Falkenstraße. Bei steigendem Interesse entstanden bis 1915 zwölf Küchen. Vorbild dieser Münchner Volksküchen waren die Volksküchen in Berlin, die die Frauenrechtlerin Lina Morgenstern (1830-1909) mit dem »Charakter der Gemeinnützigkeit ohne jeden armenpflegerischen Beigeschmack« bereits 1866 gegründet hatte. Sie wollte u.a. den Arbeitern und Arbeiterinnen eine preiswerte nährwertreiche Kost anbieten und die Arbeiter von unnötigen Wirtshausbesuchen mit Alkoholgenuß abhalten. 1919 versorgten 40 Volksküchen die notleidende Münchner Bevölkerung. Durchschnittlich wurden 15000 Essensportionen ausgegeben. Eine Portion kostete 50 Pfennige. U. Z.

37.1.13

37.1.14
Roter Emailtopf für ›Küchenabfälle für das Ernährungshilfswerk‹
Gebrauchsort München, um 1920
Email, 21,5 x 27 cm
A 88/243

37.1.15
›Das lustige Hamsterspiel‹, Unterhaltungsspiel
um 1920
Chromolithographie
Spielplan: 32,5 x 49,5 cm,
Figuren: 4,5-5 cm
A 82/192

Das Spiel erinnert an die Hamsterzüge der Stadtbewohner, die auf den Dörfern den Bauern Speck, Fleisch und Butter abhandelten oder Wertgegenstände dafür eintauschten.

37.1.16
Hamsterin schäme dich
Max Eschle, München, um 1940
Plakat, Lithographie 118,5 x 83,5 cm
C 14/68

Ein Hamster in Frauenkleidung mit Taschen voller Vorrat an Seife, Wolle und Schuhen sowie Lebensmitteln wie Makkaroni, Öl, Wurst und Konserven; macht auf das die gesamte ›Volksgemeinschaft‹ schädigende Hamstern mit dem Zusatz ›Hamsterin schäme dich‹ aufmerksam.

37.1.15

37.1.18

37.1.16

37.1.17
Postkarten mit ironischen Darstellungen der Hamstererlebnisse
1917-1919
lithographierter Farbdruck
Privatbesitz

37.1.18
Amerikanische Dosennahrung
Gebrauchsort München, 1946-1947
10,5-17,5 cm, ø 8,5-15,5 cm
A 87/252/1-4, A 87/314/5

Die Dosen, gefüllt mit Mehl, Ei- und Milchpulver, stammen aus ›Care-Paketen‹, die für das hungernde Nachkriegsdeutschland gespendet wurden.

37.1.19
Care ein Band der Freundschaft. Über 5 Millionen Lebensmittel und Textilpakete. Jedes Paket das persönliche Geschenk eines amerikanischen Freundes. Care vermittelt ohne Eigengewinn.
E. Kappes, um 1947
bez. r.u. Kappes
Plakat, Farblithographie, 60,5 x 42 cm
A (D) 23.10/2

Care (Cooperative for American Remittance to Europe), eine Vereinigung von 26 US-amerikanischen Wohltätigkeitsorganisationen, wurde 1946 in den USA gegründet, um private Hilfssendungen für Bedürftige in notleidenden Ländern zu organisieren. Zwischen August 1946 und 1960 (Ende der Care Aktion) erhielt Deutschland 10 Millionen Pakete mit Nahrungsmitteln und Kleidung. U. Z.

37.1.20
Karikaturen auf die besondere Wertschätzung der Wurzelgemüse, Mohrrüben und Kartoffeln in der Nachkriegszeit:
1. ›Die gelbe Rübe ist eine Respektperson geworden‹.
2. ›Die Kartoffel wurde salonfähig‹
Julius Diez (Nürnberg 1870-1957 München), München, 1947
Federzeichnungen aus der 1944-1947 in Miesbach entstandenen Folge »Chronik 1933-1945«, ca. 20,9 x 29,5 cm
47/196-197

37.1.21
Kochkiste
Gebrauchsort München, nach 1940
Kiefer, Fichte, 25 x 38,5 x 38,5 cm
A 81/26

Kochkisten wurden benutzt, um den Energiemangel in Kriegs- und Nachkriegszeiten zu überbrücken. Die Kiste war mit Sägespänen isoliert, so daß vorgekochte Speisen darin energiesparend weitergaren konnten.

37.1.22
Verein für wirtschaftliche Frauenschulen auf dem Lande (Hrsg.),
Bayerisches Kriegskochbüchlein
München, nach 1914[4]
Heftchen, 44 S.
L 157

Das Kriegskochbüchlein gibt Anweisungen zur einfachen und billigen Ernährung »unter besonderer Berücksichtigung der durch die Beschlagnahme von Getreide und Mehl gegebenen Verhältnisse in ländlichen und städtischen Haushalten«.

37.1.19

37.1.23
Ministerium des Innern Berlin (Hrsg.),
Die Ernährung im Kriege
Berlin, 1915[2]
Pappband, 52 S.
A 91/118

Abhandlung über den ›Wirtschaftskrieg‹, der von den Feinden gegen Deutschland geführt wird. Mit Hinweisen zu Ersatzstoffen, zur staatlichen Regelung der Volksernährung, zum Nahrungsmittel Brot, Kartoffel, Fleisch u.a., zum Haushalt zur Kriegszeit und dem Wirtschaftssieg.

37.1.24
Petersen, Elly,
Kochbuch 1916, So kocht man gut und billig für 3 Personen. Ein Kriegskochbuch auch für fleisch- und fettlose Tage
Der Gelbe Verlag, Dachau, 1916[10]
Pappband, 287 S. (m. Register)
A 81/7

37.1.25
Herrmansdorfer, Caroline (Hrsg.),
Haus und Herd in schwerer Zeit. Ein Wegweiser zum Durchhalten in schwerer Zeit
Carl Aug. Seyfried, München, 1917
Pappband, 154 S. (m. Register)
A 83/519

37.1.26
Löbenberg, B. (Hrsg.),
Das deutsche Sparkochbuch für Kriegs- und Friedenszeit mit Gesundheits- und häuslichem Ratgeber
München, 1917
Pappband, 192 S.
A 91/105

Sparkochbuch mit Winken zum sparsamen Haushalten, Kochrezepten, Säuglingspflege und Auflistung der Münchner Sammelstellen für Kleidung, Knochen, Brennnessel u.a. Im Vorwort richtet sich die Herausgeberin an die Frauen: »Nicht kriegsgemäß sind z.B. Brotsuppen, Semmelknödel, gebratenes Fleisch, Schmalznudeln, Krapfen in Fett gebacken, Weißbrotfülle, Pfannenbäckereien, Kuchen zu welchem nur Weizenmehl, statt halb und halb mit Kartoffelmehl gemischt, verwendet wird.
Kriegsgemäß sind alle Eintopfgerichte (Fleisch mit Gemüsen, Reis, Gerste usw., nach Hausmacherart zusammengekocht, weil hier der Fleischverbrauch viel geringer), Aufläufe von Fisch, Fleischresten, dann die vegetarische Küche unter Einschränkung des Eierverbrauches, Gelatinespeisen.
Wenn unsere Frauen und die Daheimgebliebenen fest und treu zusammenhalten wie unsere Schulter an Schulter im Felde kämpfenden Helden, wenn wir das heilige Brot hüten, die übriggebliebenen Bröcklein getreulich sammeln und nichts verloren gehen lassen, dann werden wir das Schreckgespenst: den Hunger niemals kennen lernen. Das walte Gott!«

37.1.27
Bechtel, Eugen,
Nahrhaft, schmackhaft Kochen – auch im Krieg!
Ulm, 1940
Pappband, 191 S. (m. Register)
A 91/68

37.2 Erinnerung an Notzeiten

37.2.1
Gedenkblatt ›Zur Gedaechtniß-Feier der schauderhaften Theuerung in den Jahren 1816 und 1817‹
München, um 1817
bez. H. Schönmann
Kupferstich, 42,5 x 52,5 cm
Lit.: Spamer, Bairische Denkmale aus der ›theueren Zeit‹ vor 100 Jahren, in: Bayer. Hefte für Volkskunde, 3, München 1916, S. 207 ff.
Z (15) 1949

Teuerungsgedenkblatt in Bilderbogenart auf die ›schauderhafte Theuerung‹ der Jahre 1816/17 mit Bilderfeldern (landwirtschaftliche, kaufmännische und Wucherszenen), Preistabellen aus den Teuerungsjahren 1276, 1453, 1777 und den Preisen von 1816/1817 für Nahrungsmittel und lebensnotwendige Dinge (z. B. Seife und Schuhe). Die Teuerungsjahre waren die Folgen der Mißernte, der letzten napoleonischen Kriege und der Ausfuhrsperren der Länder, die den Mangel hätten ausgleichen können (z. B. Österreich). Gedenkblätter dieser Art wurden als Wandschmuck zur Erinnerung an die harte Zeit in die Stube gehängt. U. Z.

37.2.2
›Victualien-Preiße in dem Theuerungs Jahre 1817 im Monate Januar‹
Bilderverlag Vincenz Zanna et Comp
Augsburg, 1817
Radierung, aquarelliert, 33,9 x 39,1 cm
Lit.: Spamer, Bairische Denkmale aus der ›theueren Zeit‹ vor 100 Jahren, in: Bayer. Hefte für Volkskunde, 3, München 1916, S. 195/196
Nürnberg, Germanisches Nationalmuseum
Kapsel HB 14330

Teuerungsbogen in vier Reihen mit insgesamt 24 Lebensmittelverkäufern und -verkäuferinnen, die ihre Ware feilbieten, für die jeweils die Preise vermerkt sind. Die Reihen schließen mit einem beladenen Erntewagen. Der beladene Erntewagen oder der festliche Einzug des ersten Erntewagens erinnert auf vielen dieser Gedächtnisblätter an die gute Ernte im August 1817 und das Ende der Teuerung und Not, die mit der

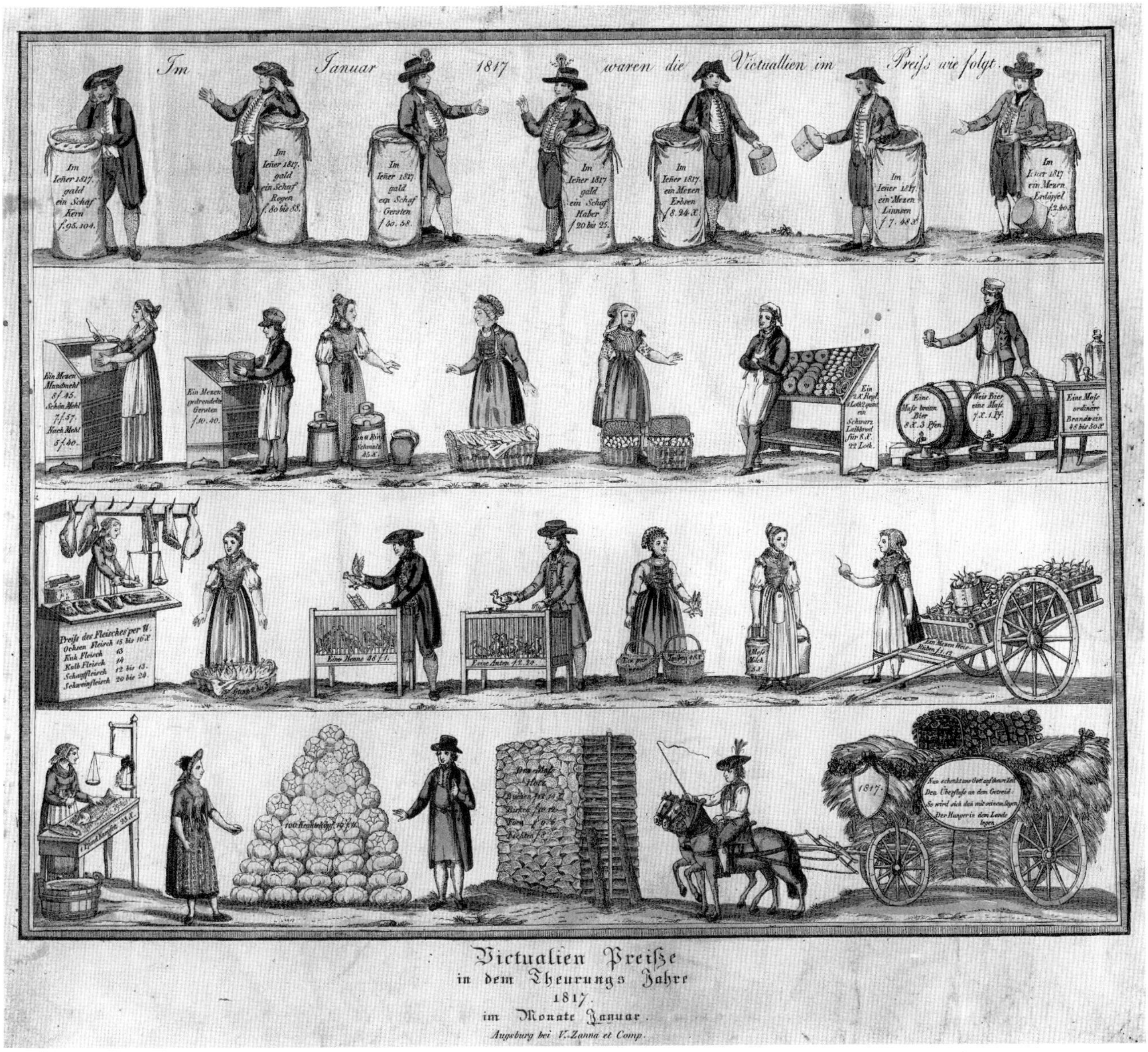

37.2.2

Mißernte des Sommers 1815 begonnen hatte. Besonders die hohen Getreidepreise (1 Scheffel Weizen kostete in Oberbayern z. B. 1816/17 95-104 fl., 1803/05 in Oberbayern nur 12-18 fl.) verdeutlichen die enorme Teuerung einer Grundnahrung. U. Z.

37.2.3
Satire auf die große Teuerung zu den Jahren 1816/17
Johann Michael Voltz
(Nördlingen 1784-1858 Nördlingen)
Nördlingen, 1817
lavierte Federzeichnung, 21,2 x 16,4 cm
Lit.: Spamer, Bairische Denkmale aus der ›theueren Zeit‹ vor 100 Jahren, in: Bayerische Hefte für Volkskunde, 3, München 1916, S. 207 ff.
29/442

Eine gute Ernte des Jahres 1817 bereitete der Not und dem Kornwucher ein Ende. Ein Kornwucherer wurde an einem Baum erhängt, seine Taschen sind prall gefüllt mit Geld. Unter ihm an den Baumwurzeln liegen die Preiszettel der Wucherzeit. Neben dem Baum zeigen gestapelte Ährenbündel mit der aufgesteckten Tafel mit Inschrift ›Dancket dem Herrn, mit frohen Gaben füllte er das ganze Land! 1817‹ die gute Ernte und den Erntedank an. Diese Federzeichnung reiht sich in die sogenannten Wucherspottbilder, die den Wucher, der in der Zeit der Mißernten überhandnahm, bekämpfen wollten. U. Z.

37.2.4
Jeton ›Auf die Teuerung 1816/17‹
Johann Thomas Stettner
Nürnberg, 1817
Zinn geprägt, ø 33 mm
8982

Die Teuerungsmedaillen sollen an die Hunger- und Teuerungsjahre 1816/17 erinnern. Seit dem 16. Jahrhundert berichten Münzen und Medaillen dieser Art von den Schrecknissen der Hungerjahre. Sie wurden auch anläßlich von Bittgängen in den ›teuren Zeiten‹ oder als Dankmünzen für die gute Ernte, die 1817 das Ende der Teuerung bedeutete, geprägt.

37.2.5
Medaille ›Bittgang wegen der Teuerung‹
Joh. Maria Anselm Daiser
München, 1817
Silber geprägt, ø 32 mm
9741

Medaille, Vorderseite: Bennobüste zwischen Leuchtern und Ährenbündeln; Rückseite: Bittgang um den Münchner Dom, in dem auch die Reliquienbüste des Hl. Benno verwahrt wird.

37.2.6
Steckmedaille mit Einlage zur Erinnerung an die Teuerung 1816/17
Johann Thomas Stettner, Nürnberg, 1817
Zinn, Papier, Hohlprägung, teilkolorierte Radierung, ø 48 mm
Lit.: Spamer, Bairische Denkmale aus der ›theueren Zeit‹ vor 100 Jahren, in: Bayerische Hefte für Volkskunde, 3, München 1916, S. 220 ff.
9359

Andenkenmedaille an die Teuerung 1816/17 in der Form einer Steckmedaille – Vorderseite: trauernde Familie unter dürrem Baum; Rückseite: Vater mit Kind, darüber Engel mit Umschrift ›Erkenne das ein Gott ist‹ zum Öffnen mit leporelloartiger Einlage aus acht runden Bildchen und acht Schrifttäfelchen. Bilder und Tafeln schildern die Mißernte durch Blitzschlag, Hagel und kaltem Regen des Jahres 1816 und den Dank für den Erntesegen des Jahres 1817.

37.2.7
Jeton ›Auf das Ende der Teuerung‹
Firma Lauer, Nürnberg, 1817
Messing geprägt, ø 33 mm
8271

Vorderseite des Jetons mit trauerndem Paar mit Kind unter dürrem Baum und herabhängenden Ähren. Dazu Umschrift ›Gros ist die Noth doch groesser Gottes Güte.‹ Rückseite: Stehende Personifikation der guten Ernte mit Kranz und Füllhorn zwischen Landschaft mit aufgehender Sonne und Ährenfeld mit geschnittenen Garben. Dazu Umschrift ›Herr Gott – Dich loben wir‹.

37.2.8
Jeton ›Auf das Ende der Teuerung‹
Firma Reich, Fürth, 1817
Zinn geprägt, ø 41 mm
8269

Vorderseite des Jetons mit fliegendem Engel mit Ähren und Garben und Umschrift: ›Seine Güte waehret ewig.‹ Rückseite mit um einen Altar knienden Menschen mit Ährengarben und Umschrift: ›Danket dem Herren‹.

37.2.9
Drei ›Hungerbrote‹ – Gedächtnisbrote aus der teuren Zeit 1816/17
München, 1817
3,5 7 cm
Lit.: Spamer, Bairische Denkmale aus der ›theueren Zeit‹ vor 100 Jahren, in: Bayerische Hefte für Volkskunde, 3, München 1916, S. 207 ff.
XII/41, XII/143, XII/195

Hungerbrote, hier Kreuzer-Kipferl und Semmeln, waren neben Ähren, Münzen, graphischen Erinnerungsblättern geläufige Andenken an Not und Teuerungszeiten. Mit Aufklebern geben sie zusätzlich Auskunft über die Preise des Weizens und des Korns. 1817 kostete demnach der Scheffel Weizen 94 fl., der 1803/05 nur 12-18 fl. gekostet hatte. An diese schwere Zeit der großen Teuerung und Not sollten die sorgsam in Kästchen verwahrten Brote erinnern.

37.2.10
Butterdose aus den Kriegsjahren 1916/17
Porzellan
A 87/434

Kleinstbutterdose mit der Aufschrift 1916/1917, die darauf aufmerksam macht, daß zu dieser Zeit die Butter, wie alle Fettstoffe, nur in knappen Rationen erhältlich war.

37.2.11
›Hungertaler‹
Guido Goetz (1912-1992)
München, 1948
Bronze, gegossen, ø 73 mm
49/187

Erinnerungsmedaille an die Hungerzeit und Währungsreform nach dem II. Weltkrieg.
Vorderseite: Der Tod, sitzend beim Abwiegen, an seinem Sitz angelehnt die Tafel mit der Auflistung der knappen Tagesration, mit Umschrift ›Hungertaler‹; Rückseite: Der Teufel in Halbfigur verschlingt Reichsmark und Sparbücher und hält in der Hand ein schmales Bündel der neuen Währung, mit Umschrift ›Abwertung‹.

Bibliographie

Abel, Wilhelm
Massenarmut und Hungerskrisen im vorindustriellen Europa, Berlin 1974
Actes du Colloque de Nice
Manger et boire au Moyen Age, Actes du colloque de Nice 1982, N 27, 28, t. 1 et t. 2, Nice 1984
Aicher, Otl
Die Küche zum Kochen, Das Ende einer Architekturdoktrin, München 1987[4]
Albertinus, Aegidius
De Conviviis et Compotationibus. Von Gasteyeren, München 1598 Reprint hrsg. und kommentiert v. Herbert Walz, Bern/Frankfurt/Main 1983
Alföldi-Rosenbaum, Elisabeth (Hrsg.)
Das Kochbuch der Römer, Rezepte aus der »Kochkunst« des Apicius, Zürich und München 1970[8]
Alsberg, M.
Die gesunde Wohnung, Berlin 1882
Alt, Helmut
Von Kartoffeln, Knödeln und Pfanni, München 1959
Ammer, Th. v. d.
Münchener Bilderbogen, Humor und Satire aus Isar-Athen, München 1877
Andrieu, Pierre
Histoire du restaurant en France, Montpellier 1955
Anthus, Antonius
Vorlesungen über Eßkunst, Leipzig 1838, Neuauflage 1962
Appuhn, Horst
Einführung in die Ikonographie der mittelalterlichen Kunst in Deutschland, Darmstadt 1979
Arbeitsgemeinschaft Hauswirtschaft e. V. (Hrsg.) und Stiftung Verbraucherinstitut
Haushaltsträume, Ein Jahrhundert Technisierung und Rationalisierung im Haushalt, Begleitbuch zur gleichnamigen Ausstellung, Königstein/Taunus 1990
Arminjon, Cathérine u. Blondel, Nicole
Objects civils et domestiques, Paris 1985
Arnaboldi, Jean
La Table dans, la vie populaire en France du Moyen Age à nos jours, tome III, Paris 1965
L'Art de vivre: decorative arts and design in France, 1789-1989, (hrsg. von Aakre Nancy) New York 1989
Adler, A.
Die praktische Hausfrau, Stuttgart 1927
Artelt, Walter (Hrsg.)
Ernährung und Ernährungslehre im 19. Jahrhundert, Vorträge eines Symposiums am 5. und 6. Januar 1976 in Frankfurt/M. (= Studien zur Medizingeschichte im 19. Jahrhundert, Forschungsunternehmen 19. Jahrhundert der Fritz-Thyssen-Stiftung), Göttingen 1976
Aventinus, Johannes
Baierische Chronik, hrsg. v. Georg Leidinger, München 1988
Ay, Karl Ludwig
Land und Fürst im alten Bayern. 16.-18. Jahrhundert, Regensburg 1988
Baader, Bernd Ph.
Der bayerische Renaissancehof Herzog Wilhelms V. (1568-1579). Ein Beitrag zur Bayerischen und deutschen Kulturgeschichte des 16. Jahrhunderts, Leipzig/Straßburg 1943
Babelon, Jean-Pierre
Demeures parisiennes sous Henri IV et Louis XIII, Le Temps, Paris 1965
Bäckerinnung Nürnberg
Chronik des Nürnberger Bäckerhandwerks, Nürnberg 1981
Bahns, Jörn
Zwischen Biedermeier und Jugendstil. Möbel des Historismus, München 1987
Baierisches National-Kochbuch
oder die gesammelte Kochkunst, wie sie in Baiern ausgeübt wird, für herrschaftliche und bürgerliche Küchen eingerichtet, und so deutlich und faßlich beschrieben, daß Jedermann dieselbe in kurzer Zeit gründlich erlernen kann, Ein nothwendiges Handbuch für Familien, insbesondere für Hausfrauen, Töchter und Köchinnen, München 1824
Baierland, Ortolf von
Das Arzneibuch Ortolfs von Baierland, Hrsg. James Follan, Stuttgart 1963
Baiern am 16. Februar 1824.
Nach offiziellen Berichten, 2 Bde., München 1824
Bailey, C. T. P.
Knives and Forks, London und Boston 1927
Baltzer, Eduard
Die natürliche Lebensweise, Nordhausen 1871[2]
Bammel, F.
Das heilige Mahl im Glauben der Götter, Gütereich 1950
Bary, Roswitha v.,
Henriette Adelaide von Savoyen, Kurfürstin von Bayern, München 1980
Baudrillart, H.
Histoire du luxe privé et public de l'antiquité jusqu'à nos jours, vol. 3: le Moyen Age et la Renaissance, Paris 1880
Bauer
Armenpflege in Bayern, insbesondere in der königl. Haupt- und Residenzstadt München, München 1850
Bauer, Gudrun
Die Entwicklung der Vorratshaltung auf dem Land, Handreichung für Lehrerinnen und Lehrer, Zweckverband Schwäbisches Bauernhofmuseum Illerbeuren, Kronburg-Illerbeuren 1991
Bauer, Hans
Tisch und Tafel in alten Zeiten, Aus der Kulturgeschichte der Gastronomie, Leipzig 1920
Bauer, Ingolf
Volkstümliche Keramik aus Europa, Zum Gedenken an Paul Stieber, Deutscher Kunstverlag, BNM München 1976
Bauer, Ingolf, Endres, Werner, Kerkhoff-Hader, Bärbel, Koch, Robert und Stephan, Hans-Georg:
Leitfaden zur Keramikbeschreibung (Mittelalter - Neuzeit). Terminologie – Typologie – Technologie. Mit einem Beitrag von Irmgard Endres-Mayser. Kataloge Prähistor. Staatssamml., Beih. 2, München 1987
Bauer, J. v.
Annalen der städtischen allgemeinen Krankenhäuser zu München. Festschrift zum 100jährigen Bestehen des städt. Krankenhauses links der Isar 1813-1913, München 1913
Bauer, Richard (Hrsg.)
Zu Gast im alten München, Erinnerungen an Hotels, Wirtschaften und Cafés, München 1982
Bauer, Richard
Prinzregentenzeit, München und die Münchner in Fotografien, München 1988
Bauer, Richard (Hrsg.)
Geschichte der Stadt München, München 1992
Baumgartner, Anton
Polizey-Uebersicht von München, München 1805
Baumgartner, Anton
Willst ein braver Metzger werden? Der Faschings-Montdag an welchem die Metzger zu München in den Brunnen springen, München 1726
Baumgartner, Judith
Die Ernährungsreform, Antwort auf Industrialisierung und Ernährungswandel, München 1992
Baumgartner, Judith
Vegetarismus im Kaiserreich: 1871-1914, – Gesellschaftsveränderung durch Lebensreform, MS Magisterarbeit, München 1989
Baumann, Angelika
»Armuth ist hier wahrhaft zu Haus ...«, Vorindustrieller Pauperismus und Einrichtungen der Armenpflege in Bayern um 1800, MBM, Bd. 132, München 1984
Bavaria,
Landes- und Volkskunde des Königreichs Bayern, Ober- und Niederbayern, 1.-2. Abt. 2 Bde., München 1860
Bayerisches Kriegskochbüchlein
Anweisungen zur einfachen und billigen Ernährung unter besonderer Berücksichtigung der durch die Beschlagnahme von Getreide und Mehl gegebenen Verhältnisse in ländlichen und städtischen Haushaltungen mit Beigabe eines Speisezettels und Ratschlägen für Gemüsebau im Hausgarten und Geflügelzucht, Verein für wirtschaftliche Frauenschulen auf dem Lande, München o. J. (nach 1914)
Becher, Ursula A. J.
Geschichte des modernen Lebensstils, Essen – Wohnen – Freizeit – Reisen, München 1990
Beeton, I.
The Book of Household Management, London 1861, Reprint London 1986
Benevolo, Leonardo
Geschichte der Architektur des 19. und 20. Jahrhunderts, 2 Bde., München 1984
Benker, Gertrud
Der Gasthof, Von der Karawanserei zum Motel, Vom Gastfreund zum Hotelgast, München 1974
Benker, Gertrud
Alte Bestecke. Ein Beitrag zur Geschichte der Eßkultur, München 1978
Benker, Gertrud
In alten Küchen, Einrichtung – Gerät – Kochkunst, München 1987
Benoist, L.
Versailles et la Monarchie, Paris 1947
Berend-Corinth, Charlotte
Die Gemälde von Lovis Corinth, München 1958
Bergier, Jean-François
Die Geschichte vom Salz, Frankfurt/New York 1989
Bickel, Walter
Wer ist wer auf der Speisekarte, Biographische Notizen zum Verständnis der Speisekarte, Stuttgart 1986
Bieling, Friedrich und Scholl, Paul
Elektrogeräte für den Haushalt, ihre Entwicklung im Hause Siemens, Berlin, München 1966
Binder, Fred
Die Brotnahrung, Auswahl-Bibliographie zu ihrer Geschichte und Bedeutung, Schriftenreihe des Deutschen Brotmuseums, Heft 9, Ulm/Donau o. J.

Bircher-Benner, Max
Grundzüge der Ernährungstherapie, Berlin 1903
Bircher-Benner, Max und Bircher, Max Edwin
Früchtespeisen und Rohgemüse, Zürich, Leipzig, Wien 1904
Bitsch, Irmgard, Ehlert, Trude, Ertzdorff Xenia von (Hrsg.)
Essen und Trinken im Mittelalter und Neuzeit, Sigmaringen 1987
Bitting, Katherine
Gastronomic Bibliography, puplié à compte d'auteur, San Francisco 1939
Blondeau, Philipp/Cavallo, Joseph Anton
Vollständiger Bericht von allen sehens-würdigen Freuden-Festen. Zu allgemeiner Lands-Freud geboren worden Ein Durchl. Chur und Erb Printz, Auch zu gleicher Zeit ... Die Erb-Landshuldigung ... abgelegt wurde, München 1717
Blond, George et Germaine
Histoire pittoresque de notre alimentation, Paris 1960
Blumenröder, Gustav B.
Des Antonius Anthus Vorlesungen über Eßlust, Leipzig 1838
Blüher, P. M.
Meisterwerk der Speisen und Getränke, Französisch – Deutsch – Englisch, Blühers Sammel-Ausgabe von Gasthaus- und Küchenwerken, Bd. 22-23, Leipzig 1904[4]
Bock, Hieronymus
Kreütterbuch, Straßburg 1550
Borchert, Jörn
Notlösungen, Alltag in Minden 1945-1948, Text und Materialien aus dem Mindener Museum, Heft 7, Minden 1988
Bongart, W.
Fetische des Konsums, Portraits klassischer Markenartikel, Hamburg 1964
Bordeau, Louis
Histoire de l'alimentation, Paris 1894
Borst, Arno
Lebensformen im Mittelalter, Frankfurt, Berlin, Wien 1979
Bottineau, Yves et Lefuel, Olivier
Les Grands Orfèvres de Louis XIII à Charles X., Paris 1965
Bouilhet, Henri
L'orfèvrerie française aux XVIIIe et XIXe siècles (1700-1900), Paris 1908-1912
Bourdieu, Pierre
Die feinen Unterschiede, Frankfurt a. M. 1982
Bourgeat, Jacques
les Plaisirs de la table en France des Galois à nos jours, Paris 1963
Brandt, Edward
Untersuchungen zum Römischen Kochbuche, Versuch einer Lösung der Apicius-Frage, Leipzig 1927
Braudel, Fernand
La Civilisation materielle. Economie et Capitalisme. XVe-XVIIIe Siècle. Les Structures du quotidien. Paris 1967
Braudel, Fernand
Sozialgeschichte des 15.-18. Jahrhunderts, Bd. 1, Der Alltag, München 1985
Braudel, Fernand
Sozialgeschiche des 15.-18. Jahrhunderts, Bd. 2, Der Handel, München 1986
Braudel, Fernand
Sozialgeschichte des 15.-18. Jahrhunderts, Aufbruch zur Weltwirtschaft, München 1986
Braun, Josef
Tracht und Attribute der Heiligen in der deutschen Kunst, Stuttgart 1943
Braun-Ronsdorf, Margarete
200 Jahre Nymphenburger Tafelgeschirr, Darmstadt/Offenburg 1954
Bredehorn, Wilhelm (Hrsg.)
Die deutschen Gaststätten, Bilder aus ihrer Vergangenheit und Gegenwart, Bd. 1, Düsseldorf 1925
Brentano, Lujo
Die Arbeiterwohnungsfrage in den Städten mit besonderer Berücksichtigung Münchens, Schriften des Sozialwissenschaftlichen Vereins der Universität, Bd. 1, München 1909
Bretagne, Pierre de
Réjouissances et fêtes magnifiques ... München 1723
Bretagne, Pierre de
Die Glory deß Priesterthumbs ... München 1725
Brillat-Savarin, Jean-Anthelme
Physiologie du goût ..., Bde. 2, Paris 1826
Brillat-Savarin, Jean-Anthelme
Physiologie des Geschmacks oder Betrachtungen über transzendentale Gastronomie (Hrsg. H. Conrad), 2 Bde., München 1913
Brillat-Savarin, Jean-Anthelme
Physiologie des Geschmacks, Nachdruck, München 1962
Brocher, Henry
Le Rang et L'Etiquette sous L'Ancien Régime, Paris 1934
Brothwell, Don R. and Patricia
Food in Antiquity, A Survey of the Diet of Early People, London 1919 (Neudruck London 1969)
Brückner, Wolfgang
Bildnis und Brauch, Berlin 1966
Brunet, Jaqueline et Redon, Odile
Tables florentines, Ecrire et manger avec Franco Sacchetti, Paris 1984
Brunner, Franz
Ein halbes Jahrtausend Münchener Hafnerhandwerk. Innung München-Oberbayern für das Ofensetzer-, Keramiker- und Fliesenleger-Handwerk, München 1958
Brunner, Herbert
Altes Tafelsilber, München 1964
Brunner, Herbert
München, Schatzkammer der Residenz, Katalog, München 1970[3]
Brunner, Herbert
Die Kunstschätze der Münchner Residenz, München 1977
Das Buch der Erfindungen und Industrien, Bd. V, Leipzig/Berlin 1872/74
Bumke, Joachim
Höfische Kultur, Literatur und Gesellschaft im hohen Mittelalter, Bd. 1, München 1986
Burgholzer, Joseph
Stadtgeschichte von München als Wegweiser für Fremde und Reisende, 2 Bde., München 1796
Bursche, Stefan
Tafelzier des Barock, München 1974
Bushart, Bruno
Kostbarkeiten aus den Kunstsammlungen der Stadt Augsburg, Augsburg 1967
Cachée, Josef
Die Hofküche des Kaisers, Die k. u. k. Hofküche, die Hofzuckerbäckerei und der Hofkeller in der Wiener Hofburg, Wien-München 1985
Canetti, Elias
Masse und Macht, Frankfurt/M. 1980
Capitani, François de
Festliches Essen und Trinken im alten Bern – Menüs und Rezepte vergangener Jahrhunderte, Bern 1982
Carême, M. A.
L'art de la cuisine française au 19me siècle, Paris 1843-44
Carinus, Gottlieb Siegmund
Amaranthes Nützbares, galantes und curieuses Frauenzimmerlexicon, (Nachdruck) München 1980
Cartellieri, Otto
The Court of Burgundy: Studies in the History of Civilisation, (1. Aufl. 1925), New York 1970[8]
Castelot, Andre
L'histoire à table, Paris 1972
Cato, Marcus Porcius
Buch über den Landbau. lat.-deutsch. Hrsg. von Otto Schönberger, München 1980
Cavalli, Fabio
Il giardino delle delizie, Siena 1990
Cervio, Vicenzo
Il Trinciante di M. Vicenzo Cervio, ampliato, etridotto a perfettione dal cavalier reale Fusoritto da Narni trinciante dell illust.mo e rever.mo signor cardinale Farnese, Venedig 1581
Chapuzeau, Samuel
Relation de l'estat présent de la Maison Electorale et de la Cour de Bavière, Paris 1673
Ciolina, Erhard und Evamaria
Garantirt Aecht, Das Reklame-Sammelbild als Spiegel der Zeit, Reihe Deutsche Reklame, München o. J.
Columbier, Auguste
Histoire du repas à tavers les âges, Paris 1978
Cooper, C.
The English Table in History and Literature, London 1929
Corbin, Alain
Pesthauch und Blütenduft, Eine Geschichte des Geruchs, Aus dem Französischen von Grete Osterwald, Berlin 1984
Cosman, M. P.
Fabulous Feats: Medieval Cookery and Ceremony, New York 1976
Cotta, Johanne v.
Kochbuch für Johanne von Cotta, 1792, Bd.1-2, München 1954
Craplet, C. et J.
Dictionnaire des aliments et de la nutrition, Paris 1979
Crespi, Alfred John Henry
The Diet of Great Men, London 1891
Creuzbauer, August
Die Versorgung Münchens mit Lebensmitteln, München 1903
Cummings, Richard Osborne
The American and His Food, A History of Food Habits in the U.S.A., Chicago 1940, Neudruck New York 1970
Dausch, Maria
Zur Organisation des Münchner Hofstaates in der Zeit von Herzog Albrecht V. bis zu Kurfürst Maximilian, Diss. München 1944
Davidis, Henriette
Kraftküche von Liebig's Fleischextrakt, Braunschweig 1878[3]
Davidis, Henriette und Faber, Helene
Illustriertes praktisches Kochbuch für die bürgerliche und feine Küche, Berlin o. J.
Defour, Frans
Sept siècles d'art des Meubles en Belgique, o. J.
Denk, Josef
Die Sozialpolitik der Stadtgemeinde München als Arbeitgeberin, Diss. Staatswirtschaftliche Fakultät, München 1930
Deutsch-Renner, H.
Ernährungsgebräuche, Ursprung und Wandel, Wien 1947
Dietl, Markus
Die Essensgewohnheiten des Landvolkes in Unterfranken nach den Physikatsberichten aus der Mitte des 19. Jahrhunderts, Veröffentlichungen zur Volkskunde und Kulturgeschichte Bd. 37, Würzburg 1989
Dirr, Pius
Denkmäler des Münchner Stadtrechts, 1. Bd. 1158-1403 (=Bayerische Rechtsquellen, Bd. 1) München 1934

Döbler, Hannsferdinand
Kochkunst, Tafelfreuden, Eßkultur. Döblers Kultur- und Sittengeschichte der Welt, Bd. 3, München 1972
Dommel, Fritz
Die Münchner Art, Eine heitere Betrachtung über die Münchner und ihre Stadt, München 1958
Dreyer, A.
Altmünchen im Spiegel des Humors, München 1922
Dülmen, Richard van (Hrsg.)
Kultur der einfachen Leute, Bayerisches Volksleben vom 16. bis zum 19. Jahrhundert, München 1983
Dülmen, Richard van u. Schindler, Norbert (Hrsg.)
Volkskultur, Zur Wiederentdeckung des vergessenen Alltags (16.-20. Jh.), Frankfurt/M. 1984
Dumas, Alexandre
Grand dictionnaire de cuisine, Paris 1853
Eastlake, Charles Leck
Materials for a history of Oil-painting, London 1847
Eberl, Angelikus
Geschichte des Kapuziner-Klosters an der schmerzhaften Kapelle und bei St. Anton in München von 1847 bis 1897, Illustrierte Jubiläumsschrift, München 1897
Ebmeyer, O.
Die gute vegetarische Küche, Zürich 1882[2]
Eckstein, H.
Eßgerät, Die Entwicklung seines Gebrauchs und seiner Formen, München 1963
Eger, Susanna
Leipziger Kochbuch von 1745, München 1983
Ehalt, Hubert Ch.
Ausdrucksformen absolutistischer Herrschaft, Der Wiener Hof im 17. und 18. Jahrhundert. Sozial- und wirtschaftshistorische Studien 14, München 1980
Ehlert, Trude
Das Kochbuch des Mittelalters, Rezepte aus alter Zeit, Zürich/München 1990
Eiselen, Hermann
Der Hunger auf der Welt, Materialien zum Welternährungsproblem, Schriftenreihe des Deutschen Brotmuseums, Heft 13, Ulm/Donau 1983
Eisenmann, Joseph Anton
Beschreibung der Haupt- und Residenzstadt München, München in topographischer, geschichtlicher und statistischer Hinsicht, München 1814[2]
Elias, Norbert
Über den Prozeß der Zivilisation, Bern 1969
Elias, Norbert
Über den Prozeß der Zivilisation, Soziogenetische und psychogenetische Untersuchungen, Erster Bd.: Wandlungen des Verhaltens in den weltlichen Oberschichten des Abendlandes, Frankfurt/Main 1980[7]
Elsholtz, Johann Sigismund
Diaeteticon, Das ist / Neues Tisch=Buch / Oder Unterricht von Erhaltung guter Gesundheit durch eine ordentliche Diät / und insonderzeit auch rechtmäßigen Gebrauch der Speisen / und des Geträncks, Cölln a. d. Spree 1682, Neudruck Leipzig 1984
Ellerbrock, Karl Peter
Geschichte der deutschen Ernährungsindustrie 1750-1914, Zeitschrift für Unternehmensgeschichte, Beiheft, Stuttgart (im Druck)
Emerly, John
European Spoons Before 1700, London and Edinburgh 1976
Enciclopedia della Cucina
Novara 1990
Endres, Werner
Geschirrfunde des späten 16. Jahrhunderts aus dem Klosterbereich von St. Ulrich und Afra, Augsburg.
Endter, Wolfgang und Susanna Maria
Der aus dem Parnasso ehemals entlauffenen vortrefflichen Köchin, welche bey den Göttinnen Ceres, Diana und Pomona viel Jahre gedienet, Hinterlassene und bißhero bey ... Nürnberg 1691
Enke, Kurt
Deutsche höfische Festlichkeiten um die Wende des 15. Jahrhunderts (1450-1530) Diss. München 1924
Erasmus von Rotterdam
Vertraute Gespräche (Colloquia familiaria), Übertragen und eingeleitet von Hubert Schiel, Köln 1947
Erdmannsdorffer, Karl
Das Bürgerhaus in München, Das deutsche Bürgerhaus, Bd. 17, Tübingen 1972
Erker, Paul
Ernährungskrise und Nachkriegsgesellschaft, Bauern- und Arbeiterschaft, 1943-1953, Stuttgart 1990
Essich, J. G.
Kleines, medizinisches Kochbuch für das Frauenzimmer, Augsburg 1785
Faber, Alfred
1000 Jahre Werdegang von Herd und Ofen, Deutsches Museum, Abhandlungen und Berichte, 18. Jg., Heft 3, München 1950
Faltner, Max und Gabriele
An der Tafel des Trimalchio, München 1960
Farb, Peter et Armelagos, George
Anthropologie des coutumes alimentaires, Paris 1980
Farb, Peter und Armelagos, George
Consuming Passions: The Anthropology of Eating, Boston 1980
Faré, Michel
La Nature morte en France; son histoire et son évolution du XVIIIe au XXe siècle, Bd. 2, Genf 1962
Faré, Michel et Faré, Fabrice
La Vie silencienne en France: la Nature morte au XVIIIe siècle, Fribourg 1976
Feeley-Harnick, Gillian
The Lord's Table – Eucharist and Passover in Early Christianity, Philadelphia 1981
Felder, Erich
Münchner Kellnerinnen, Zwölf Charakterskizzen, Wien 1912
Fentsch, Eduard
Bavaria, Land und Leute im 19. Jahrhundert, Die königliche Haupt- und Residenzstadt München, (hrsg. v. Paul Ernst Rattelmüller), München 1989
Feray, Jean
La Decoration intérieure en France, Paris 1989
Feret, Barbara L.
Gastronomical and Culinary Literature, A Survey and Analysis of Historically-Oriented Collections in the U.S.A. Scarecrow Press, New York 1979
Fernau, C. (= Sebastian Franz Daxenberger)
Münchener Hundert und Eins, 2 Hefte, München 1840/41
Feyl, A.
Das Kochbuch Meister Eberhards, Ein Beitrag zur altdeutschen Fachliteratur, Diss., Freiburg i. Br. 1963
Fickler, Johann Baptist
Kunstkammer-Inventar, München 1598
Fina, Ortrun (Hrsg.)
Klara Staigers Tagebuch, Aufzeichnungen während des Dreißigjährigen Krieges im Kloster Mariastein bei Eichstätt. Regensburg 1981
Finkelstein, Joanne
Dining Out – A Sociology of Modern Manners, Oxford 1989
Fischer, Hans W.
Das Leibgericht, Hamburg 1955
Fisher, Mary Frances Kennedy
Here Let Us Feast, A Book of Banquets, first published 1946, San Francisco 1986
Fisher, Mary Frances Kennedy
The Art of Eating, first published 1937-1954, New York 1990
Forbes, W. A.
Antiek Bestek, Korte Ontwikkelingsseschiedenis van Mezs, Lepel en Vork, Bussum 1969
Föringer
Anordnungen über den herzoglichen Aufenthalt in München 1550-1600, Oberbayerisches Archiv für vaterländische Geschichte, Bde. 1-9, 1848
La table d'un roi, L'orfèvrerie du XVIIIe siècle à la Cour de Danemark, Ministère des Affaires Etrangères, Association Française d'Action Artistique avec la participation du groupe Saint-Gobain, Musée des Arts décoratifs, Paris 1987
Frankenburger, M.
Die Silberkammer der Münchner Residenz, München 1923
Frankenburger, M.
Die Alt-Münchener Goldschmiede und ihre Kunst, München 1912
Franklin, Alfred
La vie privée d'autre fois, 3 Bde., Paris 1888-1891
Franz, Adolph
Die kirchlichen Benediktionen im Mittelalter, Freiburg i. Br. 1909 (Reprint Graz 1960)
Frei, Alfred G. (Hrsg.)
Habermus und Suppenwürze, Singens Weg vom Bauernhof zur Industriestadt, Beiträge zur Singener Geschichte, Bd. 13, Konstanz 1987
Freud, Sigmund
Die Traumdeutung. Studienausgabe Bd. 2, Frankfurt/M. 1968 ff.
Freud, Sigmund
Das Ich und das Es. Studienausgabe, Bd. 3, Frankfurt/M. 1968 ff.
Freud, Sigmund
Die Verneinung. Studienausgabe, Bd. 3, Frankfurt/M. 1968 ff.
Freud, Sigmund
Über die allgemeinste Erniedrigung des Liebeslebens. Studienausgabe, Bd. 5, Frankfurt/M. 1968 ff.
Freudenberg, E., Mondfeld, W.
Altes Zinn aus Niederbayern, Bd. 1, Regensburg 1982
Freybe, Albert
Das alte deutsche Leichenmahl in seiner Art und Entartung, Gütersloh 1909
Friedländer, Ludwig
Sittengeschichte Roms, Leipzig 1922 (Nachdr. 1964)
Fritz, Bernd
Die Porzellangeschirre des Rosenthal-Konzerns, Stuttgart 1989
Fuchs-Hartmann, Werner
Gastmahl der Völker, Stuttgart 1941
Fuhse, F.
Sitten und Gebräuche der Deutschen beim Essen und Trinken von den ältesten Zeiten bis zum 11. Jh., Diss. Göttingen 1891
Ganshof, François
Was ist das Lehnswesen? Darmstadt 1977[5]

Gebele, Joseph
Das Schulwesen der königl. bayer. Haupt- und Residenzstadt München, München 1986
Geiger, Malachias
Kurzer Underricht und Guetachten wie mann sich bey ietzigen Sterbens-Lauffe Praeseruieren vnnd ..., München 1649
Geiger, Werner
Totenbrauch im Odenwald, Lindenfels 1960
Gerndt, Helge
Kultur als Forschungsfeld, Über volkskundliches Denken und Arbeiten, München 1981
Geyer, Moritz
Altdeutsche Tischzuchten, Altenburg 1882
Giedion, Sigfried
Die Herrschaft der Mechanisierung, Frankfurt 1987
Giegher, Matthias
Li tre tratti, Padua 1639
Girouard, Mark
Life in The English Country House, Yale-University 1978
Gloag, John
The Englishman's Chair, London 1964
Gloag, John
A Short Dictionnary of Furniture, Liverpool 1969
Gockerell, Nina
Das Bayernbild in der literarischen und »wissenschaftlichen« Wertung durch fünf Jahrhunderte, Volkskundliche Überlegungen über die Konstanten und Varianten des Auto- und Heterostereotyps eines deutschen Stammes, MBM, Bd. 51, München 1974
Goehde, Richard
Koche mit Gas, Ein Mahnruf für sparsame Hausfrauen, Berlin 1899
Goethe, Joh. W. von
Italienische Reise, hrsg. von H. von Einem, München 1978
Gööck, R.
Das Buch der Gewürze, München 1977
Goody, John
Cooking, Cuisine and Class, A Study in Comparative Sociology, Cambridge University 1982
Gorys, Erhard
DTV-Küchen Lexikon, Von Aachener Printen bis Zwischenrippenstück, München 1977
Gottschalk, Alfred
Histoire de l'alimentation et de la gastronomie, Bd. 2, Paris 1948
Götz, Wilhelm
Speise und Trank vergangener Zeiten in deutschen Landen, Basel 1882
Goudin, Anselmus
Benedictinisches Welt-Wunder, vorgestellt in der Heil ... Walburga, Regensburg 1716
Gouffe, J.
Historische Uebersicht der Entwicklung der Kochkunst, o. O. 1868
Goullon, François le
Der neue Apicius oder Die Bewirtung vornehmer Gäste, Klassische Kochkunst, Bd. 8, Leipzig 1984
Grandjean, Serge
L'Orfèvrerie du XIXe siècle en Europe, Paris 1962
Grässel, Hans
Das Heiliggeistspital in München, München 1910
Grassl, Ida
Münchner Brauchtum im 18. Jahrhundert, Beiträge zur Volkskunde der Stadt, München 1940
Grautoff, Ferdinand
Deutsche Heimat in Wort und Bild, Leipzig o. J.
Green, Daniel
CPC Europe, A Family of Food Companies, Stevenhage, Herts 1979
Grefe, Christiane / Heller, Peter / Herbst, Martin / Pater Siegfried
Das Brot des Siegers, Die Hamburger Konzerne, Göttingen 1989
Gregorovius, Ferdinand
Wanderjahre in Italien, München 1968
Greverus, Ina-Maria
Kultur und Alltagswelt, Eine Einführung in Fragen der Kulturanthropologie, Becksche schwarze Reihe, Bd. 182, München 1978
Grießhammer, Birke (Hrsg.)
Kupfer und Messing in Haus und Küche, Erlangen 1982
Gröber, Karl
Alte deutsche Zunftherrlichkeit, München 1936
Gruber, Alain-Charles
Kostbares Eßbesteck des 16. bis 18. Jahrhunderts, Aus dem schweizerischen Landesmuseum, Bd. 39, Bern 1976
Gruber, Alain-Charles
Gebrauchssilber des 16. bis 19. Jahrhunderts, Fribourg/Würzburg 1982
Gruber, Alain-Charles
Weltliches Silber, Katalog der Sammlung des Schweizerischen Landesmuseum Zürich, Zürich 1977
Gschnitzer, Hans und Menardi, Gerlinde
Essen und Trinken, Feuer und Licht, Tiroler Volkskunstmuseum, Katalog 1, Innsbruck 1983
Guleja, Karl
Die Welt der Drahtbinder, Geschichte und Schicksal eines Gewerbes, Kunsthistorisch ethnographisch-technische soziale Studie, München o. J. (Nur Kopienausschnitt vorhanden)
Günther, Alexander
Küche und Keller in Alt-Rom, Berlin 1883
Gutkind, Curt Sigmar
Das Buch der Tafelfreuden, Leipzig 1929
Haarer, Luise
Kochen und Backen nach Grundrezepten, Baltmannsweiler 1983
Haas, Alois Maria
Todesbilder im Mittelalter, Fakten und Hinweise in der deutschen Literatur, Darmstadt 1989
Habs, Robert und Rosner, Leopold
Appetit-Lexikon, Wien 1894[2]
Hackwood, Frederick William
Good Cheer, the Romance of Food and Feasting, London 1968
Hagen, Margarete von
Reformküche und Küchenreform, Ein Handbuch der neuen Kochkunst und ein Wegweiser zur gesunden Ernährung für deutsche Frauen, Pfullingen o. J. Bücher der »Weißen Fahne« Nr. 54
Hagger, Conrad
Neues Saltzburgisches Koch-Buch, Augsburg 1719 (Neudruck Leipzig 1977)
Hagn, Herbert
Altbayerische Töpfer, Keramikfunde vom 15. bis 19. Jahrhundert, Ausstellungskataloge der Prähistor. Staatssammlung, Bd. 18, München 1990
Hagn, Herbert
Keramik der Renaissance aus Gschaid, Bayer. Nationalmuseum, S. 1-12, 5 Abb., München 1985
Hahn, Mary
Illustriertes Kochbuch für die einfache und feine Küche, Wernigerode i. Harz 1920[15]
Hahn, Th.
Kleines Kochbuch für Freunde der naturgemäßen Diät (Vegetarier), Köthen 1883
Hähnel, Elsa (und Mitarbeiter)
Siegburger Steinzeug, Führer und Schriften des Rheinischen Freilichtmuseums und Landesmuseums für Volkskunde in Kommern, Nr. 31, Köln 1987
Hajek, Hans
Daz bůch von gůter spize, aus der Würzburg-Münchner Handschrift, Bd. 8, Berlin 1958
Hammel, Rudolf
Zur Frage der Stempelung und Datierung mittelalterlicher Keramik aus Obernzell, Ms., Obernzell 1990
Hansen, Hans Jürgen (Hrsg.)
Kunstgeschichte des Backwerks, Geschichte und Entwicklung der Gebäckarten und ihrer Formen, Oldenburg/Hamburg 1968
Hansmann, Liselotte und Kriss-Rettenbeck, Lenz
Amulett und Talisman, Erscheinungsform und Geschichte, München 1966
Häntzschel, Günter (Hrsg.)
Bildung und Kultur bürgerlicher Frauen 1850-1918, Eine Quellendokumentation aus Anstandsbüchern und Lebenshilfen für Mädchen und Frauen als Beitrag zur weiblichen literarischen Sozialisation, Tübingen 1986
Hardt, Stephan
Tod und Eros beim Essen, Frankfurt/M. 1987
Harris, Marvin
Wohlgeschmack und Widerwillen, Die Rätsel des Nahrungstabus, Stuttgart 1988
Harsdörfer, Georg Philipp
Vollständig vermehrtes Trincirbuch von Tafeldecken trinciren, Zeitigung der Mundkoste, Schauessen und Schaugerichten, benebens XXIV Gast- oder Tischfragen, Nürnberg 1657 (Reprint Leipzig 1976)
Harvolk, Edgar (Hrsg.)
Wege der Volkskunde in Bayern, Ein Handbuch, München/Nürnberg 1987
Hasse, M.
Essen und Trinken in alter Zeit, Lübeck 1974
Hatje, Gerd und Ursula
Knaurs Wohnbuch, München/Zürich 1961
Hatzfeld, Georg von und Wallraf, Rainer
München wie es schreibt und ißt, München 1965
Haus der Bayerischen Geschichte
Arbeitnemer – Unternehmer, München 1985
Hauser, Albert
Vom Essen und Trinken im alten Zürich, Tafelsitten, Kochkunst und Lebenshaltung vom Mittelalter bis in die Neuzeit, Zürich 1962
Haushofer-Hartschimmelhof, Heinz und Riedmüller, Sophia
Bayerische Agrar-Bibliographie, München 1954
Hausleitner, Johannes
Der Vegetarismus in der Antike, Berlin 1935
Havard, H.
Dictionnaire de l'ameublement et de la décoration depuis le XIIIe siècle jusqu'à nos jours, 4 Bde., Paris 1887-1890
Hazzi, Joseph
Statistische Aufschlüsse über das Herzogthum Baiern, aus echten Quellen geschöpft, Bd. 1, Nürnberg 1801
Hazzi, Joseph
Betrachtungen über Theurung und Noth der Vergangenheit und Gegenwart, München 1818
Heckmann, Herbert
Die Freud des Essens, Ein kulturgeschichtliches Lesebuch vom Genuß der Speisen, aber auch vom Leid des Hungers, München 1979
Hehn, Friederike
Homöopathisches Kochbuch, Berlin 1834

Heer, Jan
Ein Jahrhundert Nestlé, Rivaz 1966

Heidrich, Hermann
Wohnen auf dem Lande, Am Beispiel der Region Tölz im 18. und frühen 19. Jahrhundert, MBM, Bd. 128, München 1984

Heimpel, Hermann
Die halbe Violine, Frankfurt/M. 1985

Heischkel-Artelt, Edith (Hrsg.)
Ernährung und Ernährungslehre im 19. Jahrhundert, Studien zur Medizingeschichte im 19. Jahrhundert, Bd. 6, Göttingen 1976

Heise, Ulla
Kaffee und Kaffeehaus, Eine Kulturgeschichte, Leipzig 1987

Heiser, Charles B.
Seed to Civilisation, The Story of Man's Food, San Francisco 1973

Heitmann, Bernhard
Die deutschen sogenannten Reise-Service und die Toiletten-Garnituren von 1680 bis zum Ende des Rokoko und ihre kulturgeschichtliche Bedeutung, Diss., Hamburg 1979

Helferich-Dörner, Alma
Messer, Löffel, Gabel – seit wann?, Schwäbisch-Hall 1959

Hell, Elisabeth
Jugendliche Schneiderinnen und Näherinnen in München, Stuttgart 1911

Hellmann, Ulrich
Künstliche Kälte, Die Geschichte der Kühlung im Haushalt, Werkbund-Archiv, Bd. 21, Museum der Alltagskultur des 20. Jahrhunderts, Berlin 1990

Hemardinquer, J.-J.
Pour une histoire de l'alimentation, Paris 1883 (Neuaufl. Paris 1970)

Hempel, Gudrun
Lampen Leuchter Licht II, aus der Metallsammlung des Österreichischen Museums für Volkskunde, Hauptgebäude Wien, Gartenpalais Schönborn, Wien 1991

Henisch, Bridget Ann
Fast and Feast, Food in Medieval Society, Pennsylvania 1976

Henkel, Gabriele
Tafelbilder, Köln 1990

Henn, Ursula
Die Mustersiedlung Ramersdorf in München, Ein Siedlungskonzept zwischen Tradition und Moderne, MBM, Bd. 138, München 1987

Hentig, Hans von
Vom Ursprung der Henkersmahlzeit, Tübingen 1958

Herbst-Krausz, Zorica
Traditionelle Jüdische Speisen, Wiesbaden 1988

Hering, Richard
Lexikon der Küche, Giessen 1978

Herrmannsdorfer, Caroline (Hrsg.)
Haus und Herd in schwerer Zeit, Ein Wegweiser zum Durchhalten in Küche und Haushalt, Unter Förderung des Haupt-Wohlfahrtausschusses München und unter Mitwirkung von Eugenie Erlewein, Leiterin der hauswirtschaftlichen Beratungsstelle München, München 1917

Herzog Albrechtz in Bairn etc. hochloblicher gedechtnuss begennghnuss zu München etc. anno etc. im neundten iare, München 1509

Herzog, Anna
Servierbüchlein, Eine Anleitung zum Tischdecken und Servieren, München o. J.

Heyne, Moriz
Das deutsche Nahrungswesen von den ältesten geschichtlichen Zeiten bis zum 16. Jh., 2. Bd., – Nahrung, Leipzig 1901

Hiereth, Sebastian
Herzog Georgs Hochzeit zu Landshut im Jahre 1475, Eine Darstellung aus zeitgenössischen Quellen, Landshut o.J. 3. Auflage

Hierneis, Theodor
Der König speist, Erinnerungen aus der Hofküche König Ludwigs II., München 1953

Hieronimi, Hermann
Getränkegesetze, Lebensmittelgesetz, Weingesetz, Tafelwasser, Kaffee, Kakao und Tee, München 1952

Hilschens, Fritz
100 Jahre Rosenthal, Hannover 1982

Hindhede, Mikkel
Mein Ernährungssystem, Eine Umwälzung und Verbilligung unserer Ernährung, Berlin u. Leipzig 1911 (12.-16. Tsd.)

Hirth, Georg
Das deutsche Zimmer der Renaissance, Anregungen zur häuslichen Kunstpflege, München 1880

Hofmann, Friedrich H.
Geschichte der Bayerischen Porzellan-Manufaktur Nymphenburg, Bde. 1-3, Leipzig 1923

Holenstein, André
Die Huldigung der Untertanen, Rechtskultur und Herrschaftsordnung (800-1800), Stuttgart/New York 1991

Hoos, Hildegard
Die kaiserliche Tafel, Ehemalige Hofsilber- und Tafelkammer Wien, Museum für Kunsthandwerk Frankfurt am Main, Frankfurt 1991

Horn, Erna
Der Eintopf, das deutsche Spargericht, Frasdorf-München 1933

Horn, Erna
Bayern tafelt, Vom Essen und Trinken in Altbayern, Franken und Schwaben, München 1980

Horn, Erna
Drei altbairische Koch- und Kultur-Dokumente, Bavaria antiqua, Bd. 5, München 1974

Hörandner, Edith
Model, Geschnitzte Formen für Lebkuchen, Spekulatius und Springerle, München 1982

Huber, Anna
Die vollständige Fastenküche oder praktische Anleitung zur Bereitung von Fastenspeisen, Regensburg 1881[11]

Hübner, Lorenz
Beschreibung der churbairischen Haupt- und Residenzstadt und ihrer Umgebung, 2 Bde., München 1803-1805 (2. Bd. erschien 1805)

Huhn, Albert
Geschichte des Spitals, der Kirche und der Pfarrei zu Hl. Geist in München, I. Abt. (1204-1790), München 1891

Humboldt, Wilhelm von
Briefwechsel mit seiner Gattin, Hrsg. Anna von Sydow, 7 Bde. (1906-16)

Hundert Jahre Gas in München
Festschrift, München 1950

Hussong, Friedrich
Der Tisch der Jahrhunderte, Berlin 1937

Hüwel, Erwin
Vom Klößekochen in Thüringen, Wissenswertes und Unterhaltsames – Allgemeines und Spezielles, Meiningen 1990

Imhof, Arthur E. (Hrsg.)
Der Mensch und sein Körper, Von der Antike bis heute, München 1983

Imhoff, Christoph von (Hrsg.)
Berühmte Nürnberger aus neun Jahrhunderten, Nürnberg 1984

Inselkammer, Franz
Heimathaus Aying, Der Sixt-Hof, Aying 1978

J. G. S.
Oekonomische Magie oder auserlesene Kunststücke für Frauenzimmer zum Nutzen und Vergnügen in der Hauswirtschaft, Berlin 1797

Jakob, Georg
Arabische Berichte von Gesandten an germanischen Fürstenhöfen aus dem 9. und 10. Jahrhundert, Berlin 1927

Jacob, Heinrich Eduard
Sage und Siegeszug des Kaffees, Die Biographie eines weltwirtschaftlichen Stoffes, Hamburg 1964

Jeggle, Utz
Der Kopf des Körpers, Eine volkskundliche Anatomie, Weinheim/Berlin 1986

Jeggle, Utz, Kaschuba, Wolfgang u. a. (Hrsg.)
Tübinger Beiträge zur Volkskultur, Untersuchungen des Ludwig-Uhland-Institutes der Universität Tübingen, Bd. 69, Tübingen 1986

Kaiser, Friedrich Wilhelm
Ein Beitrag zur Ernährungsforschung in Oberbayern, München 1939

Kapfelsberger, Eva und Pollmer, Udo
Iß und stirb, Chemie in unserer Nahrung, Mit Ratschlägen für den Verbraucher, Köln 1982

Kat. Mus. Berlin 1990
Metallkunst, Slg. K. Bröhan, Bd. IV, Berlin 1990

Kempf, Rosa
Das Leben der jungen Fabrikarbeiterinnen in München, Die soziale und wissenschaftliche Lage ihrer Familie, Diss. Staatswissenschaftliche Fakultät, Leipzig 1911

Kern, A.
Deutsche Hofordnungen des 16. und 17. Jahrhunderts, 2 Bd. Berlin 1905/7

Kern, Gustav von
Anleitung Zimmer- und Kochöfen, Sparkochheerde und Kesselheerde den neuesten Erfahrungen ensprechend, zu bauen, mit vorzüglicher Rücksicht auf das Geschichtliche der Feuerungskunde, ihrer allmähligen Verbesserung und der darauf Bezug habenden Literatur, Nürnberg 1843

Ketchman Wheaton, Barbara
L'office et la bouche – Histoire des moeurs de la table en France 1300-1789, Pennsylvania 1983

Kiltz, Hartmut
Das erotische Mahl, Szenen aus dem »chambre séparée« des neunzehnten Jahrhunderts, Frankfurt/M. 1983

Kinsus, Karin, Grundwald, Henning (Hrsg.)
Vom Essen und Trinken, Frankfurt/Main 1978

Kirchdorfer, Trudl
Münchner Schmankerl, Das Spezialitäten-Kochbuch der echten Münchner Küche, München 1971[5]

Kirkwood, K. P.
The Diplomat at Table, New York 1978

Kiwus, Karin
Vom Essen und Trinken, Frankfurt 1977

Klaus, Martin
Mädchen im Dritten Reich, Der Bund Deutscher Mädel (BDM), Köln 1983

Klein, Mattias
Eine Markentafel der Münchner Goldschmiede, Sonderdruck aus: Jahrbuch des Zentralinstituts für Kunstgeschichte, Bde. 5/6, München 1989/90

Kleindorfer-Marx, Bärbel
Emailgeschirr für alle Zwecke, Schriftenreihe Kreismuseum Waldersbach, Bd. 2, Roding 1986

Kleinspehn, Thomas
Warum sind wir so unersättlich? Über den Bedeutungswandel des Essens, Frankfurt/M. 1987

Klett, Andreas
Neues Trenchir-Büchlein, Wie man nach rechter Art, und jetzigen Gebrauch nach, allerhand Speisen ordentlich auff die Taffel setzen, zierlich zerschneiden ..., Jena 1657

Klett, Andreas
Neues Tranchier- und Plicatur-Büchlein, Hildesheim/New York 1971 (Nachdruck der Ausgabe Nürnberg 1677)

Klietsch, Heinrich und Siebell, Joh. Hermann
Vollständiges und allgemeinnützliches Bamberger Kochbuch,Bamberg 1805

Knigge, Alfred v.
Über den Umgang mit Menschen, hrsg. v. G. Ueding, Frankfurt/M. 1987

Knoll, Anette
Der Augsburger Verleger Martin Engelbrecht, Studien zur Produktion und Vertrieb von illustrierten Einblattdrucken des 18. Jahrhunderts, Magisterarbeit Universität Augsburg, Augsburg 1990

Kochbuch,
Das allerneueste Pariser, Straßburg 1752

Könnecker, Marie-Luise, Fischer-Hornberger, Esther
Götterspeise Teufelsküchen, Texte und Bilder von Essen und Verdauen, vom Fressen und Fasten, Schlecken und Schlemmen, von Fett und Fleisch, Brot und Tod, Frankfurt/M. 1990

Kohlmann, Theodor und Bausinger, Hermann (Hrsg.)
Großstadt, Aspekte empirischer Kulturforschung, Volkskunde-Kongreß 1983, Schriften des Museums für Deutsche Volkskunde Berlin, Bd. 13, Berlin 1985

Kollath, Werner
Der Vollwert unserer Nahrung, Heidelberg 1983

Kollath, Werner
Die Ordnung unserer Nahrung, Heidelberg 1986

Kopp, Cornelia
Grundrezepte als Schlüssel zur Kochkunst, Aus 80 Grundrezepten entstehen 500 Gerichte, Leipzig, Berlin, Zürich 1931

Körber-Grohne, Udelgard
Nutzpflanzen in Deutschland, Kulturgeschichte und Biologie, Stuttgart 1987

Krabbe, Wolfgang
Gesellschaftsveränderung durch Lebensreform, Strukturmerkmale einer sozialreformerischen Bewegung im Deutschland der Industrialisierungsperiode, Göttingen 1977

Krackhardt, Karl
Tafel-Aufsätze, Ausgewählte, geschmackvolle und leicht ausführbare Vorlagen für Vorlagen für Conditoren, München 1886

Kranzfelder, Ursula
Zur Geschichte der Apothekenabgabe- und Standgefäße aus keramischen Materialien unter besonderer Berücksichtigung der Verhältnisse in Süddeutschland vom 18. bis zum beginnenden 20. Jahrhundert, Dissertation Universität München 1982

Kraus, Andreas
Maximilian I. Bayerns großer Kurfürst, Regensburg 1990

Kreisel, Himmelheber
Die Kunst des Deutschen Möbels, Bd. 2, 1983

Kreisel/Thoma
Führer durch die Münchner Residenz, München 1938

Kreis- und Stadtsparkasse Dillingen, Donau (Hrsg.)
Geschichte über Küche, Haus und Garten, Gundelfingen 1989

Kretzenbacher, Leopold
Santa Lucia und die Lutzelfrau, Volksglaube und Hochreligion im Spannungsfeld Mittel- und Südosteuropas, Südosteuropäische Arbeiten, Bd. 53, München 1959

Kriss-Rettenbeck, Lenz
Bilder und Zeichen religiösen Volksglaubens, München 1963

Kronberger-Frentzen, Hanna
Die alte Kunst der süßen Sachen, Backformen und Waffeleisen vergangener Jahrhunderte, Hamburg 1959

Krünitz, Johann Georg
Oekonomisch-technologische Encyclopädie, oder allgemeines System der Staats-Stadt-Haus- und Land-Wirthschaft, und der Kunst-Geschichte, in alphabetischer Ordnung, Berlin 1733ff.

Kübler, Marie Susanne
Das Hauswesen nach seinem ganzen Umgange dargestellt in Briefen an eine Freundin, mit Beigabe eines vollständigen Kochbuches, Stuttgart 1883

Kudriaffsky, E. von
Die historische Küche, Ein Kulturbild, Wien 1880

Kurbloch, Heinz
Berliner Feuilleton, Berlin 1987

Kürth, Herbert
Kunst der Model, Leipzig 1981

Kurz, Maximilian v.
Relation der auß gnädigstem befelch der durchleuchtigisten fürstin und frawen, frawen Maria Anna in obern und nidern Bayrn etc. ... Regentin und Vormunderin in abholung der durchleuchtigisten fürstin und frawen, frawen Henriette Adelheide churfürstin in Bayrn etc. gebornen hertzogin auß Savoia. Druch den hoch und wolgebornen Herrn, Herrn Maximilian Graf Kurtzen, Freyherrn von Senfftenaw ... verrichter Raiß nacher Piemont. Im Jahr 1652

Küster, Hansjörg
Wo der Pfeffer wächst, Ein Lexikon zur Kulturgeschichte der Gewürze, München 1987

Labarde, Leon de
Les Ducs De Bourgogne, Bd. I-III, Paris 1852

Labarte, Jules
Inventaire Du Mobilier De Charles V., Paris 1879

Lacroix, Paul
Manners, customs and dress during the middle ages, and during the renaissance period, London 1876

Lafortune-Martel, Agathe
Fête noble en Bourgogne au XVe siècle, Montreal, Paris 1984

Lagarde
Die Tranchierkunst, Quedlinburg 1830

Lang, Karl Heinrich v.
Hammelburger Reise, Sechste Fahrt oder mein Aufenthalt am Hofe des Freischützen Fürsten Ottokars, Ansbach 1823

Lang, Karl Heinrich Ritter von
Memoiren, Skizzen aus meinem Leben, Braunschweig 1842, Faksimile Erlangen 1984

Lange, Frédéric
Manger ou les jeux et les creux du plat Paris 1975

Langlois, Charles-Victor
La Vie en France au Moyen Age, de la fin du XIIe au milieu du XIVe siècle, d'après des romains mondains du temps, Genf 1981

Larioux, Bruno
Le Moyen Age à table, Paris 1989

La Science du Maître-D'Hôtel
Cuisinier, avec des Observations sur la connoissance & les propriétés des Alimans, Paris 1789

Lebault, Armand
La Table et le repas à travers les siècles, histoire de l'alimentation, du mobilier à l'usage du repas, du cérémonial et des divertissements de table. Paris 1810

Le Grand D'Aussy, Pierre-Jean-Baptiste
Histoire de la vie privée des Français depuis l'origine de la nation juqu'à nos jours ..., Bd. 3, Paris 1782 (2. Aufl. 1815)

Leher, Heinrich (Hrsg.)
Das Bayerland, Illustrierte Wochenschift für bayerische Geschichte und Landeskunde, Jg. 1, München 1890

Lehne, Barbara
Süddeutsche Tafelaufsätze vom Ende des 15. bis Anfang des 17. Jh., München 1985

Leinweber, Ulf
Schmuckstücke der Schmiedekunst, Die eisernen Bratroste im Museum für niederrheinische Volkskunde Kevelaer, Museum für niederrheinische Volkskunde Kevelaer, Kleine Schriften 2, Geldrisch 1977

Leiss, Josef
Bildtapeten aus alter und neuer Zeit, Hamburg 1961

Lemmer, Manfred (Hrsg.)
Nutzbares, galantes und curiöses Frauenzimmer-Lexicon von Amaranthes, Leipzig 1715, Reprint

Lemmer, Manfred
Nachwort zu Elsholtz, München 1984

Lentner, Joseph Friedrich
Bavaria, Land und Leute im 19. Jahrhundert, Oberbayern: Die Landgerichte im Voralpenland (Hrsg. Paul Ernst Rattelmüller), München 1988

Lentner, Joseph Friedrich
Bavaria, Land und Leute im 19. Jahrhundert, Oberbayern: Die Landgerichte im Gebirge, (Hrsg. Paul Ernst Rattelmüller), München 1988

Lentner, Joseph Friedrich
Bavaria, Land und Leute im 19. Jahrhundert, Oberbayern: Von Almen, Schützen, Wirtshäusern, Märkten (Hrsg. Paul Ernst Rattelmüller), München 1987

Leske, Marie
Illustriertes Spielbuch für Mädchen, 1500 unterhaltsame und anregende Belustigungen, Spiele und Beschäftigungen für Körper und Geist, im freien sowie im Zimmer, Leipzig 1873

Lessing, Julius
Das Speisezimmer und andere Festgaben, dargebracht Ihren kaiserl. und königl. Hoheiten (...) am 25. Jan. 1883, angefertigt unter Mitwirkung des königl. Kunstgewerbe-Museums zu Berlin, Berlin 1886

Lévi-Strauss, Claude
L'origine des manières de table, Paris 1968

Levron, Jaques
La Vie quotidienne à la cour de Versailles aux XVIIe et XVIIIe siècles, Paris 1965

Lewald, August (Hrsg.)
Panorama von München, Bd. 1-2, Stuttgart 1835

Lewin, Louis
Die Gifte in der Weltgeschichte, Berlin 1920

Lillis, Thomas Bernhard de
Außführliche Beschreibung Von Dem prächtigen Einzug ... Maria Antonia ... So in München den 9. October diß 1685. Jahrs vorbey gangen, München 1685

Lillis, Thomas Bernhard de
Der Röm. Kayserl. und Königlichen Majestäten Gnädigister Einkehr ... in München, München 1690

Lina
Die Köchinn wie sie seyn soll und muss, Oder: sichere Anleitung binnen kurzer Zeit, ohne alle Beihülfe perfect kochen zu lernen, München 1835

Lindhamer, Hedwig
Die Wohlfahrtseinrichtungen Münchens, München 1901
Lindner, Dominikus
Die allgemeinen Fastendispensen in den jeweils bayerischen Gebieten seit dem Ausgang des Mittelalters, Ein Beitrag zur Geschichte des kirchlichen Dispensationswesens und Dispensationsrechtes, München 1935
Linsenmayr, Anton
Entwicklung der kirchlichen Fastendisziplin bis zum Konzil von Nicäa, München 1877
Lippmann, Edmund O. von
Geschichte des Zuckers seit den ältesten Zeiten bis zum Beginn der Rübenzucker-Fabrikation, Berlin 1929
Löffler-Bechtel
Großes Illustriertes Kochbuch, Völlig neu bearbeitete, reich illustrierte Ausgabe, Ulm 1897
Lombard, L.-M.
Le cuisinier et le médecin et le médecin (...) suivi d un livre de cuisine, Paris 1855
Lowenberg, M. E. u. a.
Food and Man, Chichester/Sussex 1974[2]
Lozinski, G.
La Bataille de Caresme et Charnage, Paris 1933
Lueg, Gabriele
design im 20. Jahrhundert, Kataloge des Museum für angewandte Kunst, Bd. 11, Köln 1989
Lünig, Johann Christian
Theatrum Ceremoniale historico-politicum ... Bd. 1, Leipzig 1719
Lutz, Julie
Eintopf-Gerichte, Brannenburg 1933
Lux, Josef August
Die moderne Wohnung und ihre Ausstattung, Wien, Leipzig 1905
Maassen, Carl Georg von
Weisheit des Essens, Ein gastronomisches Vademekum, München 1928
Maenz, Paul
Die 50er Jahre, Köln 1984
Magne, Emile
La Vie quotidienne sous Louis XIII, Paris 1942
Maillard, Jaqueline, Hinous Pascal
Histoires de Tables, Paris 1989
Malortie, C. E. von
Der Hof-Marschall, Handbuch zur Einrichtung und Führung eines Hofhalters, Hannover 1866[3]
Malortie, Ernst von
Das Menu – eine culinarische Studie, Hannover 1888[3]
Mann, Golo
Erinnerungen und Gedanken, Eine Jugend in Deutschland, Frankfurt/M. 1986
Marchi, C.
Quando siamo a tavola, Mailand 1990
Marin, François
Les Dons de Comus ou les délices de la table, Paris 1739
Marperger, Paul Jacob
Vollständiges Küch- und Keller-Dictionarium ..., Hamburg 1716 (Reprint hrsg. u. kommentiert v. Julius Arndt, München 1978)
Marquard, Ernst
Deutsche Heimatküche, Die besten Rezepte nach Landschaften zusammengestellt, Frankfurt/M. 1935
Martin, Bernhard
Die Namensgebung einiger aus Amerika eingeführter Kulturpflanzen in den deutschen Mundarten (Kartoffel, Topinambur, Mais, Tomate), Gießen 1963
Massialot, François
le Nouveau cuisinier royal et bourgeois; qui apprend a ordonner toute sorte de repas en gras et en maigre, et la meilleure manière des ragoûts les plus délicats ..., Bde. 3, Paris 1748-1750
Matuschek, Stefan
Über das Staunen, Eine ideengeschichtliche Analyse, Tübingen 1991
Mayer, Anton
Die Domkirche zu U. L. Frau in München, München 1868
Meier-Oberist, Edmund
Kulturgeschichte des Wohnens im abendländischen Raum, Hamburg 1956
Meinert
Fliegende Volks- und Arbeiterküchen, Eine Denkschrift, der unter dem Allerhöchsten Protektorate Ihrer Majestät der Kaiserin Augusta stattfinden den Ausstellung für Hygiene und das Rettungswesen, Berlin 1882
Mennell, Stephen
Die Kultivierung des Appetits, Die Geschichte des Essens vom Mittelalter bis heute, Frankfurt/M. 1988
Merian, Mathias (Hrsg.)
Theatrum Europaeum oder Historische Chronicken. Beschreibung aller Vornembsten und Denckwürdigsten Geschichten Bd. 12,1 Frankfurt/M. 1691
Micheler, Katharina
Die Studentenküche, Reprint, München 1981
Miedtank, Lutz
Zwiebelmuster, Leipzig 1991
Mielke, Heinz-Peter
Kaffee, Tee, Kakao, Der Höhenflug der »warmen Lustgetränke«, AK Niederrheinisches Freilichtmuseum Grefrath, Viersen 1988
Ministère de la culture
Inventaire général des monuments et des richesses artistiques de la France, Principes d'analyse scientifique, Objets civils domestiques, Paris 1984
Mintz, S. W.
Sweatness and Power, The Place of Sugar in Modern History, New York 1985
Moeller, Bernd
Deutschland im Zeitalter der Reformation, Deutsche Geschichte, Bd. 4, Göttingen 1977
Mollat, M.
Le rôle du sel dans l'histoire, Paris 1968
Mollenhauer, Hans P.
Lebensmittelkonzerne und ihre Töchter in der Welt, Zürich 1984
Mollenhauer, Hans P.
Von Omas Küche zur Fertigpackung, Gernsbach 1988
Möller, Helmut
Die kleinbürgerliche Familie im 18. Jahrhundert, Verhalten und Gruppenkultur, Schriften zur Volksforschung, Bd. 3, Berlin 1969
Möller, Heino R.
Innenräume Außenwelten, Studien zur Darstellung bürgerlicher Privatheit in Kunst und Warenwerbung, Giessen 1981
Mollius, J.
Der Hausfreund, Berlin 1818
Montagne, Prosper
Larousse gastronomique, Paris 1938
Montaigne, Michel de
Journal du voyage de Michel de Montaigne en Italie par la Suisse & L'Allemagne, en 1580 et 1581, Rom 1774
Montaigne, Michel de
Tagebuch einer Badereise, Stuttgart 1963
Morgenstern, Lina
Die Volksküchen, Berlin 1882[4]
Morgenroth, W.
Die Kosten des Mohner Arbeiter in ihrer Entwicklung, Schriften des Vereins für Sozialpolitik, Bd. 145, Tl. 2, Leipzig 1914
Mory, Ludwig / Pichelkastner, Eleonore / Höfler, Bernd (Hrsg.)
Bruckmann's Zinn-Lexikon, München 1977
Möseneder, Karl
Zeremoniell und monumentale Poesie, Die Entrée Solennelle« Ludwigs XIV. 1660 in Paris, Berlin 1983
Möseneder, Karl (Hrsg.)
Feste in Regensburg, Von der Reformation bis in die Gegenwart, Regensburg 1986
Moser, Friderich Carl von
Teutsches Hofrecht, 2 Bde., Frankfurt und Leipzig 1755
Moser-Rath Elfriede
Dem Kirchenvolk die Leviten gelesen, Alltag im Spiegel süddeutscher Barockpredigten, Stuttgart, 1991
Moulin, Leo
Les Liturgies de la table, Antwerpen 1988
Moulin, Leo
L'Europe à la table, Paris 1975
Moulin, Leo
Augenlust und Tafelfreuden, Essen und Trinken in Europa – eine Kulturgeschichte, Steinhagen 1989
Mueller, Wolf
Bibliographie des Kaffee, des Kakao, der Schokolade, des Tees und deren Surrogate bis zum Jahr 1900, Wien 1960
Müller, Heidi
Dienstbare Geister, Leben und Arbeitswelt städtischer Dienstboten, Schriften des Museums für Deutsche Volkskunde, Bd. 6, Berlin 1981
Müller, Heidi und Lippert, Ekkehard und Inge
Bunzlauer Geschirr, Gebrauchsware zwischen Handwerk und Industrie, Schriften des Museums für Deutsche Volkskunde Berlin, Bd. 14, Berlin 1984
Müller, Susanne
Das fleißige Hausmütterchen, Stuttgart 1895[13]
Müller-Fassbender, Gerd-Bolko
Das Apothekenwesen der bayerischen Haupt- und Residenzstadt München, von seinem Anfang bis zum Ende des bayerischen Kurfürstentums, MBN, Bd. 22, Neue Schriftenreihe des Stadt AM, München 1970
Mundt, Barbara
Historismus, Kunsthandwerk und Industrie im Zeitalter der Weltausstellungen, Kataloge des Kunstgewerbemuseums Berlin, Bd. VII, Berlin 1973/1983
Mundt, Barbara
40 Jahre Porzellan, Siegmund Schütz zum 80. Geburtstag, Berlin 1986
Münz, E. und E.
G'spassige Leut, München 1977
Mußner, Franz
Die weiblichen Hausdienstboten in München, Eine Untersuchung über Herkunft, Ausbildung und Dienstzeit, Borna-Leipzig 1918
Nagel, Kurt und Schlipf, Benno P.
Das Fleischerhandwerk in der bildenden Kunst, Kunstgeschichte des Fleischerhandwerks, Schriftenreihe des Vereins Deutsches Fleischermuseum Böblingen, Bd. 1, Heidenheim 1982
Nagel, R.
Kochbuch für naturtreue Lebensweise, Berlin 1881
Newmann, Michael
Die deutschen Porzellan-Manufakturen, 2. Bd, Braunschweig 1977
Nicolai, Friedrich
Beschreibung einer Reise durch Deutschland im Jahre 1781, 6. Bd., Berlin, Stettin 1785

Nicolardot, Louis
Histoire de la table, Curiosités gastronomiques de tous les temps et de tous les pays, Paris 1868

Nikolaus, Georg und Renner, Johann Christian
Bilderbogen aus Nürnberg, Verkaufskatalog 1990, Buch- und Kunstantiquariat Scharnhorst Augsburg, Augsburg 1990

Niederederin, M. E.
Krankenkochbuch, Linz 1808

Nießen, Franz
Nahrung sandte er ihnen in Fülle, Versuch einer Theologie der Lebensmittel, Kevelaer 1988

Niethammer, Lutz (Hrsg.)
Wohnen im Wandel, Beiträge zur Geschichte des Alltags in der bürgerlichen Gesellschaft, Wuppertal 1979

Nowrousi, D.
Monoplan, Rezeptservice für gesunde Ernährung, Bd. 1, Schlankheitskost, o. A.

Ohler, Norbert
Sterben und Tod im Mittelalter, München/Zürich 1990

Ohler, Norbert
Reisen im Mittelalter, München 1986

Oman, Charles
Medieval Silver Nefs, Victoria and Albert Museum Monograph 15, London 1963

Opel, Ferdinand
Der städtische Schlacht- und Viehhof in München 1878-1928, Festschrift zum 50jährigen Bestand, München 1928

Otto, Louise
Frauenleben im deutschen Reich, Erinnerungen aus der Vergangenheit mit Hinweis auf Gegenwart und Zukunft, Leipzig 1876

Ottomeyer, Hans
Jugendstilmöbel, Katalog der Möbelsammlung des MStM, (unter Mitarbeit von Michaela Rammert-Götz), München 1988

Ottomeyer, Hans
Zopf- und Biedermeiermöbel, Katalog der Möbelsammlung des MStM (Unter Mitarbeit von Eva Langenstein), München 1991

Ottomeyer, Hans
Autobiographies d'architectes parisiens 1759-1811, extrait du bulletin de la société de l'histoire de Paris et de L'Ile de France, Paris 1971

Ottomeyer, Hans und Pröschel, Peter
Vergoldete Bronzen – Die Bronzearbeiten des Spätbarock und des Klassizismus, München 1986

Otto-Peters, Louise
Frauenleben im Deutschen Reich, Leipzig 1876

Pallach, Ulrich Ch.
Hunger, Quellen zu einem Alltagsproblem, München 1986

Pallavicino, Ranuccio
I trionfi dell' architettura nella sontuosa Residenza di Monaco, München 1667

Papin
La manière d'amolir les os et de faire cuire toutes sortes de viande ... Amsterdam 1688

Pezzl, Johann
Reise durch den Baierischen Kreis, Faksimileausgabe der 2. erweiterten Auflage v. 1784 (Hrsg. Josef Pfennigmann), München, 1973

Pfaender, H. G.
Das Tischmesser, eine kulturgeschichtlich-technologische Untersuchung, Stuttgart 1957

Pfanni (Hrsg.)
Ein Unternehmen für den Verbraucher, München 1979

Pfanni (Hrsg.)
Raffiniertes – einfach zubereitet, Pfanni-Werk, München, o. J.

Piccolomini, Enea Silvio
Briefe, Übersetzt und eingeleitet von Max Mell, Jena 1911

Pichon, Jérôme u. Vicaire, Georges
Le Viandier de Guillaume Tirel dit Taillevent, Paris 1892, rééd augmentée par S. Martinet, Genf 1967

Pick, Walter
Wer ist wer auf der Speisekarte, Stuttgart 1986

Platina, Bartolomeo
Von der Eerlichen zimlichen auch erlaubten Wolust des leibs ... auß dem latein verteutscht durch M. Stephanum Vigilium Pacemontanum, Augsburg 1542, Reprint München 1979

Plodeck, Karin
Hofstruktur und Hofzeremoniell in Brandenburg-Ansbach vom 16. bis zum 18. Jahrhundert, Zur Rolle des Herrschaftskultes im absolutistischen Gesellschafts- und Herrschaftssystem, Sonderdruck aus dem 86. Jahrbuch des Historischen Vereins für Mittelfranken 1971/72, Ansbach 1972

Plössl, Elisabeth
Weibliche Arbeit in Familie und Betrieb, Bayerische Arbeiterfrauen 1870-1914, MBM, Bd. 119, München 1983

Potthof, O. D. und Kossenhaschen, Georg
Kulturgeschichte der deutschen Gaststätte, Berlin o. J. (1933)

Potthoff, O. D.
Illustrierte Geschichte des Deutschen Fleischerhandwerks vom 12. Jahrhundert bis zur Gegenwart, Berlin 1931

Prato, Katharina
Anleitung zu den häuslichen Geschäften für Dienstmädchen, Graz 1882[2]

Preysing, Warmund
Rezepte aus der Schloßküche Preysing, München 1983

Pries, Johannes
Große Servierkunde, München 1989

A. Prinz von Bayern
Als die Residenz noch Residenz war, München 1967

Procacchi, G.
Trincier oder Vorlege Buch ... nach Italienischer und vornehmlich Romanischer Art ..., Leipzig 1624

Protzner, Wolfgang (Hrsg.)
Vom Hungerwinter zum kulinarischen Schlaraffenland, Aspekte einer Kulturgeschichte des Essens in der Bundesrepublich Deutschland, Beiträge zur Wirtschafts- und Sozialgeschichte, Bd. 35, Wiesbaden 1987

Rakebrand, Hilde
Meissener Tafelgeschirre des 18. Jahrhunderts, Darmstadt 1958

Raisson, H. N.
Almanach perpetuel des gourmands, contenant le code gourmand, Paris 1830[6]

Raisson, H. N. und Romieu, A.
Code gourmand, Manuel complet de gastronomie, Paris 1828[3]

Rammingen, Jakob von
Von den Aromaten und wohlschmäckenden gatz krefftigen und hailsamen Specereyen, Straßburg 1580

Rasch, Johann
Fastenlob, München 1588

Rath, Claus Dieter
Reste der Tafelrunde, Das Abenteuer der Eßkultur, Hamburg 1984

Rauers, Friedrich
Kulturgeschichte der Gaststätte, 2 Bde. Schriftenreihe der Hermann Esser Forschungsgemeinschaft für Fremdenverkehr, Berlin 1942

Rattelmüller, Paul Ernst (Hrsg.)
Bavaria, Land und Leute im 19. Jahrhundert, Oberbayern: Vom Almen, Schützen, Wirtshäusern, Märkten etc. etc.,München 1987

Rattelmüller, Paul Ernst (Hrsg.)
Lentner Joseph Friedrich Bavaria, Land und Leute im 19. Jahrhundert, Oberbayern: Die Landgerichte im Gebirge, München 1988

Rattelmüller, Paul Ernst (Hrsg.)
Lentner Josef Friedrich Bavaria, Landund Leute im 19. Jahrhundert, Oberbayern: Die Landgerichte im Voralpenland, München 1988

Rattelmüller, Paul Ernst (Hrsg.), Fentsch Eduard
Bavaria, Land und Leute im 19. Jahrhundert, Die Kgl. Haupt- und Residenzstadt München, München 1989

Reallexikon
zur deutschen Kunstgeschichte »Eßzettel«

Reeds, J. A.
The grocery trade, its history and romance, Bde. 2, London 1910

Reek, Emmerich
Die Frankfurter Würstchen, Frankfurt 1939

Regnet, C. W.
München in guter alter Zeit, Nach authentischen Quellen culturgeschichtlich geschildert, München 1879

Reibig, Helmut (Hrsg.)
Meißner Porzellan, Dresden 1973

Reineking von Bock, Gisela
Steinzeug, Kataloge des Kunstgewerbemuseums Köln, Bd. IV, Köln 1986[3]

Reinheckel, Günther
Prachtvolle Service aus Meissner Porzellan, Leipzig 1989

Revel, Jean-François
Un festin en paroles, Histoire littéraire de la sensibilité gastronomique de l'Antiquité à nos jours, Evreux 1985

Renière, Grimod de la
Almanach des gourmands, ou calendrier nutritif ..., Paris 1803[2]

Reynière, Grimod de la
Manuel des amphitryons; contenant un traité de la dissection des viandes à table, la nomenclature des menus, Paris 1808

Richter, Dieter
Schlaraffenland, Geschichte einer populären Phantasie, Frankfurt/M. 1989

Riezler, Sigmund
Baierische Geschichte, Bd. 4, Gotha 1899

Ringheid, Heide (Hrsg.)
Damit wir leben können, Eine Dokumentation der Ernährungswirtschaft, Bielefeld 1985

Roeck, Bernd
Lebenswelt und Kultur des Bürgertums in der Frühen Neuzeit, Encyclopädie Deutscher Geschichte Bd. 9, (hrsg. von Lothar Gall), München 1991

Rohr, N. J. B. von
Einleitung in die Ceremonial Wissenschaft der Privatpersonen, Berlin 1730

Rohr, N. J. B. v.
Einleitung in die Ceremonial-Wissenschaft der großenHerren ... Berlin 1733 (Reprint hrsg. v. Monika Schlechte, Weinheim 1990)

Rollinger, August
Münchens Schattenseiten! Ein Mahnruf zur Reform der Verpflegung in München und im bayerischen Hochland, München 1907

Rolph, Georg M.
Something about Sugar, San Francisco 1917

Rontzier, Frantz de
Kunstbuch von mancherley Essen, Gesotten, Pasteten, von Hirschen, Vogelen, Wildprat und anderen Schawessen, Wolfenbüttel 1598

Root, Waverly
The Food of France, New York 1966

Root, Waverly and Rochemont, Richard de
Eating America, A History, New York 1976
Rosengarten, Frederic, Jr.
The Book of Spices, Livingston, Wynnewood, Pennsylvania 1969
Rostovzeff, Michael
Social and Economic History of the Roman Empire, Oxford 1957
Rottenhöfer, J.
Anweisungen in der neueren Kochkunst, München 1858 (Repr. 1966)
Rottenhöfer, J.
Der elegante wohlservierte Kaffee- und Theetisch, München 1864
Rübesamen, Hans Eckart
Das Trüffelschwein, Kulinarisch literatische Leckerbissen, Ein Kopfkissenbuch für Feinschmecker, München o. J.
Rückert, Rainer
Die Glassammlung des Bayerischen Nationalmuseums München, Kataloge des BNM München, Bd. 17, München 1982
Rudolfsky, Bernard
Now I lay me down to eat, Notes and Footnotes on the Lost Art of Living, New York 1980
Ruf, Fritz (Hrsg.)
Kulinarische Spezialitäten aus Heilbronn und seinen Partnerstädten, In Zusammenarbeit mit der Stadt Heilbronn, Velbert-Neviges 1991
Ruf, Fritz
»Die sehr bekannte dienliche Löffelspeise«, Mus, Brei und Suppe – kulturgeschichtlich betrachtet, Velbert-Neviges 1989
Rührig, Wilhelmine
Kochbuch fürs deutsche Haus, Stuttgart o. J.
Rührig, Wilhelmine
Kochbuch fürs Deutsche Haus, enthaltend 1281 auserlesene Kochrezepte für vornehme und bürgerliche Küchen, Stuttgart o. J.
Ruhrlandmuseum (Hrsg.)
Vom Hausen zum Wohnen, Wohnungsbau für Arbeiter zur Zeit der Industrialisierung; Essen, ein Beispiel, Essen 1988
Rumford, Benjamin Graf
Kleine Schriften politischen oeconomischen und philosophischen Inhalts, 4 Bde., Weimar 1797-1805
Rumohr, Karl Friedrich von
Vom Geist der Kochkunst, TB, Frankfurt/M. 1978
Rumpolt, Marx,
Ein new Kochbuch. Das ist Ein gründtliche beschreibung wie man recht und wol, nicht allein von vierfüssigen, heymischen und wilden Thieren, sondern auch von mancherley vögel und Federwildpret, darzu von allem grünen und dürren Fischwerck allerley Speiß als gesotten, gebraten, gebacken ... zuzurichten seye, Frankfurt/M. 1581 (Reprint hrsg. u. kommentiert v. Manfred Lemmer, München 1976)
Ruß, Karl
Warenkunde für die Frauenwelt II. Teil: Hauswirtschafts-Gegenstände, Breslau 1868
Sachs, Marie
Schöne alte Kochbücher, Katalog der Kochbuchsammlung Erna Horn und Dr. Julius Arndt, München 1982
Salaman, Redcliff N.
The history and social influence of the potato, Cambridge 1949
Sandgruber, Roman
Die Anfänge der Konsumgesellschaft, Konsumgüterverbrauch, Lebensstandard und Alltagskultur in Österreich im 18. und 19. Jahrhundert, München 1982
Sandgruber, Roman
Bittersüße Genüsse, Kulturgeschichte der Genußmittel, Wien, Köln, Graz 1986
Sandgruber, Roman
Die Anfänge der Konsumgesellschaft, Konsumgüterverbrauch, Lebensstandard und Alltagskultur in Österreich im 18. und 19. Jahrhundert, Sozial- und Wirtschaftshistorische Studien, Bd. 15, München 1982
Sänger, Reinhard W.
Das deutsche Silber-Besteck, 1805-1918, Biedermeier – Historismus – Jugendstil, Firmen, Techniken, Designer und Dekore, Stuttgart 1991
Sauer, Friedrich
Anleitungen und Vorschriften zur Hausweinbereitung aus allen eßbaren Wald- und Gartenfrüchten, Gotha 1928[239]
Sanuto, Marino
I Diarii, Bd. 53, Venedig 1899
Schaden, Adolph von
München wie es trinkt und ißt, wie es lacht und küßt, Bd. 1, München 1835
Schaffer, Reinhold (Hrsg.)
Das Buch mit alten Firmen der Landeshauptstadt München, München 1957
Schauss, Emil v.
Historischer und beschreibender Catalog der königlich bayerischen Schatzkammer zu München, München 1879
Schellhammer, Marie
Das Brandenburgische Kochbuch von 1723, Rostock 1984
Schiedlausky, Günther
Essen und Trinken, Tafelsitten bis zum Ausgang des Mittelalters, Bibliothek des Germanischen National-Museums Nürnberg zur Deutschen Kunst- und Kulturgeschichte, Bd. 4, München 1956
Schiedlausky, Günther
Tee, Kaffee, Schokolade, Ihr Eintritt in die Europäische Gesellschaft, München 1961
Schivelbusch, Wolfgang
Das Paradies, der Geschmack und die Vernunft, Eine Geschichte der Genußmittel, München 1980
Schlicht, Joseph
Bayerisch Land und Bayerisch Volk, Nachdruck der Erstausgabe von 1875, Straubing o. J.
Schlichthörle, Anton
Die Gewerbsbefugnisse in der K. Haupt- und Residenzstadt München, Ein Beitrag zur Kenntnis und Praxis des Gewerbewesens in Deutschland, 2 Bde., Erlangen 1844, 1845
Schlosser A.
Speise und Trank vergangener Zeiten in Deutschland, Wien 1877
Schmeller, J. Andreas
Bayerisches Wörterbuch, München 1872-77
Schmid, Emanuel / Staudinger, Ulrike
Feste am Münchner Fürstenhof 1509-1825 (in Vorbereitung)
Schmidt-Linsenhoff, Viktoria (Hrsg.)
Sklavin oder Bürgerin?, Französische Revolution und Neue Weiblichkeit 1760-1830, Kleine Schriften des Historischen Museums Frankfurt, Bd. 44, Frankfurt 1989
Schmitt, Heinz (Hrsg.)
Alltag in Karlsruhe, Vom Lebenswandel einer Stadt durch drei Jahrhunderte, Veröffentlichungen des Karlsruher Stadtarchivs, Bd. 10, Karlsruhe 1990
Schmitt-Lieb, Willy
Vom Fressen zum Essen, Hausmetzger – Fleischermeister – Fleischwarenindustrie, Bd. 3, Frankfurt/M. 1990
Schneider, Norbert
Stilleben, Realität und Symbolik der Dinge, Die Stillebenmalerei der frühen Neuzeit, Köln 1989
Schöller Lebensmittel GmbH & Co. (Hrsg.)
Vom Gipfelschnee zur fröhlichen Eiszeit, Siegeszug der faszinierenden Köstlichkeit Speiseeis, Vom Genuß zum Nahrungsmittel, Nürnberg 1987
Scholte-Hoek, C. M. A.
Het gastmaal en de tafel in de Loop der tijden, Amsterdam und Brüssel 1965
Schopenhauer, Johanna
Sämtliche Schriften, Leipzig 1830
Schraemli, Harry
Von Lucullus zu Escoffier, Ein Schlemmerbuch für kluge Frauen und gescheite Männer, Zürich 1949
Schraemli, Harry
Der Koch als Fackelträger der Kultur, Luzern 1960
Schranka, Eduard Maria
Die Suppe, Ein Stückchen Kulturgeschichte, Berlin 1890[2]
Schreger, Odilo
Der vorsichtige und nach heutigem Geschmack wohlerfahrene Speismeister, Sammt einer Anweisung zum Kochen, Trenchieren und einigen sonderheitlichen Komplimenten, Mit beygefügten allgemeinen Tischregeln, Augsburg 1778
Schuhbeck, Alfons
Das neue bayrische Kochbuch, Taufkirchen 1991[6]
Schultz, Alwin
Das höfische Leben zur Zeit der Minnesänger, Bd. 1, Leipzig 1879
Schultz, Alwin
Alltagsleben einer deutschen Frau zu Anfang des 18. Jahrhunderts, Leipzig 1890
Schultz, Alwin
Das häusliche Leben der europäischen Kulturvölker, München 1900
Schultz, Uwe (Hrsg.)
Das Fest, Eine Kulturgeschichte von der Antike bis zur Gegenwart, München 1988
Schulz, Bernhard (Hrsg.)
Grauzonen – Farbwelten, Kunst und Zeitbilder 1945-1955, Berlin 1983
Schulz, Selke
Die Entwicklung der Hausgehilfinnen-Organisationen in Deutschland, Diss. Rechts- und Wirtschaftswiss. Fakultät, Tübingen 1961
Schütz, Liselotte
Die Kunst des Tranchierens, München 1971
Schwammberger, Adolf
Vom Brauchtum mit der Zitrone, Fürther Beiträge zur Geschichts- und Heimatkunde, Bd. 2 (hrsg. vom Verein für Heimatforschung »Alt-Fürth«), Nürnberg 1965
Schwarz, Johann
Das Handwerk der Bäcker in München, München 1899
Schweiggert, Alfons (Hrsg.)
Das große Buch vom Viktualienmarkt, Geschichte und Geschichten rund um Münchens »grüne Insel«, Dachau 1987
Schwendter, Rolf
Schwendters Kochbuch, Frankfurt/M. 1988
Segieth, Clélia
Georg Hirth und die deutsche Neurenaissance. »Das deutsche Zimmer der Renaissance« als Beitrag zur Charakterisierung der deutschen Neurenaissance in München, Masch. schriftl. Magisterarbeit, München 1983
Seidel, Carl August
Erste Blicke in den weiblichen Wirkungskreis, Bd. 1, 2, Leipzig 1802
Seifert, Traudl u. Sametschek, Ute
Die Kochkunst in zwei Jahrtausenden, Das große Buch der Kochbücher und Meisterköche, München o. J.

Selheim, Claudia
Die Inventare eines süddeutschen Warenlagers zwischen 1778 und 1824, Beiträge zur Aufarbeitung einer Realienquelle, Veröffentlichungen zur Volkskunde und Kulturgeschichte, Bd. 38, Würzburg 1989
Seling, Helmut
Die Kunst der Augsburger Goldschmiede 1529-1868, Meister – Marken – Werke, 3 Bde., München 1980
Sieber, Friedrich
Volk und volkstümliche Motivik im Festwerk des Barocks, Berlin 1960
Singer, K.
Hygiene und soziale Fürsorge in München, München o. J. (1907)
Sjörgen-De Beauchaine
The Bourgeoise in The Dining-Room, Meal Ritual and Cultural Process in Parisian Families of Today, Stockholm 1988
Smith, G. R.
Table Decoration Yesterday, Today and Tomorrow, Rutland 1968
Solleder, Fridolin
München im Mittelalter, München/Berlin 1938
Söltl, Johann Michael
München mit seinen Umgebungen historisch, topographisch, statistisch dargestellt, München 1838[2]
Specht, Franz A.
Gastmähler und Trinkgelage bei den Deutschen, Stuttgart 1887
Spiegel, Beate
Markt und Handel im Stadtmuseum Deggendorf, Begleitheft zur Dauerausstellung, Stadtmuseum Deggendorf, Nr. 4, Deggendorf 1987
Spiegl, Walter
Glas des Historismus, Kunst- und Gebrauchsgläser des 19. Jahrhunderts, Braunschweig 1980
Spindler, Max (Begr.)
Handbuch der bayerischen Geschichte, Bd. 2, hrsg. v. Andreas Kraus, München 1988[2]
Sprengel, P. N.
Handwerke und Künste in Tabellen, Mit Kupfern, Fortges. v. O. L. Hartwig, 12. Slg., Berlin 1774
Stadtwerke München (Hrsg.)
Hundert Jahre Münchner Wasserversorgung, 1883-1983, Stadtwerke München, Gas- und Wasserwerke, Badebetriebe, München 1983
Statistisches Amt der Landeshauptstadt München (Hrsg.)
Statistisches Jahrbuch München 1989, München 1989
Stein, Elke
Hungrige Speisen – das erste Werk der Barmherzigkeit, Schriftenreihe des Deutschen Brotmuseums e. V., Bd.3 , Ulm/Donau 1966
Steingräber, Erich (Hrsg.)
Deutsche Kunst der 20er und 30er Jahre, München 1979
Stengel, Walter
Zucker und Zuckergerät, Berlin 1952
Stephan, Hans-Georg
Die bemalte Irdenware der Renaissance in Mitteleuropa, Ausstrahlungen und Verbindungen der Produktionszentren im gesamteuropäischen Rahmen, Forschungshefte Bay. Nationalismus 12, München 1987
Sternberg, Wilhelm
Kochkunst und Heilkunst, Die Physiologie der Kochkunst, Leipzig 1906
Sternberg, Wilhelm
Die Küche in der klassischen Malerei, Eine Kunstgeschichtliche und literarhistorische Studie, Für Mediziner und Nichtmediziner, Stuttgart 1910
Stieber, Paul
Deutsches Hafnergeschirr, Sonderdruck aus Keysers Kunst- und Antiquitätenbuch, Bd. 3, München o. J.
Stille, Eva
Puppenküchen 1800-1980, Nürnberg 1985
Stoll, Joh. Nicolaus
Sammlung derer sämtlichen Handwerke Ordnungen des Herzogthums Würtemberg ..., Stuttgart 1758
Stolle, Walter
Volkstümliche Keramik aus Hessen vom 18. Jahrhundert bis zur Gegenwart dargestellt an Beispielen aus Mittel- und Südhessen, Hessischer Museumsverband, Kassel 1983[2]
Storr-Britz, Hildegard
Ornamente und Oberflächen in der Keramik, Kunst und Handwerk, Dortmund 1977
Stöver, Ulla
Le Couvert, Geschichte und Geschichten um Tafelsilber, München 1975
Straub, Eberhard
Repraesentatio Majestatis oder churbayerische Freudenfeste. Die höfischen Feste in der Münchner Residenz vom 16. bis zum Ende des 18. Jahrhunderts, MBM 14, München 1969
Stuyvenberg, J. H. van
Margarine, Liverpool 1969
Süß, Rolf
Vom Freßbädle zur armen, braven Marie, Geschichte und Geschichten vom Essen und Trinken, Freiburg 1976
Taillevent G.
Le cuisinier Taillevent, Lyon 1526
Tallement des Reaux
Historiettes, Paris 1960 (Erstausgabe 1834)
Tannahill, Reay
Food in history, London 1973
Tannahill, Reay
Kulturgeschichte des Essens, Von der letzten Eiszeit bis heute, München 1979
Täubrich, Hans-Christian und Tschoeke, Jutta
Unter Null, Kunsteis, Kälte und Kultur, Museum Industriekultur Nürnberg, München 1991
Ten Kate-von Eicken, Brigitte
Küchengeräte um 1900, Weil der Stadt, o. J.
Teuteberg, Hans Jürgen
Durchbruch zum modernen Massenkonsum, Münster 1987
Teuteberg, Hans Jürgen und Wiegelmann, Günter
Der Wandel der Nahrungsgewohnheiten unter dem Einfluß der Industrialisierung, Göttingen, Zürich 1972
Teuteberg, Hans Jürgen und Wiegelmann, Günter (Hrsg.)
Unsere tägliche Kost, Geschichte und regionale Prägung, Studien zur Geschichte des Alltags, Bd. 6, Münster 1986[2]
Theologische Realenzyklopädie, Berlin/New York 1983
Thieme, Johann Christoph
Haus-Feld-Arzney-Koch-Kunst-Wunder-Buch, Nürnberg 1682
Thornton, Peter
The Italian Renaissance Interior 1400-1600, New York 1991
Torniepoth, Gerda
Studien zur Frauenbildung, Ein Beitrag zur historischen Analyse lebensweltorientierter Bildungskonzeptionen, Weinheim/Basel 1979
Toussaint-Samat, Maguelonne
Histoire Naturelle & Morale De La Nourriture, Paris 1987
Trefz, Fritz
Das Wirtsgewerbe in München, Eine wirtschaftliche und soziale Studie, Stuttgart 1899
Treue, Wilhelm
Christian Adalberg Kupferberg, 1824-1876, Gründer der Sektkellerei Kupferberg in Mainz, Bielefeld 1975
Troiano, Massimo
Die Münchner Fürstenhochzeit von 1568. Massimo Troiano: Dialoge, hrsg. v. Horst Leuchtmann, Studien zur Landes- und Sozialgeschichte der Musik 4, München/Salzburg 1980
Uhlemann, H. R.
Alte Tischgesellen, Vom Fürschneyden, Trinciren und Kredenzen, Bamberg 1966
Uhlig, Günther
Kollektivmodell »Einküchenhaus«, Wohnreform und Architekturdebatte zwischen Frauenbewegung und Funktionalismus 1900-1933, Werkbund-Archiv 6, Gießen 1981
Universal-Lexikon der Kochkunst
Bd. 1, 2, Leipzig 1897[6]
Urzidil, J.
Goethe in Böhmen, Zürich/München 1981[3]
Uschold, Georg
Das Bayerische Gesetz über die öffentliche Armen- und Krankenpflege vom 29. April 1869, mit Novellen vom 3. Februar 1888 und 17. Juni 1896, München 1897
Vaerst, Eugen von
Gastrosophie oder die Lehre von den Freuden der Tafel, Leipzig 1851, Neuauflage München 1975, Bd. 1
Valentin, Hans E.
Brezen, Kletzen, Dampedei, Brot im süddeutschen und österreichischen Volksbrauchtum, Regensburg 1978
Valli, Carlo G.
Pasta nostra quotidiana, Padua 1991
Vehse, Eduard
Geschichte des Hofes vom Hause Baiern 1503-1825, 2 Bde. Leipzig o. J. (1853)
Vehse, Eduard
Geschichte der deutschen Höfe seit der Reformation, Sektion IV, 1, München 1922
Velde, Henry van de
Geschichte meines Lebens, hrsg. v. H. Curjel, München 1962
Verdot, C.
Historiographie de la table, ou abrégé historique, philosophique et littéraire des substances alimentaires ..., Paris 1833
Verein für Volkshygiene (Hrsg.)
Die gute Hausmannskost, München o. J.
Verlet, Pierre
La Maison du XVIII siècle en France, Société, Décoration, Mobilier, Fribourg 1966
Die Versorgung der Königlichen Haupt- und Residenzstadt München mit Gas und Wasser, Festschrift zur 53. Jahresversammlung des Deutschen Vereins von Gas- und Wasserfachmännern, München 1912
Vicaire, Georges
Bibliographie gastronomique, Paris 1890 (Neudruck London 1954)
Vietzen, Hermann
Der Münchner Salzhandel im Mittelalter, 1158-1587, Kultur und Geschichte, Freie Schriftenfolge des Stadtarchivs München, Bd. 8, München 1937
Visser, Margaret
The Rituals of Dinner, New York 1991
Vogel, Hubert
Die Münchner Zünfte, München 1970
Voit, Carl
Untersuchung der Kost in einigen öffentlichen Anstalten, Für Ärzte und Verwaltungsbeamte, München 1877
Volckamer, Johann Christoph
Hesperides Norimbergenses Sive ..., Nürnberg 1708

Volckmann, Erwin
Alte Gewerbe und Gewerbegassen, Deutsche Berufs-, Handwerks- und Wirtschaftsgeschichte älterer Zeit, Würzburg 1921
Völderndorff, Otto Freiherr von
Harmlose Plaudereien eines Alten Münchners, München 1898
Volkacher Stadtmuseum
MK Fränkisches Alltagsleben um 1500 (Volkacher Salbuch) Würzburg 1985
Voß, Johann Heinrich
Luise, Ein ländliches Gedicht in drei Idyllen, Leipzig, um 1790
Wagner, Charlotte
Der festlich gedeckte Tisch oder die Kunst, die Servietten in geschmackvolle Formen zu legen, Berlin, 1887[4]
Walser, Karin
Dienstmädchen, Frauenarbeit und Weiblichkeitsbilder um 1900, Frankfurt/M. 1986
Walterspiel, Alfred
Meine Kunst in Küche und Restaurants, München 1978[7]
Walzer, Albert
Liebeskutsche, Reitersmann, Nikolaus und Kinderbringer, Volkstümlicher Bilderschatz auf Gebäckmodeln, in der Graphik und Keramik, Konstanz und Stuttgart 1963
Wanninger, Karl
A la Carte, Speisekarten aus aller Welt, Rosenheim 1988[3]
Warburg, Otto
Die Muskatnuß, Leipzig 1907
Weber, Max
Wirtschaft und Gesellschaft, Tübingen 1976
Weber-Kellermann, Ingeborg
Frauenleben im 19. Jahrhundert, Empire und Romantik, Biedermeier, Gründerzeit, München 1983
Wecker, Anna
Ein Köstlich new Kochbuch von allerhand Speisen, an Gemüsen, Obst, Fleisch, Geflügel, Wildpret, Fischen und Gebachens, Amberg 1598 (Reprint München 1977)
Weichardt, Walter
Ludwig Richter-Büchlein, Diessen o. J. (1962)
Weissert, Gottfried
Das Mildheimische Liederbuch im volkserzieherischen System R. Z. Beckers, Tübingen 1966
Westen, Walter von zur
Reklamekunst, Berlin 1925
Westenrieder, Lorenz
Beschreibung der Haupt- und Residenzstadt München (im gegenwärtigen Zustande), München 1782 ((Reprint) München 1984)
Westermann, Ekkehard (Hrsg.)
Internationaler Ochsenhandel (1350-1750) (=Beiträge zur Wirtschaftsgeschichte Bd. 9) Stuttgart 1979
Wetzer und Welte's
Kirchenlexikon, Bd. 4, Freiburg 1866[2]
Wheaton, B. K.
Savoring the Past, Pennsylvania 1983
Wibmer, Carl
Medizinische Topographie und Ethnographie der K. Haupt- und Residenzstadt München, München 1862
Wichmann, Hans
Aufbruch zum neuen Wohnen, Basel/Stuttgart 1978
Wiechmann, Siegfried (Hrsg.)
Die Leibgerichte des weiland Apothekers und Malerpoeten Carl Spitzweg von ihm eigenhändig aufgeschrieben und illustriert, München 1962
Wiegelmann, Günter (Hrsg.)
Wandel der Alltagskultur seit dem Mittelalter, Beiträge zur Volkskultur in Nordwestdeutschland, Heft 55, Münster 1987
Wiegelmann, Günter
Alltags- und Festspeisen, Wandel und gegenwärtige Stellung, Marburg 1967
Wieninger, Johannes
Eßkultur vom Mittelalter bis zur Gegenwart, St. Pölten 1983/84
Wierlacher, Alois
Vom Essen in der deutschen Literatur, Mahlzeiten in Erzähltexten von Goethe bis Grass, Stuttgart, Berlin, Köln, Mainz 1987
Wievelhove, Hildegard
Deutsche Tischbrunnen
Wilberforce, Edward
Ein Snob in München, Die erstaunlichen Beobachtungen des Mr. Edward Wilberforce in München anno 1860, München 1990, übersetzt und kommentiert von Gerhard Wiesend
Wilmenrod, Clemens
Es liegt mir auf der Zunge, Hamburg 1954[8]
Wilson, Charles
The history of Unilever 3 Bde., London 1954
Wiswe, Hans
Kulturgeschichte der Kochkunst, Kochbücher und Rezepte aus zwei Jahrtausenden mit einem lexikalischen Anhang zur Fachsprache von Eva Hepp, München 1970
Witt, Gisela
Hauswirtschaftliche Mädchenbildung in einer Münchner Hauswirtschaftsschule 1900-1930, Zur Vermittlung kultureller Techniken und Wertvorstellungen, Magisterarbeit LMU München, München 1990
Wormer, Eberhard J.
Alltag und Lebenszyklus der Oberpfälzer im 19. Jahrhundert, Rekonstruktion ländlichen Lebens nach den Physikatsberichten der Landgerichtsärzte 1858-1861, MBM, Bd. 114, München 1988
Zander-Seidel, Jutta
Textiler Hausrat, Kleidung und Haustextilien in Nürnberg von 1500-1650, München 1990
Zedler, Johann Heinrich
Großes vollständigs Universallexikon, Halle und Leipzig 1733
Ziegler, Maria Liobgid
Die armen Schwestern von Unserer lieben Frau, München 1935
Zimmermann, Florian
Wohnbau in München 1800-1850, MBM, Bd. 129, München 1984 (Miscellanea Bavarica Monacensia)
Zimmermann, Peter
Beschreibung und kurtze Radierte entwerffung der Fürstlichen Hochzeit, So Der Durchleuchtig und Hochgeborn Fürst und Herr, Herr Wolffgang Wilhelm, Pfaltzgraff bey Rhein Hertzog in Bayrn, Gülch, Cleve und Berg ... Mit Der auch Durchleuchtigistin und Hochgebornen Fürstin Fraw Magdalena Pfaltzgräffin bey Rhein, Hertzogin in Obern und Nidern Bayrn. Zu München im sechzehenhundert und dreyzehenden Jahr den zwölfften Novembris Celebriert und gehalten, Augsburg 1614
Zobelitz, Martha von
Das Kasserol, München 1923
Zogg, Annemarie und Hirt, Robert
Zürcher Gebäckmodel, Bern 1970
Zull, Gertraud
Das Bild vom Dienstmädchen um die Jahrhundertwende, Eine Untersuchung der stereotypen Vorstellungen über den Charakter und die soziale Lage des städtischen weiblichen Hauspersonals, Reihe Kulturwiss., Bd. 11, München 1984
o. A.
Ueber die Ursachen der gegenwärtigen Theuerung der Lebensbedürfnisse vorzüglich in der Hauptstadt München und übrigen Städten Baierns, nebst einigen Winken derselben abzuhelfen, München 1802

Der Feinschmecker – Tafelfreuden International – Weinjournal, Sonderausgabe für Ärzte, Heft 6, November/Dezember, Frankfurt 1989
GEO-Wissen
Sonderheft: Nahrung und Gesundheit, Nr. 1, 5. 3. 1990, Hamburg
Zeitschrift des Kunstgewerbevereins in München
Münchener Statistik
Jahrgang 1988, Heft 1-7, Statistisches Amt der Landeshauptstadt München
Openbaar Kunstbezit in Vlaanderen
Driemaandelijkse periodiek voor inwijding in de beeldende kunsten door reprodukties, teksten, Radio en televisie, De Laterna Magica, Jg. 50, novdec 1977, Antwerpen 1977
P. M. Perspektive
Sonderheft: Essen und Trinken, Heft 90/015, München 1990
Meisterwerke der Metallkunst, Zinn – Kupfer – Messing – Bronze, BNM im Zweigmuseum Kloster Ansbach bei Rotthalmünster 1991-1993, in: Sonderdruck Weltkunst, Jg. 61, Nr. 13, und 14/1991, München 1991

Adam, Julie
Erinnerungen aus dem alten München, Chronik des Hauses Rindermarkt Nr. 3 aus den Jahren 1863-1873, in: O. A., 113. Bd., München 1989
Alcouffe, D
La naissance de la table à manger au XVIIIe siècle, in: La Table et le Partage. Rencontres de l'Ecole du Louvre. Paris 1986, S. 57-65
Abels, B.-U.
Spuren von Anthropophagie an hallstattzeitlichen Skelettresten, in: Festschrift 75 Jahre Anthr. Staatsslg. München, München 1977, S. 113-116
Arminjon, Cathérine
L'utile et l'agréable: Le décor de la table du XVe au XIXe siècle, in: La Table et le partage. Rencontres de l'Ecole du Louvre. Paris 1986
Arminjon, C. u. Blondel, N.
La table du commandant, in: Les Français et la table, Paris, Musée national des arts et traditions populaires, 1985, S. 407-418
Baillie, H. M.
Etiquette and the Planning of the State Appartments in Baroque Palaces, in: Archeologia, 101, 1967, S. 169-199
Bakker, Lothar
Ein bedeutender frühneuzeitlicher Fundkomplex aus Augsburg, Schwaben, in: Das archäologische Jahr in Bayern 1982, Konrad Theiss Verlag Stuttgart 1983, S. 160-163, Abb. 142-145
Baudy, G. J.
Hierarchie oder: Die Verteilung des Fleisches, in: Neue Ansätze in der Religionswissenschaft, München 1983, S. 131-174

Benker, Gertrud
Illustrationen früher Kochbücher, Möglichkeiten der Bildinterpretation, in: Brednich, Rolf Wilhelm und Hartmann, Andreas (Hrsg.), Populäre Bildmedien, Vorträge des 2. Symposiums für Ethnologische Bildforschung, Beiträge zur Volkskunde in Niedersachsen, Bd. 3, Reinhausen/Göttingen, 1986
Benker, Gertrud
Altes Küchengerät und Kochpraxis Teil I, in: Bayerisches Jahrbuch für Volkskunde, München 1972/75, S. 136-179
Benker, Getrud
Deckel für Kochtöpfe, in: Volkskunst, Zeitschrift für volkstümliche Sachkultur, Heft 4, München 1987, S. 23-27
Berg, Gösta
Altes und Neues in der Stockholmer Küche von 1644, Zwei Köchinnen im Gespräch miteinander, in: Wandel der Volkskultur in Europa, Festschrift für Günter Wiegelmann zum 60. Geburtstag, (hrsg. von Nils-Arvid Bringéus u.a.), Bd. 1, Münster 1988, Beiträge zur Volkskultur in Nordwestdeutschland 60
Biegger, Kathrin
»Der Mensch isst ebensowenig, um zu leben, als er lebt, um zu essen ...«, in: Schweizer Archiv für Volkskunde, Bd. 82, Basel 1986, S. 187-206
Birlinger, Anton
Kalender und Kochbüchlein aus Tegernsee, in: Germania Vierteljahrschrift für deutsche Alterthumskunde, IX, 1864, S. 132 ff.
Birlinger, Anton
Aus dem Tegernseer Kochbüchlein, in: Anzeiger für Kunde der deutschen Vorzeit, XII, 1865, S. 439
Bitsch, Marianne
Gschwollne Gans- und Stoaknödl, Fasten- und Armenspeisung im alten Bayern, Manuskript zur Sendung »Land und Leute«, München 1989
Blondel, N.
L'utilité des objets de la table, in: La table et le partage Rencontres de l'Ecole du Louvre, Paris 1986
Brachert, Thomas
Historische Keilrahmensysteme, in: Maltechnik Restauro, 1973, Heft 4
Brackert, Gisela
Das Besondere des Gewöhnlichen, in: Form, Zeitschrift für Gestaltung 104 (1984), S. 29-32
Braudel, Fernand
Historie de la vie matérielle, in: Bulletin 2, Alimentation et catégories d'histoire, Annales, Économies. Sociétés, Civilisation, 16, 1961, S. 723-728
Bringéus, Nils-Arvid
Beten bei Tisch, in: Hessische Blätter für Volkskunde 13, 1982
Brückner, Wolfgang
Der Blumenstrauß als Realie in: Medium aevum quotidianum, Krems 1992, S. 19-62
Brüning, A.
Schau-Essen und Porzellanplastik, in: Kunst und Kunsthandwerk, 7, 1904, S. 130-151
Charsley, Simon
The Wedding Cake: History and Meanings, in: Folklore, 99 (1988) S. 232-241
Clark, Priscilla P.
Thoughts for Food, I: French Cuisine and French Culture, in: French Review, 49, 1975, S. 32-41
Cohen, Arthur
Lohn- und Arbeitsverhältnisse der Münchner Kellnerinnen, in: Braun, Heinrich (Hrsg.), Archiv für Soziale Gesetzgebung und Statistik, Vierteljahresschrift zur Erforschung der gesellschaftlichen Zustände aller Länder, Bd. 5, Berlin 1892, Reprint New York, London 1971
Conrads, Ulrich
Guter und schlechter Kitsch, in: Baukunst und Werkform, 5. 1952, H 5, S. G.
Danner, Berthilde
Alte Kochrezepte aus dem bayrischen Inntal, in: Ostbairische Grenzmarken, Passauer Jahrbuch für Geschichte, Kunst und Volkskunde, 12, 1970, S. 118-128
Dauguet, Claire und Guilleme-Brulon, Dorothee
Le decor de la table au XVIIIe siècle, in: L'Estampille, 1975, 61-66
Dirlmeier, U.
Ernährung, in: Lexikon des Mittelalters, Bd. 3, München/Zürich 1968, Sp. 2161-2169
Dostal, Walter
Zur Frage der Konstanz von Kulturformen, in: Festschrift für Ad. E. Jensen, T. 1, München 1964, S. 91-101
Dreyer, U.
Ein Lied von dem Hausrat des 15. Jahrhunderts, in: Monatsschrift des Bayerischen Vereins für Volkskunst und Volkskunde, Jg. 7, München 1909
Ebner
Ein Bericht über die Sektion der Leiche Herzog Albrechts v. von Bayern, in: Jahrbuch des historischen Vereins für Straubing und Umgebung 1901, S. 35-37
Edema, Johanna M. P.
Food Legumes and Cultural Fixation, in: Wandel der Volkskultur in Europa, FS für Günter Wiegelmann, (hrsg. von Nils-Arvid Bringéus u. a.), Bd. 1, Beiträge zur Volkskultur in Nordwestdeutschland 60, Münster 1988, S. 445-458
Elias, Norbert
Die Zivilisierung der Eltern, in: »... und wie wohnst Du?«, Hrsg. L. Burkhard, Berlin: Internationales Design Zentrum, 1980
Emmens, J. A.
»Eins ist nötig«, zu Inhalt und Bedeutung von Markt- und Küchenstücken des 16. Jahrhunderts, in: Album amicorum J. G. van Gelden, The Hague 1973
Endres, Werner
Straubinger Keramik um 1600 – der Fundkomplex »vorm obern tor«, in: Jb. Hist. Ver. Straubing und Umgebung, Jg. 85, 1983, Straubing 1984, S. 125-160, 21 Taf.
Endres, Werner
Straubinger Keramik um 1600 – der Fundkomplex »,vorm obern tor«, in: Jb. Hist. Ver. Straubing und Umgebung, Jg. 87, 1985, Straubing 1986, S. 45-67, 177-209, 26 Taf.
Endres, Werner
Wasserschloß Burgwalden (Lkr. Augsburg) – Keramikfunde aus dem 16. Jahrhundert, in: Archäologie und Geschichte der Keramik in Schwaben, Neusäßer Schriften, Bd. 6, Neusäß 1988, S. 173-174, Kat.-Nr. 193-199
Engelsing, Rolf
Lektüre zwischen Aufklärung und Klassik (1740-1806), in: Analphabetentum und Lektüre, Stuttgart 1973
Erffa, Hans-Martin v.
Ehrenpforte, in: Reallexikon zur deutschen Kunstgeschichte, Bd. 4, Stuttgart 1958, Sp. 1443-1504
Escher, Konrad
Die großen Gemälde im Dogenpalast in Venedig und ihre inhaltliche Bedeutung, in: Repetorium für Kunstwissenschaft 1917, Nr. 1
Feyl, A.
Das Kochbuch des Eberhard von Landshut (erste Hälfte des 15. Jhs.), in: Ostbairische Grenzmarken, Passauer Jahrbuch für Geschichte, Kunst und Volkskunde, 5, 1961, S. 352-366
Fincke, Heinrich
Lebkuchen als Zusatz bei der Bereitung von Speisen seit Ende des 15. Jahrhunderts, in: Zeitschrift Süßwaren, 1962, S. 322 ff.
Fincke, Heinrich
Geschichte des Marzipans bis zum Anfang des 19. Jahrhunderts, in: Zeitschrift für Untersuchung der Lebensmittel, LIII, 1927, S. 100 ff.
Forster, Robert
Food and Drink in History, in: Annales, Economies, Sociétés, Civilisations, 5, Baltimore, London 1979
Friedrich, Dorothea
Gefräßiger Appetit, delikates Vergnügen: Kunst zum Essen, in: Frankfurter Allgemeine Magazin, Frankfurt, Heft 613, 29. 11. 1991
Gamerith, Anni
Bevorzugte Stellung der Mehlspeisen in österreichischen Landen, in: Österreichische Zeitschrift für Volkskunde, (hrsg. vom Verein für Volkskunde in Wien), Bd. 83, Wien 1980, S. 69-99
Gebhard, Torsten
Die heilige Familie bei Tisch und das Tischgebet der heiligen Familie, in: Bayerisches Jahrbuch für Volkskunde 1956
Gebhard, Torsten
Volkskundliche Untersuchungen zu dem Inventar des Ritters Erhard Rainer von Schambach bei Straubing aus der Zeit um 1630, in: Bayerisches Jahrbuch für Volkskunde, München 1978/79, S. 61 ff.
Gierl, J. v.
Sitten und Gebräuche an der ober- und niederbayerischen Grenze, in: Bayerland 4 (1883)
Glatzel, Hans
Vom Genußwert der Nahrung (Schriftenreihe des Bundes für Lebensmittelrecht und Lebensmittelkunde, Heft 26), Wiesbaden, Berlin 1959
Grasmann, Lambert
Die Geschirrlieferung der Kröninger und der Münchener Hafner an den kurfürstlichen Hof, in: Der Storchenturm, 14. Jg., H. 28, Dingolfing 1979, S. 48-61
Gregor, Hans-Joachim
(mit Beiträgen von A. Brande und P. Poschlod): Mittelalterliche Pflanzen, in: Documenta naturae, Nr. 23, München 1985, S. 1-42
Grimod de la Reynière, Alexandre
Calendrier nutritif, in: Almanach des gourmands lere année Paris, 1804³, (deutsche Übersetzung bei Rumohr, Ausg. von Robert Habs, 282 f.), S. 1 ff.
Grober-Glück, Gerda
Zur Heiligkeit des täglichen Brotes in den bäuerlichen Familien Österreichs um 1930, nach Materialien des Atlas der deutschen Volkskunde, in: Volksfrömmigkeit, Referate der österreichischen Volkskundetagung 1989 in Graz, hrsg. von Helmut Eberhardt u. a., Buchreihe der Österr. Zs. G. Volkskunde N. S. Bd. 8
Gruber, Alain Charles
Les décors éphémères de la table aux XVIIe et XVIIIe siècles, in: Gazette des Beaux-Arts, June 1974, S. 285-298

Grundmann, Katharina
Am Bayerischen Hof wird russisch serviert – Zur Tafelkultur im 19. Jahrhundert am Beispiel des KPM-Services für Maximilian II., in: Keramos 1989, Nr. 126

Guyan, Walter Ulrich
Kleine Geschichte der Suppe, in: 50 Jahre Knorr Thayngen, 1907-1957, Thayngen 1957, S. 25 f.

Hagn, Herbert
Stadtkernforschung in München, Brunnen I am Marienhof, ein Beitrag zur spätmittelalterlichen Marktgeschichte, in: Amperland, Heimatkundliche Vierteljahresschrift für die Kreise Dachau, Freising und Fürstenfeldbruck, 27. Jg., Nr. 4, Dachau 1991

Hagn, Herbert
Ein künstlerisch bedeutsamer Keramikfund der Spätrenaissance in Gschaid bei Peterskirchen, in: Das archäologische Jahr in Bayern 1983, Stuttgart 1984, S. 176-180, Abb. 126-127

Hagn, Herbert
Stadtarchäologie in München, die Funde aus dem Pfisterbach, in: Das archäologische Jahr in Bayern 1988, Stuttgart 1989, S. 163-168, Abb. 126-127

Hainhofer, Philipp
Schriftliche Relation Philippi Hainhofers Adi 8 Novembris Anno 1613 von Augspurg nacher München zu dem Fürstlichen Pfaltz-Newburgischen, mit ainem Fürstlichen Fräwlein auss Bayrn Adi 10 November gehaltenem Beyläger verrichteter Rayse, gestellet an den Durchleutigen Hochgebornen Fürsten und Herrn, Herrn Philippum II Hertzog zu Stettin, Pommern etc. etc. Adi 10/20 Novbr. Anno 1627, hrsg. v. Christian Häutle, in: Zeitschrift des Historischen Vereins für Schwaben und Neuburg 1881, 209-249

Hammerstein, Notker
Karl VII. und Frankfurt am Main, in: AK Wahl und Krönung in Frankfurt am Main, Kaiser Karl VII. 1742-1745, Bd. I, Frankfurt/M. 1986, S. 49-65

Hartinger, Walter
Teuerungstafeln zu den Hungerjahren 1816/1817, in: Volkskunst, Zeitschrift für volkstümliche Sachkultur, 9. Jg., November 1986, München 1986

Haushofer, Heinz
Die historische Entwicklung von Landwirtschaft, Gartenbau und Landschaft im Raum München, in: Oberbayerisches Archiv, Bd. 103, München 1978

Heischkel-Artelt, Edith
Grundzüge der menschlichen Ernährung im Altertum und im Mittelalter, in: Proceedings of the 7 Internat. Congress of Nutrition Hamburg 1966, 4, Braunschweig 1967, S. 29-36

Hintze, Erwin
Die Nürnberger Zinngießer, in: Die deutschen Zinngießer und ihre Marken, Bd. II, Leipzig 1921

Hoermann, Ludwig
Das Bretzenbacken und Bretzenverkaufen, in: Deutsche Gaue 14 (1913)

Hopf-Droste, Marie-Luise
Von Konservendosen und Einmachgläsern, in: Wandel der Volkskultur in Europa, FS für Günter Wiegelmann (hrsg. von Nils-Arvid Bringéus u.a.), Bd. I, Beiträge zur Volkskultur in Nordwestdeutschland 60, Münster 1988, S. 483-491

Hufschmid, Anke
»Zwischen Luxus- und Schundware.« Überlegungen zur bürgerlichen Wohnung in der zweiten Hälfte des 19. Jahrhunderts, in: Renaissance der Renaissance, ein bürgerlicher Kunststil des 19. Jahrhunderts, Aufsätze, München/Berlin 1992, S. 95-111

Hundsbichler, Helmut
Nahrung, in: Kühnel, Harry (Hrsg.), Alltag im Spätmittelalter, Graz/Wien/Köln 1984, S. 196-231

Hüttenmoser, Marco
Von der Tafelmusik zum Tafelfernsehen, Untersuchungen zu familialen Verhaltensweisen und Ritualen beim Essen, in: Jahrbuch für Volkskunde, NF 13, Würzburg, Innsbruck, Fribourg 1990, S. 37-61

Hurtubise, P.
La table d'un cardinal de la Renaissance ..., in: Melanges de l'école française de Rome, 91-2, 1980, S. 249-282

Jeggle, Utz
Essen in Südwestdeutschland, Kostproben der schwäbischen Küche, in: Schweizerisches Archiv für Volkskunde, Bd. 82, Basel 1986, S. 167-186

Johnsson, J. W. S.
Die Muskatnuß, ein kosmetisch-erotisches Amulett, in: Proceedings of the Third International Congress of the history of Medicine London, July 17th to 22th 1922, Antwerpen 1923, S. 155 ff.

Kessler, Harry Graf
in: Kunst und Künstler 2, 1904, S. 458 f.

Kies, Adolf
Mittelalterliche Töpfermarken, ein Beitrag zur Terminologie und Verbreitung, in: Unsere Heimat 47, Wien 1976, S. 129-150

Klever, Ulrich
Küchenantiquitäten, Sonderausstellung der ANTIQUA '89, in: Weltkunst, Bd. 22, 15. 10. 89, München 1989, S. 3646-3649

Knör, Günter
Der hl. Nantwein von Wolfratshausen, ein bayerischer Volksheiliger und die Geschichte seiner Wallfahrt, Teil 2, in: Beiträge zur altbayerischen Kirchengeschichte, Bd. 35, 1984

Koller, Manfred
Das Staffeleibild der Neuzeit, in: Reclams Handbuch der künstlerischen Techniken, Bd. I, Stuttgart 1984

Kolmer, Lothar
Gaumenlust und Magendratzerl, Essensmode vom Hirsebrei bis zum Hirsemüsli, Manuskript zu Bayern regional, Regensburg 1989

König, René
Die soziale und kulturelle Bedeutung der Ernährung in der industriellen Gesellschaft, in: Soziologische Orientierungen, Köln, Berlin 1965, S. 494-505

Köstlin, Konrad
Der Eintopf der Deutschen, Das Zusammengekochte als Kultessen, in: Tübinger Beiträge zur Volkskultur, Bd. 69, Tübingen 1986

Kramer, Karl Sigismund
Mahl und Trunk, in: Handwörterbuch zur deutschen Rechtsgeschichte, Bd. 3, Berlin 1978, Sp. 154-156

Krätz, Otto
Wie die Zuckerpuppe Politik machte, in: Charivari 10, 1984, 3-10

Kubelka, Peter
Kochen als Kunstgattung in: Essen und Ritual, Ergebnisse der Entwurfswoche im IDZ Berlin, Januar 1981, Berlin 1981

Kybalová, Jana
Über Holitscher Fayence, Kunstwissenschaftliche Studien Bd. XLIV, München-Berlin 1970

Lange, G.
Die menschlichen Skelettreste aus dem Oppidum von Manching, Ausgr. Manching 7, Wiesbaden 1983, bes. 111

Ländlicher Speisezettel,
wie er Ende des 18. Jahrhunderts an Fest- und Bauernfeiertagen in der Gegend von Althegnenberg, Bezirksamt Fürstenfeldbruck, eingehalten wurde, in: Volk und Heimat 13 (1937)

Leresche, Françoise
La gastronomie, in: Catalogue rédigé à l'occasion du don de la collection de livres de Mme Mutelet, Metz 1983

Lévy-Strauss, Claude
Der Ursprung der Tischsitten, in: Mythologica 3, Frankfurt 1973, S. 504-532

Mabille, Gérard
La table et ses usages du XVIIIe siècle, ou le service à la française, in: La table d'un roi – l'orfevrerie du XVIII siècle à la Cour de Danemark, Paris 1987, S. 87-82

Mabille, Gerard
Les surtouts de table dans l'art française du XVIIIe, in: Estampille, 11, 1980, S. 62-73

Maehnert, Carsten
Metzger, in: Reinhold Reith, Lexikon des alten Handwerks, Vom späten Mittelalter bis zum 20. Jahrhundert, München 1990

Markmiller, Fritz
Löhne und Kost für Dienstboten im niederbayerischen Landpfarrhof Reisbach zur Biedermeierzeit, in: Bayrisches Jahrbuch für Volkskunde, 1985, S. 40 ff.

Meroth, Peter
Der programmierte Genuß, Food-Designer konstruieren unsere Lebensmittel neu, in: Süddeutsche Zeitung Magazin, München, Nr. 14, 5. 4. 91

Mitterwieser, Alois
Das Fastengebot in Bayern zu Ausgang des Mittelalters, in: Lanshuter Zeitung vom 17. 2. 1915

Mollenhauer, Hans P.
Das Grabmal des Eurysaces, in: Getreide, Mehl und Brot, Detmold 1974

Morineau, M.
La pomme de terre au XVIIIe siècle, in: Annales, Economie, Sociétés, Civilisations, 25, 1970, S. 1767-1784

Neunteufel, Herta
Das erste Grazer Kochbuch und die Entwicklung der österreichischen Küche, Vorstellung des ersten gedruckten Grazer Kochbuchs von 1686 und zusammenfassender Vergleich zu Kochbüchern von heute, in: Österreichische Zeitschrift für Volkskunde, (hrsg. vom Verein für Volkskunde in Wien), Bd. 81, Wien 1978, S. 81-113

Oexle, Otto Gerhard
Mahl und Spende im mittelalterlichen Totenkult, in: Frühmittelalterliche Studien 1984, 401-420

Ostini
München wie es ißt und trinkt, in: Velhagen und Klasings Monatshefte, Jg. 18, 1903/04 und Jg. 19, 1904/05

Ottomeyer, Hans u. Seelig, Lorenz
Das Silber- und Vermeil-Service König Jérômes von Westfalen in der Münchner Residenz, in: Münchner Jahrbuch für Bildende Kunst, 3. Folge, 34, 1983, S. 117-164

Ottomeyer, Hans
Gebrauch und Form von Sitzmöbeln bei Hof, in: z. B. Stühle, S. 140-149

Petz, Wolfgang
Festmähler und Dienstbotenessen, Von der Kost reicher und armer Leute im Spätmittelalter, Manuskript zur Sendereihe Land und Leute, München 1988
Pogatscher, Heinrich
Von Schlangenhörnern und Schlangenzungen, vornehmlich im 14. Jahrhundert, In: Römische Quartalsschrift für christliche Altertumskunde und für Kirchengeschichte, Rom 1898
Priesner, Claus
Bayerisches Messing, Der Rosenheimer Messinghammer _ eine Fabrik und ihre Erzeugnisse im vorindustriellen Bayern, in: Das bayerische Inn-Oberland, Organ des historischen Vereins Rosenheim begründet von Ludwig Eid, Rosenheim 1989
Pulz, Waltraud
Nahrungsforschung, in: Harvolk, Edgar (Hrsg.), Wege der Volkskunde in Bayern, München/Würzburg 1987, (S. 217-238)
Rath, Claus Dieter
Alkohol in der Werbung, Einige Überlegungen, in: Alkohol im Volksleben (Hrsg. Andreas C. Bimmer u. Siegfried Becker) Hessische Blätter für Volks- und Kulturforschung, Bd. 20, Marburg 1987
Rauscher, Hans
Hafnerzeichen aus dem Raum Passau, in: Ostbair. Grenzmarken 12, Passau 1970 S. 310-320
Reinheckel, Günter
Pariser Ausrufer, Die zweite Folge in Meissner Porzellan und ihre Vorbilder, in: Weltkunst, Zeitschrift für Kunst und Antiquitäten, Jg. 62, Nr. 9, 1. 5. 1992, München 1992
Ritz, Gislind
Hochschichtliches Amulett, Natternzungen-Bäume, in: Bayerisches Jahrbuch für Volkskunde, München 1951, S. 47-55
Roegner-Aust, Sophia
Fischerei: In: Bayerische Agrar-Bibliographie, Schriftenkunde der bayerischen Landwirtschaft und Fischerei, München 1954
Rückert, Georg
Brauchtum und Diözesanrituale im Aufklärungszeitalter, Das Rituale Augustanum vom Jahre 1764, in: Volk und Volkstum, Bd. 2, München 1937
Ruiz Alcon, T.
Der Schatz des Grand Dauphin: Prado, Madrid, in: Schatzkammern Europas, München 1968, S. 29-36
Sandgruber, Roman
Zeit der Mahlzeit, Veränderungen in Tagesablauf und Mahlzeiteneinteilung in Österreich im 18. und 19. Jahrhundert, in: Wandel der Volkskultur in Europa, Festschrift für Günter Wiegelmann zum 60. Geburtstag, (hrsg. von Nils-Arvid Bringéus u. a.), Bd. 1, Beiträge zur Volkskultur in Nordwestdeutschland 60, Münster 1988
Sandgruber, Roman
Knödel, Nudel, Topfenstrudel, Österreichische Ernährungsgewohnheiten und regionale Unterschiede in Mitteleuropa,in: Günter Wiegelmann (Hrsg.), Nord-Süd-Unterschiede in der städtischen und ländlichen Kulturgeschichte, Münster 1985 (Beiträge zur Volkskultur in Nordwestdeutschland, 40), S. 265-297
Schattenhofer, Michael
Landtage und Erbhuldigungen im alten Rathaus zu München, in: Zeitschrift für bayerische Landesgeschichte 33, 1970, 155-182
Schattenhofer, Michael
Beiträge zur Geschichte der Stadt München, in: Oberbayerisches Archiv, Bd. 109, Nr. 1, München 1984
Schattenhofer, Michael
Die Münchner Wasserversorgung bis 1883, in: Oberbayerisches Archiv, Bd. 109, Nr. 1, München 1984, S. 143-154
Schattenhofer, Michael
Die Kultur Münchens im 17. und 18. Jahrhundert, in: Beiträge zur Geschichte der Stadt München, Oberbayerisches Archiv, Bd. 109, Nr. 1, München 1984, S. 155-172
Schattenhofer, Michael
Die alten Münchner Märkte und Dulten, in: Beiträge zur Geschichte der Stadt München, Oberbayerisches Archiv, Bd. 109, Nr. 1, München 1984, S. 66-98
Scheidl, Josef
Bäuerliche Dienstbotenkost im 18. Jahrhundert im Dachauerland, in: Bayerische Hefte für Volkskunde (4) 1919
Schiedlausky, Günther
Für Tafel und Geselligkeit, Nachtrag zum Oeuvre des Silberschmieds Hermann Neupert II, in: Weltkunst, 12, 1988, S. 1970/91
Schiedlausky, Günther
Kantige Silbergefäße im Lingenfelder Schatzfund, in: Pantheon, 35, Heft 2, April/Juni 1977, S. 103-105
Schiedlausky, Günther
Über den flachen Holzteller, in: Anzeiger des Germanischen Nationalmuseums, 1954-9, S. 170-191
Schiedlausky, Günther
Hausrat, Essen, Trinken, in: Hermann Bockhoff (Hrsg.), Weltgeschichte der abendländischen Kultur, Braunschweig 1963, S. 232-233
Schiedlausky, Günther
Der Spucknapf, Kleine Kulturgeschichte eines unappetitlichen Gegenstandes, in: Kunst & Antiquitäten, IV/88, S. 42-51
Schiedlausky, Günther
Ein gotischer Bechersatz, in: Pantheon, 33, 4, 1975, S. 300-314
Schiedlausky, Günther
Hermann Neupert II, ein Silberschmied in Berlin und Norden, in: Jahrbuch des Museums für Kunst und Gewerbe Hamburg, Bd. 5, 1986, Hamburg 1987, S. 49-71
Schiedlausky, Günther
Ir sült die zende stüren niht mit mezzern, Von Zahnstochern und anderen Utensilien der Körperpflege, in: Kunst und Antiquitäten, VI, 1988, S. 32-43
Schiedlausky, Günther
Natternzungen, Ein Leitfossil in der Geschichte mittelalterlicher Giftfurcht, in: Kunst und Antiquitäten, VI, 1989, S. 25-31
Schneegass, Christian
Schluckbildchen, Ein Beispiel der »Populärgraphik zur aktiven Aneignung«, in: Volkskunst, Jg. 6, Nr. 1, München 1983, S. 27-32
Schneider, Michael
Sekt statt Selters – Konsumgewohnheiten, Trend zu hochwertiger Ernährung, in: Wirtschaftswoche, Jg. 43, Nr. 42, Okt. 1989 (S. 223)
Schommer, Hedwig
Die Heiligenminne als kirchlicher und volkstümlicher Brauch, in: Rheinisches Jahrbuch für Volkskunde, 5. Jg. 1954
Schöppler, Herrmann
Über den Tod Herzog Albrechts V. von Bayern (1579), in: Archiv für Geschichte der Medizin 4, 1910/11, 158-160
Schönmann, Esther
Es allen recht zu machen, sich selbst vergessen, Einübung weiblicher Verhaltensweisen in Anstandsbüchern vor 1930, in: Jahrbuch für Volkskunde, NF 13, Würzburg, Innsbruck, Fribourg 1990, S. 75-88
Schreyl, Karl Heinz
Aufs Knie oder um den Hals? Zur Benutzung von Servietten, in: Volkskunst, Nr. 4, München 1987
Schroubeck, Georg R.
Die Böhmische Köchin, ihre kulturelle Mittlerrolle in literarischen Zeugnissen der Jahrhundertwende, in: Dienstboten in Stadt und Land, Vortragsreihe zur Ausstellung Dienstbare Geister, Leben und Arbeitswelt städtischer Dienstboten, Museum für Deutsche Volkskunde Berlin, Berlin 1981
Schuhladen, Hans
Zur Einführung der Kartoffel im Salzburgischen, Ein Beispiel lenkender Sorge um die Bevölkerung durch Vertreter der Volksaufklärung, in: Forschungen zur historischen Volkskultur, FS für Torsten Gebhard zum 80. Geburtstag, München 1989, S. 309-338
Seelig, Lorenz
Die Königliche und fürstliche Tafel vom 17.-19. Jahrhundert, 28.-29. Oktober Fondation Abegg in Riggisberg, in: Kunst und Antiquitäten, VI, 1989
Seidl, Gabriel von
Noch einmal die Tölzer Gewerbeausstellung, in: Monatsschrift des Bayerischen Vereins für Volkskunst und Volkskunde Jg. 7, Nr.9, München 1909
Sigel, Brigitt und Morel, Andreas
Farben in der Küche, in: Volkskunst, Bd. 3, München 1985 S. 30-35
Simmel, Georg
Soziologie der Mahlzeit, in: Landmann, Michael (Hrsg.) Brücke und Tor, Stuttgart 1957, S. 243-250
Spamer, Adolf
Bairische Denkmale aus der »theueren Zeit« vor 100 Jahren, in: Bayerische Hefte für Volkskunde, München 1916, S. 148-266
Stahl, Gisela
Von der Hauswirtschaft zum Haushalt oder wie man vom Haus zur Wohnung kommt, Die Ökonomie des ganzen Hauses und die Ökonomisierung der Hausfrau, in: Wem gehört die Welt, Kunst und Gesellschaft in der Weimarer Republik, Neue Gesellschaft für Bildende Kunst. 3. überarbeitete Aufl. Berlin 1977
Stahleder, Helmut
Konsolidierung und Ausbau der bürgerlichen Stadt München im 15. Jahrhundert, in: Bauer, Richard, Geschichte der Stadt München, München 1992
Striedinger, Ivo
Altbayerische Nachlaß-Inventare in: Altbayerische Monatsschrift, 1, 1899

Teuteberg, H. J.
Magische, mythische und religiöse Elemente in der Nahrungsmittelkultur Mitteleuropas, in: Wandel der Volkskultur in Europa. Festschrift für Günter Wiegelmann, Hrsg. v. N.-A. Bringéus u. a., Münster, 1988, Bd. I, S. 351-373

Thüry, Günther E.
Austern im Salzburg des 16. Jahrhundert, in: Salzburger Museum Carolino Augusteum, Jahresschrift 35/36, Salzburg 1989/90

Tolksdorf, Ulrich
Pilze als Nahrung, Zu Vorurteil und Innovation eines Nahrungsmittels in Norddeutschland, in: Kieler Blätter zur Volkskunde, III, Kiel 1971, S. 5-26

Tolksdorf, Ulrich
Grill und Grillen oder: Die Kochkunst der mittleren Distanz. Ein Beschreibungsversuch, in: Kieler Blätter zur Volkskunde, V, Kiel 1973

Tolksdorf, Ulrich
Ein systemtheoretischer Ansatz in der ethnologischen Nahrungsforschung, in: Kieler Blätter zur Volkskunde, IV, Kiel 1972

Tolksdorf, Ulrich
Der Schnellimbiss und The World of Ronald McDonald's, in: Kieler Blätter zur Volkskunde, XIII, Kiel 1981, S. 117-162

Trauwitz-Hellwig, J. v.
Kulturverhältnisse am Ende der Stein- und Anfang der Bronzezeit in Südbayern, in: Mitt. Anthr. bes. Wien 54, 1924, 99-119, bes. 103 (»Grab II«)

Treusch v. Buttlar, Kurt
Das tägliche Leben an den deutschen Fürstenhöfen des 16. Jahrhunderts, in: Zeitschrift für Kulturgeschichte 1897

Vietzen, Hermann
Der Münchner Salzhandel im Mittelalter 1158-1587, in: Kultur und Geschichte, Freie Schriftenfolge des Stadtarchivs München VIII, München 1936

Volk, Peter
Die bildende Kunst am Hofe Max Emanuels, in: AK Kurfürst Max Emanuel, Bayern und Europa um 1700, Bd. I, München 1976, 125-141

Wiegelmann, Günter
Essen und Trinken, in: Kulturpolitisches Wörterbuch, BRD/DDR im Vergleich, hrsg. von Wolfgang R. Langenbucher u. a., Stuttgart 1983. S. 166-169

Wiegelmann, Günter
Tischsitten, Essen aus einer gemeinsamen Schüssel, in: Atlas der deutschen Volkskunde, N. F., Erläuterungen, 4. 2. T. Marburg 1981, S. 225-249

Wiegelmann, Günter
Alltags- und Festspeisen, Wandel und gegenwärtige Stellung, in: Atlas der deutschen Volkskunde, Neue Folge, Bd. I, Marburg 1967 (Hrsg. Matthias Zender) S. 31-70

Wiegelmann, Günter
Möglichkeiten ethnohistorischer Nahrungsforschung, in: Ethnologia Europea, Nr. 3, Paris 1967

Wildhaber, Robert
Schneckenzucht und Schneckenspeise, in: Schweizer Archiv für Volkskunde, Bd. 26, Nr. 1-4, Basel 1950, S. 119-184

Wimmer, Irmengard
Biedermeiers Nachlaß – Untersuchungen von Münchner Nachlaßinventaren in der ersten Hälfte des 19. Jahrhunderts, in: AK Biedermeier, München 1987, S. 129 ff.

Wolf, Georg Jacob
Die Isar in München, in: Bayerland, 39. Jg. 1928

Wühr, Hans
Altes Eßgerät: Löffel, Messer, Gabel, in: Wohnkunst Einst und jetzt, 36, Hausrat, Darmstadt 1961

Yoder, Don
Sauerkraut in the Pennsylvania Folk-Culture, in: Pennsylvania Folklife, 12, 1961 S. 56-69

Zekert, Otto
Die Rezeptsammlung der Philippine Welser, in: Scientia pharmaceutica, 1940, Heft 9, S. 34, Heft 10, S. 39 f, 1941, Heft 1, S. 6 ff.

Ziemann, Hans Heinrich
Eckart der Große, in: Gourmet Nr. 64, Grünwald 1992

Zingerle, Arnold
Bürgerliche Geselligkeit als Antinaturalismus, Ein Paradigma der Soziologie Georg Simmels, in: Jahrbuch für Volkskunde, NF 13, Würzburg, Innsbruck, Fribourg 1990, S. 22-36

Zinnkann, Heidrun
Mainzer Möbelschreiner der ersten Hälfte des 19. Jahrhunderts, in: Schriften des historischen Museums Frankfurt am Main, Nr. 17 Frankfurt/Main 1985

Zischka, Ulrike
Der Leichenschmaus, in: AK Die letzte Reise, Sterben, Tod und Trauersitten in Oberbayern, München 1984, 224 f.

Zwack, Ulrich
Die Erfindung der Weißwurst, MS Miniaturen II, Bayer. Rundfunk, vom 1. 1 1991

AK, Aus dem Wirtshaus zum wilden Mann, Funde aus dem mittelalterlichen Nürnberg, Germanisches Nationalmuseum, Nürnberg 1984

AK, A Table, Centre Pompidou Paris, Paris 1987

AK, Bayern, Kunst und Kultur, München 1972

AK, Beruf der Jungfrau, Henriette Davidis und Bürgerliches Frauenverständnis im 19. Jahrhundert, Museum für Kunst- und Kulturgeschichte der Stadt Dortmund, Oberhausen 1988

AK, Catalogue de l' orfèvrerie du XVII, du XVIII et du XIX siècle, Musée du Louvre, Paris et Musée de cluny, Paris 1958

AK, Designer for Industry, Montreal 1984

AK, Deutsches Klingenmuseum Solingen, Führer durch die Sammlungen, Schriften des Deutschen Klingenmuseums Solingen Nr. 11, Schriftenreihe des Rheinischen Museumsamtes Nr. 49, Köln 1991

AK, Emailgeschirr für alle Zwecke, Sonderausstellung aus den Beständen des Kreismuseums Walderbach, Landkreis Cham, Opf., Schriftenreihe Kreismuseum Walderbach, Bd. 2, Cham 1986

AK, Email – Handwerk – Industrie, Kölnisches Stadtmuseum, Köln 1981

En Konges Taffel, Guldsmedekunst og borddaekning i det 18. arhundrede, Christian VIIs Palae, Amalienborg Kopenhagen 1988, (Fransk udgave: La table d'un roi, Paris 1987)

AK, Erdgeschichte und Urwelt im Raum Siegsdorf, Fossilien als Zeugen der geologischen Vergangenheit, Siegsdorf 1992

AK, Essen und Trinken, Tiroler Landesmuseum Ferdinandeum Innsbruck, Innsbruck 1967

AK, Vom Essen und Trinken, Darstellungen in der Kunst der Gegenwart, Kunst- und Museumsverein Wuppertal, Wuppertal-Barmen 1987

AK, Essen und Trinken im alten Bern, Ausstellung Schloß Jegenstorf 1984, Bern 1984

AK, Essen und Trinken in alter Zeit, Würzburg 1991

AK, Les Français et la table, Musée national des arts et traditions populaires, Paris 1985

AK, Gastronomie Oenologie, Edgar Soete, Paris (Soete, Libraire-expert près les Douanes francaises et la Chambre Nationale des Experts spécialisés)

AK, Geschnitztes Steinbockhorn, XIV. Sonderschau im Dommuseum zu Salzburg, Salzburg 1990

AK, Gläser vom XVI. bis XIX. Jahrhundert, aus dem Bestand der Kunstsammlungen Weimar, Weimar 1978

AK, Heim und Technik, Amtlicher Katalog, Ausstellung München 1928

AK, Das Hildesheimer Tafelservice, Meisterwerke der Augsburger Goldschmiedekunst, Augsburg 1985

AK, Vom Höhlenfeuer zum Garprozeß, Kochen und Essen durch die Jahrtausende, Alfa Metalcraft Corporation – AMC, Römisch-Germanisches Zentralmuseum, Bingen 1980

AK, Herd- und Küchengeräte, Sonderausstellung aus der Metallsammlung des österreichischen Museums für Volkskunde, Schloß Gobelsburg, Wien 1989

AK, Peter Jakob Horemans (1700-1776) Kurbayerischer Hofmaler, München 1974

AK, Internationale Schau für Gastronomie und Fremdenverkehr mit Konditorei-Fachausstellung, Ausstellungspark Theresienhöhe, München 1954

AK, Die Isar – ein Lebenslauf, München 1983

AK, Jahresschrift 35/36 – 1989/90, Salzburger Museum Carolino Augusteum, Salzburg 1991

AK, Die Küche wie sie im Buche steht, Wohnmuseum Bärengasse Zürich, Zürich 1989

AK, Vom Korn zum Brot, Fotoreproduktionen historischer Motive, Deutsches Brotmuseum e.V., Ulm/Donau 1977[2]

AK, Kroatische und steirische Kochbücher, Steiermärkisches Landesmuseum Joanneum, Schloß Stainz, Stainz 1989

AK, Kupfer und Messing in Haus und Küche, Aus eigenen Beständen, Stadtmuseum Erlangen, Erlangen 1982

AK, Kunst der Konditoren, Museum für Kunst und Gewerbe, Hamburg 1968

AK, Kochbücher für Kinder, Internationale Jugendbibliothek, München 1990

AK, Leben und arbeiten im Industriezeitalter, Nürnberg 1985

AK, Die Lübecker Küche, Hefte zur Kunst und Kulturgeschichte der Hansestadt Lübeck, Nr 7, Museum für Kunst und Kulturgeschichte, Lübeck 1985

AK, Metall für den Gaumen, Bestecke aus den Sammlungen des Österreichischen Museums für angewandte Kunst, Schloß Riegersburg, Wien 1990

AK, Mit Liebe gekocht, Rund um die Küche, Kochbücher, Küchengeräte und Küchendarstellungen, Clemens-Sels-Museum Neuss, Düsseldorf 1987

AK, Marzipan auf kostbarem Tafelgerät, Jubiläumsausstellung von J. G. Niederegger, Lübeck 1806-1981, Lübeck 1981

AK, Menü – Tafelkultur 1860-1930, Wohnmuseum Bärengasse Zürich, Zürich 1984

AK, OIKOS – Von der Feuerstelle zur Microwelle, Haushalt und Wohnen im Wandel, Landesgewerbeanstalt Stuttgart, Gießen 1992

AK, Papiers Peints Panoramiques, Musée des Arts Décoratifs, Paris 1990
AK, Peter Behrens und Nürnberg, hrsg. v. K. P. Schuster, Germanisches Nationalmuseum, Nürnberg 1980
AK, Die Prinzregentenzeit, hrsg. v. N. Götz und C. Schack v. Wittenau, Münchner Stadtmuseum, München 1989
AK, Rhein und Maas, Kunst und Kultur 800-1400, Köln 1972
AK, Richard Riemerschmid, hrsg. v. W. Nerdinger, Münchner Stadtmuseum, München 1982
AK, Römische Steindenkmäler, Landesmuseum Mainz, Mainz 1988
AK, Die Sprache der Bilder, Realität und Bedeutung in der niederländischen Malerei des 17. Jahrhunderts, Braunschweig 1978
AK, Stilleben in Europa, Westfälisches Landesmuseum Münster und Kunsthalle Baden-Baden 1979/80
AK, Süßhunger, Zur Kulturgeschichte des Süßen, Überseemuseum Bremen, Bremen 1990
AK, Synagoga. Jüdische Altertümer, Handschriften und Kultgeräte, Frankfurt/Main 1961
AK, Les tapisseries de la Condamnation de Banquet, Guides du Musée Lorrain, Palais ducal, Nancy 1980
AK, Tausendundeine Dose, Sammlung Stoeck, Stadtmuseum Ludwigshafen, Ludwigshafen 1986
AK, Trümmerzeit, München 1984
AK, Volksmusik in Bayern, Ausgewählte Quellen und Dokumente aus sechs Jahrhunderten, München 1985
AK, Volkstracht und Landschaft in Altbayern, ihre Entdeckung um 1800 durch Johann Georg von Dillis und seine Zeitgenossen, München 1991
AK, Volkstümliche Keramik aus Norddeutschland, Irdene Töpferware des 17. bis 20. Jahrhunderts, Altonaer Museum in Hamburg, Norddeutsches Landesmuseum, Hamburg 1981
AK, Vorhoelzer, Robert Ein Architektenleben, Die klassische Moderne der Post, Austellung Münchner Stadtmuseum, Deutsches Postmuseum, München 1990 (Hrsg. Aicher, Florian und Drepper, Uwe)
AK, Wachszieher und Lebzelter im alten München, Sammlung Ebenböck, München 1981
AK, Wallfahrt kennt keine Grenzen, München 1984
AK, Wem gehört die Welt, Kunst und Gesellschaft in der Weimarer Republik, NBGK Berlin, Berlin 1977
AK, Wie belieben, Zur Situation von Dienstboten 1850-1914, Deutsches Kochbuchmuseum Dortmund, Dortmund 1989
AK, Zur Geschichte der Suppe, 10.000 Jahre Suppe, 150 Jahre Knorr, Heilbronn 1988
AK, Zeichen der Not, Als der Stahlhelm zum Kochtopf wurde, Schriften des Westfälischen Freilichtmuseums Detmold, Landesmuseum für Volkskunde Bd. 6, Detmold 1989

Leihgeber

Bad Aibling, Heimatmuseum
Josef Riedl, Karl Gillmeier
Aich, bulthaup GmbH & Co., Küchensysteme
Augsburg, Städtische Kunstsammlungen Maximilianmuseum
Direktor Dr. Björn Kommer,
Dr. Renate Eikelmann
Bad Soden, Archiv der Eden Stiftung
Bamberg, Staatsbibliothek
Bibliotheksdirektor Dr. Bernhard Schemel, Dr. Werner Taegert
Berlin, Museum für Deutsche Volkskunde
Direktor Prof. Dr. Theodor Kohlmann
Darmstadt, Dr. Kleinstück
Deggendorf, Museen der Stadt
Brigitta Petschek-Sommer M. A.
Dießen, Sammlung Schmidt
Ebenhausen, Prof. Erhard Hößle
Frankfurt, Museum für Kunsthandwerk
Direktor Dr. Arnulf Herbst,
Dr. Hildegard Hoos
Frankfurt,
Sammlung Graf und Gräfin Douglas
Gessertshausen, Schwäbisches Volkskundemuseum
Dr. Elisabeth Plößl
Großweil, Freilichtmuseum des Bezirks Oberbayern an der Glentleiten
Dr. Helmut Krajicek
Heilbronn,
Knorr/Maizena Unternehmensgruppe
Karlsruhe, Annelies Schwarzmann
Landsberg am Lech, Neues Stadtmuseum
Hartfried Neunzert
Maihingen, Rieser Bauernmuseum
Ruth Kilian M. A.
Mettlach, Keramikmuseum
Dr. Thérèse Thomas
München, Anthropologische Staatssammlung
Direktor Prof. Dr. Dr. G. Ziegelmayer,
Dr. Peter Schröter
München, Bayerisches Nationalmuseum
Generaldirektor
Dr. Reinhold Baumstark,
Dr. Ingolf Bauer,
Dr. Nina Gockerell, Dr. Lorenz Seelig
München, Bayerische Staatsbibliothek
Direktor Dr. Franz Georg Kaltwasser
München, Bayerische Staatsgemäldesammlungen
Generaldirektor Dr. Johann Georg Prinz von Hohenzollern,
Dr. Rüdiger an der Heiden
München, Bayerische Verwaltung der Staatlichen Schlösser, Gärten und Seen
Präsident Freiherr Hanns von Crailsheim,
Vizepräsident Thomas Wöhler,
Ltd. Direktor Dr. Gerhard Hojer,
Direktor Dr. Albrecht Miller,
Dr. Sabine Heym, Klaus Oelke,
Ingrid Thom
München, Deutsches Museum
Generaldirektor Dr. Otto Mayr,
Dr. Günter Knerr
München, Institut für Paläontologie
Direktor Prof. Dr. Herbert Hagn
München, Monacensia- und Handschriftensammlung
Irmtraud Stockinger
München, Prähistorische Staatssammlung
Direktor Dr. Hermann Dannheimer,
Dr. Jochen Garbsch,
Dr. Hans Peter Uenze
München, Staatliche Graphische Sammlung
Direktor Dr. Tilman Falk,
Dr. Gisela Scheffler
München, Staatliche Münzsammlung
Direktor Prof. Dr. Bernhard Overbeck,
Dr. Gerd Stumpf
München, Staatliche Porzellanmanufaktur Nymphenburg
Helmut Wagner
München, Stadtarchiv
Direktor Dr. Richard Bauer
München, Städtische Galerie im Lenbachhaus
Direktor Dr. Helmut Friedel,
Dr. Barbara Eschenburg
München, Wittelsbacher Ausgleichsfonds
Generaldirektor Luitpold von Braun,
Max Oppel
München, Zoologische Staatssammlung
Direktor E. J. Fittkau, Dr. Kraft
München, Aubergine
Eckart Witzigmann
München, Dr. Judith Baumgartner
München, Galerie Henrich
München, Dr. Barbara Hardtwig
München, Dr. Michael Henker
München, Bibs Hosak-Robb
München, Firma Kustermann
Dieter Sauer, Barbara Mania,
Ingrid Rüdel
München, Pfanni Werke
Barbara Kosler
München, Dr. Thomas Roth
München,
S. H. Hans Veit Graf zu Toerring-Jettenbach
München, Dr. Alfred Ziffer
Nürnberg, Germanisches Nationalmuseum
Generaldirektor Prof. Dr. Gerhard Bott,
Ltd. Museumsdirektor
Dr. Bernhard Deneke,
Dr. Klaus Pechstein,
Dr. Ursula Peters,
Dr. Silvia Schnabel-Glaser,
Dr. Rainer Schoch
Nürnberg, Stadtmuseum, Fembohaus
Prof. Dr. Karl Heinz Schreyl
Nürnberg, Galerie Auch
Nürnberg, Sammlung E. L.
Passau, Kochbuchsammlung Höltl
Regensburg, Museen der Stadt
Direktor Dr. Martin Angerer,
Dr. Peter Germann-Bauer
Reutlingen, Heimatmuseum
Direktor Dr. Werner Ströbele,
Dr. Astrid Wendt
Schrobenhausen, Europäisches Spargelmuseum
Doris Heller M. A.
Stuttgart, Württembergisches Landesmuseum
Direktor Dr. Volker Himmelein,
Dr. Sabine Hesse
Stuttgart, Sammlung Gabriela Arnold
Stuttgart, Peter Schuck
Stuttgart, Robert Hiller
Traunstein, Heimathaus
Dr. Editha Habersetzer, Karl Merk
Worms, Dr. Ferdinand Werner
Würzburg, Mainfränkisches Museum
Direktor Dr. Hanswernfried Muth

Besonders und nicht zuletzt danken wir den privaten Leihgebern, die nicht namentlich genannt werden wollen.

Register

Impressum

Konzept
Ulrike Zischka, Hans Ottomeyer, Susanne Bäumler

Redaktion
Ulrike Zischka, Susanne Bäumler

Manuskripterstellung
Elfriede Springer

Photographen
Patricia Fliegauf, Marianne Franke, Julia Köbel, Kerstin Schuhbaum
In freier Mitarbeit:
Wolfgang Pulfer; in einigen Fällen stellten die Leihgeber und ihre Photographen die Aufnahmen freundlicherweise zur Verfügung

© Droemersche Verlagsanstalt
Th. Knaur Nachf. München 1994
© Münchner Stadtmuseum 1993

Das Werk einschließlich aller seiner Teile ist urheberrechtlich geschützt. Jede Verwertung außerhalb der engen Grenzen des Urheberrechtsgesetzes ist ohne Zustimmung des Verlags unzulässig und strafbar. Das gilt insbesondere für Vervielfältigungen, Übersetzungen, Mikroverfilmungen und die Einspeicherung und Verarbeitung in elektronischen Systemen.

Typographie und Gestaltung
Langemann & Langemann, München

Umschlaggestaltung
Agentur ZERO, München

Umschlagmotiv
Mathias Waske, München

Satz
Universitätsdruckerei
Dr. C. Wolf & Sohn, München

Druck und Bindung
Graficromo, S. A., Cordoba

Printed in Spain
ISBN 3-426-26807-8

5 4 3 2